신의 가면 IV
# 창작 신화

조지프 캠벨 지음

정영목 옮김

Joseph Campbell Foundation

THE MASKS OF GOD Vol. IV : CREATIVE MYTHOLOGY
by Joseph Campbell

Copyright © 2004 Joseph Campbell Foundation (jcf.org) : Collected Works of Joseph Campbell / Robert Walter, Executive Editor / David Kudler, Managing Editor

All rights reserved.
This Korean edition was published by Kachi Publishing Co., Ltd. in 2010 by arrangement with The Joseph Campbell Foundation through KCC(Korea Copyright Center Inc.), Seoul.

이 책은 (주)한국저작권센터(KCC)를 통한 저작권자와의 독점계약으로 (주)까치글방에서 출간되었습니다. 저작권법에 의해 한국 내에서 보호를 받는 저작물이므로 무단전재와 복제를 금합니다.

역자 정영목
서울대학교 영문학과를 졸업했으며, 현재 전문 번역가로 활동하면서 이화여자대학교 번역대학원 겸임교수로 일하고 있다. 역서로는 『신의 가면 III : 서양신화』, 『파라오의 역사』, 『신의 암호(상, 하)』, 『불확실한 세상을 사는 확실한 지혜』, 『딸 그리고 함께 오르는 산』, 『왜 나는 너를 사랑하는가』, 『공항에서 일주일을 : 히드로 다이어리』, 『행복의 건축』, 『여행의 기술』, 『슬픔이 주는 기쁨』 등이 있다.


신의 가면 IV : 창작 신화

저자 / 조지프 캠벨
역자 / 정영목
발행처 / 까치글방
발행인 / 박후영
주소 / 서울시 용산구 서빙고로 67, 파크타워 103동 1003호
전화 / 02 · 735 · 8998, 736 · 7768
팩시밀리 / 02 · 723 · 4591
홈페이지 / www.kachibooks.co.kr
전자우편 / kachibooks@gmail.co.kr
등록번호 / 1-528
등록일 / 1977. 8. 5
초판 1쇄 발행일 / 2002. 6. 25
    5쇄 발행일 / 2024. 9. 20

값 / 뒤표지에 쓰여 있음

ISBN 89-7291-244-1  04210
      89-7291-240-9  04210(전4권)

신의 가면 IV
# 창작 신화

## 일러두기

1. 원서의 이탤릭체 강조는 고딕체로 표기하였으나, 단지 영어 이외의 언어를 나타내기 위하여 이탤릭체로 한 것은 일반 문장과 똑같이 다루었다.
2. 우리말로 옮기는 데에 참고한 번역본은 다음과 같다.
   - 성서와 관련해서는 『공동번역 성서』를 참고하였으나, 개별적인 서명은 일반적으로 널리 알려진 것을 따랐다(예 :「마르코의 복음서」→「마가복음」)
   - 본문에 나오는 『베오울프』는 김석산의 번역(탐구당, 1976)을 참고하였다.
   - 본문에 나오는 니체의 『차라투스트라는 이렇게 말했다』는 정동호의 번역(책세상, 2000)을 참고하였다.
   - 본문에 나오는 T. S. 엘리엇의 시는 이재호, 『20세기 영시』(탐구당, 1994)를 참고하였다.
   - 본문에 나오는 제임스 조이스의 『율리시즈』는 김종건의 번역(범우사, 1989)을 참고하였다.
   - 본문에 나오는 제임스 조이스의 『젊은 예술가의 초상』은 나영균의 번역(서울대학교 출판부, 1995)을 참고하였다.
   - 기타 참고한 번역본은 책 말미의 미주에 표기를 해두었다.

# 차례

## 제1부 고대의 포도나무

**제1장 경험과 권위** ········································································ 11
  1. 창조적 상징화 ······································································ 11
  2. 말이 돌아서는 곳 ································································ 18
  3. 인적 없는 길 ······································································· 37
  4. 불멸의 산 ············································································· 50

**제2장 변화된 세계** ······································································ 55
  1. 고귀한 사랑의 길 ································································ 55
  2. 악마의 문 ············································································· 60
  3. 엘로이즈 ··············································································· 69
  4. 수정 침대 ············································································· 83
  5. 미학적 정지 ········································································· 86
  6. 미약 ······················································································ 95

**제3장 말 뒤의 말** ······································································ 105
  1. 상징적인 말 ······································································· 105
  2. 고전기의 유산 ··································································· 118
  3. 켈트-게르만의 유산 ························································· 136
  4. 이슬람의 유산 ··································································· 157
  5. 그노시스파 ········································································· 177

## 제2부 황무지

### 제4장 사랑-죽음 ........................................ 209
  1. 에로스, 아가페, 아모르 ........................... 209
  2. 고귀한 마음 ........................................ 223
  3. 왜곡된 상 .......................................... 232
  4. 파도 밑의 땅의 음악 ............................. 240
  5. 달의 소와 해의 말 ................................ 249
  6. 아름다운 이졸트의 전설 ......................... 263

### 제5장 피닉스의 불 .................................... 306
  1. 오, 진정으로 축복받은 밤이여! ................. 306
  2. 왼손의 길 .......................................... 313
  3. 영원한 소년 ........................................ 331
  4. 혼돈 ................................................. 336

### 제6장 균형 ............................................ 355
  1. 명예와 사랑 ........................................ 355
  2. 개인과 국가 ........................................ 368
  3. 에로스의 아이러니 ................................ 383
  4. 동일성과 관계성 ................................... 397
  5. 아름다움의 길 ..................................... 414
  6. 제단과 설교단 ..................................... 425
  7. 민주주의와 공포 정치 ............................ 442
  8. 암포르타스의 상처 ................................ 454

## 제3부 길과 생명

### 제7장 십자가에 달린 자 ............................. 479
  1. 공포-기쁨의 수레바퀴 ............................ 479
  2. 불구의 어부왕 ..................................... 492
  3. 의미를 넘어선 탐색 ............................... 506

## 제8장 중재자 ······················································· 512
1. 과부의 아들 ···················································· 512
2. 첫 막간극 : 상징의 회복 ································· 537
3. 여인의 기사 ···················································· 546
4. 깨달음 ······························································ 554
5. 두번째 막간극 : 신화의 세속화 ····················· 566
6. 불가사의의 성 ················································ 586
7. 세번째 막간극 : 신화 발생 ···························· 613
8. 왕의 대관식 ···················································· 660
9. 사절 : 각자에게 그 자신의 것을 ··················· 672

## 제4부 새 포도주

## 제9장 "신"의 죽음 ············································· 685
1. 갈릴레오의 범죄 ············································· 685
2. 새로운 현실 ···················································· 686
3. 이름과 형식 ···················································· 691
4. 새 우주 ···························································· 702
5. 우수 어린 표정의 기사 ·································· 717
6. 새로운 신화를 향하여 ··································· 726

## 제10장 지상 낙원 ············································· 744
1. 모든 신은 당신 안에 ····································· 744
2. 상징화 ······························································ 770

주 / 807
역자 후기 / 845
색인 / 848

# 제1부 고대의 포도나무

# 제1장 경험과 권위

## 1. 창조적 상징화

세계 도처에서 사람들은 상상된 형태들을 통하여 존재의 경이와 관련을 맺으려고 해왔다. 나는 이런 상상된 형태들을 신의 "가면들"이라고 불렀고, 앞의 세 권의 책에서는 그 역사적 변형태들을 개괄해보았다. 그 과정에서 원시 세계, 동양 세계, 초기 서양 세계의 신화와 제의들을 거대하고 단일한 과정의 여러 단계로 정리하여 논의할 수 있었다. 아직 젊은 우리 종(種)의 역사에서, 과거로부터 물려받은 형태들에 대한 깊은 존중심이 일반적으로 혁신을 억눌러왔기 때문에 가능한 일이었다. 언제인지 모를 옛날에 나온 주제들은 실제로 수천 년이 흐르는 동안에도 작은 변주밖에 낳지 않았다. 그러나 최근 서양에서는 상황이 달라졌다. 서양에서는 12세기에 무시무시한 정통파적 전통이 개화하였는데, 바로 그 세기 중반 이래 그 전통의 해체 작업도 동시에 가속화되었다. 이 전통의 몰락과 더불어, 여러 우뚝한 개인들의 창조적 힘이 터져나왔다. 따라서 우리 자신이 살고 있는 엄청난 시대가 보여주는 장관을 연구하려고 할 때는 하나가 아니라, 심지어 둘이나 셋도 아니라, 무수히 많은 신화들을 고려해야 한다. 어쩌면 마을의 서낭신들의 수만큼 많은 신화들을 고려해야 할지도 모른다. 과거에는 지배적이었지만 이제는 분명 종속적인 위치로 떨어진 신학 영역에서도 루터, 멜란히톤의 1530년 아우그스부르크 신앙 고백이 승리한 이래 기독교의 계시를 읽는 헤아릴 수 없이 많은 독법들이 생겨났다. 반면 문학, 세속 철학, 예술의 영역에서는 완전히 새로운 유형의 비신학적 계시가 실질적인 영적 안내자가 되었으며, 문명을 구축하는 힘이 되었다. 이 계시는 그 범위도 넓고, 깊이도 깊고, 종류 또한 무한히 다양하다.

전통 신화의 맥락에서는 사회적으로 유지되는 제의를 통하여 상징들이 제시되며, 개인은 그 제의를 통하여 어떤 통찰, 정서, 헌신을 경험하거나 경험한 척해야 한다. 반면 내가 "창조적" 신화라고 부르는 것에서는 그 순서가 뒤집어진다. 개인은 그 나름의 경험을 한다. 질서의 경험일 수도 있고, 공포의 경험일 수도 있고, 아름다움의 경험일 수도 있고, 심지어 단순한 환희일 수도 있다. 개인은 이것을 기호를 통하여 전달하려고 한다. 만일 그의 깨달음이 어떤 깊이와 의미를 가진 것이라면, 그가 전달하는 것은 그것을 알아보는 사람들에게 살아 있는 신화로서 가치와 힘을 가지게 된다. 그것을 알아보는 사람들은 강제 없이, 스스로 그것을 받아들이고 반응한다.

신화적 상징들은 이성과 강제의 어휘가 도달할 수 없는 곳에서 삶의 중심들을 건드리고 들뜨게 한다. 빛의 세계적인 경험과 사고 양식은 우리 종의 생물학적 선사 시대에서 늦은, 아주 늦은 발전 단계에 속한다. 한 개인의 생명이 완성되는 과정에서도 빛에 눈을 뜨는 것은 살아 있는 몸을 구축하는 모든 주요한 기적들이 완료된 뒤에만 일어난다. 살아 있는 몸을 이루며 이미 기능하고 있는 기관들 각각에는 내재적 목적이 있는데, 그 가운데 어느 것도 이성에서 연역된 것이 아님은 물론, 아직은 이성에게 알려지지도 않은 상태이다. 생명 자체가 최초의 침묵의 바다――우리 피에는 아직 그 맛이 흐르고 있다――로부터 진화해오는 더 큰 과정과 맥락을 보자. 여기서도 눈을 뜨는 것은 모든 유기체의 제1원칙("지금은 내가 너를 잡아먹겠다, 이제 네가 나를 잡아먹어라!")이 수십억 년 동안 작동한 뒤에야 가능하였다. 그 세월이 워낙 길었기 때문에 그 원칙은 과거에도 없앨 수 없었고 지금도 없앨 수 없다——우리의 눈과 그 눈으로 보는 것 때문에 그 극악무도한 게임을 후회하는 마음이 들 수야 있겠지만 말이다.

신화의 첫번째 기능은 깨어 있는 의식을 이 있는 그대로의 우주의 외경스럽고 매혹적인 신비(mysterium tremendum et fascinans)와 화해시키는 것이다. 두번째 기능은 그 신비에 대한 해석적인 전체 이미지를 제공하는 것이다. 이것은 그 시대의 의식에 반영된 대로일 수밖에 없다. 셰익스피어는 자신의 예술의 기능이 "거울을 들이대서 자연을 비추는 것"이라고 정의하였다. 이것은 신화의 기능에 대한 정의가 될 수도 있다. 간단히 말해서, 그 기능이란 깨어 있는 의식에 그것을 지탱하는 원천의 힘을 드러내는 것이다.

세번째 기능은 도덕 질서의 강화이다. 즉 개인을 지리적이고 역사적인 조건 속에서 이루어진 사회 집단의 요구 사항에 맞게 형성하는 것이다. 여기서 자연으로부터의 실질적 분리가 일어날 수도 있다. 극단적이기는 하지만, **카스트라토**(고음을 유지하기 위하여 거세된 남성 가수/역주)가 한 예이다. 할례, 요도 절개, 난자, 문신 등은 사회적으로 명령된 낙인 찍기와 다듬기이다. 이것은 자연의 상태에 있는 인간의 몸을 더 크고 더 지속적인 문화적 몸에 귀속시키는 것이다. 인간의 몸은 그 문화적 몸의 한 기관이 된다. 동시에 정신과 감정에는 몸을 다듬는 행위와 관련을 가진 신화의 낙인이 찍힌다. 이런 가르침의 알파와 오메가는 자연이 아니라 사회이다. 나아가서 이런 도덕적이고 사회적인 영역에서 권위와 강제가 발휘된다. 인도에서는 카스트나 순사(殉死)의 제의와 신화를 유지하는 데 권위와 강제가 강력하게 발휘되었다. 기독교 유럽에서는 이미 12세기부터 더 이상 보편적으로 유지될 수 없었던 신앙이 보편적으로 강제되었다. 그 결과는 공언된 존재와 실제 존재 사이의 분열이며, 그에 따른 영적 재난이다. 이것은 '황무지'의 주제에서 '성배' 전설의 비유로 상징된다. 황무지는 영적 죽음의 풍경이다. '대망(待望)의 기사'를 기다리고, 기다리는——"고도를 기다리며!"——세계이다. '대망의 기사'는 세계의 완결성을 다시 살려낼 것이다. 그러면 지금은 잃어버리고 잊혀졌지만, 고갈

되지 않는 원천에서 흘러나오는 살아 있는 물이 무한히 깊은 곳으로부터 다시 흐르게 될 것이다.

역사의 길고 넓은 과정에서 보자면, 문명의 쇠퇴도 그것을 지탱하는 신화의 정전(正典)의 완결성과 설득력에 달려 있다고 말할 수 있다. 문명을 자극하고 건설하고 바꾸는 것은 권위가 아니라 염원이기 때문이다. 신화의 정전은 상징들의 조직이다. 그 뜻은 말로 표현할 수 없지만, 이 상징이 염원의 에너지를 일깨우고, 그 에너지들을 하나의 초점으로 모은다. 메시지는 뇌를 경유하여 마음에서 마음으로 옮겨다닌다. 메시지는 뇌를 설득하지 못하면 통과할 수 없고, 삶에 영향을 주지 못한다. 지역의 신화가 여전히 영향력을 행사하는 곳에서, 사람들은 사회적 질서와 일치를 이루고 우주와 조화를 이루는 경험을 한다. 그러나 권한을 부여받은 기호들이 더 이상 영향력을 행사하지 못하는 곳, 설사 영향력을 행사한다고 하더라도 정상이 아닌 결과를 낳는 곳에서는 필연적으로 그 지역의 사회적 연계로부터 분리된 느낌이 있을 수밖에 없다. 동시에 안팎에서 생명——뇌는 이것을 "의미"로 파악할 것이다——을 찾는 모험의 느낌이 있을 수밖에 없다. 개인은 사회적 패턴을 강요당하면 딱딱하게 굳어서 살아가지만 죽은 것과 진배없는 모습이 된다. 한 문명에 속하는 사람들 가운데 다수가 이런 곤경에 처하면, 머지 않아 돌이킬 수 없는 지점을 통과하게 된다.

1749년에 간행된 장 자크 루소의 『학예론(*Discours sur les arts et sciences*)』은 이런 의미에서 획기적이다. 그에게는 사회란 인간의 부패였으며, 그래서 "자연으로 돌아가라"고 부르짖었다. "자연적인 인간(natural man)"의 모델인 "고결한 야만인(noble savage)"으로 돌아가자는 것이었다. 물론 루소가 자연적인 인간이 아니듯이, 부족적 낙인이 찍힌 야만인도 자연적인 인간이 아니었다. 중세의 절정에서 성서에 대한 믿음이 사그러들었듯이, 계몽 시대의 절정에서 이성에 대한 믿음도 사라졌다. 그로부터 200년이 지난 오늘날, 우리는 T. S. 엘리엇의 「황무지(The Waste Land)」(1922년 주석과 함께 간행)를 만나게 되었다."

여기는 물이 없고 다만 바위뿐
바위만 있고 물이 없다 그리고 모랫길
길은 산 사이로 구불구불 돌아 오르는데
그 산들도 물이 없는 바위산
물이 있다면 우리는 멈춰 마시련만
바위 사이에서는 멈추어 생각할 수도 없다
땀은 마르고 발은 모래에 빠져
바위 사이에 물만 있다면
이빨이 썩어 침도 못 뱉는 죽은 산 아가리
여기서는 서지도 눕지도 앉지도 못한다
산 속에는 정적조차 없다
비도 못 뿌리는 불모의 마른 천둥뿐
산 속에는 고독조차 없다
토담이 갈라지는 집의 문에서
음침하고 붉은 얼굴들이 냉소하며 으르렁거릴 뿐

따라서 신화의 네번째 가장 중요한, 그리고 가장 핵심적인 기능은 개인이 완결성 안에 중심을 잡고 전개해나가도록 돕는 것이다. 이때 개인은 네 가지, 즉 d) 자기 자신(소우주), c) 그의 문화(중우주), b) 우주(대우주), a) 그 자신과 만물을 넘어서는 동시에 그 안에 있는 외경스러운 궁극적 신비와 조화를 이루어야 한다.

말이 다다르지 못하고
마음과 더불어 돌아서는 곳.[2]

셰익스피어적인 의미에서 "미덕과 악덕에게 각각 그대로의 모습과 형상을 보여주며, 시대의 참다운 연륜과 몸매에 그것의 형체와 모습을 보여주는"[3] 거울인 창조적 신화는 신학처럼 권위의 말에서 나온 것이 아니라, 자신의 가치 경험에 충실한 능력 있는 개인의 통찰, 감성, 사고, 비전에서 나온다. 따라서 창조적 신화는 전에 살았던 삶이 생산하고 남겨놓

〈그림 1〉 구세주 오르페우스 : 로마의 도미틸라 카타콤, 3세기.

은 형식의 껍데기에 집착하는 권위를 교정하며, 경험 행위 자체를 갱신하여 모험적 특질이 되살아나게 하며, 생성되는 것의 희생적이고 창조적인 불 속에서 고정되고, 이미 알려진 것을 부수는 동시에 재통합한다. 생성되는 것은 사물이 아니라 생명이다. 될 것이나 되어야 하는 것이 아니라, 또 되었던 것이나 전혀 되지 않을 것이 아니라, 안과 밖에, 지금 여기에, 깊음 속에, 과정 속에 있는 것이다.

〈그림 1〉은 3세기에 로마의 도미틸라 카타콤의 천장에 그려진 초기 기독교도의 그림이다. 중앙 패널, 즉 그리스도의 상징이 나올 것이라고 기대되는 곳에는 오르페우스교의 전설적인 창립자가 나온다. 수금과 노

경험과 권위 17

〈그림 2〉 마르크 왕을 위하여 하프를 연주하는 트리스탄.

래의 마법으로 야생의 짐승들을 잠잠하게 하던 이교도 시인 오르페우스이다. 그를 둘러싼 여덟 개의 패널 가운데 네 개에서는 구약과 신약의 장면들을 확인할 수 있다. 즉 팔매질을 하는 다윗(왼쪽 위), 사자굴의 다니엘(오른쪽 아래), 바위에서 물을 끌어내는 모세, 나사로를 살리는 예수의 모습이다. 이것과 번갈아가면서 짐승들이 네 개의 패널을 차지하고 있다. 두 개의 패널에는 흔히 볼 수 있는 이교도의 희생 제물 황소가 나무들 사이에 서 있다. 둘은 구약의 숫양이다. 구석 쪽에는 희생을 당한 숫양의 머리 여덟 개가 있다(희생당한 "하느님의 어린 양" 그리스도). 각 머리에서는 나뭇가지가 솟아오른다('새로운 생명'). 네 모퉁이에는 노아의 비둘기가 올리브 가지를 들었다. 대홍수 뒤에 땅이 다시 나타났다는 것을 말해준다. 이 그림에서는 의도적으로 종교간 통합을 노리면서,

기독교를 생산해낸 두 전승의 주제를 결합하였다. 그럼으로써 이 세 가지 전승을 통하여, 또 그것을 넘어서 서로 다른 상징 계열의 출발점이 된 하나의 진리, 하나의 신비의 근원 또는 근원 경험을 가리킨다. "늑대가 새끼양과 어울리고 표범이 숫염소와 함께 뒹구는"(「이사야」 11 : 6) 메시아 시대에 대한 이사야의 예언, 개인의 영혼 내에서 조화의 실현이라는 헬레니즘의 신비주의 주제는 단일한 관념의 변종임을 알 수 있다. 그리스도는 이 관념의 실현이었다. 이 모든 것 밑에 깔린 주제는 죽음을 초월한 생명이다.

그런 바탕이 되는 주제를 "원형적, 자연적, 기본적 관념"이라고 부를 수 있다. 그것의 문화적으로 규정된 변형태는 "사회적, 역사적, 인종적 관념"이라고 부를 수도 있다.[4] 창조적 신화는 늘 전자에 초점을 맞추지만, 필연적으로 당대의 언어로 표현된다. 그러나 사제의 정신, 정통파의 정신은 언제 어디서나 지역적이고, 문화적으로 규정된 표현에 초점을 맞춘다.

〈그림 2〉는 1270년경 처트시 수도원(서리)의 폐허에 있는 포장용 타일에서 나온 것이다. 이것은 어린 트리스탄이 숙부 마르크를 위하여 하프를 연주하는 모습을 보여준다. 당대에 이 그림을 본 사람이라면 이것을 틀림없이 사울왕을 위하여 하프를 연주하는 다윗과 연결시켰을 것이다. "사울은 야훼께서 자기를 버리시고 다윗과 함께 하시는 줄 알고 다윗을 두려워하였다"(「사무엘상」 18 : 12). 사울의 왕국이 다윗에게 갔듯이, 마르크의 왕비는 조카에게 갔다. 당대의 질서(민족적 범위)만을 따름으로써 자신의 본성이나 세계의 지속적 원리(기본적 범위)와 절연된 통치자는 만물의 감추어진 조화를 드러내는 존재에게 주권(왕국/여왕)을 넘겨주게 된다.

## 2. 말이 돌아서는 곳

〈그림 3〉과 〈그림 4〉는 오르페우스교의 성례에서 쓰는 황금사발의 내

경험과 권위 19

〈그림 3〉 오르페우스교의 성례에 쓰는 사발 : 루마니아, 3-4세기.

부와 중심인물이다. 이 사발은 도미틸라 천장과 비슷한 시기에 만들어진 것으로, 1837년에 루마니아의 부자우 지역에 있는 피에트로아사 시 근처에서 다른 보물 21점과 함께 발굴되었다. 그 보물 가운데 한 완장에 룬 문자들이 새겨져 있었기 때문에, 보물을 처음 검토한 많은 학자들은 이것이 서고트족의 왕 아타나릭이 묻은 것이라고 이야기하였다. 아타나릭은 381년에 훈족을 피하여 비잔티움으로 달아났다. 제1차 세계대전 동안에는 이 수집품 전체가 독일인들의 손길을 피하여 모스크바로 갔는데, 러시아의 공산주의자들은 금을 얻기 위해서 이것들을 녹였다. 따라서 지

〈그림 4〉 오르페우스교의 사발에 나오는 중심 인물.

금은 그 기원이나 정확한 연대를 알 도리가 없다. 그러나 1867-1868년 겨울의 여섯 달 동안 영국이 이 보물을 임대하였는데, 그때 영국인들은 이 보물의 사진을 찍고, 전기 주조법을 이용해서 복제하였다.

고전기의 기준에서 보자면 이 인물들은 조악하다. 지방 장인의 솜씨라고 말할 수도 있다. 루마니아는 로마의 국경수비대가 수백 년 동안 점령하여 고트인을 비롯한 게르만 부족들로부터 제국을 방어하던 곳이었다. 그러나 이 지역에는 게르만 외인부대, 나아가서 장교들의 수가 점점 늘어났다. 이 지역 전체에 걸쳐, 그리고 중부 유럽에 이르기까지 미트라 신비교의 성소들이 많이 발견되었다.[5] 그리고 이 사발이 보여주듯이, 오르페우스교도 숭배되었다. 나아가서 로마 시대 내내 헬레니즘의 영향력이 이 지방으로부터 지속적인 물결을 이루어 북쪽으로 게르만 부족들을 넘어서 켈트인들에게까지 흘러갔다. 또 중세에는 이 지방으로부터 그노시스파-마니교 경향의 강력한 이단이 서쪽으로 흘러넘쳐서 남부 프랑스까지 이르렀다(음유시인들의 사랑 숭배와 성배 전설이 생기던 바로 그 세기에 일어난 일이다). 따라서 이 오르페우스교 사발의 인물들은 서양의 종교적 전통만이 아니라 문학적이고 예술적인 전통과 특별한 관련을 맺고 있다. 제1단계에서 오르페우스를 어부로 보여주는 것 자체가 많은 연상을 불러일으킨다.

〈그림 5〉 물고기 관리인 : 바빌로니아, 기원전 1000년대.

1. 어부 오르페우스는 여기서 낚싯대를 들었다. 낚싯대 주위에는 줄이 감겨 있다. 들어 올린 손에는 그물가방을 들었다. 발치에는 물고기 한 마리가 있다. 이것을 보면 그리스도가 어부 사도들인 베드로, 야고보, 요한에게 한 말이 생각난다. "내가 너희를 사람 낚는 어부로 만들겠다."⁶⁾ 뿐만 아니라 성배의 전설에 나오는 '어부왕'도 생각난다. 어부왕이 떠오르면서, 그릇의 중앙에서 손에 잔을 든 인물이 '성배 처녀'의 원형일지도 모른다는 생각이 든다. 어부왕은 모험에 나선 기사를 성배 처녀가 있는 성으로 인도한다. 신비한 어부의 가장 초기 모델은 바빌로니아의 인장에

서 "물고기의 관리자"(〈그림 5〉)라는 인물로 나타난다.[7] 반면 현재의 가장 의미 있는 관련물은 교황이 끼고 있는 반지인 "어부의 반지"이다. 거기에는 그리스도가 말을 하는 계기가 되었던, 기적적으로 물고기를 잡은 사건을 표현하는 그림이 새겨져 있다.

〈그림 6〉 물고기 옷을 입은 기독교 세례자 : 초기 기독교 램프.

물고기를 잡는 이미지는 초기 기독교 공동체에 특히 잘 어울렸다. 당시에는 세례를 줄 때 세례자를 물고기처럼 물에서 끌어냈기 때문이다. 〈그림 6〉은 초기 기독교의 토기 램프이다. 세례자는 "물과 성령으로 새로 나지 않으면 아무도 하느님 나라에 들어갈 수 없다"[8]는 그리스도의 가르침에 따라 거듭나기 위하여 물고기처럼 옷을 입었다. 여기에 이르자 물고기에서 태어나 '물고기 냄새'(그녀의 진짜 이름은 '진리'였다)라는 별명을 가졌던 처녀에게서 난 위대한 현자 비야사의 탄생과 관련된 힌두 전설이 떠오른다.⁹⁾ 요나는 고래에게서 다시 태어났다. 『미드라시』에서는 물고기 뱃속에 든 요나가 셰올(헤브라이 사람의 저승/역주)이 삼킨 인간의 영혼을 상징한다고 말한다.¹⁰⁾ 그리스도 자신도 물고기로 상징되며, 그래서 금요일에는 생선을 먹는다.

〈그림 7〉 생명의 나무 옆의 물고기 신들 : 아시리아, 기원전 700년경.

여기서 우리는 상당히 오래된 전승의 맥락으로 들어온 것이 분명하다. 심연의 물로 뛰어들었다가 다시 태어난 것처럼 물 위로 솟아오르는 경험과 관련된 맥락이다. 이런 영적 경험에 관한 고대 전설 가운데 가장 잘 알려진 것은 아마 바빌로니아의 왕 길가메시가 불멸의 식물을 구하려고 우주의 바다 바닥으로 뛰어드는 전설일 것이다.¹¹⁾ 기원전 700년경 아시리아의 원통형 석인(石印)에서 나온 〈그림 7〉은 심연 바닥에서 두 팔을 벌리고 이 불멸의 식물에 다가가는 숭배자를 보여준다. 그 식물은 두 명의 물고기-인간이 지킨다.¹²⁾ 니느베(요나는 고래가 삼킬 때 이 도시로 가는 중이었다)의 아수르 신이 멋진 모습으로 그 위에 둥둥 떠 있다. 그런데 생각해보니, 길가메시는 물으로 나오다가 그 식물을 잃어버렸고, 그 식물은 뱀이 먹었다. 그래서 지금 뱀은 거듭나기 위하여 허물을 벗을 수 있는 반면, 인간은 죽을 수밖에 없다. 에덴의 하느님이 아담이 타락한 후에 그에게 한 말처럼, 이 경우에도 인간은 흙에서 난 몸이니 흙으로 돌아가리라.[13]

그러나 이것은 신비주의 전통을 가진 그리스인들의 생각과는 달랐다. 그리스인들은 신(제우스)이 생명 없는 흙이 아니라 아들 디오니소스를 잡아먹은 티탄들의 재로부터 인간을 창조하였다고 말한다.[14] 따라서 인간은 부분적으로는 불멸의 디오니소스적인 요소를 가졌고, 부분적으로는 필멸의 티탄적 요소를 가졌다. 따라서 신비주의 입문식에서 초심자는 그의 내부에서 영원히 살아 있는 신을 인식하게 된다. 이 신은 우리 모두의 안에서 다양하게 살기 위하여 스스로 죽었다.

〈그림 3〉의 성례용 황금사발에 나오는 열여섯 인물은 그러한 내적인 탐색의 입문 단계를 연속적으로 표현한다. 오르페우스의 낚싯줄에 의하여 신비의 문으로 이끌려온 초심자는 제3단계에서 해가 움직이는 방향으로 사발 주위를 따라 밤 바다(night-sea) 여행을 시작한다. 그는 지는 해처럼 상징적으로 죽어 땅속으로 내려갔다가, 제14단계에서 새로운 날로 다시 태어난다. 그는 이제 제16단계에서 히포르보레오스(그리스 신화의 북방 정토/역주)의 아폴론과 "눈을 마주하는" 경험을 할 자격을 갖추었다.

2. 입구에서 시중을 드는 벌거벗은 인물. 머리에는 성스러운 상자(cista mystica)를 이고, 손에는 낟알을 들었다.* 이 인물은 상자에 든 내용물을 제3단계에 있는 사람에게 준다.

3. 킬트를 입은 남자, 초심자. 그는 왼손에 햇불을 들었다. 저승의 페르세포네 여신의 상징이다. 따라서 초심자는 페르세포네 여신의 신비(죽음의 진실)에 입문하게 된다. 그러나 초심자의 눈은 여전히 신비주의 전수자인 '어부'의 눈에 고정되어 있다. 그의 어깨에는 죽음의 갈까마귀가 앉았다.** 초심자는 오른손으로 신비의 상자로부터 거대한 솔방울을 꺼낸다.

---

\* 고전 시대의 부조에서 머리에 성스러운 상자를 인 인물들은 주위 사람들보다 몸집이 작은 경우가 많다. 따라서 이 인물을 어린아이로 해석해서는 안 된다.
\*\* 미트라 입문식의 상징과 비교해보라(『신의 가면 : 서양 신화』 제5장 4절 참조). 그리

이것은 생명을 새롭게 하는 씨앗의 원리를 상징한다. 죽음과 부패의 운반자인 솔방울이 죽으면서 씨를 풀어놓기 때문이다. 여기서 바울의 말을 생각할 수 있다. "심은 씨는 죽지 않고서는 살아날 수 없습니다.…… 썩은 몸으로 묻히지만 썩지 않는 몸으로 다시 살아납니다."[15]

4. 겉옷을 걸친 여성, 신전의 문지기. 왼손에는 사발을 들었고, 오른손에는 들통을 들었다. 초심자를 안으로 안내한다. 땅의 여성적 힘이 솔방울에서 씨앗 생명을 해방시키듯이, 여신의 신비는 이 초심자의 마음을 바울이 (신비주의의 언어를 이용하여) "이 죽음의 육체"[16]라고 부른 것에 대한 몰두로부터 해방시킨다. 초기 메소포타미아의 원통형 석인에서는 성소 입구의 문지기들이 이 인물처럼 들통을 들었다. 그 안에는 불멸의 생명을 주는 꿀술이 들어 있었다.[17] 〈그림 7〉의 어부들 역시 그런 들통을 들었다. 초심자는 두 여신의 신전으로 안내된다.

5. 보좌에 앉은 데메테르. 오른손에는 지상의 생명이 피어나는 홀을 들었다. 왼손에는 벌어진 가위를 들었다. 이 가위로 생명의 실을 끊는다.

6. 데메테르의 딸, 페르세포네. 저승의 여주인이며, 데메테르의 홀과 가위의 통치권 너머를 다스린다. 그녀의 상징인 횃불은 저승의 빛을 상징하며, 영적인 재생의 불길이다.

초심자는 이제 그가 신비주의의 길로 들어설 때 그의 어깨에 앉았던 갈까마귀의 의미를 배웠다. 그의 손에 쥐어졌던 횃불과 솔방울의 의미도 배웠다. 따라서 우리는 그를 다음과 같이 보게 된다.

7. 입문한 신비주의자. 왼손은 경건하게 가슴에 얹었고, 오른손으로는 화관을 들었다.

8. 티케, 운명의 여신. 지팡이로 입문자를 건드려 그의 영을 필멸성 위로 들어 올린다. 왼손에는 풍요의 뿔을 들었다. 이것은 그녀가 제공하는 풍요의 상징이다.

이제 한밤의 중간에 온 셈이다.

9. 아가토다에몬, 행운의 신. 오른손에 들고 있는 죽음의 잠 양귀비 줄

---

고 아일랜드의 죽음의 여신과도 비교해보라(『신의 가면 : 서양 신화』 제7장 1절 참조).

기는 아래로 늘어뜨렸다. 왼손에 든 생명의 낟알은 위를 향하였다. 커다란 생명의 낟알은 입문자를 다음 단계로 인도한다.

10. 심연의 주관자. 오른손에는 망치를 들고, 왼손에는 풍요의 뿔을 들었다. 이 검고 무시무시한 신은 비늘이 있는 바다짐승 위에 앉았다. 이 짐승은 악어의 형태를 바꾸어놓은 것 같다. 그의 망치는 플라톤의 '거룩한 기술자'의 도구이다. '거룩한 기술자'는 영원한 형상을 모델로 지상 세계를 만든다. 그러나 이 망치는 또 깨달음의 번갯불을 상징하기도 한다. 이 번갯불을 통하여 지상 세계에 관한 무지는 파괴된다. 미트라 입문식의 신 제르반 아카라나의 상징과 비교해보라.[18] 또 세계 환각을 창조하는 동시에 파괴하는 인도의 신들과도 비교해보라.

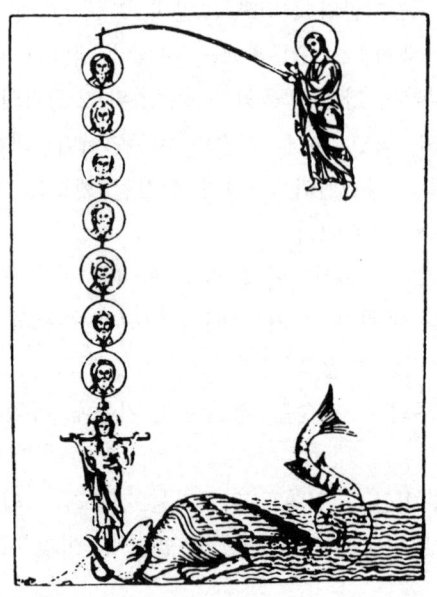

〈그림 8〉 아버지 하느님, 낚시 : 1180년경.

옛 수메르의 뱀-신 닌기즈지다는 이 물의 심연의 주관자의 궁극적 원형이다.[19] 그 심연에서 인간 생명이 나오며, 다시 그곳으로 돌아간다. 켈트인들에게는 지하세계의 신 수켈로스가 이와 같은 어둠의 힘을 상징하였다.[20] 고전 신화에서는 하데스-플루토-포세이돈이었다. 기독교 세계에서는 바로 마귀이다.

그러나 〈그림 8〉은 기독교 우주에서 마귀가 차지하는 자리와 이교도 우주에서 닌기즈지다나 하데스-플루토-포세이돈이 차지하는 자리에 중요한 차이가 있음을 보여준다. 이 삽화는 12세기에 나온, 알 만한 가치가 있는 모든 것에 대한 채색 참고서『기쁨의 작은 정원(*The Little Garden of Delights*)』(*Hortulus deliciarum*)에 나온 것이다. 이것은 대수녀원장 헤라드 폰 란드스베르크(1195년 사망)가 알사스 지방의 호헨부르크에 있는 그녀의 수도원에서 수녀들의 교육 사업을 돕기 위하여 편찬한 것이다.[21] 이 그림은 교황 그레고리우스(590-604년 재위)가 구원의 교리를 쉽게 설명하기 위해서 만든 비유에 바탕을 두고 있는데, 그 교리는 서기가 시작되고나서 첫 1,200년 동안 기독교 세계 전체에서 가장 장려되던 것이었다. 이것은 "구원의 몸값 이론"으로 알려졌으며, 구세주 자신이 한 말에 기초를 두고 있다. 마르코와 마태오는 구세주가 이렇게 말하였다고 전한다. "사람의 아들도 섬김을 받으러 온 것이 아니라 섬기러 왔고, 또 많은 사람들을 위하여 목숨을 바쳐 몸값을 치르러 온 것이다."[22] 2세기 리옹의 그리스인 주교 아레나에오스(130?-202년?)와 알렉산드리아의 신학자 오리겐(185?-254년?)이 처음으로 이 비유에서 신학적 명제를 읽어낸 것으로 보이는데, 아우구스티누스(354?-430년)도 이 교리를 받아들였다.[23]

그림을 보면 하늘의 하느님 아버지가 괴물 레비아단의 모습을 한 마귀를 낚고 있다. 낚싯줄은 다윗왕 가문의 왕들이며, 바늘은 십자가이며, 그의 아들은 미끼로 십자가에 달렸다. 마귀는 에덴 동산에서 계략을 통하여 인간의 영혼에 대한 법적 권리를 얻었다. 공정한 하느님은 그것을 존중해야 한다. 그러나 그 권리는 계략으로 얻은 것이기 때문에 하느님이 계략으로 그 권리에 종지부를 찍는 것도 정당하다. 하느님은 인간의 영혼에 대한 몸값으로 자신의 거룩한 아들의 영혼을 제공하였다. 그러나 삼위의 제2위인 아들은 부패할 수 없는 존재이기 때문에 사탄은 그를 어떻게 할 수가 없다. 하느님은 이 점을 알았지만 마귀는 알지 못하였다.

이렇게 그리스도의 인성은 마귀가 물고기처럼 따먹는 미끼이며, 마귀는 십자가라는 낚시 바늘에 걸리고 말았지만, 하느님의 아들은 부활을 통하여 십자가에서 탈출하였다.

성 안셀무스(1033-1109년)가 바람직한 성육신을 새롭게 해석할 생각을 한 것도 놀랄 일은 아니다. 기독교 신학의 새 시대의 획을 긋는 그의 유명한 논문「왜 신은 인간이 되었는가?(Cur deus homo?)」에서 그는 이 사건에서 배상 청구자는 마귀가 아니라 명령 불복종을 경험한 아버지 하느님이라고 주장하였다. 나아가서 그 청구는 하느님이 인간에게 한 것이다. 피해를 본 것을 배상한다는 의미에서 보자면 사탄에게 몸값을 주는 것이 아니라, 하느님에게 죄값을 주어야 하였다. 그러나 피해를 입은 것은 하느님의 무한한 위엄이다. 반면 인간은 유한하다. 따라서 아무리 많은 수의 인간이 어떤 행동을 하든, 어떤 제물을 드리든 배상 계산은 끝이 날 수가 없다. 이렇게 하느님의 창조와 관련된 전체 계획은 법적인 곤경 때문에 좌절될 지경에 이르렀다. 왜 신은 인간이 되었는가? 그 답은 두 단계로 제시된다.

1. 진정한 하느님이자 진정한 인간인 그리스도는 인간의 완벽한 대표자이다. 동시에 무한한 존재이기 때문에 무한한 범죄를 배상하기에 적절한 존재이다.

2. 그러나 그리스도가 그저 완벽하게 산다고 해서 인간의 과실을 보상할 수 있는 것은 아니다. 완벽하게 산다는 것은 인간의 의무일 뿐이며, 그 이상의 미덕이 될 수 없기 때문이다. 안셀무스는 말한다. "인간이 죄를 짓는 데서 달콤한 경험을 하였다면, 피해를 배상할 때는 힘든 경험을 해야 하는 것이 어울리지 않을까?…… 빚 때문이 아니라 하느님의 영광을 위하여 자발적으로 죽음을 겪는 것보다 더 힘들고 더 어려운 것은 없다. 인간이 하느님의 영광을 위하여 죽음에 굴복하는 것 외에는 하느님께 완전하게 자신을 드리는 방법이 절대 없다."

그리스도의 죽음은 필연적이었다. 그리스도가 그런 의지를 가지고 있었기 때문이다. 그러나 동시에 필연적이지 않았다. 하느님이 그것을 요구하지 않았기 때문이다. 따라서 아들의 죽음은 자발적인 것이며, 아버지는 그것에 보답해야 하였다. 그러나 이미 모든 것을 가진 아들에게 줄 것이 없었기 때문에, 그리스도는 그 은혜를 인간에게 향하게 하였다. 그래서 하느님은 이제 그리스도의 이름으로 오는 사람은 누구도 거부하지 않는다. 물론 성서가 지시하는 대로 와야 한다는 조건은 붙는다.[24]

오늘날에는 초월적인 신이 이런 식의 법률적인 산수——위의 두 가지 산수 가운데 어느 쪽이든——를 한다는 것을 진지하게 받아들이기 힘들 것이다. 이 두 가지 산수는 각각 구속의 "몸값" 이론과 "위약금" 이론이라고 부른다. 세번째 주장은 성 안셀무스와 같은 시대의 인물이자 엘로이즈의 연인이었으며, 뛰어난 지적 능력을 지닌 아벨라르(1079-1142년)에게서 나왔다. 그러나 성직자들은 그의 주장을 받아들이지 않았다. 그의 주장은 그리스도의 자기 희생은 마귀를 향한 것도 아니고 하느님을 향한 것도 아니라는 것이다. 그것은 인간을 향한 것이었다. 인간에게 하느님의 사랑을 증명하고, 그것에 보답할 수 있는 사랑을 일깨우고, 그럼으로써 인간을 하느님께 되돌리기 위한 것이었다. 인간에게 구속의 대가로 요구하는 것은 사랑으로 응답하는 것뿐이며, 사랑의 힘은 인류의 올바른 목적인 재결합을 이루어 줄 것이다.[25] 그러나 토론토 교황청 중세 연구소의 에티엔 길슨 교수가 『중세 기독교 철학의 역사(History of Christian Philosophy in the Middle Ages)』[26]에서 지적하듯이, 아벨라르의 사고 어디에서도 자연적 은총과 초자연적 은총의 구별을 찾아볼 수 없다. 세례받지 않은 사람들의 단순히 자연적일 뿐인 미덕과 성례에서 이루어지는 하느님의 귀중한 은혜 사이에 구별이 없다는 것이다. 아벨라르는 세례받지 않은 사람들도 구원받을 수 있다고 믿었던 사람이다. 이렇게 되면 성례는 불필요하며, 자연적 은총만으로도 구원을 얻을 수 있게 된다. 아벨라르는 묻는다. 기독교 사상의 기초를 이루는 글을 쓴 이교도 철학자들은 어떻게 되는가? 예언자들, 그리고 그들의 말대로 산 사람들은 모두 어떻게 되는가?

길슨 교수는 말한다. "아벨라르는 여기서 자기 멋대로 은총을 자연의 발전으로 보는 일반적 경향으로 나아간다. 또는 역으로······ 기독교를 그 안에 다른 모든 것을 포함하는 총체적 진리로 생각하는 경향으로 나아간다.…… 그에게는 기독교의 계시가 선택받은 자와 저주받은 자, 진리와 거짓을 구분하는 넘을 수 없는 장벽이 아니다.…… 아벨라르를 읽다보면 에라스무스를 위시한 16세기의 교육받은 기독교인들이 생각난다. 그들은 고대의 지혜와 복음의 지혜 사이의 거리를 매우 짧게 보았다."[27]

성서에서는 하느님을 "저 위"에 계신 분(〈그림 7〉의 아수르 신처럼)으로 표현한다. 우주의 내용이 아니라, 우주와 별도로 존재하는 우주의 창조자로 표현한다. 그럼으로써 물질로부터 신적인 수준을 박탈하여, 물질을 단순한 흙으로 바꾸어놓았다. 따라서 이교도 세계에서는 자연 가운데 신이 임재하는 증거로 바라보는 것을 교회에서는 악마의 증거로 바라본다. 포세이돈의 삼지창(인도에서는 시바의 삼지창)은 악마의 유명한 갈퀴가 되었다. 포세이돈의 위대한 황소, 즉 미노타우로스의 아비(인도에서는 시바의 황소 난디)는 악마에게 굽이 있는 발과 뿔을 주었다. 지하세계의 신 하데스라는 이름은 지옥의 이름이 되었다. 하인리히 침머는 지옥을 "심연으로 곤두박질친 무기수들을 위한 루시퍼 씨의 호화로운 마천루 아파트 겸용 호텔"이라고 재치 있게 묘사한 적이 있다. 페르세포네의 햇불에서 볼 수 있는 저승의 창조적인 생명-불은 악취가 나는 죄의 용광로가 되었다.

따라서 제10단계의 오르페우스교 입문의 의미를 기독교적 용어로 가장 간단하게 표현하는 방법은 여기서는 마귀도 하느님의 내재적 임재로 받아들인다고 말하는 것이 되겠다. 기독교적 관점에서 마귀는 하느님과 마찬가지로 "저 바깥에" 있는 독립적 존재이다. 그러나 오르페우스교의 입문의 이 단계에서 입문자가 배우는 것은 창조적 바다의 신, 이 세계를 움직이는 외경(tremendum)이 그 자신의 한 측면이라는 것이다. 따라서 입문자는 자기 내부에서 신을 경험해야 한다. 인도의 탄트라 전통과 마찬가지이다. 거기서도 모든 신과 악마, 천국과 지옥은 우리 내부에서 발견되고 제시된다. 공간과 시간에서 나타나고 사라지는 형상들을 주기도 하고 가져가기도 하는, 이 존재 근거는 어둡다고는 할지언정 악하다고 말할 수는 없다──세계 자체가 악하다고 말할 수 없는 한 말이다. 하데스-플루토, 포세이돈-넵투누스-시바의 교훈은 우리의 필멸의 부분이 저열하다는 것이 아니다. 불멸의 '인격'은 그 안에 있다는 것, 또는 그것과 하나를 이루고 있다는 것이다. 기독교인들은 이것을 하느님과 마귀로 나누고, 또 둘 다 "저 바깥에" 있는 것으로 생각한다.

이제 우리는 다음 단계로 넘어가게 된다.

11. 완전히 입문한 신비주의자. 그는 사발을 들고 있다. 마치 새로운 수용력이 생겼음을 보여주는 것 같다. 머리는 길고 오른손은 배에 얹었다. 임신한 여인을 생각나게 한다. 그러나 가슴은 분명히 남성이다. 따라서 남녀 양성을 모두 갖춘 존재라는 주제가 나타난다. 이것은 남성과 여성의 대립적인 앎의 방식들을 결합하는 영적 경험을 상징한다. 그리고 여기에 안에서 잉태된 새로운 생명에 대한 관념이 결합된다. 깨달음의 중심을 상징하는 정수리 위에는 영적인 날개 한 쌍이 있다. 입문자는 이제 정상적인 하루하루의 세계로 돌아갈 준비가 되었다. 따라서 다음 두 단계가 나온다.

12와 13. 서로를 바라보는 두 젊은 남자. 이들의 신분에 대해서는 학자들 사이에 의견 일치가 이루어지지 않는다. 프랑스의 고고학자 샤를 드리나스는 그들이 카스토르와 트립톨레모스라고 생각한다.* 그러나 지금은 고인이 된 예나 대학의 한스 라이제강 교수는 이 의견에 반대한다. 라이제강 교수는 그럴 경우에는 카스토르가 그와 떼어놓을 수 없는 쌍둥이 폴룩스와 헤어져야 한다는 합당한 근거를 제시하였다.[28] 대신 라이제강 교수는 이들이 채찍질을 당하는 두 신비주의자들일 것이라고 말한다 (어떤 비교에서는 채찍질이 입문식의 한 부분을 차지하였다). 그러나 나에게는 이것이 가능성 없는 이야기로 들린다. 만일 채찍질이 나온다면, 올라가는 길이 아니라 앞에서 내려가는 길에 나왔어야 하기 때문이다.

나로서는 이 둘을 불멸의 폴룩스(12)와 필멸의 카스토르(13)로 보지 말아야 할 이유를 모르겠다. 신비주의자들은 남녀 양성적 경험의 신전으로부터 떠나면서(단지 여성성과 남성성의 대립만이 아니라 삶과 죽음, 시간과 영원의 대립), 이미 얻은 지혜를 잃지 않고 빛의 세계에서 계속

---

\* 트립톨레모스에 대해서는 『신의 가면 : 서양 신화』의 〈그림 14〉를 보라.

자기 자리를 지켜야 하기 때문이다. 각각 불멸과 필멸인 쌍둥이 폴룩스와 카스토르라는 이중적 상징이 이런 이행의 의미에 꼭 들어맞는다. 두 사람의 다리는 곧다. 여기 나오는 모든 사람들 가운데 이들 둘만 그렇다. 그들은 발이 닿았고, 눈은 서로 마주본다. 둘 다 말을 타는 사람들이기 때문에 채찍을 들고 있다. 나아가서 두번째 사람의 어깨에 다시 갈까마귀가 앉았다. 맞은편에서 두 여신이 지키던 입구를 통과할 때, 죽음을 넘어선 지식의 영역으로 들어갈 때 이후 보이지 않던 것이다. 지금 우리는 그 영역에서 나오고 있다. 여기서 오른쪽 어깨의 갈까마귀와 왼손의 횃불은 제3단계의 갈까마귀와 횃불에 대응한다. 여기에 오른손에 채찍이 하나 더 있는 것이다. 따라서 채찍은 입문자가 일렬로 서서 말을 타는 상징적인 쌍둥이 가운데 하나로서 자신의 불멸인 부분에 대하여 새로 얻은 지식을 상징한다. 부카레스트 대학의 알렉산더 오도베스코 교수의 관점도 나의 이런 해석을 뒷받침해준다. 그는 이 사발을 처음 살펴본 사람인데, 이 두 사람을 알키라고 하였다. 알키는 카스토르와 폴룩스의 게르만적 표현이다. 그리스인들과 로마인들은 일반적으로 그들의 신과 이방의 신들 사이에서 유사성을 찾으려고 하였다. 따라서 이 사발을 게르만의 족장이 들고 있든 로마의 장교가 들고 있든, 그들은 말을 타는 이 쌍둥이가 알키 또는 카스토르와 폴룩스임을 알아보았을 것이다.

마지막 세 인물은 우리를 빛의 세계로 돌아가게 해준다.

14. 돌아가는 신비주의자. 제3단계와 똑같은 옷을 입었다. 이제 왼손에는 풍요의 바구니를 들고, 오른손에는 현자의 지팡이를 들었다. 그를 이끄는 사람은 다음과 같다.

15. 겉옷을 입고 들통과 사발을 든 여성. 제4단계의 인물과 짝이다. 그녀의 오른쪽과 왼쪽에는 포도나무와 과일이 있다. 성취에 이른 것이다. 그녀는 입문자를 신에게 이끈다. 입문자는 마침내 신을 보게 된 것이다. 입문자의 눈길은 신에게 고정되어 있다.

16. 히포르보레오스의 아폴론. 존재중의 존재의 초월적 측면을 신화적으로 인격화한 존재이다. 제10단계의 심연의 주관자가 같은 존재의 내재적 측면을 보여주는 것과 마찬가지이다. 그는 손에 수금을 들고 우아한 자

세로 앉아 있다. 발치에서는 그리폰이 쉬고 있다. 오르페우스교 찬송가에서는 이 신을 낮과 밤의 주관자라고 부른다.

> 그대는 가없는 에테르 전체와
> 이 지구 모든 지역을 살핀다.
> 그곳은 풍부하고 축복받은 땅.
> 그대의 꿰뚫는 눈길은
> 어둡고 고요한 밤 밑으로 퍼진다.
> 나날이 번창하는 세상 모두가 그대의 것,
> 그대는 거룩한 시작과 끝.[29]

이제 신비주의자는 한 바퀴 다 돌았기 때문에 우주의 움직임을 넘어서 움직이는 존재에 대한 지식을 얻었다. 태양은 그 존재로부터 빛을 가져오고, 어둠은 또 다른 종류의 빛을 가져온다. 수금은 피타고라스의 "천체들의 조화"를 상징한다. 태양의 새와 태양의 짐승인 독수리와 사자를 결합한, 신의 발치의 그리폰은 상징적인 짐승-물고기인 밤의 악어에 대응한다. 나아가서 이원성을 넘어선 신비의 이 두 신으로부터 얻은 지식이 있어야만 위대한 여신(〈그림 4〉)을 느낄 수 있다.

위대한 여신. 이름이 무엇이든 그녀의 보편적 자궁 안에 낮과 밤이 들어가 있다. 데메테르(제5단계)로 상징되는 생명과 생명의 딸인 페르세포네(제6단계)로 상징되는 죽음의 세계가 들어가 있다. 그녀의 자리에 얽혀 있는 포도 덩굴은 사발의 바깥 가장자리의 덩굴과 짝을 이룬다. 그녀는 두 손으로 이 우주의 포도나무의 암브로시아(신들의 음식/역주)가 든 큰 컵을 들었다. 그것은 늘 죽고 늘 사는 아들, 죽었다 불활한 아들, 디오니소스-바쿠스-자그레우스의 피다. 또는 그 이전 수메르-바빌로니아 신화의 두무지-압수, 탐무즈의 피다. "심연의 자식"의 피다. 이 잔으로 마시게 되는 피는 미사의 희생의 포도주의 이교도적 원형이다. 미사의 포도주는 축성의 말에 의하여 동정녀의 아들의 피로 화체(化體)한다.

〈그림 9〉는 300년에 만든 원통형 석인에서 나온 것이다.[30] 이 시기는

〈그림 9〉 십자가에 박힌 오르페오스 박키오스 : 서기 300년경.

도미틸라 천장과 피에트로사 사발이 만들어지던 시기이기도 하다. 이 그림은 아이슬러 박사의 『어부 오르페우스(Orpheus the Fisher)』에 처음 실린 것인데, 아이슬러 박사는 이것이 "낡은 종교적 신념을 완전히 버리지 않고 기독교 신앙으로 개종한 오르페우스교 입문자"[31]의 것이라고 이야기한다. 거기에 새겨진 글은 분명히 오르페오스 박키코스(Orpheos Bakkikos)이다. 일곱 개의 별은 묘성을 나타내는데, 이것은 옛날에는 '오르페우스의 수금'으로 알려졌던 별이다. 십자가는 그리스도의 십자가뿐만 아니라, 오리온 별자리를 이루는 큰 별들(왼쪽 그림)도 나타낸다. 오리온 별자리는 디오니소스의 별자리로도 알려져 있다. 초승달은 늘 이울었다가 늘 부푸는 달이다. 달은 그리스도가 무덤에 있던 사흘 동안 어두웠다.

오르페우스교의 용어로 해석하자면, 이렇게 십자가에 못박힌 구속자는 오르페오스(진정한 인간)라는 인간적 특징에서 볼 때, "'최대한의' 사랑을 통하여 자기를 궁극적으로 버리는 것"을 나타낸다고 할 수 있다. 이것은 울위치의 A. T. 로빈슨 주교와 고 파울 틸리히 박사가 그리스도의 십자가 처형의 신비주의적 교훈으로 제시한 것이다.[32] 그러나 동시에 그의 박키코스(진정한 신)라는 신적인 특징에서 볼 때, 이 이미지는 초월적인 "'존재' 근거"가 인격화되어 우리에게 다가오는 것을 상징한 것이다. 그는 이 세계의 실체(단지 창조자가 아니라)로서 기꺼이 자신을 절단함으로써 우리에게 다가왔다. 거기에서는 하나인 것이 여기에서는 이렇게 많은 것이 되었다──"쓰러뜨려 장작으로 쪼갠 나무처럼"(『리그 베다(Rg Veda)』 I : 32).

그러나 거기서 하나인 것이 여기서 이렇게 많은 것이 되는 것은 우주의 여신 어머니에 의해서이다. 어머니 여신의 자궁은 공간과 시간의 선험성이다. 십자가가 상징하는 것은 여신 어머니이다. 예를 들어서, 점성학적 천문학에서는 지구를 오른쪽 그림처럼 표시한다. 신-실체는 자기를 내주어 세계를 창조하는 지속적 행동을 통하여 이 공간과 시간의 영역으로 쏟아져 들어가는데, 그는 결국 여신 어머니 안으로 또 그녀를 통하여 들어가는 것이다. 그 과정이 끝날 때는 이렇게 많은 것이 다시 어머니 여신을 통하여, 그녀의 인도와 가르침을 통하여, 그녀의 영토를 넘어 모든 것이 나온 어둠 너머의 빛으로 가게 된다.

따라서 다시 〈그림 3〉으로 돌아가보자. 그녀의 자리를 둘러싼 원 안에는 사람이 누워 있다. 언뜻 보기에는 목자(牧者) 같다. 그의 다리 옆에는 개가 누워 있다(또는 달린다). 그 개의 코 앞에는 드러누운(또는 달아나는) 당나귀 새끼가 있다. 누운 인물은 테두리의 똑바로 선 인물들과는 달리 잠을 암시한다. 이것은 입문하지 않은 자연적인 인간의 영적 상태이다. 그는 보지만 이해는 못한다. 반면 테두리에 있는 신비주의자들은 영원한 형상, 즉 플라톤적 이데아에 대한 지식을 얻었다. 그 이데아는 만물을 구성하는 원리로서 만물에 내재한다. 깨어난 정신은 그것을 볼 수 있다.

꿈을 꾸는 사람의 맞은편에는 나귀가 두 마리 있다. 하나는 드러누워 있고 하나는 서 있다. 두 나귀는 식물을 뜯어먹는다. 그러나 표범과 사자에게 잡아먹힐 참이다. 여기서 얻는 교훈도 기원전 3500년경의 옛 수메르 인장(『신의 가면 : 동양 신화』의 〈그림 2〉)에 나온 "자기를 잡아먹는 힘"이 주는 교훈과 똑같다. 늘 죽고 늘 사는 신, 모든 존재의 실재인 신은 우리 눈으로 보기에는 잡아먹는 존재인 동시에 잡아먹히는 존재이다. 그러나 자연의 베일을 뚫고 들어간 입문자는 하나의 불멸의 생명이 만물 안에 산다는 것을 안다. 그 생명의 신의 상징은 세계 여신의 발에서 자라, 그림 전체를 둘러싸는 포도나무이다. 옛날에 그는 디오니소스-오르페우스-바쿠스로 알려졌고, 그 이전에는 두무지-탐무즈였다. 그러나 십자가에 못박히기 전 최후의 만찬석상에서 12궁을 이루는 사도들에게 다음과 같이(「요한복음」에서 인용) 말한 사람의 말에서도 그의 목소리가 들린다. "나는 포도나무요 너희는 가지이다. 누구든지 나에게서 떠나지 않고 내가 그와 함께 있으면 그는 많은 열매를 맺는다. 나를 떠나서는 너희가 아무것도 할 수 없다."[33]

한 마디로 고대의 포도나무와 기독교 복음의 새로운 포도나무는 똑같은 상징, 말, 신비로 연결되어 있다. 이교도들은 그리스도가 십자가 처형을 당하기 전 수천 년 동안 죽고 부활한 신――그의 존재가 우주의 생명박동이다――을 알았다. 최초의 농업 공동체에서는 곡식을 자라게 하기 위하여 진짜 인간을 희생하는 제의를 통해서 그 이미지를 표현하였는데, 그 목적은 마법적인 것이었다. 훗날 헬레니즘의 코스모폴리탄적인 도시에 살던 사람들 사이에서는 자연과 흙의 안정적 영향력으로부터 벗어난 내적 인간에 대한 관심이 이전보다 강렬해졌다. 고대의 신화는 내재화되었다. 그 결과 곡식은 땅의 마법의 문맥으로부터 벗어나 영적 입문의 문맥으로 옮겨졌다. 들판을 기름지게 하는 작용은 영혼에 활기를 주는 작용으로 바뀌었다.[34] 여기에 만물의 "본(model, 플라톤의 용어. 아리스토텔레스의 표현으로는 엔텔레케이아)"인, 지성으로 파악할 수 있는 형상들을 아는 길을 밝혀내려는 그리스의 철학, 과학, 예술이 결합되었다. 그 형상들은 곧 신이라고 부르는 '처음 움직인 존재'의 내재적 "생각들"이었다. 여기서 신은 "홀로 있는" 별도의 존재인 동시에, 그 부분들의 질서와

잠재력으로서 우주의 본질과 동일한 존재이다.[35]

　이제 왜 도미틸라 천장에서 중심이 되는 태양의 자리를 차지하고 있는 존재가 예수가 아닌 오르페우스인가 하는 질문에 답해보자. 내 생각에 답은 분명하다. 유대인들의 메시아 시대를 다가올 시간으로 파악하였다. 그러나 가장 초기의 기독교도는 그때가 이미 왔다고 생각하였다. 그러나 2세기말에는 시간이 종말이 오지 않았다는 것이 분명해졌다. 따라서 예언을 다시 해석해야 할 필요가 생겼다. 한 가지 해석은 종말이 명시되지 않은 미래의 어느 날로 미루어졌다는 것이었다. 또 하나의 해석은 종말이 헤브라이의 사고와는 달리 세상의 종말이 아니라 그리스 사고에서처럼 미망의 종말이라는 것이었다. 전자가 정통 기독교적 해법이었다. 후자가 오르페우스-그노시스파적인 해법이었다. 후자에서는 그리스도에게 최고의 비교 전수자의 역할을 맡겼다. 따라서 십자가에 못박힌 신-인간이라는 그리스도 상징은 성 그레고리우스처럼 "몸값" 교리를 통해서 읽어도 안 되고, 성 안셀무스처럼 "위약금" 교리로 읽어도 안 된다. 아벨라르처럼, 파울 틸리히처럼, 로빈슨 주교처럼 "상호 접근"으로 읽어야 한다. 즉 저기에서 여기로 읽어야 한다. 존재 중의 존재인 신이 절단되기 위하여 기꺼이 십자가에 와서, "쓰러뜨려 장작으로 쪼갠 나무처럼" 필멸의 조각들로 부서졌다는 것이다. 동시에 거꾸로, 여기에서 저기로 읽어야 한다. 자기를 무화시키는 개인은 필멸적 부분에 대한 집착을 버리고 원형과 다시 결합한다는 것이다. 따라서 법적인 "손해 배상"이라는 위약금적 의미로 속죄(atonement)를 얻는 것이 아니라, 그 말의 이전의 신비주의적 의미대로 하나됨(at-one-ment)을 얻는 것이다.


## 3. 인적 없는 길

　"그 고귀한 사람들이 다른 의견을 감추지 못하였다는 이유로 범죄자처럼 유배를 가다니, 한 나라에 이보다 더 큰 불행이 어디 있겠는가? 어떤 죄나 악도 저지르지 않은 사람들이 단지 계몽되었다는 이유로 적으로 취급되어 죽임을 당하다니, 이보다 더 큰 피해가 어디 있겠는가? 악을 행하는 자들이 두려워해야 할 교수대가 당국이 고안해낼 수 있는 모든 불명예의 표시를 지닌 자들에게 관용과 덕의 최고의 예를 보여주는 무대가 되다니, 이보다 더 큰 피해가 어디 있겠는가?"[36]

이것은 베네딕트 스피노자(1632-1677년)의 말이다. 그는 자신의 회당으로부터 달아난 유대인이었다. 독일의 낭만주의자 노발리스(1772-1801년)는 그를 "하느님에 취한 인간(ein gottbetrunkener Mensch)"이라고 찬양하였다. 살벌한 종교적 대학살의 시기에 스피노자는 그가 말한 대로 "철학을 하는 완벽한 자유가 독실한 신앙과 나라의 평화와 양립함을 보여줄 뿐만 아니라, 그런 자유를 빼앗는 것은 공공의 평화, 나아가 신앙심 자체를 파괴하는 것임을 보여주기 위하여" 글을 썼다. 따라서 스피노자는 유럽의 누구 못지않은 용기와 당당함으로 그가 지지한 계몽과 완결성의 원리를 대표한다. 그의 글은 당대에는 "배교자 유대인과 마귀가 지옥에서 만들어낸" 문서라고 비난받았다. 서로를 향하여 성서를 내던지는 광인들――프랑스의 칼뱅주의자, 독일의 루터주의자, 스페인과 포르투갈의 종교재판관, 네덜란드의 라비, 기타 갖가지 사람들――의 세계에서 스피노자는 성서가 "부분적으로 불완전하고, 신뢰할 수 없고, 틀렸고, 자기 모순이 있다"고 지적하였다(사실 모두의 눈에 분명하게 보였어야 마땅한 점이다). 나아가 스피노자는 진짜 "하느님의 말씀"은 책에 쓰여진 것이 아니라, "인간의 마음과 정신에 새겨진" 것이라고 말하였다.

사람들은 이미 알기 시작하였다. 세상은 공전하는 수정공들의 둥지가 아니었다. 땅은 그 고귀한 중심이 아니었다. 땅 위의 인간은 달, 태양, 행성, 고정된 별들이 주된 관심을 가지는 존재가 아니었다. 이 모든 것 너머에 왕중왕이 보석과 황금으로 만든 보좌에 앉아 있고, 그 주위에 많은 날개를 퍼덕이며 빛을 발하는 치품천사, 지품천사, 차품천사, 권품천사, 역품천사, 능품천사, 권천사, 대천사, 천사 등 아홉 천사들로 이루어진 성가대가 노래를 하는 것이 아니었다. 또 땅의 중심 근처에 지옥이 있는 것도 아니었다. 그 지옥에서 영혼들이 불에 타며 타락한 천사들인 악마들의 괴롭힘 때문에 비명을 지르는 것도 아니었다. 에덴 동산 같은 것도 없었다. 첫 인간 남녀가 금단의 과일을 먹지도 않았으며, 말을 할 줄 아는 뱀의 유혹을 받지도 않았으며, 그 결과 이 땅에 죽음을 가져온 것도 아니었다. 인간이라는 종이 진화하기 전에도 이곳에는 오랜 세월 동안 공룡의 죽음, 삼엽충의 죽음, 새, 물고기, 포유류의 죽음, 심지어 인간에 아주 가까웠던 생물들의 죽음과 같은 것이 있었기 때문이다. 또 세계 전체에 홍수가 일어나 노아의 방주라는 장난감 동물원을 아라라트산 꼭대기에 올려놓은 적도 없었다. 그곳으로부터 동물들이 자신의 대륙을 향하여 열심히 기어가거나, 껑충껑충 뛰어가거나, 헤엄쳐서 가거나, 질주해서 가는 일도 없었다. 캥거루와 오리너구리가 머나먼 오스트레일리아까지 가지도 않았고, 라마가 페루까지 가지도 않았고, 돼지쥐가 브라질까지 가지도 않았고, 북극곰이 북쪽 맨 끝까지 가지도 않았고, 타조가 남쪽으로 가지도 않았다.…… 오늘날에는 어떤 철학자가 그런 터무니없는 생각을 믿지 않았다는 이유로 우리 주 이후 1600년에 로마의 캄포데이피오리에서 산 채로 화형을 당하였다는 사실이 믿기 힘들 것이다. 다윈의 『종의 기원(Origin of Species)』이 나온 1859년이라는 늦은 시기에도 종교의 권위자들이 과학에 대항하여 그런 종류의 전승을 인용하였다는 사실도 믿기 힘들 것이다.

"어리석은 자들, 제 속으로 '하느님이 어디 있느냐?' 말들 한다"(「시편」 14 : 1 ; 53 : 1). 그러나 다른 유형의 어리석은 자들이 있다. 더 위험하고 또 더 자신만만한 자들이다. 그들은 속으로 말할 뿐만 아니라 온 세상을 향해서도 "내 하느님 외에 다른 하느님은 없다"고 선언한다.

캄포데이피오리——이곳에는 조각가 페라리가 세운 브루노의 상이 서 있다——에서 불에 타 죽은 경솔한 철학자 조르다노 브루노(1548-1600년)는 제 속으로 "하느님이 어디 있느냐?" 하고 말해서 타 죽은 것이 아니다. 사실 브루노는 하느님이 있다고 가르쳤고 또 그렇게 썼다. 이 하느님은 초월적인 동시에 내재적이다. 브루노의 이해에 따르면 하느님은 초월적이기 때문에 우주 바깥에 존재하고 우주보다 앞서 존재한다. 따라서 이성으로는 알 수 없다. 동시에 하느님은 내재적이기 때문에, 우주의 영이자 본질이다. 우주는 하느님의 형상을 따라 창조되었다. 따라서 이 하느님은 감각으로, 이성으로, 사랑으로 알 수 있으며, 점진적으로 근접해갈 수 있다. 하느님은 만물 속에 있으며, 각 부분에 있다. 하느님 안에서는 선과 악을 포함하여 모든 대립물이 조화를 이룬다. 브루노가 산 채로 화형을 당한 것은 수학자 코페르니쿠스가 그가 태어나기 5년 전에 증명하였던 진리를 가르쳤기 때문이다. 태양이 지구의 둘레를 도는 것이 아니라 지구가 태양의 둘레를 돈다는 진리이다. 브루노 자신을 포함하여 신구교 가릴 것 없이 모든 기독교 당국은 그 진리가 성서와 대립된다는 것을 알았다. 수백 년에 걸친 기독교 박해 시기 동안 실제로 문제가 되었던 점은 하느님에 대한 믿음이 결코 아니었다. 하느님의 말씀인 성서에 대한 믿음과 그 말씀의 해석자인 교회(이 교회든 저 교회든)에 대한 믿음이 문제였다. 브루노는 구약이 과학이나 역사를 가르치지도 않고 형이상학을 가르치지도 않는다고 생각하였다. 구약이 가르치는 것은 한 종류의 도덕이라고 생각하였다. 브루노는 성서를 그리스 신화와 같은 수준에 놓았다. 그리스 신화 또한 다른 종류의 도덕을 가르쳤기 때문이다. 그는 또 예수의 동정녀 탄생이나 화체의 신비와 같은 미묘한 문제에 대해서도 비정통적인 관점을 표명하였다. 그는 교회의 기능과 국가의 기능이 같다고 선언하였다. 사회적이고 실제적인 기능이라는 것이다. 공동체의 안전을 보장하고, 그 구성원들의 번영과 복지를 증진하는 기능이다. 반대와 경쟁은 국가에 위험하다. 따라서 권위적인 교리가 필요하고, 그것을 받아들이고 겉으로라도 거기에 순응할 것을 강요하게 된다. 그러나 교회는 그 이상으로 나아갈 권리가 없다. 지식의 추구, 진리의 추구에 개입할 권리가 없다. 그것은 철학이나 과학이 할 일이다.[37]

    새롭게 등장하여 모든 문제를 일으킨 것은 과학적 연구 방법이었다. 과학적 연구 방법은 갈릴레오, 케플러, 데카르트, 하비, 프랜시스 베이컨의 시대를 맞이하여 엄청난 속도로 발전하였다. 오랜 세월에 걸쳐 유지되어온 모든 벽, 모든 한계, 모든 확실성이 해체되고 흔들렸다. 완전히 새로운 현상이었다. 아직 끝나지 않은 이 시대, 우리가 살고 있는 이 시대는 여전히 새로운 전망을 열어 나가는 중이다. 사실 이 시대는 그 규모와 장래성에서 기원전 8000년부터 4000년 사이의 시기하고만 비교가 가능할 뿐이다. 그 시기는 근동 핵심부에서 문명이 태어나던 시기이다. 식량 생산, 농업, 목축이 발명되면서 인류는 원시적으로 식량을 찾아다니던 상태에서 벗어났으며, 그와 동시에 튼실한 기초를 가진 공동체도 세워졌다. 우선 마을이 생기고, 이어 작은 도시, 큰 도시, 나아가 왕국과 제국이 생겼다. 레오 프로베니우스는 『지상의 기념비(*Monumenta Terraum*)』[38]에서 아주 먼 옛날 열렸던——지금 닫히고 있다——'기념비적 시대'에 대하여 썼으며, 또 지금 우리 앞에서 동트는 '지구적 시대'에 대하여 썼다.

"우리는 이제 문화의 굴절이 아니라 하나의 문화 단계에서 다른 문화 단계로의 이행에 관심을 가진다. 이전의 모든 시대에는 사람들이 지구 표면 가운데 오직 한정된 부분만을 알았다. 사람들은 아주 좁은 곳으로부터 약간 넓은 이웃을 내다보았으며, 그 너머에는 거대한 미지의 세계가 존재하였다. 말하자면 모두 섬에, 어떤 테두리 안에 산 셈이었다. 그러나 이제 우리의 시야는 이 지구 표면의 한 지점에 한정되지 않는다. 그 시야는 행성 전체를 포괄한다. 바로 이 사실, 한계가 사라졌다는 사실은 완전히 새로운 것이다."

이미 말하였듯이, 인류의 이런 해방이 가능하였던 것은 주로 과학적 연구 방법 덕분이었다. 모든 발전한 개인은 인류 전체와 더불어 국지적 영토, 국지적 도덕률, 국지적 집단의 사고와 정서의 양식, 기호들의 국지적 유산으로부터 자유로워졌다. 이런 것들은 한때는 사람들을 보호해주는 테두리였지만, 이제 그 테두리는 해체되었다. 그러나 이 과학적 방법은 그 자체가 자유를 얻고자 하는 용기를 가진 자립적 정신의 산물이었다. 나아가서 자신의 감각을 믿고, 자신의 결정을 존중하고, 자신의 미덕을 명명하고, 자신의 진리의 비전을 주장하는 의지와 용기는 과학에서만이 아니라 삶의 모든 분야에서 새로운 시대의 생산력이요, 이 위대한 근대에 수확된 포도주를 발효시키는 효소였다. 그러나 이 포도주는 그 나름의 용기를 갖춘 사람들만이 안전하게 마실 수 있다.

이 시대는 바깥 세계로 나서는 사람들만이 아니라, 전통의 안내로부터 벗어나 안으로 향하는 사람들에게도 아무런 구속 없이 무모한 모험을 할 수 있는 시대이기 때문이다. 그 구호는 1905년에 나온 알베르트 아인슈타인의 상대성 원리에 가장 적절하게 정식화되어 있는 것 같다. "자연의 속성상 어떤 실험으로도 절대적 운동을 규정할 수 없다."[39] 이 짧은 말은 유럽 각지에서 10년간에 걸쳐 이루어진 실험의 결과를 요약한다. 그 실험이란 어떤 정지한 절대적 기준, 별과 태양의 운동을 측정할 수 있는 고정된 참조틀을 세우려는 것이었다. 그러나 그런 것은 찾을 수 없었다. 이런 부정적 결과는 아이적 뉴턴 경(1642-1727년)이 『프린키피아(Principia)』에서 이미 써놓은 것을 확인해줄 뿐이었다.

고정된 별들이 있는 머나먼 곳, 또는 그 너머 어떤 곳에는 절대적으로 정지해 있는 물체가 있을지도 모른다. 그러나 우리가 있는 곳에 존재하는 물체들의 상호간의 위치로 보건대, 이런 물체들 가운데 어떤 것이 그 머나먼 물체와 관련하여 똑같은 위치를 유지할 것인지 아닌지 아는 것은 불가능하다. 따라서 우리가 사는 곳의 물체들의 위치로부터 절대적 정지를 규정하는 것은 불가능하다.[40]

사실 상대성 원리는 12세기의 연금술서인 『스물네 명의 철학자들의 책(Book of the Twenty-four Philosophers)』에 나온 다음과 같은 문장에서 신화적으로, 도덕적으로, 형이상학적으로 규정되었다고 말할 수도 있다. "신은 지성으로 파악할 수 있는 구(球)인데, 그 중심은 모든 곳이며, 그 원주는 어디에도 없다."[41] 수백 년에 걸쳐 많은 수의 영향력 있는 유럽 사상가들이 그 말을 인용해왔다. 그 가운데는 알랭 드 릴(1128-1202년), 니콜라우스 쿠자누스(1401-1464년), 라블레(1490?-1533년), 조르다노 브루노(1548-1600년), 파스칼(1623-1662년), 볼테르(1694-1778년) 등이 있다.

따라서 어떤 의미에서는 최근의 수학자, 물리학자, 천문학자들이 유럽의 사상과 감정에서 오랜 세월 동안 인정되어온 일반적 원리를 자신의 분야에서 확인한 것뿐이라고 말할 수도 있다. 예전에는 구약에 보전된 옛 수메르의 세계관에 따라 안정된 우주 질서라는 관념이 지배적이었다.

여기에 사제들의 기존 도덕 질서라는 개념이 짝을 이루었다. 그러나 이제는 측정을 하는 도구와 관련된 모든 측정의 상대성에 대한 최근의 우주론적 인식에 짝을 이루어, 도덕 분야에서조차 모든 판단들이 "인간적, 너무나 인간적"(니체의 말을 빌리면)이라는 깨달음이 늘어난다.

오즈발트 슈펭글러는『서양의 몰락(The Decline of the West)』에서 "역사적 가상화(假像化)"라는 말을 만들어냈다. 그것은 "오래된 이질적인 문화가 육중하게 자리를 잡고 있는 곳에서 새로 태어난 젊은 문화가 제대로 숨을 쉬지 못하여, 순수하고 구체적인 표현 형태를 얻지 못할 뿐만 아니라 그 나름의 자의식을 완전하게 계발하지도 못하는 경우"[42]를 가리키는 말이다. 이것은 원래 광물학에서 나온 말로, 내적 구조와는 어울리지 않게 바위의 틈이나 다른 틀 내부에서 고체화된 수정의 현혹적인 외적 형태, 즉 "잘못된 형성물"을 가리키는 말이다. 레반트(슈펭글러의 용어로는 마기족) 문화의 중요한 부분은 그리스와 로마의 압박 속에서 발달하였다. 그러다가 마호메트와 더불어 갑자기 분출하여, 이슬람 문명이라는 고유의 스타일로 진화해나갔다.[43] 마찬가지로 북유럽 문화는 고딕 시기 내내 고전적인 그리스-로마 형식과 레반트의 성서적 형식이라는 덮개 밑에서 발전하였는데, 두 형식 각각에는 인류를 위한 단일한 법이라는 관념이 있었다. 우리는 이제야 비로소 그 관념으로부터 풀려나기 시작하고 있다.

성서의 율법은 초자연적 질서에 속한 것으로 여겨졌다. 자연과는 별도인 신의 특별한 계시를 받은 것이기 때문이다. 신은 개별적 의지의 절대적 복종을 요구하였다. 서양의 두 가지 유산 가운데 고전적인 부분에서도 마찬가지로 단일한 규범적 도덕법의 개념이 존재하지만, 이 경우에는 이성이 발견할 수 있는 자연법이다. 그러나 우리의 인류학, 역사학, 생리학, 심리학의 근대적 문헌들이 입증하는 것이 한 가지 있다면, 그것은 단일한 인간 규범은 없다는 것이다.

영국의 해부학자 아서 케이스 경은 약 30년 전 이런 상대주의적 성격을 띤 정신 신체적 결정론에 대해서 이야기하였다. 그는 흔히 '일반 독자'라고 부르는 사람들을 대상으로 쓰여진 글에서 이렇게 말하였다. "뇌 속에는 약 180억 개의 미세한 생명 단위, 즉 신경 세포들이 있다. 이 단위들은 수많은 대대로 편성되어 있으며, 이 대대들은 통신 시스템에 의하여 서로 연결되어 있다. 이 통신망은 그 복잡성에서 인간이 고안한 어떤 전화망과도 비교할 수 없다. 뇌 속의 수많은 신경 단위들 가운데 어느 것 하나도 고립된 것이 없다. 모든 단위가 연결되어 눈, 귀, 손가락, 발, 팔다리, 몸으로부터 뇌로 흘러 들어가는 메시지들의 끊임없는 흐름을 처리하는 데 관여한다." 이어 케이스 경은 결론을 말한다.

만일 자연이 간단한 두 개의 손가락도 똑같이 만들지 못한다면, 두 개의 뇌를 똑같이 만든다는 것은 더욱 더 불가능한 일이다. 뇌의 조직은 상상할 수 없을 정도로 복잡하기 때문이다! 모든 아이의 기능, 적성, 경향, 본능적 기호에는 일정한 균형이 있다. 그러나 이런 균형이 똑같은 두 아이는 없다. 그리고 각각의 뇌는 서로 다른 경험의 물결에 대처해야 한다. 따라서 나는 삶의 궁극적 실재들에 대하여 어떤 사람이 다른 사람과 의견이 다르다는 데는 놀라지 않는다. 내가 놀라는 것은 타고난 본성이 다름에도 불구하고, 그렇게 많은 사람들이 상당한 정도의 합의에 이른다는 점이다.[44]

따라서 아인슈타인에게서 알 수 있듯이 바깥 세계에서도, 그리고 케이스에게서 알 수 있듯이 안의 세계에서도 절대적으로 정지한 지점은 없다. 하느님의 사람이 안심하고 서 있을 수 있는, 또는 프로메테우스와 같은 존재가 창에 찔리며 서 있는 만세반석은 없다. 그러나 이것 역시 고딕 이후 유럽의 예술과 철학에서는 이미 인식하였던 것이다. 예를 들어서, 아르투르 쇼펜하우어(1788-1860년)는 형이상학적인 용어로 그 점을 표현하였다. 부처와 마찬가지로 세상의 슬픈 광경에 가슴 아파하던 이 우울한 천재는 서양의 주요한 철학자 가운데는 최초로 자신의 사상이 베다나 불교 사상과 관련이 있음을 인정한 사람이었다. 그러나 모든 개인의 독특한 성격의 형이상학적 근거에 대한 그의 학설은 개체화를 무시하는 모든 인도 사상과는 엄청난 거리가 있다. 힌두교이든 불교이든 자이나교이든, 인도의 목표는 개성을 정화해내는 것이다. 그러기 위해서 우선 카스트(dharma)라는 절대적 법칙을 고집한다. 그 다음에 시간의 바람들에 대한 무관심(nirvāṇa)을 향해서 나아가는 길(mārga)의 여러 단계를 고집한다. 그 단계들은 오래전부터 알려진 것이고 구분도 분명하다. 부처 자신은 부처들의 시간을 초월한 가르침을 새롭게 한 것일 뿐이며, 모든 부처는 개성을 씻어내버리면 똑같아 보인다. 그러나 쇼펜하우어에게는 카스트나 사회 질서가 아니라, 성격의 실현이나 공감과 선행에서 지성적이고 책임감 있는 자율성이 도덕적 가치의 기준이었다(결국 그도 삶에의 의지에 대한 거부를 최고의 영적 목표로 보기는 하였지만). 그래서 이런 공식을 일반적 안내자로 삼았다. "누구에게도 해를 주지 말라. 가능한 한 모두를 이롭게 하라."[45]

쇼펜하우어의 관점에서 호모 사피엔스 종은 진화에서 동물에게 적용되는 "종"이라는 단어의 의미를 넘어서는 단계에 이르렀다. 인간의 경우에는 각 개인이, 말하자면 종이기 때문이다. 쇼펜하우어는 말한다. "어떤 동물도 그렇게 주목할 만큼 개성을 보여주지 않는다. 고등 동물의 경우에는 약간 그런 면이 보인다. 그러나 그런 경우에도 종의 특성이 지배적이며, 생김새의 개성은 거의 찾아볼 수 없다. 나아가서 하등 동물로 내려가면, 종의 공통된 특성 속에 개별적 특성의 흔적은 점점 사라진다. 그러다가 마침내 일반적 생김새만 남게 된다."[46]

쇼펜하우어는 또 그림에서 종의 아름다움과 우아함에 호소하는 그림과 개체의 특성을 표현하는 데 관심을 가지는 그림은 그 목적에 차이가 있다고 말한다. 동물 조각이나 그림은 전자의 유형이다. 조각이나 그림으로 표현한 인물은 후자의 유형이다. 누드의 표현은 그 중간이라고 할 수 있다. 이 경우에는——적어도 고전 예술에서는——개체의 특성이 아니라 종의 아름다움과 관련하여 형체를 보기 때문이다. 개체가 나타나는 경우, 그 형체는 벌거벗었지만 본래의 의미의 "누드"는 아니다.[47] 대상의 특성을 상대하게 되면 벌거벗음 자체도 인물화의 지위로 발전할 수 있다. 쇼펜하우어가 말하다시피, 개성은 전체적인 표현으로까지 확장되기 때문이다.[48]

따라서 우리는 이제 고전 예술에서 절정에 이른 성취, 즉 정점은 서 있는 아름다운 누드임을 알게 된다. 이것은 인간 종의 규범에 대한 이상을 물리적으로 계시한 것이다. 또한 도덕적이고 영적인 규범을 찾는 그리스 철학의 탐구와도 일치한다. 반면 르네상스와 바로크의 성취의 정점에서는 초상 예술이 만개한다. 이를테면, 티치아노, 렘브란트, 뒤러, 벨라스케스의 캔버스에서 그 예를 볼 수 있다. 이 시기에는 심지어 누드도 초상이다. 벨라스케스의「브레다의 항복(Surrender of Breda)」(프라도 미술관 소장)과 같은 커다란 역사화에서도 초상이 지배한다. 오늘날 우리는 "변화의 바람"이라는 비인격적인 익명의 영향력이 역사의 새로운 시대를 가져온다고 생각한다(마치 역사가 저절로 움직이는 것처럼). 그러나 그들은 역사의 새로운 시대가 특정한 개인들의 업적이라고 생각하였다. 작은 일에서만이 아니라 큰 일에서도 성격을 강조하였다. 이것은 물랭 루주의 툴루즈 로트레크의 그림에서도 마찬가지이다.

따라서 이런 작품을 그린 대가들은 우리 종의 새로운 시대가 동터오는 것(지금이다)을 예언한 예언자들이며, 세계의 경이 가운데 우리가 묵상하기에 가장 적합한 측면을 밝혀냈다. 이것은 짐승이나 초인간적인 하늘의 존재들로 이루어진 만신전이 아니었다. 인간을 넘어선 모습으로 변화된 이상적 인간들도 아니었다. 눈에 보이는 실제 개인들이었다. 그 눈은 개인들을 꿰뚫어 실제 존재를 드러냈다.

다시 쇼펜하우어의 말을 인용해보자.

> 일반적 인간 형태가 일반적 인간 의지에 상응하듯이, 개인의 신체적 형태는 개인적 성격의 개별적으로 굴절된 의지에 상응한다. 따라서 신체적 형태는 모든 부분에서 독자적인 특성의 표현으로 가득하다.[49]

쇼펜하우어는 개별적 성격의 궁극적 기초는 연구를 넘어서며, 분석을 넘어선다고 말한다. 이것은 아서 케이스 경이 발견한 것과 완벽하게 일치한다. 그 근거는 태어나는 개인의 몸에 있다. 따라서 개인이 사는 환경이 성격을 결정하는 것이 아니다. 환경은 성격이 현세에 완성되는 것을 촉진하거나 방해하는 역할을 할 뿐이다. 흙과 비가 씨앗의 성장과 개화에 미치는 영향과 마찬가지이다. 쇼펜하우어는 다음과 같이 말하는데, 이

가운데 많은 부분은 다른 사람들에 의하여 임상적으로 확인되었다. "유년과 청소년기의 경험과 계몽은 나중에 커서 얻게 되는 모든 지식과 경험의 유형, 기준, 패턴이 된다. 바꾸어 말하면, 나중에 사물들이 분류되는 범주가 된다. 그러나 이런 일이 늘 의식적으로 이루어지는 것은 아니다. 어쨌든 유년에는 우리의 훗날의 세계관의 기초가 놓인다. 그와 더불어 그 피상성이나 심오함의 기초도 놓인다. 그것은 훗날 전개되고 완성되며, 본질적으로는 변하지 않는다."[50]

타고난, 또는 쇼펜하우어의 말을 빌자면, 예지적 성격은 환경을 통하여 점진적으로 그리고 불완전하게 전개될 뿐이다. 이런 식으로 나타나는 것을 쇼펜하우어는 경험적(경험되거나 관찰된다는 의미에서) 성격이라고 부른다. 우리 이웃들은 이런 경험적 성격의 관찰을 통하여 우리 삶에서 은밀히 형성되는, 선천적인 예지적 인격을 우리보다 더 잘 알게 되는 수가 있다. 우리는 경험을 통하여 우리가 누구인지, 무엇을 원하는지, 무엇을 할 수 있는지 배워야 한다. 쇼펜하우어는 말한다. "그때까지는 우리는 성격이 없고, 우리 자신에 대하여 무지하며, 외부로부터 오는 강한 충격을 통해서 우리의 올바른 길로 되돌아가야 하는 경우가 많다. 그러나 마침내 그것을 배우게 되었을 때, 우리는 이른바 '성격'을 얻게 된다. 이것은 말하자면 획득 성격이다. 이것은 간단히 말해서 더도 아니고 덜도 아닌, 우리가 자신의 개성에 대하여 얻을 수 있는 가능한 최대의 지식이다."[51]

따라서 위대한 초상은 "경험적" 성격을 통해서 우리의 이해를 넘어선 기초를 가진 존재의 "예지적" 성격을 드러낸 것이다. 이런 초상은 이 땅과 그 삶에 핍진하는 영성의 상이라고 할 수 있다. 이 땅에서는 우리의 '천로역정'의 '즐거운 산'이 이 세상의 피조물들 속에서 발견되며, '신의 도성'의 광채가 '인간'으로 인식된다. 이런 면에서 셰익스피어와 세르반테스의 예술은 현재 발전 도상에 있는 인류의 실제로 살아 있는 신화의 계시이고 텍스트이며 장(章)이다. 여기서 묵상의 대상은 인간이다. 그러나 종으로서의 인간도 아니고, 어떤 사회적 계급, 전형적 상황, 감정, 관념을 대표하는 인간도 아니다(이런 면에서 인도의 문학이나 예술과는 다르다).[52] 이 인간은 특정한 개인이다. 그의 현재의 모습이나 과거의 모습이지 그

외의 것은 아니다. 그렇기 때문에 이 신화의 만신전에 모셔진 신들은 다양하게 실현된 개인들이다. 그러나 그 개인들이 스스로를 아는 대로 또는 알지 못하는 대로 그린 것이 아니라, 예술의 캔버스가 그들을 드러내는 대로 그린 것이다. 각각 그 자신 내부에서는 (쇼펜하우어의 표현대로) "그 나름의 방식으로 '의지로서의 세계' 전체이기 때문이다." 프랑스의 조각가인 앙투안 부르델(1861-1929년)은 작업실에서 제자들에게 이렇게 말하곤 하였다. "예술은 자연의 위대한 선을 부각시킨다(L'art fait ressortir les grandes lignes de la nature)." 제임스 조이스는 『젊은 예술가의 초상(A Portrait of the Artist as a Young Man)』에서 "어떤 사물이 그 사물인 것"이 "아름다움의 최고의 특질"이며, 이것은 "그것이 그 모습 그대로이지 다른 것이 아님을 보게 될"[53] 때 인식된다고 썼다. 그리고 물론 여기에서도 우리는 셰익스피어의 "거울" 비유를 떠올리게 된다.

과거에는 각각의 문명이 그 나름의 신화의 매체였다. 그 문명의 지도적 정신들이 그 신화를 진보적으로 해석하고 분석하고 해명하는 것과 더불어 문명의 성격도 발전하였다. 현대 세계에서는 과학이 실제 생활의 여러 분야에 적용되면서 모든 문화적 경계들이 해체되었다. 따라서 별도의 문명이 다시 발달할 수는 없다. 현대 세계에서는 각 개인이 그 나름의 신화의 중심이다. 그 자신의 예지적 성격이 그의 경험적으로 탐구하는 의식이 찾아야 하는 '성육신한 신'이라고 할 수 있다. 델피의 경구였던 "너 자신을 알라"가 구호이다. 이 세계의 중심은 로마도 아니고, 메카도 아니고, 예루살렘, 시나이, 베나레스도 아니고, 지상에 존재하는 각각의 "그대"이다. 12세기의 『스물네 명의 철학자들의 책』에서 인용한 공식에서 말하는 대로 신은 "지성으로 파악할 수 있는 구인데, 그 중심은 모든 곳"이라는 의미에서 그렇다.

『성배 탐색(La Queste del Saint Graal)』이라는 13세기의 놀라운 전설에서는 원탁의 기사들이 각자의 말을 타고 성배를 찾아 출발할 때, 아서왕의 성으로부터 따로따로 떠났다고 이야기된다. "각 사람은 자신이 결정한 길을 따라 갔다. 그들은 이 지점 저 지점에서 자기가 보기에 가장 빽빽한 곳을 골라 들어갔다." 이렇게 해서 각 기사는 자신의 자유 의사에 따라 이미 자신이 이미 알고 있는, 아서의 높은 궁정의 좋은 동무와 원탁을 뒤에 두고 자기 나름의 영웅적인 방식으로 미지의 길 없는 숲을 경험하려고 하였다.[54]

오늘날에는 당시 건설되고 있던 문화 세계의 벽과 탑이 해체되고 있다. 당시에는 영웅들이 아는 것으로부터 미지를 향해서 자신의 의지에 따라 출발하였다. 그러나 우리는 오늘날 어쩔 수 없이 자기가 보기에 가장 빽빽한 곳을 골라 숲으로 반드시 들어가야 한다. 싫든 좋든 전인미답의 길이 우리 앞에 놓인 유일한 길이기 때문이다.

그러나 물론 지금도 어떤 전통적 신화의 울타리 안에서 살려고 하는 사람들은 개인적 삶의 위험으로부터 보호를 받을 수 있다. 많은 사람들에게 이런 식으로 기존의 공식을 고수하는 것은 그들의 타고난 권리이며, 당연한 일이지만 그들은 이것을 소중히 여긴다. 이것이 그들의 모험 없는 삶에서 출생으로부터 결혼과 그 의무에 이르기까지, 그리고 힘의 점진적 쇠퇴에 따라 마지막 관문의 평화로운 통과에 이르기까지 의미와 고귀함을 제공하기 때문이다. 시편 저자는 이렇게 노래한다. "야훼를 믿는 자는 한결같은 사랑 속에 싸이리라"(「시편」 32 : 10). 그러한 보호가 모든 희생을 치를 가치가 있는 전망으로 보이는 사람들에게는 정통적 신화가 평생 좋은 평판을 누리며 살 수 있는 패턴과 감성을 제공할 것이다.

그러나 그렇게 사는 것은 인생이 아니라 예상된 죽음이라고 생각하는 사람들에게는 성벽처럼 둘러싼 산들이 꿈의 안개로 이루어진 것처럼 보인다──다른 사람들의 눈에는 돌로 이루어진 것처럼 보이지만. 그래서 용기 있는 사람은 하느님과 마귀 사이, 천국과 지옥 사이, 백과 흑 사이를 걷는다. 그 벽들 너머로 나가 지도가 없는 숲의 밤으로 들어간다. 그곳에서는 무방비 상태로 모험에 나선 영혼을 향해서 신의 무시무시한 바람이 불어온다. 복잡하게 얽힌 길들 때문에 광기에 이를 수도 있다. 그러나 그 길들을 통하여, 중세의 가장 위대한 시인 가운데 한 사람이 말하였듯이, "하늘과 땅을 만드는 그 모든 것"에 이를 수도 있다.

## 4. 불멸의 산

고트프리트 폰 슈트라스부르크는 1210년경에 『트리스탄(Tristan)』을 썼는데, 이것은 훗날 바그너의 위대한 오페라의 원천이자 모델이 되었다. 고트프리트는 이렇게 말하였다. "나는 고된 일을 떠맡았다. 이것은 세상을 사랑하는 마음에서 하게 된 일이며, 고귀한 마음을 가진 사람들을 위로하기 위해서 하게 된 일이다. 내가 귀하게 여기는 사람들, 내 마음이 다가가는 세상을 위한 것이다. 슬픔을 감당하지 못하고(그렇다고 들었다) 오로지 행복에만 감싸이기를 바라는 사람들(그렇다면 하느님께서 그들이 행복 속에서 살게 해주시기를!)로 이루어진 평범한 세상을 말하는 것이 아니다. 내 이야기는 그들의 세상과 사는 방법에 주목하지 않는다. 그 삶과 내 삶은 동떨어져 있다. 나는 다른 세상을 염두에 둔다. 그 세상에서는 한마음으로 함께 그 씁쓸한 달콤함을 견디고, 귀중한 슬픔을 견디고, 마음의 기쁨과 갈망의 고통을 견디고, 귀중한 삶과 서글픈 죽음을 견디고, 귀중한 죽음과 서글픈 삶을 견딘다. 이 세상 속에서 내 세상을 가지게 해다오. 그 세상과 더불어 저주받을 수 있도록, 아니면 구원받을 수 있도록."[55]

제임스 조이스는 『젊은 예술가의 초상』에서 그의 20세기 아일랜드 가톨릭계 주인공인 스티븐 디덜러스의 말을 빌어 똑같은 대담한 주제를 표현한다. "나는 혼자인 것이 두렵지 않다. 실수를 하는 것도 두렵지 않다. 설사 큰 실수라고 하더라도, 평생 가는 실수, 영원히 사라지지 않을 실수라고 하더라도."[56]

우리의 현재 세계는 과학과 기계를 갖추었다. 거대 도시에 많은 인구가 살고, 공간과 시간을 뚫고 들어가고, 밤의 유흥 거리도 많고 혁명도 많다. 중세의 신으로 가득한 세상과는 판이하게 다르다(적어도 그렇게 보인다). 사실 이런 세상에 마음속에서 13세기의 고트프리트와 같은 모험을 진지하게 마주하고 있는 젊은이들이 있다는 것은 놀라운 일이다. 그 모험이란 지옥에 도전하는 것이다. 잠시 서양 세계를 시간이 아니라 공간의 관점에서 생각해보라. 시간 속에서 변하는 세계가 아니라 공간 속에 그대로 머물러 있는 세계로 생각해보라. 다양한 시대에 속하는 사람들이 각기 그 나름의 환경 속에서 살아가면서 또 모두가 동시대인들로서 이야기한다고 생각해보라. 이렇게 생각한다면 길 없는 마법의 숲에서, 또는 구불구불한 길과 작은 다리들이 있는 정원에서 한 시대의 사람을 통과하여 다른 시대의 사람이 있는 곳으로 갈 수 있다고 상상할 수 있을 것이다. 바그너가 고트프리트의 『트리스탄』과 고트프리트와 같은 시대 사람이며 뛰어난 시인이었던 볼프람 폰 에셴바흐의 웅장한 『파르치팔(Parzival)』을 이용하였다는 사실에서 어쩌면 어떤 길을 암시받을 수도 있을 것이다. 또한 고트프리트로부터 제임스 조이스로 이어지는 선, 그것도 아주 분명한 선을 확인할 수도 있을 것이다. 그리고 제임스 조이스(1882-1941년)와 토마스 만(1875-1955년) 사이의 일치(이번에는 같은 시대의 두 사람 사이의 일치이다)도 있다. 그들은 상대의 작품을 모르고 각자의 길을 따라 갔다. 그럼에도 마치 박자를 맞추어 나가듯이 시기까지 맞추면서 같은 단계들을 밟아나갔다.

우선 토마스 만의 『부덴브로크가(Buddenbrooks)』(1902)과 『토니오 크뢰거(Tonio Kröger)』(1903), 그리고 제임스 조이스의 『스티븐 히어로(Stephen Hero)』(1903)와 『젊은 예술가의 초상』(1916)이 그 예이다. 이 작품들은 한 젊은이가 자신이 태어난 사회적 연계로부터 떨어져 나와 개인적 운명을 실현하려고 노력하는 이야기들이다. 토마스 만의 경우에는 신교도 쪽에서부터 움직여 나가고, 제임스 조이스의 경우에는 로마 가톨릭 쪽에서부터 움직여 나간다. 그러나 각각은 영감에 가득찬 통찰의 순간을 통하여 자신의 문제를 해결하며(각각의 경우에 영감을 주는 존재는 소녀이다), 이어 미학적 이론을 규정하고 결단을 내린다.

그 다음은 『율리시즈(Ulysses)』(1922)와 『마의 산(The Magic Mountain)』(1924)이다 이것들은 근대 문명의 복잡한 조건 속에서 존재의 내용을 이루는 원리를 찾아 가는 탐구다. 사건들은 자연주의적 소설의 양식으로 표현되지만, 두 작품은 뒤로 열리면서 신화적 유추를 드러낸다. 조이스의 경우에는 주로 호메로스, 예이츠, 블레이크, 비코, 단테, 로마 가톨릭 미사 등과 닿아 있다. 만의 경우에는 괴테의 『파우스트(Faust)』, 쇼펜하우어, 니체, 바그너의 '베누스의 산', 연금술의 전승 등과 닿아 있다.

그 다음에 나오는 것은 『피네건의 경야(Finnegans Wake)』(1939)와 『요셉과 그의 형제들(Joseph and His Brothers)』(1933-1943) 4부작이다. 이 두 작품에서 두 소설가는 완전히 신화의 우물과 바다로 뛰어든다. 이전의 위대한 소설들에서는 신화적 주제가 기억과 메아리로 울려 퍼졌다. 그러나 이 두 소설에서는 신화 자체가 텍스트가 된다. 두 작품의 삶의 신비에 대한 비전은 아일랜드의 경야에 벌어지는 말다툼과 안내에 따른 박물관 답사만큼이나 서로 다르지만, 본질적으로는 똑같다. 도미틸라 카타콤에서는 거기 그려진 종교 통합적 이미지가 정신을 민족적 질서에 속박시키는 틀을 부수며, 그 결과 그 질서 뒤, 그 너머, 또 그 내부가 열리면서 기본적인 관념들로 이루어진 원천이 드러난다. 마찬가지로 이 진실로 강력한 신화적 소설들(의문의 여지없이 우리의 20세기에 생산된 가장 위대한 소설들이다)에서는 박학한 지식을 바탕으로 구조화된 통합주의 때문에 인간으로서 살아가는 삶의 경이에 대한 암시가 한없이 풍부하게 나타난다. 모든 역사의 원천을 이루는 심연에 고인 무한한 자원으로부터 그러한 암시들을 끌어올린다고 말할 수도 있다.

본 연구의 앞부분에 속하는 3권의 책에서는 신화를 대체로, 시인 고트프리트의 표현을 빌면, "슬픔을 감당하지 못하고 오로지 행복에만 감싸이기를 바라는 사람들"로 이루어진 평범한 세상에 속한 것으로 취급하였다. 말하자면 크든 작든 이미 받아들여지고 있는 종교의 신화로 취급한 셈이다. 그러나 이 책에서 나는 쇼펜하우어가 제시하고 아서 케이스 경이 확인한 생각을 받아들일 것이다. 개인의 문명이 동터오르는 이 시대의 창조적 대가들 각각을 절대적으로 독특한 사람으로, 각각을 그 자체로 독특한 종으로 간주하자는 것이다. 창조적 대가는 이런저런 때에 이런저런 장소에 도착하여, 그의 시대와 장소의 조건에서 자신의 본성의 자율성을 펼쳐나갔다. 이들은 젊은 시절에는 서양의 종교적 유산 가운데 권위를 가진 낙인을 받아들였지만, 해체라는 역사적 상황 속에서 스스로 생각하고, 자신의 눈으로 살피고, 자신의 마음의 나침반에 주의를 기울이게 되었다. 따라서 이 새로운 시대의 진정으로 위대한 인물의 작품들은 추종자들이 신봉할 만한 통일된 전통으로 묶이지 않고 묶일 수 없다. 그 작품들은 개별적이고 다양하다. 그것은 개인의 작품이며, 그러한 것으로서 다른 개인들을 위한 모범이 된다. 강제적인 모범이 아니라 감동적인 모범이 된다. 바그너는 고트프리트를 따랐고 볼프람을 따랐고 쇼펜하우어를 따랐지만, 마침내 그 자신만을 따르게 되었다. 그럼에도 학자들은 전통을 둘러싼 학파를 추적하고 묘사하고 가르쳐왔다. 학자들이라는 부류에게는 그런 일이 일거리가 된다. 그러나 그런 작업은 창조적 삶과는 아무런 관련이 없으며, 하물며 내가 여기서 창조적 신화라고 부르는 것과는 더욱더 관련이 없다. 창조적 신화란 주체의 대상에 대한 예측 불가능하고 전례 없는 깨달음의 경험, 그리고 그런 깨달음을 전달하려는 노력에서 솟아나온다. 이 두번째, 전적으로 부차적인 단계인 전달은 창조적 예술의 기술적 단계인데, 여기에서는 상징, 이미지, 신화 모티프, 영웅 행위 등과 관련된 무한히 풍부한 유산, 말하자면 사전에 의지할 수 있다──조이스나 만처럼 의식적으로 의지할 수도 있고, 꿈에서처럼 무의식적으로 의지할 수도 있다. 또는 지역적으로 통용되는 전적으로 새로운 주제와 이미지에 의존할 수도 있다. 조이스와 만은 이런 것들도 이용하였다.

그러나 여기서는 우선 그 모험에서 어떤 삶의 가능성이 열리는 순간, 그 미학적 정지의 순간의 신비에 대해서만 이야기하기로 하자. 그런 다음에 서양의 예술가들이 자신의 황홀경을 기념하기 위하여 사용할 수 있는 전달 매체의 목록을 살펴보자. 그리고 마지막으로 몇 사람의 대가들이 성취에 이른 경로를 따라가 보도록 하자. 이 대가들은 모두 우리의 가장 깊고 가장 어두운 과거로부터 나온 주제들의 풍부한 연속체를 다루었는데, 그 연속체는 가장 최근에는 『피네건의 경야』라는 그릇 속에서 부글부글 끓게 되었다. 나아가서, 희망을 가지고 다른 작품들로 들어갔으나 결국 먼지와 재만을 발견한 사람들에게 용기를 주기 위하여, 이 책에 나오는 증거들에 따르면 상속받은 사회적 굴레로부터 영혼이 해방되는 것은 실제로 가능하며, 또 이미 여러 번 이룩된 일이라고 말하고 싶다.

특히 창조적 사상을 가진 거인들은 그런 해방을 이룩하였다. 그들은 한 시점만을 놓고 볼 때에는 세계에 몇 명 안 된다고 할 수 있지만, 수백 년이라는 긴 세월을 놓고 보면 온 땅의 산들만큼이나 수가 많다. 사실 그들은 큰 무리를 이루고 있으며, 나머지 사람들은 그들로부터 영적인 힘과 장점을 끌어내어 자기 것으로 만든다.

역사 전체에 걸쳐 모든 사회는 이런 우뚝한 정신들을 불신하고 억압하였다. 아테네와 같은 고귀한 도시조차 소크라테스에게 사형 선고를 내렸고, 아리스토텔레스는 결국 분개하여 피신할 수밖에 없었다. 니체는 자신의 경험을 통하여 이렇게 말하였다. "과학이든, 예술이든, 정치이든, 종교이든 모든 제도의 목적은 절대 예외적인 모범을 만들어내고 양육하는 것이 아니다. 제도는 일반적이고 정상적이고 평범한 것에 관심을 가진다." 그러나 니체도 인정한 바에 따르면, "인류의 목표는 어떤 최종적인 완전 상태의 실현으로 나타나지 않는다. 그 목표는 가장 고귀한 모범들 속에 들어 있을 뿐이다."

〔니체는 말한다.〕'위대한 인간'이 나타나서 당신들 사이에 다시, 또 다시, 그리고 또 다시 살 수 있어야 한다는 것, 그것이 당신이 여기 이 땅에서 기울이는 모든 노력의 의미이다. 당신을 당신의 높이로 들어 올릴 수 있는 사람들이 되풀이해서 나타난다는 것, 그것이 당신이 받으려고 노력해야 할 상이다. 이따금씩 그런 인간이 드러나는 것을 통해서만 당신의 존재가 정당화될 수 있기 때문이다.…… 당신 자신이 위대한 예외가 아니라면, 그래, 그렇다면 작은 예외라도 되어라! 그러면 당신은 천재가 일으키는 거룩한 불을 이 땅에서 보살필 수 있을 것이다.[57]

# 제2장 변화된 세계

## 1. 고귀한 사랑의 길

> 한 남자 한 여자, 한 여자 한 남자,
> 트리스탄 이졸트, 이졸트 트리스탄.

시인 고트프리트는 말한다. "사랑의 내적인 불빛이 환해짐에 따라, 연인의 구혼의 광기도 뜨거워진다. 그러나 이 고통은 사랑으로 가득 차 있기 때문에, 이 고뇌는 용기를 돋우기 때문에, 한번 고무되면 어떤 고귀한 마음도 그것 없이는 살 수 없다."[1]

개인이 잘 다져진 안전한 땅으로부터 미지의 위험으로 옮겨가는 계기가 되는 경험의 모든 양식 가운데 고딕인을 권위 속에 빠진 유년의 잠으로부터 처음 깨운 것은 감정의 양식인 연애시였다. 고트프리트의 말에서 알 수 있듯이, 당시에는 그가 고귀하다고 부르는 사람들이 있었다. 하느님을 사랑하는 사람이 성례의 빵과 포도주에 의하여 양육을 받는 것과 마찬가지로 그들의 삶은 이 영적인 불로부터 양육을 받았다. 고트프리트는 그의 전설을 기념하여, 클레르보의 생 베르나르의 '노래 중의 노래'에 대한 유명한 설교에 나오는 수도승의 환희를 되풀이한다.

"나는 고뇌를 통하여 배웠기 때문에, 내가 죽는다는 것만큼이나 확실하게 그것을 안다. 즉 고귀한 연인은 사랑의 이야기들을 사랑한다는 것이다. 그런 이야기를 갈망하는 사람은 여기에서 다른 곳으로 갈 필요가 없다. 내가 고귀한 연인들에 대하여 잘 이야기해줄 것이기 때문이다. 그들은 순수한 사랑의 충분한 증거를 보여주었다. 그는 사랑에 빠졌고, 그녀는 사랑에 빠졌다……."

우리는 그들의 삶을 읽고, 우리는 그들의 죽음을 읽는다.
우리에게 그것은 빵처럼 달다.
그들의 삶, 그들의 죽음이 우리의 빵이다.
그래서 그들의 삶이 살고, 그래서 그들의 죽음이 살고,
그래서 그들이 여전히 살았으나 또 이미 죽었다.
그들의 죽음은 삶의 빵이다.[2]

아서왕 로맨스의 다른 전설들과 마찬가지로 트리스탄과 이졸트는 이교도 켈트족 신화로부터 파생된 복합적 주제들을 증류한 뒤, 기독교 기사들에 대한 이야기로 변형시켜놓은 것이다. 따라서 십자군 시대에 그 노래에 귀를 기울인 아직 반쯤은 이교도인 사람들에게 매혹의 힘을 발휘한 것이고, 그 이후에도 로맨틱한 사람들의 마음에 호소력을 발휘한 것이다. 모든 위대한 이교도 신화들과 마찬가지로 켈트인 신화에도 그 전체에 걸쳐 본질적으로 자연(인간의 본성과 통한다/역주)에 의존하는 면이 있다. 그러나 모든 교회의 교리에 따르면 자연은 아담과 하와의 타락과 함께 타락하였으며, 따라서 덕이라고는 찾아볼 수 없다. 켈트인의 영웅은 마치 무오류의 **자연적** 은총에 의하여 움직이는 것처럼 두려움 없이 마음의 충동을 따른다. 혼자서 결과에 개의치 않고 그 길을 따르면 슬픔과 고통, 위험과 재난만 만날 수도 있다. 기독교인들은 영원한 지옥이라는 궁극적 재난과 만날 수도 있다. 그럼에도 그 충동은 삶과 연결됨을 느낄 수 있다. 비록 영원한 삶의 광채는 아니라 하더라도, 적어도 성실과 진실은 만날 수 있다.

변화된 세계   57

성 아우구스티누스는 5세기초에 아일랜드의 이단 펠라기우스에 대항하여 아담과 하와의 타락으로 인한 전체적 타락으로부터의 구원은 초자연적 은총을 통해서만 가능하다는 교리를 확립하였다. 그 은총은 자연이 아니라 하느님이 십자가에 못박힌 예수를 통해서 주는 것이다. 이 은총은 그의 타락하지 않은 교회의 사제단이 일곱 가지 성례를 통해서 나누어준다. 교회 밖에는 구원이 없다(Extra ecclesiam nulla salus). 그러나 12세기와 13세기의 고딕 교회의 울타리 내에서는 그 타락할 수 없는 사제단의 타락——초자연적 성격은 아니라 하더라도 적어도 자연적 성격의 타락——이 엄청난 스캔들이 되었다.[3] 아서왕 로맨스는 들을 귀가 있는 사람들에게는 타락할 수 있는 자연에 사실 덕이 있다고 주장하였는데, 결국 그 덕이 없으면 삶에서 타락할 수 없는 고귀함이 사라진다. 아서왕 로맨스는 켈트인의 신과 영웅, 여자 영웅과 여신에게 기독교 기사와 처녀의 옷만 갈아입혀서 그런 메시지, 사실 아주 오랜 세월 동안 인류의 다수가 알고 있던 메시지를 전달하였다. 따라서 이 로맨스들은 교회에 대한 도전이었다.

시인 고트프리트는 자신이 이 도전의 심각성을 인식하고 있다는 점을 분명히 보여주기 위하여 연인들이 피신하는 사랑의 동굴을 자연 한복판에 있는 예배당으로 묘사하였다. 두 연인은 이졸트가 마르크왕과 혼배성사를 드리는 것을 피해서 그곳으로 간다. 제단이 놓여 있어야 하는 곳에는 그들의 사랑이 절정에 이르는 침대가 놓여 있다.

동굴은 코리네우스*가 오기 전 거인들이 통치하던 이방인 시절에 거친 산 속에 파놓은 것이었다. 당시에는 사랑을 나누기 위하여 둘만 있고 싶을 때 그렇게 숨는 것이 관습이었다. 실제로 그런 작은 동굴이 있는 곳마다 청동으로 만든 문을 닫아 걸고 이런 말을 새겨두었다. "La fossiure a la gent amant." 이 말은 "사랑에 빠진 사람들을 위한 작은 동굴"이라는 뜻이었다.

그 이름은 장소와 잘 어울렸다. 전설이 알려주는 바에 따르면, 그 동굴은

---

\* 콘월이라는 이름은 코리네우스에게서 나온 것으로 여겨졌다. Geoffrey of Monmouth의 *History of the Kings of Britain* 1.12에서 그를 그렇게 부르는데, 그 이름의 출처는 베르길리우스의 『아이네이스』 9.571과 12.298이다.

원형이었고 폭이 넓었고 높이가 높았다. 벽은 반듯하고 평평하였으며 눈처럼 희었다. 위의 천장의 돌들은 섬세하게 맞물려 있었으며, 종석(宗石)에는 왕관이 있었다. 금세공인은 아름다운 보석 상감으로 왕관을 장식하였다. 밑의 바닥에는 평평하고 빛이 나고 윤기가 흐르는 대리석이 깔렸다. 대리석은 풀과 같은 녹색이었다. 가운데는 침대가 있었다. 수정을 깔끔하고 멋있게 파내서 만든 것으로, 땅에서 높이 올라가 있었으며 폭도 넓었다. 전설에 따르면, 둘레에는 이 침대가 여신 사랑에게 바쳐진 것임을 선포하는 글이 적혀 있었다. 높은 천장에는 작은 창문 세 개가 파여 있었다. 그곳으로 여기저기에 빛이 들어왔다. 드나드는 곳에는 청동으로 만든 문이 달려 있었다.[4]

고트프리트는 이 형식들에 담긴 알레고리를 자세하게 설명한다.

원형의 내부는 사랑의 '단순'이다. '단순'이야말로 사랑에 가장 잘 어울리기 때문이다. 사랑은 모가 난 곳에는 살 수 없기 때문이다. 사랑에서 모서리는 '악의'와 '교활'이다. 넓은 폭은 사랑의 '힘'이다. 이 '힘'은 무한하다. 높이는 구름에 이르는 '갈망'을 의미한다. '황금의 덕'들이 종석에서 천장의 돌들을 연결시키고 있는데, 사랑은 그곳으로 올라가려 할 때 어떤 희생도 불사한다……
작은 동굴의 벽은 희고 평평하고 반듯하다. 이것은 '성실'의 특징이다. 균일하게 흰색을 유지하고 있는 그 광택 위에는 절대 다른 색을 덧칠할 수 없다. 또한 어떤 종류의 '의심'도 그곳에서 튀어나온 곳이나 파인 곳을 발견할 수 없다. 대리석 바닥은 '절개'이다. '절개'의 청청함과 단단함을 볼 때 바닥의 색깔과 재질은 잘 어울린다. '절개'는 풀처럼 늘 새롭게 푸르며, 유리처럼 평평하고 맑기 때문이다. 중앙에 놓인 수정처럼 고귀한 사랑의 침대는, 당연하게도 그녀의 이름에 바쳐졌다. 침대의 수정을 조각한 장인은 그녀의 권리를 정당하게 인정하였다. 사실 사랑은 수정같아야 하며, 투명해야 하며, 맑아야 하기 때문이다.
동굴 안에는 두 개의 빗장이 청동 문을 가로지른다. 안에는 또 걸쇠도 있는데, 벽 사이에 교묘하게 놓여 있다. 트리스탄이 발견한 바로 그곳이다. 걸쇠는 작은 레버로 조정한다. 레버는 밖으로부터 안으로 연결되어 있으며, 걸쇠를 이쪽저쪽으로 움직인다. 그러나 자물쇠나 열쇠는 없다. 이제 그 이유를 말해주겠다.

 자물쇠가 없는 것은, 문에(문 바깥을 뜻한다) 그것을 열거나 닫을 수 있는 장치가 달려 있다는 것이 '배반'을 의미하기 때문이다. 안에서 받아들이지 않는데도 누가 사랑의 문으로 들어온다면, 그것은 사랑으로 간주할 수 없다. 그것은 '기만'이나 '완력'이다. 사랑의 문——사랑의 청동문——이 있는 것은 누구도 사랑에 의하지 않고는 들어올 수 없게 하기 위해서이다. 그 문이 청동으로 만들어진 것은, 폭력이나 완력, 교활이나 기술, 배반이나 거짓으로도 그것을 훼손하지 못하게 하기 위해서이다. 나아가서 안에 있는 두 개의 빗장, 사랑의 두 봉인은 양쪽에서 서로를 향한다. 하나는 삼나무이고, 하나는 상아이다. 이제 그 의미를 말해주겠다.
 삼나무는 사랑의 '이해'와 '설득'이다. 상아는 사랑의 '겸손'과 '정결'이다. 사랑의 거처는 이 두 봉인, 이 두 정숙한 빗장으로 보호된다. '배반'과 '폭력'은 안으로 들어오지 못한다.
 밖으로부터 안의 걸쇠와 연결된 작은 비밀 레버는 주석 막대이다. 걸쇠는 금이다——당연히 금이어야 한다. 걸쇠와 레버의 재질은 그 특질과 딱 맞아떨어진다. 주석은 은밀한 희망을 품고 '부드럽게 노력하는 것'이기 때문이다. 금은 '성공'이기 때문이다. 따라서 주석과 금이 적당하다. 모든 사람이 자신의 의지에 따라 노력을 기울일 수 있다. 좁게 또는 넓게, 짧게 또는 길게, 자유롭게 또는 엄격하게, 저런 식으로나 이런 식으로, 이런 식으로나 저런 식으로, 거의 아무런 노력 없이——마치 주석을 주무르는 것처럼 말이다. 그렇게 하더라도 아무 해가 될 것이 없다. 그러나 만일 그가 적절한 부드러움을 갖추어 사랑의 본성을 생각할 수 있다면, 그의 주석 레버, 이 사소한 것을 통하여 황금의 성공으로, 귀중한 모험으로 나아갈 수 있다.
 동굴 위쪽에 솜씨 좋게 바위를 뚫어 깔끔하게 만들어놓은 작은 창문들은 태양의 광채를 받아들인다. 첫번째 창은 '예의바른 태도'이며, 두번째 창은 '겸손'이며, 마지막 창은 '혈통'이다. 세 개의 창을 통하여 들어오는 따뜻한 빛의 웃음에서는 축복받은 광채인 '명예'가 빛난다. 이것은 모든 빛 가운데 지상의 모험에서 만나는 우리의 동굴을 밝혀주는 최고의 빛이다.
 마지막으로 이 동굴이 이렇게 야만적인 광야에 홀로 놓여 있는 것에도 의미가 있다. 그 해석은 사랑과 그 사건들은 거리에서나 열린 들판에서 찾을 수 없다는 것이다. 사랑은 광야에 감추어져 있다. 그녀가 머무는 곳으로 가는 길은 힘이 들며, 자기를 희생해야 도달할 수 있다. 도처에 산들이 널려 있다. 어려운 굽이길을 가다 보면 이곳저곳에 이른다. 좁은 길들은 위아래로 달린다. 길을 막은 바위들 때문에 괴롭다. 아무리 길을 잘 따라가도, 한 발만 삐끗하면 절대 안전하게 돌아올 수 없다. 그러나 그 광야를 뚫고 나가는 운 좋은 사람은 자신의 노력에 대해서 기쁨에 넘치는 보답을 얻게 된다. 그곳에서 마음의 기쁨을 발견할 수 있기 때문이다. 그 광야에는 귀가 듣고 싶어하는 모든 것, 눈에 즐거운 모든 것이 풍부하다. 따라서 아무도 다른 곳에 가고 싶어하지 않는다. 나는 이것을 잘 안다. 왜냐하면 내가 그곳에 가본 적이 있기 때문에…… 태양을 받아들이는 그 작은 창들은 종종 내 마음에 빛을 비추어주었다. 나는 열한 살 때부터 그 작은 동굴을 알았다. 그럼에도 나는 콘월에는 한번도 가본 적이 없다.[5]

그 동굴에 은둔한 연인들은 어떤 음식을 먹고 살까?

시인 고트프리트는 대답한다. "많은 사람들이 호기심과 의아함에 사로잡혔다. 이졸트와 트리스탄, 이 두 사람이 그 황무지에서 어떻게 먹고살았는지 궁금하였기 때문이다. 이제 내가 이야기를 하여 호기심을 채워주겠다."

"그들은 서로를 보았으며, 그것으로 영양분을 삼았다. 그들의 눈에서 나오는 열매가 두 사람의 양식이 되었다. 그들은 사랑과 그들의 마음 상태 외에는 아무것도 먹지 않았다.…… 영혼이나 몸을 위해서 그보다 나은 음식이 어디 있을까? 남자는 그곳에서 여자와 함께 있었고, 여자는 그곳에서 남자와 함께 있었다. 그들이 더 이상 무엇을 바랐을까? 그들은 자신들이 가지려고 했던 것을 가졌고, 그들이 바라던 목표를 이루었는데……"[6]

"사랑의 섬김(minne)에는 눈이 없으며, 사랑(liebe)이 진지할 때 사랑에는 두려움이 없다."[7]

## 2. 악마의 문

"순수하게 정치경제학의 관점에서 바라본 12-13세기는 광기의 시대이다."

변화된 세계    61

헨리 애덤스는 『몽-생-미셸과 샤르트르(Mont-Saint-Michel and Chartres)』에서 그렇게 썼다. 이 책은 성당 건축 시대 공동체의 창조적 삶의 위대한 절정기에 대한, 현혹적일 정도로 장난스러운 동시에 심오하고 진지한 해석서이다.[8]

"통계에 따르면 1170년과 1270년 사이의 100년 동안 프랑스인들은 80개의 성당과 거의 500개에 가까운 성당급 교회를 건축하였다. 1840년의 추정치에 따르면 그 비용은 지금 돈으로 50억 프랑 이상일 것이라고 한다. 50억 프랑이라면 10억 달러이다.* 그러나 이 돈은 단 한 세기에 지어진 큰 교회들에 들어간 비용일 뿐이다. 1000년 이래로 같은 규모의 지출이 이루어졌다. 프랑스의 거의 모든 교구 교회들이 돌로 재건축되었다. 오늘날까지 프랑스 어디를 가나 이 건축물의 유적을 볼 수 있다. 그러나 로마네스크 시기와 과도기에 속한 교회들 가운데 11세기와 12세기의 교회들 가운데 지금까지 보존된 것은 수백 개이다. 물론 원래 숫자는 수천 개에 달할 것이다. 자본 가운데 동정녀에게 투자된 부분이 얼마인지——상업적인 비유를 사용해도 좋다면——확인할 수는 없다. 1000년에서 1300년 사이에 종교적 물건에 들어간 총액 역시 마찬가지이다. 그러나 영적이고 예술적인 의미에서, 그것은 거의 전체였다고 할 수 있을 것이다. 그것은 당대인들의 신념의 강도를 보여준다. 이것은 그 이후 종교이든 충성심이든 애국심이든 어떤 열정으로도 따라갈 수 없었던 강도이다. 또한 전쟁을 제외하면, 이에 버금가는 단일한 경제적 노력도 두 번 다시 나타나지 않았다."[9]

그러나 우리는 위대한 문명의 전개에서도 초기 발전 단계에는 광기의 표지들이 나타나는 경우가 많다는 것을 알고 있다——그렇지 않은가? 예를 들어서, 피라미드에 동원된 엄청난 노동력이 그렇고,[10] 우르의 왕묘의 고상한 천문학적 무언극이 그렇다.[11] 사실 거기서도 나타났고, 또 여기서도 다시 보게 되었듯이, 문명을 진지하게 눈여겨보면 경제적인 맥락에

---

* 애덤스의 글은 1904년에 나온 것이다. 오늘날의 가치로 환산하면 100억 달러 이상이 될 것이다(조지프 캠벨의 책은 1968년에 나온 것이다. 따라서 오늘날에는 더 큰 액수가 될 것이 틀림없다/역주).

서는 묘사할 수 없다. 문명은 젊음과 마찬가지로 그 절정기에는 신화적 영감을 받는다. 초기의 예술은 후기의 예술과는 달리, 우선 경제, 정치, 위안에 몰두하고, 그런 연후에 시간이 날 때 미학적 즐거움을 누리는 사람들의 부차적 관심사가 아니었다. 오히려 초기에는 경제, 정치, 심지어 전쟁(십자군)도 꿈을 자극하는 기능만을 수행하였으며, 예술은 그 꿈의 억누를 수 없는 표현 가운데 하나였다. 전통 문명의 형성력은 관련된 영역의 모든 구성원들이 공유하는 일종의 강박신경증이었다. 따라서 종교적(즉 신화적) 교육의 주된 **실제적** 기능은 젊은이들에게 어른들의 광기를 전염시키는 것이었다. 사회학적 용어로 말하자면, 개인들에게 "정서의 체계"를 전달하는 것이었다. 그 집단에 대한 하나의 단위로서의 생존이 이 체계에 달려 있었다. 여기서 이미 『신의 가면 : 원시 신화』에서 인용한 일이 있는 문단 전체를 다시 인용해보겠다. 그것은 케임브리지 트리니티 칼리지의 저명한 영국인 인류학자였던 고 A. R. 래드클리프-브라운 교수의 말이다.

    하나의 사회는 그 구성원들의 마음에 일정한 정서 체계가 존재해야만 존립할 수 있다. 개인의 행동은 이 체계에 의하여 규제됨으로써 사회의 요구와 일치하게 된다. 사회 체계 자체의 모든 특징, 그리고 어떤 식으로든 사회의 복지나 단결에 영향을 주는 사건이나 물체는 이 정서 체계 안으로 들어오게 된다. 인간 사회에서 지금 이야기하는 정서들은 타고나는 것이 아니라, 사회가 개인에게 작용함으로써 발달하는 것이다〔강조는 인용자〕. 한 사회의 제의적 관습들은 이런 정서들을 그 경우에 어울리게 집단적으로 표현하는 수단이다. 어떤 정서의 제의적(즉 집단적) 표현은 개인의 마음속에 그 정서를 필요한 강도로 유지시키는 역할을 한다. 동시에 그 정서를 한 세대에서 다른 세대로 전달하는 역할을 한다. 그런 표현이 없다면 지금 말하는 정서들은 존재할 수 없을 것이다.[12]

성당이 건설되고 십자군이 출병하던 위대한 창조의 시기에 문명의 대표적인 뮤즈는, 애덤스가 정확히 보았듯이 동정녀 어머니 마리아였다. 100년 뒤에 단테는 유명한 기도에서 마리아를 찬양한다. 이 기도는 지옥, 연옥, 천국의 영역들을 통과하여 천상의 장미 한가운데서 삼위일체에 대한 행복한 비전에 이르는 영적 모험의 절정에 자리를 잡고 있다.

    동정녀 어머니여, 당신 자신의 아들의 따님이시여. 당신의 아드님은 겸손하시어서 모든 피조물 위로 높이 올려져, 영원한 조언자의 자리를 확고히 하셨습니다. 당신은 인간의 본성을 고귀하게 만드시어, 당신을 만드신 이가 그 피조물이 되는 것을 꺼려 하지 않으셨습니다. 당신의 자궁에서 '사랑'의 불이 다시 붙었고, 그 온기를 통하여 이 꽃['천상의 장미']이 이렇게 영원한 평화 속에 피어났습니다. 이곳에서[천국에서] 당신은 우리에게 자애의 정오 햇불이십니다. 아래 인간들 사이에서 당신은 희망의 산 햇불이십니다. 여인이여, 당신은 위대하시고 또 우리를 도와주십니다. 그러므로, 누구든 은혜를 얻고자 하나 당신께 의지하지 않는 자는 날개 없이 날려고 하는 것과 마찬가지로 그 바람을 이루지 못할 것입니다. 당신은 인자하시어서, 청하는 자를 도우실 뿐만 아니라, 청하기에 앞서 먼저 도우시는 일도 많습니다. 당신 안에서 자비가, 당신 안에서 동정이, 당신 안에서 장엄이, 당신 안에서 피조물에게 있는 모든 선이 합쳐집니다…….[13]

    그러나 오즈발트 슈펭글러가 제대로 보았듯이, 동정녀 어머니 마리아의 영혼의 순수, 빛, 완전한 아름다움의 세계——마리아의 천국에서의 대관식은 고딕 예술의 가장 초기의 모티프들 가운데 하나였으며, 마리아는 흰색과 파란색과 황금색이 섞인 옷을 입고 하늘의 천사들에게 둘러싸인 빛의 인물인 동시에 갓난 아기 위로 몸을 굽히고, 십자가 발치에 서 있고, 고통을 당하고 죽은 아들을 무릎에 안고 체념하는 지상의 어머니였다——는 그것과 분리할 수 없는 반대 개념, 즉 지옥의 개념 없이는 상상할 수 없다. 슈펭글러는 이렇게 썼다.

    이 개념은 고딕의 정점 가운데 하나를 이루는 것이었으며, 그 신오한 창조물 가운데 하나를 이루는 것이었다. 오늘날은 잊은 개념, 일부러 잊은 개념이다. 마리아는 보좌에 앉아 아름답고 부드러운 모습으로 웃음을 짓는다. 그 배경에는 자연과 인류를 휘젓고 다니며 악을 낳고, 꿰뚫고, 파괴하고, 유혹하는 또 하나의 세계가 있다. 그곳은 마귀의 영역이다⋯⋯.

이 강력하고 명료한 그림이 큰 위엄을 지녔다는 것도 과장이 아니고, 사람들이 그 그림을 매우 진지하게 믿었다는 것도 과장이 아니다. 마리아 신화와 마귀 신화는 나란히 형성되어, 서로가 없이는 존재할 수 없었다. 어느 한쪽을 안 믿는다는 것은 중죄였다. 마리아를 숭배하는 기도가 있었고, 마귀를 숭배하는 주문과 귀신 쫓기가 있었다. 인간은 늘 바닥 없는 구덩이 위에 덮인 얇은 껍질 위를 걸었다⋯⋯.

마귀는 인간의 영혼을 소유하여, 이단, 호색, 마법으로 유혹하였다. 지상에서는 마귀에 대항한 전쟁이 벌어졌다. 마귀에게 자신을 맡긴 자들에게 맞서 불과 검으로 전쟁을 벌였다. 오늘날에는 그런 관념에서 빠져나오는 것이 쉬운 일이다. 그러나 고딕에서 이런 무시무시한 현실을 제거해버리면, 남는 것은 낭만주의뿐이다. 고딕은 마리아를 향한 사랑이 빛나는 찬양이었을 뿐만 아니라, 헤아릴 수 없이 많은 화장용 장작에서 하늘을 향하여 솟아오르는 외침들이기도 하였다. 교수대와 형거(形車)는 성당에 의해서 더욱 견고해졌다. 당시에는 모든 사람들이 엄청난 위험을 의식하며 살았다. 그들이 두려워한 것은 교수대가 아니라 지옥이었다. 셀 수 없을 만큼 많은 마녀들은 자신이 진짜로 마녀라고 상상하였다. 그들은 스스로를 비난하고, 사면해달라고 기도하였다. 진실을 순수하게 사랑하는 마음으로 밤에 나돌아 다니는 것과 악한 존재와의 거래를 자백하였다. 종교재판관들은 타락한 가엾은 사람들에 대한 동정심 때문에 눈물을 흘리며, 그들의 영혼을 구하기 위하여 그들을 고문대에 매달았다. 이것이 고딕 신화였다. 이것으로부터 성당, 십자군, 심오한 영적인 그림, 신비주의가 나왔다. 그 그림자 속에서 심오한 고딕의 행복이 피어났다. 이것은 오늘날에서는 도저히 상상도 할 수 없는 것이다.[14]

그렇다고 중세가 저물면서 유럽에서 마귀를 비롯하여 그의 휘하의 밤귀신, 베오울프, 마녀들의 부대가 사라진 것은 아니다. 마귀는 청교도와 함께 신대륙의 플리머스록과 뉴잉글랜드로 옮겨갔으며, 코르테스와 함께 멕시코로 가서 아즈텍의 지하세계 미크틀란의 권세들과 손을 잡았다. 아즈텍에서도 우주의 악몽을 알고 있었기 때문이다. 그곳에는 아홉 개의 지옥과 열세 개의 천국이 있었다. 그러나 기독교 신앙이 도래하기 전에는 영원한 지옥이라는 관념이 태어난 적이 없었다. 떠도는 영혼이 고통스러운 4년간의 여행 끝에 도착하는 아즈텍의 아홉번째, 그러니까 마지막 지옥에 가면, 영혼은 영원한 안식을 찾거나 아니면 영원히 사라진다.

제임스 조이스는 『젊은 예술가의 초상』에서 예수회의 표준적인 지옥 설교를 잊을 수 없는 모습으로 그려놓았다. 오늘날에도 묵상회의 스승들은 가톨릭 학교 학생들에게 그런 설교를 한다. 그럼으로써 학생들의 꿈에 악몽의 재료를 제공하고, 학생들이 곧고 좁은 길을 가도록 한다. 조이스의 소설에 나오는 장면의 배경은 아일랜드의 가톨릭 학교의 예배당이다. 사제는 어린 학생들에게 부드럽고 잔잔하게, 진정으로 염려하며 강연을 한다.

"자, 이제 잠시 최선을 다하여 저주받은 자들이 거하는 곳의 본질을 알아보자꾸나. 그곳은 화가 나신 하느님이 죄인들을 영원히 벌하기 위하여 만든 곳이란다. 지옥은 좁고 어둡고 나쁜 냄새가 나는 감옥이지. 악마와 길 잃은 영혼들이 사는 곳이야. 그곳은 불과 연기로 가득해. 이 감옥이 좁은 것은 하느님이 그의 율법에 묶이기를 거부하는 자들을 벌하기 위하여 일부러 그렇게 설계하셨기 때문이야. 그래도 지상의 감옥에서는 죄수들에게 움직일 자유가 약간 있지. 물론 감방의 네 벽 안에, 또는 감옥의 어두운 뜰 안에 한정되기는 하지만. 그러나 지옥은 그렇지 않단다. 그곳에는 저주받은 자들의 수가 워낙 많기 때문에, 죄수들이 끔찍한 감옥 안에 겹겹이 쌓여 있어. 감옥의 벽은 6,400킬로미터 두께라고 해. 저주받은 자들은 전혀 몸을 움직일 수 없어 무력할 따름이지. 축복받은 성자 성 안셀무스는 그의 책에서 이런 모습에 대하여 말하면서, 그들은 자기 눈알을 파먹는 벌레도 떼어낼 수 없다고 하셨어.

그들은 외적인 어둠 속에 누워 있어. 잊지 말아라, 지옥의 불에서는 빛이 나오지 않지 않니. 하느님의 명령에 따라 바빌로니아의 용광로(구약에서 다니엘과 세 친구가 벌을 받아 들어갔던 곳을 가리킴/역주)는 열은 잃었지만 빛은 잃지 않았지. 마찬가지 지옥의 불은 하느님의 명령에 따라 그 뜨거움은 그대로 유지하시만, 완전한 어둠 속에서 타오르는 거야. 그곳에서는 끝없는 어둠의 폭풍이 불지. 타는 유황이 검은 불길과 검은 연기를 내뿜어. 그 사이에 죄인의 몸들이 겹겹이 쌓여 있는데, 공기라고는 전혀 느낄 수가 없어. 파라오의 나라에 휘몰아친 재앙(구약에서 하느님이 모세를 통하여 이집트에 내린 재앙/역주) 가운데 딱 한 가지 재앙만 무시무시하다고 했어. 그것이 바로 어둠의 재앙이야. 그렇다면 단지 사흘이 아니라 영원히 지속되는 지옥의 어둠은 뭐라고 해야 할까?

이 좁고 어두운 감옥의 공포는 그 악취 때문에 더 심해져. 마지막 날의 끔찍한 불로 세상이 정화될 때 세상의 모든 더러운 것, 세상의 모든 쓰레기와 찌꺼기가 마치 악취 나는 거대한 하수구로 흘러가듯 그곳으로 흘러갈 것이라고 하지. 어마어마하게 타오르는 유황도 그 참을 수 없는 악취로 지옥을 꽉 채워. 게다가 저주받은 자들의 몸에서도 유독한 냄새가 나지. 그래서 성 보나벤투라가 말씀하셨듯이, 그들 가운데 하나만으로도 온 세계가 오염되고 말지. 이 세상의 공기 말이다. 이 순수한 원소도 오랫동안 가두어두면 역해지고 견딜 수 없게 돼. 그러니 지옥의 공기의 역겨움이야 오죽하겠니. 무덤에서 썩어가는 역겹고 악취 나는 시체를 생각해보거라. 액체처럼 흐물거리는 젤리 같은 덩어리가 썩어간다고 생각해봐. 불길이 그런 시체를 삼킨다고 생각해봐. 타오르는 유황불이 그 시체를 삼키면서 매캐한 연기가 피어올라 구역질 나고 역겨운 썩는 냄새가 진동한다고 생각해봐. 이런 역겨운 악취가 그 냄새 나는 어둠 속에 모여 있는 수백만의 역겨운 시체들, 그 썩어가는 거대한 인간 버섯 때문에 수백만 배로 강해진다고 생각해봐. 이 모든 것을 상상해보거라. 그럼 너희들도 지옥의 악취가 얼마나 끔찍한지 조금은 알 수 있을 거다.

이 끔찍한 악취도 저주받은 자들이 당하는 가장 큰 육체적 고통은 아니야. 압제자가 그의 동포에게 주는 가장 큰 고문은 불의 고문이지. 손가락을 잠깐 촛불에 갖다대보거라. 그럼 불의 고문이 어떤 것인지 느낄 수 있을 게다. 하지만 지상의 불은 하느님이 인간의 유익을 위해서 창조하신 거야. 사람 안에서 생명의 불꽃을 유지하고, 유용한 기술을 익히는 데 쓰도록 하신 것이지. 하지만 지옥불은 질이 달라요. 이것은 하느님이 죄인을 괴롭히고 벌주기 위해서 창조하신 것이야. 지상의 불은 공격하는 물체가 잘 타느냐 아니냐에 따라 빨리 태우기도 하고 늦게 태우기도 하지. 그래서 인간은 머리를 써서 불의 작용을 억제하거나 중단시킬 화학물질을 만들어냈어. 하지만 지옥에서 타는 유황은 영원히 타오르도록 특별히 만든 거야. 말로 표현할 수 없이 뜨겁게 영원히 타오르도록 만든 거지. 또 지상의 불은 타면서 물체를 파괴해버리지. 그래서 불이 강렬하면 지속 시간도 짧아져. 하지만 지옥불은 달라. 타면서도 물체를 그대로 놔두지. 엄청나게 뜨겁게 타오르지만, 꺼지지 않고 영원히 타는 거야……."[15]

그런 식으로 끔찍한 30분 동안 설교는 계속된다.

"육체의 모든 감각이 고통을 당하고, 영혼의 모든 기능이 더불어 고통을 당하는 거야.…… 마지막으로 이 지옥의 고통이 저주받은 사람들과 함께 있음으로 해서 더 커진다고 생각해봐.…… 저주받은 자들은 서로 악을 쓰고 소리를 질러대. 그들의 고통과 광란은 그들처럼 고통을 당하고 광란하는 존재들이 있음으로 해서 더 심해지지. 인간성과 관련된 감각은 모두 잊혀지고 말아.…… 마지막으로 저주받은 영혼들이 악마들과 함께 있음으로 해서 당하는 무시무시한 고통을 생각해보거라. 유혹한 자와 유혹당한 자가 함께 있는 거야. 이 악마들은 저주받은 자들을 두 가지 면에서 괴롭히지. 그들이 그냥 옆에 있는 것만으로도 괴로운 일인데, 거기에다가 그들은 또 질책까지 해. 우리는 이 악마들이 얼마나 무시무시한지 알 수가 없어. 시에나의 성 카타리나는 악마를 한번 보셨는데, 그런 무시무시한 괴물을 한순간이라도 더 보느니 차라리 죽을 때까지 빨갛게 타오르는 석탄이 깔린 길을 걷는 게 낫겠다고 쓰셨어……."

조이스의 소설의 어린 주인공은 이미 때 이르게 죄를 저지른 상태에서 그 설교를 듣는다. 사제는 넌더리를 내는 어린 양떼를 내보내면서, "오, 그리스도 안의 내 귀중한 어린 형제들이여!" 하고 외치면서, 그들이 끔찍한 거부의 판결을 내리시는 하느님의 목소리를 절대 듣지 않기를 기원한다. 하느님의 그 판결은 이런 것이다. 너희 저주 받은 자들이여, 나를 떠나 마귀와 그의 천사들을 위하여 마련된 영원한 불로 들어가라! 어린 주인공은 자리에서 일어나 예배당의 복도를 걷는다. "그의 다리는 흔들렸다. 머리 가죽이 떨렸다. 귀신의 손가락이 만지는 것 같았다.…… 한 걸음 걸을 때마다 자신이 이미 죽은 것이나 아닐까 두려웠다.…… 그는 심판을 받았다.…… 그의 뇌는 빛을 발하기 시작하였다." 주인공은 교실에 들어가 책상에 힘없이 등을 기댄다. "그는 죽지 않았다. 하느님이 아직은 살려두셨다.…… 아직 시간이 있었다.…… 오, 마리아여, 죄인들의 피난처여, 그를 위하여 중재해주소서! 오, 순결한 동정녀여, 그를 죄의 심연에서 구해주소서!"[16]

　이런 악몽을 배경으로, 그런 악몽을 이 땅과 이 땅에서 살아야 할 삶보다 훨씬 더 심각하게 받아들이는(이 땅과 삶은 지나가지만, 그 지옥의 발광 장면은 절대 지나가고 마는 것이 아니므로) 시대를 배경으로, 이졸트와 귀네비어의 사랑, 그리고 위대한 성당들의 시대에 살았던 실제 여인들의 사랑을 이해해야 한다. 중세의 결혼은 대체로 정략결혼이었다. 나아가서 여자들은 이미 어렸을 때, 사회적, 경제적, 정치적 목적을 위해서 약혼을 하였으며, 어린 나이에 결혼을 하였다. 여자들은 나이가 훨씬 많은 남자와 결혼하는 경우가 많았다. 남자들은 항상 자신이 결혼한 여자들에 대한 소유권을 매우 진지하게 생각하였다. 남자들은 십자군 때문에 몇 년간 떠날 수도 있었는데, 그 기간 동안 아내는 더럽혀지지 말아야 하였다. 어떤 이유에서든 '의심'이라는 벌레가 남편의 뇌를 갉아먹기 시작하면, 그는 대장장이를 불러 굴욕을 느끼는 젊은 아내의 골반에 쇠로 만든 정조대를 채웠다. 나아가서 교회는 지옥, 천국, 영원, 심판의 날과 그리스도의 영광의 재림의 무게로 이런 야비한 소유권을 축복하였다. 이 심판의 날은 샤르트르의 서쪽의 장미 창문에 매우 아름답게 그려져 있다. 헨리 애덤스는 그 창문을 "밑에 세 개의 커다란 펜던트를 단 처녀의 젖가슴에 태양이 보석처럼 부서지는 곳"이라고 불렀다. 따라서 중세에 여인의 가슴이 이 모든 것에 저항하여 사랑에 눈을 뜨는 것은 심각하고도 정말 끔찍한 재난이었다. 단지 고문과 불이 기다리고 있는 여자에게만 그런 것이 아니라, 여자의 연인에게도 그것은 큰 재난이었다. 또 그 재난은 여기 지상에서 끝나는 것이 아니라, 더 끔찍하게도 다가올 세상에서 영원히 계속되었다. 따라서 오랫동안 설교단에서 애용되어온, 초기의 교부 테르툴리아누스의 말대로, 자신의 본성에 눈을 뜬 여자──그러니까 지상의, 실제의 여자──는 야누아 디아볼리(janua diaboli), 즉 "악마의 문"이었다.

## 3. 엘로이즈

아벨라르는 서른여덟이었고, 엘로이즈는 열여덟, 때는 1118년이었다. "파리에 엘로이즈라는 이름의 젊은 처녀가 있었다. 그녀는 수사 신부인 풀베르의 조카딸이었다." 이것은 아벨라르의 『내 고통의 역사(Historia calamitatum)』라고 알려진 애처로운 자전적 편지에 나오는 내용이다.

나는 그때까지 금욕적으로 살아왔습니다. 그러나 그 즈음 나는 주위를 두리번거리곤 하였습니다. 그러다가 그녀가 연인들이 구하는 모든 매력을 갖추었음을 알았습니다. 나의 명성, 나의 잘생긴 얼굴, 또 그녀의 글에 대한 사랑을 고려할 때, 나의 성공에는 의심의 여지가 없었습니다. 나는 사랑에 불타올라, 어떻게 하면 그녀와 친밀해질 수 있을지 궁리하였습니다. 가사(家事)에 신경을 쓰느라 공부가 안 된다는 핑계로 그녀의 숙부 집에 하숙을 하면 되겠다는 생각이 들었습니다. 친구들이 금방 그 이야기를 하고 돌아다녔습니다. 노인은 인색하였지만, 조카딸 교육은 시키고 싶어하였습니다. 그는 간절한 표정으로 나에게 조카딸 교육을 맡겼습니다. 나에게 강의하는 시간만 빼고 모든 시간을 그녀에게 쏟아달라고 간청하였습니다. 내가 밤낮 어느 때나 그녀를 보아도 좋고, 필요하면 벌을 주어도 좋다고 허락하였습니다. 나는 그가 매우 단순한 생각으로 어린 양을 굶주린 이리에게 내주는 데 놀랐습니다.…… 글쎄, 더 이상 무슨 이야기가 필요할까요. 우리는 우선 머리 위의 지붕에 의하여 결합되었으며, 그 다음에는 마음으로 결합되었습니다.

이제 아벨라르가 전설 속의 트리스탄처럼 켈트인의 땅이었던 브르타뉴에 태어났다는 것은 중요할 수도 있고 아닐 수도 있다. 당시 브르타뉴에서는 그 자주 되풀이되는 금지된 사랑의 이야기가 만들어지고 있었다. 그것은, 고트프리트의 표현을 빌면, "모든 고귀한 마음이 즐겨 먹는 빵"과 같았다. 아벨라르는 트리스탄과 마찬가지로 유명한 하프 연주자였다. 그가 엘로이즈에게 작곡해준 노래들은 라틴구(區)의 젊은이들 사이에서 인기를 얻었다. 아벨라르는 트리스탄과 마찬가지로 젊은 숙녀를 가르치는 일을 맡았다. 엘로이즈는 처녀 이졸트와 마찬가지로 "오직 길잃은 배들을 끌어들이는 천연 자석을 갖춘 사이렌들하고만 비교할 수 있었다"
(역시 고트프리트의 표현이다).

〔고트프리트는 처녀 이졸트에 대해서 이야기한다.〕 그녀는 귀와 눈을 통하여 공개적으로 동시에 은밀히 노래를 하여, 많은 사람들이 마음을 졸였다. 그녀의 곡조는 공개적인 것이었다. 그녀는 선생과 함께 밖을 향하여 노래를 불렀다. 그 곡조는 그녀 자신의 달콤한 목소리와 현의 부드러운 소리로 이루어졌다. 곡조는 왕국에 있는 모든 사람의 귀를 타고, 깊이 마음까지 내려갔다. 은밀한 노래는 그녀의 놀라운 아름다움이었다. 그것은 눈이라는 창문을 통하여 은밀히 또 조용히 미끄러져 들어갔다. 그와 더불어 많은 고귀한 가슴에 마법이 퍼졌다. 그 마법은 즉시 사람들의 생각을 사로잡았다. 사람들은 갈망과 갈망으로 인한 괴로움 때문에 속을 태웠다.[17]

이 음유시인의 세기에는 사랑의 분위기가 감돌았으며, 사랑은 이야기와 마찬가지로 삶을 형성하였다. 그러나 그 삶이란 구체적으로 고귀한 마음을 가진 사람들의 삶뿐이었다. 사랑을 알고자 하는 그들의 용기는 위대한 주제가 되었으며, 시간이 지나면서 이것은 그 문화의 특징적 신호가 되었다. 그 용기란, 다시 말해서, 전통에 대항하여 자신의 통제된 경험에서 확인된 지식은 무엇이든 긍정하겠다는 태도였다. 서양의 운명에서 그런 창조적 지식 가운데 첫번째 것은 교회의 성례 체계라는 초자연적 공리주의에 대항하는 사랑의 존엄에 대한 지식이었다. 두번째는 이성에 대한 지식이었다. 따라서 이 새로운 시대, 자립적인 개인의 시대에 처음으로 발표된 선언서는 고딕 중세의 가장 창조적인 세기의 첫 동이 틀 무렵에 엘로이즈가 아벨라르에게 보낸 고귀한 사랑의 편지라고 해도 과언이 아니다. 엘로이즈가 임신을 하자, 그녀의 연인은 겁에 질려 엘로이즈를 브르타뉴에 있는 그의 누이 집으로 보내버렸다. 엘로이즈가 그곳에서 그들의 아들——아스트라라비우스라고 이름을 지었다——을 낳자, 고통의 편지가 전하는 바에 따르면, 아벨라르는 그녀에게 청혼을 하였다.
다시 아벨라르의 말로 돌아가 보자.

그녀는 강력하게 반대하면서 결혼할 수 없는 두 가지 이유를 댔습니다. 그 이유란 내가 겪게 될 위험과 수치였습니다.

그녀는 어떤 것으로도 그녀의 숙부를 달랠 수 없다고 장담하였고, 또 실제로 그 말이 옳았습니다. 그녀는 자신이 나를 불명예스럽게 만들고 자신과 나를 둘 다 수치스럽게 만들면, 나를 통하여 어떤 명예를 얻을 수 있겠느냐고 물었습니다. 만일 그녀가 세상으로부터 그 빛이 되는 존재를 빼앗는다면, 세상은 그녀에게 얼마나 혹독한 벌을 주겠는가. 그 결혼 뒤에 교회에는 어떤 저주와 피해가 뒤따를 것이며, 철학자들은 무엇이라고 탄식을 하겠는가! 자연이 모두를 위해서 만들어놓은 사람이 한 여인에게 속하였음을 선포하고 그런 수치에 굴복을 할 때 그 모습이 얼마나 볼품없고 처량하겠는가!

편지는 계속해서 엘로이즈가 그 문제를 둘러싼 토론에서 역설한 주장 몇 가지를 전한다.

〔아벨라르는 독자에게 말한다.〕 그녀는 그녀의 영혼으로부터 이 결혼을 싫어하였습니다. 이 결혼은 나에게 전적으로 불명예스러운 일이 될 것이었으며, 짐이 될 것이었기 때문입니다. 그녀는 나에게 혼인이 얼마나 수치스럽고 불편한 일인지를 자세하게 설명하면서, 사람들에게 혼인을 피하라고 훈계한 사도 바울의 말을 인용하였습니다. 설사 내가 사도 바울의 충고를 받아들이지 않고 결혼이라는 굴레에 대한 성자들의 말에 귀를 기울이지 않는다고 하더라도, 적어도 철학자들의 말에는 관심을 가져야 한다고 하였습니다. 테오프라스토스는 결혼을 참을 수 없는 악이라고 말하였습니다. 키케로는 테렌티아와 이혼한 뒤에 아내를 맞기를 거부하면서, 자기는 아내와 철학에 동시에 몰두할 수 없다고 말하였습니다. 그녀는 계속해서 말하였습니다. "공부와 아내 사이의 불화는 젖혀놓더라도, 결혼한 남자의 가정이 어떤 것이 될지 한번 생각해보세요. 학자와 하녀 사이에, 옛 문서를 베끼는 사람과 요람 사이에, 책과 물레질 사이에, 펜과 물레가락 사이에 어떻게 부드러운 조화가 이루어질 수 있겠어요! 종교적이거나 철학적인 명상에 몰두하는 사람이 어떻게 아기의 울음과 아기를 달래는 보모의 잔소리와 하인들이 떠드는 소리를 견딜 수 있겠어요? 어떻게 아이들의 지저분한 꼴을 견딜 수 있겠어요? 부자들은 궁궐 같은 집에 방이 여러 개 있으니 견딜 수 있다고 말

쓸하실지도 모르겠어요. 그들은 부 때문에 비용이나 일상적인 잔일에 짜증은 느끼지도 않을 것이라고. 하지만 저는 철학자의 삶은 부자의 삶이 아니라고 생각해요. 또한 부와 일에 얽매인 사람은 성서나 철학 공부에 시간을 낼 수도 없을 거예요. 옛날의 유명한 철학자들은 세상을 경멸하며, 세상을 포기하기보다는 세상으로부터 달아났어요. 그들은 스스로 모든 쾌락을 엄금하고, 철학의 품에서 쉬었죠…… 종교의 일에 얽매이지 않은 속인이나 이방인이 그렇게 산다고 하더라도, 학자이자 수사 신부이신 당신께서는 성스러운 의무를 버리고 저열한 쾌락을 택할 수 없어요. 이 카리브디스(그리스 신화에서 바다의 소용돌이를 의인화한 괴물/역주)에 빨려들어 헤어나오지도 못하고 더러운 곳에서 숨막힌 인생을 살 수는 없어요. 학자의 특권을 귀하게 여기지 못하겠다면 철학자의 존엄이라도 지키세요. 하느님에 대한 존중심을 경멸한다면, 품위에 대한 사랑으로 염치없음을 누그러뜨리세요……."

마침내 그녀는 내가 그녀를 다시 파리로 데려오는 것이 위험한 일이라고 말하였습니다. 나의 연인으로 일컬어지는 것이 나에게도 더 어울리고 자신에게도 더 기분 좋은 일이라고 했지요. 그렇게 하면 혼인의 사슬이라는 구속 없이 애정 하나만으로 나를 그녀의 것으로 유지할 수 있기 때문이라면서. 우리가 한 동안 떨어져 있다고 하더라도, 우리가 만날 때의 기쁨은 그 만남이 드물기 때문에 더욱 값질 것이라고 하였습니다. 그러나 그 모든 설득으로도 나를 어리석음에서 돌이키지 못하고, 나에게 심한 말을 하는 것도 견딜 수 없게 되자, 그녀는 마침내 울음을 터뜨리며 이런 말로 끝을 맺었습니다. "한 가지는 확실해요. 우리가 파멸한다고 하더라도 그 뒤에 따르는 슬픔이 전에 누렸던 사랑보다는 적을 것이라는 사실 한 가지는요."

"그녀는 이 점에서도 예언의 능력을 충분히 보여주었습니다." 아벨라르는 그렇게 한 마디를 덧붙였다. 세상은 그 뒤에 일어난 일을 알기 때문이다. 이들은 아들을 아벨라르의 누이에게 맡기고 파리로 돌아와 그녀의 숙부인 율수사제(律修司祭) 풀베르를 불러다놓고 결혼을 하였다. 그러나 풀베르는 여전히 아벨라르가 조카딸을 유혹하고 그녀의 처녀성을 빼앗고 그녀와 결혼까지 한 것에 분이 풀리지 않아, 야만인처럼 복수를 하였다.

"그들은 내 하인에게 뇌물을 먹여, 밤에 나를 덮쳤습니다. 그들은 내가 잠을 자는 도중에 잔인하고 돌이킬 수 없을 뿐만 아니라 비열하고 수치스러운 복수를 하였습니다." 율수사제 풀베르와 그가 불러온 폭력배들은 아벨라르를 거세하였다. 그러나 아벨라르는 오랜 세월 뒤, 진정으로 회개하는 기독교인의 정신으로, 마침내 그 고백적인 편지에서 이렇게 말할 수 있었다. "나는 나의 망쳐진 희망과 명예를 생각하였습니다. 순간 하느님의 정당한 심판에 따라 내가 죄를 가장 많이 지은 곳에 벌을 받았다는 것, 풀베르는 정당하게 배반에 배반으로 앙갚음을 했다는 것을 알게 되었습니다."

여기까지가 이 잔인한 이야기의 전반부이다. 후반부에서 이야기는 더 진행된다. 아벨라르는 수치감에 빠져 수도사로 생 드니 수도원에 들어간다. 엘로이즈는 아벨라르의 희망에 따라 수녀가 되어 아르장퇴유 수녀원에 들어간다. 10년의 침묵 뒤, 수녀원으로부터 수도원으로 다음과 같이 겉봉이 적힌 편지가 온다.

주인에게 아니 아버지 같은 이에게, 남편에게 아니 오라버니 같은 이에게, 그의 하녀 아니 딸이, 그의 아내 아니 누이가, 아벨라르에게, 엘로이즈가······.

그 편지에서는 다음과 같은 부분을 읽을 수 있다.

귀중한 분이여, 당신은 내가 당신에게서 얼마나 많은 것을 잃었는지를 아실 것입니다. 파렴치한 배반의 행위가 나에게서 당신과 나 자신을 동시에 앗아갔음을 아실 것입니다. 모르는 사람이 어디 있겠습니까?····· 나는 당신에게 순종하여 당신이 나의 영혼만이 아니라 몸의 유일한 주인이라는 것을 증명하기 위하여 내 의복만이 아니라 마음도 바꾸었습니다. 그러자 사랑은 광기로 변하여, 사랑이 유일하게 얻으려고 했던 것을 얻을 희망을 잘라버렸습니다. 내가 당신에게서 오직 당신 자신만을 구했다는 것, 당신의 것이 아니라 당신만을 바랐다는 것을 하느님은 아십니다. 나는 혼인 계약을 청하지 않았습니다. 나는 지참금을 구하지 않았습니다. 나는 내 기쁨이나 내 의지가 아니라, 당신의 기쁨과 의지를 앞세우려고 노력하였습니다. 아내라는 이름이 더 거룩하고 더 힘이 있는지는 몰라도, 나에게는 연인[amica]이라는 말이 늘 더 달콤하였습니다. 심지어──화내지 마세요!──첩이나 매춘부라는 말이. 당신 앞에서 나 자신을 낮출수록, 당신의 은혜를 더 많이 바라게 되고, 당신의 명예를 덜 손상시키게 되었기 때문입니다.

설사 세상의 주인인 아우구스투스가 나에게 그와 결혼하는 명예를 주고 또 세상을 다스릴 권리를 준다고 하더라도, 하느님 앞에 솔직히 말하거니와, 나는 그의 황후라고 일컬어지기보다는 당신의 매춘부라 일컬어지는 것이 더 귀하고 더 명예롭게 느껴집니다. 부유하고 권세가 많다고 해서 더 나은 사람은 아닙니다. 부와 권세는 운에서 오는 것이지만, 더 나은 사람이 되는 것은 그 사람이 지닌 가치에서 오는 것입니다. 따라서 가난한 사람을 버리고 부유한 사람과 결혼하는 여자는 타산적이며, 남편 자신보다는 남편의 부를 더 갈망합니다. 그런 여자는 돈을 받을 자격이 있을지는 몰라도, 애정을 받을 자격은 없습니다. 그녀는 사람이 아니라 그 사람의 물건을 구합니다. 그래서 가능하다면 더 부자인 사람에게 몸을 팔고 싶어할 것입니다.

여자는 그렇게 말하였다. 이 말을 들으면 『신의 가면 : 원시 신화』에서 인용하였던 아비시니아 여자의 고귀한 말이 떠오른다. "여자의 삶이 어떠한지 남자가 어찌 알 것이며……."[18] 이렇게 여기서 다시 한번, 여성 지향적인 신화 질서와 남성 지향적인 신화 질서에서 번갈아 나오는 초기 상징들을 통하여 처음 표현되었던 양성간의 아주 오래된 대화를 듣게 된다. 처음에는 구석기 시대 오리냑 문화 최초의 바위집에서 자그마한 돌 베누스가 나왔다. 이것은 곧 그림이 그려진 신전 동굴에서 나온, 마법의 옷을 입고 춤을 추는 남성들에게 자리를 내주어야 하였다. 그 다음에는 신석기 시대 남자들이 땅을 경작하는 곳 어디에서나 도자기로 만든 여성 인물상이 수없이 발견되었다. 그러다 갑자기 셈과 아리아라는 위대한 부권적 전사 종족에게서 천둥을 휘두르는 남성 신들이 나타났다. 그러나 옛 아일랜드 전설에서 뻔뻔스러운 여왕 미브는 전사이자 왕이자 남편의 부권적 주장을 코웃음으로 무시해버린다. 여기서 우리는 "반대편"으로부터 오는 도전의 초기 켈트인적 형태를 볼 수 있는데, 이것은 강력하고 야만적 힘으로 우리에게 전해진다.[19] 이제 엘로이즈가 다시 보여주는 도전은 그녀의 시대의 부권적인 질서, 교회와 관련된 조악한 성례적 도덕 질서보다 이미 수백 년 앞선 문명 수준에 올라가 있다. 그러나 비록 훨씬 신중하고 우아하게 표현되어 있지만, 경멸감은 미브의 경우와 똑같다. 이제 수도원의 대수녀원장이 된 수녀 엘로이즈는 반대편으로부터 약한 어린 양과 중년의 굶주린 이리의 연애 장면들을 검토한다. "어느 여왕이 내 기쁨과 잠자리를 부러워하지 않았을까요?" 그녀는 결딴이 나버린 옛 연인에게 보낸 편지에서 이야기한다.

　　당신에게는 어떤 여자로부터도 영혼을 끌어낼 수 있는 두 가지 자질이 있었습니다. 하나는 시의 재능이고 또 하나는 노래의 재능이었죠. 이것은 다른 철학자들에게서는 찾아볼 수 없는 재능입니다. 당신은 고된 일을 하다가 쉴 때면 운율에 맞추어 사랑 노래를 작곡하였습니다. 그 노래들은 달콤한 감정과 음악 때문에 사람들의 입에 오르내렸고, 그와 더불어 당신의 이름도 오르내렸습니다. 그 아름다운 곡조 때문에 문맹인 사람들도 당신을 잊지 못할 것입니다. 이런 재능들 때문에 여자들은 당신의 사랑을 얻고 싶어 한숨을 쉬었습니다. 그리고 이 노래들은 우리의 사랑을 노래했기 때문에 곧 많은 땅에 내 이름도 퍼졌죠. 때문에 나는 같은 여자들의 선망의 대상이 되었습니다. 게다가 뛰어난 정신과 아름다운 몸이 당신의 젊음을 더 빛나게 해주었으니까요.

이것은 과거의 연인이다. 그러나 지금은, 그녀도 그에게 일깨워주듯이, 10년간의 이별 동안 그녀는 연인으로부터 편지 한 장 받지 못하였다. 이제부터 그녀는 화살을 날리기 시작한다

　　한 가지만 말해주세요. 당신이 명령하신 귀의(歸依) 뒤로 왜 나는 망각에 떨어져버린 것인가요? 당신의 말씀이나 편지로 그 망각에서 벗어날 수 없었던 것인가요? 하실 말씀이 있다면 해보세요. 아니면 제가 느끼는 것, 모두가 생각하는 것을 말해볼까요? 애초에 당신이 저에게 다가온 것은 우정보다는 욕망 때문이었고, 사랑보다는 욕정 때문이었습니다. 따라서 욕망이 사라지자, 당신이 그 대신 내보인 것이 무엇이든, 그것도 함께 사라진 것이

죠. 사랑하는 이여, 이것은 나의 의견이라기보다는 모두의 의견입니다. 나도 이것이 나만의 생각이면 좋겠군요. 당신의 사랑이 스스로를 옹호하여 내 고통을 없애주었으면 좋겠군요. 당신을 용서하고, 그럼으로써 나의 값싼 모습을 가릴 수 있는 핑계를 지어낼 수 있다면 얼마나 좋을까. 간청하노니, 제가 청하는 것에 귀를 기울여주세요. 당신에게는 매우 작고 쉬운 일일 것입니다. 저는 당신의 모습에 속았으니, 당신에게 남아도는 말로 맹세라도 해주세요. 그래서 내 앞에서 당신 모습의 아름다움이 사라지지 않게 해주세요······ 저는 아주 어릴 때 수녀가 되겠다는 힘든 서약을 하였습니다. 그것은 신앙심 때문이 아니라, 당신의 명령 때문입니다. 그런데 제가 당신에게서 얻을 것이 없다면, 제 노력이 얼마나 헛된 것인가요! 저는 하느님한테서는 상을 기대하지 않아요. 제가 하느님을 사랑하여 한 일이 하나도 없기 때문에······ 당신의 명령이라면 제가 당신을 앞서든 뒤서든 불섶에라도 뛰어들었을 것임을 하느님도 아십니다. 내 마음은 내가 아니라 당신과 함께 있기 때문이에요.[20]

내가 인용한 텍스트를 번역한 헨리 오스본 테일러 교수는 이렇게 말한다. "이 편지를 두고 무슨 말을 한다는 것은 성소를 모독하는 것과 같다. 그 남자는 이 성소를 모독한 것일까?"[21]

물론 그 남자는 모독하였다. 그리고 이제 거세된 수도사가 된 남자는 곧 다시 모독하려고 한다. 대수녀원장 엘로이즈의 성소는 아벨라르의 신학이 인정하지 않는 신에게 바쳐진 것이기 때문이다. 그 신이란 추상이 아닌 인간에 대한 사랑의 실제 경험이다. 욕정과 종교가 똑같은 연료가 되어 타오르는 사랑의 불길이다. 따라서 사실 아벨라르는 그녀의 신이었다. 그녀 자신의 말을 볼 때——그 말은 하늘로부터 그녀 세기의 가장 고귀한 표지라는 면류관을 받을 수도 있었다——자연적이고 동물적인 급박한 욕정이 아니라, 지복의 비전 속에서 영원히 빛나는 초자연적이고 천사적인 욕망이 아니라, 구체적인 인간에 대한 사랑을 순수하게 인간적으로 경험하는 것, 그리고 그 사랑을 위하여 타오르는 용기가 진정한 인간 삶의 왕국이자 영광이 되어야 하였다. 그러나 아벨라르는 그런 왕국을 전혀 알지 못하였다. 그가 노래를 짓고 철학을 하였지만, 그가 그녀를 유혹할 때의 충동은 사실 욕정이었기 때문이다. 그리고 그녀를 수녀원으로 보낸 명령 뒤에 숨은 충동은 공포였기 때문이다. 이 두 감정 모두 엘로이즈는 사랑을 통하여 초월하였다. 이렇게 볼 때 페르시아의 사랑의 시인 하피즈(1325-1389년)의 유명한 시구에도 일리가 있다. "나는 사랑의 노예, 그리하여 두 세계 모두로부터 자유로워라."

그렇다면 이제 아벨라르의 답변은 무엇일까? 엘로이즈에게는 다음과 같이 겉봉이 적힌 편지가 날아갔다. "그리스도 안에서 사랑하는 누이 엘로이즈에게, 그리스도 안에서 오라비 아벨라르가." 그는 교화적인 말을 구구절절이 늘어놓은 다음에 이렇게 말한다.

> 내가 이런 기도문을 작성하였는데, 그대에게 보내오.
> "오, 하느님, 남자의 옆구리에서 여자를 지으시고 결혼이라는 성례를 인정하신 이여. 유혹에 빠지기 쉬운 나에게 그 음란을 치료할 방법을 주신 이여. 당신의 하녀의 기도를 경멸하지 마소서. 내 죄와 내 귀중한 이의 죄를 위하여 쏟는 기도를 멸시하지 마소서. 우리의 큰 죄들을 용소하소서. 우리의 극악무도한 흠을 통하여 당신의 위대하고 신성한 자비를 찾게 하소서. 죄를 지은 자를 지금 벌하시고 나중에 구원하소서. 주님, 당신은 당신 뜻대로 우리를 결합하시고, 또 우리를 갈라놓으셨습니다. 이제 당신이 자비 속에서 시작하신 일을 자비롭게 완성하소서. 이 세상에서 갈라놓은 이들을 천국에서 영원히 결합시켜주소서. 영원히 축복받을 주님, 당신은 우리의 희망, 우리의 운명, 우리의 기대, 우리의 위로이십니다. 아멘."
> 그리스도 안에서 안녕, 그리스도의 신부여. 그리스도 안에서 안녕, 그리스도 안에서 살아가시게. 아멘.[22]

수녀원에서 수도원으로, 수도원에서 수녀원으로 오간 이 괴로움으로 가득 찬 두 통의 편지는 고딕의 절정기에 인간 경험의 진실과 강압적인 신앙 사이의 분열을 드러낸다. 당시에 맹위를 떨치던 이단과 마찬가지로 그들의 격렬한 억압도 '크레도'와 '리비도'(원래는 각각 신조와 애욕이라는 뜻/역주)의 부조화를 보여준다. 그러나 마니교이든 발도파 기독교이든[23] 이단들은 대부분 로마 교회와 마찬가지로 이원론적 교리에 충실하였다. 이 몇 세기 동안 번창하였던 조잡하고 외설적이고 병적인 흑미사도 마찬가지이다. 이런 이원론적 교리는 레반트에서 수입된 것인데, 이 교리에 따르면 자연발생적인 생명은 순수한 것이 아니라 타락한 것이다. 나아가서, 종교개혁이라는 불가피한 폭발 뒤에 분리하여 나온 루터파, 칼뱅파, 재세례파 등 모든 프로테스탄트 운동도 똑같은 이원론을 유지하였으며, 그 결과 그들의 교회의 서까래들은 인간의 타락, 구속, 지옥의 악취에 대한 격한 설교로 떨렸고 쪼개졌고 금이 갔고 비틀렸다.

반면 엘로이즈는 실제 경험한 사랑의 순수를 고백하였다. 이것은 그녀의 마음에서 다른 신화의 호소력을 모조리 지워버렸다. 이것을 보면 이슬람의 가장 위대한 여성 신비주의자인 바스라의 라비아(801년 사망)가 한 말이 떠오른다. 그녀는 시에서 하느님에 대한 사랑이 워낙 크기 때문에 그 사랑이 컵에 담긴 포도주처럼 가장자리까지 찰랑거린다고 말하였다. 그래서 그녀에게는 지옥에 대한 두려움이나 천국에 대한 욕망도, 또 다른 존재——예언자 마호메트를 포함하여——에 대한 사랑이나 증오도 들어설 여지가 없다는 것이다.[24]

이 두 여자의 선언에서 표현된 사랑하는 사람에 대한 헌신은 그 시기에 인도의 대중적인 **박티** 운동(인격적인 신에 대한 강한 애착심과 사랑을 강조하는 힌두교 신앙운동으로 박티는 신애〔信愛〕라고 번역된다/역주)에서 성장하였던 종교적 열정의 이상과 완벽하게 일치한다. 이 운동에서 종교적 신앙은 1. 예배적이고 형식적인 것(vaidhī bhakti), 2. 감정의 인도를 받는 감동적인 것(rāgānuga bhakti), 이렇게 두 가지로 규정되었다. 첫번째 것은 일상적으로 교회에 다니는 것과 같기 때문에 관례상 신앙이라고 부를 뿐이다. 반면 후자는 연습을 해서 얻을 수 있는 것도 아니고 바란다고 얻을 수 있는 것도 아니다. 번개에 맞듯이 사랑에 맞아야 한다. 사랑이란 거룩한 발작이며, 삶을 변화시키고, 방해가 되는 모든 생각을 지워버리는 것이다. 이런 경험을 찬양하는 벵골어 텍스트에는 이렇게 쓰여 있다. "자아는 공(空)이다. 세계는 공이다. 하늘, 땅, 그리고 둘 사이의 공간은 공이다. 이 황홀경 속에는 덕도 죄도 없다."[25]

크리슈나와 고피들에 대한 이야기가 담긴 인도 푸라나(힌두 신화를 기록한 일군의 문헌/역주)의 대중적인 전설과 젊은 사랑의 시인 자야데바

(1170년에 활약)[26]의 열정적인 『기타 고빈다(Gīta Govinda)』는 거룩한 황홀경을 표현하는 이런 전통의 정신을 보여준다. 이슬람 세계에서도 이와 비슷한 수피교도의 신비주의 운동——파나(fanā, "자아의 죽음")과 바가(bagā, "신 안에서 합일을 이룬 삶")에 대한 찬양——은 마찬가지로 종교적으로 황홀경을 추구하는 교단에만 영감을 준 것이 아니라 신비주의적 분위기를 가진 세속적인 사랑의 시에도 영향을 주었다.[27] 그 주요한 중심지가 무어인이 지배하던 스페인이었다.

그러나 여기서 다시 아벨라르와 엘로이즈, 트리스탄과 이졸트로 돌아가보자. 1085년 용맹왕 알폰소——카스티야와 레온의 기독교도 왕인 알폰소 6세——가 톨레도를 재정복하는 것과 더불어 동양의 시와 노래, 신비주의와 학문의 문이 유럽을 향해서 활짝 열렸다. 물론 이보다 일찍부터 사상들의 흐름이 무어인의 스페인으로부터 북쪽으로 움직이고 있었을 수도 있다. 특히 바다를 통하여 켈트인의 아일랜드, 웨일스, 콘월, 브르타뉴(트리스탄과 이졸트의 로맨스의 땅들)로 흘러갔을 가능성도 있다. 이곳에서는 기독교 중세 초기의 길고 음울한 밤 내내 이교와 기독교가 융합된 시와 학문이 황금 시대를 이루며 자기 나름의 묘하고 거친 빛을 발해왔다.[28] 그러나 정말로 중요하였던 사건은 톨레도 재정복이었다. 이 사건으로 인한 중요한 결과들 가운데 첫번째가 음유시인들의 삶과 작품에서 사랑의 기예와 사랑의 시가 태어났다는 것이다.

음유시인(troubadour, 프로방스에서는 trobador)이라는 말 자체가 아랍어 어근인 TRB(Ta Ra B="음악, 노래")에 스페인어의 일반적인 행위자 접미사인 -ador(예를 들어서, 정복자라는 뜻을 가진 conquist-ador에서처럼)가 붙은 것이라고 어느 정도 자신 있게 이야기할 수 있다. 따라서 Ta Ra B-ador는 원래 "노래 또는 음악을 만드는 사람"이라는 뜻이었을 것이다.[29] 이런 어원론을 지지하는 필립 K. 히티 교수는 『아랍인들의 역사(History of the Arabs)』에서 이렇게 말한다. "음유시인들은 아랍의 가수들을 닮았다. 정서와 성격에서 닮았을 뿐만 아니라 시에서도 닮았다. 이 프로방스의 가수들이 자신들의 노래에 붙인 어떤 제목들은 아랍의 제목을 그대로 번역한 것이다."[30] H. A. R. 기브 교수도 마찬가지로 두 전통

사이의 관련에 주목하였다. 그는 심지어 유럽의 첫 음유시인인 푸아티에의 윌리엄 9세 백작 아퀴테인 공(1071-1127년)의 시들이 안달루시아에 살았던 동시대의 아랍인 이븐 쿠츠만의 시들과 운율이 똑같은 경우도 있다고 지적하였다.[31] 나아가서 히티 교수는 12세기초에 아랍의 영향을 받은 유럽 시라는 엘리트 전통이 등장하는 것과 더불어 역시 "아랍의 전례를 따라…… 귀부인에 대한 숭배"가 갑자기 나타났다고 말한다.[32] 이렇게 해서 우리는 신비주의적인 분위기의 연애시라는 귀족적 전통이, 비록 다양하게 수정되기는 하였지만 끊기지 않고 이어졌다는 증거를 가지게 되었다. 이 전통은 인도로부터 동쪽으로 일본 교토의 무라사키 부인의 감상적인 후지와라 궁정까지 뻗어 갔을 뿐만 아니라(『신의 가면 : 동양 신화』에서 이야기하였듯이),[33] 서쪽으로는 유럽까지 뻗어 갔으니, 아벨라르와 엘로이즈의 불행한 모험의 시기에 아일랜드에서 황해에 이르기까지 모든 지역에서 거의 동시에 절정에 이른 셈이었다. 따라서 아벨라르가 엘로이즈의 이름으로 세계를 향하여 부른 노래, 엘로이즈가 말한 대로 모든 여성의 영혼을 끌어당긴 노래들은 그라나다, 트리폴리, 바그다드, 카슈미르의 정원에서 들려오던 노래에 대한 북방의 메아리였음이 거의 확실하다.

동양에서 연애시는 보통 페르시아의 수피교도 신비주의자인 비스탄의 바야지드(874년 사망)의 외침——"나는 포도주를 마시는 자이며, 포도주이며, 컵을 든 자이다!" "사랑하는 이여, 사랑받는 이여, 사랑은 하나이다!"[34]——에 요약되어 있듯이 궁극적으로 합일의 황홀경을 가리킨다. 그러나 유럽의 이상은 구체적으로 사랑받는 개인을 찬양하는 쪽이었다. 나아가서 사랑받는 여인은 보통 높은 지위에 있고, 발전한 개성을 지니고 있다. 반면 동양에서는 이런 여인이 노예이거나, 직업적 창녀이거나, 인도의 성적인 제의에서처럼 열등한 카스트의 여자였다.[35] 사실 단테의 경우에는 시인과 연인 사이에 지상에서는 눈이 마주친 것 외에 아무런 인간적 관계도 이루어지지 않았다. 그러나 그녀가 죽고나서 10년 뒤에 단테는 오직 베아트리체——그녀 나름의 영적인 성격에서 일반적인 여성적 힘(śakti)의 모범일 뿐만 아니라, 두 사람의 눈이 마주쳤을 때의 그 독특하게 아름다운 피렌체의 숙녀이기도 한 베아트리체 포르티나리——만을 회상함으로써, 그의 표현대로 "태양과 다른 별들을 움직이는 거룩한 사랑"의 광채와 행복을 절실하게 깨닫게 되었다.[36] 그러나 베아트리체는 그 지복의 광채가 주는 환희 속에서 뒤에 남겨지거나 해체되거나 잊혀지지 않았다. 단테가 절정에 올라갔을 때 그녀는 하느님의 발치에 있었다. 따라서 시인의 말대로, 작품 자체가 구체적으로 그녀를 찬양하여 만들어진 것이다.

동양의 관점에서는 추상적인 영적 황홀경으로부터 자연적이고 세속적인 항으로 강조점이 이동하는 것은 일반적으로 타락으로 판정되어왔다. 위대한 셰이크 이드리에스 샤가 최근에 쓴 『수피교도(The Sufis)』가 그 한 예이다. 그 책에서는 "수피교의 흐름"이 서양으로 진입하면서 "부분적으로 장애에 부딪혔다"고 주장한다. "그 바람에 전체를 이해하는 데 필수적이며, 수피의 길을 보여주는 인간적 예가 없으면 이해가 불가능한 어떤 요소들이 거의 알려지지 않았다."[37] 그러나 유럽에서는 동양식으로, '홀로 있는 존재'와 '홀로 있는 존재'의 합일이라는 황홀경의 깨달음 속에서 자신을 청산한다는 것은 바란 적도 의도한 적도 없었다. 심지어 그런 방식을 찬양한 적도 없었다——물론 일부 수도원들은 예외일 수 있지만 말이다. 황홀경 속에서도 이승의 의식 상태를 유지하는 것, 그럼으로써 개성의 가치에 감사하는 것이 수백 년 동안 서양이 선호해온 정신 상태였기 때문이다. 니체의 말을 들어보자. "나의 에고는 나에게 새로운 자부심을 가르쳤다. 나는 그것을 지금 사람들에게 가르친다. 천상의 것들의 모래 속에 머리를 파묻지 말라. 땅에 의미를 부여하는 지상의 머리를 자유롭게 들고 다녀라!"[38]

일본의 수준 높은 신비주의적 저술에서도 비슷한 의도가 나타나는 것 같다. 예를 들어서, 18세기의 선사인 하쿠인(1685-1768년)의 시구가 그렇다.

진리가 얼마나 가까이 있는지 몰라
사람들은 멀리서 그것을 구하네, 가엾어라!

바로 이 땅이 순수의 도원경
그리고 이 몸이 바로 부처의 몸.[39]

그러나 위대한 동방의 가장 젊고 가장 활기찬 나라에서도, 이상——심지어 선사들에게서도——은 과거의 스승들로부터 전해진 훈련의 규칙을 따라 구체적인 영적 목적을 실현하는 것이었다. 반면 유럽에서는 엘로이즈의 세기에 자기 발견과 자립이라는 새로운 신화가 나타나면서(교회 밖에서, 수도원 밖에서) 규칙도 목적도 미리 알 수 없었다. 말하자면 정신은 진정한 모험을 찾아 숲의 "가장 빽빽한 곳"으로 들어갔다. 예측할 수 없고 전례 없는 경험 자체가 독특한 길을 열고 또 인도하였다.

아벨라르는 엘로이즈에게 그러한 결정 요소였다. 만일 아벨라르에게 용기가 있어서 결혼을 통하여 그녀를 이미 그가 가지고 있던 관념 체계의 맥락에 통합하는 일을 피하였다면, 그녀 역시 그에게 그런 존재가 될 수 있었다. 그러나 둘 모두에게 불행한 일이었지만, 아벨라르는 자신의 과거, 성례, 천국과 지옥을 고수하였고, 그리하여 모든 것을 잃었다. 아벨라르는 니체가 "창백한 범죄자"라고 부른 존재가 되었다. "관념이 이 사람을 창백하게 만들었다. 그는 행동을 할 때는 그 행동에 알맞았다. 그러나 그는 행동을 마치고나자, 그 행동의 관념을 참을 수 없었다."[40]

이 지점에서 요약을 해두어도 좋을 것 같다. 12-13세기의 문헌에서 등장하던 세속적 신화의 첫번째 특징이자 본질적인 특징은, 그 주제가 교리, 학습, 정치 또는 일반적인 사회적 선이라는 어떤 유행하는 관념으로부터 나온 것이 아니라, 개인적 경험의 표현이었다는 점이다. 그것을 나는 크레도에 대립하는 용어로서 리비도라고 불렀다. 물론 모든 전승의 신화들은 크든 작든 처음에는 개인적 경험들로부터 생겨났다. 사실 우리에게는 예언자들에 대하여 이야기해주는 전설들의 세계가 있는데, 그들의 개인적 깨달음을 통하여 숭배 집단, 종파, 심지어 인류의 주요 종교들이 제도화되었다. 그러나 이런 것들이 기존의 문화적 유산의 인정받은, 심지어 신성시되는 매개가 되는 한, 또 거룩한 기원이 과장되고 종종 죽음의 고통을 무기로 강요되는 한——이것은 고인이 된 호세 오르테가 이

가세트 교수가 적절하게 규정한 대로 "개인적 신앙"과 대비되는 "집단적 신앙"을 나타낸다──그것들은 더 이상 개인적 경험, 감정, 사고, 동기 부여에 의해서 결정되지 않고, 거꾸로 그것들을 결정하게 된다. 오르테가 이 가세트의 말을 들어보자.

> 개인이 개인으로서, 다시 말해서 각자 스스로 또 자립적으로 믿는 것 외에, 늘 믿음의 집단적 상태라는 것이 존재한다. 이런 사회적 믿음은 이런저런 개인이 느끼는 것과 일치할 수도 있고 일치하지 않을 수도 있다.…… 집단적 의견의 구체적 특징은 그 존립 여부가 어떤 개인의 수용이나 거부에 의존하지 않는다는 점이다. 각 개인의 삶의 관점에서 볼 때, 공적인 믿음은 말하자면 물리적 물체의 등장과 같다. 집단적 믿음이라는 물리적 실체는 당신이나 내가 받아들이는 것과 관계없다. 오히려 집단적 믿음이, 우리가 동의하든 동의하지 않든, 우리에게 그 실체를 강요하고 우리가 그것을 고려할 수밖에 없게 만든다.[41]

원시적 문화에서 나왔든 높은 수준의 문화에서 나왔든, 전통적 신화들은 경험에 선행하며 경험을 통제한다. 반면 내가 지금 창조적 신화라고 부르는 것은 경험의 결과이자 표현이다. 그 생산자들은 그들의 인간적인, 너무나 인간적인 작업에 대해서 신적인 권위를 요구하지 않는다. 그들은 성자도 사제도 아니다. 이 세계의 사람들일 뿐이다. 창조적 신화의 첫번째 조건은 그것을 만드는 이들의 일과 삶이 그들 자신의 경험에 근거한 확신으로부터 전개되어야 한다는 점이다.

## 4. 수정 침대

예를 들어서, 우리의 트리스탄 시인인 고트프리트──그는 유럽 문학사에서 근대 초기의 중요한 천재들 가운데 하나이다──는 생명의 힘을 주는 사랑의 신비에 대하여 이야기할 때, 특별히 공을 들여 독자들에게 자신이 이야기하는 것에 대해서 스스로 잘 알고 있다는 점을 주지시켰다. 사실 이 대가가 그의 개인적 삶에 대하여 어떤 암시를 한 유일한 대목은 사랑의 동굴과 그것을 둘러싼 상징적 광야를 묘사한 직후에 나온다.

아무도 다른 곳에 가고 싶어하지 않는다. 나는 이것을 잘 안다. 왜냐하면 내가 그곳에 가 본 적이 있기 때문이다. 나 역시 그 광야에서 들새와 짐승들을 쫓아다녔다. 사슴과 다른 사냥감을 쫓아 우거진 숲 속의 내를 많이 건넜다. 그러나 나는 그렇게 시간을 들였음에도, 진짜로 짐승을 죽이지는 못하였다. 내 수고와 노력은 아무런 보상도 얻지 못하였다.
나는 그 동굴의 레버를 발견하고 걸쇠를 보았다. 때로는 수정 침대에까지도 이르렀다. 사실 나는 자주 거기까지 춤을 추며 왔다갔다하였다. 그러나 그 위에서 얻는 휴식은 전혀 알지 못하였다. 그 옆의 대리석 바닥이 단단하기는 하였지만, 내가 워낙 자주 밟고 다녔기 때문에 그 녹색이 계속 새로워지지 않았다면——이 녹색이 그 가장 큰 장점이며, 그것을 통하여 대리석은 늘 새로워진다——거기에서 사랑의 진정한 자취를 보았을 것이다. 내 눈은 그 어슴푸레 빛나는 벽을 한참 보았다. 그리고 눈길을 들어 커다란 메달, 천장, 종석을 보았다. 그곳에 걸린 장식물들을 눈이 아플 정도로 열심히 보았다. 그 장식물들은 '미덕'으로 번쩍거렸다. 태양을 받아들이는 그 작은 창들은 종종 내 마음에 빛을 비추어주었다.[42]

사랑의 작은 동굴은 둘레는 어디에도 없지만 중심은 모든 곳에 있는 그 원의 중심처럼 라인 지방에서만이 아니라 틴타겔에서도 발견될 수 있다. 그리고 수정 침대 위에서 쉬는 사람들에게는 시간 조건이 영원으로 해체된다. 고트프리트는 그곳의 두 연인에 대하여 말한다. "그들은 서로를 보았으며, 그것으로 영양분을 삼았다.…… 그들은 사랑과 그들의 마음 상태 외에는 아무것도 먹지 않았다."* 그러나 그 침대의 순수를 아는 사람은 얼마나 적은가!
우리는 거기까지 춤을 추며 다녀올 수도 있다. 그곳을 흘끗 볼 수도 있다. 심지어 잠시 그 아름다움 속에서 살 수도 있다. 그러나 옛날에는

---

* 60쪽 참조.

그노시스(gnosis)라고 부르고, 동양에서는 보디(bodhi)라고 부른, 그 침대의 편재(遍在)에 대한 지식을 확인받은 사람은 거의 없다. 자신과 세상의 진정한 존재의 침대, 즉 근거의 수정과 같은 순수함에 대하여 완전히 깨달은 사람은 거의 없다는 뜻이다. 그 침대는 완벽하게 투명한 수정처럼 그곳에 있지만, 없는 것처럼 있다. 그것을 통해서 보면 모든 것이 그 빛 때문에 빛을 발한다. 나아가서 그 침대는 단단하며, 영원히 지속된다. 그리고 사람이 가로지르는 녹색 바닥은 늘 새로워지는 시간의 미덕을 드러낸다.

간단히 말해서, 광야에 있는 사랑의 작은 동굴은 고전기 엘레우시스의 신비의 동굴 성소에 비유될 수 있으며, 〈그림 3〉의 신비의 황금 그릇의 4-5-6단계에 나오는 세 여자의 성소와도 비유할 수 있다. 비밀의 문의 여성 안내자(제4단계)는 손에 영원의 암브로시아가 든 작은 통을 들었다. 그러나 죽음의 갈까마귀가 먼저 나타난다. 영원을 알고자 하는 모든 사람들은 지상에서의 희망과 공포에 대해서 죽어야 하며, 또 세상에서의 이름에 대해서도 죽어야 하기 때문이다. 여성 안내자이자 수호자는 영원의 지혜로 가는 길과 세상으로 돌아가는 길을 동시에 가리킨다(〈그림 3〉, 제4단계와 제15단계). 바로 엘로이즈가 아벨라르에게 그런 안내자로서 나타났다고 말할 수 있다.

고전기의 비교(秘敎) 제의에서 영적인 준비를 갖춘 초심자들은 입문의 상징적 충격들을 점진적으로 겪어나갔다. 초심자들은 점점 확장되는 계시들을 통과하여, 궁극의 성소 안에서 제시되는 기호나 사건이 부여하는 절정의 영적 각성(epiphany)에 이르렀다. 그러나 삶 역시 입문을 제공한다. 그 가운데 가장 강력한 것이 성과 죽음이다. 삶 역시 계시적인 충격을 준다. 그러나 여기에는 교육적 등급이 매겨져 있지 않다. 이 입문들은 준비된 사람과 준비되지 않은 사람에게 똑같이 시행된다. 준비되지 않은 사람들은 아무런 가르침을 받지 못하거나, 심한 경우에는 피해를 보게 된다(미치거나, 약한 감정이 폭발하거나, 방어적으로 완강해지거나, 둔해지거나). 반면 준비된 사람들은 비교의 계시에 상응하는, 또는 그것을 넘어서는 입문을 받아들인다. 사실 옛날의 크고 작은 제의 체계에 속한 예언자들은 삶 자체로부터 입문의 영감을 끌어냈다. 따라서 여전히 삶은 똑같은 깨달음을 새롭게 할 뿐만 아니라, 더 크고 풍부하게 만들 가능성을 지니고 있다.

## 5. 미학적 정지

자, 예술의 언어에서는 그러한 발작을 미학적 정지라고 부른다. 제임스 조이스가 그의 주인공 스티븐 디덜러스의 말을 통하여 표현하듯이, 예술적 매혹이란 "심장의 일시적 정지"이다. 정신이 여기에 이르면 미적 쾌락이라는 빛나는 균형 상태 속에서의 욕구와 혐오를 넘어선다. 스티븐은 말한다. "예술가는 그의 상상력 속에서 미적 이미지를 처음 잉태할 때 그 최고의 본질을 느낀다."[43] 단테는 『신생(Vita Nuova)』의 서두에서 그 순간을 묘사하였다. 베아트리체――당시에는 불과 아홉 살의 어린아이였고, 단테 자신도 아홉 살이었다――가 그의 눈앞에 처음 나타났을 때였다.

진실로 말하거니와 그 순간 심장의 가장 은밀한 방에 거하는 생명의 영이 격렬하게 떨기 시작하여, 그 영은 두렵게도 미약한 맥박에도 나타났다. 심장은 떨면서 이렇게 말하였다. 나보다 강한 신을 보라, 그가 와서 나를 제압하리라[Ecce deus fortior me, qui veniens dominabitur mihi].

그 순간 감각의 모든 영들이 지각된 내용을 옮겨다 놓는 높은 방에 거하는 영혼의 영이 크게 놀라기 시작하였다. 그는 특히 시각의 영에게 이렇게 말하였다. 이제 너의 축복이 나타났다[Apparuit jam beatitudo vestra].

순간 우리의 영양이 공급되는 부분에 거하는 자연의 영이 울기 시작하였다. 그는 울면서 이렇게 말하였다. 비참하구나, 나에게 화가 있을지어다! 이제부터 나는 자주 장애에 부딪히겠구나[Heu miser! quia frequenter impeditus ero deinceps].

그때부터 사랑은 내 영혼을 지배하였다. 사랑은 아주 빠르게 영혼과 결혼하였다. 사랑은 나의 상상력이 그에게 준 힘을 통하여 나를 다스리며 통제력을 행사하였다. 따라서 모든 것을 완전히 그가 좋을 대로 하는 것이 나의

의무였다.[44]

단테의 모든 예술 생애는 이 순간부터 시작되었다. 그가 『신생』의 말미에 말하듯이, 젊은이로서 이미 자신의 감정을 담은 소네트와 칸초네를 냈으므로, 그녀를 좀더 귀중하게 다룰 수 있을 때까지는 그 축복받은 이에 대하여 더 이상 말을 하지 않기로 결심하였다. 단테는 선언하였다. "이것을 이루기 위하여 나는 내 힘이 닿는 데까지 공부한다. 그녀는 진정 이것을 안다. 따라서 만물을 살아가게 하시는 분께서 기뻐하셔서 내 삶이 몇 년 더 연장된다면, 나는 그녀에 대하여 어떤 여자에 대해서도 이야기된 적이 없는 이야기를 하고 싶다."[45]

제임스 조이스 역시 그의 분신인 스티븐의 젊은 시절의 한 순간에 대하여 쓰고 있다. 스티븐은 정신적으로 황무지에 이르렀다. 그가 태어난 사회와 그 교회가 그에게 제시한 목표와 이상들에 완전히 환멸을 느꼈기 때문이다. 작가는 묻는다. "그의 소년 시절은 이제 어디로 가버렸나? 제 운명으로부터 주춤거리며 물러나, 오욕과 허위의 집에서…… 혼자 상처의 수치를 곰곰 생각하던 영혼은 어디에 있는가?" 그는 이런 기분으로 우울한 생각에 잠긴 채 맨발로 더블린 북쪽 돌리마운트의 넓은 해변을 걷는다. 해변의 긴 개울 옆이다. "그는 혼자였다. 아무도 그를 눈여겨보지 않았다. 그는 행복하였다. 생명의 거친 중심 근처에 다가가 있었다."

그 순간, 보라!

한 소녀가 그의 앞쪽에서 냇물 한가운데 서 있었다. 혼자 꼼짝도 않고 바다를 내다보고 있었다. 마법이 낯설고 아름나운 바다새로 바꾸이놓은 것처럼 보였다. 길고 늘씬한 벗은 다리는 학의 다리처럼 약하게 보였다. 해초가 살 위에 자취를 남긴 곳 외에는 깨끗하였다. 그나마 통통하고 상아처럼 부드러운 색조의 허벅지는 거의 엉덩이에 이르기까지 맨살이었다. 속바지의 하얀 술 강식은 부드럽고 하얀 솜털이 달라붙은 깃털 같았다 희끄무레한 청색 치마는 대담하게 허리까지 걷어올렸다. 치마는 뒤쪽에서 비둘기 꽁지 모양을 이루었다. 그녀의 가슴도 새 가슴 같았다. 부드럽고 작았다. 짙은 색 깃털을 가진 새의 가슴처럼 작고 부드러웠다. 그러나 긴 금발은 소녀다웠다.

그녀의 얼굴도 소녀다웠고, 인간의 아름다움의 경이를 드러내고 있었다.
 그녀는 혼자 꼼짝도 않고 바다를 내다보고 있었다. 그의 존재와 숭배하는 그의 눈길을 느꼈을 때, 그녀의 눈은 그의 눈길을 조용히 묵인하였다. 수치감이나 음란함은 없었다. 그녀는 오래, 오래 그의 눈길을 묵인하였다. 이윽고 조용히 눈을 거두어, 아래 냇물을 굽어보았다. 발로 여기저기 물을 가볍게 휘저었다. 부드럽게 움직이는 물의 희미한 첫 소리가 정적을 깼다. 낮고 희미하게 속삭이는 소리였다. 잠결의 종소리들처럼 희미하였다. 여기저기, 여기저기. 그녀의 뺨에서 희미한 불길이 어른거렸다.
 "오, 하느님!" 스티븐의 영혼이 소리쳤다. 불경스러운 환희가 분출한 것이다.
 그는 갑자기 그녀에게서 몸을 돌려 해변을 가로지르기 시작하였다. 뺨이 달아올랐다. 몸이 불타올랐다. 팔다리가 떨렸다. 앞으로, 앞으로 걸었다. 모래밭을 넘어 멀리 걸어갔다. 바다를 향해서 거칠게 노래를 불렀다. 그에게 소리를 지르던 생명의 도래를 맞이하기 위하여 소리를 질렀다.
 그녀의 모습은 그의 영혼 속으로 영원히 들어갔다. 어떤 말도 그의 환희의 거룩한 침묵을 깨지 않았다. 그녀의 눈이 그를 불렀고, 그의 영혼은 그 부름에 뛰어올랐다. 살자, 실수하자, 넘어지자, 승리하자, 생명에서 생명을 다시 창조하자! 나에게 거친 천사가 나타난 것이다. 인간의 젊음과 아름다움의 천사. 생명의 아름다운 궁정에서 온 사절. 그 사절이 환희의 순간에 나의 앞에 잘못과 영광으로 통하는 모든 길의 문을 활짝 열어놓았다. 앞으로, 앞으로, 앞으로!"[46]

 트리스탄 전설에서도 눈이 마주치고 세상이 고요해지는 순간이 있다. 두 남녀가 아일랜드로부터 콘월로 배를 타고 갈 때이다. 둘은 우연히 이졸트의 어머니가 마르크왕과의 첫날밤을 위하여 준비해준 마법의 미약을 마신다. 그러나 이 미약이 단순히 촉매였는지, 아니면 그 자체가 정열의 원인이었는지에 대해서는 시인과 비평가들 사이에 의견이 분분하다. 그리고 만일 그들이 카리브해의 달밤에 오래 지체하지 않았다면——딱 한 잔 더 하기 위하여——그들이 그 거친 폭풍을 알기나 했을까 의심하는 연인들도 틀림없이 있을 것이다. 한 권위자는 말한다. "그 미약이 사실 그 연인들의 정열과 거기에서 생긴 모든 일의 진정한 원인이었다."[47] 다른 권위자는 말한다. "사랑의 미약은 시적인 상징일 뿐이다. 고트프리트가 사랑의 미약을 집어넣은 것은 그것이 훌륭한 클라이맥스를 만들어주기 때문이었을 것이다. 그러나 미약이 있든 없든, 『트리스탄과 이졸트』의 클라이맥스는 일어날 수밖에 없었다."[48]

전설의 초기 형태에서는 상황이 어땠는지 알 수 없다. 그러나 많은 학자들은 현존하는 최초의 판본——즉 1165-1170년경에 만들어진 브리튼의 토머스의 판본——에서는 미약이 아름다운 처녀와 영웅적 청년의 마음을 열기 이전에 이미 그들은 분명히 사랑에 빠져 있었다는 점을 지적한다.[49] 아일하르트 폰 오베르게(Eilhart von Oberge, 1180-1190년경)의 후기 판본에서는 마법의 영향력이 4년 뒤에 줄어든다. 아일하르트의 전통을 따르는 베룰(Béroul, 1191-1205년경)의 노르만 프랑스 판본에서는 그 기간이 3년이 된다. 그리고 양쪽 모두 미약이 원인이었다고 확언한다. 아일하르트의 말을 들어보자. "4년 동안 그들의 사랑은 너무 커서 단 한나절도 떨어져 있을 수 없었다. 그들은 매일 보지 않으면 몸이 아팠다. 그들은 그 미약 때문에 사랑에 빠졌다. 그들은 일주일 동안 서로 보지 못했다면 죽었을 것이다. 그 미약은 그런 강한 힘을 가지도록 제조되었다. 독자들은 이 점을 충분히 고려해야 한다!"[50] 반면 고트프리트(1210년경)는 토머스를 따랐고, 리하르트 바그너는 고트프리트를 따랐다.

그러나 만일 미약이 사랑의 원인이 아니라면, 이 위대한 시인들——토머스, 고트프리트, 바그너——에게 미약의 마법의 의미는 무엇이었을까?

바그너의 경우 우리는 그의 자서전과 편지를 통하여, 『트리스탄과 이졸데』를 작곡하던 시기인 1854년부터 1859년까지 내내 그의 관대한 친구이자 후원자인 오토 베젠동크의 부인 마틸데와 열정적인 사랑에 빠져 있었음을 알 수 있다. 바그너는 심지어 자신을 트리스탄으로, 베젠동크를 마르크왕으로, 그의 뮤즈인 마틸데를 이졸데 여왕으로 생각하여, 그녀의 품에서 죽고 싶어하였다(그가 여러 차례 되풀이한 말에 따르면). 이 다른 남자의 아내를 사랑하는 대책 없는 연인도 고트프리트처럼 춤을 잘 추며 수정 침대까지 왔다갔다를 자주 되풀이하였지만, 그 위에서의 휴식은 한번도 경험하지 못하였기 때문이다. 사실 그런 시인들이 휴식을 발견하였더라면, 우리는 그들의 작품을 볼 기회를 얻지 못하였을 것이다.

바그너는 1854년 12월 그의 친구 프란츠 리스트에게 편지를 썼다. "나는 사랑의 진정한 축복을 한번도 맛보지 못하였기 때문에, 모든 꿈 가운데 가장 아름다운 그 꿈에 기념비를 세우려고 합니다. 이 꿈속에서는 처음부터 끝까지 이 사랑이 마음껏 취할 수 있습니다."[51] 바그너는 2년 전에 그의 베아트리체인 마틸데를 만났다. 그리고 이와 마찬가지로 중요한 것으로, 그는 단테와 마찬가지로 철학의 언어에서 그의 아픈 가슴의 비밀을 깊이 읽어낼 수 있었을 뿐만 아니라, 그 달콤쌉싸름한 고뇌의 의미를 시간을 초월한 신화의 비유로 표현할 수 있는 수단을 찾았다. 그의 자서전을 통해서 알 수 있듯이, 그가 쇼펜하우어의 작품들을 발견한 것 역시 꿈에 대한 기념비를 세울 생각을 하던 그 해였다. 바그너는 여러 차례 말하였다. "「트리스탄과 이졸데」의 개념에 대한 영감을 준 것은 부분적으로는 내가 쇼펜하우어를 통하여 빠져들었던 그 심각한 분위기였음이 분명하다. 쇼펜하우어는 그 뼈대가 되는 관념들의 황홀한 표현을 다 그치고 있었다."[52]

쇼펜하우어는 사랑이 삶의 의지를 그 대립물로 바꾸고, 그럼으로써 '죽음 왕(King Death)'의 통치 세계를 넘어선 곳에 자리 잡은 진실의 영역을 드러내는 위대한 변화의 힘이라고 본다. 그곳은 공간과 시간이라는 경계, 그리고 우리 삶에서 갈등을 일으키는 자기 이익의 중심들이 들어찬 거친 바다——그 경계 내에 자리 잡고 있다——를 넘어선 곳이다. 쇼펜하우어는 1840년에 덴마크 왕립과학학회의 상을 받은 유명한 논문 「도덕성의 기초」에서 이렇게 쓴다. "만일 내가 전적으로 다른 사람의 이익만을 생각하고 어떤 행동을 한다면, 나의 직접적인 관심사가 되는 것은 그의 행복과 불행이다. 나의 다른 모든 행동에서 중시하는 이익이 나 자신의 이익인 것과 마찬가지이다……."

"그러나 어떻게 다른 사람의 행복과 불행이 나의 의지를 직접적으로 움직이는 것이 가능할까. 바꾸어 말하면, 어떻게 그것이 나 자신의 행복이나 불행처럼 나의 행동을 유발하는 동기가 될 수 있을까. 어떻게 이따금씩 나 자신의 행복과 고통——보통은 이것이 나의 행동의 동기 전체를 이룬다──을 대체로 무시하는 정도까지 나아갈 수 있을까."

그는 근본적인 구절을 통하여 답한다. 이것은 바그너의 「트리스탄」만이 아니라 「파르지팔」, 『니벨룽겐의 반지』의 기본적인 주제로 읽어도 무방하다.

분명 이런 일은 다른 사람이 실제로 나의 자발적 의지의 최종 관심사──보통은 나 자신이 관심사이지만──가 될 때에만 일어난다. 즉 내가 마치 내 일인 양 강렬하게 그의 행복을 바라고 그의 고통으로 괴로워할 때 일어난다. 그러나 이것은 내가 실제로 그의 고통에 공감하며 참여할 수 있고, 나 자신의 고통과 마찬가지로 그의 고통을 경험할 수 있고, 그 결과 나 자신의 유익과 마찬가지로 그의 유익을 진정으로 바랄 수 있다는 것을 전제한다. 이것은 내가 한동안 그와 동일시될 것을 요구한다. 즉 나의 자아의식의 전제인 나와 그 사이의 최종적 구별이 적어도 어느 정도는 중지될 것을 요구한다. 그러나 내가 실제로 다른 사람의 살갗 속으로 들어갈 수는 없는 노릇이므로, 그것은 그에 대한 나의 지식을 통하여, 내 머리 속의 그의 이미지를 통하여 어느 정도 그와 동일시되어, 우리 사이의 차이를 소멸하는 방식으로 행동할 수밖에 없다.

쇼펜하우어는 이렇게 추론을 한 뒤에 형이상학적 판단을 내린다. 우리가 방금 읽은, 엘로이즈가 아벨라르에게 보낸 광채나는 말들에 비추어볼 때, 이 명석한 독신 철학자의 상대적으로 냉정한 말은 바그너가 이졸데의 "사랑의 죽음(Liebestod)"의 온화하고 부드럽게 부풀어오르는 곡조에서 되풀이하고 확대한 메시지를 과장하는 것이 아니라 축소하는 것처럼 들릴 것이다.

내가 여기서 논의하고 있는 종류의 행동은 내가 꿈을 꾼 것이나 아무것도 없는 데서 추측해낸 것이 아니라 하나의 현실이다. 사실 드물지도 않은 현실이다. 그것은 즉 동정(Mitleid)이라는 일상적 현상이다. 이것은 다른 모든 고려에서 벗어나 우선 다른 사람의 고통에 직접 참여하고, 이어 그 고통을 덜거나 끝내는 데 참여하는 것이다.…… 이것만이 모든 자율적인 정의와 모든 인간적 사랑의 진정한 기초이다. 하나의 행동은 이 원천에서 나오는 것일 때에만 진정한 도덕적 가치를 가진다고 말할 수 있다. 반대로 다른 원천에서 나오는 행동은 진정한 도덕적 가치를 가지지 않는다고 말할 수 있다. 이 동정이라는 감정이 일어나면, 늘 같은 정도는 아니겠지만, 다른 사람의 행복과 불행이 마치 나 자신의 행복과 불행처럼 내 마음에 놓이게 된다. 그와 더불어 그와 나 사이의 차이는 이제 절대적인 것이 아니게 된다. 이것은 진정 놀랍다. 심지어 신비하기까지 하다. 사실 이것은 모든 도덕성에 내재하는 큰 신비이며, 윤리의 주요한 구성 요소이다. 감히 이 문을 넘어 한 걸음 내디딜 수 있는 유일한 성찰 유형은 형이상학적인 것임에 틀림없다.[53]

바그너가 이 시기에 공부를 한 이야기를 읽어 보면, 그가 쇼펜하우어의 책에 몰두하고 「트리스탄과 이졸데」의 작곡을 시작했다는 것을 알 수 있는데, 또 한 가지, 흥미롭게도 외젠 뷔르누(Eugène Burnouf)의 『인도 불교 역사 입문(Introduction à l'histoire du Bouddhisme indien)』(1844)에도 큰 관심을 가졌다는 것을 알 수 있다. 그래서 그는 한때 "단순한 전설에 바탕을 둔" 오페라를 쓸 생각도 하였다. 그 전설이란 "불가촉천민 카스트에 속하는 한 처녀가 석가모니의 고귀한 탁발 교단에 받아들여지는데, 그것은 그녀가 부처의 수제자인 아난다에 대한 강렬하고 순수한 사랑을 통하여 자격을 갖추었기 때문"[54]이라는 것이다. 그러나 쇼펜하우어는 이미 자신의 형이상학이 인도의 불교와 베다 사상만이 아니라, 서양 철학에 항존하는 이단의 흐름과도 관련을 맺고 있다는 점을 인정하고, 심지어 공표까지 하였다. 여기서 다시 쇼펜하우어의 수상 논문인 「도덕성의 기초」로 돌아가보자.

다수는 착각일 뿐이며, 이 세상의 모든 개인들——그 수가 아무리 많다고 하더라도, 공간적으로 나란히 서 있는 것처럼 보이고 시간적으로 앞뒤로 서 있는 것처럼 보인다고 하더라도——에게서는 단 하나의 진정한 '존재'만 드러난다. 이 존재는 만물 속에 존재하며 언제나 똑같다. 이런 교리는 칸트 이전의 오랜 옛날부터 세상에 알려졌다. 사실 이 교리는 언제나 우리와 함께 있었다고 말할 수도 있다. 우선 이것은 세상에서 가장 오래된 책인 신성한 베다*의 주요하고 근본적인 가르침이다. 그 교리 부분――또는 비의적 의미――는 우파니샤드**에도 보존되어 있다. 이 책 전체에 걸쳐 거의 모든 페이지마다 이 위대한 가르침이 끝없이 다양하게 되풀이되고, 수많은 비유와 상징을 통해서 알레고리로 표현되기도 한다. 피타고라스에 대한 정보가 부족하기는 하지만, 이 교리가 피타고라스의 지혜의 기초가 되었다는 점에도 의심의 여지가 없다. 모두가 알다시피 엘레아 학파의 가르침의 거의 모두가 이 교리로 이루어졌다. 신플라톤주의자들은 말 그대로 이 교리에 흠뻑 빠졌다. 그들은 이렇게 썼다. "만물의 통일을 통하여 모든 영혼은 하나이다($\delta\iota\grave{\alpha}$ $\tau\grave{\eta}\nu$ $\dot{\varepsilon}\nu\acute{o}\tau\eta\tau\alpha$ $\dot{\alpha}\pi\acute{\alpha}\nu\tau\omega\nu$ $\pi\acute{\alpha}\sigma\alpha\varsigma$ $\psi\nu\chi\grave{\alpha}\varsigma$ $\mu\acute{\iota}\alpha\nu$ $\varepsilon\grave{\iota}\nu\alpha\iota$ : propter omnium unitatem cunctas animas unam esse)." 유럽에서는 이것이 예기치 않게 19세기에 스코투스 에리게나의 책을 통하여 드러나는 것을 보게 된다.[55] 에리게나는 이 교리에 크게 흥분하였으며, 그것을 기독교 신앙의 형식과 언어로 둘러싸려고 노력하였다. 이슬람교도에게서는 수피교도의 영감을 받은 신비주의에서 발견된다.[56] 최근에 들어 서양에서는 조르다노 브루노가 그 일반적 진실을 선언하고자 하는 충동을 억누르지 못하여 수치스럽고 고통스러운 죽음을 당해야 하였다. 기독교 신비주의자들은 언제 어디서 나타나든 이 깨달음에 사로잡혀 있음을 볼 수 있다――심지어 그들의 의지에 반하여, 모든 노력에도 불구하고 말이다. 스피노자의 이름은 그 깨달음과 동일시된다. 마침내 우리 자신의 시대――칸트가 낡은 교리적 신학을 박살냄으로써 세상이 두려움에 사로잡힌 채 그 연기가 피어오르는 폐허 사이에 서 있는 시대――에는 똑같은 인식이 셸링(1775-1854년)의 절충주의적 철학에서 다시 이야기되었다. 셸링은 플로티누스, 스피노자, 칸트, 야콥 뵈메의 교의들을 하나의 체계 내에 교묘하게 결합하고, 거기에 근대 과학의 발견물들을 연결시킴으로써 그의 세대의 다급한 요구에 부응하여 공통된 주제에 대한 자기 나름의 변주를 개발하였다. 이렇게 해서 이 지식은 이제 독일인 학자들 사이에 일반적 신뢰를 얻게 되었으며, 교육받은 대중에게도 알려지게 되었다. 볼테르

---

\* 쇼펜하우어의 세기에는 수메르의 점토판이 아직 발견되지 않았다. 피라미드의 텍스트도 아직 판독되지 않았다. 여기서 쇼펜하우어는 베다가 매우 오래전에 나온 것으로 이야기하는데, 이것은 지나친 것이다. 이 텍스트와 날짜에 대해서는 『신의 가면 : 동양신화』에서 이야기하였다.
\*\* 쇼펜하우어는 자주 인용되는 구절에서 이렇게 말한다. "우파니샤드는 이 세상에서 가장 보람 있고 기쁘게 읽을 수 있는 책이다. 그것은 나의 삶의 위로이며, 나의 죽음의 위로도 될 것이다"(*Parerga und Paralipomana* XVI,187).

의 말로 하자면 이렇다.

> On peut assez longtemps, chez notre espèce,
> Fermer la porte à la raison.
> Mais dès qu'elle entre avec adresse,
> Elle reste dans la maison,
> Et bientôt elle en est maîtresse.
> (우리는 이성을 오랫동안
> 집에 들이지 않을 수 있다.
> 그러나 일단 교묘히 집안에 들어오면
> 이성은 다시 나가지 않으며
> 아예 집주인이 되어버린다.)

오늘날 유일한 예외는 대학 교수들이다. 그들은 이제 이 이른바 "범신론"에 대하여 전쟁을 해야 하는 어려운 과제를 떠맡게 되었다. 그들은 이렇게 당혹스러우면서도 위험한 상황에 처하게 되자, 마음 깊이 느끼는 불안감 때문에 온갖 종류의 애처로운 궤변에, 온갖 종류의 과장된 표현에 매달리게 되었다. 그것을 가지고 그들이 소중하게 여기고, 큰 특권을 누려온 낡은 모닝 코트 철학을 받아들일 만하게 변장시키려는 것이다.

요컨대, 엔 카이 판('Εν καὶ παν, '하나와 모두'라는 뜻)은 바보들의 영원한 웃음거리가 되었으며, 지혜로운 자들의 영원한 명상이 되었다. 그럼에도 그것에 대하여 엄격한 증거는 주어지지 않았으며, 줄 수도 없다. 유일한 예외가 칸트의 증명들이다. 그러나 칸트는 스스로 증명을 완성하지 않았다. 그는 예리한 논객답게 자신의 전제들만 제시하였다. 그럼으로써 필요한 결론에 이르는 즐거움은 독자들에게 남겨두었다.

다수와 구별이 이 외양의 세계에만 속하는 것이라면, 살아 있는 만물에서 하나의 똑같은 존재를 볼 수 있는 것이라면, 나와 나 아님 사이의 구별을 해체하는 경험은 거짓일 리 없다. 오히려 그 반대가 거짓임에 틀림없다. 사실 인도에서는 이 반대를 마야(māyā)라고 하는데, 이것은 "기만, 환영, 착각"의 의미이다. 어쨌든 앞에서 말한 경험이 동정이라는 신비의 바탕에 깔려 있으며, 사실상 이 경험이 현실——동정이 그 가장 중요한 표현물이다——을 나타내기도 한다. 따라서 그 경험은 윤리의 형이상학적 기초이며,

그 내용은 간단히 이렇다. 한 개인이 다른 개인 안에서 자신의 진정한 존재를 인식하는 것이다.…… 이러한 인식을 나타내는 기본적인 공식을 표준적인 산스크리트 표현에서 찾아보자면, "그대는 저것(tat tvam asi)"이다.[57]

## 6. 미약

이졸트와 트리스탄이 마신 사랑의 미약에 대한 바그너의 이해는 대체로 쇼펜하우어의 시적인 철학에서 영감을 받은 것이다. 그러나, 그가 자서전에서도 이야기했듯이, 그는 어느 날 자신의 창조적 작품이 이미 저절로 그런 형이상학적 통찰을 예고하였음을 깨닫고 깜짝 놀랐다. 바그너에게 비법을 전수한 사람이라고 할 수 있는 쇼펜하우어는 바그너의 예술을 숙성시켜, 그를 트리스탄의 사랑의 동굴로부터 암포르타스의 '성배의 성'으로 데려갈 운명이었다. 그러나 주입된 권위의 힘에 의한 것이 아니라, 바그너 자신이 열렬히 바라던 바에 따른 것이었다. 바그너는 사랑의 변형이라는 관념을 떠올렸다. 아직 무의식적이지만 흥미진진한 생각이었다. 그는 이 생각에 대한 설명과 확인을 쇼펜하우어로부터 자유롭게, 또 고맙게 받아들였다.

생생한 경험으로 인하여 정열적으로 흥분해본 사람이라면 누구나 그랬겠지만, 나는 가능한 한 빨리 쇼펜하우어 체계의 결론으로 밀고 올라갔다. 나는 그 미학적인 부분에 완전히 만족하였다. 특히 음악에 대한 탁월한 이해에는 크게 놀라기도 하였다. 그럼에도 정신 상태가 나와 같았던 사람이라면 누구나 그랬겠지만, 그 모든 것 끝에 나오는 도덕적인 전환에 충격을 받았다. 그곳에는 세상을 이해하고 세상에 대처하는 일에서 우리의 한계로 인한 속박(이제 나는 처음으로 이것을 실감나게 느끼게 되었다)으로부터 현실적으로, 그리고 최종적으로 구원받는 유일한 방법으로 '삶에의 의지'의 소멸, 절대적 체념이 제시되어 있었기 때문이다. 철학이 이른바 "자유로운 개인"을 명목으로 하는 정치적이고 사회적인 선동의 정당화해줄 것을 기대하였던 나 같은 사람에게는 얻을 것이 아무것도 없음이 분명하였다. 거기서 제안하는 것이라고는 이 길로부터 완전히 벗어나 개인적으로 출세하려는 충동을 완전히 접으라는 요구였다. 처음에는 이것이 나하고는 아무런 관계가 없다고 생각하였다. 이른바 "명랑한" 그리스적 관점을 포기하는 쪽으로는 쉽게 마음이 움직일 것 같지 않다는 생각이 들었기 때문이다. 나는 그런 관점에서 「미래의 예술 작품」이라는 논문을 쓰기까지 하였다〔1849년에 써서 1850년에 발표〕. 사실 묵직한 사상으로 처음 나를 움직여 내 감정을 재고하게 한 사람은 헤르베크*였다. 그는 이야기하였다. "모든 비극에는 겉으로 보이는 영역이 무가치하다는 이런 통찰이 전제되어야 한다. 모든 위대한 시인, 나아가서 모든 위대한 인간은 내적인 직관을 통하여 이런 진리를 받아들였음에 틀림없다." 나는 내가 쓴 니벨룽겐 시를 돌아보았다. 순간 놀랍게도 이론적으로는 그렇게 어렵게 느껴지던 것이 나 자신의 시적 상상력 속에서는 오랫동안 익숙한 것이었음을 알게 되었다. 이렇게 해서 나는 처음으로 나 자신의 "보탄(Wotan)"(게르만 신화의 주신〔主神〕/역주)을 이해하였다. 그리고 큰 충격을 받은 상태로 쇼펜하우어로 돌아가, 좀더 주의 깊게 그의 책을 읽기 시작하였다. 이제 나는 가장 중요한 것이 『의지와 표상으로서의 세계(The World as Will and Idea)』의 1권을 정확하게 이해하는 것임을 깨달았다. 이 책에서 쇼펜하우어는 공간과 시간의 단순한 관념성에 대한 칸트의 이념, 우리의 눈에는 그렇게 견고한 기초를 가진 것으로 보이는 이념을 해석하고 확대한다. 나는 내가 그 이해를 향해서 나아가는 진실한 첫걸음을 내디뎠다고 믿었다. 이제 나는 적어도 그 이념이 대단히 어렵다는 것 정도는 인식을 하게 되었기 때문이다. 그 뒤로 몇 년 동안 그 책은 내 곁을 떠나지 않았다. 이듬해 여름이 되었을 때 나는 그 책을 열심히 네 번이나 읽었다. 그 책은 점차 나를 특별한 힘으로 사로잡기 시작하였다. 어쨌든 그 책은 내 인생 전체에 결정적인 역할을 하였다.[58]

가장 기초적인 말로 아주, 아주 개략적으로 요약을 한다고 하더라도,

---

* 게오르크 헤르베크(George Herwegh, 1817-1875년)는 "젊은 독일" 운동의 지도적인 혁명적 시인이었다. 그는 바그너와 마찬가지로 1848년 봉기에 연루되었으며, 당시에 역시 바그너와 마찬가지로 취리히에서 한동안 정치적 망명 생활을 하고 있었다. 1851년 바그너는 취리히의 또 다른 혁명적 문필가인 아돌프 콜라체크의 집에서 그를 만났다. 콜라체크는 정치적 차원에서 실패한 혁명을 정신적 차원에서 지속시키는 것을 목적으로 한 독일어 월간지를 편집하고 있었다(Wagner, Mein Leben, Munich : F. Bruckmann, 1911, 547-548쪽 참조).

이 "대단히 어려운", 겉으로 보이는 세계의 무가치에 대한 이념은 우리의 현재의 독서에 충분한 도움을 줄 것이다. 다음과 같은 분명한 사실들을 상기시켜주는 것만으로도 중요하다고 할 수 있다. 즉 모든 시각, 청각, 후각, 미각, 촉각에 따른 인상들은 공간의 어딘가로부터 와서 일정 시간 동안 지속될 수밖에 없다. 따라서 공간과 시간은 모든 외적인 경험의 불가피한 전제 조건이다. 우리는 마치 물속의 물고기처럼 그런 환경 속에서 우리 존재를 유지하고 있다. 시간과 공간으로부터 독립된 상태가 어떤 것인지는 몰라도, 우리는 그것을 알 수도 상상할 수도 없다. 우리는 또 이성으로부터 무엇을 배울 수도 없다. 모든 사고는 불가피하게 문법과 논리 법칙을 전제하기 때문이다. 따라서 바깥 세계에서 보는 모든 형식들과 그것을 둘러싸고 생겨나는 모든 생각들은 지각과 인식의 조건들에 의하여 '존재 그 자체', 즉 칸트의 물자체(Ding an sich)의 최초의 상태 또는 비(非)상태──그것이 무엇인지는 몰라도──로부터 멀어져 있다.

플라톤의 동굴의 우화[59]나 인도의 마야 교리[60]도 같은 깨달음을 어렴풋이 보여준다. 셸리의 아름다운 시구에서도 그것을 다시 볼 수 있다.

> 여러 색깔로 이루어진 유리 돔처럼
> 영원의 하얀 광채는 삶으로 얼룩진다.[61]

괴테의 『파우스트』의 제2부 첫 장면에서는 주인공이 태양의 눈부신 빛을 바로 볼 수 없어 고개를 돌려 무지개가 걸린 폭포를 보는 장면이 나온다. 주인공은 말한다. "태양은 내 등에 머물게 하라!…… 다채로운 반사 속에 우리의 삶이 있다."[62]

그러나──여기에서 쇼펜하우어가 칸트와 갈라지는데──바깥의 다채로운 색깔을 향한 눈은 겉으로 나타나는 현상적 형태들을 보지만, 안으로 향한 눈은 다른 것을 본다. 명상이 깊어지면서 외적 경험으로부터 기억된 꿈과 같은 형태들을 지나, 그런 경험과 정신 구조 자체로부터 파생된 추상적 개념들을 지나게 된다. 이 모든 것을 지나 더 밀고 나아가면 마침내 형태나 생각이 아니라 쇼펜하우어가 의지(die Wille)라고 부른 것과 만나게 된다. 살고자 하는 순수한 의지이다. 이것은 살고자 하는 일반 의지 가운데 한 사람이 차지하는 몫일 뿐이다. 일반 의지는 모든 자연의 존재의 기초이다. 이 의지는 수정의 형태를 만들고 자석을 움직이는 물리적 법칙만이 아니라, 식물 세계, 동물의 왕국, 인류의 몸, 도시, 문명을 형성하는 에너지에서도 표현된다.

쇼펜하우어는 말한다. "그것이 가장 깊은 것이다. 각각의 개별적인 것과 또 전체의 핵심이다. 그것은 자연의 모든 맹목적 운동력에서도 표현된다. 그것은 또 인간의 고려된 행위에서도 표현된다. 이 둘 사이의 큰 차이는 표현되는 본질이 아니라 표현의 수준일 뿐이다."[63]

지금까지 의지라는 개념은 힘이라는 개념 밑에 포괄되어왔다. 그러나 나는 지금 그 말을 반대로 사용한다. 자연의 모든 힘을 의지의 기능으로 이해하는 것이다. 이것은 말장난도 아니고, 하찮은 일도 아니다. 오히려 가장 의미 있고 중요한 일이다. 힘이라는 개념 뒤에는 최종적으로 객관 세계, 즉 어떤 현상, 눈으로 본 것에 대한 우리의 시각적 지식이 있기 때문이다. 여기에서 힘이라는 개념이 나온다. 그것은 인과의 법칙이 지배하는 분야에서의 추상이다.…… 반면 의지라는 개념은 가능한 모든 개념들 가운데 현상의 관찰로부터 파생하지 않는, 단순한 시각적 지식으로부터 파생하지 않는 개념이다. 그 개념은 안으로부터 온다. 우리 각자의 직접적 의식으로부터 떠오른다. 그 의식 속에서 우리 각각은 자신의 존재와 관련하여 자신의 개체성을 직접 인식한다. 하나의 형태로서가 아니라, 심지어 주체-객체 관계의 맥락에서가 아니라, 우리 자신으로서. 여기에서는 아는 자와 아는 대상이 동일하기 때문이다.[64]

쇼펜하우어의 의지라는 개념과 인도의 브라만 개념의 관계는 금방 눈에 뜨인다. 브라만은 모든 존재의 자아(ātman)와 동일하다("그대는 저것 [tat tvam asi]"). 의지는 브라만과 마찬가지로 객체-주체 관계를 초월하며, 따라서 이원적이지 않다(nir-dvandva). 이원성(dvandva)은 공간과 시간의 영역에서 생기는 환각(māyā)이다. 우리의 죽음에 대한 공포(māra)와 이 세상의 쾌락에 대한 갈망(kāma)은 이런 가지각색의 환각으로부터 나오며, 우리는 또 거기에 집착한다. 비이원성(nir-dvandva : tat tvam asi)에 대한 지식(산스크리트로는 보디, 그리스어로는 그노시스)을 통하여 죽음에 대한 공포와 쾌락에 대한 욕망이 소멸했을 때에만 그런 환각으로부터 해방(mokṣa)될 수 있다. 그와 더불어 환각의 베일이 해체되며, 쇼펜하우어가 말하듯이 "우리는 모두 하나이며 동일한 단일 존재"라는 깨달음이 직접적인 것이 된다. 이런 자아가 없는 깨달음에 어울리는 정서가 동정심(karuṇā)이다.

"모든 개체화는 단지 겉모습일 뿐이다. 공간과 시간의 효과일 뿐이다. 공간과 시간 자체가 나의 뇌의 지식 능력의 형식들, 따라서 그 지식의 모든 대상의 조건이 되는 요인들에 지나지 않는다. 그러므로 수없이 다양한 개체들 역시 겉모습에 지나지 않는다. 즉 나의 **지각 방식**의 결과일 뿐이다. 반면 나의 진정한, 나의 가장 깊은 곳에 있는 존재는 모든 생물 속에 살아 있다. 나는 이것을 나 자신의 자기 의식적인 자아 안에서만 직접적으로 알 수 있고 경험할 수 있다."[65]

이와 더불어 우리는 바그너의 트리스탄 로맨스에서 미약의 의미를 깨닫게 된다. 그것은 사랑의 강력한 정열의 원인도 아니고 촉매도 아니다. 두 사람이 미약을 마시기 전에 그 사랑은 이미 둘의 가슴에 있었고, 나아가서 둘 다 사랑이 있음을 알았기 때문이다. 미약을 마시는 화려한 장면의 중요한 점은 두 사람이 죽음을 마신다는 것을 알았다는 것이며, 영적으로 이런 체념의 행동에 순응하였다는 것이다. 바그너의 로맨스에는 이졸데의 어머니가 준비해준 신부의 배에 사랑의 미약만이 아니라 죽음의 독약도 실려 있었다. 이졸데의 하녀 브라가에네(그녀의 여기서의 역할은 손에 불멸의 음료 암브로시아가 담긴 통을 들고 입문의 문을 지키는 것이다)는 그들의 컵에 독약 대신 미약을 넣었다. 이렇게 해서 두 사람은 이미 욕정으로서의 사랑과 죽음에 대한 공포를 모두 심리적으로 포기했기 때문에, 약을 마셨음에도 살아서 서로를 다시 보게 되었을 때, 마야의 베일은 떨어졌다.

이졸데는 컵을 옆으로 치운다. 둘 다 몸이 떨린다. 그들은 발작적으로 가슴을 움켜쥔다. 음악은 '사랑의 미약 모티브'를 전개한다. 어리둥절한 상태에서 괴로운 한 순간이 지나고 둘은 거친 노래를 부르기 시작한다.

 이졸데 : 트리스탄!
 트리스탄 : 이졸데!…… 내가 무슨 꿈을 꾼 것이오, 트리스탄의 명예에 대하여?
 이졸데 : 내가 무슨 꿈을 꾼 것인가요, 이졸데의 수치에 대하여?

여기서 엘로이즈의 메아리가 들리는가?
고트프리트의 시에서도 미약이 일으킨 경이는 똑같다. 고트프리트는 철학적으로 쇼펜하우어를 참조할 수 없었지만, 그에게는 그리스인들이 있었고, 그들의 뮤즈들의 은총이 있었기 때문이다. 이들은 나중에 르네상스의 시인과 화가들을 위하여 천체의 음악에 대한 감각을 열어주는 존재가 되었다. 고트프리트가 거룩한 영감을 불러내려고 하였을 때, 그가 부른 것은 예수도, 마리아도, 어떤 기독교 성자도 아니었다. 그가 부른 것은 뮤즈의 아홉 여신(카메나)이었고, 그들의 우주의 춤의 주인인, 수금을 든 아폴론이었다.

 이제 나는 내 가슴과 손으로부터 높이 헬리콘산(아폴론과 뮤즈의 여신들이 사는 곳/역주)으로, 샘이 솟는 아홉 보좌로 내 기도와 호소를 보낼 것이다. 그 샘에서는 말과 의미의 선물이 흐른다. 그 주인과 그 아홉 여주인은 아폴론과 카메나이다.…… 내가 그 샘물 한 방울만 얻을 수 있다면, 내 말은 카메나의 영감이라는 빛나는 도가니에 잠겨 그곳에서 아라비아의 황금처럼 무언가 야릇하고 놀라운 것, 주문에 따라 만든 것으로 바뀔 터인데.[66]

바그너는 쇼펜하우어의 예술론이 마음에 들어 자신의 것으로 삼았다. 그 이론은 여기서 고트프리트가 말하는 뮤즈의 여신들이라는 그리스적 개념을 19세기의 언어로 설명한 것이다. 나아가서 그것은 미약의 영향을 받은 두 시인의 표현과 완벽하게 일치한다. 뮤즈의 여신들이 예술가들에게 나누어주는 영감의 샘물, 신비의 수호자와 안내인들의 작은 통에 든 액체, 신들이 마시는 음료, 사랑의 증류액은 그 다양한 힘에서 모두 똑같기 때문이다. 그것은 암브로시아(산스크리트로 암르타[amṛta], 즉 "불멸"이다), 지금 여기서 경험하는 죽음 없는 삶의 미약이다. 이것은 우유이고, 이것은 포도주이고, 이것은 차(茶)이고, 이것은 커피이고, 이것은 당신이 좋아하는 어떤 것이든 다 된다. 어떤 통찰을 가지고 마시기만 하면 된다. 이것은 어떤 깊이와 높이에서 경험할 때는 생명 그 자체이다.

일반적으로, 또 생물학적으로, 눈의 동물적 기능은 공간과 시간의 장에 있는 것들 가운데 a) 바람직하거나 b) 위험한 것을 찾아내는 것이다. 눈은 소화관의 정찰병으로서, "내가 저것을 먹을 수 있을까, 아니면 저것이 나를 먹을까?" 하고 묻는다. 더 높은 수준의 지식을 가진 기관들조차도 이런 동물적이고-경제적이고-정치적인 관심 수준에서 기능할 때는 살고자 하는 의지에만 봉사한다. 쇼펜하우어의 말을 빌면, "개체와 그 종의 보존을 위한 수단으로만 봉사한다." 쇼펜하우어는 말을 이어 나간다. "원래 그렇게 '의지'에 봉사하기 위하여 생겨났기 때문에, 지식은 그 목적의 실현을 위하여 거의 전적으로 그 봉사만 하게 된다. 적어도 모든 동물에게는 그렇고, 또 거의 모든 인간에게도 그렇다. 그러나…… 어떤 사람들에게서는 지식이 그런 예속에서 벗어날 수 있다. 그런 굴레로부터 해방될 수 있다. '의지'와 그 목적으로부터 자유롭게 설 수 있다. 세상의 맑고 또렷한 거울로서 순전히 그 자신을 위해서만 존재할 수 있다. 이것이 예술의 의식이다."[67]

어떤 경우에는 보는 행동을 개인의 살려는 의지로부터 떼어내는 것이 가능하다. 어떤 객체를 보는 사람, 즉 주체의 복지와의 관련이라는 맥락에서가 아니라 그 나름의 존재로, 그 자체로 보는 것이 가능하다. 이렇게 되면 그 객체는 일시적인 개인의 눈이 아니라, 얽매이지 않은 의식의 눈으로 보게 된다. 쇼펜하우어는 이것을 세계의 눈이라고 부른다. 욕망도 없고, 공포도 없고, 공간과 시간 속의 인간의 변화로부터, 그리고 그 영역에서 기능하는 인과법칙으로부터 절대적으로 분리되어 있다. 이것은 〈그림 3〉의 중앙의 여신의 발치에서 성스러운 짐승과 굶주린 짐승들에 둘러싸여 자는 사람의 눈이 아니다. 이것은 헬리콘산의 정상에서 수금을 손에 든 히페르보레오스의 아폴론의 눈이다. 아폴론은 모든 현상을 통하여 표현된 그 영원한 형상들, 플라톤이 보편적 "이데아(ideas)"라고 부른 것을 본다.

〔쇼펜하우어는 말한다.〕 개체를 지각하는 일반적 방식이 그 본질을 이루는 관념의 지각으로 변하는 일은 인식 행위가 '의지'에 대한 봉사에서 풀려나, 아는 주체가 단순한 개체가 아니라 의지 없는 순수한 지식 주체가 될 때 갑자기 일어난다. 이제 인과의 법칙과 관계를 구하지 않으며, 다른 모든 것과의 관련으로부터 풀려나, 제시된 객체에 대한 고정된 응시 속에서 편안하게 충족감을 느낀다.[68]

제임스 조이스도 어떤 물체를 응시하면서 미학적 정지에 이른 순간에 대한 논의에서(『젊은 예술가의 초상』에서) 똑같은 통찰을 정식화하였다. "그것이 그것 자체이지 다른 것이 아님을 본다.…… 그 신비한 순간의 정신을 셸리는 스러져가는 숯불에 비유하였다."[69]

쇼펜하우어의 말에 따르면, 과학은 인과의 법칙과 관련된다. 이것은 예술의 목표는 아니다. 수학은 공간과 시간의 조건에 관심을 가진다. 이런 조건이 예술의 대상은 아니다. 역사는 동기에 관심을 가진다. 그러나 동기가 예술의 대상은 아니다. 예술은 대상에 대한 응시에 의하여 그 "이데아"로서의 성격을 알아낸다. 지성에 의하여 추상화된 "개념"으로서가 아니라, 인과법칙의 일시적 흐름으로부터 떨궈지어 그 자체로 응시되는 사물로서 응시한다. 쇼펜하우어는 설명한다. "이 별도의 것, 그 일반적 흐름 안에서는 가장 미세하고 덧없는 입자였던 것이 그렇게 볼 때는 전체의 영적 각성 되며, 시간의 끝없는 다양성 전체와 동등한 것이 된다."[70]

이렇게 보는 방식은 천재의 방식이며, 예술의 방식이며, 완벽한 객관성의 방식이며, 세계의 눈의 방식이다. 이것은 지적인 추상화와 혼동해서도 안 되고 알레고리적 참조와 혼동해서도 안 된다. 이것은 자아를 보호하고 자아를 발전시키는 생물학적-정치적 개인의 세계 전체와 세계 지향을 순간적으로 소멸시키기 때문에, 이런 충격을 견딜 수 없는 사람들은 광기에 이른다. 쇼펜하우어는 세네카가 인용하였던 아리스토텔레스의 한 문장을 인용한다. "모든 위대한 재능에는 광기의 요소가 들어 있다(Nullum magnum ingenium sine mixtura dementiae fuit)."[71] 그는 또 드라이든의 시도 인용한다.

위대한 지혜는 광기와 어깨를 견다시피 하니,
그들의 경계를 나누는 칸막이는 얇기만 하다.[72]

그리고 쇼펜하우어는 마지막으로 플라톤의 동굴 우화를 이야기한다.* 시인이자 철학자 플라톤은 동굴 밖에 있던 사람들은 돌아왔을 때 조롱을 당한다고 말한다. 그들의 눈은 어둠에 익숙하지 않기 때문에 그 그림자들을 제대로 보고 판단할 수 없기 때문이다. 따라서 천재는 동시에 두 개의 세계관, 즉 예술의 세계관과 의지의 세계관을 가지고 살면서도 미치지 않을 수 있는 사람이라고 말할 수 있다.[73]

바그너가 전적으로 수용하였던 이 철학에 따르면, 예술의 여러 분야는 우주적 비전 가운데 자기 분야에 어울리는 측면을 가지고 있다고 한다. 예를 들어서, 건축은 우주적 조화의 물리적 특징을 표현하는 것이다. 즉 무게, 응집, 단단함, 부피, 빛과 어둠의 놀이, 형식과 대칭 등이다. 풍경화와 원예는 영적인 평화 속에서 자연의 비인격적 의지의 조용한 힘을 표현한다. 동물 조각과 그림은 종의 특징을 보여준다. 조각과 회화의 누드는 인간 종의 우아함을 표현한다. 앞에서 말한 것처럼, 초상은 개인의 지성적 특징을 그 자체 하나의 종으로서 표현한다. 그러나 음악에게는 별도의 역할이 있다. 그것은 공간의 형상을 다루는 것이 아니라, 시간, 순수한 시간을 다루기 때문이다. 음악은 다른 예술과는 달리 플라톤이 "이데아"라고 부른 것의 표현이 아니다. 의지 자체, 세계 의지의 표현이다. "이데아"는 그 의지의 굴절일 뿐이다. "세계를 '구체화된 의지'라고 부를 수도 있지만, '구체화된 음악'이라고 부를 수도 있다." 쇼펜하우어는 이렇게 씀으로써, 천체의 음악이라는 옛 주제를 확인하였다.

따라서 바그너의 오페라 예술에서 음악은 무대의 외적인 공간-영역에

---

\* Plato, *The Republic*, 7 ; 앞의 97쪽 참조.

제시된 장면들의 내적인 시간-감각을 표현하고자 한다. 의지가 육체와 관련되듯이, 음악은 그 장면들과 관련된다. 말하자면 그 의미와 결과에서 사랑의 미약과 같다. 이 미약에 의하여 이졸트와 트리스탄의 두 의지가 영향을 받아 하나로서 움직이기 때문이다.

두 사람은 죽음을 마신다고 믿는다. 그들은 살고자 하는 의지를 버렸다. 그들은 마신다. 그런데 들어라! 우주의 음악이 바뀐다.

    이졸데 : 트리스탄! 해방된 세계로부터 나는 그대를 얻었어요, 트리스탄!
    트리스탄 : 이졸데!…… 나는 그대를 얻었소!
    둘이 함께 : 그대를 얻었소! 그대, 내 유일한 생각이여, 사랑의 최고의 기쁨이여![74]

또는 그 이전의 시인 고트프리트는 이렇게 말한다.

    모든 마음의 길가에 숨어 있는 사랑이 몰래 들어왔다.…… 전에는 둘이었던 그들은 이제 하나가 되었다.…… 각각 서로에게 유리처럼 투명하였다. 둘은 하나의 심장을 가졌다…….
    이졸트가 생각했을 때, 그녀의 유일한 생각은 이것에 대한 것도 저것에 대한 것도 아니었다. 오직 사랑과 트리스탄에 대한 생각뿐이었다.…… 사랑이 피어났기 때문에 연인들은 더 아름다워졌다. 그것이 사랑의 씨앗이며, 이것에 의하여 사랑은 결코 죽지 않는다.[75]

# 제3장 말 뒤의 말

## 1. 상징적인 말

 가장 좋은 것은 말로 할 수 없으며, 두번째로 좋은 것은 오해받는다. 그 뒤에 교양 있는 대화가 온다. 그 뒤에 대중적 가르침이 온다. 그 뒤에 문화간 교류가 온다. 이렇게 해서 전달의 문제가 생기게 된다. 말하자면 자신의 진실과 깊이를 다른 사람의 깊이와 진실에 개방함으로써 존재의 진정한 공동체를 확립하는 문제이다.
 나는 이미 우리가 이 책에서 다루는 신화가 교리, 학습, 정치적 이해관계, 사회 혁신을 위한 프로그램이 아니라 개인적 경험에서 나온다고 이야기하였다. 그리고 우리가 지금까지 엘로이즈와 라비아, 고트프리트, 단테, 바그너, 소이스의 말에서 읽어온 경험 유형은 순수하고 장엄한 사랑이었다. 나도 물론 그들의 경험이 모두 달랐다는 것을 안다. 단테는 엘로이즈, 고트프리트, 바그너가 사랑이라고 부른 것을 『지옥편(*Inferno*)』의 「칸토 5(Canto V)」에서 욕정이라고 비난하였다는 것도 안다. 그러나 단테는 자신의 감정의 순수와 장엄은 전혀 의심하지 않았다. 여기서 우리가 논의하는 것은 사람들이 다른 사람들에 대하여 어떻게 생각하느냐가 아니라, 그들 자신의 경험에 기초를 둔 신념의 힘이다. 이것을 우리는 신앙이라고 부를 수도 있다. 오르테가 이 가세트의 용어로 말하자면, "집단적 신앙"에 대비되는 "개인적 신앙"이다. 남이 믿으라고 하는 것에 대한 신앙도 아니고, 돈을 벌거나 정치적인 자리나 명성을 차지하는 데 도움이 되는 것에 대한 신앙도 아니다. 감정이든, 사실이든, 이성이든, 비전이든, 자신의 경험에 대한 신앙이다. 오르테가의 말대로, "자기가 좋아하는 대로 생각하거나 믿는 것은 사람의 힘으로 되는 것이 아니다." 오르테가는 계속해서 이렇게 말한다.

사람은 자신이 진짜로 생각하는 것과는 다르게 생각하고 싶어할 수 있다. 사람은 의견을 바꾸기 위하여 신실하게 노력해서 실제로 바꿀 수도 있다. 그러나 다른 방식으로 생각하고 싶어하는 욕구와 우리는 이미 우리가 원하는 대로 생각하고 있다는 허세를 혼동해서는 안 된다. 르네상스의 거인 가운데 한 사람인 이상한 존재 레오나르도 다 빈치는 영원히 남을 만한 격언을 남겼다. "Che non puo quel che vuol, quel che puo voglia"——자신이 원하는 것을 할 수 없는 사람에게는 할 수 있는 것을 원하게 하라.[1]

사회적으로 인정받은 신화와 고전기와 중세의 제의, 뿐만 아니라 원시와 동양의 다양한 전통들은 믿음을 주입하려고 하였고, 또 일반적으로 그렇게 기능하였다. 그 두드러진 예들의 경우에는 그 효과가 뛰어나 가장 심오한 개인적 경험의 형식과 내용을 결정하기까지 하였다. 불교의 아라한이 그리스도의 모습을 보고 놀랐다거나, 기독교의 수녀가 부처의 모습을 보고 놀랐다는 말은 들어보지 못하였을 것이다. 은총의 매개체의 이미지는 헤아릴 수 없이 깊은 곳으로부터 비전에 도달하는 것이며, 영의 지역 신화적 상징의 외관을 가진다. 그런 상징들이 효과적으로 작용하는 한 그 보존에는 아무런 문제가 없다. 이런 상징들은 개인의 안내자로서 영향력을 발휘할 뿐만 아니라 사회적 질서의 지주 역할도 한다. 그러나 "집단적" 신화들이 늘 그렇게 기능하지는 않는다. 그 집단에 속하는 개인들이 사회적으로 강요된 형식들을 통하여 늘 비전이나 신념을 얻는 것은 아니다. 이런 개인들 가운데 일부는 외톨이가 되거나 발광을 한다. 또 일부는 화형대의 말뚝에 묶이거나 총살대 앞에 서게 된다. 그래도 오늘날에는 다행인 것이 어디에서나 부서지는 것은 집단적 신화 쪽이다. 그 결과 심지어 비개인조차도 자신에게 빛이 되어야 한다(재주껏 도망쳐라![sauve qui peut!]). 지금도 물론 정신병원은 만원이다. 정신분석학자들은 백만장자이다. 그러나 분별력 있는 사람이라면 자신의 무너진 교회 바깥을 둘러보고 깨끗해진, 그리고 지금도 계속 깨끗해지고 있는 세계 무대 도처에 강력한 개인들의 무리가 서 있음을 보게 될 것이다. 그들은 과거나 지금이나 자기 내부에서 필요한 모든 길잡이를 찾는 사람들이다. 이 책의 신화들은 그런 사람들의 생산물이자 계시들이다. 바다 위를 둥둥 떠다니는 병 속에 든 편지들이다. 그들은 자신의 욕구와 행위를, 지식과 말을 일치시킬 용기를 가졌던 사람들이다. 그들을 천국이나 지옥에 보내는 것은 신이나 단테나 우리 동네 목사나 신문에 맡기면 될 것이다. 그러나 다른 사람이 되어 천국에 가느니 자신의 성격 안에서 지옥을 견디는 것이 낫다. 이 성격이야말로 지옥을 천국으로 만들고, 천국을 지옥으로 만드는 것이기 때문이다.

자신의 것이 아닌 관점을 고백하고 그런 관점에 따라 사는 것——그렇게 해서 아무리 사회에 참여하는 느낌, 충족감, 행복감을 느낀다고 하더라도——은 결국 불가피하게 자기 상실과 위조를 낳게 된다. 우리의 공적 역할이나 관습적 믿음에서는 우리 모두가 서로 바뀐다고 하더라도——결국은!——아무런 상관이 없기 때문이다. "저기 바깥"에서 우리는 우리 자신이 아니다. 기껏해야 남들이 기대하는 대로의 모습일 뿐이며, 최악의 경우에는 어쩔 수 없이 보여주는 모습일 뿐이다. 옛 신화들은 개인을 집단에 **통합**시켜 개인의 정신에 집단의 이상을 새기고, 이런저런 정통적 정형에 개인을 맞추고, 그렇게 함으로써 개인을 믿을 만한 상투형으로 바꾸어놓으려고 하였다. 근대 세계에서는 점점 주제넘게 나서는 다양한 세속적 제도들이 그런 의도를 드러낸다. 신화에서 풀려난 이런 제노들은 겉으로는 많은 것을 용인하는 것 같지만, 실제로는 강제성을 가진다. 이제 이런 식의 사태 진전과 관련하여 새로운 불안이 분명하게 드러나고 있다. 근대에 들어 한편으로는 대중에 대한 사상 주입에서 효율이 증가하는 것과 더불어, 다른 한편으로는 진정한 개인을 육성하는 데 대한 근대 서양의 독특한 관심이 증가하였다. 이 때문에 사회적 영역의 낙인, 정형, 원형이 우리의 개인적 감성, 행위, 사고, 심지어 경험 능력까지도 깊은 수준까지 결정한다는 새롭고 고통스러운 깨달음들이 나타났다.

극작가 이오네스코는 그의 근대적인 "부조리극" 『대머리 여가수(The Bald Soprano)』에서 정상적인 방식으로 결혼한 영국의 부부를 정상적인 방식으로 무미건조한 영국의 응접실에 갖다놓는다. 그곳에서 두 사람은 각각 상대를 전에 어디선가 만나거나 보았다는 묘한 느낌을 갖는다. 그들은 서로에게 낯선 사람이다. 이런 맥락에서 T. S. 엘리엇은 「텅 빈 사람들(The Hollow Men)」(1925)——그 이전의 「황무지」(1922)에서와 마찬가지로——이라는 시를 통하여 오늘날에는 우리 모두 정당성이 텅 비어버린 결과 다음과 같은 일이 일어난다고 말한다.

> 연약함으로 떨리는
> 그 시간에
> 입을 맞추어야 할 입술은
> 깨진 돌에 기도를 한다.[2]

원래의 국적을 버린 이 시인은 잊혀지지 않을 구절을 남겼다.

> 우리는 텅 빈 사람들
> 우리는 박제된 사람들
> 머리에는 밀짚이 가득한 채
> 함께 기대어 있다. 슬퍼라!
> 우리가 함께 속삭일 때
> 우리의 메마른 목소리들은
> 작고 의미 없다
> 메마른 풀에 부는 바람처럼
> 또는 우리의 메마른 지하실

깨진 유리 위를 지나가는 쥐의 발처럼

형태 없이 모양만, 색깔 없이 명암만,
마비된 힘, 동작 없는 몸짓.[3]

　집단적 권위와 신앙을 가진 원시와 동양의 지역들에서 국지적 관습들은 늘 초인간적 기원을 가진 것으로 신화적으로 과대하게 해석되었다. 원시인들은 일반적으로 신화적인 시대에 신화적인 조상들이 단번에 영원한 관습을 세운 것으로 믿었다. 그들은 후손들이 그 관습을 지켜야 후손들 자신과 세상이 계속될 것이라고 생각하였다. 고대 수메르와 아카드, 이집트와 바빌론과 마찬가지로 위대한 동양에서도 정통적인 사회 질서는 전통적으로 자연 질서와 동일한 것으로 간주되었다. 사회 질서는 행성의 운동과 마찬가지로 영원하고, 비인격적이고, 준엄한 우주의 법칙 위에 확립된 것이었다. 서양의 전통에 따르면, 신구약의 도덕적 명령들은 "저기" 바깥 또는 위의 어딘가에 사는(로빈슨 주교가 『하느님에게 정직하게〔Honest to God〕』라는 대담한 책에서 말했듯이) 인격적 창조주 하느님의 의지에서 나온 것이다.

　인간이 자신의 삶을 통제하는 법들이 인간에게서 나온 것임을 깨닫는 데는 그리스인과 로마인, 그리고 나중에 켈트인과 게르만인이 필요하였다. 이 법들은 관습적이기는 하였지만 필연적이지는 않았다. 따라서 인간의 의지에 의하여 인간의 목적과 수단에 맞게 바꿀 수 있었다. 우리는 근대의 세속 국가 개념만이 아니라 그리스 철학과 로마법을 인간이 그 자신의 과거의 악몽에서 벗어나는 데 중요한 이정표로 꼽는다. 이렇게 사회의 규제는 탈신비화되었다. 그것은 편리하고, 합리적이고, 관습적인 틀의 지위로 내려갔다. 그 중립적 영역 안에서 다양한 종류의 인간의 삶이 가능한 한 방해받지 않고 번창할 수 있어야 하였다. 사회적 규제의 시위 변화와 더불어 근대의 최고 관심사도 하나의 **목적으로서의** 사회 질서로부터 개인으로 옮겨갔다. 그러나 최근에는 근대화된 비잔틴 전제주의(그 국경의 기관총들은 밖이 아니라 안, 감옥에 갇힌 것이나 다름없는 국내의 주민을 향하고 있다)가 지배하는 방대한 유라시아 제국에서 옛 시대와 그 이상으로의 병적인 후퇴가 나타났다(이 책은 소비에트 연방이 해체되기 전에 쓰여졌다/역주). 이곳에서는 이제 과학적인 세뇌가 교리 문답과 고해를 대신하였다. 인민위원이 주교를 대신하였다. 『자본론(*Das Kapital*)』이 성서를 대신하였다. 천재 프리드리히 니체는 일찍이 1881년에 이런 가능성을 예측하고, 그의 『차라투스트라는 이렇게 말했다(*Thus Spake Zarathustra*)』의 「새로운 우상 : 국가」라는 장에서 경고를 하였다. 심지어 그것을 다음과 같이 묘사하였다.

국가, 그것은 모든 냉혹한 괴물 가운데도 가장 냉혹한 것이다. 그것은 또한 냉혹하게 거짓말을 한다. 그 입에서 기어나오는 거짓말은 이것이다. "나 국가는 곧 민족이다."
이것은 거짓말이다! 민족을 창조한 자들은 창조자들이었다. 그들은 민족위에 하나의 신앙을 내걸었고, 사랑을 내걸었고, 그렇게 삶을 섬겼다.
많은 사람들에게 덫을 놓고 그것을 국가라 부르는 자들은 파괴자들이다. 그들은 많은 사람들 위에 칼을 걸어놓았고, 많은 갈망을 걸어놓았다.
민족이 지금도 존재하는 곳에서, 그들은 국가를 이해하지 않는다. 국가를 악의 눈으로, 관습과 법을 어기는 죄로 간주하여 미워한다.
나는 너희에게 이런 표시를 주겠다. 모든 민족이 그 자신의 언어로 선과 악에 대하여 말한다. 이웃은 그 언어를 이해하지 못한다. 모든 민족은 자신을 위하여 관습과 법에서 언어를 고안하였다.
그러나 국가는 모든 언어로 선과 악에 대하여 거짓을 말한다. 국가가 무슨 말을 하든 그것은 거짓이다. 국가가 무엇을 가졌든 그것은 훔친 것이다.
국가 안의 모든 것은 가짜이다. 국가는 훔친 이빨로 문다. 물어뜯는 자이다. 심지어 그 내장도 가짜이다……
그러나 지금도 위대한 영혼들에게 땅은 자유롭다. 오직 한 사람, 또는 오직 두 사람을 위한 자리들이 지금도 많이 비어 있다. 그곳에서는 고요한 바다 냄새가 감돈다……
국가가 떠난 곳——그곳을 보라, 내 형제여! 그것이 보이지 않는가. 초인의 무지개와 다리가 보이지 않는가?[4]

그러나 국가의 소란을 넘어서서, 땅과 바다의 정적과 마음의 정적 속에서, 인간으로서 자신의 잠재력과 자연의 신비가 담긴, 말을 넘어선 '말'을 찾아 탐구하는 개인——"자기가 보기에 가장 빽빽한 곳"*에서 숲으로 들여가려는 편력의 기사처럼——은 두 가지 큰 어려움과 만난다. 첫번째 어려움은 젊음의 힘——도덕적인 동시에 언어적인 힘——에 의하여 그의 신경에 각인되고 또 내재된 미혹의 체계를 부수고 넘어서는 것이다. 지그문트 프로이트(Sigmund Freud)는 유아기에 부모의 명령이 의지의 동기를 부여하는 중심에 지울 수 없이 각인되는 심리적 메커니즘을 묘사하면서, 이것을 투입 과정이라고 불렀다. 비교언어학자인 벤저민 리 워프(Benjamin Lee Whorf)는 수많은 세밀한 비교를 통하여 유아기에 배운 언어가 사람의 생각과 감정을 표현하는 방식만이 아니라, 그 생각과 감정의 패턴까지도 결정한다는 것을 보여주었다.[5] 따라서 국가가 떠난 것처럼 보이는 그 머나먼 요새에 혼자 있다고 하더라도, 우리 교구가 찍은 낙인은 여전히 우리에게 남아 있다. 우리 살갗의 안쪽에 문신으로 새겨져 있다. 거기에 일본 선사의 수수께끼 같은 명령의 의미가 담겨 있다. "네가 태어나기 전에 가졌던 얼굴을 내게 보여다오." 중국의 『도덕경(道德經)』에는 "조각되지 않은 덩어리"로 돌아가는 이야기가 나온다. 인도의 우파니샤드는 행마다 그 내부, 존재의 말로 표현할 수 없는 근원, 의식, 축복, "말이 다다르지 못하고 마음과 더불어 돌아서는 곳"[6]을 가리키고 있다.

    스스로 빛을 발하며 고정되어 있는, 그러나 마음의 은밀한 동굴에서는 움직인다고 알려져 있는,
       그것이 커다란 지주이다. 그 안에 움직이고, 숨을 쉬고, 눈을 깜빡이는 모든 것이 거한다.[7]

서양에서는 어떤가. "오, 기쁨을 주는 정직이여. 만물은 고요하고 사랑하는 이의 목소리만 희미하게 들리는구나!" 흥미 있는 스페인 사람 빌라

---
* 49쪽 참조.

누에바의 성 토마스(1488-1555년)[8]는 그렇게 썼다. 그는 발렌시아의 대주교로서 그의 관할권의 설교단에서 신비주의적인 방식에 대해서 설교하였다.

그런데 실제로 자기 나름의 경험——자신의 민족이 자연의 얼굴에 써놓은 범주들을 초월하는 것——을 허락받은 사람은 말하자면 왕의 궁정으로 돌아와 원탁에서 다른 사람들과 만난다. 그들 역시 어두운 숲에서 그 나름의 경험을 허락받은 사람들이다. 이때 두번째 문제가 발생한다. 낡은 "집단적 신앙"이 아니라 자기 나름의 신앙과 관련하여 어떤 종류의 삶을 확정하는 문제이다.

T. S. 엘리엇은 「황무지」의 주석에서 F. H. 브래들리의 『겉모습과 실재(Appearance and Reality)』의 한 구절을 인용하였다.

> 나의 내적 감각은 나의 사고나 감정과 마찬가지로 나 자신에게 사적이다. 어떤 경우이든 내 경험은 나 자신의 원 안에서 끝이 난다. 이 원은 바깥이 닫혀 있는 원이다. 모든 요소가 똑같다고 하더라도, 각각의 구는 그것을 둘러싼 다른 구들에게 불투명하다.…… 간단히 말해서, 전 세계는 한 영혼 안에 나타나는 하나의 존재로 간주되며, 그렇기 때문에 그 세계는 각각의 영혼에게 독특하며 사적이다.[9]

그러나 프로이트와 워프의 말에 비추어볼 때, 이것이 완전히 옳은 것은 아니다. 우리가 경험을 의식하는 데 사용하는 범주들은 우리 사회가 제공한 것이며, 사회 안의 모든 사람들이 공유하는 것이기 때문이다. 진정으로 사적인 경험은 이런 범주들이 해체되고나서야 생긴다. 그리고 그때는 전달이라는 두번째 과제가 나타난다. 전체 담론을, 그리고 삶 자체를 즉시 아래로 끌어내려 이제 초월해버린 틀로 다시 가져갈 수는 없기 때문이다.

절대적 은자의 경우에는 전달을 시도하지도 않고 바라지도 않는다. 그는 니체가 말하는 "오직 한 사람"의 지위에 머문다. 공유되는 사랑의 발작의 경우(니체가 말하는 "오직 두 사람"의 경우)에는 고트프리트가 수정 침대가 있는 동굴에서 찬양하듯이, 기호와 말로 이루어진, 즉시 이해할 수 있는 비밀 언어가 생긴다. 그 언어에서 세상은 자동적으로 배제된다. 이와 관련하여 좀더 큰 맥락에서 보자면, 한 팀, 무리, 부족, 민족이 의미 있는 공동 경험을 공유할 경우에도 그들만의 언어가 불가피하게 존재하게 된다. 설사 그 언어의 합리적이고 실제적인 의미는 분명하고 또 번역 가능하다고 하더라도, 외부인들은 그 깊이를 이해할 수 없다.

나는 『신의 가면 : 원시 신화』에서 "신화 발생 지대(mythogenetic zone)"라는 용어를 사용하였다. 이것은 방금 말한 그런 신화적 상징의 언어 및 그와 관련된 제의들이 발생하였음을 증명할 수 있는 지리적 구역을 가리키는 말이다.[10] 그런 곳에서 발생한 제의와 상징의 형식들이 다른 지역으로 확산될 때, 또는 이전의 경험에 참여하지 못한 뒷세대에게 전해질 때, 제의와 상징은 깊이를 잃고, 의미를 잃고, 핵심을 잃는다. 원래 그 의미와 효과는 같은 종에 속하는 새들의 울음 소리자발적으로 인식되고 표현되었다. 그러나 나중에 사용할 때는 원래의 힘이 사라졌기 때문에, 의식적으로 재해석되고, 새롭고 심지어 반대되는 주제에 적용되기도 한다. 예를 들어서, 근동의 뱀 상징이 수메르-바빌로니아 신화에서 성서로 전해질 때 그런 일이 생겼다.[11]

과학과 기계와 세계적 교역과 대량의 문화간 교류가 존재하는 근대 세계에는 옛날의 상징적 질서들이 생겨났던 사회적이고 물리적인 배경들이 사라져버렸다. 더군다나 종교 공동체, 국적, 인종, 사회 질서, 경제가 뒤섞이는 현재의 세계 환경에는, 설사 실제적 목적을 위하여 합의에 이르는 것처럼 보이는 공동체가 있을지는 몰라도, 어디에도 깊이를 가진 진짜 공동체는 없다. 동서양의 철학자 회의에, 종교들 사이의 협상에, UN의 회의에 진지한 자세로 참석해본 일이 있는 사람이라면, 문화적 경계선 너머로는 텅 빈 통들(속담에 나오는 대로 이것들이 가장 시끄럽다) 외에는 아무것도 옮겨질 수 없다고 믿게 될 것이다. 옛 로마인들은 이렇게 말하곤 하였다. "원로원은 짐승이지만, 원로원 의원들은 좋은 사람들이다(Senatus bestia, senatores boni viri)." 의회라는 격투장은 오랫동안 악마가 기만과 타협으로 장난을 치는 곳으로 이해되어왔다. 하지만 악마라도 공정하게 대접을 해주기로 하고 이야기한다면, 새로운 포도주가 넘치는 이 새로운 날에는 밀폐된 텅 빈 통들만이 필요할 뿐이다. 오늘날 세계에서는, 가장 비관적인 사람도 알아볼 수 있는 것이지만, 타협과 기만, 강압과 화해가 점차 일종의 막연한 사회 질서, 법적인 에스페란토어로 규정되는 사회 질서를 형성해가기 때문이다(어쩌면 비극적일 정도로 너무 느릴지 모르지만). 이런 사회 질서는 결국 탈신화화되고, 장식 없고, 단지 실용적일 뿐인 틀이 될 것이다. 그 틀 내에서 오직 한 사람이나 두 사람, 또는 조화를 이룬 무리가 이 살아 있는 땅에서 그리고 그 너머의 무한한 우주에서 자신들을 위하여 어떤 존재의 가능성들을 발전시켜 나가게 될 것이다. 물론 새로운 괴물 우상인 국가가 과학적 세뇌와 그 무시무시하고 끔찍한 대량 생산으로 사람들을 살아 있는 육체를 가진 비개인적 인형으로 만들어버릴 위험은 있다. 이 인형은 안으로부터 움직이는 것이 아니라 파블로프의 개처럼 원격 조정과 바깥에서 오는 신호에 의하여 움직일 것이다. 다시 "쿠르츠 씨——그는 죽었소"라는 부제가 붙은 T. S. 엘리엇의 「텅 빈 사람들」의 말을 들어보자.

    여기서 우리는 가시투성이의 배
    가시투성이의 배 가시투성이의 배 둘레를 돈다
    여기서 우리는 가시투성이의 배 둘레를 돈다
    아침 다섯시에.

    관념과
    실재 사이에
    동작과
    행동 사이에
    그림자가 드리운다
        나라는 당신의 것

    수태와
    창조 사이에

감정과
반응 사이에
그림자가 드리운다
    인생은 매우 긴 것

욕망과
발작 사이에
능력과
존재 사이에
본질과
유전 사이에
그림자가 드리운다
    나라는 당신의 것

당신의 것
생명은
당신의 것은

이것이 세상이 끝나는 방식
이것이 세상이 끝나는 방식
이것이 세상이 끝나는 방식
쾅 소리가 아니라 훌쩍거림과 더불어.[12]

  따라서 우리는 삶의 실제 경험을 이 죽은 자들의 언어로 번역하는 문제와 부딪힌다. 그러나 죽은 자들은 죽은 것이 아니라 자는 것이다. 그들 사이에는 죽지도 자지도 않고 찾아다니는 사람들이 많이 돌아다닌다(이것은 가장 비관적인 사회 비평가도 알 것이 틀림없다). 나아가서 자신의 내부에서 보통 비평가들이 그들의 철학에서 꿈꾼 것보다 훨씬 더 깨어 있는 삶을 일깨운 사람들도 많다.
  우리는 모두 두 세계에서 움직인다. 내적으로는 우리 자신의 의식의 세계에서, 외적으로는 우리의 시간과 장소의 역사에 참여하는 세계에서 말이다. 과학자와 역사가는 후자를 섬긴다. 말하자면 "저기 바깥에" 있는 사물들의 세계이다. 그곳에서는 사람들을 서로 바꾸어놓아도 상관없고, 언어는 정보와 명령을 전달하는 데 사용된다. 반면 창조적 예술가들은 인류를 깨워 회상으로 데려가는 사람들이다. 밖으로 향하는 우리의 정신을 불러 우리 자신과 의식적으로 접촉하게 하는 사람들이다. 이런저런 역사의 부스러기에 참여하는 존재로서가 아니라, 영으로서 존재의 의식 속에서 우리 자신과 접촉하게 한다. 따라서 그들의 과제는 하나의 내적인 세계로부터 다른 내적인 세계로 직접 교통하여, 경험의 실제 충격을 표현하는 것이다. 이것은 정보를 전달하거나 뇌를 설득하는 진술이 아니다. 공간과 시간의 공허를 가로질러 의식의 하나의 중심에서 다른 중심으로 효과적으로 교통하는 것이다.

전통적 체계에서는 그것이 신화와 제의의 기능이었다. 앞에서도 말하였듯이, 특정한 장소와 시간에 위치한 신화 발생 지대에서 그런 신호 방법이 생겨났다. 이것은 대체로 동질적인 공동체의 구성원들 모두 또는 대다수가 자발적으로 공유하는 깊이를 가진 언어였다. 그러나 그 신호 방법이 생겨난 조건이 역사적으로 바뀌었으며, 동시에 존재의 신비를 경험해야 하는 새로운 조건이 생겼다. 그런 신호 방법들은 오늘날 모두 해체되는 중이다. 우리의 현재 사회적 몸들의 잡다한 구성을 볼 때, 나아가서 우리의 세계에는 공유된 경험의 영토를 세울 수 있는 폐쇄된 공간이 더 이상 존재하지 않는다는 사실을 고려할 때, 이제 우리는 공동체에 신화 탄생을 기대할 수 없다.

오늘날의 신화 발생 지대는 자신의 내적인 삶과 접촉하여, 자신의 예술을 통하여 "저기 바깥"에 있는 사람들과 교통하는 개인이다.

그러나 이런 목적을 위해서는 교통의 기호들을 사용해야 한다. 언어, 이미지, 동작, 리듬, 색깔, 향기, 모든 종류의 감각. 그러나 이런 것들은 바깥으로부터 창조적 예술가에게로 온다. 따라서 거기에는 불가피하게 과거에 의하여 채색되었을 뿐만 아니라, 낮의 교류와도 관련이 있는 연상들이 담겨 있을 수밖에 없다.

수태와
창조 사이에
감정과
반응 사이에
그림자가 드리운다.

게르하르트 하우프트만(Gerhart Hauptmann)은 어딘가에서 이렇게 썼다. "시적인 글쓰기는 말 뒤에서 말이 울리게 하는 것이다(Dichten heisst, hinter Worten das Urwort erklingen lassen)."

장터의 울림으로부터 벗어난 고양된 수사를 통하여 교육받은 정신을 드높이는 것을 추구하는 시적 언어의 유파도 있다. 흙과 숲의 가락을 강조하는 것을 통하여 우리 내부에서 땅의 힘을 새롭게 일깨우려는 유파도 있다. 좀더 최근에 소수의 시인들은 모든 언어, 사고, 문명을 모조리 씻어버리고, 소리, 음절, 딸랑거리는 소리, 돼지가 꿀꿀거리는 소리, 독수리가 내는 소리, 비비가 으르렁거리는 소리, 침묵만을 표현하자는 생각을 하였다. 그럼으로써 구석기로 돌아가 새출발을 하자는 것이다. 그러나 알렉산더격 2행시가 초월을 웅변하는 것이 아니듯이, 돼지가 꿀꿀거리는 소리가 저절로 초월을 웅변할 수는 없다. 우리에게 필요한 예술은 저열한 것에서 나왔든 고귀한 것에서 나왔든 다시 영원을 향해서 열리는 소리, 말, 형식을 만드는 것이다. 이렇게 하려면 예술가 자신이 자신의 개인적 경험 속에서 이 빙글빙글 도는 세계에서 정지한 점——먼 옛날의 신화적 형식들은 이 점의 상징이자 보증이다——을 새로 만났어야 한다. 사실 기록으로 판단해보선대, 서양의 모든 진정으로 위대한 창조적 예술가들이 공유하는 비밀은 무한히 암시적인 신화적 상징들에 의하여 깨어나고, 다시 그 상징을 깨어나게 하였다. 그 상징들은 전통이 서로 뒤섞인, 풍부하고 복잡한 유럽의 유산에 속하는 것이다. 그들은 한편으로는 신화를 역사적 사실과 동일시하는 대중적인 오류를 피하였다. 다른 한편으로는 수백 년에 걸친 길잡이를 거부함으로써, 강아지처럼 자기 자신이 파놓은 얕은 곳에 빠져 죽는 유치한 행동을 하지 않았다. 그 결과 그들은 모든 배가 난파하는 스킬라와 카리브디스(호메로스의 『오디세이아』에 나오는 괴물이 사는 바위와 소용돌이/역주)를 넘어 태양의 문으로 나아갔다. 그것을 아는 사람들은 모든 시대에 걸쳐 각자 그 자신의 세계의 언어로 그 문에 대해서 노래하였다. 그들의 상상력은 상징의 힘에 의하여 깨어났다. 그들은 내부의 웅변의 메아리를 쫓아갔으며, 각각 자기 나름의 길을 열어 신호들이 멈추는 정적의 자리로 갔다. 그리고 다시 세계와 그곳의 동무 관계로 돌아왔다. 그러나 이미 그들은 자신의 깊은 곳으로부터 상징적 언어의 문법을 배웠기 때문에, 현재의 신화와 꿈만이 아니라 과거의 박물관을 어루만져 새로운 생명을 부여할 능력이 있다. 그들은 이 능력을 통하여 바그너가 「파르지팔(Parsifal)」의 마지막 합창에서 말하듯이 "구속자에게 구속"을 가져다주었다. 즉 구세주의 굳어버린, 역사화된 피를 영적 생명의 샘으로 다시 흐르게 하였다.

이렇게 전통적인 말과 상징은 우리의 위대한 시인과 예술가들을 말 뒤의 말의 침묵으로 인도하는 길잡이 역할을 하는 동시에 그 환희를 전달하는 수단 역할을 하였다. 이제 그 주된 흐름을 몇 가지로 나누어 간략하게 짚어보기로 하자. 먼저 진정으로 근대적인 의미에서 첫번째 개인 작가들이라고 할 수 있는 12-13세기의 용감한 시인들부터 이야기해보고, 거기에서부터 이 시대의 위대한 말의 거장까지 내려오도록 하겠다.


## 2. 고전기의 유산

고트프리트가 헬리콘산 정상의 낙원에서 아폴론과 아홉 뮤즈를 기념한 것은 이미 이야기하였다. 단테 역시 『지옥편』의 제2편에서 뮤즈들을 불러냈다. 단테는 이교도 베르길리우스의 안내를 받아서 지옥을 통과하여 연옥 산정의 낙원에까지 이르렀다. 베르길리우스는 그 이전의 중세 전 시대에 걸쳐 이미 랄티시모 포에타(l'altissimo poeta), 즉 최고의 문학적 안내자로 이상화되던 터였다. 〈그림 10〉은 나폴리의 국립 문서보관소에

〈그림 10〉 디도와 아이네이아스 : 10세기.

보관된 10세기의 원고에 들어 있는 것으로, 베르길리우스의 디도와 아이네 아스를 묘하게 개념화해놓은 그림이다. 그 형태와 몸짓을 보면 이들은 고 전기의 형상이 아니라 중세의 형상이다. 작고한 쿠르티우스(E. R. Curtius) 교수가 그의 방대한 저서『유럽의 문학과 라틴 중세(*European Literature and the Latin Middle Ages*)』에서 말하듯이, "중세는 고대에 대하여 그 나름의 관점을 지니고 있었다." 심지어 5세기에서 11세기에 이르는 암흑 기에조차 문학과 예술에서만이 아니라 철학과 과학에서도 그리스-로마 유산의 권위는 이어져왔기 때문에, 쿠르티우스 박사는 호메로스에서 괴테까지 끊임없이 이어지는 단일한 고전 유럽 전통에 대하여 쓸 수 있었다.[13] 그 유산은 상호작용하는 두 흐름에 의하여 전해졌다. 하나는 지상의 흐름으로, 학교에서 공개적으로 읽고 가르친 시인과 철학자, 문법학자, 과학자, 역사가 등으로 이루어진 것이다. 또 하나는 좀더 은밀한 지하의 흐름으로, 로마 후기 몇백 년 동안 인도와 나일강 상류에서 켈트인의 브리튼 제도에 이르기까지 고전 세계 전역에서 번창하던 신비교들로 이루어진 것이었다.

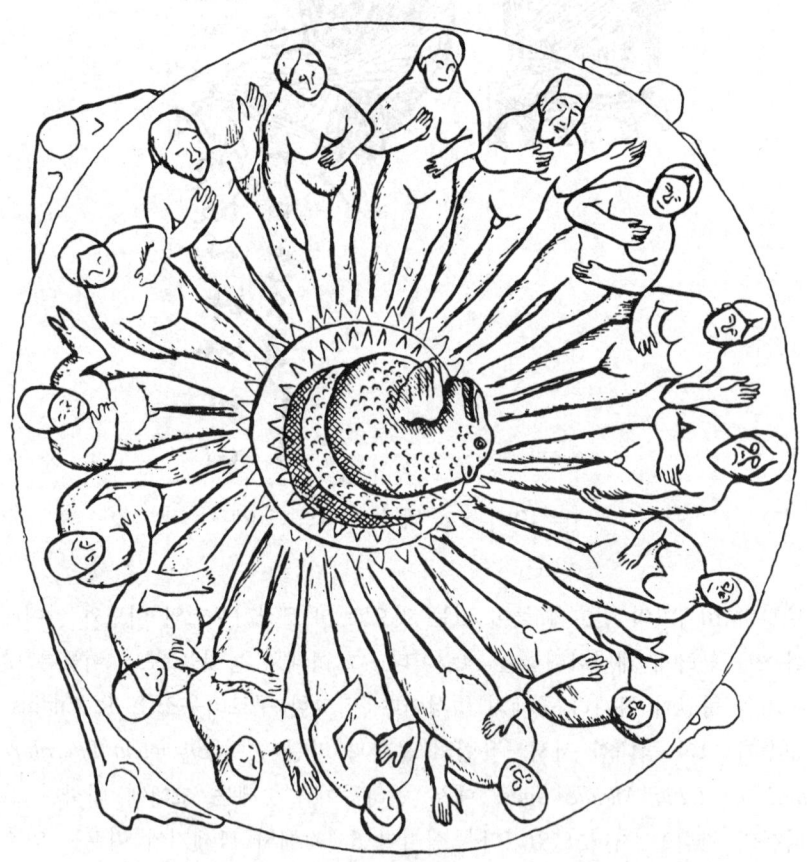

〈그림 11〉 날개달린 뱀의 성소 : 오르페우스교의 그릇, 2세기 또는 3세기.

〈그림 11〉과 〈그림 12〉는 〈그림 3〉과 〈그림 4〉의 피에트로아사 그릇과 비슷한 시기에 나온 설화석고 그릇의 안과 밖이다. 중앙, 즉 다른 그릇 같으면 포도 덩굴이 엉킨 왕좌에 여신이 앉아 있을 자리에 날개 달린 뱀의 앞부분이 자리 잡고 있다(날개 하나는 사라졌다). 뱀은 반구 모양의 둔덕에 또아리를 틀었다. 반구의 아랫부분에서는 불이 뾰족뾰족하게 방사한다. 여자 아홉, 남자 일곱 등 모두 열여섯 명의 형체는 벌거벗고 예배를 드리는 자세로 서 있다. 눈은 뱀을 향하였다. 몇 명은 〈그림 3〉의 제7단계의 입문자의 자세로 한 손을 가슴에 얹었다. 여자 다섯은 메디치의 베누스의 자세와 비슷하게 서 있다. 이것은 〈그림 3〉의 제11단계의 자웅동체의 태도를 암시한다. 〈그림 3〉에도 〈그림 11〉과 마찬가지로 인물이 열여섯 명이었다. 나아가서 날개 달린 뱀은 제16단계의 그리폰과

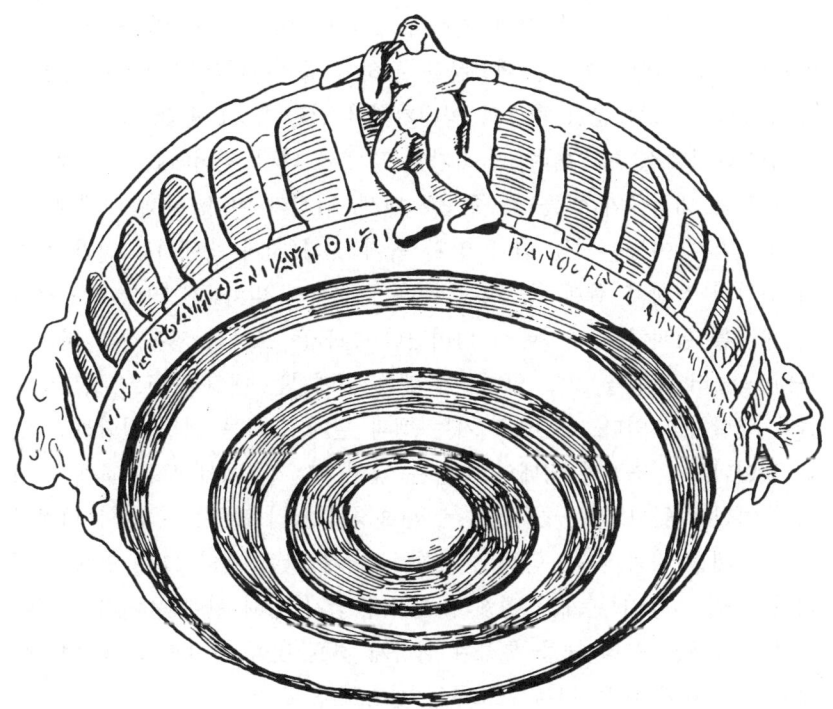

〈그림 12〉 뱀의 그릇의 외부.

제10단계의 파충류와 같은 짐승을 결합하였다. 이것은 〈그림 3〉에서 제10단계의 후보자가 들어갔을 성소에 들어와 있음을 가리킨다. 이곳은 "대립물의 쌍들"을 넘어선 신비의 성소이다. 그후에 제11단계에서 입문자는 성령의 머리 위로 날개를 들어 올리고 자웅동체처럼 서게 된다.

 헬레니즘의 신비교에서 입문자들은 벌거벗고 성소에 들어가야 하는 경우가 많았다. 여자들은 미트라 의식에서는 배제되었지만,[14] 오르페우스-디오니소스교에서는 필수적인 존재였다. 여자들은 신비한 황홀경을 자극하는 존재인 동시에 계시의 매체였다. 피에트로아사 그릇에서 여자들이 안내자이자 신으로서 주목할 만한 위치를 차지하고 있었음에 주목하라. 그 경우에는 여자들과 입문자들이 모두 옷을 입었고, 모든 것이 움직이는 상태였다. 반면 이곳에서는 모든 것이 정지되어 있다. 날개 달린 뱀이 덮고 있는 중앙의 둔덕은 오르페우스교의 우주의 알의 꼭대기이다. 모든 필멸의 피조물은 그 알 안에 거한다. 그러나 여기 모인 인물들은 알의 **바깥쪽** 위에 있다. 그들은 태양문을 통하여 올라왔다(영적으로). 태양문은 정오에 이르는 순간 하늘의 꼭대기에서 열린다. 그 순간 열리는 바위들(심플레가데스)은 그들이 올라가자 밑에서 다시 닫혀버렸다. 이제 그들은 모든 대립물의 쌍들——죽음과 탄생, 남성과 여성, 주체와 객체, 선과 악, 빛과 어둠——을 넘어 영원 속에 있다(지식 속에서). 인간 사고와 감각의 정상적 한계, 즉 정신의 옷은 그들의 발치에서 타오르는 정화의 불길을 통과하는 과정에서 타버린다. 그들은 조용히 황홀경에 빠져서 둔덕을 둘러싼 뱀을 보고 있다. 이 뱀은 밑에서는 대립물들로 보일 형태들을 결합하고 있다. 즉 배로 기는 뱀과 날개로 나는 새를 결합하고 있는 것이다. 이 초월적 형태의 모습은 앞서 본 그릇에서 모든 존재의 어머니 여신이 들고 있는 성배에 든, 황홀경의 영감을 주는 음료와 마찬가지로 세계를 가득 덮는 힘을 상징한다. 날개 달린 뱀의 그릇 안에 서게 되면, 우리는 우리 존재의 실체의 신비가 담긴 성배 안에 들어가는 것이 된다. 그곳에서 우리 눈을 통하여 취하게 하는 것을 마시게 된다. 여기서에는 그 취하게 하는 것이 포도주로 상징된다.

 〈그림 12〉는 그릇의 외부이다. 이것은 늘 회전하는 우주의 껍질 밑에

서 올려다본 하늘의 돔의 모습이다. 우리의 눈과 과학의 도구들을 통하여 알게 된 평범한 모습일 뿐이다. 나침반의 네 점에서 나팔과 소라를 불고 있는 벌거벗은 네 케루빔은 공간의 원의 네 바람과 시간의 원의 네 계절을 상징한다. 시간이 하루를 지탱하듯, 스물네 개의 기둥이 이 공간-시간 구조를 지탱한다. 그 아래 하늘의 바닥, 즉 우리 세계의 천장에는 천체들의 궤도를 나타내는 원들이 있다. 나아가서 이 그릇을 처음 해석한 한스 라이제강(Hans Leisegang) 교수는 밑부분에 새겨진 약간 부정확한 그리스어가 오르페우스교의 네 찬송가에서 부분적으로 인용한 구절들로 이루어져 있다고 말한다.

들어라, 멀리서 움직이는 빛나는 구를
  영원히 돌리는 그대여……

원래 하늘과 땅은 하나의 형태였다──
  우주의 알이었다……

먼저 빛──파네스──이 나타났다. 또한 이름을
  디오니소스라고도 하였다. 그것이 무한히 높은
  올림포스산 주위를 맴돌기 때문이다……

그는 반짝거리는 제우스, 모든 세상의 아버지이다.[15]

이제 〈그림 13〉을 보도록 하자. 이것은 1496년 밀라노에서 발간된 15세기 신플라톤주의적인 작품 가푸리우스(Gafurius)의 『음악 연습(Practica musice)』에 나오는 「천체들의 음악」이다. 내려오는 뱀의 모습은 극적이다. 뱀은 아래쪽에서 네 원소의 구를 깨고 들어가면서 세 개의 짐승 머리로 갈라진다. 중앙은 사자이고, 왼쪽은 이리이며, 오른쪽은 개이다. 가푸리우스는 이 짐승을 하데스를 지키는 개 케르베로스라고 여긴다.[16] 케르베로스는 헬레니즘 시대에는 뱀 꼬리에 머리가 세 개 달린 짐승으로 나타났다. 알렉산드리아에 있는 그리스-이집트의 통합 종교적인 신 세라

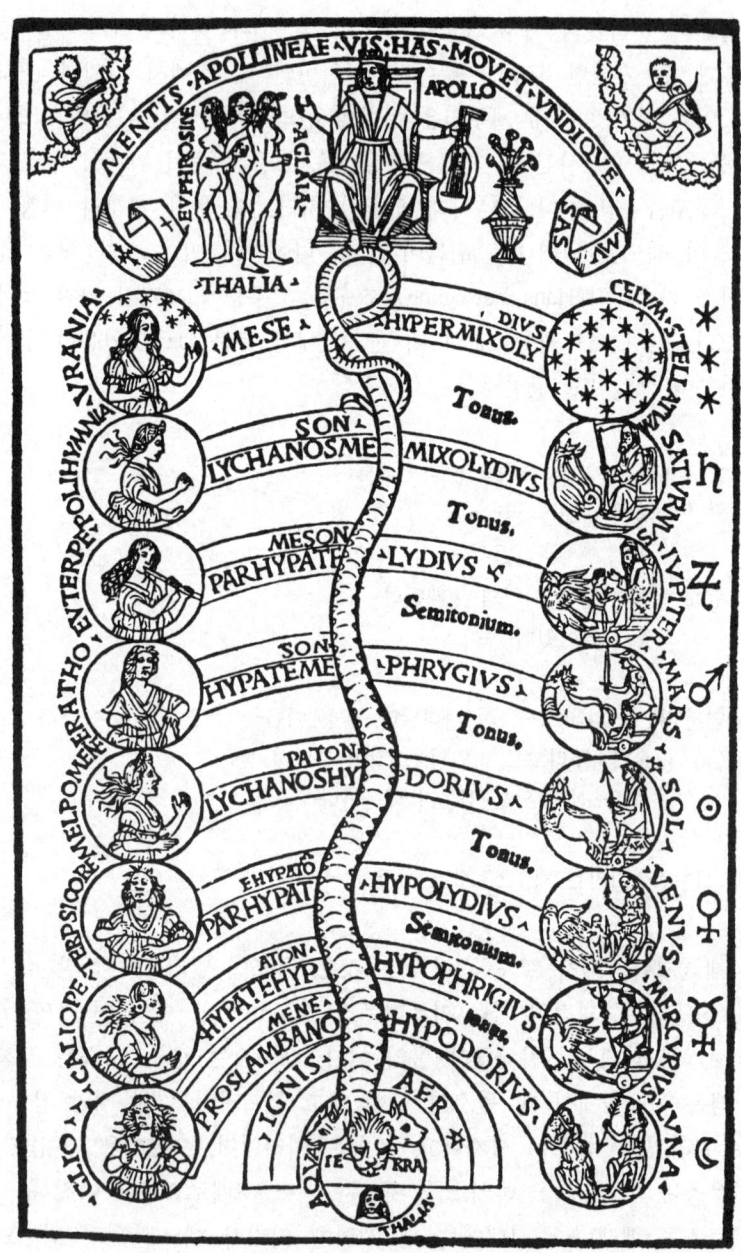

〈그림 13〉 천체들의 음악 : 이탈리아, 1496년.

피스(통합 종교에서는 제우스, 디오니소스, 파네스, 아폴론, 오시리스, 아피스 황소와 동일시된다)의 신전에서는 이 신이 높은 보좌에 앉아 있는데, 여기에서처럼 발치에 케르베로스가 있다.[17] 짐승의 머리들은 세 측면, 즉 '현재', '과거', '미래'를 가진 '삼키는 시간'을 상징한다. 이 시간을 통하여 이곳 지상을 늘 지나가는 그 신의 변함없는 존재를 경험하게 된다. 마크로비우스(Macrobius)의 『사투르누스 축제(*Saturnalia*)』(5세기)에서는 이런 내용을 볼 수 있다. "갑작스럽게 움직이는 난폭한 사자는 현재를 표현한다. 먹이를 끌고 사라지는 이리는 우리에게서 기억을 앗아가는 과거의 이미지이다. 주인에게 아양을 떠는 개는 늘 우리를 희망으로 속이는 미래를 암시한다."[18]

　가푸리우스의 그림 아래쪽에서 사자의 숨결 밑에 있는 여자에게는 아홉 뮤즈 가운데 첫번째인 탈리아, 즉 "풍요"라는 이름이 붙어 있다. 다른 여덟 뮤즈는 왼쪽 아래에서부터 시작해서 위로 쭉 나열되어 있다. 그리고 맨꼭대기에는 다시 탈리아의 이름이 나온다. 그러나 여기에서는 낙원 헬리콘산의 아폴론 왕좌 앞에서 벌거벗고 춤을 추는 미의 세 여신 한가운데 있는 존재를 가리킨다.

　아래쪽에 있는 뮤즈로서의 탈리아는 전원시와 희극의 영감이다. 이 그림에 나타나듯이 지표면 아래 있어서 보이지 않기 때문에 그녀는 수르다 탈리아(surda Thalia), 즉 "말 없는 탈리아", 들리지 않는 뮤즈이다. 시간의 무시무시한 이목구비와 대면한 사람들, 이해력으로 시간을 뚫고 들어갈 수 없는 사람들은 '자연의 시'의 뮤즈의 영감에 눈과 귀가 멀기 때문이다. 그녀의 영광은 영이 지혜의 산꼭대기로 옮겨졌을 때에만 드러난다.

　교회의 전통이라는 맥락에서 보자면, 위쪽에 있는 미의 여신 탈리아는 순수의 상태에 있는 하와를 암시할 수도 있다. 에우프로시네, 즉 "즐거움"은 신으로부터 고개를 돌렸다. 이것은 그녀의 반항적인 경향을 보여준다. 아래쪽의 탈리아, 즉 유배당한 하와는 뱀에게 굴복하였으며, 그 결과 시간이 가져오는 두려움, 희망, 사별에 굴복하게 된다. 마지막으로 위에 있는 미의 여신 아글라이아, 즉 "빛"은 신을 향해서 눈길을 돌리고 있다. 그녀는 "에바의 이름을 바꾸는"──에바(Eva)를 아베(Ave)로!──

동정녀 어머니 마리아이다. 따라서 에우프로시네, 즉 "즐거움"의 일을 무위로 만든다. 훌륭한 기독교인이라면, "죄스러운 쾌락"을 무위로 돌린다고 말할지도 모른다.

그러나 아버지 하느님이 낚시를 하는 그림(〈그림 8〉)을 다시 한번 보면 알 수 있겠지만, 이런 상징들을 읽는 일반적인 기독교적 독법에 따르면 뱀의 힘은 하느님의 창조적 의지를 땅을 향하여 발산하는 것이 아니라, 그 의지에 반대하는 대항력이다. 따라서 가푸리우스가 뱀의 몸을 따라 길게 배치한 뮤즈들은 정통 기독교 사고에서는 구속보다는 타락과 관련을 맺게 될 것이며, 이 예술은 비난을 받아야 한다. 사실 기독교 청교도주의에서, 그리고 우상을 섬기지 말라는 성서의 제1계명(「출애굽기」 20 : 4)에서 이 예술은 비난을 받았다.

정통 기독교 예술에서 형태는 감각을 이 세상의 방향으로 유혹하지 않는다. 형태는 알레고리로서 영적인 주제나 구세주와 그의 성자들의 전설을 가리킨다. 그것에 의해서 정신과 영은 이 세상을 넘어, 이 세상과 떨어져 초월적으로 존재하는 하느님에게로 고양된다. 그러나 일반적인 고전기 예술과 마찬가지로 가푸리우스의 그림에서 뮤즈들은 그들 각각이 머무는 구를 나타내며 또 그 구에 전념한다. 모든 구는 뱀 자신의 몸과 힘의 영역과 관련되어 있다. 또 뱀은 '생명과 빛의 주'에게 대립하는 것이 아니라 그의 창조력과 조화를 표현한다. 이것을 깨닫기 위해서, 그런 다음에 하나의 영광에서 다음 영광으로 계단을 밟아 올라가기 위해서는 사자의 입과 대면하여 용감하게 그 안으로 들어가기만 하면 된다. 사자의 입이란 현재의 활활 타오르는 태양문이다. 희망도 없이, 두려움도 없이, 지금-여기에 사는 것에 완전히 몰두해 있는 상태이다. 그렇게 되면 이 세상의 몸 안에서 뮤즈들——예술——의 황홀경을 경험하게 될 것이다. 우리의 영은 영광에서 영광으로 옮겨가, 의식 속에서 저 기쁨의 정상에 이를 것이다. 그곳에서는 세상의 눈——희망을 넘어, 두려움을 넘어——이 오고, 가고, 존재하는 우주를 두루 살핀다. 뱀이 하느님에게 대립하지 않고 오히려 아래로 내려오는 은총의 매개체이듯이, 이 세상의 옷을 입은 뮤즈들도 옷을 입지 않은 미의 여신들에게 대립하는 것이 아니라 지상에서 3박자 리듬(3 곱하기 3)으로 낙원의 춤을 미리 알려준다. 그들은 아홉이다. 왜냐하면 단테가 자신의 뮤즈인 베아트리체에게 말하듯이, 그들의 뿌리(root, 아홉의 제곱근[square root]은 셋이다)는 위의 삼위일체에 있기 때문이다.

예술──뮤즈들──은 모든 것을 소모하는 시간의 무시무시한 모습을 넘어서 우리를 우주의 영속적인 조화에 입문시킨다. 우주의 변화의 국면들은 행성과 천구들이 통제한다. 가푸리우스는 그의 그림 오른쪽에 이 기호와 신들을 보여준다. 이들은 왼쪽의 뮤즈에 대응한다. 아래쪽의 탈리아는 땅에 속하듯이, '역사의 뮤즈'인 클리오(아래 왼쪽)는 달의 단계를 관장한다. 시간의 조수를 통제하는 것이다. '영웅시의 뮤즈'인 칼리오페는 메르쿠리우스(헤르메스[수성이라는 뜻도 있음/역주])에 대응하며, 시간의 천구를 넘어서 영혼을 안내한다. 그 다음에는 '춤과 합창의 뮤즈'인 테르프시코라는 베누스(금성이라는 뜻도 있음/역주)와 큐피드의 천체에 있다. '비극의 뮤즈' 멜포메네는 태양의 불과 빛으로 정화하고 밝혀준다. '서정시와 애욕의 시의 뮤즈'인 에라토는 전쟁의 신 마르스(화성이라는 뜻도 있음/역주)에 대응한다. 가운데 있는 이 비극적인 세 뮤즈를 넘어서게 되면, 우리는 음악의 힘에 의하여 모든 가시적 형태로부터 해방된다.* '플루트 음악의 뮤즈'인 에우테르페는 정신을 유피테르의 수준으로 드높인다. 그곳에서 영혼은 신의 보호하는 측면을 향하게 된다. 오른쪽의 그림에서 확인을 구하는 아이가 아버지를 향하는 것과 마찬가지이다. '성가의 뮤즈'인 폴리힘니아는 사투르누스(토성이라는 뜻도 있음/역주)에서 '아버지'의 측면을 기념한다. 그녀는 낫을 휘둘러, 행성들에 의하여 통제되는 이 세상으로부터 우리를 잘라내고 자유롭게 해준다. 그런 다음 고정된 별들의 영역에서 '천문학의 뮤즈' 우라니아는 우리를 뱀의 몸(꼬리의 고리가 태양문을 암시한다)으로부터 완전히 옮겨서 아버지의 가장 높은 수준의 변신체인 순수한 빛의 발치에 데려다놓는다.

15세기 이탈리아의 음악 거장이 "뮤즈, 행성, 양식, 현이 서로 조응한

---

* 103쪽 참조. 쇼펜하우어와 비교해보라.

다"[19]는 것을 보여주기 위해서 제시한 이 행성 껍질들의 사다리는 사실 가장 위대한 시대에 탄생한 관념이다. 이것은 이미 스토아 학파에게 알려졌으며, 키케로의 「스키피오의 꿈(Dream of Scipio)」에서도 개진되었다(『신의 가면 : 서양 신화』에서 인용).[20] 그곳에서도 천구들은 이와 똑같은 순서로 이름을 불렀으며, 회전 동작에 의해서 크고 유쾌한 소리를 낸다고 이야기되었다. 그러나 아홉번째 구인 지구는 "우주의 중심 위치에서 늘 움직임 없이 고정된 상태를 유지한다." 따라서 가푸리우스의 수르다 탈리아(말 없는 탈리아)가 나온다. 키케로는 말한다. "학식 있는 사람들은 현악기와 노래로 이 조화를 모방함으로써 스스로 천상의 높이로 돌아갈 수 있었다." 그래서 가푸리우스는 이에 맞추어 각각의 단계에 음계의 음과 그리스 음악 양식의 명칭을 할당하였다.

　음의 이름은 왼쪽에 있다. 이것은 고전기의 도리아-프리지아 4음계(서양의 A 단음계)인데, 그 내용은 다음과 같다――프로슬람바노메노스(A), 히파테 히파톤(B), 파르히파테 히파톤(C), 리카노스 히파톤(D), 히파테 메손(E), 파르히파테 메손(F), 리카노스 메손(G), 메세(제8음). 오른쪽에는 거기에 조응하는 양식들이 있다――히포도리안, 히포프리지안, 히포리디안, 도리안, 프리지안, 리디안, 믹소리디안, 히포믹소리디안. 나아가서 각각의 천체에는 금속이 지정되는데, 그 상징은 행성의 상징과 같다. 달에는 은, 수성에는 수은, 금성에는 구리, 태양에는 금, 화성에는 철, 목성에는 주석, 토성에는 납이다. 영혼은 하늘의 고향으로부터 내려갈 때는 이 금속들의 물질과 무게를 가지며, 반대로 올라갈 때는 그것을 벗어버리고 다시 벌거벗은 채 위에 도착한다. 따라서 하느님 앞에서 벌거벗음――벌거벗은 영혼――의 상징이 나온다. 아폴론 앞에서 벌거벗은 미의 세 여신과 신비교의 그릇에 나오는 인물들이 그 예이다. 또한 여기에서 헤롯 앞에서 살로메가 춘 "일곱 베일의 춤"도 나온다. 이런 상징적인 "자아 벗기"의 현존하는 가장 오래된 예는 기원전 2500년경 옛 수메르의 "이난나의 지하세계로의 하강"이다.[21]

　헤시오도스(기원전 8세기)에 따르면 아홉 뮤즈들은 므네모시네, 즉 "기억"과 제우스 사이의 딸들이다.[22] 이들은 '기억'에게서 태어났기 때문에 영혼으로 하여금 잊혀진 높은 수준의 지위를 기억하게 한다. 그곳, 즉 이 귀환의 여덟 개의 고귀한 길의 정상에서, 피에트로아사 그릇에 나타나는(〈그림 3〉), 그리고 우리의 두번째 그릇(〈그림 12〉)의 오르페우스교의 찬송가에서 언급되는 바로 그 빛의 신이 발견된다. 나아가서, 이 두번째 그릇의 가장 거룩한 곳에 있는 벌거벗은 여자들의 숫자는 아홉이다. 이것은 곧 뮤즈들의 숫자이다. 반면 남자들의 숫자는 일곱인데, 이것은 눈에 보이는 천체들의 숫자이다. 가푸리우스의 그림에서 옷을 걸친 뮤즈들은 이 두 개의 그릇 가운데 첫번째 그릇에 나오는 안내하는 여인들에 대응하며, 옷을 걸치지 않고 춤을 추는 미의 세 여신은 두번째 그릇에 나오는 벌거벗은 입문자들에 대응한다. '존재'로부터 고개를 돌린 에우프로시네, 즉 "즐거움"은 세상에 활기를 주는 거룩한 은총의 밖으로 향하는, 아래로 내려가는 운동을 나타낸다. 신을 바라보는 아글라이아, 즉 "빛"은 인간 영이 보답하여 베푸는 은혜이다. '자연의 뮤즈'와 더불어 하나인 탈리아, 즉 "풍요"는 밖으로 향하고 거기에 반응하는 양식들을 끌어안는 균형을 나타낸다.

이 세 여신이 그리는 원은 세계에 활력을 주는 아홉의 삼중 박자에서 확대된다. 그리고 저 아래에서는 케르베로스의 머리 셋, 즉 미래, 현재, 과거에 반영된다. 나아가서 이 뱀의 위로 올라가는 형태는 〈그림 11〉의 날개 달린 유령이다. 여기서는 양 옆에 짐승의 머리 대신 드러난 영의 날개를 달고 있다. 그리고 '생명의 동산의 전원시의 뮤즈'인 탈리아――그녀는 열등한 단계에서는 침묵하고 있었다――는 여기 영원에 대한 지식 안에서는 '빛'과 '즐거움'의 순간과 하나이다. 이 셋은 차례로 베누스, 즉 '사랑'의 여신의 영이 펼쳐진 것인데, 그녀의 전문 예술은 춤이다.

따라서 이 르네상스 그림에는 두 개의 그릇에 대한 모든 의미가 표현되고 있다. 아랫부분의 말 없는 탈리아는 피에트로아사 그릇의 중앙에 있는 여신에 대응한다. 이 여신은 포도 덩굴의, 취하게 하는 동시에 고양시키는 피가 든 컵을 들고 있다. 그녀를 제한하는 원 지구는 심연의 물로 둘러싸여 있다. 위에는 공기와 불이 있다. 이 원은 그릇의 내부의 원에 대응한다. 사발의 원에서 목자는 생명의 꿈을 꾼다. 안내하는 뮤즈들이 있는 상승의 사다리는 신의 비전을 향하는 입문의 원에 대응한다. 앞에서는 도착 순간에 포도 덩굴과 열매가 나타났듯이 이곳에는 꽃병이 있다. 신의 손에 들린 도구에는 일곱 현과 일곱 구가 있다. 이것은 두번째 그릇(〈그림 12〉)에서 중심, 즉 깨달음을 향한 태양문에 이르는 고리들에 대응한다. 따라서 이 두번째 그릇의 내부와 피에트로아사 여신(〈그림 4〉)의 성배의 내부는 가푸리우스의 그림 꼭대기에 대응한다. 그 그림의 우주론적 교훈은 신 위에 있는 두루마리에 적혀 있다. "아폴론의 정신의 에너지가 이 뮤즈들이 모든 곳에서 움직이도록 만든다(Mentis Apollineae vis has movet undique Musas)." 이것이 바로 설화석고로 만든 그릇에 새겨진 오르페우스교의 첫번째 찬송가의 의미이다.

> 들어라, 멀리서 움직이는 빛나는 구를
> 영원히 돌리는 그대여……*

마지막으로 이 이차원 그림의 위쪽 구석에서 음악을 연주하는 두 사람은 물론 그릇 주위에서 뿔나팔과 소라를 부는 벌거벗은 네 사람에 대응한다.

로마가 갈리아와 브리튼을 점령하였던 500년이라는 긴 세월 동안(기원전 50년경부터 450년경까지), 헬레니즘 신비교의 신화와 제의는 그 식민지들로 전달되었을 뿐만 아니라 지역의 적당한 신과 통합주의적으로 연결되기도 하였다. 예를 들어서, 『신의 가면 : 동양 신화』 제5장의 〈그림 20〉에서 볼 수 있는 랭스(현재 프랑스 북동부의 도시/역주)의 갈리아-로마 제단에서는 켈트인의 신 케르눈노스가 메르쿠리우스와 아폴론 사이에 하데스-플루토처럼 앉아 있다. 마치 메르쿠리우스와 아폴론의 힘을 결합한 것처럼 보인다. 마찬가지로 『신의 가면 : 서양 신화』 제7장의 〈그림 27〉과 〈그림 28〉 두 그림에는 파리의 노트르담 근처에서 발굴한 갈리아-로마 제단의 모습이 나온다. 거기에서는 아일랜드의 영웅 쿠훌린과 동일

---
* 123쪽 참조.

한 신으로 여겨지는 갈리아의 신이 나무를 찍고 있다. 그 밑에는 황소가 한 마리 서 있고, 그 등에는 목이 긴 학 모양의 세 여신이 앉아 있다. 쿠훌린은 원탁의 기사 가웨인 경의 원형이다.[23] 그에 관한 이교도의 전설들은 아일랜드의 기독교 문명기인 6세기부터 11세기 사이에 기록되었다. 이 시기에 아일랜드에서는 황폐화된 유럽 다른 곳과는 달리 사제단이 그리스와 라틴의 학문을 계속 연마하였다. 예를 들어서, 660년경 클론카드의 아일레란 대수도원장은 그리스도 가계의 이름들이 가지는 신비한 의미에 대하여 쓰면서 오리게네스, 제롬, 필론, 아우구스티누스를 익숙하게 인용하였다. 820년경 킬데어의 세둘리우스 대수도원장은 그리스 원본과 비교하여 라틴어 신약의 오류를 수정하였으며, 샤를마뉴의 손자를 위하여 통치법에 대한 논문을 썼다.[24] 아돌프 하르낙 교수가 "당대에 가장 학식이 많고 또 아마 가장 지혜로웠을 사람"[25]이라고 부른 신플라톤주의자 스코투스 에리게나[26]는 이런 맥락에서 우등생이라고 말할 수 있다. 알렉산드리아 및 르네상스의 신플라톤주의적인 상징주의와 글렌달러프, 딩글, 켈스 등 아일랜드 수도원의 서기들의 작품이나 기도 사이의 관계에 대한 약간의 직접적인 시각적 증거가 필요하다면, 9세기『켈스의 책(Book of Kells)』의 툰크 페이지(Tunc-page)를 다시 생각해보는 것으로 충분할 것이다(『신의 가면 : 서양 신화』제9장 1절과 2절에 수록하고 논의하였다). 고트프리트가 아폴론의 보좌 앞에서 아홉 뮤즈를 부른 것은 이제 새롭게 보인다. 특히 마력을 발휘하는 트리스탄의 하프(〈그림 2〉)와 관련지어볼 때 그렇다. 이 하프는 도미틸라 프레스코 벽화(〈그림 1〉)가 보여주듯이 최초의 기독교 전승에서는 '구속자'를 나타내기도 하는 오르페우스의 하프에 대응한다. 나아가서 단테의『신곡』전체는 우주에 영적 차원에 대한 이런 이교도적 비전과 일치한다.

"우리 삶의 길 한가운데서 나는 어느새 어두운 숲에 들어와 있었다. 바른 길은 사라진 곳이었다."[27] 그 위대한 작품은 이렇게 시작된다. 이어 시인은 그가 어떻게 하다가 그 숲에 오게 되었는지는 잘 말할 수가 없다고 이야기한다.

"나는 그때 너무 졸려서 참된 길을 떠났다. 그러나 골짜기가 끝나면서 산기슭에 이르자 두려움이 내 마음을 꿰뚫었다. 고개를 들어보니 산어깨는 이미 어떤 길을 따르든 사람을 옳게 인도하는 행성[태양]의 빛으로 덮여 있었다."[28]

단테가 두려움에 젖었던 어두운 숲은 '침묵하는 탈리아'의 원과 관계가 있는 것이 아닐까? 골짜기가 끝나고 나타나는 산, "사람을 옳게 인도하는 행성의 빛"으로 덮여 있는 산은 아폴론이 있는 헬리콘산이 아닐까? 이런 추측은 모험의 다음 단계에 나타나는 사건들에 의하여 뒷받침된다. 곧 세 마리의 위험한 짐승들이 나타나기 때문이다. 첫번째는 암표범이다. 암표범은 "가볍고 매우 민첩하며, 점이 있는 외피로 덮여 있었다." 두번째는 사자이다. 사자는 "고개를 높이 들고 나에게 다가오는데, 몹시 굶주려 있었다." 마지막은 암이리이다. 암이리는 "그 여윈 몸이 모든 갈망으로 가득한 듯 보였으며, 이전에 많은 사람들이 쓸쓸하게 살아가게 만들었다."[29] 아름답고 다채로운 외관을 지닌 표범은 단테에게 몸의 유혹들을 상징한다. 욕망의 그릇된 유혹은 가푸리우스의 그림에서는 개의 머리로 나타난다. 사자는 자만을 상징한다. 사람은 이 근본적 죄에 빠지면 자신에게 한정되어 신을 보지 못한다. 암이리는 탐욕을 상징한다. 탐욕은 시간이 앗아가는 것을 얻으려고 애쓰는 것이다. 이것들은 바른 길을 잃은 사람들을 현혹하여 사로잡는 힘들이다. 거짓된 매혹을 풍기는 시간의 기능들이다.

그러나 여기에서도 가푸리우스의 그림에서와 같은 일이 생긴다. 뮤즈들이 보내는 시(詩)의 은총이 여행자를 데리고 위험한 짐승들을 통과한다. 단테는 짐승들 앞에서 두려움에 젖어 뒤로 자빠져 있다가 베르길리우스가 다가오는 것을 보았다.

"내가 그대의 안내자가 되겠다." 이교도의 시인은 말하였다.[30]
"오, 뮤즈여." 단테는 기도하였다. "오, 고귀한 수호신이여, 나를 도와주소서!"[31]

길잃은 기독교인은 두려움을 떨쳐버리고 이 고귀한 안내자를 따라 으슥하고 험한 길을 걸어서 지옥의 아가리로 들어갔다.[32]

단테는 가는 길에 베르길리우스만이 아니라 고전기의 다른 대가들 여섯 명을 만났다. 쿠르티우스 교수가 말하듯이, 그들은 중세의 중심적인 지적 권위자들이었다. 그들은 지옥의 첫 원 림보에서 만난 호메로스, 호라티우스, 오비디우스, 루카누스이며, 거기에다 연옥의 산기슭에서 만난 카토, 그 산의 정상인 지상 낙원에서 만난 스타티우스였다. 단테는 마침내 그 낙원에서 그의 개인적인 뮤즈 베아트리체를 다시 만났다. 그녀는 삶에서 그가 세상의 아름다움에 눈을 뜨게 해주었다.* 이제 죽음에서는 믿음 안에서 그의 영을 데리고 이교도들의 자연적인 미덕을 넘어서, 가푸리우스의 그림의 행성들의 단계들을 올라가 기독교도들의 삼위일체의 신의 자리에 이르렀다. 그 신은 거룩한 세 인격을 지닌 하나의 실체였다. 기독교적 관점에 따르면, 아폴론적인 이성에서 나오는 단순한 자연의 빛은 지상에서 그를 비유하는 표현에 지나지 않았다.

이렇게 기독교에서는 이교도의 빛 가운데 빛인 아폴론을 평가절하하고, 아폴론과 더불어 기독교 전승의 모태의 일부를 이룬다고 할 수 있는 고전기 신비주의의 전승 전체를 평가절하하였다. 기독교는 이전 신앙의 최고의 입문자들이 제시하는 상징들에 대한 해석을 인정하지 않고, 그 상징들을 환원적으로 읽어 자신의 상징들을 대신 높은 위치에 올려놓았다. 이것은 훗날의 신앙이 이전의 신앙의 자리를 찬탈하는 방식을 보여주는 훌륭한 예이다. 단테가 연옥의 산 꼭대기, '지상 낙원'에서 이교도들의 지도력을 마무리지은 것은 아퀴나스의 공식과 일치한다. 이성은 고대인들을 이끌었던 것처럼 우리를 지상의 덕의 정상까지 이끌어줄 수 있다. 그러나 이성을 넘어서서 하느님의 자리에 이를 수 있는 것은 오직 신앙과 초자연적인 은총(베아트리체로 인격화되어 있다)뿐이라는 것이다.

그러나 우리는 단테와 더불어 삼위일체의 측면에서 이 신의 특징들을 보면서, 그 이상의 관찰에 이르게 된다. 즉 하나의 성스러운 실체 속의 세 성스러운 인격이라는 기독교 교리에서 우리가 실제로 얻게 되는 것은 미의 세 여신과 히페르보레오스의 아폴론이라는 상징이 전적으로 남성적인 신의 가면들의 신화적 질서로 전위되었다는 사실이다. 이것은 구약의 부

---

* 86-87쪽 참조.

권적 정신과 일치하기는 하지만, 섹스와 남녀만이 아니라 모든 자연의 상징적인, 따라서 영적인 의미를 근본적으로 흔들어놓는다.

그리스의 공식은 매우 오래된 것이며, 나아가서 놀라울 정도로 폭넓은 분포를 가진 상징 체계를 대표하였다. 예를 들어서, 세람 서부(인도네시아)의 하이누웰레와 그 두 자매의 신화를 기억해보자. 거기에서는 3이라는 숫자만이 아니라 9라는 숫자도 두드러진다.[33] 또는 켈트인의 황소 등에 탄 학들을 다시 생각해보자. 낡은 이성애적인 상징을 부권적으로 수정하게 되면서 '아들'은 아래로 내려오는 미의 여신에 대응한다. '성령'은 보답하는 미의 여신에 대응한다. '아버지'는 모든 것을 포괄하는 미의 여신에 대응한다. '하나의 실체'는 아폴론의 마음의 빛에 대응한다. 따로따로 본 세 인격은 고전기의 사고에 따르면 조건 속에 놓인 것으로 간주될 수밖에 없을 것이다. 즉 '공간-시간'이라는 우주의 여신의 모태 내에서 이루어지는 관계들의 장 안에 포괄된다는 것이다. 사실 이들은 『신의 가면 : 서양 신화』 제9장 4절의 〈그림 32〉에 나오는 15세기 프랑스의 하느님의 어머니 그림에 나타난다. 이들은 남성으로 규정되어 있기는 하지만 마야의 기능을 나타내며,* 따라서 여성의 형태를 유지하는 것이 적절하였을 수도 있다. 이렇게 여성적 원리를 그 정상적인 우주적 역할에서 배제함으로써 우스꽝스럽다고 할 수 있는 어려움이 뒤따른다. 기독교 신화의 신화적 여성들을 역사적으로 해석할 수밖에 없게 되었다는 것이다. 어머니 하와는 타락 전후에, 존재하지도 않았던 동산에서 살았던 선사시대 인물로 해석된다. "하느님의 어머니" 마리아는 기적적으로 잉태를 하고, 물리적으로 존재하지도 않는 "위의 천국"이라고 부르는 곳에 물리적으로 들어가게 되는 동정녀로 해석된다.

기독교 전체 역사에서는 이런 역사화된 상징을 일반적인 신화적 의미로 재해석하려는 경향이 늘 위험이었다. 이와는 반대로 그리스 신화──그리고 심지어 불교, 힌두, 나바호, 아즈텍 신화까지도──가 대체로 기독교적인 독법으로 읽힐 수 있다는 것도 위협이 되었다. 최근에는 T. S.

---

* 97-99쪽 참조. 그리고 『신의 가면 : 동양 신화』 제6장 2절 참조.

엘리엇이 「네 개의 사중주(Four Quartets)」에서, 제임스 조이스가 『피네건의 경야』에서, 토마스 만이 『요셉과 그의 형제들(Joseph and His Brothers)』에서 그런 독법을 이용하였다. 마찬가지로 르네상스와 바로크 시기의 많은 예술가들도 이런 가능성들을 이용하였다. 심지어 일찍이 카타콤 시기에도 저 도미틸라 천장이 있다(〈그림 1〉). 사실 이런 가능성과 그 가능성에 대한 지식이야말로 내가 상징적인 소통의 고전기 유산 가운데 지하로 흐르는 은밀한 흐름이라고 불러온 것이다.

또 하나의 흐름을 잠깐 보기 위하여, 우리의 고전기의 유산의 풍요로움에 대한 이 짧은 글을 쿠르티우스 교수의 글 가운데 한 구절로 마무리 짓도록 하겠다. 이것은 단테가 길을 가며 만났던 저 위대한 여섯 이름이 중세에 가지는 의미를 요약한 부분이다.

저명한 선배인 호메로스는 중세에는 그저 위대한 이름에 불과하였다. 중세의 '고대'라고 하면 라틴 고대였기 때문이다. 그러나 그 이름은 불러야만 하는 이름이었다. 호메로스가 없다면 『아이네이스(Aeneid)』도 없었을 것이기 때문이다. 오디세우스가 하데스로 내려가지 않았다면, 베르길리우스가 다른 세계로 여행하는 일도 없었을 것이기 때문이다. 그 여행이 없었다면 『신곡』도 없었을 것이기 때문이다. 중세 전체와 마찬가지로 고대 후기 전체에서도 베르길리우스는 단테에게서 차지하였던 위치를 차지하고 있었다. 즉 "랄티시모 포에타"였다. 그 옆에는 로마의 풍자가의 대표인 호라티우스가 서 있다. 중세에는 풍자를 예절과 도덕에 대한 건강한 설교로 간주하였으며, 12세기 이후 많은 모방자들이 나왔다. 단테의 『신곡』은 무엇보다도 그의 시대에 대한 탄핵이다. 그러나 오비디우스는 중세에는 오늘닐 우리에게 보여주는 얼굴과는 다른 얼굴을 보여주었다. 12세기 사람들은 『변신(Metamorphoses)』의 서두에서 당대의 플라톤주의와 조화를 이루는 우주 기원론과 우주론을 발견하였다. 그러나 『변신』은 로맨스만큼이나 흥미진진한 신화의 레퍼토리이기도 하였다. 파에톤이 누구인가? 리카온은? 프로크네는? 아라크네는? 오비디우스는 그런 수많은 질문들에 대한 인명록이었다. 『변신』은 누구나 알아야 하는 것이었다. 그렇지 않으면 라틴 시를 이해할 수가 없었다. 나아가서 이 모든 신화적 이야기들은 알레고리적인 의미도 지녔다. 따라서 오비디우스는 또한 도덕의 보고이기도 하였다. 단테는 루카누스의 테리빌리타 (terribilita, 공포)를 능가하듯이 오비디우스도 능가할 목적으로 『지옥편』을 변신의 삽화들로 장식한다. 루카누스는 공포와 과장된 정념의 대가였다. 그러나 그는 또 지하세계와 그 마법을 꿰고 있었다. 나아가서 그의 책은 로마의 내란의 기본 자료였으며, 단테가 연옥의 산기슭에 수호자로 세워놓은 엄격한 우티카의 카토를 찬양한 사람이었다. 마지막으로 스타티우스는 동족을 살해한 테베 전쟁의 음유시인이었으며, 그의 서사시는 거룩한 『아이네이스』에 대한 경의로 끝을 맺는다. 『테베의 이야기(Tale of Thebes)』는 중세에 가장 애독되던 책으로, 아서왕의 로맨스들만큼이나 인기를 끌었다. 이 책에는 극적인 삽화들과 이목을 끄는 인물들이 등장한다. 오이디푸스, 암피아라우스, 카파네우스, 힙시필레, 아기 아르케모루스. 이들 『테바이스(Thebais)』 (스타티우스의 서사시/역주)의 극중 등장인물들은 『신곡』에서 끊임없이 언급된다.

단테는 이들을 만남으로써 기독교적인 우주론의 시에 라틴 서사시를 받아들이는 일을 마무리짓는다. 이 시는 이상적인 자리를 차지하고 있다. 여기에는 호메로스를 위한 틈이 남겨져 있다. 사실 그 안에는 서양의 모든 위대한 인물들이 모여 있다(아우구스투스, 트라야누스, 유스티니아누스). 교부들도 모여 있다. 일곱 교양 부문의 거장들도 모여 있다. 철학의 권위자들도 모여 있다. 수도회의 건립자들도 모여 있다. 신비주의자들도 모여 있다. 그런데 이런 건립자, 조직가, 스승, 성자들의 영토는 유럽 문화에서 단 하나의 역사적 복합체, 즉 라틴 중세 안에서만 발견될 수 있다. 거기에 『신곡』의 뿌리가 드리워져 있다. 라틴 중세는 고대 세계와 근대 세계를 연결하는, 사라져가는 로마의 길이다.[34]

## 3. 켈트-게르만의 유산

이제 북유럽의 토착 전승이라는 유산으로 생각을 돌려보자. 이 전승은 12-13세기 궁정 로맨스의 황금기에 갑자기 놀라운 영향력을 발휘하면서 중요한 영감을 제공하였다. 이 당시 전설들 속에는 이미 기독교 전통과 고전기 전통이 이슬람 전통과 더불어 자리를 잡고 있었다. 켈트인의 영역에서는 앞서 살펴보았던 갈리아-로마의 제단들이 고전기의 영향을 증언해준다.* 반면 게르만인들에게는 낡은 룬 문자가 있다. 이것은 그리스인들이 개발한 것으로, 1세기에 흑해 북서부의 그리스화된 고트인 지역으로부터 다뉴브강과 엘베강을 따라 스칸디나비아와 잉글랜드로 전해졌다.[35] 나아가서 오딘(보덴, 보탄)이라는 인물이 있다. 그는 그 룬들의 신비한 지혜를 얻기 위하여, 자기 자신에게 드리는 제물로서 '세계의 재' 위에서 스스로 십자가에 달렸는데, 이것은 헬레니즘의 모티프를 가진 것이 분명다(〈그림 9〉와 비교해보라).

한 권위자가 옛 게르만 궁정의 "고도로 국제화된 문화"라고 부른 발굴물 가운데 가장 의미심장한 것은 수톤 후(Sutton Hoo)의 놀라운 선관장(船棺葬)이라고 할 수 있다. 이것은 1939년에 바다로부터 10킬로미터 정도 떨어진 내륙 서편의 데벤 강변에서 발굴되었다. 많은 부장품과 함께 땅에 묻힌 커다란 선체는 650년에서 670년 사이의 것으로 추정된다. 이 무덤과 관련된 전사-제후는 이교도인 앵글인 에텔헤레 왕——그의 아내는 그를 떠나 파리 근처의 수도원으로 들어갔다——이거나, 아니면 그의 동생인 기독교도 에텔발드 왕인 것으로 보인다. 여기서 발굴된 물건들 가운데는 비잔티움의 은접시, 메로빙 왕조의 금화, 스웨덴제로 보이는 검, 아름다운 작은 하프, 그 지역의 앵글로-색슨 계열 제조업자들이 만든 수많은 우아한 보석 장신구 등이 있다. 지금 그 물건들은 대영박물관에 전시되어 있는데, 그곳에서 일하는 브루스-밋퍼드(R. L. S. Bruce-Mitford) 씨는 그 보물들을 보면 "7세기초 색슨인의 왕가는 프랑크, 스칸디나비아, 중부 유럽, 비잔틴 등 많은 지역과 광범위하게 접촉하였다는 것을 알 수 있다"고 말한다. 그는 또 이렇게 덧붙인다. "레드월드의 시대에 이미 앵글리아 동부에 고도로 국제화된 문화가 발전하였을 가능성이 아주 높다. 고전 세계의 물건과 문양을 직접적으로 알고 있었다는 것 자체가 이 문화의 요소 가운데 하나이다."[36]

영국 문학사에서 처음 등장하는 이름의 주인공은 이 선관장 시대에 속

---

* 130쪽 참조.

한다. 그 이름은 657-680년경에 활동하였던 시인 캐드먼(Caedmon)이다. 가경자(可敬者) 비드(Bede, 그가 살았던 시기도 673-735년으로 비슷하다)가 기록으로 남긴 그의 전설에 따르면, 캐드먼은 대수녀원장인 휘트비의 성자 힐다(Hilda) 밑에서 소를 치는 사람이었다. 그는 교육을 받지 못하였기 때문에 사람들이 노래를 부르기 시작하여 그가 노래를 할 차례가 되면 연회장을 떠나곤 하였다. 그는 마구간으로 돌아가 서글픈 마음으로 잠을 청하였다. 그러던 어느 날 저녁 이상한 일이 일어났다.

> 그가 잠을 자고 있는데, 꿈속에서 누가 그의 옆에 서서 인사를 하고 그의 이름을 부르며 말하였다. "캐드먼, 나에게 노래를 불러주오." 캐드먼은 대답하였다. "나는 어떻게 노래하는지 모릅니다. 그래서 잔치 자리를 물러난 것입니다. 나는 노래를 못하기 때문에 여기에 있습니다." 그러나 그 사람은 고집을 부렸다. "어쨌든 당신은 나에게 노래를 불러주어야만 하오." "어떤 노래를 부르란 말입니까?" 그러자 그 사람은 대답하였다. "피조물들의 시초를 노래하시오." 그 즉시 캐드먼은 창조주 하느님을 찬양하는 노래를 부르기 시작하였다. 그 자신도 생전 들어보지 못한 노래였다.[37]

이 이야기는 중국의 선종의 창시자인 후이넝(慧能)의 전설을 생각나게 한다. 후이넝이 살았던 시기(638-713년)도 캐드먼이 살았던 시기와 일치한다.[38] 두 전설 모두 학습을 넘어선 지혜라는 이념을 전해준다. 그러나 내가 아는 한 지금까지 영국의 소 치는 사람과 중국의 부엌일 하는 사람 사이의 관계를 연구해본 사람, 심지어 그 관계에 대하여 어떤 암시를 준 사람도 없다. 겉으로만 볼 때는 이 두 이야기에 공통된 생각은 융적인 의미(Jungian sense)에서 원형적인 것이며, 따라서 이 원형이 수많은 전승에서 독립적으로 발생 가능하다고 생각할 수도 있다. 그러나 중세 초기에 유럽과 극동 사이의 여러 지역에서 강건한 사람들이 활발하게 움직였다는 것도 엄연한 사실이다.

일찍이 5세기에는 훈족 계열의 부족들이 동시에 유럽, 인도, 중국으로 치고 들어갔다. 티베트의 정력적인 왕들은 송-첸 감-포(630년경)의 시기부터 랄-파-첸이 죽을 때(838년)까지 아시아 내에서 정복 사업을 확장하면서 영향력을 확대하였다. 중국으로 가는 대상의 행로에는 마니교만이 아니라 네스토리우스교의 수도원들도 있었으며, 심지어 광신적인 우충(武宗, 841-846년 재위) 황제의 통치기까지도 중국 내에서 번창하였다.[39] 또한『신의 가면 : 동양 신화』에서도 이야기하였듯이, 철기 시대 켈트인과 철기 시대 일본의 신화와 전설 사이에도 유사성이 있는데, 이것은 우연이 아니다. 일본의 최초의 모음집인『고사기(古事記)』와『일본서기(日本書紀)』는 각각 712년과 720년에 나왔다.[40] 내가 아는 한 이 흥미진진한 문제 전체가 학자들에게는 미답의 영역이다.

교과서에 따르면 후이넹과 동시대인인 캐드먼은 앵글로-색슨의 성서적 주제를 전하는 데 전통적인 게르만 음유시인의 운문 기법을 적용하였다는 점에서 문학적인 평가를 받는다. 그 뒤를 따른 사람이『베오울프(Beowulf)』를 지은 미지의 시인인데, 이 시는 730-750년경에 쓰여진 것으로 추정된다.[41] 이 시인은 캐드먼과 똑같은 게르만적 스타일을 사용하였지만, 수도원의 청중이 아니라 귀족 청중을 위하여 시를 썼다. 그는 그 즈음 개종한 기독교인들을 위하여 그들에게, 혈통상으로 그 지역 앵글인의 조상이 되는 스칸디나비아의 한 왕이 괴물과 용을 죽인 옛 게르만의 영웅 전설을 이야기해주었다.[42]

권위 있는 학자들은 이 기독교화된 이교도의 작품에서 베르길리우스의 영향을 받은 흔적을 찾아냈다.[43] 사실 당시의 학문의 맥락에서 볼 때 그런 영향은 거의 불가피한 것이었다. "영국 역사의 아버지" 비드는 당시에 그의 중요한 저서『영국 교회사(Historia Ecclesiastica Gentis Anglorum)』를 쓰고 있었는데, 적어도 한 권위자는 그 책을 "17세기 이전에 영국인의 손으로 쓴 역사서 가운데 최고로 여겨진다"고 평하였다.[44] 비드는 또한 신학, 문법, 자연과학, 연대기, 역법에 대해서도 상당한 분량의 저술을 남겼다. 이 시기의 아일랜드의 학문 상태에 대해서는 이미 이야기하였다.『베오울프』의 시인 역시 토착 전승과 고전 전승에 해박하였다.

한편 비드에게는 동양으로부터 받은 영향의 흔적도 약간은 엿보인다. 그의『교회사』에는 커닝햄의 드리텔름이란 사람이 제시했다고 하는 지옥에 대한 인상적인 비전이 나오는데, 여기에서는 분명히 동양적인 특징이 나타난다. "나를 인도하는 이는 얼굴과 표정에 빛이 환하고 밝은 옷을 입었다……." 그 구절은 이렇게 시작된다.

　우리는 아주 깊고 폭이 넓으며, 그 길이가 끝을 모르는 골짜기에 이르렀다.…… 한쪽 부분은 매우 무시무시하였다. 펄펄 끓어오르는 불길로 가득하였다. 다른 부분은 또 차가운 우박과 눈 때문에 견딜 수가 없었다. 양쪽 모두 사람들의 영혼이 가득하였다. 이들 영혼은 커다란 폭풍과 같은 엄청난 힘에 휩쓸려 양쪽에 번갈아 내동댕이쳐지는 것 같았다. 영혼들은 엄청난 열기의 힘을 견딜 수 없을 때는 비참한 모습으로 튕겨 나와 엄청난 추위 한가운데로 들어갔다. 그곳에서 안식을 얻지 못할 때는 다시 활활 타오르며 꺼지지 않는 불길 속으로 다시금 튕겨 갔다.[45]

『신의 가면 : 동양 신화』를 보면 인도의 자이나교와 불교의 지옥에서는 추위로 인한 고통이 불에 의한 고통에 버금간다는 것을 알 수 있다.[46] 이 점은 조로아스터교에서도 마찬가지인데, 이것은 조로아스터교에서 이슬람 전승으로 이어졌다. 그러나 이슬람교가 단테에게 미친 영향에 대한 선구적인 연구에서 미구엘 아신 이 팔라시오스(Miguel Asín y Palacios) 신부가 밝혔듯이, "성서적 종말론에서는 지옥의 냉기로 인한 고통을 언급하지 않는다."[47] 지금은 이탈리아에서도 이슬람의 사고와 이미지가 단테에게 영향을 주었다는 것을 인정하고 있다(그렇게 내켜 하는 것 같지는 않지만). 사실 어떻게 영향이 없을 수가 있었겠는가? 샤를마뉴(Charlemagne, 768-814년 재위)의 시기 이후 근동의 문명은 유럽에 크게 기여하였다. 특히 제1십자군(1096-1099년) 이후에는 그 영향력이 크게 증대하였다. 스페인은 711년에 무어인들에게 무릎을 꿇었다. 시칠리아는 일찍이 655년에 약탈을 당한 뒤로, 9-11세기에 걸쳐 두 종교의 전장이 되었다. 12세기의 음유시인들과 13세기의 스콜라 신학자들은 이슬람으로부터 엄청난 영향을 받았다. 나아가서 단테가 가장 존경하였던 황제 프리드리히 2세(1220-1250년 재위)의 나폴리 궁정은 이슬람 학문을 요란하게 환영하였다. 따라서 비드가 『역사』를 완성하였던 시기인 731년이라는 이른 시점에 기독교인의 지옥에 대한 비전에서 불교적이고 조로아스터교적인 면이 나타나는 것은 약간 놀라운 일이지만, 그렇다고 불가능한 일은 아니었다. 반면 단테의 시기에 이르면 그런 영향이 없다는 것이 오히려 불가능한 일이었을 것이다.*

따라서 『베오울프』는 이미 여러 전승이 혼합되어 있던 시대의 산물이다. 그것은 북유럽의 자국어로 쓰여진 문학 가운데 어느 정도 길이를 가진 것으로는 현존하는 최고(最古)의 작품이며, 여기에서는 수백 년을 경과하며 우리의 시대에까지 메아리치고, 증폭되고, 재언급되고, 해석되어온 수많은 의미심장한 주제들이 기운찬 운문으로 표현되어 있다. 옥스퍼드의 렌(C. L. Wrenn) 교수는 최근에 출간된 주석서에서 그 시의 "귀족적인 어조"와 그것이 묘사하고 있는 "전사 군주들의 거처에서 이루어지는 삶의 세련됨과 정중함"에 대해서 언급하였다. 그는 또 "이러한 어조의 고결함은 완곡법을 자유롭게 사용하는 문체상의 위엄과 잘 어울린다"[48]고 말한다. 또한 나의 존경하는 스승인 콜럼비아의 고 로렌스(W. W. Lawrence) 교수는 『베오울프와 서사적 전통(Beowulf and the Epic Tradition)』에서 그 시가 "비록 상당 부분 대중적 출처들로부터 나온 것이지만, 확정된 원칙과 세심한 전개를 갖춘 아르스 포에티카(ars poetica, 작시법/역주)의 산물"이라고 말하였다.[49] 로렌스 교수는 계속해서 이렇게 말한다.

    7세기에 아일랜드 수도사들은 북부에서 활발하게 활동하였다. 그들은 아우구스티누스[604년에 사망한 캔터베리의 첫 대주교]의 유명한 [로마] 선교단의 지원을 받아 설교하였다. 이 선교단은 같은 세기에 남부의 본부로부터 북부의 앵글인의 왕국에까지 효과적으로 노력을 확대하였다. 아일랜드 수도사들은 선교사이면서 동시에 학자였다. 그들의 학교는 유명하였다. 그들은 개종자들에게 고전 학문으로 남아 있는 것 가운데 최고의 것을 가르쳤다. 로마의 성직자들 역시 라틴어와 그리스어에 대한 지식, 책과 배움에 대

---

\* 단테가 이 가경자 비드의 책을, 또는 적어도 명성은 알고 있었다는 것은 단테가 『천국편(Paradiso)』에서 기독교의 위대한 신학자들을 위하여 마련해놓은 태양의 영역에 비드가 나타난다는 점에서도 알 수 있다(Paradiso X.131).

한 사랑을 전파하였다. 그들은 학문적 분위기를 가진 교회의 터를 닦았을 뿐만 아니라, 대륙에서 얻을 수 있는 최고의 학문과 밀접한 관련을 유지하였다. 그 결과 잉글랜드는 고전 학문에서 세계를 이끌게 되었다. 샤를마뉴〔735-804년 재위〕가 자신의 궁정 학교를 지도하면서 이단과 싸울 학자를 찾았을 때, 그는 대륙의 학자가 아니라 요크의 성당 학교 출신의 저명한 앨퀸〔735-804년〕을 선택하였다.[50]

물론 이때 로렌스 교수가 말하는 "세계"란 유럽이라는 작은 세계를 의미할 수밖에 없다. 당시의 진짜 세계에서는 학문의 실질적 지도력이 인도와 중국 당나라에 있었으며, 바그다드와 코르도바가 곧 그 뒤를 따르게 될 터였기 때문이다. 따라서 사실상 샤를마뉴의 궁정은 많은 면에서 이슬람을 매개로 한 동양의 식민지와 비슷하였다. 슈펭글러는 그의 독특한 문체로 이렇게 쓰고 있다.

〈그림 14〉 짐승들을 진압하는 자 : 영국, 650-670년.

샤를마뉴 대제에게서 우리가 보는 것은 막 깨어나려는 원시적 영성과 훗날에 덧씌워진 지성이 섞여 있는 복합물이다. 그의 통치의 어떤 특징들을 볼 때, 우리는 그를 프랑키스탄의 칼리프라고 말할 수도 있을 것이다. 반면 그는 여전히 한 게르만 부족의 족장이기도 하다. 그의 상징적 가치는 바로 이러한 두 계열의 결합에 있다. 엑스라샤펠(Aix-la-Chapelle)에 있는 그의 궁정 예배당의 형태가 가지는 상징적 가치도 마찬가지이다. 그것은 이제 이슬람 사원은 아니지만, 그렇다고 아직 성당도 아니다.[51]

그리고 샤를마뉴와 대체로 동시대인이라고 말할 수 있는 『베오울프』의 시인도 샤를마뉴와 마찬가지로 게르만 인종 출신이었다. 또한 샤를마뉴와 마찬가지로 깊은 곳에서는 서로 양립할 수 없는 유럽과 레반트의 기질을 결합하였고, 그 결과 풍부한 모순을 드러내게 되었다. 그는 영국인으로서 스웨덴인과 덴마크인에 대하여 썼다. 기독교인으로서 이교도에 대하여 썼다. 또한 그의 위대한 점 가운데 하나는 기독교인들의 신인 하느님이 예루살렘으로부터 멀리 떨어져 있는 저 옛 전사 민족을 돌보아주었음을 보여주었다는 것이다. 시인은 이렇게 썼다. "전능하신 하느님이 인류를 쭉 다스려왔다는 이 진리는 잘 알려져 있다."[52]

500년경 카테가트강을 항해하던 영웅 베오울프가 역사적인 실존 인물

〈그림 15〉 짐승들을 진압하는 자 : 크레타. 기원전 1600년경.

인지 아닌지는 아직 밝혀지지 않았다. 그와 같은 시대의 브리튼 사람 아서는 실존 인물이었던 것 같다. 그러나 시에 등장하는 베오울프의 숙부

히엘락 왕은 스웨덴 남부의 게르만 민족인 예이츠의 진짜 왕이었다. 그는 521년경에 라인강 하류에서 프랑크인들에게 죽임을 당하였다. 히엘락의 친구인 덴마크인의 흐로드가르 왕——베오울프는 그의 주연관(酒宴館)을 구하기 위하여 온 것이다——도 역사적 인물이었던 것으로 보인다. 그러나 그 모험은 역사적이었을 것 같지 않다.

〈그림 16〉 중국 청동 제품의 탁본 : 기원전 1384-1111년경.

〈그림 14〉는 수톤 후의 선관장에서 나온 금고 뚜껑에 달린 보석 장식물이다. 이것은 괴물잡이 베오울프와 그가 죽인 무시무시한 두 괴물, 곧 그렌델과 그렌델의 어미의 모습은 아닌 것이 거의 확실하다. 그러나 그 주제는 그럴 가능성을 암시한다. 이것은 '들짐승을 진압하는 자'라는 옛 신화적 주제의 한 변종이다. 〈그림 15〉는 기원전 1600년경 크레타의 인장에서 나온 것이고, 〈그림 16〉은 대략 기원전 1200년경 중국 청동 제품에서 나온 것이다.

베오울프의 경우에는 그의 고귀한 숙부 히엘락에게 덴마크인의 왕의 주연관이 괴물 그렌델에 의하여 약탈을 당한다는 소식이 들려오면서 모험이 시작된다. 어둠이 깔리자 이 해로운 존재는 황무지와 늪지로부터 나타나 고귀한 전사의 홀을 염탐한다. 안에서는 모두 잠을 자고 있다. 괴물은 모두가 잠을 자고 있는 곳에서 서른 명의 귀족을 챙겨 자신의 처소로 가져가 잡아먹고는 크게 기뻐한다. 히엘락은 베오울프를 보내어 거인 종족 카인 출신인 이 악마를 진압하게 한다. (거인으로 돌아 다니는 모든 요정과 괴물을 낳은 것이 카인이었기 때문이다.) 베오울프는 이 과제를 완수한다.

한밤중에 주연관의 문이 부서지고 인간처럼 걸어다니는 그렌델이 어둠 속에서 웃음을 터뜨리더니, 잠을 자고 있는 한 귀족의 몸을 찢어 뼈대를 깨물고는 조각조각 삼켰다. 이어서 그렌델은 다른 귀족에게 다가갔다. 순간 그렌델은 평생 느껴보지 못하였던 팔의 고통을 느꼈다. 그가 손을 댄 사람이 베오울프였기 때문이다. 곧 왕의 주연관은 시끄러워졌다. 금 장식을 한 주연용 의자들이 바닥 여기저기에 쓰러졌다. 그렌델의 어깨에는 상처가 났다. 근육이 튀어나오더니 결국 팔이 떨어져나갔다. 괴물은 도망쳤다. 아침이 밝자 놀란 사람들은 핏덩어리의 자국을 따라서 호수까지 갔다. 호수의 물은 피가 섞여 붉은 빛이었다.

여기서 주목할 것은 괴물을 기독교적으로 읽어내고 있다는 점이다. 괴물은 카인 종족으로부터 나왔다. 그럼으로써 자연의 공포라는 오래된 이교도적인 의미에 도덕적 악이라는 의미가 더해졌다. 〈그림 15〉의 크레타 인장에 나오는 사자들은 죽임을 당하지 않고 진정되었다. 설사 죽임을 당했다고 하더라도, **도덕적으로** 악한 존재는 아니었을 것이다. 마찬가지로 〈그림 16〉에 나오는 동물은 호랑이이다. 중국에서 호랑이는 악한 존재가 아니라 땅의 상징이었으며, 민담에서는 사람을 보호해주는 신으로 나타난다. 한 권위자는 이렇게 말한다. "호랑이는 절대 불필요하게 인간을 공격하지 않으며, 자신이 사는 곳의 해로운 짐승들을 없애버린다."[53] 따라서 중국의 옛 청동기 제품에 나오는 짐승들은 적이 아니라 보호자임에 틀림없다. 수톤 후에 나오는 짐승 한 쌍(〈그림 14〉)도 마찬가지였는지 모른다. 따라서 원래 『베오울프』 전설에서는 괴물들이 악마가 아니라 자연의 힘의 수호자들로 생각되었으며, 따라서 죽여야 하는 것이 아니라 진정시켜서 통합시켜야 할 존재들로 생각되었을 가능성도 있다. 사실 그들의 거처가 "파도 밑의 땅"이라는 것은 그들이 위험하고 무시무시하면서도 모든 생명에 필수적인 것으로 인정되어온 땅속의 힘들과 관련이 있음을 보여준다. 베오울프는 이어 그렌델의 어미와도 싸우게 되는데, 그렌델의 어미에게서도 자연의 무시무시한 경이라기보다는 도덕적인 악과 범죄를 느끼게 된다.

시인이 말해주듯이, 그렌델을 죽인 영웅은 승리를 거둔 후에 별채에 그의 명예에 어울리는 숙소를 따로 얻는다. 그날 밤 그렌델의 어미가 복수를 위하여 주연관에 들어온다. 검이 번쩍이고 방패가 부딪힌다. 어미는 백작을 한 사람 잡아서 달아난다. 새벽이 되자 모두들 전에 그렌델의 핏덩어리를 따라갔던 으시시한 호수로 간다. 그 물에는 바다의 이상한 괴물들이 다 모여 있다. 용 종류에 속하는 많은 괴물들이 큰 파도 위에서 놀고 있고, 물의 악마들은 튀어나온 바위 위에서 햇볕을 쬐고 있다. 베오울프의 일행이 도착하자 그 괴물들은 모두 물가를 떠나 다가왔다. 베오울프는 그 가운데 한 괴물에게 활을 쏘았다. 사람들은 화살을 맞은 괴물을 창으로 찔러 땅으로 건져내고는, 그 무시무시한 모습에 놀랐다.

영웅은 갑옷을 입고 방패와 검을 들었다. 그 검은 자신의 임자를 한번도 배반한 적이 없었다. 영웅은 성큼성큼 호수로 들어갔다. 물-아내는 그가 다가오는 것을 보고, 그를 붙들어 아래로 끌고 들어갔다. 지붕이 덮인 그녀의 회관에서는 불이 빛났다. 그 안에는 물이 없었다. 영웅의 전투의 검은 그녀의 두개골 위에서 탐욕스러운 전쟁의 노래를 불렀다. 그러나 검은 그녀를 해치지 못하였다. 영웅은 검을 바닥에 내던지고 그녀의 어깨를 움켜쥐었다. 그러자 그녀는 그를 쓰러뜨렸다. (그러나 하느님, 지혜로우신 주님, 하늘의 통치자가 이 전투의 승리를 관장하고 있었다.) 베오울프는 오래된 검을 보았다. 그것은 거인들이 만든 것으로, 어떤 인간도 감당할 수 없을 만큼 컸다. 그는 쇠사슬이 달린 검의 자루를 잡고 목숨을 포기하고 성이 나서 세게 내리쳤다. 그러자 물결 무늬가 새겨진 검은 암컷 악마의 목을 파고들어 척추를 부러뜨리더니 몸속으로 쑥 들어갔다. 악마는 쓰러졌다. 지붕이 덮인 회관의 빛이 번쩍였다.

베오울프는 그렌델이 침대 위에 무력하게 누워 있는 것을 보고 그 목을 잘랐다. 그러자 위에 있던 전사들은 파도가 피로 물드는 것을 보고, 그들의 영웅이 죽임을 당하였다고 생각하고 그에 대해서 이야기를 하였다. 괴물의 피가 묻은 검은 영웅의 손에서 싸움의 고드름이 되어 줄어들기 시작하였다. 검이 녹아버리다니, 참으로 놀라운 일이었다! 베오울프가 그렌델의 머리를 들고 수면으로 나오자, 네 사람이 그 머리를 들고 주연관으로 갔다. 그곳의 문 위에는 이미 팔이 걸려 있었다.

미노타우로스를 물리친 테세우스처럼, 고르곤의 머리를 손에 넣은 페르세우스처럼, 황금 양털을 손에 넣은 이아손처럼, 베오울프는 왕위를 계승할 만한 시점에 귀향한다. 베오울프는 50년 동안 왕위를 지켰다. 그가 나이가 들고 노쇠로 몸이 무거워졌을 때, 마지막 모험의 도전을 받게 된다. 그의 운명으로 향하는 도전이었다.

〈그림 17〉 용의 보물 : 중국, 12세기.

〈그림 17〉은 중국의 어떤 두루마리에 나오는 것으로, 용이 안개와 파도를 뚫고 나타나는 모습이다. 발톱이 네 개 달린 발로는 빛나는 구를 움켜쥐고 있다. 진주일까? 태양일까? 어느 쪽이든 큰 보물임에는 틀림없

다. 중국의 용은 비를 만들어내며, 위험한 동시에 자비롭다. 인도에서도 "뱀의 왕들"은 불멸의 물과 땅의 보물을 모두 지킨다.

용은 보석과 부만이 아니라 아름다운 여자들에게도 관심을 가진다. 페르세우스가 바다의 괴물로부터 구해준 안드로메다에 대한 고전기의 전설이 기억날 것이다. 폭풍의 신 스사노-오가 책략으로 용을 죽여, 어떤 부부의 여덟째딸——일곱 딸은 용이 모두 잡아먹었다——을 구하였다는 일본의 이야기도 기억이 날 것이다.[54]

베오울프의 경우 그가 만나게 될 용은 금을 쌓아둔 곳을 지키고 있었다. 파도보다 높은 황야에 돌무덤이 있고, 그 밑으로는 사람들이 모르는 길이 나 있었다. 옛날의 한 왕자는 울면서 그곳에 전투 장비와 황금잔들을 쌓아두고, 보호해주는 땅에게 기도를 드렸다.

> 대지여, 이 귀인들의 재산을 그대가 보관하라.
> 애초에 용감한 사람들은 이것을 당신에게서 얻었노라.
> 이제 나에게는 검을 휘두를 사람도, 금을 닦을 사람도 없다.
> 전쟁의 죽음이 내 백성을 모두 앗아갔도다.

이 악하고 벌거벗은 용, 밤의 약탈자, 밤이면 화염에 에워싸여 날아다니는 자는 어느 날 기쁨을 주는 보물 창고를 발견하였다. 용은 그 보고에 내려앉아 망을 보았다. 용은 그곳에서 300년을 있었다. 그렇다고 조금도 나아진 것은 없었다. 그러다가 어떤 사람이 그 보물로부터 황금 술잔을 가져갔다. 잠에서 깨어 진노한 용은 냄새를 따라 바위들 위로 그가 간 길을 찾았으나, 사람은 찾지 못하였다. 이것이 그 땅의 사람들에게는 무서운 재난의 시초였다.

밤이 되면 보고의 관리인은 화가 나서 날뛰었다. 용은 빛나는 거처들을 태우기 시작하였다. 그는 날이 밝기 전에 그의 보고로 돌아갔다. 그런 식으로 밤마다 행패가 이어졌다. 이제 늙어버린 왕 베오울프는 죽음이 다가왔다는 것을 알았다. 그는 강철로 훌륭한 방패를 만들라고 명령하였다. 용의 보고에서 술잔을 가져온 자는 안내자 역할을 할 수밖에 없었다.

베오울프는 다른 열한 명과 함께 가기로 하였다. 그 자신까지 열두 명이었고, 안내인을 보태면 열셋이었다. 늙은 왕은 갑(岬)에 앉아 그의 마음의 동료들에게 작별 인사를 하였다.

> 그의 마음은 슬프고 불안하였으나, 죽을 각오가 되어 있었다.
> 위어드(wyrd)는 바로 그의 옆에 와 있었다.[55]

이 위어드라는 앵글로-색슨의 말은 피할 수 없는 운명의 느낌을 담고 있다. 셰익스피어의 세 마녀(three Weird Sisters, 『맥베스(*Macbeth*)』에 나온다/역주)는 이 느낌을 다시 포착하고 있다. 이들은 옛 게르만 신화의 노르누를 마녀로 변형시킨 것이다. 노르누들(고대 스칸디나비아 말로 된『뵐루스파(*Völuspó*)』, 즉 "지혜로운 여인의 예언"에서 묘사하고 있듯이)은 우르스의 우물 옆에 사는데, 그들은 이 우물의 물로 '세계의 재'의 뿌리를 적신다. "사막 황야"에서 천둥, 번개, 비 속에서 살아가는 셰익스피어의 3인조는 마녀들의 솥으로부터 예언을 불러낸다. 그 예언은 마치 맥베스가 바깥으로부터 듣는 것 같지만, 사실은 이미 그의 마음속에서 익어가고 있는 행위들에 대한 것이다. 옛 스칸디나비아 말에서 노르누의 세 이름은 우르드, 베르단디, 스쿨드이다.[56] 이것은 "되었다, 되어 간다, 될 것이다"라는 뜻으로 곧 '과거', '현재', '미래'이다. 그러나 이것은 어쩌면 그리스의 미의 세 여신으로부터 영감을 받아 나중에(12세기?) 지어낸 것인지도 모른다. 원래는 노르누가 하나밖에 없었던 것으로 보이기 때문이다. 이 노르누는 옛 스칸디나비아 말로는 우르드이고, 옛 고지 독일어로는 부르트이며, 앵글로-색슨어로는 위어드이다. 이 말은 "되다, 자라다"라는 뜻을 가진 독일어의 베르덴(werden)과 관련이 있을지도 모른다. 이것은 내적으로 타고난 운명이라는 뜻을 암시할 수도 있다. 또한 이것은 본질적으로 쇼펜하우어의 "예지적" 성격이라는 개념과 비교될 수 있다. 다른 방향에서는 옛 고지 독일어에서 "잣다"는 뜻을 가진 비르트(wirt), 비르텔(wirtel)과의 관련을 생각해볼 수 있다. 이 말은 운명을 잣거나 짜는 것을 나타낸다. 그리스 신화의 모이라의 고전적 3인조가 이 이미지에 영향을 주었을지도 모른다. 즉 클로토는 생명의 실을 잣는 "실 잣는 사람"이며, 라케시스는 길이를 정하여 "운명을 처리하는 사람"이며, 아트로포스는 실을 끊는 "굽힐 수 없는 사람"이다. 이렇게 해서 물레라는 상징은 운명을 의미하게 되었으며, 물레로 짠 피륙은 생명을 상징하게 되었다.

'귀여운 들장미'(잠자는 미녀)의 동화를 기억할 것이다. 그녀는 열다섯 살 되던 해에 잔인한 마녀의 물레가락에 찔린다. 그 순간 잠이 들었다가 100년 뒤 들장미들을 통과하여 그녀가 잠을 자는 성에 이른 왕자의 입맞춤에 의해서 깨어난다.[57] '실 잣는 세 사람'의 우스운 이야기도 있다. "첫번째는 발이 넓고 평평하였고, 두번째는 아랫입술이 너무 두꺼워 턱까지 늘어졌으며, 세번째는 엄지손가락이 크고 널찍하였다." 그 이유는 각각 바퀴를 밟고, 실에 침을 묻히고, 실을 꼬았기 때문이다.[58]

이제 바그너가 「신들의 황혼(Götterdämmerung)」을 작곡할 때 영감의 원천이 되었던 『뵐루스파』로 돌아가 보면, 그곳에서는 우주가 안으로부터 유기적으로 펼쳐져 운명의 날에까지 이른다. 운명의 날에는 헬(Hell, 북유럽 신화에서 죽은 자들의 여신 또는 그들의 세계/역주)의 개 가름(Garm)이 헬의 문인 "절벽-동굴" 앞에서 울부짖고, 거인, 난쟁이, 꼬마 요정들이 풀려난다. 신들(늘 그렇듯이 자신들의 운명을 알고 있다)은 시대의 끝에 이르러 서로 죽이는 가운데 깊음의 괴물들(monsters of the deep)을 만난다.

늙은 왕 베오울프도 그의 삶의 끝에서 운명의 용을 만난다.

베오울프는 말한다. "나는 동굴을 지키는 자로부터 한 걸음도 물러서지 않을 것이며, 모든 사람들의 지배자인 위어드가 우리 둘에게 정해주시는 대로 일이 진행될 것이오." 이어서 베오울프는 투구를 쓰고 전투용 갑옷을 들고는 돌계단으로 갔다. 벽 옆에는 석조 아치가 서 있었다. 무덤으로부터는 개울이 흘러나왔는데, 전투의 불 때문에 그 물에서 김이 피어올랐다. 늙은 왕은 소리를 질렀다. 그 안에 있는, 보물을 지키는 자에게는 이제 화해를 청할 시간이 없었다.

괴물은 먼저 숨을 뜨겁게 내뿜었다. 땅이 진동하였다. 마음이 강한 전사는 다가오는 것을 향하여 방패를 들어 올렸다. 용은 또아리를 틀고 다가왔다. 처음에는 천천히 움직이다가 이어 빠르게 움직였다. 마침내 검에 맞자 그는 치명적인 불을 내뿜었고, 검은 힘을 잃었다. (내키지 않는 마음으로 이 땅을 떠나 다른 곳에 거처를 만들어야 하는 예이츠의 늙은 왕의 여행은 쉬운 것이 아니었다. 이와 같이 사람은 누구나 덧없는 인생을 저버려야 하는 법이다.) 다시 둘은 맞붙었다.

그때 젊은 방패의 전사 위글라프는 군주가 고통을 겪는 것을 보고 투구를 쓴 다음 치명적인 연기를 뚫고 군주의 곁으로 나아갔다. 그러나 그의 방패는 곧 녹아버렸다. 백성을 해치는 자는 날카로운 뻐드렁니로 그의 목을 꽉 물었다. 피가 용솟음치며 파도를 이루었다. 위글라프는 용의 목을 쳤다. 검이 들어가자 불길은 잦아들었다. 늙은 왕은 갑옷에 차고 있던 단검을 뽑았고, 두 사람은 함께 용을 둘로 절단냈다.

그러나 그것이 왕에게는 이 세상에서 마지막 승리의 시간이었다. 그의 몸으로 들어온 독이 가슴까지 올라오고 있었기 때문이다. 왕은 말하였다. "사랑하는 위글라프여, 지금 당장 내가 그 옛 황금의 보고, 빛나는 기묘한 보석들을 보게 해주시오. 그래서 나의 생명, 그리고 오랫동안 다스렸던 나라를 좀더 편하게 떠나게 해주시오."[59]

많은 주석가들이 언급하였듯이, 이 고귀한 죽음에서 기독교 정신은 조금도 찾아볼 수 없다. 죄, 용서, 천국에 대한 생각은 없다. 충성과 용기, 의무를 수행하는 자부심, 왕으로서 이기심을 버리고 아버지처럼 백성의 선을 돌보는 일 등, 옛 게르만의 덕목들만 나올 뿐이다. 나아가서 지상의 보물을 보았을 때 베오울프가 기뻐하는 모습은 결정적으로 비기독교적이다.[60] 이 작품은 모든 곳이 이 세상에서의 삶의 경이에 대한 사랑으로 생생하게 살아 있으며, 다음 세상에 대한 불안이나 욕망은 한 마디도 내비치지 않는다.

마지막에는 영웅의 시신을 화장하고, 묘를 짓는 장면이 나온다. 이곳에서도 수톤 후와 같은 일이 벌어진다. 묘 안에 용의 보고에서 가져온 모든 고리, 보석, 장식물을 넣는 것이다. 그러고나서 싸움에 용감한 귀인들의 열두 아들은 말을 타고 무덤을 돌면서 애도의 노래를 불렀다.

〈그림 18〉 멧돼지를 안은 갈리아의 신 : 프랑스, 기원전 1세기.

베오울프라는 이름 자체, 즉 "비-울프(bee-wolf)"라는 말도 곰(bear)을 뜻하는 것 같다. 이것은 널리 알려진 민담의 인물로 엄청난 힘을 가졌다고 하는 '곰의 아들'(〈그림 16〉을 다시 보라)[61]과 유사성을 보여준다. '곰의 아들'이 유라시아만이 아니라 북아메리카에도 나타난다는 것은 『신의 가면 : 원시 신화』에서 논의하였던 곰에 대한 원시적 숭배의 배경을 보여준다. 일본의 아이누족은 여전히 곰을 숭배한다.[62]

유럽의 켈트-게르만 전설의 배경에서 큰 자리를 차지하고 있는, 신화적인 힘을 가진 두번째 짐승은 돼지, 멧돼지이다. 아도니스에게 죽음을 가져왔던 엄마를 가진 그 멧돼지이며, 오디세우스가 지하세계를 방문하고 돌아왔을 때(그 자신의 돼지 치는 사람의 오두막을 통하여) 그를 확인할 수 있는 증거가 되는 상처를 남겼던 엄마를 가진 그 멧돼지이다. 오디세우스는 키르케로부터 지하세계를 소개받았는데, 키르케의 마법은 사람들을 돼지로 바꾸어놓았다.[63] 그러나 곰의 아들 모티프의 분포가 북극과 북극 주위의 범위를 가리키며, 궁극적으로 구석기 시대의 동굴-곰 숭배와 성역이라는 배경을 보여주는 반면, 멧돼지와 죽고 부활한 신은 훗날 식물 재배와 농업을 바탕으로 한 "지중해" 문화 복합체에 속한 것이다. "지중해" 문화 복합체는 지브롤터 해로를 경유하여 기원전 2500년경 아일랜드에 이르렀고, 잉글랜드에서는 스톤헨지의 커다란 원형 선돌(기원전 1900-1400년경)로 대표된다.[64] 이 선돌은 민담에서는 드루이드교의 사제 멀린이 마법으로 세워놓은 것으로 되어 있다.

켈트인들은 게르만인들과 마찬가지로 부권적인 아리아인들이었다. 그러나 그들은 기원전 첫 천 년에 서쪽으로 이동하여 갈리아와 영국 제도로 들어서면서 동시에 위대한 여신과 그녀의 죽고 부활한 아들이라는 옛 청동기 영역으로 들어서게 되었다. 이곳에서 이루어지던 계절의 순환과 재탄생의 숭배는 곧 그들의 신앙과 결합되었다. 〈그림 18〉은 갈리아의 한 신의 모습이다. 이 신은 켈트의 귀족과 전사 계급이 착용하던 전형적인 목 장식인 금 목걸이를 걸었으며 앞에 멧돼지를 안았다. 이것은 돌로 만든 것이며 높이가 25센티미터인데, 기원전 1세기, 즉 카이사르의 갈리아 전쟁 시기쯤에 만들어진 것이다.[65] 양옆에는 팔 대신 커다란 눈이 새겨져 있다. 이 눈은 멧돼지와 같은 길이이며, 멧돼지와 마찬가지로 수직으로 배치되어 있다. 이것은 2,000년 전쯤 켈트인 이전 거석 문화 시대의 예술을 참조하지 않고는 설명하기가 힘들다. 거석 문화는 스페인과 포르투갈로부터 북쪽으로 프랑스를 통과하여 영국 제도에 이르렀다. 이 예술에는 '어머니 여신'('눈 여신')[66]과 관련된 눈 모티프가 특히 현저하다. 〈그림 19〉에는 세 개의 예가 있는데, a) 스페인에서 나온 뼛조각, b) 시리아에서 나온 점토 인물상, c) 수메르의 인장의 인각이 그것이다. 모두가 기원전 2500년경에 나온 것이다. 갈리아의 멧돼지를 안은 인물의 돌로

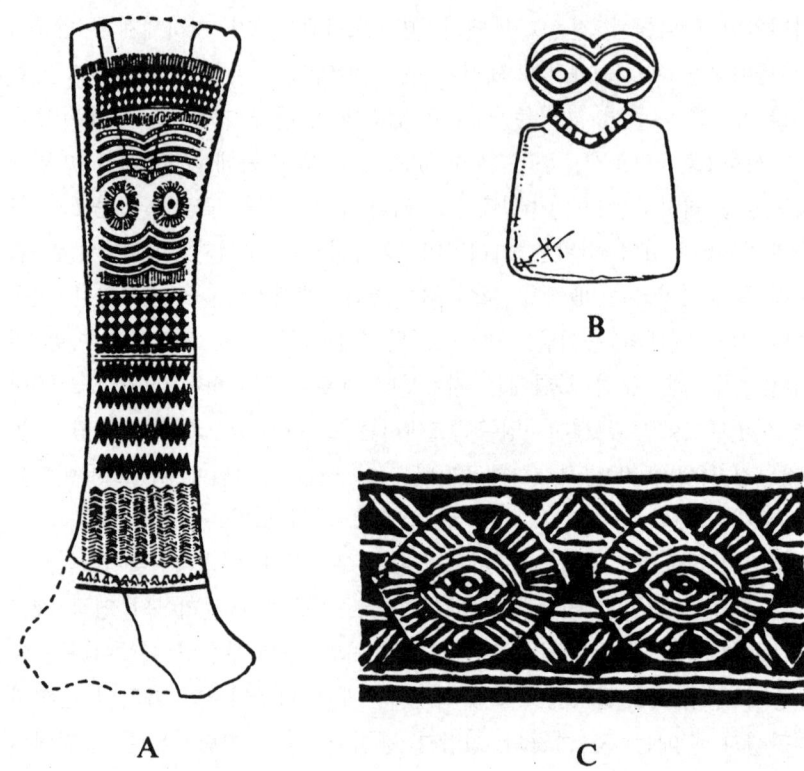

〈그림 19〉「눈 여신」: 세 개의 예, 기원전 2500년. a) 뼈, 스페인. b) 점토, 시리아. c) 인장 위에 인각, 수메르.

이루어진 선들은 켈트인 이전의 거석 문화 양식을 보여주는데, 영국 제도에서 거석 문화 양식은 미노아 문명기의 크레타, 트로이와 동시대이다.[67] 서양에서 그 창조적 중심은 스페인 남부였는데, 이것은 메소포타미아, 이집트, 호메로스 이전 에게의 청동기 시대의 반영이었다. 그곳에서도 주된 신은 많은 형태와 이름을 가진 여신이었으며, 그녀의 아들이자 남편은 늘 살아 있는 신, 죽임을 당하였다가 부활하는 불멸의 신이었다. 탐무즈, 아도니스, 아티스 등 멧돼지에게 죽은 신들과 같은 신이다.

스페인 중부와 포르투갈 북부에서는 켈트인의 요새 근처에서 돌에 새긴 멧돼지가 많이 발견되었다.[68] 프랑스의 오를레앙에 있는 역사 박물관에는 청동으로 만든 예가 있는데, 길이는 120센티미터가 넘고 높이는 70 센티미터가 넘는다.[69] 〈그림 20〉은 런던 근처에서 발굴한 8센티미터 길이의 청동상이다. 나아가서 멧돼지는 〈그림 21〉에서 볼 수 있듯이, 갈리아의 동전에도 많이 나타난다. 이 동전의 앞면에는 오른손에 목걸이를 들고 쭈그리고 앉은 신의 모습이 보인다. 〈그림 18〉과 마찬가지이다. 이 신은 로마인들이 지하세계의 신이라고 생각하였던 플루토(그리스의 하데스)와 동일시되는 켈트인의 신이다. 플루토는 프로세르피나(페르세포네)를 납치하였는데, 땅이 열려 그녀를 받아들였을 때 돼지떼도 함께 받아들였다.[70]

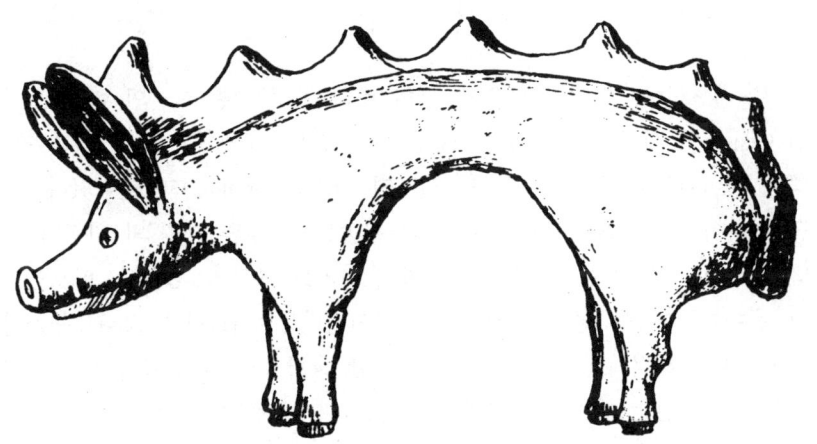

〈그림 20〉 신성한 멧돼지 : 청동, 잉글랜드, 로마 시대.

돼지가 지하세계 여행, 미로 모티프, 불멸의 신비와 관련되는 것은 『신의 가면 : 원시 신화』에서도, 『신의 가면 : 동양 신화』에서도 길게 이야기를 하였다. 현재의 맥락에서 특히 관심이 가는 것은 멜라네시아의 마키 의식이다.[71] 여기에서 돼지는 분명히 희생당한 구세주의 대응물이고, 길을 여는 존재이며, 영생의 안내자이다. 이런 면에서 서양의 희생 황소와 숫양에 대응한다(〈그림 1〉을 보라). 그러나 여기에서 끝나는 것이 아니다. 이런 제의는 성소와 방이 있는 고분 등을 중심으로 하는 거석 문화 복합체와 관련되어 이루어졌는데, 이것은 서유럽의 청동기 복합체의 먼 연장 선상에 있는 것이 거의 확실하다.

〈그림 21〉 쭈그리고 앉은 신과 멧돼지 : 갈리아의 동전, 기원전 1세기로 추정.

아일랜드의 전설에서, '젊음의 땅'의 왕의 공주는 핀 맥쿨의 아들 오이신(Oisin)을 사랑하게 되었을 때 돼지 머리를 받았다.[72] 또 아일랜드의 영웅 디아르무이드는 핀 맥쿨의 신부인 그리안(Grianne)과 달아났다. 이들이 광야로 도주한 것은 트리스탄과 이졸트의 "숲의 세월"의 원형이 되었다. 디아르무이드는 멧돼지를 죽이고 자기도 죽임을 당한다. 베오울프가 용에게 죽임을 당하는 것과 마찬가지이다. 트리스탄은 오디세우스와 마찬가지로 허벅지에 멧돼지 엄니로 인한 상처 자국이 있었다. 고트프리트의 트리스탄 로맨스에는 마치 사랑-죽음과 멧돼지를 상징으로 가진 고대의 신 사이의 관련을 강조하는 듯한 놀라운 구절이 나온다. 마르크왕의 집사장인 마르자독——이 사람도 이졸트를 연모하였다——은 사랑에 미친 트리스탄이 미쳐 날뛰는 멧돼지가 되어 왕의 침대를 침범하는 꿈을 꾸었다.

마르자독은 잠을 자다가 멧돼지를 보았다. 멧돼지는 무시무시한 모습으로 숲에서 달려나왔다. 입에서는 거품이 일고, 날카로운 엄니는 반짝거렸다. 멧돼지는 길에 있는 모든 것을 들이받으며 왕의 궁정으로 향하였다. 궁정의 시종들이 무리를 지어 멧돼지를 향해서 달려갔다. 많은 기사들이 우왕좌왕하며 맴돌았다. 그러나 아무도 감히 이 짐승과 맞서지 못하였다. 멧돼지는 꿀꿀거리며 궁궐을 휩쓸고 다녔다. 그는 마르크의 방에 이르자 문을 부수고 들어갔다. 그는 왕의 침실에서 사방으로 날뛰며, 거품으로 왕의 침대와 침대보를 더럽혔다. 마르크의 신하들이 모두 이 광경을 보고 있었음에도, 한 사람도 끼어들지 못하였다.[73]

## 4. 이슬람의 유산

1.

로마 가톨릭 사제인 미구엘 아신 이 팔라시오스는 1919년 마드리드에서 출간된 그의 선구적인 연구서에서 많은 증거를 제시하며 단테와 그의 그룹이 이슬람의 영감에 영향을 받았음을 보여주었다. 이것은 단테 연구계에 큰 충격을 주었다.[74] 『아날렉타 볼란디아나(Analecta Bollandiana)』에서 서평자는 이렇게 썼다. "저자는 『신곡』과 이슬람 사이에 유사점이 많이 존재한다는 것을 보여주었는데, 이 유사점들은 독자의 마음을 불안하게 할 만한 성질을 지녔다. 독자는 마음속에서 이슬람 신비주의의 세계에서 왕좌에 오른 기독교의 대서사시를 그려볼 수밖에 없다. 마치 이슬람 사원이 이슬람교도에게는 문을 닫고 기독교 예배를 드리는 느낌이다."[75] 그러나 지금 시점에서 보면, 시인 단테가 실제로 이슬람의 철학자들만이 아니라 시인들로부터도 의미심장한 영향을 받았다는 것은 의심할 바 없이 확실하다. 특히 스페인의 수피교도인 무르시아의 이브눌-아라비(Ibnu'l-'Arabi, 1165-1240년)에게서 큰 영향을 받았다. 그의 12권의 저작인 『메카의 계시(Meccan Revelations)』는 『신곡』만이 아니라 『신생』의 가장 높은 수준의 여러 영적 주제들을 예고하고 있다.

아신은 단테가 지옥의 일곱번째 원에서 최대의 존경으로 맞이한 스승 브루네토 라티니(Brunetto Latini, 1210-1294년)[76]가 스페인을 방문하였을 때, 레온과 카스티야를 통치하던 지혜왕 알폰소(1252-1284년 재위) 밑의 유명한 톨레도 번역학파가 활발하게 활동하고 있었음을 지적한다. 또한 『신곡』이 그 구조와 세목으로부터 많은 영향을 받은 『미라지(Mi'rāj)』의 전설(마호메트의 지옥과 천국 여행)이 1256년——브루네토가 방문하기 4년 전의 일이다[77]——에 카스티야 말로 번역되었음을 지적한다. 나아가서 아신 신부는 다음과 같이 결론을 내린다.

그러한 정신적 활동을 하며 살았던 단테가 당시에 세계 곳곳에 퍼져 있던 이슬람 문화를 몰랐다는 것은 생각할 수도 없다. 기독교 유럽 전역으로부터 학식 있는 사람들을 톨레도로 끌어들이던 과학, 그리고 당시 유럽에서 최고의 영향력을 가지면서 과학과 변증론만이 아니라 동양의 소설, 우화, 격언을 도입하였던 문학의 매력을 느끼지 않았다는 것도 생각할 수 없다. 이슬람이 누렸던 위세는 대체로 이슬람교도가 십자군에 대하여 승리를 거두었기 때문이라고 할 수 있다. 단테와 동시대인이었던 로저 베이컨은 기독교도들의 패배가 바로 셈족의 언어와 응용과학에 대한 무지 때문이라고 보았는데, 이슬람교도야말로 그 두 가지에서 최고의 수준에 이르러 있었다.[78] 스콜라 철학의 창립자인 알베르투스 마그누스는 다른 학문 분야에서도 아랍 철학자들이 우월하다는 데 베이컨과 의견을 같이 하였다.[79] 라이몬 룰은 심지어 대중 설교 때 이슬람교도의 방법을 모방할 것을 권하기도 하였다.[80]

아신은 이렇게 마무리를 짓는다. "적의 정신적 우월성을 인정하는 데 여론이 이렇게 만장일치를 보이는 것은 드문 일이다."[81]

아신 신부가 말하였던, 단테의 작업과 이슬람, 구체적으로 수피교 신비주의자인 이브눌-아라비의 작업 사이의 두드러진 일치에 대하여 아주 간략하게 정리해보기 위해서, 니콜슨(R. A. Nicholson)의 이야기를 간단하게 인용하기로 하자. 니콜슨도 『이슬람의 유산(The Legacy of Islam)』에서 이슬람 신비주의에 대하여 언급하면서 그 나름으로 그런 일치에 대한 견해를 표명한 바 있다.

지옥의 영역들, 천문학적 하늘들, 신비한 장미의 원들, 성스러운 빛의 중심을 둘러싼 천사들의 성가대, 삼위일체를 상징하는 세 개의 원——단테는 모든 것을 이브눌-아라비가 묘사한 대로 묘사한다. 단테는 천국에서 높이 올라가면 올라갈수록 그의 사랑은 더욱 강해졌으며, 베아트리체가 점점 아름다워지는 것을 보면서 그의 영적 비전도 더 강렬해졌다고 말한다. 한 세기 전쯤 쓰여진 이브눌-아라비의 시에서도 똑같은 발상이 나타난다.…… 이브눌-아라비에게도 베아트리체가 있었다는 사실을 덧붙여두는 것이 좋겠다. 니잠이라는 이름을 가진 그녀는 마키누딘의 어여쁘고 교양 있는 딸이었다. 그러나 이 신비한 송시들로 인하여 소란이 일어나자, 그는 그녀의 명예를 지키기 위해서 비평가들의 생각이 틀렸다고 주장하는 주석본을 썼다. 마찬가지로 단테도 『향연(Convito)』에서 그가 이전에 쓴 열네 개의 연시들의 주제가 지적인 사랑이 아니라 감각적인 사랑을 다룬다는 잘못된 믿음이 생겨났다고 하면서, 그 신비한 의미를 해석해 보이겠다고 주장한다! 간단히 말해서, 일반적인 면과 특수한 면 양쪽에서 유사한 점들이 워낙 많기 때문에 오직 하나의 결론만이 가능하다. 이슬람의 종교적 전설들, 예를 들어서 미라지나 예언자의 승천은 내세에 대한 대중적이고 철학적인 관념——이슬람 전통주의자들과 파라베, 이븐 시나, 가잘리, 이브눌-아라비 등의 저자들로부터 나온 것——과 더불어 문학적 문화라는 공동의 자산에 편입되었음에 틀림없다. 따라서 13세기 유럽의 최고의 지성들은 그 자산에 쉽게 접근할 수 있었다. 스페인과 시칠리아를 정복한 아랍인들은 비록 규모는 전보다 작아지기는 했지만, 그들이 페르시아와 시리아의 헬레니즘 문명으로부터 받았던 주입 과정을 똑같이 되풀이하였다."[82]

그러나 이 이야기에는 전 단계가 있다. 〈그림 22〉의 지도는 10세기 이슬람의 지배권과 상업적 영향력의 지리적 확대를 보여준다. 특히 관심을 끄는 대목은 카스피해로부터 볼가강 유역을 따라 발트해와 스웨덴, 덴마크, 노르웨이 등 바이킹들의 고향까지 교통이 있었다는 증거이다. 아신 신부는 말한다. "8세기부터 11세기까지 동쪽의 이슬람 나라들과 러시아와 유럽 북부의 다른 나라들 사이에는 활발한 교역이 이루어졌다. 많은 탐험대들이 카스피해를 떠나 볼가강을 따라 올라가 핀란드의 만에 이르렀으며, 그곳에서 발트해를 거쳐 덴마크, 브리튼, 심지어 아이슬란드에까지 이르렀다. 이 광범위한 상업 지역 여러 곳에서 발견된 아랍 동전의 양은 그 교역의 중요성을 증언해준다." 아신 신부는 계속해서 이렇게 말한다. "11세기에 교역은 지중해를 가로지르는 편한 바닷길을 통하여 이루어졌다. 주로 제노바, 베네치아, 이슬람의 배를 이용하였다. 지중해의 모든 이슬람 항구마다 이탈리아 상인의 정착지들이 대규모로 자리를 잡고 있었으며, 상인, 탐험가, 모험가들은 자유롭게 바다를 건너 항해하였다."

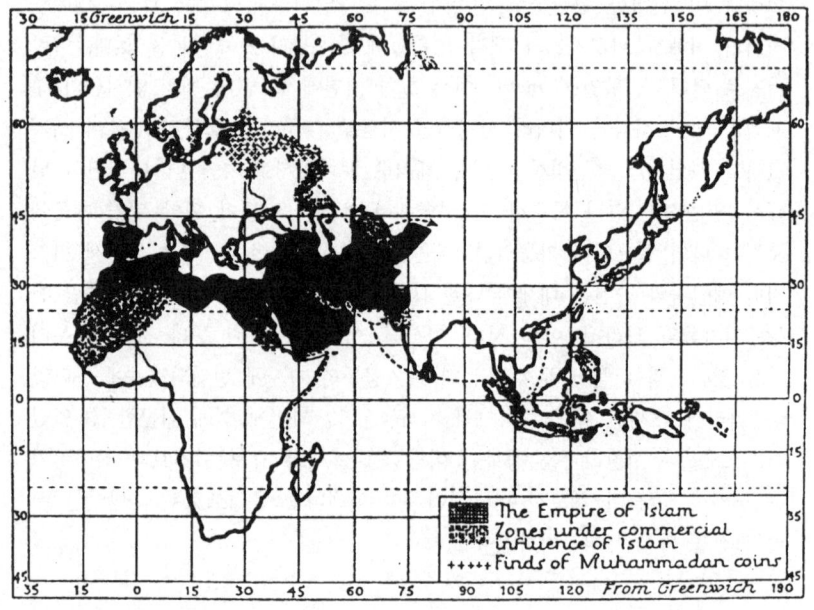

〈그림 22〉 이슬람 통치와 영향력의 확장, 10세기(이슬람 제국, 이슬람의 상업적 영향하에 있던 지역, 모하메트의 도전이 발견된 곳).

그러나 이슬람과의 상호작용에 대한 이야기는 여기서 끝나지 않는다.

교역의 자극에는 종교적 이상이라는 충동이 덧붙여져야 한다. 이슬람의 정복 초기에 중단되었던 성지 순례는 재개되었다. 샤를마뉴[768-814년 재위] 치하에서 동방의 기독교 교회들에 대한 프랑크의 보호 제도가 확립됨에 따라 순례는 관습에 의하여 보장을 받고, 이슬람 땅에 세워진 여관과 수도원 등의 지원을 받게 되었다. 9-11세기 동안에는 순례자들의 숫자가 증가하여, 어떤 원정대는 1만 2,000명의 숫자를 헤아리기도 하였다. 이런 탐험대들이 십자군의 선구였다……

그러나 더 중요하고 더 흥미로운 것은…… 시칠리아와 스페인에서 두 문명이 만났다는 것이다. 노르만인들은 9세기에 대서양과 지중해의 연안들에 대한 해적 습격에서 출발하여, 점차 반도의 이슬람 도시(리스본, 세비야, 오리후엘라, 바르바스토 등지)와 시칠리아에 정착지를 형성하였다. 노르만 왕조는 11세기에 이슬람이 널리 퍼진 시칠리아섬을 정복하여 13세기까지 통치하였다. 그 기간 내내 시칠리아 주민은 종교도 다양하고, 언어도 몇 가지이고, 인종도 잡다하였다. 팔레르모에 자리를 잡았던 노르만 왕 로저 2세〔1130-1154년 재위〕의 궁정에는 기독교도도 있었고 이슬람교도도 있었다. 그들은 아랍 문학과 그리스 과학을 똑같이 잘 알았다. 이곳에서는 노르만의 기사와 군인, 이탈리아와 프랑스의 귀족과 사제, 스페인, 아프리카, 동방에서 온 이슬람 학자와 문학자들이 함께 어울려 살며 왕을 섬겼다. 이들은 모든 면에서 이슬람의 궁정을 베껴놓은 것 같은 궁정 조직을 이루었다. 왕 자신도 아랍어를 말하고 읽었으며, 이슬람 방식의 하렘을 두었고, 동양식 옷을 입었다. 심지어 팔레르모의 기독교도 여자들도 이슬람 자매들의 옷, 베일, 언어를 채택하였다.

그러나 노르만이 정복한 시칠리아가 중요하기는 하였지만, 문화의 상호작용에서 더 중요한 곳은 스페인이었다. 아신 신부가 말하듯이, "스페인은 기독교화된 유럽에서 이슬람과 친밀한 접촉을 갖게 된 첫 나라였기 때문이다." 711년에서 1492년까지 두 주민은 전쟁과 평화를 겪으며 나란히 살았다. "일찍이 9세기에 코르도바의 기독교인들은 이슬람의 생활 방식을 채택하였다. 일부는 하렘을 두고 할례를 받기까지 하였다. 그들은 아랍의 시와 소설에서 기쁨을 느꼈으며, 이슬람의 철학과 신학의 교의를 열심히 연구하였다. 코르도바의 알바로〔850년에 활약한 주교〕는 그의 『인디쿨루스 루미노수스(Indiculus luminosus)』에서 이런 사실을 개탄하였다." "10세기 내내 아랍화된 수도사와 군인이 무리를 지어 레온으로 갔다. 그곳에 가면 그들의 우월한 문화 때문에 궁정과 왕국의 교회 및 민간 행정부에서 높은 자리를 얻을 수 있었다." 그리고 마지막으로, "톨레도의 정복자인 알폰소 6세〔1065-1109년〕는 세비야의 무어인 왕의 딸 자이다와 결혼하였다. 그의 수도는 이슬람 궁정이 자리 잡은 곳을 닮았다.

유행은 급속히 사생활에까지 퍼져갔다. 기독교인들은 무어인처럼 옷을 입었다. 카스티야에서 발전하던 로맨스 언어(포르투갈, 스페인, 프랑스의 말 등 라틴어에서 유래한 언어/역주)는 많은 아랍 단어를 수입하여 풍부해졌다. 상업, 예술과 교역, 시 조직, 나아가서 농업에서도 무데자르[Mudejars, 기독교 왕 밑에서 사는 마호메트교도]들의 영향이 압도적이었다. 따라서 문학적 침략의 길이 닦여 있었던 셈이며, 그 침략의 절정은 지혜왕 알폰소 10세의 궁정에서 이루어졌다."[83]

2.

알폰소의 시대로부터 700년 전인 529년, 유럽에서는 헬레니즘 학문의 불빛이 꺼져버렸다. 비잔티움의 황제 유스티니아누스 1세가 아테네에서 이교도 철학을 가르치는 학교들의 폐쇄를 명령하였기 때문이다. 그리스의 철학과 과학이 남아 있던 곳은 사산 왕조의 페르시아, 굽타 왕조의 인도뿐이었으며,[84] 아일랜드가 서양에서 유일하게 깜빡거리는 불빛이었다.* 그러나 641년에 마호메트의 이름으로 페르시아를 점령한 아랍인들은 철학이나 과학에 아무런 관심이 없었다. 그들의 예언자는 632년에 죽었다. 그의 직계 후계자들, 즉 "정통" 칼리프(원래 아랍어로 후계자라는 뜻/역주)들이 뻗어 나가는 제국의 지배력을 유지하고 있었지만, 661년 그들과 경쟁하던 메카의 유서 깊은 우마야드 가문이 칼리프의 지위를 찬탈하였다.[85] 이들은 750년까지 통치를 하였으나, 14대 칼리프가 죽임을 당하였다. 이번에는 페르시아인들인 압바시드 가문이 승리자였는데, 인류에게는 다행스러운 일이었다. 그들은 아랍의 광신자들로 이루어진 이전 두 칼리프 가문과는 달리 식별력을 가지고 철학과 과학과 예술을 후원하였다. 그 결과 이들의 새로운 수도 바그다드(750-1258년)는 수십 년이 안 되어 세계에서 고전적 학문의 가장 중요한 터전으로 자리를 잡았다.

바그다드의 시인들에 따르면 당시 바그다드는 학문, 편안함, 우아함을 갖춘 지상 낙원이었다. 그 시인들의 표현을 빌자면, 땅은 장미 꽃물로 관

---

* 131쪽 참조.

개가 이루어졌으며, 길바닥의 흙은 사향이었고, 길에는 꽃과 녹음이 드리워져 있었으며, 공기는 여러 목소리를 내는 새들의 노래로 늘 달콤하였다. 영원한 신록의 혜택을 입은 정원과 과수원을 배경으로 줄을 지어 서 있는 거대한 궁들 사이의 거리를 거닐다보면 창문마다 류트가 쨍쨍이는 소리, 플루트가 감미롭게 지저귀는 소리, 미녀들이 맑게 노래하는 소리가 조화로운 선율을 이루어 오르내렸다. 아리스토텔레스, 히포크라테스, 갈레노스, 유클리드, 아르키메데스, 프톨레마이오스, 플로티노스의 글이 아랍어로 번역된 곳도 이곳이었다. 시인과 음악가들, 수학자들, 철학자들, 지리학자들, 법학자들, 철학자들, 역사학자들은 문명화된 인류의 과제를 수행해나아갔다. 인도와 중국에서도 기여를 하였다. 이때는 '위대한 동양'의 황금기였기 때문이다. 중국에서는 수백 년간 당과 송의 시대가 이어졌다(618-1279년). 일본은 나라, 헤이안, 가마쿠라의 시대였다(710-1392년). 캄보디아는 앙코르의 시대였다(800-1250년경). 인도는 찰루키아, 라슈트라쿠타, 팔라, 세나, 강가, 팔라바, 촐라, 호이샬라, 판디아 왕들의 시간을 초월한 신전 예술의 시대였다(550-1350년).[86]

당시에는 유럽과 아시아의 전역에 학문, 과학, 종교의 핵심적 언어는 네 개밖에 없었다. 레반트에서는 아랍어였다. 유럽에서는 라틴어였다. 인도권에서는 산스크리트였다. 극동에서는 중국어였다. 서양의 두 언어 가운데는 아랍어가 지배적이었고, 동양의 두 언어 가운데는 산스크리트가 지배적이었다. 티베트의 야크가 다니는 좁은 길에서부터 발리의 시골 장터에 이르기까지, 비존재와 존재를 넘어선 공(空)——궁극적으로 동양의 모든 기도의 목적지였다——으로 향 연기를 피워 올리는 곳마다 그 음절들도 따라서 올라갔다. 그 메아리는 서쪽으로도 울려 퍼졌다. 인도 사상이 수피교도에게 영향을 주었다는 데는 의심의 여지가 없다. 나아가서 불교의 경우에는 발람 대수도원장과 요사파트 대수도원장 등 두 명의 기독교 성자를 배출하기까지 하였다. 그들이 인도에서 수고를 한 일은 다마스커스의 요한(676-770년경)이 처음 기록하였으며, 또 야코부스가 13세기에 쓴 『황금 전설(Golden Legend)』 가운데 그들의 축일인 11월 27일에 대한 장(章)에 기록되어 지금까지 내려온다.[87]

동양의 전승들이 산스크리트로부터 라틴으로, 다시 유럽인들의 생활로 들어가게 된 통로, 샛길, 그 과정에서 겪은 변형을 간명하게 살펴볼 수 있는 가장 좋은 예는 인도의 우화집인 『판차탄트라(Panchatantra)』이다. 이것은 550년경 사산 왕조의 왕인 코스루 아누시르반(531-579년)을 위하여 페르시아어로 번역되었다. 그리고 760년경에는 아랍어로 번역되어 『칼릴라와 딤나, 필파이의 우화(Kalilah and Dimnah, The Fables of Pilpay)』라는 새로운 제목을 얻게 되었다. 이것은 다시 1000년경 시리아어로 번역되었다. 1080년경에는 그리스어로, 1250년경에는 헤브라이어로, 1251년경에는 옛 스페인어로 번역되었다. 1270년경에는 헤브루어판의 라틴어 번역판인 『인생 지침서(Directorum humane vitae)』가 나왔고, 이것은 1481년에 『옛 현자들의 모범에 관한 책(Das Buch der Byspel der alten Wysen)』이 되었으며, 1552년에는 A. F. 도니의 『철학적 도덕(La moral filosophia)』이 되었고, 1570년에는 토머스 노스 경이 번역한 『도니의 도덕 철학(The Morall Philosophie of Doni)』이 되었다. 이런 과정을 겪은 끝에, 마침내 17세기에 장 드 라 퐁텐(Jean de La Fontaine)의 우아한 『우화집(Fables)』이 탄생하게 되었다. 라 퐁텐은 1678년 2권의 서문에 이렇게 썼다. "나는 위대한 인도인 필파이에게 많이 배웠다. 그의 책은 세계 여러 나라 말로 번역되었다(Seulement je diray par reconnoissance que j'en dois la plus grande partie à Pilpay, sage indien. Son livre a esté traduit en toutes les langues)."[88]

그러나 유럽의 학자들 자신이 유스티니아누스의 시절에 아시아에 빼앗겨버린 하사품을 바그다드의 정원으로부터 유럽으로 다시 가져오는 일을 진정으로 의미 있는 방식으로 심각하게 떠맡은 것은 12세기초가 되면서부터였다. 톨레도에 대해서는 이미 이야기하였다. 1143년 클뤼니의 대수도원장인 가경자 페트루스는 그의 종단에 속하는 스페인 수도원들을 찾아갔을 때, 톨레도의 주교인 사우베타트의 라몬(1126-1151년)을 만났다. 그의 학자들은 그리스인들의 문서를 아랍어로부터 번역하는 일을 하고 있었다. 뿐만 아니라 이 학자들은 그리스인들의 유산을 물려받은 아랍인들의 주석이나 독립적인 연구들도 번역하였다. 예를 들어서, 당시 톨레도의 학자들 가운데 가장 유명하였던 크레모나의 제라르드(1114-1187년경)는 무려 70권 이상의 중요한 책을 번역하였다. 그 방대한 번역서들 가운데에는 아리스토텔레스, 플로티노스, 프로클로스, 유클리드, 프톨레마이오스, 갈레노스의 주요 저서도 많았지만, 아랍의 이븐 시나가 쓴 『의학 정전』도 들어 있었다. 이것은 한동안 서양에서 갈레노스의 저술을 대체하였던 글이다. 어쨌든 클뤼니의 페트루스는 감명을 받고, 라몬에게 코란의 라틴어 번역판이 있으면 이슬람을 반박하는 데 도움이 될 것이라고 이야기하였다. 켈레네의 로버트가 맡았던 번역이 같은 해에 끝을 맺자, 대수도원장 베드로는 유명한 반박문인 『불경한 이슬람교도에 대한 반박 2집 (Libri II adversus nefarium sectam saracenorum)』을 쓸 수 있었다.

흥미 있는 연금술 문서로, 익명으로 번역된 『스물네 철학자의 책(The Book of the Twenty-four Philosophers)』(Liber XXIV philosophorum)에 대한 이야기도 할 필요가 있겠다. 이 책에는 본서에서 한 번 이상 인용된 문장이 나온다. 신은 무한한 구(球)인데, 그 중심은 모든 곳이며, 그 원주는 어디에도 없다(Deus est sphaera infinita, cujus centrum est ubique, circumferentia nusquam).*

따라서 민담과 로맨스의 수준에서 보자면, 이슬람의 『천일야화(One Thousand Nights and One Night)』에서 아서왕의 전설들로 고개를 돌리는 것이 사실 똑같은 마법에 걸린 궁전의 한 방에서 다른 방으로 움직인 것에 불과하다는 것은 당연한 일이다. 『간추린 천일야화(The Portable Arabian Nights)』의 머리말에서 나는 이렇게 말하였다. "이 전투 장면들은 『아서의 죽음(Morte D'Arthur)』에 나온다고 하더라도 어색하지 않을 것이다. 마법에 걸린 성, 기적의 검, 마력을 가진 전리품, 이슬람 정령의 영토 탐험 등은 많은 면에서 아서왕의 로맨스 가운데 우리가 가장 좋아하는 부분들을 기억나게 한다. 로맨틱한 사랑의 패턴은 12세기 프로방스의 예와 본질적으로 똑같다. 경건한 이야기들은 기독교 유럽의 예와 똑같은 영적 유아기의 냄새가 나고, 여성혐오적인 이야기에서도 기독교 유

---

* 42쪽과 49쪽 참조.

럽의 예와 똑같은 수도원의 악취가 난다. 동물 우화도 마찬가지이다. 이 책에서는 토막 이야기(frame story)라는 관습(서양에서는 『데카메론(De-cameron)』이나 초서의 『캔터베리 이야기(Canterbury Tales)』가 그 관습을 따른다)이 기본적인 장치이다. 또한 167번째 이야기인 '케르메레제만과 보석상의 아내'에서는 레이디 고디바(영국의 메르시아 백작 레오프릭의 부인으로, 대낮에 벌거벗은 채 흰 말을 타고 코벤트리의 마을을 돌아다니면 코벤트리 주민에게 부과한 무거운 세금을 폐지하겠다는 남편의 말을 듣고 그대로 하였다고 전해진다/역주)와 엿보기 좋아하는 톰(레이디 고디바는 벌거벗고 돌아다닐 때 창문을 닫게 하고 외출을 금지시켰는데, 재봉사 톰은 그녀의 모습을 몰래 엿보는 바람에 눈이 멀었다고 한다/역주)의 모티브를 놓칠 수 없다. 이와 유사한 사례는 초기 아일랜드와 게르만 문학에도 나타난다."[89] 또 이렇게 말하기도 하였다. "켈트인의 신들이 기독교화된 아일랜드의 민담에서 요정이 되었듯이, 페르시아, 이집트, 바빌로니아, 인도의 신들은 이슬람의 대중적 신앙에서는 정령이 되었다."[90] 그리고 가장 큰 관심을 끄는 것은 이들 이웃한 두 전승에서 마법에 걸리고 풀리는 이야기의 유형이 두드러진다는 것인데, 유럽 쪽에서는 성배의 전설들이 대표적이다.

이 전설에서는 일반적으로 영웅이 하나이다. 이 영웅은 기질이나 우연 때문에 고립된다. 그는 우연히 마법에 걸리는 상황에 처한다. 늘 이런 마법의 규칙들에 익숙한 사람이 있지만, 순수한 젊은이의 도움이 없이는 아무것도 할 수 없다. 따라서 그러한 젊은이가 오기를 무력하게 기다린다. 그 젊은이는 일종의 영원한 소년(puer aeternus)으로, 덕이 있고 두려움을 모른다. 어떠한 의도적인 용기나 덕의 프로그램도 마법을 풀 수 없지만, 젊은이의 타고난 본성은 마법을 푸는 열쇠가 된다.

이렇게 커다란 수도원의 회랑에서든 성의 홀이나 부인의 방에서든 노역에 시달리는 문맹의 민중이 골풀 양초를 피워놓은 초라한 오두막에서든, 이웃한 이슬람의 유산, 그리고 그 일부를 이루는 동양 전체가 12세기와 13세기에 유럽의 상상력이 깨어나고 양육되는 데 큰 기여를 하였다. 이 상상력은 그 다음 300년 동안 서양만이 아니라 전 세계에 새롭고 눈부신 시대를 동트게 하였다.

3.

그러나 12-13세기에 유럽의 상상력이 피어나는 데 동양의 기여가 아무리 큰 힘을 발휘하였다고 하더라도, 그 시대 유럽의 내적 삶과 영혼은 모든 면에서 동양이 그때까지 알아왔던 것, 또는 앞으로 이룩할 가능성이 있는 것과 달랐다는 점을 인식하는 것이 우리 연구에 필수적이다. 문화간 교류에 대한 모든 진지한 연구가 보여주듯이, 과거의 어떤 시기로부터 현재의 시기로, 또는 하나의 문화에서 다른 문화로 옮겨지는 재료들은 문화의 관문에서 자신의 가치를 벗어버리고 그런 뒤에는 단순히 진기한 것이 되어버리거나, 아니면 창조적 오해의 과정을 통하여 엄청난 변화를 겪는다는 것은 분명한 사실──삶의 모든 부문에 적용할 수 있는 역사의 기본 법칙──이기 때문이다. 아모르의 숭배가 무어인의 "타라브-아도르(tarab-ador)"로부터 프로방스의 음유시인(troubadour)으로 옮겨지면서 이루어진 변화에 대해서는 이미 언급하였다.* 『신의 가면 : 동양 신화』에서 로마가 굽타 왕조의 인도 개화에 미친 엄청난 영향을 다룬 장에서는 헤르만 고에츠 박사의 적절한 말을 인용하기도 하였다. "그처럼 많은 새로운 관념, 기술, 형태가 흡수되어 실제로 아주 새롭고 가장 중요한 인도 예술의 장이 열렸지만, 그것들을 결코 있는 그대로 받아들여진 것이 아니다.…… 모든 것은 부수어져 인도적 개념으로 번역되고 인도적 원리 안에서 재건되었다."[91] 이제 특히 귀중한 헬레니즘적이고 인본주의적인 유산이 유럽으로부터 레반트로, 거기서 다시 훗날 유럽으로 복잡하게 옮겨간 것과 관련하여 슈펭글러의 『서양의 몰락(Decline of the West)』의 제2권의 중요한 3장을 살펴보아야 한다. 거기서 슈펭글러는 로마, 비잔티움, 근대 유럽의 법률학의 원리와 가정들을 비교한다. 그는 이렇게 쓰고 있다. "법의 세 역사는 오직 언어학적이고 통사적인 형태의 요소들에 의해서만 관련을 맺는다. 하나의 형태는 다른 형태를 자연스럽게 또

---

\* 79쪽 참조.

는 강제로 장악하는데, 그것을 받아들이는 쪽에서는 그 형태들 밑에 깔려 있는 요소와 절대 대면하지 않는다."[92]

문명을 형성하는 힘은 살아낸 경험이고, 슈펭글러가 보여주듯이, 이런 내적인 면은 두 문명 사이에서만이 아니라, 한 문명의 두 시기에도 다르기 때문이다. 그것은 외부로부터의 어떤 "영향"에 좌우되지 않는다. 아무리 영감이 넘치는 커다란 영향이라고 하더라도 마찬가지이다. 따라서 역사가들이 해당 지역의 내적인 동화 능력과 재구성 능력, 삶에 기꺼이 맞닥뜨림으로써 운명을 만들어 나가는 태도를 고려하지 않은 채 그런 "영향"만 추적하고 기록하는 데만 주의를 기울인다면, 그들의 작업은 이차적 세목들에서 불가피하게 무너질 수밖에 없을 것이다. 슈펭글러는 이렇게 말한다.

존경해서든 아니면 갈등해서든 서로 직접적으로 접촉하는 두 문화에서만이 아니라, 살아 있는 문화와 죽은 문화의 형태들로 이루어진 세계——그 유적이 여전히 풍경에 보인다——사이에서도, 구하고, 저항하고, 선택하고, 또 재해석하고, 오해하고, 숭배하는 모든 과정에서 얼마나 풍부한 심리적 측면들이 존재하는가! 따라서 역사가들이 이런 모든 과정에 갖다 붙이는 "영향", "연속성", "결과" 등의 언어적 공식들은 얼마나 빈약한가!

그렇게 딱지를 붙이는 것은 순전히 19세기적인 방식이다. 거기서 구하는 것은 그저 원인과 결과의 사슬뿐이다. 모든 것이 "원인에서 나온 결과"이며, 최초의 것은 하나도 없다. 이전의 문화들의 표면에 드러난 형태적 요소들이 뒷날 모든 곳에서 발견되기 때문에, 그런 요소들은 "결과를 만들어낸" 것으로 여겨진다. 그런 일군의 "영향들"을 함께 보여주면 권위자는 그것이 제대로 된 작업이라고 인정한다.

그러나——바로 이 점이 슈펭글러의 핵심적인 주장인데——"중요한 것은 '영향을 주는' 산물들이 아니라 '흡수하는' 창조자들이다."[93]

이 점은 기본적인 것이며, 일단 지적을 하면 누구나 자명하다고 생각할 것이다. 그러나 그런 격류와 같은 "영향들"이 중세 전체에 걸쳐서 근동으로부터 유럽으로 쏟아져 들어왔다고 분류되고 묘사될 수 있다면, 학자는 경험, 표현, 의사소통의 중심이 다른 곳으로 옮겨지면서 모든 것이 재구성되고 다시 생명을 얻게 되는 창조적 해석의 적극적 힘을 무시하기 쉽다. 나아가서 공부만 할 뿐 삶과는 무관한 사람은 순전히 지적인 철학 담론에 오도되어 두 전통의 단어들이 사전에서 조응한다는 것만으로 그 단어들이 가리키는 경험들이 똑같은 것이라고 단정해버리기 쉽다. 예를 들어서, 페이트(fate), 키스메트(kismet), 위어드(wyrd)라는 명사들(이것들은 모두 운명이라는 뜻을 가진다/역주)에 내포된 경험들이 그렇다. 사실 사람들이 삶으로 "페이트"를 경험하는 방식과 철학자들이 형이상학적 문제로서 원인과 결과와 관련하여 "페이트"를 논의하는 방식이 반드시 서로 의미 있는 관련을 갖는 것은 아니다. 후자는 고전적 규칙들에 따라 노는 추상적 말장난인 반면, 전자는 존재의 내적 실현이기 때문이다.

철학적으로는 쇼펜하우어의 공식과 같은 공식들에 의하지 않고는 페이트의 수수께끼를 푸는 것이 불가능하다. 쇼펜하우어에 따르면 외부에서 보았을 때 논리적으로든 과학적으로든 세상의 사건들은 인과법칙의 지배를 받으며, 모든 일이 무자비하다고 할 수 있을 정도로 그 법칙에 의해서 결정이 되는 것으로 인식할 수 있다. 그러나 내부로부터 경험을 할 때, 즉 활동하는 주체의 관점에서 보자면, 삶은 선택의 경험을 낳는다. 이런 모순된 관점들은 인류의 조건적인 지식의 교대적 양식("관념"으로서의 세계와 "의지"로서의 세계)에서 나오는 것이지만, 둘 다 인간의 변화와 존재의 근거에 관한 궁극적 질문에는 답을 하지 못한다.

이슬람교와 기독교에서는 신학자와 철학자들이 경전에 기초한 신화화의 모든 기본 규칙들을 지키고자 노력하면서 신의 예지(豫知)와 인간의 자유의지 양쪽에 페이트의 궁극적 원인이라는 지위를 부여한다. 그럼으로써 자신을 묶어 선원 안내서에 나오는 아름다운 매듭이 되는데, 이런 것은 교범에서 연구되고 분류될 수 있다.[94] 그러나 두 개의 서로 관련된 문화 세계의 좀더 대중적인 로맨스들에서는 키스메트라는 말과 위어드라는 말에 요약된 서로 다른 질서를 가진 경험 사이의 대조가 분명하게 드러난다.

이슬람의 키메스트의 의미의 열쇠는 코란에 나오는 복종의 법칙에 나타난다. "가장 높으시고, 최상이신 알라신에게만 힘이 있고 덕이 있다!" '예언자'는 믿는 사람이 그것을 고백하면 어떤 좌절도 겪지 않는다고 약속하였다. 아랍어에서 이슬람(Islām)이라는 말은 문자 그대로 "〔신의 뜻에〕 항복"이다. 대중적인 감정과 믿음의 수준에서 이것은 키스메트, 즉 "운, 분배, 숙명"이라는 수동적인 관념을 뒷받침한다. 코란은 말한다. "너희들의 악운의 원인은 알라신께 있다."[95] 여기에는 본질적으로 외적인 결정자, 즉 신의 전능한 의지에 대한 관념이 깔려 있다. 이 의지가 사람의 불가피한 운명을 선포한다. 공식적인 기독교 교리에서도 비슷한 정서가 권장되지만(종종 하느님의 초월적 은총이 자유로운 인간 선택에 영향을 주거나 주지 않는 이유에 대한 설명과 더불어), 유럽의 영웅담 문헌 전체에 걸쳐 전달되는 경험은 키스메트보다는 위어드 쪽이다. 그것은 외적으로 결정되는 불굴의 힘에 항복하는 것이 아니라, 되어가는 과정과 관련된 내적인 잠재력에 대한 느낌인데, 그러나 여기에도 불가피한 종말이 다가온다는 느낌이 배경에 깔려 있다.

4.

앞에서 철학자들의 사고 속에서 그들의 말장난의 기본 규칙들은 문화에서 창조적으로 작동하는, 삶에 대한 토착적인 감각과는 관계가 없다고 말하였다. 사실 그들에게는 먼 과거의 낯선 전통에 속한 사상가들에게서 용어와 주제를 찾는 것이 관습이었다. 따라서 일반적으로 교과서에 등장하는 형식적인 사상사는 대체로 가벼운 존재들이 상대에 대한 자신의 오해를 정교하게 반박하는 활극장이라고 할 수 있다. 아리스토파네스가 희극 『구름들(The Clouds)』을 쓸 때도 그랬다. 오늘날도 마찬가지이다. 그것은 유럽의 대가적 정신들이 이슬람의 유산을 받아들이던 위대한 시기에도 마찬가지였다.

이 육중하게 무대에 올려진 중세 혼란의 희극에서 중요한 작품은 소르본(Sorbonne)이라는 무너지기 쉬운 무대에서 "두 개의 진리"와 "하나의 진리"를 대표하는 옹호자들이 풍선 터뜨리기 시합을 벌인 것이다. 엉터리이기는 하지만, 두 개의 진리는 코르도바의 위대한 이맘(imam, 원래는 이슬람 사원의 예배 인도자/역주)이자 철학자인 아베로에스(이븐-루슈드〔ibn-Rushd〕, 1126-1198년)에게서 나온 것으로 되어 있다. 이 교의에 따르면, 이성에 따르면 진리인 것이 신앙에 따르면 진리가 아닐 수도 있고, 또 그 역도 성립한다. 반면 하나의 진리론은 이성의 진리와 종교의 진리가 철학적으로 하나로 일치되어야 한다는 주장이었다.

파리 대학에서 전자의 관점을 대변하는 지도자는 스웨덴의 뛰어난 아베로에스주의자인 시제 드 브라방이었다(Siger de Brabant, 1260년에 활동). 그와 같은 시대 사람이자 추종자로서 그와 동맹을 맺었던 사람들은 주로 스웨덴의 보에티우스(Boethius, 1270년에 활동), 덴마크의 마르틴(Martin, 1304년 사망), 얀둔의 존(John, 1328년 사망), 파두아의 마르실리우스(Marsilius, 1336년 또는 1343년에 사망) 등이었다. 반면 하나의 진리론에 대한 가장 강력한 옹호자는 이탈리아의 도미니크회 수도사인 토마스 아퀴나스(Thomas Aquinas, 1225?-1274년)였다. 그는 시제와 직접 맞붙는 동시에 아랍인들——알파라비, 이븐 시나, 아베로에스——에 대해서도 삼단논법적인 반론을 펼쳤다. 그러나 아퀴나스도 이 아랍인들로부터 아리스토텔레스에 대한 지식을 얻었을 뿐만 아니라, 그가 『신학대전(*Summa Theologica*)』에서 보여준 주요한 관념과 방법, 특히 이성을 계시와 일치시키고 철학을 신앙과 일치시키는 방법을 그들에게서 얻었다. 시제는 아베로에스를 따른다고 생각하면서 정반대의 주장을 하였다. 반면 아퀴나스는 무어인들과 싸운다고 생각하면서 사실은 그들과 같은 이야기, 때로는 그들의 이야기를 그대로 옮겨다놓은 이야기를 하기도 하였다. 이 전투가 벌어졌던 세기에는 무대 주위에서 아주 많은 그림자들이 어른거리고 있어서, 말로 하는 공격이 머리를 향하는 것만큼이나 허공을 찌르는 경우도 흔하였다. 또한 정곡을 찌르는 경우만큼이나 엉뚱한 곳을 찌르는 경우도 흔하였다. 따라서 돌이켜보면, 논쟁 전체가 희가극과 같은 분위기였다.

아베로에스주의자인 시제 드 브라방은 이렇게 썼다.

이생에서 할 수 있는 만큼 진리를 연구하고 명상하면서 가치 있게 살기를 바라는 가운데, 우리는 아리스토텔레스의 교의와 명령을 따라 자연적인 것과 도덕적인 것과 거룩한 것을 다루는 일을 맡고 있다. 그러나 우리는 거룩한 계시의 빛 속에서 우리에게 밝게 드러나는 정통 신앙의 옳은 해석에 대해서는 아무런 노력을 하지 않는데, 철학자들은 이런 계시에 의하여 깨달음을 얻지 않기 때문이다. 철학자들은 거룩한 기적들이 아닌 자연의 일상적이고 습관적인 과정에 대하여 생각하면서 이성의 빛에 따라 사물을 설명해 왔다. 그렇게 함으로써 더 높은 빛을 통해서 인식할 수 있는 신학적 진리와 모순을 일으키지 않았다. 철학자가 이성으로 다가갈 수 있는 열등한 원인들의 관점에서 어떤 것이 불가능하거나 필연적이라고 결론을 내릴 때, 그는 신앙에 어긋나지 않는다. 신앙은 최고의 원인 때문에 상황이 달라질 수도 있음을 인정하는데, 그 인과적 힘은 어떤 피조물도 파악할 수가 없다. 이것이 진실이기 때문에, 예언의 영으로 고취되었지만 열등한 원인들의 질서를 고려한 거룩한 예언자들이 어떤 사건들을 예언하더라도, '제1원인'이 다르게 처리하면 예언한 일이 일어나지 않을 수도 있었다.[96]

아베로에스가 실제로 하였던 말은, 철학과 계시(그의 경우에는 물론 『코란』이었다)가 어떤 점들에서는 달라 보일 수 있어도, 그 둘은 일치될 수 있고 또 일치되어야 한다는 것이었다. 그의 핵심적인 논문 『종교와 철학 사이에는 어떤 관계가 있는가(*What There Is of Connection between Religion and Philosophy*)』에는 이런 이야기가 나온다.

우리 이슬람 공동체는 논증적인 연구[즉 철학]가 경전이 우리에게 말해 주는 것과 대립하는 결론에 이르지 않는다는 것을 분명히 안다. 진리는 진리와 대립하는 것이 아니라, 진리를 따르며 그 증거가 되기 때문이다. 이러하기 때문에 논증적 연구를 통하여 어떤 존재에 대한 지식을 얻게 될 때마다, 그 존재는 불가피하게 경전에서 언급되지 않았거나 언급되었거나 둘 중의 하나이다. 만일 언급되지 않았다면 아무런 모순이 없다. 그것은 어떤 행동의 범주가 언급되지 않기 때문에 법률가가 경전으로부터 추론에 의하여 그 범주를 추찰(推察)해야 하는 경우와 마찬가지이다.* 만일 경전에 언급되

---

\* 이슬람 법률가들의 이러한 방법과 관련해서는 『신의 가면 : 서양 신화』 제8장 4절을 보라.

어 있다면, 그 말의 외적인 의미는 불가피하게 그것에 대한 입증의 결론과 부합하거나 대립하거나 둘 중의 하나이다. 부합하게 되면 논쟁의 여지가 없다. 대립을 하게 되면 알레고리적 해석이 요구된다. "알레고리적 해석"의 의미는 하나의 표현의 의미를 현실적 의미에서 비유적 의미로 확대한다는 것이다. 그러나 그 안에서 아랍어의 표준적인 비유 관행을 잃어버리면 안 된다. 예를 들어서, 어떤 사물을 그것과 닮은 것, 또는 그 원인, 결과, 부속물로 부르거나, 아니면 비유적 언어의 종류들에 대한 설명에서 나열되는 어떤 것으로 불러야 한다는 것이다.…… 우리가 외적인 의미와 내적인 의미 양쪽에서 경전을 받아들여온 이유는 사람들의 타고난 능력의 다양성, 그리고 동의와 관련하여 사람들의 타고난 성향이 보여주는 차이에 있다.[97]

아베로에스는 사람들을 세 범주로 분류하였다. 1. 입증 집단. 이들은 아리스토텔레스의 논리학 법칙에 따라 엄격한 추론과 입증을 할 수 있다. 2. 변증 집단. 사려 깊은 사람들에게서 나오는 그럴 듯한 의견에 만족한다. 3. 수사 집단. 이들은 듣는 말만으로 설득당하며, 그 견해는 비판에 견디지를 못한다. 그의 견해에 따르면 경전의 외적인 의미는 이 가운데 두번째와 세번째 집단을 향한 것이다. 그리고 그들을 계몽하기 위해서라기보다는 그들을 도덕적으로 통제하고 개선하기 위해서이다. 그런 사람들은 철학적 입증을 이해할 수 없으며, 마음이 불안정하면 도덕적으로 영락해버리기 때문이다. 그는 모든 유형의 사람들에게 동시에 도움을 주는 것이 『코란』의 기적이며, 철학의 본래의 기능은 가장 높은 수준의 집단에 속한 사람들을 위하여 입증에 의하여 신의 말씀의 난해하고 가장 깊은 의미를 끌어내는 것이라고 생각한다. 그는 이 점을 다음과 같은 명제로 제시한다.

그 심오한 성격 때문에 입증에 의해서만 알 수 있는 것들과 관련하여 신은 그 본성, 습관, 교육 부족 때문에 입증에 다가갈 수 없는 사람들에게 자비를 베푸셨다. 신은 그들을 위하여 그런 것들과 비슷한 이미지들을 만드셨다. 그리고 그들을 불러 그 이미지들을 인정하게 하셨다. 모든 사람들에게 통하는 표현, 즉 변증적이고 수사적인 표현을 통하여 그런 이미지들을 인정하는 것이 가능하기 때문이다. 그래서 경전은 외적인 의미와 내적인 의미로 나뉜다. 외적인 의미는 그런 관념들을 나타내기 위하여 만든 이미지들로 이루어진다. 반면 내적인 의미는 그 관념들 자체로, 이것은 입증 집단에게만 분명하게 보인다.[98]

길게 이야기하였지만, 이것이 아베로에스의 두 개의 진리에 대한 진짜 교의이다. 우습게도 이것은 그 핵심에서 시제 드 브라방의 견해가 아니라 성 토마스 아퀴나스의 견해와 일치한다. 실제로 단테가 이슬람에 진 빚을 밝혀냈던 미구엘 아신 이 팔라시오스 신부는 다양한 문헌을 인용한 글「아퀴노의 성 토마스의 아베로에스주의적인 신학」에서 다음과 같이 말하고 있다.

아베로에스의 종교 사상은 그 자체로 연구를 해보면 라틴의 아베로에스주의자들의 사상과는 반대되며, 오히려 성 토마스의 사상과 전체적으로 더 비슷하게 보인다. 그 태도, 전체적 관점, 관념들과 예증, 때로는 심지어 그 표현까지 비슷하다. 이것은 내가 여기에 모아서 논의한 유사한 구절들을 주의 깊게 검토한 뒤에 나온 결론이다.

이런 유사함을 어떻게 설명해야 할까?…… 이 문제를 해결하지 않은 채로 방치하고자 한다면, 순전한 우연으로 일치가 생겼다는 가설이 가장 적당할 것이다. 그리고 이것은 우리의 현재의 지적인 나태의 습관들과 잘 어울린다. 또한 스콜라 철학적인 종합의 결과물 속에서 그 저자가 기독교 전통에 이질적인 것에는 전혀 영향을 받지 않고, 스스로의 힘으로 천재성을 발휘하여 독특한 성과를 거두었다고 생각하고 싶어하는 대중적 이론가들의 경향과도 잘 어울린다. 그러나 이제 생물학의 경우와 마찬가지로 사상사에서도 자연발생이라는 개념은 터무니없는 것임이 자명해진 지 오래이다.…… 한 마디로, 우연의 일치라는 가설은 유사한 체계를 가진 저자들 사이의 거리가 공간적으로나 시간적으로 너무 떨어져서 둘 사이의 교류를 설명하는 것이 불가능할 때에만 받아들여질 수 있다(그때도 임시로만).* 그러나 우리가 현재 보고 있는 사례는 그런 조건을 만족시키지 않는다. 13세기의 스콜

---

*『신의 가면 : 원시 신화』 제5장 3-5절과 비교해보라.

라 철학적 종합의 발전과 완성은 이슬람의 백과사전이 유럽에 도입되는 것, 또한 무엇보다도 아베로에스가 스타게이로스 사람(아리스토텔레스의 속칭/역주)에 대한 주석서를 낸 것이 중요한 계기가 되었음을 충분히 설명할 수 있다. 따라서 이슬람의 패턴과 스콜라 철학의 패턴 사이의 접촉은 충분히 있을 만하였을 뿐만 아니라, 구체적으로 또 역사적으로 입증 가능하다. 따라서 우리는 우연의 일치의 가설을 버려야 한다……"[99]

그런데 성 토마스는 어디에서 아베로에스의 교의를 알게 되었을까?…… 나는 지금 우리가 관심을 가지는 일치의 교의가 토마스의 종합 작업으로 들어가게 된 중요한 실마리를 찾아낸 것 같다. 적어도 그 근본적인 점은 찾아낸 것 같다. 즉 신의 계시의 도덕적 필연성의 교의이다. 성 토마스는 인간이 신앙을 가질 필요가 있는가(Utrum necessarium sit homini habere fidem)[100] 하는 문제를 다루면서 다섯 가지 동기에 기초하여 그 필요성을 확정하였다. 그는 마이모니데스에게서 그 동기들을 빌려왔다고 분명하게 밝혔다. 마이모니데스는 간접적으로는 아베로에스의 제자이기 때문에, 그의 작업은 코르도바의 철학자의 교의가 성 토마스에게 전달되는 통로였을 가능성이 아주 높다.* 『이단 논박 대전(Summa contra Gentiles)』에서도, 또 『신학대전』에서도 이 '천사적 박사(토마스 아퀴나스의 별칭이다/역주)'는 자신의 참조 사항을 다시 언급하지 않는다. 그래서 토마스는 자신이 만들어내지도 않은 교의를 만들었다는 이야기를 듣게 되었다.

따라서 전달 가능성이 높은 첫 통로는 마이모니데스의 작업이다. 특히 철학과 관련하여 그의 작업이 성 토마스에게 준 영향은 구트만이 이미 연구한 바 있다.[101]

그러나 나는 마이모니데스의 단독 작업이 모든 것을 설명해준다고 생각하지 않는다. 성 토마스가 아베로에스의 주요 저작들을 손에 쥐었던 것이 분명하기 때문이다. 1217년 이후 이 코르도바의 철학자의 [아리스토텔레스에 대한] 『주석(Commentaries)』이 학파들 사이에 돌아다녔고, 톨레도에서는 미카엘 스코트가 번역을 하기도 하였다. 그런 저작들의 철학적 성격상 아베로에스가 그 안에서 신학의 문제를 다루었을 가능성은 거의 없지만, 기독교

---

* 아신은 각주에서 이렇게 덧붙인다. "나아가 우리는 마이모니데스의 『방황하는 사람들을 위한 안내서(Guide for the Perplexed)』에서 신앙과 이성 사이의 유사성이라는 주제와 관련하여 아베로에스와 성 토마스의 관념들을 거의 모두 발견할 수 있다." 이 세 신학자의 생몰 연도는 다음과 같다. 아베로에스 1126-1198년, 마이모니데스 1135-1204년, 아퀴나스 1225-1274년.

인들에게나 이슬람교도들에게나 중세의 이 두 학문 사이의 밀접한 관계는 잘 알려져 있다. 따라서 선험적으로, 아베로에스의『주석』과 성 토마스의 글을 꼼꼼히 분석하면 신학적인 문제에서도 악명 높은 모방의 흔적들이 나타날 것이라고 가정할 수 있다.[102]

사실 아신 신부는 "하느님의 지식이 만물의 원인이다(Scientia Dei est causa rerum)"라고 하는 명제를 놓고 이 위대한 두 학자를 비교함으로써 그런 표절의 한 예를 제시한다.[103]

이는 매우 놀라운 일이다. 스웨덴의 아베로에스주의자인 시제 드 브라방의 두 개의 진리론은 교회에 의하여 공식적으로 유죄 선고를 받았고, 시제 자신은 사형에 처해진 것으로 보인다. 토마스 아퀴나스는 그의『이단 논박 대전』만이 아니라 특별 논문인『아베로에스주의자들에 반대하며 지성의 통일에 대하여(On the Unity of the Intellect against the Averroists)』에서 시제와 아베로에스를 모두 반박하였다. 그러나 단테의『천국편(Paradiso)』에서는 태양의 자리, 즉 신학을 배운 자들의 자리에, 단테의 안내자의 말을 빌면, "비위에 거슬리는 진리들을 삼단논법으로 추론한" 시제 드 브라방이 위대한 성 토마스와 마찬가지로 광채를 발하며 평화롭고 편안하게 있다![104] 그러나 아베로에스는 지옥의 목가적인 첫 영역인 림보에 앉아, 그의 동료 이슬람교도인 이븐 시나와 더불어, 그들의 우상인 아리스토텔레스를 비롯하여 소크라테스와 플라톤, 데모크리토스, 디오게네스, 아낙사고라스와 탈레스, 엠페도클레스와 헤라클레이토스, 제논, 디오스코리데스, 오르페우스, 툴리우스와 리누스, 세네카, 유클리드, 프톨레마이오스와 갈레노스 등과 이야기를 나누고 있다.[105] 그러나 마호메트와 그의 사촌 알리는 지옥의 제8영역에서 무시무시하게 난도질을 당하고, 단테 자신의 이슬람 선구자이자 시인으로서의 모범인 이브눌-아라비의 이름은 나오지도 않는다.[106]

## 5. 그노시스파

1.
 상징적 형식들의 고전적 유산은 두 가지 서로 관련된 흐름을 통하여 훗날 유럽의 시인과 예술가들에게 이르렀다. 하나는 지상의 흐름이고, 또 하나는 지하의 흐름이었다.* 레반트의 유산도 마찬가지이다. 하나는 지상의 정통 교회를 통한 것이고, 또 하나는 지하의 다양한 그노시스파 분파들을 통한 것이었다. 지하의 두 줄기의 물, 즉 고전주의적인 물과 그노시스파적인 물은 어떤 지점들에서는 섞였지만, 섞이기는 하더라도 절대 융합되지는 않았다. 공인된 기독교의 관점에서와 마찬가지로 그노시스파의 관점에서도 자연의 세계는 부패된 것이었던 반면, 이교도 신비주의에서는 자연의 세계가 거룩한 것으로 인식되었기 때문이다. 또한 공인된 기독교의 흐름과 지하의 그노시스파적인 보완의 흐름 역시 한번도 진정으로 융합된 적이 없다. 정통 기독교에서 자연의 부패는 인간의 타락 탓이지만, 그노시스파에서는 창조주의 탓이기 때문이다. 따라서 전자에 따르면 구원은 회개를 통해서 얻고, 그 뒤에는 신의 율법에 복종해야 하였다. 반면 그노시스파는 그 율법에 대한 체계적 불복종을 통하여 부패로부터 풀려나려고 노력하였다. 그 방법은 둘 중의 하나였는데, 하나는 고행이었고 또 하나는 그 정반대의 것으로 쾌락에 탐닉하는 것이었다.
 그노시스파 금욕주의자들의 사유와 실천은 본질적으로 인도 자이나교와 비슷하여,[107] 여기에서도 영혼과 비영혼의 엄격한 이원론이 자리를 잡았다. 그리고 정신적 요소로부터 물질에 의한 오염을 씻어내기 위하여 금욕의 맹세를 하고 등급에 따른 섭생을 하였다. 이 세상에서의 삶, 이 세상 자체는 정신과 영혼 두 가지가 섞인 것으로 여겨졌다. 자이나교에서와 마찬가지로 여기에서도 일을 시작하는 속인들이 있었는데, 이 일은 몇 생에 걸쳐 계속될 수도 있었다. 또 다른 사람들을 가르침과 동시에 자신을 훈련하는 일에 몰두하는 선생들이 있었고, 심리의 소멸의 마지막

---

\* 120쪽 참조.

단계에 들어간 은자들이 있었다. 이미 알렉산더 시대에 인도 요가 수행자들의 금욕주의적인 업적과 이론이 그리스인들에게 알려지면서 놀라움을 불러일으킨 사실은 기억이 날 것이다.[108] 나중에 불교도 군주 아쇼카 (Ashoka, 268-232년 재위)는 서양으로, 또 시리아, 이집트, 키레네, 마케도니아, 에피루스의 궁정 등으로 승려들을 보냈다.[109] 따라서 알렉산더의 "동양과 서양의 결혼"에 뒤이은 사상과 물품의 교류에서 우리는 고전주의적인 물결이 동양으로 흘러갔다는 점 뿐만 아니라, 인도 전승의 물결이 서쪽으로 흘러갔다는 점도 고려해야 한다. 수많은 유능한 학자들이 플로티노스와 같은 신비주의자의 신플라톤주의가 카필라의 산캬와 핵심적인 점들을 거의 모두 공유하고 있다고 언급해왔다.[110] 인도의 숲에 은자들의 은거처가 많았듯이, 2-4세기 레반트의 사막에도 영혼을 이 세상의 영광과 부로부터 분리해내려고 애쓰는 영적인 운동선수들이 수도 없이 흩어져 있었다. 일부는 나뭇가지나 폐허가 된 신전의 기둥 꼭대기에 자리를 잡기도 하였다. 일부는 자기 몸을 사슬로 바위에 묶거나 작은 방에 갇혀 있기도 하였다. 어깨에 무거운 멍에를 지고 다니는 사람들도 많았다. 또 어떤 사람들은 풀을 뜯기도 하였다.[111] 불멸의 성 안토니우스 (251-356년!?![여기서 물음표는 그의 죽은 해가 356년인지 분명하지 않아서 붙은 것인데, 물음표 양쪽의 느낌표는 '불멸의'라는 수식어와 더불어 성 안토니우스와 같은 일련의 인물에 대한 저자의 냉소를 반영한 듯하다/역주])는 그렇게 삶을 부정하는 정신적 태도의 공인된 모범이며, 중세의 수사들을 통하여 근대에 이르기까지 그러한 방식은 지속되어왔다. 다시 그리스도의 말과 본보기로 돌아가는 것이었다. "네가 완전한 사람이 되려거든 가서 너의 재산을 다 팔아 가난한 사람들에게 나누어주어라...... 그리고 나를 따라오너라." "죽은 자들의 장례는 죽은 자들에게 맡겨두고 너는 나를 따르라."[112] 나아가서 그노시스파는 예수의 말씀을 그들 나름의 판본으로 가지고 있었다. 『도마의 복음서』 같은 것이 그러한 예이다. "세상을 안 사람은 시체를 발견한 것이요, 시체를 발견한 사람에게는 세상이 가치가 없다."[113]

그러나 4세기초 콘스탄티누스의 승리, 그리고 그에 뒤이은 제국의 기독교 강제와 더불어 금욕 운동의 주도권은 근동의 그노시스파에게서 페르시아에 새로 부상한 마니교로 넘어갔다. 이는 『신의 가면 : 서양 신화』에서도 이야기한 것으로,[114] 이 종교는 그 1세기 전의 예언자 마니(216?-276년?)에 의해서 세워진 것이었고, 사산 왕조의 자유주의적인 정신을 가진 왕 샤푸르 1세(241-272년 재위)가 그 후원자이자 보호자였다. 마니는 불교, 조로아스터교, 기독교의 사상을 결합한 통합적 교리를 설교하였다. 여기에서는 구약의 창조주가 조로아스터교의 어둠과 기만의 세력인 앙그라 마이뉴(Angra Mainyu)와 동일시되었다. 그리고 이 둘은 또한 불교의 마야의 원리와 동일시되었다. 무조건적인 의식의 순수한 빛이었던 마음은 이 원리에 의하여 빛과 어둠이 섞인 사물에 현혹된다. 그런 사물들은 이름과 형식으로 이루어진 이 공간적이고 시간적인 우주의 지나가는 현상들이다. 마니는 기독교와 조로아스터교에서 말하는 세상의 종말에 대한 예언을 순수하게 심리적인 불교의 마야의 종말로서의 깨달음(bodhi)의 교리와 동일시하였다. 그러면서 전자, 즉 문자 그대로의 종말은 후자, 즉 깨달음의 완전한 실현이 성취되었을 때 그 결과로서 나타난다고 선포하였다. 또한 마니는 예수가 설교하고 40일 동안 광야에서 시범을 보인, 사회로부터 이탈하여 세상을 버리라는 교리와 부처가 세상을 버리고 출가한 위대한 행동을 연결시켰다.[115] 마니의 보호자였던 샤푸르 1세가 272년에 죽자, 정통 마기교도가 예언자 마니를 죽이려고 하였다. 어떤 이야기에 따르면 감옥에서 그를 사슬에 묶어놓고 죽게 내버려두었다고 한다. 또 다른 이야기에 따르면 십자가에 못박아 죽였다고 한다. 또 어떤 이야기에 따르면 산 채로 가죽을 벗기고, 가죽 안에는 짚을 넣어 군니-샤푸르(Gundı-Shapur)의 도시 문에 걸어두었는데, 그 뒤로 그 문을 마니의 문으로 부르게 되었다고 한다.

그러나 온갖 박해에도 불구하고, 빛의 어둠으로의 타락과 관련된, 그리고 정결한 가운데 빛이 굴레로부터 벗어나 그 근원과 진정한 존재로 돌아가는 길과 관련된 마니의 교리는 동쪽으로는 중국(이곳에서는 우충 황제[842-844년]의 반불교, 반외세를 기치로 내건 숙청의 시절까지 살아남았다)까지,[116] 서쪽으로는 이제 기독교화된 로마까지 퍼졌다. 로마에서 마니교는 다시 박해와 마주쳤다. 성 아우구스티누스(354-430년)는 어머니인 성 모니카의 기독교 신앙을 받아들이기 전에 9년이라는 중대한 기간 동안 마니교도였다. 그는 기독교를 받아들이고나서 이원론적인 걸작 『신의 도성(The City of God)』을 썼다. 엄청난 영향력을 가진 아우구스티누스 신학의 모든 부분에는 그노시스파적이고 마니교적인 육체 혐오가 자리를 잡고 있다. 존재론적으로 볼 때 아우구스티누스의 주요한 변화는 단지 만물 안에 생명으로서의 거룩한 빛이 내재한다는 마니교적 교리에서 신성의 절대적 초월——그럼에도 이 신성은 만물 내에서 생명을 살아나게 하는 생명이다——이라는 기독교적 교리로의 변화일 뿐이었다. 그는 『고백록(Confessions)』에서 이렇게 말한다. "당신은 몸들이 아닙니다. 또한 몸들의 생명인 영혼도 아닙니다. 당신은 영혼들의 생명이십니다."[117] 상당히 미세한 구분이지만, 이것이 아우구스티누스에게는 큰 의미가 있었다. 아우구스티누스는 이런 구분에 따라, 성 바울의 입장을 지지하여 "육신의 욕망은 성령을 거스르고 성령께서 원하시는 것은 육신을 거스른다"[118]고 주장할 수 있었으며, 동시에 그가 그의 위대한 책에서 선언한 대로 "우리의 현재의 육신을 악한 본성으로서 혐오하는"[119] 마니교 동료들의 이원론을 일축하였다. 기독교 성자 자신의 육신에 대한 혐오는 악한 본성이 아니라 선한 본성이라는 관념에 기초하였다. 육신은 하느님에 의하여 선하게 창조되었으나 하느님에게 불복종하는 인간의 악한 행동에 의하여 부패하였으며, 그 결과 인간의 의지는 자유롭기는 하지만 교회의 성례의 은총을 통해서 부패로부터 구속되지 않으면 악에 대한 의지 외에는 어떤 의지도 가질 수 없다. 그는 자신의 견해를 다음과 같이 설명한다.

우리의 첫 부모가 계명을 어기는 순간, 하느님의 은총은 그들을 저버렸다. 그들은 자신의 사악함에 당황하였다. 그래서 그들은 무화과 나뭇잎(이것은 그들이 혼란스러운 정신 상태에서 처음 손에 넣게 된 것이었다고 할 수 있다)을 가지고 수치를 가렸다. 그들의 신체는 그대로였지만, 전에는 없던 수치감을 느끼게 되었기 때문이다. 그들은 육신의 새로운 움직임을 경험하였다. 이 움직임은 그들에게 불복종하게 되었다. 그들이 하느님께 불복종한 것에 대한 정확한 보복이었다. 자유에 탐닉하여 하느님을 섬기는 일을 경멸한 영혼은 전에 육신에게 행사하였던 명령권을 박탈당한 것이다. 스스로의 고집으로 자신보다 우월한 주님을 버림으로써 자신보다 열등한 하인을 다스리지 못하게 된 것이다. 그 영혼은 육신을 굴복시킬 수 없었다. 만일 영혼이 하느님께 굴복하였다면 언제까지나 육신을 굴복시킬 수 있었을 것이다. 그렇게 되자 육신은 영혼에 대항하여 욕정을 품게 되었다. 이런 갈등 속에서 우리는 태어났다. 첫번째 죄로부터 죽음의 씨앗이 생겨났다. 우리의 신체 기관들에, 그리고 우리의 타락한 본성에 육신과의 갈등, 심지어 육신의 승리가 담겨지게 된 것이다.[120]

내가 방금 인용한 것은 위대한 신학자 성 아우구스티누스가 원죄에 대한 근본적인 기독교 교리를 설명해놓은 권위적인 대목이다. 하느님의 아들의 성육신과 십자가 처형만이 원죄의 치명적 영향으로부터 우리를 구원할 수 있다. 반면 마니교도들은 우주의 위태로운 상태──마니교도와 기독교도는 창조의 순간에 우주가 그런 상태에 처했다고 생각하였다──에 책임을 묻는다. 이런 점에서 그들의 생각은 가장 초기 기독교 그노시스파의 생각과 일치하는데, 그노시스파는 구약의 신을 조로아스터교의 악마인 앙그라 마이뉴와 동일시하였다.

2.
그러나 앞서도 말하였듯이, 세상의 미망으로부터의 금욕적 해방은 그노시스파가 실행한 유일한 방법이 아니었다. 그와 더불어 주신제적인 방법도 있었다. 이런 주신제적 방법──이것 때문에 이교도 로마 세계에서 기독교인늘은 곧 불미스러운 명성을 얻게 되었다[121]──이 포함된 중요한 행사는 초기 교회의 아가페($\alpha\gamma\alpha\pi\eta$, 일반적인 "자선"이나 "형제애"적인 의미에서의 "사랑"), 즉 '사랑의 식탁'이었다. 이 잔치는 행사를 벌이는 주최마다 내용이 달랐다. "사랑의 입맞춤"이라는 의식은 어떤 경우에는 정숙하고 예의바른 인사로 교환되었던 반면, 어떤 경우에는 그 자체가 의식이 되기도 하였다. 성 바울은 "그리스도께서는 우리를 율법의 저주에서 구원해내셨습니다"[122] 하고 썼다. 그러나 그 발언의 의미가 어디까지 뻗어 나갈지는 예상하지 못하였던 것 같다.

원래 초기 기독교인들의 '사랑의 식탁'은 성만찬과 관련을 맺거나 또는 그것과 별도로 기념되었던 것으로 보인다. 이것은 부유한 사람들이 부자나 가난한 사람들이 함께 먹을 비용 대부분을 대는 교회 만찬이었다. 적지 않은 공동체에서 이런 잔치는 단순히 가난한 사람들을 위한 잔치로 바뀌어 정착하였다. 그러나 바울이 고린도에 보낸 첫 편지(54-58년경)를 보면 이미 1세기에 전혀 다른 경향이 나타났다는 것을 알 수 있다.

바울은 이렇게 쓰고 있다. "하지만 여러분이 한 자리에 모여서 나누는 식사는 주님의 성찬을 나누는 것이라고 할 수가 없습니다. 여러분은 모여서 음식을 먹을 때에 각각 자기가 가져온 것을 먼저 먹어치우고, 따라서 굶주리는 사람이 생기는가 하면 술에 만취하는 사람도 생기니 말입니다. 각각 자기 집이 없어서 거기에서 먹고 마시는 겁니까? 그렇지 않으면 하느님의 교회를 멸시하고 가난한 사람들에게 창피를 주려고 그러는 것입니까?"[123]

40년 뒤(93-96년경) 묵시록에서는 소아시아의 티아디라 회중을 질책하는 부활한 그리스도의 목소리가 들린다.

> 나는 네가 한 일들을 잘 알고 있고, 네 사랑과 믿음과 봉사와 인내를 알고 있다. 또 네가 처음보다 나중에 더 많은 일을 하고 있다는 것도 나는 알고 있다. 그러나 너에게 나무랄 것이 있다. 너는 이세벨이라는 여자를 용납하고 있다. 그 여자는 예언자로 자처하며 내 종들을 잘못 가르쳐서 미혹하게 하였고 음란한 짓을 하게 하였으며 우상에게 바쳤던 제물을 먹게 하였다. 나는 그 여자에게 뉘우칠 시간을 주었지만 그 여자는 자기의 음행을 뉘우치려고 하지 않는다. 이제 나는 그 여자를 고통의 침상에 던지겠다. 그리고 그 여자와 간음하는 자들도 뉘우치지 않고 그와 같은 음란한 행위를 계속한다면 큰 환난 속에 던져버리겠다. 그리고 그 여자의 자녀들을 죽여버리겠다.…… 그러나 티아디라에 있는 사람들 중에서 그 여자의 가르침을 받아들이지 않은 사람들, 곧 사탄의 비밀을 배우지 않은 나머지 사람들에게 나는 이렇게 말한다. 나는 너희에게 다른 짐을 지우지 않겠으니, 다만 내가 올 때까지 너희가 가지고 있는 것을 단단히 간직하고 있어라.[124]

또 같은 곳에서 "너희중에 발람의 가르침을 따르는 자들이 있다. 발람은…… 우상에게 바쳤던 제물을 먹게 하였고 음란한 짓을 하게 하였던 자다"[125] 하면서 베르가모 회중을 비난하고 있다. 2세기가 시작되면서 유다서의 모든 이야기는 "우리 하느님의 은총을 남용해서 방종한 생활을 하고…… 염치도 없이 흥청망청 먹어대고 자기네 배만 채우며 여러분의 사랑의 식탁을 더럽히는"[126] 자들을 겨냥하고 있다. 다음 세기에 교부 테르틸리아누스는 "그 아가페가 조리용 냄비 안에서 끓으며, 신앙은 부엌에서 빛나며, 희망은 접시에 놓여 있으며, 그 가운데도 가장 위대한 것이 그들의 '자비'인데, 이 덕분에 남자들이 그들의 자매와 동침을 하는"[127] 집단을 몹시 경멸하는 글을 썼다(217년경).

여기서 〈그림 11〉과 〈그림 12〉의 설화석고로 만든 뱀 그릇을 다시 보도록 하자. 앞서 말한 대로 이것은 서기 첫 몇백 년 동안의 디오니소스-오르페우스 교파의 그릇일 것이다. 그러나 아폴론에게 바친다는 비문만 아니라면, 기독교의 그노시스파의 그릇으로 여겨도 좋을 것이며, 그 장면은 '사랑의 식탁'이 놓인 성소로 해석하여도 될 것이다. 초기 기독교의 많은 신앙 집단에서 나체와 뱀 숭배는 낙원의 회복, 나아가서 시간의 굴레로부터의 해방과 관련되었다.

그노시스파의 『도마의 복음서』에는 이런 대목이 나온다. "마리아가 예수께 말하였다. '당신의 제자들은 어떠합니까?' 예수께서 말씀하셨다. '그들은 자기 것이 아닌 들판에 있는 어린아이들 같습니다. 나중에 들판 임자들이 와서 〈우리에게 우리 들판을 넘겨주시오〉 하고 말할 것입니다. 제자들은 그들에게 들판을 넘겨주기 위하여 그들 앞에서 옷을 벗을 것이며, 그들의 들판을 그들에게 돌려줄 것입니다.'"[128] 또 한 대목을 보자. "예수의 제자들이 말하였다. '주님은 언제 우리에게 드러나실 것이며, 우리는 언제 주님을 보게 됩니까?' 예수께서 말씀하셨다. '너희들이 부끄러움 없이 옷을 벗을 때, 어린아이들처럼 너희 옷을 집어 발 아래 놓고 밟고 설 때, 그때 너희는 살아 계신 분의 아들을 볼 것이며, 두려움이 없을 것이다.'"[129]

성 에피파니우스(Epiphanius, 315-402년경)는 35년 동안 키프로스의 콘스탄티아의 주교를 맡았다. 그곳은 아프로디테와 그녀의 뱀 남편이 수천 년 동안 주신(主神)의 지위를 누리던 곳이다. 성 에피파니우스의 생애는 콘스탄티누스(324-337년)로부터 "대제" 테오도시우스 1세(379-395년)의 통치기에 이르는 중요한 세기에 걸쳐 있었다. 곧 로마 제국이 이교도에서 기독교로 개종하던 시기였다.[130] 성 에피파니우스는 그의 시대의 기독교 오피스(ὄφις, "뱀") 분파들 가운데 한 분파의 성찬 예배를 비난하는 책자에서 이렇게 말하였다.

그들에게는 뱀이 있는데, 그것을 어떤 상자──시스타 미스티카(cista mystica, 신비의 상자/역주)──에 넣어둔다. 그들은 비교(秘敎) 의식 시간에 뱀을 동굴에서 꺼낸다. 그들은 빵 덩이를 여러 개 탁자 위에 쌓아놓고 뱀을 부른다. 상자는 열려 있기 때문에 뱀은 밖으로 나온다. 뱀은 교활한 짐승이다. 그들의 어리석음을 알기 때문에 탁자로 기어올라 빵 덩어리들을 둘둘 만다. 그들은 이것이 완전한 희생제의라고 말한다. 그런 까닭에, 내가 들은 바에 따르면, 그들은 뱀이 둘둘 말았던 빵을 떼어 참석한 사람들에게 나누어줄 뿐만 아니라, 모두 뱀의 입에 입을 맞춘다. 뱀은 주문에 의하여 길들여졌기 때문이다. 또는 어떤 다른 마술적인 방법에 의하여 그들의 사기를 돕도록 유순하게 만들어졌기 때문이다. 그들은 뱀 앞에 엎드리며, 뱀이 빵들 사이에 또아리를 트는 데서 완성되는 이 의식을 성찬식이라고 부른다. 그리고 이 과정 내내, 그들 표현을 빌자면, 높은 데 계시는 아버지께 찬송을 드리며, 그럼으로써 그들의 비교 의식을 끝맺는다.[131]

앞서 〈그림 11〉과 〈그림 12〉의 설화석고 그릇, 그리고 〈그림 3〉과 〈그림 4〉의 황금 그릇에 대한 논의에서 인용을 한 바 있는 라이제강 교수는 에피파니우스가 묘사한 오피스파의 성례에 대하여 언급하면서, 다른 많은 이교도 비교, 특히 디오니소스파의 비교에서도 뱀을 상자에 보관하였다고 말한다. 그러면서 라이제강 교수는 덧붙인다. "우리는 또한 가끔 살아 있는 뱀을 황금 뱀으로 대체하였다는 것을 알고 있다. 이 황금 뱀은 입문자가 신과 신비한 결혼 의식을 거행할 때 사용되었다.* 오피스파의

───────────
* 『신의 가면 : 서양 신화』 제4장 4절과 비교해보라.

예배식에서도 인공 뱀이 진짜를 대체하는 것이 가능하였던 것으로 보인다.······ 설화석고 그릇은 에피파니우스가 묘사한 것과 같은 성찬 의식에서 성화된 제병을 바치는 데 사용되었던 것은 아닐까?"[132]

이 질문은 넓은 시야를 열어준다. 이런 식으로 기독교 교파로부터 이교도로, 이교도로부터 기독교 교파로 주장하는 것이 가능하다면, 그노시스파의 아가페가 디오니소스교의 주신제를 향하여 얼마나 멀리 나아갔으며, 보통 기독교적 사고에서는 사탄 자신의 상징인 뱀——모든 짐승 가운데 하필이면!——이 신비한 결혼의 기독교적 판본에서 얼마나 핵심적인 역할을 부여받았을까 하는 질문도 던져야만 하기 때문이다.

〈그림 23〉 들어올려진 뱀 : 16세기 독일의 금화.

〈그림 23〉은 색소니의 아나베르그라는 도시의 유명한 금세공업자인 히에로니무스 마그데부르거라는 사람이 만든 16세기 독일의 금화이다. 대략 가푸리우스의 「천체들의 음악」(〈그림 13〉)과 같은 시기이다. 따라서 가푸리우스의 경우와 마찬가지로 르네상스의 신플라톤주의 사상에 영향을 받았을 수 있다. 언뜻 보면 이것은 가푸리우스의 아래로 내려가는 오르페우스의 뱀이 위로 방향을 튼 것을 가리키는 것처럼 보일지도 모른다. 십자가에 달린 오르페우스-바쿠스(〈그림 9〉)는 이런 해석을 뒷받침해주

는 것처럼 보인다. 바쿠스와 설화석고로 만든 신비교의 그릇의 위로 향한 날개 달린 뱀은 똑같은 것이기 때문이다.

그러나 네번째 복음서에 나온 말에 기초하여 이 상징을 완전히 정통적인 방식으로 해석하는 것도 가능하다. "구리 뱀이 광야에서 모세의 손에 높이 들렸던 것처럼 사람의 아들도 높이 들려야 한다."[133] 이것은 민수기에 나온 사건을 가리키는 말이다. 광야에서 헤브라이인들은 하느님과 모세에게 불평을 하였다(음식과 물이 없었기 때문이다). "그러자 야훼께서는 백성에게 불 뱀을 보내셨다. 불 뱀이 많은 이스라엘 백성을 물어 죽이자, 백성들은 마침내 모세에게 와서 간청하였다. '우리가 야훼와 당신께 대든 것은 잘못이었습니다. 뱀이 물러가게 야훼께 기도해주십시오.' 모세가 백성을 위하여 기도를 드리자, 야훼께서 모세에게 대답하셨다. '너는 불 뱀을 만들어 기둥에 달아놓고 뱀에게 물린 사람마다 그것을 쳐다보게 하여라. 그리하면 죽지 아니하리라.' 모세는 구리로 뱀을 만들어 기둥에 달아놓았다. 뱀에게 물렸어도 그 구리 뱀을 쳐다본 사람은 죽지 않았다."[134]

이 명령과 그 이전에 시나이산에서 전달된 것으로 여겨지는 명령, 즉 "너희는 위로 하늘에 있는 것이나 아래로 땅 위에 있는 것이나, 땅 아래 물속에 있는 어떤 것이든지 그 모양을 본따 새긴 우상을 섬기지 못한다"(「출애굽기」 20:4)고 하는 명령 사이의 모순은 신학자들이 해결하도록 하자. 단순히 역사적으로 보자면 이 이야기는 기원전 750년경의 이른바 엘로힘(E) 텍스트에서 나온 것이다.[135] 아마 이것은 당시에 예루살렘 성전에서 가나안의 여신-배우자인 아세라의 어떤 상들과 함께 섬겨지던 청동 뱀-신을 설명하기 위하여 마련된 기원 전설이었을 것이다. 「열왕기」에서 알 수 있듯이, 기원전 725년경 히스기야 왕은 "아세라 목상들을 찍어버렸다. 그리고 모세가 만들었던 구리 뱀을 산산조각냈다. 이스라엘 사람들이 그때까지 느후스탄이라고 불리던 그 구리 뱀에게 제물을 살라 바치고 있었던 것이다."[136] 승인받은 기독교 알레고리는 단순하게 모세가 지팡이 위에 들어 올린 구리 뱀이 뱀의 악행에 맞서는 힘을 보이듯이, 십자가에 들려 올려진 예수는 동산의 뱀의 독에 대항한다는 것이다. 이 두 사건은 역사적인 것으로 받아들여지며, 앞선 사건은 뒤의 사건의 예시로서 읽힌다. 이에 따르면, 우리는 그리스도가 어떤 식으로든 뱀의 다른 형태로 십자가에 달렸다고 생각해서는 안 된다. 말을 바꾸면, 히에로니무스의 금화의 양면의 가치가 똑같다고 생각해서는 안 된다. 하물며 뱀이 있는 면이 더 높은 가치를 가질 수는 없다. 어쨌든 진짜 기독교인이라면 그 금세공장이가 우리에게 이해시키려고 하였던 것이 바로 그 점이라고 생각하고 싶어할 것이다.

그러나 혹시 그가 정반대를 의도하였던 것일 수는 없을까? 다시 말해서, 그리스도가 뱀을 가리키는 것일 수는 없을까? 나아가서 이들이 그 둘을 모두 초월하는 힘의 양자택일적인 표현일 수는 없을까?

원시, 동양, 서양의 신화 전체에 걸쳐 뱀의 신화와 제의들은 빈번하게 나타났다. 그리고 두드러지게 일관된 상징적 의미를 지녔다. 자연이 스스로 움직이는 것으로, 따라서 본디 신성한 것으로 숭배받으면, 뱀도 신성한 삶의 상징으로 숭배받았다. 따라서 뱀이 저주를 받는 창세기에서는 모든 자연이 평가절하되며, 그 생명의 힘은 그 자체로는 아무것도 아닌 것으로 간주되었다. 물론 여기서도 자연은 스스로 움직이고, 또 스스로 의지를 가지고 있지만, 그것은 자연보다 우월한 존재인 창조주로부터 부여받은 생명에 의해서만 가능하였다.

구약을 보완하는 기독교 신화에서 뱀은 보통 사탄과 동일시된다. 야훼가 동산에서 뱀을 향하여 하는 말("나는 너를 여자와 원수가 되게 하리라. 네 후손을 여자의 후손과 원수가 되게 하리라. 너는 그 발꿈치를 물려고 하다가 도리어 여자의 후손에게 머리를 밟히리라.")[137]은 십자가에 못박힌, 마리아의 아들을 가리키는 것으로 간주되는데, 그 아들의 상처에 의하여 사탄의 힘은 무너지게 되어 있다. 『신의 가면 : 서양 신화』에서도 지적하였지만,[138] 죽었다가 부활한 구속자라는 기독교의 전설이 탐무즈, 아도니스, 디오니소스, 오시리스 등 죽었다가 부활한 신들에 대한 고대 신화와 닮았다는 것은 새로운 복음의 설교자들에게는 이점이 되는 동시에 위험도 되었다. 한편으로는 이런 닮은 점 때문에 그들은 그리스도가 십자가에 달렸다는 역사적 현실에서 이전 종교들의 단순히 신화적인 약속을 뛰어넘었다고 주장할 수 있었다.* 그러나 다른 한편으로 이렇게 분명하게 닮은 점 때문에 개종한 이교도들은 새로운 계시를 헬레니즘의 신비주의적 전승의 또 하나의 변형태로만 여길 수도 있었다. 사실 첫 500-600년 동안 나타난 많은 교파들은 바로 이런 각도에서 볼 때 가장 잘 이해할 수 있다.

에피파니우스의 시기보다 150년 전쯤 활동하였던 성 히폴리투스(230년경 사망)는 페라트파라는 이름으로 활동하던 그의 시대의 기독교 오피틱 교파의 우주론을 설명하면서 뱀 숭배의 감추어진 의미, 또는 "더 높은 지혜(그노시스[$gnôsis$])"의 전망을 열고 있다.

> 그들의 우주는 '아버지', '아들', '물질'로 이루어져 있다. 이 세 원리 각각은 무한히 많은 힘들을 지니고 있다. 아들인 '로고스'는 아버지와 물질 사이의 중간쯤 되는 자리를 차지한다. 움직이지 않는 아버지와 움직이는 물질을 향하여 영원히 움직이는 뱀이다. 로고스는 우선 아버지를 향하여 그의 지지 속에서 힘을 모은다. 그리고 그 힘을 받은 뒤에는 물질을 향하는데, 아들은 속성도 형태도 없는 물질 위에 아버지가 그에게 새겨놓은 관념들을 새긴다.
> 나아가서, 뱀인 아들 없이는 누구도 구원받을 수 없고 다시 일어날 수도 없다. 높은 곳으로부터 아버지의 모형들을 가지고 내려온 이가 그이며, 잠에서 깨어나 아버지의 특징들을 다시 취한 이가 그이기 때문이다.[139]

에피파니우스의 이 강렬한 이미지는 극적으로 하강하고 있는 가푸리우스의 그림의 뱀, 그리고 『켈스의 책』에 나오는 툰크 페이지의 경계선을 둘러싼 뱀[140]을 생각나게 한다. 나아가서 이제 금세공장이 히에로니무스의 마음속에서는 그의 금화의 양면의 관계가 결국 성서적 독해에 의하여 제시된 것과는 정반대의 것이 아니었나 하는 의문이 생긴다. 즉 뱀이 그리스도를 예시하는 것이 아니라, 그리스도가 뱀의 성육신이 아니었을까? 만일 그렇다면, 그의 단순해 보이는 그림에는 훨씬 더 멀리 나아간, 훨씬

---

\* 예를 들어서, 「베드로후서」(서기 120년경) 1 : 16을 보자. "우리 주 예수 그리스도의 권능과 강림의 이야기는 사람들이 꾸며낸 신화에서 나온 것이 아닙니다. 우리는 그분이 얼마나 위대한 분이신지를 우리의 눈으로 보았습니다."

더 깊은 이단이 감추어져 있을지도 모른다. 초기 오피스 교파의 대부분의 견해에 따르면, 페라트파의 우주론적 그림에서 "아버지"라고 부르는 존재는 구약의 야훼가 아니라, 그보다 무한히 높은 곳에 있는 훨씬 더 높고 고요한 신성이었을 수도 있기 때문이다. 그 무한으로부터 뱀의 첫 하강은 자발적인 것이 아니라 추락이었을 수도 있다. 나아가서 이런 추락은 다름아닌 이 타락한 세계, 즉 거룩한 빛과 가장 더러운 어둠이 혼합되어 있는 세계의 구약적 창조자인 야훼의 책략에 의하여 생겨난 것일 수도 있다.

간단히 요약해보자. 이 모든 체계에 깔린 기본적인 생각은 악의 기원이 창조의 행위 자체와 일치한다는 것이다. 구약의 신, 이 부차적인 신——'조물주'라고 이름이 붙은 신——은 무한하고 진정한 아버지의 빛을 삼키는 것으로만 세상을 창조한 것이 아니다. 그는 이 빛을, 곧 '영(the Spirit)'을 유혹하고, 불러내고, 납치하여 아래 물질로 집어넣었다. 그 빛은 이제 물질 속에 갇혀 있다. 그것이 뱀, 즉 아들의 첫 하강으로, 이때 아들은 아버지의 모형들(어떤 사람들 표현을 빌자면 "하느님의 형상")을 아버지의 왕국으로부터 물질로 가지고 들어갔다. 이런 영적힌 힘, 형상, 모형, 관념들은 이제 조물주의 대리자인, 행성들의 아르콘('άρχων, "지배자")에 의하여 창조된 우주 안에 갇혀 있다. 이 아르콘들은 자연의 법칙들을 통제하는 동시에 구약의 계명들을 집행한다. 그 계명들은 진정한 아버지에게서 나온 것이 아니라 조물주에게서 나온 것이다.

따라서 뱀의 두번째 하강은 자발적으로 내려온 것이다. 갇혀 있는 영적 힘들을 풀어주려고 내려온 것이다. 에덴 동산의 뱀에 대한 성서의 이야기는 이때 뱀이 나타난 사건을 기록하고 있다. 그곳에서 뱀은 남자와 여자, 즉 아담과 하와에게 조물주의 계명을 어기도록 하였고, 그럼으로써 구속의 사업을 시작하였다. 야훼는 모세에게 지키는 것이 불가능한 도덕률을 전달함으로써 반격을 가하였다. 이것에 대하여 뱀은 구속자로 내려와 인간 속에 사는 것으로 응수하였다. 그가 곧 예수이다. 예수는 그 자신이 구속자는 아니지만 구속자의 매개자로서, 법을 부수도록 가르쳤다. 자연의 법은 금욕을 통하여 부수고, 구약의 법은 새로운 복음을 통하여 부수라는 것이었다. 바울이 말한 것처럼, "그리스도는 율법의 저주에서 우리를 구속하셨다." 따라서 여러 그노시스파는 뱀의 이러한 가르침에 따라 실제로 여러 가지 방법으로 그 법들을 부수었다. 한편으로 금욕주의적 교파들은 혹심한 고행을 통하여 자연의 법들을 부수었다. 다른 한편으로 주신제적 교파들은 도덕률이라는 법을 어겼다.

이제 물질은 그 자체로는 스스로 움직이지 못하고 형태도 없다. 그러나 아버지의 갇힌 영에 의하여 생명과 형태를 받아 살아 있는 아름다운 우주, 동시에 인간의 고난과 공포로 이루어진 우주가 된다. 따라서 이 우주의 본질은 혼합적이다. 영과 물질의 복합체인 것이다. 그러므로 그노시스파적인 태도는 일반적으로 엄격하게 이원론적이어서, 인도의 자이나교처럼 물질로부터 영을 분리해내려고 하고 세상에 대해서는 강한 혐오감을 갖는다. 그럼에도 일부 그노시스파가 남긴 글에서는 고무적인 긍정의 구절들을 찾아볼 수도 있다. 예를 들어서, 그노시스파의 복음서인 『도마의 복음서』에서 예수는 이렇게 말한 것으로 나온다. "아버지의 나라는 땅에 퍼져 있지만, 사람들은 그것을 보지 못한다." 또 이렇게도 말하였다. "그 나라는 너희 안에 있고 또 너희 밖에 있다. 너희가 너희 자신을 알면, 너희가 살아 계신 아버지의 아들이라는 것이 너희에게 알려질 것이고 또 너희가 그것을 알게 될 것이다."[141]

이런 긍정적인 태도를 고려할 때, 아들, 즉 뱀이 원래 그의 의지에 반해서 내려왔다고 생각할 필요는 없을 것이다. 그는 무정형의 물질로부터 이 우주의 영광을 끌어내기 위하여 자발적으로 내려왔을 수도 있다. 사실 이것은 페라트파의 우주적 이미지의 의미였던 것으로 보인다. 페라트파는 이차적 창조자에 대해서는 아무런 말도 하지 않았다(우리에게 그들에 대하여 알려준 성 히폴리투스가 그들의 신화를 정확하게 묘사한 것이라면). 그들의 뱀은 계속해서 스스로 내려오고 올라가고 하면서, 완만한 원을 그리며 조이고 풀기를 반복한다. 나아가서 이 교파의 구성원들은 자기들의 이름 페라트가 "반대편"을 가리키는 그리스어 페라토스($πέρατος$)에서 파생된 것으로 해석하였다. 그 말은 산스크리트에서 "피안(彼岸)"이라는 뜻을 가진 파라미타($pāramitā$)에 정확히 대응하는 말이다. 이 그노시스파적인 페라트파가 활동하던 바로 시기에 나온 수많은 대승불교의 문헌에서 알 수 있듯이, "피안의 지혜(prajñā-pāramitā)"라는 것이 있다. 이것은 사실 불교적인 깨달음의 궁극적 지혜이다.[142] 즉 물질과 정신, 굴레와 해방, 슬픔과 기쁨이라는 모든 이원론적 개념을 넘어서는 지식이다. 사실 이원론의 맥락에서 생각을 한다는 것은 이 물가, 이쪽의 물가, 〈그림 11〉과 〈그림 12〉의 그릇의 바깥면에 그대로 남아 있는 사람들이 있는 물가의 범주들에 얽매여 있는 것이다. 반면 그릇 안에 있는 사람들, 시간의 24개의 기둥으로 이루어진 원과 네 개의 바람으로 이루어진 지평선 너머로 건너간 사람들에게는 이원론이라는 것이 전혀 없다. 저 너머로 건너간 사람들은 하나의 불멸의 비전 속에서 시간적 변화라는 뱀 상징이 해방의 날개 상징과 결합되어 있는 모습을 본다. 또는 페라트파의 이미지를 사용하여 이렇게 말할 수도 있다. 하나의 불멸의 순간에 물질과 아버지 사이에서 늘 움직이는 뱀이 한 바퀴 전체를 순환하는 모습을 본다.

그리스어 그노시스(gnosis, 여기서 "그노시스주의"라는 말이 나왔다)와 산스크리트 보디(bodhi, 여기서 "불교"라는 말이 나왔다)는 똑같이 "지식"이라는 의미이다. 그러나 이것은 감각에서 경험적으로 파생되거나 사고라는 범주를 통하여 이성적으로 파생되는 것을 초월한 지식을 가리킨다. 이런 말로 할 수 없는 지식은 또한 그것을 비유적으로 암시하는 용어와 이미지도 초월한다. 예를 들어서, 아버지의 나라와 물질 사이를 순환하는 뱀의 이미지도 초월한다.

일반적인 기독교적 방식은 사도 신경의 신화적 비유를 문자 그대로 받아들이는 것이었다. 그래서 실제로 존재하는 하늘에 아버지가 계신다고 주장한다. 삼위일체가 존재하며, 성육신이 있었으며, 재림이 있을 것이며, 우리 각각에게는 구원받아야 할 영원한 영혼이 있다는 것이다.

반면 그노시스주의-불교 학파들은 그들의 이미지와 말, 신화, 의식, 철학을 "편리한 수단이나 접근 방법"(산스크리트로는 우파야(upāya)인데, 이 말의 어근은 이(i), 곧 "가다"이고, 거기에 "~를 향한다"는 뜻의 우파-(upa-)가 붙은 것이다)[143]으로 이용한다. 그런 것들에 의하여 또 그런 것들을 통하여 말로 표현할 수 없는 그노시스나 보디가 암시된다는 것이다. 그런 수단은 그 자체로는 목적이 아니라, 말하자면 물가가 아니라, 물가를 향하여 돛을 올리는 배들이 떠나는 항구이다. 그리고 그런 항구는 무수히 존재한다. 대승불교 영역에서 그런 항구들은 '부처의 영토들'로 알려져 있다.[44] 근대의 학자들에게는 교파들로 알려져 있다. 이 항구들은 가장 소박하고, 발전이 가장 뒤진 지원자들에게 어울리는 곳들(말하자면 안내자, 소책자, 간단한 정보, 대화용 사전 등등을 요구하는 관광객 무리를 다루기 위하여 만들어진 항구들)로부터 바다의 주인들을 뒷받침하고 새롭게 힘을 북돋을 자격을 갖춘 곳들에 이르기까지 다양하다. 페라트파는 후자에 속하는 영적인 대가들로 보이는데, 대승불교의 깨달은 자들과 비슷하였던 것 같다. 이들은 물질과 정신, 굴레와 해방, 존재와 비존재라는 이원론적 개념들이 사람들을 미혹시키는 것이라고 여긴다. 그러나 다른 많은 그노시스주의 교파들은 페라트파와는 대조적으로 "이쪽 물가"에 속하는 사람들이다. 이들은 영혼의 굴레와 자유 사이의 구별을 인정할 뿐만 아니라, 신화적인 시간의 종말을 말 그대로 믿고 이 세상에 가져오려고 부지런히 노력한다. 그 종말이란 감싸인 빛의 마지막 불꽃이 그 물질적 또아리로부터 풀려나는 때이다. 이들은 이미 말한 바 있는, 대조적인 동시에 서로 관련이 있는 두 가지 방식으로 이 모순되는 과제에 관심을 가졌다. 즉 한편으로는 극단적 금욕주의였고, 또 한편으로는 주신제적 잔치였다.

 이제 드디어 그 악명 높은 교회의 만찬, 즉 초기 기독교인들의 사랑의 식탁에서 실제로 무슨 일이 벌어졌는지 들어볼 필요가 있는데, 이 일과 관련된 믿을 만한 목격자로서 가장 권위 있는 사람은 앞서 기독교인들의 뱀 성례에 대하여 보고에서 이미 인용하였던 성 에피파니우스이다. 그는 젊은 시절에 모두가 찾고자 하는 곳으로 향하는 길을 찾아나섰을 때, 어떤 여자들에 의해서 유혹을 당하여 피비오니스파라고 알려진 시리아의 그노시스파 신도에게로 이끌려 들어간 적이 있기 때문이다. 에피파니우스는 나중에 고백하기를, 그 여자들이 "생김새는 매우 아름다웠으나, 영적인 면에서는 스스로 악마의 모든 무시무시한 것들을 얻어서 부패한"

사람들이었다고 말하였다. 에피파니우스는 아직 성자가 아니었기 때문에 오랫동안 그 부패한 여자들과 함께 지내며 그들의 예배식에 대해서 완전한 지식을 얻게 되었다. 그런 다음에야 그는 그가 전에 알던 사람들 약 80명을 그 지역의 정통파 주교에게 고발함으로써 우리에게 좀더 잘 알려진 경력을 향하여 발을 내딛게 된다. 주교는 그 시대의 방식에 따라 곧 그 도시에서 그들의 더러움을 정화시켰다.

〔에피파니우스는 말한다.〕 그들은 여자들을 공유한다. 그들의 교리를 모를 것 같은 사람이 도착하면 그들은 자기들만 아는 신호를 보낸다. 그들은 인사를 위하여 악수를 할 때 상대방의 손바닥을 독특한 방법으로 간지럽힌다. 새로 온 사람이 그들과 같은 신앙을 가졌는지 알아보기 위해서이다. 같은 신앙을 가졌다고 확신하면 곧 식탁으로 불러들여 고기와 술을 푸짐하게 먹인다. 가난한 사람에게도 마찬가지로 상을 차려준다. 그렇게 음식을 펼쳐 놓고 배를 포화 상태로 부풀리고 나면, 서로 자극하는 일로 들어가게 된다. 남편들은 부인들로부터 떨어진다. 남자는 자기 배우자에게 말하곤 한다. "일어나서 당신 형제와 '사랑의 식탁(아가페)'을 기념하라." 그러면 이 가련한 사람들은 서로 섞인다. 그들이 저지르는 추행에 대해서 말하는 것은 대단히 굴욕적인 일이지만, 그들이 망설임 없이 저지르는 일을 말하는 데 망설이지는 않겠다. 그렇게 하여 그들이 부끄러운 줄 모르고 저지르는 음란한 짓에 대해서 사람들이 두려워 떨게 하기 위해서이다.

그들은 열정적이고 방탕한 방식으로 함께 사귄 뒤에도, 거기에서 하늘에 대한 모독을 그만두지 않는다. 여자와 남자는 남자가 사정한 것을 손에 담은 다음 일어서서, 하늘을 향하여 자기를 부정하는 태도로 머리를 뒤로 젖힌다. 손바닥에 불결한 것이 묻었음에도 이른바 '하느님과 그노시스주의의 병사'로서 기도를 하는 척하면서, '모든 자연의 제일의 존재'이신 아버지에게 그들의 손에 있는 것을 바치며 이렇게 말한다. "우리는 당신께 이 봉헌물을 가져왔으니, 이것은 바로 그리스도의 몸입니다." 그러고나서는 더 이상 고심하지 않고 그것, 즉 그들 자신의 수치의 성찬을 먹으며 말한다. "이것은 그리스도의 몸이다. 과월절의 희생물이니 이것을 통하여 우리의 몸은 고난을 겪으며, 그리스도의 고난 앞에 고백을 할 수밖에 없다." 여자가 생리를 할 때는 생리한 것을 가지고 그렇게 한다. 그 불결한 피를 모은 다음 똑같은 방법으로 들어 올리고 함께 먹는다. 그리고 그것을 그리스도의 피라고 말한다. 그들은 묵시록의 "강 양쪽에는 열두 가지 열매를 맺는 생명나무가 있어서 달마다 열매를 맺고"(「요한묵시록」 22 : 2)라는 구절을 읽을 때, 이것이 여성의 월경을 암시한다고 해석하기 때문이다.

그러나 그들은 서로 성교를 하면서도 수태는 금한다. 그들의 부패의 목적은 아이를 낳는 것이 아니라 단지 욕정을 만족시키는 것이기 때문이다. 악마가 그들을 데리고 놀면서 하느님으로부터 파생된 비유를 조롱하는 것이다.

그들은 욕정을 한계까지 만족시킨다. 그리고 그들의 불결의 씨앗을 스스로 취한다. 그것을 아이를 낳는 데 쏟아붓지 않고 스스로 수치의 열매를 먹는 것이다. 만에 하나 그들 가운데 누군가가 자연스러운 유출로 인하여 여자가 임신을 하게 되는 경우를 보자. 이제 그들이 뻔뻔스럽게 저지르는 훨씬 더 끔찍한 일을 들어보라. 그들은 손이 닿는 대로 가능한 한 빨리 태아, 그 아직 태어나지도 않은 불행한 열매를 떼어내 절구에 넣고 공이로 찧은 다음, 거기에 후추, 꿀을 비롯하여 다른 향유와 약초를 섞는다. 그래야 구역질이 나지 않기 때문이다. 그런 다음 돼지나 개와 다를 바 없는 회중이 모여, 각각 손가락을 담가 희생된 아이의 일부를 먹는다. 이렇게 식인 행동이 끝나고나면 하느님을 향해서 이렇게 말한다. "우리는 욕망의 아르콘에게 속지 않고 우리 형제의 실수를 거두어들였습니다." 그들은 이것이 완전한 미사라고 믿는다.

그들은 다른 끔찍한 짓들도 저지른다. 그들은 다시 자극을 받아 광기 상태에 빠지면 그들이 발산한 수치스러운 것에 두 손을 적시고 더럽혀진 손을 들어 올려 완전히 벌거벗은 몸으로 기도를 한다. 그런 색다른 행동을 하면 하느님 앞에서 자유롭고 공개적으로 이야기할 수 있다고 생각하는 것 같다.

그들은 남자 여자 가릴 것 없이 밤이나 낮이나 기름을 바르고 목욕을 하며 몸을 다듬는다. 그들은 편안하게 늘어져 술을 마신다. 그들은 금식하는 자들을 비난하여 이렇게 말한다. "금식을 해서는 안 된다. 금식은 현재의 이 세계 시대를 만들어낸 아르콘의 영향에 의한 것이다. 사람은 영양을 취해야 한다. 그래서 몸이 강건해져야 하고, 살아 있을 때 열매를 바쳐야 한다."[145]

이 모든 선정적이고 종교적인 작업 밑에 깔려 있는 생각은 아버지의 아들 그리스도는 물질의 영역에 갇혀 있으며, 온 우주가 아들이 못박힌 십자가라는 것이다. 만물에 생명을 주는 것이 그렇게 갇혀서 만물을 채우는 그리스도이다(〈그림 9〉). 나아가서 이 신앙의 의식에는 극히 오래된 생물학적 이론이 관련되어 있다. 이것은 사실 오늘날까지도 동양과 원시 민족들 사이에 보존되고 있는 이론이다. 즉 생식이라는 기적은 자궁 내에서 정액과 월경의 피가 결합하여 일어난다는 것이다. 이 이론에서는 여자의 임신 중에 생리가 중단되어 나오지 않는 피는 정액의 영향을 받아 아이의 몸을 형성한다고 생각하며, 따라서 월경의 피와 정액은 생명의 매개체로서 공포의 대상인 동시에 숭배의 대상이 되었다. 그 둘은 남성과 여성으로 둘이지만, 실질적으로는 하나였다. 따라서 각각의 내부에 있는 생명력은 십자가에 못박힌 아들——만물 안에서 고난을 겪는 자——의 실체였기 때문에 아들인 생명을 전달하는 긴급한 섹스의 내용물은 이 그노시스주의자들이 기도에서 말하는 것처럼 "바로 그리스도의 몸"인 것이다. 그들은 굴레에 묶인 새로운 몸을 생산하지 않고 그들 내부에서 이 생명의 힘을 증가시킴으로써 구속이라는 거룩한 사업, 빛을 해방시키는 사업을 실행한다고 믿었다. 그리고 실수로 생명이 전달되었을 때는, "완벽한 미사"라고 묘사한 의식을 통하여 엄숙하게 생명을 다시 거두어들였다.

3.
유럽 중세의 절정기는 위대한 십자군, 음유시인, 아서왕의 로맨스의 세기였고, 성당들이 출현하던 세기였다. 헨리 애덤스는 이때를 유럽 기독교 통일이 정점을 이룬 순간이라고 부르면서, 이때부터 "통일에서 다양성으로의 운동"이 시작되었다고 말하였다.[146] 이 시기에 유럽 전역에 마니교, 그노시스파를 비롯한 여러 이단들이 생겨났다. 이단들의 움직임은 프랑스 남부에서 특히 두드러졌다. 그러자 마침내 교황 인노켄티우스 3세 (1198-1216년 재위)는 로마의 헤게모니를 보호하기 위하여 알비파 타도 십자군이라는 형태로 하느님의 천벌을 내려보냈다. 그 결과 프랑스 남부가 사막으로 변하였을 뿐만 아니라, 고딕 교회 역시 곧 부서질 것 같은 껍질만 남았다.[147] 폭동은 전부는 아니라고 하더라도 대체로 개혁적 성향을 강하게 띠고 있었다. 고위 성직자들의 부패가 악명을 떨치고 있었기 때문에, 인노켄티우스 자신이 나르본의 교황 특사에게 보낸 편지에서 그곳에서 성례를 거행하는 자들을 이렇게 묘사하였을 정도이다. "짖는 방법을 잊어버린 벙어리 개들이며, 교회법에 관계없이 부자는 용서하고 가난한 자는 죄를 내림으로써 정의를 파는 성직 매매자들이며, 자격 없는 사제나 문맹의 젊은이들에게 직책을 부여하여 자기 손에 성직록을 축적하는 자들이다.…… 그래서 이단들이 오만한 태도를 보이는 것이며, 영주와 동시에 하느님과 그의 교회를 섬기는 사람들을 멸시하는 태도가 만연한 것이다." 교황은 계속해서 이렇게 말한다. "수도자와 수사 신부들마저 성직자복을 벗어버리고 도박이나 사냥을 하러 가며, 첩을 사귀고, 요술쟁이나 돌팔이 의사가 되어버리는 일이 비일비재하다."[148]

주도적인 개혁적 운동의 두 파벌은 발도파와 알비파였다. 발도파는 기독교인들이었지만, 교황에 강하게 반대하였다. 신약의 권위를 결여한 모든 성직 관행도 거부하였다. 그들의 교리 가운데 가장 대중적인 호소력을 가진 것은 4세기초 도나투스파 이단의 원리였다. 즉 자격이 없는 사제가 집행하는 성례는 효력이 있을 수 없다는 주장이었다. 이것은 아우구스티누스가 교회에 가장 위험한 것으로 간주하여 공격하였던 교리이기도 하다.[149] 반면 알비파는 기독교인이 아니라 마니교도였다. 서구에 있는 그들을 향하여 가르침을 내보낸 지리적 중심, 또한 그들을 이후에도 계속해서 지원하였던 지리적 중심은 레반트의 위대한 이슬람 세계도, 시칠리아도, 스페인도 아니었다. 그곳에서는 이미 수피교도와 시아파들이 마니교의 교리를 흡수하여 변형시켜놓았다. 그들의 지리적 중심은 유럽 남동부였다. 즉 불가리아, 루마니아, 달마치야 등지였다. 다시 말해서, 〈그림 3〉과 〈그림 4〉의 황금 오르페우스-디오니소스 피에트로사 그릇이 발견된 바로 그 지역이었다.

〈그림 24〉는 또 하나의 성례용 그릇이다. 이것은 본질적으로 〈그림 3〉, 〈그림 4〉와 같은 예술적 전통에 속한 것이다. 그러나 종교적 상징들은 기독교적이다. 사실 이것은 13세기 아토스산의 그리스 정교 수도원에서 나온 성만찬용 그릇이다. 13세기는 알비파 타도 십자군의 세기이다.

이미 언급한 두 그릇과 마찬가지로 이 그릇 역시 성례용 빵을 담는 그릇으로 사용되었다. 여기서도 광채를 발하는 인물 열여섯 명이 원을 이루고 있다. 그러나 중앙에는 전과 달리 날개 달린 뱀이나 손에 성배 같은 그릇을 든 여신이 아니라 동정녀 어머니가 있다. 그녀의 자궁에는 아기 그리스도가 있다. '진짜 포도나무'이며, 〈그림 23〉에서처럼 들어 올려질 뱀이다. 광채를 발하는 존재들은 경배하는 천사들이다. 이들은 낙원의 미스타이(mystai, 입문자의 첫 등급/역주)들이다. 각각의 천사 위에서는 성자가 기도를 한다. 이들은 새로운 입문자이다. 열여섯번째는 성궤이다. 하느님이 그의 교회에서 머무는 성소이다. 이것은 피에트로아사 그릇(〈그

〈그림 24〉 성찬용 제기 : 아토스 산, 13세기.

림 3))의 제16단계에 대응한다.

라이제강 교수——지금까지 이 세 개의 성찬용 제기에 대한 그의 탁월한 논의에 의거하여 내 주장을 개진해왔다——는 이렇게 말한다.

그리스 정교회가 지배하던 동유럽 땅에는 고대 비교의 형식과 정신이 우리 시대까지 보존되어 왔다. 퓔뢰프-밀러에 따르면 라스푸틴은 '하느님의 사람들'이라는 러시아 교파에 속하였다고 하는데,[150] 이 교파에서도 똑같은 비밀주의, 찬송가, 원무를 찾아볼 수 있다. 원무는 태양의 방향으로 갔다가 다시 반대 방향으로 움직이는 것인데, 하늘의 천사들의 춤을 모방한 것이다. 입문자들은 옷을 벗고 이 행사에서만 입는 하얀 셔츠를 입는다. 그들은 노래하고 춤을 추다가 황홀경에 빠진다. 그때 성령이 그의 남녀 예언자들을 통하여 말을 한다. 이 행사는 전체가 참여하는 성적 잔치에서 절정에 이르는데, 이때 생겨난 아이들은 성령에 의하여 잉태된 것으로 여긴다. 라스푸틴도 신도들 앞에서 직접 춤을 추었고, 절정에 이르면 옷을 벗어던졌다. 퓔뢰프-밀러가 복제한 유명한 그림에서는 이 설화석고 그릇에서 미스타이가 취한 바로 그 자세의 라스푸틴을 볼 수 있다. 그는 축복과 서원의 뜻으로 한 손을 가슴에 올리고, 다른 손은 머리 높이까지 올리고 있다.[151]

따라서 12-13세기에 유럽에서 금욕적인 종파만이 아니라 주신제적인 종파도 번창하였다고 해서 놀랄 필요는 없다. 알비파는 금욕주의적 계열에 속하였다. 로마 교회의 성직자들도 마찬가지였다(적어도 공식적으로는). 그러나 많은 출처를 통해서 알 수 있듯이, 세상 어디에서나 생명의 양육하는 힘들이 신으로서 부정을 당하면, 악마라는 적의에 찬 형태로 다시 나타난다. 이 두 세기 동안 유럽에는 유물이 풍부한 동부로부터 성자들의 뼈나 팔이나 다리, 진짜 십자가 조각, 동정녀의 젖을 담은 작은 병, 성 요셉의 숨결, 주의 눈물, 예수의 할례 때 자른 포피 몇 개, 불타는 덤불의 조각, 천사 가브리엘의 날개에 달린 깃털, 건축자들이 거부한 모퉁잇돌과 같은 거룩하고 놀라운 성물이 들어왔다.[152] 그러나 그것보다 훨씬 더 종교적인 전승도 들어왔다. 예를 들어서, 기독교인들로 여겨지는 공동체가 시행하였다고 주장되는 의식에 대한 다음과 같은 묘사——이제는 아주 익숙해졌겠지만──가 있다. 이 기독교인들은 1022년 프랑스의 오를레앙에서 산 채로 불에 탄 모습으로 발견되었다고 한다.

〔우리에게 이야기를 들려주는 그 시대의 인물은 말한다.〕 앞으로 나아가기 전에 그 방법을 모르는 사람들을 위하여 이른바 "하늘로부터 내려온 양식"을 어떻게 만드는지 좀 자세하게 이야기하겠다. 일년 가운데 어떤 밤에 그들은 정해진 집에 모인다. 모두 손에 등을 하나씩 들고 온다. 모인 사람들은 마치 연도(連禱)를 하듯이 악마들의 이름을 읊조린다. 마침내 그들은 갑자기 그들 사이에 어떤 짐승의 형태로 마귀가 도착한 것을 본다. 그들 모두가 마귀를 본 뒤에는 등을 끈다. 그리고 남자들은 손에 닿는 대로 여자를 잡는다. 그 여자가 자기 어머니이든, 누이이든, 수녀이든, 그 죄에 대해서는 생각하지 않는다. 그들은 그렇게 뒹구는 것을 거룩하고 종교적이라고 여기기 때문이다. 이런 매우 지저분한 방법으로 아기가 생기면, 아이를 낳고나서 여드레째 되는 날 다시 모인다. 그들은 한가운데 커다란 불을 피워놓고, 옛날 이방인들처럼 아이를 그 불 속으로 통과시켜 태워 죽인다. 그리고 그 유골을 모아, 기독교인들이 그리스도의 축복받은 몸을 받들 듯이 받들어 모시며 간직한다. 그들은 죽기 직전인 사람에게 그 유골의 일부를 임종 시에 주는 성찬으로 먹인다. 나아가서 그 유골에는 마귀의 속임수에 의하여 엄청난 힘이 깃들기 때문에, 그 이교에 물든 사람이 조금이라도 그 맛을 보게 되면, 그의 정신은 이교로부터 진리의 길로 돌아오는 것이 거의 불가능하다.[153]

이 이야기를 들으면 같은 기간에 인도에 등장하였던 뻔뻔스러울 정도로 외설적인 종교 의식과 신전 예술을 생각하게 된다. 예를 들어서, 벨루르, 카주라호, 부바네슈바리, 가나릭의 조각이 있는 신전들을 보라.[154] 그 노시스파 기독교인들이 제의를 통하여 그들 문화의 도덕률들을 어김으로써 사람들을 현혹하는 이 세상의 고역으로부터 벗어나려고 하였듯이, 인도에서도 "왼손잡이의 길"을 따르는 사람들은 '다섯 가지 금지된 것'이라는 도덕률 폐기론적 제의를 서행하였다. 그들은 그것을 "다섯 M"이라고 불렀는데, 그 다섯 가지는 포도주(madya), 고기(marṅsa), 생선(matsya), 여자와 관련된 요가 자세(mudrā), 성적 결합(maithunā) 등이다.[155] 나아가서

『신의 가면 : 동양 신화』에서 이야기하였던 인도 남부의 "여성복(kanculi) 의식"[156]과 12세기 프랑스 남부의 유행에 민감한 귀족의 화려한 관습 사이에는 특별히 주목할 만한 유사성이 분명하게 나타난다. 인도의 의식에서는 여자 수도자들이 성소에 들어가면서 저고리를 구루가 맡고 있는 상자에 넣는다. 예비 의식이 끝이 나면 남자들은 상자에서 여자들이 벗어 놓은 옷을 하나 집어든다. 그러면 그 옷의 주인——"남자와 아무리 가까운 친족이라고 하더라도"——은 절정의 의식에서 남자의 파트너가 된다. 관습에서 어긋난 이런 의식은 유럽에서는 좀더 장난스럽고 세속적인 정신의 취향에 맞추어 변형되었으며, 또 남자가 아니라 여자가 주도권을 쥐었다. 유럽의 의식에서 종교적 배경의 희미한 자취는 오직 사육제의 가면극에만 남아 있다. 그래서 이것은 한편으로는 거짓 미사와 연결되기도 하고, 3세기의 순교자인 성 발렌티누스의 이름과 연결되기도 한다(270년 경 2월 14일 사망). 성 발렌티누스가 참수를 당하던 날, 새들이 짝을 짓기 시작하였다고 한다. 이들 이른바 "발렌타인 클럽들(Valentine Clubs)"의 의식은 사실 2세기에서 4세기까지의 알렉산드리아의 발렌티누스 계열 그노시스파(창시자인 발렌티누스는 137-166년에 활동)의 영적인 결혼에서 시작되었다. 이것이 당대의 다른 그노시스파적인 특징들과 더불어 프랑스 남부에 도입된 것이다. 존 러더퍼드(John Rutherford)의 빼어난 작은 책 『음유시인(The Troubadours)』에는 이들에 대한 다음과 같은 재미있는 묘사가 나온다.

매년 2월 14일이면 이 발렌타인파는 말을 타고 편리한 장소에 모였다. 보통 가장 가까운 도시의 중심가였다. 이곳에서 그들은 둘씩 짝을 지어 줄을 섰다. 각각의 짝은 신사와 숙녀로 구성되었다. 줄을 선 사람들은 동네를 한 바퀴 돌았다. '큐피드', '자비', '충성', '정숙'을 상징하는 두 쌍이 앞장을 섰다. 이 대열에는 나팔을 부는 사람과 깃발을 든 사람도 참여하였다. 대열 주위에 어중이떠중이가 모여든 것은 말할 것도 없다. 행렬은 마을의 호텔에서 멈추었다. 이곳의 큰 방은 행사를 위하여 화려하게 장식을 해놓았다. 이 방에서 발렌타인파는 '사랑'을 경배하였다. 미사를 멋지게 흉내낸 예배였다. 이

읏고 각 쌍은 입을 맞추고 헤어졌다. 이제 새로 쌍을 맺을 준비가 된 것이다. 그들 앞에는 은으로 만든 상자가 놓여 있었다. 안에는 참석한 신사들의 이름을 적은 양피지 조각들이 담겨 있었다. 숙녀들은 한 명씩 상자에서 양피지 조각을 뽑았다. 마침내 상자가 텅 비게 되면 큐피드로 분장을 한 의장이 양피지에 적힌 이름을 불렀다. 호명당한 신사는 그때부터 한 해 동안 이름을 뽑은 숙녀의 발렌타인이 되었다. 그렇게 해서 모든 발렌타인들을 새로 짝지으면, 의장은 이 결사체의 법을 낭독하였다. 그 내용에 따르면, 각 신사는 열두 달 동안 그의 숙녀에게 충실해야 하였다. 철마다 꽃도 가져다 바치고 선물도 해야 하였다. 종교적인 목적이나 오락의 목적으로 가고자 하는 곳마다 동행을 해야 하였다. 시인이라면 노래를 지어주고, 무예에 재능이 있으면 그녀를 기려 창 시합을 해야 하였다. 누가 그녀에게 모욕을 주면 최고로 화를 내야 하였다. 또한 이 법은 신사가 어떤 항목이라도 의도적으로 어기면 결사체로부터 불명예스럽게 쫓겨난다고 명시하였다. 그런 경우에 발렌타인파는 2월 14일처럼 모여서, 그의 집까지 행진하여 간다. 그 집 앞에서 집주인의 죄와 벌을 큰 소리로 읽는다. 그리고 문간에서 파문의 상징으로 짚단을 태운다. 마지막으로 발렌타인파의 쌍들의 결혼은 엄격히 금지되어 있으며, 어길 경우 파문을 당한다. 의장이 법 조항을 낭송하고 나면, 교회 예배를 흉내낸 의식이 다시 진행되고, 이어 모임은 해산한다.[157]

중세의 인도와 유럽의 종교들이 유사성을 보인 것은 왼손잡이의 길의 예배 방식에서만이 아니다. 10세기에서 13세기 사이에 양쪽 지역에서 세워진 성당과 신전 형태들도 근본적인 특질을 다수 공유한다.

둘 다 내부만이 아니라 외부에도 황홀경에 빠진 인물 조각으로 장식을 하였다. 성당에서는 천사나 성자였고, 신전에서는 종종 외설적인 모습이었다. 둘 다 그곳이 거룩하고 정상을 넘어서는 존재의 영역임을 나타내려는 의도였다. 〈그림 11〉과 〈그림 12〉의 설화석고 제기의 내부를 크게 확대해놓았다고 생각하면 된다. 사람들은 상징적인 입구를 통과하여 긴 본당이나 만다파(기둥이 있는 홀/역주)를 통과하여 성소(산스크리트로는 가르바-그라[garbha-grha], 즉 "태의 집" 또는 "자궁"이다)에 이르게 된다. 신자들은 내성적인 심오한 명상 속에서 그곳에 임재하는 신을 섬긴다. 유럽에서는 그 존재가 그리스도 자신으로, 신성한 성체의 모습으로 나타났다. 인도에서는 그것이 여신일 수 있는데, 이 여신은 성스러운 형상이나 여음상(女陰像)으로 나타났다. 그녀의 남편 시바는 남근상으로 나타났다. 비슈누나 다른 신은 상징이나 형상으로 나타났다. 푸리 근처 부바네슈바라에 있는 라지라니 신전[158]에는 빛이 없는 지성소 안에 아무런 상징이 없다. 이 아름답고 작은 신전은 1100년경 부유한 매춘부가 왕을 위하여 지은 것이다. 이 지역의 전설에 따르면 왕이 성소에 들어갔을 때 그곳에서 발견한 존재는 성화된 매춘부 자신이었다고 한다. 이 전설이 사실이든 거짓이든, 한편으로는 트리스탄과 이졸트의 사랑의 동굴의 전설과 유사성이 있으며, 또 한편으로는 고피들 사이에 전해오는 크리슈나와 라다의 사랑에 대한 푸라나 우화들과 유사성이 있다. 후자는 당시에 인도에 들어와 꽃을 피우게 되었으며, 1170년경 자야데바의 열광적인 『기타 고빈다(Gītā Govinda)』에서 절정에 이르렀다. 『신의 가면 : 동양신화』에서는 이미 그것을 비슷한 시기에 나온 트리스탄 로맨스와 비교한 바 있다.[159]

더 주목할 것은 신전과 성당에서 거행되는 의식의 형식과 장치들이 놀라우리만치 하나하나 일치한다는 것이다. 존 우드로프 경(Sir John Woodroffe)이 그의 매우 중요한 저서 『탄트라의 원칙들(The Principles of Tantra)』에서 지적하였듯이, 트렌트의 로마 가톨릭 종교회의에서 나온 다음과 같은 구절은 산스크리트로 주석을 달면 그대로 인도의 유사한 문서와 비슷해진다. "오랜 세월 풍부한 경험을 쌓아 영광의 옷을 입고 있는 가톨릭 교회는 신비한 축성식(mantra), 향(dhūpa), 물(ācamana, padya 등), 빛(dīpa), 종(ghantā), 꽃(puṣpa), 의복을 비롯하여 의식의 모든 장엄한 요소들을 도입해왔다. 이것은 종교의 영을 일으켜, 그것들이 드러내는 심오한 신비를 명상하게 하려고 함이다. 신도들과 마찬가지로 교회도 몸(deha)과 영혼(ātman)으로 이루어져 있다. 따라서 교회는 주님(īśvara)께 외적(vāhya-pūjā)으로 또 내적으로(mānasa-pūjā) 이중의 예배를 드린다. 내적인 것은 신도들의 기도(vadana), 사제의 상무 일과서, 늘 우리를 위하여 중재하시는 주님의 목소리이다. 외적인 것은 예배식의 외적인 동작이다."[160] 중세

말에 유럽에 들어온 묵주에 대해서도 이야기하여야 할 것 같다. 나아가서 두 종교의 공간에서 주요한 예배의 형식과 의미도 똑같다. 사제가 의식을 거행하는데, 준비 기도로 시작을 한다. 특별한 의식에서는 성가를 영창한다. 제물──서양에서는 빵과 포도주, 인도에서는 우유나 버터, 과일, 짐승이나 인간──을 축성하여, 상징적으로나 실제적으로 죽인다. 그리고 성찬식에서 그 일부를 소비한다. 그런 뒤에 감사 기도를 드리고, 회중은 해산한다.

인도에서 이런 스타일의 종교적 예술이나 건축이 최초로 나타난 것은 굽타 왕조의 찬드라굽타 2세(378-414년 재위) 통치기이다. 이것도 의미심장한 일이다. 『신의 가면 : 동양 신화』와 『신의 가면 : 서양 신화』에서 지적하였듯이,[61] 이 시기는 비잔티움의 황제 테오도시우스 대제(379-395년 재위)의 재위기를 포함하기 때문이다. 테오도시우스 대제의 반이교도 칙령 때문에 모든 분야의 지식인들──사제, 철학자, 과학자, 예술가──이 동쪽 페르시아나 인도로 이주하는 사태가 벌어졌다. 헤르만 고에츠가 보여주었듯이 로마-시리아의 예술이나 문화 형식들과 이 시기에 인도에 갑자기 나타난 형식들 사이에 일치하는 점이 그야말로 수백 가지라는 것은 이 시기에 발생하였던 사건들을 증명하고도 남음이 있다. 이 때문에 힌두교와 불교의 예술, 문학, 신전 건축의 황금기가 동트게 되었다. 이것은 5세기부터 13세기 중반에 이르기까지 서양에서는 같은 기간 동안 억압되었던 신화와 예배 형식들을 다수 보여준다.

테오도시우스 대제로 인한 큰 위기의 결과에 대하여 좀더 진전된 비교문화적 연구가 이루어지지 않은 것은 안타까운 일이다. 제대로 연구를 하려면 한편으로는 굽타 인도와 그 이후 당나라까지 추적을 해보아야 한다. 다른 한편으로는 반쯤 기독교화된 유럽 지하의 이단 운동들과 마법 유행병을 추적해보아야 한다. 이 둘은 광범위하게 퍼진 하나의 신비주의 전통의 두 지류이다. 이 전통의 가장 오래된 줄기와 뿌리는 헬레니즘 시대의 이집트, 시리아, 소아시아에서 찾아볼 수 있다. 폭넓은 기초를 가진 과학인 비교신화학은 이 대목에서 확산을 통한 역사적 변형의 주요한 예의 원인과 결과──지리적, 심리적, 사회적, 철학적, 종교적, 미학적──

양쪽을 포괄적으로 기록할 수 있는 중요한 기회를 얻을 수 있다. 한편으로는 신화적이고 제의적인 전승의 단일하고 막강한 맥락이 수백 년 동안 계속되어온 것에 주목할 수 있고, 다른 한편으로는 그것이 모든 기질과 특색, 악덕, 미덕, 이상에서 대조를 이루는, 서로 불가해한 대립물과 직면하여 갈라져나가는 것에 주목할 수 있다. 한쪽은 어둡고 한쪽은 밝은 두 자매의 성격이 서로 비교되면서 상대를 비추어주듯이, 중세의 동양과 유럽이라는 두 동종(同種)의 세계도 서로를 비추어준다. 특히 두 세계가 공유한 상징들의 해석과 관련하여, 유럽에서 인도를 바라보는 일의 가치는 상당하다고 말할 수 있다. 유럽에서는 오직 축자적이고 정확하게 규정된 정통적 독법 한 가지만이 공식적으로 허용된 반면, 인도에서는 예배와 예술 양쪽에서 의미와 응용의 상징적 굴절이 최대한 허용되어왔기 때문이다. 따라서 이 연구의 한 영역에만 시선을 고정시켜온 연구자는 자신의 한계선을 넘은 곳으로부터 넘어온 지식이 순식간에 드러내는 현상들에 당황할 수밖에 없다. 오늘날 이 세계에서 이루어지는 모든 전지구적 작업, 동양과 서양을 엮는 작업의 궁극적 목표로 여겨지는 보편적 이해라는 대의에 비추어 보더라도, 이런 자료 전체를 진지하고 체계적으로 점검하는 일은 관심의 대상이 될 만하다.

이제 다시 서양의 위대한 창조적 거장들에게로 눈을 돌리되, 우리 연구의 기본적 원칙, 즉 그들이 사용한 상징들은 멀리서 왔다는 것을 잊지 말도록 하자. 그들은 기원은 어떤 하나의 종교적, 세속적, 도덕적, 도덕률 폐기적 전통의 한계 내에서 찾을 수 없다. 그보다 훨씬 더 깊고, 넓고, 오래되고, 또 인간 정신의 일차적 기능들과 더 내밀하게 연결되어 있기 때문이다. 그러므로 그 상징들은 어떤 매체에 실려 있든 그 매체 자체를 넘어선 곳으로부터 말을 한다. 에덴 동산의 뱀이 그런 예이다. 고대 근동의 민족들은 야훼가 도래하기 훨씬 전부터 그 뱀을 알았다. 오르페우스교도는 그 뱀이 랍비나 교부들이 들은 것과는 매우 다른 언어로 해주는 이야기를 들었다. 오피스파는 또 다른 이야기를 들었다. 그리고 그 뱀은 우리에게도 할 이야기가 많다. 남자와 여자, 여자와 남자, 트리스탄 이졸트, 이졸트 트리스탄의 사랑 생명(love life), 사랑 죽음(love death)의 상징들도 마찬가지다. 그들의 삶을 읽고, 그들의 죽음을 읽고, 그들의 매우 위대한 시인의 힘을 판단하기 위해서는, 고트프리트의 시대와 우리 시대의 다양한 지역적 신화들(민족적 관념들)을 통해서 또 그것을 넘어서서, 그의 예술에 불멸로 남아 있는 원초적 노래의 저음과 상음, 새로운 음조와 낡은 음조를 읽는 데까지 나아가야 한다.

# 제2부 황무지

제2부 일본기

# 제4장 사랑-죽음

## 1. 에로스, 아가페, 아모르

아모르의 심리학을 연구하는 최근의 학자들이 그노시스파의 문헌과 고트프리트의 시를 정말로 둘 다 읽어보았다면, 어떻게 고트프리트만이 아니라 다른 트리스탄 시인들이, 또 음유시인들까지도 다 마니교도라고 주장할 수 있는지 나는 도무지 이해할 수가 없다.[1] 물론 그들이 번창하던 시기는 알비파 이단의 번창기이기도 하다. 또한 "사상이라는 아름다운 여인"을 안내의 빛으로 삼으면서 아모르를 숭배한 것이 원칙적으로 간통과 관련된 것이었으며, 생식을 지향하지 않았다는 것도 사실이다. 나아가서 이런 사랑을 신성하게 여긴 것은 종, 책, 사제 등과 같은 교회의 일이 아니라 순수하게 남녀의 성격과 감정의 문제였다. 마지막으로 연인들이 사랑의 이름으로 복종한 광적인 규율은 때때로 참회의 숲의 광기에 근접하기도 하였다.

어떤 사람은 고통받는 비참한 뭉둥이로부터 겉옷, 사발, 딱따기를 산 다음 손가락 하나를 자르고 사랑하는 여인의 문간에 다른 병자나 절름발이들과 함께 앉아 그녀의 보시를 기다렸다는 이야기가 있다. 시인 페이레 비달(Peire Vidal, 1150-1210년경?)은 "암이리(The She-Wolf)"라는 뜻을 가진 라 로바(La Loba)라는 이름의 여인을 기려 이리의 가죽을 뒤집어쓰고 양을 지키는 개들을 자극한 뒤 달아나다가 개들에게 물려 죽을 뻔하였다. 그러자 백작 부인과 그녀의 남편은 함께 박장대소를 한 뒤 의사를 붙여 나을 때까지 돌보아주었다.[2] 랜슬롯 경은 귀네비어의 높은 창문에서 뛰어내린 다음 미치광이가 되어 몇 달 동안 숲 속에서 속옷만 입고 배회하였다.[3] 트리스탄 역시 미쳤다. 기사도가 번창하던 시절에는 갈루아(Gallois)라고 알려진 그런 연인들이 흔하지는 않았다고 하더라도, 적어도 드물지는 않았던 것 같다. 인도의 고행자들 가운데는 "거꾸로 된 계절"이라는 규율을 따르는 사람들이 있었다. 이들은 날이 따뜻해지면 옷을 껴입어 한여름에는 에스키모처럼 지내고, 반대로 날이 선선해지면 옷을 한 꺼풀씩 벗어 한겨울에는 랜슬롯처럼 속옷 차림으로 살았다.[4] 이런 이야기를 하다보면 이 시인들과 같은 시대를 살았던 인물로, 마치 어린아이와 같았던 성 프란키스쿠스(1182-1226년)를 떠올리지 않을 수 없다. 그는 자신을 궁핍이라는 여인을 사모하는 음유시인으로 여겼으며, 문둥이들과 더불어 구걸을 하였고, 자연을 향하여 시를 썼으며, 새들에게 설교를 하였다.

   그러나 알비파라는 주장과 관련하여 우선 주목하여야 할 것은, 그노시스파-마니교도는 자연을 부패한 것으로 보았으며, 감각을 매혹시키는 것들을 거부하였던 반면, 음유시인의 시나 트리스탄의 이야기, 무엇보다도 고트프리트의 작품에서 가장 고귀한 순간──사랑의 실현──의 자연은 그 자체로 목적이며 영광이라는 점이다. 예절과 예술, 절제, 충성과 용기에 의하여 갈고닦이면서 고귀한 수준에 이른 감각들은 사랑의 실현의 안내자들이다. 씨앗에 이미 잠재한 꽃처럼 사랑의 실현이라는 꽃 역시 모든 마음에(적어도 모든 고귀한 마음에) 잠재하며, 적당히 재배해주기만 하면 성숙할 수 있다. 따라서 궁정에서 아모르를 숭배한 것을 이단의 범주로 묶는다면, 거기에는 그노시스파나 마니교라는 명칭보다는 펠라기우스파라는 명칭을 붙여야 할 것이다. 『신의 가면 : 서양 신화』에서도 보았듯이,[5] 펠라기우스와 그의 추종자들은 우리가 아담과 하와로부터 죄를 물려받았다는 교리를 완강하게 거부하였으며, 궁극적으로 우리의 자연 자체가 은총으로 그득하기 때문에 초자연적인 은총은 필요없고 기적적인 구속 역시 필요없다고 가르쳤다. 다만 일깨워주고 성숙시켜주기만 하면 된다. 또한 기독교인은 그리스도의 모범과 가르침에서 많은 것을 배우기는 하지만, 궁극적으로 모든 사람은 자신의 완성의 주체이자 수단이다 (또 반드시 그렇게 되어야 한다). 음유시인들의 노래에서도 감각과 세계의 타락이나 부패에 대한 이야기는 거의 또는 전혀 들을 수 없다.

나아가서 무차별적인 '사랑의 식탁'——주신제적인 피비오니스파의 잔치이든 자비로운 교회 만찬이든——의 정신과는 대조적으로, 아모르는 개인적이다. 앞서도 말하였듯이, 이것은 감각의 선도와 매혹을 따른다. 특히 가장 고귀한 감각인 시각을 따른다. 반면 '사랑의 식탁'의 요점, 공동체적 사랑의 핵심적 미덕은 그 목적이 무차별적이라는 것이다. "네 이웃을 네 몸 같이 사랑하라."[6] 눈과 마음의 으뜸가는 기능인 선별성은 아가페에서는 빈틈없이 폐기된다. 말하자면, 천사처럼 자비로운 방법이든 디오니소스의 주신제처럼 악마적인 방법이든, 불을 끄고 누구든 가까이 있는 사람을 사랑하는 것이다. 그러나 어떤 경우든 종교적이다. 에고, 에고의 판단, 에고의 선택을 버리기 때문이다.

우리의 신학자들이 여전히 아가페와 에로스에 대하여, 그리고 그 둘의 근본적 대립에 대하여, 마치 그 둘이 "사랑"이라는 원리의 최종항들인 것처럼 쓰고 있는 것은 놀라운 일이다. 아가페는 "자비"요 신적이자 영적인 것이고 "공동체 내에서 서로를 향한 것"이며, 에로스는 "욕정"이요 자연적이자 육적인 것이고 "섹스의 충동, 욕구, 기쁨"[7]이라는 것이다. 설교단에 올라서는 누구도 이 두 가지와 대비되는 제3의 선별적이고 차별적인 원리 아모르에 대해서 들어보지 못한 것 같다. 아모르는 오른쪽 길(승화시키는 영, 정신, 인간 공동체)도 아니요 왼쪽 길(자연의 자연발생성, 음경과 자궁의 상호 자극)도 아니며, 바로 앞에 있는 길, 눈의 길이며 눈이 심장에 보내는 메시지이다.

이 점과 관련하여 위대한 음유시인(어쩌면 가장 위대하다고 말할 수 있을지도 모르겠다) 기로 드 보르네일(Guiraut de Borneilh, 1138-1200년경?)이 쓴 시가 있다.

이렇게 사랑은 눈을 통하여 마음을 얻는다.
눈은 마음의 정찰병으로서
마음이 즐거이 가지고자 하는 것을 찾아
돌아다니기 때문이다.
눈과 마음이 완전한 조화를 이룰 때,
이 둘이 하나의 결의로 단단하게 뭉칠 때,
그때 눈으로 들어와 마음으로부터 환영받는 것에서
완전한 사랑이 태어난다.
이렇게 마음의 움직임에 의해 태어나거나 시작되지 않으면
사랑은 다른 방법으로는 태어날 수도 시작될 수도 없다.

눈과 사랑의 은총에 의해서, 명령에 의해서
눈과 사랑의 기쁨으로부터
사랑은 태어나, 깨끗한 희망을 품고
친구들을 위로하러 다닌다.
모든 진정한 연인들은
사랑이 완벽하게 착한 마음임을 알기 때문에,
사랑이 반드시 마음과 눈으로부터 태어남을 알기 때문에,
눈은 사랑을 꽃피우고, 마음은 사랑을 성숙케 함을 알기 때문에,
사랑은 눈과 마음이 뿌린 씨앗의 열매임을 알기 때문에.[8]

우리는 이제 새로운 땅에 이르렀다고 말할 수 있다. 앞서 세계의 원시 전승, 동양 전승, 서양 전승을 오랫동안 살펴보던 동안에는 만나보지 못하였던 땅이다. 이 독특하고 새로운 땅 위에 근대의 자립적인 개인이 서 있다. 이 개인은 적어도 그때의 수준에서 최대한 성숙한 모습으로 자신을 드러내며, 과거와 당대의 대중적이고 부족적인 사상가들에 대립하여 공포의 무게에 버티면서 자신이 확보한 땅을 지키고 있다. 사실 이 음유시인의 19행의 시에 이미 르네상스인의 세계관이 나타나고 있는데, 이것은 미술에서는 곧 르네상스의 (선형적) 원근법이라는 객관적으로 발견된 규칙에 전형적으로 나타나게 될 터였다. 원근법이란 살아 있는 한 쌍의 눈이 자리 잡은 곳으로부터 소실점을 향하여 뻗어 나가는 선들을 따라

개인의 시점으로부터 선택되거나 상상된 시야를 조직하는 방법이다. 나아가서 이것은 개인의 사적인 마음의 충동을 따른다. 이제 세계는 마침내 감각을 가진 인간, 과감하게 보고, 살피고, 반응하는 사람들에게 부드러운 빛과 형식으로 자신을 드러내게 되었다. 종교적 전승을 통제하는 문제들은 원칙적으로 무시되고, 개인적 관점이 결정적인 자리를 차지한다. 따라서 음유시인들의 세기에 유럽 전역에 마니교적인 이단이 광범위하게 퍼져 있었던 것이 사실이고, 또 그들의 시에서 칭송되는 여인들의 다수가 이교도였던 것도 사실이지만——물론 여인들 가운데는 기독교도도 있었고, 또 시인들은 이교도만이 아니라 기독교 전통의 예배에 참여하기도 하였다——그 시인들은 예술가로서의 성격으로 보거나 그들의 시와 노래를 보거나 양쪽 전통 모두로부터 떨어져 있었다. 그들의 시의 전체적 의미는 사랑의 찬양이었는데, 이 사랑의 목표는 결혼도 아니고 세상의 해체도 아니었다. 심지어 육체적 교제도 아니었다. 또한 수피교도들의 경우처럼, 비유적으로 거룩한 사랑의 "포도주"를 마시는 것도, 하느님 안에서 영혼을 죽이는 것도 아니었다. 오히려 그 목표는 정제하고, 승화하고, 신비를 전달하는 힘인 사랑을 직접 경험하는 삶, 사랑의 고뇌와 기쁨을 통하여 존재의 슬프고, 달콤하고, 씁쌀하고, 얼얼한 가락에 마음의 문이 저절로 열리는 것을 경험하는 삶이었다.

여기서 무라사키 시키부(紫式部)부인의 『겐지모노가타리(源氏物語)』(서양에서는 아서 웨일 리가 번역한 『겐지의 이야기[Tale of Genji]』로 알려져 있다/역주)에 나오는 궁정의 멋쟁이들과 그들의 사랑을 떠올리게 된다. 사실 대승불교의 "사물에 대한 동정심의 자각"[9](일본어로는 "もののあわれをしる")에도 공통된 정서가 있다. 그러나 『신의 가면 : 동양 신화』에서도 이야기하였듯이, 일본에는 전체적으로 종교적 분위기가 깔려 있다. 그러나 음유시인들의 사랑의 서정시에는 종교적 모티프들에 대한 유추가 분명해 보이는 곳에서도 신화적 관련은 무시되며, 시는 솔직하게 오로지 세속적인 면을 유지한다. 시인은 여인을 열렬히 사랑하는 사람이다. 여인은 유추에 의해서가 아니라 자신의 찬란함과 우아함으로 빛과 힘을 발휘하는데, 이 세상의 삶에서는 이것으로 충분하다.

그 한 예로 프로방스에서 활동한 또 한 사람의 위대한 음유시인 베르
나르 드 방타두르(Bernart de Ventadorn, 1150-1200년경에 활약)의 유명
한 시 「사랑에 빠진 기쁨」의 세 연을 인용해보겠다.

내가 다른 가수들보다 낫게
노래하는 것은 놀랄 일이 아니지.
내 마음 때문에 나는 사랑으로 더 이끌리니까,
나는 그녀의 명령에 더 잘 따르니까.
마음과 몸, 지혜와 재치,
힘과 권력, 나는 이 모든 것을 걸었고,
그래서 나는 굴레에 묶인 듯 사랑으로 끌려가니
다른 것은 돌볼 틈이 없어라.

*　*　*

이 사랑은 내 마음을 이리도 부드럽게
이리도 달콤하게 때려대는구나!
나는 하루에도 백 번씩 슬픔 때문에 죽고,
다시 백 번씩 기쁨 때문에 죽는다.
사실 내 병은 아주 좋은 것이고,
이 병은 다른 어떤 선(善)보다 가치가 있다.
내 병이 나에게 이리 좋으니,
병을 따라 그 치료법도 좋겠지.

*　*　*

고귀한 여인이여, 그대에게 다른 것은 원치 않으니
오직 나를 그대의 하인으로 써 주시게,
무슨 보답을 얻든
좋은 주인을 섬기듯 그대를 섬기리라.
보라, 나는 그대의 명령을 따르니,

신실하고 겸손하며, 명랑하고 정중하다.
여기 나는 그대에게 항복했으니,
그대는 나를 죽이기 위해 곰이 될 필요도 사자가 될 필요도 없어라.[10]

이 시는 프로방스의 궁정에서부터 독일로 전해졌으며, 그곳에서 미네징거(Minnesinger), 즉 미네(아모르)를 노래하는 가수들의 언어와 정신에 맞게 재조정되었다. 이들 가운데 최고 거장은 궁정에서 궁정으로 떠돌아다니던 발터 폰 데어 포겔바이데(Walther von der Vogelweide, 1170-1230년경)였다. 그는 이 서정시에 독일 특유의 정신적 깊이와 열정을 담았으며, 유행의 인공성에 반대하는 전원적이고 자연적인 것에 대한 공감이라는 새로운 경향을 도입하였다. 그러나 이 기독교 시인의 도덕성은 교회에서 설교되는 것과는 달랐다. 헨리 오스본 테일러(Henry Osborn Taylor)는 그의 쾌활한 짧은 시 「린덴나무 아래」에 대해서 이렇게 말하였다. "놀랍게도 이 시는 기억에 남아 있는 사랑의 기쁨의 분위기만이 아니라 그런 분위기에 대한 기대감도 전해준다. 부도덕성은 완벽하며…… 여자의 노래에 나타나는 완전한 기쁨에 의해서 매우 유혹적으로 제시되고 있다. 참회나 후회는 없다. 오직 기쁨과 까불며 터뜨리는 웃음뿐이다."[11]

중세 언어의 예쁜 운율의 흐름과 매혹적인 순수성을 전달하는 것은 불가능하겠지만, 젊고 싱그러운 기쁨의 느낌은 전달될 수 있을 것 같다.

린덴나무 아래
히스 위에
우리 둘을 위한 침대가 있더라.
그곳에는
찢어진 꽃잎과 풀잎이
아름답게 놓여 있더라.
계곡의 숲 옆에서
    탄다라다이!
    나이팅게일은 예쁘게 노래를 한다.

냇물을 향해
걸어갔더니
내 님은 벌써 와 계시더라.
그곳에서 내 님이 나를 향해
"나의 아름다운 여인이여!"
하고 인사를 하니 나는 가없이 행복하더라.
그가 나에게 입을 맞추었을까? 족히 천 번은 그랬으리.
  탄다라다이!
  지금 내 입술이 얼마나 붉은지 보아라.

내 님은 그곳에
화려하게
꽃으로 만든 침대를 준비했더라.
간혹 그 길로 지나기만 해도
속으로
슬며시 웃음을 짓게 되더라.
눈에 보이는 장미 옆에
  탄다라다이!
  내 머리를 누일 베개도 있어라.

내 님이 내 곁에 누운 것을
혹시 누가 안다면
(하느님 맙소사!), 나는 창피하겠지.
그러나 내가 내 님과 무엇을 했는지
그것에 대해서는
아무도 알지 못하리. 오직 내 님과 나,
그리고 아주 작은 새
  탄다라다이!
  아무 말 하지 않을 아주 작은 새만이.[12]

여기에 나타나는 도덕성은 엘로이즈가 그녀의 사랑이 화창하게 피어나던 첫 시절에 보여주었던 것과 같다. 발터의 시구에서는 그녀의 용기 있는 복음이 되풀이하여 울려 퍼진다.

> 사랑이 죄라고 말하는 사람은
> 먼저 잘 생각해보게 하라.
> 우리 모두가 당연히 함께 살아야 하는
> 사랑 안에 얼마나 많은 덕이 깃들어 있는지.[13]

"여자는 언제까지나 여자의 가장 고귀한 이름이 될 것이며, 그 가치에서 숙녀보다 더 클 것이다!" 발터는 그렇게 썼다.[14] 이 점에 대해서 테일러 교수는 "이런 말이 나오기 위해서는 독일인이 필요하였다"[15]고 말한다. 또한 세상을 변화시키는 사랑이라는 정서를 미네, 아모르로 인식하는 데도 독일인이 필요하였다. 이것은 쇼펜하우어가 600년 뒤 그의 철학에서 기념하였던, 이원론을 넘어서는 존재의 초월적이고 내재적인 터전과 똑같은 경험이었다. 우리는 이미 스트라스부르크의 고트프리트가 사랑의 동굴에 성례의 제단 대신 수정 침대를 갖다놓는 상징을 통하여 이러한 신비를 찬양한 것에 주목한 바 있다. 발터의 수많은 시들은 또한 여신 미네의 계시를 그의 당대 프로방스나 옛 프랑스의 연애시에서 제시되는 모든 것을 넘어서는 형이상학적 수준으로까지 끌어올리는 면모를 보여준다.

> 미네는 남성도 여성도 아니며,
> 영혼도 몸도 없으니
> 상상할 수 있는 무잇과도 닮지 않았다.
> 그녀의 이름은 알려졌으되, 그녀의 자아는 파악할 수 없다.
> 그러나 누구도 그녀로부터가 아니고는
> 하느님의 은총의 축복을 받을 수가 없나니.
>
> 그녀는 거짓된 마음에는 찾아오지 않는다.[16]

이런 전원적인 시가 쓰여지던 시기에 엄혹한 현실의 세계는 역사의 악몽이 만들어냈던 어느 시기 못지않게 아모르에게는 위험하고 어울리지 않는 처소였다는 점은 적지 않은 중요성을 지닌다. 프랑스 남부의 참상에 대해서는 이미 언급하였다. 유럽 중부 전체도 마찬가지로 무시무시한 혼란의 소용돌이에 말려들었다. 1197년 '잔혹왕'이라는 별명을 가진 호엔슈타우펜 왕조의 황제 하인리히 6세의 서거와 더불어 신성 로마 제국의 왕관은 실수로 놓친 미식축구공처럼 아무나 잡아도 좋다는 듯이 굴러다니고 있었다. 왕관을 차지하려는 군대들——한편으로는 영국, 교황, 교황파 경쟁자들의 연합군, 다른 한편으로는 독일 제후들과 슈바벤의 왕으로 있는 필리프——은 도처에서 도시와 촌락을 약탈하고 지역 전체를 황폐하게 만들며, 지극히 잔인하고 역겨운 범죄들을 저지르고 있었다.[17] 이런 방종한 일은 1220년경, 살해당한 필리프의 총명한 젊은 조카 프리드리히 2세(1194-1250년)가 마침내 머뭇거리며 불편해 하는 교황을 몰아붙여 성 베드로 성당에서 대관식을 올릴 때까지 계속되었다. 발터는 이 무시무시한 사건들의 목격자로서 경멸감 섞인 어조로 가차 없이 써내려갔다.

> 나는 내 눈으로 사람들에 대한 감추어진 일들을 보았으며, 그들이 행동하고 말하는 모든 것을 듣고 보았다. 로마가 두 왕에게 거짓말을 하고 배반을 하는 것을 보았다. 교황과 평신도들이 그들과 경쟁하는 집단을 이루었을 때 전무후무한 무시무시한 전쟁이 일어났다. 그 전쟁으로 육신과 영혼이 죽었으니 최악의 전쟁이라고 할 만하였다…….[18]

아이러니가 아닌가? 한쪽에서는 선한 의지를 가진 사람들에 대한 사랑과 지상에서의 평화의 이름으로 배반, 방화, 약탈, 학살이 도처에서 이루어지고 있었는데, 바로 이런 시대에 그 평화와 사랑에 대한 고양된 비전이 빛나는 유리와 조각된 돌에 가장 영광스러운 모습으로 나타났다니! 그러나 이 일은 지상에서 이루어진 것이 아니라, 이 눈물의 골짜기로부터 멀리 떨어진 영역에서 이루어졌다. 그 영역의 문을 연 사람은 태양처럼 빛나는 그 여인, 지상에서 성당을 봉헌받은 여인, 그러나 '신의 어머니'인 동정녀 마리아, 노트르 담(Notre Dame)이었다. 아벨라르의 동시대인이지만 그보다는 연상이었던 르 퓌의 주교 아데마르 드 몽테일(Adhemar de Monteil, 1098년 사망)이 지은 찬송으로, 오늘날까지 무릎을 꿇는 모든 가톨릭 신도의 마음에 사랑으로 아로새겨져 있는 소중한 「거룩하신 여왕을 찬송하라(Salve Regina)」의 노랫말을 보자.

> 환영하라, 거룩한 여왕, 자비의 어머니시여,
> 우리의 생명, 우리의 행복, 우리의 희망이여,
> 모두 환영하라!
> 우리 이브의 추방당한 가련한 자식들은 그대를 향하여 우노라.
> 이 눈물의 골짜기에서 그대를 향하여 한숨 쉬고, 울고, 아파 하노라.
> 그러니, 오, 우리의 옹호자여,
> 그대의 자비로운 눈을 우리에게로 돌리소서.
> 우리의 피난이 끝난 뒤,
> 우리를 그대의 자궁의 축복받은 열매 예수께로 인도하소서.
> 오, 자비로우시고, 오, 선하시고, 오, 고우신 동정녀 마리아여![19]

마지막 줄 "오, 자비로우시고, 오, 선하시고, 오, 고우신 동정녀 마리아여!"는 아벨라르와 동시대 사람이면서 논쟁에서 그에게 강력하게 도전하였던 막강한 인물 클레르보의 생 베르나르(Saint Bernard, 1091-1153년)가 덧붙인 것이다. 단테는 생 베르나르에게 『신곡』에서 가장 높은 자리, 즉 하느님의 발 옆자리를 주었다. 평생에 걸쳐 초월적 행복을 열정적으로 설교한 생 베르나르는 사랑의 책에서 비유를 만날 때마다 사람들의 눈길을 이 땅의 눈에 보이는 여자들로부터 저 위에서 관을 쓰고 계신 동정녀 어머니, 천사들과 성자들의 여왕의 영광스러운 모습으로 높이려고 노력하였다. 얼마 후에 단테 역시 그 뒤를 따랐다. 그러나 음유시인들, 미네징거들, 같은 세기의 서사시인들은 아모르를 찬양하면서 니체적인 의미에서 "이 땅에 충실하게", 악마가 영혼의 파멸을 찾아 배회하는 이 눈물의 골짜기에 충실하게 남아 있었다. 그들의 관점에서는 천국이 아니라 꽃이 피어나는 이 땅이 삶의 진정한 영역인 동시에 사랑의 진정한 영역으로 인정받아야 하였다. 사랑에 파멸을 가져오는 부패도 자연(그 핵심은 사랑이다)의 부패가 아니라 사회——속인들의 사회와 교회 사회 양쪽 모두——의 부패였다. 공적인 질서, 좀더 직접적으로는 사랑 없는 결혼을 신성하게 축복하는 것이 그 예였다.

음유시인들의 시 가운데는 새벽에 야경꾼의 경고에 따라 헤어지는 연인을 노래한 시(「새벽 노래」라는 의미의 알바[Alba] 또는 오바드[Aubade]인데, 미네징거들에게는 타게리트[Tagelied]가 되었다)가 두 세계 사이의 불일치에 대한 느낌을 단순하지만 극적으로 전달해준다. 한쪽 세계에는 사랑의 황홀이 있고, 다른 세계는 여인의 위험한 배우자, 로 길로스(lo gilos), 즉 "질투하는 자"로 요약되는 사회 질서가 있다. 자주 인용되는 익명의 시를 들어보자.

> 과수원의 산사나무 아래
> 여인은 연인을 꼭 껴안고 있네,
> 야경꾼이 새벽이 왔다고 알릴 때까지.
> 오, 신이여! 오, 신이여! 이 새벽! 어찌 이리도 빨리 오는지요!
>
> "신께서 이 밤이 절대 끝나지 않게 해주신다면
> 내 사랑이 절대 나를 떠나지 않게 해주신다면,
> 야경꾼이 낮이나 새벽을 보지 못하게 해주신다면.
> 오, 신이여! 오, 신이여! 이 새벽! 어찌 이리도 빨리 오는지요!
>
> 아름다운 사랑이여, 새들이 지저귀는 곳에서
> 우리의 귀중한 게임을 다시 시작해요
> 야경꾼이 플래절렛(리코더와 유사한 악기/역주) 소리를 다시 낼 때까지."
> 오, 신이여! 이 새벽! 어찌 이리도 빨리 오는지요![20]

트리스탄의 로맨스에서는 물론 마르크왕이 질투하는 배우자 역할을 맡는다. 그리고 그의 왕국 틴타겔은 그 우아하고 기품 있는 궁정과 더불어 낮 세계의 가치——역사, 사회, 기사의 명예, 업적, 출세와 명성, 기사도와 우정——를 대표한다. 이 가치는 시간을 초월한 여신 미네의 동굴과는 절대적으로 대립한다. 미네의 동굴은 새들이 계속 노래를 하는 숲의 지속적인 자연 질서에 속해 있다. 연인들은 역사적 변화의 모든 영역으로부터 떨어져서, 어느 시대에나 지위에 관계없이 수정 침대가 있는 베누스산을 찾았다. 그 자리는 자연——외부의 자연과 내부의 자연(본성)이며 이 둘은 똑같다——의 심장부에 있었다. 따라서 그 미덕은 종에 속한 것이지 특정한 이 문화나 저 문화에 속한 것이 아니다. 베다, 성서, 코란 어느 한 곳에 속한 것이 아니라, 우주 속의 본래의 인간에게 속한 것이다. 그러나 이 눈물의 계곡에서는 그것이 절대 보이지 않는다. 우리는 각자 이런저런 특정 문화의 민족적 영역 속에서 성장하기 때문이다(그렇지 않은가?).

우리 모두의 내부에 있는 내재적 영역, 그러나 사라진——잊혀지지는 않았지만——영역은 켈트인 신화와 민담에서는 '파도 밑의 땅', '젊음의 땅', '요정의 언덕' 등으로 다양하게 우화적으로 표현되고 있으며, 아서의 로맨스에서는 랜슬롯 뒤 락(Lancelot du Lac, 호수의 랜슬롯이라는 의미/역주)이 자라고 아서가 그의 검 엑스캘리버를 받았던 "호수 여인의 네버 네버 랜드(Never Never Land of the Lady of the Lake)"로 표현되고 있다. 아서왕의 오래된 연대기들 가운데 가장 최초의 연대기——웨일스의 수도사 몬머스의 제프리가 쓴 『브리튼 통치사(*Historia Regum Britanniae*)』(1136)——에서는 아서왕이 그를 배반한 아들 모드레드와의 최후의 큰 전투 때 "아서 자신이 치명적인 부상을 입고 상처를 치료하기 위하여 아발론 섬으로 갔다"²¹⁾고 기록하고 있다. 같은 기록자가 나중에 쓴 책 『멀린의 생애(*Vita Merlini*)』(1145?)에서는 아일랜드의 늙은 대수도원장 바린투스가 그 배의 키를 잡았으며, 아발론에서는 모건 라 페와 그녀의 자매들이 부상한 왕을 돌보아주었다고 덧붙인다. 그 다음 이야기는 웨이스라는 이름의 노르망디 시인이 기록한 오래된 프랑스어 운문 연대기 『브루트 이야기(*Roman de Brut*)』(1155)에서 들을 수 있는데, 여기에서는 "아서가 여전히 아발론에 있으며, 브리튼인들이 시중을 들고 있다. 그들은 아서가 그가 간 곳으로부터 돌아올 것이고 다시 살아날 것이라고 말하며 또 그렇게 믿고 있다"²²⁾고 말한다. 마지막으로 레이어먼이라는 이름의 한 잉글랜드 시골 사제는 아일랜드인 대수도원장을 좀더 로맨틱한 인물로 바꾸어놓았을 뿐만 아니라, 부상당한 왕이 직접 자신의 재림을 예언하게 해놓았다(1200년경). 이 기록에 의하면 아서는 무려 열다섯 군데나 치명적인 상처를 입었는데, 그 가운데 가장 작은 상처로도 장갑을 낀 두 손이 들어갔다. 아서는 그가 누운 곳 옆에 서 있던 총애하던 젊은 친척에게 슬픈 마음으로 이렇게 말한다.

"콘스탄틴, 너 카도르의 아들아, 내가 이 자리에서 너에게 내 왕국을 주마. 네 평생 나의 브리튼 사람들을 지켜라. 그들을 위하여 내가 살던 시절의 모든 법을 유지하고, 우터가 살던 시절의 모든 좋은 법을 유지하라. 나는 아발론으로, 모든 여자 가운데 가장 아름다운 여인, 아간트 여왕, 놀라울 정도로 아름다운 요정이 있는 곳으로 가련다. 그 여인이 내 상처들을 모두 낫게 해주고, 치료의 약으로 나를 온전하게 해줄 것이다. 나는 곧 내 왕국으로 다시 돌아와 큰 기쁨 속에서 브리튼 사람들과 함께 살겠다."

왕이 말을 하는 동안 바다로부터 작은 배가 파도에 밀려왔다. 안에는 몸매가 아름다운 두 여자가 있었는데, 아서를 일으켜 배에 살며시 눕힌 다음 떠났다.[23]

테니슨의 『왕의 목가(Idylls of the King)』에 나오는 「아서의 떠남(Passing of Arthur)」에는 이런 인상적인 시행이 있다.

그는 큰 깊음으로부터 큰 깊음으로 간다.

부상당한 왕은 검은 여왕 셋이 있는 거무스름한 배를 타고 "죽은 자들 가운데 왕이 되기 위하여" 아발론으로 떠나갔다.

아발론이라는 이름은 석양 너머의 영원한 땅을 가리킨다.

우박도 비도 눈도 내리지 않는 곳,
바람조차도 시끄럽게 불지 않는 곳.

아발론은 웨일스의 아팔렌(afallen, "사과"를 가리키는 아팔〔afal〕에서 나온 말이다), 즉 "사과나무"와 어원이 같다. 여기서 켈트인의 '파도 밑의 땅'과 고전기 헤스페리데스의 '황금사과의 섬'[24] 사이의 유사성이 드러난다. 나아가 죽음과 삶의 두 세계의 '위대한 여신'이 사는 불멸의 동산이라는 전체 콤플렉스와의 관련이 드러나는데, 우리는 인류의 신화를 연구한 앞의 세 책에서 아주 많은 부분을 그 이야기에 할애하였다. 여신이 사는 낙원의 동산, 불멸의 생명나무가 있는 동산이라는 주제는 앞서 인용한 알바의 첫 연에서도 찾아볼 수 있다. 그 연에서 여인은 산사나무 아래에서 옆에 있는 연인을 꼭 껴안고 있다. 어머니의 무릎에 누운 죽은 구세주, 곧 살아서 돌아올 구세주를 보여주는 기독교의 피에타(Pietà) 역시 이 콤플렉스에 속한다. 따라서 아서왕이 열다섯 군데 상처를 입은 것이 우연일까? 달에게 열닷새째 되는 날은 부풀어오르는 과정이 절정에 이르는 시점인 동시에 이우는 과정, 곧 죽음을 향하는 과정이 시작되는 지점이다. 달은 사흘 동안 어둠 속에서 지낸 뒤에 다시 태어난다. 나아가서 치명적인 상처를 입은 트리스탄이 스스로 움직이는 작은 배, 어김없이 이졸트의 성으로 데려다주는 작은 배를 타고 그녀의 더블린 만으로 첫 우울한 항해를 떠나는 것 역시 똑같은 '파도 밑의 땅' 모티프의 또 다른 변주의 한 예임에 틀림없다. 따라서 이졸트, '호수의 여인', 피에타의 '여신 어머니'는 궁극적인 의미에서 하나이다. 이들은 모든 면에서 우리가 살고 있는 이 낮의 세계, '빛의 아들들'의 세계의 판단들에 맞선다.

## 2. 고귀한 마음

음유시인들의 시에서처럼 고트프리트의 『트리스탄(Tristan)』에서도 사랑은 낮의 세계에서 미학적 정지의 순간에 눈으로부터 태어나지만, 내부에서는 밤의 신비를 향해서 열린다. 이 점은 트리스탄의 부모인 블랑셰플로르와 리발린의 사랑 이야기에서 먼저 거론된다. 그들 역시 눈을 통한 사랑의 만남에서 사랑의 고통, 사랑의 황홀에 이어 죽음에까지 이르는 관능적 매혹의 과정을 밟아 나가지만, 마법적 영감을 통하여 그 과정을 선험적으로 예고해주는 미약의 작용은 없다.

마르크왕의 누이인 아름답고 순결한 블랑셰플로르는 여인들과 함께 앉아 보호르트를 구경하고 있었다. 보호르트는 기사들이 갑옷을 입지 않고 방패와 뭉툭한 창만 들고 벌이는 마상 창시합이다. 갑자기 그녀 주위에서 웅성거리는 소리가 들렸다. "어머, 정말 멋진 남자야. 저 말 타는 것 좀 봐!" 그녀의 눈은 여인들이 가리키는 곳을 따라가다가 리발린을 발견하였다. "방패와 창을 다루는 솜씨도 정말 멋져!" 여인들은 입을 모아 말하고 있었다. "저 고귀한 얼굴! 저 머리카락! 저 남자를 얻으면 얼마나 행복할까!"

리발린은 마르크왕의 궁정의 명성을 듣고 브르타뉴에 있는 자신의 영지를 떠나 최근에 그곳에 도착하였다. 시합이 끝나자 여인들에게 기쁨을 주던 기사는 주최자의 누이에게 예를 갖추기 위하여 블랑셰플로르 쪽으로 다가왔다. 리발린은 그녀의 마음의 왕국에서는 이미 왕관을 얻어놓았다. 리발린의 눈이 블랑셰플로르의 눈과 마주쳤다. "신의 축복을 받으소서, 아름다운 여인이여!"

"메르시(고마워요)!" 블랑셰플로르는 상냥하게 대꾸하였다. 그녀는 리발린의 눈길에 마음이 산란해졌지만 계속 말을 이어갔다. "만인의 마음을 축복하시는 축복받은 신께서 그대의 마음과 정신을 축복하기를 빕니다! 진심으로 축하드립니다. 하지만 작은 불만이 있습니다."

"그래요? 아름다운 여인이여, 내가 무슨 잘못을 했습니까?"

"내 친구, 나의 가장 친한 친구를 통해서 한 행동입니다."

그녀가 말한 친구란 그녀의 마음이었다.

"맙소사!" 리발린은 생각하였다. "이것이 무슨 이야기일까?"[25]

이 지점에서부터 젊은이들의 로맨스 이야기를 통하여 불길한 사랑-죽음의 주제에 이르기까지 비탄에 잠긴 연인의 생각에 대한 고트프리트의 분석이 예리하게 펼쳐진다. 사랑-죽음의 주제는 프롤로그*에서 이미 이야기된 바 있으며, 그들의 아들의 전설을 다루는 과정에서 점점 고조되어나간다. 음유시인 보르네일의 시에서와 마찬가지로 고트프리트의 작품에서도 사랑은 눈과 마음에서 태어난다.

그러나 고트프리트의 이야기에서는 비탄에 잠긴 마음 자체에 대해서도 새롭게 관심을 가진다. 그 마음에서 무슨 일이 벌어지며, 그 일이 어떻게 끝을 맺는가. 모든 마음이 사랑을 향하여 열리는 것은 아니기 때문이다. 이런 맥락에서 고트프리트는 "고귀한 마음(das edele herze)"이라는 표현을 사용한다. 고트프리트의 최근 해석자들 가운데 가장 박식하고 분별력 있는 고트프리트 베버(Gottfried Weber)는 이 로맨스에 대한 두 권짜리 철저한 연구서[26]를 통하여 사실 이 중요한 개념이 고트프리트의 전체 작품의 핵심적 주제임을 보여준다. 이 개념은 안으로는 성격, 운명, 가치라는 신비를 향해서 열리고, 동시에 밖으로는 아름다움의 경이와 세상을 향해서 열린다. 그러나 연인은 세상에서 도덕적 질서와 대립한다. 시인은 프롤로그에서 이미 자신을 비롯하여 자신의 삶과 일을 오직 한마음으로 "씁쓸한 달콤함(bitter sweetness)"만이 아니라 "귀중한 고통(dear pain)"도 함께 견디어낼 수 있는 사람들에게만 바쳤다. 베버 교수가 지적하듯이, 고귀한 마음이 특별해지는 것은 사랑의 황홀만이 아니라 고통마저 기꺼이 껴안으려고 하기 때문이다. "또한 그런 식으로 견디어내는 고통은 우발적인 것, 사랑의 유일한 핵심인 쾌락에 외부로부터 덧붙여진 것만은 아니다. 오히려 고통은 기쁨 자체에 내재하는 것이며, 기쁨과 고통은 서로 보완적이라고 할 수 있다. 그래서 쾌락과 고통은 존재의 한 경험에서 같은 비중을 차지하는 구성요소로서 서로 뗄 수 없이 얽혀 있다." 이어서 이 예민한 지각을 갖춘 비평가는 결론을 내린다. "사실 이런 관념에 언어적 힘을 부여하고자 하는 시인의 의도 때문에 모순어법이라는 수사학적 장치를 반복 사용하는 것——프롤로그에서 이미 예상할 수 있는 일이지만——이 시적으로 또 철학적으로 정당화될 수 있다."[27]

이 고전적인 수사학적 용어인 "모순어법(oxymoron)"은 『웹스터 사전(Webster's Dictionary)』에는 "모순되거나 어울리지 않는 단어들의 수수께

---

\* 49-50쪽과 55-56쪽 참조.

끼 같은 효과를 위한 결합(잔혹한 친절, 힘드는 게으름)"[28]이라고 정의되어 있다. 이 말은 그리스어 옥쉬-모로스($ὀξύ-μωρος$, "예리하게 어리석은") 에서 나온 말이며, 동양의 경전에서 흔하게 발견되는 어법을 뜻한다. 동양 고전에서 이런 장치를 사용하는 이유는 모든 논리적 사고의 한계를 이루는 대립물들의 쌍을 넘어, "이름과 형태"를 넘어선 "영역 아닌 영역" 을 가리키려는 것이다. 예를 들어서, 우파니샤드에서는 "감추어지면서 표현되는 존재는 '비밀리에 움직이는 존재'라고 부르며, '존재인 동시에 비존재'로 알려져 있다"[29]고 말한다.

> 눈은 그곳에 이르지 못하며,
> 말도 이르지 못하며, 마음도 이르지 못한다.[30]

또는 『문 없는 문(The Gateless Gate)』이라는 제목의 선 불교 책을 펼치면 "끝없는 순간"과 "가득 찬 공허"라는 말을 발견하게 된다.

> 첫 발을 내딛기 전에 이미 목표에 이르렀으며,
> 혀가 움직이기 전에 이미 말은 끝이 났다.[31]

『신의 가면 : 동양 신화』에서 논의하였던 "피안의 지혜(prajñā-pāramitā)" 에 대한 불교 경전의 언어도 참고하라.

> 깨달은 자는 '위대한 나룻배'를 타고 출발한다. 그러나 그의 출발지는 존재하지 않는다. 그는 우주로부터 출발한다. 그러나 사실 그는 그는 아무 곳으로부터도 출발하지 않는다. 그의 배는 완전한 사람들로 가득 차 있지만, 그 안에는 아무도 없다. 그 배는 어디에서도 지지를 받지 못할 것이지만 전지(全知)의 상태에서 지지를 받을 것이다. 그러나 전지의 상태에는 비(非)지지 역할을 할 뿐이다.[32]

우리는 이런 말을 "신비적(anagogical, "위로 이끈다"는 뜻의 그리스어 동사 안-아고($ἀν-άγω$)에서 나왔다)"이라고 말한다. 이것이 그 자체를 넘어서고, 언어를 넘어선 곳을 가리키기 때문이다. 윌리엄 블레이크(William Blake)는 피안의 지혜와 똑같은 지혜로『천국과 지옥의 결혼(*The Marriage of Heaven and Hell*)』을 썼다. 니콜라우스 쿠자누스(Nicholas Cusanus, 1401-1464년)는『박식한 무지에 대한 변명(*Apologia doctae ignorantiae*)』에서 "신은 서로 모순되는 것들까지 포함한 만물의 동시적인 상호 관련"이라고 하면서, 이런 의미에서 "대립물의 일치를 이단으로 여기는 아리스토텔레스 종파가 현재 우세를 떨치는 것"에 반대하였다. 쿠자누스는 "대립물의 일치를 받아들이는 것이야말로 신비적 신학으로 상승하는 출발점"이라고 생각하였다.[33] 심지어 성 토마스 아퀴나스도 신비한 통찰에 대하여 이야기하면서, "신은 인간이 신에 대하여 생각할 수 있는 모든 것을 훨씬 뛰어넘는다고 믿게 될 때에만 하느님을 진실로 안다고 할 수 있다"[34]고 말한다. 따라서 신이 인간 삶에 표현되는 방식이 사랑이라고 생각한 고트프리트에게는 "예리하게 어리석은" 모순어법이야말로 신비——그의 책은 신비를 표현하는 텍스트이다——를 나타내는 데 가장 적절한 문체적 신호이다.

고트프리트의 전설이 진행되는 동안 기쁨과 슬픔, 명예에 대립하는 사랑, 죽음-삶, 빛과 어둠이라는 양극 사이의 긴장이 꾸준하게 증가하는데, 이것은 미네징거 발터가 찬양하던 여신, 남성-여성이라는 양극을 넘어선 저 강력한 여신의 본성이 점진적으로 심화되고 확장되며 실현되는 것으로 읽을 수 있다.* 똑같은 점이 오르페우스의 피에트로사 그릇(〈그림 3〉)의 중심에서, 빛과 위대한 어둠의 두 주인 사이에서, 눈과 마음 사이에서, 아폴론과 심연의 신 사이에서 표현된다. 또한 미의 여신들과 뮤즈들 역시 이 여신의 매력의 표현이다(〈그림 13〉). 이들은 하늘의 눈 앞에서 삼보구(三步句, 시의 율격의 하나/역주)의 춤을 추는 동시에, 말없는 탈리아와 더불어 땅에서 꼼짝도 하지 않기 때문이다.

또 이와 관련하여 원자 물리학의 영역에서 이루어진 "불확정성 또는 상보성의 원리"의 발견을 생각하지 않을 수 없다. 베르너 하이젠베르크

---

\* 217-218쪽 참조.

(Werner Heisenberg) 박사의 말을 빌자면, 이 원리에 따를 경우 "입자의 위치에 대한 지식은 그 속도나 운동량에 대한 지식을 보완한다. 전자를 매우 정확하게 알아낼 수 있다고 하더라도, 후자는 정확하게 알 수 없다. 그럼에도 시스템의 작용을 규정하기 위해서는 양자를 모두 알아야 한다. 원자적 사상(事象)에 대한 공간-시간 묘사는 규정적 묘사를 보완한다."[35]

인간의 탐구와 경험의 모든 영역에서 존재의 궁극적 본성의 신비는 모순어법적 역설로 터져나오는 것 같다. 그 신비에 대해서는 아무리 훌륭한 말이라도 비유로 받아들일 수밖에 없다. 입자와 파동의 경우이든, 아폴론과 디오니소스의 경우이든, 쾌락과 고통의 경우이든 말이다. 따라서 과학에서나 시에서나 신비적 해석에 기초한 비유의 원리는 인정되고 있다. 진리와 덕을 고정된 용어로 규정하는 곳은 설교단과 언론뿐이다. 고트프리트의 세계에서는 존재의 사고 불가능성을 사고 가능하게 만들려고 하는 자들의 "당나귀 축제"(니체가 붙인 이름)를 참지 못하였다. 니체는 이렇게 썼다. "생명 자체가 나에게 이런 비밀을 알려주었다. 생명은 말하였다. '보라, 나는 늘 자신을 극복해야만 하는 존재이다.'"[36] 고트프리트의 세계에서도 고귀한 마음에서 깨어나는 사랑으로 경험되는 생명의 자기 초월적 힘은 그것이 공격하는 필멸적 존재의 고정관념, 판단, 덕, 이상으로 이루어진 전 체계에 고통을 안겨준다.

시인은 리발린이 처음 블랑셰플로르의 아름다움과 만나 눈과 눈이 잠깐 마주친 뒤 겪게 되는 영적 곤경을 끈끈이를 바른 나무가지에 내려앉은 새의 고뇌에 비유한다. "새는 끈끈이를 알자 날아가려고 몸을 들어 올리나 발은 그대로 붙들려 있다. 그럼에도 날개를 펼치고 가려 한다. 그러나 작은 나뭇가지에 스치기만 해도 더 단단하게 붙들리고 만다."[37] 고귀한 젊은이는 곧 자신이 덫에 걸렸음을 깨달았다. 시인은 경고한다.

> 달콤한 사랑 때문에 그의 마음과 정신이 그녀의 의지에 굴복한 지금도 그는 사랑이 얼마나 아프고 괴로운 것인지 아직 모르고 있었다. 이제 블랑셰플로르──그녀의 머리카락, 그녀의 이마, 그녀의 관자놀이, 뺨, 입과 턱, 그녀의 눈에서 웅크리고 웃음을 터뜨리는 기쁜 부활절──안에서 그의 것이

되어버린 운명(aventiure)*을 끝에서 끝까지 꼼꼼하게 생각해보고나서야 '진정한 사랑(diu rehte minne)', 어김없이 불을 피워 욕망의 열병을 일으키는 사랑이 찾아왔다. 그렇게 해서 그의 마음을 태워버리고 그의 몸을 재로 만들어버린 불길 때문에 리발린은 찌르는 듯한 통증과 애타는 고뇌를 온전히 알게 되었다.…… 그는 세상을 향해서 침묵과 우울한 태도만 보여주게 되었다. 명랑함은 사라지고 애타는 욕구만 남게 되었다.

리발린을 동경하는 블랑셰플로르 역시 애타는 그리움을 피할 수 없었다. 리발린이 그녀를 통하여 슬픔의 무게에 짓눌렸듯이, 그녀 역시 리발린을 통하여 똑같은 무게에 짓눌렸다. '압제자 사랑(diu gewaltaerinne Minne)'이 그녀의 감각들을 공격하였기 때문이다. 사랑은 거센 공격을 통하여 그녀의 평정의 많은 부분을 강제로 빼앗아갔다. 그녀의 태도에서 그녀는 전과는 달리 자기 자신과 하나가 아니었고, 세상과 하나가 아니었다. 전에 즐거웠던 모든 것, 전에 놀았던 모든 것이 이제는 불쾌할 따름이었다. 그녀의 삶은 그녀의 마음에 그렇게 가까이 있는 욕구와 똑같은 모습으로 바뀌어갔다. 그러나 그녀는 자신이 이런 갈망 때문에 고통을 겪고 있다는 사실을 전혀 이해하지 못하였다. 그녀는 평생 동안 이런 답답함과 갈망을 겪어본 적이 없었다. 그녀는 되풀이하여 속으로 되뇌었다. "오, 주 하느님, 제 인생이 왜 이 모양입니까!"[38]

이 무력한 남녀는 압제자-여신 '사랑'이 그들에게 준 운명 외에는 자유로운 선택을 할 능력도 빼앗겨버렸고, 어떤 다른 목적이나 즐거움을 생각할 능력도 빼앗겨버렸다. 그들은 그들의 지식이나 통제를 넘어서는 물결에 실려 그들에게 할당된 일──그들을 초월한 운명──로 나아갔다. 우연처럼 보이기는 하였지만, 마치 그들을 위하여 준비된 것처럼 일이 꾸며져서, 젊고 용감한 백작은 마르크왕을 위하여 이웃의 왕이 시작한 전쟁에 참가하였다가 창에 찔려 죽음을 맞이하기 직전 전장으로부터 실려나오게 되었다.

---

* aventiure는 중세 고지 독일어로, 프랑스어 고어인 aventure와 라틴어 adventura에서 나온 말이다. 이 말은 "사건", 좀더 일반적으로 말하면 "경이로운 일, 사고, 불확실한 결과의 대담한 시작", 특히 "상서로운 사건, 운명" 등의 뜻을 가지고 있다. Matthias Lexer, *Mittelhochdeutsches Taschenwörterbuch*(Leipzig : Verlag von S. Hirzel, 17판, 1926), 9쪽 참조.

고트프리트는 말한다.

　많은 고귀한 여자들이 리발린 때문에 울었고, 많은 귀부인들이 그의 목숨 때문에 애도하였다. 그를 본 모든 사람이 그 불행을 한탄하였다. 그러나 그들이 리발린의 부상 때문에 아무리 슬퍼하였다고 하더라도, 마음의 귀중한 고통 때문에 눈과 마음으로, 누구도 쫓아올 수 없는 열정으로 신음하고 울었던 사람은 순수한 처녀, 상냥하고 우아한 처녀 블랑셰플로르 한 사람뿐이었다.[39]

　그래서 그녀의 늙은 보모는 젊은 처녀가 생명을 잃을까 걱정하는 마음이 되어, 깊이 생각을 해본 뒤, "이미 반쯤 죽은 사람인데 무슨 나쁜 일이 있을까?" 하고 결론을 내리고, 젊은 백작이 부상당한 몸으로 누워 있는 조용한 방으로 블랑셰플로르 혼자 가게 해주었다. 애타는 소녀는 리발린이 그곳에 누운 것을 보고 겁에 질려 조심스럽게 다가갔다가, 그가 거의 죽음에 이른 것을 알고 기절할 뻔하였다. 그녀는 그의 모습을 살피려고 허리를 굽혔다가 자신의 뺨을 그의 뺨에 살짝 가져다 댔으며, 그 순간 진짜로 기절을 하였다. 그래서 두 사람은 의식을 잃고 죽은 듯이 고요하게 긴의자에 함께 누워 있었다. 그녀의 뺨은 그의 뺨에 닿아 있었다. 둘은 한동안 그렇게 누워 있었다.

　이윽고 블랑셰플로르는 잠시 의식을 회복하여, 사랑하는 사람을 두 팔로 안고 그의 입에 입을 맞추었다. 아주 짧은 시간에 십만 번은 맞추었을 것이다. 이것이 그의 감각에 불을 지피고 사랑에 대한 열의를 불러일으켜, 그는 그 아름다운 여인을 자신의 반쯤 죽은 몸 쪽으로 열렬히 잡아당겼다. 마침내 오래지 않아 두 사람의 공통된 욕망은 실현되고, 그 아름다운 여자는 그의 몸으로부터 아이를 받았다. 남자는 거의 죽은 상태였다——여자 때문에 또 사랑 때문에. 신이 그의 욕구를 지속시켜주지 않았다면 다시는 깨어나지 못하였을 것이다. 그러나 그렇게 될 일이었기 때문에 결국 깨어났다……
　이렇게 해서 블랑셰플로르의 마음의 고뇌는 치료되었다. 그러나 그때부터 그녀가 지니게 된 것은 죽음이었다. 사랑이 왔을 때 그녀는 욕구로부터 해방되었으나, 그녀가 자신의 아이와 함께 잉태한 것은 죽음이었다. 그녀는 자기 내부의 아이와 죽음에 대해서는 몰랐으나, 사랑과 남자에 대해서는 잘 알았다. 그는 그녀의 것이었고, 그녀는 그의 것이었기 때문이다. 그녀는 그였고, 그는 그녀였다. 그들이 있었고 또 진실한 사랑이 있었다.[40]

나머지는 간단하게 말할 수 있다.

리발린은 자신의 영지가 침략을 당하였다는 소식을 듣고 블랑셰플로르와 함께 배를 타고 브르타뉴로 가나 그곳에서 싸우다가 죽임을 당한다. 아기 때문에 배가 부른 여자는 그 슬픈 소식을 듣자 혀가 얼어붙고 심장은 돌이 된다. 그녀는 "아!"라는 말도 "어쩌나!"라는 말도 하지 못하고 땅에 쓰러진다. 그리고 나흘 뒤, 고통 속에서 출산을 하고 죽는다.

"그러나 보라! 어린 아들은 살았다!"[41]

리발린의 충성스러운 장군 루알 리 프아트낭은 아이의 죽은 부모의 이름을 보호하기 위하여 마르크왕의 어린 조카를 자신의 아들로 키우고, 누구에게도——아이에게도——아이의 출생의 비밀을 알리지 않는다. 장군 부부는 아이의 이름을 트리스탄이라고 짓는다. 트리스트가 "슬픔"이라는 뜻이므로, 트리스탄은 슬픔 속에서 태어난 아이라는 뜻이 된다. 아이가 일곱 살이 되자 그들은 아이를 퀴르브날(바그너의 쿠르베날)이라는 이름의 선생에게 보내 외국어를 배우게 한다. 트리스탄은 짧은 시간에 많은 책들을 익혔는데, 그 전이나 후에 그렇게 많은 책을 익힌 아이는 없었다. 트리스탄은 또 사냥하는 법, 방패와 창을 들고 말을 타는 법, 알려진 모든 현악기를 연주하는 법을 배웠다. 그리고 열네 살이 되었을 때 퀴르브날과 함께 고향으로 가는 배에 오른다.

그러나 트리스탄은 상선에 의하여 바다로 납치되는데, 상인들은 폭풍우를 만나 여드레를 시달리자 그를 콘월의 해변에 혼자 내려놓는다. 방랑자 트리스탄은 틴타겔에 도착하여 선한 왕 마르크에게 그의 뛰어난 기술을 보여줌으로써, 외삼촌의 사냥꾼, 하프 연주자, 동무가 된다. 우리의 시인 고트프리트는 이런 우연——아니, 우연처럼 보이는 사건——을 이야기하면서 전설의 이 대목을 마무리짓는다. "트리스탄은 자기도 모르는 사이에 귀향을 하였으나, 스스로 방랑자라 생각하였다. 고귀하고 당당한 마르크, 전혀 아버지인 줄 모르던 '아버지'는 트리스탄을 고귀하게 대접하였다.…… 마르크는 트리스탄을 마음으로 귀하게 여겼다."[42]

## 3. 왜곡된 상

민담학자들에게는 유아 도피와 귀환이라고 알려진, 보편적으로 널리 퍼져 있는 신화적 주제는 트리스탄의 소년 시절의 전설에도 나타난다. 이런 주제에는 언제나 그렇듯이, 주인공의 일생의 사건들을 통하여 불가피하게 하나의 운명이 펼쳐질 것이라는—씨앗에서 꽃이 피어나듯이—암시가 내재해 있다. 그러나 트리스탄의 부모의 사랑 이야기에는 그런 분명한 신화적 특징이 없다. 그들의 경우에는 사건들이 자연주의 소설에서처럼 제시된다. 마치 모든 것이 우연에 의해서 결정되는 것 같다. 운명의 전개는 외적인 환경의 변화를 따른다—적어도 따르는 것처럼 보이기는 한다. 그러나 우리는 트리스탄의 부모의 경우에도 트리스탄의 경우처럼 저자의 마음속에서 모든 것이 미리 결정되어 있었다는 것, 중요한 사건으로 읽히는 것이 사실 이미 형성된 플롯의 실현을 위하여 불러낸 하나의 베일, 상황의 직물에 불과하다는 것을 안다.

우리 인생의 상황에 대해서도 같은 이야기를 할 수 있을까?

쇼펜하우어는 그의 놀라운 논문 「개인의 운명에서 의도로 보이는 것에 대하여」에서 이렇게 주의를 준다. "그런 생각의 모든 면에 의문의 여지가 있다. 답은 말할 것도 없고 문제 자체에도 의문의 여지가 있다."

그러나 쇼펜하우어는 계속해서 이렇게 말한다.

누구나 평생을 살아가는 동안 한편으로는 도덕적 또는 내적인 필연성이 느껴지면서도—자신의 인생에서 특별히 결정적인 중요성을 가지기 때문에—동시에 다른 한편으로는 외적이고 전적으로 우연적인 성격을 지닌 것이 분명한 사건들을 인식하게 된다. 이런 사건들이 빈번히 일어나다보면, 개인의 삶의 경로라는 것이 비록 혼란스러워 보이기는 하더라도 본질적으로는 아주 잘 꾸며낸 서사시처럼 하나의 전체를 이루며, 그 내부에 어떤 분명하고 일관된 방향성, 어떤 교훈적 의미가 있다는 생각을 점차 가지게 되는데, 이런 생각은 종종 확신에 이르기도 한다.[43]

블랑셰플로르와 리발린에 대한 고트프리트의 로맨스는 자연주의적 수준에서 제시되면서, 운명과 의미에서 하나를 이루는 두 삶의 일관된 플롯이 독자에게나 등장인물들 자신에게나 나중에 가서야 알려진다. 그것도 우연적 사건으로 보이는 일들을 통하여 알려진다. 반면 트리스탄과 이졸트에 대한 로맨스는 솔직하게 상징적이고 신화적인 형식들에 의존하고 있으며, 그런 형식들은 내러티브가 진전되면서 점점 강력하게 부상한다. 이 로맨스에서 전달되는 느낌은 하나의 삶을 형성하는 운명의 힘에 대한 느낌, 옛 게르만의 말로 하자면 비르트(*wyrd*)\*에 대한 느낌이다.

쇼펜하우어는 다음과 같이 합리적 제안을 한다.

삶의 경로에 나타나는 것처럼 보이는 계획은 어느 정도는 타고난 성격\*\*의 불가변성과 연속성에 기초하고 있다고 설명할 수도 있다. 성격 때문에 한 개인은 계속해서 한 길로 돌아가게 된다. 각 개인은 자신의 성격에 어울리는 것은 분명하게 또 즉각적으로 인식하기 때문에, 일반적으로 그것을 반성적인 의식으로 불러들이지 않고 직접적으로, 말하자면 본능적으로 행동한다……

그러나 외적인 상황이 가지는 막강한 영향력과 거대한 힘을 고려한다면, 내적 성격과 관련한 우리의 설명은 힘을 잃는 것처럼 보인다. 나아가서 세상에서 가장 무거운 것, 즉 엄청난 노력, 고뇌, 고통을 내가도 얻은 개인의 인생 경로가 전적으로 맹목적인 '우연'——의미나 제한도 없는 우연——의 손으로부터만 외적인 보완물과 방향을 얻는다는 것은 잘 믿어지지 않는 일이다. 그래서 사람들은 육안에는 부서지고 깨져 왜곡된 형태로 보이지만 원뿔형 거울에 비추어보면 정상적인 인간 형태를 보여주는 왜곡된 상(像)이

---

\* 149-150쪽과 168-170쪽 참조(앞에서는 영어식 발음에 준하여 "위어드"라고 표기하였다/역주).
\*\* 46-47쪽 참조.

라는 이름의 그림에서처럼, 세상의 경로에 대한 순수하게 경험적인 해석은 육안으로 그 그림을 보는 것과 같고, '운명'의 의도를 인식하는 것은 그 그림을 원뿔형 거울에 비추어 해체되고 흩어진 조각들을 합치고 정리하는 것과 같다고 믿게 된다.⁴⁴⁾

여기서 이 왜곡된 상(anamorphosis, 이 말은 "형성한다"는 의미의 그리스어 모르포[μορφόω]에 "다시"라는 의미의 아나[ἀνα]가 붙은 아나모르포[ἀναμορφόω], 즉 "새롭게 형성한다"는 말에서 나온 것이다)이라는 비유를 강조하고 싶다. 그것이 예컨대 더블린을 돌아다니는 유대인 광고 중개업자의 방랑을 그린 소설에 제임스 조이스가 붙인 제목, 곧 『율리시즈(Ulysses)』의 경우처럼, 현대 문학과 예술 분야의 많은 점들을 분명하게 밝혀준다고 생각되기 때문이다. 겉으로 보기에는 아무런 특징 없는 삶의 일상적이고 우연적이고 파편적인 사건들도 원뿔형 거울에 비추어보면 운명을 그린 고전적 서사시의 형식과 차원이 드러난다. 그러면 오늘날 우리 자신의 흩어진 삶들 역시 하나의 왜곡된 상으로 보게 된다. 자연을 향해서 들어 올린 셰익스피어의 거울처럼, 신화의 상징들은 『우파니샤드』가 말하듯이 "감추어지면서 표현되는 존재, '비밀리에 움직이는 존재'"*라고 부르는 형식 중의 '형식'을 눈앞에 드러내준다. 원시적 사고와 동양적 사고는 이런 종류의 예감들로 가득하다. 가장 서툰 수준에서는 마법과 그 힘에 대한 정서에서 그러하며, 좀더 세련된 수준에서는 삶을 형성해가는 꿈과 비전의 힘을 인식한다는 점에서 그러하다. 그것이 가장 웅장하게 표현될 때는 개인의 삶만이 아니라 만유를 지탱하는 것에 대한 직관으로 나타난다. 『문다카 우파니샤드(Mundaka Upanishad)』의 다음과 같은 구절을 보라.

> 서로 짜여 있는 하늘과 땅과 그 사이의 공간을 받치고 있는 것
> 생명의 숨을 가진 마음
> 그것만이 하나의 영으로서 안다.

---

* 111쪽 참조.

다른 모든 말은 흩어진다. 그것만이 불멸에 이르는 다리이다.[45]

서양에서도 그런 생각을 찾아볼 수 있다. 예를 들어서, 낭만주의 시인 윌리엄 워즈워스(William Wordsworth)의 유명한 시 「여행을 하면서 와이 강 강변을 다시 찾았을 때 틴턴 수도원 몇 마일 위에서 지은 시. 1798년 7월 13일(Lines Composed a Few Miles above Tintern Abbey, on Revisiting the Banks of the Wye During a Tour. July 13, 1798)」이 있다.

    왜냐하면 나는 자연을 바라보는 법을
배웠기 때문에, 철없는 젊은 시절
처럼이 아니라, 자주
격렬하지도 귀에 거슬리지도 않는, 허나 마음을 맑게 하고
누일 풍성한 힘을 지닌
인간미 띤 고요하고 슬픈 음악을
들으면서, 그리고 나는 느꼈다
고양된 사상의 환희로
내 마음 설레이게 하는 한 존재를 ; 한층 더 깊이
침투되어 있는 어떤 존재의 숭고한 느낌을,
(그 존재의 집은 저무는 태양들의 빛이며,
둥근 대양과 살아 있는 공기,
그리고 푸른 하늘이며, 그리고 인간의 마음속에 있다) :
모든 사고하는 사물들을, 모든 사고의 모든 대상들을
추진시키고, 만물 속을 구르는
운동과 정신을.[46]

  연인들이 처음 눈이 마주쳤을 때 이미 경험하는 그 느낌, 바깥 세계에서 자신의 진리의 완벽한 보완물을 발견하였다는 느낌, 나아가 운명과 우연, 내적 세계와 외적 세계의 놀라운 우연의 일치에 대한 느낌은 평생에 걸쳐 그런 사랑으로부터 피어날 수 있고, 보이는 것과 보이지 않는 것의 보편적 일치에 대한 시적 믿음을 낳을 수 있다.

그러나 물론 사랑이나 자연 또는 상징이 그런 원뿔형의 거울을 제공한 적이 없는 사람들에게는 이런 낭만주의가 허튼 소리에 지나지 않는다. 나아가서 쇼펜하우어는 많은 생각을 하게 하는 그 논문에서 이렇게 말한다. "질서를 잡아주는 '운명'에 대한 생각은 늘 반박 가능하다. 우리가 우리 삶의 흩어진 사실들 속에서 인식하였다고 상상하는 질서 잡힌 계획이 사실은 우리 자신의 조직적이고 도식적인 환상의 무의식적 작용에 불과하다고 주장할 수 있기 때문이다. 마치 얼룩덜룩한 벽을 보고 뚜렷한 인간의 형체가 분명하게 보인다고 말하는 것과 같다는 것이다. 맹목적 우연에 의하여 점들이 뿌려진 곳에서 질서 잡힌 연관성을 이끌어내는 것은 바로 우리 자신이라는 것이다."[47]

현대의 독자들은 곧 로르샤흐 검사를 떠올릴 것이다. 로르샤흐 검사에서는 잉크 얼룩을 보고 사람마다 다른 형체를 본다고 이야기를 하며, 그것이 곧 각 개인의 몽상적인 정신의 심리 상태를 드러낸다고 생각한다. 어떤 사람들은 세계 자체가 그런 잉크 얼룩이며, 사람들은 거기에서 자신의 마음을 읽을 뿐이라고 말한다. 질서 잡힌 우주, 역사와 진화의 위대한 경로, 인간 생활의 규범 등이 다 그렇다는 이야기이다. 『율리시즈』에 이런 취지의 구절이 나온다. 스티븐이 도서관에서 존 엘링턴과 논쟁을 하는 장면이다. 스티븐은 말한다. "우리는 강도, 유령, 거인, 늙은이, 젊은이, 아내, 과부, 애(愛)형제들과 만나면서, 우리들 자신을 통과하며 걸어가는 거요. 그러나 언제든지 결국에 가서 만나게 되는 것은 우리들 자신인 거지."

스티븐 디덜러스는 이 대화에 앞서 마에테르링크의 한 구절을 인용하였다. "만일 소크라테스가 오늘 자기 집을 떠난다고 하더라도 그는 그 현자가 자기 집 문간에 앉아 있는 것을 발견할 것이다. 만일 유다가 오늘 밤 외출한다고 하더라도 그의 발걸음은 유다 자신으로 향할 것이다." 스티븐은 이 유아론(唯我論)의 교훈을 셰익스피어의 예술 해석에 적용하면서, 이번에는 투사(投射)에 의한 그러한 창조성이 신의 세계 창조와 유사하다고 주장한다. "그는 자신의 내적 세계 속에 가능한 것으로 존재하던 것을 자신의 외적 세계에서 실제로 발견했소."[48] 조이스는 소우주-대우주적인 꿈-

소설 『피네건의 경야(Finnegans Wake)』에서 개인화된 의식 수준에서의 비전의 차원을 떠나 인류의 무의식으로 나아간다. 내부에 존재하는 "파도 밑의 땅"은 지역적 영향에 따라 이런저런 변형을 겪지만 인류에게 공통이라는 것이다. 그러나 『율리시즈』에서는, 적어도 책의 중간쯤에 일어나는, 주문을 걷어버리는 벼락치는 소리가 들리는 순간까지는(그 뒤부터는 서로 구별되는 것처럼 보이던 레오폴드 블룸과 스티븐 디덜러스의 우주가 점차 서로를 향하여 열리고, 공통된 특징을 보이기 시작한다),[49] 차원과 관점이 엄격하게 20세기의 일반적인 낮 세계——따로 떨어져서, 자기를 보존하려고 하고, 자기를 내세우려고 하는 개인들로 이루어진 세계——로 제한된다. 각각이 보편적인 왜곡된 상의 단편이며, 아무도 원뿔형 거울을 찾지 못하였다.

사실 오늘날에는 내적인 세계와 외적인 세계라는 두 세계의 일치는커녕, 인간의 본성에서이든 우주의 본성에서이든 어떤 내재적 질서의 표시를 발견할 수 없다는 철학자들(그들은 그들 나름의 방식으로 자연은 부패하였다는 성서적 관념을 유지하고 있다)이 넘쳐나지 않는가. 예를 들어서, "신이 존재하지 않는다는 것이 지극히 당혹스럽다"는 장-폴 사르트르(Jean-Paul Sartre)의 불평을 들어보라. "지성으로 파악할 수 있는 천국에서 신과 함께 가치들을 발견할 모든 가능성이 사라지기 때문이다.…… 신이 존재하지 않는다면 실제로 모든 것이 허용된다. 그 결과 인간은 외롭다. 자기 내부에서나 외부에서나 의지할 것을 찾을 수 없기 때문이다.…… 우리는 아무런 이유 없이 홀로 남겨졌다. 이것이 인간은 자유라는 벌을 받았다는 내 말의 의미이다."[50]

그러나 다른 쪽 극단에는 자신이 신의 마음속에 있는 질서를 알고, 그것에 따라 행동하며, 또 그것을 인류에게——반드시——가르칠 수 있다고 믿는 사람들이 있다. 그들은 그것을 성서나 코란으로부터 얻거나, 또는 좀더 어떤 병적 흥분 상태에서 이루어진 "신앙의 도약"과 그들 자신의 오순절적인 "결단"에 의해서 얻었다. 사르트르보다 꼭 한 세기 전의 쇠렌 키에르케고르(Søren Kierkegaard, 1813-1855년)의 일기에는 이런 구절이 나온다.

인간에게 주어진 가장 놀라운 것은 선택, 자유이다. 그것을 구하고자 한 다면, 그것을 보존하고자 한다면, 오직 한 가지 방법밖에 없다. 자유를 얻은 바로 그 순간에 무조건적으로 그리고 완전한 체념 속에서 신에게 자유를 돌려주고, 그것과 더불어 자기 자신도 돌려주는 것이다……. 당신은 선택의 자유가 있다고 말하면서도 신을 선택하지 않았다. 그렇다면 당신은 병이 들 것이며, 선택의 자유는 당신의 고정관념이 되어, 마침내 자신이 가난하다고 생각하는 부자처럼 궁핍 때문에 죽고 말 것이다. 당신은 선택의 자유를 잃었다고 한숨을 쉰다. 그러나 당신의 잘못은 깊이 슬퍼하지 않았다는 것뿐이다. 그렇지 않다면 그 자유를 다시 찾게 될 것이다…….

신은 존재한다. 신의 의지는 성서와 나의 양심을 통하여 나에게 알려져 있다. 이 신은 세계에 개입하고 싶어한다. 그러나 인간의 도움 없이, 다시 말해서 인간에 의하지 않고 어떻게 개입을 하겠는가?[51]

이쪽 방향 또는 저쪽 방향으로 이루어지는 신앙의 도약이나 행동을 통하여 비타협적으로 경쟁하는 이 두 진영——실제로는 두 진영 모두 추측에 의지할 뿐이지만——사이에 쇼펜하우어나 워즈워스처럼 교조적인 색채가 덜한 사람들이 있다. 그들은 자연과 자신의 삶을 명상하는 가운데 워즈워스처럼 "한층 더 깊이 침투되어 있는 어떤 존재의 숭고한 느낌"으로 충만할 수는 있겠지만, "그런 생각에 포함된 모든 것에는 의문의 여지가 있으며", 쇼펜하우어가 한 걸음 더 나아가 이야기하듯이, "결과적으로 [그런 문제에서] 실성석인 내팁들은 표현할 수 없다"는 사실을 기억하는 것이 온당한 태도라고 말한다.

〔쇼펜하우어는 묻는다.〕 성격과 개인의 운명 사이에 완전한 부조화가 가능한가? 아니면 모든 운명은 전체적으로 그 운명을 지니는 성격에 어울리는가? 그것도 아니면 설명할 수 없는 은밀한 결정자, 연극의 작가로 비유할 수 있는 존재, 늘 둘을 어울리게 결합하는 존재가 있는 것인가?

〔쇼펜하우어는 이렇게 대답한다.〕 그러나 이 점이야말로 우리가 전혀 모르는 것이다. 우리는 일단 우리가 우리 자신의 행동의 주인이라고 계속 상상한다. 그러다가 우리 삶의 완결된 부분을 돌아보면서 우리의 불운한 행동들을 그 결과와 비교해보았을 때에야 비로소 이렇게 할 수도 있었고, 저것

을 하지 못하였다고 놀라게 된다. 그리고 그때에야 비로소 어떤 외적인 힘이 우리의 발걸음을 인도한 것이 틀림없다고 생각하기도 한다. 셰익스피어는 이렇게 말한다.

운명이여, 네 힘을 보여다오. 우리는 우리 것이 아니로구나.
선포된 일은 반드시 이루어질 것이며, 이것도 그렇게 되리로다!⁵²⁾

괴테는 『괴츠 폰 베를리힝겐(Götz von Berlichingen)』 제5막에서 이렇게 말한다. "우리 인간은 스스로를 인도하지 않는다. 악한 영들이 우리를 지배하는 힘을 얻어 그 짓궂은 의도대로 우리를 파멸시킨다." 또한 『에그몬트(Egmont)』 제5막의 마지막 장에서는 이렇게 말한다. "인간은 자신이 자신의 삶을 영위한다고 상상한다. 그러나 그의 가장 깊은 존재는 저항도 못하고 운명으로 끌려간다." 그렇다. 그리고 이것은 이미 예언자 예레미야가 한 말이다. "사람이 산다는 것이 제 마음대로 됩니까? 사람이 한 발짝인들 제 힘으로 내디딜 수 있습니까?"(「예레미야」 10 : 23) 이것을 헤로토토스의 I.91[ "신도 운명의 선포로부터 벗어날 수는 없다"] 그리고 IX.16[ "신이 일어나리라고 선포한 일을 인간이 피할 수는 없다"]과 비교해보라. 또한 루키아노스의 『죽은 사람들의 대화(Dialogues of the Dead)』 XIX와 XXX을 보라.

사실 고대인들은 시나 산문으로 운명의 힘, 그리고 그것과 비교되는 인간의 무능에 대하여 줄기차게 이야기하였다. 어디를 보나 이것이 그들의 강력한 신념이었음을 알 수 있으며, 그들이 사물에는 경험적인 표면에 명백하게 드러나는 것 외에 어떤 은밀하고 깊은 지속성이 있다고 생각하였음을 알 수 있다. 따라서 그리스어에는 이런 관념을 설명하는 다양한 용어들이 있다. 포트모스(πότμος, "사람에게 떨어지는 것"), 아이사(άισα, 사람의 운명에 대한 하늘의 뜻), 에이마르메네(ἑιμαρμένη, "할낭된 것"), 페프로메네(πεπρωμένη, "미리 운명지어진 것"), 모이라(μοῖρα, "사람의 몫"), 아드라스테이아('Aδράστεια, 천벌의 여신 네메시스의 이름) 등, 이외에도 많이 있을 것이다. 한편 프로노이아(πρόνοια, "예견, 예지")라는 말은 이 문제에 대한 우리의 이해를 바꾸어놓는다. 이 말은 누스(νοῦς, "정신, 생각, 미음의 작용")에서 파생되었는데, 이것은 부차적 요인이며, 모든 것을 분명하고 이해 가능하게 해주기는 하지만, 피상적이고 거짓된 것이기 때문이다. 이런 수수께끼 같은 상황은 우리 행위가 불가피하게 두 요인의 산물이라는 사실 때문에 나타난다.

하나는 우리의 예지적 성격으로, 이것은 확고부동하게 확립되어 있지만, 오직 점진적으로, 사후에만 알게 된다.* 또 하나는 외부로부터 우리에게 부여되는 동기로, 이것은 불가피하게 세계사의 조류로부터 공급되며, 거의 기계와 같은 결정력으로 우리의 주어진 성격에 작용한다——물론 성격의 영구적 구성의 한계와 가능성이라는 맥락에서. 그러나 최종적으로 결과로 나온 사건을 판단하는 것은 우리의 에고이다. 그러나 에고는 단지 지식의 주체로서 성격이나 동기와 구별되며, 그 결과들에 대한 비판적 관찰자에 지나지 않는다. 따라서 에고가 이따금씩 놀라는 것도 이상한 일은 아니다!

그러나 초월적 운명이라는 관념을 파악하고 이 관점에서 개인의 삶을 생각하게 되면, 가끔 연극 가운데도 가장 놀라운 연극을 구경한다는 느낌을 받게 된다. 어떤 상황의 분명하고 물리적이고 우연적인 측면과 그 정신적이고 형이상학적인 필연성 사이의 대조 때문이다. 그러나 후자는 절대 입증할 수 없으며, 아마 상상만 가능할 것이다.[53]


## 4. 파도 밑의 땅의 음악

트리스탄 전설의 맥락에서 보자면, 움직이는 운명과 낯선 힘(역설적이게도 이것은 동기를 부여받은 개인의 성격과 관련된다)에 대한 암시를 전달하는 상징적 형식과 모티프는 우리가 보았듯이 아일랜드, 콘월, 웨일스 등의 이교도 켈트인 민담에서 파생하였다. 따라서 그런 상징과 모티프에는 전체적으로 이교도적인 오래된 메시지가 담겨 있다. 그것은 우선 만물에 신성이 내재한다는 것이다. 또 감추어졌던 존재 중의 '존재'가 특별히 어떤 영웅적 개인들을 통하여 드러난다는 것이다. 따라서 이 영웅적 개인은 우리 안에서 움직이고 살아가는 저 "표현되면서-감추어진" 것——이것이 자연의 조화의 비밀이기도 하다——의 현현(顯現)으로 여겨진다. 그노시스파에게는 그리스도가 그런 인물이었다. 수금을 든 오르페우스도 그런 인물이었다(〈그림 1〉). 켈트인의 신화와 전설에는 세상을 매혹시키

---

* 47쪽 참조.

고 움직이는 힘을 지닌 음악을 연주하는 요정 동산의 가수와 하프 연주자들의 이야기가 가득하다. 그들은 사람을 울게 만들고, 자게 만들고, 웃게 만든다. 그들은 '영원한 젊음의 땅', '요정 동산 안의 땅', '파도 밑의 땅'으로부터 신비하게 나타난다. 그들은 인간으로 여겨지지만——물론 이상하고 특이하기는 하지만, 그럼에도 결국 당신이나 나처럼 자기 충족적이다(어쨌든 우리는 우리 자신이 자기 충족적이라고 생각하지 않는가)——실제로는 그렇지 않으며, 그들은 뒤쪽에서, 말하자면 우주를 향해서 문을 연다.

아일랜드의 신화적 트릭스터(신화에 나오는 장난꾸러기 요정/역주)인 마나난 맥 리르도 이런 종류의 인물이다. 그는 원래 바다의 신——맨 섬(아일랜드해에 있는 섬/역주)도 그의 이름을 딴 것이다——인데, 그의 마법 때문에 요정 동산들이 인간의 눈에 보이지 않는 것이라고 한다. 요정 언덕의 이름은 시(Síd)인데, 그 안에 옛 켈트인의 신들인 투아타 데 다난이 살면서 오늘날까지 거룩한 돼지의 살을 먹고, 불멸의 맥주——이 돼지와 맥주는 영원히 없어지지 않는다——를 마신다. 고전적인 물의 신 프로테우스와 마찬가지로 마나난도 교묘하게 모습을 바꾼다. 그는 16세기까지도 사람을 현혹시키는 여러 모습으로 나타났다는 기록이 있다. 예를 들어서, 역사적인 인물 블랙 휴 오도넬(Black Hugh O'Donell, 1537년 사망)이 주최한 발리샤논의 유명한 잔치에도 나타났다고 한다.

이 거친 바다의 신은 가는 줄을 몸에 두른 시골뜨기의 모습으로 갑자기 그 잔치에 나타났다. "그의 생가죽 신 안에는 물이 넘쳐 철벅거리는 소리가 났다. 엉덩이 뒤쪽으로는 그의 검 길이 반만한 벗은 몸이 튀어나와 있었다. 오른손에는 호랑가시나무로 만들어 끝을 불로 지진 유연한 창 세 개를 들고 있었다." 창 세 개는 포세이돈의 삼지창을 가리킨다. 신 안에 물이 철벅거리는 것도 중요한 의미가 있다. 이 시골뜨기는 잔치에 나온 솜씨 좋은 하프 연주자 네 명(이들은 모두 조화롭고 즐겁고 부드러운 가락을 연주하였는데, 여기에 음유시인들의 노래가 곁들여지자 사람들은 모두 잠의 유혹을 느꼈다고 한다)에게 도전하여 소리쳤다. 하늘의 세 은총에 기대어 말하건대, 연기에 휩싸인 지옥의 땅바닥, 악마의 예술가들과 알비론의 예술가들이 망치로 쇠를 두드려대는 지옥의 땅바닥 말고 다른 데서는 이런 불협화음을 들어본 적이 없다. 기록은 이렇게 이어진다. "시골뜨기는 그 말과 함께 악기를 집어들어 아주 부드럽고 달콤한 음악을 연주하였다. 하프의 감미로운 맥박을 일깨우는 소리였다. 세상에서 진통을 하는 모든 여인, 부상 당한 모든 전사, 난도질당한 모든 병사, 깊은 상처를 입은 모든 용감한 사내들이──심한 병과 고통에 시달리는 다른 모든 사람들과 더불어──그의 매혹적인 음악의 다독거림 덕분에 깊은 잠의 무감각 상태로 빠져들 것 같았다. 그러자 오도넬이 소리쳤다. '산속과 우리 밑의 땅 아래 산다고 하는 사람들이 아름다운 음악을 연주하여 동시에 어떤 사람은 잠들게 하고, 어떤 사람은 울게 하고, 어떤 사람은 웃게 한다는 소문은 들었지만, 내 진정코 그대의 선율보다 아름다운 음악은 들어본 적이 없도다. 진정코 그대는 음악에 조예가 깊은 방랑자로다!' 그러자 시골뜨기가 대답하였다. '나는 어느 날은 달콤한 음악을, 어느 날은 씁쓸한 음악을 연주합니다.'" 시골뜨기는 곧 다시 악기를 집어들고 연주를 시작하였다. 그러자 이번에는 사람들이 정신을 잃고 격분하여 일어서서 서로 싸우기 시작하였다. 시골뜨기는 혼란중에 사라졌다.[54]

〈그림 25〉는 1270년경 처트시 수도원에서 나온 또 다른 일련의 기와에 그려진 것이다. 젊은 트리스탄이 아일랜드를 처음 찾아갔을 때 처녀 이졸트에게 하프를 가르치는 그림이다. 트리스탄이 그의 이모부를 매혹시켰던 그 하프이고 그 음악이다(〈그림 2〉).

마르크왕이 말하였다. "들어라, 트리스탄! 너는 내가 갈망하던 모든 재능을 갖추고 있구나. 내가 할 수 있기를 바라는 모든 것을 하는구나. 사냥을 하고 외국어를 하며 하프를 연주하는구나. 우리 벗이 되자꾸나. 너는 내 것이 되고, 나는 네 것이 되자꾸나. 낮에는 말을 타고 사냥을 하러 다니고, 밤이면 이곳 집에서 하프와 바이올린을 켜고 노래를 하면서 궁정의 오락을 즐기자꾸나. 너는 이 모든 것을 그토록 잘 하지 않느냐! 지금 나를 위하여 그것을 해보거라. 나는 너를 위하여 내가 아는 곡, 아마도 네 마음이 이미 갈망하고 있을 곡을 연주하마. 그것은 훌륭한 옷과 말이로다. 네가 원하는 모든 것을 내가 너에게 줄 것이니, 너는 이것을 받고 세레나데를 잘 불러다오 보라, 내 벗이여, 내가 너에게 내 검, 내 박차, 내 석궁, 내 황금 뿔컵을 맡기노라."[55]

〈그림 25〉 트리스탄에게 하프를 배우는 이졸트.

트리스탄의 어머니는 과부가 되어 바다 건너에서 그를 낳다 죽었으니, 마르크가 보기에 트리스탄은 말하자면 난데없이 나타난 셈이었다. 폭풍우치는 바다에서 해안으로 밀려왔으니, 자연의 자궁에서 태어난 셈이었다. 돌고래를 타고, 바다의 돼지를 타고 해안에 밀려온 소년이었다. 말하자면, 신의 힘과 영광을 가지고 나타났으나, 기적적으로 그 성격은 소년이었다. 나아가서 바다 건너(피안) 그의 출생지로부터 그를 납치하였던 배는 상선(ein kaufschif)이었다. 영혼을 재탄생으로 인도하는 헤르메스는 상인들의 신이자 후원자인 동시에 도둑질과 잔꾀의 신이기도 하였다.
　이 지점에서 헤르메스가 태어난 지 두어 시간밖에 안 된 갓난아기일 때 수금을 만들었다는 이야기를 기억할 필요가 있다. 헤르메스는 제우스와 밤하늘의 님프 마이아(Maia, "늙은 어머니, 할머니, 양어머니, 늙은 보모, 산파"의 뜻이기도 하며, 큰 게를 가리키는 말이기도 하다) 사이에서 태어났다. 그는 새벽에 동굴에서 태어났다. 정오 전에 구유에서 나와 아장아장 걸어다니다가 우연히──우연으로 보이는 것일 수도 있지만──동굴 입구에서 거북이(예전부터 우주의 상징으로 여겨지던 동물)를 만났다. 헤르메스는 거북이를 부수어 수금을 만들었고, 정오에 수금에 맞추어 아름다운 노래를 불렀다. 그날 저녁에는 아폴론의 소떼를 훔치고, 화난 아폴론을 달래기 위하여 수금을 주었다. 아폴론은 이것을 자신의 아들 오르페우스에게 주었다(〈그림 1〉과 〈그림 9〉). 온 세상이 알고 있듯이, 오르페우스의 손에 들어간 그 수금의 소리는 야생 동물을 잠잠하게 하고, 나무와 바위를 움직이고, 오르페우스가 잃어버린 신부 에우리디케를 되찾으러 산 채로 심연으로 내려갔을 때는 저승의 신마저 매혹시켰다.
　〈그림 18〉, 〈그림 20〉, 〈그림 21〉에 나오는 고대 켈트인의 돼지신과 관련해서 이미 이야기하였지만, 켈트의 민담과 신화라는 나무의 궁극적 뿌리는 서유럽의 거석 문화층에까지 닿아 있다. 그 문화층은 그리스 이전 크레타와 미케네의 해양 문명과 같은 시대이며 실제로 교역을 통하여 그 문명과 접촉하였다. 그 문명에서는 포세이돈이 막강한 신이었으며, 그 문명으로부터 기본적으로 비호메로스적인, 디오니소스-오르페우스적인 고전 신화의 제의가 가지를 뻗었다.[56] 따라서 켈트인의 내세의 신비한 하프 연주자와 오르페우스교 및 그노시스파 신비교의 연주자들 사이에는 고고학적으로 입증할 수 있는 실제적인 친족 관계가 있다. 나아가서 『신의 가면 : 원시 신화』에서도 이야기하였듯이,[57] 고전적인 신비교들은 일반적으로 죽어가는 신 오시리스를 중심으로 한 웅대한 이집트 신화 콤플렉스나 탐무즈를 중심으로 한 메소포타미아 신화 콤플렉스와 친족 관계가 있다. 뿐만 아니라 희생으로 바친 청년 또는 처녀(또는 좀더 생생하게, 성스러운 사랑-죽음에서 포옹을 한 채 제의적인 죽임을 당하는 젊은 한

쌍)와 관련하여 널리 퍼져 있는 원시의 신화와 제의와도 관계가 있다.[58] 식인 성찬식에서 먹는 그들의 살은 우리 모두의 내부에 분할되어 살고 있는, 이원론을 넘어선 그 '존재'의 신비를 나타낸다. 『신의 가면 : 동양 신화』에서 이야기하였던 첫번째 존재, '자아'에 대한 인도의 이야기에도 똑같은 관념이 신화적으로 표현되어 있다. 태초에 자아는 부풀어오르면서 남성과 여성으로 갈라졌고, 스스로 이 세계의 모든 생물을 낳고, 이 세계가 되었다는 것이다.[59]

포세이돈에 대응하는, 따라서 아일랜드의 바다-신 마나난에 대응하는 인도의 신은 시바이다. 이미 보았듯이 시바는 오른손에 삼지창을 들고 있으며, 기독교의 지옥에서는 마귀로 등장한다. 시바는 "짐승들의 신(paśu-pati)"이며,[60] "수금 연주자(viṇa-dhara)"이기도 하다. 나아가서 음경의 신이기도 하며, 음경-음문 상징의 신으로서 그의 여신과 한 몸으로 결합되어——여신은 왼쪽, 시바는 오른쪽——나타나는 경우가 많다. 따라서 인도에서는 트리스탄-이졸트가 둘이지만 그 존재는 하나라는 고트프리트의 비유는 이원론을 넘어서는 신비를 표현하는 익숙한 기호이다. 헤르메스 역시 음경의 주이며, 동시에 남자이기도 하고 여자이기도 하다. "헤르매프러다이트(hermaphrodite〔자웅동체〕, Hermes-Aphrodite)"라는 말은 그의 본성의 이런 비밀을 가리킨다. 물론 아프로디테 여신에게는 그의 자식이 불가피하게 따라붙는다. 그의 자식은 아주 위험한 활을 가진, 날개 달린 사냥꾼인 로마의 큐피드, 그리스의 에로스——돌고래를 탄 소년——이다. 아프로디테 역시 바다에서 태어났다. 나아가서 아프로디테는 멧돼지의 엄니에 찔려 늘 죽고, 늘 다시 태어나는 신, 찼다가 이우는 달을 천상의 상징으로 가진 신, 밤의 마법의 신의 배우자이다. 따라서 음악과 모든 언어의 달인일 뿐만 아니라 사냥 기술의 달인이기도 한 트리스탄은 콘월로 이 신들의 힘을 가져간 셈이다.

마르크와 트리스탄의 관계는 젊은이와 늙은이의 관계, 다윗과 사울의 관계와 같았다(〈그림 2〉). 그는 여왕을 소유한 늙은 신을 대체할 운명을 지닌 젊은 신이었다. 여왕은 옛 청동기 시대 제의와 관련된 전승에서는 땅, 영토, 우주 자체를 상징한다. 훗날 헬레니즘의 신비교에서는 영혼이라는 내적인 왕국의 안내자이자 상징이 된다. 그 영의 영역은 합리적이고 자립적인 의식이라는 태양의 원칙이 죽음과 굴욕을 겪고, 내부 심연──남자와 여자라는 둘이 하나가 되는 곳(〈그림 3〉, 제11단계)──의 노래, 잠-노래에 굴복할 때에만 발견되고 또 비옥해질 수 있다. 여기서 우르의 왕릉에서 발견된 황소 몸통 모양의 하프들에 대해서도 생각해볼 수 있다. 또한 그들이 우주의 조화를 노래하였던 음악, 그들이 기념하였던 깊음의 여신과 남신──이난나와 두무지-압수, 이시타르와 탐무즈──의 사랑-죽음에 대해서도 생각해볼 수 있다.[61]

웨일스의 삼제시(三題詩)에는 지금은 사라진 초기의 트리스탄 전설 가운데 에피소드 한 조각이 보존되어 있는데, 그것은 이졸트와 관련하여 트리스탄의 신화적 배경에 대해서 새로운 전망을 열어준다.

> 탈우치의 아들 트리스탄은 돼지 목동으로 변장하여
> 메이르치욘의 아들 마르크의 돼지들을 돌보았고,
> [진짜] 돼지 목동은 메시지를 들고 에실트에게 갔다.[62]

우선 트리스탄의 아버지 이름이 리발린이 아니라 탈우치(Tallwch)로 나온다. 19세기에 켈트인을 연구하였던 뛰어난 학자 H. 침머(H. Zimmer) 박사*는 브르타뉴, 콘월, 웨일스, 아일랜드의 단계들을 거슬러 올라가면서 이 전설의 역사를 추적하여, 스코틀랜드 남부 픽트인이 살던 늪지대에 6세기부터 9세기까지 실제로 드루스탄(Drustan)이라는 이름을 가진 왕들이 탈로르크라는 이름을 가진 왕들과 번갈아가며 통치를 하였다는 사실을 밝혀냈다. 이 가운데 780년부터 785년까지 통치하였던 왕이 우리의 전설의 최초의──지금은 사라졌지만──판본에 나오는 탈로르크의 아들 드루스탄이었다.[63] 탈로르크의 아들 드루스탄은 웨일스에서는 탈우

---

\* 『신의 가면 : 서양 신화』 제1장 4절에서 지적하였듯이, H. Zimmer(1851-1910년)를 같은 이름을 가진 그의 아들이자 저명한 산스크리트 학자인 Heinrich Zimmer(1890-1943년)와 혼동하지 말아야 한다. Heinrich Zimmer는 『신의 가면 : 동양 신화』에서 인용한 바 있다. 혼동을 막기 위하여 아버지는 H. Zimmer라고 썼고, 아들은 Heinrich Zimmer라고 썼다.

치의 아들 트리스탄이 되었으며, 리발린이라는 이름이 탈우치를 대신한 것은 이 로맨스가 브르타뉴에 이르렀던 1000년경 이후였다. 이 시기는 또한 이 전설이 최종적 형태로 완성되었던 시기이기도 하다.

마르크의 돼지를 치는 목동으로 가장한 연인이 진짜 목동을 마르크의 여왕에게 보내어 메시지를 전달하였다는 이야기는 다른 트리스탄 전설에는 나오지 않는 것이다. 이 에피소드는 『신의 가면 : 원시 신화』에서 이야기하였던, 하데스가 페르세포네를 저승으로 납치한 사건을 생각나게 한다. 그 이야기에서는 땅이 페르세포네를 받아들이기 위하여 열렸을 때 돼지떼도 땅속으로 들어가는 대목이 나온다.[64] 그 사라진 돼지떼를 지키던 목동의 이름이 에보울레우스라는 것도 의미심장하다. 에보울레우스는 "좋은 충고를 하는 자"라는 뜻으로, 하데스가 직접 지어준 이름이다. 프레이저가 『황금가지(The Golden Bough)』에서 지적한 것처럼, 페르세포네의 동물적 측면은 돼지였다.[65] 한편 『오디세이아(Odyssey)』에는 키르케의 마법의 섬 에피소드가 나온다. 키르케는 오디세우스의 부하들을 이전 형태로 돌려놓고(그들은 전보다 더 젊어지고 멋있어졌다), 오디세우스를 자기 침대로 데려간다. 그런 다음 오디세우스를 데리고 저승으로 가는데, 그곳에서 오디세우스는 여러 살아 있는 죽은 자들 가운데에서도 남성-여성 현자 티레시아스(다시 〈그림 3〉, 제11단계)를 만나 이야기를 나눈다. 켈트인의 민담에서 보자면 돼지-여신-안내자가 죽음의 영역을 넘어 신비에로 이끈다는 고전적 전설에 대응하는 대목은 『신의 가면 : 원시 신화』에서 이야기하였고 몇 페이지 앞에서도 언급하였던 아일랜드의 민담, 즉 '젊음의 땅'의 왕의 돼지 머리를 가진 딸에 대한 민담이다. 그녀가 지상에 나타나 핀 맥쿨의 아들 오시안에게 애성을 느끼자, 오시안은 돼지의 머리에 입을 맞추어 그것을 사라지게 하고 '젊음의 땅'의 왕이 된다.[66]

트리스탄을 마르크왕의 침대를 유린하는 멧돼지로 그린 고트프리트의 이야기, 트리스탄을 마르크왕의 돼지떼를 치는 목동으로 가장한 모습으로 그린 웨일스의 삼제시, 트리스탄의 허벅지의 상처에 대한 전설은 모두 같은 방향을 가리킨다. 트리스탄이 궁극적으로 켈트-거석 문화의, '위대한 어머니'의 눈을 양옆에 새긴 멧돼지 신(〈그림 18〉)으로부터 나왔다는 것이다. 이 신은 황야, 지하세계, 자연의 활력의 신으로서, '파도 밑의 땅'의 왕이자 그 마력의 음악의 주인이기도 하였다.

그러나 다른 한편으로 마르크왕은 전혀 다른 신화적 맥락과 관련을 맺은 것처럼 보이기도 한다. 이 두 세계는 낮과 밤만큼 다르며, 또 좋은 옷이나 말의 세계와 하프 연주, 바이올린 연주, 노래하기, 사랑이나 달의 전승의 세계만큼 다르기도 하다. 트리스탄은 우리가 방금 보았듯이 원래 켈트 이전 청동기 시대 모계 민족——아마 오래지 않은 과거에 국왕 살해 의식을 거행한 데 대한 기억이 있었을지도 모른다——인 픽트족의 왕이었고, 이졸트 여왕은 켈트 이전 아일랜드의 전설적인 딸이자, 미브 여왕[67]과 관계가 있는 혈통의 딸로서 트리스탄과 마찬가지로 모계 사회 소속이었다. 그러나 웨일스에서는 에오카이드라고도 알려져 있던 마르크왕은 드루스탄/트리스탄 시대(서기 780-785년경) 무렵의 콘월의 켈트인 왕이었던 것으로 보인다. 마르크왕의 전설은 1000년 조금 못 되어 웨일스에 들어오면서 다른 두 사람의 전설과 결합되었다. 이러한 관계는 전체적으로 켈트인의 전사-제후 아일릴과 미브 여왕의 관계와 비교해볼 수 있다.

마르크라는 이름은 보통 라틴 이름 마르쿠스의 축약형으로 이해되는데, 마르쿠스라는 이름은 전쟁-신 마르스에서 나왔다. 그러나 이 이름은 중세 고지 독일어에서 "전쟁-말"이라는 의미를 가진 마르크(marc)와 관련이 있을 수도 있다. 이 말은 웨일스에서는 미치(march)가 되었고, 옛 아일랜드어에서는 모르크(morc) 또는 마르그(margg)라고 썼는데 그 뜻은 "종마 또는 말"이었다. 이런 관련은 마르크의 켈트 이름인 에오카이드에서도 확인된다. 이 이름은 "말"을 뜻하는 옛 아일랜드어 에크(ech), 라틴어 에쿠스(equus)와 관계가 있다. 나아가서 이 로맨스의 옛 프랑스 판본(대륙의 노르만인 시인 베룰〔Béroul, 1195-1205년경〕이 쓴 것) 가운데 한곳에서는 다음과 같은 놀라운 문장을 발견할 수 있다.

  마르크 아 오렐레스 데 셰발(Marc a orelles de cheval),

"마르크의 귀는 말의 귀이다."[68] 이 말을 듣는 순간 우리는 갑자기 신화적인 의미와 역사적인 의미 양면에서 매우 암시가 풍부한 소용돌이로 빠져들게 된다.

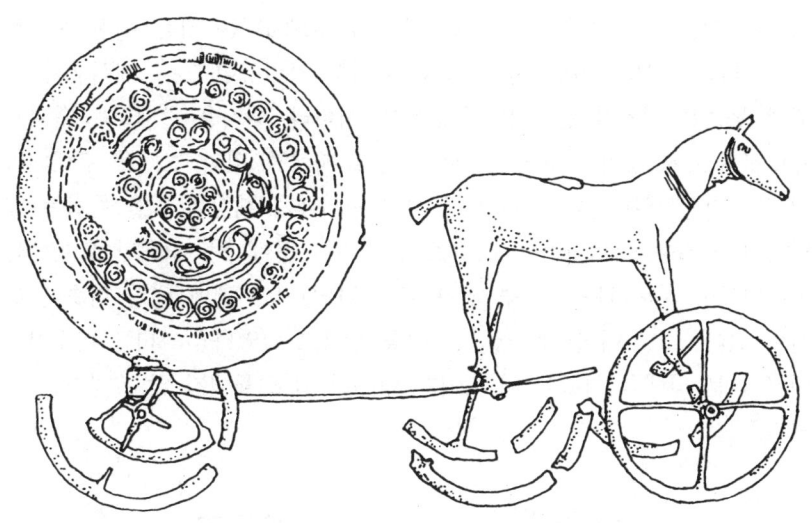

〈그림 26〉 청동 태양말과 마차 : 덴마크, 기원전 1000년경.

## 5. 달의 소와 해의 말

먼저 미다스 왕의 고전적인 전설을 생각해보자. 그의 귀는 당나귀 귀였고, 그가 손을 대는 모든 것은 그의 딸을 포함하여 황금, 즉 태양의 금속으로 변하였다. 또한 브리튼을 침략한(450년경) 앵글로-색슨의 지도자들 이름은 헹게스트와 호르자였는데, 두 이름 모두 "말"을 뜻하는 독일어 명사에서 나왔다. 〈그림 26〉은 덴마크(헹게스트와 호르자의 출신지이다) 노르드세란트 트룬돌름에서 발견된 청동 태양 원반이다. 금을 재료로 사용한 이 원반은 나선 무늬로 장식되어 있고, 청동 바퀴 위에 올려져 있으며, 앞에는 청동 말이 있다. 대체로 기원전 1000년경에 제작된 것으로 보인다. 반면 〈그림 27〉은 갈리아 후기의 동전 두 닢이다. 둘 다 말이 새겨져 있는데, 각각 독수리(태양의 새)를 등에 엎고 있다. 말 한 마리에는 사람 머리가 달려 있다. 로마에서는 매년 10월이면 마르스에게 말을 제물로 바쳤다. 켈트인과 게르만인은 한여름에 말을 제물로 바쳤다. 아리아인의 인도에서 열린 "말 희생제의(aśva-medha)"는 왕을 위한 특별한 의식이었다. 『신의 가면 : 동양 신화』에서도 보았듯이,[69] 이 의식에서 고귀한 동물은 태양과 동일시되었을 뿐만 아니라, 의식을 주재하는 왕과도 동일시되었다. 왕비는 구덩이에서 제물로 바쳐진 말과 교접을 흉내내는 의식을 거행하였다. 이 모든 것이 그의 남편에게 세상에 빛을 발하는 태양왕의 지위를 부여하려는 것이었다. 좀 먼 곳이기는 하지만 일본에는 일본인들이 사랑하는 쇼토쿠 왕자(573-621년)의 탄생에 얽힌 비슷한 전설이 있다. 그의 어머니는 궁전 경내를 살피고 있었다. "그녀는 마구간에 이르러 문 앞에 다가갔을 때 갑자기 아무런 힘도 들이지 않고 왕자를 낳았다."[70]

〈그림 27〉 태양의 말과 독수리 : 프랑스, 갈리아-로마 시대.

이런 사실들에 비추어볼 때, 마르크왕이 말, 나아가서 말의 귀와 관련을 가졌다는 것은 원래 그의 이미지가 왕의 태양 의식, 켈트계 아리아인들의 전사 의식의 맥락과 연결되어 있음을 증언해주는 것이 거의 확실하다. 남성 지향적인 부권제 질서를 지녔던 켈트계 아리아인은 기원전 첫 1,000년 동안 '어머니 여신'과 모권을 중심으로 한 옛 청동기 시대 세계를 짓밟았다. 태양이 땅 위로 도약하듯 사람 머리가 달린 말이 황소 위로 도약하는 〈그림 27〉 동전의 구도는 초기 켈트인 영웅 시대의 정복자의 질서와 피정복자의 질서 사이의 관계를 암시한다. 이런 그림들을 파블로 피카소의「게르니카(Guernica)」(〈그림 28〉)와 비교해보자.「게르니카」에서는 말과 기마병이 흩어져 누워 있고 황소 한 마리가 온전한 몸뚱아리로 서서 위용을 자랑한다. 이것을 보면 정복하는 기사와 그의 말이 중심을 이루던 유럽의 장기간의 영광의 세월의 시작과 끝이 놀라울 정도로 일관되게 설명된다.

오즈발트 슈펭글러는 마지막으로 출간된 저서『결단의 세월(Years of the Decision)』(1933년 출간)에서 대담한 두 문단의 글을 통하여 이제 어스름녘에 다다른 이 위대한 세월의 전체적 윤곽을 그려냈다.

세계사의 전 과정을 살펴볼 때, 전쟁 방식에 두 번의 큰 혁명이 일어났는데, 이는 갑작스러운 기동성 증대와 관련이 있다. 첫번째 혁명은 기원전 첫 1,000년의 초기 수백 년 동안에 일어났다. 그 무렵 다뉴브 강과 아무르 강 사이의 넓은 평원 어딘가에서 기마가 나타났다. 말을 탄 무리는 걸어다니는 사람들보다 훨씬 우월한 위치에 있었다.* 기마대는 방어 부대나 추격 부대를 소집하기 전에 나타났다가 사라질 수 있었다. 그러나 대서양에서부터 태평양에 이르기까지 기마대를 파견하여 보병 부대를 지원하려는 시도는 성공하지 못하였다. 기마 부대가 보병의 움직임 때문에 방해를 받았기 때문이다. 중국과 로마 제국은 성벽과 해자를 만들었지만 소용이 없었다. 오늘날까지 아시아의 반을 가르고 있는 성벽이 그 흔적이다. 시리아-아라비아 사막에서 최근에 발견된 로마의 석회도 마찬가지이다. 그런 장벽 뒤에서 기습 공격을 분쇄할 만큼 빠른 속도로 군대를 모아서 내보내는 것은 불가능하였다. 중국, 인도, 로마, 아랍, 서유럽권의 정착 농민들은 연거푸 파르티아인, 훈인, 스키타이인, 몽골인, 투르크인에게 짓밟히면서 무력한 공포감에 사로잡혔다. 기

---

* "전차에 비해서도 우월하였다. 전차는 전투에서만 사용할 수 있었으며, 행군에는 쓸모기 없었기 때문이다. 전차는 기마보다 1,000년 전쯤 같은 지역에 나타났으며, 당대의 전장에서는 무적이었다. 중국과 인도에는 기원전 1500년 직후에 나타났고, 근동에서는 그보다 조금 일찍, 그리스권에는 1600년 직후에 나타났다. 전차는 곧 모든 곳에서 사용되었으나, 기마 부대가 널리 이용되면서 자취를 감추었다. 기마 부대가 보병의 특별 지원군으로만 사용될 때도 마찬가지였다"(슈펭글러의 주석).

〈그림 28〉 파블로 피카소의 『게르니카』에서 : 1937.

병대와 농민은 정신적으로 화해 불가능한 것처럼 보일 정도였다. 칭기즈 칸의 무리가 연전연승을 거둔 것도 이런 우월한 속도 때문이었다.

제2의 결정적인 변화는 우리가 지금 이 시간 목격하고 있는 것이다. 말은 우리의 파우스트적인 테크놀로지의 "마력"으로 대체되고 있다. [제1차] 세계대전 때만 하더라도 유명한 서유럽의 기병 연대에는 기사도적인 자부심, 과감한 모험심과 영웅주의의 분위기가 있었다. 이것은 다른 부대의 분위기를 압도하는 것이었다. 이들은 수백 년 동안 땅 위의 바이킹들이나 다름없었다. 그들은 헌신적인 병사의 삶과 군인 경력을 통하여 진정한 소명감을 보여주었다. 이것은 일반 군대의 보병의 소명감을 훨씬 뛰어넘는 것이었다. 그러나 앞으로는 이 모든 것이 바뀔 것이다. 실제로 비행기와 탱크 부대가 그들을 대치하고 있다. 이들과 더불어 기동성은 유기적 가능성의 한계를 넘어 기계의 무기적 범위로 나아가고 있다. 그러나 이것은 (말하자면) 인격적 기계의 범위이다. 이 기계는 [제1차] 세계대전 당시 참호의 기관총 사격의 비인격성과는 달리, 이제 다시 개인적 영웅주의의 정신에 위대한 임무를 맡길 것이다.[71]

피카소의 「게르니카」에서는 눈부신 전구가 과거를 파괴하는 힘과 생명의 새로운 질서의 유일한 상징이다. 과거란 농가 안마당의 황소와 군마, 농민과 기병이다. 끝나가고 있는 역사의 세월에 한때 정복의 수단이었던 말들이 흩어져 있는데, 말을 탄 자의 창에 찔린 것 같기도 하고, 황소의 뿔에 받친 것 같기도 하다. 창으로 인한 상처는 분명 내전을 가리킨다. 즉 1936-1939년의 스페인 내전으로, 바스크의 도시 게르니카는 1937년 4월에 폭격을 당하였다. 바스크 인종과 언어는 아리아인 이전이다. 따라서 그늘은 드루스탄의 픽트인처럼, 말의 세월과 사람들에 앞서는 역사 시기를 나타낸다. 그들은 길고 고된 수천 년 동안 유럽으로 진입하여 그곳에서 기본을 이루는 농민을 형성하였던 끈기있는 정신을 상징한다. 희생당하는 황소——늘 죽고, 스스로 부활하는 생명의 주기의 신을 상징하며, 그 천상의 표시는 달이다——의 신화와 제의가 그들의 신앙과 기도에서 생명을 지탱해주는 형식이었다. 피카소가 그의 이미지를 빌려온 투우장에서는 투우사의 지치고 늙은 말이 황소의 뿔에 찔리고, 황소 자신은 태양 무기에 살해된다. 그 무기란 "빛의 의복"이라고 부르는 옷을 입은 투우사의 검이다. 그러나 피카소의 작품에서는 그런 복수자가 없다. 수수께끼의 황소가 여전히 서 있다. 기병대의 세월은 끝났다. 이제 수백 년을 거슬러 올라가 그 시작, 절정, 전환, 해소의 상징적 순간들을 찾아보면, 이 문화 시기의 단계들을 다음과 같이 나누어볼 수 있다.

1. 〈그림 27〉의 동전들이 대표하는 길고 일반적인 시기로서, 오늘날 서양 문명이라고 부르는 것이 이교도 아리아인에 의하여 시작되었던 시기이다. 이 시기에는 우선 기원전 900-915년경까지 켈트인의 확장, 습격, 침입이 있었고, 그 다음에 기원전 400-서기 400년경까지 이교도 로마의 발흥과 세계 제국 건설이 있었다.[72]

2. 처음에는 매우 어두웠지만 점점 밝아진 기독교 중세 시대로서, 우선 유럽의 로마 제국의 강압적 개종과 즉각적인 붕괴의 시기(테오도시우스 대제, 379-395년)이다. 다음에는 기독교 아일랜드의 성자들의 시기이다. 이 성자들이 희미한 빛을 꾸준하게 유지하고 있었지만, 대륙은 이교도 게르만의 침략으로 황폐해졌으며, 말을 탄 아시아의 훈족과 아프리카의 무어족의 침입에 의하여 약탈은 더 심해졌다(이 단계의 어두운 시련은 6세기에서 9세기까지 계속되었다).[73] 이어 프랑크인, 롬바르드인, 색슨인들로부터 개선의 조짐이 나타났는데, 이것은 대체로 샤를마뉴(Charlemagne, 신성 로마 황제, 800-814년)의 왕궁 학파(와 무기)에서 시작되었다. 그리고——마침내!——1805년 무어인의 톨레도가 함락되었고, 10년 뒤 첫 십자군에 대한 설교가 시작되면서, 유럽적인 궁정 예의와 아모르, 신학, 성당, 모험을 떠나는 기사 등으로 이루어진 황금 시대가 갑자기 피어났다. 이 시대는 특히 기사도와 기마의 시대였으며, 그 전형은 마르크왕과 아서왕의 궁정의 기사와 귀부인들일 수밖에 없었다.

그러나 이제 기마의 날의 정오는 지나가고, 화약과 대포가 보병보다 우위를 차지하는 시기가 도래하였다. 이제 우리는 묻는다.

3. 석양을 배경으로 나타난 저 이상한 실루엣은 누구일까? 키가 크고 늘씬하며 무릎이 마디진 말을 타고 나타난, 역시 말처럼 키가 크고 늘씬한 사람은? 마치 기마 투우사처럼 생긴 사람은? 그 옆에는 키가 작고

통통한 인물이 나귀를 타고 옆에 섰다 뒤처지다 하면서 따라오고 있다. 물론 그는 누더기 갑옷을 입고 "옛날의 말" 로시난테를 타고 나타난 돈 키호테이다. 1605년경 '슬픈 얼굴의 기사'는 "지갑도 가난하고 머리도 가난하지만" 충성스럽고 뚱뚱한 종자 산초 판사를 이끌고 모험을 찾아 흙바람 이는 라만차 평원에 말을 타고 나타났다! 오르테가 이 가세트는 『키호테에 대한 명상(*Meditations on Quixote*)』에서 이렇게 말한다. "돈 키호테는 어떤 면에서는 거룩하고 고요한 그리스도의 애처로운 패러디이다. 그는 근대의 고뇌에 시달리는 고딕 그리스도이다. 순수와 의지를 잃고 그것을 대체하고 싶은 슬픈 상상력이 창조해낸, 우리 이웃의 우스꽝스러운 그리스도이다……"[74]

"돈 키호테는 두 세계가 만나는 교차로에 서서 경사진 가장자리를 형성하고 있다." 오르테가는 그렇게 덧붙인다. 두 세계 가운데 하나는 시적 갈망과 영적 모험의 세계이고, 또 하나는 경험적 현실, "그 자체로 반시적(反詩的)인"[75] 세계이다.

오르테가는 또 이렇게도 말한다. "세르반테스는 르네상스의 고지에서 세상을 본다. 르네상스는 사물을 팽팽하게 죄었다.…… 갈릴레오는 물리학으로 우주를 통제하는 엄한 법칙들을 제시하였다. 새로운 체계가 시작되었다. 모든 것이 더 엄격한 형식 속에 갇혔다. 이런 새로운 질서 속에서는 모험이 불가능하다……"[76]

그러나 오르테가는 또 이렇게 덧붙인다.

르네상스의 또다른 특징은 심리적인 것의 우세이다.…… 르네상스는 내적 세계라는 광대한 영역, 메 입숨(me ipsum, 나 자신/역주), 의식, 주관을 발견한다. 소설 『돈 키호테』는 문화의 이 위대하고 새로운 방향 전환이 피워낸 꽃이다. 『돈 키호테』에서 서사시는 완전히 종말에 이르고, 그와 더불어 물질 현상과 접해 있으면서도 그것과는 다른 신화적 세계를 지탱하려던 갈망도 사라진다.…… 모험의 현실성은 심리적 유머로, 어쩌면 생물학적 유머로까지 전락하고 만다. 그것은 뇌에서 나온 공상인 한에서는 현실이며, 따라서 그 현실성은 그 반대인, 물질적인 것의 현실성이다……

현실, 실제적인 것은 직접 그 자체만 볼 때에는 절대 시적이지 않다. 시적인 것은 신화적인 것의 특권이다. 그러나 우리는 현실을 에둘러서 볼 수 있다. 신화를 파괴하는 것으로, 신화의 비판으로 볼 수 있다. 이런 면에서 보면, 활력이 없고 의미가 없는 본성을 가진 현실, 고요하고 말이 없는 현실이 움직임을 얻는다. 이상이라는 수정 구슬을 공격하는 적극적인 힘으로 바뀐다. 수정 구슬의 마법이 깨지면 구슬은 무지개빛 고운 가루로 흩어지지만, 이내 그 색깔도 흙빛 갈색으로 바뀌고 만다.[77]

이와 더불어 우리는 우리의 마지막 단계에 이르게 된다.
4. 피카소의 흩어진 말과 망가지고 속이 빈 기마병들의 현재이다. T. S. 엘리엇의 「황무지(The Waste Land)」와 「텅 빈 사람들(The Hollow Men)」의 현재이다. 갈릴레오, 키호테, 셰익스피어의 햄릿("사느냐 죽느냐……")으로부터 300년이 지나 19세기 중반에 이르면 삶의 운동들이 기계적인 공식으로 환원될 뿐만 아니라, 정신과 의지의 운동들도 그런 식으로 해석될 지경에 이르기 때문이다. 다시 오르테가의 이야기를 들어보자.

결정론에 입각한 자연과학은 19세기초 몇십 년 동안 생물학 분야를 정복하였다. 다윈은 생명——우리의 마지막 희망——을 물리적 필연성 안에 가두는 데 성공하였다고 믿었다. 생명은 단순한 물질로 전락하였으며, 생리학은 역학으로 전락하였다. 스스로 행동할 능력을 갖춘 독립적 단위로 여겨지던 인간 유기체는 벽걸이 융단 속의 형체처럼 물리적 환경 안에 놓이게 된다. 유기체가 움직이는 것이 아니라, 환경이 유기체를 통하여 움직이고 있다. 우리의 행동은 반응에 불과하다. 자유도 독창성도 없다. 사는 것은 적응하는 것이다. 적응하는 것은 물질적 환경이 우리 내부로 침투하도록 허용하고 우리를 우리 바깥으로 내몰도록 허용하는 것이다. 적응은 굴복이며 포기이다. 다윈은 지상에서 영웅들을 쓸어버렸다.[78]

"적응된" 자동 인형들이 모여 사는 기계화된 도시라는 이 음침한 풍경에 졸라(Zola) 등의 로망 엑스페리망탈(roman expérimental, 실험소설/역주)의 시대가 도래했다는 것이 오르테가의 이야기다.

주제는 여전히 인간이다. 그러나 인간은 이제 자신의 행위의 주체가 아니며, 자신이 살아가는 환경에 의해서 움직여질 뿐이다. 그래서 이런 소설들은 환경의 표현물을 찾는다. 환경이 유일한 주인공이다. 사람들은 "분위기"를 자아내는 것에 대하여 이야기를 한다. 예술은 정말 같은 이야기라는 한 가지 규칙에만 복종한다……. 아름다움은 있을 법한 것이며, 진실한 것은 물리학에만 있다. 소설의 목적은 생리학이다.[79]

러시아의 생리학자 이반 페트로비치 파블로프(Ivan Petrovich Pavlov, 1848-1936년)[80]가 개를 대상으로 조건반사 실험을 하고 그의 방법론이 인간 사고와 행동의 연구와 통제에 적용되자,[81] 심리학마저도 역학의 한 분야가 되었다. 쇼펜하우어의가 말하던 개인의 "예지적 성격"이라는 최후의 어두운 은신 동굴은 실험실 조명으로 환하게 밝혀지게 되었다. 내부로부터 이루어지는 불가역적 과정*이라는 고대 독일어적인 의미의 운명 비르트도 전기학자의 구심성 신경과 원심성 신경으로 이루어진 도표로 환원되었다. 따라서 낭만주의자들이 여전히 성스럽게 느껴지는 어떤 모호한 내적인 힘에 귀속시키던 것들도 이제 물질의 속성으로서 분석될 처지에 놓였다. 그것은 자동차의 기화기나 실린더 내부에서 벌어지는 일보다 더 신비하고 거룩할 것도, 덜 신비하고 거룩할 것도 없었다. 이 19세기 과학의 최고봉을 정복한 미국인의 이야기를 들어보자.

인간 행동의 모든 형태에는 공통된 기본 요인들이 관통하고 있다. 각각의 적응에는 늘 반응 또는 행위와 그런 반응을 불러내는 자극 또는 상황이 존재한다. 우리가 알고 있는 사실들만 가지고도 자극은 늘 신체 외부에 있는 환경에 의하여 수어지거나, 아니면 인간 자신의 근육의 움직임과 선(腺)의 분비에 의하여 주어진다고 말할 수 있을 것이다. 그리고 반응은 늘 상당히 즉각적으로 자극에 뒤따른다고 말할 수 있을 것이다. 이것은 사실 가정들이지만, 심리학에서는 근본적인 가정으로 여겨진다……. 일단 이 가정들을 받아들인다면 심리학 연구의 목표는 자극이 주어졌을 때 심리학이 그 반응을 예측할 수 있도록, 또 반대로 반응이 주어졌을 때 심리학이 효과적인 자극의

---

* 149-150쪽과 168-170쪽 그리고 233쪽 참조.

성격을 구체화할 수 있도록 자료와 법칙을 확정하는 것이라고 말할 수 있을 것이다.[82]

이러니 피카소의 묵시록적 「게르니카」에서 쓰러져 부서진 영웅의 속이 텅 빈 조각처럼 나타나는 것도, 창에 찔린 그의 로시난테가 종이 뭉치로 빚은 이상한 물건처럼 보이는 것도 놀랄 일은 아니다. 왼쪽에 놓인 피에타의 죽은 아이는 인형이다. 전체 캔버스는 그 엄청난 크기(가로 860센티미터, 세로 345센티미터)에도 불구하고 꼭두각시극의 무대를 암시한다. 생명의 가능성이 엿보이는 중심들은 황소의 머리와 혀가 널름대는 입, 어머니, 비명을 지르는 말, 거기에 두 짐승의 꼬리, 어머니의 머리카락, 오른편에 쓰러진 영웅 옆의 초라한 꽃뿐이다. 다른 입에는 혀가 없다. 오른편의 황홀경에 빠진 여인(쓰러지는 것인가 일어나는 것인가?)의 불길조차도 비현실적이다. 자동적으로 움직이는 이 기계 세계에서는 충분히 예상할 수 있는 일이지만, 인물들은 2차원적 종이를 잘라낸 듯하여 깊이가 없다. 가면뿐이고, 가면 너머로는 아무것도 없다.

많은 사람들에게는 이것이 우주와 인류를 생각하는 현대적인 방식으로만 보일 것이다. 그러나 세계 신화의 비교 연구에 의하여 우리에게 펼쳐진 넓은 시야에서 보자면 그런 방식과 그것이 가지는 도덕적 함의는 이미 오래전부터 예상되었다고 말할 수 있다. 옛 수메르의 사원 도시(기원전 4000년)의 천문 관측 사제들의 절대적으로 비인격적이고 수학적인 공간-시간 우주론과 그와 관련된 사회 질서가 그 출발점이다. 고대의 수준 높은 문명의 모든 기본적 요소들은 그 사제들의 하늘을 향한 눈길, 그리고 그것과 연결된 대뇌 작용에서 나온 것이다. 책력 천문학, 수학, 글, 상징적 기념물 건축 등이 그 예들이다. 우주의 도덕적 질서에 대한 관념도 마찬가지이다. 이 관념은 달의 차고 이우는 것을 중심으로 하는 밤하늘의 특징을 통하여 인간에게 전해졌다(주기적으로 죽었다가——사흘 밤 동안 빛이 어두워진 뒤——다시 살아나는 달의 황소). 위계적인 사제 국가의 도덕적 질서와 상징적 제의도 그 관념에 종속되어 있었다. 상징적인 왕과 궁정도 높은 곳에서 알려진 삶 속의 죽음과 죽음 속의 삶의 질서를 이곳 지상에서 시행할 뿐만 아니라 스스로 구현하는 것이었다. 우리는 이 점에 대하여 이 연구의 이전 책들에서 자세하게 논의하였다(『신의 가면 : 원시 신화』의 제4장 전체와 제10장 2-3절, 『신의 가면 : 동양 신화』의 책 전체, 『신의 가면 : 서양 신화』의 제1장-제2장 전체). 따라서 이제 이런 이야기는 우리에게 새로울 것도 없고, 놀라울 것도 없다.

그러나 나에게 진정 놀라운 것, 그리고 잠시 언급하고 지나가지 않을 수 없는 것은 피카소의 걸작(나중에 나오지만, 피카소는 자신이 하는 일의 의미를 잘 알고 있었다)의 고통스러워하는 인물들 속에서 우리가 보고 있는 것은 완벽하게 전통적인 신화적 상징들의 배치라는 것이다. 그 교묘한 배치 때문에 우리는 그들의 소리 없는 말(화가가 의도하였든 하지 않았든)을 통해서 여전히 옛 수메르의 달 황소의 영이나 전승과 완벽하게 일치하는 메시지를 듣게 된다. 그것은 인도의 『샤타파타 브라마나(Shatapatha Brahmana)』에 나오는 구절과 같다. "우리의 삶을 의지하고 있는 저 존재, 죽음이라는 존재…… 그는 저기에 존재할 때는 하나이지만, 여기에 그의 자녀들 속에 존재할 때는 여럿이다."[83]

『신의 가면 : 서양 신화』에는 옛 수메르의 수염 달린 달 황소의 등에 태양 새가 올라타 옆구리를 물어뜯는 그림이 나온다(71쪽, 〈그림 16〉). 그 황소는 여기 피카소의 그림에서처럼 태평하다. 나아가서 수메르의 상징적 짐승의 무릎 관절에서 뿜어져 나오는 불길은 「게르니카」의 황소의 오른쪽 무릎에서 뒤쪽으로 뿜어져 나오는 불꽃 모양의 스파이크와 대응한다. 나아가서, 옛 수메르의 달 황소가 올라서 있는 산꼭대기는 '어머니 여신 대지'의 산 같은 몸체를 나타내며, 그 자식은 실질적으로 아버지와 하나인, 늘 숙어가고 스스로 부활하는 신이다(그래서 "그 자신의 어머니의 황소"라고 말한다).[84] 따라서 상징적으로, 피카소가 분명히 의식하였을 전통적인 맥락에서 보자면, 그의 「게르니카」의 황소와 피에타는 옛 수메르의 달의 황소와 세계-산과 정확히 일치한다. 죽은 아이는 그의 죽음이라는 모순어법 속에서 살아 있는 신이다. 그노시스파의 관점에서 보자면 (우리가 이미 보았듯이) 그 아이는 우리 모두의 살아 있는 실체인 희생의 그리스도이다. 따라서 중앙의 삼각형의 영역──더 높은 빛 밑으로 끼어든 손으로 잡고 있는 램프로 비추는 곳——에 있는 찔린 말의 모습은 우리의 고통스러운 삶인 이 귀중한 죽음의 모습이다. 『바가바드 기타(Bhagavad Gītā)』에는 이렇게 나온다. "사람이 낡은 옷을 벗고 새 옷을 입듯이, 육화된 것도 낡은 몸을 벗고 다른 새로운 몸으로 들어간다."[85]

피카소의 비전에 나타난 속이 빈 영웅과 종이 말의 찢어진 몸뚱어리는 옛 유럽의 이교도 주화에 나타난 젊고, 순진하고, 활력과 대담성을 갖춘 영웅 상징들과는 대조적으로 비참하게 보인다. 맹금, 즉 껑충거리며 나아가는 말의 등에 올라탄 태양 새는 피카소의 작품에서는 부서져 비명을 지르는 비둘기가 되었다. 한 가지 분명하게 말할 수 있는 것은 인간의 역사와 운명을 형성하는 주도권이 기병과 그의 문명으로부터 옮겨졌다는 것이다. 그리고 그것과 더불어, 우리의 마음에 들든 들지 않든, 매우 거대한 문화의 주기가 종결되었다는 것이다.

말짱한 모습을 유지한 피카소의 수수께끼의 황소가 지닌 두 눈은 각기 다른 곳을 본다. 이마의 중심에 달린 눈은 인도 예술에서 시간을 초월하는 시야를 가진 눈이 뜨이는 지점에 가 있다. 이 세상의 덧없는 형상들 속에서 저 불가피한, 씁쓸하지만 달콤씁쓸한 순환의 그림자극을 알아보는 눈이다. 제임스 조이스는 『피네건의 경야』에서 그 순환을 "여기-우리가-다시-있다는 환락(the Here-we-are-again Gaieties)"이라고 불렀다.[86] 그것은 황소-신 시바의 잔인하고, 희열에 넘치고, 끊임없고, 영속적으로 되풀이되는 '타오르는 땅의 춤'이기도 하다. 그러나 또 하나의 눈, 황소의 쫑긋한 귀 아래에 있는 눈은 그날——그림이 증언하는 날——의 참사를 바라보고 있는 것 같다. 초점이 분명히 우리에게 맞추어져 있기 때문이다. 또 한 가지 주목할 만한 가치가 있는 것은, 이 황소와 희생의 말의 콧구멍, 뿐만 아니라 흐느끼는 어머니와 오른쪽의 불이 타오르는 인물의 눈이 자연에서 늘 불가피하게 순환하는 빛과 어둠의 '길'과 법칙, 즉 도(道)를 가리키는 중국의 상징(왼쪽 그림)의 유명한 양과 음이라는 요소를 암시한다는 점이다.[87] 눈부신 전구에서 나오는 빛은 밝을 뿐만 아니라 어둡다. 비둘기의 몸도 마찬가지이다. 이 비둘기는 갈리아-로마의 주화에 나오는, 정복하는 말의 등에 올라탄 태양 독수리와는 대조적으로, 음양 양극 가운데 적극적이고, 호전적이고, 정력적인 측면과 반대되는 고통스러워하고 하소연하는 측면을 암시한다. 한편 미의 세 여신——마치 그들이 자주 반복해온 잘 알려진 안무에는 나온 적이 없는 장면에 참여한다는 듯이 놀라움과 고뇌에 찬 모습을 보여주고 있는 오른쪽의 세 여자——에게는 혀가 없다. 이들은 여기서는 가푸리우스(Gafurius)의 『천체들의 음악』의 음계의 바닥에 있는 말없는 탈리아를 대신한다(〈그림 13〉). 이 세 여신은 그림의 꼭대기에서라면——〈그림 11〉의 미스타이(mystai)가 눈부신 태양 문 위에 있는 것처럼, 눈부신 전구 위에서라면——숭고한 면을 드러냈을 것이다. 빛의 주 앞에서 추는 그 춤에서라면, 그 밑의 이런 장면은 플라톤의 그림자의 동굴에 반사된 것에 지나지 않을 것이다.

따라서 피카소의 황소는 가푸리우스의 그림의 뱀처럼, 지나가는 시간의 영역——미래, 현재, 과거——에서 영원한 현재가 나타나는 매개이다. 황소는 옛 수메르의 원형적인 세계-아버지 황소의 자세로 서서 그의 두 눈을 통하여 우리를 찔린 말의 비극이 나타나는 어슴푸레한 삼각형의 영역을 넘어서서, 더 높은 영역으로 들어 올린다. 그 영역에서 황소의 두 뿔은 균형 잡힌 초승달——이울지만 다시 차오르는 달——들을 암시한다. 마지막으로 가푸리우스의 그림에서 위의 불멸의 물이 담긴 꽃병에서 피어나는 꽃이 피카소의 그림에서는 부서지고 속이 빈 영웅의 움켜쥔 손과 그의 말의 구부린 오른쪽 무릎 근처에서 피어나는 초라한 꽃에 대응한다는 점에 주목해야 한다.

피카소가 전통적인 상징 형식들을 다룬 것에 대해서는 마지막 장에서 좀더 이야기를 하게 될 것이다. 그러나 이 정도로도 이미 그의 예술이 소리 없는 말〔言語〕의 가지각색의 모호함을 포착하여 새롭게 굴절시키는 능력을 지녔다는 사실은 분명해졌다. 그가 이 걸작에 검은색과 흰색을 선택했다는 것, 실내이기도 하고 외부이기도 한 배경을 골랐다는 것은 이것이 곧 플라톤의 동굴의 그림자극임을 암시한다. 맨오른쪽의 문은 열려 있다. 왼쪽에는 벽이 생략되어 있다. 오른쪽 윗부분의 창은 허공으로, 빛나는 허공으로 열려 있다. 반면 말 속의 허공은 검은색이다. 속이 빈 사람 안의 허공도 검은 색이다……

쇼펜하우어는 자신의 논문 「개인의 운명에서 의도로 보이는 것에 대하여」에서, 예를 들어 피카소가 여기에 묘사한 것과 같은 압도적인 사건에서 외적 환경과 개인의 내적 성격 사이에 어떤 일치를 찾아낼 가능성이 있는가를 물었다. 피카소가 그려낸 속이 빈 인간의 모습은 그럴 가능성이 있다고 강력하게 암시한다. 게다가 그가 그린 장면의 다른 모든 요소들은 시간적 사건의 일반적 흐름 안에 담긴 비밀의 의지의 작용을 나타내는 유명한 고전적 상징들이다──어떻게 찾아오든 죽음이야말로 각자의 삶의 본질이고 요점이며, 각 개인은 사물의 괴물 같은 겉모습을 뚫고 들어가 시인 로빈슨 제퍼스(Robinson Jeffers)가 "비극 너머의 탑(Tower beyond Tragedy)"이라고 부른 것에 이르려면 반드시 죽음과 화해를 해야 한다. 따라서 여기에서도, 모든 진실로 비극적인 예술(비판적 희화화와 대립하는)에서와 마찬가지로, 존재하는 이 세계──정확히 현재의 모습 그대로이든 아니면 가르침을 받아 앞으로 되어 나갈 모습으로든──에 대한 깊이 있는 긍정이 내포되어 있다.

가르침을 받아 앞으로 되어나갈 모습으로서 세계를 긍정하는 것은 역사적 영웅, 낮의 영웅의 방식이다. 그는 십자군에 나서서 달리는 기사요, 비행기를 탄 폭격수이다. 간단히 말해서, 문화사 전체가 이런 종류의 영웅들, 시련을 이겨낸 진정한 영웅들이 일으킨 사건에 좌우된다. 유럽에서는 이미 낮의 네 단계 주기가 완성되었는데, 그것을 다음과 같이 도식적으로 구분해볼 수도 있다. 1. 새벽. 켈트계 아리아인 이교도 주화에 나타나듯이, 말이 황소를 뛰어넘는 단계로, 젊고 야만적인 시작을 의미한다. 2. 오전. 마르크왕(또는 아서왕)의 기품 있는 세계로, 헨리 애덤스가 영성의 최고점을 성취했다고 말하였듯이, 유럽의 창조적 상상력이 만개한 최고의 시기이다(1150-1250년). 3. 『돈 키호테』(1605)의 오후. 이상을 향한 의지는 그대로이지만 물질의 힘에 상대가 되지 않는다. 4. 피카소의 「게르니카」와 바그너의 「신들의 황혼」에서처럼 만종이 울리는 시간이다.

그러나 다른 종류의 영웅주의도 있다. 즉 심연의 아들, 두무지-압수의 영웅주의이다. 군마의 영웅주의가 아니라, 늘 죽고 스스로 부활하는 아들, "자기 자신의 어머니의 황소"의 영웅주의이다. 그의 상징은 낮의 천체가 아니라 밤의 천체이며, 그의 세계는 역사의 세계가 아니라 자연——바깥의 자연과 안의 자연——과 그 신비의 세계이다. 우리는 바그너의 『니벨룽겐의 반지』 사이클의 마지막에 나오는, 모든 것을 다시 시작하는 물의 음악, 또는 「트리스탄」의 솟구치는 2막——연인들이 함께 "마음에서 마음으로, 입술에서 입술로" 낮의 기만을 저주하는——의 음악에서 그 세계를 볼 수 있다.

> 대낮의 환영이여!
> 아침의 비전이여!
> 텅 비고 헛되도다!
> 가버려라! 사라져라!

## 6. 아름다운 이졸트의 전설

### 독이 들어간 상처

〈그림 29〉 역시 처트시 수도원에서 나온 기와 가운데 하나이다. 왼쪽 이졸트의 외삼촌인 막강한 모롤드 왕자는 아일랜드로부터 와서 마르크 궁정의 귀족들에게 그들의 아들 60명을 내놓으라고 요구하였다. 크레타의 미노타우로스의 먹이로 데려갈 총각 처녀들을 아테네로부터 요구하였다는 전설이 떠오르는 장면이다. 모롤드는 더블린의 화려한 왕 구르문이 보낸 사절이었다. 구르문 왕은 아프리카 북서부에 있는 집안의 자손으로, 오래전 아일랜드를 정복하고 모롤드의 누이와 결혼한 뒤 콘월과 대립하면서 그런 가혹한 요구를 하게 된 것이다. 구르문은 이 전설에서 미노타우로스이다. 그러면 어머니와 이름이 같은 그의 딸 이졸트는 아리아드네가 되는 셈이며, 트리스탄(오른쪽)은 테세우스가 되는 셈이다. 지난 번에 모롤드가 공물을 거두러 왔을 때 트리스탄은 바다에 나갔기 때문에 그 자리에 없었다. 그러나 트리스탄은 이제 비길 데 없는 기사이다. 트리스탄은 아일랜드 출신의 노련한 투사 모롤드에게 일대일로 싸움을 걸지만,

독이 묻은 칼에 왼쪽 허벅지를 맞는다.

"어떤가?" 모롤드가 고함을 질렀다. "항복하겠는가?" 모롤드는 군마를 타고 빙글빙글 돌며, 경계를 늦추지 않고 투구 사이로 내뱉는다. "빨리 생각하라! 내 누이 이졸트 외에 어떤 의사도 너를 치료할 수 없다. 내 도움을 받지 않으면, 그대는 그 상처 때문에 죽으리라."[88]

〈그림 29〉 트리스탄에게 부상을 입히는 모롤드.

〈그림 30〉은 트리스탄의 대답을 보여준다. 고트프리트는 말한다. "그는 적의 투구를 내리쳤다. 검은 투구 속으로 깊이 박혀 무기를 빼내도 칼날 조각이 두개골에 박힌 채 빠지지 않았다. 시간이 지나면 그것은 엄청난 위험과 괴로움을 가져올 터였다."[89]

사랑-죽음 265

〈그림 30〉 모롤드를 베는 트리스탄.

고트프리트가 참조한 그 이전의 노르만 프랑스어 판본, 즉 브리튼의 토머스의 전설에 따르면, 두 전사는 들판에서 마상 창시합으로 붙었다고 한다. 그러나 고트프리트는 두 전사가 콘월 해안에서 조금 떨어진 작은 섬에서 싸웠다고 말한다. 두 전사와 말은 작은 배를 타고 섬으로 건너갔다는 것이다. 모롤드는 말을 데리고 한 배에 올라타 노를 집어든 다음 바다를 건넜다. "모롤드는 섬에 닿자 얼른 배를 해변에 대고 서둘러 말에 올라 창을 손에 잡았다. 모롤드는 아주 우아하게 말을 달려 섬을 가로질렀다. 마치 놀러나온 듯 편안하고 유쾌하게 말을 달렸다."[90] 열여덟의 젊은 트리스탄, 이제까지 싸움에서 져본 적이 없는 트리스탄은 뱃머리에 서서 숙부에게 신의 은총을 빌었다. "나와 내 생명 때문에 걱정하지 마십시오. 모두 신의 손에 맡겨두십시오." 트리스탄은 그렇게 말한 뒤 노를 저어가 말과 함께 섬으로 들어갔다.

처트시 기와의 그림에서는 재미있게도, 트리스탄이 공격을 할 때는 방패의 사자가 뒷발로 일어서고 공격을 당할 때는 등을 돌린다. 이 동물은 '앙주의 사자(the Lion of Anjou)', 즉 노르만 시인 토머스의 시대에 영국 왕가의 상징이었다. 반면 고트프리트는 트리스탄의 상징을 검은 멧돼지로 묘사하고 있다. "새 거울이라 할 만큼 광택이 나게 잘 닦인 방패에는 멧돼지가 새겨져 있었다. 건강하고 당당한 멧돼지는 석탄처럼 새까맸다."[91] 이미 여러 번 보았듯이, 멧돼지는 저승의 신비에 어울리는 희생 제물이었고, 트리스탄은 이제 곧 저승에서의 임무를 위탁받을 터였다. 반면 태양의 짐승인 사자는 마르크의 영역에 속하는 짐승이었다. 고트프리트는 토머스가 제시한 줄거리를 충실히 따르면서도, 사자보다는 멧돼지가 낫다고 보았던 것 같다. 나아가 고트프리트는 트리스탄의 투구에 새겨진 화살 표시에 대하여 이렇게 덧붙이고 있다. "아무리 오래 걸린다고 하더라도 사랑의 예언은 사랑이 결국 그에게 해주는 일에 의해서 정확하게 입증이 될 터였다."[92]

투사 모롤드의 머리와 몸이 따로 도착하였을 때, 아일랜드의 슬픔은 엄청났다.

[고트프리트는 말한다.] 그러나 그의 누이 이졸트 여왕의 슬픔은 그 모든 슬픔을 능가하였다. 그녀의 괴로움과 울음도 마찬가지였다. 그녀와 그녀의 딸은 (여자들은 다 그렇듯이) 온갖 괴로움에 몸을 내맡겼다. 그들은 죽은 자의 몸을 붙들고 통곡을 하였다. 그들 마음속의 슬픔은 커져만 갔다. 그들은 모롤드의 머리에 입을 맞추었다. 민족과 나라를 정복한 두 손에 입을 맞추었다. 머리의 벤 상처를 슬픈 마음으로, 이리저리 자세히 살폈다. 마침내 지혜롭고 분별력 있는 여왕은 쇳조각을 발견하였다. 여왕은 작은 집게를 가져오라고 하여, 집게로 쇳조각을 끄집어냈다. 여왕과 딸은 흐느끼고 괴로워하며 쇳조각을 살폈다. 마침내 두 여인은 쇳조각을 작은 상자에 집어넣었다. 시간이 지나면 트리스탄은 그 쇳조각 때문에 큰 곤경에 처할 터였다.[93]

이렇게 해서 다시 운명의 경로는 마치 우연에 의한 것처럼, 외적이고 그럴 듯하지 않은 사건들에 의하여 정해진다. 죽음의 상징들이 교환되지만, 사랑을 예고하고 그 길을 열어준다.

리하르트 바그너의 죽음의 약의 주제는 이런 기초 위에서 발전해나간다. 바그너의 파격적으로 축약된 이야기——배 위에서 사랑의 미약이 나오는 장면에서부터 시작된다——에서는 12-13세기에는 플롯의 거의 반을 차지하였던 초기의 모험, 만남, 준비가 1막의 정열적인 노래 가사 여남은 줄로 줄어들었다. 바그너의 오페라에서는 또 쿠르베날이 조롱하는 발라드를 통하여 모롤드의 죽음의 이야기를 전함으로써 이졸데(판본, 지역에 따라 이졸트를 이졸데로 쓰기도 한다/역주)에게 모욕을 준다. 또 바그너가 재구성한 이야기에서는 모롤드가 이졸데의 외삼촌이 아니라 약혼자로 나온다.

바그너에게는 미묘한 심리적 서사시를 점진적으로 전개해나갈 시간도 장소도 없었기 때문이다. 바그너는 트리스탄이 죽인 남자와 이졸데의 관계를 바꾸어 그녀의 위험스러울 정도로 민감한 정서의 양면성을 강화하고, 또 거기에 설득력 있는 동기를 부여하려고 하였다. 또 그렇게 함으로써 점점 강해지는 증오 대 사랑으로 인한 고뇌의 힘을 단 하나의 뜨거운 장면에 압축해서 넣으려고 하였다. 이 고뇌는 자신의 끓어오르는 정열의 대상을 사랑의 서약도 아니고 그렇다고 마르크왕을 따르고 섬기면서 평생 사랑을 포기한다는 서약도 아닌 죽음의 서약, 바로 그 자리, 소용돌이치는 바다에서 죽음을 맞이한다는 서약에 엮어 넣겠다는 곤혹스럽고 필사적인 결심에서 절정에 이른다. 그러나 보라! 그들이 죽음이라고 생각하고 마셨던 것은 사랑의 미약이었다.

그러나 그 이전의 판본에서는 모두 우연히 그 약을 마신다. 죽음의 약이 아니라 술로서 마시는 것이다. 죽음의 문을 상징적으로 통과하는 일이 트리스탄의 상처를 치료하는 일련의 모험에서 이미 처리되었기 때문이다. 또 모롤드의 죽음에 대한 이졸트의 원한도 많이 누그러져서, 그녀는 배를 타고 마르크왕에게 가는 동안 그 문제에 대하여 트리스탄과 가볍게 이야기를 나눌 정도가 되었기 때문이다. 사실 재능 있고 아름다운 두 남녀의 감성은 아직 깨어나지 않은 처녀적 순결성에 속하는 것이었다. 그러나 바그너는 자신의 친구이자 후원자인 오토 베젠동크의 부인 마틸데에게서 느끼는 순결하다고 할 수 없는 환희의 마법으로 그의 예술을 채웠다. 바그너는 그녀의 품에서 죽고 싶었다.

나아가서 쇼펜하우어와 부처의 철학이 바그너의 정신에 영향을 미치고 있었다. 그래서 그의 예술 역시 순결성을 잃었다. 벌서 서곡의 첫 선율부터 갈망, 우유부단, 외로움, 욕정의 분위기를 풀어낸다. 이어 막이 올라가면, 이졸데와 그녀의 하녀 브란가에네가 트리스탄의 배(그런데 이 배는 중세초나 말에 아일랜드 바다를 떠다녔던 배라기보다는 16세기 스페인의 큰 돛배처럼 보인다)를 뜻하는 넓은 오페라 무대에 나타난다. 삭구(索具) 쪽에서 들려오는 외로운 뱃사람의 노래가 이 오페라의 첫 노래인데, 이 노래는 신비한 밤 바다(night-sea) 여행의 주제가로서 미지의 절정을 향해가는 과정에서 겪는 상실과 통과를 이야기한다.

    눈을 크게 뜨고 서쪽을 보라
    배는 동쪽으로 나아간다.

이것은 고향의 상실만이 아니라, 정복의 상실을 말해준다. 또 바그너 자신이 "모든 꿈 가운데 가장 아름다운 꿈"이라고 불렀던 강박적이고 정열적인 사랑으로 통과해서 들어가 다시는 돌아오지 못한다는 것을 말해준다. 이미 여기서 이 작품의 끝, 사랑-죽음의 위대한 이별 노래, 그리고 마지막으로 밤의 무의식의 바다에서의 익사와 해체를 예감할 수 있다. 만물이 내쉬는 세상의 한숨의 예감 말이다.

    In dem wogenden Schwall,
    in dem tönenden Schall,
    in des Welt Athems wehendem All——
    ——ertrinken,
    versinken,

unbewusst,
höchste Lust!
(일렁이는 큰 파도 속에서,
울려 퍼지는 메아리 속에서,
세상의 숨의
보편적 흐름 속에서——
——익사한다,
침몰한다,
무의식적인
지고의 황홀경!)

　마지막 화음과 함께 막이 내린다. 시간을 초월한 세 시간 동안, 그 이전의 걸작 판본에서는 가볍게, 한가하게, 길게, 현실로부터 약간 떨어진 듯이(벽걸이 융단의 장면과 인물처럼) 제시되었던 것이, 온 힘을 다하여, 엄청난 틀 안에 집어넣은 세 장으로 그림으로 제시되었다. 이것을 통해서 바그너는——니체가 그의 위대한 친구에 대하여 말하였듯이——자신이 "삶의 비밀스러운 고통의 오르페우스"임을 입증해냈다.
　니체는 이렇게 썼다. "그는 인간 기쁨의 가장 깊은 바닥으로부터 가장 성공적으로 창조를 이루어낸다. 말하자면 이미 비어버린 성배로부터 창조를 해내는 것인데, 그곳에는 가장 씁쓸하고, 가장 입맛 떨어지는 술방울들이 달콤한 술방울들과 함께 섞여 있다——이것은 좋기도 하고 나쁘기도 하다."[94]

키 없는 배

　바그너는 음악을 통하여 달콤씁쓸한 술을 우리에게 퍼붓는다. 그러나 고트프리트를 비롯한 그의 시대의 시인들은 소리 없이 내적인 감각에 그 술을 전달하였다. 그 술은 신화적 상징의 날개를 타고 운반되었으며, 당시에는 아직 사람들이 그 날개에 창을 열어두고 있었다. 〈그림 31〉 역시 처트시 수도원 기와에서 나온 것으로, 부상당한 트리스탄이 키도 없고 노도 없는 배를 타고 마법에 의한 것처럼 이졸트 여왕의 아일랜드로 항

〈그림 31〉 아일랜드로 떠가는 트리스탄.

해해 가는 광경을 보여준다.

[고트프리트는 말한다.] 부상을 당한 곳에서는 심한 악취가 풍겨, 이제 그의 목숨은 짐이 되었다. 그의 몸은 그 자신에게 역겨웠다. 트리스탄은 모롤드의 말의 의미를 점점 절실하게 깨닫게 되었다. 트리스탄도 과거에 모롤드의 누이의 아름다움과 꾀에 대한 소문을 자주 들었다. 그녀의 이름이 알려진 이웃 나라 모든 곳에 그녀에 대하여 소문이 돌았기 때문이다.

아름다운 이졸트, 지혜로운 이졸트
그녀는 새벽처럼 빛이 난다네![95]

브리튼의 토머스의 판본에서는 살이 썩어 악취가 나는 영웅은 친구들

〈그림 32〉 배를 탄 디오니소스. 기원전 6세기.

에게 간청하여 작은 배에 태워달라고 한다. 그는 하프만 든 채 배에 올라타고, 놀랍게도 아일랜드까지 둥둥 떠간다. 이렇게 해서 폭풍우에 떠밀려 콘월가지 갔던 그 놀라운 아이가 이제 청년이 되어 다시 조류에 떠밀려 가게 된 것이다. 나는 이 장면을 기원전 6세기 그리스의 킬릭스 술잔에 있는 디오니소스 그림(〈그림 32〉)과 비교하고 싶다. 이 그림은 『호메로스 찬가』를 통하여 널리 알려진 신화의 삽화라고 할 수 있다.

디오니소스는 갓 피어난 젊은이의 모습으로 어떤 곳에 서 있었는데, 에트루리아의 해적들이 해안에 들어오더니 이 젊은이에게 달려들어 몸을 묶고는 데려가버렸다. 그러나 바다에 나가자 디오니소스의 팔다리를 묶은 줄이 풀려나가고, 배 사이로 포도주가 뿜어져 올라오기 시작하였다. 돛대에서는 포도 덩굴의 싹이 돋았다. 노걸이에는 담쟁이가 뒤엉켰다. 젊은이는 사자가 되어 포효하며 선장을 갈갈이 찢었다. 나머지 사람들은 뱃전 너머로 뛰어내려서 돌고래가 되었다.[96]

디오니소스 이야기는 곧 다시 하게 될 것이다. 12세기 디오니소스의 화신인 트리스탄은 하늘과 지상 만물의 움직임을 관장하는 우주의 힘의 가슴에 몸을 맡기고 쉬었다. 트리스탄은 바다와 천체들의 음악에 맞추어 울려 퍼지는 오르페우스-아일랜드 하프의 화음에 실려서 조이스의 영웅 디덜러스가 수백 년 뒤에 자신을 삶에 맡길 용기가 있는지 스스로의 마음에 물어보며 걷게 될 바로 그 더블린 만으로 갔다. 고트프리트는 이 전설을 이야기하면서 안내자 없는 배라는 마법적인 주제는 완전히 폐기하였다. 고트프리트는 이 작은 기적을 거부하고, 좀더 합리적으로, 가련한 트리스탄의 친구들이 그를 큰 배에 태워 더블린 만 어귀까지 데려간다고 이야기한다. 그리고 밤이 되었을 때 트리스탄은 작은 배에 실려, 샌디마운트 해안까지 짧은 거리를 떠갔다는 것이다. 이윽고 새벽이 되었다.

더블린 백성이 파도에 실려온 키 없는 작은 배를 발견하자, 빨리 배에 가보라는 명령이 떨어졌다. 몇 사람이 파견되었다. 그들은 배에 다가가다가, 사람은 보이지 않는데, 하프가 아름답고 달콤하게 울려 퍼지는 소리를 듣고 마음이 기뻤다. 그 하프 소리에 맞추어 어떤 남자가 기분 좋게 노래를 부르는 소리가 들렸다. 모두들 이것이야말로 가장 놀라운 인사이자 모험이라고 생각하였다. 트리스탄이 하프를 켜며 노래를 하는 동안에 그들은 아무도 움직이지 않았다.[97]

그들은 안에 있는 음유시인 차림의 사람을 보고 냄새를 맡자 경악하였지만, 그의 노래 때문에 그를 환영하였다. 트리스탄은 스페인에서 왔노라고 말하였다. 상선을 타고 바다에 나섰다가 해적의 공격을 받아 부상을 입은 뒤 그 작은 배를 타고 40일 밤낮을 떠다녔다고 말하였다. 이것은 그리스도가 광야에서 금식을 하며 시련을 겪은 기간이기도 하다.

### 왕위를 노리는 자

트리스탄은 자신의 이름을 탄트리스라고 밝혔다. 해변에 닿고 그가 부르는 노래의 달콤한 선율이 도시를 가득 채우자, 모두가 그 노래를 들으러 몰려나왔다. 한 의사가 그를 집으로 데려갔다. 그곳에서 궁정 사제가 이 젊은이의 음악, 언어의 재능과 예절을 아깝게 여겨 여왕에게로 데려갔다. 여왕은 트리스탄을 보고 동정심에 사로잡혔다.
"오!"
여왕은 그의 다리를 살피더니 소리쳤다.
"가엾은, 가엾은 음유시인이여! 독이 스몄군요."
환자는 놀란 척하였다.
"탄트리스여, 내가 그대를 치료할 것이라는 믿음을 가지세요. 내가 몸소 그대의 의사가 되리다." 이어 여왕은 연주를 해줄 만한 힘이 있느냐고 물었다. 트리스탄은 그 어떤 것도 여왕이 요청하는 일을 하는 것——그 가운데도 자신이 잘할 수 있는 일을 하는 것——을 막을 수는 없다고 대답하였다. 여왕은 하프와 함께 공주를 부르러 보냈다. 공주도 이 천재의 연주를 즐기라는 뜻이었다.
고트프리트는 이야기한다. "그녀는 사랑의 도장이었으며, 그 도장으로 인하여 트리스탄의 마음은 봉인이 되어, 온 세상으로부터 떠나 그녀 안에, 아름다운 이졸트 안에 감금될 운명이었다. 그녀가 들어왔다. 그녀는 하프를 연주하는 자를 꼼꼼하게 뜯어보았다. 트리스탄은 평생 그 어느 때보다 연주를 더 잘하였다."[98]
그러나 그의 허벅지의 추한 상처에서 나는 악취가 너무 심해서, 황홀한 음악에도 불구하고 누구도 한 시간 이상 그의 옆에 붙어 있지를 못하였다. 여왕이 곧 말하였다.
"탄트리스여, 그대의 악취가 사라져 사람들이 그대 곁에 가까이 갈 수 있을 때, 이 귀여운 아이를 보내 그대의 가르침을 받게 하겠어요."——아벨라르와 엘로이즈의 그림자들!——"이 아이는 늘 책과 음악을 부지런히 공부해왔습니다. 이 아이가 들인 시간과 누렸던 기회로 볼 때, 잘하는 편이라고 할 수 있지요. 나는 그대에게 생명을, 좋은 건강과 준수한 용모를 지닌 그대의 몸을 그대에게 돌려주겠으니, 그것을 보답으로 여기세요. 주는 것도 빼앗는 것도 다 내 손에 달린 일입니다."[99]

여기서는 그리스의 메두사를 떠올리게 된다. 메두사의 왼쪽 옆구리에서 나오는 피는 죽음을 가져왔고, 오른쪽 옆구리에서 나는 피는 생명을 가져왔다.[100] 이 이졸트 여왕은 사실상 신들의 운명과 힘마저도 제압해왔던, 켈트인의 과거의 수많은 막강한 여신 여왕들에 속하기 때문이다. 아일랜드에서는 그들의 통치가 현재까지 계속되어왔다. "요정 같은 것을 본 일이 있습니까?" 시인 예이츠는 슬라이고에서 한 노인에게 물었다. "내가 그들 때문에 괴로운 것 아니겠소?" 이것이 대답이었다. "이곳 어부들은 인어에 대하여 알고 있습니까?" 시인 예이츠는 더블린의 한 마을에서 어떤 여인에게 물었다. "사실 어부들은 인어를 보고 싶어하지 않는다우. 인어만 나오면 늘 날씨가 나빠지니까."[101] 따라서 중세 트리스탄 전설에 나오는 더블린의 아름다운 이졸트 여왕의 마법에 대해서는 놀랄 이유가 없다. 그녀가 동정심 때문에 자기 손아귀에 들어온 트릭스터의 정체를 보지 못하였다는 것이 훨씬 더 놀랍다.

고트프리트는 이야기한다. "지혜로운 여왕은 트리스탄을 치료하는 일에 모든 생각과 기술을 쏟아부었으나, 그가 누구인지 알았다면 그를 죽이기 위해서 목숨과 평판이라도 기꺼이 내버렸을 것이다. 그녀는 자신을 사랑하는 것 이상으로 그를 미워하였을 것이지만, 그를 몰랐기 때문에 그를 편하게 하고 낫게 하는 것 이외에는, 그를 치료하는 것 이외에는 아무런 생각을 하지 않았다. 그녀는 그 목적을 위해서 밤이나 낮이나 노력하고 애를 썼다."[102] 그 결과 스무 날이 지나자 사람들은 트리스탄에게 가까이 다가갈 수 있었고, 공주는 트리스탄에게 맡겨졌다. 젊은 여인은 열심히 공부하였으며, 이미 알고 있던 것도 큰 도움이 되었다. 그녀는 이미 프랑스어, 라틴어, 아일랜드어를 할 줄 알았고, 웨일스식으로 바이올린을 켤 뿐만 아니라, 수금과 하프도 연주하고, 노래도 잘 불렀기 때문이다. 그녀는 트리스탄의 가르침을 받아 이 모든 분야에서 성장을 이루었다. 뿐만 아니라 트리스탄은 그녀에게 모랄리타이트(moraliteit)라고 하는 귀중한 학문도 가르쳐주었다. 고트프리트의 정의에 따르면 그것은 "아름다운 예절을 가르치는 기술"이다.

고트프리트는 촉구한다. "모든 여인들은 젊었을 때 이 기술을 부지런히 읽힐지어다. 그 즐거운 가르침, 순수하고 건강한 가르침은 세상과도 일치하고 하느님과도 일치하며, 그 교훈을 통하여 세상과 하느님을 기쁘게 하는 방법을 가르쳐주느니라. 그것은 모든 고귀한 마음에 보모로서 찾아오니, 그 말 속에서 생활과 생명을 구하라. 모랄리타이트가 이끌지 않으면, 행복도 좋은 이름도 누릴 수 없나니."[103]

고트프리트는 일부 비평가들에 의하여 세상을 거부하는 그노시스파-마니교 철학에 속한 것으로 비판받았지만, 방금 이 말에서는 그런 암시도 뉘앙스도 없고, 그런 흔적을 발견할 가능성도 보이지 않는다. 사실 이보다 마니교적인 냄새가 덜 나는 공식을 만들어내기도 힘들 것이다. 브리스톨 대학의 오거스트 클로스(August Closs) 교수는 이 전설의 중세 고지 독일어 텍스트를 편찬하면서, 머리말에서 고트프리트의 모랄리타이트 개념을 고전적인 칼로카가티아($καλοκάγαθία$)의 이상, 즉 완벽한 인간의 성격과 행위라는 이상과 비교하였다. 물론 그것은 "인간과 국가의 삶에서 가장 거룩한 순간에"[104] 성취될 수 있는 이상이다. 실제로 고트프리트는 이교도 시대의 거인들이 만든 사랑의 동굴 이야기를 할 때 마니교 쪽이 아니라 그리스 쪽을 가리키며, 자신의 작품에 영감을 얻기 위하여 뮤즈와 아폴론에게 의지한다.

트리스탄이 자기도 모르는 사이에 자신의 파멸을 위하여 훈련시키던 상냥하고 아름답고 운명적인 이졸트는 수금과 하프를 우아하게 타게 되어, 여섯 달이 지나자 온 아일랜드에 그 소문이 돌았다. 시인은 묻는다. "배를 끌어들여 길을 잃게 하던 사이렌들 외에 그 아름답고 재능 있는 소녀를 누구에게 비교하리요?…… 그녀가 노래를 하여 많은 마음이 공개적으로 또 은밀히, 귀로나 눈으로나 흥분을 하게 되었다. 그녀가 스승에게나 다른 데서나 공개적으로 부른 노래들은 그녀 자신의 달콤한 노래요 부드러운 현의 울림이었다. 그 소리는 맑고 분명하게 귀의 왕국을 통과하여 심장 속까지 깊이 내려갔다. 그러나 비밀의 노래는 그녀의 아름다움의 노래였다. 그것은 은밀히 소리 없이 눈의 창들을 통과하여 많은 고귀한 마음속으로 들어갔다. 그곳에서 마법을 퍼뜨려, 그 마음들은 즉시 포로가 되었으며, 갈망하고 또 갈망하는 괴로움에 사로잡히게 되었다."[105]

따라서 사랑의 화살이 눈을 통과하여 심장에 이르게 된 것은 구체적으로 또 분명하게 이 처녀의 관능적인 아름다움으로부터였다. 이것은 음유시인 보르네일의 시와 마찬가지이다. 또한 이졸트의 운명을 형성하는 것도 이 의도하지 않은 결과였다. 따라서 그녀는 어떤 의미에서는 그녀 자신의 아름다움의 원하지 않는 희생자였다. 그러나 "사람의 몸이란 그 사람의 '예지적 성격'의 '객관화'"라는 쇼펜하우어의 명제*를 진지하게 받아들인다면, 그녀의 의식적 정신이 그녀의 운명을 만들지는 않았다고 하더라도 그녀의 실재는 분명히 그랬던 것으로 생각할 수 있을 것이다. 그리고 이것이 깊은 의미에서는 그녀의 온갖 부유하는 처녀적인 생각이나 꿈보다 더 진정한 그녀라는 것——그녀의 가장 본질적인 "의지"의 표현이라는 것——으로 생각할 수 있을 것이다. 나아가서 역으로 그녀의 아름다움에 대한 트리스탄의 고귀한 마음의 반응 역시 그의 성격과 의지의 작용이었다고 생각할 수 있을 것이다. 그는 평생 그때보다 연주를 더 잘한 적이 없었던 것이다! 따라서 이들의 의식적인 의도를 넘어서는 일종의 유발성(誘發性)을 통하여 이들 두 사람의 의지는 이미 로맨스를 빚어내고 있었다. 이 로맨스는 우연으로 보이는 계기를 통하여 시공간상에서 그들에게 유일하게 가능한 운명을 실현하는 과정이 될 터였다.

사실을 알았다면 오히려 죽였을 여왕이 아무것도 모르고 트리스탄인 탄트리스를 치료한 뒤, 지혜롭지만 기만당한 어머니와 그녀의 순결하면서도 도발적인 딸은 명예로운 기만자에게 계속 아일랜드에 남기를 애원하였다. 그러나 트리스탄은 신중하게도 열띤 목소리로 스페인에 있는 있지도 않은 아내에게 돌아가야 한다고 호소하였다. 결국 두 여자는 하느님의 이름 안에서 감사하는 마음으로, 예절과 명예를 갖추어 트리스탄을

---
* 45-46쪽 참조.

보내주었다.

### 마르크왕을 자극하다

트리스탄은 콘월로 돌아갔다. 그가 모험의 이야기를 하자, 사람들은 특히 처녀 이졸트에 대하여 질문을 하였다. 트리스탄이 찬사를 늘어놓자, 마르크를 비롯하여 어느 누구도 그 뒤로 마음에서 그녀의 모습을 지울 수가 없었다. 트리스탄은 말하였다. "그녀는 너무도 아름다워서, 이제까지 세상이 아름다움에 대하여 이야기한 모든 것이 그녀에 비하면 그저 바람에 지나지 않습니다." 트리스탄은 계속해서 말하였다. "빛나는 이졸트는 품행에서나 인격에서나 고귀한 매력을 갖춘 공주라서, 그녀에 비길 사람은 태어난 적도 없고 앞으로도 태어나지 않을 것입니다. 눈부시게 빛나는 이졸트, 그녀는 아라비아의 황금처럼 빛을 발합니다."[106]

아일하르트-베룰 판본*에서는 트리스탄이 아일랜드로 다시 가는 계기를 만들기 위하여 동화 같은 동기를 찾아낸다. 제비 한 마리가 마르크왕의 창밖에 둥지를 짓다가 황금빛 머리카락 한 올을 떨군다. 긴 금발은 둥둥 떠서 방안으로 들어오며 빛줄기처럼 반짝인다. 마침 주위 사람들로부터 결혼 권고를 받던 왕은 귀족들이 그 머리카락의 주인공을 찾아낸다면 그녀와 결혼하겠다고 약속한다. 이런 동화적 동기에 나타난 정신은 "멀리 있는 공주"라는 당시의 음유시인의 주제와 일치한다. 위대한 음유시인 조프레 뤼델(Jaufre Rudel, 1130-1150년 활약)은 트리폴리 공주의 이름만 듣고도 즉시 사랑에 빠졌다고 한다. 그는 이렇게 노래하였다. "멀리 있는 사랑을 만나면, 나는 슬프고도 기쁘리라."[107] 그러나 고트프리트는 방백(傍白)을 통하여 아일하르트의 동화적 장치를 조롱한다. "둥지를 짓는 제비가 자신의 땅에 그렇게 많은 재료가 있음에도, 굳이 바다 건너 먼 곳에서 재료를 찾은 적이 있던가?"[108] 고트프리트의 판본에는 토머스의 판본과 마찬가지로 그런 제비가 등장할 필요가 없었다. 트리스탄 자신의 입을 통하여 이미 황금빛 소식이 충분히 전해졌기 때문이다.

---

* 89쪽 참조.

사랑에 빠진 순결한 자는 말하였다.

"나는 책에서 오로라의 딸 헬렌을 찬양하는 글을 읽고 모든 여성의 아름다움이 한 송이 꽃에 뭉치듯 그녀에게만 모여 있다고 믿었습니다. 그러나 나는 착각에서 헤어나왔습니다. 이졸트는 태양이 미케네에서 떠오른다는 생각을 고쳐주었고, 나는 이제 그것을 다시는 믿지 않으렵니다. 최고의 아름다움은 그리스에서 동튼 적이 없습니다. 최고의 아름다움은 오로지 이곳에서만 동텄습니다. 모든 생각과 모든 인류여, 이제 아일랜드를 돌아보시오. 새로운 태양이 그 새벽빛에 뒤이어——이졸트 뒤에 이졸트가 나타나듯이——더블린으로부터 온 마음에 비추는 것을 보고 눈에 기쁨을 누리도록 하시오!"[109]

고트프리트의 트리스탄은 이미 사랑에 푹 빠진 것이 분명하다. 따라서 사랑의 미약은 이미 밀려들고 있는 조수가 빠져나올 관문을 터주는 역할을 하였을 뿐이다. 그러나 바그너의 19세기 근대판에서처럼 의식적으로 그 조수를 억압하는 것이 아니다. 충성이라는 에고-이상과 일반적 선이라는 관념에 의하여 눈이 가리워진 순결한 상태이기 때문에 전혀 알아보지 못하는 것이다. 이 젊은 남자의 태양처럼 빛나는 황금빛 여성에 대한 찬란한 묘사는 융의 원형적 아니마-투사(anima-projection)에 대한 정의와 완벽하게 일치한다. 자신의 영혼의 '여자'에 대한 남성의 무의식적 이미지를 살아 있는 여성에 귀속시키는 것이다.[110] 콘월 백성 전체가 애초에 독신을 유지하며 조카에게 왕위를 물려주겠다고 하였던 마르크왕에게 바로 그 조카가 넋을 잃고 찬양하는 아일랜드의 모범을 왕비로 맞으라고 끈질지게 조른다고 하더라도 이상할 것은 없다.

조신들은 말한다. "구르문 왕과 이졸트 여왕에게 상속자는 하나뿐입니다. 이졸트와 함께 아일랜드가 오게 됩니다."

마르크는 당황하며 애처롭게 대꾸한다. "트리스탄이 그녀를 내 생각 깊숙이 밀어넣었도다."[111]

이것은 고트프리트의 책에서 마르크의 약점을 드러내는 중요한 대목이다. 마르크는 이졸트를 직접 보지 못하였기 때문이다. 그녀의 아름다움의 마법이 그의 눈을 통하여 심장으로 들어간 것이 아니라, 그녀에 대한 이야기가 귀를 통하여 뇌로 간 것이기 때문이다. 따라서 마르크를 이졸트에게 결합시키는 것은 사랑, 아모르가 아니라 신중함, 상황, 조르는 참모들, 우유부단 등이다. 결국 20명의 기사, 20명의 귀족, 20명의 세 배인 남자들로 이루어진 파견대가 조직되고, 트리스탄은 다시 탄트리스로서, 그러나 이번에는 상인으로 가장하고 다시 더블린 만으로 항해해 간다.

〈그림 33〉 트리스탄 그리고…….

## 신부를 찾아서

민담을 연구하는 입장에서 볼 때 이 두번째 항해는 첫번째 항해의 수정된 복제판에 불과하다. 다만 신부를 버리는 것이 아니라 붙드는 데서 절정에 이르는 것이 다를 뿐이다. 트리스탄은 첫번째 항해에서 이졸트를 만나기 전에, 그에게 죽음을 감염시킨 모롤드를 만나야 하였다. 따라서 이번 항해에서도 비슷하게 입구의 수호자를 만나야 한다. 브리튼의 토머스의 판본에서 모롤드의 방패에는 용의 형상이 그려져 있었다.[112] 모롤드는 그 용의 본거지를 수호하는 어두운 힘이 인간적 형태로 표현된 것이었다. 트리스탄은 이번에는 그곳에서 그 원시적이고 동물적인 형태를 만나게 된다(〈그림 33〉과 〈그림 34〉).

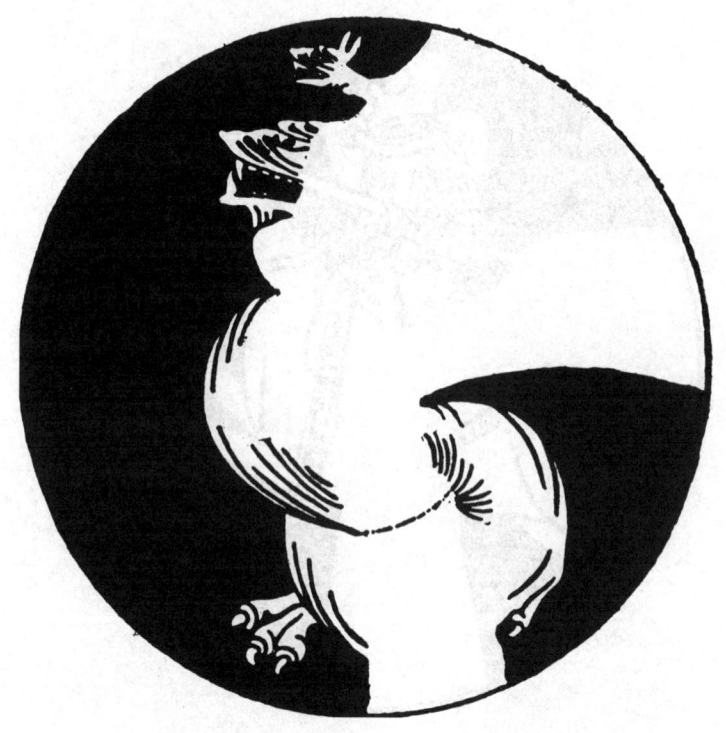

〈그림 34〉 용.

[고트프리트는 말한다.] 이제 그 나라의 뱀에 대한 이야기를 하려고 한다. 그 나라에서는 악한 괴물이 사람들과 땅에 해로운 해를 해롭게 퍼뜨려, 아일랜드의 화려한 왕 구르문은 자신의 왕으로서의 명예를 걸고, 그 악마를 해치우는 고귀한 태생의 기사에게 딸 이졸트를 주겠다고 맹세하였다. 이 소식이 방방곡곡에 퍼지고 더불어 그 처녀의 아름다움도 널리 알려졌기 때문

에, 수천 명이 싸우러 왔다가 종말을 맞이하고 말았다. 아일랜드는 온통 그 이야기뿐이었다. 트리스탄도 그 소문을 잘 알았다. 사실 트리스탄은 그 소식 때문에 기운을 내어 항해에 나선 것이다. 그것 외에는 달리 자신의 목적을 성취할 희망을 품을 수 없었기 때문이다.[113]

트리스탄은 불이 뿜어져 나오는, 도마뱀의 열린 아가리를 향하여 말을 타고 달려가, 목 깊숙이 창을 찔러넣는다. 도마뱀이 아가리를 닫자, 말의 앞부분이 안장 있는 곳까지 잘려 들어갔다. 용은 몸을 돌려 자기 굴을 향하더니 양옆으로 불을 내뿜었다. 트리스탄은 걸어서 그 뒤를 쫓았다. 용이 막다른 곳에 이르자 무시무시한 싸움이 계속되었다. 그러나 목에 창이 그대로 박혀 있었기 때문에 악마의 새끼는 힘을 잃고 땅에 주저앉았다. 트리스탄은 그 심장에 칼을 꽂아 완전히 죽였다.

이것은 500년 전 베오울프의 경우와는 매우 다른 용과의 전투이다!

승리자는 죽은 용의 혀를 잘라 가슴에 넣었다. 그러나 그것이 타오르는 듯한 독기를 몸에 퍼뜨리는 바람에, 트리스탄은 근처의 웅덩이로 가 입과 코만 물 밖에 내놓은 채 몸을 식혀야 하였다.

한편 아일랜드의 궁정에는 오랫동안 용과 전투가 벌어질 때마다 열심히 따라다니던 아주 겁이 많은 집사가 있었다. 그가 그렇게 따라다닌 이유는 누군가 용을 죽였을 때 자기도 한몫 하였다고 주장하려는 것이었다. 이 바보는 멀리서 트리스탄과 싸우는 용의 천둥소리를 듣고 서둘러 말에 올라 달려갔다. 앞이 잘려나간 말의 주검을 보고 낙관적인 결론에 이른 집사는 불에 타버린 좁은 길을 따라가다가 갑자기 눈앞에 죽은 짐승을 보고 큰 충격을 받았다. 집사가 말의 고삐를 너무 세게 잡는 바람에 말은 그를 태운 채 쓰러지고 말았다. 집사는 다시 괴물을 보더니 얼른 달아났다. 그러나 집사는 곧 다시 돌아와, 조심스럽게 상황을 파악하였다. 그리고 자신의 든든한 검을 꺼내 휘두르고 베고 찔러댔다. 괴물의 주검을 향하여 공격을 하면서 내내 "금발의 이졸트여, 내 아름다운 여인이여 (Ma blunde Isot ma bele)" 하고 소리를 질렀다. 결국 집사는 그 놀라운 머리를 자를 수 있었다. 집사는 궁정으로 사람을 보내 수레를 가져오게 하여, 자신의 전리품을 왕에게 가지고 갔다.

그러나 여왕은 집사의 주장이 믿을 만하지 못하다는 것을 깨달았다. 그리고 자신의 직감을 따라 딸과 함께 곧바로 웅덩이로 가보았다. 트리스탄은 그곳에서 죽음을 앞두고 있었다. 그들은 용의 혀를 발견하고, 즉시 어떻게 된 일인지를 알았다. 모녀는 기사를 그들의 방으로 데려가 치료하였다. 집사가 온 백성 앞에서 터무니없는 주장을 하자, 아름다울 뿐만 아니라 지혜로운 두 이졸트는 그들의 기사를 내보내어 사람들을 놀라게 하였다. 기사는 전리품의 아가리를 열라고 한 다음, 사라진 혀를 꺼내어 보여줌으로써 명예와 처녀를 모두 얻었다. 그러나 명예와 처녀는 자신을 위한 것이 아니라, 조국과 왕을 위한 것이었다.[114]

### 욕조 장면

이졸트라는 이름에 대해서는 설명하지 않았다. 그러나 용이 모롤드와 신화적으로 연결되고, 돼지와 말이 각각 트리스탄과 마르크에게 연결되듯이, 이졸트에게는 태양 새, '마그나 마테르(Magna Mater)'(대모신〔大母神〕/역주)의 사자-새가 연결된다.[115] 고트프리트는 아주 매력적인 구절을 통하여 이졸트를 여신의 매로 묘사한다.

반가운 새벽, 이졸트 여왕이 왔다. 그녀의 손에 이끌려, 태양, 아일랜드의 경이, 화려한 처녀 이졸트도 왔다.…… 성장을 한 자태는 '사랑'이 그녀를 자신의 매로 삼은 것 같았다. 곧고 바른 자세는 새매 같았는데, 앵무새처럼 예쁘게 치장을 하였다. 그녀는 가지 위의 매처럼 두 눈을 두리번거려 먹이를 찾았다. 그 눈길은 부드럽지 않았지만, 그렇다고 지나치게 매섭지도 않았다. 워낙 살며시 날아 소리없이 조용히 사냥을 하였기 때문에, 그곳에는 그녀의 번쩍이는 거울을 기쁨의 경이로운 들판으로 여기는 눈들이 많았다.[116]

의심의 여지가 없다. 고트프리트는 자신이 사용하는 신화적 형상을 알고 있었다. 그러나 고트프리트는 장난스럽게 자연주의와 사실적 진실에 대한 합리적 관심을 가장하여, 거기에 조심스럽게 신화적 형상을 종속시

컸다. 오비디우스가 『변신(*Metamorphoses*)』에서 사용하였던 것과 마찬가지 방법이다. 오비디우스는 비록 모든 교회의 공인된 "교육 과정에 포함되는 작가들"[117]의 명단에는 들어가지 못하였지만, 12-13세기에는 세속적 전승의 서사 예술 전체에 결정적인 영향을 미쳤다. 고트프리트는 유명한 욕조 장면을 다룰 때 오비디우스의 방법을 적절하게 활용한다. 이 장면은 트리스탄이 용과 싸우고 난 뒤 궁정에서 승리를 거두기 전, 몸을 회복하는 동안에 등장한다.

이 장면은 중추적인 역할을 한다. 첫째로 신화적인 수준에서, 그 장면은 여신——사자와 양날 도끼의 여신——의 무시무시한 측면을 드러낸다. 이 측면을 통하여 거룩한 멧돼지 희생은 물의 심연을 가족적인 욕조로 바꾸어놓은 곳에서 거의 완성된다. 둘째로, 심리적 수준에서, 이 장면에서 두 이졸트의 손님에 대한 정서가 완전한 역전된다. 바그너는 이 대목을 그의 여주인공이 서막에서 진노하는 근거로 삼고 있다. 마지막으로 순수하게 이야기의 수준에서, 첫번째 아일랜드 항해와 두번째 아일랜드 항해라는 어느 정도 구분된 주제가 이곳에서 극적으로 통합된다. 이로써 이 로맨스의 전체적인 배색이 변한다.

이 장면은 두 이졸트, 어머니와 처녀가 그들의 구원자를 웅덩이에서 끌어낸 직후에 나온다. 트리스탄은 용의 독기로 인한 불을 끄려고 웅덩이에 들어가, 다시 한번 용이 준 상처 때문에 죽을 지경에 이르렀다. 중복은 분명하다. 여자들은 다시 한번 자신들의 숙소에서 이름을 거꾸로 알고 있는 사람을 돌본다. 그러나 이번에는 음유시인의 옷을 입은 것이 아니라, 갑옷을 입고 검과 방패를 들고 있다. 그는 조금 전에 웅덩이에서 발견되었을 때와 마찬가지로, 다시 한번 욕조에, 물에 몸을 담그고 있다. 이 물은, 말하자면, 그가 노도 없는 작은 배를 타고 하프 하나만 달랑 들고 뛰어들었던 물이기도 하다. 마지막으로, 아일랜드가 상징하는 '파도 밑의 땅', 아발론, '석양의 하늘 너머의 섬'의 물이기도 하다. 트리스탄이 물에 들어가 있는 동안 처녀 이졸트는 다른 방에서 그의 갑옷을 살피다가, 우연히 검을 뽑는다. 그러자 보라! 그녀의 매의 눈이 칼날의 파인 부분을 향하여 달려든다.

그녀는 깜짝 놀라서 검을 내려놓고 유골함으로 가, 안에 든 칼 조각을 꺼내어 파인 부분에 갖다댄다. 딱 들어맞는다. 순간 그녀는 탄트리스-트리스탄이라는 두 이름도 음과 양처럼 들어맞는다는 것을 깨닫는다. 그녀는 깜짝 놀랐다가, 괴로워하다가, 자신이 사랑을 준 남자의 기만에 분노한다. 그녀는 갑자기 힘을 얻은 손으로 강한 검을 집어들어, 욕조에 무력하게 누워 있는 남자에게 다가간다. 클리템네스트라와 돌아온 남편 아가멤논이 떠오른다. 뒷날 일어난 일이지만 샤를로트 코르데의 마라 암살(코르데는 목욕중이던, 프랑스 혁명기의 혁명가 마라를 암살하였다/역주)도 떠오른다.

"그러니까 이 자가 트리스탄이로구나!" 그녀는 그 자신의 검을 들고 그에게 다가가며 말한다. "그러니까 그대가 트리스탄이야!"

트리스탄은 불리한 위치에서 대답한다. "아니오, 여인이여! 탄트리스요!"

"맞아. 탄트리스와 트리스탄. 이제 그 둘은 죽은 몸이 된 한 남자의 이름이 될 거야."

그러나 나이든 이졸트가 들어와 아슬아슬하게 그녀를 제지한다. 영웅은 욕조에서 자비를 구한다. 함께 들어왔던 하녀 브란가에네가 대신 트리스탄이 살아야 하는 이유를 설명한다. 집사가 거짓말을 한 것을 증명하려면, 이 승리자는 부러진 칼날이 그의 것이든 아니든 살아 있어야 한다는 것이었다. 그래서 이졸트가 손에 든 칼은 점점 무거워지고, 잠시 망설임의 시간이 지나자 위험도 지나간다. 미의 세 여신은 물러나고, 없어서는 안 되는 남자는 여인들의 욕조로부터 이름을 바꾸고 올라오는 것이 허용된다. 말하자면 다시 태어나는 것이 허용되는 것이다.

### 사랑의 술

이렇게 해서 모롤드의 두개골에 박힌 쇠붙이로부터 두 이졸트의 마음으로 들어왔던 증오라는 독, 더불어 바로 그 모롤드의 칼날로부터 트리스탄에게로 들어갔으나 여왕의 마법으로 치료되었던 독은 극적으로 합쳐지고, 이것은 시간이 지나자 다름아닌 아모르의 치명적인 악마적 측면으로 바뀌게 된다. 이졸트의 마음의 순결한 사랑은 증오의 격한 솟구침에 의해서 어두워진다. 바그너가 이 전설을 재구성하면서 인식하였듯이, 이 전설의 앞부분 전체의 심리적 의미는 이 급변의 순간에 요약되어 있다. 이졸데는 바그너의 오페라 무대를 이루는 널찍한 갑판에서 착잡한 감정 때문에 흥분하여, 항해 내내 그녀에게 다가오지 않는 트리스탄에게 노래를 부른다. "우리 사이에는 피의 죄책감이 드리워져 있어요!"

"그것은 사면되었소." 바그너의 테너는 노래한다.

"우리 사이에서는 그렇지 않아요!" 이졸데는 대답한다. '영적 흥분', '갈망', '뱃사람들의 외침', '죽음' 등의 라이트모티프(바그너 악극의 주도동기/역주)들이 뒤얽힌 선율에 맞추어 이졸데는 자신의 손으로 트리스탄을 치료하였던 일, 칼날이 떨어져나간 부분을 알아보았던 일, 트리스탄을 죽이지 못한 일 등을 열거한다.

"그러나 나는 손과 입술로 그 자리에서 맹세를 했어요. 꼭 지키기로. 비밀리에."

"여인이여, 무슨 맹세를 했소?"

"복수예요! 모롤드에 대한 복수!"

〈그림 35〉 역시 처트시 수도원의 기와에서 나온 것이다. 이 그림은 12세기 양식으로, 젊은 트리스탄이 이졸트에게 술잔을 건네는 모습을 보여준다. 두 남녀는 그 안에 포도주가 들었을 것이라고 생각한다. 이전 판본들에서는 항해 내내, 바그너가 그의 제1막을 위하여 고안해냈던 것과 같은, 서로 피하는 가운데 갈망하는 긴장된 상황이 없기 때문이다. 실제로 트리스탄은 배를 타고 마르크왕에게 가는 동안 불안해하고 외로워하는 이졸트를 위로하기 위하여 그녀의 선실로 찾아가기도 한다. 고트프리트는 그곳에서 일어난 일을 이렇게 이야기한다.

　　드리스탄은 그녀가 우는 것을 볼 때마다 다정하게 두 팔로 안아주었다. 그러나 그것은 가신(家臣)이 그의 여주인에게 하는 행동일 뿐이었다. 그가 충심으로 바라는 바는 그녀의 고통에 위로가 되고자 하는 것뿐이었다. 그러나 그가 팔로 그녀의 몸을 두르면 아름다운 처녀는 외삼촌의 죽음을 생각하며 말하곤 하였다. "그만두세요, 물러나세요! 팔을 치우세요! 그대는 귀찮기만 할 뿐! 왜 계속 내 몸에 손을 대는 건가요?"

"내가 무슨 잘못을 했습니까, 여인이여?"

"잘못을 했죠——내가 그대를 싫어하니까요."

"왜 싫어합니까, 여인이여?"

"그대가 내 외삼촌을 죽였잖아요."

"이미 그 일은 다 갚았습니다."

"그래도 나는 견딜 수가 없어요. 그대만 아니라면 나는 아무런 근심 걱정이 없을 텐데……."[118]

〈그림 35〉 이졸트에게 잔을 건네주는 트리스탄.

우연이 약을 마시게 된 것은 둘이 그렇게 가까이 있던 어느 순간이었다. 그러나 현대의 많은 학자들이 그 술에 대한 해석을 어려워하는 것을 보면 놀랍다. 이미 말하였듯이(앞의 89쪽), 어떤 학자들은 고트프리트의 관점에서 그 미약이 두 사람의 사랑의 원인이라고 주장해왔다. 예를 들어서, 하토(A. T. Hatto) 교수는 자신의 번역의 머리말에서 시인이 "그의 이야기의 전통, 즉 그의 연인들이 사랑에 빠지는 것은 미약 때문이라는 전통을 충실히 따른다"[119]고 길게 이야기하고 있다. 반면 오거스트 클로스 교수는 "고트프리트의 사랑의 미약은 사랑의 원인이 아니라, 사랑의 상징"이라고 말한다.[120] 이쪽이 낫기는 하다. 그러나 고트프리트의 판본에서 한 가지 분명한 것이 있다면, 그것은 사랑으로든 상징으로든 미약은 사랑의 탄생과 관계가 없다는 것이다. 이 완벽하게 어울리는 젊은 한 쌍 사이에는 이미 그 얼마 전부터 사랑이 꿈틀거렸기 때문이다.

우리 학자들은 젊은 시절 철학에 전념하느라 사랑의 변화에 대한 신비, 즉 촉매의 마법을 통하여 개인적-미학적 양식이 강박적-악마적 양식으로 변화하는 신비를 경험해보지 못하였는지 몰라도, 적어도 단테의 『지옥편(Inferno)』의 한 장면에서 지옥의 불길에 시달리는 프란체스카 다 리미니가 하였던 말을 기억해볼 수는 있을 것이다. 그녀가 어떻게 하다가 단테와 그의 '사랑의 신'이 육체의 죄라고 부르는 것을 저지르게 되었는지 설명해주는 그 유명하고 자주 인용되는 구절 말이다. 트리스탄 역시 그런 단테적인 지옥의 원 안에서 다른 안타까운 연인들——디도, 세미라미스, 클레오파트라, 파리스, 헬렌 등——과 더불어 뜨거운 바람의 물결에 휘말려 돌아가고 있었다.

파올로와 프란체스카가 고통 가운데도 여전히 끌어안은 채 지나가자, 단테는 마치 사회학자처럼 그들이 어쩌다가 그렇게 되었는지 묻는다.

"달콤한 한숨의 시간에 무엇에 의하여, 어떻게 하여 사랑이 그대에게 어떤 특권을 부여하였길래 그대는 수상쩍은 욕망들에 대해서 알게 되었는가?"

이 질문은 600년 뒤의 우리의 현대적인 무의식 이론을 분명히 예고하고 있다. 고통을 겪는 프란체스카는 너그럽게 대답해준다.

"어느 날 우리는 재미삼아 랜슬롯에 대한 책을 읽고 있었습니다. 사랑이 그를 어떻게 압박하였는지 살펴보았지요. 우리는 둘뿐이었고, 아무런 의심이 없었습니다. 그 책이 여러 번 우리 눈을 자극하였고, 우리 얼굴에서 색깔을 빼앗아갔지만, 실제로 우리를 완전히 정복해버린 것은 딱 한 곳이었습니다. 갈망하던 미소가 떠오르고 연인이 그 입술에 입맞춤을 하는 대목을 읽을 때, 이 분, 절대 나와 나뉘지 않을 이 분은 떨면서 제게 입을 맞추었습니다. 갈레오가 그 책이었고, 또 그 책을 쓴 사람이었습니다. 그날 우리는 더 이상 책을 읽지 않았습니다."[121]*

내가 보기에는 우리가 이미 인용한 바 있는 엄청난 양의 트리스탄 연구를 펴낸 쾰른의 고트프리트 베버 교수의 미약에 대한 해석이 옳은 것 같다. 베버 교수는 그 약이 "강한 관능적 기질을 가진 두 사람이 자기도 모르는 사이에 속으로 서로에게 이미 격렬하게 다가가고 있는 상황에서 무의식의 홍수 속에 저장되어 있던 열정의 물결이 의지력을 잃어버린 두 사람을 완전히 삼켜버리는 순간, 사랑에서 일어나는 그 심리적 순간을 가리키는 비유"라고 본다. 베버 교수는 이렇게 말을 이어간다. "이 심리적 과정——이것이 중요한 점이다——은 시인에 의하여 존재의 절대성에 대한 객관적 경험으로 고양되고 있으며, 초월적인 것을 향해서 열려나가는 하나의 독립된 힘——인간적인 것을 넘어서는 힘——으로 묘사되고 있다."[122]

〔베버 교수는 말한다.〕 따라서 마법의 약의 효과를 통하여 시인은 트리스탄과 이졸트가 세상 바깥의 힘의 주문에 사로잡히게 되었다는 관념에 미학적 형식을 제공한 셈이다. 둘 다 그 힘에는 저항할 수 없다. 의지의 억제 작용이 통할 가능성은 없다. 그들을 한데 합쳐, 사랑의 결합이라는 육체적 행동으로 몰아가는 것은 이 명령하는 힘, 그들 안에 있는 동시에 그들 위에 있는 힘이다. 따라서 마법의 약에서 시인의 믿음과 경험은 의지의 자유의

---

* Galehaut(또는 Galehos)는 1215년부터 1230년 사이에 쓰여진 *Vulgate Lancelot*이라고 알려진 산문 텍스트(뒤의 634쪽 참조)에 나오는, 아서에 대립하던 왕의 이름이다. 이 책은 중세말에 아서왕 로맨스에 대한 가장 인기 있는 편집판이 되었다. 어떤 원고를 보면 이 로맨스 판본의 첫 부분에 "Galehaut"라는 제목을 붙여놓기도 하였다.

결여와 상황의 강제적 힘이라는 공식으로 요약된다. 연인들은 서로에게 저항할 수 없다. 나아가서 그러고 싶어하지도 않는다. 거꾸로 그들은 자신들의 자유의 결여를 인정한다. 나아가서 이것이 굴레가 되는데, 이 굴레는 그들의 사랑의 생성이나 육체적 결합에 대한 욕구의 영역에만 국한되는 것이 아니다. 이 굴레는 가장 포괄적인 의미에서 그들을 사로잡아, 죽음을 향한 공동의 운명을 만들어낸다.…… 시인은 이 마법적인 힘을 거룩한 것으로서 경험하고 또 표현한다. 이것이 미네 여신의 존재이자 작용이라는 것이다.…… 〔이 여신은 정통 교회의 초자연적 은총에 대한 비유나 교리와 대립하여〕, 아날로기아 안티테티카(analogia antithetica, 대립적 유추/역주), 심지어 아날로기아 안티테티카 다이모니아카(analogia antithetica daemoniaca, 악마적인 대립적 유추/역주)의 방식으로 존재하고 작용한다.…… 사랑의 고통〔가장 극단적인 상태에서는 지옥의 고통이다〕은 두 가지로부터 직접적으로 또 필연적으로 나오는 것이기 때문이다. 하나는 사랑을 관능적 기쁨으로 경험하고자 하는 저항할 수 없는 열의이다. 또 하나는 사랑이 스스로 움직여 강렬한 극치에 이르면, 선선한 긍정이라는 영적 상태에 이른다는 사실이다."[123]

고트프리트의 시에서 순결로부터 깨달음으로의 변화는 바그너의 극적인 장면에서처럼——또는 파올로와 프란체스카의 경우처럼——순간적으로 이루어지지 않는다. 이제 서로 가까이 있고 싶다는 요구, 열의, 고통에 대한 새로운 감각, 이것이 진정 사랑이라는 희미한 깨달음이 오기까지는 하루, 이틀이 더 걸린다. 마침내 두 남녀가 다시 만나게 되고, 트리스탄이 순진하게——그러나 너무 순진하지는 않게——왜 아름다운 이졸트가 괴로워 보이냐고 묻자 이졸트는 대답한다. "'내가 생각하는 모든 것이 나를 괴롭혀요. 내가 보는 모든 것이 내게 고통을 주어요. 하늘, 바다. 그것들이 나를 짓눌러요. 내 몸과 생명이 짐이에요.' 그녀는 팔꿈치를 트리스탄에게 기댔다. 그것이 그 둘에게는 시작이었다."[124] 트리스탄은 이졸트를 품에 살며시 안고 위로하며 다시 무엇 때문에 괴롭운지 묻는다.

"라메르(Lameir)!" 그녀가 대답한다. 그러자 트리스탄은 그 의미를 파악하려고 한다. "'라메르(L'ameir, 씁쓸함)?' 트리스탄이 묻는다. '라 메르(La meir, 바다)?"

"'아니, 아니에요!' 그녀가 대답한다. '그런 것이 아니에요. 공기도 아니고 바다도 아니에요. 라메르(l'ameir)예요.'"

이렇게 해서 트리스탄은 그 말의 핵심——라메르(l'ameir), 라무르(l'amour, 사랑/역주)——에 이른다. 그 말에 대해서 트리스탄은 대답한다. "오, 사랑하는 여인이여, 나도 마찬가지라오. 라메르(l'ameir)와 그대. 그대가 나의 괴로움이오. 사랑하는 이졸트여, 내 마음의 여왕이여, 그대와 그대에 대한 나의 사랑이 나를 무너뜨리고 내 지혜를 앗아갔소. 나는 완전히 길을 잃어 다시는 돌아갈 수 없을 것이오. 온 세상에 그대 외에 내게 귀한 것은 없소."

이졸트는 대답한다. "당신도 내게 그러해요."

고트프리트는 말한다. "이제 연인들은 그들 사이에 하나의 정신, 하나의 마음, 하나의 의지가 있음을 깨달았기 때문에, 그들의 고통은 가라앉았고 그와 동시에 두 사람은 빛을 보게 되었다. 이제 둘 다 서로를 좀더 대담하게 바라보고 말을 걸었다. 사내와 처녀. 처녀와 사내. 둘 사이의 차이에 대한 느낌은 사라졌다. 그는 그녀에게 입맞추었고, 그녀는 그에게 입맞추었다. 사랑스럽게, 달콤하게. 사랑의 치료에는 그것이 기쁜 출발이었다."[125]

### 사랑의 극치

배에 탔던 사람들 가운데 사랑의 미약이 문제가 된다는 것을 아는 유일한 사람은 브란가에네였다. 이졸트의 어머니가 몰래 약병을 맡기면서, 이졸트와 마르크왕에게 포도주로 내놓으라고 당부하였기 때문이다. 고트프리트는 설명한다. "사랑의 술은 목적을 이루는 데 큰 힘을 발휘하도록 교묘하게 만들어졌기 때문에, 그 술을 나누어 마신 사람들은 어쩔 수 없이 서로를 사랑하게 된다. 그들에게는 하나의 죽음과 하나의 생명, 하나의 슬픔과 하나의 기쁨이 주어지게 된다."[126]

선량한 여인 브란가에네는 그들이 미약을 먹었을 때 선실 밖에 있었는데, 돌아와서 자신의 태만 때문에 어떤 일이 생겼는지를 깨닫고 기절할 뻔한다. 그녀는 약병을 바다에 던지고 비밀을 혼자 간직한다. 그러나 미약의 효과가 나타나는 것을 보고, 괴로워하는 남녀에게 왜 그들이 한숨을 쉬고, 속상해 하고, 초조해 하고, 불평을 하는지 말해달라고 청한다.
그러자 트리스탄은 대답한다.
"가련한 나와 가련한 이졸트! 우리에게 무슨 일이 일어난 것인지 나는 모르오. 아주 짧은 순간 희안한 괴로움 때문에 우리 둘 다 미쳐버렸소. 우리는 사랑 때문에 죽어가지만, 사랑을 위한 시간도 장소도 찾을 수가 없소. 당신이 밤이나 낮이나 너무 부지런히 감시하기 때문이오. 내 분명히 말하거니와, 우리가 죽는다면, 당신이 모든 책임을 져야 하오." 이졸트도 동의한다. 그러자 브란가에네가 말한다. "악마가 우리를 이런 식으로 조롱하다니, 신이시여, 우리를 동정하소서! 이제는 내가 슬프고 두 분이 수치스럽더라도, 두 분을 위하여 할 수 있는 일을 하는 수밖에 없겠습니다."[127]
브란가에네는 물러나며 비밀을 약속한다. 시인은 말한다.

그날 밤 아름다운 처녀 이졸트가 사랑하는 사람을 그리워하며 괴로워 누워 있을 때, 그녀의 연인이 그녀의 의사와 함께, 트리스탄이 사랑의 여신과 함께 선실로 살며시 들어왔다. 의사는 그녀의 환자 트리스탄의 손을 잡고 있었는데, 그곳에서 또 다른 환자 이졸트를 발견하였다. 그녀는 곧바로 둘을 붙들어, 그에게 그녀를 주고 그녀에게 그를 주어, 각각이 서로에게 치료자가 되게 하였다. 둘이 떨어져 있음으로 해서 생긴 고통을, 함께 합쳐져 감각이 뒤엉키는 것 외에 달리 무엇이 치료할 수 있겠는가? 읽는 자인 사랑은 두 마음을 그녀의 달콤함으로 이어놓았으니, 그 솜씨가 능숙하고 그 힘이 대단하여, 그 매듭은 그들이 살아가는 평생 절대 풀리지 않았다.[128]

## 영원한 죽음
그러나 결혼식 날 밤 마르크에게 처녀를 내놓아야 한다는 문제가 생긴다. 그래서 발견한 해법이 브란가에네에게 부탁을 하자는 것이다. 브란가에네는 그 요청을 듣자 몇 번씩이나 얼굴이 붉어졌다가 창백해진다. 고트프리트는 말한다. "사실 그것은 묘한 요청이었으니까." 마침내 브란가에네는 불편한 마음으로 동의한다. 모든 것이 자기 죄라는 생각이 강하였기 때문이다.
　브란가에네는 이졸트에게 말한다.
　"그대의 어머니, 내 여주인이신 축복받은 여왕님은 그대를 제게 맡기셨습니다. 저는 이 항해에서 그대를 보호했어야 합니다. 그러나 그대는 이제 슬픔과 고통에 시달리고 계시니, 모든 것이 내 부주의 때문입니다."
　이졸트는 놀라서 그것이 무슨 말이냐고 묻는다.
　"며칠 전 약병을 바다에 던졌습니다."
　"그랬구나."
　"그 약병과 그 안에 든 것은 두 분에게 죽음이 될 것입니다." 그녀는 두 사람에게 모든 이야기를 해준다.
　트리스탄은 말한다. "그렇다면 죽음이든 생명이든 신의 뜻대로 하소서! 그 술이 나에게 부드러운 독을 퍼뜨렸기 때문이오. 당신이 말하는 죽음이 무엇인지 나는 모르겠소. 하지만 이 죽음은 나에게 어울리는구려. 만일 어여쁜 이졸트가 이런 식으로 계속 내 죽음이 되어준다면, 나는 영원한 죽음이라도 기꺼이 맞이하리라."[129]
　요컨대 이것이 고트프리트가 이해하는, 나아가 고딕 중세의 모든 진정한 연인들이 이해하는 사랑-죽음의 주제이다. 앞에서도 보았듯이, 단테는 파올로와 프란체스카를 지옥에 두었다. 고트프리트에게도 "영원한 죽음"이라는 말은 곧 "지옥"이었다. 그것이 엘로이즈가 구한, 그러나 아벨라르는 두려워한 사랑-죽음이었다. 아벨라르는 브르타뉴 출신에다가 사랑의 가수였지만, 결국 트리스탄이 되지는 못하였다. 이 구절에서는 세 종류의 "죽음"이 언급된다.
　1. 브란가에네가 말하는 육체적 죽음.
　2. 트리스탄이 "이" 죽음을 기념한다고 말할 때의 죽음. 즉 이졸트에게서 느끼는 환희. 이것은 베버 교수가 말하듯이, 기독교적인 사랑이라는 이념에 대한 대립적 유추로서 이 시 전체에 걸쳐 발전해가는 주요하고 신비한 주제이다. 동굴 속의 수정 침대는 물론 이 유추의 궁극적 상징이다. 이것은 틀림없이 사랑과 죽음이라는 이중적 의미에서 이루어지는 제단의 성례를 가리킨다. 그리스도의 사랑-죽음은 「빌립보서」 2 : 6-8에서

웅변적으로 찬미되고 있는데, 이것은 매일——사실 매시간——그리스도의 교회의 수많은 제단에서 신비하게 거행된다.

엘로이즈와 아벨라르와 같은 시대에 살았던 정열적인 생 베르나르는 성서의 「아가」에 기초한 일련의 유명한 설교에서 영혼——또는 '거룩한 어머니 교회'——은 그리스도의 신부로서, 혼인 침대에서 정열적인 하느님의 자극에 갈망하는 마음으로 반응한다는 알레고리에 기초하여 교회에서 사용할 수 있는 성애적인 용어들을 풍부하게 만들어놓았다. 고트프리트도 그 자신의 작품의 많은 구절에서 그 독신 성자의 거룩한 황홀경을 떠올리게 하는 구절들을 사용하고 있다.

생 베르나르는 「아가」를 찬미하여 말하였다. "이 혼인의 노래 전체에 걸쳐 사랑이 울려 퍼진다. 그것을 읽는 자들 가운데 누가 사랑에 대한 지식을 얻고자 한다면 사랑을 하게 하라……."

"오, 무모하고 열정적이고 충동적인 사랑이여, 자신만을 생각하는 사랑이여, 다른 모든 것을 혐오하는 사랑이여, 자신 외에 모든 것을 경멸하는 사랑이여, 자신에게만 만족하는 사랑이여! 너는 질서를 혼란 속에 내던진다, 너는 관습을 무시한다, 너는 절제를 모른다. 예의의 문제로 보이는 모든 것, 신중하게 판단해야 할 문제로 보이는 모든 것, 너는 너 자신의 이름으로 그 모든 것을 굴복시켜 승리를 거둔다."[130]

여기서 이 성자가 해석하고 있는 「아가」는 전통적인 주장과는 달리, 기원전 10세기에 1,000명의 처첩을 거느린 왕이 지은 시가 아니라, 기원전 5세기 이후 대부분 미완 상태인 성애적인 시들을 합쳐놓은 것이다. 이 혼합물은 정전으로 편입되기 전에 재해석이 필요하였다. 그러나 솔로몬이 지었다는 설 때문에 그것은 바람직한 책으로 여겨졌고, 그것을 "야훼와 이상적인 이스라엘 사이에 존재하는 사랑의 그림"[131]으로 대접함으로써 문제를 해결하였다. 그러나 지금 이 기독교의 수도사는 그것을 또 다른 의미로 읽고 있다. 그는 교회가 하느님의 신부 노릇을 한다고 하는데, 원래의 저자로 알려진 사람은 그런 제도에 대해서는 들어보지도 못하였다. 그럼에도 생 베르나르는 이 두번째 신부의 이름으로, 마치 미칠 것 같은 금기의 고통으로 인하여 발작이 일어난 듯 회중에게 말한다.

"나는 이성이 아니라 욕망에 의해서 이렇게 할 수밖에 없습니다……."
"사실 겸손한 마음은 주장을 합니다. 그러나 사랑은 정복을 합니다……."
"왕의 능력은 공의를 사랑하는 것이라는 사실을 내가 잊은 것은 아닙니다. 그러나 강렬한 사랑은 판단의 시중을 들지 않습니다. 충고에 의하여 제한을 받지 않습니다. 그릇된 겸손함에 억눌리지 않습니다. 이성에 복종하지 않습니다. 나는 요청하고, 애원하고, 내 온 마음을 다하여 호소합니다. 그가 그의 입으로 내게 입맞추기를 원합니다."[132]

베르나르의 시대에는 인도에도 거룩한 사랑이라는 교리가 있었다.* 그러나 그 황홀경의 비유는 설교에만 제한되지 않고, 사원 조각에 제시되기도 하고 그노시스파와 같은 종류라 할 수 있는 피비오니스파의 제의에도 침투하였다.** 인간-신 크리슈나의 땅의 여인 라다에 대한 사랑——불법이면서도 거룩한 사랑——을 관능적이고도 자세하게 찬미한 자야데바(Jayadeva)의 「소 치는 사람의 노래(Song of the Cowherd)」는 침실의 은밀함을 드러내는 데서 베르나르보다 상당히 멀리 나아간다.[133] 그러나 그 영적인 목적은 동일하다. 심리학적인 전문 용어로 하자면 "정상을 넘어서는 이미지"를 통하여 마음이 지상으로부터 초자연적인 영역으로 상승하기 위한 명상의 기초를 제공하자는 것이다.[134]

틴버겐(N. Tinbergen)의 『본능의 연구(Study of Instinct)』에 나오는 〈그림 36〉은 성자가 될 잠재력을 갖춘 검은머리물떼새가 자신보다 엄청나게 큰 알, 즉 "정상을 초월한 기호 자극"에 영적으로 반응하는 모습을 보여 준다. 이 새 자신의 알은 앞쪽에 있는 작은 것이다. 중간 크기는 재갈매기의 알이다. 틴버겐 교수는 말한다. "정상적인 검은머리물떼새의 알, 재갈매기의 알, 재갈매기의 알의 두 배(선형적인 크기)가 되는 알을 제시하면, 다수의 선택은 가장 큰 알이다."[135] 생 베르나르는 이 새가 주는 교훈을 이어간다.

따라서 우리의 이 몸으로도 신랑의 존재가 주는 기쁨을 자주 맛볼 수 있

---

\* 200쪽과 202쪽 참조.
\*\* 192-194쪽 참조.

사랑-죽음 295

지만, 완전하게 맛보지는 못한다. 그가 찾아오는 것이 마음을 기쁘게 하지만, 그것이 부재로 바뀌면 마음이 슬퍼지기 때문이다. 이것은 사랑하는 자가 육체의 짐을 내려놓을 때까지 필연적으로 견딜 수밖에 없는 일이다. 그때가 되면 그녀 역시 자신의 욕망의 날개를 타고 높이 날아 명상의 영역을 자유롭게 날아다닐 것이며, 거칠 것 없는 마음으로 사랑하는 신랑이 어디를 가나 따라가게 될 것이다.[136]

〈그림 36〉 "정상을 초월한 자극"에 반응하는 검은머리물떼새.

그러나 고트프리트는 "이 땅에 진실하게 남으라"는 니체의 복음을 예언이라도 하듯, 그 영적인 새를 땅으로, 검은머리물떼새를 둥지로 불러들이고 있다. 그럼으로써 피안을 지향하는 속물의 전망을 뒤집어놓는다. 큰 것을 위하여 작은 것을 버리는 것이 아니라, 작은 것 속에 큰 것의 환희를 실현시키는 것이다. 순수하게 영적인 사랑도 없고, 단순히 관능적이기만 한 사랑도 없기 때문이다. 인간은 육과 영(여전히 이런 용어를 사용할 수 있다면)으로 이루어져 있으며, 따라서 그 자신이 본질적인 신비이다. 고트프리트의 관점에서 보자면, 이 신비의 가장 깊은 핵심은 사랑의 신비에 의하여——또 그 안에서——감화받고 깨어난다. 사랑의 신성한 순수는 관능이나 감각의 중단 또는 억압과는 아무런 관계가 없으며, 오히려 육체적 실현을 포함하고 또 심지어 그것에 의존한다.

따라서 고트프리트의 사랑의 순수는 a) 사랑을 경험하는 과정에서의 독특함, 특이함, 무조건적인 신의, b) 이 사랑이 주는 고통을 얼마든지 감수하려는 태도, 이렇게 두 가지 요소로 이루어진다. 이것을 통하여 우리는 트리스탄이 사랑-죽음을 읽는 데서 나타나는 세번째이자 궁극적인 "죽음"에 이르게 된다.

3. 지옥에서의 "영원한 죽음".

그러나 이것은 사실상 기독교 신화의 정상을 넘어서는 공포에 대항하여 사랑의 "순수"를 절대 긍정하는 것일 뿐이다. 심지어 지옥의 불마저 그곳에서도 영원히 지속될 달콤씁쓸한 환희의 쓴 측면일 뿐이라고 선언히 긍정하는 것이다. 엘로이즈가 그 불을 얼마나 진지하게 두려워하였을까? 그녀는 아벨라르와 마찬가지로 그 불을 믿었다. 파올로와 프란체스카는 그 불길——단테는 그들이 그 속에서 흐느끼는 소리를 들었다고 생각하였다——속에서 실제로 얼마나 고통을 겪었을까? 시인 블레이크의 "잊혀지지 않는 환상"을 보면 이 문제가 정리될지도 모른다. "나는 천사들에게는 고통과 광기로 보이는 천재성이 주는 즐거움을 누리며 지옥의 불들 사이를 걷다가 그 격언 몇 가지를 모으게 되었다……." 이 격언들 가운데는 "물을 사랑하는 자는 강에 담가라"[137] 하는 것도 있다.

단테는 프란체스카에게 질문을 할 때 긴 꿈-여행의 출발점에 서 있었다. 단테도 그 여행이 끝나는 마지막 칸토에서는 생 베르나르가 천국의 주민에게 강연을 하는 곳에 이르게 될 터였고, 또 그와 같은 비전을 지니게 될 터였다. 그러나 고트프리트와 트리스탄에게는 엘로이즈와 마찬가지로(아벨라르는 다르지만) 큰 알이 아니라 작은 알이 진짜였다. 그리고 십자가에 달린 자의 고난, 하느님의 고난으로 상징되는 그 영원한 고난은 만물이 죽는 이 땅에서는 사랑의 황홀경이다.

그러나, 고트프리트가 말하듯이, 사랑은 생명 바로 그 자체이지만, 도처에서 잔인한 대접을 받는다.

〔고트프리트는 쓰고 있다.〕 나는 내 온 마음으로 사랑을 가엾게 여긴다. 현재 거의 모든 사람이 그녀를 끌어안고 매달리지만, 아무도 그녀의 몫을 인정하지 않는다. 우리 모두 그녀에게서 쾌락을 원하고, 그녀와 사귀고 싶어 할 뿐이다. 그러나 아니다! 사랑은 지금 우리가 기만적인 태도로 서로를 위하여 그녀에게서 끌어내리려고 하는 것과는 다르다. 우리는 엉뚱한 방식으로 달려들고 있다. 우리는 검은 사리풀의 씨를 뿌리고 백합과 장미가 나오기를 기대한다. 그러나 진정 그렇게 될 수는 없다⋯⋯.

흔히 "사랑은 땅끝까지 약탈당하고 쫓겨다닌다"고 말하는데, 그것이 사실이다. 우리가 사랑에서 가지고 있는 것은 말뿐이다. 우리에게는 이름만 남아 있다. 그 이름마저 치고받고 오용하고 타락시켜, 그 가엾은 것은 자신의 이름을 부끄러워하며, 그 말만 나와도 혐오감을 느낀다. 그녀는 어디를 가나 자신의 존재를 만나면 움찔한다. 학대와 수치를 당한 그녀는 약탈품과 전리품이 가득 든 누더기 자루를 수치스럽게 짊어지고 집에서 집으로 몰래 구걸하러 다니는데, 자신의 자루에 든 것은 스스로 먹지 않고 거리에서 팔려고 내놓는다. 슬프다! 그런 시장을 만드는 자들이 바로 우리이다. 우리는 이런 놀라운 방식으로 그녀와 교섭을 하면서도 무죄라고 주장한다. 자유롭게 태어난 모든 마음의 여왕, 하나뿐인 여왕 사랑이 팔려나가기 위하여 사람들 앞에 전시되어 있다! 우리가 그녀를 정복했다고 해서 그런 수치스러운 공물을 요구할 수 있다는 말인가!"[138]

그러므로 비극의 탄생(*incipit tragoedia*)!

트리스탄과 이졸트를 움직였던 관심사에는 사랑만이 아니라 명예도 있었기 때문이다. 사랑만이 아니라, 상류 궁정 세계에서의 평판, 그리고 그곳에서 역사의 장과 낮의 장에 헌신하는 일도 있었다. 그들은 사랑을 명예롭게 하는 동시에 명예도 소홀히 하지 않으려다가 둘 다 희생하고, 마침내 브란가에네가 말하던 죽음에 이르게 된다.

고트프리트는 말한다. "우리는 쓰라린 마음으로, 거짓말로, 기만으로 사랑을 경작하고, 그녀로부터 몸과 마음의 기쁨을 기대한다. 그러나 그녀는 뿌린 대로, 고통, 부패, 나쁜 열매, 황폐만을 가져다줄 뿐이다."[139]

### 마르크왕의 결혼

신부를 태운 배는 콘월에 도착하여 왕의 성대한 환영을 받는다. 결혼식에 참석한 모든 사람의 눈은 태양 같으면서도 비참해 보이는 신부에게 쏠린다. 잠잘 시간이 되자 왕은 침실로 물러난다. 두 여자는 얼른 옷을 바꾸어 입는다. 트리스탄은 브란가에네를 그녀의 희생 제단으로 데려가고, 이졸트는 불을 끈다.

고트프리트는 고백한다. "그 일이 시작되었을 때 브란가에네가 어떤 기분이었을지 나는 모르겠다. 그녀는 그 일을 신중하게 견디어냈고, 일은 아무런 소리 없이 진행되었다. 그녀의 짝이 그녀에게 요구하는 것이 무엇이든, 그녀는 황동으로 또 금으로 그가 원하는 만큼 가득 채워주었다." 그러나 이졸트는 불안해서 기도를 한다. "주 하느님, 그녀가 정숙한 여자가 되도록 저를 지켜주고 도와주소서. 만일 그녀가 침대 놀이를 너무 오래 하게 되면, 너무 열심히 하게 되면, 그것을 좋아하게 되어 새벽까지 거기 누워 있을까 걱정입니다. 그랬다가 우리 모두가 세상의 웃음거리가 되고, 이야기거리가 될까 걱정입니다."

그러나 그렇게 되지 않았다! 브란가에네는 의리가 있었고 진실하였다. 그녀는 자기 의무를 충실히 이행하고나서 조용히 침대를 떠났다. 그러자 이졸트가 그 자리로 가서 앉았다. 왕은 포도주를 청하였다. 당시에는 남자가 처녀와 함께 누웠을 때 둘이 함께 술을 마시는 것이 관습이었기 때문이다. 사실 이졸트의 어머니는 바로 이 순간을 위해서 미약을 준비하였던 것이다. 트리스탄이 불과 포도주를 가져왔다. 왕은 포도주를 마셨고, 왕비 역시 마셨다. 둘은 누웠다. 불은 다시 꺼졌다. 이번에는 이졸트가 자신의 의무를 이행하였다. 시녀 브란가에네만큼이나 고상하게 의무를 이행하였다. 왕은 주화가 황동인지 황금인지, 그 차이를 알아차리지 못하였다. 그에게는 이 여자가 저 여자와 같았다.[140] 그리고 그것이야말로 마르크마저 이미 덫에 걸린 남녀와 더불어 사랑의 여신의 마법 그물에 뒤얽히는 계기가 되는 비극적 실수였다.

왕은 여왕의 개체성에는 관심을 가지지 않았고, 그녀의 아름다움에만 넋이 나갔다. 마음과 마음은 결혼하지 않은 것이다. 시인은 말한다. "슬프다! 그 이야기가 나와서 말인데, 요즘에는 마르크와 이졸트가 얼마나 많은가. 눈이 먼 사람들, 마음의 눈이 더 먼 사람들! 세상 어디에서나, 그 어느 때나, 욕망은 가장 맑은 눈을 미혹시키는 힘이다. 어떤 눈먼 것도 욕망과 식욕만큼 위험하게 또 무시무시하게 눈이 머는 법은 없다. 우리가 아무리 부정을 한다고 하더라도, 옛 말씀은 여전히 진실이다. '아름다움을 주의할지어다!'"[141]

결국 궁정에서는 그가 결혼을 하였던 여성의 진짜 인격에 대해서 이야기가 오가게 된다. 왕의 집사장 마르자독(멧돼지 꿈을 꾼 사람이다)*은 오가는 소문을 전해준다. 자신의 사회적 역할, 그리고 그것과 관련된 명예와 왕의 결혼이라는 궁정적 관념에 철두철미한 고귀하고 선한 왕 마르크는 심히 괴로워하고 걱정하고 의심한다. 마침내 적의 패턴, 곧 로 길로스(lo gilos, 질투하는 남편)가 나타난다──("오, 신이여! 오, 신이여! 이 새벽! 어찌 이리도 빨리 오는지요!")──왕은 경계를 하고 함정을 판다. 그러나 그것은 연인들의 꾀와 주의력을 날카롭게 할 뿐이다.

〔고트프리트는 평한다.〕 그것이 감시의 나쁜 점이다. 감시가 시행되면 가시만 돋아날 뿐이다. 감시 때문에 약이 올라 명예와 평판을 망치게 된다. 많은 여자가 제대로 대접만 받았다면 선선히 명예를 고수하였을 텐데, 감시가 그 명예를 빼앗아버리고 말았다. 여자는 나쁜 대접을 받으면 명예와 기분이 똑같이 나빠지니, 따라서 감시는 사실 그들의 상태를 거꾸로 만들어버린다. 결국 여자에게 감시는 쓸모가 없는 셈이다. 나쁜 여자는 감시할 수가 없고, 좋은 여자는 감시해서는 안 되기 때문이다. 흔히 하는 말로, 좋은 여자는 스스로 감시를 한다. 그럼에도 남자가 그녀를 감시한다면, 그가 얻는 것은 그녀의 증오가 된다. 남자는 그의 부인의 삶이나 평판을 망치게 될 것이다. 게다가 부인은 그 가시가 돋은 산울타리가 자신에게 준 상처를 절대 잊지 않을 가능성이 높다.…… 따라서 지혜로운 자, 또는 여자에게 명예를 주고자 하는 자는 누구든 여자 자신의 선한 의지를 그녀의 덕의 감시로 삼을 것이며, 최악의 경우에도 조언, 교훈, 부드러움, 친절함 외에는 절대 다른 감시를 붙이지 말아야 한다. 이것이면 그는 그녀를 지킬 수 있을 것이다. 나아가, 이

---

* 156-157쪽 참조.

것은 반드시 진실로 알아둘지니, 절대 여자를 이보다 더 잘 지킬 수는 없다.[142]

가엾은 마르크의 경우, 상황이 진전되면서 감시를 하고 있던 그의 눈이 마침내 모든 것을 말해주었다. 그가 놓은 덫은 모두 두 남녀의 꾀 때문에 소용이 없었다. 첩자와 밀고꾼들도 마찬가지였다. 그러나 늘 감시를 하고 있는 그 자신의 눈은 연인들의 눈이 마주칠 때 여러 번 진실을 읽었다. 그가 마음에 느낀 고통은 엄청났다. 이렇게 눈을 멀게 하는 슬픔 속에서 마르크는 괴로움에 어쩔 줄 몰라 하며 두 사람을 궁정으로 불러, 모든 사람 앞에서 그의 마음을 완전히 드러내고 그들을 쫓아버린다. 마르크는 그들에게 말한다. "내 조카 트리스탄이여, 내 아내 이졸트여, 그대 두 사람은 내게 너무 귀중하여(인정하고 싶지 않지만) 그대들을 죽일 수도 없고 달리 괴롭힐 수도 없다. 그러나 이제 내 모든 바람에도 불구하고 두 사람이 나보다 서로를 사랑하고 또 이제까지 늘 사랑해왔음을 알았으니, 두 사람은 가라. 가서 원하는 대로 함께 있어라. 나를 더 두려워하지 말아라. 그대들의 사랑이 그렇게 크니, 이제부터 나는 그대들이 어떤 일을 하든 괴롭히지도 억압하지도 않겠다. 둘이 손을 잡고 이 궁정과 땅을 떠나라. 그대들이 나에게 부정한 짓을 한다고 하더라도, 나는 그것을 보고 싶지도 듣고 싶지도 않기 때문이다.…… 왕이 알면서도 그런 사랑의 음모에 협력한다는 것은 창피스러운 일이다. 그러니, 두 사람 모두 하느님의 보호하심 안에서 가라! 가서 원하는 대로 사랑하고 살아라! 우리의 함께 하는 관계는 지금 이 자리에서 끝났다."[143]

명예와 사랑에 대하여

그 다음에 즉 연인들의 동굴에서 보낸 "숲의 세월"(la fossiure a la gent amant)이 이어진다. 이 세상의 법을 넘어서는 진리가 영원 속에서 절정에 이르는 그 수정 침대라는 성소 말이다. 그러나 시간이 지나면서 세월이 그들을 삼킨다. 어느 날 멀리 광야에서 뿔나팔과 사냥개 소리가 들리자(바그너의 제2막의 끝 부분인데, 이곳에는 주목할 만한 차이가 있다), 연인들은 그것이 궁정에서 나온 사람들 소리라고 생각한다. 그날 밤

두 사람은 혹시 사람들이 들어올까봐 수정 침대 위에서 트리스탄의 검을 가운데 두고 떨어져서 잔다. 이것은 명예라는 명분을 가지고 사랑의 법을 어기는 것으로, 그들의 종말의 시초가 되는 사건이다. 사냥개와 뿔나팔은 실제로 마르크의 무리의 것이었다. 마르크는 궁정 사냥꾼과 함께 이상한 짐승을 쫓고 있었다. 말처럼 갈기가 달린 하얀 수사슴이었는데, 크고 튼튼하였으며, 뿔은 최근에 떨어졌고 대신 그 자리에는 작은 육경(肉莖)만 달려 있었다. 그러나 사냥감은 어디론가 사라졌다. 마르크와 사냥꾼은 길을 잃었다. 독특한 우연에 의해서 그들은 연인들의 동굴에 이르렀다. 동굴에는 안전한 청동 문이 달려 있었고, 그 위로 아주 작은 창문들이 있었다. 왕은 창문 하나로 안을 들여다보다가, 조카와 그의 아내가 트리스탄의 검을 사이에 두고 떨어져서 자고 있는 모습을 보고 충격을 받았다.

"자비로운 만군의 주여, 이것이 대체 무슨 의미입니까?" 마르크는 생각한다. 다시 의심이 엄습한다. "저들이 죄를 지었을까?" "분명히 그렇다!" "저들이 죄를 지었을까?" "명백히 아니다!" 사랑의 기만이 최고의 화장품——황금처럼 빛나는 '명백히 아니다'——을 발라놓은 덕분에 환하고 예뻐 보이는 아내의 얼굴을 바라보자, '화해자 사랑'이 그의 마음으로 기어들었다. 그녀의 아름다움이 이렇게 매력적으로 보였던 적이 없었다. 창문 사이로 햇살이 들어가 그녀의 이목구비를 비추었다. 햇살이 한 줄기 두 줄기 비추자 바라보기만 해도 황홀하였다. 마르크는 그녀를 햇살로부터 보호하기 위하여, 잎, 꽃, 풀을 긁어모아 살며시 창을 가렸다. 그리고 그녀를 신에게 맡기고, 눈물을 흘리며 발길을 돌렸다.

마르크는 그들이 죄가 없다는 확신이 생기면서 마음이 누그러져, 곧 두 사람을 궁정으로 다시 불렀다. 그러나 그는 곧 그들이 침대에 함께 있는 것을 보게 되었고, 트리스탄은 두려움에 사로잡혀 브르타뉴로 혼자 달아나야 하였다 헤어지는 자리에서 이졸트는 말한다. "이 땅 어느 곳으로 가더라도 부디 몸조심하세요. 당신은 내 몸이에요. 당신 몸인 내가 당신을 여의면 나는 죽고 말 거예요. 나는 나를 위해서가 아니라 당신을 위해서, 당신 몸인 나를 주의 깊게 돌보겠어요. 당신과 당신의 생명이——내가 너무나 잘 알다시피——내 안에 살고 있으니까요. 우리는 하나의 몸이요, 하나의 생명입니다.'"[144]

### 두번째 이졸트

세상이 다 알 듯이, 트리스탄은 브르타뉴에서 두번째 이졸트, '하얀 손의 이졸트'와 결혼한다. 오로지 그녀의 이름을 사랑하였기 때문이다. 이 지점에서 고트프리트의 텍스트는 갑자기 끝이 난다. 그 이유에 대해서는 약간의 의문이 있다. 1212년 스트라스부르그에서는 그 도시가 생긴 이후 처음으로 이단에 대한 재판이 있었다. 우리의 시인도 그 무렵에 죽었다. 고트프리트가 유죄 선고를 받았을까? 그렇다면 처형 기록이 남았을 것이다. 아니면 세상에 절망하여, 또는 두려움에 사로잡혀, 스스로 목숨을 끊었을까? 그럴 가능성은 거의 없다. 그러나 두 세계의 가치 사이의 긴장 때문에 심리적으로 무너졌을 수는 있다. 사랑의 여신과 기독교의 신 사이의 긴장은 그의 작품 전체에 걸쳐 분명하게 나타난다.[145] 어쨌든 이 전설의 마지막 에피소드들을 살펴보기 위해서는 고트프리트가 원전으로 삼았던 브리튼의 토머스를 참조하는 수밖에 없겠다.

간단히 정리해보자. 트리스탄은 고향 브르타뉴에서 '난쟁이 트리스탄'이라는 이름(의미심장하다)의 기사가 납치당한 아내를 찾는 일을 돕다가 독을 바른 창에 사타구니를 찔리는 부상을 당한다. 이와 더불어 우리는 다시 제1부로 돌아간다. 마치 교향곡에서처럼 초기의 모든 동기들이 변형되고 조가 바뀌어 되돌아온다. 독을 바른 창을 휘두른 사람은 페르 성의 에스툴트 로르길루스인데, 그는 머리가 일곱 달린——형제가 모두 일곱이므로——용-기사였다. 그 일곱을 모두 베었으나, 난쟁이 트리스탄도 당하고 말았다. 큰 트리스탄의 상처는 마르크왕의 아름다운 왕비 이졸트가 아니면 아무도 치료할 수가 없다. 그래서 그녀를 데려오기 위해서 트리스탄의 두번째 이졸트의 오빠가 배를 타고 떠난다. 가기 전에 이졸트가 같이 오면 하얀 돛을 달고 돌아오고, 오지 않으면 검은 돛을 달고 돌아오겠다고 약속을 한다.

## 사랑-죽음

〈그림 37〉은 배를 타고 오는 이졸트이다. 그러나 미노타우로스와 전투를 마치고 아테네로 돌아오는 테세우스에 대한 고전적인 전설에서처럼 여기에서도 돛 문제로 혼란이 일어난다. 두번째 이졸트는 질투를 한다. 결혼은 했다지만 여전히 처녀였기 때문이다. 그녀는 세상에서 트리스탄만을 사랑하는데, 트리스탄의 마음은 아일랜드의 이졸트에게 가 있다. 반면 마르크는 그 이졸트의 몸을 가지고 있고 원하는 대로 그녀에게서 기쁨을 누릴 수 있으나, 그녀의 마음은 트리스탄에게 가 있다. 시인 토머스는 말한다. "이들 넷 사이에는 정말 묘한 사랑이 있다."[146]

트리스탄의 아내이자 아내가 아닌 사람은 트리스탄의 침대가에 앉아 바다를 내다보고 있다.

〈그림 37〉 배를 타고 트리스탄에게 가는 이졸트.

그녀는 말한다. "내 사랑이여, 그대의 배가 보이는군요. 저 배가 당신에게 마음의 위로를 가져오도록 신께서 보살피시기를 빌어요."

트리스탄은 대답한다. "내 사랑이여, 그 배가 우리 배인 것이 확실하오? 그렇다면 말해주시오, 돛은 어떤 색이오?"

"돛은 검은 색이에요."

트리스탄은 벽으로 돌아누우며 한숨을 쉰다. "이졸트, 내 사랑, 신이여 우리를 구원하소서." 트리스탄은 세 번 "이졸트, 내 사랑"을 되풀이하고 죽는다.

배는 항구에 도착하였고, 돛은 흰색이었다.

이렇게 해서 브란가에네가 예언하였던 대로 두 사람은 죽음을 맞이하게 된다. 트리스탄은 사랑으로 죽고, 이졸트는 동정심으로 죽는다. 이졸트는 자신의 몸을 그의 몸 위로 뻗고, 자신의 입을 그의 입에 대고, 영혼을 내주어 죽고 만다. 이것이 바그너가 사랑-죽음으로 표현한 죽음이다. 그러나 바그너는 여기에 쇼펜하우어로부터 빌려온 동양적 색채, 즉 소멸 속에서 이원론을 초월한다는 관점을 가미하였다.

오페라에는 두번째 이졸트와의 결혼이라는 이야기는 완전히 생략되었다. 치명적인 상처는 제2막 끝에서 궁정의 배은망덕한 친구 멜로트에게 입는 것으로 되어 있다. 멜로트는 원래 그 이전의 텍스트에서는 왕에게 이야기를 전해주는 사악한 난쟁이에 지나지 않는다. 그러나 오페라에서는 멜로트가 마르크와 함께 연인들을 습격하고, 트리스탄이 부상을 당하면서 막이 내린다.

따라서 제3막의 무대는 브르타뉴이기는 하지만 두번째 이졸트는 없다. 트리스탄의 충성스러운 하인 쿠르네발이 그를 안전하게 그 자신의 땅으로, 태어난 곳으로 데려다주었다. 트리스탄은 그곳에서 이졸데를 기다린다. 부상당한 연인은 깊은 혼수상태에서 몸을 뒤척이며 밤의 왕국을 갈망하는 노래를 부른다. 그의 태양 이졸데를 다시 보고 싶다는 갈망만이 그를 이 세상으로 다시 데려와줄 수 있다. 트리스탄의 목동의 파이프는 "슬픈 목동의 노래", 즉 "바다는 황량하게 텅 비어 있구나(Oed' und leer das Meer)"를 연주한다. 그러다가 갑자기 "행복한 목동의 노래"로 바뀐다. 배가 나타났기 때문이다. 돛대 꼭대기에서 깃발이 힘차게 펄럭이기 때문이다. 오페라에서는 깃발이 바뀌는 일이 없다. 쿠르베날은 노래한다. "그녀가 탔습니다! 손을 흔들고 있습니다!" 트리스탄은 소리친다. "그녀가 살았구나! 생명이 아직도 그 피류 속에 나를 담고 있구나!" 트리스탄의 수호자 쿠르베날이 왕비를 맞이하기 위하여 무대를 떠나자, 연인은 흥분하여 침상에서 일어나더니 생명을 맞이하기 위하여 소리를 지르며 붕대를 떼어버린다. 그리고 이졸데가 들어서자, 바그너 자신이 마틸데의 품에서 죽고 싶어하였던 것처럼, 그녀의 품에서 죽는다.

 이어 멜로트, 마르크, 브란가에네가 나타난다. 시녀는 마침내 왕에게 약의 비밀을 털어놓는다. 왕은 용서한다——너무 늦었지만. 오케스트라에서 이졸데의 "사랑을 위한 죽음의 동기" 선율이 나타난다. 달콤하면서도 고통에 찬 마지막 아리아가 시작된다. 사랑의 변용, 헤어짐, 영원한 밤의 바다에서 느끼는 환희를 노래하는 아리아이다.

# 제5장 피닉스의 불

## 1. 오, 진정으로 축복받은 밤이여!

제임스 조이스는 그의 꿈의 책 『피네건의 경야(*Finnegans Wake*)』의 계속 빙글빙글 돌아가는 미로 전체를 통하여 "대립물들의 동등성"으로 트리스탄의 주제를 새롭게 발전시킨다. 첫 문단은 "사랑의 비올 연주자 트리스트럼 경……(Sir Tristram, violer d'amores……, 트리스트럼은 트리스탄과 같은 이름/역주)"으로 시작되며, 더블린의 피닉스 파크 옆, 이졸트의 탄생지라는 전설이 전해오는 리피 강둑의 채플리조드는 그 꿈의 사건들이 벌어지는 주요 현장이 된다. 우리는 "모든 이야기가 그 자체로 즐거움을 주는 종류의(of the every-tale-a-treat-in-itself variety)"[1] 박학한 여행 안내자의 인도를 받아, 강연을 들으며 죄책감에 젖어 잠이 든 사람의 위스키에 젖은 내면 풍경을 헤쳐나가는데(단테가 베르길리우스의 인도와 강연을 통하여 자신의 죄로 물든 환상 속의 연옥을 헤쳐나가듯이), 그 사람은 채플리조드 선술집의 억센 주인으로 험프리 침프든 이어위커라는 이름을 가진 중년 후반의 남자이다. 그에 대해서는 얼마 전에 당혹스러운 관음증적인 추문이 생겼다. 이 추문은 바깥으로까지 퍼졌으며, 심지어 그 자신의 쾌적한 구내의 벽에 속요처럼 적히기도 하였다. 그 사건──사실 우리는 이 사건이 진짜로 일어났는지 어떤지 절대 확실히 알 수가 없다──은 피닉스 파크에서 일어났다고 한다(아니면 에덴이었던가? 갈보리였던가?). 아마 밤이었을 것이다. 그리고 꿈을 꾸는 사람 외에 덤불 속의 하녀 둘과 술취한 영국 군인 목격자 셋이 관련되었다. 선술집의 늙은 네 친구는 네 복음서 저자, 세상의 네 방위, 침대의 네 기둥 때문에 혼란을 겪으며 그 전설을 다양하게 되풀이한다. 전설은 그들 자신의 혼란스러운 설명 때문에 점점 더 새로워진다. 꿈을 꾸는 사람은 자기 옹호적이면서도 자기 고발적인 괴로운 꿈속에서 (삼위일체의 삼위를 포함한 수많은 등장인물들 가운데) 트리스트럼 경과 동일시되는 동시에 마크왕(마르크왕과 같은 이름/역주)과도 동일시된다. 옆에서 자고 있는 아내는 첫 이졸트이다. 위층에서 자고 있는 딸은 두번째 이졸트이다. 각각의 이졸트는 다른 이졸트와 헛갈리며, 또 둘은 공원의 하녀들과 헛갈린다. 서로 사이가 좋지 않은 두 아들은 각각 꿈꾸는 사람 자신의 불확실한 이미지의 인기 있는 측면과 없는 측면으로 나타나며, 그의 트리스탄의 꿈을 안고 그 자신을 몰아붙임으로써 미래로 들어간다. 마크가 과거로 들어갔던 것과 마찬가지다. 그들은 두 이졸트를 데리고 달아난다. 한편 시끌벅적한 선술집 손님들은 틴타겔──여기 나오는 이름으로 하자면 "틴탱글(Tintangle)"[2)]──의 마크왕의 문제 많은 성의 수다쟁이들이다. 이 모든 음울한 분위기 속에서 누구의 목소리인지 모를 거친 목소리가 귀에 거슬리는 소리로 다음과 같은 무례한 시를 읊조린다.

마크 씨를 위하여 세 번 꽥꽥거리는 소리!
물론 그는 나무껍질을 별로 갖고 있지 않지
그리고 물론 그가 갖고 있는 것은 모두 하찮은 것들이지.
하지만, 오, 전능하신 굴뚝새독수리여, 저는 하늘의 종달새가 아닐까요,
저 늙은 말똥가리가 어둠 속에서 제 셔츠를 찾으려고 올빼미처럼 울고 돌아다니고,
파머스톤 공원 근처에서 제 점박이 바지를 찾으려고 사냥하듯 돌아다니는 것을 보면?
호호호, 털갈이하는 마크야!

너는 노아의 방주에서 퍼덕이며 나온 가장 기묘한 늙은 수탉이란다
그러나 너는 네가 동네 최고의 수탉이라고 생각하지.
닭이여, 일어나라! 트리스탄은 원기왕성한 젊은 멋쟁이
그는 꼬리의 깃털 하나 움추리지 않고
그녀와 교미하고 그녀와 결혼하고 그녀와 함께 침대에 들고 그녀의 얼굴을 붉히게 만들 것이다
그것이 그 친구가 돈을 벌고 이름을 얻는 방법이다.[3]

짜증을 유발할 의도를 가지고 쓰여진, 그러면서도 무한히 매혹적인, 또 지혜로우면서도 어리석은 '밤에 눈을 뜨게 하는 책'──또는 "입을 여는 두 가지 방법에 대한"[4] 책이라고 읽히기도 한다──의 악몽과 같은 언어는 꿈의 주마등처럼 낮의 깨어 있는 감각으로 바꾸기가 어렵다. 이 책에서는 모든 등장인물이 자신의 대립물이며 모두가 하나의 등장인물을 이룬다. 의미에 관해서 보자면, 이 책은 수수께끼이며 동시에 많은 의미를 가지고 있다. 우리는 솔직한 이야기를 듣는다. 그러나 우리는 조언을 받는다. "변하는 형태를 가진 그래프 자체가 경전의 다면체이다.…… 검사자의 감긴 눈 밑에서 명암법을 이용한 그림의 선들이 합쳐지고, 그 모순들이 사라져, 하나의 안정된 누군가가 된다……(The proteiform graph itself is a polyhedron of scripture…… under the closed eyes of the inspectors the traits featuring the chiaroscuro coalesce, their contrarieties eliminated, in one stable somebody……)."[5] 그 사람은 물론 괴롭게 꿈꾸는 사람 자신이다. 그의 이름의 약자는 H. C. E.(주인공의 이름 험프리 침프든 이어위커〔Humphrey Chimpden Earwicker〕의 약자로 생각할 수도 있다/역주)이며, 이것은 알레고리로 "모든 사람이 온다(Here Comes Everybody)"[6]로 읽어야 한다. 즉 우리 모두의 원형으로 읽어야 한다는 것이다. 우리 자신의 고뇌의 뿌리와 마찬가지로 그의 고뇌의 뿌리에도 인류가 형상을 빌려온(성서에 따르면) 신의 이중적 이미지가 숨어 있다. "하느님이 자기 형상 곧 하느님의 형상대로 사람을 창조하시되 남자와 여자를 창조하셨다."[7] 따라서 가라지의 침대에서 꿈을 꾸는 "이 곧은 자(this upright one)"만으로도, 또 침대에서 그 옆에 있는 또 다른 자, "그의 옆에 있는 음탕한 여

주인공(that noughty besighed him zeroine)"[8]만으로도 우리 모두에게 있는 '모두'를 대표하는 일을 맡길 수 없다. 그러나 이 둘은 합쳐진 그 '모두'이다. H. C. E.이며 그의 악몽인 A. L. P.(주인공의 아내인 여주인공 애너 리비아 플루러벨[Anna Livia Plurabelle]의 약자/역주)인 것이다. 또는 고트프리트가 다음과 같이 말한 대로이다.

한 남자 한 여자. 한 여자 한 남자.
트리스탄 이졸트. 이졸트 트리스탄.

"우리는 그들의 삶을 읽고, 우리는 그들의 죽음을 읽는다. 우리에게 그것은 빵처럼 달다."*

조이스는 이 모든 것의 교훈을 감질나는 숫자 실마리를 통하여 알리는데, 이 실마리들은 온갖 종류의 변화된 모습으로 그의 작품 전체에 걸쳐서 계속 나타난다. 서기 1132년이라는 날짜로, "11절, 32항(Subsec. 32, section 11)"이라는 법조문의 구절로, "11시 30분에서 오후 2시까지(from eleven thirty to two in the afternoon)"라는 시간 간격으로, "작품번호 11, 32(Opus Elf, Thortytoe)"라는 음악 작품으로, 11번가 웨스트 32번지라는 주소로, 1132라는 특허 번호로 말이다." 자, 이제 32는 (『율리시즈[Ulysses]』에서 레오폴드 블룸이 걸으면서 깊이 생각하였듯이) "초당 초당(per sec. per sec.)" 사물이 추락하는 거리를 피트 단위로 측정한 숫자이며, 따라서 '추락'의 숫자이다. 반면 11은 10년의 갱신의 숫자이며, 따라서 '회복'의 숫자이다.[10] 이렇게 암호를 해독하면, 그 숫자에는 에덴의 나무와 갈보리의 나무, 타락-구원, 죽음-부활, 숙은 자의 경야와 깨어나는 자의 경야의 결합이라는 신화적 주제를 포함하게 되며, 이것은 또한 『피네건의 경야』라는 악몽의 제1주제이기도 하다.

그러나 이 숫자-주제의 도덕적 신학이 분명하고 간략하게, 흐릿하지 않은 말로 표현된 대목을 찾으려면, 독자들은 그 책을 완전히 벗어나서 부활절 달걀을 감추어둔 곳, 즉 바울이 로마인들에게 보낸 편지(「로마서」)

---
* 56쪽 참조.

11장 32절을 보아야 한다. 거기에는 이렇게 나와 있다. "하느님께서는 모든 사람을 불순종에 사로잡힌 자가 되게 하셨습니다." 나아가서 이것은 성 아우구스티누스의 유명한 모순어법을 통하여 선포된 복음이기도 하며, 이것은 또한 『피네건의 경야』 전체에도 울려 퍼지고 있다. 오 펠릭스 쿨파!(O felix culpa!, "오, 행복한 죄여!"), 이 희망의 구절은 매년 성토요일(부활절 전주의 토요일/역주)에 로마 가톨릭의 부활절 촛불 축복 의식에서 사제가 되풀이하는 말이기도 하다. 성금요일(부활절 전의 금요일로, 예수의 수난일/역주)과 부활절 일요일 사이에, 그리스도의 몸이 무덤에 누워 있는 그 어둡고 어두운 밤에 말이다.

교회의 장막은 신의 죽음과 지옥으로의 하강이라는 두려운 신비를 상징하기 위하여 열려 있다──비어 있다. 사제는 기도한다.

"오늘밤은 이 시간 전세계에서 그리스도를 믿는 사람들, 세계의 악과 죄인들의 어둠으로부터 분리된 사람들을 은총으로 회복시키고 신성한 의무 안에 결합시키는 밤이다. 오늘밤은 그리스도가 죽음의 굴레를 깨뜨리고 무덤에서 일어나 승리한 밤이다. 우리에게 구속이 주어지지 않았다면 우리가 태어난 것은 아무런 득이 되지 못했을 것이다. 오, 우리를 향하여 베푸신 놀라운 자비여! 오, 측량할 길 없는 자애의 애정이여, 당신은 노예를 구하기 위하여 아들을 내놓으셨도다! 오, 진정으로 필요했던 아담의 죄여, 그 죄는 그리스도의 죽음으로 지워졌도다! 오, 펠릭스 쿨파, 덕분에 위대한 구속자를 가질 수 있게 되었도다! 오, 진정으로 축복받은 밤이여, 이 밤만이 그리스도가 무덤에서 다시 일어난 시간을 알 자격이 있도다! 이 밤은 그 시간이 쓰여진 밤이로다. 이 밤은 낮처럼 밝을 것이며, 이 밤은 나의 즐거움의 빛이로다."[11]

"가엾은 펠릭스 쿨라페르트여!(Poor Felix Culapert!)"

피닉스 파크의 죄인의 악몽에 대한 방송 한 곳에서는 육체에서 분리된 듯한 목소리가 들린다.[12] 그는 '첫 아담'으로서 타락하여 세상을 가지고 간다. 그러나 '두번째 아담'으로서 우리 모두와 함께 깨어나는데, 이 두 아담은 똑같다. 이 둘은 다채로운 색깔을 가진 한 마리 영혼-새, 즉 "펠릭스 파크(에덴-갈보리)"의 피닉스다. 이 새는──"불의 새가 깜부기불에서 벗어날 때(when the fiery bird disembers)"[13]——자기 희생의 재로부터 저절로 부활한다.

그러나 기독교의 상징들을 해석하는 방식이라는 면에서 볼 때 조이스와 로마 가톨릭의 성직자들 사이에는 엄청난 차이가 있다. 예술가는 그 상징들을 보편적으로 알려진 그리스-로마, 켈트-게르만, 힌두교-불교-도교, 신플라톤주의의 방식으로 읽는다. 즉 이 상징들이 신, 악마, 파리를 포함한 만물에 내재하는, 신학을 넘어선 신비의 경험을 가리키는 것으로 읽는다. 반면 사제들은 "저기 밖에" 존재하는 인격적 창조주인 신에 대한 구약적 개념의 절대적 최종성을 고집한다. 이 신은 동시에 어디에나 있고 전지하고 동시에 다른 모든 것이면서, 존재론적으로 그의 세계의 살아 있는 내용물로부터 분리되어 있다. 게다가 답답할 정도로 유머가 없고 자기 중심적이라서, 복수심에 불타는, 잔인하고 늙은 노보다디(독일 작가 아르노 슈미트의 작품에 나오는 신/역주)이다. 『율리시즈』에서 매음굴 장면의 왈푸르기스의 밤이 끝날 무렵(오, 펠릭스 쿨파!), 세계의 종말은 스코틀랜드 악센트로 다가오고, 엘리야의 목소리는 미국 악센트로 다가온다. 엘리야의 목소리는 지옥과 저주를 외치는 부흥사처럼 세 명의 매춘부('심연의 미의 세 여신')*와 그들의 세 명의 동반자를 불러, 그들에게 "플로리 크라이스트(그리스도의 영어식 발음/역주), 스티븐 크라이스트, 조 크라이스트, 블룸 크라이스트, 키티 크라이스트, 린치 크라이스트"라는 이름을 지어준다. 이어 묵시록적으로 외친다. "저 우주의 힘을 감지하는 것은 바로 그대들에게 달려 있네.…… 그대들 자신의 내부에는 무언가, 더 높은 자아가 있다네.…… 그대들은 모두 이러한 진동 속에 있지 않은가? 글쎄 그대들은 그 속에 있네. 회중들아, 그대들은 그것을 한 번 붙잡기만 하면, 그러면 한 달 뒤에는 1달러짜리 즐거운 천국 여행을 하게 되지."[14]

이 시점에서 그노시스파의 『도마의 복음서』에서 예수가 하였다고 하는 말을 기억해보자. "나는 모든 것이요, 모든 것이 나에게서 나왔으며, 모

---

* 앞의 〈그림 13〉과 비교해보라 : 수르다 탈리아(Surda Thalia).

든 것이 나에게 이르렀다. 나무 조각 하나를 쪼개라, 나는 거기에 있다. 돌을 들어 올려라, 너희는 거기에서 나를 발견할 것이다."[15] 인도의 『바가바드 기타(*Bhagavad Gītā*)』에 나오는 크리슈나의 말도 여기에 보태자. "나는 모든 것의 기원이다. 모든 것이 내게서 나온다.…… 나는 만유의 속에 확립된 '자아'요, 모든 것의 처음이요, 중간이요, 마지막이다.…… 나는 사기꾼들의 도박이다. 나는 강한 자들의 힘이다. 나는 승리다. 나는 노력이다. 나는 선한 자들 속의 조화의 원칙이다."[16]

『율리시즈』의 매음굴 장면에서 엘리야가 메시지를 전하고 고백들을 들은 뒤, 원뿔형의 탐조등 속에서 아일랜드의 바다-신 마나난 맥 리르——좋은 웃음을 즐기는 자*——가 석탄통 뒤에서 턱을 무릎에 괴고 있다가 천천히 일어선다. 그 드루이드교 사제의 망토에서 차가운 바닷바람이 불어온다. 그의 머리 주변에는 뱀장어와 뱀장어 새끼들이 사려 있다. 그는 해초와 조개껍질로 덮여 있다. 그는 오른손으로 자전거 펌프를 쥐고 있다. (뉴마[*pneuma*, 정신], 스피리투스[*spiritus*, 영], 공기, 생명의 숨을 생각하라.) 왼손에는 커다란 가재의 두 발톱 부분을 움켜쥐고 있다(게자리, 즉 "게"는 하지, 쇠퇴, 해체, 죽음의 표시이다).

### 마나나운 맥 리르

(파도의 목소리로.) 아움! 헤크! 월! 아크! 러브! 모어! 마! 신들의 흰 옷을 입은 요가 수도자여. 헤르메스 트리스메기스토스의 신비교 주문서여. (횡횡 부는 바다 바람 소리를 내며) 파나쟈남 패트시펀자우브! 나는 놀림을 받고 싶지는 않도다. 어떤 이가 가로되, 왼쪽을 주의하라, 샥티의 숭배를. (폭풍을 뚫고 나는 제비들의 우는 소리를 내며) 샥티 시바여, 암흑의 감추어진 아버지여! (그는 자전거 펌프로 왼손에 쥐고 있는 가재를 때린다. 소비조합의 시계 문자판 위에 12궁의 기호가 번쩍인다. 그는 대양의 맹위를 떨치며 비통하게 울부짖는다.) 아움! 바움! 피자움! 농장의 빛이오! 나는 몽상가의 낙농장의 버터니라.[17]**

---

\* 241-242쪽의 "오도넬의 시골뜨기"와 비교해보라.
\** 여기서는 바다-신 Manannan Mac Lir의 이름이 산스크리트의 거룩한 음절 AUM과 아일랜드 말에서 "하나"를 뜻하는 aun을 암시하도록 Manannaun으로 변형되어 있다. 일곱

우리는 여기서 전속력으로 『피네건의 경야』의 비전으로 나아가게 된다. 그곳에서는 왼손의 길의 마법 덕분에 암흑으로 감추어진 아버지와 그의 샥티가 실제로 다시 살아난다. 즉 우리는 침대의 안쪽 어두운 숲의 성소, 사랑에 빠진 사람들을 위한 작은 동굴(la fossiure a la gent amant), 결혼과 꿈의 침대로 향하는 위험한 길에 올라섰다. 그 침대는 모든 가정에, 모든 마음에 있으며, 고트프리트와 마찬가지로 조이스에게서도 그것은 완전한 입문의 제단과 십자가를 상징한다.

## 2. 왼손의 길

〈그림 38〉은 16세기초 연금술 문서 『철학자들의 장미 정원(*Rosarium Philosophorum*)』에 나오는 것이다. 이 책은 자연으로부터 정신을 증류해 내는 기술을 가르치는데, 의도적으로 오해를 불러일으키는 비유적 용어로 서술되어 있다. 그림 밑에 적힌 텍스트를 보자. "잘 들어라. 우리 교권(敎權)의 기술에서는 철학자들이 기술의 비밀 외에는 아무것도 감추지 않는데, 그 비밀은 누구에게나 밝혀지지는 않을 것이다. 그런 일이 일어나면, 그 사람은 저주를 받을 것이기 때문이다. 그는 하느님의 진노를 불

---

번 내지른 소리는 인도 불교 탄트라 명상의 신비의 만트라 음절들을 모방한다. Aum은 최고의 거룩한 소리이다. Hek는 『피네건의 경야』(이를테면, p. 420, 17행과 18행)에서 H. C. E.를 가리킨다. Wal은 『피네건의 경야』에서 타락(Fall)의 "벽(Wall)"이며, Ak는 그 충돌, 천둥 속의 신의 목소리, 쇼의 끝, 소문의 시작의 소리를 가리킨다(같은 책, p. 44, 20행 ; p. 65, 34행). Lub는 『피네건의 경야』에서 "사랑, 리비도"와 "덩치 큰 사람" 그리고 "미끄러움" 등과 연결된다. 아일랜드 말에서 "늙었다"는 의미인 Mor는 프랑스어의 mort(죽음)와 영어의 more를 암시하며, 『피네건의 경야』 전체에서 말장난을 통하여 여러 가지 의미로 나타난다. 마지막으로 "어머니(Mother)"를 암시하는 Ma(산스크리트에서 "앞을 잰다"는 뜻의 mā)는 세계 환각을 창조하는 힘을 뜻하는 māyā라는 말의 동사 어근이다. Punarjanam : 산스크리트 punar-janman은 "재탄생, 갱생"을 뜻한다. Shakti : 산스크리트 śakti는 배우자로 의인화된, 신이나 인간의 활동적인 영적 힘이다. Shakti와 "왼손의 길"에 대해서는 『신의 가면 : 동양 신화』 제6장 4절을 보라. 마지막 두 문장, 즉 "나는 제단의 불이요, 불 속에서 희생되는 봉헌물이다"의 의미에 대해서는 *Bhagavad Gītā*, 9.16을 보라. "나는 의식이요, 나는 예배 행위요, 나는 바친 음식이요, 나는 거룩한 약초요, 나는 찬가요, 나는 녹은 버터요, 나는 불이요, 나는 봉헌물의 쏟아져 나옴이다."

러 졸중으로 죽을 것이다. 이 기술에서 모든 잘못이 일어나는 것은 사람들이 올바른 재료로 시작하지 않기 때문이다." 그리고 나중에는 이런 글이 나온다. "그래서 나는 이 책에서 필요하게 보이는 것과 필요한 것을 모두 밝히지 않았다. 사람이 말하지 못할 것도 있기 때문이다.…… 그런 것은 우화와 비유를 이용하는 시와 같은 신비의 언어로 전달되어야 한다."[18]

〈그림 38〉 태양의 왕과 달의 여왕.

그리스도 자신도 영적인 것에 대하여 말하려는 사람들에게 비슷한 경고를 한 적이 있음을 기억할 수 있을 것이다. "거룩한 것을 개에게 주지 말고, 진주를 돼지에게 던지지 말라. 그것들이 발로 그것을 짓밟고 돌아서서 너희를 물어뜯을지도 모른다."[19] 그리스도는 다시 제자들에게 말한다. "너희에게는 하느님 나라의 신비를 알게 해주었지만, 다른 사람들에게는 보아도 알아보지 못하고 들어도 깨닫지 못하게 하려고 비유로 말하는 것이다."[20]

따라서 제임스 조이스가 자신의 길을 드러내면서도 감추는 방식은 결국, 많은 비평가들이 이야기하는 것과는 달리, 어떤 괴상한 심리적 기능 부전의 증상은 아닐지도 모른다. 그 역시 "그의 영혼의 대장간에서 자기 종족의 창조되지 않은 양심을 단조해내면서"(『젊은 예술가의 초상〔*A Portrait of the Artist as a Young Man*〕』의 맨 마지막 부분) 길이 이어지지 않고 오직 영적인 도약에 의해서만 이를 수 있는 영역에서 작업을 하고 있었기 때문이다. 옛 아라비아의 연금술의 대가 무하마드 이븐 우마일 앗-타미미(Muhammad ibn Umail at-Tamimi, 900년-960년경)──유럽에는 "어른"으로 알려져 있었고, 그의 『은물과 별땅의 책(*Book of the Silvery Water and Starry Earth*)』은 시인 고트프리트가 살던 시절에 라틴어로 번역되었다──는 그의 신비의 기술의 최종 산물을 "아는 사람은 자기 눈 위에 올려놓지만, 알지 못하는 사람은 똥더미 위에 던져버리는 그 돌"[21]이라고 묘사하고 있다. 따라서 『피네건의 경야』에서도 도런스의 벨린다라는 이름을 가진 어떤 "나를 거의 보지 않고 나를 오래 좋아하는 암탉(lookmelittle likemelong hen)"이 "상당한 크기의 편지지(a goodishsized sheet of letterpaper)"를 집어든 곳도 똥더미에서였다. 그 편지지는 "검사(exagmination)"를 해보니 눈에 올려놓을 만한 것이었다. 16세기 플랑드르의 연금술사 테오발드 데 호겔란데(Theobald de Hoghelande)의 다음과 같은 말은 조이스가 이런 신비를 다루는 것을 묘사하는 말로 생각할 수도 있다. "이 학문은 거짓을 진실과 섞고 진실을 거짓과 섞되, 때로는 아주 짧게, 때로는 아주 길게, 순서 없이 또 흔히는 뒤집힌 순서로 섞어서 그것을 전달한다. 그리고 이 학문은 그것을 모호하게 전달하려고 애쓰고, 가능한 한 감추려고 애를 쓴다."[22] 다른 16세기말의 거장이 말하듯이, "공표된 비밀은 싸구려가 되기"[23] 때문이다.

따라서 날카로워진 눈으로 다시 앞의 그림을 보면, 우리는 이제 태양의 왕과 달의 여왕이 오른손이 아니라 왼손을 잡고 있음을 알 수 있다. 따라서 철학자들의 장미 정원은 왼손의 길로 들어갈 수 있다.

그림에 따르는 텍스트에서는 이렇게 말한다. "이 일을 위해서는 훌륭한 '자연'을 이용해야 한다. 그녀로부터, 그녀를 통해서, 그녀 안에서 우리 기술이 태어나지, 다른 곳에서는 태어날 수 없기 때문이다. 따라서 우리의 교권은 '자연'의 일이지, 일꾼의 일이 아니다."

자연을 통해서 영에 다가간다는 이 생각이야말로 도미니크회의 한 대담한 젊은 수도사(『철학자들의 장미 정원』의 저자와 대체로 같은 시대에 살았다)가 펼치는 주요한 이단 이론인데, 그의 이름은 『피네건의 경야』의 모든 에피소드를 통하여 여러 가지 변형된 형태로 나타났다가 사라졌다가 다시 나타난다. 이 사람은 1600년 2월 16일 아침, 로마의 캄포디피오리에서 52세의 나이에 말뚝에 묶인 채 화형을 당하였다. 그의 죄는 교황 클레멘스 8세와 로마의 종교재판소의 학자들 앞에 진주를 던졌다는 것이다.

놀라의 조르다노 브루노(Giordano Bruno)는 신에게 버림받은 책 『승리한 짐승의 추방(The Expulsion of the Triumphant Beast)』에서 매우 분명하게 쓰고 있다. "신의 모든 것은 만물에 있다(비록 골고루가 아니라, 일부에서는 너무 많고 일부에서는 너무 부족하기는 하지만). 신은 우리가 자연과 교통하는 만큼 아래로 내려오며, 우리는 자연을 통하여 신에게로 올라가기 때문이다. 즉 우리는 자연적인 것들 속에서 반짝거리는 생명을 통하여 그것들을 관장하는 생명에게로 올라간다."[24]

그는 도미니크회에서 사제 서품을 받았으나, 그 근본에서는 대책 없는 이단이었으며, 신의 사냥개의 여러 무리에게 쫓겨 도시에서 도시로—나폴리, 로마, 베네치아, 파두아, 브레시아, 베르가모, 밀라노, 샴베리, 제네바, 툴루즈, 파리, 옥스퍼드, 런던, 다시 파리, 그리고 마르부르크, 비텐베르크, 프라하, 헬름슈타트, 프랑크푸르트암마인, 취리히, 그리고 (슬프게도!) 다시 베네치아(종교재판소가 있는 곳이었다), 거기서 로마로(종교재판소의 지하 감옥에서 8년 있다가 마침내 어김없이 말뚝에 묶였다)──달아났다. 그는 때로는 성직자복을 입었고 때로는 세속적인 옷을 입었으며, 지금은 여기에 흔히는 저기에 나타났고, 자기도 모르는 새에 친구를 모욕하는가 하면 의도적으로 그의 박해자들에게 도전하였으며, 일부에서는 칼뱅주의자로 일컬어졌지만 제네바에서는 칼뱅주의자 무리에게 쫓겨다녔고, 그 자신이 그가 웅변적으로 써놓았던 "반대되는 것들의 우연의 일치"의 화신이었으며, 진정 조이스적인 방식으로 그 자신의 최고의 적이었다. 그는 자신이 "지성의 습관으로 보자면 다이달로스(디덜러스)"[25]라고 말하였다. 종교재판소에서 그의 죄를 선고할 때는 '승리한 짐승' 앞에 일어서서 말하였다. "아마 형을 선고하는 너희들이 그것을 받는 나보다 두려움이 더 클 것이다."[26] 그는 화형을 당하였고, 그의 책들도 마찬가지였다. 그러나 『피네건의 경야』에서 브루노, 브루인, 브라운 씨, 놀런, 놀런드의 네이먼, 더블린의 서적상 브라운과 놀런, 놀런스 브루먼스 등등으로 다시 나타났다. 콜럼비아 대학의 윌리엄 틴돌(William Tindall) 교수가 처음 알아낸 사실이지만, 채플리조드의 선술집 주인의 꿈에 나오는 한 에피소드에서 화해 불가능한 두 아들의 이름 트리스토퍼와 힐러리[27]는 조르다노 브루노의 희곡 『초 만드는 사람(Il Candelaio)』의 속표지에 나오는 금언에서 따온 것이다. 그 금언이란 인 트리스티치아 힐라리스 힐라리타테 트리스티스(In tristitia hilaris hilaritate tristis), 즉 "슬픔 속에서 기뻐하고, 기쁨 속에서 슬퍼하라"인데, 이것은 고트프리트가 고귀한 마음이라고 명명한 것과 완벽한 조화를 이룬다.

따라서 왼손의 길이란 지상에서의 행위와 경험에 의해서 감각들──눈, 심장, 몸의 자발성──을 통하여 헬리콘산의 정상의 빛, 조화, 박애, 자연의 기쁨을 "회전하는 세계의 정지점에서" 실현하고 표현하는 경지에 이르는 길이다. 헬리콘산에서는 아폴론의 수금 소리가 들리고, 미의 세 여신이 삼보구(三步句)로 춤을 추고, 황금 장미가 개화한다. T. S. 엘리엇이 「번트 노튼(Burnt Norton)」에서 한 말에 따르면,

......육(肉)도 아니고 육이 없음도 아니고,
어디서부터도 아니고 어디를 향해서도 아니고, 정지점에, 그곳에 춤이 있다,

그러나 멈춤도 아니고 움직임도 아니다. 그것을 고정성이라고 부르지 말라,
그곳은 과거와 미래가 모이는 곳. 어디서부터의 움직임도 아니고 어디로의 움직임도 아니고,
상승도 아니고 하강도 아니다. 그 지점, 정지점을 제외하면,
춤은 없을 터, 오직 그 춤만 있을 뿐.
나는 말할 수 있을 뿐이다, 그곳에 우리가 있었다고 : 그러나 어디라고는 말할 수 없다.
또 나는 말할 수 없다, 얼마나 오래인지도, 그런 말은 그것을 시간 속에 갖다 놓는 것이므로.[28]

동산에 이르는 정원의 길은 자연으로부터 분리된 신의 추종자들이 생각하는 것과는 달리, 늘 아래로만 내려가는 길, 단순히 유치한 물리성을 찾아가는 길이 아니다. 그림을 잘 보면, 태양의 왕과 달의 여왕의 오른손은 꽃들을 쓰다듬고 있다. 꽃의 줄기가 엇갈리는 곳에는 세번째 꽃이 가로지르고 있는데, 이 꽃은 별에서 내려온 비둘기가 가져왔다. 별은 꼭지점이 여섯 개이며, 교차하는 세 직선과 만나고 있다. 세 쌍의 대립물인 셈이다. 꽃의 줄기도 마찬가지다. 남과 북이 결합하고 서와 동이 결합하고 아래와 위가 결합하는데, 모두 중심에 모여 있다. "정지점"은 저기 위에서와 마찬가지로 여기 아래 남자와 여자의 손에 거룩하게 존재한다. 위가 그렇듯이 아래도 그렇고, 아래가 그렇듯이 위도 그렇다. 나아가서 각각의 꽃의 줄기에는 꽃이 두 송이가 있다. 하나는 둘이 되고, 둘은 하나가 된다. 뿐만 아니라 전체적인 구성도 이 주제에 맞추어져 있다는 것을 알 수 있다. 별에서 내려오는 선은 두 갈래로 나뉘어, 균형 잡힌 평행선을 이루며 계속되다가 해와 달에서 끝이 난다. 전체적인 형태는 황도대의 일곱번째 궁(宮)인 천칭궁을 가리키는데, 태양은 가을 추분 때 천칭궁에 들어간다. 태양이 겨울밤으로 하강하는 시기이다. 점성술에서 보자면 천칭궁은 남성적인 낮의 궁이다. 활발하고, 쾌활하고, 낮과 밤의 길이가 같고, 심홍색이고, 뜨겁고, 축축하다. 서쪽이고, 가벼운 삼궁(三宮)이고, 금성(Venus)의 본가이다. 비둘기는 베누스-아프로디테-이슈타르-아스타르테-이시스-미네-아모르를 상징하는 새이다. 그리고 우리는 화가

가 비록 서툰 솜씨로나마, "두 눈의 만남"을 표현하려고 하였다는 것을 알 수 있다.

여기서 생각하는 왼손의 길은 초기 기독교의 아가페 주신제의 형태도 아니고, 인도의 "여성복 의식"*의 형태도 아니며, 12세기 프로방스에 유행하였던 발렌타인 클럽의 형태도 아니다. 연금술사의 작업은 내밀하고 개인적이었으며, 여자가 레지나(regina), 소로르(soror), 필리아 미스티카(filia mystica)(각각 신비의 여왕, 자매, 딸/역주) 등의 신화적 역할로 협조하게 되었을 때도 그 관계는 그 심리적 수준 때문에 매우 개인적이고 배타적인 것이었다. 40여 년간 연금술적 상징학을 연구한 융(C. G. Jung) 박사는 유럽과 근동이든 아니면 극동이든 모든 진정한 연금술사에게 연금술은 의식적으로 물리적인 원시 과학 또는 유사 과학이었던 것만큼이나 무의식적으로는 심리적인 과학이었음을 의문의 여지없이 보여주었다. 연금술사는 금속, 레토르트, 기타 실험실 재료에 심리적 연상들을 투사하였는데——완전히 의식적으로 한 것도 아니고 완전히 통제가 가능한 것도 아니었다——이것은 넓게 보자면 화가가 색깔이나 팔레트의 재료나 스튜디오를 대하는 방식과 비교해볼 수 있다. 텅 빈 레토르트는 텅 빈 캔버스와 마찬가지로 바깥으로 밀고나가 자신을 표현하고자 하는 내부의 악마를 받아들이기 위한 진공 상태였다. 금속을 섞고, 가열하고, 보태고, 빼고, 식히고, 관찰하는 일은 충동(자발성)과 판단(사고)의 상호작용을 통하여 진행되었다. 융 박사의 말을 들어보자.

연금술의 저작들은 주로 연금술적 실험 자체가 아니라, 유사 화학적인 언어로 표현된 심리적 과정 비슷한 것을 다룬다. 고대인들은 대체로 화학적 과정이 무엇인지 알고 있었다. 따라서 그들은 자기들이 하는 일이 어쨌든 보통 화학이 아니라는 것은 알았을 것이다. 그들이 그 차이를 깨닫고 있었다는 점은 1세기에 쓰여졌다고 하는 데모크리토스의 논문(위작일 수도 있지만)의 제목만 보아도 알 수 있는데, 그것은 「타 푸시카 카이 타 무스티카($τα\ φυσικα\ και\ τα\ μυστικα$, 물리적인 것과 "철학적인 것")」이다. 그 직후에

---

* 앞의 199-200쪽과 『신의 가면 : 동양 신화』 제6장 4절 참조.

도 연금술에 이질적인——우리의 눈에——두 흐름이 나란히 흐르고 있다는 것을 보여주는 수많은 증거가 나타난다. 우리는 이 두 흐름이 도저히 양립 가능하다고 생각할 수 없다. 연금술의 "탐 에티케 쿠암 피시케(tam ethice quam physice, 물리적일 뿐만 아니라 윤리적인——즉 심리적인)"는 우리 논리로는 뚫고 들어갈 수 없다. 만일 연금술사가 화학적 과정을 상징적으로만 이용하고 있다는 것이 명백하다면, 왜 그는 도가니와 증류기를 가지고 실험실에서 작업을 할까? 만일 연금술사가 스스로 늘 주장하듯이 화학적 과정을 묘사하는 것이라면, 왜 신화적인 상징으로 그것들을 알아보기도 힘들게 비틀어놓는 것일까?[29]

융 박사는 이런 질문들에 대답하면서 진지한 연금술사들의 실제 작업과 명상을 자세하게 묘사한 수많은 글을 인용한다. 그 가운데 가장 최근의 것은 1732년에 출간된 『아브탈라 주라인(*Abtala Jurain*)』으로, 다음이 그 내용이다.

창조

보통 빗물을 많이 받아라. 적어도 10리터 이상 받아야 한다. 그것을 유리 그릇에 밀봉하여 적어도 열흘 이상 보관하라. 그러면 바닥에 침전물이 가라앉을 것이다. 맑은 물을 공처럼 둥글게 생긴 나무 용기에 따라두어라. 용기의 중간을 자르고, 3분의 1쯤 채워라. 대낮에 해가 잘 들지만 은밀한 곳에 그 용기를 갖다두어라.

이 일이 끝나면 거룩한 붉은 포도주 한 방울을 물에 떨구어라. 그러면 물 위에 금방 안개와 짙은 어둠이 깔릴 것이다. 첫 창조 때의 안개나 어둠과 같은 것이다. 이어 두 방울을 떨구어라. 그러면 어둠에서 빛이 나오는 것을 보게 될 것이다. 그 다음부터 7분 정도에 한 번씩 처음에는 세 방울, 그 다음에는 네 방울, 그 다음에는 다섯 방울, 그 다음에는 여섯 방울을 떨구고, 그 다음에는 떨구지 말아라. 그러면 신이 엿새 동안 만물을 창조한 과정을 물 위에서 하나씩 보게 될 것이다. 이런 비밀은 큰 소리로 말해서는 안 되며, 나 역시 드러낼 권한이 없다. 이 일을 하기 전에 무릎을 꿇어라. 네 눈으로 판단하라. 세상은 그렇게 창조되었다. 그대로 놓아두면, 30분 뒤에 모든 것이 사라지기 시작할 것이다.

이것으로 너는 현재는 아이의 눈에 감추어진 것처럼 네 눈에 감추어진 신의 비밀을 분명하게 보게 될 것이다. 모세가 창조에 대하여 쓴 말을 이해하게 될 것이다. 아담과 이브의 몸이 타락 전후에 어떠하였는지, 뱀이 무엇이었는지, 나무가 무엇이었는지, 그들이 어떤 열매를 먹었는지 알게 될 것이다. 천국은 어디에 있으며 어떠한지, 의인들이 어떤 몸으로 부활할 것인지 알게 될 것이다. 아담으로부터 받은 이 몸이 아니라, 성령을 통하여 얻은 몸, 즉 우리 구주가 하늘로부터 가져온 몸으로 부활하는 것을 보게 될 것이다.

같은 익명의 저자가 기록한, 역시 놀라운 두번째 실험을 다음에 인용해보겠다.

### 하늘

행성들의 이름을 딴 금속 일곱 조각을 가져다가,* 그 행성의 집에서 각 금속에 그 행성의 성격을 새겨라. 각 조각의 크기는 장미 무늬 금화만큼 해야 한다.** 단 수은은 무게로 따져 7그램 정도면 되며, 그 위에는 아무것도 새기지 않는다.

이 금속을 하늘에 서 있는 순서대로 용광로에 집어넣고, 방안의 창문들을 모두 닫아 안을 깜깜하게 만든다. 이 금속들을 방안에서 함께 녹인 다음 축복받은 '돌' 위에 일곱 방울을 떨군다. 그러면 용광로에서 불길이 나와 방 전체로 퍼질 것이다(다치지 않으니 걱정 말라). 그와 더불어 방안이 해와 달이 함께 있을 때보다 더 밝아질 것이며, 머리 위로 마치 별이 있는 하늘처럼 창공 전체가 보일 것이다. 행성들은 하늘에서와 마찬가지로 지정된 경로를 따라서 움직일 것이다. 가만 놓아두면, 15분 뒤에 모두 제자리로 돌아간다.[30]

이제 한 가지 예만 더 들어보겠다. 이것은 16세기 플랑드르의 거장 테오발드 데 호겔란데의 글이다.

---

\* 127쪽 참조. 이 금속들은 수은(수성), 구리(금성), 은(달), 금(태양), 철(화성), 주석(목성), 납(토성) 등이다.
\*\* 15-16세기의 영국 주화.

또한 '돌'에 각각의 이름을 부여하는 것은, 작업을 하는 도중 돌에 나타나는 놀랍고 다양한 형상들 때문이라고 한다. 동시에 색깔이 나타나는 경우도 있다. 가끔 구름을 보고 상상한 것이나, 동물, 파충류, 나무 가운데 처음 보는 것이 나타날 때와 같다. 나는 모세가 쓴 책의 한 부분에서도 비슷한 것들을 발견하였다. 거기 쓰여 있는 것에 따르면, 몸이 해체될 때 두 개의 가지, 가끔은 세 개 이상의 가지가 나타나기도 하고, 또 가끔은 파충류의 형체가 나타난다고 한다. 때때로 그것은 머리와 사지를 가진 사람이 주교 자리에 앉아 있는 것처럼 보이기도 한다."[31]

융 박사는 덧붙이고 있다. "호겔란데의 말은 이전의 두 글과 마찬가지로, 실제 작업을 하는 동안에 환각적이거나 몽상적인 성격의 사건들을 인식할 수 있음을 증명한다. 이것은 무의식적 내용물의 투사일 수밖에 없다. 호겔란데는 '어른'의 말을 인용하여, 헤르메스의 그릇의 '비전'을 '경전'보다 '더 구한다'고 말한다." 그러나 여기에도 단서가 붙는다. "'경전'이 대가들의 논문에서 그릇을 묘사하는 전통적인 말인지, 아니면 성서를 가리키는지 불분명하다."[32]

〈그림 39〉 용광로 옆의 연금술사들.

〈그림 39〉는 용광로 옆에 무릎을 꿇고 신의 축복을 비는 연금술사 두

사람의 모습을 보여준다.[33] 한 사람은 남자이고 또 한 사람은 여자인데, 〈그림 38〉의 남녀는 신화적 인물들인 반면, 이 그림의 경우에는 진짜 사람들인 것이 분명하다. 두 연금술사 사이에는 용광로와 용기를 비롯하여 그들의 모호한 기술의 다른 재료들이 있는데, 그 안에서 여러 가지 변화가 일어날 것이고, 그 변화에 신화적인 이름과 해석이 붙게 될 것이다. 다시 말해서, 금속과 다른 재료들——수은, 소금, 유황, 성스러운 포도주, 빗물 등——이 서로 작용을 하고 혼합되고 나뉘고 색깔이 바뀌는 등의 일이 벌어지는 동안, 그 용기와 재료 안에서 태양의 왕과 달의 여왕이 서로를 향하여 왼손을 뻗고 비둘기가 내려앉게 될 것이다. 그러나 우리가 보았듯이, 바라는 결과를 얻으려면, 연금술사들도 그들 나름으로 적당한 감정을 품고 공상적인 명상을 하면서 이 과정에 동행해야 한다. 재료의 발효, 부패, 승화는 아르티펙스(artifex, 장인)와 그의 소로르 미스티카(soror mystica)의 마음들, 즉 서로 결합되어 조화롭게 협동하는 마음들 속의 비슷한 움직임과 짝을 이루어야 한다. 여기에서 근본적인 생각은 신성이 자연의 원소들만이 아니라, 말하자면 남자와 여자의 몸이라는 천한 육체적 물질 안에도 갇혀 있다는 것이며, 연금술사의 실험실에서 이 내재하는 영적 존재의 에너지가 방출된다는 것이다. 이 기본적인 생각을 융의 말로 다시 들어보자.

연금술사에게 일차적으로 구속(救贖)이 요구되는 존재는 인간이 아니라, 물질 안에 사라져 잠을 자고 있는 신이다. 변화된 물질이 불완전한 육체, 천하거나 "병든" 금속 등에 도움을 주듯이, 만병통치약, 즉 메디키나 카톨리카(medicina catholica)로서 그에게 어떤 도움을 주기를 바라는 것은 무자석인 생각일 뿐이다. 그는 신의 은총을 통한 그 자신의 구원이 아니라, 물질의 어두움으로부터 신의 해방에 관심을 기울인다. 이 기적적인 일에 몰두함으로써 연금술사도 유익한 효과를 얻기는 하나, 그것은 어디까지나 부수적인 것이다. 그는 구원을 원하는 사람으로서 이 일에 접근할 수도 있지만, 자신의 구원은 일의 성공, 즉 거룩한 영혼을 자유롭게 하느냐 못하느냐에 달려 있음을 알고 있다. 이 목적을 이루기 위하여 그에게는 묵상, 금식, 기도가 필요하다. 나아가 그의 파레드로스(πάρεδρος, 보살펴 주는 영)으로서 성령의 도움도 필요하다. 구속되어야 하는 것은 인간이 아니라 물질이기 때문에, 변화 과정에서 나타나는 영은 "인간의 아들"이 아니라, 쿤라스가 아주 적절하게 표현하였듯이,[34] 필리우스 마크로코스미(filius macrocosmi, 대우주의 아들)이다. 따라서 이 변화로부터 나오는 것은 그리스도가 아니라, "돌(stone)"이라는 이름의 말로 나타낼 수 없는 물질적 존재이다. 이것은 코르푸스(corpus, 신체), 아니마(anima, 생명), 스피리투스(spiritus, 영), 초자연적 힘 등을 소유하였을 뿐만 아니라, 아주 역설적인 특질들을 보여준다. 연금술의 기원이 이교도적이고 또 미사보다 훨씬 더 오래된 것만 아니라면, 연금술적 변화의 상징을 미사의 패러디로 설명하고 싶은 유혹을 느낄 수도 있다.

신의 비밀을 품은 물질은 인간의 육체를 포함하여 어디에나 있다. 원하기만 하면 얻을 수 있고, 어디에나, 심지어 가장 더럽고 지저분한 것에서도 발견할 수 있다.[35]

본질적으로 여기에 나타나는 생각은 피비오니스파의 외설적인 '사랑의 잔치'를 비롯하여 기타 초대 기독교 교파들──바울, 테르툴리아누스 등 수많은 복음 설교자들은 이 교파들에 대하여 교정 조치를 취할 수밖에 없었다──에게 영감을 주었던 생각과 똑같다. 그러나 그런 교파들의 경우 육화한 성스러운 물질의 에너지를 그 이중적인 덫, 남성과 여성의 덫으로부터 해방시키는 방법은 상상할 수 있는 가장 아둔한 육체적 방법이었다. 반면 연금술의 경우에는 인간 참여자들에게 심리적인 것을 주로 강조한다. 남성과 여성 에너지의 증류와 결합──코니우기움(coniugium, 혼인), 마트리모니움(matrimonium, 결혼), 코이투스(coitus, 성교), 코이눈치오 오포시토룸(coniunctio oppositorum, 대립물의 종합) 등 여러 가지 이름으로 불렀다──의 육체적 측면은 바스 헤르메티쿰(vas Hermeticum), 즉 봉인된 헤르메스의 리토르트 안에서 이루어지며, 아르티펙스와 그의 소로르가 이 전개 과정에 따라 어떤 행동을 하든, 그것은 친밀하게 결합되고, 감정적으로 얽혀 있고, 서로 존중하는 두 인격체 사이에 벌어지는 일이었다. 따라서 '구속자(곧 예수 그리스도/역주)' 이전의 기독교 구속자들의 무차별적이고 익명적인 어둠 속의 아가페와는 전혀 비교될 수 없다.

그럼에도 이 두 종교 교단 사이에는 충분한 신학적 공통점이 있기 때문에, 그 둘이 기본적으로 관련을 맺고 있다는 것은 아주 분명하다. 아가페의 실행자들에게 이따금씩 태어났다가 의식적으로 소비되는* "거룩한 아이"의 연금술적 맥락의 대응물은 신비롭고 양성체적인 라피스(lapis), 레비스(rebis), 즉 "철학자의 돌"이다. 이것은 또 색, 연금약액, 식초, 물, 오줌, 용, 뱀, 필리우스(filius, 아들), 푸에르(puer, 소년) 등 수많은 이름으로 부르기도 한다. 변화가 일어나는 장소로서 다양한 리토르트로 표현되는 신비의 용기 바스 헤르메티쿰은 동정녀의 자궁으로 최고의 종교적 경외심을 불러일으켰다. 여기에 영인 메르쿠리우스(그리스 신화의 헤르메스와 같은 신/역주), 진정한 바스 미라빌레(vas mirabile, 경이의 그릇)가 들어가 수태가 된다. 바스 헤르메티쿰은 '불멸의 생명의 열매의 나무'와 비유되며(또 그렇게 칭해지기도 하며), 훗날 15-16세기 일부 텍스트에서는 '그리스도의 십자가'나 마리아의 자궁에 비유하기도 한다. 융 박사의 말을 빌어 정리를 해보자.

> 용기는 구형의 우주를 모방하여 완전히 원형이어야 한다. 그래야 별들의 영향력의 도움을 받아 일을 성공으로 이끌 수 있다는 것이다. 이 용기는 필리우스 필로소포룸(filius philosophorum, 철학의 아들), 즉 기적의 돌이 태어나는 모태 또는 자궁이다. 따라서 용기는 둥글 뿐만 아니라, 달걀 모양이어야 한다. 사람들은 자연스럽게 이 용기를 일종의 리토르트나 플라스크라고 생각한다. 그러나 곧 이것이 부적절한 생각임을 깨닫게 된다. 이 용기는 연금술의 모든 주요한 관념들과 마찬가지로 신비한 관념, 진정한 상징이기 때문이다. 따라서 바스(vas)는 물 또는 아쿠아 페르마넨스(aqua permanens, 지속적인 물)인데, 이것은 다름아닌 철학자들의 메르쿠리우스임을 알게 된다. 그러나 이것은 물일 뿐만 아니라, 물의 대립물인 불이기도 하다.[36]

마지막으로 복잡한 문제 하나 더 있다. 신성은 가장 고귀한 것들 뿐만 아니라 가장 천한 것에도 살고 있다는 것이 이 철학의 핵심이기 때문에, 이 문헌의 가장 주목할 만한 특질 가운데 하나는 그 신비가 조악하고 심

---

* 193-194쪽과 199쪽 참조.

지어 역겹다고까지 할 수 있는 상징들 속에 자주 나타난다는 점이다. 옴마야드의 제후 칼리드 이븐 야지드(Kalid ibn Yazid)가 8세기에 쓴 아랍어 텍스트는 12세기에 『연금술의 비밀의 책(Liber secretorum alchemiae)』이라는 제목의 라틴어 본으로 번역되었는데, 여기에는 다음과 같은 묘한 비책이 나온다. "코라신의 수캐와 아르메니아의 암캐를 가져다 교접을 시켜라. 그러면 하늘의 색깔을 띤 강아지가 태어날 것이다. 이 강아지가 목이 마르다고 하면 바닷물을 주어라. 이 개는 너의 친구를 보호해줄 것이고, 너를 네 적으로부터 보호해줄 것이고, 네가 어디에 있든 너를 도와줄 것이고, 이 세상에서나 다음 세상에서나 늘 너와 함께 있을 것이다."[37]

트리스탄의 전설에 보면 바로 이런 강아지가 나온다. 이 강아지는 트리스탄이 이졸트와 헤어져 있을 때 그녀에게 선물로 보낸 것이다. 트리스탄은 거인을 죽인 대가로 웨일스의 한 제후로부터 감사의 선물로 그 강아지를 받았다. 그 제후는 또 아발론의 요정의 섬에 있는 한 여신으로부터 사랑의 증표로 그 강아지를 받았다. 고트프리트의 말로 그 이야기를 들어보자.

트리스탄 앞의 탁자에는 자줏빛의 천이 덮여 있었다. 고귀하고 풍요롭고 귀하고 훌륭한 탁자보였다. 그 위에 강아지가 한 마리 올려져 있었다. 내가 들은 바로는 요정의 강아지였다고 한다...... 강아지의 색깔은 놀랍도록 교묘하게 뒤섞여 있어서, 아무도 강아지의 실제 색깔이 무엇인지 정확히 알 수가 없었다. 그 털은 수많은 색조로 이루어져 있어서, 가슴을 보면 눈보다 희다고 말하였을 것이다. 그러나 옆구리를 보면 클로버보다 녹색이라고 하였을 것이고, 옆쪽을 보면 주홍보다 더 붉다고 하였을 것이고, 반대편을 보면 사프란보다 노랗다고 하였을 것이다. 아래쪽은 하늘색이었으며, 위쪽은 많은 색이 아름답게 섞여 있어서 어떤 색깔도 두드러지지 않았다. 녹색도 붉은색도 아니고, 흰색도 검은색도 아니고, 노란색도 파란색도 아니지만, 그 비단 같은 유백광의 갈색 속에서 이 모든 색이 자기 역할을 하고 있었다. 이 아발론 섬의 놀라운 강아지가 화났을 때의 모습을 보면, 아무도, 아무리 영리한 사람도, 그 색깔을 알 수가 없었다. 아주 많은 색깔이 모두 어찔어찔하게 빛을 발해서, 마치 아무런 색도 없는 것처럼 보일 정도였기 때문이다.

그 작은 목에는 금사슬이 걸려 있고, 사슬에는 방울이 달려 있었다. 그 소리가 아주 맑고 달콤하여, 방울이 딸랑거릴 때면 수심에 잠긴 트리스탄은 그의 운명의 모든 근심과 고뇌를 털어버리고, 심지어 이졸트로 인한 고통마저 잊을 수 있었다.…… 손을 뻗어 손바닥으로 조심스럽게 이 작은 개를 쓰다듬으면, 마치 가장 좋은 비단을 만지는 것 같았다. 어디 하나 거친 데 없이 부드러웠다. 이 개는 으르렁거리거나 짖지 않았다. 어떤 장난을 쳐도 사나운 기색을 드러내지 않았다. 또한 이 강아지는 먹지도 마시지도 않았다. 어쨌든 그 이야기에서는 그렇게 말한다. 이 강아지를 다시 떠나보내자, 트리스탄의 슬픔과 고통은 전과 다름없이 강렬한 힘으로 그를 몰아세웠다.[38]

『율리시즈』에서 스티븐 디덜러스도 그런 개를 우연히 보게 된다── 적어도 한동안은 그렇게 상상한다. 그는 샌디마운트 해변의 한 바위에 앉아 있다. 트리스탄이 육지로 올라올 때 첫 발을 디뎠던 곳 근처일 것이다. 디덜러스는 하얗게 부서지는 파도 너머, 작은 배 한 척이 흔들리는 것을 보고 있다. 그 배는 물에 빠진 사람의 시신이 떠오르기를 기다리고 있다. "저기 다섯 길, 다섯 길 물속에 너의 부친이 누워 있다." 스티븐은 생각한다. 그가 생각하고 있는 문제는 '아버지'와 '아들'의 동일 실체성이며, 이를 통하여 '아버지'는 그의 마음속에서 신성의 신비와 동일시된다. 그것은 우리 모두의 내부에 있는 '모두'이다. 연금술의 용어로는 "진주" 또는 "바다의 보물"로 표현하기도 하는, 그 어디에나 존재하는 것이다. 달리 표현하면 바다의 깊은 어둠 속에 있는 태양의 왕('아버지')이기도 한데, 그는 죽었지만 여전히 살아서 깊은 곳으로부터 소리치는 것 같다. "물로부터 나를 해방시켜 마른 땅으로 이끌고 가는 자, 나는 그 자에게 영원한 무릎 수리라."[39]

스티븐은 생각한다. "육지를 향하여…… 머리를 까닥이고 있는, 역류의 염분에 하얗게 되어 떠오르는 시체…… 더러운 소금물에 적셔 있는 시체의 가스 망태기. 해면 같은 영양 있는 음식 조각을 먹고 살찐, 피라미떼가, 단추가 채워진 시체의 바지 앞섶의 터진 틈 사이에 번쩍이고 있다. 하느님은 인간이 되고 물고기가 되고 따개비 기러기가 되고 깃털 포단(蒲團)의 산이 된다. 살면서도 나는 죽은 자의 숨을 쉬고 있는 거다. 사자(死者)의 회진(灰塵)을 밟으며, 온갖 사자들로부터 오줌 냄새 나는 찌꺼기를 맛있게 먹는다. 뱃전 너머로 굳어진 채 끌어올려진 시체는 그의 녹색의 무덤에서 나온 악취를 위로 풍겨 올린다, 그의 문둥병에 걸린 콧구멍을 태양을 향하여 벌름거리면서."⁴⁰⁾

그렇게 앉아서 저 멀리 작은 배를 지켜보며, 죽음, 해체, 죽음 위에서 살아가는 삶, 만물 속의 하나의 신성에 대하여 생각하다가, 스티븐은 해변 저 아래 쪽에서 하나의 점이, 살아 있는 개 한 마리가, 뛰어서 다가오고 있는 것을 본다. "맙소사, 저 놈이 나를 공격할 참인가?" 더 멀리서, 두 형체, 남자 하나와 여자 하나, 새조개 따는 사람들이, 젖은 부대를 들고 터벅터벅 걸어온다.

그들의 개가 총총걸음을 걸으며, 사방으로 코를 킁킁거리면서, 줄어들고 있는 모래 둑 근처를 느릿느릿 걸어갔다. 지난날 잃어버린 그 무엇을 찾고 있는 것이다. 갑자기 개는 나지막이 미끄러지듯 지나가는 한 마리의 갈매기의 그림자를 쫓으면서, 두 귀를 뒤로 젖히고, 껑충껑충 뛰는 토끼처럼, 달려갔다. 남자의 날카로운 휘파람 소리가 그의 늘어진 귀에 부딪혔다. 그는 몸뚱이를 돌렸다, 껑충 되돌아, 한층 가까이 왔다, 번쩍이는 두 다리로 재빨리 뛰어왔다. 황갈색의 들판 위에 즐거이 뛰노는, 맵시 있게 생긴, 뿔 없는 사슴, 조수의 레이스 천 같은 가장자리에 그는 귀를 바다 쪽으로 쭈뼛 향하고, 뻣뻣한 앞다리를 짚고 멈추어 섰다. 그의 코를 추켜들고 물개 무리 같은, 파도 소리를 향해서 짖어댔다. 파도는 개의 발을 향해서 뱀처럼 꿈틀거렸다. 두루루 휘감으며, 수많은 볏을 치켜올리면서, 아홉번째 구를 때마다, 깨어지면서, 철썩거리며, 멀리서, 한층 먼 바깥에서부터, 파도 그리고 파도가.

새조개 따는 사람들. 그들은 바다 속으로 얼마간 걸어 들어갔다, 그리고 허리를 굽히면서, 바구니를 물에 담갔다. 그리고 다시 그것을 들어 올려, 밖으로 걸어나왔다. 개가 그들에게로 달려가며 짖어댔다, 뒷발을 디디고 서서 그들에게 덤볐다, 사방을 기며, 몹시 짖어대면서, 다시 묵묵한 곰처럼 아양을 떨면서, 뒷발을 디디고 그들에게 덤볐다. 그들이 한층 마른 모래밭을 향하여 걸어나오자 개는 곁들여 봐주는 이 없이, 그들 곁을 따랐다, 늑대 같은 헛바닥을 턱으로부터 붉게 내밀고 숨을 헐떡이면서. 그의 얼룩진 몸뚱이가 두 사람의 선두를 느릿느릿 걸어갔다, 그리고 마치 송아지의 질주하는 듯한 걸음걸이로 달려갔다, 그가 지나가는 통로에 시체가 놓여 있었다. 그는 멈추어서서, 코를 킁킁거렸다, 시체 주위를 빙빙 돌았다, 형제다, 코를 한층 가까이 가져가며, 다시 그 주위를 빙빙 돌았다, 죽은 개의 온통 흐트러진 모피 위를 개답게 재빨리 코를 킁킁거리면서. 개의 두개골, 개의 킁킁거림, 눈을 땅 위에 붙이고, 하나의 목표를 향해서 움직인다. 아, 불쌍한 개의 몸뚱어리! 여기 불쌍한 개 몸뚱어리*의 시체가 놓여 있다.
　――저리 갓! 앗아요, 이놈의 똥개!
　그 소리에 개는 살금살금 그의 주인에게로 되돌아 걸어왔고 그를 난폭하게 맨발로 한번 걸어차버리자, 개는 몸을 웅크린 채, 모래 한 발 건너편으로 튕겨 떨어졌으나, 무사하였다. 개는 커브를 그리며 살금살금 되돌아왔다. 나를 보지 못하는군, 방파제 가장자리 곁을 따라 개는 느릿느릿 걸어갔다, 빈둥거리며, 바위를 냄새 맡으면서, 쳐든 뒷다리 밑으로부터 바위를 향해서 오줌을 깔겼다. 그는 앞쪽으로 터벅터벅 걸어갔다, 그리고 뒷다리를 다시 들어 냄새 나지 않는 바위에다, 잠시 오줌을 찍 갈겼다. 불쌍한 놈이 갖는 단순한 환락. 그러고나서 그의 뒷발로 모래를 파헤쳤다. 그리고 앞발로 모래를 튀기며 움푹하게 또 팠다. 무언가를 그는 그곳에다 묻었던 거다, 그의 조모(祖母)를. 그는 모래 속에 심었다, 튀기며, 파면서 그리고 잠깐 멈추고는 공중을 향해서 귀를 기울였다, 다시 격렬하게 발톱으로 모래를 파헤쳤으나 이내 멈추었다, 잡혼에서 태어난, 시체를 파먹고 있는, 한 마리의 산 개, 한 마리의 표범이.[41]

T. S. 엘리엇은 「황무지(The Waste Land)」에서 묻는다.

　작년 자네가 정원에 심었던 그 시체가
　싹이 트기 시작했나? 올해에는 꽃이 필까?
　혹은 갑작스런 서리가 묘상(苗床)을 해쳤나?
　오, 인간에게 친구인 '개(Dog)'를 멀리하게,
　그렇잖으면 그놈이 발톱으로 다시 파헤칠 거야![42]

-----

＊ "개 몸뚱어리"는 스티븐이 자신의 건강하지 못한 몸 때문에 자신을 가리켜 부르는 이름이기도 하다.

이미지들이 뚜렷한 일관성을 가지고 되살아나는 것이 놀랍다. 파도 너머 아발론——다시 나타날 왕이 쉬고 있는 곳——으로부터 온 요정의 개는 큰 파도 위에서 기다리며 둥둥 떠 있는 고기잡이 배와 물고기 사이에서 쉬고 있는 익사한 사람(〈그림 6〉과 비교하라)이 있는 조수 가장자리를 따라 달려가는 똥개를 직접 가리키지 않을 수도 있다. 그러나 이 똥개의 형태 변화——껑충껑충 뛰는 토끼, 맵시 있게 생긴 뿔 없는 사슴, 묵묵한 곰, 얼룩진 몸뚱이, 늑대 같은 혓바닥, 송아지의 질주하는 듯한 걸음걸이 등——는 앞에 나왔던 개의 색깔만큼이나 다양하다. 스티븐은 개가 다가오자 놀라지만, 트리스탄은 그 개를 보자 모든 슬픔과 고통을 잊는다. 이것은 반대되는 효과다. 그러나, 〈그림 13〉의 개 케르베로스를 다시 보면 설명이 될 것이다. 조이스는 나중에[43] 자연에 그의 악마의 거울을 들이대어, "개(Dog)"라는 말이 "신(God)"을 뒤집은 것임을 드러낸다. 엘리엇도 '개'라는 말을 대문자로 시작함으로써 똑같은 비밀을 암시하고 있다. 내려오고 올라가는 것은 똑같은 개 몸뚱어리, '신의 몸'에 속한 것이다. 바닥에서 자신의 에고를 붙들고 있는 스티븐은 죽음의 공포와 마주치는 반면, 뮤즈의 보살핌이라고 할 수 있는 이졸트에게 푹 빠진 트리스탄은 꼭대기로 올라간다.

"다섯 길 물속에 너의 부친이 누워 있다." 스티븐은 『폭풍(The Tempest)』에 나오는 에어리얼의 노래를 인용하여 그렇게 생각한다. 「황무지」의 엘리엇은 바그너의 「트리스탄과 이졸데」\*의 마지막 막에 나오는 "슬픈 목동의 노래"의 한 줄에서 시작하여 계속 인용해나간다.

> 바다는 황량하게 텅 비어 있구나(Oed' und leer das Meer).
> 유명한 천리안 소소스트리스 부인은
> 심한 감기에 걸렸는데도, 그래도
> 사악한 트럼프 한 벌을 가진
> 유럽 제일의 여자 점장이로 알려져 있다. 그녀가 말했다, 여기
> 당신 카드가 있어요, 익사한 페니키아 수부예요,

---

\* 303-304쪽 참조.

(그의 눈은 진주로 변했어요, 보세요!)[44]

유럽에서 가장 지혜로운 여자는 바그너의 『니벨룽겐의 반지(The Ring of the Nibelungs)』의 땅의 영이다. 즉 에다에 나오는 『뵐루스파(Völuspó)』의 여예언자이다.\* 엘리엇의 시에서 그녀는 계속해서 말한다.

> 이건 벨라돈나, 암석의 부인,
> 부정(不貞)한 여인이에요.
> 이건 세 막대기를 가진 남자, 그리고 이건 바퀴,
> 이건 애꾸눈 상인, 그리고 아무것도 안 그려진
> 이 카드는 이 상인이 등에 짊어진
> 무엇인데, 나는 못 보게 되어 있어요.
> 그 교살당한 남자를 못찾겠네. 물에 의한 죽음을 조심하세요.
> 사람들이 원을 그리며 돌아가는 것이 보여요.[45]

세 막대기를 가진 남자를 우리는 오도넬의 시골뜨기에게서 만났다. 애꾸눈 상인은 입문, 길, 상인의 신 보탄——헤르메스——이다. '우주의 나무' 위에서 스스로 십자가에 달린 신(〈그림 9〉)인데, 그가 등에 짊어진 것이 이 나무이다. 엘리엇은 주석에서 "세 막대기를 가진 남자를 나는 아주 자의적으로 어부왕 자신과 연결시키고 있다"[46]고 말하는데, 이것은 '성배'의 전설을 가리킨다. 사실 이 전설에서 우리는 이 모든 인물들이 다시 변화된 모습을 만나게 될 것이다.

## 3. 영원한 소년

대영박물관에 있는 연도 미상의 수서(手書)인 『랍비 시므온 벤 칸타라(Rabbi Simeon ben Cantara)』의 「카발라 미네랄리스(Cabala mineralis)」[47]

---

\* 149-150쪽 참조.

에 나오는 〈그림 40〉은 연금술 용기의 집합적 기능을 보여준다. 오른쪽에는 긴 남근형 목을 가진 완전한 공 모양의 플라스크가 있는데, 여기에 든 물질은 소파이움(Sophaium)이라고 적혀 있다(내가 정확하게 읽은 것이라면). 이것을 아래에 있는 불로 가열하면 메르쿠리우스 비부스(Mercurius vivus, 살아 있는 메르쿠리우스)라는 영적인 증기가 발생하는데, 이 상징은 메르쿠리우스-헤르메스의 지팡이이다. 왼쪽의 자궁 모양의 용기에는 날개 달린 용이 들어 있는데, 그 이름은 헤르마프로디툼(Hermafroditum)이라고 적혀 있다. 이 용은 자기 꼬리를 먹고 있다. 이 용은 세 개의 구름으로부터 내려오는 '메르쿠리우스의 정액(Mercurii Germen)'이라는 이름의 비를 맞고 있다. 이 비는 그 이름이 상징하듯이 음경 모양의 플라스크의 열린 입으로부터 뿜어져 나오는 "살아 있는 불"의 에너지가 "살아 있는 물"로 변한 것이다. 그곳에는 메르쿠리우스의 불 세 가닥이 있고, 이곳에는 메르쿠리우스의 물의 구름 셋이 있다. 물론 생물학적으로는 자궁의 수태를 가리킨다.

그러나 연금술에서는 니그레도(nigredo, 검음) 또는 멜라노시스(melanosis,

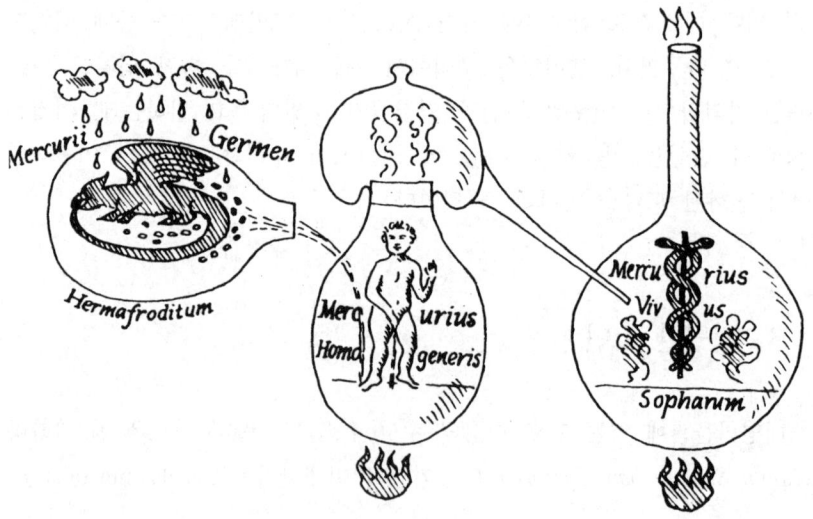

〈그림 40〉 연금술의 바스의 호문쿨루스.

검게 변함)라고 알려진 과정을 가리킨다. 이것은 레토르트 안에 있는 물질이 부패 또는 해체(putrefactio, solutio)되어 기초적 물질(prima materia)의 상태로 환원되는 과정에서 볼 수 있는 특징이다. 즉 처음 세상이 생겨나던 그 원시적 에너지들 또는 물들의 무차별적 상태이다.* 각각의 우주적 시대가 끝날 무렵에는 새로운 우주가 생겨나기 전에 만물이 이런 원시적 상태로 해체되어야 하기 때문이다. 비유적으로 말하자면, 자궁(고대 과학에 따르면, 방출되지 않은 월경의 피로 이루어져 있다)에서 수태가 이루어질 때, 그 안에 있는 물질은 부서져서 새로운 생명으로 재구성된다.

하나의 주기의 끝과 다음 주기의 시작 사이의 기간 동안, 이 구분되지 않는 원시적 물질은 혼돈, 즉 마사 콘푸사(massa confusa)이다. 여기에서는 대립물의 쌍들——온-냉, 다습-건조, 위-아래, 북-남, 동-서, 과거-미래, 남성-여성, 주체-객체 등——이 서로 구별되지 않는다. 따라서 이런 상태를 상징하는, 자궁 모양의 레토르트 안에 있는 짐승은 자신을 잡아먹는 새-뱀이다. 오비디우스는 『변신(*Metamorphoses*)』의 서두에서 말한다. "바다와 지구와 하늘이 생기기도 전, 자연은 모두 하나로, 모양을 갖추지 못하여 혼돈이 거듭되고, 모두가 투박한 덩어리로 크기를 갖추지 못하여 활동력이 부재한 혼란 속에서 사물들은 제자리 잡기 다툼을 끝없이 하였다.…… 끝없는 다툼만이 계속되었다. 하나의 모양 안에서 열기는 냉기와 다투고, 습기는 건기와 싸웠으며, 딱딱함은 부드러움과 다투고, 무게를 가진 것은 무게를 갖추지 못한 것과 시비를 가렸다."[48] 그러나 곧 '메르쿠리우스의 정액'은 이 마사 콘푸사 안에서 대립물의 쌍들을 갈라놓는(divisio, separatio) 과정을 시작한다. 오비디우스는 말한다. "신이었던가, 신보다 부드러운 자연이었던가? 모든 시비를 가려 하늘과 지구를 가르고 물을 땅과 떼어놓았으며, 공기는 성층권에서 떨어졌다. 그러자 사물들마다 홀로 안도감에 휴식을 취하고, 맹목적인 혼란에서 자리매김의 영원한 질서가 생겼다. 불의 기운은 무게를 갖추지 않은 원소로, 하늘에

---

* 320-321쪽의 빗물 실험과 비교해보라.

올라가 가장 높은 위치를 점하였다. 그 밑으로 가벼운 공기가 자리를 잡고, 가장 밑바닥에는 지구가 성긴 이물질들을 끌어 모아 자리를 잡았으며, 물은 가장 낮은 곳 지구 속으로 스며들었다."[49]*

왼쪽에 있는 바스에서 우리는 이런 과정의 시초를 본다. 그것은 한편으로는 용 주위에 흩뿌려져 있는 검은 점들——"물질과 배설물"**——로 나타나고, 다른 한편으로 오른쪽으로 바스의 구멍을 통하여 흘러 나가 중앙의 달걀 모양의 타원형 그릇에 작용하는 증기로 나타난다. 이 중앙의 용기에 소년, 즉 메르쿠리우스 호문쿨루스(Mercurius Homunculus)가 있는데, 그 자세는 브뤼셀 시의 유명한 "오줌 누는 꼬마"의 자세이다.

오줌, 특히 순결한 소년들의 오줌이 가지는 약효와 여타의 장점에 대한 믿음은 고대 의술에서는 아주 오래전부터 나오는 이야기다. 이 포도주는 이미 아버지 플리니우스(서기 23-79년)의 영향력 있는 저서 『박물지(Historia Naturalis)』에서도 추천하고 있다.[50] 유스티니아누스 황제 시대에 비잔틴의 의사였던 트랄레스의 알렉산더는 구체적으로 간질과 통풍(痛風)에 효험이 있다고 이야기한다.[51] 베네딕트 수도회의 수사 테오필루스(Theophilus, 1100년에 활약)는 그의 『다양한 기술에 대하여(Schedula diversarum artium)』에서 쇠를 단련하는 데 어린 빨강머리 소년의 오줌을 이용하라고 권하고,[52] 나중에 요한네스 21세(1276-1277년 재위)가 된 포르투갈의 의사는 식이요법에 대한 주석에서 인간의 오줌이 포도 덩굴을 무성하게 만드는 이유에 대해서 묻는다.

조이스는 『피네건의 경야』와 『율리시즈』 전체에 걸쳐서 계속 이 주제를 되풀이한다. 우리는 이미 바위에 오줌을 누는 개를 보았다. 계속해서 똥, 똥더미 등을 언급하는 것과 더불어 오줌에 대한 이런 암시까지 하는 바람에 조이스는 정갈한 척하는 프로이트주의적 비평가들 사이에서 유아기에 똥에 병적으로 집착하였다는 평판을 얻게 되었다. 그러나 조이스가 이런 식으로 똥과 오줌을 이용하는 것은 내가 보기에는 연금술적 영감이나 그의 예술의 목적과 완벽하게 일치하는 것 같다. 그의 예술의 목적

---

\* 「창세기」 제1장과 비교해보라.
\*\* 320쪽에 나오는 빗물 실험의 첫 과정 참조.

은——『젊은 예술가의 초상』의 첫 페이지에서 『율리시즈』를 거쳐 『피네건의 경야』에 이르고, 또 쓰여지지 않은 작품들에 이르기까지——인간 경험의 전체 세계에 대한 완전한 변형 과정을 제시하는 것이다. 그 과정은 "옛날 옛적 아주 좋은 시절에 움메 소 한 마리가 길가로 내려갔단다. 길가로 내려가던 움메 소는 아가 터쿠라는 착한 아이를 만났어……"[53)]의 가장 어린 유아기 단계에서부터, 『율리시즈』의 전반부의 에피소드들에 나타나는, 한창 성장하는 시기의 젊은 남성 지식인의 넓어지고 깊어지며 점차 분명해지는 단계들을 거쳐서, "자신의 삶을 너무 사랑하기" 때문에 그것을 잃어버릴 절박한 위험에 처한 사람의 막다른 골목에 이른다.

그때 거대한 천둥소리가 울려 퍼진다. "이곳 가로에 깨어지는 듯한 한 가닥 암담한 소리가, 아 놀랍게도, 외쳤다가 되돌아갔도다. 왼쪽으로 소리 높이 토르가 천둥쳤던 거로다. 무서운 본노로 쇠망치를 휘두르는 자가."[54)] 그러자 겉으로는 아주 단단해 보이지만 사실 속으로는 여러 공포증을 지닌 물렁한 사람인 오만한 스티븐은 이유를 알 수 없는 공포에 사로잡혀 그 자리에 주저앉아 꼼짝도 못한다. "간담을 서늘하게 하는 폭풍우가 방금 다가왔는지라." 바로 그 다음에 니그레도와 세파라치오라는 연금술 과정이 시작되며, 이것은 매음굴의 밤 장면이라는 복마전에서 절정에 이른다. 그 너머로 가게 되면 독자 자신이 『피네건의 경야』라는 바스 미라빌레에서 승화되어야 한다. 이 승화된 상태에서는 『율리시즈』의 모든 더러운 "물질"이 변질을 겪는 것이 보인다. 스티븐의 자기 기만적인 에고는 H. C. E.의 양립할 수 없는 두 꿈의 아들 가운데 하나의 단순한 그림자로 환원된다.

연금술에서는 바스 안에서 똥과 오줌이 일반적으로 활용될 뿐만 아니라, 우리나 푸에로룸(urina puerorum, 소년의 오줌)이라는 기술적 용어는 아쿠아 페르마넨스, 즉 "늘 지속되는 생명수"의 일반적인 명칭 가운데 하나이기도 하다. 여기 이 유리병 속에서 그것은 푸에르 아에테르누스(puer aeternus, 영원한 소년)로부터 앞으로 나아간다. 푸에르 아에테르누스는 만물을 금으로 바꾸는 매개인 라피스(철학자의 돌을 가리킨다/역주)의 의인화된 대응물이다. 그러나 옛 스승들이 주장하듯이, 이 금은 세상의 시장에 있는 일반적인 금, 즉 아우룸 불기(aurum vulgi)가 아니라 "철학의 금", 즉 아우룸 필로소피쿰(aurum philosophicum), 아우룸 메르쿠랄리스(aurum mercuralis, 메르쿠리우스의 금), 아우룸 노스트룸(aurum nostrum, 우리 자신의 금), 아우룸 볼라틸레(aurum volatile, 휘발성 금주), 아우룸 논 불기(aurum non vulgi, 일반적이지 않은 금)이다. 다시 말해서, 예술만이 이 세상의 물질의 변질을 통하여 정신에 부여할 수 있는 금이다.

호문쿨루스가 담긴 그릇 밑에는 불이 있는데, 이 불에 의해서 메르쿠리우스의 오줌은 증발한다. 그 위의 특별한 레토르트에서 이 증기는 응결되어, 오른쪽에 있는 플라스크로 옮겨진다. 거기에서부터 우리의 과정이 시작되었다. 따라서 여기서는 메르쿠리우스의 변화라는 폐쇄 회로가 암시되어 있다. 이것을 보면 다시 『피네건의 경야』가 떠오른다. 그 책의 마지막 문장은 갑자기 허공에서 중단되어버리기 때문이다. "멀리 홀로 마지막 사랑받는 자 따라      (A way a lone a last a loved a long the      )" 여기서 독자는 두 가지 가운데 하나를 선택할 수 있다. 하나는 고리가 끊어진 것으로 여기고 거기서 쉬는 것이다. 아니면 책의 처음으로 돌아가는 것이다. 책의 처음으로 가면 문장의 나머지가 우리를 기다리고 있으며, 다시 우리를 태우고 피닉스 파크의 꿈의 강줄기를 따라 또 한 바퀴 여행을 시켜줄 것이다(『피네건의 경야』의 서두는 "riverrun, past Eve and Adam's……"로 맨 마지막의 "a long the"와 연결시킬 수 있다/역주).

## 4. 혼돈

따라서 〈그림 38〉의 태양의 왕과 달의 여왕은 아르티펙스와 그의 소로르 미스티카가 아니라, 레토르트 안에서 일어나는(또는 일어난다고 여겨지는) 과정의 상징들임이 분명하다. 한편 연금술사들 자신은 〈그림 39〉에서처럼 땅 위에 있다. 그러나 그들의 섬세한 영적인 부분에서 그들은 사실 별로부터 내려오는 비둘기의 날개 위에 앉아 아슬아슬하게 하늘에 매달려 있는 한 쌍의 왕족이다. 그것은 무슨 별일까? 베누스의 별이기도 하고 베들레헴의 별이기도 하다. 메르쿠리우스 비부스와 성령이다.

〈그림 41〉 수은 목욕탕.

〈그림 41〉 역시 『철학자들의 장미 정원』에 나오는 것으로, 유황, 소금, 수은을 비롯해 레토르트의 다른 물질들의 왼손의 길 모험을 계속하고 있다. 이것은 해체의 시초, 즉 모든 대립물의 쌍들이 합쳐져 있는 원시적 혼돈 상태로 나아가는 니그레도의 단계에 해당한다. 인간의 심리적인 영

역에서 이것은 퇴행의 시초에 해당한다. 즉 문명이 낙원의 전원시로 물러나고, 그것을 넘어 원시의 심연에 이르는 것이다.

우리는 『신의 가면 : 동양 신화』에서 의도적인 퇴행을 가르치는 많은 예들을 만났다. 인도에는 요가가 있었고, 중국에서는 "다듬지 않은 덩어리로의 회귀"라는 도교의 관념이 있었다.

> 다듬지 않은 통나무처럼 소박하고,
> 계곡처럼 트이고,
> 흙탕물처럼 탁합니다.
> 탁한 것을 고요히 하여 점점 맑아지게 할 수 있는 이 누구겠습니까?
> 가만히 있던 것을 움직여 점점 생동하게 할 수 있는 이 누구겠습니까?[55]

이난나가 세상을 떠난 왕이자 오라비-배우자를 만나러 저승으로 내려가는 옛 수메르의 신화 및 그와 관련된 제의들도 기억이 난다. 그녀는 일곱 문을 지나는데, 하나를 지날 때마다 옷을 하나씩 벗어야 하였다. 마침내,

> 그녀가 일곱번째 문에 이르렀을 때,
> 그녀의 모든 옷이 벗겨졌다.

그녀는 시체로 변하였다.

그 시체는 말뚝에 걸려 있었다.

하지만,

> 사흘 낮과 사흘 밤이 지나자,
> 그녀의 사자(使者) 닌슈부르,
> 그녀가 가장 좋아하는 바람들의 사자,
> 그녀를 뒷받침하는 말들을 실어 나르는 자가

그녀에 대한 하소연으로 하늘을 채웠고,
그녀를 위하여 집회의 성소에서 울부짖었고,
그녀를 위하여 신들의 집안을 쏜살같이 돌아다녔다.

그러자 "심연의 물의 주"인 엔키는 흙으로 성(性)이 없는 두 피조물을 만들어, 하나에게는 생명의 양식을 주었고, 또 하나에게는 생명의 물을 주었다. 그리고 그 둘에게 이런 명령을 내렸다.
"말뚝에 걸려 있는 시체를 향하여 두려운 불의 광선을 보내라,
그 위에 예순 번 생명의 양식을 뿌리고, 예순 번 생명의 물을 뿌려라,
그러면 이난나는 일어날 것이다."
과연 이난나는 저승에서 올라와 다시 살아났다.[56]

우르의 왕묘에서는 조정의 신하 모두가 왕과 왕비를 따라 저승으로 갔다는 무시무시하고 놀라운 증거를 찾아볼 수 있다.[57] 이집트에서는 사막의 모래밭 밑에 왕과 함께 세상을 떠나는 수백 명이 들어가는 무시무시한 죽은 자들의 집이 있다.[58] 중국에는 은나라 무덤들이 있다. 일본에는 "따라 죽음"이 있다.[59] 마지막으로 인도의 순사 의식이 있고, 왕비가 희생되는 태양의 말의 구덩이로 내려가는 베다 의식이 있다.[60] 이 모든 것이 어둠의 구덩이에서 둘이 다시 하나가 되는 것에 대한 고대의 관념을 증언해주고 있다. 이것은 시간의 형태들의 흐름을 갱신하기 위한 것이었다. 본디 생명은 흐르고 있을 때는 만물의 내용을 이루는 것인데, 시간의 형태들은 그 분리된 상태를 통하여 생명을 고정시켜놓는다.

이 점과 관련하여 그리스도의 말을 들어보자. "밀알 하나가 땅에 떨어져 죽지 않으면 한 알 그대로 남아 있고 숙으면 많은 열매를 맺는다. 누구든지 자기 목숨을 아끼는 사람은 잃을 것이며, 이 세상에서 자기 목숨을 미워하는 사람은 목숨을 보존하며 영원히 살게 될 것이다."[61]

조이스는 『율리시즈』에서 서로 분리된, 바위처럼 단단한 사람들이 서로를 둘러싸고 건조하게 움직이는 세계를 묘사한다. 땅에는 가뭄이 들었다. 소떼는 병들었다. 여자들은 아이를 낳지 못한다. 그러나 책의 정확히 중간에서 그 천둥소리가 들리면서 변화가 시작된다. 엘리엇의 「황무지」

에서는 마지막 부분인 제5부의 "천둥이 한 말"에서 똑같은 천둥소리가 들리고 새로워진 삶에 대한 약속이 나온다. 놀랍게도 『율리시즈』에서 인도의 신과 여신인 시바와 그의 왼쪽의 샤티가 이야기되듯이, 여기에서도 메시지가 인도로부터 온다.

> 강가강은 바짝 마르고 맥을 잃은 나무들이
> 비를 기다렸다, 한편 먹구름이
> 일었다, 저 멀리 히마반트산에.
> 밀림은 쭈그리고 등을 굽혔다, 침묵을 지키며.
> 그때 천둥이 말했다
> 다(DA)
> 다타(Datta) : 우리는 무엇을 주었던가?[62]

시인은 그의 해석적인 주석에서 『브리하다라니아카 우파니샤드(Brihadaranyaka Upanishad)』에 나오는 한 구절을 참조한다.[63] 이 이야기에서 "피조물들의 아버지"인 프라자파티 신은 그의 자식인 신, 인간, 악마에게서 궁극적인 말을 해달라는 요청을 받고 "다"라고 말한다. 신들은 이 소리에서 다미아타(damyata), 즉 "절제하라"라는 말을 들었지만, 인간들은 다타, 즉 "주라"는 말을 들었다. 악마들은 다야드밤(dayadhvam), 즉 "동정심을 가져라"라는 말을 들었다. 우파니샤드의 그 구절은 이렇게 끝을 맺는다. "이 똑같은 것이 여기서는 신의 목소리에 의하여 천둥으로 되풀이된다. 다! 다! 다! 절제하라, 주어라, 동정심을 가져라. 이 세 가지가 사람이 실천할 것이다. 절제, 베품, 동정심."

다시 시로 돌아가자.

> 다
> 다타 : 우리는 무엇을 주었던가?
> 벗이여, 내 마음을 흔드는 피
> 한 시대의 사려분별로도 철회할 수 없는
> 한 순간에 항복하는 무서운 대담

이것으로 오직 이것만으로 우리는 존재해왔다
그것은 우리들의 사망광고에도
자비스런 거미가 거미줄 친 회상 속에서도 찾을 길 없다
혹은 텅 빈 방에서 여윈 변호사가 개봉하는
유언장에도 없다
다
다야드밤 : 나는 일찍이 한 번
꼭 한 번 문을 잠그는 열쇠 소리를 들었다*
우리는 열쇠를 생각한다, 각자의 감방에서
열쇠를 생각함으로써 각자 감방임을 확인한다
다만 해가 질 때 천상의 풍문이
잠시 몰락한 코리올라누스를 회상시킨다
다
다미아타 : 보트는 경쾌히
응했다, 돛과 노에 숙련된 사람의 손에
바다는 잔잔했다, 당신의 마음도 경쾌히
응했으리라, 초청받았을 때, 제어하는 손에 순종하여
침로를 바꾸면서[64]

이 모든 문서들에 비추어 보면 〈그림 38〉로부터 〈그림 41〉로의 내러티브 변화의 의미는 분명하다. 〈그림 38〉의 두 눈의 만남은 준비가 된 고귀한 마음에 그 의미를 전달하였으며(고귀함이 왕관들의 의미이다), 왼손들——심장 쪽이다——은 자발적으로 앞으로 뻗었고, 엇갈린 오른손——영 쪽이다——은 공유된 이상이 실현되었음을 꽃으로 상징한다. 욕망의 일반적인 이상이 아니라, 공간 너머, 시간 너머, 조이스가 『율리시즈』에서 "보이는 것의 양식"과 "들리는 것의 양식" 또는 다시 "현미경 표본 봉입제"[65]라고 부르는 것을 넘어 그들의 것이 되는 일체성 속에서

---

\* 엘리엇은 여기서 단테의 『지옥편』 XXXIII.46을 참조한다. 구엘프 백작 우골리노 델라 게라르데스카는 그의 아들 및 손자들과 함께 그의 친구인 척하던 기벨리네 주교 루기에리 데글리 우발디니에게 배반을 당하고 탑에 갇혀 그곳에서 굶어 죽는다. "그리고 나는 그 무시무시한 탑의 문이 잠기는 소리를 들었다." 엘리엇은 여기에 앞의 112쪽에 나오는 F. H. 브래들리의 인용을 덧붙인다.

각각의 자기 상실을 이룬다는 고귀한 이상이다.

처음에 서로 갈라져 있는 것처럼 보였기 때문에——낯선 존재, 또는 "떨어져 있는 극들"(조이스의 용어를 계속 사용하자면)[66]——둘은 그들의 "동일 실체성"(역시 조이스)[67]을 알아본다. 그와 동시에 모든 술책이 떨어져 나간다. 우리가 『장미 정원』에서 읽었듯이, 이 기술에서 사용되는 내용은 "일꾼에게 속한 것이 아니기" 때문이다. 즉 술책, 학식, 문명에 속한 것이 아니라, "유서 깊은 자연"에 속한 것이기 때문이다. "자연으로부터, 자연을 통하여, 자연 안에서 우리 기술이 태어나는 것이지, 다른 곳에서는 태어날 수 없기 때문이다."*

〈그림 41〉에서는 남녀를 보호하던, 역사적인 조건 속에서 나온 옷이 벗겨져 있다. 말하자면 그들은 그들의 시간과 공간의 사회적 질서만이 아니라, 그들의 사적이고, 개인적으로 발전시켜온, 자기 보호적 예법과 위장이라는 술책을 벗어버렸다. 여기에 진짜 위험이 있다. 자연이 모두 아름다운 것은 아니고, 또 모두 부드럽고 선하기만 한 것은 아니기 때문이다. 금성, 달, 수성은 밝은 면만이 아니라 어두운 면도 있다. 우리 모두가 마찬가지이다. 보호가 사라지면 상대의 밝은 면만이 아니라 완전히 어두운 면에도 취약해지기 때문이다. 그것이 여기서 심연의 물 같은 요소가 나타나는 것의 의미이다. 융 박사는 이 장면에 대하여 이렇게 말한다. "땅-영 메르쿠리우스가 그 물의 형태로 왕 부부를 아래에서부터 공격하기 시작하였다. 이전에 비둘기의 형태로 위에서부터 내려왔던 것과 마찬가지다. 〈그림 38〉에 나오는 왼손들의 접촉이 깊은 곳에 있는 영을 불러일으켜 물이 쏟아져나온 것이 틀림없다."[68]

이 장면을 보면 트리스탄이 목욕탕에서 맞이한 위기의 순간이 떠오른다. 그때 이졸트는 그의 변장을 찢어내고 있는 그대로의 그의 모습을 드러냈다. 그 순간 이졸트 자신의 위험하고 잔학한 "다른 면"도 나타났다. 기억해보면, 아가멤논도 목욕탕에서 살해당하였다. 그림에서 나타난 위험은 익사이다("물에 의한 죽음을 조심하세요." 「황무지」에서 엘리엇의 여

---

\* 316쪽 참조.

예언자는 그렇게 경고하였다).* 통제되지 않고 통제할 수도 없는 거친 감정들의 바다 폭풍 속에서, 또는 삼키려고 달려드는 에고, 개체성의 원리 속에서, 부부의 "훌륭한 자연"의 무의식적 공유에서 넘쳐나오는 본능적인 충동 및 그와 관련된 환상들 속에서 익사하는 것, 이런 환상들은 사랑과 에로틱한 행복이 넘치는 환상일 수도 있지만, 호전적이고, 더럽고, 잔인한 환상일 수도 있기 때문이다. 융은 이 장면을 신화에 나오는 태양-신의 저승으로의 "밤-바다 여행", 미지의 힘들을 만나고 극복하는 여행에 비유하였다.

트리스탄이 여왕 이졸트의 독약에 감염되고, 결국 그녀의 딸의 미약을 나누어 마신다고 하는 전설 속의 모든 모험은 이 장면의 상징과 일치한다. 더럽고 냄새 나는 상처(putrefactio), 작은 배를 타고 가는 밤-바다 여행, '파도 밑의 땅'에서 위험하지만 치료를 해주는 모녀와의 만남, 그곳에서 용과 싸운 일이 그러하며, 용의 독에 감염되고, 여왕의 마법을 통하여 이 부패를 정화한 일(separatio, divisio elementorum), 목욕탕의 위험이 그렇다. 마지막으로 놀랍게도 미약……. 나아가서 〈그림 25〉에 나오는 하프의 위치 및 기능과 〈그림 38〉의 별, 비둘기, 꽃의 위치를 비교해 본다면, 그리고 사랑의 미약의 힘을 〈그림 41〉의 떠오르는 심연의 힘과 똑같이 본다면, 중세 연금술과 로맨스의 상징 계열 사이에 의미심장한 관계가 존재한다는 것이 분명해질 것이다.

『장미 정원』의 말을 빌자면, "냄새 나는 물에는 필요한 모든 것이 들어 있다."⁶⁹⁾ 그러나 〈그림 40〉에 나오는 작용들이 이미 밝혀냈듯이, 정화는 금을 생산해내는 라피스가 태어나기 전에 일어나야 한다. 이것은 "훌륭한 자연"에게 맡겨둘 수 없으며, 이 기술의 삭용이자 효력이다. 그림 위의 텍스트에는 "기술로는 기본적인 준비를 할 수 없다"고 나와 있다. 즉 기술은 처음부터 자연과 독립적으로 효력을 발휘할 수는 없다는 뜻이다. 그러나 이 텍스트는 계속해서 이렇게 말한다. "우리의 돌은 완전한 봄과 불완전한 봄 중간에 있는 것이다. 자연이 시작한 일은 기술에 의하

---

* 330쪽 참조.

여 완전으로 나아간다. 자연이 불완전하게 남겨놓은 메르쿠리우스의 상태에서 일을 하게 된다면 완전의 상태에 이르러 기뻐하게 될 것이다. 완전한 것은 바뀌지 않고 파괴될 뿐이다. 그러나 불완전한 것은 바뀐다. 따라서 완전한 것의 파괴는 불완전한 것을 낳는다."

그림에서는 하늘의 별은 사라졌지만, 비둘기나 그와 관련된 꽃들은 여전히 있다. 그러나 왕비는 꽃을 오른손에서 왼손으로 옮김으로써, 왼쪽 손바닥의 결합으로 만들어졌던 회로를 깼다. 아니, 꽃의 회로로 바꾸었다고 말할 수도 있다. 이제 왕은 자유로워진 왼손으로 그녀의 줄기의 꽃을 잡고 있고, 그녀는 거꾸로 자유로워진 왼손으로 그의 줄기의 꽃을 잡고 있기 때문이다. 이제 각각의 줄기에는 꽃이 한 송이밖에 없다. 즉 왕의 줄기에서 왕비는 두번째 꽃이 되었고, 왕은 왕비의 줄기의 두번째 꽃이 된 것이다. 처음에 하나는 곧 둘이요 둘은 곧 하나라는 꽃의 표시는 분명한 깨달음을 표현하지 않았다. 그것은 허공의 꿈이었고 생각일 뿐이었다. 따라서 당연히 오른쪽만 이야기하였고, 영만 이야기하였다. 그러나 눈이 만나고 심장 쪽의 손들이 만나자, 꿈이 현실이 되기 시작하였다. 각자에게서 다른 꽃이라는 관념은 구체화된 모습을 찾았다. 동시에 비둘기의 두번째 꽃은 사라져서 심연의 솟아오르는 물이 되었다. 전체적 배경이 한 눈금 내려갔다. 위의 별은 사라졌다. 아래의 물은 부풀어올랐다. 태양 왕과 달 여왕은 이미 하강의 왼손의 길로 들어서서, 위대한 위로부터 위대한 아래로 내려가고 있다.

왼쪽, 심장 쪽, 방패 쪽은 전통적으로 또 어디에서나 감정, 자비, 사랑, 연약함과 무방비 상태, 여성적 미덕과 위험의 상징이었다. 또한 모성과 유혹, 달의 조수를 이끄는 힘과 몸의 실체, 계절의 리듬의 상징이었으며, 임신, 출산, 양육의 상징이었다. 그러나 동시에 악의와 복수, 비이성, 어둡고 무시무시한 진노, 흑마법, 독, 마술과 기만의 상징이기도 하였다. 그러면서도 아름다운 매혹, 아름다움, 환희, 축복의 상징이었다. 따라서 오른쪽은 남성적인 것의 상징이다. 행동, 무기, 영웅적 행위, 보호, 야만적 힘이며, 잔인하면서도 자비로운 정의의 상징이다. 남성적 미덕과 위험의 상징이며, 이기주의와 호전성, 밝고 환한 이성, 태양과 같은 창조의 힘의 상징이기도 하다. 그러나 동시에 무감각한 악의, 추상적 영성, 맹목적 용기, 이론적 헌신, 장난을 모르는 근엄한 도덕적 힘의 상징이기도 하다. 『장미 정원』은 말한다. "몸은 베누스이고 여성적이며, 영은 메르쿠리우스이고 남성적이다."[70] 그러나 영혼은 둘로 이루어져 있다. 아니마 에스트 솔 에트 루나(Anima est Sol et Luna, 영혼은 해와 달이다). 융은 말한다. "관계를 상실한 인간에게는 전체성이 결여되어 있다. 오직 영혼을 통해서만 완전성을 얻을 수 있는데, 영혼은 그 반대편 없이는 존재할 수 없기 때문이다. 그 반대편은 늘 '당신'에게서 발견된다."[71]

여기서 시작된 것이 바로 그런 영혼을 만드는 일이다. 달의 흐름이 왕비의 왼손으로부터 그녀의 꽃줄기를 따라 왕의 왼손으로 흘러가면서, 줄기에 의하여 직접적인 물리적 힘이 아니라 영적인 힘으로 승화된다. 반대로 영적인 태양의 흐름은 왕의 오른손으로부터 꽃의 줄기를 따라 여왕의 오른손으로 흘러간다. 직접적인 물리적인 접촉은 끊어졌으며——그들의 발이 닿아 있는 것처럼 보이는 수면 밑에서는 몰라도, 적어도 수면 위에서는——비둘기의 존재는 이 관계의 영적인 성격을 보여준다. 이제 곧 물이 두 사람을 삼킬 것이다. 그러면 비둘기와 꽃도 사라질 것이다. 그들은 왼쪽의 요소 속으로, 물결, 바다, 궁극적으로 혼돈으로 내려갈 것이기 때문이다. 그러나 현재로서는, 얼마나 길어질지 모르는 불확실한 계절 동안에는, 그들은 여기에서처럼 균형잡힌 "플라톤적인" 상호 교환을 유지하며, 각각 상호적으로 상대의 영적인 힘을 완전하게 해줄 것이다.

성주 마님과 음유시인들의 봄철이던 12세기에도 마찬가지였다. 카발리에 세르벤테(cavaliér servénte, 여인의 시중을 드는 남자)가 메르시(merci, 고맙다는 말)를 받으려면, 충분한 계절을 통하여 그가 "천박한 금"이 아니라 "고귀한 금"으로서 마님의 사랑을 경험할 준비를 갖추어야 하였다. 아침을 듣기 위해서만 계발해놓은 낮은 수준의 구혼자들과의 관계에서 마님은 몇 년간의 과정을 거친 뒤에도 결국 목에 단 한 번의 입맞춤만 허용하기도 하였다. 또한 우리가 보았듯이, 이런저런 속임수만이 아니라 아모르의 신비에 대한 양식화된 소극이 있기도 하였다. 그러나 상대가 높은 수준의 기사이고, 그의 사랑도 랜슬롯과 귀네비어의 패러다임에서 나타나듯이 정당하고 온전하고 진정하다면, 마님의 하사품의 질도 그것에 상응하였다.

〈그림 42〉 어머니 바다.

〈그림 42〉에서 원시적 혼돈으로의 하강은 한 단계 더 진전한다. 비둘기와 꽃은 사라졌다. 인간이 쌓은, 우물 주위의 벽도 사라졌다. 이 장면은 『피네건의 경야』의 출발점을 강력하게 암시한다. "이브와 아담 교회를 지나는 강줄기……(riverrun, past Eve and Adam's)." 여기서 "강줄기"라는 말은 우선 더블린의 애너리피 강을 가리킨다. 이 강은 피닉스 파크

를 관통하며 영원히 흘러 그녀의 아버지이자 연인인 바다와 합쳐진다. 반면 그녀와 죄인 배우자 도시는 죄인 자손의 삶과 꿈을 지탱하고 먹여 살린다. 그러나 "강줄기"는 우리 모두와 만물을 통하여 늘 흘러넘치는 생명의 에너지의 강을 가리키기도 한다. 이 강은 공허 속으로 흘러드는 데, 이 공허는 동시에 그 강이 생겨난 곳이기도 하다. 조이스는 번갈아가 며 두 강물을 샥티-마야로 표현되는, 세계의 꿈의 에너지에 대한 인도의 개념과 동일시한다. 샥티-마야는 우주의 위대한 여신 어머니로서, 그녀는 우리 모두의 궁극적 삶이자 내용이다. 우리가 살고 있는 그녀의 자궁은 저 밖에 있는 가없는 공간인 동시에 여기 안에 있는 가장 깊숙한 곳, 평 화가 부드럽게 흘러가는 땅이기도 하다. 이곳은 그녀의 다투는 아이들이 모두 와서 꿈없는 잠에 빠져 쉬는 곳이다. 인도의 『브리하다라니아카 우 파니샤드』에는 여기에 어울리는 적절한 구절이 나온다.

매나 다른 큰 새가 공중으로 치솟았다가 지쳐서, 날개를 접고 안식처로 내려가 쉬듯이, 인간의 영인 푸루샤도 어떠한 욕망에도 흔들리지 않고 어떠 한 꿈도 보이지 않는 잠 속에서 그러한 상태로 미끄러져 간다.…… 푸루샤 가 그곳에서 자신이 말하자면 신이라고 느낄 때, 말하자면 왕이라고 느낄 때, 그래서 "내가 이것이요, 내가 모든 것"이라고 생각할 때, 그것이 그 자 신의 최고의 세상이다. 그것이야말로 욕망을 넘어서고, 문제가 없고, 공포로 부터 자유로운 푸루샤의 형태이다. 사랑하는 여인이 완전히 포옹한 남자는 자신과 남의 구별을 모르듯이, 절대적 존재의 지혜가 완전히 포옹한 이 인 간 영혼 역시 자신과 남의 구별을 모른다. 이것이야말로 슬픔이 끝나는 형 태, 욕망에 이르고, '자아'만을 바라고, 욕망이 없는 형태이다.[72]

〈그림 42〉 밑에 나온 짧은 독일어 시의 내용은 대략 다음과 같다.

   오, 나의 달콤한 포옹에 감싸인 루나(달/역주)여/
   나처럼 강해져라, 내 얼굴처럼 아름다워져라.

   오, 솔(해/역주), 인간에게 알려진 모든 빛 가운데 가장 밝은 빛이여/

그래도 그대에게는 내가 필요하다, 수탉에게 암탉이 필요한 것처럼."[73]

비둘기, 꽃, 인간이 만든 담은 이 광야의 시간을 초월한 환희의 늘 살아 있는 물에 삼켜져버렸다. 이것은 하늘과 땅이 갈리기 전이다. 해만이 아니라 달도 환하게 빛나고 있다. 달의 왕비, 해의 왕, "훌륭한 자연"은 함께 창조의 제6일의 이미지를 재구성하였다. 그러나 그들의 성취의 흐름은 앞으로 가지 않고 뒤로 간다. 그들은 역류, 왼쪽으로 가는 흐름을 타고 있다. 그리고 갈 길이 아직 멀다. 『장미 정원』은 이 묘한 혼인에 대하여 이렇게 말하고 있다. "이어 베야[어머니 바다]가 가브리쿠스 위로 일어나 그를 그녀의 자궁으로 가두었다. 그래서 그의 모습은 이제 보이지 않는다. 그녀는 가브리쿠스를 아주 큰 사랑으로 포옹하였기 때문에, 그를 그녀 자신의 본성으로 완전히 흡수해 들여 그를 원자로 해체해버렸다."[74] 좀더 오래된 다른 연금술서 『철학자들의 소동(*Turba Philosophorum*)』[75]에서는 이 사건을 약간 더 적나라하게 다음과 같이 표현하고 있다.

철학자들은 남편들을 죽인 여자를 죽였다. 그 여자의 몸에는 무기와 독이 가득하였기 때문이다. 그 용을 위해서 무덤을 파게 하고, 그 여자를 그와 함께 묻어라. 그는 그 여자와 단단히 연결되어 있기 때문이다. 그가 그녀 주위에서 몸을 비틀고 꼬을수록, 그는 여자의 몸이라는 형태로 만들어진 여성적 무기에 의하여 더 갈갈이 찢길 것이다. 그는 자신이 여자의 팔다리와 엉켜 있는 것을 보면 죽음을 확신할 것이고, 완전히 피로 바뀔 것이다. 그러나 철학자들은 그가 피로 바뀐 것을 보면 그를 햇볕에 며칠 내버려둔다. 그러면 그의 부드러움은 사라지고 피는 말라, 그 독을 찾을 수 있다. 그때 나타나는 것이 감추어진 바람이다.[76]

물론 여기서 말하고 있는 것은 〈그림 40〉의 왼쪽에 있는 바스 안의 사건들이다. 그러나 연금술사들 자신의 말에 따르면, 바스 안에서 일어나는 사건들은 우주가 생겨나는 과정만이 아니라 되풀이하여 스스로를 파괴하고 갱신하는 과정을 반복한다. 연금술사들은 비록 다른 방식이기는 하지만 융 박사와 마찬가지로 그들이 하는 일의 심리적, 신학적, 신화적,

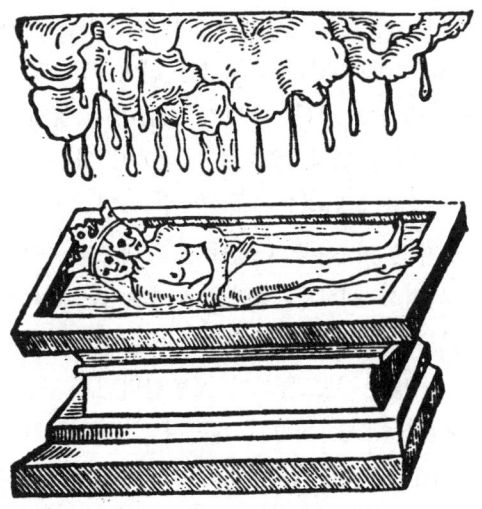

〈그림 43〉 메르쿠리우스의 비.

생물학적, 화학적, 역사적, 성애적 의미들을 알고 있다.

일련의 그림들 가운데 마지막인 〈그림 43〉에서 둘은 진짜로 하나가 되었다. 나아가서 그 하나는 죽었다. 물 침대는 석관이 되었다.

여기 왕과 왕비는 죽어서 누워 있다/
큰 번민 속에서 영혼은 빨리 지나간다.

이 묘한 이중적 존재의 푸트레팍치오(앞에 나온 것처럼, 이는 '부패',

'해체', '상처' 등의 의미를 담고 있다/역주) 단계의 특징을 이야기하는 일련의 시의 첫 구절은 그런 내용이다. 이 이중적 존재 속에서 〈그림 38〉의 꽃이 둘인 줄기에서 처음 보았던 형태는 왕과 왕비 자신의 형태로 현실화되었다. 이 장면은 아주 위험한 광야에 있는 연인들의 동굴 속 수정 침대를 암시한다. 이 연인들의 심장은 하나이다. 또한 〈그림 3〉의 성례에 쓰이는 황금 그릇에 그려져 있는 고전적인 신비 가운데 제11단계에 나오는 자웅동체를 나타내기도 한다. 우리가 지금까지 알게 된 것에 비추어 그 입문의 단계들을 다시 보면, 우리가 어디까지 왔는지, 이 신비의 원에서 우리가 갈 길이 얼마나 남았는지를 알 수 있다.

생물학적으로 보자면 이 이중의 형태는 난세포의 수정에서 난자의 핵 내용물과 정자가 섞여서 새로운 생명을 이루는 단계와 비교할 수 있다. 이제 난자와 정자는 별도의 존재 단위로는 존재하지 않는다. 이 이미지를 확대하여 자식을 낳는 부모들까지 포함한다면, 그들도 이제 어떤 의미에서는 독립된 단위들로 존재하지 않는다. 그들의 세대는 뒤로 물러나고, 이제 새로운 세대가 살아 있는 중심이 되었으며, 그들과의 관계에서 그들은 시간이 지나면 버려질 보호용 껍질 노릇을 할 뿐이다. 심리적이고 정신적인 수정이 일어났을 때도 마찬가지이다. 이러한 상황은 두번째 구절에서 묘사되고 있다.

여기에서 네 요소의 분리가 생긴다/
생명 없는 시체에서 영혼이 일어나는 것과 같다.

융은 이 텍스트에 대하여 이렇게 말한다. "요소들의 분해는 기존의 에고-의식의 해체와 붕괴를 뜻한다. 이것은 정신분열적 상황과 매우 흡사하다. 이것은 잠재적인 정신 이상이 첨예해질 수도 있는 순간이기 때문에 아주 진지하게 받아들여야 한다.…… 연금술사들의 절차의 일부를 이루고 있는 '고문'은 이 이테룸 모리(iterum mori), 즉 되풀이되는 죽음의 단계에 속한다." 『장미 정원』에서는 이런 고문들이 이렇게 묘사되고 있다. "팔다리를 잘라 더 작은 조각들로 나누고, 기관들을 탈저에 걸리게 하고, 그것들을 돌에 있는 본성으로 바꾼다."* 『장미 정원』은 계속해서 이렇게 말한다. "비밀의 물질 속에 깃들어 있는 물과 불을 보호하고, 그 물에 아쿠아 페르마넨스를 넣어라. 이것이 물이 아니라 진정한 물의 불 같은 형태라고 하더라도 상관없다."[77] 이것이 〈그림 40〉의 자궁 모양의 바스에 나오는 용의 해체를 묘사하는 또 한 가지 방법이다. 여기에서도 구름으로부터 메르쿠리우스의 물이 떨어진다. 여기에 대하여 또 하나의 구절이 나온다.

여기 하늘의 이슬이 떨어진다/
무덤에서 더럽혀진 검은 몸을 씻어라.

융 박사는 말한다. "떨어지는 이슬은 당면한 거룩한 탄생의 전조이다.…… 대립물들의 결합에서 나오는 검은 또는 무의식적 상태는 천저(天底)에 이르고, 이제부터 변화가 시작된다. 떨어지는 이슬은 소생과 새로운 빛을 나타낸다. 무의식으로의 점점 깊어지는 하강이 갑자기 위에서부터 비추는 빛이 된다."[78]

『장미 정원』은 충고한다. "심장이 찢어지지 않도록 라토(lato)**를 희게 하고 책을 찢어라. 이것은 전체 작업 가운데 지혜로운 세번째 부분의 종합물이다. 따라서 『철학자들의 소동』에 적힌 대로, 마른 것을 축축한 것에 결합시키고, 물을 검은 흙에 결합시키고, 그것이 하얗게 될 때까지 끓여라. 이렇게 해서 물로 흙을 희게 하면 물과 흙의 정수를 얻게 된다. 그 흰 것을 우리는 공기라고 부른다."[79]

이렇게 해서 우리는 먼 길을 돌아, 조이스가 「로마서」 11장 32절에서 참조하였던 그 의미로 돌아왔다. 또한 이렇게 해서 그의 이미지의 조악함의 의미를 새로 평가하게 되었다.

---

* 『신의 가면 : 원시 신화』 제6장 3절에 묘사되고 있는 샤먼-발작(shaman-crisis)의 손발 자르기의 비전들과 비교해보라.
** 구리, 카드뮴, 오리찰쿰을 섞은 "검은 물질"(융의 주석).

〔융은 말한다.〕 우리는 되풀이하여 연금술사가 마치 상징을 선택하는 무의식처럼 나아가는 것을 보게 된다. 모든 생각은 긍정적인 동시에 부정적인 표현물을 찾는다. 때로는 왕과 왕비에 대하여 말하고, 때로는 개와 암캐에 대하여 말한다. 물의 상징 역시 첨예한 대조를 통해서 표현된다. 왕관이 "인 멘스트루오 메레트리키스(in menstruo meretricis, 창녀의 생리에서)" 나타난다는 표현도 보게 된다. 또는 이런 지침도 나온다. "조리 그릇에 남은 지저분한 침전물〔foecem〕을 가져다가 그것을 보존하라. 그것이 마음의 왕관이기 때문이다." 침전물은 석관 속의 시체에 대응한다. 석관은 수은의 샘 또는 바스 헤르메티쿰에 대응한다.[80]

『율리시즈』에서 책의 약 4분의 1을 차지하는 외설적인 매음굴 장에서 환각에 빠진 이미지들과 손에 잡히는 삶의 이미지들이 똑같은 수준에서 소란스럽게 뒤섞이는 것은 연금술사의 마음 상태와 완벽하게 조응한다(조이스 자신도 이 점을 알고 있음을 보여준다). 연금술사 자신도 그의 레토르트의 금속과 찌꺼기와 더불어 일종의 변질을 경험한다. 이 장 전체에 걸쳐 블룸과 스티븐이라는 "서로 떨어진 양극"에게 일어나는 니그레도와 푸트레팍치오, 그리고 특히 스티븐의 견고한 방어 체계의 붕괴를 통하여 책의 중대 국면에서 스티븐은 하나의 경험에 이르게 되는데, 이것은 그에게는 완전히 새로운 것, 즉 동정심, 연민과 관련된 것이다. 이것은 블룸, 즉 "떨어져 있는 양극"과의 자발적인 동일시의 순간이다.[81] 그렇게 해서 그가 느낀 감각은 하루 종일 그를 귀찮게 따라다니던 문제를 해결해주었다. 즉 아버지와 아들의 동일 실체성의 문제, 해변에 앉아 있는 스티븐과 바다에 있는 익사한 사람의 동일 실체성의 문제를 해결해준 것이다. 바로 그 직후 세계의 종말이 그를 덮치고, 엘리야는 시끄럽게 '만유의 한 존재' 그리스도에 대한 메시지를 전하며, 검은 석탄통에서 마난의 모습이 나타난다. 그런 뒤에 환각에 사로잡힌 흑미사 가운데 다음과 같은 개──"나의 적의 개"──의 신격화가 나타난다.

맬러카이 오플린
인트로이보 아드 알타레 디아볼리(Introibo ad altare diaboli, 나는 악마의 제단으로 가련다).

### 헤인즈 러브 존사
우리들 젊은 날을 즐겁게 해준 악마에게로.

### 맬러카이 오플린 신부
(성배로부터 피가 뚝뚝 떨어지는 성체를 집어 들어 올린다.) 코르푸스 메움(Corpus Meum, 내 몸/역주).

### 헤인즈 러브 존사
(사제의 페티코트 뒷자락을 높이 치켜들자, 회색의 벌거숭이 털 난 엉덩이가 드러나고 당근이 그 틈에 꽂혀 있다.) 내 몸.

### 모든 저주받은 자들의 목소리
다신리스다 서께분 신하능전 님느하 주 리우, 야루렐할!

(천상으로부터 아도나이[헤브라이인이 하느님을 부르는 완곡어/역주]의 목소리가 부른다.)
### 아도나이
개애애애애애애애애애애애(Dooooooooooooog)!

### 모든 축복받은 자들의 목소리
할렐루야, 우리 주 하느님 전능하신 분께서 다스리신다!

(천상으로부터 아도나이의 목소리가 부른다.)
### 아도나이
하느으으으으으으으으으으으으님(Goooooooooood)!

(오렌지당과 그린당의 농부들 그리고 도시민들이 귀에 거슬리는 불협화음으로 "교황 따위는 걷어차버려"와 "매일, 매일 마리아에게 노래불르요"를 합창한다.)[82]

이러한 "떨어져 있는 양극"에 따라, 니콜라우스 쿠자누스(Nicolaus Cusanus, 1401-1464년)의 『신의 비전(*The Vision of God*)』에서는 다음과 같은 교훈을 읽을 수 있다.

신은 모든 형식적 자연들의 절대적 근거이기 때문에 그 안에 모든 자연을 포용한다. 우리는 각각의 말의 다양한 의미에 따라 신에게 시각, 청각, 미각, 후각, 촉각, 감각, 이성, 지성 등이 있다고 생각하지만, 신에게는 시각은 청각, 후각, 촉각, 감정, 이해 등과 다르지 않다. 그래서 모든 신학은 원(圓) 안에서 확립된다고 이야기된다. 그의 속성들 가운데 어느 하나를 긍정하는 것은 곧 다른 속성들을 긍정하는 것이기 때문이며, 신에게는 소유하는 것이 존재하는 것이고, 움직이는 것이 정지하는 것이고, 달리는 것이 쉬는 것이기 때문이며, 다른 모든 속성들에 대해서도 마찬가지이기 때문이다. 따라서 우리는 어떤 의미에서는 신에게 동작을 부여하고 또 다른 의미에서는 휴식을 부여하지만, 신은 모든 다른 것이 통일을 이루고 모든 다양성이 일체를 이루는 절대적 근거이기 때문에, 신에게는 올바른 일체성이 아닌 다양성, 즉 우리가 이해하는 대로의 다양성은 존재할 수가 없다······.

그리하여, 주여, 대립물들의 일치의 문에서 당신을 보기 시작합니다. 낙원으로 들어가는 입구에 세워진 그 문은 천사가 지키고 있습니다.[83]

# 제6장 균형

## 1. 명예와 사랑

　절대적인 연인에게는 성자의 경우와 마찬가지로 명예, 정의, 의리, 신중 등의 가치를 중시하는 세상은 욕망의 실현 속에서 사라져버린다. 그러나 세상의 기사와 숙녀에게는 환희 속에서 모든 것이 그렇게 신비한 종말을 맞이하는 것이 고귀한 삶의 이상도 아니고, 또 이상이었던 적도 없다. 12-13세기 프랑스에서 그것은 아모르의 궁정적 이상에 근접하지도 못하는 것이었다. 이 시기 문학에 대한 최근의 비평가들 가운데 가장 예민한 미라 로-보로딘 여사는 이렇게 말하였다. "이런 유형의 열렬하고 맹목적이고 절대적인 정열을 생각해낸 사람들은 프랑스의 음유시인이 아니었다. 트리스탄의 시들에서 불어오는 무질서한 광풍은 프랑스식 예의라는 달콤한 향수에서 나는 부드러운 향기와는 거리가 멀다."[1]

　따라서 2차적인 대륙의 이야기에 한참 시간을 쏟았으니, 이제 다시 디아무이드 오두이브네의 "사랑-점(love-spot)"에 대한 옛 아일랜드 이야기로 돌아가보는 것도 좋을 것 같다. 사랑-마법과 숲의 주제들만이 아니라 트리스탄의 허벅지에 난 멧돼지 상처, 그것을 통하여 그가 옛날 거석 문화의 돼지-신 콤플렉스에 나오는 멧돼지에게 죽은 신 및 영웅-왕과 맺고 있는 관계의 출처에 대한 일차적 실마리들이 나타나는 곳도 그곳이기 때문이다. 그 영웅-왕은 우주의 여신-여왕의 늘 죽고 늘 살아나는 아들, 배우자, 연인인 두무지-오시리스-아도니스(Dumuzi-Osiris-Adonis)였다. 이 이야기의 기원은 켈트 시대를 넘어 더 먼 과거까지 거슬러 올라간다. 나아가서 이 이야기의 켈트판을 테세우스, 미노타우로스, 검은 돛 신호 등이 나오는 그리스판과 비교해보면, 서양의 유산 가운데 북쪽의 "로맨틱한" 켈트-게르만 요소와 남쪽의 "고전적" 그리스-로마적 요소 사이의 균형과 관련된 상당히 재미있는 점이 드러난다.

우리가 듣는 이야기에 따르면, 그것은 아일랜드에서 최초로 분명한 역사적 자리를 차지하고 있는 왕인 '아일랜드의 높은 왕, 100번의 전투의 콘(Conn of the Hundred Battles)의 아들인 아트의 아들 코맥'의 통치기에 일어났던 일이다. 이 왕은 성 패트릭이 오기 200년 전, 그리고 그의 딸의 모험이 이졸트의 모험으로 바뀌기 꼭 1,000년 전에 타라(Tara)를 다스렸다. 그녀의 이름은 그리아네였다. 그녀는 왕의 딸로서 커다란 시합이 열리면 전사들의 경기장에 참석할 수 있는 특권이 있었다. 또한 그녀는 세상 여자들 가운데 얼굴이나 몸매나 말이 가장 아름다웠다. 그녀가 세상에서 가장 특별하게 아름다운 남자인 디아무이드 오두이브네에게 눈길을 주게 된 것은 그 시합장에서였다(그녀가 나중에 고백한 바에 따르면). 그 순간 이후로 (그녀의 주장에 따르면) 그녀는 다른 누구에게도 그런 사랑을 주어본 일이 없으며, 앞으로도 영원히 주지 않을 터였다.

그러나 공교롭게도 그렇게 눈길을 준 직후, 핀 매컴헤일(핀 맥쿨)이 공주에게 청혼을 하러 왔는데, 그 역시 뛰어나게 아름다운 남자였다. 디아무이드는 핀의 누이의 아들이었다——훗날 트리스탄이 마크왕의 누이의 아들이었던 것처럼. 나아가서 디아무이드는 이마에 사랑점이 있었는데, 늘 아일랜드인의 숱 많은 머리카락으로 그것을 가리고 다녔다. 여자들이 그 점을 보고 반할까 걱정이 되어서였다. 그 점에는 그런 힘이 있었기 때문이다. 그러나 그리아네는 처음 디아무이드를 보았을 때, 그 점을 보고 말았다. 모든 사람이 식탁에 앉았을 때, 그리아네는 보석으로 돋을새김을 한 황금 잔에 아홉 명이 아홉 번 먹기에 충분한 술을 채워 하녀에게 건네주었다. "이 잔을 먼저 핀에게 갖다주거라. 그리고 내가 보냈다고 말해라."

이 핀 매컴헤일은 200-300년 동안 더블린 만을 지켰다고 전해지는 그 인물이며, 지금은 아서와 마찬가지로 산이나 어느 섬에서 자고 있다가 아일랜드에 위기의 때가 오면 그의 거인 용사들인 피아나단(團)[2]과 함께 다시 나타날 것이라고 한다. 『피네건의 경야(*Finnegans Wake*)』라는 제목은 핀의 재림을 가리키는 "Finn-again's Wake"로 읽을 수도 있다. 실제로 조이스는 한 친구에게 그의 다형적인 작품이 "아일랜드의 역사와 더불어 리피 강가에 죽어 누워 있는 핀과 그의 마음속에서 순환하고 있는 세계에 '대한'" 것이라고 말한 적이 있다고 한다.[3] 윌리엄 블레이크(William Blake)의 쓰러진 거인 알비온에 대한 영국적 비전에 비교할 만한 아일랜드의 비전이라고 하겠다. 그래서 이 이야기는 세 겹으로 흥미가 있다. 그 자체로, 이것이 트리스탄에게 영향을 준 점에서, 이것이 『피네건의 경야』에서 차지하는 위치라는 점에서 말이다.

그러나 일단은 이야기의 내용을 계속 따라가보자. 핀은 잔을 받았다. 그는 술을 마시자마자 깊은 잠에 빠져 정신을 잃고 말았다. 코맥 왕이 그 다음 차례였다. 이런 식으로 모든 사람이 쓰러졌다. 그러나 그 잔은 디아무이드에게는 전달되지 않았다. 그리아네는 디아무이드 쪽으로 얼굴을 돌렸다.

"나의 구애를 받아주시겠습니까, 오두이브네의 아들이여?" 그녀가 물었다.

"받아들이지 못하겠소."

"그렇다면 그대에게 게이스(*geis*)를 하겠습니다." 그녀는 대꾸하였다. 게이스, 즉 마법으로 이루어지는 도전으로, 그것을 거부하면 큰 위험이 따르게 된다. "만일 그대가 오늘밤 핀 매컴헤일과 모든 에린의 왕 코맥이 잠에서 깨어나기 전에 나를 이 집에서 데려나가지 않으면 그대는 위험과 파괴의 굴레에 얽매이게 될 것입니다. 나는 죽음이 나를 그대와 갈라놓기 전에는 그대와 갈라지지 않을 것입니다."

"그렇다면, 그리아네여, 갑시다." 디아무이드는 수레에 두 마리의 말을 묶었다.
 그러나 아슬로네 여울을 너머서부터 두 사람은 걸어가기 시작하였다. 그날 밤 이미 갈웨이에 들어선 디아무이드는 숲 한가운데 덤불을 치우고, 윗가지로 엮은 울타리에 문 일곱 개를 뚫고, 그 한가운데 자작나무 끄트머리와 부드러운 골풀로 만든 침대를 놓고 그리아네를 재웠다. 그러나 그 자신은 밖에서 잤다.
 핀, 코맥를 비롯한 나머지 사람들은 다음날 잠을 깨고 디아무이드와 그리아네가 없어진 것을 알았다. 불타는 질투심과 격분에 사로잡힌 핀은 추적자들을 풀어 그들을 뒤쫓게 하였다. 이런 식으로 도주와 추적이 몇 주 동안 계속되었고, 그 동안 디아무이드는 그리아네와 함께 자지 않았다. 동굴로 피신하게 되었을 때, 공간이 없어 함께 잠을 자게 되자, 디아무이드는 둘 사이에 큰 바위를 놓았다. 어떤 이들은 바위가 아니라 검을 놓았다고도 한다.
 그러다가 어느 날 그리아네가 그의 곁에서 걷고 있을 때, 그리아네의 발이 웅덩이를 딛는 바람에 물이 그녀의 허벅지에 튀게 되었다. 그녀는 작고 조심스럽게 혼잣말로 중얼거렸다.

 "이런 낭패가 있나, 이 제멋대로 튀긴 물!
 그래도 너는 디아무이드보다 훨씬 대담하구나."

 "방금 뭐라고 했습니까?" 디아무이드가 물었다.
 "아, 아무것도 아니에요." 그녀가 대답하였다.
 "그렇지 않은데! 일부만 들었는데, 나머지 이야기까지 다 못 들으면 나는 마음이 편치 못할 거요."
 "오, 디아무이드." 그녀는 아주 수줍고 겸손한 표정으로 그에게 말하였다. "그대는 전쟁에서 아주 용감합니다. 그러나 다른 종류의 접전에서는 이 튀긴 물이 그대보다 용기가 있습니다."
 디아무이드는 부끄러웠다. 그때 처음으로 그는 그리아네를 데리고 수풀로 갔다. 그날 밤 그들이 숲으로 들어갔을 때, 디아무이드는 그들을 위하여 사냥용 오두막을 만들었다. 전에는 연어를 잡아 꼬치구이로 먹었으나, 그날 밤 디아무이드는 사슴을 잡았다. 그들은 처음으로 맑은 물과 신선한 고기를 배불리 먹을 수 있었다.

그러나 그에게는 또 하나의 게이스가 있었고, 핀 매컴헤일은 그 점을 잘 알고 있었다. 사냥개들이 짖는 소리를 들으면, 반드시 그 소리를 따라가야 한다는 것이었다. 그 무렵 아일랜드에는 어마어마한 힘을 가진 멧돼지가 전국을 짓밟고 있었다. 어느 날 핀은 사냥을 하러 나갔다가 냇물을 따라 나무를 깎은 조각들이 떠내려오는 것을 보고, 그것이 디아무이드의 칼에서 나온 것임을 알았다. 나뭇조각은 아홉 번 구부러져 있었는데, 아일랜드에서 그렇게 할 수 있는 사람은 디아무이드밖에 없었기 때문이다.

그날 밤 핀은 그의 사냥개들을 풀어놓았다. 디아무이드는 잠결에 사냥개의 소리를 듣고 벌떡 일어났다. 그리아네가 두 팔로 그를 안아 잡으면서, 무엇을 보았냐고 물었다.

"내가 들은 적이 있는 사냥개 소리요. 밤에 그 소리를 들으니 놀랍소."

"요정들이 그대에게 이런 짓을 하고 있는 거예요." 그녀는 디아무이드를 달래서 다시 침대에 눕혔다. 그는 두 번 더 사냥개 소리를 듣고 놀랐다. 그리고 새벽녘에 마지막으로 그 소리를 들었을 때, 그가 가장 아끼는 사냥개를 데리고 길을 나섰다.

디아무이드가 슬라이고에 있는 벤불빈산의 탁자처럼 평평한 꼭대기에 이르렀을 때 멧돼지가 그를 향해서 다가왔고, 피아나단도 모두 그 뒤를 쫓아왔다. 그의 사냥개는 달아났다. 디아무이드는 창을 던져 멧돼지의 얼굴 한가운데를 맞추었으나 소용이 없었다. 그러자 디아무이드는 검을 뽑아 들고 멧돼지의 등을 내리쳤다. 그러나 그 검은 멧돼지의 털 하나 자르지 못하고 두 동강이 났다. 멧돼지는 디아무이드를 쓰러뜨렸고, 그는 쓰러지면서 멧돼지의 뒤쪽을 보고 그 등에 걸터앉은 자세가 되었다. 멧돼지는 산 아래쪽으로 내달렸다가 방향을 틀어 다시 위로 올라왔다. 이윽고 디아무이드를 떨구며 엄니로 배를 찢어, 내장이 발까지 흘러내렸다. 그럼에도 디아무이드는 검의 손잡이를 제대로 던져, 그것이 멧돼지의 머리를 깨부수었다. 멧돼지는 디아무이드 옆에 쓰러져 죽었다. 순간 핀 매컴헤일이 나타났다.

"오, 디아무이드, 그대가 이렇게 곤경에 처한 것을 보니 기분이 좋군. 에린의 모든 여자가 지금 자네를 보지 못하는 것이 아쉬울 따름이야. 자네의 뛰어난 아름다움은 이제 추함이 되었고, 빼어난 몸은 엉망이 되었는데."

"오, 핀, 그래도 그대에게 그럴 마음만 있으면 나를 고쳐줄 수 있을 것입니다."

"어떻게 그것이 가능한데?"

"그대가 어린 시절 지식의 나무 밑에 있는 웅덩이에서 연어로부터 지식의 선물을 받을 때, 그대는 그 선물과 더불어 그대의 두 손바닥으로 물을 마시게 하면 누구든 젊어지게 하고 병을 낫게 할 수 있는 능력도 받지 않았습니까."

"이 산에는 우물이 없다고 알고 있네." 핀이 말하였다.

"그것은 사실이 아닙니다. 그대에게서 아홉 걸음도 떨어지지 않은 곳에 세상에서 가장 좋은 물이 솟는 우물이 있는데요."

핀은 우물로 갔다. 그는 두 손 가득 물을 떴으나, 아홉 걸음을 걸어 돌아오는 동안 손가락 사이로 물을 흘렸다. 그는 다시 우물로 갔으나, 이번에도 흘려버렸다. 세번째로 갔다오는 동안 디아무이드 오두이브네는 죽었다. 임신한 그리아네는 그녀의 요새 벽에 서 있다가 핀의 사냥꾼들이 디아무이드 없이 다가오는 것을 보고 벽에서 떨어져 세 아들을 사산하였다.

그러나 핀은 구변으로 그리아네를 금방 설득하여 자신의 요새로 데려가 편안히 침대에 뉘었다. 그들은 죽을 때까지 함께 살았다.[4]

로-보로딘(Lot-Borodine) 여사는 정확하게 말한다. "이렇게 맹목적이고 절대적이고 불타오르는 열정은 프랑스 음유시인들이 만들어낸 것이 아니다(Ce ne sont pas les trouvères français qui ont créé ce type de la passion brûlante, aveugle, absolue)." 이 문제에 대한 최근의 권위자 로저 루미스(Roger S. Loomis) 교수는 디아무이드와 그리아네가 사랑의 도피를 하였다는 아일랜드의 이야기가 웨일스에서 트리스탄, 이졸트, 마크왕이라는 픽트-콘월의 복합물과 결합되었다고 생각한다.* 그리고 이곳으로부터 1,000년 이전에 확대된 복합물이 브르타뉴로 전해졌다는 것이다. 브르타뉴에서는 리발론 경이라는 사람이 자기 아들에게 트리스탄이라는 영웅의 이름을 붙여주었는데, 묘하게도 나중에는 이 아들이 영웅 트리스탄 자신으로 여겨지게 되었다. 이렇게 해서 브르타뉴의 이야기꾼들이 노래한 것은 픽트족 탈로르크의 아들 드루스탄이 아니라 브르타뉴의 리발론의 아들 트리스탄이 되었다.[5]

그 결과로 생긴 픽트-웨일스-콘월-아일랜드-브르타뉴 로맨스의 가장 오래된 판본은 영원히 사라졌다. 그러나 현재 최고의 학자들은 대체로 구전이 이루어지던 시기를 1066-1150년경, 웨일스와 브르타뉴의 이야기꾼들이 프랑스와 노르만의 궁정에서 환영을 받던 시기로 추정하고 있다. 예컨대 브리튼의 토머스는 자기 이야기의 출처를 브레리라는 웨일스의 작가라고 밝히는데, 다른 사람들은 이 이름을 블레드리, 블레헤리스, 빌히스 등으로 다양하게 바꾸어 불렀다.[6] 토머스는 이 브레리라는 사람이 "브리튼에 살았던 모든 왕과 모든 궁정의 모든 업적과 모든 이야기"[7]를 알고 있었다고 말한다. 또 다른 저자는 그가 성배의 비밀을 알고 있었다고 말한다.[8] 또 한 사람의 저자는 그가 "웨일스에서 태어났을" 뿐만 아니라, 푸아티에 백작의 궁정에 가웨인의 전설을 소개한 사람이기도 하다고 주장한다.[9] 이 백작은 아퀴테인의 윌리엄 9세 아니면 그의 아들인 윌리엄 10세였을 것이다. 그들은 각각 엘리너 여왕의 할아버지와 아버지였다. 그리고 스페인과의 접경지대에 있었던 그 프로방스의 궁정 자체가 서구에서는 무어인의 영향을 가장 처음 그리고 가장 많이 받았던 곳이기도 하다. 따라서 켈트 전승과 이슬람의 그 이전 관계(그런 관계가 있었다면)가 어떠했든 간에,** 여기에서 우리는 전혀 의문의 여지 없이 의미심장한 창조적 모태를 만나게 된다. 이 모태에서는 비교(祕敎)적인 것과 대중적인 것을 망라하여, 이슬람, 켈트, 고전의 전승들을 고도로 세련된

---

\* 246-247쪽 참조.
\*\* 79쪽과 136-137쪽 그리고 159-166쪽 참조.

환경 속에서 합치고 결합하였으며, 그것을 새롭게 만들어진 형식으로 서구 세계의 모든 궁정으로 전달하였다.

디아무이드와 그리아네의 로맨스로부터 파생된 기본적인 켈트의 주제들 가운데, 우리는 미약(아일랜드의 이야기에서는 잠을 유도한다), 저항할 수 없는 힘을 가진 사랑의 마법(사랑-점), 도피와 숲의 세월, 둘 사이에 놓인 검, 조카-숙부(모계의) 관계 등에 주목하게 된다. 냇물을 타고 떠내려오는 나뭇조각이라는 세목도 트리스탄의 이야기에서 연인이 사랑하는 여인에게 냇물에 나뭇조각을 띄워보낸다――그래서 마크의 의심을 사게 된다――는 에피소드와 상응한다.* 마지막으로 대담하게 튀긴 물은 두번째 이졸트 이야기에서 찾아볼 수 있다. 두번째 이졸트는 오빠와 함께 말을 타고 가다가, 박차를 가하기 위하여 다리를 벌렸을 때 그녀가 탄 말이 웅덩이를 디뎌 물을 튀긴다. 차가운 물이 허벅지 안쪽에 닿자 그녀는 깜짝 놀라 소리를 지르지만, 곧 마음 깊은 곳에서 어떤 것에 생각에 미치는 바람에 그녀는 웃음을 터뜨린다. 그 웃음은 40일간 고행을 시키겠다고 위협하여도 멈출 수가 없었다. 오빠가 이유를 묻자 그녀는 대답한다. "이 튀긴 물이 트리스탄보다 훨씬 더 대담하잖아요."

언제 어디서 고전적인 자료가 이 전설에 들어갔는지는 전혀 알 수 없다. 유사한 점들이 많고 또 그런 점들이 구조적으로나 상징적으로 매우 핵심적인 부분이기 때문에, 그 접촉이 늦은 시기에 이루어지지는 않았을 것이나. 미노타우로스와 미로의 전설 또는 다른 밀접하게 관련된 초기 청동기 신화 주기로부터 직접 파생되었다는 주장도 나올 수 있다. 그렇다면 북부와 남부의 이야기들은 모두 궁극적으로 『신의 가면 : 원시 신화』의 "제의적인 사랑-죽음"과 "제물로 바쳐진 왕들의 지방"[10]에 대한 장에서 정의하고 논의한, 그 영원하고 널리 퍼진 원시적인 경작자 콤플렉스로부터 파생되어 나온 제의적이고 신화적인 전승의 흐름이 지역적인 방식으로 재구성된 지역적 변종들이라고 해석할 수도 있을 것이다.

---

* 이 켈트의 콤플렉스를 젓가락들이 냇물을 타고 떠내려온다는 일본의 전설과 비교해 보는 것은 흥미롭기도 하고 혼란스럽기도 하다. 일본의 이야기에서는 스사노-오가 냇물 위로 올라가 용을 죽이고 아내를 얻는다. 『신의 가면 : 동양 신화』 제8장 2절 참조.

단연 가장 뚜렷한 지표라고 할 수 있는 하얀색과 검은색 돛의 모티브는 아주 많은 유사물을 찾을 수 있다. 정기적인 공물에 대해서는 이미 이야기하였다. 그러나 두 전설에서 주인공이 고통 당하는 왕의 상속자, 즉 그의 아들(부계적 전통) 또는 양자로 들여온 조카(모계적 전통)라는 사실 또한 주목할 만하다. 출발을 하는 테세우스에게 그의 아버지 아이게우스 왕은 하얀 돛만이 아니라 검은 돛도 준다. 미노타우로스를 죽이면 하얀 돛을 달고 돌아오고, 그렇지 못하면 검은 돛을 달고 돌아오라는 뜻이었다. 테세우스는 크레타에서 미노스 왕의 딸이자 미노타우로스의 배다른 누이인 아리아드네의 도움을 받는다. 그녀를 화려한 왕 구르문의 딸이자 용-기사의 질녀인 이졸트와 비교해보라. 테세우스는 미노타우로스를 죽이고 공주를 데려간다. 그러나 디아 섬에서 그녀를 버린다. 트리스탄이 용을 죽인 뒤 이졸트와 함께 배를 타고 가서, 그녀를 마크왕에게 주는 것과 마찬가지이다. 그러나 이 지점에서 두 이야기는 갈라지는 것 같다. 그리스의 어떤 이야기에 따르면 버림받은 아리아드네는 스스로 목을 맸다고 한다. 다른 이야기에 따르면 그녀는 임신을 했기 때문에 뒤에 남겨진 것이라고 한다. 그러나 또 다른 이야기에 따르면 디오니소스 신이 그녀를 디아에서 납치하여 낙소스로 데려갔는데, 그곳에서 처음에는 디오니소스가, 다음에는 그녀가 사라졌다고 한다. 어쨌든 테세우스는 그녀를 잃었다. 그의 배가 다시 바다로 나섰을 때는 배 위에서 큰 소동이 벌어져 승무원들은 돛에 대해서는 잊어버렸다. 아이게우스 왕은 해안의 절벽에서 배를 지켜보고 있다가 검은 돛이 그의 아들의 실패를 뜻한다고 생각하고 절벽에서 바다로 몸을 던졌다. 그 바다에는 오늘날까지도 그의 이름이 붙어 있다(에게해를 가리킨다/역주). 이렇게 해서 테세우스가 도시──이제 그가 그곳의 왕이 되었다──의 해안에 발을 디뎠을 때, 그를 맞이하는 분위기에는 기쁨과 슬픔이 똑같은 비율로 섞여 있었다.[11]

그리스 전설에서는 여자를 버리고 왕좌를 얻는다. 이것은 훗날 로마의 베르길리우스가 쓴 디도와 아이네아스의 전설에서도 마찬가지다. 반면 켈트의 전설에서는 미약이라는 요정의 마법(우리가 보았듯이 아일랜드에서 나온 것이다) 때문에 결과가 뒤집힌다. 또한 비극도 뒤집힌다. 그리스 전설에서는 엉뚱한 돛이 나타나는 바람에 아버지가 죽는다. 그러나 켈트 전설에서는 아들이 죽는다.

이제 이 두 영웅의 삶의 시초를 보도록 하자. 트리스탄은 어렸을 때 미지의 존재로서 외삼촌의 성에 도착한다. 마찬가지로 테세우스도 아버지의 궁에 도착한다. 아이게우스는 아르골리스의 한 도시의 총독의 딸에게서 혼외 정사로 테세우스를 낳는다. 아이게우스는 증표로 신발 한 켤레와 검을 매우 무거운 돌 밑에 넣어둔다. 그러면서 아이의 어머니에게 만일 아이가 아들이면, 어른이 되어서 그 돌을 들어 올릴 수 있을 것이라고 말한다(훗날의 로맨스에서 역시 서자로 태어난 아서가 돌에서 엑스캘리버 검을 뽑아냄으로써 자신이 왕의 아들임을 증명하였던 것과 마찬가지다). 테세우스는 할아버지 피테우스의 손에서 자란다. 트리스탄의 이야기에서는 리발린의 충성스러운 의전관이 그 역할을 맡는다. 테세우스는 스승 콘니다스 밑에서 공부를 하는데, 콘니다스는 쿠르베날에 해당한다. 세월이 흘러 테세우스는 정말로 돌을 들어 올린다. 그런 뒤에 그는 익명의 존재로 아버지의 궁으로 가는데, 아버지는 그곳에서 여자 마법사 메데이아와 함께 살고 있다.

아이게우스는 외아들을 낳은 뒤에 저주를 받아 자식을 낳지 못하게 된다(마크왕의 독신과 짝을 이룬다). 메데이아는 자신의 마법으로 왕을 그 저주에서 구해주겠다고 약속한다. 그녀의 존재 때문에 이 궁의 상황은 트리스탄이 어린 시절에 도착하는 틴타겔보다는 화려한 왕 구르문과 여자 마법사 이졸트 왕비가 있는 아일랜드의 궁정에서 트리스탄이 마주친 위험한 상황과 더 비슷하다. 유리피데스에 따르면 메데이아에게는 용들이 끄는 수레가 있다. 우리는 아일랜드의 집의 수호자, 이졸트 왕비의 오빠가 용의 문장을 달고 다닐 뿐만 아니라, 독이 묻은 검을 들고 싸우는 것을 이미 보았다. 트리스탄이 아일랜드에 두번째 갔을 때는 진짜 용이 나타나며, 용은 그 혀로 트리스탄을 독에 감염시킨다. 젊은 테세우스는 아버지의 궁에 도착하였을 때 자신의 신분을 밝히지 않지만, 메데이아는 그가 누구인지 알고 잔치에서 독이 묻은 포도주 잔으로 그를 죽이려고 한다. 그러나 결정적인 순간에 아버지가 증표인 검을 알아보고, 독이 묻은 잔을 쳐서 바닥에 떨어뜨린다. 그 다음에 미노타우로스의 모험이 뒤따른다. 플루타르코스의 이야기에 따르면, 이 모험에서 여행의 수호자는 여신 아프로디테였다. 고트프리트(Gottfried)의 이야기에 따르면, 트리스탄은 아일랜드에 갔을 때 투구에 사랑의 화살 문장이 그려져 있었다. 그러나 두 전설 어느 쪽에서나 사랑의 여신은 좋은 대접을 받지 못한다. 여신의 대행자이자 죽음을 극복하게 해주는 처녀가 두 모험에서 모두 버림을 받기 때문이다. 사랑의 은혜가 변형되어 악마적이 되었을 때, 여신은 무시무시한 복수를 한다.

그녀는 테세우스의 경우에는 먼저 거의 직접적으로 복수를 하여 배에 소란을 일으키며, 이것이 그의 아버지의 죽음을 초래한다. 그러고나서 오랜 세월이 흐른 뒤, 테세우스가 성숙하였을 때, 좀더 강력한 복수로 그의 전 생애를 무시무시하게 짓밟아버린다. 그의 왕비 파이드라가 그의 아들 히폴리토스를 운명적으로 사랑하게 되어, 둘 다 파멸에 이르게 되는 것이다. 이것은 기본적으로 트리스탄의 주제이기도 하다. 그러나 다른 관점에서 볼 때 테세우스는 이제 마크의 자리에 있고, 파이드라의 유모는 브랑가에네의 자리에 있다. 에우리피데스의 비극 『히폴리토스』에서 궁정 여인들의 합창에 나오는 사랑의 교훈은 은혜가 아니라 저주가 된다.

> 사랑이 측량할 수 없는 거친 박자로
> 살의를 품고
> 내가 찾아오지 않기를 기도하네.
>
> 불도 벌도
> 제우스의 자식 에로스의 손을 통해서 나오는
> 아프로디테의 벼락보다 강하지는 않다네.
>
> 사랑은 세상의 꽃밭에서 훨훨 나는 벌과 같으니
> 그곳의 꽃들은 그의 숨결에서 파멸을 보네.[12]

이것은 엘로이즈가 불렀을 만한 노래는 아니다. 이졸트, 트리스탄, 고트프리트가 불렀을 노래도 아니다. 그리스인들은 같은 주제와 전설의 켈트-중세판과는 대조적으로, 내부의 심연, 에로틱하고 개인적인 가치, 환희의 실현보다는 세상, 사회, 성취, 윤리적 가치, 평범한 날의 관점을 강조하였기 때문이다. 베르길리우스의 전설에서 아이네아스가 강력한 로마의 건설자로서 획기적이고 힘든 역사적 역할을 남자답게 짊어지기 위하여 디도를 버리는 것과 마찬가지이다. 그것은 아모르(AMOR)와 반대되는 로마(ROMA)이며, 밤의 신비에 반대되는 낮의 임무이다. 영원과 반대되는 시간과 그 부름이다. 하나인 둘에 반대되는 둘인 하나이다.

그러나 전설의 두 판본에서 선택의 아이러니는 비극적으로 인식된다. 정상적인 인간적 삶의 처음이자 끝인 본질적인 불협화음의 한 예인데, 이 삶은 어느 쪽으로든 결국 뒤집힐 운명이다. 테세우스는 아리아드네를 버리는 과정에서 아프로디테를 부정하며, 말(馬)만을 사랑하는 그의 아들 히폴리토스는 아프로디테를 절대적으로 부정한다. 아벨라르의 경우와 마찬가지로 이 두 경우에도, 이제 다른 것을 생각할 때가 왔음에도 이전의 세상의 철학 및 그와 관련된 윤리적 프로그램——물론 처음에는 경험의 새로운 차원을 열고 제공하기 위하여 정리되었던 것이다——이 고수되고 있다. 트리스탄의 경우도 대체로 똑같다. 그는 처녀 이졸트에게 반하였기 때문에 첫번째 모험에서 돌아왔을 때 다른 이야기는 할 수도 없었다. 그러나 궁정 세계에서 자신의 위치에 대한 생각 때문에 스스로 그녀를 넘는다는 생각은 해본 적이 없었다.

그러나 그는 새로운 차원을 더 이상 부정할 수 없을 때 굴복하였다——의지를 가지고 말이다. 그러자 명예와 기사도적 행위로 이루어진 옛 세계는 무너졌다. 그 영웅적 가치들은 힘을 잃었다. 그러나——여기에 그의 비극의 조건이 있는데——나머지 세상은 여전히 옛 세계에 집착하였으며, 그런 식으로 가려고 하였고 또 사실 그럴 수밖에 없었다. 마지막으로, 옛 세계의 요구는 이졸트와 트리스탄의 삶과 마음에서조차 완전히 씻겨나가지 않았다. 이것이 그들 사이의 검의 의미이다. 신비한 조화, 평화, 실현된 이상의 목가(牧歌)는 숲의 동굴이라는 피난처에서와는 달리 정상적인 인간적 삶을 전혀 제공하지 않기 때문이다. 그것은 이전의 자궁에 속한 것이며, 이후의 무덤에 속한 것이다. 그리고 그러한 것이기 때문에 니체가 말하는 "피안을 지향하는 속물"들이 명상하는 것이다.

그러나 그것들은 또한——이것이 고트프리트의 관점인데——궁극적 깊음에 속한 것이며, 여기 이곳의 우리의 존재의 근거에 속한 것이기도 하다. 따라서 이곳에서 불협화음——물론 이것은 온 힘을 다하여 크레센도에서 포르티시모로 시끄러운 소리를 내지만——과 더불어 발견되고 긍정될 수 있고 또 그래야 한다. 이것이 니체가 인간이라는 "병든 동물"에 대하여 쓰면서, 의심, 병, 부패, 타락——토마스 만(Thomas Mann)이 니체의 영향 아래에서 쓴 『마의 산(The Magic Mountain)』에서는 "열"이라고 부른 것——을 "자신을 넘어서" 황금이 되어가는 연금술적 변화 과정에서 삶의 본질적인 특징으로 찬양한 이유이다. 이것이 "대립물들의 일치의 문"——쿠자누스는 "낙원으로 들어가는 입구에 세워진 그 문은 천사가 지키고 있다"*고 썼다——의 비밀에 대한 지식을 아는 지상의 방법이다. 그리고 이것이 조이스가 『피네건의 경야』에서 문장마다 노래하고 있는 것이다. 조이스가 그의 핵심 구절 가운데 한 곳에서 말하듯이, 『피네건의 경야』에서는 기쁨과 슬픔, 폭력과 사랑, 남성과 여성, 검과 펜, 이익과 손실, 낮과 밤이 "단정하게……(as neatly……)" 서로 "함께 부딪힌다(cumjustle)." (여기서는 시처럼 깊이 생각해보기 위하여 그 문장의 일부를 떼어내보자.)

> 대립하는 동등한 것들처럼 여기저기(isce et ille)…… 단정하게,
> 이 대립물들은 그것이 자신을 표현할 수 있는 유일한 조건이기 때문에,
> 자연이나 저 너머(iste) 영의 하나의 힘에 의하여 그렇게 진화한 것이며,
> 지금은 양극화되었지만, 반감의 융합(symphysis)에 의하여 재결합할 것이다.[13]**

간단히 말해서, 에우리피데스(Euripides)의 『히폴리토스(Hippolytus)』에

---

\* 354쪽 참조.
\*\* isce et ille는 라틴어로서 "이것과 저것"이라는 뜻이며, iste는 "저기(저 너머)"라는 뜻이다. Symphysis는 그리스어로서 (뼈처럼) "함께 자람, 자연스러운 결합"이라는 뜻인데, 단순한 접촉이 아니라 실체의 연속성이라는 의미가 담겨 있다.

서 궁정 여인들의 합창과 그리스 플롯에 등장하는 사회적 지향점을 가진, 밝은 면이 위로 나온 인물들의 갑작스러운 비극은 고트프리트의 작품에서는 마크왕의 편에 있는 이 세상 사람들의 가치, 위험, 운명을 경험하는 방식을 나타낸다. 그들에게 개인적 장점을 재는 척도들은 의무와 명예, 사회적 유대와 봉사이다. 반면 켈트와 중세의 북부 시인들——고딕의 숲의 안개와 해안의 바다 안개 때문에 달콤하고 우울한 내향성을 가지게 되었다——의 "로맨스" 작품들에는 그것과는 다른 노래가 있다. 그것은 침묵 속에서 홀로 또는 둘만이 배우는, 인적 없는 길을 두려워하지 않는 "고귀한 마음"에 대한 노래이다. 조이스는 노래한다. "주여, 우리에게 자비를 베푸시어 우리의 예술을 낮은 웃음소리와 엮으소서(Lord, heap miseries upon us yet entwine our arts with laughters low)."[14]

## 2. 개인과 국가

금세기 전반기에 제임스 조이스와 더불어 19세기의 자연주의적인 사회 소설을 신화적 지혜와 상징적 입문의 세속적 수단으로 바꾸어놓은 중요한 작가들 가운데 토마스 만(1875-1955년)은 아마 그의 직업의 사회적이고 교육적인 관련, 그리고 그에 따른 책임을 가장 강하게 의식하였던 사람이었을 것이다. 올림피아인——열성적인 지지자로서는 아무데도 참여하지 않는 사람, 감독관이자 제안자로서는 어디에나 참여하는 사람——과 같은 절대적으로 공평무사한 쌍안경의 시야에서 처음부터 끝까지 예술가로 남는 것을 양심의 과제로 여겼던 조이스와는 대조적으로, 토마스 만은 그 길고 생산적인 경력을 통하여 늘 은밀하게든 노골적으로든 사회적이고 정치적인——그리고 말년에는 비법적(秘法的)인——메시지를 전달하는 데 진지하게 몰두하였다.

이 점과 관련하여 만을 버나드 쇼처럼 열변을 토하는 사회주의 작가——그는 그의 희곡들의 아주 긴 서문이 희곡 자체만이 아니라 자신이 추구하는 목적을 위한 것이기도 하다고 공언하였던 사람이다──와 비교하고 싶지는 않다. 그러나 토마스 만 역시 자신의 창조적 성취의 철학적이고 사회학적인 배경과 의미를 밝히는 에세이 작가로서 문학사상 견주어볼 사람이 없을 정도이다. 소설과 마찬가지로 수도 많고 정성에서도 뒤지지 않는 그의 에세이들은 과거에는 신화의 분야에만 한정되었던 경험과 상징적 의사소통의 영역들을 현대 문학과 연결시키는 가장 계몽적이고 중요한 문헌에 속한다. 신화 자체에 대한 연구──그 출처, 의미, 현재의 도덕적 함의──만 보더라도, 이보다 더 세련된 해설은 없다고 할 수 있다.

시인과 예술가들은 의사소통을 위한 그들 나름의 비유적 표현의 사고-가치만이 아니라 감정-가치를 가지고 삶의 일상을 다루기 때문에, 신화를 이해할 수 있는 발달된 기관──단순히 학식만 있는 사람들에게는 결여되어 있는 경우가 많다──을 갖추고 있는 셈이다(이 점은 이 4부작의 첫째 권〔『신의 가면 : 원시 신화』〕 프롤로그에서 이미 이야기한 적이 있다). 따라서 예술가나 시인이 학식까지 갖추게 되면, 주어진 신화적 콤플렉스의 핵심적 주제들에 대하여 전문화된 학문적 해설자 가운데 가장 존경받는 사람들보다도 더 믿을 만한 안내자 역할을 할 수 있고, 그 주제들과 삶의 관련성에 대해서는 더 심오한 해석자 역할을 할 수 있다. 또한 만은 내가 방금 말한, 신화적 상징들의 보편적인 심리학적이고 형이상학적 함의만이 아니라 그 실제적이고 도덕적이고 정치적인 응용에도 관심을 가졌기 때문에, 유럽 문화의 특징에 격변이 일어나는 시기에 오랫동안 당당하게 작가 생활을 해오는 동안, 한때는 사회적-정치적 스펙트럼의 한쪽 극단에, 이어서 다른 쪽 극단에 그의 예술과 공감을 바치지 않을 수 없었다. 그러다가 마침내 자기도 모르는 사이에 역전들로 인한 소용돌이에 휘말려, 그의 예술이라는 웅장한 배는 접합부에 금이 가면서 연금술적인 물이 새어나오기 시작하였다. 따라서 그의 해석들을 잘 살펴보면 여러 관점에서 나오는 통찰들을 고르게 읽을 수 있을 뿐만 아니라, 신화적으로 보편적인 것들의 수은적 성격에 대하여 나의 할머니가 "좋은 실물 교육"이라고 부르는 것을 경험할 수도 있다. 게다가 만은 자신이 무엇을 하는지──처음에 한쪽 눈을 감았다가, 이어 다른 쪽 눈을 감는 것──정확히 알았기 때문에, 도덕성을 공부하는 사람들은 그 점에서 더 나아간 교훈을 얻을 수 있을 뿐만 아니라, 쌍안경 시야를 공부하는 사람들은 패럴랙스(파인더와 렌즈의 시차[視差]/역주)의 부문과 관련해서 하나의 추론을 얻을 수도 있다.

『트리스탄(Tristan)』(1902)이라는 제목의 초기 단편에서는 만이 죽는 날까지 마음속에서 되새겼던 문제가 대조적인 항들을 이용하여 최초로 도식적으로 정리되어 있다. 이 작품은 그의 후기 걸작『마의 산』(1924)과 마찬가지로 결핵 요양소를 배경으로 삼고 있으며, 그 주제는 그런 배경 속에서 삶에 대한 의지에 대항하는 평화와 자유에 대한 의지 사이의 상호작용과 대화이다. 이 작품은 지그문트 프로이트의 『쾌락의 원리를 넘어서(Beyond the Pleasure Principle)』[15]가 나오기 20년 전에 쓰여졌다. 이 작품에는 훗날의 소설에서 깨달음으로 가는 왼손의 길의 헤르메스 경과 아프로디테 여사를 기념하여 교향곡의 크기로 발전하고 확대되는 주제들이 놀라울 정도로 많이 나타나고 있는데, 작품이 쓰여진 연도가 말해주듯이, 이 단편을 발표하였을 때 그의 나이는 27세에 불과하였다. 당시 만은 이미『부덴브로크가(Buddenbrooks)』(1902)로 명성을 얻고 있었다. 그리고 이보다 좀더 짧은『토니오 크뢰거(Tonio Kröger)』(1903)와 희곡『피오렌차(Fiorenza)』(1904)가 곧 그 뒤를 따르게 된다. 이 무렵은 그의 경력에서 중요한 시기였다. 이 기간 동안 만은 주로 괴테, 쇼펜하우어, 바그너, 니체에 도스토예프스키와 톨스토이가 가미된 기초 위에서 자신의 기본적인 철학적 입장을 정립하고 있었다. 그가 명상을 하던 주요 텍스트에는 괴테의『파우스트』와 바그너의 오페라들 외에 니체의『비극의 탄생』과 쇼펜하우어의 사색적인 논문「개인의 운명에서 의도로 보이는 것에 대하여」가 있었다. 이런 작품들을 통하여 만은 강박감에 사로잡힌 듯, 죽음과 갱신의 수수께끼, 개인과 사회의 해체 양쪽에 작용하는 심리적 요인들, 또 이와 반대로 해체와 죽음의 과정에 맞서는, 심지어 그것을 넘어선다고 여겨지는 요인들에 생각을 집중하였다. 1920년대말, 만은 헤르만 카이제를링 백작에게 보낸「결혼에 대하여」라는 편지에서 이렇게 말하였다. "나에게는 죽음과 개인주의라는 두 개념이 늘 융합되어 있습니다.…… 반면 삶의 개념은 의무, 봉사, 사회적 유대, 심지어 가치 등의 개념들과 결합되어 있습니다."[16] 그러나 그의 정신 속의 상황은 사실 그렇게 간단하지 않았다. 그의 긴 경력 속에서 이 대립되는 조합의 다양한 요소들이 가끔 동무를 버리고 편을 바꾸기도 하였기 때문이다. 그가 살았던 세기의 대격변들(이 빠르게 이어진 대격변들 속에서 그가 일차적으로 관심을 가졌던 국가와 민족──그의 최초의 배치표에서는 삶에 대한 의무와 봉사를 대표하였다──은 그에게 궁극적 악의 상징이 되었다)로 인한 일련의 문화적 충격 때문에 마침내 그는 지상에 서 있을 곳이 남지 않게 되었다. 그러나 1902년 무렵 그가 자신의 것으로 삼은 기본적인 철학적 입장과 관련해서 보자면, 그는 이것 때문에 크게 놀라거나 불안해하지 않았어야 한다. 하지만 그는 그전의 위태한 시기에, 중편 『토니오 크뢰거』에서 이야기하였듯이, 이 세상의 정상적이고 일반적이고 잘 생기고 활기찬 인간들, 행복하고 평범한 인간들에게도 마음을 빼앗기기도 하였는데, 그의 자유롭고 세련된 예술가적인 눈과 정신의 힘으로도 그들이 한 일을 냉정하게 받아들일 수 없었다.

그 중편의 주인공 토니오는 러시아의 젊은 지식인 리자베타에게 이렇게 편지를 쓴다.

나는 두 세계 사이에 서 있습니다. 어느 세계에서도 편하지 않고, 그래서 괴롭습니다. 당신들 예술가들은 나를 **부르주아**라고 부르는데, 부르주아는 나를 잡으려고 합니다.…… 어느 쪽이 더 기분 나쁜지 모르겠습니다. 부르주아는 어리석습니다. 그러나 아름다운 것들을 사모하여 나를 냉담하고 열망도 없는 사람이라고 부르는 당신들, 당신들은 다른 방식으로 예술가가 되는 길도 있다는 것을 알아야 합니다. 이런 길은 너무 깊이 들어가기 때문에, 또 이런 길에서는 기원과 운명의 문제가 너무 크기 때문에, 다른 어떤 갈망보다 평범한 것의 행복에 대한 갈망이 더 달콤하게 여겨지고, 더 알 만한 가치가 있는 것으로 여겨집니다.

나는 위대하고 악마적인 아름다움의 길로 모험에 나서서 "인류"를 경멸하는 그 오만하고 냉정한 사람들을 존경합니다. 그러나 그들을 부러워하지는 않습니다. 문학적인 인간을 시인으로 만들 수 있는 것이 있다면, 그것은 인간, 살아 있는 평범한 인간에 대한 나의 부르주아적 사랑이기 때문입니다. 그것은 모든 따뜻함, 선함, 유머의 원천입니다. 나는 심지어 이것이 바로, 인간의 여러 언어를 말하고 천사의 말까지 한다고 하더라도 이것이 없으면 울리는 징과 요란한 꽹과리와 다를 것이 없다고 말할 때의 그 사랑이라는 생각까지 듭니다…….
　이 사랑을 비난하지 마십시오, 리자베타. 그것은 선하고 보람이 있는 것입니다. 그 안에 갈망이 있고, 또 부드러운 질투가 있습니다. 약간의 경멸이 있고, 적지 않은 순수한 행복이 있습니다.[17]

『토니오 크뢰거』보다 먼저 나온 단편 『트리스탄』에서 번창하는 기운찬 삶을 대표하는 사람은 약간 농민 같은 느낌을 주는, 불그스름한 얼굴의 덩치 큰 사업가인 A. C. 클뢰터얀 회사의 클뢰터얀 씨이다. 그가 아인프리트 요양소에 온 이유는 그곳에 그의 섬세하고 허약한 젊은 부인을 맡기기 위해서일 뿐이다. 그는 부인에게 세심한 마음과 따뜻한 관심을 보여준다. 그녀는 아들――힘차고 건강하게 자라고 있다――을 난산한 뒤 결핵과 매우 유사해 보이는 호흡기 질병에 걸렸다. 그녀는 의사로부터 아인프리트에 가서 쉬라는 명령을 받는다. 절대 흥분하지 말고, 한 동안 모든 의무에서 벗어나 최고의 의학적 보살핌을 받으라는 것이었다. 한편 예술, 아름다움, 지성, 정신 등의 대의를 대표하는 사람은 괴상하고 비사교적이며, 몸집은 작으면서 발만 큰 데틀레프 슈피넬이다. 그는 30대 초반인데 벌써 관자놀이가 희끗희끗하며, 요양소의 재치 있는 사람들에게는 곰팡내 나는 유아로 알려져 있다. 그는 짧은 소설을 쓴 적이 있는데, 이제 그 소설은 큰 책으로 인쇄되었으며, 책 표지의 글자들은 모두가 고딕 성당처럼 보인다. 그는 이 책을 그의 방의 탁자에 보관해두는데, 그 탁자는 그가 편지를 쓰며 하루하루를 보내는 곳이다. 그는 자신이 아인프리트에 온 이유는 치료를 받기 위해서가 아니라, 제국 양식의 가구 때문이라고 이야기하곤 한다. 그는 갑자기 아름다운 것――서로 어울리는 두 색깔, 석양에 물든 산――이 눈에 띄면 감수성의 발작을 일으켜 머리를 한쪽으로 기울이고 어깨를 들썩이고 두 손을 펼치고 콧구멍을 넓히면서, "얼마나 아름다운가!" 하고 탄성을 지르곤 한다. 또 "이야! 저것 좀 봐! 얼마나 아름다운지!" 하고 소리치면서 남녀를 가리지 않고 옆에 있는 사람의 목을 두 팔로 감싸안곤 한다.

자, 그 우아한 단편을 더 짧게 줄여보자. 아인프리트에 주어진 정신의 선물이라고 일컬어지는 슈피넬은 어여쁜 클뢰터얀 부인의 절묘한 아름다움을 보는 순간 그녀를 갈망하는 겸손한 하인이 된다. 그는 전에 한번도 누구와 벗하려고 한 적이 없었기 때문에 모두들 놀란다. 슈피넬은 두 가지 일을 한다. 그는 그녀의 세련됨이 이 조악한 세상에는, 그리고 그녀에게 어울리지도 않는 형편없는 성을 준 그녀의 남편에게는 지나치게 영적이라고 아부를 한다. 그리고 그는 그녀가 어린 시절 아버지가 바이올린을 켤 때 함께 피아노를 쳤던 것처럼 다시 피아노를 치도록 유도한다. "하지만 그것은 의사들이 분명히 금지시켰는데요." 그녀는 말한다. "의사들은 여기 없잖습니까." 그는 대꾸한다. "우리는 자유롭습니다.…… 부인, 만일 자신에게 피해를 주는 것이 두렵다면, 부인의 손길로부터 생겨날 수 있는 아름다움이 죽은 채로 가만히 있도록 놓아두십시오……."

그녀는 피아노를 친다. 그녀의 연주는 쇼팽의 녹턴에서 바그너의 「트리스탄과 이졸데」로 넘어간다. 아, 시간의 한계를 넘어선 영원한 결합의 가없고 다함 없는 기쁨이여 등등……. 이틀 뒤 그녀의 손수건에는 피가 묻는다. 오래지 않아 클뢰터얀이 불려와 그녀의 임종을 지켜보게 된다. 슈피넬은 그에게 편지를 써서, 개인적인 모욕을 주는 방식으로 삶에 반대하는 증오에 찬 주장을 개진한다. 억센 세상 남자 클뢰터얀은 답장 대신 바로 편지를 쓴 사람의 방으로 들어가 면전에 대고 자신이 슈피넬을 어떻게 생각하는지 이야기해준다. 무능한 어릿광대, 겁쟁이, 현실을 몹시 두려워하는 좀도둑이라고, 아름다움을 입에 달고 살지만 그것은 위선이요 삶에 대한 바보의 불평일 뿐이라고 말이다.

이 이야기에서는 경험과 가치라는 두 반구(半球)가 근본적으로 대립하고 있다. 한편에는 사업을 하는 남자, 도전적이고 자기 비판이 없고 욕정적인 삶의 세계에서 건강하게 또 사교적으로 편안하게 살아가는 남자가 있다. 다른 한편에는 그가 가장 좋아하는 요양소──쾌적한 마당과 정원, 종작없는 산책로, 동굴, 나무 그늘, 작은 전원풍 누각이 있는 곳——안에서 살아가는 슈퍼넬이 있다. 이 둘의 대립은 중세 전설에서 예의와 종교적 신앙에 기초하여 무비판적으로 받아들여지고 이행되는 관습을 중심으로 움직이는 마크왕의 궁정 세계와 시간을 초월한 광야의 동굴 속의 두 남녀 사이의 대립과 상응한다. 만은 여기에서 동양적인 비유도 의도하고 있다. 그것은 쇼펜하우어의 작업들과 바그너의 주제에 대한 사유에서 제시된 것으로, 바로 인도에서 인식하는 두 세계 사이의 대조이다. 한편에는 무지, 고통, 재탄생, 노년이라는 수레바퀴에 얽매일 수밖에 없는, 사회라는 맥락 속의 삶이다. 다른 한편으로는 온갖 수단을 동원하여 어리석은 윤회에서 해방되고자 노력하는 숲의 삶, 참회의 작은 숲의 삶이다. 그러나 인도에서는 이 두 가지 상황 어디에서도 개체성의 문제는 생기지 않는다. 사회적 영역에서는 저항 없이, 의문 없이 제의적인 법과 자신의 카스트의 규율에 복종하기——복종할 수밖에 없기——때문이다. 또한 참회의 숲에서도 목적은 개체성을 실현하는 것이 아니라 그것을 없애는 것이기 때문이다. 즉 사회적으로 강요된, 비개인적인 카스트의 규율에 따라 평생——아니, 헤아릴 수 없이 많은 생——을 보낸 뒤에도 자신에게 남아 있을 수 있는 에고, 개인적 의지, 개체성의 때나 흔적을 절대적으로 영원히 제거해버리는 것이기 때문이다.[18]

　반면 근대 서유럽에서는 위대하고 용감한 수많은 개인들의 꼿꼿하고 비타협적인 태도 때문에 개체성의 원칙과 가치가 대체로 승리를 거두었다——적어도 현재까지는. 따라서, 당연한 일이지만, 서유럽에서 숲은 인도의 어떤 규약에서 거기에 부여하는 것과는 전혀 다른 의미를 지닐 수밖에 없다. 조이스의 주인공 스티븐 디덜러스는 이렇게 말한다. "나는 내가 이제 믿지 않는 것은 그 이름이 가정이든 조국이든 또는 교회이든 간에 섬기지 않겠어. 그리고 되도록 자유롭게 또 되도록 완전하게 생활 양식이나 예술 양식으로 나 자신을 표현해보겠어. 나를 지키기 위해서는 스스로 허용한 유일한 무기만을 사용할 거야——침묵, 추방, 교지(狡智)만을."[19] 이 말의 울림은 인도의 자기 삭제의 경우와는 매우 다르다. 따라서 여기서는 새로운 문제에 직면하게 되는데, 이 문제는 해소되어 서구의 제도들 속에 사회적으로 통합되든 아니면 아시아의 부풀어오르는 물결 밑으로 사라지든, 서구에 그리고 문명의 다가올 역사와 성격에 결정적인 의미를 가진다. 개인 가치와 집단 가치의 근본적인 해체와 충돌의 문제가 성숙해가는 휴머니즘적 문명에 결정적인 도전으로 등장한 것은 유럽과 유럽권(적어도 현재로서는 북아메리카를 포함한다)에서뿐이기 때문이다.

어쨌든 눈앞에 등장한 난관은 엄청나다. 이런 난관은 주로 대립하는 반구 양쪽의 가치들, 즉 개인적 가치와 사회적 가치가 긍정적이라는 사실 때문에 생긴다. 따라서 이 두 가치는 물리학과 생물학 양쪽의 모든 법칙들에 의하여 서로 밀쳐낸다. 다시 말해서, 각각의 깃발 밑에 모인 사람들은 상대편의 가치를 자신의 가치에 부정적인 것으로만 보며, 따라서 공격을 하거나 조화를 이루고자 하는 모든 시도가 결국 자신의 부정적 투사물을 다루는 것일 뿐이다. 그들은 결국 그들 자신의 닫힌 정신들의 벽에 비친 자신의 그림자와 싸울 뿐이다. 이것은 신들에게는 어릿광대들의 훌륭한 서커스로 좋은 웃음거리가 되겠지만, 점점 위험으로 다가가는 인류에게는 투르바 필로소포룸(turba philosophorum, 철학자들의 소동)으로, 봉해진 레토르트가 아니라 도시의 폭발과 대량 학살에 반영되고 있다.

카이제를링 백작에게 결혼에 대한 편지를 보낸 시점과 『트리스탄』을 쓴 시점 사이의 언제인가, 제1차 세계대전을 맞이한 토마스 만은 당시 독일과 서구 연합국의 경쟁하는 이상들을 통해서 그에게 투영되고 있는 대립물들의 상호작용에 대하여 곰곰이 생각하면서, 한쪽 관점에서 다른 쪽 관점으로 움직여가고 있었다. 그는 이미 개인주의를 죽음과 연결시키고 사회적 질서에 대한 복종을 삶과 연결시킴으로써 문제를 약간 어렵게 만들어놓았듯이, 이제는 급진주의를 개인주의와 연결시키고 보수주의를 의무와 연결시킴으로써 그의 철학적 강조점을 더욱 강화해나갔다. 그는 의무를 독일 문화와 연결시켰고, 개인주의를 프랑스 혁명, 영국의 경제적 물질주의, 국제적인 계급적 사회주의, 돈에 기초한 사치 문명의 이상들과 연결시켰다. 그는 이 무렵 쓴 책에서 훗날 후회하고 또 철회하게 될 말을 많이 하였으나, 그럼에도 이 책으로부터 『마의 산』이 나왔다. 이 책은 두려움 없이 자신을 정밀 조사하고 분석하는 매우 특별한 책이며, 뚫고 들어갈 수 없는 먹구름으로부터 번개가 번쩍이는 밤의 책이다. 이 책은 선한 의도를 가지고 있으나, 강력한 나라들——자신의 나라도 그 가운데 하나인데——의 현대적 전쟁으로 인하여 위기에 처한 가치들과 관련해서 자신의 마음을 정해야 할 운명에 처한 사람이 간신히 용기를 내어 쓰게 된 혼란의 일기로서 읽힌다. 이 책은 1919년에 처음 발표되었다가 1922년에 축약판으로 나왔는데, 그 제목은 『한 비정치적인 인간의 사유(Reflections of a Non-political Man)』이다. 다음과 같은 짧은 발췌문만으로도 왜 그런 제목이 붙었는지 쉽게 이해할 수 있을 것이다.

나는 정치를 싫어한다. 정치에 대한 믿음도 싫어한다. 그것이 사람들을 오만하게 만들고, 공론을 일삼게 만들고, 모질게 만들고, 비인간적으로 만들기 때문이다. 나는 개밋둑, 인간 벌집의 공식을 믿지 않는다. 민주적이고 사회적이며 보편적인 공화국(république démocratique, sociale et universelle)을 믿지 않는다. 인류가 이른바 "행복"을 위해서 태어났다고 믿지도 않고, 심지어 인류가 "행복"을 원한다고 믿지도 않는다. "믿음"을 믿지도 않고, 오히려 절망을 믿는다. 절망이야말로 구원으로 가는 길을 깨끗하게 정리해주기 때문이다. 나는 겸손과 노력을 믿는다. 자신에 대한 노력을 믿는다. 나에게는 그런 노력 가운데 가장 수준이 높고, 가장 고귀하고, 가장 엄격하고, 가장 즐거운 형태가 예술이라고 여겨진다.[20]

그 시절 만은 이런 식의 자기 자신에 대한 노력, 겸손, 성실을 당시 그가 "귀족적 원칙"이라고 부르던 것과 동일시하였다. 그는 이런 원칙이 유럽에서는 독일의 문화 이상과 규율에 의하여 뛰어나게 예시되고 있다고 생각하였다. 이것은 「마르세예즈」(프랑스의 혁명가이자 국가〔國歌〕/역주)와 길로틴이 난무하는 프랑스의 매우 감정적인 계급 혁명과 대조를 이룰 뿐만 아니라, 앵글로-색슨 산업 혁명의 냉엄하고, 공리적이고, 경제적인 물질주의와도 대조를 이루는 것이었다. 만은 마르크스주의가 "프랑스의 혁명 사상과 영국 정치경제학의 융합물"[21]이라고 보았다. 그는 당시에 스트린드베리를 인용하여 이렇게 쓰기도 하였다. "당신들 정당 정치가들은 애꾸눈 고양이들과 같다. 당신들 가운데 일부는 왼쪽 눈으로만 보고, 일부는 오른쪽 눈으로만 본다. 그래서 당신들은 결코 입체적으로 보지 못하고, 오직 일면적으로만, 평면적으로만 본다." 또 역시 이 스웨덴 작가를 인용하여 이렇게 말하기도 하였다. "시인은 사상들을 가지고 놀 권리, 관점들을 실험해볼 권리가 있지만, 어떤 것에도 자신을 얽맬 권리는 없다. 자유는 시인의 생명의 숨이기 때문이다."[22] 그는 당시에 인류의 진정한 선은 선언서가 아니라 예술을 통하여 이루는 것이라고 믿었다. 정치, 대중 정치, 이른바 민주 정치의 저주는 모든 삶, 예술 자체, 또한 종교까지 정치, 시장, 신문의 사고로 환원시키는 데서 파생하는 것이었기 때문이다. 그는 이렇게 말하였다. "마음에서 정치를 지워버리고, 정치가 타당성이 없다는 것을 철저하게 증명하고, 정치를 잊는 방법을 제대로 배우는 데는 예술을 통하여 인간에게 영속적인 것을 경험하는 것보다 더 나은 것이 없다. 세계에서 벌어지는 진정 무시무시한 힘을 가진 정치적 사건들이 우리의 동정적 참여를 유도하여 우리에게서 개별적인 인간 가치를 가진 모든 것을 끌어낸 뒤 그것을 짓밟고 가져가버리는 시대, 바로 이런 시대에는 정치적 수단을 통해서는 삶의 핵심적인 것, 삶의 진정한 인간적 가치를 건드릴 수조차 없다는 진리를 옹호하면서 정치의 과대망상증 환자들과 굳건히 맞서는 것이 필요하다."[23] "인간은 사회적인 존재일 뿐만 아니라 형이상학적인 존재이기도 하다. 말을 바꾸면, 그는 단지 사회적인 개인일 뿐만 아니라 하나의 인격체이기도 하다는 것이다. 따라서 우리 내부에서 개인을 넘어서는 것을 사회와 혼동하는 것, 그것을 완전히 사회학으로 번역해내는 것은 잘못된 것이다. 그렇게 하면 사람의 형이상학적 측면, 개인을 진정 넘어선 것을 고려에 넣지 않게 된다. 대중이 아니라 인격에서 진짜 상위의 원칙이 발견되기 때문이다."[24]

거기까지는 좋다. 예술이나 삶에 대하여——사회학의 영역을 넘어선 것들에 대하여——어느 정도라도 이해하고 경험한 사람들은 이런 말에 크게 반대를 하지 않을 것이다. 그러나 저자는 여기에서 한 걸음 더 나아가, 이 책에서(그 비정치적 제목에도 불구하고) 그가 부르주아(프랑스, 영국, 그리고 또 미국) 민주주의의 혁명적 국제주의라고 파악한 것에 반대하면서, 독일 문화의 이념과 대의에 정치적으로 관여한다. 나아가서 1930년에 이르면, 이런 첫번째 실수의 논리에 따라 두번째 실수를 하게 된다. 그는 인격적 영역과 사회적 영역에 대한 이전의 구분을 버리고, 당시에 유행하던 마르크스주의적 사회주의의 방식으로 후자의 편을 들게 된다. 나아가서 역시 당시에 유행하던 방식대로 마르크스주의를 부르주아 자유주의와 민주주의의 진보적 이상과 동일시하는 지점까지 나아간다. 그러나 그는 이미 그의 비정치적인 "사유"에서 이런 동일시를 하였다고 볼 수 있다. 따라서 그는 단지 충성의 대상을 그 자신의 이분법의 한쪽 극에서 다른 쪽 극으로 옮긴 것에 불과하다. 그 자신에게나 여전히 그를 숭배하고자 하는 사람들에게 더욱 혼란스러웠던 일은 그가 한쪽에서 다른 쪽으로 옮겨가면서도 자신이 이전의 가치를 버렸다는 점을 인정하지 않으려고 하였다는 것이다. 그는 "귀족적 원칙"의 "영적인 가치들"이라고 부르던 것——즉 (그가 이해하는 바에 따르면) 훌륭한 사람들의 민족적 유산에 속하는 이상들, 즉 개인적 책임감, 의무감, 형식의 보전, 인본주의——을 이제 노동자들의 계급 혁명으로 단순하게 옮겨놓았을 뿐이며, 신의 경험조차 (정통 레반트 마르크스주의적 방식으로) 사회적 사건으로 환원시켰다.

카이제를링 백작에게 보낸 "결혼에 대한" 편지는 『오늘의 도전』(1930)에 수록되었는데, 여기에 함께 실린 「문화와 사회주의」에서 만은 이렇게 말한다. "하지만 인류는 모두가 지상에 내려와 공동체 속에 살고 있다. 따라서 결사의 어떤 형식, 즉 사회성의 형식과 일치하지 않는 개인적 실현이나 신과의 직접적인 관계란 존재하지 않는다. 종교적인 '나'는 교구에서 법인이 된다."〔그것이 유다의 입맞춤이다.〕"문화적인 '나'는 공동체——이 말은 독일에서는 강력한 종교적, 귀족적 연상을 불러일으키는 말이며, 여기서 나타나는 사회적 삶이라는 관념의 거룩함 때문에 민주주의의 사회 개념과는 완전히 구별된다——의 형식과 이름 속에서 축제를 기념한다.…… 독일의 문화적 경건성은 서유럽에서 훈련된 유대인 사회 이론가가 발명한 독일 사회주의를 늘 자신의 땅에는 이질적이며 민족 유산에는 대립하는 것으로 여겨, 사실 악마의 짓거리와 다름없이 취급하였으며, 따라서 경멸을 서슴지 않았다"——이제 핵심적인 대목이 시작되면서 때맞춘 가치 이전이 등장한다.

사실 그럴 만도 하다. 사회주의는 사실상 민족과 공동체라는 관념과 대립되는 사회 계급이라는 관념을 통하여, 민족 문화와 공동체라는 관념의 해체를 표현하기 때문이다. 그러나 실제 상황은 이런 해체 과정이 이미 상당히 진행되어, "민족"과 "공동체"라는 말로 표시되는 독일의 문화적 관념들이라는 복합체는 오늘날 단순한 낭만주의로 치부해버릴 수 있다는 것이다. 따라서 삶 자체도 그것이 현재와 미래에 대해서 가지는 모든 의미와 더불어 의심할 바 없이 사회주의의 편에 서 있다.⋯⋯ 개인주의적 관념론의 정신적인 의미는 원래 문화적 유산이라는 관념과의 연계에서 파생되었고 사회주의적 계급 개념은 결코 그 순수하게 경제적인 기원을 부인한 적이 없지만, 그럼에도 사회주의의 계급 개념은 오늘날 낭만적으로 민족적인 중간 계급이라는 대립항보다 영의 영역과 훨씬 더 친한 관계를 유지하고 있다. 모두가 아는 일이지만, 중간 계급의 보수주의는 살아 있는 정신 및 그 현재의 요구와 밀접한 관계나 공감을 상실하였다.

만은 다른 자리에서 법이나 국제적 사건들이라는 공적 영역이 우리 시대의 가장 위대한 사람들의 기품이나 지혜를 따라오지 못하여 둘 사이에 괴리가 일어난다고 말한 적이 있는데——다른 사람들도 역시 언급한 것이다——다시 이 문제로 돌아와서 자신의 주장을 발전시키고 정리한다.

나는 최근 다른 곳에서 우리 인류의 정상을 대표하는 사람들이 이미 성취하고 정신적으로 동화힌 지식의 수준과 우리의 현재의 물질적 현실 사이에 불건강하고 위험한 긴장이 형성되었다고 말한 적이 있다. 그러면서 나는 이 긴장에 잠재되어 있는 위험들도 지적하였다. 사회주의적 계급, 노동 계급이 법의 문제, 공적인 일의 합리화 문제, 유럽에 대한 국제적 개념의 문제 등 어느 문제에서든 그런 수치스럽고 위험한 괴리를 극복하는 일에서 그 문화적인 적보다 더 뛰어나고 더 활기찬 의지를 보여준다는 점에는 의문의 여지가 없다. 물론 민족 문화라는 관념과 대립되는 사회주의적 계급 개념은 그 경제적인 이론에서 정신적인 가치들에 적대적이다. 그럼에도 실제로는

우호적인 면모를 보여주는데, 오늘날의 상황에서 중요한 것은 그 점이다.[25]

이런 발언을 한 지 10년이 지나지 않아 경제에 기초를 두었지만 정신적인 경향을 가진 사회주의 계급 국가의 세계 최고 모델이, 민족에 기초를 두었으나 정신적이지 않은 사회주의 국가와 손을 잡고 폴란드를 침략하여 그 나라를 해체하고 공유함으로써 제2차 세계대전이 시작되었다. 토마스 만은 곧 사회주의 러시아가 아니라, 중립국 스위스를 경유하여 우선 프린스턴으로, 이어 할리우드로 달아났다. 그는 그곳의 외딴 태평양 연안에서 일본의 진주만 공격이 시작되기 몇 시간 전에 독일 국민에게 다음과 같은 라디오 방송을 내보낸다.

　독일 청취자 여러분, 오늘 여러분에게 말을 하는 사람은 운이 좋게도 그의 긴 인생에서 독일 지성에 대한 평판을 높이는 데 약간의 기여를 하였습니다. 나는 이것에 감사하지만, 이것 때문에 스스로를 자랑할 권리는 없습니다. 그것은 운명이었고, 내 마음대로 한 일이 아니었기 때문입니다.
　조국의 영광을 위하여 작품을 완성하는 예술가는 없습니다. 생산성의 원천은 개인적 양심입니다. 여러분 독일인들은 설혹 그럴 마음이 있다고 하더라도, 나의 작품에 감사를 하는 것이 허락되지 않습니다. 그래야 마땅합니다. 나의 작품은 여러분을 위해서가 아니라 나 자신의 가장 깊숙한 요구로부터 나온 것이기 때문입니다.
　그러나 정말로 여러분을 위해서 한 일도 한 가지가 있는데, 그것은 개인적 양심이 아니라 사회적 양심으로부터 발전해온 것입니다. 날이 갈수록 나는 여러분이 그것에 감사하고, 그것을 나의 이야기나 책보다 더 높이 평가할 날이 올 것이라고, 아니, 그날이 이미 가까이 다가왔다는 확신이 강해집니다. 그것은 아직 늦지 않은 시기에 내가 여러분에게 타락한 권력들에 대하여 경고를 하였다는 것입니다. 여러분은 지금 그들의 굴레에 묶여 있으며, 그 권력들은 수많은 그릇된 행동을 통하여 여러분을 믿을 수 없을 정도로 비참한 상태로 이끌고가려고 합니다. 나는 그 권력들을 잘 알고 있었습니다. 여러분 다수는 그 안에서 질서, 아름다움, 민족적 위엄 등의 힘들을 보았지만——지금은 여러분 스스로도 믿어지지 않을 정도로 눈이 멀었기 때문에 가능한 일이었습니다——나는 그 말할 수 없을 정도로 천한 본질로부터 독일과 유럽의 재난과 곤궁 외에 달리 아무것도 나올 것이 없음을 알고 있었습니다…….

붕괴가 가까워졌습니다. 러시아에 가 있는 여러분의 군대에는 의사, 간호사, 의료품이 부족합니다. 독일의 병원에서는 중상자나 늙고 허약한 사람들을 독가스로 죽이고 있습니다. 어떤 독일 의사는 한 병원에서 2,000-3,000명씩 죽인다고 말했습니다.…… 이런 대량 학살과는 대조적으로 휴가를 나가는 병사들은 다음 전쟁에 참가할 국가의 아들을 생산하기 위하여 종마처럼 독일의 젊은 여자들과 성교를 하라는 명령을 받고 있습니다. 나라가, 젊음이 이보다 더 타락할 수 있겠습니까? 인간에게 이보다 더 큰 모독이 있을 수 있겠습니까?…… 여러분 독일인은 여러분을 통치하는 악랄한 사람들의 명령에 따라, 세르비아에서 전쟁 중이 아니라 전쟁이 종결된 후에 30만 명을 죽였습니다. 유대인과 폴란드인들에 대한 행동은 말로 할 수가 없습니다. 하지만 여러분은 점점 거대해지는 증오를 인정하고 싶지 않겠지요. 그러나 그 증오는 언젠가 여러분의 힘이 마침내 약해졌을 때 여러분 모두를 삼킬 수밖에 없습니다.

그렇습니다, 여러분은 그날의 공포를 느껴야 합니다. 여러분 지도자들은 그것을 잘 알고 있습니다. 여러분에게 이 무시무시한 일들을 시킨 지도자들은 여러분이 이 행동들을 통하여 그들과 사슬로 묶여 있다고, 여러분은 끝까지 그들과 함께 해야 한다고 말합니다. 그렇지 않으면 여러분에게 지옥이 닥칠 것이라는 말이지요. 그러나 여러분이 그들과 연결된 사슬을 끊기만 한다면, 여러분은 여전히 구원을 받을 수 있습니다. 자유와 평화를 얻을 수 있습니다.[26]

이렇게 해서 처음과 마찬가지로 마지막에도, 동요(*fermentatio*)를 일으킬 만한 압력, 열기, 공포 속에서 예술가는 다시 분리되어, 쇼펜하우어와 니체가 그의 젊은 시절에 가르쳐준 것을 노년에 스스로 재발견한다. 개인과 다중, 한 인간의 성실성과 그의 사회, 경험으로 이루어지는 내적이고 절대적 세계와 헌신으로 이루어지는 외적이고 우연적 세계 사이에는 실제로 존재의 근거에 이를 만큼 깊은 대립이 있다는 것이다. 위의 연설에서 이런 점이 드러난 부분은 내가 강조해놓았다. 그 부분은 데틀레프 슈피넬의 말처럼 들리기도 한다. 그러나 이어지는 문장에서 우리는 슈피넬은 몰랐을 것 같은 부분, 즉 개인적 양심과 사회적 양심 사이의 구분에 대하여 알게 된다. 이제 우리는 이것이 심각한 문제──가장 핵심적인 문제라고 말할 수 있다──를 일으킨다는 것을 인식해야 한다. 이 문제는 초기 트리스탄 시인들의 시기에 민네(minne)와 에레(ere), 곧 사랑과 명예 사이의 비극적 긴장이라는 심각한 모습으로 문학에 처음 등장하였는데, 그 이후로 오늘날까지 서구에서는 미해결의 문제로 남아 있다.

앞서도 말하였듯이, 만의 라디오 연설은 일본이 진주만을 공격하기 불과 몇 시간 전에 방송되었다. 곧 그가 예언한 불과 유황이 뮌헨, 드레스덴, 프랑크푸르트, 마르부르크, 쾰른, 함부르크, 베를린 등, 중부 유럽의 문화 도시들을 박살냈다. 히틀러의 괴물 같은 제국은 해체되고, 그보다 덜할 것도 없는 스탈린의 노예국가가 유럽 중심부를 가로질러, 유럽 지도의 반을 가로질러 진격하였다. 10년이 지나지 않아 그 중국적 대응물이라고 할 수 있는 아시아의 괴물이 스탈린의 괴물과 등을 맞대고 불──얄궂게도 서구의 과학이 제공한 불──을 뿜어댔다. 그 동안 네덜란드, 벨기에, 프랑스, 영국 등의 세계 제국은 박살이 났다. 이렇게 해서 1950년이 되면 과학적으로 강요된 세계의 아시아화가 분명해지기 시작하였으며, 이것은 적어도 자유로운 개인을 바탕에 둔 정치에 관한 한 현재의 가장 큰 도전이다. 옛 청동기 시대의 세계 이미지는 절대적으로 냉혹하고 수학적인 우주로, 사회 질서는 이 우주의 한 측면에 불과하였다(우리가 보았듯이 이것이 중국과 인도의 세계관의 기초이다).[27] 이제 이것이 마찬가지로 냉혹한 마르크스주의적인 역사의 논리 개념에 의하여 보완되었으며, 똑같이 비인간적인 현대 기계 문명이 그 비인간성을 위한 도구가 되어주고 있다. 이런 청동기 시대의 세계 이미지가 니체가 경멸적으로 예언한 "새로운 우상인 국가"의 이름으로 미국의 원조를 받아가며 다음 1,000년의 인간의 미래의 전조가 되고 있다. 올더스 헉슬리가 그의 유토피아 소설 『멋진 신세계(Brave New World)』의 1946년 서문에서 말하였듯이, "경제적 안정이 없으면, 노예 상태에 대한 사랑이 존재할 수가 없기"[28] 때문이다. 니콜라스 베라디아에프는 헉슬리가 그 책의 제사(題詞)에서 인용한 구절에서 이렇게 말하고 있다.

Les utopies apparaissent comme bien plus réalisables qu'on ne le croyait autrefois. Et nous nous trouvons actuellement devant une question bien autrement angoissante : Comment éviter leur réalisation définitive?…… Les utopies sont réalisables. Le vie marche vers les utopies. Et peut-être un siècle nouveau commence-t-il, un siècle où les intellectuels et la classe cultivée rêveront aux moyens d'éviter les utopies et de retourner à une société non utopique, moins "parfaite" et plus libre.

(오늘날 유토피아는 옛날에 사람들이 생각하였던 것보다 훨씬 더 실현 가능해 보인다. 그런데 지금 우리는 유난히도 성가신 한 문제를 앞두고 있다. 유토피아가 결국 실현되는 것을 어떻게 피할 수 있는가?…… 유토피아는 실현 가능하다. 삶은 유토피아를 향해서 큰 걸음으로 나아간다. 그런데 새로운 한 세기가 시작되는 것 같다. 곧 지식인들과 교양 계층이 유토피아를 피할 수단을, 그리고 유토피아와는 거리가 먼 사회, 즉 덜 "완벽"하지만 그래도 더 자유로운 사회로 되돌아갈 수단을 꿈꾸는 세기이다.)

## 3. 에로스의 아이러니

작가 경력의 절정기를 맞아 완벽하게 성취한 균형의 시기에 쓰여진 소설 『마의 산』에는 이제는 유명해진 정치적 수다쟁이 세템브리니와 나프타가 등장한다. 이들은 재미있게 균형을 이루는데, 결국 자멸적인 이들의 논쟁이 이 책의 상당 부분을 형성한다. 이번에도 배경은 작가의 젊은 시절의 『트리스탄』과 마찬가지로 산의 요양소인데, 독일의 한 평범한 민간인이 잠깐 머물기 위해서 이곳에 온다. 이번에는 젊은 엔지니어 한스 카스토르프가 젊은 육군 장교인 사촌 요아힘 짐센을 데리고 3주간 휴가를 얻어 요양소를 찾은 것이다. 짐센은 겉으로는 햇볕에 그을린 건강한 모습이지만 사실은 중병에 걸려 있다. 기차를 타고 가파른 산비탈을 올라가는 과정은 우리의 정상적이고 진부한 생활의 의무로부터 시간을 초월한 휴식의 영역으로 들어가는, 전율을 일으키는 변화로 묘사된다. 낙엽성 나무들이 끝나는 곳에서는 침묵의 봉우리들, 만년설, 상록수들이 영원을 이야기한다. 문인인 세템브리니는 며칠 뒤에 젊은 여행자에게 그가 산을 올라오면서 산 자들의 땅에서 죽은 자들의 땅으로 넘어왔다고 말한다. 위로 올라왔지만, 실제로는 아래로, 저승으로 내려왔다는 것이다. 따라서 그는 위험에 처하여 있으니, 그 열매를 맛보기 전에 떠나는 것이 좋다는 이야기였다.

만은 이 소설을 오랫동안 구상해왔던 것 같은데, 『한 비정치적인 인간의 사유』를 보면 이 소설의 개념에 대하여 이야기하는 구절이 나온다.

> 나는 전쟁 전에 짧은 소설을 쓰기 시작하였다. 그것은 일종의 교육적 우화로서, 도덕적으로 위험한 휴양지에 잠깐 들렀다가 갇혀버린 한 젊은 남자가 두 우스꽝스러운 교육자 사이에 놓이게 된다. 한 사람은 이탈리아의 문인이자 휴머니스트이자 수사학자이자 진보적인 사람이며, 또 한 사람은 약간 평판이 나쁜 신비주의자로, 반동적이며 반이성을 옹호한다. 순진한 젊은 남자는 미덕과 유혹의 두 힘 사이에서, 삶의 의무나 봉사와 부패의 매력 사이에서 선택을 할 수밖에 없다. 젊은이는 후자에 물들지 않은 상태였다. 이 작품에서 구성의 중요한 주제 요소는 "죽음과의 공감"이라는 구절이었다.[29]

『마의 산』에서뿐만 아니라 『트리스탄』에서도, 또 그의 첫 장편인 『부덴부로크가』에서도 그것은 근본적인 주제였다. 또한 1925년에 발간된 에세이집에 실린 논문 「의학의 정신에 대하여」에서 그는 그런 감정의 힘과 의미에 대한 사회적 평가만이 아니라 설명과 교훈도 제시하고 있다.

만은 그 글에서 이렇게 쓰고 있다.

> 나의 소설 『마의 산』은 전경에서는 사회적이고 비판적인 측면을 제시한다. 이 전경의 전경은 의학적 환경, 즉 전쟁 전 유럽의 자본주의 사회가 반영된 고급 산악 요양소라는 배경이기 때문에, 직업적으로 전문화된 비평가들이 가장 앞의 전경에 몰두하여 이 책에서 오직 결핵 요양소에 대한 소설만을 보고, 이 책이 선정적인 폭로물——업튼 싱클레어의 시카고 가축 방목장 폭로물에 비견될 만한 의학적 폭로물——이 되지 않을까 걱정한 것도 불가피한 일이었다. 그러나 그것은 정말이지 얄궂은 오해였다. 사회적 비판

은——문학 평론가 무리가 잘 알고 있듯이——내가 좋아하는 것이 아니고, 또 나의 강점도 아니기 때문이다. 그런 비판은 오직 우연적으로 또 부수적으로만 내 작품에 들어오며, 어떤 곳으로 가는 길목에 놓여 있을 뿐이다. 내가 그 책을 쓴 진짜 동기는 죄스러울 정도로 개인적인 것, 즉 형이상학적이고 도덕적이고 교육적인 것, 간단히 말해서 내부 세계적인 것이다. 다른 작품들도 그랬듯이, 『마의 산』도 마찬가지였다…….

그 책이 성공한 것은 우선 베를린의 닥터 마르가레테 레비가 직업적인 편견 없이 등장인물들의 생생함과 활력이라고 부른 것 때문이다. 두번째는 정신적인 주제와 문제들 때문이다. 이것들은 15년 전 독일에서라면 난롯가로부터 개도 끌어내지 못하였을 것이나, 오늘날에는 우리 시대의 뿌리를 뽑는 경험 때문에 모두가 운위하는 문제가 되었다. 이 책의 성공은 알프스 요양소의 "내부 생활"에 대한 선정적인 폭로로 인한 흥분과는 아무런 관계가 없는 셈이다.

이런 주제와 문제들 가운데, 한 비평가가 삶과 죽음, 건강과 질병에 대한 사상들의 그물이라고 부른 것이 있다. 내가 이 이야기를 하는 것은 한 비평가가 『뮌헨 주간 의학』에 기고하여, 내가 그린 연옥에는 나의 중세의 위대한 선배의 경우와는 달리 모든 윤리적 파토스가 결여되어 있다고 불만을 나타냈기 때문이다. 놀라운 일이다! 이제까지 다수의 문학 비평가들이 나더러 인류의 윤리적 문제들에 달려들지 말고 나의 예술로 돌아가라고 짜증을 내며 충고를 해왔기 때문이다. 그런데 이 의사는 내 책에서 냉정한 예술적 잔혹성밖에 못 보았다니. 그는 나에게 환자의 생활에 대한 존중과 공감이 결여되어 있다고, 쇼사 부인〔책의 여주인공〕이 말하는 "고통에 대한 기독교적 존중"이 역겨울 정도로 부족하다고 비난한다. 그는 그가 그렇게 비난하는 태도로는 이 작품의 진짜 (매우 분명하게 드러나지 않는다는 것은 인정하지만) "윤리적 파토스"를 도저히 수용할 수 없다는 것을 전혀 모르는 것 같다. 이것 역시 이상하다! 이 의사 독자는 내 이야기의 젊은 주인공이 겪어나가는 교육 과정 전체를 놓친 것이다. 그는 이 점에 대해서는 아무런 느낌이 없다. 그것이 교정 과정, 죽음을 존중하는 경건한 젊은 남자가 병과 죽음에 관하여 점차 미망에서 깨어나는 과정임에도 불구하고 말이다. 그 비평가는 이 교육 과정과 그 수단을 못마땅하게 여긴다. 그러는 것도 당연한 일인지 모른다! 사실 문학이나 예술에서 죽음이 희극적인 인물로 바뀌는 일이 자주 일어났던가——그런 일이 일어난 적이 있기는 한가? 어쨌든 여기에서는 일어났다. 왜냐하면 이 책, 유럽의 책이 되고자 하는 야망을 가지고 있는 이 책은 선의와 결단의 책이기 때문이다. 또한 이 책은 사랑하는 많은 것, 많은 위험한 공감, 매혹, 유혹――유럽의 영혼은 이것들을 향해서 다가갔고 또 지금도 다가가고 있는데, 그 전체에 대하여 오직 하나의 경건하고 장엄한 이름을 붙일 수밖에 없다――에 대한 이상적인 체념의 책이기 때문이다. 또 나는 이 책을 떠남의 책, 교육적인 자기 규율의 책이라고 말하고 싶다. 이 책이 섬기는 대상은 삶이며, 그 의지는 건강을 향한 것이며, 그 목적은 미래이다. 그런 점에서 이 책은 치유의 작업이다. 의학이라고 알려진 그 다양한 인본주의적인 과학은 그 연구가 아무리 병이나 죽음과 깊은 관련을 맺고 있다고 하더라도, 그 목표는 늘 건강과 인간성이기 때문이다. 그 목표는 늘 인간적인 관념을 그 순수한 형태로 복원하는 것이기 때문이다.

 희극적 인물로서의 죽음…… 죽음이 내 소설에서 이런 역할만 할까? 이제 죽음은 이 역할에서 두 가지 얼굴, 웃음이 나오는 얼굴과 심각한 얼굴을 가진다는 것이 드러나지 않았을까? 쇼펜하우어는 지상에 죽음이 없다면 철학도 없을 것이라고 말하였다. 또 죽음이 없다면 지상에는 어떤 "교육"도 없을 것이다. 죽음과 병이 내 소설에서 단지 로맨틱하게 희화화된 것은 절대 아니다. 나는 부당한 비난을 받았다. 내 소설에서 죽음과 병은 또한 훌륭한 스승이기도 하며, 인간성을 향한 훌륭한 지도자이기도 하다. 그런데 『뮌헨 주간 의학』의 필자의 견해는 내 의도, 내 비난받을 만하고 명예훼손적인 의도가 "결핵 요양소라는 환경에서는 젊고 의젓하고 훌륭한 젊은 남자가 반드시 타락할 수밖에 없음을 보여주려는 것"이 분명하다는 것이다. 그러나 이런 견해는 책 자체에 의하여 완전히 반박되고 있다. 한스 카스토르프가 타락하였는가? 그가 영락하였는가? 그는 사실 나아졌다! 이 "환경"은 사실 카스토르프라는 단순한 일차적 재료가 생각지도 않은 고귀함으로 강제로 승화되고 정화되는 연금술의 레토르트였다. 이 책에서 비방하였다고 하는 이 "환경"에서 그 겸손한 주인공은 여러 가지 생각을 하게 되며, "평지"(우리에게는 이 말에 함축된 아이러니가 담긴 평가를 들을 귀가 없는가?)에서는 평생을 가도 결코 불가능한 방식으로 성숙하여 정부에 대한 의무를 느끼게 된다.

 누군가는 내 책을 "병에 대한 표준적인 대화"라고 불렀다. 꼭 칭찬으로 한 말은 아니지만, 나는 그 판단을 받아들인다. 병에 대한 평판 가운데 나쁜 측면은 이상과 관련하여 나온다. 그러나 병은 지식의 강력한 매체로 나타나기도 하며, 인간성과 사랑에 이르는 "온화한" 길로 나타나기도 한다. 병과 죽음을 통하여, 유기적인 것에 대한 열렬한 연구를 통하여, 즉 의학적인 경험을 통하여, 나는 내 주인공이 새로운 인간성의 예감에까지 이르게 하였다——물론 그의 빈틈없는 단순성 내에서 가능한 데까지 이른 것이지만 말이다. 그런데 내가 이렇게 하는 과정에서 의학과 의학에 종사하는 사람들을 헐뜯었단 말인가?[30]

이 소설은 생명이 워낙 풍부하고 서로 밀접하게 짜여진 관념들이 많아서, 요약을 하는 것이 불가능함은 물론 제대로 이야기를 해보는 것도 만만치 않다. 그러나 이 책은 현대인이 단계적으로 고대 신비주의의 입문에 해당하는 과정을 통과하여 나아가는 과정을 보여줄 뿐만 아니라 현대 과학의 이미지 속에서 고대 신화 주제들의 유사물을 드러낸다는 점에서 신화 연구에서는 중요하고 계몽적인 이정표이므로, 주인공이 건강에서 병을 거쳐 더 높은 건강으로 나아가는 주된 경로를 따라가보려는 시도를 해보지 않을 수 없다.

이 책은 『율리시즈』가 나오고나서 2년 뒤에 나왔다. 두 걸작은 따로 구상되고 쓰여졌지만, 동등한——대조적이기는 하지만——용어로 동등한 문제를 다루고 있다. 두 작품 모두 전체에 걸쳐 신화적인 주제들이 메아리치며 나타났다가, 다시 메아리치며 나타나도록 소설적 전경이 꾸며져 있다. 따라서 오늘날 우리의 삶에서 신화적 계시의 원형들은 사람들이 잘 알아보지 못하기는 하지만 엄연히 존재하며, 여전히 뚜렷하게 영향을 미치고 있음을 보여준다. 여기서 쇼펜하우어의 왜곡된 상*이라는 비유를 다시 적용해볼 수 있다. 평생에 걸쳐 흩어져 있는 우연적 사건들은, 신화적인 형식에 반영시켜 보게 되면, 한데 합쳐져서 깊은 곳에 자리 잡은 질서를 드러내는데, 이것은 영원히 지속되는 인간 질서이다. 아무런 도움을 받지 못하는 사람의 눈에는 연관 없는 조각들만 나타나는 곳에서 그러한 에피파니를 떠올리도록 하기 위하여 조이스와 만 모두 라이트모티프라는 수사학적 장치를 이용하였다. 이것은 겉으로 보기에는 관련이 없고,

---

* 233-234쪽 참조.

멀리 떨어져 있는 사건, 사람, 배경, 경험을 합치기 위해서 말을 되풀이하여 배치하는 것이다. 서로 관계없이 이루어진 일로 보이지만, 음악 예술로부터 영감을 받은——만은 바그너로부터 영향을 받았음을 인정하였고, 조이스도 아마 영향을 받았을 것이다——이 두 작가, 놀라울 정도로 유사한 길과 목적을 가진 두 작가는 말의 상징의 반복을 이용한다. 이것을 통해서 정신을 내러티브의 이 지점에서 저 지점으로 이끌고 갈 뿐만 아니라, 더 중요하게, 뒤로, 아래로, 깊은 곳으로 이끌고 가는데, 이것은 두 경우 모두(바그너의 경우와 마찬가지로) 신화적인 신비와 관련이 있다. 이 신화는 고대나 정통 종교에서처럼 직접적으로 초자연적인 존재들이나 기적적인 사건들을 가리키는 것이 아니라, 시와 심층 심리학에서처럼 상징적으로 인간이라는 지상의 존재의 내부에 있는, 뿌리와 씨앗을 이루는 잠재력들, 그 인간을 구성하는 법칙과 힘들을 가리킨다.

**라이트모티프**는 초보적인 방식이기는 하지만 호메로스에서도 서사시의 형용사를 통하여 나타난다. "포도주처럼 검은 바다", "장밋빛 손가락을 가진 새벽" 등이 그런 예이다. 만의 첫 소설『부덴브로크가』에서는 라이**트모티프**라는 조정 장치가 금방 눈에 띄는데, 이것은 주로 그 작품에서 행동하고 결정을 내리고 출현하는 수많은 인물들의 성격의 지속성을 유지하기 위하여 이용되었다. 그러나 주제의 계속성과 대조를 확립하고 발전시키는 데도 쓰이고 있다. 예를 들어서, 의무의 소명과 요구는 모든 진정한 부덴브로크가 사람들에게 가족 회사의 이름을 통하여 나타난다. 이 정신이 번쩍 들게 하는 가족 소환장에 대립되는 것이 바다-로맨스-음악-꿈-잠-형이상학-죽음의 개인에 대한 낭만적 호출이다. 조이스의『젊은 예술가의 초상』(초고는 만의 중편『토니오 크뢰거』가 나온 1903년에 완성되었다)에서도 이와 비슷하게 말의 메아리와 후렴을 통하여 지속성 및 균형을 이루면서 주제를 쌓아올리는 것을 볼 수 있다. 여기에서 표현된 많은 동기들은『율리시즈』와『피네건의 경야』까지 체계적으로 이어지게 된다. 그러나 만은 중편『토니오 크뢰거』에서는 새롭고 교향악적이고 음악적인 방식으로 **라이트모티프**를 이용하는 방법을 개발하였다(그 자신이 이 작품을 "산문 발라드"라고 부르기도 하였다).[31] 비교적 간단하고 연속적이고 서사시적인 반복 기법이 이용되던(회사-회사-회사 대 바다-음악-로맨스-꿈과 잠-형이상학-파혼-죽음이라는 대응 주제들의 축적적 집합) 장편 『부덴브로크가』와는 대조적으로, 이 중편에서는 일군의 모티프 각각이 다시 언급될 때마다 음악적 발전과 전개가 나타난다. 예를 들어보자.

작품 제목이자 주인공의 이름이기도 한 '토니오 크뢰거'가 이미 이분법을 드러낸다. 아버지 쪽으로는 북방 혈통이고, 어머니 쪽으로는 지중해 혈통이다. 학교의 파란 눈에 금발인 학생들 사이에서 토니오는 짙은 색 머리카락에 짙은 색 눈을 가진 아이였다. 이로써 사회적으로 분명해진 내적인 불협화음은 토니오가 동료들에 대해서 느끼는, 경멸이 가미된 사랑, 갈망, 선망에 의하여 내적으로 보완된다. 그는 어머니의 감정적 기질을 이어받아 동료들보다 내성적이고 우울하며 예민하다. 그는 호두나무와 샘, 파란 눈을 가진 잘 생긴 소녀와 소년들의 아름다움, 음악과 바다, 고독, 그 나름의 경험과 독서에 민감하다. 독서에서는 예컨대 쉴러의 『돈 카를로스(Don Carlos)』에 예민하게 반응하는데, 그는 거기에서 자신과 같은 복잡한 인물을 발견한다. 토니오는 파티에서는 무능하다. 그에게 자연스럽게 이끌리는 소녀들은 춤을 출 때 넘어지는 아이들이다. 어여쁘고 유능하며 눈이 파란 금발들은 그의 더 깊은 기질을 느끼지도, 거기에 반응하지도 않는다. 이제 이렇게 드러난 동기들의 관련 범위가 확대되어나간다. 토니오는 자신이 찾아내는 것들이 더 좋아 숙제를 게을리 하고, 그 결과 성적은 떨어진다. 파란 눈의 아버지는 화를 내지만, 짙은 색 눈의 어머니는 무관심하다. 어머니는 무질서한 기질을 지녔는데, 토니오는 자신에게서도 그런 점을 발견한다. "나에게 무엇이 문제일까?" 토니오는 생각한다. "우리는 녹색 마차를 탄 집시들이 아니라 품위 있는 사람들이다." 녹색 마차를 탄 집시는 이제 짙은 색 눈과 머리, 감수성, 초연함과 합쳐져서 모험, 자유, 치욕의 의미를 더한다. 반면 파란 눈에 금발이라는 주제는 책임감 있는 훌륭한 태도, 사회적 약속, 가치 등을 통하여 위엄을 얻는다. 토니오는 작가가 되기 위하여 길을 떠난다. 동기들의 마지막 가닥은 이미 인용한 바 있는, 그가 리자베타 이바노브나에게 쓰는 편지이다.* 거기서 그는 예술과 글의 세계를 삶과 소박한 마음의 세계와 대립시키면서, 자신을 그 중간에 두고 있다.

만 자신은 전시에 나온 에세이집에서 이렇게 쓰고 있다.

"『부덴브로크가』에서는 쇼펜하우어와 바그너의 영향, 염세적인 윤리적 기질, 음악적인 것과 서사시적인 것만이 표현되었지만, 『토니오 크뢰거』에서는 니체적이고 교육적이며 삶을 양육하는 요인이 도입되어, 나의 후기 작품들에게까지 지배적인 요인으로 남아 있게 된다. 이 중편의 영감의 원천이 된 경험과 감정 가운데 서정적 철학자 니체의 보수적이고 열광적인 삶의 개념, 교화적인 허무주의적 정신에 맞서 삶을 방어하는 그의 태도는 에로스의 아이러니로 바뀌어 나타났다. 이것은 지성과 예술이 아니라 순수한 것, 건강한 것, 품위 있고 문제를 일으키지 않는 것, 정신성에 물들지 않는 것 모두를 다정하게 긍정하는 것이었다. 이 작품에서는 시민의 삶(Bürgerlichkeit)의 세계가 삶의 이름, 게다가 아름다움의 이름을 부여받고 있으며(사실 감상적으로), 정상성이 축복받은 것으로, 지성과 예술의 안티테제로 인정받고 있다.

이것이 젊은 세대에게 호소력을 가졌던 것도 놀랄 일은 아니다! 여기서 "삶"이 성공을 거두었다면, "정신"은 더 큰 성공을 거두었기 때문이다. 사랑하는 자는 후자이며, "신"은 사랑받는 자가 아니라 사랑하는 자에게 있다는 것이 그 이유이다. 이것은 이 경우에 "정신"이 잘 알고 있는 것이기도 하다. 그러나 "정신"이 아직 모르는 것, 또는 당분간 젖혀두고 있는 것은, 정신이 삶을 갈망할 뿐만 아니라, 삶도 정신을 갈망한다는 사실이다. 또한 구원에 대한 삶의 요구, 삶의 갈망, 아름다움에 대한 삶의 감각(아름다움이란 갈망에 불과하기 때문에)이 어쩌면 정신의 경우보다 더 진지하고, 어쩌면 더 "신적"이고, 어쩌면 덜 오만하고, 덜 건방질지도 모른다는 사실이다.

그러나 아이러니라는 것은 늘 양방향으로의 아이러니이다. 이쪽도 저쪽도 아니고 둘 다이기도 하면서 중간에 있는 것이다. 사실 토니오 크뢰거는 자신을 그렇게 생각하였다. 아이러니를 드러내며 시민의 삶과 예술의 삶 중간에 있는 어떤 존재로 말이다. 사실 그의 이름 자체가 이미 온갖 종류의 문제적 혼합의 상징이다. 단지 라틴 혈통과 게르만 혈통의 혼합일 뿐만 아니라, 건강과 세련, 품위와 모험성, 감정과 기질 사이의 중간지대의 혼합물이

---

* 371–372쪽 참조.

다. 따라서 그 이름은 이중적 위치의 파토스를 드러내는데, 이것 역시 니체의 영향을 받은 것이 분명하다. 그는 그의 철학의 해명하는 힘은 자신이 퇴폐의 세계와 건강의 세계라는 두 세계에서 편안하다는 사실로부터 나온다고 말한 바 있다. 니체는 자신이 말한 대로, 지는 것과 뜨는 것 사이에 서 있었다. 나의 작품 전체는 겉으로 보기에는 양립할 수 없는 요소들의 혼합물이다. 우울과 비판, 내향성과 회의적 태도, 테오도르 슈토름과 니체, 기분과 지성……. 앞서 말한 대로 젊은 세대가 이 작품을 좋아한 것, 그러니까 이 90페이지에 불과한 것을 두꺼운 두 권짜리『부덴브로크가』보다 더 좋아한 것도 놀랄 일은 아니다.[32]

따라서 에로스의 아이러니, 또는 만이 흔히 쓰던 표현대로, 조형적 아이러니는 그의 문서적 계시의 미학적 자세를 파악하는 열쇠이다. 이것은 자신의 앞에 있는 것의 진실, 연약함, 이상에 미달하는 상황을 보는 것을 두려워하지 않고, 그것에 다가가 자신의 삶의 연약함과 마찬가지로 그 연약함을 받아들이는 예술가의 자세이다. 각 존재가 움직이고 행동하며 변화해나가는 것은 그 불완전성에 따른 것이며, 완전성은 이 땅에 속한 것이 아니기 때문이다. 따라서 예술가는 그 불완전성에 이름을 부여함으로써 각각에 그 삶, 그 가능성을 부여한다. 이것은 어떤 면에서는 잔인한 행동이다. 아이러니적인 결과가 나오기는 하지만 말이다.

한 예술가가 사물을 바라보는 눈길――밖으로 향하든 안으로 향하든――은 한 인간으로서 그것을 바라보는 눈길과는 다르다. 더 차갑고 동시에 더 정열적이다. 한 인간으로서는 호의와 인내심과 애정과 긍정적인 태도를 가질 수도 있으며, 모든 것을 괜찮다고 생각히는 전적으로 무비편적 경향을 가질 수도 있다. 그러나 한 예술가로서는 수호신의 제약을 받아 "관찰"을 할 수밖에 없다. 한 예술가로서는 문학적 의미에서 특징적이거나 독특하거나 의미 있거나 눈을 뜨게 해주는 통찰력을 줄 수 있는 모든 세목들에, 인종의 전형, 또는 사회적이거나 심리적 양식의 전형이 될 수 있는 모든 세목들에 번개 같은 속도로 또 상처를 주고자 하는 악의를 품고 주목할 수밖에 없다. 관찰되는 모든 대상과는 전혀 인간적 관계가 없다는 듯이 무자비하게 모든 것을 기록할 수밖에 없다. 그러면 "작품" 속에서 모든 것이 드러나게 된다…….

　그러나 가장 심각한 외적, 내적 갈등들을 낳을 수 있는 이런 예술가와 인간 사이의 갈등 외에도, 내가 보기에는 작가의 예술이 의지하는 또 하나의 요인이 있는 것 같다. 즉 고통스러운 감수성인데, 이것은 "비판적인 힘" 또는 표현의 "설득력" 등 종종 오해를 낳곤 하는 말로 이야기된다. 이 말은 관찰 능력을 특별한 정도로 갈고닦아 바짝 세우는 일은 자신의 감수성을 고통스러울 정도로 예리하게 만들지 않고는 불가능하다는 뜻이다. 사실 그런 감수성이 어느 정도 수준에 이르면 모든 경험이 고통이 된다. 그러나 예술가에게 주어진 유일한 무기, 그런 사물과 경험에 반응하고 자기 나름의 방식으로 자신을 보호할 수 있는 유일한 무기는 표현의 무기, 표시를 하는 능력이다. 심리적인 파괴력을 드러내며 사물들에 대하여 자신을 표현하는 이런 식의 사물들에 대한 반응──이것이 예술가의 자신의 경험에 대한 숭고한 복수이기도 한데──은 경험이 건드린 중심의 감수성이 클수록 더 격렬할 것이다. 이것이 묘사에서의 그 차갑고 무자비한 정확성의 기원이다. 이 팽팽하게 잡아당겨진 활에서 말, 깃이 달린 예리한 말이 윙 소리를 내며 날아가 과녁을 맞추고 그곳에 부들부들 떨며 박혀 있다. 그리고 보니 그 엄격한 활은 부드러운 수금과 마찬가지로 아폴론의 도구가 아니던가?〔〈그림 44〉〕 차가움과 정열이 서로를 배제한다는 생각만큼이나 예술의 비밀로부터 거리가 먼 생각은 없을 것이다! 비판적인 힘과 표현의 설득력이 악의나 적대감──인간적인 의미에서──으로부터 나온다는 결론만큼이나 그릇된 것도 없을 것이다!…… 정확한 표현은 늘 악의가 있어 보이기 마련이다. 옳은 말은 상처를 준다.[33]

　지금까지는 좋다. 우리가 읽었던 말이고, 우리가 들었던 말이다. 늘 자신에게 약간 안타까움을 느끼는 예술가는 고통스럽게 경험을 하고, 잘 만들어지고 잘 겨냥된 말의 화살로 응답한다. 그러나 목적이 무엇인가? 죽이는 것인가?

　작가에게는 아직 할 이야기가 남아 있다.

　　지식인, 정신적인 사람은 아이러니 효과를 가지고 작업할 것이냐 아니면 근본적인 효과를 가지고 작업할 것이냐 하는 선택(이 정도까지는 선택할 수

〈그림 44〉 토마스 만의 모노그램.

있다)을 해야 한다. 그가 이 지점에서 어떤 선택을 하느냐 하는 것은 그의 주장의 마지막 대목에 달려 있다. 즉 그에게 다음 두 가지 주장 가운데 어느 쪽이 최종적이고 결정적이고 절대적인 것으로 보이느냐 하는 문제에 달려 있다. '삶'의 주장이냐, 아니면 '정신'(진리로서, 또는 의로움으로서, 또는 정결로서의 정신)의 주장이냐. 급진주의자들에게 삶은 논증이 아니다. 피아트 유스티치아(Fiat justitia), 또는 베리타스(veritas)나 리베르타스(libertas), 피아트 스피리투스(fiat spiritus)——페레아트 문두스 에트 비타(pereat mundus et vita)!(정의, 진리, 자유를 행하라, 정신을 이루어라——세상과 삶이 사라지더라도!) 모든 형태의 급진주의는 그렇게 말한다. 반면 이런 질문도 있다. "문제는 삶인데, '진리'가 논증인가?" 이 질문이 아이러니의 공식이다.

급진주의는 허무주의이다. 아이러니의 분위기는 보수적이다. 그러나 보수주의는 스스로 말을 하는 삶의 목소리가 아니라, 자신이 아닌 삶을 대신해서 이야기하는 정신의 목소리를 표현할 때에만 아이러니를 가질 수 있다.

여기서 작용하는 것이 에로스이다. 이 사랑은 "그 가치에 관계없이 개인을 긍정하는 것"이 특징이었다. 물론 그것은 별로 정신적이지도 않고 별로 도덕적이지도 않은 긍정이다. 사실 정신에 의한 삶의 긍정 역시 도덕적이지 않다. 그것은 아이러니다. 에로스는 아이러니였다. 아이러니는 에로스적이다……

이것이 예술을 사랑할 만하게 만들고, 실천할 만하게 만드는 것이다. 이 놀라운 모순, 즉 예술이 기운을 돋우는 것인 동시에 판단이라는 것, 즐거운 모방을 통한 삶의 기념이자 보상인 동시에 도덕적 비판을 통한 삶의 말살이라는 것(적어도 그렇게 될 수 있다는 것). 예술의 효과가 기쁨을 일깨우는 것인 동시에 양심을 일깨우는 것이라는 것. 예술의 은혜는 그것이 삶과 순수한 정신에 똑같이 좋은 관계를 유지하려 한다는 정황(외교적인 용어를 사용하자면), 보수적인 동시에 급진적이라는 정황으로부터 나온다. 즉 정신과 삶 사이의 중간 장소이자 중재하는 장소라는 정황으로부터 나온다. 이곳이야말로 아이러니의 원천이 되는 장소이다.[34]

만이 이러한 아이러니 원칙을 처음 정리한 것은, 우리가 보았듯이, 『트리스탄』(1902)의 완성 직후에 나온 『토니오 크뢰거』(1903)에서였다. 이로써 만에게는 한편으로는 "진리", "완전", "정의", "판단", "이 육체의 감옥으로부터의 해방"이라는 험준한 바위, 그리고 또 한편으로는 정신을 죽이는 고역, 진부함, 거짓, 속임수, 단순히 삶 자체를 위한 삶에 대한 맹목적 정열에의 관여라는 소용돌이 사이로 배를 몰고 나가게 해주는 사고와 감정의 양식을 얻을 수 있는 길이 열렸다. 말을 바꾸면, 그가 기본적인 트리스탄 문제라고 부른 배타주의, 미학적 속물주의, 평범한 생활 영역으로부터의 후퇴, 그리고 그가 "죽음과의 공감"이라고 부른 문제에 대한 답을 얻었다는 것이다. 여기서 만은 중세 시인 고트프리트의 "슬픔을 견디지 못하고 오직 행복을 즐기기만 바라는"* 사람들에 대한 고고한 경멸은 분명하게 부인하며, 동등한 눈과 사랑하는 마음으로 고귀한 것과 저열한 것, 사악한 것과 의로운 것을 동시에 보고, 그 예술, 그 연금술을 통하여 모든 것을 "황금"으로 바꾸는 보고 느끼는 방식을 제안한다.

그러나 우리가 여기서 잠시 솔직해지자면——즉시 아이러니적인 태도를 취하지 않는다면——이러한 변화가 실현되기 위해서는 여기에 우리가 단지 경멸하는 자들만이 아니라 두려워하고 미워하는 자들도 포함되어야 한다. 그리스도의 근본적인 말에 나타난 모든 것을 끌어안는 정신으로 괴물, 사디스트, 짐승, 우리와 같은 종류의 타락한 자들을 끌어안아야 한다. 그 말이란, "'네 이웃을 사랑하고 원수를 미워하라'고 하신 말씀을 너희는 들었다. 그러나 나는 이렇게 말한다. 원수를 사랑하고 너희를 박해하는 사람들을 위하여 기도하라."[35] 그리고 또, "남을 판단하지 말아라.

---

\* 50쪽 참조.

그러면 너희도 판단받지 않을 것이다."[36] 또는 불교 격언의 정신으로 하자면, "만물이 부처이다."[37] 실제로 만 자신도 그의 무차별적 에로스에 대해서 말하였다. 그의 정의에 따르면, 이것은 결국 우리가 이미 들었던 무차별적인 아가페와 구별할 수 없는데, "개인의 가치와 관계없이 개인을 긍정"한다는 점에서 "별로 정신적이지도 않고 별로 도덕적이지 않은 긍정"이다.

이것은 우리에게 다층적이고, 복잡한 문제를 제시한다.

우선 만이 예술가로서의 작가와 단순한 인간으로서의 작가를 구별할 때 인식하였던 문제가 있다. 예술가로서 작가는 자신에게 고통스럽다고 하더라도 관찰에서는 잔인하고 무자비해야 한다. 그러나 인간으로서는 부드럽고 다정하며 겸손해야 한다. 또는 우리가 방금 알았듯이, 예술가로서 작가는 모든 것을 사랑하고(그 나름의 방식으로), 모든 것을 이해해야 한다. 그러나 단순한 인간으로서는 독선적일 수 있고, 심지어 야만적인 힘을 사용할 수도 있다. 실제로 성전에서 환전을 하던 사람들에게 그리스도 자신이 그랬다는 것을 우리는 알고 있다. 토마스 만은 히틀러의 제국으로부터 스스로 망명하면서 그 자신의 세속적 양식으로 돌아갔으며, 이어 피안에서 독일 국민에게 한 연설──육체에서 분리된 목소리, 말하자면 그들이 전에 알았던 자의 유령의 목소리로 한 연설──은 여전히 유럽 역사라는 마야에 사로잡혀 있었다. 여기에도 사방에 아이러니를 위한 여지가 있다.

이제까지 사상의 역사에서 아무도 정신적인 수준과 지상의 수준, 형이상학적인 수준과 도덕적 수준이 교차하는 피닉스의 불의 "경사진 가장자리"를 근절할 만한 공식을 세시한 사람은 없었다. 교차하는 선이나 점은 십자가의 침대(달콤씁쓸한 제단)로 상징된다. 스스로 말을 하는 삶의 목소리가 아니라, 자신이 아닌 삶을 대신하여 이야기하는 정신의 목소리이다. 그것은 정신의 자기 십자가 처형이다("하느님과 본질이 같은 분이셨지만 굳이 하느님과 동등한 존재가 되려고 하지 않으시고 오히려 당신의 것을 다 내어놓고 종의 신분을 취하셔서 우리와 똑같은 인간이 되셨습니다. 이렇게 인간의 모습으로 나타나 당신 자신을 낮추셔서 죽기까지, 아니,

십자가에 달려서 죽기까지 순종하셨습니다").[38] 다른 한편으로는, "스스로 말을 하는 삶의 목소리가 아니라, 정신을 향한 삶의 갈망이다." 이것은 삶의 자기 십자가 처형이다(다시 바울의 말을 들어보자. "나는 그리스도와 함께 십자가에 달려 죽었습니다. 이제는 내가 사는 것이 아니라 그리스도가 내 안에서 사는 것입니다").[39] 이 모든 것에 대하여 "아이러니라는 것은 늘 양방향으로의 아니러니이다. 이쪽도 저쪽도 아니고, 둘 다이기도 하면서 중간에 있는 것이다." 두번째 문장은 대승불교의 '중도'에 대한 가르침에 나오는 경구와 놀라울 정도로 흡사하다. 대승불교에서 동정심(karuṇā)은 이 모든 고통받는 존재들은 비존재이며, 있지도 않고 없지도 않은 정신이라는 깨달음에서 나온다.[40] "모든 형상이 형상이 아니라는 것을 보았다면 부처를 본 것이다."[41] "그것은 공이라고 할 수도 없고 공이 아니라고 할 수도 없고, 둘 다라고 할 수도 없고 둘 다가 아니라고 할 수도 없다."[42]

따라서 예술가는 우리 모두와 마찬가지로 두 세계에서 살아간다. 그러나 예술가는 지상에서의 삶인 동시에 어쩌면 태양, 별, 그 너머의 은하의 불일지도 모르는 이러한 소우주-대우주적인 십자가 처형을 의식하는 특별한 상태 속에서 자신이 무엇을 하고 있는지 안다.

그러나 이것이 그가 견디어야 하는 전부가 아니다. 아이러니라는 그의 특별한 영역 속에는 에로스, 아가페, 아모르의 뒤얽힘 속에서 풀어야 하는 또 하나의 대립물과의 대면이 있다. 앞의 둘은, 우리가 보았듯이, 디오니소스-오르페우스적인 방식으로, 그노시스-기독교 방식의 무차별적이고 모든 것을 끌어안는 사랑이라는 면에서 종교적이다. 반면 아모르는 귀족적이고 차별적이며 심미적이다. 음유시인들의 문학에서 규정하듯이, 미네징거와 고트프리트가 규정하듯이, "고귀한 마음"과 그 정찰대인 두 눈의 경험이다. 그러나 여기서 다시 진실을 이야기하자면, 사실 내가 보기에 『토니오 크뢰거』에서 토니오가 시인으로서 이 아름다운 세상의 소박한 (그러나 토니오가 생각하였던 것보다 덜 소박하다) 사람들——그들을 사랑하고 용서하고 설득하는 것은 전적으로 신의 특권이자 기능이다——의 일반적인 얼굴을 섬김으로써 음유시인처럼 평생의 주종 관계에 갇히게 되는 것은 사실 토니오의 고귀한 마음이 건방지고 평범한 파란 눈의 잉게보르크 홀름(이 아이는 춤을 출 때 넘어지지 않았기 때문에 토니오의 영혼의 욕구를 전혀 느끼지 못한다)에게 미학적으로 헌신하게 되었기 때문이다.

다시 「로마서」 11장 32절과 〈그림 8〉을 보라.*

## 4. 동일성과 관계성

토마스 만의 예술에서 황홀(에로스-아가페)의 원칙은 저자의 대가다운 라이트모티프의 활용뿐만이 아니라, 음악과 춤과 서정시가 디오니소스적 양식 특유의 예술이라는 니체의 지적에 따라, 그의 산문의 음악적 효과, 그 리듬, 어조, 감정적 관련의 영역들에 대한 작가의 장인적인 관심을 통해서도 표현된다. 그리고 또 다른 면, 독특하고 덧없고 복제 불가능한 순간이나 정서나 개인의 요구라는 면——니체가 빛의 신 아폴론과 조각 및 서사시 예술에 할당한 개체화 원리(principium individuationis)의 면——을 만은 그의 거의 믿을 수 없을 정도로 활발하고 묘사적인 문체의 무자비한 정확성으로 충족시킨다. 이런 스타일을 만들어 나가는 데 그에게 가장 심오한 영향을 주었으며, 『마의 산』에서는 소설로서 재진술하기까지 한 니체의 작품은 그의 젊은 시절의 선언서인 『비극의 탄생(The Birth of Tragedy)』(1872)이었다.

니체는 그 작품 서두의 핵심적인 구절에서 이렇게 말하였다. "생식이 부단히 싸우고 이따금씩만 주기적으로 화합하는 남녀 양성에 의존하고 있는 것과 마찬가지로, 예술의 발전이 아폴론적인 힘과 디오니소스적인 힘의 이중적 영향에 의존하고 있음을 지적으로 인식할 뿐만 아니라 직접적으로 분명하게 볼 수 있을 때 미학은 많은 것을 성취할 수 있다."

이것은 기본적이고 맹아적인 생각이다. 이제 우리는 그 해명에 이르게 되

---

\* 310쪽과 26쪽 참조.

는데, 문제가 되는 힘들은 〈그림 3〉의 제16단계와 제10단계의 힘들이다.

〔니체는 설명한다.〕 나는 이 두 이름을 그리스인들로부터 빌려왔는데, 그들은 개념적인 용어가 아니라 그들의 만신전의 웅변적으로 당당한 신들을 통하여 적절한 이해력을 갖춘 사람들에게 예술에 대한 그들의 교리의 심오한 신비를 해석해주었다. 따라서 우리는 그들의 예술의 두 신 아폴론과 디오니소스를 통하여 그리스 세계에 예술의 기원과 목표와 관련하여 조각가의 예술인 아폴론적인 예술과 디오니소스의 비회화적 예술, 즉 음악 사이에 큰 분열이 있었음을 인식하게 된다. 이 두 충동은 서로 달랐음에도 나란히 유지되었으며, 보통 공개적으로 대립하면서 서로를 자극하여 새롭고 더 강력한 것을 태어나게 하였고, 이 과정을 통하여 이 한 쌍의 대립물의 전쟁은 영속화되었다. 이 두 대립물 사이에는 "예술"이라는 공유된 말이 다리 노릇을 하는 것으로 여겨졌을 뿐이다. 그러나 마침내 그리스의 "의지"의 형이상학적 기적을 통하여 이 둘은 통일되었으며, 그 짝짓기를 통하여 아폴론적인만큼 디오니소스적인 예술이 발생하였다. 즉 아티카의 비극이다.[43]

니체는 이어 이 두 신의 영역의 대립되는 힘과 특징들을 대조적으로 묘사한다.

〔니체는 제안한다.〕 이 두 가지 힘을 좀더 잘 알아보기 위하여, 그것들을 꿈과 도취라는 별도의 예술 세계로 간주해보기로 하자. 이 두 생리적 현상 사이에서는 아폴론적인 영역과 디오니소스적인 영역 사이의 대립과 유사한 것을 목격할 수 있다. 루크레티우스의 말에 따르면 신들의 형상이 인간의 영혼 앞에 나타난 것은 꿈속에서이다. 꿈속에서 위대한 조각가는 초자연적 존재들의 매혹적인 신체 형상을 보았다. 그리스 시인들에게 시의 영감의 비밀에 관해서 물으면, 그들 역시 꿈을 가리킬 것이며, 「뉘른베르크의 명가수」의 한스 작스와 비슷한 주장을 할 것이다.

　　친구여, 시인의 임무란
　　꿈에 주목하여 그 의미를 묻는 것이라네.
　　따라서 내가 가르치노니, 꿈에서는

인간의 진정한 황홀이 말로 연결된다네.
모든 꿈의 영감은
꿈의 해석에 불과하다네.


 모든 사람이 완전한 예술가로 참여하는 꿈의 세계의 아름다운 환각은 모든 시각 예술의 전제 조건이며, 앞으로 보게 되겠지만, 시의 중요한 반쪽의 전제 조건이기도 하다. 꿈에서는 형식을 직접적으로 파악할 수 있고, 모든 인물이 우리에게 이야기를 하며, 하찮은 것이나 남는 것이 없다. 그럼에도 이 꿈-현실의 아주 위대한 생생함의 순간에조차 그 환각의 느낌은 우리를 떠나지 않는다. 적어도 그것이 나의 경험이었는데, 그런 일이 빈번히 일어난다는 것, 그런 것이 오히려 정상이라는 것에 대해서는 내가 상당한 증거를 제시할 수 있고 시인들의 진술도 보탤 수 있다. 나아가서 철학적인 정신은 심지어 우리가 살고 있고 우리 존재를 가지고 있는 현실 밑에도 두번째의 아주 다른 현실이 감추어져 있다고 예감한다. 말을 바꾸면, 그 현실 역시 환각이라는 것이다. 쇼펜하우어는 때때로 사람들과 만물의 인상을 꿈의 이미지로 받아들이는 이러한 감수성을 철학적 재능의 진정한 증표로 지목하기도 한다. 철학자가 존재의 현실과 관련을 가지듯이, 예술적으로 민감한 사람은 꿈의 현실과 관련을 가진다. 그는 꿈의 현실을 면밀히 또 즐겁게 관찰한다. 그는 이 이미지들로부터 삶을 해석하고, 이 이미지들에 기초하여 삶을 준비하기 때문이다. 그러나 그가 이런 식으로 경험하고 쉽게 이해하는 이미지들은 즐겁고 우호적이기만 한 것은 아니다. 그 이미지들은 가혹하고 흐리고 슬프고 어둡기도 하다. 느닷없는 좌절, 우연의 조롱, 무시무시한 예감, 간단히 말해서 삶의 "신곡" 전체가 그 연옥과 더불어 눈앞을 통과한다. 하지만 이것이 단순히 그림자극으로 지나가는 것도 아니지만——그는 이 장면들 속에서 살고 고통을 받기 때문에——그렇다고 환각이리는 지워지지 않는 느낌이 없어지는 것도 아니다. 나처럼 꿈의 위험과 공포 한가운데서 이렇게 소리쳐 자신을 안심시키는 사람들도 있을 수 있다. "이것은 꿈이야! 나는 이것이 계속되기를 바란다!" 또 사나흘 밤 동안 똑같은 꿈이 계속되는 경우가 있다는 이야기도 들었다. 이런 사실들은 우리의 가장 깊은 존재, 우리 모두의 공통의 근거가 꿈의 필연성을 즐겁게 인식하면서, 매우 기뻐하면서 꿈을 경험한다는 증거이다.
 그리스인들은 꿈의 경험에서 즐거운 필연성에 대한 이런 느낌을 아폴론으로부터도 표현하였다. 아폴론은 모든 것을 보는 힘을 가진 신인 동시에 예언을 하는 신이기도 하다. 근본적으로 "나타나는" 신, 빛의 신인 아폴론은 또한 환상이라는 내적 세계의 아름다운 "겉모습"을 주관하는 신이기도 하다. 이런 상태의 타당성, 전체성에 대한 감각은 불완전하게 파악되는 낮의 현실과 대조를 이루는데, 그런 감각은 잠과 꿈에서 자연이 보여주는 치유와 도움의 힘에 대한 깊은 의식과 합쳐질 때 상징적으로 예언적 능력과 유사하며, 일반적으로 예술과도 유사하다. 그리고 이 예술을 통하여 삶은 가능해지며 또 살 만한 가치가 있는 것이 된다. 그러나 꿈이 병적으로 작용하지 않으려면——그럴 경우 겉모습이 우리를 속여 이것이 생경한 현실로 간주되는데——꿈의 이미지는 그 가느다란 선을 넘지 말아야 한다. 그 한계선, 좀더 통제되지 않은 감정들로부터의 그런 자유, 조각가의 신의 지혜에 가득 찬 휴식, 아폴론의 이미지도 이러한 것들을 존중해야 한다. 그의 눈은 그의 기원에 따라 "태양 같아야" 한다. 진노에 차 격앙하였다고 하더라도 그의 눈길 안에는 아름다운 환각의 축복이 살고 있다. 따라서 우리는 아폴론에 대하여 기묘한 방식이기는 하지만 쇼펜하우어가 『의지와 표상으로서의 세계』 제1권에서 마야의 그물에 사로잡힌 인류에 대해서 하였던 말을 할 수 있다. "사방으로 끝이 보이지 않는 바다, 산더미 같은 물이 치솟았다가 부서지는 성난 바다에서 약한 배를 믿고 그 위에 앉아 있는 사람처럼, 개인도 고통의 세계 한가운데 개체성의 원리(principum individuationis)에 기대어 그것을 믿으면서 차분하게 앉아 있다." 그렇다, 이 말은 아폴론에 대해서 할 수 있는 말이다. 아폴론 안에서 그 원리에 대한 부동의 신뢰, 그 안에 사로잡힌 상태에서의 차분한 휴식이 최고의 표현을 얻었기 때문이다. 심지어 아폴론이 개체성의 원리의 화려하고 거룩한 이미지라고 말할 수도 있다. 그 몸짓과 눈길 속에서 "세계 환각"의 모든 기쁨과 지혜가 그 아름다움과 더불어 우리에게 이야기를 하고 있다.

그러나 쇼펜하우어는 똑같은 구절에서 그 개인이 겉모습의 형태들을 해석하는 문제에서 갑자기 자신이 잘못을 저질렀다는 것을 알았을 때——이런 일은 이런저런 법칙에서 인과율의 논리가 어떤 예외에 의하여 무시된 것처럼 보였을 때 일어난다——그를 사로잡는 무시무시한 공포(das ungeheure Grausen)를 우리에게 보여주고 있다. 개체성의 원리를 박살냈을 때 개인의 가장 깊숙한 근거에서, 또 자연 자체의 근거에서 생기는 환희에 찬 황홀경을 이런 공포에 보태면, 디오니소스적인 상태의 본질에 대한 통찰을 얻을 수 있다. 도취의 비유를 이용하면 이 상태에 가장 가까이 다가갈 수 있다. 모든 원시인들과 원시 민족들이 찬가를 통하여 찬양하는 그 최면성 약의 영향을 통해서이든, 아니면 자연 전체로 기쁘게 퍼져나가는 봄기운에 의해서이든, 그 디오니소스적인 움직임들이 깨어나 고조되면 자기 망각 속에서 개체성에 대한 모든 느낌이 지워진다. 중세 독일에서는 바로 그러한 디오니소스적인 힘의 영향 아래에서 점점 불어나는 무리가 노래를 하고 춤을 추며 이곳저곳을 떼지어 다녔다. 이 성 요한과 성 비투스의 춤꾼들에게서 우리는 그리스의 바쿠스 합창단을 다시 보게 되는데, 그 선배들은 소아시아, 더 거슬러 올라가면 바빌로니아, 주신제에 빠진 스키타이인에까지 이른다. 경험이 없어서인지 아니면 재치가 무디어서인지, 마치 "전염병"을 보듯 그런 현상에 조롱 또는 동정심을 느끼며, 또 자신의 건강에 기쁨을 느끼며 외면하는 사람들이 있다. 불쌍한 사람들! 그들은 디오니소스적인 잔치의 빛나는 생명이 그들 옆을 떼지어 지나갈 때 그들의 "건강"이 시체처럼 창백하게 보이고 유령처럼 보인다는 것을 전혀 알지 못한다.

　디오니소스적인 힘의 마법 아래에서는 인간과 인간 사이의 유대가 다시 밀접해질 뿐만 아니라, 소외되고 적대적이고 억압되었던 '자연'도 자신의 잃어버린 아들인 인간과의 화해의 축제를 기념한다. 땅은 스스로 한껏 혜택을 베풀며, 바위와 사막의 육식 동물들이 평화를 누리고자 가까이 모여든다[〈그림 1〉]. 디오니소스의 전차에는 꽃과 화환이 흩어져 있다. 그 위에는 표범과 호랑이가 걸터앉아 있다. 베토벤의 「환희의 송가」를 그림으로 바꾸고, 상상할 수 있는 모든 것으로 그 그림을 채워보라. 그곳에는 수백만이 경외감에 사로잡혀 흙바닥에 엎드려 있다. 그것이 디오니소스적인 것에 대한 개념에 이르는 방법이다. 이제 노예는 자유인이고, 곤궁, 고집, "거만한 관습"이 인간과 인간 사이에 세워놓은 그 모든 단단하고 적대적인 경계들은 허물어진다. 이제 '세계 조화의 복음' 속에서 모든 사람은 이웃과 결합되어 화해를 이루고 뒤섞여 있을 뿐만 아니라, 이웃과 하나가 된다——마치 마야의 베일이 찢어져 원시의 신비한 '하나' 주위에 조각난 채 퍼덕이고 있는 것 같다. 인류는 노래하고 춤을 추며 자신이 더 높은 수준의 공동체의 구성원이라고 고백한다. 걷고 말하는 법은 잊었으며, 춤을 추다가 공중으로 날아오르려고 한다. 환희가 그 모든 몸짓을 통하여 말을 한다. 이제 짐승들이 말을 하고 땅이 우유와 꿀을 내놓으며, 이 모든 것을 통하여 어떤 초자연적인 것이 울려 퍼진다. 사람은 자신이 신이라고 느끼며, 꿈속에서 본 신들이 걷는 것처럼 환희에 차서 의기양양하게 활보한다. 이제 인간은 예술가가 아니라 그 자신이 예술 작품이다. 여기서 자연의 예술의 힘은 도취의 전율을 통하여 자신을 표현하고 있으며, 태초의 하나를 통하여 최고의 환희에 찬 만족을 느낀다. 가장 고귀한 진흙, 가장 귀중한 대리석, 즉 인간은 여기서 반죽되고 조각된다. 디오니소스적인 세계-예술가의 끝질에 맞추어 엘레우시스의 신비교의 외침이 들린다. "엎드렸느냐, 너희 수백만의 사람들아? 너희는 너희의 창조자, '세계'를 보지 못하느냐?"[44]

쇼펜하우어의 철학과 젊은 니체가 사모하던 친구 바그너의 오페라 세계에서도 마찬가지이지만, 이 철학에서도 모든 현상은 그것을 지각하는 기관에 의하여 철두철미하게 제한을 받는다──낮처럼 눈을 뜨고 있느냐, 아니면 밤처럼 눈을 감고 있느냐(〈그림 3〉에서 여신의 발치에 있는 꿈꾸는 사람과 비교하라)──는 칸트적 개념이 당연시되고 있다. 또한 감수성의 선험적 형식과 논리의 범주라는 이런 칸트인 개념이 실제로 힌두교-불교 철학의 마야와 같다는 것──이것은 쇼펜하우어가 처음 깨달은 것 같은데──도 받아들여지고 있다.[45] 따라서 비슈누가 마야의 신──그의 꿈이 우주이며, 그의 안에서 이 마야-세계의 만물, 모든 존재는 하나의 본체의 굴절에 지나지 않는다(꿈의 모든 인물들이 사실은 꿈을 꾸는 사람의 에너지의 작용인 것처럼)──이듯이 헬레니즘의 신화에서는 아폴론이 마야의 신이다. 둘을 비교해보았을 때 성격의 면에서나 의미에의 면에서나, 니체가 해석하는 고전기의 아폴론과 우주의 바다를 떠돌며 우주의 연꽃의 꿈을 꾸는 나라야나로서의 인도 신 비슈누는 똑같다. 제임스 조이스 역시 『율리시즈』에서 이런 초월적 철학을 그의 기초로 삼고 있다. 따라서 스티븐 디덜러스가 생각에 잠겨 바닷가를 거니는 샌디마운트 장에서 기본적 조건을 이루는 감수성의 선험적 형식들을 가리킬 때 바로 쇼펜하우어의 용어들이 나타난다. 즉 공간을 가리키는 네벤아이난더(Nebeneinander, "서로의 곁에" 있는 사물들의 영역)와 시간을 가리키는 나흐아이난더(Nacheinander, "서로의 뒤에")이다.[46] 그런 다음 조이스는 여전히 쇼펜하우어의 맥락에서, 우리 모두를 에덴빌로 다시 연결시키는 전화선 같은 탯줄이라는 재미있는 이미지를 통하여 인과론의 원칙을 다룬다. 각자의 배꼽은 자신의 제1원인과 의사소통을 할 수도 있는 수화기가 된다. "모든 선조들과 연결하는 노끈이요, 모든 육체를 결합시키는 밧줄인 것이다. 그 때문에 신비주의의 사제들이 존재하지. 너희는 신들처럼 되고 싶은가? 너의 배꼽을 눈여겨 들여다보아라. 여보세요! 여기는 킨치올시다. 에덴빌을 좀 대주세요. 알레프, 알파 : 0,0,1이요.──애덤 캐드먼의 신부며 조력자 : 헤바, 나체의 이브. 그녀에게는 배꼽이 없었다."[47] 우리가 이미 보았듯이 이 생각에 잠긴 주인공의 목표는 공간(네벤아이난더), 시간(나흐아이난더), 인과(Satz vom Grunde)의 세 겹의 베일을 뚫고 들어가, 깊고 어두운 "불투명(adiaphane)" 속에서, 우리 주위에서 파도처럼 치솟고 떨어지고 포효하는 형상들의 가없는 어머니 바다의 "투명(diaphane)" 너머와 그 안에서, 보이지 않게 된 "아버지", "익사한 사람", "핀-어게인"(아일랜드 말에서 피온[fionn]은 "빛"을 뜻한다)에 이르는 것이다.

임마누엘 칸트(1724-1804년)는 그의 『학으로 성립할 수 있는 모든 미래의 형이상학에 대한 입문(Prolegomena to Every Future System of Metaphysics that May Ever Arise in the Way of a Science)』(1783)에서 신화의 비유만이 아니라 그런 비유의 원천인 현상적 세계 자체, 경험적 사실의 세계, 꿈의 세계를 형이상학적 또는 신비주의적으로 해석하는 매우 단순한 공식을 제시하였다. 그가 제시하는 것은 네 개의 항을 가진 유추이다. a와 b의 관계는 c와 x의 관계와 같다는 것이다. 이것은 두 사물 사이의 불완전한 상사(相似)를 가리키는 것이 아니라, 전혀 닮지 않은 사물들 사이의 두 관계의 완전한 상사를 가리키는 것으로 해석되어야 한다 ("nicht etwa, eine unvollkommene Ähnlichkeit zweer Dinge, sondern eine vollkommene Ähnlichkeit zweier Verhältnisse zwischen ganz unähnlichen Dingen"). "a가 b와 약간 닮았다"가 아니라 "a와 b의 관계가 c와 x의 관계와 완전히 닮았다"인 것이며, 여기서 x는 알려지지 않았을 뿐만 아니라 절대로 알 수도 없는 양, 즉 형이상학적인 양을 나타낸다.

칸트는 두 가지 예를 들어서 이 공식을 증명한다.

1. 자식들의 행복의 증진(a)이 부모의 사랑(b)과 관계가 있듯이, 인류의 복지(c)는 우리가 신의 사랑이라고 부르는 신의 미지의 것(x)과 관계가 있다.
2. 가장 높은 수준의 원인의 인과성(x)과 세계(c)의 관계는 정확히 인간의 이성(b)과 인간의 예술 작품(a)의 관계이다.

이어 그는 이 예들 가운데 두번째 것의 의미에 대해서 다음과 같이 논한다.

나는 가장 높은 수준의 원인 자체의 본성을 모르기 때문에, 그 알려진 결과(즉 우주의 구성)와 이 결과의 합리성을 인간 이성의 알려진 결과들과 비교할 뿐이며, 따라서 나는 그 가장 높은 수준의 원인을 '이성'이라고 부르면서도 내가 인간의 경우에 이 용어로 이해하는 것이나 내가 알고 있는 다른 어떤 것도 그 고유의 특질로 간주하지 않는다.[48]

말을 바꾸면 신화적, 신학적, 형이상학적 유추들은 오직 부분적으로만 이해되는 "형이상학적" 용어(예를 들어서, 신, 브라만, 아트만, 자아, 절대자)를 간접적으로 가리키는 것이 아니라, 직접적으로 두 항 사이의 관계를 가리킨다. 여기서 하나는 경험적인 것이고, 또 하나는 형이상학적인 것이다. 형이상학적인 것은 절대적으로 영원히, 또 생각 가능한 모든 인간적 기준에서는 알 수 없는 것이다. 그것은 시간, 공간, 인과성, 또 논리의 범주들에 제한을 받지 않는다. 사실 제한을 받지 않는다고 말하는 것 자체가 표현할 수 없는 것, 그것이라고 말할 수도 없는 것을 표현하는 것이며, 따라서 잘못 표현하는 것이다. 따라서 칸트의 형이상학적 물자체(Ding-an-sich)는 『우파니샤드』의 브라만, 불교의 공(空, śunyatā), 『도덕경』의 "이름할 수 없는 것"과 같다.

쇼펜하우어는 여기에 보완적인 통찰을 덧붙였다(이로써 동양적인 등가물이 완성되었다). 그렇게 만물의 형이상학적 기초로서 절대적으로 영원히, 또 생각 가능한 모든 인간적 기준에서는 알 수 없는 것은 따라서 필연적으로 우리 각자의 근거이며, 나아가서 우리의 자아의 근거이기도 하다는 것이다. 나아가서, 우리의 꿈(a)의 인물들과 우리(b)의 관계는 이 세상의 형식 및 피조물(c)과 그 미지의 것(x)의 관계와 같다. 그 미지의 것은 아폴론-비슈누로서 세계 환각을 꿈꾸는 존재라고 부른다.

쇼펜하우어는 이미 인용한 논문 「개인의 운명에서 의도로 보이는 것에 대하여」에서 이렇게 말하였다. "오래전부터 삶은 꿈과 닮았다는 점이 인식되었고 또 종종 공언되기도 하였다. 사실 꿈과의 이런 비교를 통하여 우리는 비록 먼 곳에서 안개를 사이에 두고나마, 우리에게 영향을 주는 외적 상황을 통해서 우리를 의도된 목표로 이끌고 움직여가는 감추어진 힘은 우리 자신의 측량할 수 없는 존재의 깊은 곳 안에 뿌리를 내리고 있을지도 모른다고 느끼게 된다."

독자들이 틀림없이 추측하였겠지만, 쇼펜하우어는 여기서 그의 논문 제목에서 말한 문제에 관하여 논증을 계속한다. 그것은 이따금씩 사람에게 찾아오는 묘한 느낌, 겉으로 보기에는 우연한 사건들 뒤에 어떤 의도가 있어서 그것이 사람의 삶을 형성하는 것 같다는──어떤 면에서는 창조적인 작가가 계획을 세워놓기라도 한 것처럼, 고도로 의식적인 예술이 삶을 형성하는 것 같다는──느낌의 문제이다.

〔쇼펜하우어는 계속해서 이야기한다.〕꿈속에서도 우리 행동의 동기가 되는 환경은 바깥으로부터 우리에게 닥치는 것처럼 보인다. 독립적이고, 종종 역겹고, 완전히 우연적인 사건으로 보이는 것이다. 그러나 그 사건 전체에 걸쳐 감추어진, 의도적인 연속성이 있다. 감추어진 힘이 있어서, 꿈의 모든 사건들은 그 힘에 순응하며 그것이 실제로 그 사건들의 방향을 이끌고 조정한다. 그리고 늘 베디적으로 우리 자신하고만 관련을 맺는다. 그러나 가장 특별한 것은 이것이다. 이 감추어진 힘이 결국 다름아닌 우리 자신의 의지라는 것. 그러나 이 의지는 우리의 꿈을 꾸는 의식의 지평 안에 포용되지 않는 관점에서 작용한다. 그렇기 때문에 우리 꿈의 사건들이 우리가 꿈에서 의식하고 있는 소망들에 완전히 반대되는 방향으로 가곤 하는 것이다. 우리를 놀라게 하고 우울하게 하고 심지어 무서워 죽을 지경으로 만드는 것이다. 그러나 우리 자신이 은밀히 지휘하고 있는 꿈-운명은 우리를 구해주지도 않고 도와주지도 않는다. 또는 우리는 무언가를 열심히 찾지만 우리가

얻는 답은 우리를 놀라게 한다. 또는 마치 시험을 보듯 질문을 받지만 답을 찾을 수가 없는데, 다른 사람이 완벽한 대답을 해서 우리는 수치감을 느낀다. 그러나 이 두 경우 모두 꿈은 우리 자신의 자원에서 나올 수밖에 없다.

꿈을 꾸는 사람 자신이 꿈의 사건들을 이렇게 신비하게 인도한다는 점을 명확하게 밝히고 좀더 잘 이해하기 위해서, 다른 예를 또 들어보겠다. 그러나 이 예는 외설적인 것이 될 수밖에 없는데, 내 글을 읽는 독자는 불쾌해하지도 않고, 이 예의 희극적 측면만을 고려하지도 않는다고 전제할 수밖에 없겠다. 잘 알려져 있다시피, 어떤 꿈들은 물리적인 기능을 하기도 한다. 즉 과도하게 팽창해 있는 정액의 샘을 비워준다. 이런 종류의 꿈에는 당연히 음란한 장면이 나올 수밖에 없다. 그러나 음란한 장면이 나오지만 똑같은 물리적 기능을 수행하지 않는 꿈도 있다. 따라서 첫번째 종류의 꿈에서는 기회와 바라던 목적이 꿈을 꾸는 사람의 편을 들었고 자연이 자기 뜻을 이룬 반면, 두번째 꿈에서는 우리 자신과 그렇게 간절하게 바라는 목적 사이에 온갖 종류의 장애물들이 개입하였음을 알게 된다. 두번째 꿈에서 우리는 장애물들을 극복하려고 계속 애를 쓰지만 성공을 거두지 못하며, 목표는 절대 달성할 수 없다. 그런데 여기서 이런 장애물들을 세우고 우리의 가장 귀중한 소망들을 쓸모없이 만들어버리는 것이 다름아닌 우리 자신의 개인적 의지이다. 그러나 꿈의 의식의 지각 영역으로부터 한참 떨어진 곳에서 작용하기 때문에 꿈의 의식은 이것을 동정심 없고 무자비한 '운명'으로 경험한다.

현실 세계에 나타나는 운명, 아마 모든 사람이 자신의 삶의 전개 과정에서 관찰하였을 그 구도가 방금 꿈에서 관찰한 관계와 무언가 유사한 면을 지닌 것은 아닐까?

가끔 계획을 짜고 그것을 이루기 위해서 열심히 노력을 하였는데, 나중에 가서 그 계획이 우리에게 전혀 도움이 되지 않는다고 판명되는 일이 벌어지곤 한다. 그전에 그 계획을 수행하려고 최선을 다하는 동안에는 운명이 그 계획에 저주를 내리고 온갖 수단을 동원하여 그 계획에 반대한다는 생각을 하게 된다. 따라서 결국 우리는 우리 의지와는 완전히 반대로 그 계획에서 물러나게 되는데, 그 결과 우리에게 더 나은 길에 서 있게 된 것이다. 이렇게 의도적으로 보이는 대립에 맞설 때 사람들은 흔히 이렇게 말한다. "이렇게 되려는 것이 아니었어!" 어떤 사람들은 그것을 불길하다고 하고, 어떤 사람들은 신의 신호라고 한다. 그러나 운명이 단호하게 어떤 계획에 맞설 때는 포기하는 것이 낫다는 데는 모두가 동의한다. 그 계획은 우리의 무의식적인 운명에 어울리지 않기 때문에 결코 성취될 수 없을 것이며, 거기에 고집스럽게 매달려보았자 운명은 더욱 더 강하게 우리를 윽박지를 것이고, 마침내 우리는 우리의 고유의 길로 돌아가게 될 것이다. 반대로 마침내 억지로 그 계획을 달성한다고 하더라도, 우리는 피해만 보고 고통만 겪을 뿐이다. 이 점에서 앞서 인용하였던, 운명은 바라는 자는 인도하고 바라지 않는 자는 질질 끌고 간다(ducunt volentem fata, nolentem trahunt)는 말이 적절하게 정당성을 얻는 것 같다.

싸움이 끝난 후에는 패배가 우리에게 도움이 되었다는 것이 분명해지는 경우가 많다. 그러나 패배의 이익이 결코 분명해지지 않는다고 하더라도 패배가 우리에게 도움이 되었을 가능성이 있지 않을까──특히 우리가 형이상학적-도덕적 관점에서 우리에게 도움이 되는 것을 생각해볼 때?

이제 내 철학 전체의 중심을 이루는 결론으로 돌아가보자. 즉, 세계의 현상들이 구체화하고 표현하는 것은 '의지', 별도의 각 개인 안에서 살고 투쟁하는 바로 그 '의지'라는 것이다. 일반적으로 인정되는 삶과 꿈 사이의 유사성을 고려하면서 우리의 논의 전체를 요약해보자. 우리 자신의 꿈에서 우리 각각이 감추어진 연출자이듯이, 유사한 방식으로, 우리 삶 각각을 관장하는 운명은 궁극적으로 그 '의지'로부터 나오며, 이 '의지'는 우리 자신의 것이기는 하지만 우리 개인의 의식의 지각 범위를 훨씬 넘어선 영역으로부터 영향력을 행사한다고 상상할 수도 있을 것이다. 그럼에도 우리의 경험적으로 알 수 있는, 개별적인 의지에 동기를 부여하는 것은 이 한정된 지각 범위를 갖춘 의식이다. 따라서 이것은 당연히 우리에게 우리의 '운명', 우리를 안내하는 수호신, "우리 바깥에 살며, 가장 높은 별들을 보좌로 삼는 '영'"으로 보이는 우리의 다른 의지와 격렬한 갈등을 빚는 일이 많을 수밖에 없다. 이 다른 의지의 비전은 개인적 의식의 비전보다 훨씬 멀리 미치기 때문에 무자비한 외적 강제로 드러나며, 개인에게는 드러날 수 없지만, 그 개인이 절대 그르쳐서는 안 될 것을 준비하고 통제한다.

이 대담한 명제의 낯선 면, 또 과도해 보이는 면을 누그러뜨리기 위하여 스코투스 에리게나의 한 구절을 인용해보겠다. 먼저 그의 "하느님"은 아는 것이 없다는 점을 염두에 두어야 한다. 시간과 공간도 아리스토텔레스의 열 개의 범주도 그의 속성이라고 말할 수 없다. 그에게는 사실 한 가지 속성밖에 없는데, 그것은 '의지'이다. 따라서 그는 내가 '삶을 향한 의지'라고 불러온 것에 다름아님이 분명하다. 에리게나의 말을 들어보자. "하느님은 자신이

미리 아는 것이 무엇인지, 미리 운명을 지은 것이 무엇인지, 창조된 사건들의 과정에서 그것들이 경험적으로 나타나기 전에는 알 수 없다고 말할 수 있다면, 하느님에게는 또 한 가지의 종류의 무지가 있는 셈이다." 에리게나는 바로 뒤이어 덧붙인다. "하느님에게는 세번째의 무지가 있다. 하느님은 활동이나 작용의 경험을 통하여 그 결과가 분명하게 표현되지 않은 사물에 대해서는 모른다고 말할 수 있다. 그럼에도 하느님은 그 활동이나 작용의 눈에 보이지 않는 원인들을 자신 내부에 담고 있고, 자신이 창조하였고, 자신이 알고 있다."[49]

이제, 이해를 약간 돕기 위해서 개인적 삶과 꿈 사이의 유명한 유사성에 기대기는 하였지만, 꿈에서 그 관계는 일면적임을 잊지 말도록 하자. 즉 오직 하나의 에고만 실제로 의지를 행사하고 경험하는 반면 다른 에고들은 유령에 불과하다는 것이다. 그러나 삶이라는 위대한 꿈에는 상호적인 관계가 존재한다. 각각은 상대의 꿈에 정확히 거기 필요한 대로 나타날 뿐만 아니라, 자신의 꿈에서와 비슷한 방식으로 상대를 경험하기도 한다. 따라서 실제적인 하르모니아 프라에스타빌리타(harmonia praestabilita, 미리 확립된 조화) 덕분에 모든 사람은 오직 자신의 형이상학적 안내에 적절한 꿈만 꾸지만, 모든 삶의 꿈들은 아주 교묘하게 엮여져 있어서, 각각은 자신을 증대시키는 것만을 경험하는 반면 다른 사람들이 요구하는 것을 수행한다. 따라서 광대한 세계 사건은 수많은 사람들의 운명의 요구에 순응하며, 각자에게 그 나름의 방식으로 맞아떨어진다.

따라서 모든 개인 삶의 모든 사건은 두 가지 근본적으로 다른 종류의 관계에 얽혀 있다. 첫째는 자연의 과정에 대한 객관적이고 인과적인 관계이며, 두번째는 경험하는 개인 자신에게만 의미를 가지는, 따라서 그의 꿈——여기에서는 사건들의 순서와 내용이 연극의 장들처럼 미리 결정되어 있는데, 실제로 작가의 계획대로 짜여져 있는 것이나 다름없다——만큼이나 주관적인 관계이다. 그러나 이런 두 종류의 관계는 공존한다는 것, 그것도 모든 사건이 서로 완전히 다른 두 개의 사슬에서 고리 역할을 하여 두 사슬을 완벽하게 결합시키는 방식으로 공존한다는 것, 그래서 각각의 운명은 다른 모든 사람의 운명과 조화를 이루고, 각각이 자신의 연극의 주인공이면서 나머지 다른 모든 연극에서 배우라는 것——이것은 틀림없이 우리의 이해를 넘어서는 것이며, 가장 기적적인 하르모니아 프라에스타빌리타에서만 가능하다고 상상할 수 있는 것이다.

그러나 작곡가는 교향곡에서 겉으로 보기에는 아무런 관련도 없고 우연히 모인 것 같은 소리들을 모아 협화음과 조화를 이루어내지만, 모든 인간의 삶의 길들이 그 복잡한 상호관계 속에서 그런 조화를 이루어내는 것은 불가능하다고 주장하는 것은 속 좁은 겁쟁이의 행동이 아닐까? 이 위대한 삶의 꿈의 '주체'는 어떤 의미에서는 오직 하나뿐이라는 점, 즉 '삶을 향한 의지'뿐이라는 점을 생각한다면, 나아가서 이 모든 다양한 현상들이 시간과 공간의 제약을 받는다는 점을 생각한다면, 이 거대한 전망을 앞에 두고 우리가 조금 덜 움츠러들 수 있을지도 모른다. 이것은 단 하나의 존재가 꾸는 광대한 꿈이다. 그러나 그 꿈속에 등장하는 인물들도 모두 꿈을 꾼다. 따라서 모든 것이 다른 모든 것과 서로 얽히며 조화를 이룬다.[50]

『피네건의 경야』에 나오는 경험의 의미와 수준에 대하여 이보다 더 정확한 말을 찾기는 어려울 것이다. 『피네건의 경야』에서는 『율리시즈』에서 스티븐이 해안에서만 바라보던 바다의 물속으로 실제로 뛰어든다. 이 해안은 깨어 있는 의식의 해안이며, 이곳에서는 아는 자와 아는 대상, 죽이는 자와 죽임을 당하는 자, 낳는 자와 태어나는 자, 주체와 객체가 서로 따로 떨어지고 구별된다. 그러나 잠 속에서는 꿈을 꾸는 사람과 꿈이 둘처럼 보이지만 하나이다. 이렇게 해서 여기서 스티븐이 하루 내내 생각하던 "아버지와 아들의 동일 실체성"이라는 신비의 실마리가 발견된다. 그러나 꿈을 꾸는 사람의 이미지나 잠의 비유와 더불어 불길한 발걸음을 떼어놓게 되면서, 칸트가 형이상학적 영역의 규정을 위해서 취하였던 입장으로부터 멀어지게 된다.

잠시 이 문제를 생각해보자.

칸트가 말하는 맥락에서는 신이 잠을 자는 존재라고 또는 그렇게 될 수 있다고 이야기할 수 없을 것이다. 사실 쇼펜하우어도 그렇게까지 말하지는 않았다. 그냥 신이 잠을 자는 존재 "같다(als ob)"고만 말하였을 뿐이다. 꿈(a)과 꿈을 꾸는 자(b)의 관계는 이 다양한 우주(c)와 우리 전통에서 "신"이라고 부르는 그 미지의 존재(x)의 관계와 같다. 그러나 어떤 비유가 다른 비유보다 낫다는 취향이나 편견 없이 이렇게 말할 수도 있을 것이다. 이 다양한 우주(c)와 그 근원, 즉 불교 문헌에서 "공(空)"

이라고 말하는 미지의 것(x)의 관계는 자식들(a1)과 부모(b1)의 관계, 예술 작품(a2)와 예술가(b2)의 관계, 불꽃(a3)과 불(b3)의 관계, 생각(a4)과 정신(b4)의 관계와 같다. 이 모든 경우에 x라는 항은 절대적으로 알려지지 않았고 알 수도 없는 것이다. 따라서 사랑이나 이성, 진노, 인격, 선, 정의, 자비, 존재, 또는 비존재가 x의 특질이 될 수 없는 것처럼 하나인 상태도 x의 특질이 될 수 없다. 유신론과 마찬가지로 무신론도 생각을 넘어 생각을 하는 하나의 선택 방식에 불과하다. 칸트가 보여주었듯이, 우리가 신의 사랑이나 이성에 대하여 이야기하는 것은 오직 유추를 통해서이다. x는 미지로 남아 있으며, x와 c의 관계의 본질 역시 미지로 남아 있어야 한다. 사실──이제, 여기서 우리는 방식들을 가르는 작업에 이르렀다──관계성이라는 맥락에서 이야기하는 것 자체가 선택적인 것이다. 관계성이라는 관념 속에 이중성──c와 x──이 내포되어 있기 때문이다. 그러나 동양적 사고에서처럼, 신플라톤주의적 사고에서처럼, 그리고 이런 꿈의 비유에서처럼, 동일성에 대하여 말하는 것──그리고 그것을 주장하는 것──또한 가능하다.

관계성──어떤 종류의 관계성이든──을 표시하기 위하여 R을 사용해 보자. 그리고 c는 위에서처럼 다양한 우주 또는 그 어느 일부를 나타내게 하고, x도 위에서처럼 "신"──서구에서는 이 암시적인 용어를 사용할 때 자신이 무슨 소리를 하는지 안다고 생각하는 사람도 또 모른다는 것을 아는 사람도 모두 미지의 것을 그렇게 부른다──을 나타내게 히자. 그러면 c와 x에 대한, 대중적이고 또 교회에서도 허가를 받은 서양식 사고 방식은 다음과 같은 공식으로 표현될 것이다.

cRx

이것은 우주의 이 다양성과 그 안의 모든 것(c)이 미지의 것(x)과 어떤 종류의 관계(R)를 가지고 있다는 뜻이다. 반면 동양의 기본적인 공식(우리가 아는 한 이 공식은 기원전 6세기 또는 8세기에 인도의 현자 아루니가 아들 슈베타케투에게 가르침을 줄 때 처음 표명되었다)[5]은 다음과 같다.

타트 트밤 아시(tat tvam asi), "그대가 바로 그것이다", c=x.

동양의 텍스트들은 여기에 나오는 "그대"(c)가 우주와 자신을 경험하는 "모든 사람들에게 공통된" 방식으로 똑같이 이해되어야 한다는 뜻이 아님을 분명히 밝히고 있다.『만두키아 우파니샤드(*Mandukya Upanishad*)』에서도 알 수 있듯이, 존재에는 네 수준, 또는 양식, 또는 "방면"이 있다.

1. 첫째는 "모든 사람들에게 공통된" 것이다. 그 영역은 깨어 있는 상태이다. 그 의식은 바깥을 향하고 있다. 여기에서는 주체와 객체가 서로 구분되며, A는 B가 아니다(A≠B). 또 아리스토텔레스의 논리의 법칙들이 지배한다.

2. "빛나는 존재"라고 부르는 존재의 두번째 영역 또는 부분은 꿈의 상태이다. 그 의식은 안을 향하고 있다. 여기서 주체와 객체는 하나이지만 둘로 보인다. 아리스토텔레스의 논리는 적용되지 않는다. 이것은 스티븐이 밤으로 사라지고, 블룸이 몰리의 침대에서 잠이 들고, 몰리 자신도 "나는 그러세요 하고 말했어요 그렇게 하겠어요 네"[52]라고 생각하면서 잠이 들었을 때,『율리시즈』의 영역이 해체되어 들어가는『피네건의 경야』의 영역이다. 니체의『비극의 탄생』에서는 이것을 아폴론적인 영역이라고 부른다. 쇼펜하우어의『의지와 표상으로서의 세계』에서는 플라톤적 관념들의 영역이요, 시각예술의 영역이다.* 그것은 모든 신화적 형태, 신, 악마, 천국과 지옥의 영역이다. 여기에서는 보는 사람과 보여지는 대상이 하나이며, 동양에서 나왔든 단네에서 나왔든, 보는 신, 악마, 천국과 지옥이 모두 우리 내부에 있는 것으로 인식되기 때문이다.

3. 존재의 세번째 영역 또는 부분은 잠 없는 깊은 잠의 영역이다. 여기서 잠을 자는 사람은 바람직한 것을 바라지도 않고 무시무시한 것을 누려워하지도 않는다. 이곳은 "아는 자(prājñā)"의 영역이라고 부르는데,

---

* 45-48쪽과 100-104쪽 참조.

그는 여기에서 분열되지 않은, 무의식적 의식의 "무차별적 연속체"*이다. 그는 행복으로 이루어져 있으며, 행복을 먹고 산다. "그 유일한 입은 영이다." 텍스트는 이렇게 말한다. "이것은 만물을 만들어내는 자궁이요, 존재의 시초이자 마지막이다." 고트프리트의 『트리스탄』에서는 이것이 사랑의 동굴 안의 상태로 상징된다. 거기에서 결합된 두 존재는 행복을 먹으며 사랑으로 살아 간다. 연금술에서는 〈그림 43〉으로, 그리고 〈그림 40〉의 바스(vas) 안의 용으로 상징된다. 즉 오비디우스의 혼돈**이다.

4. "제4"라고 알려진, 자아의 네번째 부분은 무조건적 침묵이다. 어떤 것이 있는 것도 아니고, 그렇다고 아무것도 없는 것도 아니다. 안으로 향한 것도 아니고, 바깥으로 향한 것도 아니고, 둘 다도 아니다. 아는 것도 알지 못하는 것도 아니다. 모든 구분되고 상대적인 존재가 평화로운 휴식에 이른 것으로서, 보이지 않고, 말로 나타낼 수 없고, 손으로 잡을 수 없고, 특징이 없고, 생각할 수 없고, 규정할 수 없기 때문이다. 완전히 고요하고, 평화로운 동시에 행복하며, 두번째가 없다. "이것은 실현되는 자아이다."[53] 근거가 아닌 근거이며, 따라서 존재의 궁극적 근거이다.

그러나 존재의 전체성은 이 가운데 단지 어느 하나가 아니라, 이 네 상태 모두이다. 따라서 "그대가 그것이다"(c=x)는 사실이지만, 만일 "그대"가 오직 제1단계의 사람과 세계라고만 이해한다면, "그대는 그것이 아니다"(c≠x). 이 점은 명상 훈련에서 네티 네티(neti neti), 즉 "이것이 아니다, 이것이 아니다"의 깨달음을 통하여 확인된다. 그대는 그대의 몸이 아니라, 몸의 목격자요 의식이다. 혹은 그대의 생각이나 느낌에 속한 것이 아니라, 그대 생각의 목격자요 의식이다 등등으로 말이다. 그런 다음에 이티 이티(iti iti), 즉 "그것은 이것이다, 그것은 이것이다"라는 깨달음이 온다. 시보-함(śivo-'ham), 즉 "나 자신이 축복받은 자로다." 이 모든 것이 결국은 궁극적인 모순어법을 낳는다.

---

\* 이것은 F. S. C. Northrup 교수가 이 영역을 가리켜 부른 용어로, 산스크리트의 ghana, 즉 "동질적인 덩어리"를 번역한 말이다.
\*\* 333쪽 참조.

c≠=x

생각할 수 없는 신비를 생각하는 두 가지 방식을 가리키는, 그의 주요 저작의 제목 『의지와 표상으로서의 세계』가 말해주듯이, 쇼펜하우어의 철학은 이렇게 표현할 수 있다. c≠=x라는 모순어법의 방식은 "의지로서의 세계"이며, cRx라는 관계성의 방식은 "표상으로서의 세계"이다. 이 두 가지는 니체의 어휘로는 각각 디오니소스적인 양식과 아폴론적인 양식이 된다. 이것들은 또 각각 인도의 대조적인 종교 유형인 시바와 비슈누와 관련된다.

나아가서 우리가 이 신화적 형태들의 출발점에 대하여 알게 되었던 부분을 돌이켜보면, 이집트의 첫 네 왕조의 초기 오시리스 숭배가 떠오른다. 집단 순장이라는 무시무시하고 끔찍하게 어두운 의식은 제5왕조의 도래(기원전 2480-2350년경)와 더불어 빛의 종교, 레(Re) 신의 종교로 대치되었다. 『신의 가면 : 동양 신화』에서 보았듯이,[54] 오시리스적 순환의 선례들은 근동 핵심부에서 발전하였는데, 그 시기는 일찍이 기원전 800만 년, 농업의 기술과 종교가 처음 동트던 중요한 때였을 가능성이 높다. 그리고 이 신비가 가리키는 것은, 나중과는 달리 원래는 개인들의 죽음과 불멸의 삶이 아니라, 존재 중의 존재, 사람이 옷을 입고 벗듯이 개인들을 입고 벗는 삶과 죽음의 신의 죽음과 재탄생이었다. 하늘에서는 늘 찼다가 이우는 달이 이 힘을 상징하였으며, 지상에서는 그 상징이 되는 중요한 동물이 뱀, 멧돼지, 황소였다(〈그림 11〉부터 〈그림 18〉까지). 반면 레의 숭배는 태양, 매, 사자의 숭배였으며, 나중에는 말(〈그림 26〉과 〈그림 27〉)의 숭배였다. 나아가서 제5왕조의 첫 세 파라오의 출생에 얽힌 유쾌한 작은 전설이 보여주듯이,[55] 어두침침한 달 숭배와는 대조적으로 태양 숭배는 니체가 아폴론의 영역에 할당한 것과 같은 기쁨과 즐거운 은혜의 정신을 가져왔다.

따라서 우리는 사실 여기서 태고의 두 가지 신화적 원형을 다루고 있는 셈인데, 이것은 각각 (내 추측이 옳다면) 열대의 원시적 식물 환경으로까지 거슬러 올라간다. 그곳에서는 식물의 죽음과 부패로부터 늘 생명이 새롭게 싹트는 것으로 보였으며, 개인은 낙엽 정도의 가치밖에 지니지 못하였다. 반면 구석기 시대 동물 평원을 배경으로 한 '대수렵기'의 원시적인 동물 환경에서는 개인과 개인의 사냥 기술이 매우 중요하였다. 그러나 이 점에 대해서는 이미 길게 논의한 바 있다.[56]


## 5. 아름다움의 길

보통 염세적이라고 생각하는 쇼펜하우어의 철학에서 따르는 길은 네티 네티, 즉 "이것이 아니다, 이것이 아니다"이다. 지혜에 이르는 이 과정의 첫 단계는 생존을 위한 거친 투쟁으로부터 니체가 아폴론적인 것이라고 부른 예술들로 관심의 근본적인 방향 전환이 이루어진다는 것이 특징이다. 여기서는 경험적인 대상들을 바람직한 것이나 두려워할 것으로 보지 않고, 그들 나름의 교육적인 이데아들의 객관화로,* 대상 자체로 보게 된다. 이 단계의 특징을 이루는 정서는 조이스가 『젊은 예술가의 초상』에서 말하는 "심장의 일시적 정지"이다. 그 책에서 주인공 스티븐 디덜러스는 아퀴나스를 인용한다. "아름다움에는 전체성, 조화, 광채 등 세 가지가 필요하다(Ad pulcritudinem tria requiruntur integritas, consonantia, claritas)." 이어 스티븐은 그의 작가인 제임스 조이스의 기본적인 미학 이론을 설명한다.

스티븐은 상스러운 대학 동료 린치와 함께 더블린 거리를 걷다가, 지나가던 정육점 소년이 머리에 거꾸로 얹은 바구니를 가리킨다. 그의 이야기의 생략하는 듯한 스타일은 엄숙한 진지함과 조롱을 뒤섞어 전달한다. 린치는 희극의 조연 역으로 협조를 한다.

―저 바구니를 보아. 하고 스티븐은 말하였다.
―보고 있어. 린치가 말하였다.

---
* 45-48쪽과 100-104쪽 참조.

——저 바구니를 보기 위해서. 스티븐이 말하였다. 너의 정신은 우선 바구니가 아닌 우주의 눈에 보이는 나머지 부분과 저 바구니를 구분하는 거야. 인식의 첫 단계는 인식하려는 대상의 주변에 경계선을 긋는 일이지. 미적 영상은 공간 또는 시간으로 우리에게 제시되거든. 귀에 들리는 것은 시간으로 제시되고, 눈에 보이는 것은 공간으로 제시된단 말이야. 그러나 시간적이든 공간적이든 간에 미적 영상은 우선 그것 아닌 공간 또는 시간의 무한한 배경 위에서 독자적인 윤곽과 독자적인 내용을 갖는 것으로서 명확하게 인식되는 거야. 우리는 그것을 하나의 것으로 파악하는 거지. 하나의 전체로 보는 거야. 즉 그 전체성을 파악하는 거지. 그것이 인테그리타스(integritas)야.
　——정곡을 찔렀어! 하며 린치는 웃었다. 계속해.
　——다음에. 스티븐은 말하였다. 우리는 형태의 선을 따라 이 점에서 저 점으로 옮겨가지. 대상이 한계선 안에서 부분과 부분이 균형을 이루고 있는 것으로 파악하는 거야. 즉 구조의 리듬을 느끼는 거지. 다시 말해서, 직접적인 지각의 종합에 이어 파악한 것의 분석이 뒤따른다는 말이야. 먼저 저것이 하나의 것이라고 느끼면 다음에는 그것이 어떤 물체라고 느끼게 돼. 복잡하고, 복합적이고, 나눌 수 있고, 분리할 수 있고, 부분들로 이루어져 있고, 부분들의 결과이자 그 합이고, 조화를 이루고 있다는 것을 파악하게 되지. 그것이 콘소난치아(consonantia)야.
　——또 정곡을 찔렀어! 린치가 재치 있게 말하였다. 이번에는 클라리타스(claritas)가 무엇인지 말해봐. 그럼 시가를 하나 줄게.
　——그 말의 내용은. 스티븐은 말하였다. 좀 아리송해. 아퀴나스는 부정확해 보이는 말을 사용하고 있어. 나도 오랫동안 고심했지. 그가 상징주의나 관념론을 염두에 두고 있지 않나 하는 생각이 들었거든. 미의 최고의 특질은 다른 세상에서 오는 빛이다, 따라서 그 빛을 관념이라고 볼 때 물질은 그림자에 불과하고, 그 빛을 실재라고 볼 때 물질은 상징에 불과하다는 그런 생각 말이야. 그래서 나는 그가 말하는 클라리타스가 어떤 것에서나 신의 목적, 다시 말해서 미적 이미지를 보편적으로 만들어 그것이 본래의 상태보다도 한층 빛나게 해주는 보편화의 힘을 예술적으로 발견하고 재현하는 것일지도 모른다고 생각했어. 하지만 그것은 탁상공론이야. 나는 그것을 그렇게 이해해. 저 바구니를 하나의 것으로 인식한 다음 그 형태에 따라 분석하고 그것을 물체로 파악한다면, 우리는 논리적으로 또 미학적으로 허용되는 유일한 종합을 한 거야. 저것이 있는 그대로의 저 물건이며 다른 어떤

것도 아니라는 걸 아는 거지. 아퀴나스가 말하는 광채란 스콜라 철학에서 말하는 퀴디타스(quidditas), 즉 사물 그 자체(whatness)야. 이 최고의 특질은 예술가가 상상 속에서 처음으로 미적인 이미지를 품을 때 느껴지는 것이지. 그러한 신비로운 순간의 마음의 상태를 셸리는 아름답게도 스러져 가는 숯불에 비유하고 있어. 사물의 전체성에 사로잡히고 그 조화에 매혹된 마음이 미의 최고의 특질, 미적 이미지의 맑은 광채를 명확히 인식하는 그 순간이야말로 미적 쾌락의 빛나는 고요한 정지 정지 상태인 거야. 그것은 이탈리아의 생리학자 루이지 갈바니가 셸리의 말 못지않게 아름다운 말을 사용하여 심장의 일시적 정지라고 불렀던 상태와 흡사한 정신적 상태야.[57]

여기서 스티븐이 사용하는 "정지"라는 용어가 조이스의 테제의 핵심이다. 이 주장의 서두에서 분명해졌듯이 "부적절한" 예술에 대립되는 "적절한" 예술(다시 말해서, 예술 자체에 적절한 목적에 봉사하는 예술)은 동적인 것이 아니라 정적인 것이기 때문이다.

스티븐은 말한다. "부적절한 예술이 자극하는 감정은 동적이야. 욕망 아니면 혐오지. 욕망은 우리에게 소유하라, 그것을 향해서 가라고 권하고, 혐오는 우리에게 버려라, 그것에서 멀어지라고 권하니까 말이야. 그런 감정을 유발하는 예술은 그렇기 때문에 외설적이든 교훈적이든 간에 적절치 못한 예술이야. 그러니까 미학적 감정은…… 정적인 거야. 마음이 정지되어, 욕망과 혐오를 넘어 고양되거든."[58]

욕망에 의해서도 공포에 의해서도 움직이지 않는 "부동의(즉 정지의) 장소"에서 깨달음을 얻었을 때의 부처의 상태와 비교해보라.[59]

나는 이 유사점이 중요하다고 생각한다.

또한 예술에 적절한 비전의 양식에 대한 쇼펜하우어의 말과도 비교해보라. 여기에서 "플라톤적 이데아"(조이스의 퀴디타스에 대응한다)나 대상의 "물자체성(Thing-in-Itselfness)"은 자기의식적이지 않은 주체에 의하여 인식된다.

〔쇼펜하우어는 말한다.〕 개별적인 대상의 일반적인 지각으로부터 이데아의 지각으로의 이행은 지각 행위가 의지에 대한 봉사로부터 분리될 때 갑자

기 일어난다. 이때 바라보는 주체는 단순한 에고 지향적인 주체에서 벗어나 이제 의지가 없는 순수한 지식 주체가 된다. 이 주체는 이제 인과율의 맥락에서 관계들에 주의를 기울이지 않고, 다른 대상과의 모든 관련에서 벗어나 제시된 대상을 고정된 상태에서 바라보는 데서 편안함과 충족감을 느낀다.…… 우리가 사물의 '어디', '언제', '왜', '무엇 때문에'에 관심을 가지지 않고, 오직 '무엇(What)'에만 관심을 가진다고 해보자. 사물에 대한 추상적인 사고, 지성적인 개념들, 의식을 버리고, 그 대신 지각 행위에 정신의 모든 힘을 기울여, 그 안에 몰두하고 의식의 구석구석을 직접적으로 존재하는 자연 대상——풍경이든, 나무이든, 바위이든, 건물이든——에 대한 고요한 응시로 채운다고 해보자. 매우 의미심장한 표현으로, 대상 안에서 진짜로 완전하게 자신을 잃어버린다(lose oneself, 보통 몰두한다는 의미로 해석한다/역주)고 해보자. 자신의 개체성과 자신의 의지를 잊고, 오직 순수한 주체로서, 대상을 비추는 거울로만 남는다고 해보자. 그렇게 되면 대상만 존재할 뿐, 그것을 보는 사람은 없는 느낌이 들 것이다. 이제 보는 사람과 보는 행동은 구별할 수 없고, 그 둘은 하나가 되었으며, 의식의 장 전체가 그 인식 가능한 단일 형태에 의해서 채워지고 점령당하였다. 정리를 해보자. 이렇게 대상이 자신과의 관계를 제외한 모든 관계로부터 벗어나고, 주체가 의지와의 모든 관계에서 벗어나면, 그때 보고 인식하는 대상은 이제 보통 알고 있는 사물이 아니라 '이데아', 시간을 초월한 '형상', 존재의 이 등급에서의 의지의 자립직 객관화가 된다. 마찬가지로 이렇게 보는 방식에 몰두한 사람은 이제 개체가 아니라——개체는 지각 속에서 자신을 잃어버렸다——순수하고, 의지 없고, 고통 없고, 시간이 없는 '파악의 주체'가 된다.…… 스피노자가 "대상을 영원한 형식 밑에서 생각하는 한 정신은 영원하다(mens aeterna est, quatenus res sub aeternitatis specie concipit)"라고 썼을 때 그가 생각한 것도 이러한 것이었다.[60]

또 미국 캘리포니아의 시인 로빈슨 제퍼스의 「자연의 음악」이라는 시도 있다.

  대양의 늙은 목소리, 작은 강들의 지저귐
  (겨울은 강의 은빛을 금빛으로 바꾸었고

둑의 녹색은 갈색으로 바꾸어놓았다)
목은 다르지만 하나의 언어로 읊조린다.
따라서 나는 믿는다
우리가 욕망과 공포로 인한 분열 없이
병든 나라들의 폭풍, 굶주림에 시달리는 도시들의 포효를
들을 만큼 강하기만 하다면,
그 목소리들 역시 아이들의 목소리처럼 깨끗하다는 생각이 들 것이라고,
바닷가에서 연인을 꿈꾸며 홀로 춤을 추는
어떤 소녀의 숨결처럼 깨끗하다는 생각이 들 거라고.[61]

인생 자체가 제공하는 깊은 경험들의 순서에 대한 쇼펜하우어의 이해에서 다음 단계 또는 수준은 니체가 인용한 그의 구절에서 묘사되고 있는 경외감, 신비한 두려움, 공포의 단계이다. 이 단계에서 개인은 작은 배를 타고 성난 파도 위에서 안전하다고 느끼다가, "그 개인이 겉모습의 형태들을 해석하는 문제에서 갑자기 자신이 잘못을 저질렀다는 것을 알게 된다." 따라서 미학적(아폴론적) 영역으로부터 경험의 적절하게 종교적인 영역(또는 니체의 용어를 빌리자면 디오니소스적인 환희)으로 전이가 이루어진다. 이때 경험하게 되는 경외감, 두려움, 공포의 느낌은 밉살스럽거나 위험한 대상 앞에서 느끼는 어떤 "동적"이고 자연스러운 혐오나 공포와는 완전히 다른 것이다. 여기서 그런 상태를 초래하는 원인은 대상이 아니기 때문이다. 그것은 오히려 대상들이 지탱되는, 그리고 주체 역시 지탱되는 시간-공간-인과론적 관계들이라는 직물에 파열이 일어났다는 느낌이다. 생각할 수 없는 무언가가——저기서? 여기서? 어디서?——다가왔다는 섬찟한, 마음을 가라앉히는, 의심할 수 없는 느낌이다. 어쩌면 공허일 수도 있고, 어쩌면 신일 수도 있고, 어쩌면 유령일 수도 있다.

이런 점과 관련하여 『신의 가면 : 동양 신화』에서 인용을 하기도 하였던[62] 루돌프 오토(Rudolf Otto) 교수는 『거룩한 것에 대한 관념(The Idea of the Holy)』에서 경외감, 두려움의 이런 경험, 칸트의 x*와 환용(換用)

---

\* 칸트의 공식에 대해서는 404쪽의 a:b=c:x를 보라.

균형 419

할 수 있는 이런 것에 대한 경험이 종교——모든 종교——의 근원이자 가장 중요한 재료라고 밝혔다. 그러나 이것은 선, 진, 사랑, 자비, 법, 이런저런 개념화된 신성과 동일시되는 순간 사라져버리는, 독특한 경험이다. 아무도 이것을 가르칠 수 없다. 또한 이것을 몰랐던 사람에게는 설명을 할 수도 없다. 그러나 모든 종교, 신화, "적절한" 예술 작품들은 그것에서 나오고 또 그것을 참조한다. 따라서 그 경험에 접근할 수 없는 모든 사람들에게는 다른 용도에 이용할 껍데기로만 남아 있을 수밖에 없다. 예를 들어서, 마법이나, 겉치레나, 지혜로운 자들의 자리에 바보들을 앉혀 놓는 것이나, 위로(시편처럼)나, 인종(구약처럼) 또는 교회의 사회 선교(신약처럼)에 대한 아첨이나, 젊은이를 가르치거나, 텅 빈 벽 혹은 텅 빈 시간을 장식하는 것이나, 노인들에게 다가오는 죽음을 준비시키는 것과 같은 용도에 말이다.

〔오토 교수는 쓰고 있다.〕 그 느낌은 때로는 부드러운 물결처럼 쓸고 들어와, 마음을 가장 엄숙한 예배의 고요한 분위기로 가득 채울 수 있다. 그것은 영혼의 안정되고 지속적인 태도로 넘어가, 말하자면 전율하듯이 떨리고 울리며 계속되다가, 마침내 소멸해버릴 수도 있다. 그러고나면 영혼은 다시 그 일상적 경험의 "세속적"이고 비종교적인 분위기를 이어나간다. 그것은 영혼의 깊은 곳에서 경련과 발작을 동반하며 갑자기 터져나올 수도 있고, 가장 이상한 흥분, 취한 듯한 광기, 황홀, 환희로 이어질 수도 있다. 그것은 거칠고 악마적인 형태를 띠면서, 섬뜩한 공포와 몸서리로 가라앉을 수도 있다. 그 느낌에는 그 조잡하고 야만적인 선례들과 초기의 표현 형태들이 있으며, 이것은 다시 아름답고 순수하고 찬란한 것으로 발전해나갈 수도 있다. 그것은 누구인가 또는 무엇인가의 존재, 표현 불가능하고 모든 피조물을 넘어선 신비의 존재 앞에 선 피조물의 숨죽여 떠는, 말로 못하는 겸손이 될 수도 있다.[63]

조이스는 미학을 논의하면서 똑같은 것을 공포라는 매혹적이고 (정적이고) 비극적인 감정의 "감추어진 원인"이라고 쓰고 있다. 이것의 또다른 얼굴은 비극적 연민이다. 니체의 관점에서와 마찬가지로 여기서도 깊이를 가진 예술이자 일종의 종교로서의 비극의 탄생은 두 신——심연의 신과 개체화의 신——의 힘들의 동시적 계시와 관련하여 해석된다.

스티븐은 말한다. "연민이란 인간의 고통 속에 있는 엄숙하고 항상적인 것 앞에서 마음을 정지시키켜, 그것을 고통받는 사람과 결합하는 감정이야. 공포는 인간의 고통 속에 있는 엄숙하고 항상적인 것 앞에서 마음을 정지시켜 그것을 그 감추어진 원인과 결합하는 감정이야."[64]

즉 적절하게 비극적인 예술은 인간의 운명에서 엄숙하고 항상적인 것을 가리킨다. 이것은 사회적, 정치적, 경제적 조건들을 어떻게 바꾸어도 없앨 수 없는 것이며, 삶을 긍정하려 한다면, 그 긍정 속에 반드시 포함되어야 하는 것이다. 부차적이고 우연적이며, 따라서 어쩌면 변경할 수도 있는 것은 사회 비평가들과 그들의 동적인——교육적인——예술에 속한다. 그러나 그들이 사회-정치적 변화에 대한 열정 속에서, 실제로는 삶 자체에 속한 것이며, 삶을 긍정하려면 반드시 함께 긍정해야 하는 그 고통과 충동들을 단순히 세기의 조건들에만 귀속시킨다면, 그들은 그들이 개선하고 있다고 생각하는 그 삶들과 생명을 오도하고 뿌리까지 썩게 만들고 만다. 이런 것들을 배격한다면, 삶 자체를 배격하고 공허하게 만들게 된다. 그러면서 정직하게 부정하지도 않고, 그렇다고 실존적으로 긍정하지도 않는 어정쩡한 자세를 취하게 된다. 쇼펜하우어가 이미 지적하였듯이, 이런 내적으로 눈이 멀고 외적으로 기만에 빠진 작업 방식은 우리 시대의 가장 위험한 또 심리적으로 파괴적인 힘들 가운데 하나이다.

〔쇼펜하우어는 19세기 중반에 이렇게 쓰고 있다.〕 어디서나 어느 시대에나 정부, 법, 공적 제도에 대해서는 큰 불만이 있었다. 그 주된 이유는 사람들이 인간 존재에 내재하는 또는 말하자면 아담과 그의 자손들에게 내려오는 저주로 인한 비참함을 늘 그런 것들 탓으로 돌렸기 때문이다. 그러나 이 그릇된 투사에 대하여 거짓말을 하고 그것을 뻔뻔스럽게 이용한다는 면에서는 "근대"의 선동가들과 견줄 사람들이 없다. 이들은 기독교의 적이며 낙관주의자들이다. 그들에게 세계는 그 자체로 목적이며, 또 완전한 행복의 거처로 전환하기 위하여 이용할 수 있는 그 나름의 조악한 조건이라는 면에서

볼 때도 목적이다. 그들은 우리 세기의 엄청나고 거대한 악들을 전적으로 체제 탓으로 돌리며, 전적으로 또 오로지 이것에만 책임을 추궁한다. 이것만 없으면 지상에 천국이 나타날 것이라고 한다. 즉 우리 모두가 노역과 고통에서 벗어나, "우리 마음"이 만족할 만큼 먹고 마시고, 번식하고 터져나갈 것이라고 한다. 이것이 "그 자체로 목적"이라는 말을 바꾸어 표현한 것이며, 그들이 상투적인 표현으로 지칠 줄 모르고 설교하는 "인류의 끝없는 진보"의 목표다.[65]

어쩌면 이것은 약간 강한지도 모르겠다. 그러나 그는 어려운 문제를 제기하고 있다. 만일 삶의 진실을 있는 자리에서 있는 그대로 인정하고 직면하지 않는다면, 그래서 성자들처럼 그것을 부정하거나 또는 삶을 긍정하더라도 모두에게처럼 자신에게도 부끄러움 없이 긍정하게 된다면, 이 세상의 나무의 열매는 오직 뇌를 미치게 만드는 독일 뿐이며, 그에 따라 모든 사람은 모든 고통의 원인을 다른 누군가에게 돌리게——그리고 거기서 저주를 하고 거기서 전투를 하게——된다. 그러나 이 고통이야말로 그 자신의 내부에서는 그의 삶의 살아 있음 자체인 괴물 같은 것이다.

예술의 적절한 임무——다시 조각가 앙투안 부르델의 말을 인용하면, "자연의 위대한 선을 부각시키는 것(de faire ressortir les grandes lignes de la nature)"——로 눈을 돌렸을 때, 이 눈물의 골짜기에서 형식과 깊이라는 면에서 있는 그대로 삶을 긍정하는 경험을 주는 것이 비극적 예술의 기능이며 힘이자 매력이다. 즉 공포, 연민, 고통을 넘어서 의지가 현재 상태와 진행과정 속의 삶, 여기 지금의 삶을 긍정하는 환희를 전달하는 것이다.

[니체는 그의 마지막 작업 가운데 하나인 『우상의 황혼(*The Twilight of the Idols*)』(1888)에서 이렇게 쓰고 있다.] 예술이 존재하기 위해서, 또는 어떤 것이든 미학적인 행위나 감상이 존재하기 위해서는 피할 수 없는 심리적 전제 조건이 하나 있다. 그것은 도취이다. 도취가 먼저 기관 전체의 감수성을 높여놓았을 때에만, 그것이 어떤 예술에 이르게 된다. 온갖 종류의 특별한

변종의 도취들이 모두 이런 식으로 작용하는 힘을 가지고 있다. 무엇보다도 첫번째이자 가장 오래된 형태의 도취인 성적 흥분의 경우가 그렇다. 또한 모든 큰 욕망, 모든 큰 감정에 수반되는 도취가 있다. 축제의 도취, 전투, 허세, 승리의 도취, 모든 극단적인 움직임에 따르는 도취. 잔인성의 도취. 파괴의 도취. 다양한 종류의 기상학적 영향――예를 들어 봄――에 의한 도취. 또는 약물의 영향에 따른 도취. 마지막으로 순전히 의지, 팽팽하게 부풀어오른 의지의 도취. 모든 도취에서 핵심적인 것은 고양된 힘과 완전성이라는 느낌이다. 사람은 이런 느낌으로 사물들을 다루고, 사물들에게 자신이 주는 것을 받도록 강요하고, 사물들을 압도한다. 이런 과정을 이상화라고 부른다. 그러나 여기서 선입관을 없애도록 하자. 이상화란 흔히 생각하는 것과는 달리, 하찮고 부수적인 것을 생략하는 것으로, 빼는 것으로 이루어지는 것이 아니다. 오히려 결정적인 것은 주요한 특징들의 엄청난 과장이며, 그 앞에서 다른 것들은 사라져버린다.

이러한 조건에서 사람은 자신의 풍요로 모든 것을 부유하게 만든다. 그가 보거나 바라는 모든 것이 부풀어오르고, 터져 나가고, 힘이 세지고, 힘으로 넘친다. 이런 조건에서 개인은 사물들이 자신의 에너지의 거울이 될 때까지, 자신의 완전성을 반영할 때까지 사물들을 변화시킨다. 사물들을 완전하게 바꾸는 이러한 강요가 예술이다. 그런 사람의 내부에서는 모든 것이, 실제로는 그렇지 않은 것도, 하나의 즐거움이 된다. 예술에서 인간은 완전으로서의 자기 자신에게 기쁨을 얻는다.

주신제적인 것의 심리, 즉 생명과 힘에 대한 느낌이 흘러넘쳐 고통조차도 자극제의 효과를 가지는 상태를 통하여 나는 비극적인 느낌이라는 개념의 열쇠를 얻게 되었다. 이것은 아리스토텔레스만이 아니라 특히 우리 현대의 염세주의자들도 오해를 해온 것이다. 비극은 그리스인들의 염세주의를 증명하는 것이 결코 아니며, 오히려 그런 염세주의의 분명한 거부나 안티테제로서 받아들여질 수도 있다. 가장 불리하고 힘겨운 문제들을 만났을 때조차 삶에 대하여 네라고 말하는 것, 그 결코 소진되지 않는 상태에 최고 수준의 전형들을 바치면서도 기뻐하는 삶에의 의지――그것이 내가 디오니소스적인 것이라 부른 것이며, 그것이 내가 비극적 시인의 심리로 가는 교량이라고 예측하였던 것이다. 연민과 공포 때문에 괴로워하지 않겠다는 것, 이런 위험한 감정의 격렬한 분출에 의해서 추방당하지 않겠다는 것(아리스토텔레스의 견해와는 달리), 거꾸로 공포와 연민을 넘어, 자기 자신을 되어 가는 과정의 지

속적인 즐거움과 동일시하겠다는 것──자체 내에 파괴의 기쁨도 포함하는 그 기쁨······.[66]

반면 쇼펜하우어에게는 이 모든 것이 예술의 장점이 아니라 결함이다.

〔그는 자신의 좀더 음침하고, 부드럽고, 또 좀더 엄숙한 관점에서 말한다.〕 아름다운 것을 즐기는 것, 예술이 제공하는 위로, 예술가가 존재의 고통을 잊게 해주는 열정(이런 열정을 가질 수 있는 능력이 천재가 보통 사람들보다 나은 유일한 점이며, 천재는 이것에 의해서 그와 존재의 등급이 다른 사람들 사이에서 겪는 버림받은 것 같은 외로움 뿐만 아니라 그의 의식의 명료함에 비례하여 경험하기 마련인 강렬한 슬픔에 대해서도 보상을 받는다), 이 모든 것이 가능한 것은 삶, 의지, 우리의 순수한 실존의 본질은 끊임없는 번뇌로서 한편으로는 애처롭고 한편으로는 끔찍하지만, 그럼에도 순전히 이데아로서(이미지로서) 보았을 때, 그리고 그렇게 해서 예술 속에서 재생산되어 그 본질적인 고통에서 자유로워졌을 때, 그것이 의미가 가득한 드라마를 제공하기 때문이다. 세계의 이 순수하게 알 수 있는 측면과 그것을 이런저런 예술 속에서 재생산하는 것은 예술가의 본령이다. 그는 의지를 객관화하는 드라마를 응시하는 데 몰두하고 있다. 그는 그 일에 집착하며, 그것을 바라보고 그림으로 재현하는 데 전혀 지칠 줄 모른다. 그러나 그 자신은 그 희곡의 제작비를 감당한다. 그 자신이 그런 식으로 객관화된 의지이며, 그래서 늘 고통을 겪기 때문이다. 세상의 내적인 본성에 대한 순수하고, 진실하고, 깊은 지식 그 자체가 그에게는 목적이 된다. 그는 그것을 넘어가지 못한다. 따라서 체념에 이른 성자와는 달리, 그에게는 그것이 의지의 진정제가 되지 못한다. 그것은 그를 삶으로부터 영원히 해방시키지 못하며, 순간적으로만 해빙시켜줄 뿐이나. 따라서 그에게는 거기서 빠져나오는 길이 없으며, 이따금씩 그 안에서 위안을 얻을 뿐이다. 마침내 이런 응시에 의해서 강화된 그의 힘은 그 연극에 싫증을 내게 되고, 그 모든 일의 진지함을 포착하게 된다. 이러한 변이의 전형적인 예를 우리는 라파엘로의 산타 체칠리아*에서 찾아볼 수 있다.[67]

---

* 그 그림에서 음악의 수호성자인 산타 체칠리아는 오르간 옆에서 위로부터 내려오는 빛을 쳐다보는 자세로 그려져 있다.

쇼펜하우어의 관점에서 존재들 가운데 '존재'인 의지, 삶에의 의지는 맹목적이고 충족되지 않는 충동이며, 모든 것을 움직이다가 대개는 모든 것의 슬픔과 죽음으로 끝을 맺지만——누구나 알 수 있듯이——그럼에도 고집스럽게 계속된다. 삶에의 의지를 더 강하게 긍정할수록 그 결과는 더 고통스러워진다. 의지를 가진 주체의 경우, 성공을 거두어도 더 많은 것을 향한 의지는 더 고양될 뿐 결코 진정되지 않기 때문이다. 또한 그는 주위에 있는 사람들의 대등한 의지를 좌절시키기 때문에, 주위 사람들은 더 큰 상처를 입게 된다. 쇼펜하우어가 말하듯이 우리 각각은 형이상학적으로 그리고 본질적으로 의지로서 전세계이며, 그 결과 대상으로서 전세계를 소유하는 것이 아니면 만족할 수가 없다. 그러나 모두가 마찬가지이기 때문에, 한 사람이 전세계를 소유하는 것은 불가능하다. 기만에 빠지지 않은, 진정으로 정직한 개인은 이것을 인정하고 부처처럼 보편적 고통('첫번째 고귀한 진리' : "삶은 슬픈 것이다")의 광경을 보며 동정심에 가득 차——쇼펜하우어의 관점에서——삶은 의지(또는 신의)의 실수라고, 절대 있지 말았어야 할 것이라고 결론을 내릴 수밖에 없으며, 자기 자신에게서 의지의 활동을 거부함으로써 내부에서——아이러니이지만——모두가 원하는 절대적 평화를 얻게 된다. 그런 다음 모범과 가르침을 통하여 다른 사람들이 똑같은 목적——죽음의 이편에서 (고통의 악화를 제외하면) 유일하게 가능한 목적——에 이르도록 돕는다.

쇼펜하우어는 그의 주저 『의지와 표상으로서의 세계』의 맨 마지막 문장에서 이렇게 말한다. "의지가 완전히 소멸한 뒤에 남는 것은 의지가 가득한 사람들의 관점에서 보자면 분명히 무(無)이다. 그러나 거꾸로, 의지가 방향을 틀어 자신을 부정한 사람들에게는 우리의 이 현실적인 세계, 태양과 은하수가 있는 세계가 무이다." 그리고 이 무에 대하여 그의 마지막 주석을 붙이고 있다. "이것이 바로 반야 바라밀(Prājñā-pāramitā), 불교도들의 '모든 지식의 피안', 주체와 객체가 더 이상 존재하지 않는 곳이다."

## 6. 제단과 설교단

『마의 산』에서 라이트모티프라는 음악적 장치는 디오니소스적인, 대양적인 순환의 느낌을 전달하며, 파도처럼 계속 되풀이된다. 그러나 똑같은 것이 다시 오는 것 같지만, 똑같지는 않다. 이 라이트모티프는 생명의 형태들과 마찬가지로 확장되고, 부서지고, 사방으로 물살을 튀기고, 상호 침투한다. 생겨나고, 형태를 갖추고, 상호 침투하고, 만물의 내용물 속으로 해체되는 생명의 형태들과 마찬가지이다. 쇼펜하우어는 음악에 대하여 원칙적으로 의지로서 경험되는 세계에 상응하는 예술이라고 썼는데, 바그너는 이것을 보고 흥분하였다.* 그러자 젊은 니체는 바그너의 음악극——구체적으로는 그의 「트리스탄과 이졸데」——을 모범으로 삼아, 『비극의 탄생』에서 음악과 무대의 등장인물에 대하여 썼다. 음악과 등장인물은 각각 보편적인 것과 특수한 것, 우티베르살리아 안테 렘(universalia ante rem)(의지)과 프린키피움 인디비두아치오니스(principium individuationis)(개체)를 나타내며(둘은 각각 "사물에 앞서는 보편적인 것", "개체화의 법칙"이라는 뜻이다/역주), 신화, 디오니소스의 전설이 이 둘을 결합한다. 그 결과 음악은 이 분리된 삶들의 세계로부터 우리를 완전히 앗아가지 않으며, 우리는 두 개인에 대한 관심으로 인하여 불멸의 터전을 잊지도 않는다. 따라서 니체는 조이스가 말하는 인간의 고통에서 엄숙하고 항상적인 것의 아폴론적인 표현이 신화라고 보았다. 낮의 덧없는 형체들과 꿈 없는 잠의 밤 사이의 중간에 있는 지속적인 형태들에 대한 비전 말이다. 세상이 쭉 알고 있었듯이 개인이 밤에 신들——자신의 운명을 통제하는 의지의 인격화된 존재들——을 만나게 되는 것은 바로 여기, 이 비전의 영역에서이다.

따라서 신화와 꿈의 심리는 관련이 있는 것으로, 심지어 동일한 것으로 인식된다. 토마스 만이 「리하르트 바그너의 비애와 장엄(The Sorrows and Grandeur of Richard Wagner)」이라는 추모 에세이(1933년 2월 10일,

---

\* 103쪽 참조.

바그너 서거 50주년 기념 에세이)에서 지적하였듯이, 이 위대한 거장은 오페라를 신화로까지 확장함으로써(만은 "바그너를 듣다보면 음악이 바로 신화를 위하여 창조된 것이며, 신화에 봉사하는 것 외에 다른 어떤 것에도 두 번 다시 복종할 수 없다고 믿게 된다"고 썼다) 신화를 역사와 일화의 한계로부터 해방시켰을 뿐만 아니라, 음악과 신화의 결합에 심리학까지 결합시켰다.

〔만은 쓰고 있다.〕 바그너의 심리학에 대해서는 책이라도 한 권 쓸 수 있을 텐데, 그러면 이 책은 시인의 심리적인 예술뿐만 아니라 음악가의 심리적 예술도 다루게 될 것이다——이 두 힘이 바그너의 안에서 분리될 수 있다면. 이전의 오페라들에서 이미 암시되었던 "인식 주제(Erinnerungsmotiv)"라는 기술적 장치는 그의 작업에서 점차 발전을 이루어 대가에게 어울리는 매우 의미심장한 체계로 자리를 잡았는데, 그 체계는 음악을 이전에 유례를 찾아볼 수 없을 정도로 심리적 연상, 심화, 관련의 도구로 바꾸어놓았다. 예를 들어서, "사랑의 미약"이라는 순진하고 서사적이고 마법적인 주제를 이미 존재하는 정열을 방출하는 단순한 장치로 바꾸는 것(사실 연인들이 마신 것은 그냥 물이었을 수도 있으며, 그들은 죽음을 마셨다고 믿음으로써 심리적으로 당대의 도덕률로부터 해방되었던 것일 수도 있다)은 위대한 심리학자의 시적 영감이다. 또한 바그너의 시적인 힘은 처음부터 단순한 리브레토의 영역을 초월하였다는 것을 생각해보라…….

만은 「방황하는 네덜란드인」이 2막의 듀엣에서 센타에게 부른 노래의 가사를 지적한다. 이 노래에서 네덜란드인은 사랑이 정말로 그의 가슴에서 타오르는 광채를 가리키는 이름이냐고 묻고나서, 스스로 대답한다. "아, 아니다! 그것은 해방을 향한 갈망이다!" 그녀를 통하여 자신을 세상에 붙들어 맨 저주로부터 해방된다는 것이다. "이 천사를 통하여 그것이 나의 것이 되게 하소서!"

> Die düstre Glut, die hier ich fühle brennen,
> Soll ich Unseliger sie Liebe nennen?

Ach nein, die Sehnsucht ist es nach dem Heil.
Würd' es durch solchen Engel mir zuteil!
(내가 여기서 타오르는 것을 느끼는 침침한 광채
내가 이것을 사랑이라고 불러야 할까?
아, 아니다, 이 갈망은 구원을 향한 것이다.
그 천사를 통하여 그것이 나에게 주어지게 하소서!)

만은 말한다. "노래하기 좋은 단순한 가사들이지만 전에는 이렇게 복잡하고 심리적으로 뒤얽힌 사고를 노래로 부른 적이 없으며, 심지어 노래로 부르도록 계획된 적도 없었다." 이어 만은 바그너가 가사와 음악으로 제시하는 소년 지크프리트의 움터오르는 사랑의 갈망이 무의식으로부터 샘솟는 예감들의 복합체로서, 어머니 연상들, 성적 욕구, 불안으로 빛난다고 지적한다. 이어 만은 난쟁이 미메가 젊은 제자에게 공포를 가르치려고 애쓰는 장면을 다시 지적한다. 이때 오케스트라에서는 어둡게 왜곡된 방식으로 불의 원 속에서 잠을 자고 있는 브륀힐데의 모티브가 들린다. 만은 말한다. "이것이 바로 프로이트이고, 이것이 바로 '분석' 아닌가. 우리는 또한 프로이트(그의 심리학적인 뿌리 찾기와 심층 과학은 니체가 이미 웅장한 스타일로 예고하였다)에게서도 신화에 대한 관심, 인류의 원시적이고 문화 이전의 측면들에 대한 관심이 심리학적 관심과 밀접하게 연관되었음을 기억한다."[68]

만 자신의 모노그램(〈그림 44〉)에 나오는 형체는 그가 자신을 이러한 전통과 하나로 본다는 표시이다. 이 전통에서 음악, 신화, 심층 심리학은 하나이며, 라이트모티프에 의하여 전달되고 있다. 만은 심지어 어디에선가 라이트모티프라는 장치를 성체 현시대와 비교하기도 한다. 성체 현시대란 황금 그릇으로, 로마 가톨릭의 성체 강복식에서는 사제가 존경과 명상과 예배를 위하여 성화된 성체를 여기에 넣어 눈앞에 들어 올린다.[69] 만이 지적하듯이 바그너의 음악은 너 이상 고유의 음악이 아니라 문학이다.

그것은 심리, 상징, 신화, 악센트──모든 것이다. 그러나 순수하고 온전한 의미에서의 음악은 아니다.…… 또한 텍스트——음악은 그 주위에서 움터서 그것을 드라마로서 채워간다——는 고유의 문학이 아니다——음악이다. 나아가서 이 음악은 신화의 선사적인 깊이로부터 간헐천처럼 뿜어져 나오면서도(그렇게 보일 뿐만 아니라 실제로), 그럼에도 생각된 것이고, 계산된 것이고, 매우 지적인 것이고, 아주 교묘한 것이고, 텍스트가 음악적인 것만큼이나 개념에서 문학적이다. 음악은 그 주된 구성 요소들로 쪼개게 되면, 철학적 의미를 가진 신화적 관념들에 봉사하며, 그 관념들을 부각시킨다. "리베스토트(Libestod, 사랑의 죽음)"의 불안한 반음계는 문학적 관념이다. 라인 강의 자연적인 흐름이다. 발할라(오딘 신의 전당/역주)를 구축하며 일치를 이루고 있는 최초의 일곱 벽돌이다. 이것들 역시 문학이다.…… 이런 연속되는 상징적인 모티브-인용들은 자연적인 음악의 격류의 바다에 바위 조각처럼 흩어져 있다. 이것들을 바흐, 모차르트, 베토벤과 같은 의미에서 음악으로 경험하라는 것은 지나친 요구이다."[70]

이것 역시 『율리시즈』의 경우와 마찬가지다. 라이트모티프는 바그너에게서나 만에게서나, 겉으로 보기에는 서로 분리되어 있는 것 같지만 실제로는 깊은 곳에서 단일한 형태를 이루고 있는 순간, 사건, 성격, 대상들 사이의 관련을 인식하게 해준다. 이미 말하였듯이, 왜곡된 상의 흩어져 있는 부분들의 결합과 같은 방식이다. 나아가서 되살아난 기억들은 우리 자신의 무의식 속에서 관련된 것들과 연관을 맺게 될 것이다. 토마스 만은 말한다. "음악은 '모든 것이 한때는 그랬듯이'와 '모든 것이 다 그렇지만'이라는 이중적 의미에서 '옛날옛날에'의 언어이다."[71] 우리는 신화도 그렇다는 것을 안다. 꿈도 마찬가지, 로맨스도 마찬가지, 사랑도 마찬가지, 밤도 마찬가지이다. 알파요 오메가이며, 시작이자 끝이다.

바그너는 1860년 3월 3일에 파리에서 마틸데 베젠동크에게 이렇게 썼다. "나는 갈망하는 마음으로 니르바나의 땅을 자주 바라봅니다. 그러나 곧 니르바나는 나에게 트리스탄이 됩니다. 당신도 불교에서 세상의 시작을 이야기하는 이론을 아실 겁니다. 하나의 숨결이 하늘의 깨끗함을 흩뜨려놓았다지요……." 이 편지에서 바그너는 반음계적으로 상승하는 네 음을 적어놓았는데, 이것은 그의 형이상학적 악보를 시작하고 그것을 마무리짓는다(G 샤프, A, A 샤프, B). 그 뒤에 다시 문장이 이어지는데, 이제는 세계의 시작, 그의 악보, 그 자신의 정신의 교란을 동시에 가리킨다. "이것이 부풀어오르고, 응축되고, 마침내 세계는 그 뚫고 들어갈 수 없는 단단함으로 다시 내 앞에 섭니다."[72]

만은 말한다. "이런 식으로 성(性)을 대담하게 오페라적으로 처리하여 예술과 종교를 연결시키는 것, 부정한 예술품의 거룩한 조각을 루르드-극장과 기적-동굴(루르드는 프랑스 남서부의 소도시로 병을 고쳐주는 샘이 솟으며 동굴 속에는 마리아 성당이 있음/역주)로 제시하여 세기말의 지친 대중의 믿음에 대한 갈망에 부응한 것, 이것은 완전한 낭만주의이다. 예술의 고전적으로 인본주의적인 영역, 고유의 품위 있는 영역에서는 절대 생각도 할 수 없는 것이다."[73] 만은 또 이렇게 말하는데, 나는 이 점을 강조하고 싶다. "낭만주의는 고대 이후 태양 숭배, 아버지 같고 남성적인 빛의 종교에 대립하여 번창하였던 인류의 그 모든 신화적 어머니 및 달 숭배와 관련이 있다. 바그너의 「트리스탄과 이졸데」는 이 일반적인 달의 세계관의 영향 아래에 있다."[74]

만의 대부분의 작품 역시 그 영향을 받고 있다. 만 자신도 『요셉과 그의 형제들(Joseph and His Brothers)』이라는 신화적 4부작──I.『야곱의 이야기(The Tale of Jacob)』(1933), II.『어린 요셉(Young Joseph)』(1934), III.『이집트의 요셉(Joseph in Egypt)』(1936), IV.『부양자 요셉(Joseph the Provider)』(1943)──전체에 걸쳐 이 점을 되풀이하여 분명하게 지적하고 있다. 여기서 그의 주인공들인 야곱과 요셉은 그가 "달의 구문(構文)"[75]이라고 부르는 모호하고, 이도 저도 아니고, 둘 다이기도 한 논리와 분명하게 관련을 맺고 있다. 이것은 혈색 좋고 털이 많은 남자 에서나 요셉의 전사 형제들 무리의 복잡할 것 없고, 혹은 백이 아니고 백은 흑이 아니고, 달걀 노른자가 그대로 드러나는 평지의 사고 방식과 대조를 이룬다. 나아가서 『토니오 크뢰거』에서 빛의 세계와 밤의 세계라는 두 세계 사이의 균형으로서 제시된 에로스의 아이러니의 원칙은 그 자체가 이미 달, 아프로디테-헤르메스, 음악의 존재 양식에 속한 것이다. 또한 삶의 균형, 창조된 세계 전체의 균형, 두 대립된 단순성 사이의 균형은 이 작가의 중기의 정점을 이루는 『마의 산』이라는 메아리치는 연상들로 이루어진 진정한 교향곡 안에서 가장 풍부하고 광대하게 드러나고 있다.

이 소설의 주요한 흐름들은 앞에서 보았듯이 매우 단순하다. 즉 한 젊은 남자가 알프스의 요양소에 3주 예정으로 찾아왔다가, 그곳에서 열병에 걸리면서 3주가 아니라 장장 7년을 머물게 되고, 제1차 세계대전이 터질 때에야 고향으로 돌아가 그의 조국의 깃발 아래 자원 입대한다는 것이다. 이 모험은 말하자면 그 구조와 의미에서 전통적인 통과 의식 또는 신화적 영웅의 모험과 일치한다. 그 모험의 원형적인 경로――내가 『천의 얼굴을 가진 영웅(The Hero with a Thousand Faces)』에서 보여주었듯이[76]――는 보편적으로 분리, 입문, 귀환이라는 3단계의 패턴을 따른다. 나는 이것을 (『피네건의 경야』의 용어를 사용하여) '단일신화(The Monomyth)'의 핵심적 단위라고 불렀다.[77] (예를 들어서, 〈그림 3〉의 사발에 그려진 신비교 입문의 주기와 비교해보라.)

『마의 산』에서 입문에 절대적으로 불가결한, 일상 세계――"모든 사람에게 일반적인" 의무, 생각, 감정, 최고의 관심사들이며, 이것은 자신의 경험과 발견이 아니라 다른 사람들에 의해서 규정되는 것이다――와의 단절은 바로 첫 부분에서, 거의 접근할 수 없는 높은 목적지를 향하여 알프스 협궤 열차를 타고 가파른 비탈을 오르는 것으로 표현되고 있다. 맑은 하늘, 시간을 잊은 채 눈에 덮여 있는 봉우리, 심장의 박동을 재촉하는 희박한 공기를 약, 마법의 음료――마치 레테 강의 물(이 물을 마시면 과거를 모두 잊는다/역주)과 같은――에 비유한다. 또 산정 자체는 기독교 이전 유럽의 신들이 매년 발푸르기스나흐트를 기념하던 브로켄 산정――메피스토펠레스는 이 악마, 마녀, 죽은 자들의 축제로 파우스트를 인도하였다――에 비유한다. 이것은 다시 (이미 제목에서 분명하게 드러나지만) 전설적인 베누스산과 연결된다. 바그너가 찬양하는 서정시인 탄호이저는 이곳에서 레이디 베누스를 사랑하며 살았다고 한다. 그것은 또 오디세우스가 키르케의 섬과 죽은 자들의 여왕 페르세포네의 지하세계(키르케가 소개하였다)로 밤 바다(night-sea) 여행을 한 것과 관련된다. 만은 그의 주인공이 요양소에 갇혀 있는 상황을 연금술사의 바스 헤르메티쿰(vas Hermeticum) 안에서 철학적 금으로 승화되기 위해서 발효하고 있는 최초의 물질에 비유한다.

이렇게 겉으로 보기에는 자연주의적인 만의 소설에는 비슷한 시기에 나온 조이스의 소설에서와 마찬가지로(『율리시즈』 1922년, 『마의 산』 1924년) 서두부터 시간을 초월한 "엄숙하고 항상적인" 신화 원형들과의 관련들을 향한 하강이 이루어지는데, 이 하강은 의도적으로 꼼꼼하게 통제되고 있다. 나아가서 두 작가 모두 그 다음 작품에서는(『피네건의 경야』 1939년, 『요셉과 그의 형제들』 1933-1943년) 신화의 영역으로 완전히 내려간다. 둘이 맞서고 해결하였던 문제는 적어도 다음과 같은 세 수준에서는 본질적으로 똑같다. 첫째, (쇼펜하우어의 표현을 빌면) 다른 인종, 다른 경험과 표현 양식을 가진 사람들의 세계에 사는 예술가라는 개인적 수준이다. 둘째, 20세기 소설가들의 미학적 수준이다. 이들 소설가들은 선배들로부터 기본적으로 합리주의적이고 자연주의적이며 일화적-역사적인 서사 예술을 물려받았으나, 이것은 심리를 보편적이고 신화적인 측면에서만이 아니라 그 개인적이고 전기적인 측면들에서 이해하는데도 부적절하였다. 셋째, 종교적 수준이다. 공적으로 인정된 믿음들을 물려받은 교회 전통과 관련된 문제로, 이것은 과학과 전혀 조화를 이루지 못할 뿐만 아니라, 현대 세계의 세속화된 "기독교" 국가들의 실제 도덕 질서와 인본주의적 양심과도 조화를 이루지 못한다.

제임스 조이스는 가톨릭 가정에서 태어났고, 토마스 만은 신교 가정에서 태어났다. 그러나 두 사람 모두, 그들의 첫 소설과 단편들에서 나타나는 것처럼, 그들의 가족의 신앙 영역으로부터 벗어났다(『스티븐 히어로(Stephen Hero)』 1903년, 『젊은 예술가의 초상』 1916년, 『부덴브로크가』 1902년, 『토니오 크뢰거』 1903년). 그리고나서 둘 다 스스로 가장 세련된 심리적-신화적 모호성의 예술로 나아가는 길을 열었다——시기까지 비슷하게 맞추어 평행선을 그리면서. 만은 루터와 괴테, 쇼펜하우어, 바그너와 니체로부터 신화를 향한 입장을 발전시켜 나아갔다. 반면 조이스는 중세, 단테와 아퀴나스, 셰익스피어, 블레이크, 입센으로부터 그렇게 나아갔다. 그 결과, 둘은 평행선을 그리며 같은 경로로 나아갔지만, 접근 방법과 목적에서 큰 차이가 날 뿐만 아니라, 배경과 결과에서도 의미심장한 차이가 난다.

예를 들어서, 조이스는 가톨릭으로서 어렸을 때부터 종교적 신화의 영역에 들어가 있었다. 『젊은 예술가의 초상』에 나타나듯이, 그는 아주 어렸을 때부터 이미 자신의 경험을 신화적 맥락에서 해석하였으며, 신화를 자신이 보고 느끼고 생각하는 것과 관련하여 해석하였다. 우리는 어린 학생이 생각에 잠겨 교실 책상에 앉아 있는 모습을 보게 된다.

그는 지리 교과서의 면지를 넘기고 그곳에 써놓은 것을 읽었다. 그 자신, 그의 이름, 그리고 그가 있는 곳이었다.

스티븐 디덜러스
초등반
클롱고우즈 우드 학교
솔린스
킬데어 주
아일랜드
유럽
세계
우주

이것은 그의 필적으로 쓰여 있었다. 그리고 플레밍이 어느 날 밤 그 반대쪽 페이지에 장난으로 이렇게 써놓았다.

스티븐 디덜러스는 나의 이름
아일랜드는 나의 나라
클롱고우즈는 내가 사는 곳
그리고 천당은 내가 가려는 곳.

그는 이 글들을 거꾸로 읽어 보았다. 그랬더니 그것은 시가 아니었다. 다음에는 면지의 것을 밑에서 위로 읽어 올라가 자기 이름까지 갔다. 그것은 그였다. 그는 다시 아래로 읽어 내려갔다. 우주 다음에는 무엇이 있을까? 무(無). 하지만 우주가 끝나고 무의 장소가 시작된다는 것을 보여주는 것이 우주의 둘레에 있을까? 그것이 벽일 리는 없었다.* 그러나 그곳에는 모든 것과 모든 곳을 둘러싼 가늘고 가는 선이 있을 수는 있었다. 하느님만이 할 수 있는 일이었다. 그는 그것이 얼마나 큰 생각인지 생각해보려고 하였다. 그러나 하느님밖에 생각할 수가 없었다. 하느님은 스티븐이 그의 이름인 것처럼 하느님의 이름이었다. 디외(Dieu)는 프랑스말로 하느님이라는 뜻이고 그것도 하느님의 이름이었다. 누가 하느님께 기도할 때 디외라고 하면 하느님은 기도하는 사람이 프랑스 사람인 것을 금방 알았다. 하느님에게는 이 세상의 여러 가지 언어로 각기 다른 이름이 있고, 하느님은 기도하는 사람들이 각기 다른 언어로 하는 말을 모두 이해하시지만, 그래도 하느님은 언제나 하느님이고 하느님의 진짜 이름은 하느님이었다.

그런 식으로 생각을 하니까 무척 피곤하였다.

그는 잠시 후 다른 종교적 문제들에 생각을 빼앗긴다.

신교도 애들이 성모 마리아의 연도(蓮禱)를 가지고 놀렸다나. 상아탑이니 황금궁전이니 하면서. 여자가 어떻게 상아탑이나 황금궁전이 될 수 있을까? 그렇다면 누가 옳은 걸까?……
아일린의 손은 길고 하얗다. 어느 날 저녁 술래잡기를 하다가 그애가 두 손으로 내 눈을 가렸지. 길고 하얗고 가늘고 차고 부드러웠어. 그게 상아야. 차고 하얀 것. 그게 상아탑의 뜻이야……
언젠가 나는 아일린 곁에 서서 호텔 정원을 들여다본 적이 있었어. 급사한 사람이 깃대 위에 질질 끌리는 깃발을 달아 올리고 양지 바른 잔디 위에서는 폭스테리어 한 마리가 이리 뛰고 저리 뛰고 있었지. 아일린이 내 손이 들어 있는 호주머니에 자기 손을 넣어서 나는 그애 손이 얼마나 차갑고 가늘고 보드라운지 느낄 수 있었어. 아일린은 호주머니란 우스운 거라고 하더군. 그리고는 갑자기 호주머니에서 손을 빼내더니 깔깔대며 커브길로 달려갔어. 금발머리가 햇빛 속에 황금처럼 뒤로 흩날렸지. 상아탑. 황금궁전. 무엇이든 생각해보면 이해하게 돼.[78]*

---

* 여기에서 『피네건의 경야』에 나오는 "벽"이라는 주제의 출처를 발견하게 된다.

나아가서 조이스는 마지막까지 자신의 예술의 실천과 기능에 대하여 기본적으로 사제와 같은 태도를 유지하였다. 반면 독일 프로테스탄트인 만은 설교하는 목사의 태도를 지녔다. 회중에게 등을 돌리고 미사를 올리는 사제는 신을 빵과 포도주 속에 존재하게 함으로써, 아무데도 없는 곳에서 이곳으로 불러냄으로써, 마치 연금술사처럼 그의 제단에서 기적을 이룬다. 신에게든, 사제에게든 아니면 빵이나 포도주에게든, 회중이 있느냐 없느냐는 중요하지 않다. 기적은 일어난다. 그것이 미사이고, 작품이고, 행위이다. 그 결과는 세상의 구원이다. 반면 설교자는 설교단에서 사람들에게 말을 하며, 사람들에게 어떤 종류의 삶의 방식을 설득한다. 듣는 사람이 아무도 없다면, 사건도 없다. 따라서 만은 설득하려고 글을 쓴다. 그는 그의 예술의 상징들을 추론적으로 설명하고 해석하고 평가한다. 반면 조이스는 저자의 논평 없이 그냥 제시한다. 나아가서 만이 상징들에 접근하게 된 것도, 유년 시절부터 진지하게 받아들여지고 의식적으로 질서가 잡힌 종교의 이미지들을 흡수해 들였기 때문이 아니다. 그는 세속적인 세계로부터, 문학과 예술을 통하여 상징들에 다가간다. 그의 미스테리움(mysterium)의 중심은 제단이 아니라 설교단이다. 상징들이 개입하는 경우에도 그것들은 그의 마음속에서 우주론적, 형이상학적 의미를 가진, 시간을 초월한 비전의 인격화와 연결되기보다는, 집안에서 일어난 사건이나 조상에 속하는 인물들에 대한 가족의 숭배와 연결된다. 그런데 어쩌면 이것은 기독교 신앙의 신교도적 변형이 가톨릭보다 구약의 가족 숭배 신학에 더 심하게 의존하는 경향을 보이는 중요한 이유 가운데 하나일지 모른다. 그러나 진지하게 생각해볼 때 이런 점은 적절한 세계 종교의 기초를 이루는 요소로는 애초부터 자격 미달이다. 그것은 결국에는 남서 아시아의 셈 혈통의 한 하위 인종, 그나마 늦게 나타난 인종의 과장되게 해석된 지방적 역사이자 조작된 가계에 지나지 않기 때문이다. 또한 이들이 비록 훌륭하고 고귀한 영향력을 갖춘 인종이기는 하지만, 그들 자신이 만들어낸 인류의 역사에서 내세우는 모습과는

---

\* 『피네건의 경야』, 327쪽에서도 이 순간의 메아리가 울려 퍼진다. "황금으로 된 상아탑의 놀이집……."

큰 차이가 있기 때문이다. 마찬가지로 부덴브로크가, 크뢰거가, 카스토르프가의 조상 가계 역시 그 의미나 힘에서 삼위일체, 육신이 된 말씀, 미사의 성체로 상징되는 형이상학적 신비에 비교될 수가 없다.

카를 융은 상징들의 이해와 관련하여 가톨릭의 심리적 상태와 프로테스탄트의 심리적 상태 사이의 차이를 잘 묘사해놓았다.

프로테스탄트주의의 역사는 습관적인 우상 파괴의 역사다. 벽은 차례차례 무너졌다. 일단 교회의 권위가 붕괴되자 파괴 작업은 별로 어렵지 않았다. 작은 것만이 아니라 큰 것에서도, 특별한 것뿐만 아니라 일반적인 것에서도, 조각조각 붕괴가 일어났으며, 그 결과 현재의 우리 삶에서 볼 수 있는 것과 같은 경악할 만한 상징의 궁핍이 나타났다는 것은 우리 모두가 잘 알고 있다. 그와 더불어 교회의 힘도 사라졌다. 능보와 포대가 날아가버린 요새처럼, 벽이 다 뜯겨나간 집처럼, 교회는 세상의 모든 바람과 모든 위험에 노출되고 말았다.

제대로 말을 한다면, 이 자체로도 우리의 역사 감각으로는 불쾌감을 느낄 수밖에 없는 개탄할 만한 붕괴이지만, 프로테스탄트주의가 거의 400개에 이르는 교파로 해체되었다는 것은 불안이 여전히 계속되고 있다는 분명한 증거이다. 프로테스탄트는 자연적인 인간이라면 몸서리를 칠 만한 무방비 상태에 내던져졌다. 물론 그의 계몽된 의식은 이런 사실을 인식하기를 거부하며, 유럽에서 사라진 것을 찾아 조용히 다른 곳을 바라보고 있다. 우리는 마음과 정신의 불안한 상태를 충족시켜줄 만한 효과적인 이미지와 사고 형식을 구한다. 그 결과 우리는 동양의 보물들을 발견한다······.

우리는, 외국 땅에서 자라나고, 외국 피에 물들고, 외국어로 이야기되고, 외국 문화에 의하여 양육되고, 외국의 역사와 읽혀 있는, 기존의 성징들을 새 옷을 입듯이 입을 수 있을까? 그렇게 해서 왕의 옷을 입은 거지, 거지로 변장한 왕을 닮을 수 있을까? 물론 이것은 가능하다. 아니면 우리 내부에 겉치레를 찾지 말라고, 우리 옷은 우리 스스로 지어 입으라고 명령하는 무언가가 있을까?

[융은 계속해서 말한다.] 나는 상징이 점점 궁핍해지는 것에는 의미가 있다고 확신한다. 그것은 내적인 일관성을 가진 발전이다. 우리가 생각하지 않았던 모든 것, 그래서 우리의 발전하는 의식과 의미 있는 관련을 빼앗긴 모

든 것이 사라졌다. 그러나 우리가 이제 견신론자(見神論者)들처럼 동양의 화려한 옷으로 우리의 벌거벗음을 가리려고 한다면, 우리의 역사를 배반하는 꼴이 될 것이다. 거지로 전락한 뒤에 인도의 세도가 행세를 해보아야 소용없는 일이다. 우리가 정당하게 상속하지도 않은 유산을 우리 것인 양 가장하는 대신 당당하게 우리의 영적 궁핍, 우리의 상징 없는 상태를 인정하는 것이 훨씬 나아 보인다. 물론 우리는 기독교 상징의 정당한 상속자이다. 그러나 어떻게 된 일인지 우리는 이 유산을 탕진해버렸다. 우리는 우리 조상들이 지은 집이 무너지도록 내버려둔 뒤, 이제 우리 조상들이 알지도 못하였던 동양의 궁전으로 침입하려고 하고 있다. 오늘날 역사적 상징들을 잃어버리고 이제 그 대체물에 만족할 수 없는 사람은 누구나 아주 어려운 상황에 처해 있다. 그의 앞에는 공허가 입을 벌리고 있으나, 그는 겁에 질려 그것을 외면한다. 더 큰 문제는, 그 공허에 엉터리 정치적, 사회적 관념들이 가득 들어차고 있는데, 그것들은 어느 것 할 것 없이 모두 영적인 황폐를 특징으로 하고 있다는 점이다. 그런 현학적인 교조주의들과 잘 지낼 수가 없다면, 그는 자기도 모르게 이른바 신에 대한 믿음의 문제에 대하여 다시 한번 진지한 태도를 가질 수밖에 없다. 물론 그렇게 하면 일이 더 틀어질 것이라는 두려움도 이해할 만하다. 사실 이런 두려움에는 정당한 면이 있다. 신이 가장 가까울 때는 위험도 가장 큰 것처럼 보이기 때문이다. 영적인 궁핍을 인정하는 것은 위험하다. 가난한 사람은 욕망을 가지고 있으며, 욕망을 가진 사람은 누구나 불행을 자초하기 때문이다. 스위스의 격언은 이 점을 극적으로 표현하고 있다. "부자 한 사람 뒤에 악마가 하나 서 있다면, 가난한 사람 뒤에는 둘이 서 있다."

기독교에서 세상에서의 궁핍을 맹세하여 마음을 이 세상의 부로부터 멀어지게 하듯이, 영적인 궁핍은 영의 거짓 부를 포기하게 하고, 위대한 과거의 안쓰러운 유물――오늘날에는 프로테스탄트 교회라고 부르고 있다――만이 아니라 향기로운 동양의 모든 유혹으로부터도 멀어지게 한다. 그리고 마침내 자신과 단둘이 남게 되며, 의식의 차가운 빛 속에서 세상의 텅 빈 황량함은 별들에게까지 이르게 된다.

우리는 우리 조상들로부터 이런 궁핍을 물려받았다…….[79]

반면 오늘날 가톨릭의 곤경은 이와 정반대이다. 가톨릭은 빼앗기지 않았기 때문이다. 가톨릭은 그의 신경 곳곳에 침투하여 세워져 있으나, 현대의 삶과는 아무런 관련이 없는 상징들로 가득 차 있다. 따라서 가톨릭에게는 내부의 공허에 노출되는 것이 위험한 것이 아니라, 일종의 립 반윙클 또는 영원한 돈 키호테처럼 외부의 이질적인 세계, 그의 마음속에서는 교조적으로 부정하지만 그의 눈에는 바로 앞에 있는 것이 보이는 세계에 노출되는 것이 위험하다. 운이 좋다면(그것을 운이라고 불러야 할까?) 끝까지 '니케아 신조'(325년에 나왔다)에 갇힌 채 살다가 죽을 수도 있을지 모른다. 다시 말해서, 성모 교회의 자궁에서 태어나지 않은 채로 죽을지도 모른다. 그러나 그의 교회의 벽들이 무너지게 되면——많은 사람들에게 이미 중세 중반에 무너졌지만——그는 문자 그대로 지옥이라는 대가를 치러야 한다. 따라서 그의 문제는 자신 안에서 신화적으로 구축된 삶의 구조를 이루고 있는 신화를 청산할 것인가, 아니면 그 지방 기독교적이고, 원형적인 상징들을 유사 역사적인 관련들로부터 풀어내고 신화적-심리적 보편성을 가진 것들로서의 힘과 가치를 부여할 것인가 하는 것이다. 사실 후자의 방향은 콘스탄티누스가 군사적 승리를 거두고 테오도시우스 대제(379-395년 재위)가 서구 세계에 믿어지지 않는 한 가지 신조를 강요한 이래 서구의 비정통적 가톨릭 사상가들이 일반적으로 추구해온 것이다.

〔융은 말한다.〕 교조는 그 내용을 웅장한 규모로 정리함으로써 집단 무의식의 자리를 차지한다. 가톨릭의 생활 방식은 프로테스탄트적 의미에서의 심리적 문제들을 전혀 모른다. 집단 무의식의 거의 모든 삶이 교조적이고 원형적인 관념과 연결되어, 신조와 제의의 상징 속에서 잘 통제된 냇물처럼 흘러다닌다. 그것은 가톨릭 영혼의 내부에서 표현된다. 우리가 오늘날 이해하고 있는 집단 무의식은 전에는 "심리"의 문제였던 적이 없다. 기독교 교회가 존재하기 전에는 고대의 비교가 있었으며, 이것은 선사의 신석기 시대라는 뿌연 안개로 덮인 시기까지 거슬러 올라가기 때문이다. 인류에게는 영혼의 깊은 곳에 살고 있는 모든 초자연적인 것들에 대항하여 마법적인 힘을 빌려줄 강력한 이미지들이 부족하였던 적이 없다. 늘 무의식의 형체들은 보호하거나 치유하는 이미지들로 표현되었으며, 이런 식으로 영혼으로부터 우

주공간으로 추방되었다.

그러나 종교개혁의 우상 파괴는 문자 그대로 성상들을 보호하는 벽의 파괴를 초래하였으며, 그 이후로 이 이미지들이 하나씩 부서져 내렸다. 그 이미지들은 수상쩍은 것들로 취급되었다. 깨어나는 이성과 갈등을 일으켰기 때문이다. 게다가 사람들은 이미 오래전부터 그 의미를 잊고 있었다. 아니, 정말로 잊었던 것일까? 사람들이 정말로 그 의미를 모르고 있었다는 것이 가능한 일일까? 그때에서야 비로소 인류의 프로테스탄트에 해당되는 부분에서 사실 우리가 동정녀 탄생, 그리스도의 신성, 삼위일체의 복잡성 등의 의미를 전혀 모르고 있었음을 깨달았다는 것이 가능한 일일까? 마치 그 이미지들은 그냥 살고 있었던 것처럼 보인다. 사람들은 아무런 의문이나 생각 없이 그들이 살아 있는 존재라는 것을 그냥 받아들였던 것처럼 보인다—관습의 의미도 모르는 채 크리스마스 트리를 장식하거나 부활절 달걀을 숨기는 것처럼. 사실 원형적 이미지들은 그 자체 내에 의미가 빽빽하게 들어차 있기 때문에, 사람들은 진짜로 그 의미가 무엇이냐고 결코 물어보지 않는다. 신들이 때때로 죽는 것은 그 신들이 아무런 의미도 없다는 것, 그 신들이 인간의 손으로 만들어졌다는 것, 나무나 돌로 만든 쓸모없는 우상이라는 것을 인간이 문득 깨닫기 때문이다. 그러나 실제로는 그가 그때까지 그 이미지들에 대해서 전혀 생각해보지 않았다는 것을 깨닫는 것일 뿐이다. 생각을 시작할 때는, 그가 "이성"이라고 부르는 것의 도움을 받는다. 그러나 이 이성이라는 것은 사실상 그의 편견과 근시안적 관점의 합계에 지나지 않는다.[80]

제임스 조이스는 『젊은 예술가의 초상』을 오비디우스의 『변신(Metamorphoses)』(8권, 188행)에서 따온 제사로 시작한다. "그리고 그는 미지의 예술로 마음을 돌린다(Et ignotas animum dimittit in artes)." 이 구절은 예술가이자 장인인 크레타의 디덜러스가 탈출을 결심하고 날개를 발명하는 일에 마음을 돌린 순간을 가리킨다. 이 날개는 예술의 날개였으며, 그는 이것을 타고 본토로 날아갈 생각이었다. 조이스의 마음에서 이 이미지가 직접적으로 관련을 가지는 것은, 알레고리적으로 아일랜드라는 좁은 세계를 벗어나 유럽 본토라는 더 큰 세계로 달아나겠다는 그 자신의(그의 주인공 스티븐 데덜러스의) 결정이었다. 그러나 그의 마음에는 또한 좁은 지평, 말하자면 기독교의 로마 가톨릭적 형태라는 신화적 지방, 심지어 신화적 원형들의 기독교적 형태로부터 벗어나 더 큰——가능하다면 가장 큰——인간적 관점으로 나아가겠다는 생각도 있었다. 그러나 그 수단은 이른바 신앙을 내세운 어떤 다른 종교집단적 질서로의 개종이 아니라, 예술이었다.

그의 친구 크랜리가 스티븐 디덜러스에게 이제 프로테스탄트가 될 것이냐고 묻자, 스티븐은 이렇게 대답한다. "나는 신앙을 잃었다고 했지 자존심을 잃었다고 하지는 않았어. 논리적이고 일관된 엉터리를 버리고 비논리적이고 일관성도 없는 엉터리를 끌어안는 것이 무슨 해방이 되겠어?"[81]

완전하게 개진된 신화적 체계의 구조——비잔틴이든 고딕이든, 힌두교이든, 불교이든, 폴리네시아이든, 나바호이든——는 조화를 이루어 아름다우며, 아폴론적인 명료함을 지니고 있다. 동시에 경험된(반드시 이성적으로 정리되지는 않았다고 하더라도) 삶의 의미와 광채로 완전하게 충전이 되어 있다. 따라서 로마 가톨릭의 신화와의 결합은 미지의 의미가 담긴 공허와 결합된 경우처럼 프로테스탄트적인 갈망의 의미에서 "낭만적"인 것이 아니라, 확고하고 단단하고 명료하다. 가톨릭에게는 오히려 바깥의 비가톨릭적이고 비신화적인 세계가 악마에게 넘겨진 것이며, 혼란스럽고 악마적이고 공허하기 때문이다. 스티븐은 살아 있는 사람들의 세계에서 『율리시즈』의 긴 지옥 여행을 하는 도중에 이렇게 말한다. "역사는 내가 깨어나려고 노력하는 악몽이다."[82] 같은 날 늦은 오후에 비를 알리는 커다란 천둥소리가 울린다. 내적이고 의미를 부여하는 구조와 그의 삶의 바깥 맥락 사이의 분열이라는 황폐한 '황무지'의 주문이 깨지는 것이다. 그 뒤에 매음굴 장의 발푸르기스의 밤(Walpurgisnacht, 마녀들이 브로켄산에 모여 마왕과 주연을 벌인다고 하는 5월 1일 전야/역주)에서는 내부의 상징적 이미지와 외부의 문자적 사실이라는 부정할 수 없는 두 세계 사이의 갱생의 상호작용이 뒤따르는데, 이것은 바로 『피네건의 경야』의 연옥의 꿈으로 이어진다. 여기서 단순히 깨어 있는 의식, 각자 자기 방어적인 인격들, 분리된 종교들, 분리된 국가 역사들, 심지어 분리된 학자-전문가들의 세계라는, 시각적으로는 존재하지만 영적으로는 해석되지 않는, 흡수되지 않은, 따라서 이질적이고 뿌리 뽑힌 '황무지'는 꿈의 신화의 "동일 실체성"의 원칙에 자리를 내준다. 역사라는 의미 없는 악몽은 해체되어, 네 개의 세계 시대가 늘 순환한다는 신화적인 이미지 속에서 의미심장하게 재구성된다. 모든 것은 어디에나 존재하고, 모든 것을 채우는, "자연이나 영의 하나의 힘"의 양극화된 이미지로 찬란하게 빛나게 된다. 그 힘은 "자신을 표현할 수 있는 유일한 조건으로서" 동시에 모든 곳에서 자신과 심각한 전쟁을 벌이면서도 익살스러운 평화를 이루고 있다.* 따라서 바깥 세계 전체를 통하여 모든 것에 존재하는, 태연하고 내적이고 세계를 긍정하고 유지하는 창조적 원리, 즉 '그렇다'의 메아리가 울려 퍼진다. 힌두교도가 말하는 것처럼, "존재중의 '존재'로부터 풀잎 하나에 이르기까지" 말이다.

『마의 산』에서도 비슷한 일이 일어난다. 사실 독자적으로 활동한 이 두 현대 소설가가 얼마나 많은 주제와 상징을 공유하고 있는지 놀랍기만 하다. 『율리시즈』와 『마의 산』에서는 이런 예들을 들 수 있다. 첫번째는, 생각에 잠겨 삶에 대한 태도를 찾아가는 젊은이가 등장하는, 죽은 자들의 땅이라는 상징이 그 예이다. 두번째는 자연주의적인 배경이다. 한편에서는 병원과 의학적 환경, 다른 한편에서는 도서관과 서재의 분위기를 포함함으로써, 문학과 과학 양쪽 영역으로부터의 교육적 영향을 보여준다. 그러나 모두가 의미심장하게 죽음과 사랑이라는 엄숙하고 항상적인 주제와 관련을 맺도록 구조화되어 있다. 세번째는 의외의 신화적인 밑그림이다. 이것은 근대의 삶의 경험의 영역들을 전통적인 인간성의 영역들에 동화시키는데, 음악적으로 반향을 일으키는 라이트모티프 기법을 통하여 제시된다. 네번째는 성적인 경향인데, 이것은 발푸르기스의 밤의 모험으로 제시되는 장에서 절정에 이른다. 그리고 마지막으로, 심지어 죽은 자들의 땅에서 주인공의 삶이 삶 쪽으로 방향을 틀면서, 실질적으로 자신의 두 세계를 통합하는 과제와 마주치게 될 때, 그 변화의 순간을 표

---

* 367-368쪽 참조.

시하기 위하여 등장하는 천둥소리까지도 똑같다. 그러나 바로 이 천둥소리에서 대조적인 면도 나타난다. 『율리시즈』에서 천둥소리는 발푸르기스의 밤 전에도 환각적인 내부 외부 상호작용이 이루어질 때 들려오지만, 『마의 산』에서 「벼락」이라는 제목이 붙은 장은 소설의 맨 마지막이며 모든 위대한 계시의 장면들 뒤에 나온다. 나아가서 벼락은 젊은 주인공을 잠으로 더 끌고 들어가는 것이 아니라, 다시 역사의 영역으로 데리고 나온다. "천둥의 울림처럼" 터져나오는 것은 제1차 세계대전 발발 소식이며, "일곱번째 잠자는 사람" 한스 카스토르프는 자발적으로, 심지어 삶으로 깨어난 것에 고마워하며, 참호의 악몽으로 들어간다. 그것도 그의 지중해적이고 친프랑스적이며 문학적인 친구이자 스승인 세템브리니의 정치적 꿈의 편이 아니라, "피가 부르는" 그의 친족의 고향 편으로 말이다.

이렇게 아일랜드-가톨릭 쪽에서는 천둥의 부름이 안으로부터, 시간을 초월한 보편적인 것들의 신화적 세계──몸에 배어 있는 것이다──로부터 오며, 여기에 바깥 세계의 특정한 것들이 통합되어야 한다. 반면 독일-프로테스탄트 쪽에서는 그 부름이 바깥으로부터, 구체적으로 유럽 역사──조국, 교구적 가족사, 당파적 헌신──의 영역으로부터 온다. 그러나 사실 이것은 이 특정한 젊은 청년의 영혼에는 그의 경건한 아버지의 고향에 자리 잡은 가족 지향적인 기독교에 의하여 내면화되어 있었다. 따라서 이 두 모험은 비록 역사적으로는 대립되지만, 깊은 곳에서 동등한 것이며, 똑같이 존재의 시간적인 면과 시간을 초월한 면을 통합하는 하나의 과제와 관계가 있다.

한스 카스토르프는 유년 시절에 그의 세기의 시간적이고 역사적인 질서와 실제적인 관계를 세내로 확립하였다. 반면 시간을 초월한 보편적인 것들의 세계는 마의 산의 정상에서 보낸 7년간(23살부터 30살까지)에만 익숙해졌을 뿐이다. 반면 스티븐 디딜러스는 가족의 성서와 조상 전래의 가보가 아니라 성(聖)변화의 신비를 바탕으로 성장하였다. 그가 강의 한 가운데서 그의 앞에 서 있는 어여쁜 소녀──"마법이 기이하고 아름다운 바다새의 모습으로 바꾸어놓은 듯한"──라는 형태로 찾아온 시간적 세계의 부름을 들었을 때, 그가 "살고, 실수하고, 넘어지고, 승리하고, 생명에서 생명을 다시 창조하기 위하여"* 앞으로 나아가다가 마주친 것은 지옥의 악몽의 모습이었다. 그것을 철학의 황금으로 승화시키는 데는 『피네건의 경야』라는 엄청난 작업이 필요하였다.

이렇게 서로 매우 다른 두 예술가——그러나 이 둘은 똑같은 경험의 깊이, 배움의 폭, 의사소통의 기술을 지닌 사람들이다——의 이 대조적인 두 작품에서는 똑같은 신화적 주제, 똑같은 깊은 곳의 소리가 들려온다. 따라서 이들은 신화에 대한 나의 주장——아니, 니체의 주장——을 뒷받침해준다. 즉 신화는 낮의 세계의 사건들이 모든 것의 기반이자 모든 것에 생명을 주는 근거와 연결되어 있음을 드러내는 계시적 요소라는 것이다. 그러나 이런 신화는 고정된 것으로, 교조적으로 규정된 것으로 생각할 수 없다. 오히려 신화는 예술가의 눈에 의하여 이런저런 사건의 형식으로서, 모든 것 속에 전례를 찾아볼 수 없는 독특한 방식으로 존재하는 패턴 아닌 패턴으로서 싱싱하게 살아 있다는 것이 재발견된다.

### 7. 민주주의와 공포 정치

그렇다면 '황무지'는 무엇인가?

그곳은 삶에서 떠오르는 것이 아니라 권위에 의해서 신화의 패턴이 만들어지는 땅이다. 볼 줄 아는 시인의 눈도 없고, 살 만한 모험도 없는 곳, 모든 것이 모두에게 영원히 정해진 곳이다. 유토피아! 다시 말하지만, 그곳은 시인들은 쇠약해지고, 사제적인 정신이 번창하는 곳이다. 사제적인 정신의 임무는 오로지 상투어를 되풀이하고 주장하고 설명하는 것이다. 이런 영혼의 마름병은 오늘날 성당 구내로부터 대학 캠퍼스까지 확산되어 있다. 니체는 거의 100년 전에 이 점을 지적하였다.

〔그는 1888년 『우상의 황혼』에서 말한다.〕 나는 여기저기서 독일 대학들

---

\* 87-88쪽 참조.

을 만나게 된다. 학자들 사이에 어떻게 이 따위 분위기가 팽배한지, 이 무슨 정신의 사막인지, 얼마나 미지근하고 자족적인지! 이 점과 관련하여 내 의견에 반대하면서 독일 과학을 들이대는 것은 심각하게 오해를 한 것이다. 또한 내가 쓴 글을 단 한 단어도 읽지 않았다는 증거가 될 뿐이다. 나는 지난 17년간 지칠 줄 모르고 우리의 현재의 과학 산업의 정신을 황폐하게 만드는 영향력에 대하여 관심을 가질 것을 요구해왔다. 엄청난 범위의 현대 과학들이 모든 개별적인 학자에게 강제하는 힘겨운 노예제야말로 우리 학생들 가운데 더 완전하고, 더 풍부하고, 더 심오한 재능을 갖춘 학생들이 더 이상 적절한 교육이나 교육자를 찾을 수 없게 된 주된 이유이다. 이 문화는 허세를 부리면서 구석이나 살피는 자들과 인간성의 단편을 유지하려는 자들이 지나치게 넘쳐나는 바람에 가장 큰 고통을 겪고 있다. 대학들은 그들의 의지와는 **반대로** 이런 식으로 영적 본능들의 발육을 저지하는 데 주역을 담당하고 있다. 유럽 전체에 이미 이런 현상이 만연해 있다. 고도의 책략을 부려도 아무도 속지 않는다.…… 독일은 점점 더 유럽의 평지로 간주되고 있다.[83]

나는 이 무시무시한 비평을 번역하면서, 이것을 우리 자신의 20세기 중반 실정에 맞게 바꾸려면 딱 한 가지, 의지와는 "반대로"라는 말을 의지를 "총동원하여"로 바꾸기만 하면 된다는 것을 알았다. 우선 문제가 되는 것은 현대로부터 엄청나게 먼 세계에서 나온 진부한 것들에 대한 종교적 교육이다. 다음으로 매주 강의, 세미나, 퀴즈를 통해서 이루어지는 이른바 인문 교육이다. 이런 교육에서는 "위대한 책들"이 요약되고 평가되어, 권위 있는 정보로서 텅 빈 머리들 속을 채우며, 학점 평가를 위하여 다시 그 정보를 내놓을 것을 요구한다. 그 다음에는 살균된 권위사들이 가르치는 과학들——사고가 미치지 않는 변두리에 자리 잡고 있는!——이 있다. 이 권위자들은 정신의 귀와 눈과 마음이 자기 자신과 우주에 대한 경이에 열려 있던 다시 붙잡을 수 없는 젊은 시절에 니체가 말하는 것과 똑같은 힘겨운 노예제에 시달린 사람들이다. 따라서 경험을 위한 시간도 장소도 허락도 없다——격려는 말할 것도 없고 말이다. 더 심각한 것은, 이런 것들과 더불어 무엇에 홀린 듯한 사회정치적 미치광이들이 캠퍼스 시위, 피켓 라인 구호, 저널리즘적인 요란한 선전을 벌이고, 풋내기 무리에게 그들이 여섯 달 전에는 들어보지도 못하였을 대의를 명분으로 행동하라고 요구한다는 것이다. 그리고 남는 얼마 안 되는 시간마저 내적인 성장을 위한 공부에는 쓰지 못한 채 침해받고, 파괴당하고, 일상적인 쓰레기로 더럽혀진다. 오늘날 세계의 젊은이들 자신이 쓰레기가 어질러놓은 방처럼 보인다는 것, 그리고 그들이 디오니소스적인 "여행"과 "해프닝"을 통해서 초기 기독교 교회의 아가페에 상응하는 행동을 하겠다고 약속하는 것도 놀랄 일은 아니다.

토마스 만은 『마의 산』에서 "연금술 교육"이라는 말을 자주 사용한다. 이것은 역사적 시간을 차단하고, 내적인 시간을 향하여 안으로 방향을 튼다는 뜻이다. 정신이 바깥으로부터의 적절한 영향을 통하여 움직이는 것은 사실이다. 그러나 자신의 준비와 성장 속도에 따라 반응하는 것이지, 다른 사람, 어떤 집단, 이른바 어떤 세계의 요구, 이상, 기대에 따라 반응하는 것은 아니다. 평지에서 삶은 반작용이다. 반면 시간을 초월한 산꼭대기에서는——연금술사의 바스 헤르메티쿰에서처럼——발효, 자발성 등 반작용에 대립되는 작용이 있다. 이것이야말로 "주입(inculcation)"(인-쿨카레〔in-culcare〕는 원래 "뒷꿈치로 찍어 넣는다"는 뜻)에 대립되는 "교육(education)"(에-두케레〔e-ducere〕는 원래 "인도하거나 이끈다"는 뜻)의 의미이다. 그리고 이런 발전을 위해서 절대 필요불가결한 것이 낮의 요구로부터의 분리이며, 이것은 모든 교육자들이——최근까지만 하더라도——영적인 삶에 다가가는 제1조건이라고 이해하던 것이었다.

『마의 산』에서 한스 카스토르프가 역사로부터 분리되어 자아와 세계 발견이라는 사치에 굴복하는 데 가장 강력하게 반대하는 인물은 익살맞은 두 교육자 가운데 첫번째 사람이며, 저자는 그의 주인공을 이 두 사람 사이에 배치해놓는다. 그 사람은 검은 콧수염을 기른, 섬세하고, 우아한 이탈리아의 인문주의자이자 저널리스트인 세템브리니인데, 한스는 그가 거리의 풍각쟁이를 많이 닮았다고 생각한다. 만은 그를 사탄, 메피스토펠레스, 삶에 대한 통제력을 얻으려고 노력하는 지성이 의인화된 인물로 소개한다. 그는 수사학적인 진보주의, 지중해의 명료함, 이성, 형식의 우아함을 갖추고 교묘한 말로 상대를 설득하는 사람이다. 그러나 그의 이름은 셉탕브리제(septembriser), 즉 "냉정하게 학살하다"라는 뜻을 가진 불길한 동사(1792년 9월 2일에서 6일 사이, 파리의 여러 감옥에서 벌어진 왕당파 대학살을 가리키는 말인 셉탕브리자드〔septembrisades〕에서 나왔다)를 암시한다. 닳아빠진 저고리에 비록 누더기가 되었지만(그의 사상처럼) 늘 단정하게 다린 검은색과 흰색 체크무늬 바지를 입고 다니는, 마치니 정치학파에 속하는 이 초라하지만 우아하고 유창한 백과사전파와 한스의 관계는 메피스토펠레스와 파우스트의 관계와 같다. 그는 자신이 돌보는 사람의 영혼을 얻기 위하여 조언을 하고 도움을 줄 수 있지만, 그의 의지를 이해하지도 통제하지도 못한다.

만은 비정치적 사유들에 대한 책에서 이렇게 말하였다.

> 나는 속을 뒤집어놓는 것을 읽고 싶으면, 내 모든 것이 대립하면서 소용돌이치는 것을 읽고 싶으면(이런 독서도 가끔은 유용하다), 마치니의 책을 펼친다. 어느 날 나 자신은 아무 짓도 아무런 노력도 하지 않았는데, 마치니의 책이 마치 하늘에서 보내준 것처럼 내 손으로 들어왔으며, 나는 그 덕분에 정치적 미덕의 본질에 대하여 약간이나마 통찰을 얻게 되었을 뿐만 아니라, 독일의 문명의 작가들의 정치적 선언의 스타일, 태도, 억양, 정열의 원류를 이해할 수 있었다. 나는 순수한 문화 속에서 만개한 라틴계 프리메이슨, 민주주의자, 문학적 혁명가, 진보적인 수사학자를 손에 쥐고 있는 셈이다. 이 책에서 나는 정신을 깊은 동양의 정신과 자코뱅 클럽의 정신 사이의 어떤 것으로 생각하게 되는데, 사실 "미덕"〔마라와 로베스피에르의 의미에서〕이 복원된 오늘날에는 정신을 그렇게 이해해야 한다. 이 책에서 나는 어떤 것과 마주쳐도 멈추지 않고, 어떤 의심의 흔적에도 물들지 않고, 조금 전까지 사람들 앞에 서서 눈을 들어 하늘을 보면서 요란한 몸짓으로 연설을 하다가 지금은 주먹을 불끈 쥐고 씩씩거리면서 폭동을 부추기고, 선동하고, 격려하는 활동가의 모습을 구경하며 감탄할 수 있다. 이 책에서 바리케이드는 "민중의 왕좌"라고 부른다. 이 책에서 나는 "도덕성과 기술!", "그리스도와 언론!"이라고 말할 수 있는 사람의 목소리를 듣는다.[84]

이성의 빛――자유, 평등, 박애, 또는 죽음이라는 의미에서――의 이런 유형의 옹호자는 위대한 르네상스 유형의 자유 정신의 옹호자를 훗날 상투적이고 천박하게, 말하자면 사제적으로 환원해놓은 것이다. 만은 그의 진부한 교육자에게 그가 후광을 업고 있는 저 위대한 인문주의자들──베르길리우스만이 아니라 페트라르카, 로렌초, 폴리치아노, 마키아벨리, 카스틸리오네, 거기에다가 프랑스 계몽주의로 나아가 디드로와 볼테르에게 이르기까지──의 고귀함의 잔광을 전달하는 데 멋지게 성공하였다. 문학의 정화하고 성화하는 힘, 지식과 언어를 통한 정열의 파괴. 이해, 용서, 사랑으로 나아가는 큰길로서의 문학이라는 관념. 연설의 구원하는 힘. 인간 정신 전체의 가장 고귀한 표현으로서의 문학적 정신. 완성된 인간, 성자로서의 문인. 세템브리니는 이 찬란한 곡조에 맞추어 아폴로기아(자신의 신앙 등을 변명하기 위하여 쓰여진 문학 작품/역주)를 부른다.

그러나 『비극의 탄생』에 나타난 니체의 언어로 하자면, 이것이야말로 소크라테스, 소크라테스적인 인간의 특징이다. 이런 인간은, 지성이 삶을 정복하고 삶의 방향을 잃게 하고 삶을 해체한다는 의미에서, 삶의 불완전성을 사랑하지 못하고 그 신비에 무감각하다는 의미에서, "퇴폐"의 원형이자 주역이다. 다른 말로 하면, 쇼펜하우어가 앞에서 인용한 그의 구절에서 비난한 유형, 삶 자체에 내재된 병들을 장소와 시간적 조건의 탓으로 돌리고, 그것을 교정하고자 하는 열정에서 그들이 구하고자 하는 삶을 불안하게 하는 사람들이다.*

〔니체는 말한다.〕 "소크라테스의 수호신"이라고 알려진 주목할 만한 현상에서 소크라테스의 특징을 푸는 열쇠를 얻을 수 있다. 그의 비범한 지성이 흔들리기 시작하는 상황이 오면, 그는 그럴 때만 그에게 말을 거는 신의 목소리를 통해서 자신감을 회복하곤 하였다. 그리고 이런 목소리가 들릴 때마다, 이 목소리는 늘 하지 말라고 경고하였다. 즉, 이 대단히 비정상적인 인물의 경우에, 본능적인 지혜는 오직 이따금씩만 나타났고, 그것도 그의 의식적 판단을 억제하는 방식으로만 나타났다. 모든 생산적인 사람들의 경우 창조적이고 자극적인 힘은 바로 본능이며, 비판하고 경고하는 역할을 담당하는

---

* 420–421쪽 참조.

것은 의식적인 정신이다. 그러나 소크라테스의 경우, 본능이 비평가이고 의식이 창조자이다. 이것은 정말이지 결함에 의한 기형이다! 나아가서, 그의 사례가 사실상 보여주는 것은 신비한 능력의 기괴한 엄폐이다. 소크라테스는 비신비주의자의 구체적인 패턴으로 보아야 하며, 신비주의자의 경우 본능적 지혜가 발달하는 것처럼, 그에게는 논리적인 능력이 이상 발육에 의해서 과대하게 발전하였다. 나아가서, 소크라테스의 논리적 재능은 스스로에게 거역하는 것이 완전히 불가능하였다. 그의 고삐 풀린 말의 격류에는 엄청난 자연의 힘이 나타나는데, 이런 힘은 우리가 보통 본능의 장대한 표현에서 발견하고 경외감을 느끼는 것이다. 플라톤의 대화를 읽는 도중에 소크라테스의 삶의 방식의 거룩한 단순성과 확신을 조금이라도 느낀 사람은 또한 소크라테스 뒤에서 논리적 소크라테스주의의 엄청난 바퀴가 돌아가고 있다는 것, 그리고 그러한 바퀴가 그림자를 통해서 보이듯이 소크라테스를 통해서 보인다는 것을 느꼈을 것이다. 소크라테스 자신이 이 점을 어느 정도 느꼈다는 것은 그가 어디에서나, 심지어 마지막 재판관들 앞에서도 자신의 거룩한 소명을 인정한 것에서 분명히 나타난다. 이 점에서 그를 반박하는 것은 궁극적으로 그의 파괴적인 영향력이 선한 본능에 기초하였다고 말하는 것만큼이나 불가능한 일이다.[85]

소크라테스적인 인간은 본능에 대한 공인된 반대자이자, 지성이 아니라 충동으로부터(토니오 크뢰거의 표현을 빌자면, "정신"이 아니라 "자연"으로부터) 영감을 받은 삶의 숙고되지 않은 방식들에 대한 자칭 교정자로서, 문화의 시작이 아니라 끝에서 지배적인 위치를 차지하는 것처럼 보이며 또 실제로 지배적이 된다. 오즈발트 슈펭글러(Oswald Spengler)는 『서양의 몰락(The Decline of the West)』(1923)에서 니체와 똑같은 관찰을 보여준다. 그는 여덟 개의 높은 수준의 문화(이집트, 수메르-바빌로니아, 그리스-로마, 인도, 중국, 마야-아즈텍, 레반트, 서유럽. 그의 관점에서 오늘날의 러시아는 샤를마뉴 시기의 서유럽 단계쯤에 와 있다)의 역사의 경로를 비교하고나서, 그의 자료를 공들여 철저하게 확인해본 사람이라면 누구라도 설득당할 만한 단단한 증거를 통하여, 이들 위대한 초개인적 삶의 경로 각각에서 비판적-지성적 능력이 서정적-본능적 능력보다 우위를 점하는 순간이 필연적으로 나타나고 또 그때마다 잠깐씩 계몽된 창조성이 발달하지만, 이것은 결국 쇠진, 불모, 기계적 반복으로 끝나고 만다는 것을 보여주었다. 괴테(토마스 만의 경우와 마찬가지로, 니체와 더불어 슈펭글러에게 영감을 준 중요한 인물이었다)는 「정신의 시대들」이라는 짤막한 연구에서 이미 19세기초(1817년)에 인류 전체, 하나의 문명, 한 나라를 막론하고 모든 문화 주기에 정상적으로 나타나는 연속된 4단계의 윤곽을 잡고, 그것을 다음과 같은 도표로 정리하였다.

시작

심오하게 경험된 지각 : 적절하게 이름을 붙이면

| I | 시 | 민중의 믿음 | 애정어리다 | 상상력 |
| II | 신학 | 이상화하는 고양 | 거룩하다 | 이성(Vernunft) |
| III | 철학 | 분명하게 하는 평가절하 | 지혜롭다 | 오성(Verstand) |
| IV | 산문 | 진부함 속으로의 해체 | 천박하다 | 감각성 |

혼란, 저항, 해체

두번째 단계(II)에서 세번째 단계(III)로 넘어가는 과정에서 지성은 우위를 차지하며, 환원적인 비평이 삶에의 본능적 충동을 평가절하하고, 가능한 곳에서는 심지어 근절하기도 한다. 괴테는 이 문제에 대하여 이렇게 말하였다.

이해의 인간은 상상할 수 있는 모든 것을 자신의 분명함의 영역으로 가져오려고 하며, 심지어 가장 신비한 현상들도 합리적으로 해석하려고 한다. 따라서 대중과 교회의 믿음들을 거부하지 않고, 그 뒤에 포괄적이고 귀중하며 유용한 구성 요소가 있다고 가정한 다음 그 의미를 구한다. 이때 특수한 것은 일반적인 것으로 바뀐다. 또 민족적이고 지역적이고 심지어 개인적인 모든 것으로부터 인류 전체를 위해서 타당한 어떤 것을 끌어내려고 한다.

우리는 이 시대에 고귀하고 순수하고 지혜로운 노력이 이루어진다는 사실을 부정할 수 없다. 그러나 그 매력은 전체 민중이 느끼는 것이라기보다는 독특하고 매우 재능 있는 개인이 느끼는 것이다.

이런 유형의 사고가 일반화되자마자 마지막 시대로 즉시 넘어간다. 우리는 이 시대를 산문적이라고 부를 수 있다. 이 시대는 이전 시기들로부터 내려온 유산을 인간화하고, 그것을 분명해진 인간의 이해와 일반적인 가정적 용도에 맞추는 데는 관심이 없기 때문이다. 이 시대는 가장 숭엄한 것마저도 평범한 낮의 빛 속으로 끌고 오며, 이런 식으로 모든 엄숙한 느낌들, 대중과 교회의 믿음, 심지어 계몽된 이해——아직도 예외적인 것 뒤에 어떤 존경할 만한 관련의 맥락이 있을지도 모른다고 생각하는——의 믿음들마저도 완전히 파괴해버린다.

이런 시대는 오래 지속될 수 없다. 역사의 흐름에 의해서 악화된 인간의 요구는 지성의 지도력을 뛰어넘어 뒤로 돌아가, 사제, 민중, 원시의 믿음들을 혼란에 빠뜨리고, 지금은 여기서 다음에는 저기서 전통들을 움켜쥐며, 스스로 신비 속에 잠겨버리고, 시의 자리에 동화를 갖다놓으며, 이것을 믿음의 항목들로 드높인다. 지적으로 가르치고 조용히 영향을 주는 대신, 사람들은 이제 사방에 씨앗과 잡초를 무차별적으로 함께 뿌린다. 집중을 할 수 있는 중심점은 주어지지 않고, 모든 개인이 지도자 겸 교사로 나서며, 자신의 완전한 어리석음을 완전해진 전체로 제시한다.

따라서 모든 신비의 힘은 사라지고, 민중의 종교 자체가 세속화한다. 전에는 자연스러운 발전 속에서 서로의 영향으로 성장하였던 구별되는 면들이 이제 모순적인 요소들로서 서로에게 반작용을 하며, 따라서 창세 이전의 혼돈이 다시 생겨난다. 그러나 처음과는 달리 무언가를 잉태한, 열매를 맺는 혼돈이 아니다. 쇠퇴를 향해서 치닫는 죽어가는 혼돈으로, 여기에서는 신의 영조차도 가치 있는 세계를 창조할 수가 없다.[86]

토마스 만은 세템브리니를 세번째 단계(III)를 예증하는 대가로 제시한다. 그러나 그는 네번째 단계(IV)의 입구에 서 있는 세계에서는 오직 환자로서만 살아남을 수 있다. 여기에서는 새롭기는 하지만 실제로는 엄격하게 중세적이고 반동적인 유형의 자칭 교육자가 젊은이들의 교사이자 국가 지도자들에 대한 조언자로 등장하고 있다. 『마의 산』에서 이 두번째의 매우 모호한 유형의 정신적 스승은 작고 수척하고 깨끗하게 면도를 하고 값비싼 양복을 입은 나프타라는 사람으로 나타나는데, 그는 소설이 반쯤 진행되고나서 등장한다. 그는 호전적이고 준비가 철저한 논쟁자로서 옆에 있는 사람들을 부식시킬 정도로 추한 모습을 지닌 사람이다. 경멸감을 가득 담은 얇고 꽉 다문 입술 위에는 거대한 매부리코가 자리 잡고 있고, 그 위에 걸린 두꺼운 안경 너머에는 옅은 잿빛 눈이 자리 잡고 있다. 세템브리니는 그를 프린켑스 스콜라스티코룸(princeps scholasticorum, 교장)이라고 부르며 놀린다. 나프타는 세템브리니를 마스터 메이슨(프리메이슨의 제3급 회원/역주), "지부장"이라고 부른다. 그들은 구절 하나마다, 단어 하나마다, 생각할 수 있는 모든 주제마다 날카롭게 대립하여 끝도 없이 언쟁을 벌이며, 정의(定義)를 제시하고 그것을 쪼갠다. 한 사람은 이성의 기능 속에서 드러나는 인간과 정신의 영광을 옹호한다. 또 한 사람은 타락한 자연적 인간, 그의 본능, 이성, 자유라는 허세, 진보, 과학, 권리 등과 완전히 구별되고 그것과 대립하는 신과 초월적인 정신을 옹호한다. 나프타는 세템브리니가 일원론이라는 이단에 빠져 있다고 공격한다. 세템브리니는 나프타가 이원론과 세계 분열에 빠져 있다고 공격한다. 둘 다 개인을 옹호하는 척한다. 그러나 나프타는 이곳 지상에서 개인이 가지는 권리나 힘이 아니라 그의 영원한 영혼을 옹호한다. 둘 다 진리를 향한 인간의 열정을 옹호한다. 그러나 나프타에 따르면, 진리는 이성으로 접근할 수 없는 것이며, 그 유일한 전거는 계시이다. 또한 법이나 관습의 제정도 인간의 협의에 의해서 이루어지는 것이 아니다. 세상에 영원한 법은 하나, 신의 법, 즉 이우스 디비눔(ius divinum)밖에 없으며, 그것은 기름부음을 받은 권위에 의해서만 집행되기 때문이다.

"르네상스가 자유주의, 개인주의 인본주의적인 시민권이라고 부르는 그 모든 것을 세상에 가져왔다는 것은 잘 알고 있소." 신랄한 나프타가 휴머니스트인 상대에게 말한다. "그러나 당신의 이상들을 구현하려고 노력하는 영웅적 시대는 이미 지나가버린 지 오래요. 그런 이상들은 죽었소. 적어도 현재는 마지막 숨을 헐떡거리고 있고, 숨을 끊어놓을 자들이 이미 문앞에 당도해 있소. 내가 틀린 게 아니라면, 당신은 스스로 혁명가라고 말하고 있소. 그러나 자유가 미래 혁명의 쟁점이 될 것이라고 생각한다면, 그것은 틀린 것이오. 자유의 원리는 지난 500년간 자기 길을 다 왔고, 이제 수명을 다했소. 스스로 계몽주의의 자식이라고 생각하면서 비판적 기능들의 발전, 개인의 해방과 계발, 이에 의한 영원히 고정된 삶의 방식들의 해체를 자신의 목적으로 여기는 교육 방법론이 아직도 당분간 수사학적 성공을 거두는 것처럼 보일지도 모르오. 그러나 알 만한 사람들에게는 그런 교육의 반동적 성격이 물어볼 필요도 없는 거요. 진정으로 진지한 태도를 갖춘 교육 집단들은 옛날부터 모든 교육에서 유일하게 시행 가능한 원리가 무엇인지 알고 있었소. 그것은 규율, 희생, 에고의 부정, 개성의 종속이라는 명분하의 절대적 명령, 철의 유대요. 마지막으로 자유에서 즐거움을 느낀다고 생각하는 것은 젊은이들의 오해요. 가장 심오한 즐거움은 복종이오⋯⋯."

"아니!" 그는 말을 계속한다. "이 시대의 비밀이자 요구는 개인의 해방과 발전이 아니오. 이 시대가 요구하는 것, 이 시대가 갈망하는 것, 이 시대가 스스로 창조해나가게 될 것은 '공포 정치'요."

값비싼 양복을 입은 이 자그마한 수다쟁이는 그 마지막 말을 하면서 목소리를 낮춘다. 전혀 움직이지도 않고, 아무런 몸짓도 없이 그 말을 내뱉는다. 그의 안경만 잠깐 번쩍거렸을 뿐이다. 그의 말을 듣고 있던 사람들, 즉 세템브리니만이 아니라 한스와 그의 군인 사촌은 경악한다. 그러나 웅변적인 휴머니스트는 곧 정신을 차리고 경박스러운 태도로, 그러면 그 '공포 정치'가 언제 도래하느냐고 묻는다.

그러자 상대는 경멸하는 표정으로 대답한다. "당신네 영국의 경제적 자유주의는 경제적 사고에 대한 인간의 승리를 대변하며, 기초와 목표 양자가 모두 정확하게 기독교의 '신의 도성'과 일치하는 사회사상 학파를 알지 못한단 말이오? 교부들은 '나의 것'과 '너의 것'을 유해한 말이라고 했고, 개인 소유는 도둑질이요 강탈이라고 했소. 그들이 개인 소유를 반대한 것은, 신이 주신 자연법에 따르면, 이 땅은 모든 사람이 공유하는 것이며, 그 산물은 모두가 함께 이용하는 것이기 때문이오. 그들은 소유권이 생기고 개인 소유가 생겨난 것은, 타락의 결과인 탐욕 때문일 뿐이라고 가르쳤소. 그들은 인간적이었고, 반상업적이었기 때문에 모든 종류의 경제적 활동이 영혼의 구원에 위험한 짓이라고 했소. 즉 인간성을 위태롭게 한다는 거요. 그들은 돈과 재정을 혐오했소. 자본주의적인 부를 지옥의 불의 발화점이라고 했소…… 그런데 이제, 수백 년 동안 무시를 당한 뒤에, 이 모든 경제적 원리와 기준들이 공산주의라는 근대적 운동 속에서 부활하고 있소. 국제적인 노동이 국제적인 사업과 금융에 대항하여 세계 지배를 이루겠다고 하는 주장에 이르기까지 양자의 일치는 완벽하오. 오늘날 세계 프롤레타리아는 부르주아지가 자본주의적으로 인간성과 '신의 도성'이라는 이상을 부패시킨 것에 항의하고 있소. 우리 시대에 걸맞는 구원의 정치경제적 수단인 프롤레타리아 독재는 프롤레타리아 자신을 위하여 언제까지나 지배하려는 것이 아니라, 오직 십자가 상징에 나타나는 정신과 힘의 대립의 소멸을 위한 일시적 수단일 뿐이오. '세계 정복'이라는 수단에 의한 '세계' 극복이 그러한 의미이고, 이행, 초월, '왕국'이 그러한 의미요. 프롤레타리아는 다시 교황 그레고리우스 1세의 과업을 떠맡은 것이며, 프롤레타리아 안에는 그의 신에 대한 열정이 숨쉬고 있소. 프롤레타리아는 그레고리우스 1세와 마찬가지로 손에 피를 묻히는 일을 마다하지 않을 것이오. 프롤레타리아의 과제는 세계의 구속을 위하여, 그리고 구속자의 목표인, 신의 자식과 같은 인간, 국가가 없고 계급이 없는 인간 조건을 달성하기 위하여 사람들의 마음에 공포를 불어넣는 것이오."[87]

'신의 날'에 대한 이러한 묵시록적 비전에 대하여 발언하는 냉소적 증오의 인물은 유대인으로 태어나 서품을 받은 예수회 신부이다. 완전한 유대-기독교인인 셈이다! 그러나 그의 연속적인 두 성서 어느 한쪽에 관습적인 사람들보다 약간 앞선 생각을 하였으며, 열이 올라 허파에 죽음의 흔적을 담고 마의 산에 거주하게 된다. 한스는 생각한다. "작고 축축한 얼룩이 있는 멋진 예수회 수사(Ein joli jésuite mit einer petite tache humide)." 세템브리니는 말한다. "그의 모든 생각은 외설적이오. 그 생각들은 모두 죽음의 표지를 달고 있소."[88] 실제로 비단으로 장식한 그의 호화로운 아파트에는 14세기 피에타가 추한 아름다움의 이상을 제시하고 있으며, 이것은 세템브리니의 르네상스 벨레차(bellezza, 아름다움)의 이상과 완전한 대조를 이루고 있다. 이 피에타는 (그가 한스에게 설명하듯이) 인노켄티우스 3세의 『인간 조건의 비참함에 대하여(*De miseria humanae conditionis*)』라는 제목의 재치 있는 글에 담긴 금욕주의적 정신에서 잉태된 작품이었다. 이것은 이런 사람 또는 저런 사람의 아름답게 치장된 생산품이 아니라, 고난의 표시 밑에서 육신의 슬픔과 연약함에 대한 지식을 드러내는 익명적이고 비인격적이고 근본적인 계시였다.[89]

젊은 엔지니어는 이 인상적인 작품에서, 그리고 나프타의 주장에서 그의 다른 스승 세템브리니의 통찰을 넘어서는, 세상의 고뇌에 대한 깊은 통찰을 인식할 수 있었다. 그러나 이 세상에 살면서 세상 그대로를 사랑하는 사람들과 정신의 가치를 분리하는 나프타의 태도 때문에 엔지니어는 확신을 가지지 못한다. 그래, 고통, 병, 죽음, 부패가 있기는 하다. 그러나 이것들이 삶을 반박하는가? 만은 나프타라는 이 작은 괴물 속에서 레반트의 정신성의 역사 전체의 폭을 드러내는데, 이것은 유럽의 토착적인 인본주의적 개인주의와 화해 불가능한 대립을 이룬다.

보아라, 야훼께서 온 땅을 황야로 만드신다. 땅바닥을 말끔히 쓰시고 주민을 흩으신다. 서민도 사제도, 종도 상전도 똑같다. 하녀도 주부도, 파는 이도 사는 이도 똑같다. 빌리는 이도 빌려주는 이도, 빚 준 이도 빚 얻은 이도 똑같다. 온 땅을 말끔히 쓸어가시어 남은 것은 돌더미뿐이리라. 야훼께서 이렇게 선고하셨다. 산천은 메마르고 세상은 파리해지니 하늘도 땅과 함께 슬퍼한다. 주민의 발에 밟혀 땅은 더러워졌다. 그들이 법을 어기고 명을 거슬러 영원한 계약을 깨뜨린 때문이다. 그리하여 온 땅은 저주를 받고, 주민은 처형된다. 세상의 주민은 거의 다 불에 타 죽는다.[90]

새 세상이 어떨 것인지 물어볼 필요도, 궁금해 할 필요도 없다. 우리는 그것에 대해서 과거의 역사에서 읽었으며, 그 훗날의 형태를 지금도 우리 눈앞에서, 소련, 중국, 동유럽, 티벳의 인민의 낙원에서, 담이 없고 철조망이 없고 기관총이 없는 모든 쥐구멍으로 피난민들이 새어나오는 그

낙원에서 보고 있기 때문이다."⁹¹⁾

이스라엘 백성이 광야에 있을 때, 안식일에 나무를 하는 사람이 있었다. 그 나무를 하는 사람을 본 사람들이 그를 모세와 아론과 온 회중 앞에 끌고 왔다. 그러나 이런 사람을 어떻게 다스려야 할지, 그 전례가 없었으므로 그를 그냥 가두어두는 수밖에 없었다. 그때 야훼께서 모세에게 말씀을 내리셨다. "그를 사형에 처하여라. 온 회중이 그를 진지 밖으로 끌어내다가 돌로 쳐죽여라." 온 회중은 야훼께서 모세에게 명령하신 대로 그를 진지 밖으로 끌어내다가 돌로 쳐죽였다.⁹²⁾

[에머슨은 말한다.] 사회는 어디에서나 그 구성원들 각각의 인간됨에 대항하는 음모를 꾸민다.…… 사회는 현실과 창조자들을 사랑하는 것이 아니라, 이름과 관습을 사랑한다.…… 결국 당신 자신의 마음의 성실성 외에는 아무것도 신성하지 않다.⁹³⁾

괴테는 말한다.

신은 죽은 자가 아니라 살아 있는 자들에게서, 이미 이루어진 것과 고정된 것이 아니라 되어가고 변화하는 것에서 힘을 발휘한다. 따라서 이성은 오직 되어가는 것과 살아 있는 것을 통하여 신성으로 나아가려고 노력할 뿐이니, 오성은 이루어진 것과 고정된 것을 이용하려고 할 뿐이다.⁹⁴⁾

## 8. 암포르타스의 상처

『신의 가면 : 원시 신화』에서 인간의 자격을 갖춘 인간 같은 것은 없다고 지적하였다. 호모 사피엔스 종의 어린 것들은 너무 일찍 태어나며, 완전히 무력하며, 그들이 채택받아 들어가게 되는 특정한 사회 집단의 보호 아래 직립 자세와 도구 사용 능력만이 아니라, 언어, 사고, 상징을 통한 상상 등 인간 고유의 능력을 얻게 된다. 그들은 그 스타일과 세계에 맞추어 성장하면서, 그 세계의 서명이 찍히게 되고 그 한계들에 맞게 틀이 잡힌다. 각 집단의 신화와 제의의 일차적 기능은 단순히 이런 전문화된 발전이 이루어지게 하는 것이다. 나아가서 최초의 사회적 단위들은 대가족 규모를 넘어서는 일이 드물었으며, 그 가운데 모든 성인 구성원들은 전체적인 문화적 유산을 소유하고 있었다. 신화는 이런 유산의 내용을 구체화하였으며, 제의는 그 유산이 젊은이들에게 전달되는 동시에 노인들 사이에 유효하게 유지되게 하는 수단이었다. 즉 신화와 제의는 양육하고 교육하는 기능을 담당하였으며, 미완의 자연의 산물을 어떤 구체적 환경 속에서 생존을 위해서 특별하게 적응된 성인으로, 특정한 사회 집단에 온전하게 참여하는 구성원으로 조화롭고 완전하게 발전하도록 해주었다. 젊은이는 그 집단을 떠나서는 성숙에 이를 수도 없었고, 살아갈 수도 없었다.

우리가 사는 현재의 세계에도 그런 가족 제의가 있다. 그런 제의들이 젊은이들을 이 날과 시대에 적합한 성숙 상태로 양육하는 통과 의식으로서 심리적이고 교육적인 기능을 가지는 한, 그런 제의나 그 제의를 집행하는 사람들에게 불평이 있을 수가 없다. 그러나 오늘날의 세계는 인류가 이 땅 여기저기에 드문드문 흩어져 가족의 무리를 이루어 배회하거나, 동물들로 이루어진 위험한 환경에 새로 진입하여 먹을 것을 찾아 돌아다니던 구석기와는 다르다. 당시에는 자연이 매우 힘겨웠다. 따라서 사회도 힘겨웠다. 제어할 수 없다고 여겨지는 어린 것들은 그냥 없애버렸다. 가장 좁은 의미에서의 순응이 절대적으로 필요하였다. 그러나 당시에도 어떤 유형의 일탈자에게는 관용을 보여주었다. 곧 몽상가, 샤먼이었다. 샤먼은 죽었다가 삶으로 돌아온 자이며, 영적인 힘들과 만나 이야기를 나눈 자이며, 그 위대한 꿈과 생생한 환각을 통해서 정상적으로 눈에 보이는 사물의 표면보다 더 깊고 더 본질적인 힘들에 대하여 효과적으로 이야기를 해주는 자였다. 실제로 바로 이런 이상한 재능을 가진 자들의 통찰로부터 원시 공동체의 신화와 제의의 많은 부분이 파생되었다.[95] 그들은 오늘날 심리라고 인정되는 것의 내적 현실을 처음 발견하고 드러낸 자들이다. 따라서 그들이 주관하는 신화와 제의는 자연에 영향을 주고,

사냥감이 나타나게 하고, 병을 낫게 하고, 적이 쓰러지게 하고, 친구가 번창하게 하는 등의 외적인 (상정된) 기능을 하였을 뿐만 아니라, 인간 상상력의 깊은 층들과 샘들을 건드리고 일깨우는 내적인 (실제적인) 일도 하였다. 따라서 어떤 특정한 지리적 환경——극 지방, 열대, 사막, 풀 덮인 초원, 산꼭대기, 산호섬——에서 살고 싶다는 실제적 요구는 말하자면 연극 속에서 충족되어야 하였다. 온 세상과 그 특징들, 그리고 그 안에 있는 사람들의 행위는 웅장한 연극의 플롯과 멋진 배경에 참여함으로써 광채를 발하게 되었다.

예를 들어서, 제의에서 불러내어 먹이로 죽인 짐승은 두번째 제의를 통하여 근원으로 돌아와 다시 태어날 것임을 알고 기꺼이 제물로서 스스로를 바친 것이 된다. 식물을 재배하는 사람들 사이에서도 마친가지로 연극이 이루어져, 땅을 갈고 씨를 뿌리고 추수를 하는 일이 출생의 신비에 비유되었다. 걷는 데 싫증이나 야생마처럼 온 힘을 다하여 거리를 달려가는 소년처럼, 우리가 아는 모든 원시인들은 신화와 제의를 통해서 자신의 일의 모든 측면을 축제로 바꾸어놓았다. 신화와 제의는 만물에 어떤 실제적이고 경제적인 의미에서는 존재하지 않지만, 공연된 꿈인 연극에서는 존재하는 의미를 부여하였다. 이것은 엄숙하면서도 즐거운 희비극적 연극이었고, 장로들은 젊은이들에게 엄숙하면서도 항상적인 역을 맡기고 훈련시켰다. 에머슨처럼 이런 유형의 사회가 그 구성원들 각각의 인간됨에 대항하는 음모를 꾸몄다고 말하는 것은 완전히 잘못된 것이다.

그러나 우리가 이 연구의 앞권에서 자주 보았듯이, 기원전 7500년경 곡물 경작과 가축 사육의 기술이 도입된 직후 근동 핵심부에 갑자기 성장하던 촌락 세계에는 완전히 새로운 상황이 나타났다. 사람들은 이제 먹을 거리를 찾아 돌아다니지 않아도 되었기 때문에 틀이 잡힌 촌락에 정착하였고, 그 수와 규모는 불어났다. 사람들이 기원전 4000년경 티그리스-유프라테스 강 하류의 비옥한 땅에 진출하면서 증가 추세는 가속화되었다. 촌락은 작은 도시가 되고, 작은 도시는 큰 도시가 되었다. 이곳에서 세계 역사상 최초의 도시들이 나타났다. 이제 중심 역할을 하는 사회적 단위들은 대가족 정도의 작은 집단이 아니라, 다양하게 전문화된 계급들——땅을 경작하는 사람들, 상인들, 지배하는 사람들과 지배당하는 사람들, 다양한 종류의 장인들, 전문적인 사제들——로 이루어진, 복합적이고 복잡하게 기능하는 유기적 조직체들이었다. 이미 보았듯이,[96] 바로 이 공간과 시간에, 즉 기원전 3500-3000년경 근동, 구체적으로 수메르에서, 우선 힘에 의하여 위로부터 강제된 규율 잡힌 사회적 질서가 나타나며, 그 다음에는 이웃을 군사적으로 정복하기 위한 의도적인 원정이 나타난다. 이것은 단순히 한 부족이나 촌락 집단이 약탈하려는 의도, 악의, 복수심 때문에 다른 부족이나 집단을 멸절시키려고 습격하는 것이 아니라, 체계적인 정복과 복속을 위하여 의도적으로 진행시킨 군사 행동이었다. 최초의 도시국가들——키시, 우룩, 우르, 라가시, 라르사 등——의 유적지에서 그 증거들을 찾아볼 수 있다.

쾨니히스베르크, 베를린, 괴팅겐 등의 대학에서 교편을 잡았던 위대한 동양학자 고 한스 하인리히 섀더(Hans Heinrich Schaeder, 1896-1957년)의 말에 따르면, 바로 이곳에서, 인류 역사상 획기적인 이 위기와 더불어 우리 자신이 그 일부분을 이루고 있는 세계사적 과정이 시작되었는데, 그 특별한 주제, 그 특징은 인간이 다른 인간에 대하여 계획적으로 힘을 행사하는 것이었다.

〔섀더 교수는 말한다.〕 이러한 발전은 점진적 진화의 방식이 아니라, 국가, 또는 그런 이름으로 부를 만한 자격을 갖춘 조직이 처음 형성되는 것과 더불어 갑자기, 짧은 기간에 생겨났다. 그것은 도시 국가들에서 나타나며, 이 국가들이 빠른 속도로 티그리스-유프라테스와 나일 하류 지방의 영토 국가로 통합되는 과정에서 나타난다. 그 뒤에도 기원전 3000년에 인더스 강변에서, 기원전 2000년에 황하에서 비슷한 일이 나타난다. 이 모든 국가 건설은 똑같은 역사적 과정을 거쳐서 이루어진다. 즉 중앙 아시아 출신의 전사 유목민 정복자들이 그 이전에 정착한 경작자들을 쳐부수고 복속시키는 과정이다…….

이제 모든 곳에서 권력의 행사는 강화의 법칙, 그리스인들의 표현을 빌자면 플레오넥시아($\pi\lambda\varepsilon o\nu\varepsilon\xi i\alpha$), 즉 "자신의 몫 이상에 대한 탐욕"에 의하여 관장된다. 그 안에는 적도(適度)의 원칙이라는 것이 없다. 적도는 오직 외부로부터만, 그것을 억제하는 대응력에 의해서만 도입된다. 따라서 역사는 한쪽의 권력——그 제도, 유지, 증대——과 다른 쪽의 대응력 사이의 상호 작용이다. 후자는 다양한 이름으로 불리어왔는데, 그 가운데 가장 단순하고 가장 포괄적인 말이 사랑이다. 의심이 일어나(일반적으로 지배당하는 자들 사이에서 일어나지만, 가끔은 지배 계급 내에서 일어나기도 한다) 권력의 원칙에 대한 비판이 생기면 대응력이 형성된다. 그런 비판은 권력의 절대적 폐기라는 근본적인 지점으로까지 발전할 수도 있으며, 그러면 형제애와 상호 원조에 기초한 삶의 질서라는 관념이 발생하고 실현된다. 그들이 거부하는 권력이 아니라 이러한 삶의 질서에서만 인간 존재의 의미가 충족될 수 있다는 믿음으로부터 이런 입장에 있는 사람들에게 자신감, 그럼으로써 남들에게 영향을 미칠 수 있는 힘이 생긴다. 이제는 국가라는 조직된 권력, 주인에 의한 피지배자의 지배에서 의미를 구하는 것이 아니라, 사랑을 주고받는 개인들에게서 의미를 구한다.

    그러한 질서가 번창하면서 사람들을 변화시키고 새로운 삶으로 인도하면, 그것은 그 무엇으로도 막을 수 없는 영적인 운동이 될 수도 있다. 이것은 세대가 바뀌면서 원래의 출발점이었던 좁은 범위로부터 나라와 대륙을 가로질러 전파되어 나아간다. 그 과정에서 심지어 세속적 권력을 가진 자들도 그 진리와 의무를 인정하도록 설득하는 데 성공하며, 그들의 권력에의 의지——권력은 그 의지 자체의 결과가 아니다——에 제한을 가한다. 세계의 역사를 볼 때, 그런 운동은 두 차례(불교와 기독교에서) 세계사적 권력의 성격을 획득하였다. 이 운동들은 발전 과정에서 스스로 권력과 정복에의 의지에 오염되었으며, 이것 때문에 이따금씩 그 핵심까지 어두워지기도 하였다. 그러나 둘 다 원시적 성격, 즉 그들의 설립자의 삶과 가르침으로 복귀할 수 있는 운동이다. 유라시아의 역사에 나타난 모든 영적인 운동들 가운데 이 두 운동이야말로 오늘날에 이르기까지 '권력에의 의지'에 포위당한 인간이 다른 사람들과 그 자신에게 줄 수 있는, 영혼의 파멸과 타락에 대항할 수 있는 가장 지속적이고 믿을 만한 담보이다.

    그러나 이후 세계사의 시기들이 이어진 것은 사랑이 아니라 권력장(場)의 확장에 의한 것이었으며, 이 권력장은 3,000년 이상의 발전을 거듭한 끝에 마침내 유라시아 전역을 그 영향권 안에 두어, 그곳을 분리된 국가들로 나누어놓았다. 이것은 이전의 도시 국가들과 훗날의 정복자 무리——그들은 정복을 하고 그것을 확대하든가 아니면 옛날의 패턴에 따라 근처에 그들 자

신의 새 국가를 세웠다——사이의 상호작용에 의하여 생겨났다…….[97]

이 연구에 앞서 『신의 가면』 1-3권에 걸쳐 살펴보았듯이, 이 모든 권력 집단들이 그들의 제의를 해석하고 정리하고 강요한 주된 목적은, 어린 개인들이 성숙하게 성장하도록 양육하는 것이라기보다는, 왕조든 부족이든 교회의 종파이든 의문이 제기될 수 있는 자신의 권위를 초자연적으로 정당화함으로써 종교적으로 도전 불가능하게 만드는 것이었다. 그들은 시간을 초월한 상징들을 장악하고 재결합하여, 주입을 통한 복속이라는 목적에 체계적으로, 그리고 열심히 적용한다. 이전에는 삶을 양육하던, 통과와 입문이라는 가족의 영적 제의의 질서 위에 이런저런 이름의 영광을 위한 국가 신앙과 제의라는 완전히 새로운 질서가 겹쳐진다. 이른바 믿음을 위한 "신조"가 제시된다.

따라서 '황무지'는 (문제를 교육적으로 말하자면) 삶의 질서를 잡는 데 사랑이 아니라 힘이, 교육이 아니라 주입이, 경험이 아니라 권위가 지배하는 세계, 그 결과 강요되고 수용되는 신화와 제의가 강요를 당하는 사람들 내부의 실제적인 실현, 요구, 잠재력과 관계가 없는 세계라고 말할 수 있다. 그런 힘의 지배가 존재하지 말았어야 한다고 주장하는 것은 우스꽝스럽다. 우선, 그런 지배가 존재하기 때문이다. 둘째로, 그것이 셰익스피어의 야만인 캘리밴(『태풍』에 나온다/역주)의 사고, 비전, 예술, 문명의 범위를 넘어서는 모든 선하고 위대한 것을 가져다주었기 때문이다. 셋째로, 창조적 노동과 발전의 환희에 사로잡힌 사람들——새로운 형식들을 발전시키는 창조적 엘리트의 일원으로서이든, 아니면 관련을 통해서 삶의 의미를 부여받는 단순한 일꾼이자 흔쾌한 기여자로서든——에게 세계사의 위대한 창조적 순간에 참여하는 특권은 경멸하기 힘든 삶의 선물이기 때문이다.

그러나 슈펭글러가 그 자신의 창조적 걸작에서 멋지게 보여준 것처럼, 그렇게 시작된 문화의 형식들이 정점을 지나가버리는 전환기가 도래하게 마련이다. 나아가서——슈펭글러가 그다지 공감하지 않을 이야기이기는 하지만——새더가 지적하듯이, 주로 지배당하는 사람들 사이에, 그리고 가끔은 지배 계급 내부에도, 적절하고, 유일하고, 가장 높은 인간 경험이자 관심으로서의 권력 경험과 권력 과제에 불편을 느끼게 되는 사람들이 있다. 18세기 계몽주의가 최고의 영광에 이르렀던 순간에는 장 자크 루소(Jean Jacques Rousseau, 1712-1778년)가 그러한 비평가였다. 중세의 시인 장 드 묑(Jean de Meung, 1240?-1305년?) 역시 비슷한 인물인데, 그의 『장미 이야기(Roman de la Rose)』(1277년경)의 긴 마무리 부분에 나오는 자연에 대한 찬양은 묘하게도 『학예론(Discours sur les arts et sciences)』(1749)에 나오는 루소의 유명한 주장과 일치한다. 즉 야만인 상태(자연으로 돌아가라——고결한 미개인)가 문명화된 인간보다 우월하다는 것이다. 그리스에서는 아테네의 힘과 빛이 절정에 이르렀을 때, 견유학파 디오게네스(기원전 412?-323년)가 대단한 반역자였다. 인도에서는 브라만적인 사회적 삶의 카스트와 규칙들뿐만 아니라 베다의 권위를 거부한 부처(기원전 563-483년)가 똑같은 위기를 대변하였다. 중국에서는 "뿌리로 돌아가라"[98]는 정신의 소환장과 같은 『도덕경』(기원전 4세기)을 만나게 된다. 이 모든 목소리에는 공통된 외침이 있다. 고정되고 고착된 것들을 떠나 아직 모양이 잡히지 않은 가능성으로 나아가라는 것이다. 말하자면 지역 집단의 제의와 신화와 특별한 목적들, 즉 "집단적 신앙"이 대응하지 못하고 접촉하지 못하고 설득하지 못한 채 남겨둔 "나머지"에게로 가라는 것이다. 다시 에머슨의 말을 들어보자.

> 모든 개인들에게 공통된 한 가지 마음이 있다.…… 역사는 이 마음의 일들에 대한 기록이다.…… 인간 정신은 서둘지 않고, 그렇다고 쉬지도 않고, 처음부터 자신에게 속한 모든 기능, 모든 사고, 모든 감정을 적절한 사건 속에서 구현하며 나아간다. 그러나 늘 생각이 사실보다 앞선다. 역사의 모든 사실들은 마음속에서 법칙들로서 미리 존재한다.[99]

선사 시대이든 역사 시대이든, 작든 크든, "집단적 신앙"의 사악한 부분은 이런 신앙이 예외 없이 그들의 제의화된 신화들 속에 모든 진리를 포괄하고 있는 척한다는 것이다. 따라서 이 신앙들은 내가 "발견된 진리의 오류"라고 부르는 것, 또는 신화적 언어로 말하자면 성령에 대항하는 죄라는 저주를 받고, 그 신앙을 받아들이는 모든 사람들에게도 같은 저주를 내린다. 그들은 영의 계시들에 대항하여 그들 자신의 화석화된 신앙이라는 장벽을 세운다. 따라서 그들의 통제라는 금제 안에서 그들이 만드는 신화는 잠재력이 있는 개인들을 정해진 정서들의 체계──과거의 형성자들이 생각하는 위대한 사회라는 개념에 적합해 보이는 체계──에 묶어놓는 목적에만 기여할 뿐이다. 따라서 외부에서 보기에는, 그리고 역사가의 관점에서 보기에는 황금 시대처럼 보이는 시대의 문명이라고 하더라도 내부에서 볼 때는 쓰레기일 수도 있다. 오르테가 이 가세트의 말을 인용해보자.

    승리를 거두고 성공한 문화는 모두 화제와 관용구로 바뀐다. 화제란 명백하기 때문이 아니라 사람들이 이야기를 하기 때문에 통용되는 관념이다. 관용구란 매번 생각하지 않고, 단순히 이야기되고, 되풀이되는 것이다.…… 그 기원에서는, 그 자신의 진정한 순간에는 단순하였던 문화가 이제 복잡해진다. 상속된 문화가 이렇게 복잡해지면 각 사람의 자아와 그를 둘러싼 사물들 사이의 장벽이 두꺼워진다. 그의 삶은 조금씩 그 자신의 것으로부터 멀어지는 대신 집단적인 삶에 가까워진다. 그의 개인적이고 효과적이고 늘 원시적인 "나"는, 관습적이고 복잡해지고 교양을 갖춘 "나"에 의하여 "사람들"인 나로 바뀐다. 이른바 교양인은 매우 발달한 문화, 즉 이미 순수한 화제와 관용구들로 이루어진 문화의 시기에 반드시 나타난다.
    이것은 냉혹한 과정이다. 문화는 본디 살아 있는 진정한 것의 가장 순수한 생산물로서, 인간이 끔찍한 고뇌와 타는 듯한 열망을 품고 자신의 삶을 구성하는 가차없는 요구들을 느낄 때 생기는 것이다. 그러나 문화는 결국 그 삶의 위조가 됨으로써 끝이 난다. 인간의 진정한 자아는 그의 교양 있고 관습적이고 사회적인 자아에 삼켜진다. 모든 문화나 문화의 모든 위대한 국면은 인간의 사회화로 끝이 나며, 그 역도 성립한다. 사회화는 인간을 고독의 삶──그의 진정한 삶──으로부터 끌어낸다.[100]

12세기와 13세기에 문화가 주요한 변화의 문턱에 이르렀다는 데는 의심의 여지가 없다. 기독교도의 유럽 정복 목적은 이루어졌다——주로 힘에 의해서 말이다. 교황의 권력은 절정에 이르렀다. 십자군은 파죽지세로 밀고 나갔다. 그러나 도처에서 이단이 시끄러운 소리를 내면서, 그 소리가 퍼져 나가기 시작하였다. 구조 전체가 삐그덕거리기 시작하였다. 신의 사랑의 성당, 즉 교회, 신성한 피의 성배——제단에서 신이 자신을 바치는 바스——가 솔직하게 공개적으로 단순한 힘으로 바뀌었기 때문이다. 교회는 권력 국가, 그것도 초권력국가였으며, 그 교황——뿐만 아니라 신의 이미지도——은 완전히 아케메네스 왕조의 다리우스처럼 레반트의 왕중왕이었다.

그러나 새롭고 강한 포도주가 발효중이었다. 자극적인 향 냄새와 제단의 종소리, 다중의 숙인 머리와 천사 같은 합창단의 침묵을 향하여, 단에서 들어 올린 사제의 손에 쥐어진 황금 성배에는 이것을 더 이상 담을 수 없었다. 어떤 의미에서 그 시대는 우리 자신의 시대와 마찬가지로, 그리고 위대한 헬레니즘 시대와 마찬가지로, 동양과 유럽 문화의 교류가 모든 지역적 교조를, 더불어 높은 곳에서 권위를 얻었다고 하는 파워 엘리트의 주장을 흔들어버리던 시대였다. 개인들은 부패하는 유기체에서 풀려난 세포들처럼 속박에서 풀려나 자연스럽게, 예측하지 못하였던 새로운 결합체들에게 충성을 바치기 시작하였다. 따라서 우리는 이 세 위기의 시대에 병적인 사회 현상들이 유사하게 분출하는 것을 보게 된다. 이것은 융이 (헤라클레이토스의 말을 빌어) 에난티오드로미아(enantiodromia)——"대립물로의 전환", "건너감", 강제적으로 "다른 방향으로 흐름"——라고 불렸던 증상이었다. 다시 말해서, 제의적인 기능들에 대한 통제력이 상실되고, 트리스탄과 이졸트가 약을 마셨을 때처럼 본능적인 충동이 강렬하게 용솟음쳤다는 것이다.

물론 그것은 시인 고트프리트 그리고 트리스탄 자신이 기념하였을 이상적인 모랄리타이트(moraliteit)는 아니었다.* 그것은 적극적 의지의 통제를 넘어선, 압도적이고 저항할 수 없는 악마적인 침략이었으며, 그 힘

---

\* 275쪽 참조.

은 위에서부터 내려온 왕, 신, 문명의 이름으로 가해지는 어떤 힘 못지않게 그 결과가 해로웠다. 바그너는 「트리스탄과 이졸데」의 작업을 막 시작하였을 때, 쇼펜하우어의 철학의 발견에 의해서 막 압도당하였을 때도 이 점을 인식하였다. 1854년 가을 「발퀴레(Die Walküre)」의 음악 작업을 하고 있을 때, 영감이 용솟음치면서 트리스탄의 오페라의 개념이 떠올랐다. 그는 자서전에서 이렇게 말하고 있다.

어느 날 산책을 하고 돌아오다가 그 세 막의 내용을 혼자 개략적으로 그려보았다. 이것이 나중에 소재 발전의 기초로 이용되었다. 당시에는 마지막 막에 하나의 에피소드를 넣을 생각이었는데, 마지막에 가서 포함시키지 않았다. 그 에피소드란 성배를 찾아 방랑하는 파르치팔이 병상에 누운 트리스탄을 찾는 이야기였다. 내 머리 속에서는 부상으로 시름시름하면서도 아직 그것 때문에 죽을 수 없는 트리스탄을 성배 로맨스의 암포르타스와 동일시하고 있었다.[101]

이것은 만이 바그너에 대하여 이야기하고 있는 그 뛰어난 심리적 통찰의 또 한 예이다. 독자들이 기억할지 모르지만, 성배의 성에 사는 불구의 왕이 당한 부상은 마법적인 방식으로 그의 땅의 황폐, 비탄과 연결되어 있기 때문이다. 전설의 판본에 따라 그의 부상은 여러 가지로 설명되고 있다. 현존하는 가장 오래된 텍스트인 프랑스의 궁정 시인 크레티앵 드 트루아(Chrétien de Troyes, 1140?-1191년?)의 『페르스발(Perceval)』――『성배 이야기(Li Contes del Graal)』라고 부르기도 한다――에서는 전투에서 양쪽 허벅지를 꿰뚫은 창에 의하여 부상을 입는 것으로 나온다. 그 고통이 너무 심해서 그는 말을 타지도 못한다. 그래서 오락을 즐기고 싶을 때는 보트에 몸을 싣고 강에서 낚시를 한다. 그래서 그는 '어부왕'이라고 알려지게 된다.[102] 그러나 바그너는 이 오래된 프랑스의 로맨스를 참조하지 않았다. 그는 중세 고지(高地) 독일어로 쓰여진 볼프람 폰 에셴바흐(1170-1230년경)의 『파르치팔(Parzival)』을 참조하였는데, 여기에서는 부상 자체와 왕이 부상을 당하는 상황의 사회학적이고 심리학적인 의미를 깊이 있게 인식하고 있다.

성배의 왕 안포르타스는 어린 나이에 그 성스러운 자리에 오르게 된다. 선왕인 그의 아버지가 죽임을 당하였기 때문이다. 그는 어린아이였지만 장남으로서 아버지를 계승하게 된 것이다. 따라서 그는 인격이나 개인적인 실현에 의해서 왕이 된 것이 아니라, 상속에 의해서 무리하게 왕이 되었다. 왕이라는 역할은 그에게 (오르테가의 용어를 빌면) 화제였고, 상용구였다. 그의 노력으로 얻은 것도 아니요, 그의 본성과 관계가 있는 것도 아니었다. 따라서 볼프람은 이렇게 말한다.

그는 턱수염이 자라기 시작할 나이에, 사랑이 젊음에게 그녀의 악의를 드러내는 나이에 이르렀다. 그녀는 사랑하는 사람을 너무 강력하게 몰아붙였기 때문에, 그녀가 명예고 뭐고 가리지 않는다고밖에 말할 수 없을 정도였다. 그러나 성배의 군주가 지시된 것과 다른 방식으로 사랑을 갈망하게 되면, 시련과 매우 비참한 번민을 견디어야 할 터였다.[103]

성배의 왕은 성년에 이르자 당시의 여느 젊은 기사와 마찬가지로 말을 타고 여행을 떠난다. 그의 표어는 '아모르'였다.

그러나 이 표어는 온순과 겸손이라는 [성배의 왕에게 요구되는] 정신에 전혀 어울리지 않았다. 그날 왕은 사랑의 기쁨에 젖어 모험을 찾아 혼자 말을 달렸다(이것은 그의 백성에게 큰 슬픔이 되었다). 왕은 사랑의 열정에 사로잡혀 있었다. 그러나 마상 창시합에서 독을 바른 창에 고환이 꿰뚫리고 말았다. 부상이 너무 심해서 치료를 할 수가 없었다.

왕과 시합을 하여 그에게 피해를 준 사람은 이방인이었다. 그는 티그리스 강이 낙원으로부터 흘러나오는 에트니제 땅에서 태어난 자였다. 싸움에서의 용기로 성배를 얻게 될 것이라고 자신하던 자였다. 그 이름은 그의 이방인의 창에 새겨져 있었으며, 멀리서 기사의 일을 찾아 땅과 바다를 돌아다녔다. 이 모든 것이 오로지 성배의 힘을 얻기 위한 것이었다.

그러나 그 이방인은 그 자리에서 왕에게 죽임을 당하였다. 그도 약간 애도해주도록 하자. 왕이 맥빠지고 창백한 모습으로 돌아왔을 때, 의사의 손은 상처를 더듬다가 그 안에서 쇠로 만든 창끝과 창 조각을 발견하고, 그것들을 제거하였다.…… 그는 즉시 신의 도움을 받아 성배로 실려갔다. 그러나 성배를 보았을 때 그의 괴로움은 더 커졌을 뿐이다. 이제 그는 죽을 수 없었기 때문이다.[104]

이 아이러니에 주목하라. 그리고 그것을 토마스 만과 비교해보라. 지상 낙원 근처에서 태어난, 자연의 이방인 자식은 영의 최고의 상징을 찾아서 말을 타고 달린다. 그러나 권한을 가진 그 상징의 수호자는 반대 방향으로 나아간다.* 젊은 왕의 이름 안포르타스는 고대 프랑스어인 앙페르테즈(Enfertez[Enfermetez])에서 나왔는데, 이것은 "허약(Infirmity)"이라는 뜻이다.[105] 그 예언은 (마치 우연인 듯) 말을 탄 두 사람이 충돌하였을 때 이루어지며, 그 결과 둘 모두 파멸을 맞이한다. 자연은 처치되고, 영의 상징의 수호자는 덕이 텅 비어 있음에도 그의 슬퍼하는 백성에 의하여 영적인 역할을 유지한다. 그는 늘 치료를 바라지만, 바라던 결과는 얻지 못한다.

서로 건드리기만 해도 파멸을 가져오게 되는 이러한 자연(지상 낙원)의 지배와 영(성배의 성)의 지배의 분리는 삶을 황폐하게 하며, 이것은 오늘날까지도 기독교화된 서구 세계의 본질적인 심리적 문제로 남아 있다. 이것은 근본적으로 신과 우주, 창조주와 피조물, 영과 물질 사이의 존재론적 구분이라는 성서의 기본적 교리의 결과이기 때문에,** 중세의 절정기에 처음 분명하게 드러난 이후 거의 바뀌지 않은 문제이다. 그것을 간결하게 정리해보자. 기독교인들은 신성이 초월적인 것이라고 배운다. 그 자신이나 세계의 내부에 있는 것이 아니라, "저 밖에" 있는 것이다. 나는 이것을 신화적 분열이라고 부른다.[106] 내부를 향해도 안에서 신성을 발견하지 못하고 오직 창조된 영혼만을 발견할 뿐인데, 이 영혼은 창조주로 상정되는 존재와 올바른 관계를 맺을 수도 있고 맺지 못할 수도 있다. 구약의 교리에 따르면, 신(x)은 어떤 민속(c)과 계약(R)을 맺었다.

---

\* 396쪽 참조.
\*\* 앞의 〈그림 8〉과 28-31쪽 참조.

다른 어떤 민족도 이런 특권을 누리지 못하였다. 그것은 독특한 것이다. 따라서 신과의 관계(R)는 이 집단, 이 민족의 구성원이 됨으로써만 가능해졌다 : cRx. 신약은 여기에, 때가 이르면 아이, 예수, 신이 낳은 자식이 그 거룩한 인종으로부터 태어나는데, 그 안에 인간(c)과 신(x)이 기적적으로 결합되어 있다고 덧붙인다. 인간(c)에 속한 우리는 모두 그 신성으로 인하여 신(x)과 관계를 맺고 있는 예수의 인간성과 관계를 맺어야 한다. 그러나 이 관계(R)에 참여하는 것은 오로지 그가 세운 교회(한때는 단일하다고 생각되었지만, 지금은 서로 다른 수많은 종파로 이루어져 있으며, 그 가운데 어느 것이라도 옳을 수도 있고 틀릴 수도 있다)를 통해서만 이루어질 수 있다. 그 결과 구약적 관점에서 신과의 관계가 신체적으로 거룩한 인종의 구성원으로 태어나는 것을 통해서만 가능하였듯이, 신약에서는 세례(영적인 탄생)를 통하여 그리스도의 교회의 구성원이 되는 것을 통해서만 가능하다. 즉 어느 쪽이든 특정한 사회 집단에 참여하는 것을 통해서만 가능하다는 것이다. 나는 이것을 사회적 동일시의 방법이라고 부른다. 가치의 영역을 자신의 사회적 제휴 관계와 동등하게 보며, 교회 밖에서는 구원이 없다(extra ecclesiam nulla salus).

그러나 불행하게도 성서와 교회의 역사만이 아니라 우주와 종의 진화에 대하여 현재 알려진 것에 비추어볼 때, 중세에 이미 싹트고 있던 의심이 확인되었다고 할 수 있다. 즉, '창조', '타락', '구속'이라는 성서의 신화가 역사적으로 사실이 아니라는 것이다. 따라서 이제 기독교 세계 전체에 걸쳐 내부에 신성이 없다는 것뿐만이 아니라(신화적 분열), 외부의 신성에의 참여도 불가능하다는(사회적 동일시의 해체) 황폐한 느낌이 퍼져나가게 되었다. 간단히 말해서, 이것이 근대 영혼의 '황무지', 요즘 흔히 하는 말로 하면 "소외(alienation)"의 신화적 기초이다.

황폐의 느낌은 두 가지 수준에서 경험된다. 하나는 사회적 수준인데, 이것은 영적으로 강제적인 구조적 집단과의 동일시를 상실하기 때문에 생긴다. 이것 말고 형이상학적 수준이 있는데, 이것은 오직 욕정(노골적이든 승화된 것이든)과 공포(고통과 죽음에 대한, 또는 권태에 대한)에 의해서만 결합되어 있는, 자기 폐쇄적이고 분리되고 서로 짜증을 돋우는 유기체들의 경험적으로 분류 가능한 집괴(集塊)가 제공하는 것만 받을 뿐, 경험, 존재, 환희의 영역과 동일시되거나 관계를 가짐으로써 경외감을 느낄 수는 없기 때문에 생긴다.

세계의 이런 부서진 이미지에 대해서 글을 쓰는 것은 유행이 되었다. 마치 그것이 최근의 경제적, 과학적, 정치적 발전의 결합——산업혁명, 자본주의, 식민주의, 원자탄, 높거나 낮은 세금 등등——에 의해서 생겨난 어떤 새로운 사회적 구성체의 역할인 것처럼 보일 정도이다. 그러나 인류의 여러 시대에 대한 이 고찰, 이제 거의 마무리가 되어 가는 고찰의 넓은 시야에서 볼 때, 실제로 핵심적인 문제는 프랑스에서 성당들이 솟아오르던 위대한 시기(1150-1250년)——헨리 애덤스(Henry Adams)가 서양사에서 도덕적 열정이 가장 고도로 집중되었던 때라고 생각하였던 시기——의 절정에서 이미 나타났고, 또 많은 사람들이 그것을 인식하였음을 알 수 있다. 일찍이 12세기초에 아벨라르와 엘로이즈의 파괴된 삶이 이미 예고하였듯이, 수입된 신화적 질서가 부과하는 비합리적인 시련은 인간의 사랑으로도 인간의 이성으로도 더는 지탱할 수가 없었다. 그 신화적 질서는 마음만이 아니라 토착적인 정신의 모든 운동과도 접촉이 끊어진 채 무력을 동원한 공포 통치에 의해서만 지탱되고 있었기 때문이다. 성당을 건축하던 정열도, 아시아로부터 온 강력한 이미지가 금이 가고 해체되고 박살나기 시작하였다는 점점 분명해지는 사실을 부정하고 무효화하려는 보완적인 노력, 또는 필사적인 차단 노력에 불과하였던 것처럼 보인다.

엘로이즈는 마음속에서 자연의 여신 사랑의 은혜, 내부로부터의 축복——달콤쌉쌀한——을 느끼면서 지옥의 불이라는 신화적 위협을 무시하였다. 엘로이즈에게 그녀의 사랑은 '현실'이었다. 그로부터 100년 뒤에 트리스탄이 기꺼이 "영원한 죽음"에 도전한 일을 고트프리트가 찬양한 것만 보아도,\* 경전과 교회의 권위에 대항하여 자신의 경험에 의한 판단을 수용하려는 당시의 경향을 분명하게 느낄 수 있다.

---

\* 291-293쪽 참조.

그러나 엘로이즈의 연인 아벨라르의 쪽에서는 성배의 젊은 왕 안포르타스의 경우처럼, 내부의 여신의 충동에 의한 압력으로 인하여 완전히 다른 정신 질서가 생겨났다. 이제 막 턱수염이 자라나기 시작한 준비되지 않은 젊은이의 경우와 마찬가지로, 중년의 독신 신학자의 경우에도 사랑의 충동은 눈이 준비를 갖춘 "고귀한 마음"에 보내는 메시지로부터 일어난 것이 아니었다. 그의 고백의 편지가 보여주듯이, 그는 "그때까지 금욕적으로 살아오다가" 약 서른여섯의 나이에 "주위로 눈을 돌렸다." 그 눈은 이리의 눈이 양을 보듯이, 열여덟 살의 순수한 처녀, 임자 없는 처녀를 보았고, 자신의 위대함을 알았다.*

아벨라르의 진정한 위대함, 그가 당대의 누구에게도 눌리지 않고 당당하게 내세울 수 있는 측면은 이성의 왕국에 속한 것이었고, 이 점이 마음의 용기에서 위대하였던 엘로이즈와 다른 점이었다. 12세기초, 파리에서 이루어진 그의 놀라운 강연들의 시기로부터 유럽에서 비이성, 권위의 명령에 비이성적으로 복종하는 질서의 종말이 시작되었다. 이런 비이성은 초기 교부인 테르툴리아누스(160?-230년?)의 고백에 간결하게 요약되어 있다. "크레도 퀴아 이넵툼(Credo quia ineptum) : 터무니없기 때문에 나는 믿는다." 테르툴리아누스는 이렇게 말하였다. "하느님의 아들이 죽었다. 이것은 터무니없기 때문에 무조건 믿어야 한다. 그는 무덤에 묻혔다가 다시 살아났다. 이것은 불가능하기 때문에 확실한 사실이다."[107] 그 이전에 성 바울 자신이 이미 그런 뻔뻔스러운 어리석음의 문을 열어놓았다. "세상이 자기 지혜로는 하느님을 알 수 없습니다. 이것이 하느님의 지혜로운 경륜입니다. 그래서 하느님께서는 우리가 전하는 소위 어리석다는 복음을 통해서 믿는 사람들을 구원하기로 작정하셨습니다."[108]

아벨라르는 라온의 안셀무스 밑에서 공부를 하던 30대 초반에 스스로 성서를 공부할 수 있어야 한다고 이야기함으로써 동료들에게 충격을 주었다. 그리고 동료들이 재촉을 하자, 이전에 교육받은 것이 없음에도 에스겔에 대한 일련의 강연을 함으로써 자신의 주장을 입증해 보였는데,

---

* 69쪽 참조.

이 강연은 스승의 강연보다 더 인기를 끌었으나 그는 이 경솔한 행동으로 말미암아 퇴학을 당하였다. 그는 파리에서 강연을 계속하였으며, 거기서 철학자이자 신학자, 시인이자 음악가로 얻은 명성(브르타뉴의 트리스탄이라고 할 만하다) 때문에——두 사람 모두에게 슬프게도!——엘로이즈를 얻고 그때부터 그들의 참담한 운명이 시작된다.

그가 진지하게 견지한 신앙의 면에서나 그의 개인적 안전의 면에서나, 아벨라르의 메시지의 가장 위험한 부분은 이성을 통해서 신에 대한 지식을 얻을 수 있으며——그리스인들이 생각하였던 것과 마찬가지로——따라서 그러한 지식은 기독교 세계에 제한되지 않는다는 그의 신념이었다. 그는 임종 시에 『한 철학자, 한 유대인, 한 기독교인 사이의 대화(*Dialogue between a Philosopher, a Jew, and a Christian*)』를 쓰고 있었는데,[109] 이 글에서 아벨라르는 앞에서 말한 점을 밝히는 것과 더불어 기독교를 믿을 수 없는 교의들로 이루어진 신화가 아니라 "그 안에 다른 모든 것을 포함한 전체적인 진리"[110]라고 표현한다. 이성으로 신에게 접근한다는 것에는 신의 합리성을 의미하는 것이며, 이성으로 받아들일 수 없는 것은 믿을 필요도 없고 또 실제로 믿을 수도 없다는 뜻이 된다. 아벨라르는 이렇게 말한 적이 있다. "성급하게 믿는 사람은 경솔하다." 나아가서 이렇게도 말한다. "교부들의 글을 읽되, 반드시 믿어야 한다는 마음이 아니라 자유롭게 판단하는 마음으로 읽어야 한다."[111] 이 마지막 주장을 펼치기 위하여 아벨라르는 『예와 아니오(*Sic et Non*)』에서 당대의 신학의 모든 주요한 논점들에 대하여 교부들이 한 말들 가운데 서로 반대되는 이야기들을 쭉 제시하였다. 아벨라르는 말한다. "우리는 의심함으로써 묻게 되고, 물음으로써 진리를 인식하게 된다." 신앙의 문제에 대해서는 추론을 하지 말아야 한다고 주장하는 사람들에 대해서는 감히 대답할 수 없게 단호하게 묻는다.

그렇다면 그릇된 신앙을 가져 어떤 우상이 하늘과 땅의 창조주라고 고백할 정도로 눈이 먼 사람들에 대해서는 어떻게 반박을 하겠는가? 당신들이 말하는 대로 신앙의 문제에 대해서는 추론을 하지 말아야 한다면, 당신 자

신이 공격을 받지 말아야 한다고 생각하는 점을 놓고 다른 사람들을 공격할 권리가 없지 않은가.[112]

아벨라르는 이런 견해 때문에 이곳저곳에서 괴롭힘을 당하였으며, 절단난 인생 내내 이 수도원 저 수도원을 떠돌아다녀야 하였다. 한번은 자기 손으로 자기 책을 태우기도 하였다("그래서 모두 입을 다물고 있는 가운데 그 책은 타버렸다." 그는 그 야만적인 사건에 대해서 그렇게 말하였다). 그러고나서 아타나시오 신경(信經)을 큰 소리로 낭독해야 하였다("나는 흐느끼고 눈물을 흘리면서도 최대한 잘 읽으려고 애를 썼다"). 그는 수아송 근처의 수도원으로 보내졌다. 그곳은 수도원장 제프리가 채찍 등을 이용한 엄한 규율을 통하여 회개를 종용하는 곳으로 이름이 높았다. 아벨라르는 그곳에서 곧 풀려났으나, 점점 더 큰 곤경과 마주치다가 마침내 숲의 암자로 달아나게 되었다. 그러나 아벨라르가 그곳에 있다는 사실이 알려지자 학생들이 모여들어 그곳이 곧 수도원이 되었다. 하지만 아벨라르는 신의 사랑으로 성스럽게 사랑하던 자이며 노래 중의 노래를 부르던 자인 클레르보의 성 베르나르의 무시무시한 권력에 대한 두려움 때문에 그곳으로부터 달아난다. 아벨라르는 그 무시무시한 시절에 대하여 이렇게 썼다. "때때로 나는 절망에 빠져 스스로 멀리 떠나 그리스도의 적들 사이에서 기독교도의 삶을 살아갈까 생각해보기도 하였다는 것을 하느님은 아신다."[113] 아벨라르야말로 절단난 성배의 왕으로서의 트리스탄이었다. 그는 자신의 시대의 상징이었으며, '황무지'의 주제가 표현하고 있는, 마음, 몸, 정신의 불임의 상징이었다.

그러나 그가 강연을 하였던 파리의 교실들은 한 세대가 지나지 않아, 대체로 그의 영향력으로 말미암아, 유럽의 유수한 대학이 되었다. 주로 그곳에서 위대한 스콜라 철학 운동이 일어나게 되었으며, 그 최고의 대가가 아퀴나스라고 할 수 있다. 오늘날의 교회는 당연히 이 운동의 지적인 광채를 자랑스럽게 여기지만, 당시에 이 운동은 자유롭고 창조적인 사상의 개화로서 큰 두려움을 일으켰고 마침내 짓밟혔다. 따라서 그 창시자인 아벨라르의 운명——그의 삶의 고뇌라는 '황무지' 주제——은 사실상 교향곡에서 그 뒤에 나오는 모든 악구들의 주제를 제시하는 부분이 었으며, 그 악구들을 통하여 냉혹한 권력(인간의 인간에 대한 권력의 체계적 행사라는 기술)에 의한 빛과 생명의 무시무시한 살해가 증폭되고, 반복되고, 변주되고, 절정에 이르고, 대단원에 이르게 된다.

이 운동의 낙관적 목적은 그리스 철학과 성서적 초자연주의, 이성과 계시가 절대적으로 양립 불가능한 것이 아니라, 이성이 이를 수 있는 한, 일치함을 입증하는 것이었다. 그러나 계시는 그 너머까지 뻗어나간다. 예컨대, 아퀴나스는 그의 『신학 대전(Summa Theologica)』에서 이렇게 말하였다.

> 하느님은 인간의 지복(至福)이므로, 우리는 일반적이고 혼란스러운 방식이기는 하지만, 자연적으로 하느님이 존재한다는 것을 알고 있다. 인간은 자연적으로 행복을 바라는데, 인간이 자연적으로 바라는 것은 곧 자연적으로 아는 것이기 때문이다. 그러나 이것은 하느님이 존재한다는 것을 절대적으로 아는 것과는 다르다. 설사 다가오고 있는 사람이 피터라고 하더라도, 그것을 누군가 다가온다고 아는 것과 피터가 다가온다고 아는 것은 다르지 않은가. 이와 마찬가지로 모두 인간의 완벽한 선, 즉 행복을 이야기하기는 하지만, 이것이 부에 있다고 생각하는 사람들도 많고, 쾌락에 있다고 생각하는 사람들도 많고, 또 다른 것에 있다고 생각하는 사람들도 많다.[114]

스콜라 신학자들에 따르면, 그리스 철학자들, 특히 아리스토텔레스는 자연적 이성이 나아갈 수 있는 데까지 이런 종류의 문제들을 입증하기 위해서 노력하였다. 그러나 신이 삼위일체라는 사실, 그 가운데 예수 그리스도는 제2위라는 사실, 나아가서 예수 그리스도는 제3위에 의해서 잉태되어 동정녀에게서 나고, 십자가에 못박혀 죽고, 장사한 지 사흘 만에 다시 살아나고, 하늘에 올라 현재 제1위의 우편에 앉아 있다는 사실은 무지한 그리스인들, 심지어 아리스토텔레스조차 알 수가 없었다. 물론 부분적으로는 그런 일들이 기원전 4세기에는 아직 일어나지 않았기 때문이다. 그러나 그것은 삼단논법으로 이를 수 있는 종류의 진리가 아니기 때문이기도 하다.

〔아퀴나스는 말한다.〕 모든 사람들이 똑같이 믿도록 제안되어 있는 것은 모든 사람들이 과학의 대상으로서는 똑같이 모르고 있는 것이다. 그런 것들은 절대적으로 신앙에 속한 것들이다. 따라서 신앙과 과학은 대상이 같지 않다.

불신자들은 신앙에 대한 것들에 대하여 무지하다. 그들은 그런 것들 자체를 보거나 알지 못하고, 또 그것들이 믿을 만하다는 것을 알지 못하기 때문이다. 반면 신자들은 그것들을 아는데, 입증에 의해서가 아니라 신앙의 빛에 의해서 안다. 그들은 신앙의 빛을 통해서 그것들을 믿어야 함을 알게 된다. 거룩한 사람들이 믿음에 관한 것들을 증명하기 위하여 이용하는 주장은 논증이 아니다. 그것은 우리의 신앙에 제안된 것이 불가능한 것이 아님을 보여주는 설득력 있는 주장이거나, 신앙의 원칙들로부터, 즉 성서의 권위로부터 끌어온 증거들이다. 이런 원칙들에 기초한 것은 무엇이든 신자들의 눈에는 잘 증명된 것으로 보인다. 자명한 원칙들로부터 끌어낸 결론이 모두의 눈에 잘 증명된 것으로 보이는 것이나 마찬가지이다. 따라서 신학은 과학이다…….[115]

아퀴나스의 『신학 대전』이 나오고나서 50년 뒤에 단테는 『신곡』에서 그의 영혼의 두 안내자인 베르길리우스와 베아트리체라는 이미지를 통하여 이러한 진리들의 위계의 논리──자연적인 것과 초자연적인 것, 합리적인 것과 계시된 것──를 보여주었다. 이교도 시인 베르길리우스는 혼란에 빠진 기독교인을 위험한 "어두운 숲"으로부터 인도하여,* 지옥의 구덩이들을 안전하게 지나 연옥의 세계의 산을 올라가서, 그 정상에 있는 지상 낙원에 이르게 해준다. 그곳에서는 베아트리체가 그를 맞이하여 그의 안내자가 되면서, 기독교적인 자비와 신앙 속에서 그를 높이 신의 지복의 비전으로 인도한다.

그러나 모세, 바울, 아리스토텔레스를 거룩한 주의 장막 앞에 함께 무릎 꿇게 하려고 하였던 당시의 창조적인 정신들 모두가, 또 심지어 대다수가 권위자들에 의해서 올바른 방향을 보고 있다고 인정을 받은 것은 아니다. 결국 창조성은 순응이 아니며, 당시의 젊은 대학에서는 아타나시오

---

* 132쪽 참조.

신경으로 함께 묶을 수 없던 많은 일들이 벌어지고 있었다. 예를 들어서, 아퀴나스 시대의 가장 유명한 아베로에스주의자(아리스토텔레스 철학을 신플라톤파적인 범신론으로 해석하는 사람/역주) 시제 드 브라방(Siger de Brabant)──1277년 11월 23일 프랑스의 종교재판관 시몽 뒤 발이 그를 잡아 심문하기 위하여 도착하기 전 운 좋게 프랑스를 떠났다──은 다음과 같은 관점들(아시아를 암시하면서)을 실제로 주장하지는 않았다고 하더라도, 제안하기는 하였다고 전해진다. 창조된 세계는 영원하며, 세계는 영원하기 때문에 똑같은 종의 피조물이 다시 나타날 수밖에 없다. 다시 말해서, 전과 같은 순서로 서로 뒤를 이어 순환적인 방식으로 무한하게 계속될 수밖에 없다. 나아가서, 이 세상에서 인간의 최고 행복은 지성으로 하느님이라는 지성의 본질을 이해하는 지적인 행동에 있다. 또한 인간의 지성에서, 하느님을 이해하는 사유는 바로 하느님 자신이다.[116]

그래서 아퀴나스가 죽고나서 3년 뒤인 1277년 1월 18일, 교황 요한네스 21세는 파리 주교 에티엔 탕피에에게 당시 그의 관구에 돌고 있던 "오류"의 숫자, 성격, 근원을 확인해달라고 편지를 보냈다. 이 운명적인 해의 3월 7일, 주교는 그 편지에 따라 놀랍게도 무려 219개의 철학적 명제에 유죄를 선고하였는데, 이것이 교회의 성소 내에서 하나의 활동으로 이루어지던 철학의 숨통을 끊어놓았다. 며칠 뒤 캔터베리 대주교는 이 이른바 「1277년의 유죄 선고(Condemnation of 1277)」를 승인하였으며, 4월 28일 교황 요한네스는 두번째 편지에서 그 이행을 위한 방법을 제시하였다. 당시에 유죄 선고를 받은 명제들에는 다음과 같은 것들이 포함되어 있다(그런데 여기서 가장 주목할 만하고 의미심장한 것은, 우리에게는 그 책들도 없고 심지어 이런 사상의 주창자의 이름도 모른다는 것이다. 따라서 이 유죄 선고에서 언급이 되지 않았다면, 우리는 중세에 이런 생각들이 있었고 또 가르쳐졌다는 사실도 몰랐을 것이다).

기독교 신앙이 교육을 방해한다는 것. 기독교 신앙에 다른 모든 신앙과 마찬가지로 거짓과 잘못이 있다는 것. 신학을 안다고 해서 더 많이 알지는 못한다는 것. 신학자들이 하는 말은 신화에 근거하고 있다는 것. 진정한 지혜는 신학자들의 지혜가 아니라 철학자들의 지혜이며, 따라서 철학보다 더 우월한 것은 없다는 것. 인간의 선은 합리적인 과학에 있으며, 과학을 아는 것에서 아리스토텔레스가 묘사한 자연스러운 도덕적 덕들이 흘러나오는데, 이것들은 이 세상에서 인간이 접근할 수 있는 모든 행복을 이루며, 이 세상 뒤에는 다른 세상이 없다는 것. 가능한 다른 덕들은 없고, 초자연적으로 주입되는 덕은 없으며, 따라서 우리는 아리스토텔레스가 엘리트를 위하여 유보해놓은 덕, 즉 가난한 자들을 위하여 만들어지지 않은 덕으로 돌아가야 한다는 것. 세계가 영원하다면 신이 그것을 생산할 수 없기 때문이며, 세계가 현재대로라면 신이 그것을 다른 식으로 생산할 수 없기 때문이라는 것. 하나인 제1원칙으로부터는 그 원칙과 비슷한, 오직 하나의 결과만 나올 수 있으며, 따라서 신은 즉시 또 자유롭게 다수의 결과를 만들 수 없는데, 현재 사물이 다수라는 것은 그 나름으로 필연적인 이유가 있어 존재하는 중간의 원인들이 다수임을 전제한다는 것.

〔길슨 교수는 말한다.〕 이 스물여덟번째 명제는 주의 깊게 살펴볼 필요가 있다. 이것이 그 이후 중세 철학과 신학의 역사를 이해하는 데 대단히 중요하기 때문이다. '제1원리'는 이제부터는 오직 다른 원인들의 매개를 통해서만 다른 결과들의 원인이 될 수 있다. 변하는 것은 스스로 변화하지 않고는 여러 종류의 변화를 일으킬 수 없기 때문이다. 이 원칙을 유지하는 것은 근본적으로 기독교 신의 자유와 전능을 근본적으로 부정하는 것이다. 유대교와 기독교의 신은 단번에 다수의 존재들을 포함하고 있는 세계를 창조하였을 뿐만 아니라, 여전히 언제라도 자유롭게 그 안에 개입할 수 있다. 신은 직접적으로 그 안에서 인간의 영혼들을 창조할 수도 있고, 제2의 원인들 없이 기적적으로 행동할 수 있다. 야훼와 그리스-아라비아의 신*——이들로부터는 필연적인 순서에 따라 결과가 하나씩 나온다——사이에는 화해가 불가능하다. 유죄 선고 이전에 재판관 필립, 오베르뉴의 윌리엄, 보나벤투라를 비롯한 많은 사람들이 이미 이 양립 불가능성을 인식하였다. 1277년 이후에

---

\* 여기서 그리스-아라비아의 신은 코란의 신이 아니라 철학자들이 묘사하고 있는 신이며, 파리의 대탄압 150년 전에 정통 이슬람교로부터 이미 유죄 선고를 받은 신이라는 점에 유의할 것.

는 모든 신학자들이 이것을 알았다. 1277년의 유죄 선고는 중세 철학과 신학의 역사에서 이정표였다.…… 스콜라 철학은 철학을 혁신함으로써 철학을 정복하려는 노력을 하는 대신 방어적으로 행동하였다. 바로 그 순간, 그 황금 시대는 끝이 났다.[117]

또한 바로 그 순간 제도화된 기독교는 유럽의 삶에서 창조력으로는 끝이 났다. 그 신이 다시 성서 속으로 빠져들어갔을 뿐만 아니라, 곧 동시에 두 교황, 이어 세 교황이 나타났기 때문이다(로마 교회의 대분열, 1377-1417년). 그 뒤로 두 기독교가 나타났고, 이어 수많은 기독교가 나타났다(마틴 루터, 1483-1546년). 그러는 동안 여전히 최고의 자리를 유지하던 파리 대학의 강력한 총장 장 제르송(1429년 사망)이 새로운 신학적 기조를 확정하였다. 이 경건한 실력자가 존 후스의 처형을 주도한 사람이다.[118] 제르송은 스스로 자신의 영향력 있는 저서 『신앙의 문제에 대한 무익한 호기심에 반대하여(*Against Vain Curiosity in Matters of Faith*)』(1402, 1403)의 의미를 「마가복음」 제1장 15절의 말로 요약하였다. "회개하고 복음을 믿으라." 그에게는 그것이 기독교의 전부였다. 거기에서부터 우리 시대의 위대한 신교도 칼 바르트(Karl Barth)의 "신앙의 도약"에 이르기까지, 다시 거슬러서 바울과 테르툴리아누스——크레도 퀴아 이넵툼(터무니없기 때문에 나는 믿는다)——에 이르기까지 **창조적** 정신은 어디에(정확히 어디에) 있는가?

# 제3부 길과 생명

# 제7장 십자가에 달린 자

## 1. 공포-기쁨의 수레바퀴

아서왕 로맨스의 기원은 켈트인이다.[1] 그러나 켈트인의 층 밑에 그리고 그 뒤에는 널리 퍼진 신석기와 청동기의 신화와 제의의 유산이 놓여 있다. 이 유산은 기원전 7500-2500년이라는 위대한 단계에 근동 핵심부에 자리를 잡았던 최초의 농업 및 도시국가 공동체에 기원을 두고 있으며, 모든 수준 높은 문명의 근본적인 영적 유산을 대표한다.[2] 모든 것을 관장하는 우주적 질서에 대한 심오한 영감에 바탕을 둔 직관을 바탕으로 형성된 이 유산은 모태——내가 신화 발생 지대라고 이름붙인 곳——로부터 사방의 경작된 땅으로 그 묵직하게 충전된 이미지를 퍼뜨렸다. 따라서 위대한 여신과 요정의 언덕, '파도 밑의 땅', '젊음의 땅', '여자들의 섬'(아서왕의 아발론)에 사는 그녀의 배우자에 대한 켈트의 신화들은 세계 전통에 참여하고 있으며, 이 신화들은 그 가운데 북서쪽 가장 외딴 곳에 이른 것이라고 할 수 있다.

나아가서, 콘초바르 왕의 마차 전사들과 핀 매컴헤일의 거인들에 대한 대중적인 켈트 전설에 등장하는 훗날 철기 시대의 특징들도 널리 퍼진 것이었다. 이런 특징들은 제2의 신화 발생 지대인 동유럽과 남서 아시아의 넓은 초원 지대, 즉 아리아 인종의 모태로부터 생겨난 것으로, 이들은 뛰어난 사냥-목축-전투 복합체에 속한다. 이들의 남성 지향적이고 가부장적인 전설은 강인하고, 전쟁을 사랑하고, 넓은 지역을 활동 무대로 삼은 유목민들——마술(馬術)의 달인들이며, 전쟁 마차의 발명자들——에 의하여 서쪽으로는 아일랜드까지, 동쪽으로는 머나먼 중국까지, 남쪽으로는 이탈리아, 그리스, 아나톨리아(옛날의 소아시아로 지금의 터키/역주), 인도, 이집트까지 전파되었다. 따라서 마차, 전투 찬가, 베다, 호메로스, 아일랜드 서사시에 등장하는 언제나 전투할 준비가 되어 있는 신들은 친족간이며, 이 단일한 아리아, 인도-켈트, 인도-게르만, 또는 요즘 흔히 부르는 대로, 인도 유럽 복합체의 다양한 발전 형태들이다.

　나아가서, 한편에서는 이 훗날의 가부장적 신화의 정복자 신들과 영웅들, 그리고 다른 한편에서는 지역적이고, 땅에 속박되고, 땅에서 결실을 얻는 여신과 그들의 배우자들——모권 질서의 수호자들——사이의 상호작용은 이 두 대조적인 체계가 만나고, 충돌하고, 마침내 강제적으로 합병되는 곳마다 유사한 특징들을 보여준다. 어떤 지역——이를테면, 인도와 아일랜드——에서는 이전 청동기 시대 문명의 관점과 신화적 질서가 굳세게 버티면서 상대를 흡수하여, 마침내 이 조합에서 우세한 자리를 차지하게 되었다. 반면 또 어떤 지역——특히 약 3만 년 전의 알타미라, 라스코, 트루아 프레르, 툭도두베르 등의 위대한 동굴 예술들이 증언해주고 있는 구석기 수렵의 고전적인 땅인 유럽 대륙——에서는 아리아의 전투의 신들로 대표되는 도덕적이고 영적인 질서가 승리를 거두었다. 그럼에도 전체적으로 보자면 비슷한 특징들이 어디에서나 드러나며, 다만 여기에서는 상호작용의 이런 측면을 강조하고 저기에서는 저런 측면을 강조하였을 뿐이다. 우리가 이미 보았듯이, 신화 발생적 과수정(過受精)이 생기던 그러한 격투장 한 곳——역시 근동 핵심부의 "비옥한 초승달"이라는 멋진 이름이 붙은 곳——으로부터 고전기 후기, 헬레니즘, 로마 각각의 신비교가 발전하여 나왔으며, 그런 신비교 가운데 기독교 종파는 대중적이고, 비교적이지 않고, 정치적으로 만만하고, 국가의 지원을 받은 형태였다. 기독교 종파에서는 다른 종파에서 신비적이고 유추적으로 읽했던 상징들이 문자 그대로의 의미로 전락하였으며, 가정되는 또는 실제적인 역사적 사건들을 가리키게 되었다. 공식적 기독교를 비롯하여 수많은 신비주의적 전통(오르페우스와 미트라, 그노시스트, 마니 등)은 로마의 무기와 식민지화에 의해서 북유럽으로 전달되었고, 그곳에서 콘스탄티누스의 승리(324년)와 테오도시우스 법전(438년)——로마 제국에서 기독교를 제외한 모든 신앙과 숭배를 금지하였다——의 공표 뒤에 신비교들은 눈에 보이지 않는 냇물처럼 지하로 들어갔다. 그와 더불어 기독교의 입문 의식에서 신비적 비유로 사용되던 상징들은 지상으로 올라가 역사적 사실들에 대한 기록으로 공인되었다.

T. S. 엘리엇(T. S. Eliot)이 「황무지(The Waste Land)」의 주석에서 언급하기도 하였던 성배 전설에 대한 그 대담하고 박식한 연구서 『제의에서 로맨스로(From Ritual to Romance)』(1920년 출간)에서 제시 L. 웨스턴(Jessie L. Weston)은 성배 전통의 뿌리에 이런 지하로 들어간 신비교의 의식들이 놓여 있을 수도 있다고 주장하였다. 〈그림 3〉과 〈그림 4〉, 〈그림 11〉과 〈그림 12〉의 성례용 그릇에는 그런 신비적 종파 몇 개가 나타난다.

  C'est del Graal dont nus ne doit
  Le secret dire ne conter…….

크레티앵 드 트루아(Chrétien de Troyes)의 미완의 『페르스발(Perceval)』을 편집한 미지의 인물이 첨부한 이른바 "해설"에서는 그렇게 말하고 있다.[3] "그 이야기는 성배에 대한 것인데, 성배의 비밀에 대해서는 누구도 말을 할 수 없다." 그러나 웨스턴 양이 말해주듯이, 기독교 교회의 의식은 전혀 비밀이 아니었다. 또한 원시적인 자연 숭배의 다산 의식 역시 마찬가지였다. 따라서 경이, 신비, 모험, 입문 등 성배의 전승을 지배하고 있는 일반적 분위기를 함께 고려할 때, 이 두 행은 '성배의 성'에 나타나고 있는 수수께끼의 상징들과 고전기 후기의 신비교 종파의 의식들 사이의 관련을 나타내는 것으로 보인다. 이미 보았듯이, 후자의 경우, 이전의 식물의 다산이라는 들판 숭배의 상징들은 내적인 영적 결실, 깨어남, 재탄생이라는 목적에 봉사하게 되었다. 나아가서, 역시 우리가 보았듯이, 북유럽의 토착적인 켈트-게르만 신들은 로마 시대에는 그리스-로마의 대응하는 신들과 동일시되었으며, 따라서 고전기의 신비주의 전통이 지역적으로 확장된 곳에서 예배를 위하여 이용할 수 있었다. 북부의 켈트인들에게는 아일랜드의 바다신 마나난 맥 리르가 넵튠(그리스의 포세이돈)에 대응하는 신이었으며, 넵튠은 다시──『율리시즈(Ulysses)』의 매음굴 장면이 정점에 이른 순간에 드러나듯이*──시바의 서양쪽 대응물이었다. 알렉산더의 "동양과 서양의 결혼"이 이루어진 헬레니즘 시대에는 그러한 서양-동양 등가가 이미 신화적 맥락과 철학적 맥락 양쪽에서 인식되었다. 따라서 훗날 로마인들이 헬레니즘적으로 바뀐 근동의 신비주의와 철학을 프랑스와 영국으로 가져갔을 때 동양의 비밀들 역시 따라갔다. 심리적으로 효과와 연관된 신비주의에 대한 그들의 지식은 연금술, 성배 전승, 장미십자회의 사상, 프리메이슨 사상 등을 통하여 현재까지도 전해지고 있다.

〈그림 45〉는 『성배 이야기(Estoire del Saint Graal)』(1215-1230년경)라고 알려진 성배 로맨스의 후기 산문 판본의 채식사본(1300년경)에 나오는 것이다. 여기서 성배의 영웅은 이제 페르스발이 아니라 완벽하게 순결한 갈라드이며, 성스러운 그릇 자체도 그리스도가 최후의 만찬에서 사도들과 함께 이용하였던 것과 동일시되고 있다. 이 성배, 또는 접시는 놀랍게도 아리마태아의 선한 요셉"──구세주는 그의 바위를 자른 무덤에 묻혔다──의 순결한 아들 요세페스가 그리스도의 옆구리를 찔렀던 창과 함께 영국에 가져온 것으로 되어 있다. 삽화는 훗날 로맨스에 나오는 것으로 요세페스가 자신의 뒤를 이어 성배를 보관할 왕에게 성배를 수여하는 장면이다.** 이 왕은 그가 이제 잡게 될 한 마리의 생선으로 많은 무리를 기적적으로 먹이게 되어 장차 부유한 어부라고 알려지게 된다. 이 그릇의 형태에 주목하라. 〈그림 3〉과 〈그림 4〉, 〈그림 11〉과 〈그림

---

\* 312-313쪽 참조.
\*\* 638쪽 참조.

12〉, 그리고 〈그림 24〉——〈그림 24〉는 이 삽화와 비슷한 시기에 나온 것이다——에 나왔던 그릇과 비교해보면, 저절로 성배의 이야기를 알게 될 것이다. 말 없는 가운데, 말보다 나은 이야기가 들릴 것이다.

〈그림 45〉 조세프 주교가 알랭 왕에게 성배를 수여하고 있다.

따라서 〈그림 3〉에서 입문의 원 가운데 첫 단계를 다시 보도록 하자. 거기에는 비법 전수자 오르페우스, 즉 막대와 그물과 잡은 고기를 든 어부가 있다. 웨스턴 양은 이미 어부왕이라는 인물이 기독교의 "사람을 낚는 어부"라는 주제와 관련이 있을 뿐만 아니라, 그 이전의 이교도 신비교 상징에 나오는 물고기, 금요일의 물고기 식사, 어부 신과도 관련이 있음을 인식하였다.[5] 캘리포니아 대학의 윌리엄 A. 니체(William A. Nitze) 교수는 그녀의 주장을 한 걸음 더 밀고 나가, 켈트계 영국의 바다신의 이름 노덴스가 사실 "어부"라는 뜻임을 지적하였다. 아일랜드 서사시에서 그는 은 손의 누아두 왕으로 나오는데, 그는 요정의 산에 사는 사람들에 속하였으며, 전투중에 한 팔을 잃어 은으로 만든 팔을 대신 끼웠다. 그래서 '성배의 성의 어부'처럼 불구의 왕이 된 것이다.[6]

자, 금이 해의 금속이듯이 은은 달의 금속이다. 독자들은 이미 이 책의 앞권들에서 이미 자주 암시하였던 바다-신과 달의 상징적 연관에 대해서 생각하였을 것이다. 달은 늘 비워지고 다시 채워지는 불멸의 술을 담는 하늘의 컵이다. 달은 조수를 통제하는 존재로 의인화될 때는 절름발이에 기우뚱한 모습을 보여준다. 따라서 『신의 가면 : 동양 신화』에서도 보았듯이, 민담에 따르면 중국의 홍수의 영웅 우와 성서의 노아는 물일을 하다가 절름발이가 되었다. 노아는 방주에서 사자(태양의 짐승)의 발에 맞았고, 우는 병에 걸려 달처럼 몸이 반으로 오그라들었다.[7] 이 천체는 인간의 영혼과 운명처럼 빛이자 어둠이며, 영과 육으로 이루어져 있으며, 이 지구에 묶여 있으며, 〈그림 11〉, 〈그림 13〉, 〈그림 23〉의 뱀처럼 최고천(最高天)의 빛으로부터 심연의 어둠으로 늘 순환한다.

달은 하나의 컵으로서 생명의 조수의 신의 불멸의 음식이 담긴 다함 없는 그릇이다. 성배 역시 그런 다함 없는 그릇이다. 나아가서 달은 머리로도 볼 수 있다("달 속의 사람"). 성배 로맨스의 웨일스판인 『페레두르(Peredur)』에서 '성배의 성'으로 안내된 영웅이 보게 되는 것은 컵이나 사발이 아니라, 처녀 둘이 커다란 쟁반에 바쳐들고 온 사람의 머리이다.[8] 마지막으로, 웨스턴 양도 지적하고,[9] 또 바그너 신봉자라면 모두가 알고 있듯이, 성배의 성에는 불구의 왕이 하나가 아니라 둘이 있다. 하나는 불구가 된 왕 또는 어부왕이며, 그는 전경(前景)에서 부상 때문에 몹시 고생을 한다. 그러나 보이지 않는 방에 있는 또 다른 왕은 아주 나이가 많은데, 성배가 그 방으로 들어갔다가 다시 나온다. 이 둘은 달의 이미지에서는 빛이 사라졌다가 사흘만에 다시 나오게 되는 어둡고 늙은 달과, 젊음을 누리다가 가득 차고 쇠퇴하는 눈에 보이는 달에 상응한다. 볼프람의 말을 들어보자.

왕은 말을 탈 수도 걸을 수도 없고, 누울 수도 설 수도 없다. 기대기는 하지만 앉을 수는 없다.* 왕은 한숨을 쉬며 그 이유를 기억한다. 달이 변하는 때에 그의 고통은 커진다. 브룸바네이라는 이름의 호수가 있다. 사람들은 그의 고통스러운 열린 상처에 신선한 공기가 들어올 수 있도록 왕을 그곳으로 데려가며, 왕은 그날을 그의 사냥하는 날이라고 부른다. 그러나 왕이 그곳에서 그렇게 고통스러운 상처를 지닌 몸으로 잡을 수 있는 것은 결코 그의 집의 양식이 될 수 없다. 어쨌든 이 전설 때문에 그는 어부라는 전설이 전해져 오게 되었다.[10]

〈그림 46〉 군데스트룹 그릇 : 유틀란트.

〈그림 46〉은 달의 금속인 은으로 만든 의식용 그릇이다. 이것은 유틀란트 군데스트룹의 습지에서 발견되었다. 바깥에는 확인할 수 없는 신들이 많이 있다. 안에는 일련의 이상한 장면들이 있다. 〈그림 47〉은 이런

---

\* T. S. 엘리엇의 「황무지」에 나오는 구절과 비교해보라. "여기서 사람들은 누울 수도 설 수도 앉을 수도 없다"(앞의 15쪽 참조).

장면 가운데 하나로, 켈트인의 지하세계 신인 케루누노스의 모습인데, 로마인들은 이 신을 플루토-하데스와 같다고 보았다. 〈그림 18〉과 〈그림 21〉은 이미 이 복합체와 관련하여 논의하였다. 케르누노스, 마나난 맥 리르, 포세이돈, 하데스, 두무지-탐무즈, 사탄은 이 똑같은 심연의 신의 여러 이름인데, 이 신은 〈그림 3〉의 제10단계에 나오는 신이기도 하다.* 『신의 가면 : 동양 신화』 제5장 9절의 〈그림 20〉은 이 켈트 신의 뿔이 달린 이미지로, 그는 낮은 단에 책상 다리를 하고 앉아 왼손에 풍요의 뿔처럼 생긴 주머니를 들고 있는데, 그 주머니로부터 낟알이 끝 없이 쏟아져 내린다. 그의 앞에는 황소와 수사슴이 서서 쏟아져내리는 낟알을 먹는다 (여기에서는 황소와 수사슴이 신의 오른쪽에 있다). 그의 양편에는 고전기의 신이 서 있는데, 오른쪽은 아폴론이고 왼쪽은 헤르메스-메르쿠리우스이다. 이들은 각각 빛의 세계의 신과 심연으로 가는 길의 신이다. 위에는 큰 쥐의 모습이 있는데, 인도에서 쥐는 문지방의 신 가네샤의 짐승이다. 나는 이 제단의 모습에 대하여 논의하면서, 이것이 인도와 극동에서 자주 볼 수 있는 모습, 즉 서 있는 두 보살 사이에 앉아 있는 부처의 모습을 닮았다고 말한 적이 있다. 또한 훨씬 이전인 기원전 2500-1500년경, 인더스 유역 시기의 인장에 나오는 어떤 인물들은 요가를 하는 자세로 앉아 있는데, 그 가운데는 양옆에 뱀 군주를 거느리고 낮은 단에 앉아 있는 형상도 있고(『신의 가면 : 동양 신화』 제4장 2절, 〈그림 19〉), 낮은 단 위에 앉아 중간에 높은 관이 있는 커다란 물소 뿔 모자를 쓰고 있는 형상도 있다(『신의 가면 : 동양 신화』 제4장 2절, 〈그림 18〉). 이것은 시바, 포세이돈, 사탄의 상징인 세잎 장식 또는 삼지창을 나타낸다. 이 단 앞에는 케르누노스의 짐승들이 있는 바로 그 자리에 영양 두 마리가 있다. 또한 이 두 영양은 불교 예술에서 부처가 베나레스의 사슴 공원에서 첫 설법("법륜[法輪]의 첫 회전")을 하였을 때 그가 앉은 자리 앞에 자주 나타나는 두 사슴을 대신하는 것이기도 하다. 나아가서 인두스 상 앞에는 여러 짐승 네 마리가 서 있는데, 이것은 다시 한번 "짐승들의 신

---

\* 19쪽과 27-31쪽 참조.

(paśu-pati)"이라는 특징을 가진 시바를 암시한다. 〈그림 1〉의 오르페우스-그리스도와 비교해보라.

〈그림 47〉 케르누노스 신 : 군데스트룹 그릇의 세부.

이 모든 형상들이 형태에서만이 아니라 의미에서도 관계가 있다는 것은 거의 확실하다. 이것들은 궁극적으로 옛 청동기 문화의 모태를 공동의 배경으로 한다. 어쩌면 독자는 이와 관련하여 이미 『신의 가면 : 동양 신화』에서 "보석의 섬"(『신의 가면 : 동양 신화』 제6장 2절, 〈그림 21〉)에 있는 시바와 그의 샥티를 기억하였는지도 모르겠다. 여기에서 남성 신은 동시에 두 측면으로 나타난다. 하나는 샤바, "시체", 데우스 압스콘디투스(deus absconditus, 숨은 신)라고 알려진 측면, 즉 존재의 근거의 생각이 미치지 않는, 분명하게 드러나지 않는, 초월적인 측면으로, 그는 여신 배우자로부터 고개를 돌린다. 또 하나는 그녀와 혼인을 하여, 시바-샥티, 생명의 신과 여신을 이루고 있다. 나는 그곳에서 하나의 신비에 대한 이러한 이중적 관점을 일찍이 기원전 2850년경 이집트인들이 파라오의 힘에서 보았던 두 측면과 비교하였다. 파라오의 힘은 다음 두 가지로 상징되었다. (a) 무덤에 있는 죽은 파라오. 그는 지하에 있는 죽은 자들의 신 오시리스와 동일시되었다. (b) 왕좌에 앉은 파라오. 그는 살아 있는 자들의 신, 즉 죽은 오시리스의 아들 호루스와 동일시되었다. 이와 비교할 수 있는 것으로, 두 가지 대조적인 형태로 인격화되어 있는 대승불교의 깨달음의 신비를 들 수 있다. (a) 부처. 떠난 자로서 세상에 대하여 죽은 승려로 표현된다. (b) 보살. 보석으로 화려하게 장식된 관을 쓰고 있는 고귀하고 당당한 존재로, 깨달은 의식의 세계를 응시하는, 동정적 측면을 상징한다.[11]

부처가 가르치면, 보살은 듣는 사람의 형태를 취한다. 그는 감정으로부터 자유로우며, 생각으로부터도 자유롭다. 그는 목적 없는 자비이다. 그는 공덕으로, 모든 존재에게 봉사한다. 많은 팔, 많은 손, 많은 머리를 가진 존재로 모든 방향을 보고 모든 방향에서 봉사하는 존재로 나타날 때, 그는 손에 꽃이 채워진 해골을 들고 있다(〈그림 1〉에서 숫양의 머리에서 자라는 식물과 비교하라). 또한 뱀으로 둘러싸인 삼지창을 들고 있다(헤르메스와 포세이돈의 상징들과 비교하라). 그의 손가락들에서는 암브로시아(원래 그리스 로마 신화에 나오는 신의 음식/역주)의 강이 흘러, 지옥을 식혀주고 굶주린 귀신들의 배를 채워준다. 각 손바닥에는 눈이 달려 있다. 이 눈들로 세계를 보고, 동정하는 마음으로 고통에 참여한다. 각 눈은 슬픔 때문에 꿰뚫린 상처로, 십자가에 달린 구세주 그리스도의 손바닥에 난 상처와 같다. 그는 "현재의 신", "세상을 짊어진 자"라고 부르며, 그러한 존재로서 세상의 슬픔을 짊어지고, 그것을 그의 무한한 인격 안에 흡수해 들인다.[12]

힌두의 『판차탄트라(Panchatantra)』에는 놀라운 우화가 실려 있는데, 여기에서는 이상한 모험 이야기를 통하여 보살의 고통을 짊어지는 측면에 대한 경외스러운 사유가 나타나며, 이것은 성배의 불구의 왕의 의미와 배경에도 빛을 던져준다. 이 우화는 가난에 시달리는 브라만 네 친구에 대한 이야기다. 그들은 부자가 되기로 결심한다. 그들은 함께 길을 떠나 아반티 지방에서 '공포-기쁨'이라는 이름의 마법사를 만난다. 그들은 이 마법사에게 도움을 청한다. 마법사는 각각에게 마법의 깃촉을 하나씩 주면서, 북쪽으로, 히말라야의 북쪽 산기슭[즉 불교의 땅 티벳으로]으로 가라고 한다. 깃촉이 떨어지는 곳에서 보물을 발견할 것이라고 하면서 말이다. 앞장선 사람의 깃촉이 먼저 떨어졌다. 그들은 그 땅이 구리로 되어 있다는 것을 알았다. 그래서 그가 말하였다. "여기를 봐! 원하는 대로 다 가져!" 그러나 나머지 사람들은 계속 가기로 하였다. 앞장섰던 사람은 구리를 가지고 돌아갔다. 다음에는 두번째 사람의 깃촉이 떨어졌다. 그가 땅을 파자 은이 나왔다. 두번째 사람도 돌아갔다. 다음 사람의 깃촉이 떨어진 곳에서는 금이 나왔다. 네번째 사람이 말하였다. "이제 알겠구나. 처음에는 구리, 다음에는 은, 다음에는 금. 저 너머에는 틀림없이 보석이 있을 것이다." 그는 계속 걸어갔다.

네번째 사람은 혼자 갔다. 요정의 나라의 좁은 길들 여기저기를 돌아다니는 동안 여름 햇살에 팔다리가 타고 갈증 때문에 머리가 어지러웠다. 마침내 그는 빙빙 도는 단 위에서 한 사람을 보았다. 그의 몸 밑으로 피가 뚝뚝 떨어지고 있었다. 그의 머리 위에서 바퀴가 빙빙 돌고 있었기 때문이다. 네번째 남자는 서둘러 앞으로 나아가 말하였다. "이보십시오, 왜 머리 위에서 바퀴가 빙빙 도는데 그렇게 서 있습니까? 어쨌든, 이 근처 어디에 물이 있는지 말 좀 해주십시오. 갈증 때문에 미치겠습니다."
브라만이 그 말을 하는 순간 바퀴가 상대의 머리를 떠나 그 자신의 머리로 옮겨왔다. "이보십시오, 이것이 대체 어찌 된 일입니까?" 상대가 대답하였다. "그것이 내 머리 위에 놓일 때와 마찬가지요." "그럼 이것이 언제 떠나갑니까? 몹시 아픕니다."
상대가 말하였다. "당신처럼 마법의 깃촉을 든 사람이 도착하여 당신이 말한 대로 말을 하면 바퀴는 그 사람의 머리로 옮겨갈 것이오." 브라만이 말하였다. "그럼 여기에 얼마나 계셨습니까?" 상대가 물었다. "지금 세상에서 누가 왕이오?" 그는 "비나바트사 왕"이라는 답을 듣자 말을 이었다. "라마가 왕이었을 때, 나는 가난에 시달려 마법의 깃촉을 얻은 다음 당신처럼 이곳에 왔소. 나도 머리에 바퀴를 인 남자를 보고 그에게 질문을 했소. 내가 당신처럼 질문을 하는 순간 바퀴가 그의 머리를 떠나 내 머리로 옮겨왔소.

하지만 몇백 년이 지났는지 헤아릴 수가 없구려."

그러자 머리에 바퀴를 인 사람이 물었다. "그러면 이렇게 서서 음식은 어떻게 먹었습니까?" 상대가 대답하였다. "부의 신[쿠베라=하데스-플루토]이 누가 자신의 보물을 훔쳐갈까 두려워, 어떤 마법사도 여기까지 올 수 없도록 이런 공포를 준비해놓았소. 만일 여기까지 오는 데 성공하는 이가 있다면, 그는 굶주림과 목마름으로부터 벗어날 것이며, 늙음과 죽음도 피하게 될 것이오. 다만 이 고문을 견디기만 하면 되는 거요. 자, 이제 작별을 합시다. 당신은 나를 엄청난 고통으로부터 구해주었소. 나는 이제 집에 가야겠소." 그는 자리를 떴다.[13]

여기 이 솔직하게 세속적인 작품, 성자가 되는 것이 아니라 살아가는 기술을 논하는 작품에 재수록된 이 우화는 과도한 탐욕의 위험에 대한 경고로 제시되어 있다. 그러나 시어도 벤피(Theodor Benfey)가 처음 이야기하였듯이(이미 1859년에), 이것은 원래 보살행에 대한 대승불교의 전설이었다.[14] 감추어진 종교적 의미——세속적 우화의 의미와 정반대이다——로 들어가는 열쇠는 마법사의 이름 공포-기쁨(Bhairavananda)에서 드러난다. 그 이름은 "무시무시한 것(bhairava)의 환희나 축복(ananda)"이다. 이것은 고트프리트(Gottfried)의 "달콤쌉쌀함"보다 심한 모순어법이지만, 의미는 똑같다.

"공포", 즉 바이라바는 시바의 가장 무서운 측면을 부르는 이름이다. 이때 시바는 환영을 파괴하는 무시무시한 존재요, 피를 빨아들이는 섬뜩한 검은 여신 칼리의 배우자이다. 자연과 인간 본성의 어둡고 야만적이고 무자비한 측면을 나타내는 이런 사나운 종류의 신들은 어둡고 야만적이고 정열적인 사람들에게 어울린다. 그들은 사실 그런 기질을 가진 사람들이 진정으로 인정하고 믿고 존경할 수 있는 유일한 신들이다. 그래서——앞에서 말한 대로 보살은 그가 가르칠 때는 이야기를 듣는 사람의 형태를 취하기 때문에——후기 대승불교는 이런 사나운 힌두 신들의 엄하고, 야만적인 특질들과 더불어 똑같이 무시무시한 제의도 받아들여, 정열적인 사람들이 그들 자신의 정열을 매개로 진정으로 무시무시한 지혜의 현자들로 변화하게 만드는 수단으로 이용하였다. 이 현자들은 경험을 통하여(그들 자신의 삶의 열정의 힘을 사유함으로써) 삶이 그 존재들 각각의 내부에서 나머지 모든 사람들의 죽음과 고통을 먹고 살아가는 괴물 같은 것임을 안다.

이 역설적 우화에 등장하는 마법사는 그에게 오는 사람들에게 각각의 본성에 맞는 보답을 얻을 수 있는 지침을 준다. 따라서 바이라바난다의 은총을 얻은 사람은 그 탐욕이 진정으로 가없는 사람이었다. 바이라바난다는 지식, 목적, 가치의 경계를 넘어서는 경험으로, "이 돌아가는 세계의 정지점에서" 무시무시한 기쁨을 느끼며 배우게 되는 것이다——윌리엄 블레이크(William Blake)의 '지옥의 격언' 식으로 말하자면 "지나침의 길은 지혜의 궁전에 이른다."[15] 또는 이것이 십자가에 걸린 그리스도의 방식이기도 하다. 등에 세계를 짊어지고 있는 아틀라스의 방식이기도 하다. 계속 그의 머리 위로 떨어지는 뱀의 독으로 괴로워하는 로키(북유럽 신화의 신/역주)의 방식이기도 하다. 코카서스의 바위산에 묶인 프로메테우스의 방식이기도 하다. 또한 여기서 욥을 떠올릴 수도 있을 것이다.

불교에서 바퀴는 "법륜(dharma-cakra)"이라고 알려져 있다. 이것은 '세계 군주', 이른바 "바퀴를 돌리는 자(cakra-vartin)"의 통치를 상징하지만, 또한 세계의 구세주인 부처의 가르침을 상징하기도 한다. 그는 베나레스의 사슴 공원에서 이루어진 첫 설법에서 법의 바퀴를 움직였다. '세계 군주'는 그 법의 정신으로 통치할 것이다. 그 바퀴에는 두 면이 있다고 알려질 것이다. 하나는 일반적으로 분명하게 드러나는 측면으로, 탄생과 재탄생, 병, 노년, 죽음이라는 영속적인 순환의 슬픔의 바퀴이다(모든 삶이 슬픈 것이다). 그러나 "위대한 기쁨(Mahāsukha)"이라는 대승불교의 교리를 더 깊고, 더 어둡지만 더 환하게 드러내기도 한다. 그것은 있는 그대로의 이 세계를 황금 연꽃 세계로서 깨닫는 것이다. 재탄생의 고통스러운 바퀴인 삼사라와 바퀴 중심의 정지 상태인 니르바나를 똑같은 것——무시무시한 칼날을 견디어낼 용기와 의지력을 가진 사람들에게는——으로서 깨닫는 것이다.*

---

* 『신의 가면 : 서양 신화』의 〈그림 24〉에 나오는 제르반 아카라나, 즉 "가없는 시간"이라는 미트라-조로아스터교의 인물 및 신비와 비교해보라.

그런 칼날의 경험을 이 세상에서 어떻게 견디는지 알고 싶은 독자는 빅토르 E. 프랑클(Viktor E. Frankl) 박사(현재 빈 대학에 재직중이다)의 『인간의 의미 탐구(Man's Search for Meaning)』라는 신의 음식과 같은 책을 펼쳐보라. 프랑클 박사는 나치 포로 수용소에서 끝없는 나날을 보내는 동안 머리에 그 바퀴의 온 무게를 이고 있었다.[16]

## 2. 불구의 어부왕

성배 로맨스와 어부왕이라는 인물 뒤에 자리 잡고 있는 켈트인들의 신화에서 회전하는 바퀴, 또는 단(壇), 성(城)이라는 관념은 핵심적인 특징이다. 〈그림 48〉은 호트-마른의 샤틀레에서 발견된 갈리아-로마의 상(像)으로, 바퀴를 들고 있으며 턱수염이 난 켈트의 신이다. 불교의 "존재의 바퀴"처럼 이 바퀴에도 바퀴살이 여섯 개이다.* 이 신은 오른쪽 어깨에는 벼락을 둘러매고, 오른손으로는 그의 신자들을 위하여 암브로시아가 담긴 풍요의 뿔을 들고 있다. 〈그림 49〉는 이런 초기 갈리아 신들 가운데 또 하나인 수켈로스이다. 이 신은 여기 묘사된 대로 세계를 창조하고, 세계를 소멸시키는 망치(산스크리트로 바지라〔vajra〕, 즉 "다이아몬드 볼트"인데, 이것은 힌두교-불교에서 깨달음의 가장 높은 상징으로, 이것에 의하여 세계-환각은 부서지지만 이 자체는 부술 수 없다)의 힘을 표현하고 있다. 이 커다란 볼트에 고정되어 있는 다섯 개의 망치들은 세계와 그 피조물들을 이루고 있는 다섯 개 원소(인도의 관점에서)의 에너지

---

* 불교의 바퀴에 난 살들 사이의 여섯 공간은 "존재의 원(bhavacakra)"의 여섯 영역을 나타낸다. 맨 꼭대기에서 시작하여 시계 방향으로 돌아가면서 이 영역들은 1. 신, 2. 거인, 3. 유령, 4. 지옥의 존재, 5. 동물, 6. 인간을 나타낸다. 바퀴의 테는 재탄생의 열두 가지 원인으로 이루어진 사슬에 의해서 묶여 있다. 그것은 무지, 행동, 의식, 이름과 형식, 감각기관, 접촉, 감각, 욕망, 성교, 출생, 생명, 마지막으로 병, 노년, 죽음이다. 바퀴통 안의 움직임은 늘 맴도는 세 짐승, 즉 수탉 혹은 비둘기, 뱀, 돼지에 의하여 전달된다. 이것은 각각 욕망, 분노, 어리석음을 나타낸다(〈그림 13〉의 이리, 사자, 개, 그리고 단테의 "어두운 숲"에 나오는 암이리, 사자, 표범과 비교해보라). 불교의 존재의 바퀴에 대한 논의로는 Marco Pallis, *Peaks and Lamas*(New York : Alfred A. Knopf, 1949), 125-157쪽을 참조.

십자가에 달린 자    493

〈그림 48〉 바퀴의 신 : 프랑스, 갈리아-로마 시기.

를 나타낸다. 그것은 에테르, 공기, 불, 물, 흙이다. 망치의 원들은 불교의 법륜을 나타내는 동시에 오르페우스의 뱀의 사발(〈그림 12〉)에 나오는 상징적인 우주의 원들을 나타낸다. 이 신──로마에서는 플루토스와 동일시되었다──도 오른손에 암브로시아가 든 컵을 들고 있다.

　아일랜드의 바다신 마나난도 이런 종류의, 암브로시아가 마르지 않는 그릇을 들고 있다. 웨일스에서 마나난에 대응하는 존재라고 할 수 있는 릴리르의 아들 축복받은 자 브란──마나위단이라고 부르기도 한다──도 마찬가지이다. 브란은 '파도 밑의 땅'에서 사는데, 이곳은 안우픈(Annwfn),

〈그림 49〉 수켈로스 신 : 프랑스, 갈리아-로마 시기.

즉 "심연"이라고 부르기도 하고, 카에르 시디(Caer Sidi), 즉 "회전하는 성"이라고 부르기도 한다.[17] 이 소용돌이치는 성 주위에는 바다의 물줄기가 흐르기 때문에 안으로 들어가기가 어렵다. 그곳의 잔치 분위기의 식탁에는 매일 잡는 불멸의 돼지에서 나온 고기가 제공되는데, 이 돼지는 다음 날이면 다시 살아난다. 이 맛있는 음식을 먹다 목이 메이면 불멸의 맥주를 마시는데, 모든 손님은 이렇게 먹고 마시면서 불멸을 얻는다. 나아가서 그 땅에는 물이 많은 우물이 있는데, 이 물은 백포도주보다 더 달콤하다. 지식의 개암나무는 그 물로 심홍색 견과를 떨구는데, 물속의 언어가 그 열매를 삼킨다. 이 물고기의 살을 먹으면 전지(全知)의 능력을 얻게 된다. 환대하는 주인이 사는 이 성이 있는 엘리시움은 세상과 같은 시공간에 걸쳐 있는데, 다만 안개에 감추어져 있을 뿐이다. 따라서 뱃사람들에게 어디에서나 보일 수도 있지만, 보일 때와 마찬가지로 묘하게 사라져버린다. 성배의 성과 마찬가지다. 그러나 이 땅이 좀더 분명하게 나타나는 곳들이 있었다. 케리 카운티의 슬리브미시의 정상에는 자기 모습을 마음대로 바꿀 수 있는 쿠로이의 회전하는 성이 이따금씩 나타나곤 하였다. 그는 암브로시아가 든 큰 솥을 소유하고 있었는데, 이것은 요정의 산의 왕에게서 그의 딸, 암소 세 마리와 더불어 훔친 것이다. 그러나 쿠로이는 최대의 트릭스터인 쿠훌린에게 이 보물들을 차례로 잃어버리고 만다.*

판차탄트라 우화는 그 모티프나 일반적인 의미에서 성배의 성 모험과 분명한 관계를 지녔는데, 이것이 멀리, 아주 이른 시기와 관련되어 있는 것인지——예컨대 갈리아-로마 시대——아니면, 좀더 밀접하게, 십자군 시기와 관련이 있는 것인지는 논란의 여지가 있다. 100년 이상 전에 나온 시어도 벤피의 『판차탄트라(Panchatantra)』 연구를 보면,[18] 중세의 문학적 자료 가운데 인도에서 유럽으로 넘어온 것이 상당하기 때문이다. 앞서도 말했듯이,** 8세기에 이루어진 산스크리트 『판차탄트라』의 아랍어 번역이 10세기에 시리아어로 번역되고, 11세기에 그리스어로 번역되고, 13세기 중후반에 옛 스페인어, 헤브루어, 라틴어로 번역된다. 나아가서 벤피 자신도 언급하였듯이, 보물을 찾는 네 사람의 우화의 독자적인 변형판이 그림의 전집에 나타나며(이야기 번호 54),[19] 그후로 유럽의 모든 언어와 모든 방언으로 된 이본들이 발견되었다.[20] 그러나 유럽의 변형판들에서는 가장 중요한 바퀴와 질문 모티프들이 빠지고, 대신 네번째 사람은 오랜 방황 끝에 커다란 나무(악시스 문디〔axis mundi〕, 세계의 축)에 이르게 된다. 그가 나무 밑에서 쉬다가 무얼 좀 먹고 싶다는 생각이 들자 잔치상이 나타난다. 그 뒤에 이야기는 완전히 다른 출처에서 나온

---

\* 쿠훌린에 대해서는 『신의 가면 : 서양 신화』 제7장 1절 그리고 제9장 1절과 4절 참조.
\*\* 164쪽 참조.

에피소드들로 이어진다.

돌아가는 세상을 상징하는 바퀴살 달린 바퀴의 이미지는 인도에서는 이미 기원전 700년경 『찬도기아 우파니샤드(*Chandogya Upanishads*)』와 『브리하다라니아카 우파니샤드(*Brihadaranyaka Upanishads*)』에 나타난다. "바퀴의 살들이 바퀴통에 단단히 고정된 것처럼, 이 모든 것이 프라나(prana), 즉 생명-숨에 달려 있다."[21] "바퀴살이 바퀴통과 테에 단단히 고정되어 있듯이, 모든 존재, 모든 신, 모든 세계, 모든 숨쉬는 것들, 이 자아들 모두가 아트만(ātman), 즉 '자아'에 단단히 고정되어 있다."[22] 후에 나온 『프라슈나 우파니샤드(*Prashna Upanishad*)』――여기에서 내재적인 근거는 신화적인 "사람(puruṣa)"으로 의인화되어 있는데, 그의 해체된 몸으로 우주가 만들어진다.* "이 모든 부분이 바퀴통에 고정된 바퀴살처럼 잘 고정되어 있는 자, 그를 알아야 할 '사람'으로 인식하라――그러면 죽음이 너를 괴롭히지 못할 것이다."[23]

이런 구절을 쓴 사람들은 틀림없이 아리아인의 전차의, 바퀴살이 달린 바퀴를 잘 알았을 것이다. 전차는 기원전 2000년초에 세계에 처음으로 나타났다. 따라서 그 비유는 베다 시대에 나온 것이며, 그전에 나온 것일 수는 없다. 또는 전차를 모르던 사람들에게서 나온 것일 수도 없다. 이런 바퀴보다 훨씬 더 오래된 형태, 심지어 옛 수메르의 단단한 바퀴(기원전 3500년경)조차 발명되기 전에 나온 형태는 거의 보편적으로 알려진 갈고리 십자인데, 이것에 대해서는 구석기말쯤――아마도 기원전 18,000년경일 것이다-에 나온 예가 적어도 하나는 있다.[24] 이란의 신석기 전성기에 나온 아름답게 채색된 도기(사마라 도기, 기원전 4500년경)에서는 이와 똑같은 기호가 눈에 두드러진다. 그것이 지배적인 모티프라고 말할 수도 있다. 『신의 가면 : 원시 신화』에서 말하였듯이, 갈고리 십자는 그곳으로부터 세상의 거의 모든 구석으로 확산된 것으로 보인다.[25]

우리가 초기 문화들의 경향에 대하여 알고 있는 바로는, 이러한 상징들과 처음 관련을 맺은 신화, 제의, 철학은 존재의 고통 및 쾌락과의 관

---

\* 『신의 가면 : 원시 신화』 제5장 전체, 『신의 가면 : 동양 신화』 제2장 7절과 제4장 7절, 『신의 가면 : 서양 신화』 제2장 4절을 비교해보라.

련에서 부정적이라기보다는 긍정적이었다고 말해도 무리가 없을 것이다. 그러나 그리스의 피타고라스(기원전 582-500년경?)와 인도의 부처(기원전 563-483년)의 시기가 되면서, 내가 '대역전'이라고 부르는 일이 일어났다.[26] 삶은 기만, 욕망, 폭력, 죽음, 불타는 쓰레기로 이루어진 불의 소용돌이로 알려지게 되었다. "모든 것이 불 위에 놓여 있다." 부처는 가야에서 한 설법에서 그렇게 가르쳤다.[27] 그리스에서는 이 무렵 오르페우스교의 "소마 세마(soma sema) : 몸은 무덤"이라는 말이 유행하였다. 동시에 두 땅에서는 환생의 교리, 즉 영혼이 이 의미 없는 고통의 순환에 영원히 얽매어 있다는 교리로 인하여 해방의 수단을 찾고자 하는 탐구가 더 힘을 얻었다. 부처의 가르침에서 과거에는 세상의 영광을 상징하던, 바큇살이 달린 돌아가는 바퀴의 이미지는 이제 한편으로는 슬픔의 순환의 상징이 되었고, 다른 한편으로는 깨달음의 해와 같은 교리 안에서의 해방을 상징하게 되었다. 고전 세계에서도 바큇살이 달린 돌아가는 바퀴는 신화 속에서 승리와 환희의 상징이라기보다는 삶의 좌절과 고통의 상징으로 나타났다. 제우스에 의하여 불타오르는 여덟 개의 바큇살이 달린 바퀴에 묶여 공중에서 늘 빙빙 돌아야 하는 익시온(〈그림 50〉)의 이미지가 대표적인 예이다.

청동기 말기 테살리아 사람들의 왕 라피타이와 마찬가지로, 익시온은 신-왕이었으며, 따라서 『프라슈나 우파니샤드』의 인용 부분에서 바퀴의 바퀴살들을 고정하고 있는 바퀴통처럼 세상의 모든 부분을 고정하고 있는 존재로서 찬양받고 있는 우주의 '사람'의 상징이었다. 그런데 익시온은 여기서 두 가지 죄 때문에 제우스에게서 벌을 받고 있다. 첫째는 폭력의 죄요(장인 살해), 둘째는 정욕의 죄였다(여신 헤라를 겁탈하려고 하였다). 다시 말해서 힌두교와 불교 사상에서(뿐만 아니라 근대의 심층 심리학에서) 세계 환영의 창조적인 힘들로 인정하고 있는 욕망과 호전성이라는 두 가지 강박충동이다. 이것은 세계를 지탱하고 있는 것이며, 부처가 보리수 나무, 즉 세계라는 바퀴의 바퀴통(axis mundi)에서 '정욕'과 '죽음(kāma-māra)'이라는 이름을 가진 삶의 위대한 주인에게 승리를 거두었을 때 극복한 것이기도 하다.[28]

〈그림 50〉 익시온 : 에트루리아의 청동 거울, 기원전 4세기.

핀다로스(기원전 522-448년?)는 전차 경주의 우승자에게 바치는 승리의 송가에서 익시온의 전설을 인용하고 있다.[29] 500년 뒤 베르길리우스(기원전 70-19년)는 『아이네이스(*Aeneid*)』에서 그 전설에 대하여 언급한다.[30] 그러나 여기서는 고난의 장소가 공중에서 지하로 옮겨지는데, 오비디우스(기원전 43-서기 17년) 역시 『변신(*Metamorphoses*)』에서 지하를 무대로 삼고 있다.[31] 지하에는 익시온 말고도 고통 받는 인물들이 많이 있다. 그들 모두가 이런저런 방식으로 삶의 고뇌를 상징한다. 티티오스는 콘도르가 계속 주요 장기를 찢어발기고 있다. 탄탈로스는 갈증으로 고통받는데, 그의 손이 닿을 수 없는 물이 그를 조롱하고 있다. 시시포스는 거대한 바위를 산 위로 밀고 올라가지만, 바위는 다시 밑으로 굴러내린다. 각각 이런 식으로 영원히 고통을 받고 있다.

고전에서 이런 고통을 바라보는 일반적 관점은 그것이 죄에 대한 벌이라는 것이었다. 그러나 실존주의자 알베르 카뮈(Albert Camus)는 『시시포스의 신화(The Myth of Sisyphus)』에 실린 「부조리에 대한 에세이」에서 그런 인물들은 삶의 인물들이라고 말한다. 깨달음을 얻지 못한 보통 사람은 보통 희망을 품고 살아간다. 자신의 수고가 어떤 열매를 맺을 것이라고 믿고, 어쨌든 간에 죽으면 고통이 끝이 날 것임을 알고 있다. 그러나 시시포스는 커다란 바위를 산 위에 올려놓는 수고를 하면 바위는 다시 굴러내릴 것임을 알고 있다. 그는 불멸의 존재이기 때문에, 이 기쁨 없는 지긋지긋한 노역이라는 부조리는 영원히 계속될 것이다. 카뮈는 이렇게 말한다.

시시포스가 지켜보는 가운데 바위는 몇 분이 지나자 다시 아래 들판으로 굴러 내려간다. 그는 아래로 내려가서 바위를 다시 꼭대기까지 밀어 올려야 한다. 그래서 그는 다시 들판으로 내려간다.

내가 시시포스에게 관심을 가지는 것은 그가 돌아가는 시간, 그 휴지기 때문이다. 바위를 굴리는 힘든 일을 한 얼굴은 그 자체가 이미 바위이다. 나는 그가 묵직하지만 꾸준한 발걸음으로 다시 내려가는 것, 끝이 없다는 것을 잘 알고 있는 고역을 향해서 내려가는 것을 본다. 이 시간, 안도의 숨 같은 시간, 그의 고통처럼 틀림없이 돌아올 이 시간은 의식(意識)의 순간이다. 이 시간의 매순간, 그가 높은 곳을 떠나 한 걸음씩 신들의 은신처를 향해서 가는 이 시간의 매순간, 그는 자신의 운명보다 우월하며, 그의 바위보다 강하다.

따라서 이 신화가 비극적이라면, 그것은 그 주인공이 의식을 하기 때문이다. 성공에 대한 희망에 부풀어 한 걸음씩 떼어놓는다면, 사실 고뇌가 들어설 데가 어디 있겠는가? 오늘날 노동을 하는 사람은 평생 매일 똑같은 일을 하는데, 그 운명 역시 부조리하기는 마찬가지이다. 그러나 그것은 그것이 의식적이 되는 특별한 순간들을 제외하면 비극적이지 않다. 무능하고 반항적인 시시포스, 신들의 프롤레타리아인 시시포스는 자신의 비참한 상황을 속속들이 알고 있다. 그는 그런 생각을 하며 산에서 내려온다. 그러나 이렇게 미리 안다는 것, 그의 괴로움이 되었어야 할 이 지식은 동시에 그의 승리의 면류관이기도 하다. 경멸로 극복할 수 없는 운명은 없기 때문이다.

어떤 날은 슬픔에 잠겨 내려온다면, 어떤 날은 기쁨을 느끼며 내려올 수도 있다. 기쁨이라는 말은 과장이 아니다. 나는 다시 시시포스가 바위로 돌아가는 모습을 상상해본다. 슬픔은 시작할 때뿐이었다. 슬픔이 사람 마음에서 솟구치는 것은 지상의 삶의 장면들이 기억을 너무 강하게 짓누를 때, 행복의 부름이 너무 절박할 때이기 때문이다. 이것은 바위의 승리이며, 바위 자체이기도 하다. 이때는 슬픔의 무게가 너무 무거워 감당하기 힘들다. 그것은 우리의 겟세마네의 밤들이다. 그러나 짓누르는 진실은 그것을 알아보면 해체된다. 오이디푸스도 그렇게, 처음에는 알지 못하면서 자신의 운명에 순종하였다. 그리고 그가 그것을 아는 순간부터, 그의 비극은 시작되었다. 그러나 동시에, 눈이 멀고 절망하였음에도, 그를 세상과 묶어주고 있는 것은 어린 소녀의 시원하고 상쾌한 손길이라는 것을 깨달았다. 그때야 측량할 수 없을 정도로 커다란 소리가 들렸다. "이 모든 시련에도 불구하고, 나의 노년과 나의 웅장한 영혼 덕분에 나는 모든 것이 잘 되었다고 결론을 내릴 수 있다."[32]

카뮈는 결론을 내린다. "사람의 삶에 대한 애착에는 세상의 모든 비참보다 더 강한 무언가가 있다."[33]

이 정서는 고귀하다. 그러나 삶(요즘 하는 말로 하면 "실존")이 이성에 합치하지 않기 때문에 부조리하다고 부를 수 있다는 선언에는 무언가 멋지게 프랑스적인——데카르트적이고 소크라테스적인——면이 있다. "나는 생각한다, 고로 존재한다"는 "나는 존재한다, 그러나 이유를 생각할 수 없다!"로 바뀌어야 했는데, 이것은 자신을 전문적인 사상가라고 생각하는 사람에게는 당혹스러울 수 있다. 그런데 보살은 "생각이 없다." 부처는 "그렇게 생겨난 존재(tathāgata)"라고 부른다. 프랑클 박사는 그의 암브로시아와 같은 책에서 이 점을 지적하고 있다. "인간에게 요구되는 것은 일부 실존주의 철학자들이 가르치듯이 의미 없는 삶을 견디는 것이 아니라, 그 무조건적으로 넘치는 의미를 합리적 용어들로 포착하지 못함을 견디는 것이다. 로고스는 논리보다 심오하다."³⁴⁾

성배를 찾는 모험에 나선 젊은 주인공이 '성배의 성'의 의식을 보면서 묻는, 의미에 대한 질문은 『판차탄트라』 우화의 주인공이 묻는 질문과 본질적으로 다르지 않으며, 그 결과 또한 똑같다. 즉 고통받던 사람이 고통에서 풀려나고, 그의 역할이 질문자에게로 옮겨간다. 나아가서 그 두 질문은 근본적으로 햄릿의 "사느냐 죽느냐"라는 질문과 똑같다. 그들의 관심은 "그렇게 생겨난" 상황의 의미를 아는 것이기 때문이다──답은 없지만 말이다. 그러나 가능한 경험은 있으며, 주인공은 세계의 축에 도착하여 기꺼이 배우려고 하기 때문에(그의 질문이 보여주듯이) 그런 경험을 할 자격을 얻은 셈이다. 그가 그 경험을 감당할 수 있을까? 니체는 『비극의 탄생(The Birth of Tragedy)』에서 "햄릿 조건"이라고 이름을 붙인 상황에 대해서 쓰고 있는데, 이것은 삶의 근본적인 전제 조건("모든 삶은 슬프다")을 깨닫고 살고자 하는 의지가 약화되는 사람에 대한 이야기다. 따라서 성배의 주인공의 문제는 이렇게 볼 수 있다. 불구의 왕에게서 상처는 빼고 그의 역할만 상속받을 수 있는 질문을 하여 왕을 고통에서 해방시키는 것으로 말이다.

불구의 왕의 상처나 회전하는 바퀴의 괴로움은 존재의 고뇌에 대한 지식의 상징들이다. 이 고뇌는 이런저런 우연에 의해서 생기는 것이 아니라, 존재 자체에서 나오는 것이다. 보통 사람들은 고통에 처하였을 때 그의 조건을 바꿈으로써 고통으로부터 자유로운 상태를 얻을 수 있다고 믿는다. 고트프리트의 말로 하자면, 그의 세계는 "축복 속에서 목욕"만 하고 싶어하는 사람들의 세계이다. 소크라테스적인 사람 역시 삶이 이성에 맞게 다듬어질 수 있다고 믿는다. 이성은 그 자신의 프로크루스테스의 침대인 셈이다. 그러나 햄릿은 적어도 그의 세계의 핵심에서 무언가가 썩어 있다는 것을 알았으며, 스핑크스의 수수께끼("인간이란 무엇인가?")를 읽은 오이디푸스처럼 불구가 되었다. 스스로 눈이 먼 오이디푸스는 불구의 왕과 똑같다. 그리고 프로이트가 보여주었듯이, 우리 모두가 오이디푸스이다. 이 불구에는 치료책이 없다. 그러나 카뮈가 지적하듯이, 오이디푸스는 시시포스와 마찬가지로 불구가 된 삶이라는 경험을 통하여 모든 것이 잘 되었다는 깨달음에 이르렀다.

롱기누스의 창으로 인해서 그리스도의 옆구리에 생긴 상처는 불구가 된 어부의 상처에 대응한다. 또한 트리스탄의 독이 스민 상처에 대응한다. 가시 면류관은 보살의 돌아가는 바퀴에 대응하며, 십자가는 익시온의 바퀴(〈그림 9〉와 〈그림 50〉)에 대응한다. 손바닥과 발에 못으로 인한 상처에서 피가 흐르고, 머리는 한쪽으로 떨구고, 두 눈은 감고, 아픈 면류관에서는 피가 스며나오는 그리스도, '슬픔의 인간'이라는 그리스도의 역할은 고통을 당하는 성배의 왕에 대응한다. 그러나 십자가에 달렸지만 괴로움이 없는 그리스도, 머리는 꼿꼿이 들고, 뜬 눈으로 바깥의 빛의 세계를 내다보고, 못은 박혀 있지만 피는 흐르지 않는 그리스도, '로고스 그리스도', 승리한 그리스도('진정한 신'으로서)는 내재하는 "광채(claritas)"의 이미지이며, "그렇게 생겨난" 이미지이다. 이 이미지는 그 괴로움에 시달린 얼굴 뒤에 세계가 알아야 할 기쁨으로서 어디에나 걸려 있다. 보살의 경우와 마찬가지로, 그의 존재 안에는 암브로시아가 있다. 그 역시 지옥에 내려갔다. 그의 교회의 신조가 그를 하늘에 도로 갖다 놓았지만, 그는 보살적 존재로서 여전히 지옥에 있다──사탄으로서 말이다.

"앞을 보라!" 베르길리우스는 그를 뒤따르던 단테에게 말한다. 두 사람은 지옥의 암흑을 통과해서 내려간 다음 평원을 통하여 땅의 중심, 우주의 중심, 부동의 지점에 다가가고 있었다! "저 사람이 누구인지 알아볼 수 있는가."

단테는 앞을 본다.

짙은 안개가 숨을 쉴 때, 또는 우리의 반구가 어두워지며 밤에 다가갈 때, 멀리 바람에 돌아가는 풍차와 같은 것이 보였다. 내 눈에는 그것이 그런 구조물로 보였다. 그곳으로부터 나오는 바람 때문에, 나는 나를 이끄는 분 뒤에서 따라갔다. 달리 피할 곳은 없었다. 나는 이제(그것을 시로 써 놓기가 두렵기는 하지만) 그늘이 모두 얼음으로 덮여, 마치 유리 속의 지푸라기처럼 보이는 곳에 있었기 때문이다. 어떤 이들은 누워 있었고, 어떤 이들은 일어서 있었다. 그러나 어떤 이는 머리가 위로 올라와 있었고, 어떤 이는 발바닥이 위로 올라와 있었다. 또 어떤 이는 얼굴이 발에 닿도록 활처럼 허리를 구부리고 있었다. 앞으로 한참 나아갔을 때, 나의 주인은 나에게 한때 멋지게 생겼던 피조물[즉 이제는 사탄이 된 루시퍼]을 보여주었다. 그는 내 앞자리에서 물러나더니 나를 멈추게 하고는 말하였다. "이것을 보라! 그대는 용기로 무장을 하고 보아야 할 것이다."

순간 내가 얼마나 으시시하고 정신이 혼미하였는지, 독자여 묻지 말라. 어떤 말로도 모자라니, 나는 그것에 대해서는 쓰지 않겠다. 나는 죽지 않았지만, 그렇다고 살아 있지도 않았다. 그대에게 조금이라도 지혜가 있다면, 죽음과 삶을 모두 빼앗긴 내가 어떻게 되었을지 스스로 생각해보라.

슬픔의 영역의 황제는 얼음으로부터 그의 가슴 윗부분을 내밀었다. 거인을 그의 팔과 비교하느니, 차라리 나를 거인과 비교하는 것이 나을 것 같았다. 한 부분이 그러할진대, 전체는 얼마나 클지 상상해보라. 그가 그의 조물주에 대항하여 그의 이마를 들어 올렸을 때 그가 지금 추한 것만큼 아름다웠다면, 그가 모든 시련의 원천이 된 것도 당연하다 할 것이다.

그의 머리에서 세 개의 얼굴을 보았을 때, 오, 얼마나 놀랍던지! 하나는 앞을 보고 있었는데, 그 얼굴은 심홍색이었다. 다른 두 얼굴은 양쪽 어깨 한 가운데 위쪽에서 그 얼굴과 붙어 있었는데, 머리 꼭대기에서 하나로 합쳐졌다. 오른쪽 얼굴은 하얀색과 노란색 중간이었으며, 왼쪽 얼굴은 나일강이 아래로 흘러내리는 곳에서 나온 것처럼 검었다. 각 얼굴 밑에서 두 개의 커다란 날개가 뻗어 나왔는데, 아주 큰 새에게 어울릴 만한 크기였다. 바다에서도 그만한 돛은 보지 못하였던 것 같다. 날개에는 깃털이 없어, 마치 박쥐의 날개 같았다. 그가 그 날개를 퍼덕이는 바람에 그로부터 세 바람이 나왔으며, 그 바람 때문에 지옥의 그 부분의 강은 완전히 얼어 있었다. 그는 여섯 개의 눈으로 울고 있었으며, 세 개의 턱으로 눈물과 핏물이 흘러내리고 있었다. 입마다 마치 고문대와 같은 이빨로 죄인을 씹고 있었는데, 그런 식으로 세 죄인을 동시에 괴롭히고 있었다. 앞에 있는 죄인에게 이빨로 물어뜯는 것은 발톱으로 할퀴는 것에 비할 바가 아니었는데, 발톱으로 할퀴게 되면 피부가 다 벗겨지는 수도 있었기 때문이다.

스승은 말하였다. "저 위에서 가장 큰 벌을 받고 있는 영혼은 유다 이스카리옷인데, 그는 머리가 루시퍼의 입 안으로 들어갔고 두 다리는 밖에서 버둥거리고 있다. 머리가 아래로 늘어진 둘 가운데 검은 주둥이에서 나온

자는 브루투스요, 또 하나 팔다리가 굵어 보이는 자는 카시우스이다. 다시 밤이 떠오르는구나. 이제 다 보았으니 떠나야 한다."[35]

괴상하게도 두 사람은 루시퍼의 두 날개가 펼쳐졌을 때, 그 무시무시하고 거대하고 고통스러워 하는 괴물의 털이 덥수룩한 옆구리를 붙들고 그가 붙박혀 있는 얼음 밑으로 내려갔다. 엉켜붙은 털과 얼어붙은 껍데기 사이로, 거친 털을 잡고 그의 옆으로 기어내려가야 하였다. 베르길리우스가 앞장을 서고 단테는 그 뒤를 따랐다. 이윽고 그들이 루시퍼의 엉덩이가 허벅지로 바뀌는 곳에 이르렀을 때, 앞장을 섰던 베르길리우스는 큰 힘을 들여 숨을 헐떡이면서 이번에는 기어 올라가기 시작하였다. 막 땅의 중심을 통과하여 위로 올라간 것이다.

그들이 본 '영원한 슬픔의 천사'의 얼굴 색깔들의 의미는 다음과 같다. **무능**, 이는 빨간색이지만, 성이 나면 심홍색으로 변한다. **증오**, 이는 흰색과 노란색이지만, 질투에 사로잡히면 창백해진다. **무지**, 이는 그 자신의 어둠 때문에 검은색이다. 이것들은 삼위일체의 속성, 즉 성부의 권능, 성자의 사랑, 성령의 지혜와 정반대이다. 이렇게 신과 사탄은 여기서 대립물들의 쌍으로 나타난다. 그리고 이제 우리는 그것이 무슨 의미인지 안다. 지옥과 천국 역시 마찬가지이다. 사탄, 삼위일체 등 모든 것이 그 자체로는──그렇게 생겨났다──무의미하다. 하나를 인정하는 것은 모두를 인정하는 것이다. 그것들은 겉모습에서는, 또는 개념으로서는 공간-시간의 영역에서 분리되어 있다. 반면 진리에서는──'피안의 지혜', 대립물을 넘어선 논리보다 심오한 **로고스**──그것들은 존재가 아닌 하나의 존재, 있지도 않고 없지도 않은 하나의 존재의 왼쪽과 오른쪽이다. 실제로 단테 자신도 신의 그림자를 보았을 때 죽지도 않았고 살지도 않았다.

세계의 나무 밑, 회전하는 모든 것의 "움직이지 않는 자리"에서 부처는 깨달음을 얻어 슬픔을 초월하였다. "슬픔으로부터의 해방이 있다──그것이 니르바나이다." 부처는 그렇게 가르쳤고, 결국 그는 이 세상에서 사라졌다. 반면 보살──"존재(sattva)"가 "깨달음(bodhi)"이다──은 니르바나와 이 세상의 슬픔이 둘이 아님을 증언하며 이 눈물의 골짜기에 그대로 있다. 고트프리트의 말로 하자면, 삶의 달콤쌉쓸함은 모든 고귀한 마음이 그 무시무시한 기쁨 속에서 먹는 빵이다. 회전하는 단 위에 앉은 보살은 우리에게 탈출구를 가리키지 않는다. 단지 존재하면서 동시에 존재하지 않을 수 있는 능력, 세상과 함께 움직이면서도 동시에 그 안에서 절대적 고요를 유지하는 능력의 근원, 우리 내부에 있는 근원을 가리킬 뿐이다.

따라서 십자가에 걸린 그리스도, 고통을 받으면서 고통스러워하지 않는 보살, 빙글빙글 돌아가는 불 바퀴에 묶여 있는 죄인 익시온, '황무지'의 부상당한 '성배의 왕'이라는 네 이미지를 비교해보면, 이 이미지들은 그 뿌리에서는 관련이 있지만——어떤 의미에서는 똑같다고 할 수도 있다——똑같은 현실에 대한 네 가지 해석 또는 네 가지 경험 및 판단 양식이라는 점에서 그 의미는 다른 것 같다.

보살과 그리스도라는 아시아의 두 인물은 흠없는 덕을 갖추었으며 초자연적인 종족이다. 반면 유럽인들은 둘 다 죄인으로, 상징적인 고통을 겪으면서도 아시아의 구세주들과 같은 지위에는 이르지 못하였다. 두 아시아인 가운데 보살은 전적으로 이 세계에 속해 있다. 그가 우리에게 가리키는 천국은 없다. 그는 그의 고향이나 근원으로 "저 바깥의" 어떤 장소나 신을 가리키지도 않는다. 그는 존재의 의식의 반영이다. 단지 사람만이 아니라, 짐승, 나무, 심지어 광물도 그 존재의 기관이고, 수정된 모습이고, 등급이 다른 모습이다. 그리고 우리에게 우리 자신의 내부에서 그 점을 일깨워준다는 점에서, 그는 우리의 덧없으면서도 영속적인 고난의 환영으로부터 우리를 구해주는 구세주이다.

반면 그리스도 예수는 전통적으로 완전히 다르게 해석되어 왔다. 예를 들어서, 그레고리우스 교황은 악마로부터 우리를 구해낸 "아겐바이어(Agenbuyer, 구속자라는 뜻/역주)"로 해석하였다(〈그림 8〉). 성 안셀무스는 아담과 하와의 행복한 죄에 대하여 '아버지'에게 드리는 우리의 보상이라고 해석하였다(28-29쪽). 아벨라르가 처음 제시한 견해에 따르자면, 그리스도는 이 악마의 세상의 그릇된 유혹으로부터 우리의 마음들을 그 자신에게로 다시 불러들임으로써 인간에게 신의 사랑을 증명하는 존재였다(29-30쪽).³⁶⁾ 다만 이 마지막에 인도의 말 타트 트밤 아시(tat tvam asi), 즉 "그대는 저것이다"──그대 자신이, 그대 자신도 모르게, 저 사랑받고 사랑하는 사람이다(수피의 신비주의자 바야지드가 말한 의미에서 : "이어 나는 보았고, 사랑하는 사람, 사랑받는 사람, 사랑이 하나임을 알았다!")³⁷⁾──를 덧붙여보자. 그러자 보라! 두 구세주적 인물이 이슬람의 알라와 더불어, 거기에 악마까지 합쳐져서 하나가 되었다. 바야지드는 말한다. "통일의 세계에서는 모든 것이 하나가 될 수 있기 때문이다──나에게 영광을!"³⁸⁾

이와는 대조적으로, 유럽의 두 인물은 모두 자신을 죄인으로 의식하게 되었으며, 그 결과 구속을 필요로 하게 되었다. 그러나 그들의 구속이란 무엇일까? 글쎄, 둘 다 원래는 구속자 인물이었던 만큼, 그들에게 필요한 것은 그들 자신의 막혀 버린 신성을 일깨워주는 것이라고 이야기할 수도 있다. 이것은 바그너의 오페라의 마지막 연과 일치한다. 놀라운 젊은이 파르지팔은 "동정심이라는 최고의 권능[karuṇā]과 가장 순수한 지식의 힘[bodhi]"을 통하여 고통받는 왕의 상처를 치료해주었으며, 그 자신도 성스러운 역할을 떠맡게 되었다. "구속자에게 구속을!(Erlosung dem Erloser!)" 합창은 그렇게 노래하며 막이 내린다.

파르지팔은 성배의 왕이 되었지만, 상처는 물려받지 않았다. 이제 그 이유를 알아야 한다.

## 3. 의미를 넘어선 탐색

현존하는 가장 이른 판본의 성배의 모험을 쓴 크레티앵 드 트루아는 플랑드르의 필립 백작이 그에게 준 어떤 책으로부터 자신의 전설의 제재를 얻었다고 말한다.³⁹⁾ 필립 백작은 레반트에 두 번 갔다고 알려져 있다. 첫번째는 1177년이고 두번째는 1190년인데, 두번째 들어갔을 때 그곳에서 죽었다. "그것은 왕의 궁정에서 말하기에 가장 좋은 이야기이다." 크레티앵은 그렇게 말한다. 반면 볼프람 폰 에셴바흐(Wolfram von Eschenbach)는 키오(Kyot)라는 이름의 프로방스 저자를 출처로 대고 있는데, 그는 볼프람이 말하지 않았다면 우리가 알 수 없었을 인물이며, 사실 많은 학자들은 그가 실존 인물이 아니라고 생각한다. 볼프람이 책을 쓸 때 그의 책상에는 크레티앵의 미완성 판본이 놓여 있었다. 그러나 볼프람의 판본은 동양에서 파르치팔의 아버지의 행적을 쫓는 데서 시작하여, 젊은 성배 추적자가 크레티앵의 작품에서는 묘사되지 않은 일련의 시련을 겪는 과정을 따라간다. 나아가서 성배의 모험을 기독교적 용어들로 환원시키는 데 관심을 가지는 성직자처럼 보이는 크레티앵과는 관점도 완전히 다르다.[40] 따라서 만일 키오의 책이 없었다면, 볼프람에게는 크레티앵이 보았던 책과 똑같은——아니면 비슷한——책이 있었거나, 그렇지 않으면 볼프람 자신이 서양 문학사상 최초의 위대한 영적 전기로 평가받을 수 있는 요소들을 모두 창조해냈다고 보아야 한다.

볼프람이 꾸며냈다고 하는 출처에 따르면, 프로방스의 작가 키오는 톨레도에서 성배의 전설을 발견하였다. 그는 플레게타니스라는 이름의 이방 점성술사의 잊혀진 글에서 그 전설을 보았다고 한다. 볼프람이 전하는 말에 따르면, 플레게타니스는 "자신의 눈으로 별들 속에 감추어진 경이를 보았다. 그는 성배라고 부르는 것에 대해서 이야기하는데, 그는 그 이름을 별자리에서 읽어냈다. 플레게타니스는 이렇게 말한다. '한 무리의 천사들이 그것을 땅에 남겨두더니, 별들 위로 높이 날아가버렸다.'"[41]

크레티앵의 글에서도 성배는 그릇도 컵도 아니고, 최후의 만찬의 잔도 아니며, 십자가에 달린 그리스도의 피를 받던 컵도 아니었다(곧이어 나오듯이 그레일[grail]이 무엇인가에 대해서는 논란이 분분하지만, 번역어로는 우리에게 익숙한 성배[聖杯]를 쓰도록 하겠다/역주). 그것은 루미스(Loomis) 교수가 우리에게 말해주듯이, "상당한 크기의 접시"였다. 성배를 가리키는 그레일이라는 말도 크레티앵과 같은 시대 사람인 프루아드몽의 대수도원장 헬리낭이 정의하는 바에 따르면, "넓적하고 약간 파인 접시로서, 거기에는 주로 부자들을 위하여 값비싼 음식을 담아놓는다." 크레티앵의 미완의 로맨스를 이어나갔던 사람들 가운데 하나는 성배들 위에 멧돼지 머리 100개가 놓였다는 이야기를 하는데, 루미스는 "만일 성배가 잔이라면 그것은 불가능한 이야기가 된다"고 말한다.[42]

볼프람의 텍스트에서 성배는 돌이다. 볼프람은 "그 이름은 라피스 엑실리스(lapis exilis)"라고 말한다. 이것은 "못생긴 돌, 작거나 하찮은 돌"[43]로서, 연금술에서 철학자의 돌을 가리키는 이름 가운데 하나이다. 따라서 볼프람이 의도적으로 비교회적으로 만든, 사실 비기독교적이고 거의 이슬람적인 상징을 바그너가 그리스도의 피를 담은 빛나는 거대한 잔으로 표현한 것은, 니체도 이의를 제기하였듯이, 그의 작품에 어울리지 않게 기독교적으로 경건한 체하는 분위기를 가져왔다.

볼프람은 말한다. "그 돌의 힘에 의하여 불사조는 불에 타 재가 되지만, 재는 금세 생명으로 되살아난다." 즉 그 돌은 우리를 연금술의 사랑-죽음의 니그레도(nigredo)와 푸트레팍치오(putrefactio)(〈그림 43〉)로 데려가지만, 동시에 금으로서 세상으로 되돌아오게 해주기도 한다. 볼프람은 계속해서 말한다. "따라서 불사조는 녹아서 매우 밝게 빛난다. 나아가서 아무리 아픈 사람이라도 그 돌을 보면 그날로부터 일주일 안에는 죽을 수가 없다. 또한 얼굴도 전혀 변하지 않는다. 여자든 남자든 그 돌을 본 날 그대로, 또는 한창 때가 시작되던 날 그대로 변함이 없다. 그 돌을 200년 동안 본다면, 머리카락 하나 세지 않을 것이다. 사람이 그 힘을 전달받으면 살과 뼈가 즉시 젊어진다. 이 돌은 성배라고도 알려져 있다."[44]*

〈그림 51〉은 마상 창시합을 위하여 무장을 한 볼프람을 상상해서 그린 그림이다. 그는 기사 가계에 속하는 시인으로서, 문학적 재능보다 무

---

* 너무 늦게 나오는 바람에 이 책의 본문에 포함시키지는 못하였지만, 헤르만 고에츠 박사는 그의 중요한 논문 「볼프람의 파르치팔에서 십자군의 동양」(*Archiv für Kulturforschung*, Bd. II, Heft 1, 1967)에서 Flegetanis라는 이름에는 두 가지 출처가 있다고 이야기한다. 1. 스페인-아라비아 유대인들의 카발라(유대의 랍비들이 제창하고, 특히 중세 후기와 르네상스 시대의 신학자들에게 강한 영향을 미친 구약성서의 전통적·신비적 해석에 의한 밀교적 신지학/역주). 여기에는 Falak-ath-Thani("제2의 하늘")이라는 이론이 있다. 2. 이슬람 전설의 위대한 점성가이자 마법사의 이름 Aflaton(<Plato)(이것은 플루토의 하데스의 불의 강 phlegethon과 혼동한 것일 수도 있다). 그는 연금술의 Lapis exillis와 결합된 성배에서 카발라의 Lapis exulis, 즉 물질화된 Shekninah("신성한 표현" 또는 신의 "지상의 거처")를 본다. 또 하나, 부처의 탁발 전설에서 영향을 받았을 가능성도 있다.

십자가에 달린 자    509

〈그림 51〉 볼프람 폰 에셴바흐.

술에서의 공적을 더 자랑스러워하였기 때문이다. 그러나 그는 그가 살던 당대는 물론이고, 지금도 역시 독일 중세의 가장 중요한 시인으로 평가되고 있다. 심지어 고트프리트보다 더 높은 평가를 받고 있으며, 유럽 전체를 놓고 보자면 단테에게 버금갈 정도이다. 우리가 이미 본 것처럼, 트리스탄의 시인은 우아하고 세련된 인물이며, 고전 교육을 받은 도시의 문인으로서, 라틴어는 물론 철학과 신학, 거기에다가 프랑스와 독일의 시와 로맨스까지 두루 섭렵하였다. 반면 볼프람은 알파벳 한 글자도 모른다고 주장하였다(어쩌면 고트프리트와 대조적인 모습을 보여주려고 그랬는지도 모르지만, 귀족으로서 잉크에서 나는 성직자 냄새에 대한 깊은 경멸 때문에 그랬을 수도 있다.)[45] 고트프리트의 작품을 보면 전투 장면이 먼 곳에서 바라보듯이 냉소적인 위트로 묘사되어 있다. 그러나 볼프람의 작품에서는 스스로 기사의 전투에 참여하고 그 도덕적 가치를 체험한 사람이 묘사하였다는 느낌을 준다. 고트프리트의 배경은 대체로 가정적이고 도시적이다. 반면 볼프람의 배경은 전장이나 들판이다. 또한 그의 삶에서의 목표는 높은 곳에서의 환희, 육체의 단념도 아니고, 낮은 곳에서의 환희, 빛의 단념도 아니다. 그의 목표는 방패와 깃발, 말과 투구의 상징이 보여주듯이, 중간의 길이다. 볼프람은 자신의 주인공 파르치팔의 이름을 페르스 아 발(perce à val), 곧 "중간을 꿰뚫음"이라고 기발하게 해석하고 있는데,[46] 이것이 그의 이상을 이해하기 위한 첫 실마리를 제공한다. 그의 이상이란 이곳 지상에서 인간적이고 자연적인 수단을 통하여 (인간적인 삶의 죄를 짓고 덕을 쌓는 발전 속에서, 검은 동시에 희지만 고상하고 용기 있고 자기 결정적인 발전 속에서) '육신이 된 말'의 신비를 실현하는 것이다. 어둠과 빛, 모든 대립물의 쌍――그러나 대립물로서가 아니라――이 참여하는 논리보다 더 깊은 로고스 말이다. 그는 그의 서사시의 말미에 이렇게 쓰고 있다. "그렇게 산 삶, 몸의 죄 때문에 영혼으로부터 신을 빼앗기지 않은 삶, 그러면서도 명예롭게 세상의 은혜를 유지할 수 있는 삶. 그것이 가치 있는 일이다."[47] 또는 그의 도입부의 첫 연에서는 이렇게 말한다.

사람 마음에 동요(動搖)가 이웃이 된다면, 그것은 영혼에 괴로움이 될 수 있다. 용기가 꺾이지 않는 사람, 까치의 깃털처럼 필연적으로 백과 흑이 섞이는 사람에게 비난과 칭찬은 모두 필연적이다. 그러나 그러한 사람은 두 가지 색깔, 천국의 색깔과 지옥의 색깔이 그의 안에 있음에도 축복받은 상태를 안다. 자기 자신에게 불확실한 자는 완전히 검은 색이며, 그 어둠의 색조가 계속 증가한다. 반면 꾸준한 목적을 가진 자는 빛으로 나아가는 경향이 있다.[48]

따라서 이제 중간을 따라 '성배의 성'과 그 지혜의 돌, 여기 지상에서 '낙원의 완성'이라고 부르는 곳으로 가보자.*

---

\* 고에츠 박사의 글을 보면, 당대의 십자군 이야기에서 나오는 동양 이름과 역사적 사건에 대한 소식이 볼프람의 서사시에 영향을 주었던 것 같다. 그 예로 첫 모험을 보사. 1. 사사방그의 벨라카네 여왕. Belakāna는 "Balak의 부인 또는 미망인"이며, Balak는 Nūr-uddīn Balak ben Bahram으로 Aleppo의 정복자(1123년)이자 기독교 왕 예루살렘의 볼드윈 2세를 잡은 자이다. 그의 부인이자 미망인은 셀주크의 공주였다. 2. Isenhart ("쇠처럼 단단하다")는 터키 이름 Tīmūrtāsh의 번역어이다. Hasāmūid-dn Tīmūrtāsh는 발라크가 화살을 맞고 죽자 그 뒤를 이어서 Aleppo의 군주가 된 인물이다. 그는 Baldwin을 석방하였는데, 얼마 안 있어 셀주크의 왕 Sultan Shah와 동맹을 맺은 그 기독교 왕에 의해서 도시가 포위되있음을 알세 된나. 여기서 두 군대는 "백군과 흑군"이다. 그가 전투에서 쓰러지자, 백성들이 바그다드의 칼리프의 이름으로 도시를 방어한다. "볼프람의 이야기는 이 다소 복잡한 역사적 에피소드와 밀접하게 대응하고 있어서, 그가 기독교 군대에 참여하였던 사람의 이야기를 들은 것이 분명함을 알 수 있다"(Goetz, 앞에 인용한 책, 13쪽).

# 제8장 중재자

## 1. 과부의 아들

제1권 : 자자망크의 검은 여왕

"용감하다, 그러나 천천히 지혜롭다. 나는 내 영웅을 그렇게 부른다." 시인은 파르치팔을 그렇게 소개한다.

그의 아버지 가무레트 역시 용감하였으며, 왕의 둘째아들로서 형이 왕국을 나누어 갖자고 하였으나 자신의 능력을 스스로 증명하고 싶어서 모험을 통하여 바그다드까지 갔다. 그곳에서 용맹하게 칼리프를 섬겼기 때문에, 그의 명성은 곧 페르시아에서 모로코까지 퍼져나갔다. 그러나 가무레트는 그곳을 떠나 사람들이 밤처럼 검은 자자망크까지 배를 타고 갔다.

검은 여인들은 가무레트의 일행이 배에서 내려 파텔라문트 항구로 들어서는 것을 창문에 기대어 지켜보았다. 그들 일행의 앞에는 말 열 마리가 떼를 이루었고, 뒤에는 종자 스무 명이 뒤따랐다. 또한 시종, 요리사, 요리사 조수도 있었다. 고귀한 기사는 열두 명이었는데, 그들 가운데 다수는 사라센 사람이었다. 장식용 마구를 갖춘 말이 여덟 마리에, 아홉번째 말은 기사의 마상 창시합용 안장을 얹고 있었고, 방패 드는 젊은이가 그 옆에서 쾌활하게 걷고 있었다. 말을 탄 나팔수들과 북을 머리 위로 흔들며 쳐대는 고수에 플루트 연주자와 깽깽이를 켜는 자가 셋이었다. 이들 모두가 지나간 뒤에 위대한 기사가 선장과 나란히 말을 타고 내려왔다.

검은 여왕 벨라카네는 반갑게 가무레트를 맞이하였다. 그녀의 왕국은 서쪽으로는 무어인들의 검은 군대에, 동쪽으로는 기독교 기사들의 흰 군대에 포위되어 있었기 때문이다. 그녀의 왕관은 거대한 투명 루비로, 거품처럼 그녀의 머리를 감싸고 있었다. 루비 안으로 그녀의 검은 얼굴이 보였다. 그녀는 정중하게 가무레트를 맞이하였다. 그들이 서로 마주보는 순간 두 마음의 빗장이 풀렸다. 가무레트가 포위 공격을 당하는 이유를 묻자, 그녀는 한숨을 쉬고 눈물을 흘리며 자신이 사랑을 망설였다고 고백하였다. 그녀의 기사 연인 이젠하르트는 절망감에 사로잡혔다. 그녀처럼 검은 이 젊은 왕자는 갑옷 없이 전장에서 말을 달려 이름을 얻으려다가 죽음을 당하였다. 지금 그녀의 왕국을 포위한 군대들은 그의 친구들로, 이젠하르트의 복수를 하러 온 것이다. 그녀의 왕국은 온통 눈물바다였다.

"내가 그대를 섬기리다." 가무레트가 말하였다.

"경을 믿겠어요." 여왕이 대답하였다.

가무레트는 다음 날 두 진영의 우두머리를 쓰러뜨렸다.

구원을 얻은 왕비는 가무레트를 그녀의 성으로 맞아들여, 손수 자신의 검은 손으로 그의 갑옷을 벗기고 그에게 자신의 왕국과 자신의 몸을 하사하였다. 가무레트는 이 검은 이방의 아내를 자신의 목숨보다 귀중하게 여겼다. 그러나 자신의 무기로 쌓는 업적보다 더 귀중하게 여기지는 않았는데, 아내는 그를 말렸다. 그래서 왕은 번민하다가, 마침내 어느 날 밤 배를 타고 떠나버렸다. 그래서 그녀는 슬픔 속에 아들을 낳았으며(그녀는 아들을 파이레피츠 안게빈이라고 불렀다), 신은 그 아이에게 기적을 일으켰다. 그는 까치의 깃털처럼 흰색과 검은색이 뒤섞여 알록달록하였다.

아이의 어머니는 아이를 보자 하얀 부분을 골라 연거푸 입을 맞추었다.

제2권 : 웨일스의 하얀 여왕

웨일스의 처녀 여왕 헤르첼로이데는 칸볼라이스에서 마상 시합을 열었다. 여왕 자신과 두 나라가 상품이었다. 왕과 기사들이 도착하여 초원에 천막을 쳤고, 왕비는 시녀들과 함께 나가 창 밖으로 지켜보았다.
"저 천막은 누구의 것인가!" 한 건방진 시종이 소리쳤다. "여왕의 나라와 왕관은 그 반의 가치도 안 되겠다."
그곳은 자자망크의 부유한 왕의 천막이었다. 그 천막을 옮기려면 말이 30마리 필요하였다.
다음 날 아침 몸을 풀기 위한 비공식 시합이 시작되었다. 여러 나라에서 온 왕과 기사들은 말을 타고 넓은 들판을 달리며, 무리를 지어 연습을 하기도 하고 일대일로 붙어 보기도 하였다. 그들은 창을 부러뜨리기도 하고 검을 부딪히기도 하고 서로를 쓰러뜨리기도 하였다. 아서왕의 나이든 아버지도 나와 있었고, 아직 어린 가웨인도 나와 있었다. 가웨인의 아버지인 노르웨이의 롯왕도 나와 있었다. 아직 트리스탄을 낳기 전인 리발린도 있었고, 아직 트리스탄의 적이 되기 전인 아일랜드의 힘센 모롤트도 있었다.
천막 안에서 쉬고 있던 자자망크의 왕은 점점 커지는 소란에 이끌려 일어나더니 옷을 입고 투구를 썼다(이 투구는 왕비의 루비 왕관과 마찬가지로 그의 머리 전체를 덮는 크고 투명한 다이아몬드였다). 왕은 마구를 갖춘 말을 타고 들판으로 달려나가더니, 만나는 사람마다 차례로 말에서 떨구었다. 그 들판에서 많은 창이 가루가 되었고, 안장이 날아갔고, 쇠갑옷을 입은 사람들이 말의 다리 사이를 달렸고, 박살난 방패와 찢어진 깃발들이 사방에 나뒹굴었다. 어둠이 밀려올 무렵, 모두들 완전히 지쳐서 내일 마상 시합은 열릴 수 없다는 것이 누가 보아도 분명하였다.
그날 밤 자자망크의 무한히 부유한 왕이 낮에 그에게 진 왕, 왕자 등 여러 사람을 대접하고 있을 때, 고귀한 여인 헤르첼로이데가 기쁨으로 눈을 빛내며 그를 포옹하러 왔다. 모두들 입을 모아 그가 들판을 평정했다고 말하였기 때문이다. 그러나 왕은 바로 그날 저녁, 자신이 없는 동안

형과 어머니가 죽었음을 알게 되었으며, 그래서 여왕이 천막으로 들어왔을 때 그는 눈물을 흘리고 있었다. 게다가 그날 하루 종일 먼데 있는 아내에 대한 그리움이 밀려들었다. 뿐만 아니라 한 사절이 그에 대한 권리가 있는 이전의 여인, 즉 프랑스의 왕비가 보낸 편지를 가져왔다. 그래서 헤르첼로이데가 그를 요구하였을 때, 그는 반대하였다.
"나에게는 나 자신보다 더 귀중한 아내가 있소."
"당신은 그 무어인을 포기하고, 그 이방의 나라를 포기하고, 나를 사랑해야 해요. 그것이 우리의 종교적인 법이에요."
그러자 왕은 프랑스 여왕의 요구를 내밀었다. 그런 다음에 그의 새로운 슬픔에 대해서 이야기하였다. 이어 마상 시합의 취소에 대해서 이야기하였다. 그는 마상 시합 취소에 대해서 심판관에게 항의하였다. 그러나 심판관은 그가 투구를 썼음으로 공식적으로 시합에서 이긴 것이며, 이제 그 상을 받아야 한다고 선언하였다. 그녀는 그의 마지막 요구에 굴복하였다. 즉 그의 전 아내와는 달리 그가 마상 시합에 나가는 것을 절대 막지 않겠다고 한 것이다. 그녀는 약속을 하고나서 그의 손을 잡았다.
그녀가 말하였다. "자, 이제 당신은 나에게 속한 것이며, 나의 보호를 받아야 해요."
그녀는 비밀의 길을 통해서 그를 어떤 장소로 안내하였으며, 그곳에서 그는 그의 슬픔을 버렸고 그녀는 그의 처녀를 버렸다. 이어 그는 감탄할 만한 일을 하였다. 그는 자신이 쓰러뜨린 자들을 풀어주었다. 가난한 기사들에게는 아랍의 금을 나누어주었다. 방랑하는 시인들에게는 선물을 주었다. 그곳에 있는 왕들에게는 보석을 주었다. 그들 모두 기쁨에 겨워 가물레트를 찬양하며 삭자 고향으로 떠났다.
그러나 헤르첼로이데의 칼날 같은 기쁨은 곧 꺾여버렸다. 가무레트는 전에 섬기던 칼리프의 땅이 바빌론에 의하여 유린당한다는 소식을 듣고 배를 타고 그에게 봉사를 하러 갔는데, 여섯 달 뒤 가물레트가 죽었다는 소식이 날아왔다.
헤르첼로이데는 아들을 낳았는데, 너무 커서 목숨을 잃을 뻔하였다. 그녀는 아이의 작은 입에 분홍빛 젖꼭지를 물리면서 아이를 봉 필스, 셰르 필스, 보 필스(bon fils, cher fils, beau fils, 좋은 아들, 사랑하는 아들, 예쁜 아들)라고 불렀다. "나는 그의 어머니요 그의 아내다." 그녀는 생각하였다. 마치 가무레트를 다시 품에 안는 느낌이 들었기 때문이다. 그녀는 생각하였다. "최고의 여왕께서는 그녀의 젖을 예수에게 주셨고, 예수는 우리를 위하여 십자가에서 죽음을 겪으셨고, 따라서 우리는 예수에 대한 믿음을 지킨다. 그러나 예수의 진노를 우습게 보는 자들의 영혼은 심판의 날에 괴로움을 겪을 것이다. 나는 이 이야기가 사실임을 안다."

### 제3권 : 위대한 바보

과부가 되어 슬픔에 사로잡힌 여왕은 성과 세상으로부터 물러나 쓸쓸한 황야로 들어갔다. 그녀는 자신의 아들에게는 기사도에 대하여 한 마디도 하지 말라고 백성에게 명령하였다. 이렇게 아들은 자신의 유산을 모르고, 심지어 자신의 이름도 모르고 커나갔다. 그는 자신을 필스라고 부르는 소리만 들었다. 봉 필스, 셰르 필스, 보 필스 말이다. 그러나 아이는 자신의 손으로 조그만 활을 만들어 새를 쏘았다. 그러나 새들의 달콤한 노래는 소년의 마음을 사로잡았으며, 새들이 죽은 것을 보았을 때 소년은 울었다.

어머니는 아들에게 하느님에 대하여 이야기해주었다. "그는 대낮보다 더 밝은데, 사람의 형상을 취하셨다. 어려울 때면 그 분께 기도를 하거라. 그 분은 신실하시며 도움을 주신다. 그러나 또 하나가 있으니 그는 지옥의 신이며, 그는 시커멓고 신심이 없다. 그로부터는 마음을 돌리고, 의심으로부터도 마음을 돌려라."

강하고 아름답던 어린 시절 어느 날 소년은 산기슭에서 거닐다가 말발굽 소리를 듣고, 그것이 악마들의 소리라고 생각하였다. 순간 기사 셋이 눈앞에 나타났다. 소년은 그들이 천사라고 생각하고 무릎을 꿇고 기도를 드렸다. 네번째 기사가 나타났는데, 그의 등자와 오른팔에서는 방울이 딸랑거렸다. 기사는 말을 멈추더니 멍한 젊은이에게 두 기사가 처녀를 납치해 가는 것을 보았느냐고 물었다.

젊은이는 기사에게 기도를 하였다. "오, 도움을 주시는 하느님이시여, 저를 도와주소서."

왕자는 상냥하게 대답하였다. "나는 하느님이 아니란다. 우리는 네 명의 기사야."

"기사가 뭐지요?" 소년이 물었다. 그러자 기사는 이야기를 해주었다. 기사를 만든 아서왕의 이야기도 해주었다. 기사들은 그에게 검과 창을 보여주었다. 그들이 떠나자 소년은 기뻐서 어머니에게 달려갔다. 그러나 어머니는 소년이 기사들과 만난 이야기를 해주자 쓰러지고 말았다.

어머니는 소년이 바보처럼 보이게 하면 돌아올 수밖에 없을 것이라고 생각하고, 가장 비루먹은 말을 구한 다음 소년에게 어릿광대 같은 옷을 입혀주었다. 소년의 셔츠는 대마로 만들었으며, 바지는 무릎까지밖에 안 내려왔고, 머리에는 수도사의 두건을 썼으며, 무두질을 하지 않은 거친 장화를 신었다. 어머니는 소년에게 충고를 하였다. 1. 내를 건널 때는 가장 낮은 곳을 건너라. 2. 사람들에게 인사를 할 때는 "하느님께서 그대를 보호해주시기를!" 하고 말하라. 3. 머리가 하얗게 센 사람들의 충고를 구하라. 4. 선한 여인의 반지를 얻으려 노력하고, 그 여인과 입을 맞추고 포옹을 하기 위하여 노력하라. 그녀는 또 아들에게 그녀의 두 나라를 빼앗아간 기사 래헬린에 대해서 이야기해주었다. "제가 복수를 하겠습니다." 아들은 전통을 등에 차고 말에 오르며 말하였다. 그녀는 아들에게 입을 맞추고, 아들의 말의 뒤를 쫓아 비틀거리며 걸어갔다. 아들이 사라지자 그녀는 쓰러져 죽었다.

순박한 아이는 수탉이라도 건널 수 있는 냇물에 이르자, 아주 얕은 곳으로 건너 그 너머의 초원으로 갔다. 그곳에 화려한 천막의 모습이 보였다. 안에는 젊은 부인이 작은 이불을 엉덩이까지 덮고 잠들어 있었다(그 몸은 신이 직접 빚어내신 것 같았다). 그녀의 희고 부드러운 손에는 반지가 있었다. 젊은이는 반지를 잡기 위하여 침대로 뛰어올랐다. 두 사람은 한참 격투를 벌인 끝에, 젊은이는 반지만이 아니라 강제로 입을 맞추기도 하였고, 브로치도 덤으로 얻었다. 이어 그녀의 음식으로 식사를 하고, 다시 강제로 입을 맞춘 다음 말을 타고 떠났다.

"아니!" 그녀의 남편인 기사는 돌아와서 소리쳤다.

이 기사는 기사 래헬린의 동생인 오릴루스 드 라란더 공작이었다. 그는 화가 치밀어오르자 발작적으로 그녀의 안장을 부수고, 그녀의 옷을 찢어발겼다. 그리고 그녀에게 누더기를 걸친 채 그의 뒤를 따라 말을 타고 가라고 하였다. 이어 그 자신도 자신의 명예를 훼손한 젊은이를 찾아 나섰다. 한편 젊은이는 숲의 절벽에 이르러 있었다. 그 밑에는 한 여인이 비통하게 머리를 쥐어뜯고 있었다. 그녀의 무릎에는 죽은 기사가 누워 있었다. 순박한 청년이 다가갔다.

"그대 이름이 무엇이오?" 여인이 물었다.

"봉 필스, 셰르 필스, 보 필스." 그가 대답하였다.

그녀는 젊은이의 이모의 딸인 지구네였다. 그녀는 그 이름을 듣고 젊은이가 누구인지 알았다. "그대 이름은 파르치팔이에요. 그 뜻은 '중간을 꿰뚫음'이지요. 그릇된 사랑이 그대의 어머니의 마음 한가운데에 골을 팠기 때문이에요." 이어 그녀는 그의 부모 이야기를 해주었다. 그리고 그녀의 무릎에 누운 시아나툴란더 왕자가 래헬린과 오릴루스에 대항하여 그의 유산을 지키려다 죽임을 당하였다는 이야기도 해주었다.

"내가 복수를 하겠습니다." 젊은이가 말하였다. 그러나 지구네는 그가 아서의 궁정에 이르면 목숨을 잃을까 두려워 엉뚱한 방향을 일러주었다. 젊은이는 사람들이 많이 다니는 넓은 길을 따라갔다. 그는 만나는 사람마다 "하느님이 그대를 보호해주시기를!" 하고 인사를 하였다. 밤이 오자 젊은이는 욕심 많은 어부의 큰 집으로 들어갔다. 어부는 젊은이가 브로치를 내주었을 때에야 그를 환대하고, 다음날 그를 아서의 궁정의 탑까지 데려다주었다.

쿠르베날이 트리스탄을 훈련시키듯이 이 젊은이를 훈련시킨 사람은 없었다. 젊은이는 비틀거리는 말을 타고 가다가 성에서 빨간 갑옷을 입고 손에는 잔을 든 기사가 말을 타고 달려오는 것을 보았다. 젊은이가 인사를 하자 그는 말의 고삐를 잡더니, 젊은이에게 궁정에 가서 자신이 마상시합 들판에서 기다린다는 말을 전하라고 하였다. 더불어 왕비에게 포도주를 그녀의 가운에 튀긴 것에 대해서는 사과를 한다는 말도 전하라고 하였다. 그는 쿠쿠메를란트의 왕 이테르로, 아서의 왕국의 일부에 대한 소유권의 상징으로 손에 컵을 쥐었던 것이다.

성문에는 보초들이 서 있고 군중이 모여 있었다. 그러나 신은 기분이 좋을 때 파르치팔을 빚었다. 그의 아름다움 덕분에, 그리고 젊은 시종의 친절 덕분에, 그는 원탁까지 갈 수 있었다. 아서는 기사로 만들어달라는 파르치팔의 건방진 요구를 듣더니 바깥의 기사가 입은 빨간 갑옷을 하사하였다. 파르치팔은 그 기사의 메시지를 간단하게 전하였다. 궁정의 무례한 집사 카이에는 그가 직접 갑옷을 입게 하라고 소리쳤다. 그러나 쿠네바레라는 이름의 여인은 파르치팔이 그녀 옆을 지나 밖으로 나갈 때 큰 소리로 웃음을 터뜨렸다. 그녀는 기사도의 꽃을 보기 전에는 절대 웃음을 터뜨리지 않을 것이라는 예언을 들은 여자였다. 카이에는 그녀의 웃음소리를 듣더니 지팡이로 그녀를 때렸다. 궁정의 광대 안타노르가 그것을 보고 카이에는 그녀를 때린 것을 후회하게 될 것이라고 소리치자, 카이에는 안타노르도 때렸다.

파르치팔은 들판으로 말을 달려나가 이테르에게 갑옷을 내놓으라고 하였다. 기사는 화가 나서 선홍색 창을 거꾸로 꼬나들고 손잡이 부분으로 파르치팔을 세게 내리쳤다. 파르치팔과 조랑말은 4월의 꽃들 사이에 널브러졌다. 그러나 파시스트는 얼른 일어서서 재빨리 화살을 날렸다. 화살은 붉은 기사의 면갑(面甲)의 틈으로 날아가 눈을 찔렀다. 붉은 기사는 말에서 떨어져 즉사하였다. 힘센 말은 큰 소리로 울었다. 시골뜨기는 기사의 선홍색 갑옷을 벗기기 위해서 기사의 몸을 굴렸다. 그때 아까 그를 궁정으로 안내하였던, 왕비의 시종이 달려와 그가 어머니가 주신 옷과 신발(파르치팔은 그것을 벗으려고 하지 않았다) 위에 갑옷을 입는 것을 도와주고, 화살을 뽑고(기사에게는 금지된 일이었다), 간단하게 방패와 창을 쓰는 법을 알려주고, 기사의 검을 차게 해주었다. 마침내 파르치팔은 말 위에 올라탔다. 말이 움직이기 시작하자 파르치팔은 말하였다. "잔을 왕에게 돌려주시오. 그리고 매를 맞은 처녀에게 내가 복수를 해주겠다고 전하시오."

파르치팔은 커다란 카스티야(스페인 중부의 옛 왕국/역주) 말을 타고 하루 종일 달렸다. 아직 말을 세우는 법을 배우지 못하였기 때문이다. 그는 그날 저녁 노인은 왕자 구르네만츠 드 그라하르츠의 탑에 이르렀다 (구르네만츠는 성배의 기사단 가운데 하나로 바그너의 오페라의 등장인물들 가운데 처음으로 입을 열지만, 여기서는 자신의 성을 가진 성주이다). 성 밖에서 어린 매와 함께 커다란 나무 밑에서 쉬고 있던 늙은 기사는 말을 탄 붉은 기사를 맞으려고 일어섰다. 말은 구르네만츠 앞에 섰다. 말을 탄 사람이 말하였다. "제 어머니가 머리카락이 하얗게 센 분들에게서 조언을 얻으라고 하셨습니다." 그러자 노인은 정중하게 말하였다. "젊은이, 내 조언을 얻으러 온 것이라면, 나에게 자네의 우정을 서약해야 하네." 구르네만츠는 손에서 매를 던졌다. 조그만 황금종을 단 매는 심부름꾼이 되어 성으로 날아갔다. 이윽고 성문이 열리면서 한 무리의 사람들이 나와 손님을 맞이하였다. 그러나 붉은 기사가 갑옷을 벗자 광대의 옷이 드러났고, 모두들 당황하는 한편 놀랐다. 그러나 그의 몸은 고귀하게 보였다. 구르네만츠는 마음으로 파르치팔을 받아들여, 한 철 동안 그에게 기사도를 가르쳤다.

늙은 기사는 말하였다. "자네는 어린아이처럼 말하는군. 자, 이제 자네 어머니에 대한 이야기는 그만 하고, 다른 것에 대하여 생각해보게." 구르네만츠는 파르치팔에게 행동 규칙을 이야기해주었다. 절대 염치를 잃지 말라. 궁핍한 자에게 동정심을 보여라. 부를 낭비하지도 말고 축적하지도 말라. 너무 많은 질문을 하지 말라. 질문에는 솔직하게 대답하라. 남자답게 행동하고 늘 명랑한 모습을 보여라. 자비를 구하는 적은 죽이지 말라. 사랑에서 정절을 지키며, 남편과 아내는 하나임을 기억하라. 남편과 아내는 하나의 씨앗에서 피어나는 꽃들이기 때문이다.

세 아들을 잃은 늙은 구르네만츠는 파르치팔이 자신의 딸과 결혼하기를 바랐다. 그러나 젊은 파르치팔은 아내의 품는 경험하기 전에 전장에서 자신을 증명해 보여야 한다고 생각하였다. 시인의 말을 들어보자. "그는 고귀한 노력을 하는 가운데 이생이나 그 너머의 삶에서 추구할 고상한 목적을 느꼈다. 그 목적은 지금도 거짓이 아니다."[1] 이것을 괴테의 『파우스트(Faust)』에 나오는 유명한 구절과 비교해보자. "우리는 끈질기게 노력하는 자는 누구든 구속해줄 수 있다."²⁾ 또한 살아 있는 자들에게서 힘을 발휘하는 신에 대하여 괴테가 에커만에게 한 말과 비교해보자.*
따라서 파르치팔이 늙은 스승이 서글픈 마음으로 내려준 허락을 얻어 말을 타고 떠났을 때, 그 옆에서 잠깐 함께 말을 달린 노인은 마음속으로 기사도에 넷째아들을 내어준다고, 네번째 커다란 상실을 맛보게 되었다고 생각하였다.

### 제4권 : 콘드비라무르스

이제 교육을 잘 받은 기사가 된 파르치팔은 그의 말이 이끄는 대로 숲속으로 들어갔다. 너무 우울해서 어디로 가는지 관심을 가질 수가 없었다. 하루가 끝나기 전에 거칠고 높고 숲이 울창한 산 속에서 큰 소리를 내며 흐르는 냇물을 만나게 되었다. 냇물은 절벽 아래로 떨어져 도시 펠라페이레까지 흘러갔다. 그곳에는 고리버들을 이용해서 물 위로 도개교를 만들어놓았다. 밧줄 하나 없는 허약한 다리였다. 물은 다리 밑을 지나 바다로 갔다. 다리 건너에 무장한 기사들이 60명 가량 보였다. 파르치팔이 다가가자 그들은 물러서라고 경고하였다. 말이 멈칫거렸기 때문에 파르치팔은 말에서 내렸다. 파르치팔이 말을 끌고 흔들리는 다리를 건너자, 기사들은 뒤로 물러나 성문을 닫았다. 창에 기댄 어여쁜 처녀가 파르치팔에게 친구인지 적인지 물었다. 문이 열렸을 때, 파르치팔은 도시의 성벽 안의 모두가 무장을 하고 있다는 것을 알게 되었다. 그러나 그들은 허약하였다. 굶주림 때문에 초췌하였다. 사방에 탑, 작은 탑, 무장한 성채가 보였다.
성으로 들어간 파르치팔은 갑옷을 벗고, 갓 잡은 검은담비로 만든 것처럼 모피 냄새가 물씬 풍기는 망토를 걸쳤다. 그는 처녀 여왕, 아름다운 콘드비라무르스에게로 안내되었다. 파르치팔은 잠시 말 없이, 구르네만츠의 규칙에 순종하여 그녀 곁에 앉아 있었다. 젊은 여왕은 의아하였다. 그

---
* 454쪽 참조.

러나 여주인으로서 먼저 말을 꺼내야겠다고 마음 먹고, 어디서 왔느냐고 물었다. 파르치팔이 구르네만츠에 대하여 이야기하자, 처녀 여왕은 자신이 구네르만츠의 조카딸이라고 말해주었다. 그녀는 이졸트 둘을 합친 것보다 더 찬란하였다. 빨간 장미와 하얀 장미를 합쳐놓은 것 같았다.

그날 밤 그녀의 손님이 잠이 들었을 때, 그녀는 살며시 그의 침대 옆으로 갔다. 처녀를 여자로 바꾸는 그런 사랑 때문이 아니라, 친구로서 도움과 조언을 얻으려고 간 것이다. 그녀는 전투복 차림이었다. 하얀 비단 잠옷에, 그 위로 금란(金襴) 가운을 걸쳤다. 성 안의 모두가 잠들었기 때문에 그녀는 이제 마음대로 이야기를 할 수 있었다.

그녀는 침대 옆에 무릎을 꿇고 앉았다. 파르치팔이 잠을 깨고 그녀를 보았다. "여인이여, 지금 나를 놀리십니까? 오직 하느님 앞에서만 그렇게 꿇어앉는 것입니다."

그녀가 대답하였다. "그대의 명예를 걸고, 절제하며 나와 씨름하지 않겠다고 약속하신다면, 그대 곁에 눕겠습니다."

시인은 그녀도 그도 사랑으로 결합하겠다는 생각은 하지 않았다고 말한다. 파르치팔은 그 기술에 대한 지식이 전무하였고, 그녀는 그녀 삶의 곤경 때문에 필사적인 태도로 부끄러움을 무릅쓰고 찾아온 것이다. 부모가 없는 여왕 콘드비라무르스는 눈물을 흘리며 자신의 곤경을 이야기하였다. 클라미데라는 이름의 힘센 왕이 그의 집사 킹그룬이 이끄는 군대를 보내어 그녀의 땅의 모든 성을 차지하면서 흔들다리 바로 앞까지 왔다는 이야기였다. 클라미데는 구르네만츠의 큰 아들을 죽였으며, 이제 그녀를 아내로 요구한다는 것이었다. "하지만 나는 내 처녀의 몸을 클라미데에게 바치느니 차라리 죽을 각오가 되어 있어요. 그대도 내 궁이 얼마나 높은지 보셨지요. 나는 여기서 해자에 몸을 던질 거예요."

여기서 우리는 볼프람이 말하고자 하는 두번째 이야기, 대립의 두번째 항을 보게 된다. 그의 주인공과 여주인공은 그 대립의 한가운데를 꿰뚫고 통과한다. 한편에는 감각들, 순수한 정열의 마법이 있다(이졸트와 트리스탄의 쪽이다). 그리고 다른 한편으로는 사랑 없이 정략, 사회, 관습에 따라 이루어지는 결혼이라는 성례가 있다(이졸트와 마르크왕).

파르치팔은 옆에서 울고 있는 젊은 여왕에게 말한다. "여인이여, 그대를 위로할 방법이 없겠습니까?"
"있어요. 이 왕과 그의 집사 킹그룬의 힘에서 벗어나기만 하면 됩니다."
"여인이여, 킹그룬이 프랑스인이든 브리튼인이든 다른 어디 사람이든, 내 생명이 남아 있는 한 내 손이 그대를 지켜줄 것입니다."
밤이 지나고 날이 밝았을 때 킹그룬의 군대가 나타났다. 맨 앞에 많은 깃발과 함께 킹그룬의 모습이 보였다.
파르치팔은 성문을 나가 그의 첫 전쟁터를 향해서 달려나갔다. 집사를 향해서 얼마나 힘차게 돌격하였는지, 양쪽 안장의 배띠가 다 끊어져버렸다. 두 사람의 검이 불꽃을 튀겼고, 세상에서 큰 이름을 얻고 있던 킹그룬은 곧 드러누워 항복을 하였다. 파르치팔의 무릎이 그의 가슴을 누르고 있었다. 젊고 풋풋한 기사는 스승의 규칙을 기억하고, 킹그룬에게 구르네만츠에게 가서 항복하라고 명령하였다.
"내가 그의 아들을 죽였으니, 구르네만츠는 나를 죽일 것이다."
"그럼 여기서 여왕에게 항복하라."
"저 성에서는 나를 갈기갈기 찢을 것이다."
"그러면 브리튼의 아서왕의 궁정으로 가서, 거기서 나 때문에 맞은 처녀에게 항복하라."
그렇게 해서 전투는 끝이 났다. 기사가 돌아오자 콘드비라무르스는 모두가 보는 앞에서 기사를 포옹하였다. 성의 주민은 파르치팔에게 경의를 표하였다. 그녀는 파르치팔을 그녀의 아미(ami, 친구)로, 그녀의 주인이자 그들의 주인으로 선포하였다.
여왕이 말하였다. "나는 방금 포옹한 사람 외에 어떤 남자의 아내도 되지 않을 것이다." 그때 모두들 바다를 보았다. 보라! 그곳에는 상선이 도착하였는데, 배에는 음식과 좋은 고기와 포도주가 실려 있었다.*

---

\* 오래된 신화적 공식이 여기서 새로운 이상에 적용된 방식에 주목하라. 1. 클라미데로 대표되는 사회적 질서가 뜻하는 황폐, '황무지'. 2. 늙은 왕과 새로운 왕, 합법적으로 인정받은 관능성(클라미데)과 고귀한 개인적 사랑(파르치팔)의 전투. 3. 여신-여왕과 신-왕의 결혼, 여기서는 두 완전한 개인의 결혼. 4. 삶의 갱신.

즐거운 잔치와 축제 뒤에 사람들이 두 사람에게 한 침대를 쓸 것이냐고 묻자, 두 사람은 함께 그렇다고 대답하였다. 그러나 파르치팔은 아주 품위 있게 그녀와 잠자리를 함께 하였기 때문에, 요즘 같으면 그런 밤에 만족할 여인들이 많지 않을 것이다. 그는 젊은 여왕을 처녀로 남겨두었다. 그럼에도 그녀는 자신을 그의 아내로 생각하였으며, 다음 날 그녀의 사랑의 증표로 부인처럼 머리를 올렸다. 그리고 이 처녀 신부는 사랑하는 파르치팔에게 그녀의 성과 땅을 모두 주었다. 그들은 이런 식으로 이틀 낮 이틀 밤을 행복하게 보냈다. 그러나 파르치팔은 이따금씩 어머니가 포옹에 대하여 해준 충고를 생각하였다. 구르네만츠 역시 남편과 아내는 하나라고 이야기하였다. 그래서, 이런 말을 해도 좋다면, 그들은 다리와 팔을 얽었고, 파르치팔은 그 밀접한 관계가 좋다는 것을 알았다. 그들은 그 이후로 늘 새로워지는 그 오랜 관습을 그들의 것으로 받아들였으며, 그들은 그 안에서 기쁘기만 할 뿐 전혀 슬프지 않았다.[3]

고트프리트 베버는 이 중대한 대목에 대해서 이렇게 말한다. "이 사랑의 말로 표현할 수 없는, 신비하고 초월적인 특질은 첫 세 밤의 '순수' 속에 전형적으로 나타나 있다. 여기서 중세 고지 독일어의 키우셰(kiusche)라는 말의 완전한 의미가 드러나고 있다. 첫날밤을 보낸 아침에 '처녀 신부(magetbaeriu brût)'는 자신이 '여자(wîp, '아내')'라고 느꼈다. 그녀의 영혼은 이미 절대적으로 새롭고, 완벽하게 충족적이며, 또 상처가 깊은 인상을 유일무이한 것으로 경험한 뒤 흡수해 들였기 때문이다. 그녀 마음의 처녀성은 그 사람에게 그녀의 선물로 주었으며, 그는 이제 포르 고테(vor gote), 즉 '하느님 앞에서' 그녀의 배우자가 되었다.…… 순수하게 영혼과 정신에서 결혼이 이렇게 완성되고나서야 이미 확립된 것으로 인정받은 유대가 육체적 영역으로까지 확장되고 구체화되었다."[4]

그러나 시간이 지나, 집사가 붉은 기사(원래는 쿠쿠메를란트의 이테르 왕인데, 파르치팔이 그의 갑옷을 입었다)에게 졌다는 소식을 들은 클라미데 자신이 찾아왔다. 클라미데는 두번째 군대와 함께 나타났는데, 그들은 전쟁의 모든 기계를 갖추고 있었다. 클라미데는 그리스 화약, 투석기, 공성 망치, 휴대용 헛간까지 준비하였지만, 포로들로부터 자신이 얻으러

온 처녀가 결혼을 하였다는 이야기를 듣고 성에 일대일로 싸우자는 도전장을 보냈다. 그러자 붉은 기사가 말을 달려 성에서 나왔다. 왕도 그를 맞이하러 돌격하였고, 말들이 모두 지쳐 쓰러지자, 검을 들고 싸웠다. 곧 클라미데는 힘이 빠졌다. 파르치팔은 검으로 그의 투구를 벗겨냈다. 그의 코와 눈에서 피가 쏟아져 나왔다. 파르치팔이 마지막 일격을 가하려는 찰나, 한때 위대하던 왕은 자비를 구하였다. 파르치팔은 집사와 마찬가지로 클라미데도 아서의 궁정으로 보내어, 쿤네바레에게 복종하라고 하였다. 클라미데와 그의 집사가 나타나자 아서의 궁정에 있던 사람들은 깜짝 놀랐다. 파르치팔에게 패배한 이 왕은 아서보다 부유하였기 때문이다.

펠라페이레에서 사랑과 환희의 열다섯 달이 지나자 헤어질 때가 왔다. 어느 날 아침 파르치팔은 정중하게 말하였다(그곳에 있던 많은 사람들이 그 광경을 지켜보고 말을 들었다). "여인이여, 그대가 허락한다면 내 어머니가 어떻게 되셨는지 보고 싶소. 나는 어머니가 아픈지 건강한지도 모르고 있소."

젊은 여왕은 파르치팔을 몹시 소중하게 생각하였지만 그의 말을 들어주지 않을 수가 없었다. 파르치팔은 말을 타고 성에서 나왔다. 다시 혼자였다.

제5권 : 성배의 성

파르치팔은 다시 고삐를 잡지 않고 말이 가는 대로 갔다. 이번에는 봄이 아니라 가을의 잎들 사이를 움직였다. 파르치팔은 그날 저녁 어떤 호수에 도착하여, 그곳에 닻을 내린 어부 둘을 보았다. 어부 가운데 한 사람은 아주 좋은 옷을 입고 있어서 세상의 왕이라고 하더라도 부족함이 없을 것 같았다. 모자에는 공작 깃털을 꽂고 있었다. 붉은 기사는 하룻밤 묵을 곳을 알아보기 위하여 말을 던졌고, 좋은 옷을 입은 어부——그 표정은 몹시 슬퍼 보였다——는 50킬로미터 내에는 사람 사는 곳이 하나밖에 없다고 대답하였다. "저기 절벽 꼭대기에 가서 우회전을 해서 언덕을 올라가십시오. 해자를 만나거든 다리를 내려달라고 하십시오. 그러나 조심하십시오! 여기는 길을 잃기가 쉽습니다. 아무도 어디가 어디인지 모르지요. 거기 가계시면 내가 접대를 할 것입니다."

다시 위험한 황야가 나타났다. 단테의 글 서두에 나오는 "어두운 숲"이었다.

파르치팔은 천천히 말을 달려가다 어려움 없이 절벽을 지나 우회전을 하여, 숲이 울창한 언덕을 올라가 작은 첨탑이 많은 성 앞의 해자에 이르렀다. 성 안에 있던 종자가 그의 모습을 보고 무슨 일이냐고 소리쳐 물었다.

"어부가 나를 보냈소." 파르치팔이 소리치자 도개교가 내려왔다. 파르치팔은 다리를 건너 널찍한 궁정으로 들어갔다. 마상 시합이 없는지 궁정의 잔디는 말짱하였다. 이 성은 슬픔에 잠겨 있었기 때문이다. 깃발도 나부끼지 않았다. 사람들은 그가 갑옷을 벗자 그의 아름다운 얼굴을 볼 수 있었다. 턱수염도 없는 앳된 얼굴이었다. 사람들은 그 모습을 보고 기뻐하였다. 사람들은 가장 좋은 비단 망토를 그의 어깨에 둘러주면서, 그것이 곧 보게 될 여왕의 것이라고 말하였다. 여왕의 이름은 레판제 드 쇼예(Repanse de Schoye[Repense de Joie])였다. 파르치팔은 100개의 샹들리에와 100개의 긴의자가 있는 거대한 홀로 안내되었다. 의자들은 간격을 두고 떨어져 있었으며, 각 의자 앞에는 양탄자가 깔려 있었고, 의자마다 기사 네 명이 앉아 있었다. 커다란 대리석 난로 세 곳에서는 알로마 나무가 향기를 내며 불타올랐다. 들것에 실려온 성의 주인은 중앙에 있는 난로 앞에 놓여졌다. 성주는 파르치팔에게 옆에 와 앉으라고 손짓하였다. 슬픈 표정이 역력하였다.

이윽고 시종이 창을 들고 달려 들어왔다. 그 모습을 보자 성주의 슬픔은 더 커졌다. 창끝에서 흐르는 피는 시종의 손을 타고 내려가 소매까지 적시고 있었다. 시종은 홀을 한 바퀴 돌고는 다시 문으로 달려나갔다.

커다란 방의 끝에서 강철 문이 열리더니 아름다운 처녀 둘이 들어왔다. 흙색깔의 면직 가운을 입었는데, 허리띠를 이용하여 잘록하게 허리를 조이고 있었다. 긴 금발 위에는 화환을 썼으며, 각각 황금 촛대에 불을 붙인 초를 들고 있었다. 그 뒤로 처녀가 둘 더 들어왔는데, 각각 작은 상아 의자를 들고 있었다. 네 처녀는 성주에게 고개를 숙여 절을 한 뒤에, 의자들을 성주 앞의 바닥에 내려놓았다. 네 처녀는 뒤로 물러나 섰고, 문으로 다시 여덟 명이 들어왔다. 그러나 이번에는 풀보다 짙은 녹색 가운을 입었는데, 길고 풍만한 가운은 길고 좁은 허리띠를 이용하여 허리에 모아 묶었고, 가운의 장식은 화려하였다. 처음 네 명은 촛불을 들고 있었고, 다음 네 명은 히야신스 빛깔의 투명한 석류석을 박은 귀중한 탁자 네 개를 들고 왔다. 그들은 탁자들을 두 개의 상아 의자 옆에 조심스럽게 올려놓았다. 그 뒤에 녹색 가운을 입은 여덟 명의 처녀는 갈색 가운을 입은 네 처녀가 있는 곳으로 물러나 섰다. 이렇게 해서 이제 그 수는 모두 열두 명이 되었다.

다음에는 여섯 명이 나타났다. 두 처녀는 천 위에 아주 날카롭고 하얀 은빛 칼을 받쳐들고 있었는데, 다른 네 명이 들고 있는 촛불 빛 때문에 칼은 은은하게 빛을 뿜었다. 또 두 처녀는 비단 가운을 입었는데, 하나는 짙은 색이었으며 하나는 금빛이 어른거렸다. 두 처녀는 다가와서 정중하게 고개를 숙였다. 두 처녀는 탁자 위에 칼을 올려놓았고, 여섯 처녀 모두 열두 처녀 앞에 가서 섰다. 그때 문에서 똑같이 얼룩덜룩한 옷을 입은 여섯 처녀가 들어왔다. 그들은 키가 큰 유리그릇에 값비싼 발삼 향유를 담아 들고 있었다. 그 뒤에 여왕 레판제 드 쇼예가 들어왔다. 아랍의 비단옷을 입은 그녀는 떠오르는 아침 해처럼 환하게 빛났다. 그녀는 금실을 수놓은 짙은 녹색 비단 위에 '낙원의 기쁨'을 뿌리와 가지째 모두 담아 들고 있었다.

그것이 성배라고 부르는 물건이었다. 그것은 모든 지상의 즐거움을 뛰어넘었으며, 그것을 보관하는 사람은 순결을 지키고 덕을 쌓고 거짓을 경멸해야 하였다[성직자——이들은 또한 배타적으로 남성이다——의 개인적 도덕성은 그들이 주관하는 성례와 아무런 관계가 없다고 선포한 교회의 교리와는 대조를 이룬다]. 여왕은 빛을 든 여섯 처녀와 함께 앞으로 나오더니 성중하게 고개를 숙이며 성배를 성주 앞에 놓았다. 파르치팔은 그 모습을 지켜보면서도 머리 속에는 한 가지 생각뿐이었다. "내가 입고 있는 가운이 저 여자의 것이다." 일곱 여자는 열여덟 처녀가 있는 곳으로 물러났다. 여왕은 양쪽에 열두 명씩을 거느리고 가운데 섰다.
 백 개의 탁자가 안으로 들어오더니 긴의자 앞에 놓였다. 탁자 위에는 하얀 식탁보를 펼쳐졌다. 성주는 그릇에 든 물로 손을 씻었고, 파르치팔도 같은 물로 손을 씻었다. 네 대의 수레가 들어온 뒤 홀 안의 모든 기사에게 비싼 황금 그릇이 건네졌으며, 하얀 냅킨을 들고 온 백 명의 시종이 성배 앞에서부터 잔치상을 차려 기사들에게 대접하기 시작하였다.
 볼프람은 말한다. "내가 들은 이야기를 여러분에게 전하노니(그러나 내 책임이 아니라 듣는 여러분의 책임이니, 내가 거짓으로 말하면 우리가 함께 거짓으로 말하는 것이다), 먹고 싶은 것은 무엇이든 성배 앞에 있었다. 따뜻한 음식과 찬 음식, 새 음식과 오래된 음식, 재배한 음식과 야생에서 얻은 음식……. 성배는 지복의 열매이며, 세상의 달콤함을 풍부하게 제공하기 때문에, 그 즐거움은 우리가 하늘나라에 대해서 듣는 것과 매우 흡사하였다.…… 컵을 들기만 하면 마시고 싶은 것이 성배의 힘에 의하여 흘러나왔다. 백포도주, 오디 술, 적포도주 모두."
 파르치팔은 이 모든 것을 눈여겨보았다. 그 부유함과 놀라운 경이에 많은 궁금증을 느꼈지만, 구레만츠가 한 말을 기억하였다. "그는 진실한 태도로 너무 많은 것을 묻지 말라고 충고해주셨지."
 시종이 보석이 박힌 칼집에 든 검을 들고 나타났다. 손잡이는 루비이고, 칼날은 불가사의하게 보였다. 우울한 성주는 그 검을 파르치팔에게 보여주면서, 신이 그를 불구로 만들기 전에는 그 검을 차고 전투에 나갔다고 말하였다. 그래도 파르치팔은 입을 열지 않았다.
 볼프람은 말한다. "그 점에 대해서 나는 파르치팔을 동정하며, 착한 성주도 동정한다. 그러나 하느님은 불쾌하여 그를 용서하지 않으시는데, 질문 하나만 했더라도 그는 자유로워질 수 있었을 것이기 때문이다."
 여왕과 스물네 시녀는 앞으로 나오더니 파르치팔과 성주에게 정중하게 절을 하고, 성배를 집어들더니 문으로 갔다. 파르치팔은 문이 닫히기 전에, 그 너머에 역시 벽난로가 있는 커다란 방이 있고, 그곳의 긴의자에 그가 본 가장 아름다운 노인이 앉아 있는 것을 보았다. 노인은 안개보다 더 짙은 회색이었다. 성주가 정중하게 말하였다. "그대의 잠자리가 준비되었을 것이오." 그러자 사람들은 흩어졌다.

젊은이는 침실을 안내받았다. 네 명의 아름다운 처녀가 천국에서나 구경할 수 있을 것 같은 포도주와 과일을 들고 그의 잠자리를 보살펴주었다. 파르치팔은 오래 잠을 잤으나 무시무시하고 위협적인 꿈을 꾸었다. 다음 날 눈을 떴을 때는 이미 아침이 반은 지나 있었다. 그의 갑옷과 검 두 자루는 양탄자 위에 있었다. 그는 혼자 갑옷을 입고 검을 차야 하였다. 그의 말은 밖에 주요 출구 계단 아래 묶여 있었다. 그의 방패와 창은 근처에 세워져 있었다. 그러나 주변에는 한 사람도 보이지 않았다. 또 아무런 소리도 들리지 않았다. 파르치팔은 말에 올라탔다. 커다란 성문은 열려 있었다. 성문 밖으로 말 발자국이 어지럽게 널려 있었다. 막 다리를 건너려는데, 눈에 보이지 않는 곳에 있던 시종이 줄을 세게 잡아당기는 바람에 줄을 뛰어넘으려던 말이 걸려 넘어질 뻔하였다. 그때 누군가의 목소리가 들렸다. "계속 말을 달려라, 이 바보야. 그리고 태양의 증오를 견디어라. 네가 입을 열어 성주에게 질문을 했더라면 얼마나 좋았을까! 너는 큰 칭찬을 받을 기회를 놓쳐버렸다!"

기사는 설명을 해달라고 소리쳤으나, 성은 다시 조용해졌다. 파르치팔은 말을 돌려 말 발자국을 쫓았다. 그러나 말 발자국들은 점차 사방으로 흩어지더니 이윽고 사라져버렸다…….

파르치팔 앞에는 린덴 나무 아래 처녀가 죽은 기사와 함께 앉아 있었다. 향유를 바른 기사는 그녀에게 몸을 기대고 있었다. 이번에도 이모의 딸인 지구네였다. 지구네는 파르치팔을 보자 말하였다. "이 황야는 위험해요, 돌아가요!" 이어 그녀는 그에게 어디서 왔느냐고 물었다. 그는 성 이야기를 해주었다. "여기서 한 2킬로미터 떨어진 곳입니다." 파르치팔이 말하였다.

"나한테 거짓말하지 말아요. 이 주변 50킬로미터 내에는 나무나 돌을 건드린 사람이 하나도 없어요. 딱 하나, 많은 사람들이 찾으려고 했지만 찾지 못한 무유한 성이 하나 있기는 하지만요. 그것을 찾으려는 사람은 찾지 못하기 때문이에요. 그 성의 이름은 문잘바에셰이고 그 나라는 테레 데 잘바에셰예요. 그것은 늙은 티투렐이 그의 아들 프리무텔 왕에게 물려준 것인데, 프리무텔 왕은 사랑 때문에 마상 시합을 벌이다 죽임을 당했어요. 지금은 그의 여러 아들 가운데 하나인 안포르타스가 성주인데, 그는 말을 타지도 걷지도 눕지도 서지도 못해요. 또 다른 아들 트레브리젠트는 은자가 되어 세상에서 사라졌어요."

"나는 그곳에서 아주 놀라운 것들을 보았습니다." 파르치팔이 말하였다. 그러자 그녀는 파르치팔의 목소리를 알아들었다. "나는 그대에게 그대의 이름을 알려주었던 바로 그 사람이에요."

"하지만 그대의 머리는 길게 물결치는 갈색이었잖습니까. 그 머리카락은 어떻게 되었습니까?" 그녀는 대머리였다. "그리고 그대가 함께 있는 그 죽은 자를 묻어줍시다."

그녀는 대답 대신 울기만하였다. 이윽고 그녀는 그의 검을 보더니 그 위험을 알려주었다. 그 검은 두 번 치면 부러질 터였다. 그러나 어떤 바위 밑에 있는 어떤 샘물에 담그면, 다시 붙어 전보다 더 단단해질 터였다. "그렇게 하려면 마법의 주문이 필요한데, 그것을 배우지 못하셨나 보군요. 물어보셨나요?"

"아니오."

"아, 그럴 수가." 그녀는 소리쳤다. "당연히 그렇게 했어야지!" 그녀는 혐오감이 담긴 눈길로 파르치팔을 보았다. "성주에게 동정심을 느껴야 했고, 그의 고통에 대해서 물어보았어야 했어요."

"사촌이여, 나를 좀더 상냥하게 대해주시오." 파르치팔이 말하였다. "내가 잘못을 했다면 고치겠습니다."

"그대는 저주를 받았어요. 문잘바에셰에서 그대는 명예와 명성을 모두 잃었어요. 나는 더 이상 말을 않겠어요."

그녀는 고개를 돌렸다. 그도 고개를 돌렸다. 파르치팔은 말머리를 돌려 떠났다. 금방 새로 난 발자국 둘을 발견하였다. 하나는 말발굽이 제대로 달린 말이었고, 또 한 마리는 말발굽을 달지 않은 말이었다. 파르치팔은 두번째 말을 곧 따라잡았다. 비참한 몰골의 말이었는데, 말을 탄 여인은 누더기를 입고 있었다. 여인은 고개를 돌려 그를 보고는 깜짝 놀랐다.

"전에 그대를 본 적이 있어요. 그대가 나한테 한 일을 보면 괴롭지만,

그래도 하느님께서 그대에게 큰 명예와 기쁨을 주시기를 바라요!"

그 여자는 천막의 여인이었다. 그녀의 가운은 찢어지지 않은 곳이 없었지만, 그래도 순결하게 옷을 입고 있었다. 파르치팔의 말이 그녀의 암말에게 고개를 숙이고 울어대자, 멀리 앞서 가던 기사가 고개를 돌리더니, 자신의 여인 옆에 어떤 기사가 있는 것을 보고 즉시 창을 꼬나잡고 돌격해왔다. 그는 우아하게 무장을 하고 있었다. 방패에 그려진 용은 마치 살아 있는 듯하였다. 투구에도 용이 그려져 있었다. 갑옷 위 겉옷의 금, 보석, 루비에도 많은 용이 그려져 있었고, 말의 장식에는 더 많은 용이 그려져 있었다. 두 기사는 맞붙었다. 여인은 두 사람 다 다치기를 바라지 않았기 때문에 두 손을 비틀며 지켜보고 있었다. 용들은 한 마리씩 타격을 받고 심각한 상처를 입었다. 두 기사는 말을 탄 채로 검으로 싸우다가, 마침내 서로의 몸을 붙들고 말에서 떨어졌다. 파르치팔이 위였다. 항복을 할 수밖에 없는 기사는 그의 거의 벌거벗은 아내를 용서하고, 그런 다음 아서의 궁정으로 가 쿠네바레에게 보고를 할 수밖에 없었다.

여인은 남편이 자기에게 할 일이 두려워 거리를 두고 있었다. 그러나 마침내 남편이 말하였다. "여인이여, 내가 당신을 위하여 졌으니, 자, 이리 오시오. 당신에게 입을 맞추리다." 그녀는 풀쩍 뛰어내려 남편에게 달려가, 얼굴의 피는 상관하지 않고 시키는 대로 입을 맞추었다. 그들은 곧 텅 빈 암자에서 거룩한 유물을 발견하였는데, 파르치팔은 그 유물에 대고 천막 안에서 여인은 순결하였으며, 그는 남자가 아니라 바보였다고 맹세하였다. 그러자 오릴루스는 마음이 누그러졌으며, 두 남녀는 기쁘게 말을 달려 아서의 궁으로 갔다. 저자는 말한다. "온 세상이 알다시피, 우는 눈에는 달콤한 입이 있다. 위내한 사랑은 기쁨과 슬픔이 다 있어야만 태어난다."

**제6권 : 못생긴 처녀**

시인은 묻는다. "아서가 카리도엘로부터, 그의 성과 땅으로부터 궁정의 기사들을 이끌고 출발한 이유를 알고 싶지 않은가?" 아서는 쿠네바레에게 항복을 하라고 놀라운 세 사람을 보낸 전사(아무도 그의 이름을 몰랐다)를 원탁에 앉히려고 출발하였다. 그 세 사람은 킹그룬, 클라미데, 그리고 이제 아름다운 아내 예슈테와 함께 온, 쿤네바레의 오빠, 오만하고 격한 오릴루스였다.

아서 일행이 천막과 깃발을 들고 여드레 동안 밖에 나와 있을 때, 저녁 하늘을 날던 왕의 송골매들 무리 가운데 가장 좋은 새가 사라졌다. 새는 숲으로 들어갔다. 그러나 밤은 춥고 숲은 낯설었기 때문에 모닥불 근처로 날아갔는데, 공교롭게도 그 모닥불은 그 숲에 들어가 있던 파르치팔이 피워놓은 것이었다. 다음 날, 겨울의 가벼운 첫눈이 세상을 덮었다. 붉은 기사가 말에 올라타 계속 달려나가자, 송골매도 그 뒤를 따랐다.

그들 앞에서 기러기떼가 큰 소리로 날개를 퍼덕이고 소리를 질렀다. 송골매는 쏜살같이 앞으로 날아가더니 기러기 한 마리를 사납게 공격하였다. 기러기의 피 세 방울이 큼지막하게 눈 위에 떨어졌다. 피는 가장 순결한 하얀색 위에 선홍색으로 빛났다. 파르치팔은 그 광경을 보고 말을 멈추었다. 파르치팔은 말 위에 앉은 채로 아내의 얼굴을 떠올렸다(순수한 하얀 살갗에 선홍색 뺨과 턱). 그때 오빠의 메시지를 가지고 말을 달리던 쿠네바레의 시종이 멀리서 말 위에 앉아 조각처럼 꼼짝도 하지 않는 파르치팔을 보고는 다시 말을 돌려 야영장으로 가서 소란을 피웠다. "에잇! 이 겁쟁이들! 일어나요! 원탁이 수모를 당했습니다! 여러분의 천막 밧줄을 짓밟는 기사가 있습니다!"

야영장 전체가 시끌벅적하였다. 젊은 기사 세그라모르스 경이 아서의 천막으로 뛰어들었다. 왕은 그곳에서 왕비와 달콤한 잠에 빠져 있었다. 세그라모르스 경은 그들의 검은 담비 이불을 걷어젖히고 그들에게 자신이 제일 먼저 나가겠다고 소리쳤다. 그러자 왕과 왕비는 웃음을 터뜨리며 그러라고 하였다. 세그라모르스 경은 여전히 생각에 잠겨 꼼짝도 않고 있는 미지의 기사를 향해서 말을 달렸다. 그러나 파르치팔의 말은 돌격에 맞서기 위하여 몸을 돌리고 있었다. 그 바람에 파르치팔의 아내의 이미지는 사라졌으며, 덕분에 그의 기사로서의 명예를 잃지 않을 수 있었다. 파르치팔은 창을 낮추고 있었는데, 곧 다가오던 세그라모르스 경은 공중을 난다는 것이 무엇인지 알게 되었던 것이다. 파르치팔은 아무런 말이나 행동도 없이 다시 눈에 대한 생각으로 돌아갔다.

　카이에 경이 다음 차례였는데, 결국 쿠네바레는 복수를 할 수 있었다. 그는 결국 팔과 다리가 부러진 채 바위와 그의 부서진 안장 사이에 끼어 있게 되었기 때문이다. 그의 말은 옆에 죽어 자빠졌다. 파르치팔은 다시 아무런 말이나 행동 없이 그의 꿈으로 돌아갔다.

　세번째로 나선 사람은 예의바른 기사 가웨인 경이었다. 그는 박차도, 검도, 방패도, 창도 들지 않았다. "내가 가끔 그러는 것처럼 저 남자를 사로잡은 것도 사랑이라면 어찌할까!" 가웨인 경은 기사의 눈길이 머문 곳을 바라보다가, 붉은 핏방울 위로 노란 스카프를 던졌다. 파르치팔은 사라진 이미지를 향해서 중얼거렸다. "누가 그대를 나에게서 빼앗아갔는가?" 이어 좀더 큰 소리로 말하였다. "그런데 내 창은 어찌 되었지?" 가웨인이 정중하게 대답하였다. "방금 마상 창시합에서 부러졌소." 파르치팔은 다른 사람이 끼어든 것 때문에 짜증이 났으나, 가웨인은 능숙하게 그 화를 가라앉히고 자신의 이름을 말한 뒤 그에게 봉사를 하겠다고 말한 다음, 평화롭게 기사를 아서의 야영지로 데려갔다. 기쁨에 찬 무리가 두 사람을 맞이하였다. 사람들 가운데서 쿠네바레가 나와 그녀의 전사를 환영하며 입을 맞추었다.

　귀한 손님은 가웨인의 천막으로 안내되어, 그곳에서 갑옷을 벗고 쿠네바레가 준 비단 망토를 입었다. 망토는 목에서 에메랄드로 고정시켰으며, 허리에서 보석이 달린 띠로 묶었다. 그래서 아서와 그의 기사들이 도착하였을 때는 파르치팔은 지상에 꽃으로 피어나기 위해서 내려온 천사처럼 보였다.

　"그대는 나에게 기쁨만이 아니라 고통도 주었소." 왕이 말하였다. "하지만 내가 지금까지 그 어떤 사람으로부터 받았던 것보다 더 큰 명예를 주었소." 왕은 꽃이 핀 들판에 동양의 비단으로 만든 크고 둥근 천을 펼치라고 명령하였다. 모든 기사가 자신의 여인 옆에 앉을 수 있을 만큼 커다란 천이었다. 그곳에서 모두 손님을 환영하고나자, 그들은 모험을 기다렸다. 시인은 말한다. "모험이 그의 궁정을 찾아오지 않은 날에는 누구도 왕과 함께 먹지 못하는 것이 왕의 확고한 규칙이었기 때문이다." 그때 우리가 이제 이야기를 하고자 하는 여인이 나타났는데, 그녀가 가지고 온 소식은 많은 사람을 슬픔에 빠뜨렸다.

처녀는 노새를 타고 왔는데, 노새는 카스티야의 말만큼 컸으며, 노란색이 섞인 붉은 빛에, 콧구멍은 길게 찢어지고 옆구리에는 무시무시한 낙인이 찍혀 있었다. 값비싼 고삐는 화려하게 장식이 되어 있었다. 그녀는 마법사 쿤드리(Cundrie, 바그너의 쿤드리〔Kundry〕)로, 라틴어, 아랍어, 프랑스어 등 여러 나라 말에 능하였다. 그녀는 프랑스식으로 재단한 어깨망토를 두르고 있었는데, 그 색깔은 청금석(靑金石)보다 더 푸르렀다. 런던에서 들여온 멋진 새 모자는 등까지 내려왔으며, 등 위로는 길고 검은 머리카락이 늘어져 흔들거렸는데, 그 머리카락은 돼지털처럼 뻣뻣하였다. 그녀의 코는 개처럼 컸다. 멧돼지처럼 엄니가 두 개 튀어나왔고, 눈썹은 머리카락의 리본에 묶었으며, 귀는 곰 같았고, 얼굴에는 털이 덥수룩하였다. 손에는 루비 손잡이가 달린 채찍을 들고 있었다. 손톱은 사자의 발톱 같았으며, 손은 원숭이의 손 같았다. 그녀는 곧바로 아서에게 다가갔다.

그녀는 프랑스어로 말하였다. "아, 우트판드라군 왕의 아들이여, 오늘 그대가 여기서 한 일은 그대 자신과 수많은 브리튼 사람들에게 수치를 안겨주었도다. 원탁은 부서졌도다. 불명예가 끼어들었기 때문이로다. 여기 파르치팔은 기사의 모습을 하고 있다. 그대는 파르치팔을 그가 죽인 고귀한 기사의 이름을 따 붉은 기사라고 부른다. 그러나 세상이 이보다 그 고귀한 기사를 닮지 못한 사람은 없으리라." 그녀는 몸을 돌리더니 곧장 웨일스 사람에게 다가갔다. "그대의 아름다운 얼굴에 저주가 내릴지어다! 그대에 비교하면 나도 괴물이라고 할 수 없다. 파르치팔, 말하라! 슬픔에 잠긴 어부가 그곳에 앉아 있을 때 왜 그대는 그의 한숨을 덜어주지 않았는지 말하라. 이제 그대의 혀는 그대의 가슴에 올바른 감정이 텅 빈 것처럼 비어 있게 되리라. 그대는 하늘에 의하여 지옥으로 떨어지리라. 사람들이 제정신을 차릴 때 이 땅의 모든 고귀한 사람들도 그대를 지옥으로 보내리라. 나는 그대의 아버지 가무레트를 생각한다. 그대의 어머니 헤르첼로이데를 생각한다. 이제 그들의 자식의 불명예를 알게 되었으니 내 마음이 비통하도다!"

"그대의 고귀한 형제 파이레피츠, 자자망크의 여왕의 아들은 검은색과 흰색이 섞였으나, 그에게는 그대 아버지의 사내다움이 온전하게 보전되었도다. 그는 기사로서의 봉사를 통하여 도시 타브로니트의 여왕을 얻었으며, 그곳에서 모든 지상의 욕망을 충족시켰도다. 그대도 문잘바에셰에서 그 질문만 했다면, 그대 형제의 부를 훨씬 뛰어넘는 부가 지금 이곳에서 그대의 것이 되었을 것이로다."

그녀는 엉엉 울면서 두 손을 비틀더니, 화제를 바꾸어 아서왕 일행을 향하였다. "여기에는 명성과 고귀한 사랑을 얻으려고 하는 고귀한 기사가 없는가? 나는 여왕 넷과 처녀 400명을 아는데, 모두 '불가사의의 성'에 있도다. 그곳에서 고귀한 사랑으로 얻을 수 있는 것에 비하면 다른 모든 모험은 바람에 지나지 않는도다. 길은 험하나 나는 오늘밤이면 그곳에 이를 것이다." 그러더니 그녀는 갑자기 자리를 뜨면서 마지막 말을 남겼다. "오, 문잘바에셰여, 슬픔의 고향이여! 이제 그대를 위로할 자가 아무도 없도다!"

이제 파르치팔에게 그의 용감한 마음, 진실한 교양, 사내다움이 무슨 도움이 될까? 그러나 그에게는 위대한 덕이 하나 더 있었으니, 그것은 염치였다. 그는 진짜 잘못을 저지른 것은 아니었다. 그러나 염치는 명예를 가져온다. 염치는 영혼의 왕관이며, 수치를 느낀다는 것은 최고의 덕이다.

그를 환영하여 둘러앉은 사람들 가운데 수치를 당한 기사를 위하여 처음으로 오기 시작한 사람은 구네바레었다. 이어 다른 여인들도 따라 울기 시작하였다. 그들이 그렇게 슬픔에 잠겨 앉아 울고 있을 때 화려하게 무장을 한 기사가 칼집에 꽂은 검을 높이 들고 말을 달려와 소리쳤다. "아서는 어디 있는가? 가웨인은 어디 있는가?" 그는 가웨인을 제외한 모두에게 인사를 하더니, 가웨인에게 증오의 결투를 하자고 도전하였다. "그는 인사를 하고 있던 나의 영주를 죽였다. 나는 이 자리에서 그에게 지금으로부터 40일 뒤에 도시 샨판춘에 있는 아스칼룬[아발론]의 왕 앞에서 나를 만날 것을 요구한다." 그가 자신의 이름을 말하자, 사람들은 그가 그가 바로 가장 큰 지혜, 명예, 명성을 갖춘 기사 킹리무르셀 왕자임을 알았다. 그가 떠나자 깜짝 놀란 사람들은 모두 자리에서 일어나 떠들기 시작하였다.

"나는 어떠한 기쁨도 누리지 않기로 결심했습니다." 파르치팔은 얀푸제 출신의 검은 이방 여인에게 말하였다. 그녀는 그의 형제에 대하여 말해주기 위해서 그에게 다가와 있었다. "쿤드리가 말한 사람은 그대의 형일 것입니다." 그녀가 말하였다. "그는 고귀한 왕이며, 몸은 검은 동시에 희고, 신처럼 섬김을 받고 있습니다. 나는 그의 이모의 딸입니다. 나는 그대에게도 고귀함과 힘이 있음을 알았습니다."

"나는 다시 성배를 볼 때까지 어떤 기쁨도 누리지 않기로 결심했습니다. 내가 예의의 규칙에 복종했다는 것 때문에 세상의 경멸을 당해야 한다면, 구르네만츠의 충고도 아마 지혜롭지 않았던 모양입니다. 이곳에서는 나에게 가혹한 판결이 내려졌습니다."

사내다운 가웨인이 다가와 그에게 입을 맞추었다. "하느님은 그대에게 전투에서 좋은 운을 주시는구려." 가웨인이 말하였다. "하느님께서 나를 도우셔서, 언젠가 내가 원할 때 그대를 섬길 수 있기를 바라오!"

"슬프도다, 하느님은 무엇입니까?" 파르치팔이 대꾸하였다. "하느님이 위대하시다면, 우리 둘이 억울한 모욕을 당하는 일을 내버려두시지 않았을 것입니다. 나는 하느님의 은총을 기대하고 그를 섬겼습니다. 하지만 이제 나는 하느님을 포기하고 하느님을 섬기는 일도 포기하겠습니다. 그래서 하느님이 나를 미워한다면 그것은 감내하겠습니다. 선한 친구여, 그대가 전투에 나설 때가 오거든, 여자로 하여금 그대의 방패가 되게 하십시오. 여자의 사랑이 그대의 수호자가 되게 하십시오! 언제 그대를 다시 보게 될지는 나도 모릅니다. 하지만 그대에게 좋은 일이 있기를 빌겠습니다."

쿠네바레는 슬퍼하며 그녀의 기사를 자신의 천막으로 데려갔다. 그곳에서 부드럽고 어여쁜 손으로 갑옷을 입혀주었다. 얼마 전에 파르치팔이 그녀를 섬기라고 보냈던 클라미데 왕은 그녀에게 청혼을 하였고, 그녀는 그 일에 대해서 그녀의 기사에게 감사하였다. 그는 그녀에게 입을 맞추고, 반짝거리는 강철 갑옷을 입고 말을 달려 떠났다. 그날 아서의 기사들 가운데 많은 수도 '불가사의의 성'을 향해서 말을 달렸다. 그러나 가웨인은 자신의 전쟁을 치르기 위하여 샨판춘으로 떠났다.

## 2. 첫 막간극 : 상징의 회복

파르치팔의 하느님――또는 그가 하느님이라고 여긴 것, 즉 그의 어머니가 그에게 전해준 "저 위에 있는" 보편적인 왕――에 대한 탄핵은 이 기독교의 영웅만이 아니라 고딕 시대 자체, 그럼으로써 서구의 인간 전체의 영적 삶의 깊은 단절을 표현한다. 이것은 파르치팔에게는 상처를 물려받지 않고 불구의 왕을 치료하고 그 역할을 떠맡기 위해서 필요한 서곡이었다. 조이스의 『젊은 예술가의 초상(A Portrait of the Artist as a Young Man)』에서도 본질적으로 똑같은 용어로 똑같은 단절이 표현되고 있다. 가톨릭의 이 두 전기(서로 800년의 간격이 있다)에서 주인공의 자기 실현에는 우선 그의 어머니의 하느님에 대한 신화, 즉 권위를 가진 그 시대의 교회적인 가면에 대한 거부가 필요하였고, 이어 니체가 말하는 대로 "너는 ~해야 한다"라는, 용을 죽이고 남은 공허와의 직접적인 대면이 필요하였다.[5] 이 공허는 파르치팔이 광야로 나감으로써 형성된 것이며, 스티븐이 집으로부터 멀어져서 『율리시즈(Ulysses)』에서 바다보다 깊은 신비에 대하여 숙고함으로써 형성된 것이다.

이들 각각의 작품에서 주인공의 신화 유산의 구속의 상징들이 변화를 겪으면서 그의 삶의 전개를 위한 안내자로 효과적으로 통합되는 것은 "신앙의 실존적 가능성을 위한 투쟁"(철학자 카를 야스퍼스가 만들어낸 표현을 사용한다면)[6]을 통해서였다. 이 두 작품에서는 영적 변화의 원형적이고 보편적인 신화 이미지들의 지역적이고 지방적인 로마 가톨릭적 굴절들이 밖으로 열려서, 비기독교적이고 이교도적이고 원시적이고 동양적인 대응물들과 결합된다. 그럼으로써 비종파적이고 비교회적이고 심리학적으로(신학적인 것과 대립된다) 의미심장한 상징들로 바뀐다. 나는 이미 '황무지' 주제가 인노켄티우스 3세 시기에 권위를 부여받았지만 진정성이 결여된 영적 안내자들(그 시대 사람들이 쓰던 표현을 사용하면, 목자의 옷을 입은 이리들) 밑에 있던 유럽 교회의 상태와 관련이 있다고 이야기한 적이 있다.[7] 조이스의 작품에서 주인공 스티븐 디덜러스는 예수회 스승들에게 감사하지만——"똑똑하고 진지한 사제들, 강건하고 활기찬 학사장들로서, 그들은 그에게 기독교의 교리를 가르쳤고 선한 삶을 살라고 촉구하였으며, 그가 극악한 죄에 빠졌을 때는 다시 은총으로 이끌었다"——그럼에도 어린 나이에 "그들의 판단 가운데 일부는 그의 귀에 약간 유치하게 들렸으며", 또 "그들의 삶의 냉기와 질서는 그에게 거부감을 불러일으켰다."[8] 스티븐은 생각한다. "나는 다른 사람들로부터 떨어져 내 나름의 지혜를 배워야 할, 또는 세상의 덫들 사이를 방황하며 직접 다른 사람들의 지혜를 배워야 할 운명이다. 세상의 덫들은 세상이 죄를 짓는 방법들이었다. 그는 죄에 빠질 터였다. 아직은 빠진 적이 없지만, 장차 소리없이, 순식간에 빠질 터였다. 빠지지 않는다는 것은 너무 어려웠다, 너무 어려웠다. 그는 언젠가는 다가올 어떤 순간에 그의 영혼의 소리없는 미끄러져 빠지고, 빠지지만, 아직 완전히 빠지지은 않은 상태, 아직은 안 빠진 상태, 그러나 곧 빠질 상태를 느꼈다."[9] 그리고 『율리시즈』의 매음굴 장면에서는 이 젊은이의 심연으로의 투신의 최저점에서, 흑미사와 〈그림 3〉의 원의 제10단계에 비교할 수 있는 모험의 단계에서, 시바와 결합된 아일랜드의 바다신의 비전이 나타난다. 그것은 주인공에게 바다보다 더 깊은 힘의 표시이며, 그 안에서는 모든 존재, 만유가 동체이다.[10] 이어 주인공은 블룸의 고통에 대한 동정심에서 공유된 삶을 인식할 수 있다. 즉 하나의 힘이 두 개의 굴절로, 서로 떨어진 양극으로 나타난 것임을 알아본 것이다.[11]

이와 비교해볼 때, 볼프람의 '성배의 성'은 켈트, 동양, 연금술, 기독교의 특징들이 비정통적인 형식과 의미를 가진 친교 의식에서 결합되어 있는 곳이며, 젊은 주인공의 영적인 시험은 자기 자신, 자신의 에고, 그 목표들을 잊고, 동정심(caritas, karuna)을 가지고 다른 삶의 고뇌에 참여하는 것이다.

그러나 그 시점에서 파르치팔의 마음은 그 자신과 사회적 평판에 가 있었다. 볼프람의 작품에서 원탁은 당시 사회적 질서의 정점이자 절정을 나타낸다. 젊은 기사는 원탁에 참여할 자격을 갖춘 사람이라는 평판을 얻고 싶었기 때문에 자신의 더 나은 본성이 말을 하라고 압박을 하였음에도 입을 꾹 다물고 있었다. 그가 막 세계에서 가장 위대하다고 찬양을 받기도 한 기사로서, 이름에 값할 만한 기사라고 자신을 의식하고 있던 것에 비추어 볼 때, '못생긴 처녀'와 지구네가 그에게 신랄한 심판을 내렸을 때 그가 받은 충격과 분한 마음을 이해할 수 있다. 그러나 이 둘은 그의 사회적으로 의식적인 정신이 아직 모르던, 심지어 느끼지도 못하던, 가치와 가능성의 더 깊은 영역에서 보낸 사자(使者)들이었다. 그들은 원탁의 영역이 아니라 '성배의 성'의 영역에서 왔으며, 이 영역은 누구의 눈에나 보이는 정상적인 날빛의 세계가 아니라, 꿈 같고 비전 같으며 신화적인 곳이다. 그러나 탐색에 나선 기사에게는 공상적인 신기루가 아니었다. 그것은 기사에게 그가 아직 얻지 못한 왕국의 첫 표시와 도전으로 나타났다. 그곳은 세계의 아침의 영역을 넘어선 곳이었으며, 그 나름으로 전개되는 삶에 적절한 곳이었다. 이 왕국은 알려진 세계로부터 감추어져 있었으며, 기사도의 영광에 매혹되어 있는 그 자신에게조차 차단되어 있는 곳이었다. 그러나 의미심장한 것은 이 왕국의 비전이 오직 그가 일련의 위대한 승리를 거둔 후에야, 실패로부터 물러남이 아니라 완수에 대한 보상으로서 그에게 열렸다는 것이다. 그 예지의 영역에서 자신의 본성의 명령을 따르는 것이 아니라 사람들이 생각하는 것과 관련하여 행동하겠다고 결심하자 그의 성실성의 줄은 끊어졌다. 그것이 그의 영혼에 미친 영향은 처음에는 그에게만 그의 사촌의 대머리라는 형태로 보여졌다. 그러나 다음에는 부자처럼 옷을 입었지만 멧돼지처럼 추한 그 '못생긴 처녀'라는 형태로 온세상에 나타났으며, 그는 커다란 충격을 받고 수치를 느꼈다.

이 '못생긴 처녀'라는 인물은 페르시아의 저 세상으로 건너가는 친바트

다리에서 죽음에 임한 영혼을 맞이하는 조로아스터교의 "길의 영"과 비교될 수 있고, 또 아마 그것과 실제로 관계가 있을 것이다. 사악한 삶을 살아온 사람들은 그녀를 추하게 본다. 그러나 오점이 없는 덕을 갖춘 사람들은 그녀를 최고의 미녀로 본다.[12] 더욱이 '못생긴 처녀'나 '추한 신부'는 켈트인의 동화나 전설에서는 잘 알려진 인물이다. '젊음의 나라'의 왕의 딸에 대한 아일랜드의 민담에서도 그녀의 모습을 만날 수 있다. 이 공주는 돼지의 머리를 갖는 저주를 받지만(볼프람의 경우와 마찬가지로 돼지의 털과 돼지의 코도), 남자가 대담하게 입을 맞추자 아름답게 변하며, 그녀를 구해준 사람에게 그녀의 영원한 나라의 왕의 자리를 준다. '성배의 왕국'도 그러한 나라이다. 다만 현상적인 대립물의 쌍들의 이름과 형태들을 추하고 아름답게, 선하고 악하게, 진실되고 거짓되게 전시해 놓은 공간-시간의 채색된 벽을 초월할 수 있는 사람만이 도달할 수 있는 나라이다. 제프리 초서(Geoffrey Chaucer, 1340?-1400년)는 그의 「바스의 아낙네 이야기(Tale of the Wife of Bath)」에서 '못생긴 신부'의 모티프의 우아한 결말을 보여준다. 존 가워(John Gower, 1325?-1408년) 역시 「플로렌트 이야기(Tale of Florent)」에서 또 하나의 예를 보여준다. 이 외에도 15세기의 시 「가웬 경과 래그널 여사의 결혼(The Weddynge of Sir Gawen and Dame Ragnall)」도 있고, 17세기 중반의 속요 「가웨인 경의 결혼(The Marriage of Sir Gawain)」도 있다. 아름다운 신부로 변하여 상대에게 수권을 제공하는 것은 마침내 충족을 이룬 자신이 마음으로부터 우러나오는 것이다.

파르치팔은 구르네만츠가 이야기해준 기사의 규칙들을 통하여 세상에서의 야망을 이룰 준비는 잘 갖추었으나, 그 나름으로 전개되는 내적인 삶, 그의 "예지적 성격"(쇼펜하우어의 표현을 빌리자면)은 안내자 없이 방기하였을 뿐만 아니라, 인식하지도 못하였고 전혀 고려하지도 않았다. 그러나 늙은 기사가 딸을 주겠다고 했을 때 젊은이는 신중하게도 그곳을 떠난다. 딸이 예쁘지 않거나 그만 못하거나 착하지 않아서가 아니라, 내적인 지식을 통하여 이미 삶——내용이 있는 삶——이란 내부로부터 얻고 만들어나가는 것이지, '불구의 성배 왕'이 성과 왕좌를 받은 것처럼 세상으로부터 선물로 받는 것이 아님을 알았기 때문이다. 이런 마음의 성실성이 있었기 때문에 파르치팔은 어떤 정해진 사회 질서의 테두리와 선물을 넘어선 운명을 찾아나갈 수 있었고, 자신이 성배에 다가갈 자격이 있음을 입증할 수 있었고, 이후 모험에서 바로 그의 짝에게로 갈 수 있었다. 그 짝은 권세가 있고 큰 존경을 받는 왕, 그러나 세상을 주겠다고 하면서도 사랑을 일깨우지는 못하는 왕의 구혼에 죽도록 저항하는 젊은 여자였다. 콘드비라무르스는 아버지의 뜻에 순종하는, 구르네만츠의 유순한 딸이면서도 그녀의 사촌인 리아제와는 달리, 파르치팔처럼 새로운 이상, 사랑과 삶에서 새로운 가능성을 옹호하였다. 즉 사랑(아모르〔amor〕)을 결혼의 유일한 동기로 보았고, 해소할 수 없는 결혼을 사랑의 성례로 보았다. 반면 당시의 정상적인 사고 방식에서 보자면 이 성례는 아모르의 영향으로부터 가능한 한 멀리 떨어져야 하는 것이었으며, 안정과 평판, 정치와 경제에 대한 관심의 지배만 받는 것이었다. 반면 에로스(eros)로만 알려진 사랑은 아가페(agape)로 승화되어야 하였다. 만일 수도사나 수녀에게 어울리지 않는 신체적 접촉이 있을 경우에는, 사악한 천사들이 추락한 후 비어 있게 된 천국의 빈 자리들을 다시 채우고자 하는 신의 뜻을 위하여, 가능한 한 쾌락 없이 의무적으로 그 일을 치러야 하였다.

그런데 바그너가 오페라로 바꾸어놓은 「파르치팔」에는 콘드비라무르스에 대한 언급이나 새로운 '성배의 왕'이 결혼한 남자라는 언급이 없다는 것은 약간 이상하기도 하고 동시에 꽤 흥미가 당기는 점이기도 하다. 볼프람의 작품에서는 파르치팔이 마침내 안포르타스를 치유하고, 상처는 상속받지 않으면서 왕좌만 계승한 것이 바로 이 사랑-결혼과 그 성례에 대한 충실성 때문이었다. 또 볼프람의 '성배의 성'에서는 피묻은 창을 들고 다니는 놀라운 인물을 제외하면 행렬에 등장하는 사람들이 모두 여자인데──젊고 당당하고 어여쁜 여자들──바그너의 합창단과 행렬은 모두가 남자이다. 또 한 가지, 바그너의 오페라에서 맨 처음에 등장하여 성배의 숲의 수호자들을 부르는 구르네만츠는 기사도의 법칙을 가르치는 스승이 아니라, 성배의 사원으로 곧장 안내하는 인도자로 등장한다. 그에게는 파르치팔에게 줄 딸도 없고, 그 자신도 결혼을 존중하지 않는다. 그는 신전 승려단의 한 사람으로서, "순진한 바보"가 질문을 하지 않자 기사라기보다는 수도사의 입장에서 파르지팔에게 소리친다. "가서 거위(바보라는 뜻도 있다/역주)를 찾아오거라, 이 바보야!" 그런 뒤에 제1막의 막이 내린다.

따라서 바그너의 작품에서는 볼프람의 작품의 중요한 주제를 도외시하고 있는 셈이다. 즉 행동에서의 영웅주의와 결합된 진실한 사랑에서의 충실함이 두 개의 비인간적인 강제 사이를 자유롭게 통과하여 완전에 이르는 인간적인 길이라는 교훈이다. 하나는 단순한 자연, 즉 몸의 악마적인 종-욕망(eros)이며, 다른 하나는 순전한 영, 성자들의 금욕적 정절(agape)이다. 따라서 바그너의 작품에서 성배는 테니슨의 감상적인 『왕의 목가(Idylls of the King)』에서처럼 최후의 만찬의 성스러운 잔으로 제시된다. 고통받는 암포르타스 앞에서 성배의 덮개를 벗기자 위에서부터 빛 한 줄기가 내려오고, 합창단의 소년들이 천사들처럼 높은 돔에서 둥둥 떠내려오는 듯한 목소리로 제단의 성례를 축성하는 그리스도의 말씀을 되풀이한다.

> 우리의 사랑을 기억하며
> 내 피를 들고 마셔라!
> 나를 생각하며
> 내 몸을 들고 먹어라.

그러나 볼프람의 작품이나 크레티앵의 작품에는 이런 요소가 전혀 나타나지 않는다.

시종이 든 피가 흐르는 창과 처녀가 든 성배가 원래는 어떤 고전적 신비주의 제의에 나오는 성적인 상징들이었다고 처음 이야기한 사람은 아마 제시 웨스턴(Jessie Weston)이었을 것이다.[13] 기원전 5세기에 나온 〈그림 52〉의 그리스 꽃병 그림은 입문 의식의 맥락에서 그런 상징들이 옛날부터 사용되어 왔음을 증언해준다. 젊은 처녀의 손에 들린 불이 붙은 지

〈그림 52〉 디오니소스의 장면 : 기원전 5세기 중반.

팡이와 텅 빈 주전자는 신이 손에 쥔 살아 있는 수액이 흐르는, 싹이 트는 지팡이와 내민 포도주잔과 상응한다. 비슷한 시간에 나온 또 하나의 꽃병인 〈그림 53〉은 바커스의 사티로스들 사이에 있는 어부를 묘사한 것인데, 놀랍게도 이것은 웨스턴 양의 테제를 그대로 입증해준다. 초기 기독교 공동체들에서 그리스도는 이런 제의의 이미지들과 연결되었다. 즉 노래하는 사람이자 선한 목자인 오르페우스(〈그림 1〉과 〈그림 9〉). 신 자신을 먹게 되는, 디오니소스의 빵과 포도주. 탐무즈, 아도니스, 아티스, 오시리스의 죽음과 부활. 여자와 남자 양쪽에서 고난을 겪다가 성적인 결합을 통하여 완전에 이르는, 월경의 피와 정액 속의 신이라는 성적인 이미지(일부 그노시스파에서). 그러나 이런 이교도의 상징들이 원래 가리켰던 것은 예수 그리스도의 탄생, 죽음, 부활(즉 로마 가톨릭의 신학)이 아니라, 내적으로 우주와 인간 안에서 움직이는 자연의 힘들이었다. 따라서 헬레니즘의 입문 의식들의 기능은 사람들의 마음에 그리스도를 불러내는 것, 심지어 아폴론을 불러내는 것이 아니라, 개인 속에서 어떤 심리적인 변화, 적응, 깨달음을 이루게 하는 것이었다. 그리스도의 옆구리를 찌른 창은 유추에 의하여 아도니스를 죽인 멧돼지이며, 멧돼지처럼 죽임을 당한 신 자신의 대응물이다. 그 안에서 죽음과 탄생, 시간과 영원, 죽이는 자와 죽임을 당하는 자라는 대립물들은 초월된다. 남성과 여성이라는 대립물도 초월된다. 따라서 그리스도를 찌른 창은 요니(yoni,

〈그림 53〉 바커스의 사티로스들 사이의 어부 : 기원전 500년경.

음문) 속의 링감(lingam, 음경)과 비교할 수 있다(또는 불교에서 말하듯이 "연꽃 속의 보석"). 상처(요니)에서 쏟아지는 피는 마찬가지로 창(링감)에서도 쏟아진다. 모두 신의 하나의 생명 물질이기 때문이다. 또 그 둘은 겉으로는 분리되어 있지만 똑같기 때문이다. 이것이 커다란 홀 주위에서 상징적으로 들고 다니는 피가 흐르는 창, 흘러내린 피가 들고 다니는 사람의 소매까지 적시는 창의 교훈이다. 그것은 불구의 어부에게 상처를 준 창에 대하여 이야기한다. 안포르타스는 고통의 침대에 누워 있고, 그리스도는 십자가에 걸려 있다. 또한 그것은 다가올 신비, 성배, 대립물이 하나가 되는 '낙원 완성'의 의미에 대해서 말해준다. 그러나 이런 표시들이 삶에서 효력을 발휘하기 위해서는 그것들이 사람들의 마음을 움직여 인간적인 용어로 그것을 인식하고 반응하게 해야 한다. 그것들이 있는 것만으로는, 초자연적으로 해석되는 것만으로는, 위로는 주고 약속은 될지 모르지만, 확신은 줄 수 없다.

'성배의 성'은 세례반의 그릇이나 날개 달린 뱀의 성소(〈그림 11〉)처럼 갱생의 장소──바스(vas), 테메노스(temenos)──이며, 그러한 곳으로서 성적인 상징이 어울리는 동시에 불가피한 성소이다. 볼프람의 큰 미덕은 마법적으로 해석되어 온 상징들을 다시 거슬러서 인간의 이성적인 경험의 언어로 번역을 하고, 그의 내러티브 속에서 많은 양식과 많은 수준들을 통하여 성이 서로에게 주는 영향을 서로를 인도하고, 서로에게 영감을 주며, 깨달음을 주는 힘으로 예시하였다는 데 있다. 여기 나타나는 상징들은 우리에게, 이를테면 파르치팔의 경우처럼, 등장인물들이 이루어낸 깨달음의 등급을 알려준다. 아직 다듬어지지 않고 어린 티가 나던 시절, 자신의 유익만 쫓던(도움을 주는 신이라고 여겨지는 존재에게 무릎을 꿇고 기도를 드리고, 어머니의 슬픔은 무시하며, 천막의 여인으로부터 자신이 원하는 것을 폭력으로 빼앗는 등) 파르치팔은 욕심이 많은 어부를 만나는데, 그는 파르치팔에게 세속의 명성이라는 성을 가리킨다. 그러나 다른 사람을 위해서 목숨을 걸고 그녀와 함께 사랑의 입문을 경험하였을 때(콘드비라무르스. 옛 프랑스어에서 콩뒤르-아무르〔conduire-amours〕는 "행동하고, 섬기고, 사랑을 인도한다"는 뜻), 그가 만났던 어부는 '성배의 성'을 가리키는 '어부왕'이다. 이제 파르치팔은 성배를 얻기 위하여 노력할 자격을 갖춘 것이다. 이 지상에서의 영적 탐색이라는 꿈 같은 서사시에는 남자 주인공과 여자 주인공들이 많이 등장한다. 그러나 모든 사람의 운명은──쇼펜하우어의 가장 기적적인 하르모니아 프라에스타빌리타(harmonia praestabilita, 미리 확립된 조화)에서처럼*──서로 얽혀 있다.

---

\* 408쪽 참조.

## 3. 여인의 기사

제7권 : 작은 여인 오빌롯

방향 잃은 삶이라는 '황무지'에 특별히 할 일 없이 홀로 남게 된 파르치팔은 5년 세월을 방황한다. 그는 마치 이 중세 작품의 스티븐 디덜러스 같다. 지고한 목적 의식이 깊이 뿌리 내린, 내향적이고, 본질적으로 고독한 젊은이다. 그보다 약 16살 연상인 가웨인은 어떤 면에서는 블룸에 비교할 수 있다. 그는 외향적이고, 별 생각 없는 듯이 이 모험에서 저 모험으로 이동하며, 거의 늘 여인들을 염두에 두고 있다.

며칠인지 모르지만 가웨인은 말을 달리고 있었다. 어느 날 가웨인은 숲을 나가 산비탈과 마주하게 되었는데, 많은 깃발과 많은 사람들이 그의 방향으로 오고 있었다. 그들이 그가 있는 곳까지 왔을 때, 가웨인은 옆으로 물러나 수많은 값비싼 투구, 새로 만든 수많은 흰 창, 창에 다는 수많은 기가 지나가는 것을 보았다. 갑옷을 실은 노새들과 짐을 잔뜩 실은 수많은 마차들이 그 뒤를 따랐다. 그 뒤로 진귀한 물건들을 든 상인들과 많은 여인들이 지나갔다. 이 여인들 가운데 여왕은 없었고, 오직 처녀 병사들뿐이었다. 그녀들 가운데 일부는 열두번째 사랑의 표시를 달고 있었다. 그 다음에 젊은이와 늙은이들로 이루어진 어중이떠중이가 지나갔는데, 이들은 질질 끌어 더러워진 옷을 입고 발에는 병이 났으며, 그 가운데 일부는 목에 밧줄을 걸어 장식하면 어울릴 듯하였다.

가웨인은 한 젊은 시종에게 이것이 누구의 무리냐고 물어, 전에 아서의 왕비를 납치한 적이 있는 무례한 왕자 멜자칸츠의 아버지인 고르스의 포이디콘준츠 왕이 주인이라는 것을 알게 되었다. 포이디콘준츠와 그의 아들은 막강한 란베룬츠의 아스토르공과 함께 왕의 젊은 조카 리츠의 멜잔츠 왕의 더 큰 부대와 함께 선두에 있었다. 베아로셰의 립파우트공의 고결한 딸에게 퇴짜를 맞은 멜잔츠 왕은 힘으로 그녀를 얻으려고 이곳에 온 것이다. 어린 시절부터 멜잔츠를 길렀던 대공은 깊은 시름에 잠겨 있었다.

그 이야기를 듣자 가웨인은 흥미를 느꼈다. 그는 파르치팔이 멜잔츠의 군대에 있는 것을 모르고, 요새화된 도시로 치고 들어갔다. 도시 앞에는 대부대가 방어를 위하여 진을 치고 있었다. 천막 밧줄들끼리 서로 뒤엉켜 있을 만큼 천막이 빽빽하였지만, 가웨인과 그의 수행원들은 그 사이로 말을 달려 성벽 아래까지 갔다. 위의 창문에는 이 모든 일을 초래한 괴로운 딸 오비에가 창에 몸을 기대고 있었다. 그 옆에는 어머니와 여동생 오빌롯이 있었다.

"방금 도착한 저 멋진 젊은 기사가 누구냐?" 어머니가 물었다.

"오, 어머니!" 딸이 대답하였다. "저 사람은 기사가 아니에요. 상인입니다!"

"하지만 옆에 있는 사람들이 그의 방패를 들고 왔는데."

"요새는 상인들도 다 그렇게 해요."

그러나 작은 딸은 기사의 모습에 반하였다. "부끄럽지도 않아!" 그녀는 언니를 꾸짖었다. "저 사람은 상인이 아니야. 아주 잘 생겼어. 저 사람이 내 기사가 되면 좋겠어."

가웨인의 시종들은 커다란 린덴 나무 아래 가웨인의 자리를 잡아주었다. 곧 늙은 립파우트 공이 밖으로 나와 다가올 싸움에서 자신을 도와달라고 부탁하였다.

"기꺼이 그러지요. 그러나 정해진 시간이 될 때까지는 전투를 피하셔야 합니다. 나는 전투를 하러 가는 길인데, 내 명예를 구하거나 들판에서 죽게 될 것입니다."

낙심한 노인은 일어서서 성문으로 돌아갔으나, 안에서 귀여운 오빌롯이 그를 맞이하였다.

"아버지. 저 기사가 저를 위해서라면 그렇게 해주실 것 같아요. 저 기사가 나를 섬기겠다고 서약했으면 좋겠어요." 아버지는 기대감에 딸을 내보냈다. 딸은 가웨인 경을 향해서 달려나갔다. 그녀가 다가오자 가웨인은 작은 손님을 맞이하기 위하여 자리에서 일어섰다.

오빌롯이 말하였다. "하느님이 내 증인이시니, 그대는 내가 단둘이 말을 나누는 첫 남자입니다. 내 가정교사는 말이 마음의 장식이라고 합니다. 내 말이 내가 겸손하고 좋은 교육을 받은 사람임을 보여주기를 바랍니다. 크나큰 고민이 아니었으면 저는 이 자리에 오지 않았을 것입니다. 그 고민이 무엇인지 말할 기회를 허락해주시기 바랍니다.

우리 이름은 다르지만 나는 진정 그대이고, 그대는 나입니다. 이제 그대에게 내 이름을 드릴 터인데, 그러면 그대는 처녀이자 사나이가 될 것이니, 나는 그대와 나 자신에게 동시에 말을 하게 될 것입니다. 원하신다면 그대에게 나의 온 마음으로 사랑을 드리겠습니다. 그리고 그대에게 사나이다운 마음이 있다면, 그대는 나에 대한 보답으로라도 우리 둘 다를 잘 섬기실 것입니다."

가웨인은 파르치팔이 하느님보다 여자를 신뢰하는 것이 낫다고 말한 것을 기억하고, 작은 여인에게 약속을 하였다.

"그대 손에 내 검을 드리겠소. 내가 도전을 받게 되면, 나를 위하여 말을 달리는 것은 그대가 될 것이오. 다른 사람들은 나를 본다고 생각하겠지만, 나는 그들이 그대를 보고 있음을 알 것이오"

"그것은 나에게 그리 어려운 일이 아닐 것입니다." 그녀가 대답하였다. "나는 그대의 보호자이자 방패가 될 것입니다."

"여인이여!" 가웨인이 말하였다. 이제 가웨인은 그의 손으로 여인의 작은 두 손을 쥐고 있었다. "이제 나는 그대의 명령에 따라 삽니다. 그리고 그대의 위로와 사랑의 선물에 의하여 살아갑니다."

"이제 나는 떠나야 합니다. 내가 해야만 할 다른 일이 있기 때문입니다. 나의 징표를 준비해야겠습니다. 그대가 그것을 달고 계시면, 어떤 기사도 명성에서 그대보다 위대하지 못할 것입니다." 여인은 그녀의 놀이 친구인 군사령관의 딸 클라우디테와 함께 달려갔다.

"정말 친절하고 선한 남자로구나!" 이야기를 들은 대공의 부인이 말하였다. 그들은 아이에게 황금 비단으로 새 옷을 지어주고, 거기서 소매 하나를 떼어낸 다음 그녀의 놀이 친구를 시켜 가웨인에게 전해주게 하였다. 가웨인은 기뻐하며 즉시 그것을 그의 세 방패 가운데 하나에 달았다.

다음 날 천둥이 치는 듯한 소리처럼 창들이 부서지는 소리와 함께 전투의 큰 소리가 났다. 가웨인은 말을 달려 공격에 나서, 순식간에 젊은 영주 둘을 해치웠다. 그러나 란베룬츠의 아스토르공이 원탁의 기사들의 전투 구호인 "난테스"를 외치는 것을 듣고, 그의 부하들의 방패에서 아서의 아들의 갑옷 저고리를 보자, 말머리를 돌려 다른 부대, 멜잔츠 왕의 부대를 공격하러 갔다. 가웨인은 멜리잔츠 왕을 말에서 떨구고 오빌롯을 섬기게 하였다. 파르치팔은 다른 전쟁터에서 립파우트공의 형제의 전사들과 싸우고 있었다. 대공 자신은 포이디콘준츠와 싸우고 있었다. 가웨인은 립파우트공을 도우러 돌아가, 무례한 멜자칸츠를 쓰러뜨렸지만, 아스토르가 그를 구하였다. 이렇게 해서 전투의 날이 저물고 멜잔츠 왕은 포로가 되었으며, 그날의 가장 훌륭한 전투 행동은 오빌롯의 이름으로 이루어졌다.

사람들이 가웨인에게 그의 여인을 품에 안으라고 했을 때 그가 여인의 입맞춤을 받았음은 물론이다. 가웨인은 그 인형처럼 예쁜 아이를 가슴에 꼭 끌어안고, 멜잔츠 왕을 불러 그녀를 섬기도록 약속을 하게 하였다. 그 이후로 '사랑의 여인'은 그녀의 강력한 기술, 오래되었지만 늘 새로운 사랑의 기술로 새롭게 사랑을 일깨웠다. 그 겸손해진 왕이 오빌롯의 언니와 결혼을 한 이야기에 대해서는 그 자리에서 선물을 받은 자들에게 물어보라. 가웨인은 그곳을 떠났다. 그의 작은 여인은 슬프게 울었다. 그녀의 어머니가 가웨인에게서 그를 떼어놓자마자 가웨인은 무거운 마음으로 숲으로 들어갔다.

### 제8권 : 아스칼룬의 자발적인 여왕

"이제 내가 가웨인의 비애 때문에 탄식하는 것을 도와다오!" 시인은 그렇게 쓰고 있다. 가웨인은 높은 산맥과 수많은 황무지를 지났다. 어느 날 막강한 성 앞에서 약 500명의 기사들로 이루어진 부대가 매를 부리며 다가오는 것을 보았다. 스페인의 키가 큰 아라비아 말에 올라탄 그들의 왕, 요정의 산의 종족인 아스칼룬의 베르굴라트*는 한밤중의 낮처럼 빛이 났다. 그러나 왕이 먹이와 함께 웅덩이에 떨어진 매를 쫓아가 구하려고 말을 돌렸을 때, 그의 아라비아 말이 넘어지는 바람에 왕도 젖은 땅에 곤두박질쳤다. 순간 가웨인이 말을 타고 나타나 샨판춘으로 가는 길을 물었다.

"그대는 눈앞에 샨판춘을 보고 있소." 왕이 말하였다. "내 누이가 그곳에 있소. 하지만 그대가 허락한다면, 나는 이곳에 좀더 있겠소. 내가 갈 때까지 내 누이가 그대를 돌볼 것이니, 내가 늦더라도 그대는 섭섭하지 않을 것이오."

14세기의 『가웨인 경과 녹색의 기사(Sir Gawaine and the Green Knight)』에 익숙한 독자라면 우리가 여기서 유혹의 장면의 변형된 모습에 다가가고 있음을 짐작할 것이다.[4] 즉 가웨인의 스펙트럼에서 작은 오빌롯과의 사랑의 반대편에 자리 잡고 있는 사건이다.

성은 거대하였다. 그리고 여인은 아름다웠다. "오라버니가 그대를 높이 평가했으므로, 그대가 좋다면 그대에게 입을 맞추겠습니다. 그러나 그대는 그대 자신의 규칙에 따라서 그대가 하려는 일을 나에게 알려주어야 합니다." 그녀는 아주 매력적인 모습으로 그곳에 서 있었다.

가웨인이 말하였다. "여인이여, 그대의 입은 입맞추고 싶은 마음을 불러일으키니, 나는 그 환영의 입맞춤을 받아야겠소."

여인의 입은 뜨겁고, 통통하였고, 붉었다. 가웨인은 그 위에 자신의 입을 포갰고, 그곳에서 손님을 환영하는 데 권할 만한 것과는 다른 입맞춤이 이루어졌다. 여인과 그녀의 고귀한 손님은 자리에 앉았다. 아주 솔직한 대화가 이어졌다. 대화는 급속히 진전되어 그녀는 거절만 되풀이하고 가웨인은 줄곧 애원하는 상황에 이르렀다.

마침내 그녀가 말하였다. "그대가 지금 무슨 일을 하고 있는지 아신다면, 내가 이미 지나치게 행동했음을 아실 것입니다. 게다가, 나는 그대가 누구인지도 모릅니다."

"나는 내 숙모의 오빠의 아들이오. 그대에게 어울릴 만한 고귀한 핏줄을 이어받고 있소. 그러니 그대가 그 은혜를 베풀고 싶다면, 조상 때문에

---

\* Ascalun, Avalon : 가웨인의 모험들은 전체적으로 켈트인이 요정의 산을 찾아간 사건의 변형이다.

망설일 필요는 없소."

그들의 술을 따라주며 시중을 들던 처녀가 사라졌다. 그녀 외에 그곳에 앉아 있던 다른 여인들 몇 명도 갑자기 다른 곳에 볼 일이 있다는 것이 기억난 듯하였다. 가웨인을 호위했던 기사도 자리에서 물러났다. 그러자 가웨인은 아무리 심하게 다친 독수리도 크고 통통한 타조는 잡을 수 있다는 사실을 생각한 듯, 그의 손을 그녀의 망토 밑으로 집어넣었다. 시인은 말한다. "아마 그녀의 엉덩이를 만진 것 같다." 그러나 그의 번민만 늘어났을 뿐이다. 두 사람은 사랑의 고뇌에 사로잡혀 있었기 때문에, 무슨 일인가가 일어날 뻔하였다. 남자와 여자 모두 준비가 되어 있었다. 그러나 슬프도다! 그들의 마음의 슬픔이 찾아왔다! 머리가 허연 기사가 문간에 나타나더니, 가웨인을 보자 큰 소리로 전쟁터에서처럼 소리를 내질렀다. "슬프도다, 나의 주인이여, 그대가 죽인 나의 주인이여! 이제는 주인의 딸마저 겁탈하려는구나!"

사람들은 보통 무기를 들라는 외침에 금방 응답을 한다. 지금도 그런 일이 일어났다. 여기서 기사가 나타나고, 저기서 상인이 나타났다. 도시로부터 사람들이 몰려오는 소리도 들렸다.

가웨인이 말하였다. "여인이여, 그대의 조언을 들려주시오! 나에게 내 검만 있다면!"

"탑으로 달아나요. 내 방 바로 옆이에요." 두 사람은 문으로 향하였다.

가웨인은 벽에서 탑의 문을 잠그는 빗장을 떼어냈다. 가웨인은 그의 여인이 위층으로 달려가는 동안 문을 잡고 빗장을 휘둘렀다. 여인은 위에서 돌아다니며 무기가 될 만한 것을 찾다가, 아름답게 상감이 된 체스판과 말을 보았다. 그녀는 이것을 들고 가웨인에게로 갔다. 가웨인은 네모난 체스판을 방패로 사용하였고, 여왕은 뒤에서 왕과 성장(城將)을 던졌다. 그 말들은 무거웠기 때문에 (우리 이야기가 전하는 바에 따르면) 그것에 맞은 사람은 쓰러졌다. 이 힘센 여인은 기사처럼 싸웠다. 사육제 때 시장의 여인도 이처럼 사납게 전투를 해본 적이 없으리라. 갑옷의 녹으로 더럽혀진 여인은 곧 점잖은 것이 무엇인지 잊었다. 그러나 그녀는 싸우면서 내내 눈물을 흘렸다.

하지만 가웨인은? 그는 기회가 생길 때마다 고개를 돌려 여왕을 보았다. 성난 토끼에게서도 그녀보다 아름다운 몸매는 본 적이 없을 것이다. 엉덩이와 젖가슴 사이, 허리띠를 두른 곳은 어떤 개미의 허리보다도 가늘었다. 가웨인이 새로 그녀를 볼 때마다, 더 많은 공격자들이 목숨을 잃었다.

이윽고 왕 베어굴라트가 도착하였다. 왕은 전투 상황을 보았다. 순간 시인이 말을 끼워넣는다. "안됐지만 왕의 손님 대접이 형편없었다는 이야기를 할 수밖에 없다." 가웨인은 베어굴라트가 갑옷을 입을 때까지 서서 기다려야 하였다. 이윽고 그는 뒤의 계단으로 물러났다.

그러나 이 순간에 고귀한 왕자 킹그리무르셀이 나타났다. 그는 아서가 들판에서 연 잔치에서 가웨인에게 이리로 찾아오라고 도전한 자였다. 그는 상황을 보더니 괴로워서 머리를 쥐어뜯었다. 가웨인이 들판에서 일대일로 싸울 때까지 평화롭게 성에 있을 수 있다고 자신의 명예를 걸고 보장하였기 때문이다. 그는 탑에서 어중이떠중이를 뒤로 물리치고, 가웨인에게 자기가 옆에 가서 함께 싸우겠다고 소리쳤다. 두 사람은 넓게 트인 곳으로 탈출하였다.

왕의 참모들은 일단 휴전을 선포하고, 어떻게 아버지의 복수를 할지 결정하라고 왕을 설득하였다. 전장은 조용해졌다. 여인은 탑에서 내려와 사촌 킹그리무르셀의 입술에 입을 맞추었다. 그가 가웨인을 구해주었기 때문이다. 여인은 왕, 즉 자신의 오빠를 보았다.

"겸손과 예절, 이것들만이 나 자신과 오라버니가 나에게 보낸 기사를 보호할 수 있는 유일한 방패입니다. 오라버니는 나에게 크게 잘못하셨습니다. 더욱이 나는 늘 남자가 여인에게 보호를 청하면 그의 상대는 전투를 그만두어야 한다고 들었습니다. 베르굴라트 왕이시여, 오라버니의 손님이 달아나서 나에게로 온 일은 오라버니의 평판에 도움이 되지 않을 것입니다."

왕자도 그를 비난하였다. "나는 가웨인에게 보장을 해주었습니다. 그런데 왕께서 나를 배반했습니다. 따라서 나 역시 모욕을 당했습니다. 나의 동료 왕자들이 모두 이 일을 조사할 것입니다. 왕께서 왕자들의 명예를 존중하지 않는다면, 우리는 왕의 왕관을 존중하지 않을 것입니다."

더 이야기가 오고 갔지만, 그 결말은 여인——그녀의 이름은 안티코니에였다——이 그날 저녁 포도주, 꿩, 메추라기, 생선, 흰빵으로 저녁을 차리고 아름다운 처녀들——모두 개미처럼 허리가 가늘었다——로 하여금 시중을 들게 하여 가웨인과 킹그리무르셀을 대접하였다는 것이다. 그리고 왕은 참모들과 만나 얼마 전에 숲에서 어떤 힘센 기사와 싸운 이야기를 해주었다. 그 기사는 왕을 말에서 떨군 뒤 1년 안에 성배를 찾아놓겠다는 맹세를 하게 하였다는 것이다. "만일 실패하면, 나는 콘드비라무르스 여왕에게 가서 복종을 맹세해야 하오."

그러자 참모들은 가웨인이 베르굴라트의 손아귀에 들어왔으니, 그의 덫에서 날개를 퍼덕이고 있으니, 왕은 그에게 성배를 찾는 임무를 맡기면 된다고 이야기하였다. "그에게 오늘밤을 쉬게 한 다음, 아침에 이 이야기를 해주십시오."

아침에 미사를 올리고나서 여인이 두 기사와 함께 나타났다. 여인은 머리에 화관을 썼는데, 그 화관을 장식하고 있는 장미 가운데 어떠한 것도 그녀의 입술만큼 붉지는 않았다. 베르굴라트 왕은 그의 손님에게 누이가 자기를 용서하도록 설득해달라고 간청하였다. "그러면 나도 내 선친으로 인한 마음의 슬픔을 잊고 그대를 용서하겠소. 단, 조건이 하나 있소." 왕은 덧붙였다. "나를 위하여 지체 없이 성배를 찾아 나서겠다고 맹세를 해야 하오."

이렇게 모두가 화해를 하였고, 아침 식사가 끝나자 가웨인은 떠날 채비를 하였다. 여왕은 꾸밈없는 모습으로 다가와 작별 인사를 하였으며, 그녀의 입이 다시 그의 입을 찾았다. 시인은 말한다. "아마 두 사람은 모두 매우 슬펐을 것이다." 이윽고 가웨인의 시종들이 말을 가져왔고, 가웨인은 그링굴예테(귀가 빨간색으로 빛나는 아름다운 백마)에 올라타, 아스칼룬의 베르굴라트 왕을 위하여 성배를 찾으러 나섰다.

## 4. 깨달음

제9권 : 트레브리젠트의 복음

시인은 말한다. "모험이 문을 두드리니, 자, 문 열어라, 내 마음이여! 쿤드리가 가장 가혹한 말로 성배를 찾으라고 떠나보낸 그 고귀한 기사가 어떻게 되었는지 들어보자꾸나. 그가 아직 문잘바에셰를 못 보았는가?"

그의 모험 이야기에 따르면, 그는 어느 날 숲 속에서 말을 달리고 있었는데——"시간이 언제였는지는 나도 모른다"——하느님이 그를 인도할 생각이었는지, 나무들 사이에서 은자의 오두막을 보았다. 안에는 여자 은자가 관 앞에 무릎을 꿇고 있었다. 기사는 길을 묻기 위하여 말을 걸었다. "계십니까?" 여자가 대답하였다. 기사는 여자의 목소리를 듣자 얼른 말에서 내렸고, 그녀가 몸을 일으키는 동안 말과 방패와 검을 나무 옆에 놓아두었다.

여자는 잿빛 가운 밑에 고행자가 걸치는 거친 모직 셔츠를 입고 있었다. 그러면서도 손에는 석류석 반지를 끼고 있었다. "하느님께서 모든 예절에 보답하시듯이 그대의 인사에게도 보답해주시기를 바랍니다." 그녀는 말하면서 기사가 앉아 있는 벤치에 와서 앉았다. 기사는 그녀의 생활에 대해서 물었다. "내 먹을 것은 성배로부터 옵니다. 여자 마법사 쿤드리가 토요일마다 일주일 동안 먹을 것을 가져다주지요." 기사는 그 이야기가 진짜같이 들리지 않아, 그녀의 반지를 가리켰다.

"나는 사랑하는 사람을 위하여 이 반지를 끼고 있습니다. 나는 인간의 사랑법으로는 그 사람의 사랑을 알지 못합니다. 나는 오릴루스공이 창으로 그를 찔러 죽인 뒤부터 이 반지를 끼고 있습니다. 나는 결혼하지 않은 처녀이지만, 하느님이 보시기에 그이는 내 남편이며, 이 반지는 나와 함께 하느님 앞에 나아갈 것입니다."

순간 그는 이 여자가 지구네라는 것을 알았다.

그의 가슴에 슬픔이 밀려왔다. 기사는 투구를 벗었다. 여자는 그의 얼굴을 빤히 바라보았다. "파르치팔! 그대였군요!" 그녀의 표정이 딱딱하게 굳었다. "성배는 어찌 되었습니까? 아직 그 의미를 모릅니까?"

"사촌이여, 나를 그렇게 나쁜 의도로 대하다니 너무 잔인합니다. 나는 성배 때문에 몇 년 동안 모든 기쁨을 잃었습니다. 사랑하는 사촌이여, 우리는 친척입니다. 그곳에서의 내 행동으로는 패배자가 될 수밖에 없었습니다. 나에게 조언을 해주십시오."

그녀의 표정이 약간 풀어졌다. "모든 슬픔을 아시는 분께서 그대를 도와주시기를 빕니다. 그대는 문잘바에셰로 가는 길을 찾을 수도 있습니다. 쿤드리가 막 그 길로 갔으니까요. 그녀가 이곳에 오면 노새는 저기 서 있습니다. 바위에서 샘이 흘러나오는 곳에요.* 쿤드리를 따라가 보십시오. 아직 멀리 못 갔을 것입니다."

파르치팔은 그녀에게 감사하고 말에 올랐다. 그러나 새로 난 길은 순식간에 사라지고, 대신 투구를 쓰지 않은 채 반짝거리는 미늘 갑옷과 고급 겉옷을 입은 기사가 그를 향해서 달려오며 나가라고 소리쳤다. "문잘바에셰는 전투를 할 준비가 되지 않았거나 아니면 이 숲 바깥에서 죽음이라고 부르는 변화를 겪을 준비가 되지 않은 사람이 이렇게 가깝게 다가오는 것을 허락하지 않는다." 그렇게 외치면서 기사는 손에 들고 있던 투구를 썼다. 파르치팔이 돌격하여 방패 바로 위를 가격하자, 기사는 골짜기로 굴러 떨어졌다. 파르치팔의 말도 골짜기로 떨어졌으나, 파르치팔 자신은 얼른 삼목 가지를 붙잡았다. 그는 그렇게 대롱거리며 발로 밑을 더듬다가 바위를 발견하였다. 저 아래 그의 카스티야 말은 죽어 쓰러져 있었다. 그러나 사원의 기사는 반대편 비탈을 기어오르고 있었다. 그의 말은 파르치팔에게서 멀지 않은 곳에 서 있었는데, 고삐가 발에 엉켜 있었다.

창 외에는 아무것도 잃지 않은 파르치팔은 말에 올라타 정처없이 달려갔다. 그렇게 몇 주일을 계속 달렸을까, 어느 날 아침 싸락눈이 내릴 때——쌀쌀하다는 느낌이 들었다——우연히 거친 잿빛 망토를 걸치고 맨

---

* 다시 엘리엇의 「황무지」와 비교해보라. "바위가 있고/또 물이 있다면/물이 샘물이/바위 새에 웅덩이라도 있다면"(348-352행).

발로 걷는 순례자들을 보았다. 머리가 허연 귀족과 그의 부인, 두 딸이 앞장을 서고 있었다. 여인들 옆에는 작은 개들이 달리고 있었다. 그 뒤로 순례자 옷을 입은 시종과 기사의 무리가 따르고 있었다. 파르치팔이 옆을 지나가자 앞장선 귀족이 말을 돌려 길에서 벗어나 있던, 갑옷을 입고 말에 탄 파르치팔에게 말하였다. "그대가 오늘 그런 식으로 말을 타고, 또 우리처럼 맨발도 아닌 것을 보니 충격적이오." 말에 탄 파르치팔이 대답하였다. "나는 오늘이 며칠인지도 모르고, 몇 날이 지났는지도 모르고, 무슨 요일인지도 모릅니다. 나는 하느님이라고 부르던 분을 섬겼으나, 그의 자비는 나에게 수치를 안겨 주었습니다."

"동정녀가 낳으신 하느님을 말하는 것이오? 오늘, 성금요일에 우리를 위하여 죽으신 분 말이오? 그 분 때문에 오늘 온 세상이 기뻐하는 한편으로 슬픔으로 한숨을 쉬는 거요. 그대가 이교도가 아니라면, 오늘에 대하여 생각하고 우리 뒤를 따라오시오. 저 앞에 성자가 계시니, 그대가 회개하는 마음으로 고해를 하면, 그대의 죄를 사해주실 것이오."

딸이 끼어들었다. "아버지, 왜 저 사람을 그렇게 괴롭히나요? 저런 갑옷을 입고 있으면 몹시 추울 텐데요. 근처에 우리 천막이 있는데, 그곳에 가면 순례자용 망토가 많아요. 또 아서가 우리를 찾아온다고 하더라도, 잔치를 열어 환영해줄 만한 음식도 있어요. 아버지가 선한 주인으로서 이 기사가 몸을 녹일 만한 곳으로 데려가세요."

노인은 부끄러움을 느끼고 마음이 누그러져, 매년 가족과 함께 이렇게 순례를 하는데, 가서 식사를 나누자고 말하였다. 딸들도 기사에게 함께 갈 것을 간청하였다. 그들은 전혀 슬퍼 보이지 않았다. 그러나 기사는 생각하였다. "이들이 사랑하는 그를 나는 미워한다."

"여러분에게 행운이 깃드시기를." 기사는 그 말과 함께 정중한 태도로 그 자리를 떴다. 그러나 벌써 후회에 가슴이 떨리고 있었다. 그는 창조주를 생각하였다. "하느님이 나를 도와주면 얼마나 좋을까?" 기사는 고삐를 말의 목에 내려놓았다. "하느님께서 나를 위하여 이 말에게 가장 좋은 길을 보여주게 해보자." 그렇게 해서 파르치팔은 '성배의 왕'의 동생인 트레브리젠트가 금식하고 기도하고 악마와 싸우며 살아가는 곳에 이르렀다.

파르치팔은 왜 그런 날 갑옷을 입고 말을 타느냐는 질문을 받자 말하였다. "나에게 조언을 해주십시오. 나는 죄를 지은 자입니다." 은자는 누가 보냈느냐고 물었다. 파르치팔은 길 위의 순례자들이라고 대답하고 나서 물었다. "내가 저쪽에서 말을 타고 올 때, 그대는 두렵지 않았습니까?"

"수사슴과 곰은 두려워했지요. 하지만 사람은 두려워하지 않소. 나도 한때는 그대처럼 기사였고, 고귀한 사랑을 찾으려 했지요. 하지만 이제는 그것을 다 잊었소. 자, 고삐를 주시오."

은자는 말을 안전한 바위턱으로 끌고 가더니, 이어 기사를 그의 동굴로 안내하였다. 동굴 안에는 책이 몇 권 있었고, 돌제단 위에는 유물 상자가 있었다. 파르치팔은 그 유물 상자가 전에 싸웠던 오릴루스공에게 그의 부인을 겁탈하지 않았다고 맹세할 때 이용했던 것과 같은 상자임을 알았다.* 따라서 그곳은 전에도 가 본 길이었던 셈이다. 4년 6개월 3일 전에 말이다. 파르치팔은 날짜를 듣고 한숨을 쉬었다.

"얼마나 오래되었던가! 인도해주는 이도 없이 슬픔에 싸여! 내가 그토록 증오하던 하느님을 향하여. 사람들은 하느님이 모든 도움을 준다고 말합니다. 그런데 왜 나는 도와주지 않는 것입니까?"

성자는 말없이 그를 바라보았다. 이윽고 그가 입을 열었다. "하느님께서 우리 둘 다 도와주시기를! 자, 차분하고 담담하게, 어쩌다가 하느님의 진노를 사서 그렇게 하느님을 증오하게 되었는지 말해주시오. 하지만 그대가 내 앞에서 하느님을 비난하기 전에, 우선 그대에게 하느님은 죄가 없다는 것을 이야기하고 싶소. 마음을 바꾸지 마시오! 하느님은 진실이오. 하느님은 그릇된 것은 무엇이든 혐오하시오. 그대가 증오심으로 하느님에게 노선하면, 그것을 보는 사람 모두 그대가 미쳤다고 생각할 것이오. 그런 분노로는 아무것도 얻을 수 없소. 루시퍼와 그의 무리를 생각해 보시오."

이어 은자는 아담과 하와, 타락, 카인의 죄, 그의 형제의 피가 땅 위를 흐르고, 그로부터 처음 증오가 생겨난 옛 이야기를 해주었다. 아담이 태

---

* 531쪽 참조.

어났던 처녀지는 그 피에 의해서 더럽혀졌다. 그러나 하느님 자신이 동정녀의 자식이 되었으니, 이제 처녀로부터 두 사람이 태어난 셈이었다. 첫 사람 아담으로부터는 슬픔이 왔고, 두번째로부터는 기쁨이 왔다.

트레브리젠트는 말하였다. "이 옛 이야기들을 새 이야기처럼 들으시오. 그 이야기를 듣고 진실을 말하는 법을 배우시오. 예언자 플라톤은 그의 시대에 그런 식으로 가르쳤소. 그리스의 여자 예언자도 마찬가지요. 오래 전에 그들은 아무리 큰 죄를 지어도 구속을 얻을 수 있다고 가르쳤소.

가장 높은 분의 손은 거룩한 사랑으로 우리를 지옥으로부터 꺼내주셨소. 깨끗하지 못한 자들만 그곳에 남겨두셨소. 하느님은 사람들에게 그의 사랑과 증오를 나누어주시는 분이오. 온 세상이 그 둘 사이에서 선택을 할 수 있소. 그러나 그대가 하느님에게 나쁜 것만 바란다면——하느님은 그대의 사랑이나 그대의 진노 양쪽에 다 대비하고 계신데——언제나 그대가 질 거요. 그러니 이제 하느님께로 그대의 마음을 돌리고, 하느님께서 그대의 호의에 대답하게 하시오. 이 진실하게 사랑하는 분의 달콤한 이야기를 잘 들으시오."

"내 가장 큰 슬픔은 성배 때문입니다. 내 두번째 슬픔은 아내 때문입니다. 나는 그 둘을 그리워하고 있습니다."

"그대의 결혼은 잘된 것이오. 그 안에서 진실을 지키시오. 그대가 지옥에서 고통을 겪을지라도, 결국 고뇌는 끝날 것이고 하느님의 은혜로 그대는 자유를 얻을 것이오. 그런데 그대는 나에게 성배에 대한 이야기도 했소. 그 점에서 그대는 바보요. 하늘에서 성배를 얻을 사람으로 지정되지 않은 사람 가운데 그것을 얻은 사람은 없기 때문이오. 내가 이렇게 말하는 것은, 내가 알고 또 직접 보았기 때문이오."

"그곳에 가 보았습니까?"

"그렇소, 가 보았소."

이어 트레브리젠트는 파르치팔에게 왕, 그의 상처, 돌의 불가사의, 그리고 어느 날 초대받지 않고 왔던 사람에 대한 이야기를 해주었다. "그 어리석은 사람은 그의 눈앞에서 왕이 괴로워 하는데도 왕에게 한 마디도 하지 않았기 때문에 죄를 짊어지고 가버렸소."

이어 두 사람은 서로의 얼굴을 빤히 들여다보았다.
"지금 내 마구간에 있는 말의 안장에는 문잘바에셰의 표시가 있소. 비둘기 표시요. 게다가 당신은 돌아가신 '성배의 왕' 프리무텔을 닮기도 했소. 자, 이제 그대가 어디 출신이고, 어떤 집안에서 태어났는지 말해주시오."
트레브리젠트는 파르치팔의 출생과 그가 아서의 궁정에 갔다는 이야기를 듣자 말하였다. "아, 슬프도다! 그대는 그대 자신의 살을 베고 피를 흘렸구려. 붉은 기사 이테르는 그대의 친척이오. 그대의 어머니, 그러니까 나의 누이 헤르젤로이데는 그대 때문에 슬퍼서 죽었소!"
젊은이는 그 말은 처음 들었다. "오, 이럴 수가! 이럴 수가! 그게 무슨 말씀입니까!"
그러나 파르치팔은 한참 후에야 성배의 질문을 하지 못한 사람이 바로 불행의 자식인 자신이라고 고백을 할 수 있었다.

## 제10권 : 오르겔루제의 아름다움

이제 거친 이야기들이 기다리고 있다. 앞서 들은 대로, 가웨인이 아주 위험한 모험의 길을 떠났기 때문이다. 성배를 구하는 자는 누구든 검을 들고 가야 한다. 가웨인은 어느 날 아침 초원을 가다가, 린덴나무에 묶여 있는 말 한 마리를 보았다. 그 옆에는 창이 박힌 방패가 있었는데, 고삐와 안장은 여자용이었다. 그래서 우리의 기사는 상대가 한 대 치면 기꺼이 쓰러져 주겠다고 상상하면서 주위를 둘러보다가 한 여인이 앉아 있는 것을 보았다. 여인의 무릎에는 창에 찔린 기사가 누워 있었다.
여인이 말하였다. "이 분은 살아 계시지만, 오래가지 못할 것입니다."
남자의 피는 몸 안으로 쏟아져 들어가고 있었다. 전투에서의 부상에 대해서는 모르는 것이 없는 가웨인은 나무 가지를 줍더니 껍질을 벗기고 관처럼 만들어, 상처에 꽂으면서 여인에게 피가 밖으로 흐를 때까지 빨라고 하였다. 가웨인은 허리를 굽히고 부상자를 바라보고 있었는데, 소생을 한 기사가 그를 보더니 길 앞쪽을 조심하라고 주의를 주었다.
남자가 말하였다. "나는 이 모험을 후회할 것입니다. 그대도 계속 나아가면 후회하게 될 것입니다. 리스초이스 그벨유스가 창으로 완벽하게 내 방패를 뚫어 나를 말에서 떨어뜨렸소."

마치 수사슴이 화살에 맞은 것처럼 길에는 피가 흥건하였다. 길을 따라가다 보니 곧 마법사 클린쇼르의 탑이 있는 성이 보였다.* (길은 성이 서 있는 산을 빙빙 돌아갔으며, 그래서 모르는 사람들은 산이 팽이처럼 돈다고 말하였다.)** 계속 길을 따라 올라가자, 샘이 솟아나는 바위가 나왔다. 그곳에서 여인을 보았는데, 가웨인은 여인의 아름다움 때문에 발을 멈추고 말았다. 그녀는 오르겔루제 드 로그로이스였다.

"내가 말에서 내려도 되겠습니까?" 가웨인이 물었다. "맹세컨대 그대보다 아름다운 여인은 본 적이 없습니다."

"나도 그 사실을 잘 알고 있어요. 하지만 모두에게서 그런 칭찬을 받는다는 것은 큰 명예라 할 수 없죠. 내가 원하는 것은 지혜로운 자들의 칭찬이에요. 이제 말을 타고 가실 때가 되었군요. 그대가 가장 멀리 있을 때 내 마음에는 가장 가까이 있는 거예요. 그대가 모험을 하는 도중에 사랑을 찾아 나서게 되면, 나에게서 받을 보답은 수치뿐이에요."

가웨인은 여인에게 매혹되어 대꾸하였다. "여인이여, 그대 말이 맞습니다. 내 눈이 내 마음을 위험하게 하는군요. 내 눈이 그대를 보았고 이제 나는 그대에게 갇혔습니다. 나를 풀어주든가 묶어주든가 하십시오. 나는 어느 쪽이든 좋습니다."

그녀는 무심하게 대꾸하였다. "아, 그럼 나를 데려가세요! 그대는 후회하게 될 거예요. 그대가 원하는 것이 명예라면, 이 일을 포기하는 것이 좋을 거예요."

---

* 클린쇼르는 바그너의 작품에 나오는 클링소르이다. 바그너에 따르면, 그의 마법의 성은 '기쁨의 낙원'으로서, 암포르타스는 여기서 부상을 입었다. 오페라에서 쿤드리는 클링소르의 노예이다. 창은 여전히 그가 가지고 있다. 또한 바그너의 오페라에서는 이 모험을 떠나는 기사가 가웨인이 아니라 파르치팔이다. 바그너의 파르치팔은 볼프람의 파르치팔과는 매우 다른데(오히려 테니슨의 갈라드와 비슷하다), 그는 정원에서 유혹을 물리치며(제2막), 클링소르의 창을 들고 나온다. 이것을 암포르타스의 상처에 갖다 대자 상처가 낫는다.

** 볼프람은 이런 식으로 켈트인의 "빙글빙글 도는 성"이라는 모티프를 합리적으로 해석하고 있다. 쿠로이는 클링쇼르가 되었으며, 쿠훌린이 가웨인이 되었다. 앞의 493-494쪽 참조.

"누가 자기 힘으로 얻지 않은 사랑을 바라겠습니까?" 그가 대꾸하자, 그녀는 길 아래를 가리키며 말하였다. "말을 내리세요! 저 길을 따라 내려가 작은 다리를 건너면 과수원으로 들어가게 될 거예요. 사람들이 거기서 춤을 추고, 탬버린을 두드리고, 피리를 불고 있어요. 그 가운데를 뚫고 계속 걸어가세요. 그러면 내 말이 보일 거예요. 말을 묶은 끈을 푸세요. 말은 그대를 따라올 거예요."

가웨인은 자신의 말을 그녀에게 맡기고 시키는 대로 하였다. 그가 사람들 사이를 지나가자, 수많은 남녀가 그에게 다가와 그의 불행을 슬퍼하였다. 가웨인은 말이 올리브 나무에 묶여 있는 것을 보았다. 근처에 턱수염이 허연 기사가 목발에 기대 있었는데, 그가 가웨인에게 경고하였다. "내 한 마디 조언을 하겠는데, 그 말에 손을 대지 마시오." 그러나 가웨인은 말의 끈을 풀었다. 말은 가웨인을 따라 그의 마음의 연인이 있는 곳까지 왔다.

"어서오세요, 바보."

가웨인은 그녀가 말을 타는 것을 도우려 하였다. "도와달라고 하지 않았어요!" 그녀는 쏘아붙이더니 혼자 말에 올랐다. "이제 나를 따라오세요. 하느님이 그대를 말에서 떨구어주시기를 빌어요."

가웨인은 여인의 뒤를 따랐다. 그들은 꽃이 덮인 황야에 이르렀다. 그곳에서 상처를 치료하는 데 좋은 약초가 눈에 띄자 가웨인은 말에서 내려 약초를 캤다. "그러고 보니 기사 겸 의사시네." 여인이 말하였다. "고약이 든 단지를 파는 법도 안다면 돈깨나 벌겠는데."

가웨인은 얼마 전에 그 약초가 도움이 될 만한 기사를 만났다고 대답하였다. "아 좋아요! 무언가 배우는 게 있겠군요!" 그녀는 계속 말을 달렸다.

뒤를 따라가던 가웨인은 이상한 시종이 다가오는 것을 보았다. 괴물처럼 생겼는데, 그의 이름은 말크레아티우레였다. 그는 쿤드리의 오빠였고, 얼굴은 그녀와 똑같지만 남자였다. 입 양옆에 멧돼지의 엄니가 튀어나왔으며, 머리는 돼지털처럼 뻣뻣하였다. 갠지스강가의 트리발리보트라는 땅에서는 사람들이 그런 식으로 자랐다. 만물에 그 본성에 따라 이름을 지어주었으며, 나아가서 별과 일곱 구의 움직임을 알았던 우리 조상 아담은 약초의 장점도 알았다. 딸들이 아이를 낳을 나이에 이르면, 인간의 열매를 망치는 어떤 것들은 먹지 말라고 주의를 주었다. 그러나 여자들이 다 그렇듯이, 어떤 딸들은 자기 좋을 대로 하였으며, 그것이 비틀린 결과를 낳았다. 지금 파이레피츠와 그의 고귀한 왕비 제쿤딜레가 다스리는 땅에는 그런 사람들이 많았다. 왕비는 성배에 대한 이야기와 성배의 수호자 안포르타스 왕에 대한 이야기를 들었다. 그녀의 나라에는 보석이 흐르는 물이 있고, 금으로 이루어진 산들이 있었다. 왕비는 "성배를 맡고 있는 이 왕에 대하여 어떻게 하면 더 많은 것을 알 수 있을까?" 하고 생각하다가, 그에게 가장 귀한 보석과 함께 괴물 둘을 딸려 보냈다. 그 괴물이 쿤드리와 그녀의 오빠였는데, 착한 안포르타스는 너그럽게도 오빠를 오르겔루제에게 하사하였다.*

식물과 별들의 친척인 이 말크레아티우레는 네 다리를 모두 저는 작은 말을 타고 와서 가웨인에게 욕을 하였다. "이 바보야! 이 여인을 섬겼으니 너는 흠씬 얻어터질 것이다. 괜히 이 여인을 섬겼다고 후회하게 될 거다!"

가웨인은 말크레아티우레의 뻣뻣한 머리카락을 붙들어 땅바닥에 내동댕이쳤는데, 그 털에 손을 베고 말았다. 오르겔루제는 웃음을 터뜨렸다. "둘이 아옹다옹하는 게 귀엽구나." 말크레아티우레는 다시 말에 올라타 방향을 틀었다. 그들은 모두 부상당한 기사가 있는 곳까지 말을 달렸다. 가웨인은 기사의 상처에 약초를 붙여주었다.

"그대가 데려온 여인의 잘못 때문에 내가 여기 이렇게 고통 속에 누워 있는 거라오." 남자가 말하였다. 이어 남자는 가웨인에게 그의 여인을 그녀의 말에 태워달라고 부탁하였다. 가웨인이 그 여인을 말에 태우는데, 남자가 벌떡 일어나더니 가웨인의 말에 올라탔다. 두 남녀는 웃음을 터뜨리며 말을 달려 떠났다.

---

* 고에츠 박사는 엄니가 달린 인도의 남신상과 여신상들을 예로 들면서, 아마 거기에서 갠지스강가에 그런 생물들이 산다는 발상이 나왔을 것이라고 말한다. 켈트인의 이야기에서, 가웨인이 오르겔루제와 말크레아티우레를 만난 일과 유사한 사건을 참조하려면 『신의 가면 : 서양 신화』 제7장 1절을 보라.

오르겔루제도 웃음을 터뜨렸다. "나는 처음에 그대가 기사인 줄 알았다가, 다음에는 의사인 줄 알았는데, 이제 보니 시종이네. 그대의 재주로 살아야 한다면, 할 줄 아는 것이 많아 좋겠어요. 지금도 내 사랑을 갈망하나요?"

"네. 그대의 고귀한 사랑을 알 수 있다면, 그보다 귀하게 여기는 것은 없을 것입니다. 나를 기사라고 부르든, 종자라고 부르든, 시종이라고 부르든, 악당이라고 부르든, 좋을 대로 하십시오. 그러나 나에게 상처를 주는 것은 곧 그대 자신의 소유물에 상처를 주는 것입니다. 그러나 나는 그대의 봉신이니 그것은 그대의 권리입니다."

그러는 동안 말을 타고 떠났던 자가 마지막으로 조롱을 하기 위하여 돌아왔다. "가웨인, 그대가 나를 그대 숙부의 집에 데려갔을 때 그대는 나를 때렸고, 그대의 숙부는 넉 주 동안 나를 개들과 함께 먹게 했소! 이제 그 갚음을 했소."

"우리안스!" 가웨인은 소리쳤다. "그대였구려! 하지만 나는 그대의 목숨을 구해주었는데!"

우리안스는 웃음을 터뜨렸다. "사람 목숨을 구하는 것에 대한 속담을 못 들어봤소? 목숨을 구해주면 영원히 적이 될 거라 하지 않소!" 그 말과 함께 우리안스는 말머리를 돌려 떠나버렸다.

가웨인은 그의 여인을 돌아보며 설명하였다. "일인즉슨 이렇게 된 것입니다. 어떤 처녀가 겁탈을 당했는데, 나는 그 짓을 한 자를 쫓아가 붙들었습니다. 그는 푼투르토이스의 왕자였습니다. 그는 목숨을 구하기 위해서 항복을 했고, 나는 그를 왕 앞에 데려갔습니다. 왕은 교수형을 명했습니다. 그러자 그는 내가 그의 목숨을 보장하겠다고 하지 않았느냐며 나에게 호소를 했지요. 그래서 나는 왕과 욕을 본 여인에게 자비를 구했고, 두 사람은 내 청을 들어주었습니다. 그러나 왕은 한 달 동안 구유에서 왕궁의 개들과 함께 먹어야 한다는 조건을 내걸었습니다."

그러자 오르겔루제가 말하였다. "저 자가 응분의 벌을 받도록 하겠어요. 그대에게 한 일 때문이 아니라, 그 여인에게 한 일 때문에 말이에요.

"사악함은 기사의 검으로
　보답을 받으리라."

그녀는 말크레아티우레에게 걸어가라고 하였다. 가웨인은 작은 말을 보았다.

"기사께서는 저 말을 타시렵니까?"

"그대의 명령을 따르겠습니다."

"명령이 늦게 나올 텐데요."

"그렇다 해도 그대를 섬기겠습니다."

"흠, 그렇다면, 그대는 어리석어 보이는군요. 그대는 곧 기쁨의 세상을 떠나 슬픔의 세상으로 가게 될 거예요."

"기쁨이든 슬픔이든 다 좋습니다. 말을 타고 가든 걸어가든, 어느 쪽이든 좋고요." 그는 고개를 돌려 말을 살폈다. 등자 끈은 나무 껍질로 만들었으며, 안장은 너무 약해서 그가 올라타면 부서질 것 같았다. 말 역시 쓰러질 것 같았다. 그래서 가웨인은 말을 끌고 걸어가기로 하였다. 방패와 창 하나는 직접 들고 갔다.

여인이 조롱하였다. "이제 내 땅에 물건을 팔러 가나요? 처음에는 의사이더니, 이제는 장사꾼이라! 가다가 통행세를 내는 데를 잘 살피세요!"

그는 그녀의 말투를 흠모하였다. 어여쁜 입을 보기만 해도 즐거웠다. 그녀에게서는 손해를 보든 이익을 보든 똑같았기 때문에, 그는 그녀에게 묶여 있기도 하였고 자유롭기도 하였다.

"오, 사랑이여!" 여기서 시인은 말한다. "그대가 이런 유치한 종류의 장난을 하기에는 너무 나이가 들었다는 것을 생각했어야 했는데! 가웨인을 이 곤경에서 꺼내주고 싶지만, 그를 구하는 것은 곧 그의 기쁨을 끝내는 것이 될 것이다."

두 사람은 배가 다닐 수 있는 넓고 물살이 센 강 너머에 있는 성 앞에 이르렀다. 가웨인이 보니, 그 성에는 여인들이 가득하였다. 가웨인은 그때 절름발이 말을 타고 있었는데, 기사 하나가 말을 달려 오는 것이 보였다.

여인이 말하였다. "보여요? 내가 말한 대로이지요! 이제 그대는 수치를 당할 기회가 얼마든지 있어요. 저 자가 당신을 끝장낼 거예요. 그대가 말에서 떨어졌을 때 그대의 바지가 찢어진다면 저 여자들에게 볼 만한 구경거리가 되겠네요."

그녀가 손짓을 하자 사공이 다가왔다. 그녀는 말을 탄 채 배에 올라탔고, 가웨인은 혼자 알아서 곤경을 헤쳐나가야 하였다.

리스초이스 그벨유스가 날아왔다고 말하면 거짓일 것이다. 그러나 그가 무척 빨리 다가온 것은 사실이다. 가웨인은 생각하였다. "저 자를 어떻게 맞을까?" 가웨인은 그가 있는 힘을 다해서 찌르게 하여 작은 말 위로 넘어지게 한 다음, 땅바닥에서 싸우기로 결정하였다. 결국 가웨인이 생각한 대로 되었다. 땅바닥 싸움은 격렬하였다. 그러나 마침내 씨름 실력이 뛰어난 가웨인이 상대를 땅바닥에 메다꽂았다. 그러나 상대는 항복하라고 해도 거부하였다.

"정복당하고 사느니 차라리 죽는 게 낫다."

가웨인은 생각하였다. "내가 무엇하러 이 자를 죽이겠는가." 그는 아무런 조건 없이 그가 일어나게 해주었다.

그들은 꽃 사이에 떨어져 앉아 있었다. 마침내 가웨인은 상대의 말이 그링굴예테, 즉 얼마 전에 우리안스가 타고 간 자신의 말임을 알았다. 가웨인은 일어서서 말에 올라타 이리저리 돌아다녀 보다가 다시 말에서 내렸다. 그때 말의 무릎에 성배의 상징인 비둘기의 낙인이 찍혀 있음을 알았다. 리스초이스 그벨유스는 다시 검을 집어 그와 다시 싸우자고 덤볐다. 여인들이 지켜보는 가운데 그는 다시 쓰러졌고, 다시 항복을 거부하였으며, 가웨인은 다시 그가 일어나도록 내버려두었다.

그때 사공이 돌아왔다. 사공은 가웨인에게, 패배한 기사의 말을 뱃삯으로 사공에게 주는 것이 그 동네 관습이라고 말하였다.

"저 자가 나를 이겼소." 가웨인이 말하였다. "그가 먼저 내 말을 쓰러뜨렸거든. 그러니 저쪽에 있는 작은 말을 가져가시오. 그러나 사람도 말만큼 높이 친다면, 내 말을 빼앗아 타고 간 기사도 가져도 좋소. 내가 직접 그대 문간에 갖다 드리리다."

사공은 웃음을 터뜨렸다. "그러면 환영이죠." 세 사람은 건너편 강변으로 갔다. 그곳에서 사공은 가웨인에게 말하였다. "이제 제 집의 주인이라 생각해주십시오."

　선한 남자의 아들이 가웨인의 말을 돌보았다. 딸 베네는 가웨인의 시중을 들었다. 그녀는 그를 그의 방으로 안내하였다. 바닥에는 싱싱한 골풀이 깔려 있었고, 그 위에 예쁜 꽃들이 흩어져 있었다. 그녀는 가웨인이 갑옷을 벗는 것을 도와주었다. 이어 아들이 쿠션을 가지고 들어왔고, 아버지와 어머니도 들어왔다. 모두 앉아서 예의바르게 식사를 하였다. 식사가 끝나자 상을 내 가고, 딸이 눈처럼 하얀 시트, 베개, 이불, 쿠션으로 잠자리를 깔았다.

## 5. 두번째 막간극 : 신화의 세속화

　가웨인은 이제 지상의 모험의 영역으로부터 초월적인 피안으로 넘어갔다. 그의 시인 볼프람은 이것을 신비적인 동양의 마법과 연결시키고 있다. 그리고 하인리히 침머(Heinrich Zimmer)가 동양과 서양의 일련의 이야기들을 비교 연구한 재미있고도 중요한 저작 『왕과 시체(The King and the Corpse)』[15]에서 분명하게 지적하듯이, 아서의 기사들의 모험담과 동양의 크고 작은 영웅들의 모험담——심지어 부처의 모험담도 포함하여——사이에는 과연 그 사건과 의미 양쪽에서 일치하는 면이 있다. 나아가, 유추를 해보자면, 그리스도의 기적들에 대한 그노시스파를 비롯한 다른 이단 판본과도 일치하는 면이 있다.

　볼프람에 대해서 가장 주목할 만한 점들 가운데 하나는 그가 성배의 로맨스를 전개하면서 이미 이런 비정통적인 유추들을 알고 있었고 또 그것들을 활용할 수 있었다는 것이다. 전례 없이 성배를 철학자의 돌과 카바 양쪽에 동화시킨 것이 그 예이다. 나아가서 볼프람은 그의 해석을 의식적으로 전적으로 세속적인 신화에 적용하였는데, 이 신화에서 사람들은

"저" 세상이 아니라 이 세상을 위해서 살아가며, 지상에서 인간적이고 우아한(볼프람의 표현으로 하자면 "궁정적인") 목적들을 추구하고, 성례를 통해서 주어지는 초자연적인 은혜가 아니라 개인적인 재능이라는 자연의 은혜와 사랑에서의 충성이라는 현세적인 덕목에 뒷받침을 받아 영적인 과업을 수행해나간다. 바로 이 점 때문에 그의 작품은 세계문학사에서 의식적으로 전개된 세속적인 기독교 신화의 첫 예라는 획기적인 의미를 가진다. 위대한 현대시인 윌리엄 버틀러 예이츠는 역사에 나타난 질서 잡힌 운명, 숙명 또는 비르트에 대하여 놀라운 영감을 받아 쓴 계시록인 『비전(A Vision)』에서 이렇게 말하였다.

> 독일의 「파르지팔」에는 그 전체에 걸쳐 교회 의식이 하나도 나오지 않는다. 결혼도 없고, 미사도 없고, 세례도 없다. 대신 우리는 로맨스 또는 삶의 가장 이상한 창조물인 "사랑의 황홀"을 발견한다. 파르지팔은 그런 황홀에 빠져 눈 앞에 그의 부재중인 사랑의 이미지 외에는 아무것도 보지 못하고 연거푸 기사들을 물리친 끝에, 마침내 거기서 깨어나 놀란 눈으로 움푹 팬 검과 방패를 본다. 파르지팔이 전투의 날에 기도를 하는 대상은 그의 여인이지 하느님도 아니고 동정녀도 아니다. 그를 미치게 만들고 승리를 부여하는 것은 그의 황홀경에 빠진 또는 잠든 몸과는 별도로 존재하는 그의 여인의 영혼이다.[16]

늙은 귀족과 그의 가족의 성금요일 소풍에 나타난 영적인 노력의 패러디──맨발이지만 애완용 개들이 옆에서 뛰고 있고, 온 가족이 뒤에서 따르고 있다──에서도 맛좋은 아이러니가 느껴진다. 그러나 시인은 이 천박한 가족 희극이 그의 **진짜** 영적 순례자의 정서에 심오한 영향을 주도록 만들어놓는다. 진짜 순례자는 순례자의 옷이 아니라 갑옷을 입은 기사로, 거의 5년간에 걸쳐 세상과 단절된 채 정말로 의미심장한 영적인 모험을 하고 있다.

"너희는 단식할 때에 위선자들처럼 침통한 얼굴을 하지 말아라. 그들은 단식한다는 것을 남에게 보이려고 얼굴에 그 기색을 하고 다닌다. 나는 분명히 말한다. 그들은 이미 받을 상을 다 받았다. 단식할 때에는 얼굴을 씻고 머리에 기름을 발라라. 그리하여 단식하는 것을 남에게 드러내지 말고 보이지 않는 네 아버지께 보여라. 그러면 숨은 일로 보시는 아버지께서 갚아주실 것이다"(「마태복음」 6 : 16-18).

하루만 경건한 체하는 순례자는 진짜 기사 성자에게 길 아래쪽에 있는 은자에게서 죄사함을 받으라 한다. 그러나 트레브리젠트는 사제가 아니라 속인이었다. 그는 서품을 받은 적이 없다. 실제로 그는 숲 속의 은거지에서 미사를 드리지도 않고 다른 성례에 참가하지도 않는다. 이상하게도 신경증적으로 사체를 사랑하는 지구네도 마찬가지다. 볼프람은 말한다. "그녀는 미사에 참가한 적이 없었다. 그럼에도 그녀는 평생 무릎을 꿇고 산 것이나 다름없었다."[17] 그녀는 멍한 상태에서 성배의 은혜로 산다.[18] 성배 자체는 매년 성금요일마다 하늘에서 내려온 비둘기가 돌 위에 올려놓는 성체로부터 그 힘을 얻는다.[19] 제단의 성례로부터 나오는 것이 아니라, 은혜 자체의 영역으로부터 직접 나오는 신의 사랑이라는 뜻이다. 트레브리젠트는 그 영역을 성례의 영역이 아니라 심리적 영역과 관련지어 규정한다. 이것은 지옥, 천국, 십자가의 신비를 통하여 증오, 사랑, 충성이라는 인간적 정서에 상응하고, 또 상호적으로 반응한다. 나아가서 트레브리젠트는 십자가에 못박히는 것을 아벨라르와 마찬가지로, 신이 우리 마음을 움직이기 위하여, 그럼으로써 우리의 삶을 채우고 구속(救贖)하기 위하여 대가 없이 주신 신의 사랑의 신호로 해석한다.* 따라서 기사 파르치팔의 개종(그의 이미니가 밀하딘 하느님의 이미지로의 재개종은 아닌 것이, 그 하느님은 그의 마음속에서 죽었기 때문이다)**은 십자가에 못박힌 것을 기념하는 날, 즉 성금요일에 이루어진다. 그러나 교회의 성례도 없고, 미사도 없고, 제대로 된 고해도 없고, 성체 성사도 없다. 오직 파르치팔의 마음이 증오와 불신에서 돌아서는 일이 있을 뿐이다. 파르치팔에게 순례자 행세를 하는 자들로부터 처음 영감을 얻었고, 서품을 받지 못한 은자 트레브리젠트가 심리적으로 예리하게 옛 이야기들을

---

\* 28-30쪽 참조.
\*\* 『젊은 예술가의 초상』과 『율리시즈』의 스티븐 디덜러스의 문제(두번째 작품에서 절정에 이른다)와 비교해보라.[20]

중재자 569

"새 이야기처럼" 다시 해준 것에서 결정적인 계기를 얻었다.
고트프리트 베버의 논평을 다시 인용해보자.

> 파르치팔이 트레브리젠트를 만나기 전에 생각했던 것과는 달리 신은 궁정의 용어로 이해될 수 있다거나, 궁정의 기준으로 측정될 수 있다거나, 궁정 생활의 규칙에 따라 자신의 사회적 패거리에 속하는 사람에게 도움을 주는 일종의 최고의 기사로 생각할 수 있다거나 한 것이 아니다.…… 따라서 트레브리젠트는 외적인 기사적 행위를 함으로써 '성배의 성'의 고통을 어떻게든 경감시킬 수 있을지도 모른다는 파르치팔의 생각이 대단히 순진한 잘못임을 보여준다.[21]

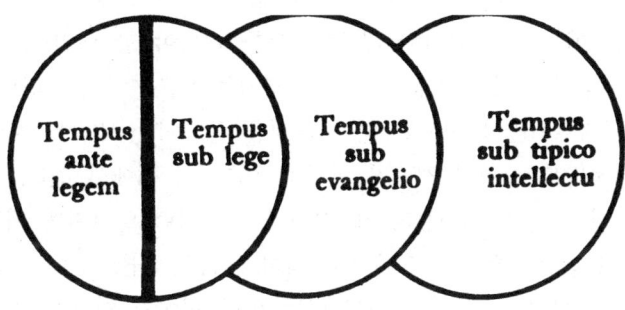

〈그림 54〉 세계의 시대들(플로리스의 요아힘) : 1200년경.

여기서 볼프람의 생애 동안 대수도원장 플로리스의 요아힘(1145-1202년경)이 제임스 조이스의 주인공 스티븐 디덜러스가 소년 시절 "마시의 도서관이라는 정체된 만(灣)"[22]에서 열심히 들여다보았던 그 예언들을 발표하였음을 기억해야 한다. 그의 예언에 따르면 인류에게는 모두 세 시대가 있다(〈그림 54〉). 첫번째 시대는 아담으로부터 모세에 이르기까지 어두운 예비 단계에 뒤이은 "아버지의 시대"(모세의 율법과 이스라엘의 시대)이다. 두번째는 "아들의 시대"(복음과 교회)이다. 마지막(1260년경 시작된다)은 "성령의 시대"로 이때는 로마의 권위가 해체되고 세계는 성자들이 직접 신과 교통하는 지상 낙원이 된다.[23] 성 프란키스쿠스 역시 이 시기(1186-1226년)의 뛰어난 인물이었으며, 『신의 가면 : 서양 신화』에서도 말하였듯이, 자신의 수도사들의 교단을 세움으로써 많은 사람들에 의해서 요아힘의 마지막 시대를 여는 사람으로 여겨졌다. 볼프람의 작품에서 트레브리젠트와 지구네는 숲의 성자라는 인도의 이상을 대표하는 느낌이지만, 그리스도가 세례 요한을 넘어서고,[24] 부처가 그의 스승인 아라다와 우드라카를 넘어서듯이[25] 파르치팔은 그들을 넘어서야 한다.

파르치팔은 트레브리젠트에 의하여 영성에 대한 새로운 이해에 눈을 떴지만, 그때까지 성배 탐색과 관련되어 지배적이었던(그의 스승에 따르면) 규칙들에 얽매인 채로 만족하지 않았다. 그 규칙들은 이런 것들이다. 1. 모험에서 실패한 자에게는 두번째 기회가 주어지지 않는다. 2. 의식적으로 노력하는 자는 성배를 절대 얻을 수 없다. 그는 전에 세상의 스승 구르네만츠를 떠났듯이, 이제 트레브리젠트를 떠나야 할 터였다. 그리스도의 수난을 통해서 옛 율법을 초월하게 되었듯이──"성전의 장막이 찢어졌다"[26]──파르치팔이 성배를 얻는 과정을 통하여 선택받은 사람들이나 권위를 인정받은 교회의 시대가 아니라, 여기 이 땅에서 진리, 충성, 사랑에 충실한 진정한 개인들의 새 시대가 복음처럼 알려지게 되었다. 한편으로는 트레브리젠트의 요아힘식 암자, 다른 한편으로는 트리스탄의 사랑의 동굴(이것 역시 세상으로부터는 멀리 떨어져 있다), 이 둘이 두 개의 양극으로 서 있으며, 볼프람의 파르치팔은 "그 중간을 통하여" 지나가야 한다. 이 통과 과정에서 그에게 대응하는 상대는 세속적이고 신뢰할 만한 가웨인이 될 터인데, 그는 일련의 유사한 사건을 통해서, 그 자신의 덜 고상한 공적들을 통해서 파르치팔을 지원하게 된다.

두 기사 모두 똑같은 못생긴 처녀가 제시한 모험에 참여하고 있다. 요정 전승에서는 잘 알려진 유형의 모험으로, 매혹과 환멸이 가득한 모험이다. 예를 들어서, 앞서도 인용한 윌리엄 A. 니체(William A. Nitze)가 성배의 연구에서 밝혔듯이,[27] 『천일야화(The Arabian Nights)』에도 "마법에 걸린 왕자"의 이야기가 있다. 이것은 흑마법사와 사귀는 부정한 아내의 마법에 의해서 허리 아래로는 돌이 되어버린 젊은 왕의 이야기이다. 그의 도시 역시 네 색깔의 물고기로 가득한 호수로 변하였다. 그 색은 하얀색, 파란색, 노란색, 빨간색이다(각각 그의 영토 내의 이슬람교도, 기독교도, 유대교도, 마기교도를 가리킨다). 지니의 안내를 받아 그 마법에 걸린 호수에 간 한 어부가 물고기 네 마리를 잡아 그의 왕에게 바치자, 그는 그 물고기의 비밀을 푸는 일에 나서서 그의 모험을 통하여 마법은 사라진다.[28]

나는 『천의 얼굴을 가진 영웅(The Hero with a Thousand Faces)』에서 이런 종류의 신화와 불가사의한 이야기는 하나의 일반적 유형에 속한다고 말하면서, 그것을 "영웅의 모험"이라고 불렀다. 그 본질적인 형식은 인류의 기록된 역사 전 과정에 걸쳐 변한 적이 없다. 1. 영웅은 일상적인 세계로부터 초자연적인 불가사의의 영역으로 들어선다(지금의 예에서는 마법에 걸린 지역이다). 2. 그곳에서 엄청난 힘들과 마주치지만 결정적인 승리를 거둔다(마법은 풀린다). 3. 영웅은 이 신비의 모험으로부터 동포에게 혜택을 줄 수 있는 힘을 얻어 돌아온다.[29] 볼프람의 『파르치팔』에서 그 혜택은 인간 정신의 새시대의 개막이다. 즉 어떤 인격적 신 또는 비인격적인 영원의 의지나 길을 나타내는 일반적 법칙과 관련하여 행동하는 것이 아니라, 자기 스스로 가치를 실현하면서 행동하고 스스로 책임지는 개인들이 지탱하는 **세속적 영성**의 새시대이다. 이런 관념은 독특하게―그리고 유일하게―유럽적이다. 이것은 쇼펜하우어의 "예지적" 성격에 나타난 관념이다.\* 옛 게르만의 비르트도 마찬가지이다.\*\* 이것은 자기 자신에게, 가치에 대한 그 나름의 최고의 경험과 기대에 책임을 지는 삶이며, 진리, 충성, 사랑의 시련을 통하여 실현되는 삶이다. 나아가 모범에 의해서 다른 사람들의 영감에 영향을 미쳐 비슷한 일을 성취하도록 이끄는 삶이다.

인류의 신화들에 대한 긴 조사 과정에서 우리는 이런 것은 만난 적이 없다. 스바-다르마(sva-dharma), "각자 나름의 의무"라는 인도의 관념이 비교의 대상이 될 수도 있다. "불완전하게 수행된 자신의 다르마가 완전하게 수행된 타인의 다르마보다 낫다." 『바가바드 기타(Bhagavad Gītā)』

---

\* 47쪽 참조.
\*\* 149-150쪽과 169-170쪽 참조.

에 나오는 말이다.[30] 그러나 여기에서 말하는 의무라는 관념은 시간을 초월한(시간을 초월하였다고 여겨진다) 인도 사회 질서에 의해서 규정된, 자신의 카스트의 의무이다. 반면 그런 글을 읽는 서양인은 스스로 부과한, 스스로 발견한, 스스로 떠맡은 의무를 생각할지도 모른다. 즉 스스로 선정하고 실현하는 소명을 생각할지도 모른다. 그러나 그것은 동양의 관념이 아니다. 또한 동양의 "사람"은 서양의 사람과 같지 않다. "사람이 낡은 옷을 벗어버리고 새 옷을 입듯이, 안에 사는 존재도 낡은 몸을 던지고 새로운 몸으로 들어간다."[31] "안에 사는 존재"는 환생하는 단자(單子)이다. 잘 사는 인생의 목적은 그 일시적으로 체현된 유일한 가능성을 실현하는 것이 아니라, 반대로 이 몸에 대하여, 그리고 그 몸의 한계, 잠재력, 변화에 대하여 무관심을 얻음으로써 "'나'와 '나의 것'에 대한 감각에서 완전히 벗어나 평화를 얻는 것"[32]이다. 사람은 이 몸의 운명과 미혹을 일으키는 이 세계에 대한 집착으로부터 "해탈"을 얻는 것이다. 그러면 라마크리슈나가 말하듯이, 그 환생하는 단자는 "바다로 들어간 소금 인형처럼" 해체되어버린다.[33] 이 바다는 '우주적 자아(brahmātman)'의 바다로, 무(無)인 동시에 전체이다. 마찬가지로 불교에서도──심지어 일본의 대승불교에서도──유럽적 의미의 **비르트**와 같은 것을 찾는 일은 오랜 시간을 투여하더라도 소득을 얻을 가능성이 거의 없다. 카를 융은 동양 사상에서 이해하는 "자아"와 자신의 개체화 과학에서 말하는 "자아"를 구별하면서 그 점을 지적하였다. "동양의 텍스트에서 '자아'는 순수하게 영적인 관념을 나타내지만, 서양 심리학에서 '자아'는 본능, 생리적이고 반(半)생리적인 현상을 포함하는 전체성을 나타낸다."[34] 말을 바꾸면, 동양에서는 자아가 "환생하는 단자"가 입고 버리는 "옷"이라는 것이다. 쇼펜하우어의 "예지적 성격"이 이 "몸 안에 사는 존재"와 비슷하다고 볼 수도 있는데, 사실 쇼펜하우어 역시 삶의 궁극적 목적을 의지의 부정에서 찾았기 때문에, 그의 철학에는 힌두-불교 사상과 비교해볼 수 있는 점이 많다. 그러나 여러 곳에서 "모든 인간은 전적으로 유일한 플라톤적 이데아의 표현"이라고 쓸 때 보면 그는 영락없는 서양인이다.

따라서 인간성의 관념의 재현에 헌신하는 예술은 "인간"이라는 종의 하나의 특질로서의 아름다움의 표현만이 아니라, 개인의 성격, 우리가 적절하게 성격이라고 부를 수 있는 것의 표현도 관심사로 삼게 된다. 나아가서 이것은 개인의 유일성에 전적으로 특수한 것, 단지 우연적인 것으로서가 아니라, 인간성이라는 관념에서 특별히 강조되는 측면으로서 표현되어야 한다. 그 측면은 이 개인에게만 나타나며, 따라서 그의 초상은 그것을 드러내는 것을 목표로 삼는다.…… 개인의 성격 때문에 종의 성격을 무시하면 희화가 나오고, 종의 성격 때문에 개인의 성격을 무시하면 하찮은 것이 나온다.[35]

렘브란트, 티치아노를 비롯한 서양의 초상화 미술에서 표현되어온 것처럼, 하나의 가치로서 개인의 형이상학적 영역의 이런 경험은 세계 미술사에서 유례를 찾아볼 수 없는 방식으로 나타난다. 단테의 작품에서도 지옥, 연옥, 낙원에 배치된 영혼들은 지상에서 보여준 그들의 개체성을 계속 유지한다. 여기서 개체성은 (동양에서와는 달리) 분석해서 떨어져 나가고 마침내 해체되어버릴 단순히 환상의 허구가 아니라, 실현되고 개화하는 것이며, 그 자체로 내용을 가진 실체이다. 그렇게 해석된 각각의 모험은 법으로 여겨지는 세상의 "이미 이루어진 것과 고정된 것"(괴테의 표현)*으로부터 물러나라는 부름을 받아 "되어감"으로, 연옥으로 나아가는 것이다. 즉 그 나름의 적절한 목적, **비르트**, 또는 단테의 표현을 빌자면 천국의 황금 장미의 꽃잎들 가운데 자신에게 어울리는 자리를 향하여 움직여 가는 개인적 삶이 된다.

따라서 볼프람의 『파르치팔』에서 개인적인 삶으로 나아가는 유일한 길, 즉 완전을 향한 고독한 여행에서, 그 외롭고 위험한 탐험에서는 권위를 부여받으며, 사회적으로 질서가 잡힌 그의 시대의 일반적인 삶의 방식들이 장애가 된다. 토마스 만(Thomas Mann)의 『마의 산(*The Magic Mountain*)』에서도 모험으로 부르는 소리는 가웨인의 경우처럼 "평지"(만의 표현대로)——주인공이 고향 도시에 있는 사업의 땅, 신문과 장부의 땅——의 모든 법과 가치 관념으로부터 절대적으로 분리된 땅, 돌아올

---

\* 454쪽 참조.

수 없는 땅으로부터 나온다.

『율리시즈』의 제1장에서 최초의 "모험에의 부름"을 전하는 것은 아침식사 때 책의 세 젊은 주인공──벅 멀리건, 스티븐 디덜러스, 그리고 그들의 영국인 동료인 헤인즈──에게 우유를 가져오는 작고 늙은 아일랜드 여인이다. 세 주인공은 더블린 만 해변의 상징적인(그리고 지금은 세계적으로 유명해진) 마텔로 타워에서 식탁에 앉아 있다. 그녀는 자신의 상징적인 역할을 알지 못한 채, 어둑어둑한 원형(圓形)의 방으로 들어온다.

——얼마나 드릴까요, 선생님? 하고 노파가 물었다.
——1쿼트, 하고 스티븐이 말하였다.
그는 노파가 자신의 젖가슴에서 나온 것이 아닌, 짙고 하얀 우유를 됫박에다 그리고 그 다음에는 조끼 속에다 따르는 것을 자세히 바라보았다. 늙고 주름진 젖꼭지. 그녀는 다시 됫박 가득히 따르고 덤으로 얼마간 더 따랐다. 늙고 신비스런 모습을 하고 그녀는 아침의 세계로 들어왔던 것이다, 어쩌면 한 사람의 사자(使者)로서.[36]

그녀는 자신의 언어인 게일어를 못하지만, 영국인 헤인즈는 할 줄 안다. 헤인즈는 그녀에게서 땅만이 아니라 말도 빼앗았으며, 지금은 영국에서 출판을 하기 위하여 그녀의 민담을 모으러 왔다. 그 순간, 그의 땅과 사람들의 궁핍을 지켜보던 스티븐의 느낌은 조이스의 다층적인 알레고리의 한 층에 따르면, 호메로스의 『오디세이아』에서 여신 아테네가 오디세우스의 아들 텔레마코스에게 전해준 부름에 상응한다. 아테네는 텔레마코스에게 아버지를 찾으러 나서라고, 또 그가 물려받은 곳을 찬탈하는 자들, 유쾌하게 그의 물품을 소비하고 심지어 그의 목숨까지 위협하는 구혼자들을 없애버리라고 말한다.

한편 『마의 산』에서 한스 카스토르프가 받는 모험에의 부름은 그 자신의 마음으로부터 나온다. 아니, 그의 가족 주치의의 명령이라는 형식을 거쳐, 그의 허파, 그의 약해지는 몸으로부터 나온다. 그가 "그와 같은 금발에 장밋빛 피부의 남자들보다 다소 창백한 모습으로" 툰더 운트 빌름스라는 이름의 해운 회사로부터 집으로 돌아오자, 그의 가족 주치의 하이데킨트는 높은 산에 가서 몇 주 동안 바람을 쐬고 오라고 권고한다. 그의 사촌 요아힘 침센은 이미 스위스의 다보스에 가 있다. 그럼 요아힘이나 만나러 가볼까? 그래서 한스는 그의 운명이 그를 클링소르의 어떤 소용돌이치는 산으로 불렀다는 생각은 하지도 못한 채, 발틱해에 있는 집을 떠나 잠시——그는 3주 정도로 생각한다——'돌아오지 못하는 땅'으로 간다.[37]

『파르치팔』의 서두에서 모험에의 부름은 기사들의 번쩍거리는 갑옷으로부터 나오는데, 시골뜨기 파르치팔은 순진하게도 그 기사들을 천사로 착각한다. 전통적으로 주인공들이 영적인 모험에서 만나는 전설적인 힘들은 모두 그러한 초자연적인 존재로 인격화되었다. 물론 재미삼아 하는 이야기에서는 그런 인격화를 심각하게 받아들일 필요가 없다. 마법에 걸린 왕자는 살았던 적이 없다. 그러나 세계의 여러 경전에서는 그런 환상들을 보통 "사실"로 제시한다. 예를 들어서, 모세가 신과 이야기를 하였다는 전설이나, 그리스도가 지옥을 휩쓸어버렸다는 전설이 그런 경우이다. 볼프람의 성배에서 중요한 것은 그의 이야기가 재미를 위한 것이고 그 인물이나 에피소드들은 솔직하게 환상적이지만, 그럼에도 그것들이 시간을 초월한, 역사를 넘어선 영역에서는 진리로서 이해된다는 것이다. 신비주의 제의에서와 마찬가지로 신화적인 형식들은 저급한 의미에서의 초자연적인 "사실들"로서 제시되는 것이 아니라, 통찰을 계시하는 기호들로 제시된다. 따라서 이 작품에서는 한때 켈트 신들의 모험이었던 것이 깊은 영역에서의 세속적인 인간 경험의 패러다임으로서 제시된다. 그러나 이 모험들은 입문에 대한 이전의 신비주의적이고 의식화된 접근과는 대조적으로 사람들의 정상적인 일상 생활의 에피소드들에 내재한 것으로 표현되며, 일상의 시각으로 볼 수 있는 눈을 가진 사람들을 위하여 제시된다. 그노시스파의 『도마의 복음서』에서는 이렇게 말한다. "아버지의 나라가 세상에 펼쳐져 있으나, 사람들이 그것을 보지 못한다."[38] 그러나 시인들은 본다. 그것이 시인들의 기능이다. 또한 위대한 전기 작가와 소설가들은 늘 성장하는 사람들의 삶에서 입문이 심리의 준비 정도에 따라

우연한 계시들을 통하여 시작된다는 사실을 인식해왔다. 이 세상의 우연적이고 표면적인 결과들 밑에는——옛날과 마찬가지로——신들이 앉아 있다. 그들의 신화의 원형들의 영원한 질서, "인간의 고난 속의 엄숙하고 항상적인 것들"은 어느 시대에나 판별해낼 수 있다. 따라서 한 생애의 흐름 전체가 하나의 입문 의식이며 또 그렇게 경험할 수 있다. 크레티앵 드 트루아와 볼프람만이 아니라 조이스와 만의 작업에서도 신화와 일대기의 이런 내재적인 관련성은 바로 그런 식의 환상과 사실 병치를 통하여 나타난다. 젊은 파르치팔이 빛나는 기사들을 보았을 때 천사들을 생각한 것, 스티븐이 우유를 든 작은 노파를 보면서 어머니 아일랜드를 생각한 것, 만이 카스토르프의 산악 여행을 '죽음의 왕'의 세계에 비유한 것 등이 그런 예이다.

파르치팔의 전설에서 소년은 천사들의 메시지를 듣고 상상력을 자극받게 되자 어머니와 놀이 등 어린 시절의 모든 것을 버려두고 떠나, 꿈 같은 모험들의 주기——그 가운데 가장 중요한 것은 콘드비라무르스와 결혼을 한 것과, 자기도 모르는 사이에 처음으로 '성배의 성'을 찾아가게 된 것이다——를 통하여 점차 젊은 남자로 성장해가면서 당대에 가장 탁월한 기사가 되고, 세계에서 가장 고귀하고 고결한 기사 가웨인을 통하여 그의 세속적인 목표인 아서왕의 무리 및 궁정과 연결된다. 그러나 그 목표에 이르자마자 즉시 두번째, 좀더 신비한 모험이 제시된다. 융이 인생 후반의 과제라고 부르는 것이다.[39] 전반기의 목표는 당연히 사회라는 맥락에서 책임을 수행하는 성인으로 성숙해가는 것이다. 파르치팔의 경우에는 아서의 궁정이 사회를 나타낸다. 그러나 그곳에서 완성을 이루는 순간, 조이스가 자신의 종족의 "창조되지 않은 양심"이라고 부른 것[40]에 대한 요구를 듣게 된다. 자신의 시대의 눈에 보이는 질서 속에서는 실현할 수 없었던 내적인 잠재력의 세계를 알게 되는 것이다. 따라서 사자(使者), 즉 이 좀더 내적인 모험으로 소환하는 자는 첫번째 과제의 천사들과는 달리 빛의 세계의 정상적인 인물이 아니다. 파르치팔의 경우에는 빛나는 기사가 아니라, 돼지 주둥이를 가진 불가사의한 존재였다. 이 돼지는 아도니스의 상처를 입은 돼지이며, 요정 이야기에서 오이신(Oisin)*

으로 나타나는 '젊음의 나라' 왕의 돼지 얼굴을 가진 딸이다. 모험 자체도 그것을 제시한 인물에 상응하여, 알려진 경계, 시간, 공간, 인과성이라는 형식들을 넘어 비전의 영토, 시간과 영원이 하나인 곳으로 가는 것이다. 그것이 파르치팔의 경우에는 '성배의 성'이었고, 가웨인의 경우──똑같이 괴이한 시간에 똑같이 괴이한 밤의 자매가 제시한다──에는 메르베일 성이었다.

『율리시즈』의 매음굴 장면에서 이 작품의 두 주인공 가운데 연장자인 블룸은(그는 38살이고, 스티븐은 22살이다)[41] 자신의 상상 속에서 육중한 포주 벨라 코언에 의해서 돼지로 변한다.

(그녀는 눈에 짙은 숯검정 칠을 하고 있다. 코밑수염이 돋아나 있다. 그녀의 올리브색 얼굴이 나른한 듯, 약간 땀에 젖어 있고 오렌지빛을 띤 콧구멍을 한 코가 우뚝 솟아 있다. 그녀는 커다란 녹주석 귀걸이를 하고 있다.…… 그녀는 두리번거리며 쌍쌍의 남녀를 흘끗 쳐다본다. 그런 다음 시선이 블룸 쪽으로 가서 끈기 있게 머문다. 커다란 부채가 그녀의 열이 오른 얼굴, 목, 그리고 살찐 육체를 향해서 바람을 보낸다. 그녀의 매같은 눈이 번쩍인다.)

부채
(빨리 그리고 천천히 움직이며) 보아 하니, 결혼하신 분이로군요.

블룸
물론…… 어느 정도는, 하지만 난 실제로 잘못……

부채
(반쯤 펼쳐지다가 다시 접히며) 당신 그런데 마님이 주인 구실을 하시는군요. 치마폭 정치 말씀이야.

블룸
(수줍어하듯 한번 싱긋 웃으며 아래를 내려다본다) 그건 그래.

부채
(접히며, 그녀의 왼쪽 귀걸이에 가 멈춘다) 당신 저를 잊으셨나요?

블룸
아뇨. 그니.(그래와 아니를 섞어서 한 말로 원문은 'Nes. Yo'이다/역주)

---

\* 앞의 156쪽과 『신의 가면 : 원시 신화』 제10장 3절 참조.

### 부채

　(접히며 그녀의 허리에다 팔꿈치를 편 채) 그전에 당신이 꿈에 보셨던 그 여자가 저 아니에요? 그러면 그녀는 그를 당신이나 우리 둘을 알게 된 이후였죠? 만일 그렇다면 저는 모든 여인이며 지금도 똑같은 제가 아니겠어요?

　(벨라가 부채를 조용히 탁탁 두들기며 다가온다.)

　곧 그의 앞에서 그녀의 모습이 변하면서 남자가 된다. 블룸은 여자가 된 듯한 느낌이 든다. 둘은 성이 바뀐다. 벨라는 벨로가 되고, 블룸은 이제 "그녀"라고 일컬어진다.

### 벨로

　앉아! (그는 부채로 블룸의 어깨를 탁탁 친다.) 발을 양쪽으로 기울이란 말이야! 왼발을 한 걸음 뒤로 물러서요! 넘어져. 넘어지고 있군 그래. 양손을 짚으란 말이야!

### 블룸

　(감탄의 표시로 그녀의 눈을 위쪽으로 향한 채, 감으면서, 재잘거린다) 송로 버섯!

　(날카롭고 발작적인 외마디 소리를 지르며 그녀는 손발 네 개를 모두 짚고 꿀꿀거리며, 흥흥거리며, 발 아래 흙을 주둥이로 뒤진다. 그런 다음 눈을 꼭 감고, 죽은 체하며, 눈시울을 부들부들 떨며, 가장 탁월한 달인의 태도로 땅위에 고개를 숙이고, 자리에 드러눕는다.…… 블룸이 소파 밑을 기어가 가두리 술장식 사이로 얼른 밖을 내다본다.)[42]

　이 모든 불쾌한 밤의 모험은 블룸의 아침식사 시간에 예언되었다. 그 시간은 바로 젊은 주인공 스티븐에게 우유를 든 작은 노파가 찾아온 시간이기도 하다. 블룸은 그날 아침 식사로 돼지 콩팥을 먹기로 하고──그는 유대인인데!──그것을 사러 유대인 정육점 주인의 가게로 간다. 그는 가게 카운터에서 잘라 놓은 신문지 무더기를 보는데, 그 신문지에는 예루살렘의 시온주의자 센터 프로젝트에 대하여 나와 있다. 블룸은 광고를 읽으며 생각한다. "불모의 땅, 벌거벗은 황무지. 화산 호수, 죽은 바다. 물고기도 없고, 잡초도 없고, 땅속 깊이 가라앉은 곳…… 오래된 회색의 죽은 땅속의 죽은 바다……."⁴³⁾ 같은 시간 스티븐의 마음 역시 깨어나면서 황무지가 되어버린 땅에 대하여 느낀다. 레오폴드의 마음 역시 마찬가지다. 그날 두 사람은 마치 파르치팔과 가웨인처럼 따로, 별도의 정해지지 않은 탐색에 나서서 방황하다가, 마침내 매음굴에서 만나게 된다. 블룸은 그 종이를 접어 호주머니에 넣으면서, 자신이 늙었다고 느낀다. 차가운 기름들이 그의 핏줄을 따라 미끄러져 가자, 피가 얼어붙는 것 같다. 블룸은 생각한다. "그래, 이제 난 여기까지 왔어. 아침에 일어나면 입안이 껄껄하지. 잠을 잘못 잤나 보군. 다시 그 샌도우의 운동을 시작해야겠군. 손을 마루에 짚고."⁴⁴⁾

블룸과 마찬가지로 고귀한 여인들의 기사 가웨인은 파르치팔보다 약 16살이 많으며,* 여자들에 대해서는 절대적으로 무방비 상태이다. 우리는 그가 오빌로트의 순진함과 베르굴라트 왕의 누이의 유혹적인 태도에 의하여 블룸과 마찬가지로 쉽게 덫에 걸리는 것을 보았다. 그 두 모험은 모두 정상적인 낮의 세계에서 이루어진 것이다. 그러나 가웨인이 부상당한 기사 우리안스가 나무에서 피에타를 흉내낸 듯한 모습을 지나면서, 그는 더 강하고, 지금까지와는 매우 다른 영적인 힘의 장으로 들어가게 된다. 우리안스는 그에게 가지 말라고 한다. 『마의 산』에서 세템브리니가 한스 카스토르프(블룸만이 아니라 가웨인과도 완전히 다른 유형이지만, 그 나름의 냉정한 방식으로 똑같은 모험의 길을 떠난다)에게 경고하였던 것과 마찬가지다. '마의 산'의 카스토르프나 '밤의 도시'의 레오폴드 블룸과 마찬가지로, 가웨인 경은 앞으로 밀고 나간다. 그가 레그로이스의 마의 산을 얼마 오르지 않았을 때, 그곳의 샘 옆에는 의문의 여지가 없는 절대적인 여인, 그의 삶의 여인이 앉아 있다.

한스 카스토르프의 산 모험에서도 마찬가지이다.

젊은 해양 엔지니어는 커다란 협회 식당의 식탁에 앉아 있는데, 아주 짜증스러운 일이 일어난다. 전에도 일어났던 일이며, 식사 때마다 늘 일

---

* 546쪽 참조.

어나는 일이다. 그것은 누가 유리문을 쾅 닫는 것이다. 그 일은 이번에는
생선을 먹는 도중에 일어났다(그런데 물고기는 베누스의 동물이며 성금
요일의 동물이기도 하다. 이런 우연의 일치는 이 책의 다른 많은 일들처
럼 우연적인 힘 이상의 힘을 발휘한다).

    〔본문에서는 계속해서 이렇게 나온다.〕 한스 카스토르프는 짜증이 나서
어깨를 으쓱했다가, 화가 풀리지 않아 이번에는 누가 그 짓을 했는지 정말
알아내겠다고 결심하였다.…… 그는 상체 전체를 왼쪽〔심장이 있는 쪽이며,
여성이며, 위험한 "왼손의 길"이다〕으로 돌리고, 충혈된 눈을 번쩍 떴다.
  한 여인이 방을 통과하고 있었다. 한 여자, 아니, 중키의 젊은 여자였다.
하얀 스웨터에 색깔이 화려한 치마 차림이었으며, 붉은 빛이 감도는 금발은
땋아서 그냥 머리 주위에 감고 있었다. 한스 카스토르프는 그녀의 스쳐가는
옆모습만 잠깐 보았을 뿐이다. 거의 아무것도 보지 못했다고도 할 수 있다.
그녀는 소리 없이 움직였는데, 그것은 그녀가 들어올 때 냈던 시끄러운 소
리와 놀라운 대조를 이루었다. 미끄러지는 듯한 독특한 걸음걸이였으며, 머
리는 약간 앞으로 내밀고 있었다. 그녀는 베란다 문과 직각을 이루고 있는,
왼쪽의 마지막 탁자로 갔다. "좋은" 러시아 탁자였다. 그녀는 몸에 꼭 맞는
모직 스웨터의 호주머니에 한 손을 넣고 걸었다. 또 한 손은 머리 뒤에 갖
다대 머리를 받치고 머리카락을 매만지고 있었다…….[45]

    더 이상 이야기할 필요는 없다. 이 소설은 금세기의 가장 위대한 대여
섯 편의 소설 가운데 하나로, 얼마든지 쉽게 구해서 읽을 수 있으니 말
이다. 여기서 내가 해둘 말은 『오디세이아』에서도 키르케와 칼립소가 머
리를 땋고 있는 모습으로 묘사되며,[46] 엔지니어인 한스 카스토르프가 키
르기츠의 눈을 가진 유라시아의 요정 마담 클라브디아 쇼샤에게 사랑을
고백하는 장면은 "발푸르기스나흐트"라는 제목의 장에서 찾아볼 수 있는
데, 여기에서는 누가 눈을 가린 채 돼지의 윤곽을 가장 잘 그릴 수 있느
냐를 놓고 활발한 게임이 벌어진다. 머리를 땋은 마담 쇼샤는 카스토르
프의 "운명의 여인"으로 오르겔루제가 가웨인의 운명의 여인인 것과 마
찬가지이다. 각각은 문자 그대로 죽음으로의 초대이며, 〈그림 3〉의 성례

의 그릇의 원에 나오는, 길을 인도하는 빛나는 요정들과 정확히 일치한다. 자격을 갖춘 초심자들은 이 요정들을 통하여 두려움 없이 죽음을 넘어선 지식(그노시스, 보디)으로 입문할 수 있다.

카를 융의 표현을 빌리자면 태양의 빛으로 빛나는 그러한 여자들은 아니마(*anima*) 인물들인데, 아니마는 남성에게 생명 자체의 원형으로,[47] 생명의 약속이자 유혹이다. 그 말은 산스크리트로는 샥티(śakti, "힘")이다. 부인은 남편의 샥티이다. 애인은 연인의 샥티이다. 여신은 남신의 샥티이다.[48] 융은 이렇게 말한다. "아니마는 모든 범주를 초월하여 살고 있으며, 따라서 찬양만이 아니라 비난도 벗어나 있다."[49] 그는 또 이렇게도 말한다. "이 이미지는 '나의 여인의 영혼'이다."[50] 신화의 위대한 원형들이 서로 다른 지역 전승에서 다양하게 인격화되듯이(부활한 신이 두무지, 오시리스, 그리스도, 아즈텍의 케트잘코아틀 등으로 나타나듯이), 개인 심리라는 지역에서 A 씨의 아니마 구현체는 B 씨의 구현체와 같을 수가 없다. 융은 말한다. "모든 어머니와 모든 연인은 이 시대를 초월하여 어디에나 존재하는 이미지의 전달자이자 구현체가 될 수밖에 없는데, 이 이미지는 남자의 가장 깊은 곳에 있는 현실에 상응한다."[51]

단테가 베아트리체를 처음 보았을 때 "미학적 정지"의 순간을 맞이하였듯이,* 가웨인도 마찬가지였다. 자신의 삶의 움직이는 원리가 마치 마법에 의한 것처럼 여자——아무 여자나 되는 것이 아니라, 바로 이 여자여야 하였고 또 이 한 여자에게서 온전하게 찾아볼 수 있었다——의 형태로 샘 옆에 앉아 있는 모습을 보고 충격을 받았을 때, 평생 사랑에 바친 그의 봉사의 질서와 감각이 돌이킬 수 없이 변해버렸다. 이것은 가웨인이 심리적인 준비의 순간에 이른 것으로 보아야 한다. 그 중요한 순간에, 보라! 지울 수 없는 인상이 새겨져, 가웨인은 그 이후의 삶을 그녀에게 바치게 된 것이다.[52] 이제 탐색은 없다. 그가 찾던 목표를 발견하였기 때문이다. 가웨인은 갑자기 "저기", 공간과 시간의 영역에 있는 여성의 형태들의 영역으로부터 "영원히" 존재하는 이 유일한 여자라는 깊은 경

---

* 86쪽 참조.

험으로 이동하게 되었다. 그 이후로 가웨인의 영적인 노력은 자신의 전체적 의미가 실린 그 경험을 "저기 바깥에" 있는 것으로 지탱하는 것이었으며, 두려움과 딴데로 빠져들고 싶은 모든 욕망을 넘어서 충성심과 사랑으로 그 경험을 고수하는 것이었다. 부처가 보리수 아래서 두려움과 욕망을 넘어 내적인 을 확인한 것과 마찬가지로, 그의 존재의 외적인 "부동의 지점"을 강력하게 확인하는 것이었다. 신화적으로만이 아니라 심리적으로도, 샘 옆에 있는 그런 여인에 대한 느낌은 심연의 유령에 대한 느낌과 같기 때문이다. 그녀는 심리적으로는 무의식이고, 신화적으로는, 파도 밑의 땅, 지옥, 연옥, 천국이다. 그녀는 자신의 일부이며, 자신의 운명이며, 쇼펜하우어가 '운명'에 대한 그의 명상에서 말하였듯이,* 자신에 대한 자신의 은밀한 의도이다. 야곱의 전설에 나오는 물가의 라헬이며, 젊은 모세의 전설에 나오는 우물가의 십보라의 자매들이다.[53] 스티븐 디덜러스의 세계에서는 냇물을 건너는 소녀가 그러한 역할을 하며,** 블룸의 세계에서는 그의 거대한 배우자, 모든 님프와 부인, 기억과 전망, 그의 삶의 총합인 몰리가 그러한 역할을 한다.

    융은 이 위험한 여인상인 아니마에 대하여 논의하면서 이렇게 말한다. "아무리 삶이 고달프다고 하더라도, 그녀는 남자의 위로가 된다. 동시에 그녀는 위대한 요술쟁이이며 유혹자로서, 남자를 그녀의 '마야'로 끌고 들어간다. 단지 합리적이고 유용한 측면들만이 아니라, 선과 악, 성공과 패망, 희망과 절망이 서로 균형을 맞추고 있는 무시무시한 역설과 모호성으로 끌고 들어간다. 그녀는 그의 가장 큰 위험이기 때문에 그녀는 남자로부터 그의 가장 큰 것을 요구하며, 남자에게 그것이 있을 경우 그것을 받아들인다."[54]

    1936년 5월 6일, 토마스 만은 프로이트의 탄생 80주년 기념식에서 약간 놀라운 연설을 통하여 운명의 인격화의 심리와 신비에 대해서 이야기하였다. 당시 만은 『요셉과 그의 형제들(Joseph and His Brothers)』을 쓰고 있었는데, 그 무렵 제3권인 『이집트의 요셉(Joseph in Egypt)』을 막

---

\* 405-407쪽 참조.
\*\* 87-88쪽 참조.

끝낸 상태였다. 만은 제1권인 『야곱 이야기(*Tales of Jacob*)』에서 사막의 우물 옆에 서 있는 여주인공 라헬을 등장시켰는데, 그녀를 결혼 전이나 후에나 남편의 샥티-아니마로 묘사하였다. 제2권인 『젊은 요셉(*Young Joseph*)』에서 라헬의 아주 잘 생긴 아들이 사춘기에 접어들면서 아니마로서 집착하는 대상은 그 자신의 몸의 아름다움으로, 그 몸은 세상을 떠난 그의 어머니를 기억나게 한다. 아버지가 그에게 준 특별한 선물, 즉 그의 어머니의 결혼 베일(그의 "여러가지 색깔의 저고리")을 자랑하던 운명의 날, 그의 분개한 형제들은 그를 두번째 우물에 던진다. 요셉은 그 우물을 통과하여 제3권에서 이집트로 들어가며, 그곳에서 보디바르의 부인을 만난다. 이 아니마 인물은 그가 그 도전에 응할 수 없을 만큼 영역이 컸는데, 그 때문에 결국 파라오의 감옥에 들어가고 만다. 다시 한번 자신의(그리고 만이 해주는 이야기에 따르면, 이스라엘의) 무의식의 구덩이에 빠지는 것이다.

 물론 이 위대한 소설가가 당대에 가장 영향력 있는 심리학자의 80회 생일을 맞이하여 그 기회를 이용해서——그 노인을 앞에 앉혀놓고——프로이트가 자신의 창조적 삶에 준 영향을 인정하였다고 생각할지도 모르겠다. 그러나 그렇지 않다! 그의 연설의 주된 주제를 보면, 그가 자신의 사상과 그 위대한 심리학자의 사상 사이의 유사점들을 인정하기는 하였지만——만은 그것이 그들 둘 다 독일 낭만주의의 거장들(괴테, 노발리스, 쇼펜하우어, 니체 등)의 영적 후계자이기 때문에 생긴 일이라고 생각하였다——그는 초기의 소설과 단편들인 『부덴브로크가』, 『트리스탄』, 『토니오 크뢰거』 등을 통해서 자신의 사상을 세상에 내놓은 뒤에 프로이트의 작업을 발견하였다. 또 요셉 소설을 쓸 때 그에게 가장 보람찬 영감을 준 것은 카를 융의 사상(만은 융을 "프로이트 학파의 유능하지만 약간 배은망덕한 후손"이라고 불렀다)이었다. 그 가운데도 융이 분석적인 승거를 이용하여 (만의 표현을 빌면) "서양 사상과 동양의 신비주의 사이의 다리를 구축하는 일"을 한 부분이었다. 융은 그렇게 함으로써 프로이트의 임상적 심리학을 쇼펜하우어와 니체만이 아니라 동양의 지혜와 필로소피아 페렌니스(philosophia perennis, 영원한 철학)——수천 년 동안 신화의 보편적인 그림 경전 속에 감추어진 동시에 명백히 드러나고 있었다——속에 나타났던 선례들과 재결합하려고 하였다. 이 대가는 이 점에 대한 증거로서 쇼펜하우어가 그의 논문 「개인의 운명에서 겉으로 드러난 의도에 대하여」에서 개진된 "풍부하고 신비한 사상"(만의 표현이다)을 제시하였다. 만은 이것이 (다시 만의 표현을 빌면) "프로이트의 자연과학적 세계와 쇼펜하우어의 철학적 세계 사이의 가장 심오하고 신비로운 대조점"을 보여준다고 말하였다.

만은 이 주제에 대하여 말을 맺으면서 이렇게 요약하였다. "꿈에서와 마찬가지로, 냉혹하고 객관적인 운명으로서 무의식적으로 나타나는 것은 바로 우리 자신의 의지이다. 꿈 안에서는 모든 것이 우리 자신으로부터 나오며, 우리 각자는 우리 자신의 꿈의 비밀의 극장 운영자이다. 마찬가지로 현실——단일한 본질, 의지 자체가 우리 모두와 함께 꾸는 위대한 꿈——에서도, 우리의 운명이 우리의 가장 깊은 곳에 있는 자아들의 산물, 우리 의지들의 산물일 수 있으며, 우리에게 일어나는 것처럼 보이는 일들은 사실 우리 스스로 자초하는 것이다."[55]

이어 만은 『티베트 사자의 서(The Tibetan Book of the Dead)』(융 자신도 이 놀라운 책에서 "자극적인 발상과 발견들만이 아니라, 많은 근본적인 통찰을 얻었다"[56]고 고백하였다)에 붙인 융의 "중요한 머리말"에서 몇 마디를 인용한다. "내가 어떤 식으로 일들을 일어나게 하였는지보다는 일들이 어떻게 나에게 일어났는지를 보는 것이 훨씬 더 직접적이고 극적이고 인상적이며, 따라서 더 설득력이 있다."[57]

"모든 주어진 조건을 부여한 존재는 우리 내부에 살고 있다." 만은 다시 융을 인용하여 그렇게 말한다.[58] "모든 현상은 단지 마음의 그릇된 생각들로부터 생겨하는 것이다." 불교의 현자 아시바고샤는 2,000년 전에 이미 그렇게 말하였다.[59] 이번에는 쇼펜하우어의 말이다. "그림자가 몸을 따르듯 의지는 삶을 따라다닌다. 의지가 존재한다면, 삶이 존재하고 세계가 존재한다."[60]

시인 볼프람 폰 에셴바흐 역시 그런 생각을 하고 있었을 가능성이 있다. 아니, 가능성이 높다——사실 분명하다고 말하더라도 상관없다. 적어도 파르치팔이 가는 길에 '성배의 성'이 나타난 것이나, 가웨인이 가는 길에 오르겔루제가 나타난 것에서는 그렇게 생각하지 않을 수가 없다. 이런 사건들은 두 기사의 준비 상태에 따라 생겨난 것이 분명하다. 사실, 다른 모든 에피소드들도 마찬가지다. 그리고 바로 이런 의지와 출현, 준비와 경험, 객관성과 객체——꿈에서처럼——사이의 상관 관계 때문에 신화의 이야기들이 계시로서의 지위를 얻게 된다. 현대 사상에서 가장 놀라운 점 가운데 하나는 (쇼펜하우어의 말을 빌리면) "단일한 존재의 거대한 꿈"*과 같은 이 세계에서 이런저런 통로를 통하여 삶에 대한 이 신비하고 원시적인 느낌으로 돌아간다는 것이다.

그러나 꿈을 꾸는 사람 가웨인은 매혹적인 여인 오르겔루제가 그의 삶의 원리의 거울에 비친 형상으로, 그 원리가 빙글빙글 도는 산의 샘 옆에 여자의 형태로 나타나게 만든 것이 바로 그 자신이라는 점을 시인만큼 의식하고 있지는 못하였던 것 같다. 따라서 그냥 우연히 그 자리에서 그를 기다리고 있는 그녀의 모습과 마주친 것이 그 만큼 더 극적이고 감동적이었다! 어쨌든 이제 그는 그녀의 것이 되었고 그녀는 그의 것이 되었다. 물론 아직도 그가 자기 자신을 버릴 용의가 있느냐를 시험하는 시련, 점점 더 힘겨워지는 많은 시련이 남아 있기는 하지만 말이다. 그녀는 단순히 이 세상에 속한 사람들의 세계로부터 그를 끌어내 자신에 대한 사랑에 봉사하도록 하였다. 우리가 이미 보았듯이, 가웨인은 괴로운 첫 시험을 통과하고, 그의 여인이 이미 건너간 피안의 물가로 배를 타고 가 그녀의 '불가사의의 성'이 보이는 사공의 집에 이르렀는데, 그곳에서 그는 잠이 들었다.

연금술의 비유를 사용하자면, 승화되어야 할 기본적 물질이 이제 위대한 시련의 불을 기다리며 바스, 즉 레토르트에 놓여 연금술적으로 밀봉된 것이다.

---

* 409쪽 참조.

## 6. 불가사의의 성

제11권 : 위험한 침대

가웨인은 아침 첫 빛에 눈을 뜨고 그의 방에 창문이 많다는 것을 알았다. 그는 새벽의 새 소리를 들으며 일어났다가, 성의 여인들이 여전히 모두 일어나 움직이고 있는 것을 보고 놀랐다. 가웨인은 자연이나 심리에서 피로를 모르고 발휘되는 그 지칠 줄 모르는 힘들의 영역에 들어선 것이다. 괴테의 파우스트가 트로이의 헬렌의 망령을 풀어주기 위하여 손에 마법의 열쇠를 들고 내려갔던 곳과 같은 곳이다. 즉 "어머니들의 영역"이다. 그곳에서 괴테는 말한다.

> Göttinnen thronen hehr in Einsamkeit,
> Um sie kein Ort, noch weniger eine Zeit ;
> Von ihnen sprechen ist Verlegenheit.
> Die Mütter sind es!
> (공간은 물론이요, 시간도 초월한 어딘가
> 고요한 가운데 여신들이 향연을 벌이고 있다.
> 여신들에 대하여 말하는 것은 곤란한 일이다.
> 그들은 어머니들일뿐이다.)[61]

가웨인은 이곳에서 그의 어머니, 할머니, 두 누이를 찾게 되었으나, 그들은 그를 알아보지 못한다. 그들을 비롯해 주위의 모든 사람들이 마법에 걸려 있었기 때문이다. 그들은 마치 꿈속의 사람들처럼 이상하고 몽롱한 강박에 사로잡혀 있었는데, 그 힘을 부술 사람이 가웨인이었다. 앞서의 못생긴 처녀가 성배의 모험과 이것에 대해서 이미 이야기하였다. 두 마법은 상호적이었기 때문이다. 파르치팔의 임무는 성배의 왕과 그의 영역의 사람들을 해방시키는 것이었다. 반면 가웨인의 임무는 오르겔루제와 그녀의 '불가사의의 성'의 묶인 사람들을 해방시키는 것이었다. 따라서 가웨인과 파르치팔은 죽음 속의 삶이라는 똑같은 '황무지'의 마법에서 각각 여성 쪽과 남성 쪽을 맡은 셈이다. 그리스도가 십자가에 못박힌 뒤 지옥으로 내려가 지옥의 법을 깨고 영원한 죽음——단테가 1,300년 뒤에 파올로와 프란체스카, 트리스탄과 이졸트, 랜슬럿과 귀네비어에게 선고하였던 그 죽음——으로부터 의로운 자들의 영혼을 해방시킨 것처럼, 사랑에 대한 충성의 복음을 따르는 이 두 뛰어난 기사들은 「로마서」 11장 32절 바울의 메시지에 나오는 삶을 해방시키는 구속의 교훈—— 오 펠릭스 쿨파!(O felix culpa!, 행복한 죄)——을 그들의 시대에 맞게 새롭게 하였다(적어도 볼프람의 관점에서는).*

"오 크레테 네세사리움 아다에 페카툼(O certe necessarium Adae peccatum)." 성 토요일(부활절 전 주의 토요일/역주)에 유월절의 촛불을 축복할 때 읽는 기도문에서 들려오는 말이다. "오, 진정으로 필요하였던 아담의 죄여, 그 죄는 그리스도의 죽음으로 지워졌도다! 오, 행복한 죄여, 그 죄는 그렇게 위대한 구속자를 소유할 자격이 있었도다! 지금은 그것이 쓰여지는 밤이로다. 이 밤은 낮처럼 밝을 것이다. 이 밤은 나의 즐거움 속의 빛이로다."[62]

창문으로부터——말하자면 밤과 낮 사이에서——햄릿의 "어떤 여행자도 돌아온 적이 없는 미발견의 나라"[63]를 내다보던 가웨인은 바로 그 순간 죽음과 변용의 원형적 시련의 순간에 놓여 있었다. 그 순간은 그리스도가 겟세마네에서 앞에 놓인 시련을 피하게 해달라고 기도하던 순간이기도 하다. 그때 그의 제자들은 자고 있었다. 그들은 "마음은 원이로되, 육신이 약하였기"[64] 때문이다. 그러나 가웨인의 경우에는 육신도 원해야만 하였다. 그 시련을 견디어야 할 사람은 그 자신뿐이었기 때문이다. 가웨인은 그 여인들을 오랫동안 바라보며 궁금해 하다가 생각하였다. "다시 잠드는 것이 저들을 존중하는 길이겠다." 그리고나서 가웨인이 다시 잠을 깼을 때, 그는 사공의 딸이 침대 옆의 양탄자에 앉아 있는 것을 보았다.

---

* 310쪽 참조.

"신께서 그대를 지켜주시기를." 가웨인이 말하였다. 그녀는 자신과 자신의 가족은 그가 성에 머물며 성주가 되어주기를 바란다고 대답하였다. 그러나 가웨인이 왜 여자들이 성안에 있느냐고 묻자, 여인은 겁에 질린 표정으로 울음을 터뜨렸다. "아, 그것은 묻지 말아주세요!" 그녀는 소리를 질렀다. "다른 것은 무엇이든지 물어보셔도 돼요!" 그 순간 그녀의 아버지가 방안으로 들어왔다. 아버지는 딸이 겁에 질려 있고 밤에 맞이한 손님이 여전히 침대에 있는 것을 보고, 다른 일이 벌어졌다고 생각하고 딸을 안심시켰다. "베네, 울지 말거라. 연극에서 이런 일이 일어나면, 처음에는 그것을 보고 화가 나지만, 곧 괜찮아진단다."

가웨인은 아무 일도 없었다고 다짐하였다(볼프람은 "설사 그런 일이 있었다고 하더라도 아버지는 화를 내지 않았겠지만"이라고 덧붙인다). 그러고나서 다시 여자들에 대하여 물었다. 그러자 아버지 역시 괴로움에 울음을 터뜨리면서, 그에게 그것만은 묻지 말라고 애원하였다. 그러나 가웨인은 계속 물어본 끝에 마침내 답을 얻었다. "그대는 '불가사의의 땅'의 '불가사의의 성'에 있으며, 곧 '불가사의의 침대'에 들어갈 것입니다. 그곳에서 그대의 마지막은 죽음이 될 것입니다."

가웨인은 기가 죽지 않고 대꾸하였다. "그렇다면 내게 조언을 해주십시오."

사공이 말하였다. "신께서 그대가 죽을 운명이 아님을 보여주신다면, 그대는 이 땅과 모든 여자의 주인이 될 것입니다. 뿐만 아니라 여기에 마법으로 묶여 있는 많은 기사도 거느리게 될 것입니다. 그러나 그대가 지금 몸을 돌려 떠나신다고 하더라도, 그대는 어떤 불명예도 겪지 않으실 겁니다. 그대는 성배를 얻으러 이곳에 온 리스초이스 그벨유스를 물리침으로써 이미 큰 명성을 얻었기 때문입니다."[65]

가웨인이 전혀 흔들리지 않자, 주인은 그에게 자신의 방패를 내주었다. "내 방패는 튼튼합니다." 이어 사공은 가웨인에게 성에 도착하면 성문에서 불가사의한 물건들을 많이 파는 상인을 보게 될 것이라고 말하였다. 가웨인은 거기에서 무언가를 사고, 그 남자에게 말을 맡겨두고, '불가사의의 침대'로 가야 하였다. "절대 이 방패나 그대의 검을 손에서 떼지 마십시오. 그대가 이제까지 많은 모험을 겪었다고 하나, 그런 모험들은 이에 비하면 아이들 장난과 같습니다. 그대가 이제야 문제가 다 풀렸다고 생각할 때, 비로소 문제가 시작될 것입니다."

용감한 기사는 말에 올라탔다. 사공의 딸은 울었다. 성문에 이르자 가웨인은 시킨 대로 하였다. 상인의 가게는 높고 널찍하였다. 바그다드의 금을 모두 가져다준다고 한들 그 물건들을 다 살 수는 없을 것 같았다. 상인은 가게 주인에게 말하였다. "그대가 죽지 않는다면, 여기 있는 모든 것, 그리고 저와 제가 가진 모든 것이 그대 것이 될 것입니다." 상인은 그링굴예테를 맡았다. 가웨인은 계속 앞으로 나아가 천장이 공작 꼬리처럼 색깔이 알록달록한 커다란 홀로 들어갔다. 홀에는 긴의자들이 여기저기 놓여 있고 의자에는 여자들이 앉아 있었는데, 가웨인이 들어가자 여자들은 모두 물러갔다. 가웨인은 앞으로 나아가다 한 방으로 들어갔는데, 그 방 한가운데서 '불가사의의 침대'를 보았다.

침대의 네 바퀴는 루비로 만들어졌고, 바닥은 벽옥, 귀감람석, 홍옥수였다. 바닥이 너무 맨질맨질하여 발을 제대로 옮기기도 힘이 들었다. 가웨인이 침대에 손을 대려고 할 때마다, 침대는 그의 손이 닿지 않는 곳으로 멀어졌다. 하인리히 침머가 익살스럽게 말하였듯이, "자신에게 강요된 포옹에 저항하여 머뭇거리는 신부 같았다."[66] 기사는 필사적인 태도로 무거운 방패를 든 채 훌쩍 뛰어 곧바로 침대 한가운데로 들어갔다. 그러자 약이 오른 가구는 이제까지 누구도 보지 못한 엄청난 속도로 움직이며 사방의 벽에 몸을 던지기 시작하였다. 성 전체가 흔들거릴 정도였다. 침대에 드러누웠음에도 거의 쉴 수가 없었다. 가웨인은 방패로 몸을 가리고 신께 자신을 맡겼다. 그러자 시끄러운 소리가 잠잠해지면서 침대가 바닥 한 가운데 가만히 멈추었다. 그러나 가웨인은 앞서 사공이 했던 경고를 잊지 않고 있었다.

갑자기 사방 500개의 투석기로부터 500개의 화살이 날아왔다. 이어 격발식 활로부터 화살이 날아와 방패를 맞추고 몸을 부르르 떨었다. 그 다음에는 겉옷, 챙 없는 모자, 홀태 바지 차림에 피부가 물고기 같은, 무시무시하고 억센 시골뜨기가 거대한 몽둥이를 들고 그에게 달려들었다. 그러나 기사가 일어나 앉자 욕을 하며 뒤로 물러났고, 대신 커다란 사자가 방안으로 뛰어들었다.* 가웨인은 방패를 들고 바닥에 내려섰다. 사자는 무시무시한 힘으로 돌격하다 방패에 발톱이 박혀 빠지지 않았다. 기사는 그 다리를 검으로 잘라버렸고, 사자는 세 다리로 바닥을 돌아다녔다. 바닥이 사자의 피로 흥건히 젖는 바람에 가웨인은 제대로 서 있기도 힘들었다. 사자는 마지막으로 있는 힘을 다해서 가웨인에게 달려들었고, 가웨인은 검으로 사자의 가슴을 찔렀다. 사자는 쓰러져 죽었으며, 전사는 사자의 공격으로 인한 부상으로 피를 흘리며 정신을 잃고 쓰러졌다.

곧 한 처녀가 조용한 방안을 살폈는데, 그녀가 외치는 소리 때문에 여자들은 기사의 상태를 알게 되었다. 그녀는 그의 짧은 겉옷에서 검은담비를 한 조각 뜯어내 그의 코에 갖다대 보았다. 담비 털이 약간 흔들렸다. 살아 있는 것이다. 여자들이 물을 날라오자 그녀는 자신의 반지를 그의 이 사이에 끼우고, 물이 들어가는 모습을 지켜보며 아주 천천히 부었다. 가웨인은 소생을 하자, 처녀에게 감사하다고 하면서 자신이 꼴사나운 모습을 보여준 데 대하여 용서를 구하였다. "아무한테도 이 이야기를 하지 않으면 고맙겠습니다."

가웨인은 50여 군데 부상을 당하였다. 그러나 성에 있던 400명의 여자가 그를 회복시켜주었는데, 그 가운데도 책임을 맡아 일을 한 사람은 그 자신의 할머니이자 아서왕의 어머니인 아나이브 여왕이었다. 그러나 그녀는 가웨인이 누구인지 모르고 있었다. 아나이브 여왕은 난로 가에 침대를 마련해주고, 여자 마법사 쿤드리가 성배의 문잘바에세로부터 가져온 약을 발라주고, 잠이 잘 오는 약초를 갖다주고, 밤이면 먹을 것을 가져다주었다. 가웨인 주위에는 늘 고귀한 여자들이 떠나지 않았다. 그는 이제까지 그런 시중을 받아본 적이 없었다. 여인들은 하나같이 어여뻤으며, 가웨인은 그들을 존경하였다. 그러나 그의 마음속에서 갈망을 품고 있는 유일한 여인은 오르겔루제뿐이었다.

---

* 물고기와 마찬가지로 사자 역시 여신의 힘의 상징이다. 예를 들어서, 『신의 가면 : 서양 신화』의 〈그림 12〉를 보라.

제12권 : 숲의 왕

1.

기사는 다음 날 큰 고통을 느끼며 잠에서 깼다. 부상 때문이 아니라 마음속의 갈망 때문이었다. 기사는 일어나서 자신을 위하여 준비된 화려한 옷을 입었다. 그는 방을 나가 커다란 홀을 가로질러, 홀 끝에 있는 나선형 계단을 올라가 지붕 위로 우뚝 솟은 원형의 탑으로 들어갔다. 탑에는 마법으로 만든 놀라운 기둥이 있었다. 마법사 클린쇼르는 이 탑 전체를 파이레피츠의 땅으로부터 가져왔다. 탑의 유리창은 여러 가지 보석으로 만들어져 있었다. 그 지붕과 기둥도 마찬가지였다. 중앙의 불가사의한 기둥으로 가자 주위의 모든 땅이 다 보이는 것 같았다. 사람들은 말을 타거나 걸었고, 달리거나 가만히 서 있었다. 가웨인은 구경을 하려고 앉았는데, 앉자마자 그의 할머니인 늙은 여왕이 그의 어머니 잔기베, 그의 두 누이 이톤예, 착한 쿤드리*와 함께 들어왔다. 그러나 그들 가운데 누구도 가웨인이 누구인지 아는 사람이 없었다.

늙은 여왕이 말하였다. "지금은 주무시고 계셔야 합니다." 그녀는 가웨인에게 청하기를 여인들에게 입을 맞추라고 하였고, 가웨인은 시키는 대로 하였다. 이윽고 가웨인은 기둥에 대해서 물었다. 늙은 여왕은 말하였다. "그 기둥은 어떤 망치로도 부술 수 없습니다. 그리고 그 빛은 사방 10킬로미터를 비춥니다. 그 기둥은 마법사 클린쇼르가 파이레피츠의 여왕 제쿤딜레로부터 훔친 것입니다."

가웨인이 지켜보는 가운데 말을 탄 두 사람이 그가 전 날 리쇼이스와 겨루었던 초원을 통해서 다가왔다. 가만히 보니 한 여인이 기사를 이끌고 오는 중이었다. 그 여인이 누구인지 깨닫는 순간, 크리스마스로즈(재채기를 일으키는 약초)의 향기가 코로 전해지듯 그녀의 이미지가 빠르고 날카롭게 눈을 통하여 마음으로 전해졌다.

늙은 여왕이 말하였다. "로그로이스의 공작 부인이로군요. 이번에는 누

---

* 문잘바에셰의 여자 마법사 쿤드리와는 다른 인물이다.

구를 함정에 빠뜨렸는지 궁금하네요! 어머나, 투르코이테 플로란트잖아! 저 사람은 용맹한 사람이에요. 그대도 지금처럼 상처가 치료되지 않은 몸으로는 대적할 수가 없죠."

가웨인은 일어나서 전투 복장을 내달라고 하여 아래로 내려갔다. 아름다운 눈에서는 눈물이 흘렀다. 가웨인은 그링굴예테에 올라탔다. 고통 때문에 방패를 붙들고 있기도 어려웠다. 가웨인은 친구의 도움으로 강을 건넜다. 그러나 투르코이테가 그를 향해서 달려오자, 가웨인의 정확하게 겨냥된 창끝이 투르코이테의 면갑을 꿰뚫었고 투르코이테는 땅에 떨어졌다. 화려한 꽃과 같은 기사는 땅의 꽃들 위에 널부러졌다. 가웨인은 안전을 보장하였으며, 사공은 그의 말을 가져갔다. 승리자는 기쁜 마음으로 여인을 향하여 다가섰다.

여인이 말하였다. "그대 방패에 달린 사자의 앞발은 정말 볼 만하군요. 방패에 뚫린 구멍들 때문에 무척 자랑스러우시겠어요. 저기 있는 여인들도 그대를 멋지게 생각할 겁니다. 자, 그들에게로 돌아가세요! 그대는 내가 지금 그대를 위하여 준비해놓은 것에 감히 맞서지 못할 거예요. 그대가 여전히 내 사랑을 얻고자 하는 마음이 있다고 하더라도 말이에요."

이것이 그녀의 마지막 시험이었다. 그 시험이 끝나면 그녀는 자신이 누구인지 밝힐 생각이었다. 현대의 독자들에게는 이것이 프레이저가 『황금가지(*The Golden Bough*)』에서 논의한 청동기 시대의 의식과 일치한다는 것이 아마 놀라운 일로 다가올 것이다. 물론 우리가 신화의 원형의 증거들을 찾아다니면서 이제까지 함께 겪은 일들 때문에, 이 발견에서 오히려 예상하였던 만족을 얻을 수도 있겠지만 말이다.

여인은 말하였다. "그대는 어떤 나무의 꽃가지를 가져와야 합니다. 그렇게 하면 나의 찬사를 얻을 것이며, 그런 다음에 나의 사랑을 청하면, 내 사랑은 그대의 것이 될 것입니다."

프레이저는 『황금가지』에서 두 가지 질문을 제기하고 해결한다. 첫번째 질문은 "왜 네미에서 다이아나의 사제, 숲의 왕은 그의 전임자를 죽여야 하였는가" 하는 것이고, 두번째 질문은 "왜 그렇게 하기 전에 어떤 나무의 가지——고대인들의 여론에 따르면 베르길리우스의 '황금가지'와 똑같은 것이었다──를 꺾어야 하였는가"[67] 하는 것이다.
 전임자를 죽여야 하였던 네미의 사제는 다이아나를 생명의 여신 어머니로 섬겼다. 그녀의 성소는 호수 근처의 작은 숲이었으며, 그곳에서 숭배하던 대상은 떡갈나무였다. 숲의 왕인 사제는 그 나무의 배우자이자 보호자였다. 그가 꺾는 나뭇가지는 겨우살이의 나뭇가지였다(프레이저의 견해에 따르면). 겨우살이는 다른 나무들의 가지 위로 높이 자라는 나무로, 드루이드 사제들은 이 나무의 가지를 꺾어 의식에 사용하였다. 이 나무는 사시사철 푸르렀으며, 가지를 꺾어 말리면 황금색으로 변하였다. 따라서 사제 자신이 체현하고 있는 늘 살아 있는 힘을 상징하였다. 이 가지를 꺾은 사람은 이 힘을 소유하게 되었으며, 그의 전임자를 죽이면 여신의 배우자가 될 자격을 얻을 수 있었다. 로그로이스의 공작 부인을 섬기는 기사가 이 모험에서 자신을 증명해야 하였다는 사실은 볼프람이 자신의 상징들을 이해하고 있다는 것을 보여준다.
 '불가사의의 성'의 여인들은 그들의 기사가 말머리를 돌려 공작 부인을 따라 숲으로 들어가는 것을 보고 눈물을 흘렸다. "슬프도다!" 늙은 여왕은 한숨을 쉬었다. "저런 상처로는 '위험한 개울'을 건너지 못할 거야." 시야에서 사라진 남녀는 넓고 곧은 길을 따라 클린쇼르의 숲이라고 알려진 아름다운 숲으로 들어갔다. 그들은 위성류(渭城柳)들이 서 있는 이 숲을 통과하여 계속해서 급한 물살이 시끄럽게 흘러가는 커다란 골짜기로 나아갔다. 그 너머에 꽃이 피어 있는 나무가 보였다.
 여인이 말하였다. "저 나무는 내게서 기쁨을 빼앗아 간 사람이 지키고 있습니다. 나에게 저 나무의 가지를 꺾어 오시면, 사랑을 섬기던 어떤 기사도 얻지 못했던 큰 보답을 받게 될 것입니다. 그러나 그대의 말이 밀리 도약할 수 있어야만 '위험한 개울'을 넘게 될 것입니다."
 가웨인은 계속 말을 달려갔다. 넓고 깊은 협곡에서 물이 포효하는 소리가 들렸다. 가웨인은 박차를 말 옆구리에 찔러 넣었다. 말은 펄쩍 뛰었으며, 성공할 것처럼 보이기도 하였다. 그러나 말의 두 앞발만 건너편 둑에 닿았다. 말과 말을 탄 사람이 쓰러지는 것을 보고 여인은 울음을 터뜨렸다. 그러나 가웨인은 갑옷 때문에 거추장스러웠음에도, 용하게 물 위로 올라갈 수 있었다. 가웨인은 둑 근처 소용돌이에 휘말려 있는 그링굴예테에게로 달려갔다. 그는 말의 고삐를 움켜쥐고 끌어냈다. 말은 몸을 흔들어 물기를 말렸다. 기사는 말에 올라 나무로 달려가 가지를 꺾었다. 가웨인이 투구에 꽃가지를 꽂았을 때, 뛰어난 기사가 무장을 하지 않고 그를 향해서 달려오는 것을 보았다. 그 기사는 공작 깃털이 달린 모자를 쓰고, 검은담비로 장식한 초록색 금란 망토를 입고 있었다. 망토는 매우 길어 양쪽이 땅에 꼬리처럼 끌렸다.

"그 꽃가지를 가져가도 좋다고 말한 적이 없는데요." 기사가 말하였다. 그는 한번에 두 명 이하의 기사와는 싸우지 않겠다고 맹세한 로셰 사빈스의 그라모피안츠 왕이었다. "그대의 방패를 보니 '불가사의의 침대'에서 살아남으셨나 보군요. 클린쇼르와 절친하지 않다면, 나도 그 침대를 견디어야 했을 것입니다. 그와 나는 오르겔루제의 적이며, 나는 그녀의 고귀한 남편인 로그로이스공 시데가스트를 죽였습니다. 나는 그녀를 포로로 잡고, 내 땅을 준 다음, 그녀를 1년 동안 붙들고 있었지요. 그러나 그녀는 내 봉사에 증오로 보답했습니다.* 내가 이렇게 말하는 것은 그녀가 그대에게 그녀의 사랑을 약속했음을 알고 있기 때문입니다. 그대는 나를 죽이러 이곳에 온 것이겠지요."

왕은 가웨인에게 가웨인 한 사람만을 상대로 싸우지는 않을 것이라고 하면서, 대신 봉사를 요청하였다. "여기에 증표인 반지가 있습니다. 나는 내 생각을 공작 부인으로부터 그대가 지금 주인으로 있는 성 안의 한 여인에게로 돌렸습니다. 그대가 이 반지를 그녀에게 가져다주었으면 좋겠습니다." 그는 가웨인의 누이인 이톤예의 이름을 말하였다. 가웨인이 약속을 하자, 기사가 말을 이었다. "세상에 내가 일대일로 싸울 사람은 하나밖에 없는데, 그 사람은 가웨인입니다. 그의 아버지가 불충하게 선친을 죽였기 때문입니다."

그 말에 반지와 꽃가지를 든 기사가 말하였다. "그대가 불충하다고 비난하는 사람을 아버지로 두고, 그대가 죽이고 싶어하는 사람을 오라비로

---

* 콘드비라무르스의 경우와 비교해보라. 앞의 521-522쪽 참조.

둔 처녀의 사랑을 얻고자 하다니 이상한 일입니다. 내 이름이 바로 가웨인입니다."

"내가 달랠 길 없는 증오심을 품었던 사람이 이렇게 고귀한 기사라니 기쁘기도 하고 슬프기도 합니다. 그러나 우리가 싸우게 되어 기쁩니다. 여인들을 초대하면 우리 명성이 올라갈 것이니, 1,500명의 여인들을 데려오겠습니다. 그대에게는 '불가사의의 성'에 여인들이 있지요. 아서의 궁정에 있는 사람들도 데려와야겠습니다. 오늘로부터 16일째가 되는 날, 요플란츠의 마상 창시합 들판에서 만나기로 합시다."

가웨인은 풀쩍 뛰어 물을 건너 나뭇가지를 들고 오르겔루제에게 달려갔다. 그녀는 가웨인의 발앞에 몸을 던졌다. "내 사랑이여, 나는 그대에게 그런 모험을 시킬 가치가 없었던 사람입니다."

가웨인은 승리를 거두었으나, 이제 엄격해졌다. "기사의 방패는 존경을 받을 자격이 있는데, 그대는 그 방패에 죄를 지었습니다. 여인이여, 여기 꽃가지가 있으니 받으십시오. 앞으로 다시는 그대의 아름다움을 이용해서 어떤 기사에게도 수모를 주지 마십시오. 앞으로도 내가 조롱을 당해야 한다면, 그대의 사랑 없이 살아가도록 하겠습니다."

그녀는 눈물을 흘렸다. "나의 마음의 슬픔에 대하여 이야기를 할 터이니 용서를 해주시기 바랍니다. 나의 고귀한 남편 시데가스트는 선한 신앙을 가진 유니콘이었습니다.* 그는 나의 삶이었습니다. 또 나는 그의 마음이었으나, 나는 그를 잃었습니다. 그라모플란츠가 그를 죽였습니다. 간청합니다. 내가 어떻게 그보다 덜 기사다운 사람에게 나를 맡길 수 있었겠습니까? 이것들은 나의 시험이었으며, 그대는 용감했습니다. 황금과 같았습니다."

마음이 누그러진 가웨인은 주위를 둘러보았다. "방금 나는 그대의 원수와 만나기로 약속을 했습니다. 죽음이 나를 파멸시키지 않는 한, 내가 그의 일에 종지부를 찍을 것입니다. 그러니, 나의 여인이여, 내가 그대에게 해주고 싶은 말은 이제 이 자리에서 그대가 명예롭게 행동하라는 것입

---

* 유니콘은 사랑의 정결을 상징하며, 그렇기 때문에 그리스도를 상징한다.

니다. 주위에는 아무도 없습니다. 그대의 애정을 나에게 허락해주십시오."

"철 갑옷을 입고요? 내가 따뜻해지기 힘들 거예요. 성에서라면 저항하지 않겠지만요."

가웨인은 철갑옷을 입은 채 그녀를 포옹하였다. 그녀는 울었고, 가웨인은 그녀를 말에 태웠다. 그녀는 말을 타고 가면서도 계속 울었다. 가웨인은 그녀에게 이유를 물었다.

"내가 그라모플란츠를 죽여 달라고 부탁한 사람은 그대가 처음이 아니에요. 한번은 어떤 왕이 나를 섬기겠다고 했지요. 안포르타스라는 이름의 젊은 왕이었어요. 그는 젊었지만 모든 남자가 원하는 것을 가진 영주였어요. 성문 앞의 물건들이 가득한 가게를 나에게 준 사람도 안포르타스였어요. 그러나 나를 섬기다가, 나의 사랑을 얻으려고 그대처럼 노력하다가, 그가 얻은 것이라고는 슬픔밖에 없어요. 그의 불행으로 인한 내 슬픔은 시데가스트를 잃었을 때보다 더 컸어요."

두 개의 전설은 극적으로, 갑자기 하나로 합쳐진다. 하나는 '불가사의의 성'의 전설이며, 또 하나는 '성배의 성'의 전설이다. '불구의 왕'은 오르겔루제를 섬기다가 부상을 입었다. 부상당한 기사 우리안스처럼, 리쇼이스 그벨유스와 가웨인 자신처럼, 그는 사랑을 섬기는 과정에서 '숲의 왕'과 싸웠다. 사랑을 섬기는 것을 거부하고 힘으로 지배를 하려고 생각하였던 자가 찬탈하였던 자리를 다시 얻으려는 싸움이었다. 볼프람이 그라모플란츠와 그의 동맹자인 클린쇼르가 지상 낙원에서 온 이방의 젊은 기사, 성배의 이름이 새겨진 창으로 안포르타스에게 무시무시한 상처를 입힌 기사와 어떤 관계를 맺고 있는지 분명히 밝히지는 않은 것 같다. 그러나 전체적인 틀은 분명하며, 그 의미 역시 명확하다. 오르겔루제는 그라모플란츠가 그녀의 배우자를 죽이고 그녀의 숲을 빼앗은 것에 격분하였으며, 마찬가지로 파이레피츠의 여왕 제쿤딜레는 클린쇼르가 그녀의 마법의 탑을 훔친 것에 격분하였다. 성배에 대한 소식을 들은 제쿤딜레 여왕은 그 수호자인 안포르타스 왕에게 선물을 보냈다. 그 선물은 쿤드리와 그녀의 오빠 말크레아티우레라는 괴물들과 지금은 '불가사의의 성' 앞의 가게에 있는 보석들이었다. 안포르타스는 그 보석과 말크레아티우레를 그의 여인인 오르겔루제에게 보냈다. 그러다가 어느 날 "아모르!" 하는 외침과 함께 말을 달리다가 제쿤딜레의 영토로부터 날아온 이방의 창에 부상을 당하였다. 모든 것을 종합해서 생각할 때, 우리는 서양에서는 오르겔루제와 그녀의 다이아나 숲에 의하여 표현되고, 동양에서는 제쿤딜레, 파이레피츠, 성배를 찾는 이방의 젊은 탐색자로 표현되는 자연의 영역이 자연스럽게 (만의 관점에서처럼) 영의 왕국에 대한 갈망을 품게 되었다는 것을 알 수 있다. 그러나 그 왕국, 즉 기독교 왕국에서는 서로의 사랑에서 이루어지는 자연과 영의 정당한 관계가 침해되었으며, 이제 자격이 없는 두 왕이 통치를 하고 있다. 영적인 '성배의 성'에서는 안포르타스가 통치를 하고, 여신 다이아나-오르겔루제의 자연-숲에서는 그라모플란츠가 지배를 한다. 볼프람이 이 두 왕을 보완적으로 대응하는 존재들로 표현하려 했다는 것은 두 왕 안포르타스와 그라모플란츠의 모자에 모두 공작의 깃털이 있었다는 사실에서도 명백히 알 수 있다.

초기 기독교 예술에서 공작은 불사조와 마찬가지로 '부활'의 상징이었다. 공작의 살은 부패하지 않는다고 믿었기 때문이다. 아우구스티누스의 말을 들어보자. "죽은 공작의 살이 늘 달콤하고, 전혀 썩지 않게 만든 분이 하느님 외에 달리 누가 있겠는가?"[68] 나아가서 공작은 해마다 우주와 마찬가지로 털을 갈고 밝은 깃털을 새롭게 갈아입는다. 훗날의 문서를 참조해보자.

별이 반짝거리는 고요한 하늘과 빛나는 태양은 공작들이다. 반짝거리는 1,000개의 눈으로 빛나는 짙푸른 창공과 무지개 빛깔로 화려한 태양은 빛나는 눈이 흩뿌려진 깃털을 입어 화려한 공삭의 모습을 보여준다. 1,000개의 빛살을 가진 태양의 하늘이 구름에 감추어져 있을 때, 또는 가을 안개에 가려져 있을 때, 그 하늘은 다시 공작을 닮는다. 공작은 한 해의 어두운 부분에는 생생한 색깔을 가진 수많은 새들이 그러듯이, 그 아름다운 깃털을 떨구어 장식 없는 칙칙한 모습을 드러낸다. 이때는 공작의 깃털을 꽂은 까마귀가 장례식 음악회에서 다른 까마귀들과 함께 까악까악 거린다.〔〈그림 3〉의 주기에서 까마귀 주제와 비교하라.〕 겨울이면 공작에게는 그 날카롭고 듣기 싫은 울음 소리 외에 남는 것이 없는데, 이것은 까마귀 울음 소리와 크게 다르지 않다. 흔히들 공작은 천사의 깃털, 악마의 목소리, 도둑의 걸음 걸이를 가졌다고 말한다.[69]

〈그림 55〉 공작의 꼬리(Cauda Pavonis).

연금술에는 "공작의 꼬리", 즉 카우다 파보니스(cauda pavonis)(〈그림 55〉)라는 전문 용어가 있는데, 이것은 모르티피카치오(mortificatio)와 아블루치오(ablutio)(〈그림 43〉)에 곧바로 이어지는 단계로, 이 단계에는 바스 안에서 "많은 색깔(omnes colores)"이 나타나는, 또는 나타나는 것처럼 보인다. 최근의 연금술 서적에서는 이렇게 말한다. "부드러운 열기 속에서 혼합물이 녹아 부풀어오르기 시작하며, 신의 명령에 따라 영을 부여받게 되는데, 이것은 돌을 안고 위로 솟아오르며 새로운 색깔들을 만들어낸다." 첫번째 색깔은 "금성의 녹색"이다. 융 박사는 말한다. "녹색은 성령의 색깔이며, 삶의 색깔이며, 생식과 부활의 색깔이다."[70] 녹색 단계가 끝나면 색깔은 납빛을 띤 자주색이 되는데, 이것은 주의 수난의 상징이다. 이 순간 "철학의 나무"는 꽃을 피우며, '화성의 지배'라고 알려진 단계가 시작된다. 이 단계에는 "무지개의 덧없는 색깔들과 가장 화려한 상태의 공작"이 나타난다. 이어서 이 텍스트는 말한다. "이 시절에 히아신스의 색깔이 나타난다."[71] 이것은 바로 "풀보다 더 녹색인" 옷을 입은 처녀들이 어부왕 앞에 놓은 석류석-히아신스의 탁자-돌의 색깔이다. 그리고 바로 그 위에 성배-돌이 놓여지게 된다.*

공작의 꼬리 깃털들에 있는 눈들은 내부로부터 존재의 근거의 눈들이 뜨여져, 자신의 몸의 우주를 보는 것을 나타낸다. 그 눈들은 밤하늘의 눈들(별들)이다. 내재하는 '눈 여신'(〈그림 19〉)의 눈이다. 자비로운 보살이 내민 두 손의 펼쳐진 손바닥 안의 눈들이며, 이것은 그리스도의 상처에 비유할 수도 있다.**

또는 공작 깃털의 눈은 이마 한가운데 있는 눈으로, 인간 속에서 그 눈은 영원의 비전을 향하여 열린다. 또한 그것은 불 같은 태양의 문이다(〈그림 13〉의 사자의 입). 또 오디세이아의 키클롭스의 눈이며, 오디세우스는 그 눈을 통과하였다.[72] 이런 의미에서 공작은 위험의 눈을 가진 새로서 공작은 힌두교에서는 전쟁 신 카르티케야가 타고 다니는 것으로 나타나는데(위의 "화성의 지배"와 비교하라), 이 신은 젊고 아름답지만 사나우며, 그의 아버지 시바의 높은 산에 있는 낙원의 문 앞에서 경비를 서고 있다. 이런 역할로 볼 때 그는 야훼가 낙원의 문 앞에 불의 검을 쥐어주고 세워둔 지품천사와 비교할 수 있다.[73] 우리가 들은 바로는 바로 그 문으로부터 이방의 젊은 왕자가 나타났으며, 그의 창에 의하여 하찮은 '성배의 왕' 안포르타스가 상처를 입었다.***

---

\* '불가사의의 성'의 천장 역시 "공작의 꼬리 같았다"(앞의 589쪽). 고에츠 박사는 볼프람이 켈트인의 "여자들의 섬"에 있는 이 요정의 성을 묘사하는 것에서 압바시드 칼리프들의 전설적인 바그다드 궁전의 이야기의 영향이 엿보인다고 생각한다. 티그리스강 변에 있었던 카스르-아트-타지라는 이름의 이 궁전은 둥근 지붕과 관측대로 유명하였다(1154년에 파괴되었다가 1178년에 재건되었다). 인도의 여왕 제쿤딜레(Secundille)에게서 훔친 거울 기둥은 광택이 나도록 닦은 강철 기둥 쿠트브-미나르를 암시하는데, 이 기둥은 현재 힌두교의 수도 아지메르로부터 옮겨져 델리의 쿠와트-울-이슬람 사원에 서 있다. 아지메르가 무너질 때(1195년) 그곳의 젊은 힌두 여왕의 이름이 바로 옛 힌두 음영 시인의 노래에서 찬양을 받던 사미오기타였다. Somyogita>Somgita>Sogunda>Secunda>Secundille(이것은 "작다"는 의미의 이탈리아어 접미사 -illa가 붙은 것이다). 그녀는 부트브 우드-딘 아이박이라는 이름의 이슬람 부왕(나중에 델리의 첫 술탄이 되었다)의 보호 아래 통치하였다. 그 이름은 Ai, 즉 "달"처럼 잘생긴 Beg("Bey"는 귀족을 가리키는 터키의 칭호)라는 뜻이다. 그러나 달은 얼룩덜룩하다. 파이레피츠(Feirefiz, 옛 프랑스어에서 vair는 "얼룩이 졌다"는 뜻이고, fils는 "아들"이라는 뜻)와 비교해보라. 달의 이미지는 파이레피츠를 오시리스, 탐무즈 등이 등장하는 신화 속의 달 영웅의 맥락과 연결시킨다.
\*\* 488쪽 참조.
\*\*\* 464쪽 참조.

볼프람이 나무──'세계의 나무', 철학의 나무, 에덴 동산의 나무, 그리스도의 십자가의 나무, 부처의 보리수──의 수호자인 그라모플란츠의 모자와 상처 입은 '어부왕'의 모자에 공작의 깃털을 꽂아놓은 것에는 깊은 의미가 있다는 데 의심의 여지가 없다. '어부왕'이 '위대한 위'로부터 '위대한 아래'까지 드리운 낚싯줄 역시 악시스 문디(axis mundi, 세계의 축)이다. 그는 이 세상의 물 어디에서나 미끼를 단 낚시를 드리우고 우리를 낚아, 모자에 공작 깃털을 꽂고 광채를 발하는 '사람을 낚는 어부'의 연꽃 배 위로 들어 올리려고 하고 있다.

2.
이제 나무의 여인이 받아들인 가웨인은 그의 숙부의 원탁에서 투구에 승리의 꽃가지를 걸고 있는 유일한 사람이 아니다. 여인은 '위험한 개울'로부터 말을 타고 돌아가는 길에 계속 울면서 이렇게 고백하였다. "일주일마다 매일, 일년마다 매주, 나는 그라모플란츠와 싸울 사람들을 파견했습니다. 돈이 많아서 돈을 받고 일할 생각이 없는 기사들은 그대처럼 사랑 때문에 나를 섬겼습니다. 나를 섬기려고 하지 않는 기사는 한 사람도 없었습니다. 단 한 사람의 예외가 있었는데, 그 이름은 파르치팔이었습니다. 그는 초원으로 말을 타고 왔는데, 나의 기사들이 그를 공격하자 다섯 명을 쓰러뜨렸습니다. 나는 그에게 나의 땅과 나 자신을 제공했으나, 그는 이미 아내가 있다고 대답했습니다. 그는 성배 때문에 몹시 비통하다고 고백하면서, 더 이상의 슬픔을 원치 않는다고 말했습니다."
볼프람은 파르치팔과 오르겔루제의 이 만남에 대해서 더 이상 이야기를 해주지 않는다. 그러나 바그너는 이 만남에 제2막 전체를 바친다. 제1막은 '성배의 성전'이 배경이다. 제3막 역시 다시 '성배의 성전'으로 돌아간다. 그러나 제2막에서는 막이 올라가면 클링소르가 '불가사의의 성'의 마법의 탑에 높이 앉아서 마법의 거울(빛을 발하는 기둥을 바그너가 거울로 바꾸어놓았다)로 아무것도 모르고 다가오는 파르치팔을 바라보고 있다. 파르치팔은 여기서는 '큰 바보'이다. 바그너의 전설에서 클링소르의 성과 티투렐의 '성배의 성전'은 마치 마니교의 이분법에 의한 것처럼 악과 선으로, 어둠과 빛으로 대립한다. 그들은 이전의 작품에서처럼 그들 둘 다에게 낯선 어떤 힘에 사로잡혀 있다.

나아가서 바그너가 이 전설의 주된 여성 역할들과 인물들을 융합해놓은 쿤드리(오르겔루제, 쿤드리, 지구네, 거기에 발키리의 모습도 어느 정도 들어가고, 괴테의 에비히-바이블리헤스도 약간 섞여 있으며, 그노시스파의 소피아*는 상당히 많이 섞여 있다) 자신이 클링소르에 의해서 마법에 걸려 있으며, 이 클링소르의 피조물은 자신의 의지에 반하여 자유를 갈망한다. 그의 피조물이자 대행자로서 '성배의 왕' 암포르타스를 유혹하는 여자가 바로 그녀이다——볼프람의 작품에서는 자신의 이익을 위하여 그의 의사를 거슬려 유혹하지만 말이다. 암포르타스가 마치 데릴라에게 유혹당하는 삼손처럼 그녀의 덫에 걸려 부주의하게 누워 있을 때 클링소르는 무방비 상태의 창——그리스도의 옆구리를 찔렀던 바로 그 창이다——을 훔치다가 암포르타스에게 상처를 입힌다. 이 상처는 구원자——예언에 나타난 "순진한 바보"——가 나타나 똑같은 창끝으로 상처를 건드리기 전에는 절대 치료되지 않는다.

이 상처는 물론 사랑의 화살의 상처를 암시하는데, 이 상처 역시 화살을 보낸 자의 손길로만 치유할 수 있다. 그러나 바그너의 작품에서 이 알레고리는 욕정과 폭력을 나타내며, 이것은 순수에 의하여 변화를 일으켜 동정심이 된다(에로스와 타나토스가 아가페로). 맬러리의 『아서의 죽음(Morte Darthur)』 제2권("발린의 이야기"**)에는 갈론이라는 이름의 악한 기사가 나오는데, 그는 검을 맞아 머리가 쪼개지고 그 자신의 창의 부러진 봉이 상처 속으로 들어가서 죽는다(제14장). 볼프람의 서사시에서 트레브리젠트는 행성들이 어떤 행로로 들어가고 달이 어떤 위상에 들어갔을 때, 왕의 상처의 고통이 심해지고 창끝의 독이 맹렬해진다고 말한다. "그러면 사

---
\* 무지 때문에 타락한(또는 마법에 걸린) '신성한 지혜'. 그녀는 이 세계 환영의 덫에 사로잡혀 있지만, 얄궂게도 이 세계 환영에서는 그녀의 사로잡힌 에너지가 창조적 힘이 된다.
\*\* Thomas Malory는 1470년경에 활동하였다. 그의 Morte Darthur는 대체로 오래전의 옛 프랑스 텍스트에 근거한 것인데, 제2권은 1300년경의 한 권짜리 수서본 속에 보존된 Prose Merlin(1215년경)의 한 판본에 근거한 것이다. 옛 스페인어 번역본과 옛 포르투갈어 번역본 역시 존재한다.

람들은 그 창끝을 상처에 갖다대며, 그것이 왕의 몸으로부터 냉기를 끌어내다. 이 냉기 때문에 창은 유리처럼 단단해지고, 얼음처럼 차가워진다."[74]

나아가서 영웅 텔레포스에 대한 그리스의 전설도 있다. 그는 아킬레스로부터 허벅지 위쪽에 상처를 입었는데, 이 상처는 낫지 않는다. 신탁은 "상처를 입힌 자가 치유도 하리라!" 하고 말해주는데, 텔레포스는 오랫동안 수고스럽게 노력한 끝에 아킬레스를 찾아내 상처를 치료받는다. 다른 판본에 따르면 무기를 통하여 치료를 받는다. 그 치료법이란 창끝을 벗겨내어 상처에 뿌리는 것이다.[75]

이것은 메두사와 관련된 아주 오래된 신화적 주제이기도 하다. 메두사의 왼쪽 옆구리에서 나오는 피는 죽음을 가져오며, 오른쪽 옆구리에서 나오는 피는 치유를 가져온다.[76] 또는 큰 이졸트와 모롤드의 검의 독을 생각해볼 수도 있다. 볼프람의 『파르치팔』에서는 창의 역할이 작다. 트레브리젠트가 한번 언급하고 넘어갈 뿐이다. 나아가서 창은 클린쇼르의 궁에 있는 것이 아니라 '성배의 성'에 있다. 반면 바그너는 그의 작품에서 창의 주제를 격상시켜 주도적인 역할을 맡겼으며, 창에 묻은 독은 그의 마음속에서 트리스탄의 상처에 묻은 독과 동등한 위치를 차지한다. 실제로 「파르치팔」에 대한 생각이 처음 떠올랐을 때 바그너는 「트리스탄과 이졸데」를 쓰던 중이었다. 나아가서 그 자신이 트리스탄과 같은 방식으로 벌여나가던 마틸데 베젠동크와의 연애가 절정에 이르렀을 때였다. 심지어 번민에 사로잡힌 부인 미네와 함께 "아질"이라는 이름이 붙은 집에 살기도 하였는데, 이 집은 바로 옆집에 살던 마틸데와 그의 인내심 많은 배우자 오토가 제공한 것이었다.

바그너 자신이 하는 그의 인생 이야기에 따르면 그 해는 1857년이었다. 그리고 달은 4월이었다. 그리고 날은 성 금요일이었다. 리하르트와 미네는 그 전해 9월에 취리히에 도착하였다. 그리고 바그너의 이야기에 따르면 그곳 "아질"에서 바그너는 그해 겨울에 「지크프리트」의 제1막을 완성하고, 「트리스탄과 이졸데」에 진지하게 몰두하기 시작하였다.

[바그너는 말한다.] 아름다운 봄 날씨가 찾아왔다. 성금요일에 나는 이

집에서 처음으로 햇빛을 받으며 잠을 깼다. 정원은 녹색으로 변하였고, 새들은 노래를 하였다. 마침내 나는 이 집의 지붕 탑에 올라가 앉아 오랫동안 갈망해오던 고요, 많은 것을 약속해주는 고요를 얻을 수 있었다. 이 모든 것이 충만한 가운데, 갑자기 나는 그래! 오늘이 성금요일이구나 하고 깨달았다. 그러면서 전에 볼프람의 『파르치팔』에서 이날이 주는 권고의 느낌이 나에게 깊은 감명을 준 적이 있다는 사실을 떠올렸다. 나는 그때 마리엔바트에 머물던 시절[1845년][77]──「뉘른베르크의 명가수」와 「로엔그린」을 생각하던 시절이다──이후 그 전설에 대하여 전혀 깊이 생각해보지 않았다. 그러나 이제 그 이상적인 핵심 사항들이 압도적인 형태를 이루어 나를 다시 찾아왔다. 나는 그 성금요일의 영감을 기초로 갑자기 전체적인 드라마를 생각하게 되었으며, 몇 번 펜을 휘둘러 금방 세 막을 스케치하였다.[78]

이미 「탄호이저」(1842-1844)에서 바그너의 성배 주제들에 대한 해석의 골자는 예상되고 있었다. 그곳에서 "페누스베르크 박하날(Venusberg Bacchanal)"은 클링소르의 '마법의 정원'의 서곡이었으며, 사랑의 동굴을 찬양하는 시인 탄호이저의 노래는 트리스탄의 정신과 완전히 부합된다.

　　나의 갈망이 영원히 타오르도록 하기 위하여
　　나는 그 샘에서 나 자신을 영원히 소생시킨다.[79]

그러나 「탄호이저」의 노래 경연에서 경쟁하는 가수로 등장하는 볼프람에게 할당된 노래는 (묘하게도) 하늘의 선물인 사랑을 찬양하는 노래이다. 흑과 백 사이로, 하늘과 땅 사이로 "중간을 꿰뚫는" 것이 전혀 아니다.

　　그대는 마치 신으로부터 오듯이 다가오며
　　나는 존경의 거리를 두고 뒤를 따르노라.

바그너는 성금요일 아침 "아질"의 지붕탑에서 영감을 받고나서 2년 뒤, 1859년 5월 루체른에서 「트리스탄과 이졸데」의 마지막 막 작업에 들어갔다. 그때 트리스탄이 입은 상처가 앞으로 써야 할 오페라에 등장하는 암포르타스가 입을 상처와 비슷하다는 생각을 하다가 깜짝 놀라며 자신에게 할당된 과제를 깨달았다. 그러면서 그는 마틸데에게 보내는 편지에서 이렇게 썼다. "얼마나 놀라운 일입니까! 무슨 일이 일어난 것인지 생각해보십시오! 갑자기 그것이 무시무시하게 분명해졌습니다. 암포르타스는 제3막에서 상상도 할 수 없는 강화(强化) 상태에 놓인 나의 트리스탄입니다."[80]

토마스만은 이 편지에 대하여 이렇게 논평한다.

이 '강화'는 무의식적인 삶의 법칙이며 바그너의 생산성의 성장이다. 이것은 그 자신의 방종으로부터 나온다. 사실 그는 평생에 걸쳐 암포르타스의 고통과 죄에 시달리는 어조를 살리려고 고민해왔다. 그 어조는 이미 탄호이저의 외침에서도 들을 수 있다. "슬프도다, 죄의 무게가 나를 압도하는구나!"「트리스탄과 이졸데」에서 그 어조는 찢겨나갈 듯이 괴로운 번민의 궁극에 이른 것처럼 보였다. 그러나 이제 바그너가 충격과 함께 깨달았듯이, 그 어조는 「파르지팔」에서 이전의 수준을 넘어서, 상상도 할 수 없었던 강도로 상승하게 된다. 사실 바그너가 하고 있었던 일은 하나의 진술을 한계까지 밀어붙이는 것일 뿐이었다. 그는 그때까지 늘 그 진술에 어울리는 더 강하고 더 심오한 상황과 경우를 무의식적으로 찾고 있었다. 그의 몇 개 작품의 소재는 하나의 통일체의 단계들──자신을 초월하는 음조 변화들──을 표현하는 것일 뿐이다. 이 통일체는 자기 폐쇄적으로 완전하게 원을 그리는 평생의 작업으로, "스스로 전개되어" 나가지만 어떤 면에서는 이미 처음부터 다 들어 있던 것이다. 이것이 그의 창조적 개념들이 상자 안에 든 상자인 이유를 설명해준다. 또한 이런 종류의 예술가, 이런 영적 질서를 가진 천재는 절대 단순히 당면한 과제, 작품을 놓고 작업하지 않는다는 것을 말해준다. 다른 모든 것이 동시에 그를 짓누르며, 그 창조적 순간에 부담을 더한다. 삶의 계획처럼 무언가 이미 계획된 것처럼 보이는 것(그러나 반쯤만 그렇게 보이는 것)이 눈앞에 드러난다. 그래서 1862년 바그너는「뉘른베르크의 명가수」를 작곡하면서도, 비버리히에서 폰 뷜로에게 보내는 편지에서 완벽한 확신을 가지고「파르지팔」이 그의 마지막 작품이 될 것이라고 예언하였다. 「파르지팔」을 세상에 내놓기 20년 전의 일이었다. 그전에 「지크프리트」가 나올 터였고, 그 와중에서 「트리스탄」과 「뉘른베르크의 명가수」

가 나올 터였다. 더욱이 「신들의 황혼」 전체가 작곡되어야 하였다. 이 모든 것이 작업 계획의 빈 공간들을 채워나가게 되었다. 그는 「트리스탄」에 힘을 쏟는 가운데도 내내 『니벨룽겐의 반지』의 무게를 짊어지고 가야 하였으며, 「트리스탄」에는 처음부터 「파르지팔」의 속삭임이 끼어든다. 심지어 그 목소리는 건강하고 루터교적인 「뉘른베르크의 명가수」 작업을 하는 중에도 그대로 남아 있다. 실제로 드레스덴에서 「탄호이저」를 초연한 1845년 이후 그 목소리는 바그너를 기다려왔다. 1848년에는 니벨룽겐의 전설을 한 편의 드라마로서 산문으로 스케치하고, 「지크프리트의 죽음」——여기서 「신들의 황혼」이 발전하여 나오게 된다——을 쓴다. 그 사이인 1846년부터 1847년까지 「로엔그린」의 골격을 잡고, 「뉘른베르크의 명가수」의 줄거리를 스케치한다. 이 두 작품은 「탄호이저」의 맥락에서 보면 사실상 사티로스극(고대 그리스에서 비극 다음에 공연한 어릿광대 놀음/역주)에 해당한다.

이 1840년대에 바그너는 32살이라는 나이에 이르렀는데, 이 시기에 「방황하는 네덜란드인」에서부터 「파르지팔」에 이르기까지 그의 평생의 작품 계획 전체가 합쳐지고 규정되었다. 그리고 이 계획은 그 이후 1881년에 이르기까지 40년 동안 실행되었는데, 바그너는 상자 안에 함께 들어 있는 그 모든 요소들을 동시에 다루는 내적인 노력을 보여주었다. 따라서 가장 엄격한 의미에서 보자면 바그너의 작품에는 연대기가 없다. 물론 그의 작품들은 시간 속에서 생겨났다. 그러나 처음부터 갑자기 모든 것이 존재하였는데, 그것도 동시에 존재하였다.[81]

간단히 말해서, 바그너가 '성배의 왕'의 상처를 트리스탄의 상처와 똑같은 것으로 인식한 것——따라서 파르지팔은 해 같고 소년 같은 순수의 이상화된 상태, 해방되고 해방시키는 상태를 나타낸다——은 그 자신의 복잡한 삶의 반영이다. 그는 삶에서 그 자신, 그의 정신의 마지막 생각 또는 그의 마음의 마지막 진실 한 가닥을 제외하면 그 누구, 그 어느 것에도 충성을 하지 않았다. 제2막에 나오는 파르지팔은 여전히 제1막의 자연의 소년이다. 신에 대한 환멸이라는 시련을 겪지도 않았고 기사도에 입문하지도 않았으며, 결혼도 하지 않았고, 사실 사랑이나 삶에 대해서 아무것도 모른다. 단순히 말하자면 테너의 목소리를 가진, 몸무게 100킬로그램의 밤비노(*bambino*, 어린아이)일 뿐이다. 바리톤 클링소르는 거울을 들여다보다가 순진한 파르지팔이 다가오는 것을 보고 "어리고 멍청하다(jung und dumm)"고 생각한다. 그는 부처를 유혹하였던 인도의 사랑과 죽음의 신처럼 이 구원의 영웅을 파멸시키기 위하여 마법의 정원에서 처녀들이 갑자기 잠에서 놀라 깨어난 것처럼 흐트러진 옷매무새로 뛰어 돌아다니는 장면을 꾸며낸다. 그러나 순진한 바보 파르지팔은 마치 보리수 밑의 부동의 지점에 앉아 성의 유혹과 무기의 폭력에 무관심한 부처처럼(그러나 부처와는 달리 지식이 충만한 것이 아니라 텅 비어 있다) 이 선웃음을 치는 여자들이 무엇을 의미하는지도 전혀 알지 못한다. 파르지팔은 그들을 향해서 노래를 부른다. "그대들의 향기는 무척이나 달콤하구려! 그대들은 꽃인가요?"

쿤드리는 파르지팔에게 그의 아버지의 명성과 어머니의 죽음에 대해서 이야기해준다. 그녀는 그의 아버지와 어머니를 알았고, 파르지팔도 어렸을 때부터 알았다고 말한다(지크프리트와 브륀힐데의 관계와 비슷하다). 또한 그에게 파르지-팔(Parsi-fal), 즉 "순수한 바보"* 라는 이름을 지어준 것도 자신이라고 말하며, 그녀의 어머니 같은 품으로 오라고 권한 다음 소년의 입에 뜨거움이 담긴 입맞춤을 퍼붓는다. 파르지팔은 처음에는 강렬한 공포에 사로잡히다가 이윽고…… 암포르타스의 상처의 의미를 깨닫고 경악한다. 즉 여성에 대한 정열을 느끼는 것이 아니라, 남성에 대한 동정심을 느끼는 것이다!

〔파르지팔은 소리친다.〕 암포르타스! 상처! 상처!
지금 그 상처가 내 마음에서 타오르고 있네.

그 상처에서 피가 흐르는 것이 보이네.
이제 그 상처가 내 안에서 피를 흘리고 있네.

글쎄, 이것은 볼프람 폰 에셴바흐의 목소리라고 하기는 힘들다.

---

* 볼프람이 사용한 이름, 즉 "중간을 꿰뚫고"라는 뜻을 가진 페르-스-벌과 비교해보라 (앞의 518쪽 참조).

클링소르는 부처를 유혹한 신과 마찬가지로 이제 욕망의 신에서 죽음의 신으로 성격을 바꾸어,[82] 손에 귀중한 창을 들고 나타나더니 욕을 하며 그것을 휘두른다. 그러나 부처의 전설에서도 죽음의 신의 무기가 구세주를 향해서 날아오지만 그를 맞추지 못하듯이, 커다란 창은 파르지팔에게 이르자 머리 위에 둥둥 떠 있는 채로 멈춘다. 파르지팔은 간단히 성호를 그은 다음 팔을 위로 뻗어 창──장차 이 창을 암프로타스에게 가져가(제3막) 불행한 상처를 치료해주게 된다──을 잡는다. 그러자 지진이라도 일어난 것처럼 성과 마법의 정원은 사라지고, 처녀들은 시든 꽃들처럼 땅에 쓰러지며(부처의 "무덤의 비전"),[83] 이어 막이 내린다. 전혀 환상에 빠지지 않고 바그너를 숭배하였던 니체는 이렇게 말한다. "언뜻 가장 위대한 승리자처럼 보이는 리하르트 바그너는 이제 실제로는 부패하고 혼란에 빠진 **데카당트**가 되어, 기독교의 십자가 앞에서 갑자기 무너져 내리며 무력하게 박살이 난다."[84]

〔니체는 또 다른 곳에서 이렇게 말한다.〕사람들은 바그너의 「파르지팔」이 재미있게 쓰여진 것이기를 바랄 수도 있다. 즉 이 위대한 비극의 거장이 그 자신에게 적절한 방식으로 또 자신의 능력에 값하는 방식으로 우리와 그 자신에게 작별을 고할 뿐만 아니라, 무엇보다도 '비극'에 작별을 고하는 최후의 작품이자 사티로스극으로 쓴 것이기를 바랄 수도 있다. 다시 말해서, 비극 예술 자체, 그 모든 무시무시하고 답답한 옛날의 진지함과 번민──이제야 마침내 극복된 그 가장 어리석은 존재 형태, 금욕주의적 이상의 부자연스러운 모습──을 가장 숭고하면서도 짓궂게 패러디한 광상극을 기대할 수도 있다. 파르지팔은 사실 비길 데 없는 오페라의 소재이다. 그렇다면 바그너의 「파르지팔」은 은근히 우월한 입장에서 그 자신을 비웃는 것일까? 최고의 예술적 자유와 초월에서 그가 거둔 마지막 승리일까? 여기서 우리는 그 자신을 비웃는 방법을 알게 된 바그너를 가지게 된 것일까?

앞에서 말하였듯이, 그렇게 되기를 바랄 수도 있다. 진지하게 묻거니와, 이 파르지팔은 무엇일까? 실제로 우리는 여기에서 (사람들이 가끔 나에 대하여 이야기하듯이) "미칠 지경에 이른, 지식, 지성, 관능성에 대한 증오"의 산물을 찾아볼 수 있을까? 감각과 정신 양쪽에 대한 증오와 동시에 저주를 찾아볼 수 있을까? 기독교적이고 반계몽주의적인 역겨운 이상들에 대한 배반과 복귀를 찾아볼 수 있을까? 심지어 그때까지 온 의지력을 동원하여 정반대되는 것, 자신의 예술의——또한 삶의——최고의 영성과 관능성에 헌신해 온 예술가가 자신을 부정하고, 자신을 소멸시키는 작품을 찾아볼 수 있을까?

바그너가 그의 전성기에 철학자 포이어바흐[1804-1872년]의 발자취를 얼마나 열심히 따르려고 하였는지 기억이 난다. "건강한 관능성"이라는 포이어바흐의 주제! 금세기의 30-40년대에 그 말 많은 독일인들——그들은 자신들을 젊은 독일인들이라고 불렀다——에게 그랬듯이 바그너에게도 '구원의 복음'으로 들렸다. 이제 그가 마침내 그 노래를 잊어버린 것일까? 적어도 그것을 가르치지 않겠다는 결심은 한 것처럼 보인다!

삶에 대한 증오가 플로베르를 압도하였듯이 바그너도 압도하게 된 것일까?「파르지팔」은 악의와 복수의 작품이고, 삶의 전체 조건들에 대한 은밀한 독약이며, 사악한 작품이기 때문이다. 순결에 대한 설교는 병을 불러온다. 나는「파르지팔」에서 도덕성 자체에 대한 공격을 느끼지 않는 사람들은 모두 경멸할 것이다.[85]


가웨인이 나무에서 얻은 꽃가지를 꽂고, 오르겔루제와 함께 말을 타고 '불가사의의 성' 앞의 초원으로 나아가자, 건너편 강둑에서 딸 베네를 태우고 온 사공은 두 사람을 배로 맞아들였다. 성의 벽과 창에서는 수많은 여인들이 그들이 배를 타고 강을 건너는 것을 지켜보며 기뻐하였다. 또한 가웨인이 전에 보지 못했던, 성의 400명의 기사들은 잔디밭에서 그들을 기념하여 다채롭게 마상 창시합을 벌였다.

제13권 : 클린쇼르의 상처의 전설

그날 저녁 성에서는 축제가 열려 기사와 여인들이 춤을 추었다. 그들은 이제까지 클린쇼르의 마법에 의하여 서로 떨어져 있었으며, 심지어 서로를 알지도 못하였다. 그러나 이제 그 마법은 사라졌다. 리쇼이스 그벨유스와 투르코이테는 조건 없이 풀려나 베네에 의하여 홀로 안내되었다. 베네는 이어 상처들 때문에 여전히 크게 고통스러워하는 그녀의 주인 가웨인의 시중을 들러 갔다. 그녀가 가웨인 곁에 앉아 이야기를 나누는데, 가웨인은 작은 소리로 여인들 가운데 누가 이톤예냐고 묻더니, 누이에게로 다가갔다. 가웨인은 정중하게 인사를 한 뒤에 그녀에게 자신에게 목숨을 걸고 도전하였던 남자의 반지를 주었다. 이톤예는 얼굴을 붉혔다. "나는 이미 그에게 그가 나에게 바라는 것을 모두 주었다고 생각합니다. 내가 이 무시무시한 성을 떠날 수만 있었다면 이미 오래전에 그에게로 달아났을 것입니다."

그날 저녁 커다란 홀에서 기사와 여인들은 서로 자유롭게 왕래하였다. 가웨인은 훌륭한 제금 연주가들을 불렀다. 그러나 그들이 아는 것이라고는 구식의 곡조들 뿐으로, 누구도 투린기아의 새 곡들을 알지 못하였다. 그럼에도 수많은 어여쁜 여인들과 수많은 잘생긴 기사들이 서로 짝을 바꾸어가며 춤을 추었다. 한 기사가 양손에 여인을 하나씩 잡고 춤을 추는 경우도 많았다. 그날 저녁에는 기사들 가운데 누가 여인에게 사랑을 위한 봉사를 제안하면, 그 제안이 받아들여질 가능성이 많았다.

가웨인은 그의 어머니 잔기베, 그의 할머니 아르니베와 함께 앉아 구경을 하고 있었다. 공작 부인은 그의 손을 잡고 있었다. 마침내 늙은 여왕이 가웨인에게 말하였다. "이제 잠자리에 드시는 게 좋겠습니다. 오늘 밤에 공작 부인이 옆에서 이불을 차내지 않도록 보살펴 드리겠습니까?" "내가 그를 돌보겠습니다." 여인이 대답하였다. 가웨인은 마실 것을 가져오라고 하였고, 이것은 곧 자리를 뜬다는 표시였다. 여인이 일어서자 늙은 여왕이 오르겔루제에게 말하였다. "자, 그대가 우리 기사를 잘 보살펴 주시지요." 충실한 베네가 앞서서 불을 들고 다른 사람들과 함께 걸었다. 가웨인은 마침내 여인과 단둘이 남게 되자 문을 꽉 닫았다.

한편 아서의 궁정에 사자가 나타나 가웨인이 그라모플란츠와 마상 창시합을 벌일 것이라는 소식을 전하였다. "아, 이 편지를 쓴 손에게 축복이 있을지어다!" 여왕은 그녀의 손에 편지가 전해지자 소리쳤다. "이제 가웨인과 파르치팔이 길을 떠난 지 4년 반하고 여섯 주가 되었구나." 아서는 편지를 끝까지 읽더니, 성이 나서 말하였다. "그라모플란츠는 내 조카가 시데가스트와 같다고 생각하는 것이 틀림없구나. 그는 그 한 판 승부에서도 많은 어려움을 겪었다! 이제 이 시합에서 그의 어려움이 더 커지도록 해주리라." 사자는 아서가 참석하겠다는 약속을 받아 돌아와서, 원탁의 기사들이 그가 살아 있다는 소식에 기뻐하더라는 이야기도 전하였다.

가웨인은 그의 할머니와 이야기를 나눌 기회가 생겼다. 그는 강을 바라보는 창가의 자리에 그녀와 함께 앉았다. 가웨인이 물었다. "여인이여, 나에게 클린쇼르에 대한 이야기를 해주시겠습니까?"

그녀는 기꺼이 대답하였다. "그의 마법은 측량할 길이 없습니다. 그가 다른 여러 땅에서 보여주는 것에 비하면 이곳의 불가사의는 아무것도 아닙니다. 그는 한때 카푸아의 고귀한 사람이었는데, 시칠리아 왕의 왕비 이블리스*를 섬기겠다고 했습니다. 이제 내가 비밀을 말해 드리겠습니다. 무례한 이야기라도 용서해주시기 바랍니다. 왕은 클린쇼르가 아내의 품에 안겨 있는 것을 보고 칼로 거세를 해버렸습니다."

가웨인은 오랫동안 큰 소리로 웃었다. 그의 웃음이 끝나기도 전에 할머니는 다시 말을 이어나갔다.

"마법은 많은 사람들의 생각과는 달리 페르시아가 아니라 페르시디아라고 부르는 도시에서 처음 발명되었습니다. 클린쇼르는 그곳에 가서 마법을 배워 돌아왔습니다. 그는 자신이 당한 수치로 인해 모든 사람을 증오하게 되었습니다. 이제 그는 가장 행복한 사람, 특히 명예를 얻어 존경받는 사람들에게서 그 기쁨을 빼앗는 것을 가장 큰 기쁨으로 여기게 되었습니다."

"로셰 사빈스에는 이로트라는 이름의 왕이 살았는데, 그는 그라모플란츠의 아버지였습니다. 그는 클린쇼르의 마법에 겁을 집어먹고, 주위 10킬로미터의 땅으로 둘러싸인 난공불락의 산을 그에게 선사하여 그의 호의를 얻고자 하였습니다. 그러자 클린쇼르는 그곳에 이 기묘한 것을 세웠습니다. 설사 성이 공격을 받는다고 하더라도, 그곳에는 30년을 버틸 식량이 있었습니다. 나중에 그라모플란츠가 로그로이스의 대공을 죽이자,

---

\* 여기서는 이방의 왕비에게 사탄을 가리키는 아랍 이름인 이블리스를 부여하고 있다.

대공 부인은 그라모플란츠와 그의 보호자를 몹시 두려워한 나머지 클린쇼르에게 이 성문 앞에 있는 보물 가게를 선물했습니다. 이것은 그녀가 막 문잘바에셰의 젊은 안포르타스로부터 사랑의 선물로 받은 것이었습니다. 그 뒤에 사람들 사이에 누구든 이 성의 모험에서 살아남은 사람은 클린쇼르가 건드리지 않으며, 이 성과 대공 부인을 얻는다는 합의가 이루어졌습니다. 그러나 그 이후 기독교도의 땅에 있는 모든 고귀한 기사와 여인들 가운데 클린쇼르의 눈에 띈 사람들은 모두 이곳에 마법으로 묶여 있게 되었습니다. 그리고 이제 그 모든 것이 그대의 것이 되었습니다. 우리를 해방해주십시오!"

1210년경 시인 볼프람이 이런 식으로 선하든 악하든 모든 정신을 압도하며 생명을 경멸하던 거세자에 대하여, 또 그 거세자에 의해서 근동으로부터 유럽에 불어닥친 황폐화의 마법에 대하여 이야기하면서 무엇을 또는 누구를 염두에 두고 있었는지 굳이 물어보거나 말할 필요가 있을까? 당시 시칠리아의 왕은 1198년 팔레르모에서 왕위에 오른 아기 프리드리히 2세(1194-1250년)였는데, 그는 6개월 뒤 어머니가 죽자 역사상 가장 막강한 교황 인노켄티우스 3세(1198-1216년 재위)의 감시를 받게 된다.[86]* 중세 시인 볼프람이 '황무지' 주제를 읽은 방식은 리하르트 바그너의 독법과 완전히 정반대에 자리 잡고 있다. 볼프람의 경우에는 사랑의 정열이 아니라 거세자의 그 정열에 대한 보복이 생명의 궁전('불가사의의 성')과 경외의 궁전('성배의 성') 양쪽에 죽음의 장막을 드리운 원천이었기 때문이다. 바그너의 "순진한 바보"가 제2막의 클라이막스에 이용하는 마법의 성호도 볼프람의 마법사의 주문을 깨지는 못하였다. 마법사인 인노켄티우스 자신이 바로 그 성호를 이용하여 그의 금지령이라는 마법 주문을 강화하고 있었고, 그것에 의해서 왕들을 폐위하고 협박하고 무릎 꿇리고 있었기 때문이다. 볼프람의 시절과 시대에는 속박과 결합된 그 마법(그라모플란츠와 결합된 클린쇼르, 세속적 권력과 결합된 종교) 이야말로 대항하고 물리쳐야 할 힘이었다.

---

\* Clinschor는 어디서 파생된 말인지 불확실하다. 어쩌면 "성직자"를 가리키는 프로방스어 clergier에서 파생된 것인지도 모른다(고에츠, 앞에 인용한 책, 37쪽).

안포르타스는 아벨라르와 마찬가지로 자신의 성직을 감당할 자격이 없었고, 그래서 둘로 분열되어 허세를 부리는 사람이 되었다. 그는 성실의 탐구에 나서서 그 나름의 경험을 하지만, 즉시 왕과 내시의 영역, 그 자신의 한계의 영역으로 들어간다. 그래서 조이스의 블룸과 디덜러스처럼 "그는 자신의 내적 세계 속에 가능한 것으로 존재하던 것을 자신의 외적 세계에서 실제로 발견하였다."* 그는 자신이 찾던 그의 영혼, 그의 영혼의 여인, 오르겔루제를 발견하였다. 그러나 그녀는 겉보기와는 다르다. 그녀는 진실로 사랑하던 연인을 잃었다. 대신 연인인 체하는 사람이 있었다. 미신(마법)과 폭력이 진실과 정의의 자리를 찬탈하였다. 욕망의 숲과 정원에는 공포, 증오, 기만이 있었다. 그녀는 순수한 삶의 자발성으로부터 워낙 분리되어 있기 때문에, 그녀를 해방시켜 사랑으로 이끌고자 하는 사람은 누구든지 먼저 그녀를 사로잡은 마법을 풀어야 하였다. 그녀를 섬기던 안포르타스는——아벨라르와 마찬가지로, 똑같은 이유로, 똑같은 적에 의해서——파멸에 이르렀다.

반면 가웨인은 자신의 힘으로 얻지 않은 역할, 임명에 의하여 주어진 역할을 내세우지 않고, 진지하게 자신의 욕망의 대상을 탐색하는 사람이었다. 그는 그 여인을 찾자——며칠이 아니라 몇 년 뒤에——그 자리에 고정되며, 자신의 진정한 중심에 굳건히 선다. 그리고 자신이 어디에 서 있는지를 정확히 안다. 그 여인은 역시 연인을 잃은 오르겔루제이다. 그러나 그는 장난감 왕이 아니다. 사람이든 영이든 어떤 협박이나 두려움에도 그는 자기 갈 길에서 벗어나지 않으며, 몸이 얼어붙어 그 자리에 멈추어 서는 법도 없다. 그가 겪는 시련은 그의 삶에 적당한 것이며, 따라서 그는 그 시련을 감당할 수 있다. 그 결과 그는 영혼의 여인과 하나가 되고, 그녀와 함께 평화를 누린다. 그리고 사랑의 아름다운 성에서 이 세계의 주인이 된다.

그 성은 그 자리에 그대로 서서 넓은 냇물 너머의 세계와도 평화를 이룬다……

---

* 237쪽 참조.

가웨인은 창가에 할머니와 함께 앉아 이야기를 나누다가, 냇물 건너 초원에 아서의 무리 가운데 선두가 깃발, 군기, 창을 들고 도착하여 천막을 치는 것을 보고 기뻐한다. 그는 마음에는 사랑을 품고, 눈에는 눈물을 담고 지켜보다가, 그의 성에 있는 모든 사람——기사와 여인들, 종자와 시종들——에게 그들 나름의 깃발과 천막을 준비해서 나가 냇물을 건너 숙부의 일행을 맞이하라고 명령한다. 아서와 왕비는 아서왕의 어머니 아르니베, 그의 누이 잔기베, 그리고 그의 누이들을 소개받는다. 모두 입을 맞추고 웃음을 터뜨리고, 울다가 웃다가 다시 입을 맞춘다. 가웨인의 죽음을 애도하던 수많은 기사도 웃음을 지으며 그의 천막으로 들어온다. 그러나 집사인 카이에는 이렇게 중얼거린다. "신이 정말로 놀라운 일을 하셨도다! 가웨인이 어디서 이 모든 여왕들을 얻었을꼬?"

다음 날 세번째 무리, 즉 그라모플란츠의 무리가 도착한다. 그러자 가웨인은 연습을 위하여 홀로 넓은 평원으로 말을 타고 나아간다. 그곳에서 가웨인은 루비보다 붉은 갑옷을 입고 혼자 말을 달려 오는 기사를 본다…….

그러나 우리는 그 사람에 대하여 전에도 이야기를 들었다. 우리의 이야기는 여기서 다시 중심 줄기로 돌아간다.


## 7. 세번째 막간극 : 신화 발생

가웨인은 기본적으로 아서적인 기사로, 그 성격이나 모험에서 켈트권에 가장 가깝다. 그의 말 그링굴예테는 다른 많은 상상의 짐승들처럼 몸통은 흰색이고 귀는 반짝거리는 빨간색이다.* 그의 검 엑스캘리버(아서가 그에게 기사 작위를 줄 때 수여한 것이다)는 칼집에서 뽑으면 번개처럼 빛을 발한다. 기사 자신은 태양처럼 매일 정오가 될 때까지 힘이 늘

---

\* "The Golden Book of Lecan"에 나오는 여신 모리간의 말(『신의 가면 : 서양 신화』 제7장 1절에 인용)과 비교해보라. "나는 빨간 귀를 가진 하얀 염소가 될 거예요.…… 내 뒤로 빨간 귀를 가진 하얀 염소 100마리가 따라올 거예요."

어나다가, 그 뒤로 그의 싸우는 힘은 쇠퇴한다. 그래서 아서의 궁에서는 가웨인을 존중하여 마상 시합을 아침에 여는 것이 관례였다. 하인리히 침머는 이렇게 말한다. "아마 이 기사는 중세의 갑옷으로 몸을 가린 태양신이었을 것이다. 그는 늘 어스름녘이면 숨을 거두고 '돌아오지 않는 땅'으로 가버릴 운명이었다. 그는 오시리스와 마찬가지로 그곳에서 저승의 왕, 태양이 되지만, 굴러가는 태양 원반과 마찬가지로 그곳을 가로질러 '위대한 아래'로부터 해방되며, 동쪽에서 새로운 날의 구(球)로 재탄생하여 다시 나타난다."[87] 루미스 교수의 말을 들어보자. "가웨인이 쿠훌린에 대응하는 존재라는 것은 아서왕 연구자들 사이에서는 상식에 속한다."[88]

아서왕의 로맨스가 구전으로 형성되던 시기——말하자면 '노르만 정복' 시기에서부터 브리튼의 토머스가 쓴 『트리스탄』의 시기까지(1066-1160년경)——에 가웨인 경은 훗날에는 그 세기의 거의 모든 영웅에게 맡겨지던 기본적인 모험을 담당하던 전사였을 것이다. 이 모험에는 시련을 겪는 여자 성주를 그녀의 성에 대한 공격(가무레트와 자자망크의 검은 여왕, 파르치팔과 콘드비라무르스)이나 다른 성으로의 납치(랜슬롯이 멜레아간트의 성으로부터 귀네비어를 구출한 것)로부터 구출해주는 것 등이 있다. 다른 남자의 부인과 함께 달아나는 또 하나의 위대한 켈트 영웅의 행동(랜슬롯에게도 이 역할이 맡겨진다)은 트리스탄을 통하여 아서왕 로맨스로 들어왔다. 그러나 트리스탄의 궁정은 그의 숙부 마르크의 것이었는데, 마르크의 귀는 말의 귀였다——아마 빨간색이었을 것이다.

아서와 그의 조카 가웨인, 마르크와 그의 조카 트리스탄은 발생의 서로 다른 줄기를 대표하며, 관련된 켈트의 신화적 주제들을 프랑스, 프로방스, 노르만, 12세기 궁정의 양식들에 적용한 것이다.* 이미 말했거니와, 이렇게 적용된 최초의 판본들은 우리에게 남아 있지 않다. 이들을 만들어낸 웨일즈와 브르타뉴의 설화 작가들의 삶에 대한 기록 역시 마찬가지이다. 그러나 한 사람의 대가, 그것도 위대한 대가로 보이는 사람의 이름만은 남아 있다. 그 이름은 브레리, 블레헤리스, 블리히스 등으로 다양하

---

* 361-362쪽 참조.

게 전해지는데,[89] 브리튼의 토머스는 그가 "브리튼에 살았던 모든 왕과 모든 궁정의 모든 공적과 모든 이야기"[90]를 알고 있었다고 쓰고 있다. 이름이 알려지지 않은 또 다른 사람은 그가 성배의 비밀을 알고 있었다고 말한다.[91] 역시 이름이 알려져 있지 않은 또 한 사람은 그가 "웨일스에서 태어났다"고 하면서, 자신이 바로 가웨인의 전설을 푸아티에 백작의 궁정에 소개한 사람이라고 말하고 있다.[92]* 따라서 켈트의 한 음유시인이 1120-1137년경 푸아티에의 중요한 궁정에서 마법의 세계 전체를 묶은 놀라운 보따리를 펼쳐 보였고, 그것이 씨앗이 되어 아서왕의 로맨스가 탄생한 셈이다. 이 로맨스는 깨어 있는 근대 서양의 영혼의 젊은 꿈으로, 여기에 운명의 모든 상징이 담겨 있었다.

이 젊은 꿈이 형성된 최초의 시기는, 유럽에서 로마 제국이 무너져 박살이 나면서, 다시 살아난 야만과 해체되는 문명이 뒤섞이던 시기이다.[93] 이 시기는 여러 면에서 호메로스 시대의 개막을 알리던 크레타와 트로이의 몰락의 시기와 비교할 수 있는 재생의 시기였다. 근대적 인간의 특징을 이루는 신화적 형태들이 발현되는 역사와 조건들을 연구하는 이 글에서 나는 그 시기를 다음과 같이 부르도록 하겠다.

1. 신화 발생의 순간 : 450년-950년경

프로이트는 『모세와 일신교(Moses and Monotheism)』에서 유대인이 광야에서 헤매던 시기로부터 비슷한 순간을 찾아냈다. 그것은 (그는 이 점을 증명하였다고 믿고 있는데) 유대인들이 이집트인 지배자 모세를 죽인 순간이다. 프로이트의 견해에 따르면 이 사건은 기원전 1350년부터 1310년 사이에 일어났다.[94] 이 참사 뒤에는 망각, "잠복", 부화의 시기가 뒤따랐다. 고전적 발전기에서 이에 상응하는 시기는 도리스인들이 필로스, 테베, 트로이를 공격한 때(기원전 1250-1150년)와 그들이 서사시에서 문학적 변용을 이룬 때(기원전 850-650년) 사이로 잡을 수 있다. 프로이트는

---

* 이미 말하였듯이 이 백작은 아퀴테인의 윌리엄 9세(1071-1127년)이거나 아니면 윌리엄 10세(1137년 사망)일 텐데, 이들은 각각 엘리노 여왕(1122-1204년)의 할아버지와 아버지이다.

민족들의 역사에서 그런 시기를 개인의 유년에서 가장 이른 시기, 즉 꿈의 이미지와 구조적인 주제를 결정하는 핵심적인 인상들이 찍히는 시기와 비교한다. 융이 자주 말하던, 개인의 역사에 기초한 개인의 무의식의 이미지들인데, 성장, 영적 갈등, 입문, 성숙, 힘의 소멸, 죽음 등 필연적이고 공통적인 인간 운명의 "엄숙하고 항상적인" 주제들은 이 이미지들을 통하여 개별적으로 굴절되고 해석되고 표현된다.

구체적으로, 아서왕의 로맨스와 관련하여 사태를 급진전시킨 큰 사건은 이교도인 앵글족, 주트족, 색슨족이 450-550년경에 기독교화된 브리튼을 정복한 것이다. 로마인들은 400년간의 점령기를 끝내고 막 철수하였다. 방어력이 없는 주민은 북쪽으로부터는 길들여지지 않은 픽트족과 스코트족에게 괴롭힘을 당하였다. 브리튼족의 왕 보르티게른은 색슨족에게 구원 요청을 하였는데, 헨게스트와 호르사의 지휘로 진군한 색슨족은 그 대가로 켄트의 땅을 받았으며, 시간이 지나자 스스로 브리튼 정복에 나섰다.

아서는 아마 토착 브리튼 사람이었을 것이고, 6세기초에 일련의 전투에서 명성을 높였을 것이며, 한 동안 켈트인의 기독교적 대의의 마지막 희망을 대표하였을 것이다. 그 시기에 웨일스의 성직자였던 길다스(Gildas, 516?-570년)는 연대기인 『브리튼의 전복과 정복(De exidio et conquestu Britanniae)』에서 그가 태어나던 날 마운트 바돈(도셋 지역)에서 벌어졌던 큰 전투에 대하여 언급하고 있다. 역시 웨일스의 성직자였던 넨니우스(Nennius, 796년에 활약)는 이보다 뒤에 기록된 『브리튼의 역사(Historia Britonum)』에서 아서의 이름을 같은 전투와 관련하여 찬양하고 있다. 이 텍스트에 따르면, 아서는 왕이 아니라 전문적인 전사(dux bellorum)였으며, 그는 열두 번의 전투에서 "브리튼인들의 왕들의 부대에서 싸웠는데", 그 가운데 여덟번째인 귀논 성 전투에서는 "어깨에〔아마 '방패에'라는 뜻일 것이다〕 거룩한 성모 마리아상을 달고 나갔으며, 그날 이교도들은 패주하였고, 주 예수 그리스도와 그의 성모이자 성녀 마리아의 은혜로 그들 가운데 많은 수를 죽일 수 있었다." 또한 열두번째 전투인 마운트 바돈 전투에서는 "아서의 한 번의 진출로 하루에 960명을 죽였는데, 오직 아서 혼자서 그들을 쓰러뜨렸고, 그는 모든 전투에서 승리를 거두었다."[95] 이 글에는 나중에 멀린과 동일시되는 암브로시우스의 전설도 기록되어 있다. 그는 놀랍게도 "아버지 없는 자식"이었으며, 보르티게른 왕에게 그가 짓고 있는 탑의 기초가 불안한 이유를 밝혀주었다. 즉 탑 밑의 땅에서 두 마리의 용이 서로 싸우고 있다는 이야기였는데, 한 마리는 붉은색이고 또 한 마리는 하얀색이었다(이교도인 색슨족과 기독교도인 켈트인을 가리키는 알레고리).[96] 956년이 되면서 쓰여진,[97] 당시를 기록한 또 다른 익명의 연대기『캄브리아 연대기(Anales Cambriae)』에서 아서는 다시 마운트 바돈 전투와 관련하여 언급된다. 여기서는 마운트 바돈 전투의 연도가 516년으로 나와 있다. 또 아서가 537년 캄란 전투에서 메드라우트(모드레드)와 함께 죽었다고 기록되어 있다.*

## 2. 발전의 제1구전기 : 550-1066년경

이미 넨니우스의 연대기에 켈트인의 "신화 발생 지대"(브르타뉴, 콘월, 웨일스, 스코틀랜드, 아일랜드) 전역에 걸쳐 생겨나는 구전 민간 전승의 증거가 있는데, 이 전승의 주요한 주제는 아서의 재림을 바라는 이른바 "브리튼인의 희망"이다. 이 전승은 여러 곳에 흩어진 수많은 지역적 전설을 포괄하고 있다. 예를 들어서, 브레콘셔(웨일스) 북부의 한 케른(cairn, 기념물, 이정표로서의 원추형 돌무덤/역주)에 있는 한 돌에는 아서의 사냥개 카발이 멧돼지 트로인트를 쫓다가 남긴 발자국이 있다는 식이다. 그 돌을 어디에 옮겨놓아도 다음 날이면 다시 케른에 돌아가 있다고 한

---

* 유럽 본토의 니벨룽겐에 대한 전설의 기원 역시 이 시기이다. 구체적으로 동부의 게르만 부족인 부르군트족이 발트해로부터 남쪽으로 이주하여 라인강변 보름스 근처에 정착한 5세기초인데, 이들은 435년에 로마의 총독 아에티우스에 항거하여 일어섰다. 2년 뒤 이들은 로마 제국의 대리인 노릇을 하던 훈족 부대에 의해서 궤멸당하였으며, 남은 사람들은 론강으로 물러났다. 이전에 이들과 라인강변에 이웃하여 살던 쾰른 근처의 프랑크족은 그들의 참화에 대한 기억을 간직하다가 그것을 전설로 발전시켰는데, 우리는 이 전설을 다음과 같은 자료를 통하여 알고 있다. a) 아이슬란드에서는 1. *The Poetic Edda*(1200년경), 2. Snorri Sturleson(1179-1241년경)이 쓴 *The Prose Edda*, 3. *The Völsunga Saga*(1250년경), b) 독일 남부에서는 *Nibelungenlied*(1250년경), c) 덴마크와 노르웨이에서는 *Vilkina Saga*(1250년경). 또 *Beowulf*(675-725년경, 875-913행)에도 이 전설의 초기 판본이 간략하게 인용되어 있다.

다. 역시 웨일스에는 아서의 아들인 아니르의 것으로 일컬어지는 무덤, 둑스 벨로룸(dux bellorum)이 있다. 아서는 스스로 아니르를 죽이고 그 곳에 묻었다고 한다. 그 무덤의 길이를 재보면 어느 때는 2미터, 어느 때는 3미터, 어느 때는 심지어 5미터나 되지만, 절대 똑같은 치수가 두 번 나오는 일은 없다고 한다. 넨니우스는 직접 무덤을 재보고 그 말이 사실임을 확인하였다.[98] 루미스 교수는 아서왕에 대해서 이렇게 말한다. "원래 그는 브리튼인들이 색슨인들과 필사적으로 싸울 때 실존하였던 전사이다. 그러다가 민중 전승에서 그의 이름을 케른이나 크롬렉(cromlechs, 환상열석〔環狀列石〕), 로마의 유적지나 무너진 성과 연결시키게 되었다. 그는 죽지 않고 아발론 섬이나 마운트 에트나의 깊고 후미진 곳, 또는 웨일스에 있는 산의 동굴 속에 살아 있었다. 그는 오스트레일리아의 피그미족의 왕이 되었거나, 몽 뒤 샤(Mont du Chat)의 숲이 우거진 비탈에서 달빛으로 유령 사냥을 이끌었다.\* 콘월과 브리타니 사람들은 아서를 메시아로 여겨서, 그가 그들의 조상의 땅을 색슨인들로부터 회복시켜주러 돌아올 날을 기다렸다."[99]\*\*

---

\* 『피네건의 경야』 전체에 걸쳐서 나타나는 "유령 사냥" 주제, 그리고 바그너의 「트리스탄과 이졸데」 제2막의 사냥꾼의 뿔나팔 모티프와 비교해보라. 또한 만의 『마의 산』에서 카스토르프의 영혼의 여인의 이름인 마담 쇼샤(Chau*chat*, chat는 프랑스어로 고양이라는 뜻/역주)와 비교해보라.

\*\* 마찬가지로 아이슬란드에서 알프스와 동쪽으로 카스피해에까지 이어지는 이들의 친족 게르만인의 "신화 발생 지대"에서도 부르군트인의 몰락을 전하는 전설이 커나가면서, 거기에 지역의 역사와 전설이 달라붙게 되었다. 훈족의 왕 Attila(406?-453년)는 대학살의 자리에 없었지만, 그 이야기에 덧붙여지면서, 그의 죽음이 게르만의 공주 Ildico 또는 Hildico와 결혼하던 날 밤 목에 생긴 출혈 때문이라는 민중적 해석도 첨가되었다. 자신의 친척들에 대한 복수로 공주가 그를 죽였다는 소문이 돌았다(사실 그녀는 부르군트족이 아니었지만).
『니벨룽겐의 노래』에서 Attila는 Etzel이 되었고, Hildico는 Kriemhild가 되었다(Hilda는 "전사 처녀", Hildico는 "작은 전사 처녀", Kriem-hild는 "투구를 쓴 전사 처녀"). *Völsunga Saga*에서 Attila는 Atil이 되었고, Hildico는 Gudrun이 되었다.
Brunhilda("갑옷을 입은 전사 처녀")는 사실 서고트족의 여왕 Austrasia(543-613년경)이다. 567년 그녀는 아리우스 학파의 학설을 버리고 정통 기독교를 받아들이면서, 동프랑크족의 왕 Sigebert와 결혼하였다. 그의 형제인 서프랑크족의 Chilperic은 그녀의 자매와 결혼한 뒤 그녀를 죽였다(그의 정부인 Fredegond의 권유에 의한 것이다). 이로 인하여 형제 사이에 전쟁이 일어났다. 575년 Sigebert는 살해되고, 과부인 Brunhilda는 포로가 되었다. 그러나 그녀는 그를 포로로 잡은 왕의 아들과 결혼하여 포로에서 벗어났다. 그 뒤 그녀는 정치적 술수에 큰 수완을 발휘하며 30년간 활약하였지만, 613년 아서의 명성이 발전해나가는 이 첫 단계에서 구전되는 이야기와 라틴의 연대기들에는 대체로 자의식이 없었다. 그러나 다음 단계에는 그렇지 않았다.

3. 발전의 제2구전기 : 1066-1140년경

노르만인이 잉글랜드를 정복하면서 켈트의 음유시인들에게는 새로운 시대가 밝아왔다. 앵글로-색슨족의 왕과 궁정들은 사라지고, 대륙과 강한 연관을 유지하며 프랑스어를 구사하는 귀족이 그 자리를 채웠다. 이들은 영국제도의 옛 원주민 출신의 음유시인과 설화 작가들에게 새로운 무대와 청중을 제공하였다. 이들은 제대로 훈련을 받은 창조적 예술가요 공연자들이었으며, 옛 드루이드족 필리드(고대 게일의 전문적인 낭송시인/역주)의 신화 작가로서의 장인 정신을 습득하였다. 여기에는 켈트의 모든 기본적인 신화들을 암기하는 것 외에 즉흥적인 기술의 능란한 구사가 포함되었다. 노르만족의 잉글랜드 정복에서부터 브레리가 푸아티에의 윌리엄 백작의 남쪽 궁정에 나타나기까지 짧은 기간 동안 전통적인 켈트의 신화적 줄기를 따라 아서왕과 그의 탐색에 나선 기사들이라는, 유럽의 새로운 세속적 신화를 확립한 것이 바로 이 의식적이고 창조적인 대가급 연예인들이었다(그 가운데 웨일스인 브레리, 블리히스, 블레헤리스가 가장 탁월하였던 것 같다). 이 시기 전체에 걸쳐 아서왕의 기사들 가운데는 기사도 정신이 투철한 가웨인이 옛 켈트권에서 수레를 탄 투사 쿠홀린에게 맡겨졌던 명예로운 역할을 주로 상속하였다.*

---

프랑크의 귀족들은, 그녀가 그들 왕가의 열 사람을 죽인 것에 대한 복수로, 그녀를 삽아 수치를 주기 위해서 낙타에 태우고 돌아다닌 뒤 사흘 동안 고문을 하였으며, 야생 마들을 이용하여 몸을 찢어 죽이고나서 유해는 불에 태웠다.

* 한편 그 무렵 기독교화된 게르만의 "신화 발생 지대"에서도 비록 완전히 다른 환경이기는 하였지만, 켈트의 경우와 같은 일이 벌어졌다. 이곳에서도 여러 지역에서 자연발생적으로 생겨난 민담과 전설을 아리아인(여기서는 특히 게르만인)의 신화라는 큰 유산에 결합하는 일은, 전통적인 훈련을 받고 높은 평가를 받은 의식적이고 창조적인 시인들의 세대가 담당하였던 것이 틀림없다. 바로 이 시기에 고대 게르만 두운체 시라는 귀족적 예술——Beowulf(앞의 141-152쪽)가 그 뛰어난 예이다——이 성숙한 것만 보아도 그것을 알 수 있다. 나아가서 바이킹들 사이에서는 8세기에서 9세기로 넘어가는 시기에 스칼드(스칸디나비아의 음유시인/역주)의 훨씬 더 세련된 시가 나타났다.

이런 종류의 신화적 창조성을 "민중 영혼"으로부터 자연발생적으로 나온 시라고 낭만적으로 설명할 수는 없다. 예를 들어서, 야콥 그림의 "민중이 쏜다(das Volk dichtet)"라는 의미에서 이해할 수는 없다. 또한 여기서 프로이트까지 들먹여가며, 이 시인들의 생산물을 단지 내가 '신화 발생적 순간'이라고 부른 것의 정신적 외상의 증상이라고만 해석할 수도 없다. 어쩌면 제2기, 즉 발전의 첫 구전기에 대해서는 그런 식으로 이야기할 수도 있을지 모른다. 그러나 이 제2구전기의 설화 작가들은 전통적으로 훈련을 받은 대가급 장인들로서, 450년경의 단절과 충격보다 훨씬 오래된 전통으로부터 물려받은 신화 작가의 원칙들에 따라 새로운 유사 역사적 자료들을 지어내고 다듬었다. 나아가서 이 시기에는 그 나름으로 상당한 외상을 일으킬 만한 순간들이 많았다. 1066년의 노르만족의 잉글랜드 정복만이 아니라, 1085년에는 스페인이 톨레도를 정복한 일도 있었고, 1097년에는 제1차 십자군의 진군도 있었다. 따라서 아랍어로부터의 번역, 동양의 비단과 유행, 마니교의 열광자들, 유대교의 카발라주의자들과 상인들 등, 이것들과 관련하여 새로운 철학적, 신학적 개념들을 습득하고 소화해야 하였다. 이 모든 것이 유럽의 정신에게는 새로운 지평을 가진 세계를 내다보는 창구였다. 이들은 새로운 세계로 들어갈 수밖에 없었으며, 정신만이 아니라 마음도 그에 호응해야 하였다. 『신의 가면 : 원시 신화』에서 나는 이주한 사람들이 새로 진입한 땅의 특징들을 자신의 신화 유산에 동화해 나아가는 과정을 가리키기 위한 말로 란드-나마

---

스칼드들의 시는 10세기에서 11세기로 넘어가는 시기에 노르웨이로부터 아이슬란드로 넘어가 14세기말까지 계속 쓰여졌다. 노르웨이인인 아버지 Bragi Boddason(9세기초)은 이 스칼드 대가들 가운데 첫 손가락에 꼽을 수 있을 것이다. 스칸디나비아 사람들에게 기독교가 전해진 것은 1000년경인데, 문서로 남아 있는 그 시들의 대부분은 1100-1250년경의 것이다. *Prose Edda*를 쓴 Snorri Sturleson(1179-1241년)은 이 예술의 절정기에 활약하였다.

여기서 피에트로아사 그릇(〈그림 3〉)이 게르만 영토에서 발견되었다는 사실도 떠올려볼 수 있다. 중세 초기의 독일 신화는 전혀 "원시적"이지 않았다. 그 전체에 걸쳐서 조로아스터교, 헬레니즘, 로마, 비잔틴의 영향을 찾아볼 수 있다. 따라서 바그너에게 큰 영향을 주었고 그의 작품에 서사시적인 힘을 부여했던 12-13세기의 *Nibelungenlied*, *Völsunga Saga*, 아이슬란드의 *Eddas*의 신화적 주제들은 우리가 이 네 권의 책에서 많은 부분을 할애하였던 높은 수준의 위대한 신화 전체와 분명한 친화성을 보여준다.

(land-náma), 즉 "땅 이름짓기" 또는 "땅 차지하기"라는 용어를 사용하였다.[100] 1066년부터 1140년경에 이르는 위대한 유럽의 각성기에 켈트의 음유시인과 설화 작가들의 신화작가적 창조성은 본질적으로 신화 발생 과정과 똑같았다. 그러나 공간이 아니라 시간, 지리적인 사실들이 아니라 새로운 시대의 새로운 것, 가능성, 사실, 위험, 고통, 경이의 전유와 정복이었다. "신화적 갱신"이었던 셈이다.

그러나 이 제2구전기에 아서의 전승을 실어나른 것은 음유시인들의 구전 문학만이 아니었다. 이 시기에도 제1구전기와 마찬가지로 글로 쓰여진 연대기가 있기 때문이다. 그 가운데도 두 가지가 중요하다. 첫번째는 당대에 가장 존경받았고 또 존경받을 만하였던 영국 역사가이자 박식한 수도사인 말메스베리의 윌리엄(1080-1143년경)의 『영국 왕들의 행적(Gesta Regum Anglorum)』이다. 그의 책은 1120년경에 나왔다. 윌리엄은 다시 아서를 마운트 바돈 전투와 연결시켰을 뿐만 아니라, 정확한 역사의 이름으로 그 위인의 이름을 둘러싸고 형성되어 가던 무책임한 우화들에 대하여 강하게 이의를 제기하고 있다.

"그는 브리튼인들이 빈말로 격찬하는 아서, 그러나 실제로는 기만에 찬 이야기나 꿈의 주제가 되고 마는 아서가 아니라 진실한 역사의 주제가 될 자격이 있는 아서이다. 그는 오랫동안 그의 비틀거리는 조국의 버팀대 노릇을 해왔을 뿐만 아니라, 그의 동포의 부서진 정신을 자극하여 전쟁에 나서게 하였기 때문이다. 마침내 마운트 바돈 포위 공격 때는 자신의 갑옷에 붙여놓았던 신의 어머니의 상을 믿고, 혼자서 엄청난 피를 보며 900명의 적을 패퇴시켰다."[101]

우리는 이 "진실한 역사"로부터 전투들을 이끌면서 거의 신격화된 아서의 전설에 왈웬(Walwen, 가웨인)이라는 이름이 이미 첨부되어 있음을 알게 된다.

그러나 이 시기의 가장 두껍고 중요한 아서 관련 문서는 몬머스의 제프리의 정말로 놀라운 『영국 왕들의 역사(Historia Regum Britanniae)』이다. 이 책은 1136년에 나왔는데, 박식한 성직자 지랄두스 캄브렌시스는 이 책에 대하여, 죽어가는 사람의 가슴에 요한복음을 올려놓으면 천사들이 모여드는데 반하여, 이 거짓의 연대기를 올려놓으면 악마들이 몰려올 것이라고 말하였다.[102] 이 책은 겉으로 보기에는 수도사가 트로이의 피난민들(브리튼이라는 이름의 시조가 되는 영웅 브루트가 이끌고 왔다)이 섬에 처음 정착하였다고 여겨지던 시기에서부터 앵글로-색슨족이 들어온 시기까지 브리튼의 켈트 왕들의 통치에 대한 "진실한 역사"를 기록하려고 한 연대기이지만, 실제로는 그때까지 기록되지 않았던 켈트의 전설들을 놀라울 정도로 풍부하게 정리해놓은 책이었다. 박식한 사람들은 그런 책인 줄 알고 있었지만, 그럼에도 당시의 궁정 세계에서는 누구나 그때까지 진실을 기록한 그 어느 책보다 이 책을 좋아하였다. 이 책은 즉시 유행이 되었으며, 한 동안 유럽 사교계의 화젯거리가 되었다. 수백 년 뒤에 괴테의 마음까지 사로잡았던 제임스 맥퍼슨의 『오시안 시집(Poems of Ossian)』(1760, 1762)과 같은 역할을 하였던 셈이다. 제프리는 맥퍼슨과 마찬가지로 고대의 켈트 책에서 자신의 텍스트를 가져온 척하였다. 맥퍼슨의 경우에는 게일어였고, 제프리의 경우에는 브리튼어였다. 두 사람 모두 당대의 명석한 두뇌들로부터는 조롱을 당하였다. 맥퍼슨은 새뮤얼 존슨으로부터 조롱을 당하였고, 제프리는 지랄두스 캄브렌시스 등 여러 사람들로부터 조롱을 당하였다. 그러나 단 한 권의 책을 통하여 오늘날까지 강력하게 흐르고 있는 전승의 웅장한 강의 큰 물이 흘러들어오도록 물길을 여는 일이 조금이라도 가치가 있는 일이라면, 제프리는 맥퍼슨과 마찬가지로 월계관을 받을 자격이 있다. 라틴어로 쓰여진 그의 책에는 문학사상 처음으로 왕으로서의 아서라는 인물과 그의 탄생에 얽힌 이야기, 그가 총애하던 기사들인 가웨인, 베디비어, 케이의 이름, 모드레드(여기서는 아서의 아들이 아니라 조카로 나온다)의 배반, 아서와 모드레드의 마지막 전투, 왕의 치명적 상처, 그의 왕비 귀네비어의 수녀원으로의 피신, 542년 왕이 아발론으로 건너간 일 등이 기록되어 있다. 뿐만 아니라 리어 왕과 그의 딸들인 고네릴, 리건, 코딜리어, 킴벨린 왕의 이름, 멀린의 생애에 얽힌 전설——그가 마법을 통하여 "거인들의 춤"(스톤헨지)을 아일랜드에서 샐리스베리 평원으로 옮긴 일을 포함하여——등도 기록되어 있다.

이와 더불어 우리는 구전 단계로부터 아서의 발명의 절정에 이르는 위대한 시기로 완전히 접어들게 된다.

### 4. 발전의 문학적 단계 : 1136-1230년경
문헌에는 대체로 네 범주로 나타나고 있다.

    A. 앵글로-노르만 애국 서사시 : 1137-1205년.
    B. 프랑스 궁정 로맨스 : 1160-1230년경.
    C. 성배의 종교적 전설 : 1180-1230년경.
    D. 게르만의 전기적 서사시 : 1200-1215년경.

    A. 앵글로-노르만 애국 서사시, 1136-1205. 몬머스의 제프리는 자신의 획기적인 『영국 왕들의 역사』의 정치적 가치를 알고 있었다고 믿을 만한 이유가 있다. 세바스천 에번스(Sebastian Evans) 박사는 이 책을 번역하면서 에필로그에서 썼듯이, 이 책은 "진정으로 민족적인 서사시"이기 때문이다. 그러나 이 책이 어떤 민족을 염두에 두고 쓰여졌는가에 대해서는 의문이 있다. 잉글랜드인, 노르만인, 브르타뉴인, 웨일스인은 아니기 때문이다. 에반스 박사는 이 의문에 대해서 이렇게 답한다.

    한 마디로 그것은 제프리 시대의 민족 제국이었으며, 그의 "시대"는 헨리 1세, 스티븐의 시대와 헨리 2세의 첫 해였다.* 헨리 1세의 실제 제국은 주로 잉글랜드, 노르만디, 웨일스, 브르타뉴로 이루어져 있었다. 헨리 2세의 실제 제국은 오크니 제도에서 피레네 산맥까지 뻗어 있었다. 잉글랜드 정복자의 아들과 증손자인 첫 두 헨리를 지배하였던 생각은 앵글-웨일스-노르만-브르타뉴 제국의 변경을 점차적으로 확대하여, 마침내 때가 무르익으면 막강한 윌리엄의 후예들이 기독교 왕국의 황제로 등극하자는 것이었다.[103]

에반스가 말하듯이 시인 베르길리우스는 로마의 건립자들이 트로이의

---

* 헨리 1세는 1100-1135년 재위 ; 스티븐은 1135-1154년 재위 ; 헨리 2세는 1154-1189년 재위.

혈통을 이어받은 자들이라고 주장하고, 망명한 트로이의 왕자를 로마의 민족 영웅으로 바꾸어놓음으로써 로마 제국의 명예를 드높이고, 세계의 지성과 상상력 속에 로마 제국의 자리를 잡아놓았다. 따라서 제프리라고 해서 두 헨리의 앵글-웨일스-노르만-브르타뉴 제국에 대하여 같은 일을 하지 못할 이유가 어디 있겠는가?

〔에반스는 결론을 내린다.〕 제프리의 책은 실패한 서사시이다. 실패한 제국의 민족적 서사시가 될 운명이었기 때문이다.…… 베르길리우스가 아이네아스를 창조하였듯이 제프리는 아서왕을 창조하였는데, 그는 제국의 핵심을 이루는 앵글-웨일스-노르만-브르타뉴 등 핵심부만이 아니라 제국이 그 이후에 합병할 모든 영토의 전통적 영웅이 되어야 하였다. 그러나 아서왕에게는 제국의 영광의 건립자로서 그를 찬양해줄 제국이 남지 않았다. 아서왕은 소속 제국이 없는 민족적 영웅이 되었다. 그는 오랜 세월에 걸쳐 문학적 경이이자 수수께끼 노릇을 하였지만, 사람들은 그의 존재를 정당화해주었던 복합적이고 단명한 제국의 존재를 잊어버렸다.[104]

뿐만 아니라, 루미스 교수가 말하였듯이, "제프리는 자신의 아서가 모호하기는 하지만 샤를마뉴와 비슷하다는 사실에 무관심하지 않았다."[105] 즉 프랑스의 『무훈시(Chansons de Geste)』의 샤를마뉴이며, 특히 『롤랑의 노래(Song of Roland)』의 샤를마뉴이다. 『롤랑의 노래』는 1098년경에서 1120년 사이에 나왔으니, 제프리의 작업보다 20-30년 빠른 셈이다.*

---

\* 켈트인의 신화 발생 지대에서 Arthur의 전설이 발전하고, 게르만 부족들의 신화 발생 지대에서 Sigurd와 Brunhilda의 전설이 발전하는 동안, 프랑스에서는 la douce France, Chansons de Geste 등이 나왔다. 그러나 고인이 된 파리 대학의 Joseph Bédier 교수가 이 골 사람들의 "무훈시"의 기원에 대한 4권짜리 엄청난 책——Les Légendes épiques : recherches sur la formation des Chansons de Geste(Paris : Edouard Chamion, 1907, 1921〔2판〕, 1926〔3판〕)——에서 증명한 것처럼, 이들의 출처는 민중의 상상력이나 음유시인들의 전통적으로 훈련된 신화 작가적 창조력이 아니라, 11-12세기에 인기 있었던 순례의 길을 따라 세워져 있던 수도원들에 보존된 라틴어 연대기들에서 찾을 수 있다. 이 순례의 길들은 프랑스로부터 a) 스페인에 있는 콤포스텔라의 성 제임스의 성소, b) 로마, c) 예루살렘으로 이어졌다. 이 수도원들은 여관 역할을 하였으며, 수도사들은 자신들의 동네를 선전하기 위하여 책꽂이의 귀중한 양피지에 적혀 있는 그 지역의 유명한 공적 이야기를 음유시인이나 설화작가들에게 들려주었다.
예를 들면, 피레네 산맥의 롱스발이라고 부르는 좁은 산길에서는 791년 또는 792년

그러나 마침내, 제프리 자신의 의도가 무엇이었든 간에, 그의 설화 속의 왕이 진짜 노르만 왕조에서 차지하는 의미를 첫 헨리는 아니라고 하더라도, 두번째 헨리는 분명히 인식하였다. 이 연대기로서의 서사시 전체가 웨이스(1100-1175년)라는 이름의 클레르크 리산트(clerc lisant, 독서하는 지식인이라는 뜻/역주)에 의해서 노르만 프랑스어(노르만 정복 후 영국의 공용어가 되었던 노르만인이 쓰던 프랑스어/역주) 8음절 2행 연구로 바뀌었다. 웨이스는 아벨라르의 파리에서 교육을 받았으며, 그가 자신의 작품이라고 부르는 『브르타뉴 이야기(*Geste des Bretons*)』──『브루

에 샤를마뉴(Charlemagne) 군대의 후방 경비대 위에 바위 몇 개가 떨어졌다. 샤를마뉴의 부대는 원정에서 돌아오는 길이었는데, 그들은 무어인들을 친 것이 아니라 무어인들과 동맹하여 기독교도 바스크인들을 쳤다. 잠복하고 있던 바스크인들이 던진 바위는 부대에 거의 피해를 주지 못하였으며, 산사람들은 금방 사라졌다. 그러나 300년쯤 지나서 무어인들을 다시 압박하게 되자(톨레도 함락, 1085년), 프랑스 사람들은 무어인들과 싸웠던 이전의 위대한 왕──그것도 자신들의 왕!──으로 샤를마뉴의 이름을 다시 떠올리게 되었다. Bédier는 *La Chanson de Roland*에 대한 평(Paris : L'Edition d'art, 1927)에서 이렇게 말한다. "나는 실제로는 롱스발 전투와 관련된 이야기를 처음 꾸며낸 곳이 11세기 블라예와 보르도에서 롱스발에 이르는 길을 따라 놓인 성소들이었다고 믿는다." 이어 그는 결론을 내린다. "11세기말에 샤를마뉴가 지칠 줄 모르고 신앙을 전파한 일을 기념하는 교회 텍스트들은 헤아릴 수 없이 많다. 예를 들어서 *Translation of Saint Servais*를 보면, '경건한 Charles은 조국을 위하여 죽는 것, 교회를 위하여 죽는 것을 두려워하지 않았다. 나아가서 그는 온 땅을 여행하였다. 신에게 반역하는 자들이 눈에 띄면 검으로 진압하였다.' 이런 이유 때문에 십자군의 설교사들은 그를 모두를 위한 모범으로 제시하였다. 또 이런 이유 때문에 Godefroy de Bouillon과 Baudoin de Flandre는 자신이 그의 후예라고 내세우며 자랑하였다. 또한 이런 이유 때문에, Ekkenhard d'Aura의 증언에 따르면, 1101년경 십자군들 사이에는 샤를마뉴가 부활하였으며, 곧 십자군을 이끌 것이라는 소문이 나돌았다."
"이 시기 동안 한편으로는 세속적인 영향 다른 한편으로는 교회적인 영향 때문에 서로 분리된 채 유지되던 다양한 성소에 흩어져 있던 전승이 순례의 길이라는 실과 관념이라는 신비한 실에 의하여 점차 합쳐지게 되었다. 그것은 프랑스의 사명이라는 관념으로, 한때 샤를마뉴와 그가 거느린 인물들이 내세웠던 것이며, 이제 모두가 다시 떠맡을 의무가 된 것이었다. 11세기 성직자들의 눈에 샤를마뉴는 여전히 이전 시대와 마찬가지로 사제 겸 왕이었다. 게다가 그는 그 세기를 통과하면서 점차 십자군에 나선 왕이 되어갔다. 그는 여전히 모든 기독교 왕국의 황제였으며, 특히 천국의 이쪽에서 가장 아름다운 왕국의 왕이 되었다. '그는 프랑스 전역을 편력하고자 원하였다(Par cels de France vuet il del tut errer)'. 샤를마뉴의 프랑스인들은 그들 자신이 아니라 신을 위하여, '성스러운 기독교 세계를 보좌하기 위하여(eshalcier sainte crestienté)' 정복하였다. 이것은 전적으로 십자군의 정신이었고, 전적으로 *chansons de geste*의 정신이었으며, 이 가운데 가장 아름다운 *Chanson de Roland*의 정신이었다"(63쪽).
그리고 보라! 이렇게 해서 오늘날까지 내려오는 프랑스의 신화가 이미 완전하게 태어난 것이다.

트(*Brut*)』로 더 잘 알려져 있다――로 인하여 헨리 2세는 그를 바이오의 대성당 참사회 회원 자리에 앉혀주었다. 이어서 꼭 50년 뒤, 존의 통치기――이 시기에 제국은 해체된다――에 잉글랜드 어세스터셔의 시골 목사 레이어먼은 노르만의 시에 자기 나름의 이야기들을 덧붙여 중세 영어 두운 서사시(1205년)로 바꾸어놓는다. 그의 매혹적인 서문을 보면, 이것은 어떤 왕에게 아첨을 하려는 것이 아니다. "잉글랜드인들의 고귀한 공적을 이야기하려는 것이다. 노아와 셈, 야벳과 함, 그들의 네 아내 등 방주에 있던 사람들을 제외하고는 이 땅의 모든 것을 파괴해버린, 하느님으로부터 온 홍수 뒤에 이 영국 땅을 처음 차지한 사람들에게는 어떤 이름이 붙었으며, 그들이 어디서 왔는지를 이야기하려는 것이다."[106]

원탁에 대한 문학적 언급은 웨이스의 작품에 처음 나타나며, 레이어먼은 켈트인의 잔치에서 흔히 일어났던 상석에 대한 논쟁을 피하기 위하여 원탁으로 만들었다는 설명을 덧붙인다.[107] 또한 웨이스의 작품에서는 아서의 복귀에 대한 "브리튼의 희망"이 처음으로 언급되며, 레이어먼의 『브루트』에서는 치명적인 부상을 당한 왕이 요정들에 의하여 아발론으로 옮겨졌고, 그곳에서 요정의 여왕 아르간테(Argante, 모르간트〔Morgant〕 또는 모르간〔Morgan〕의 변형)의 치료를 받은 뒤 언젠가 이 땅으로 돌아올 것이라는 이야기가 나온다.[108]*

따라서 이 셋, 즉 제프리, 웨이스, 레이어먼이 각각 라틴어, 프랑스어, 영어로 쓴 것이 아서의 첫 문학적 전설의 기본적 텍스트들이며, "왕의 전체 역사"를 다루는 앵글로-노르만 서사시 텍스트들이다. 여기에는 사랑은 거의 없고, 고귀한 마음도 전혀 없으며, 대신 군대들이 부딪히는 이야기는 많이 나온다. 왕 자신에 대한 이야기는 많지만 개별적인 기사들의 이야기는 거의 없다. 왕비에 대한 이야기는 없는 것이나 다름없어, 그냥 이름에 지나지 않는다고 할 수 있다(그것도 아주 나쁜 이름). 왕비는 왕의 편이었다가, 그의 조카와 공모하여 배반을 일으키며, 마지막에는 그녀의 고귀한 남편의 진노를 피하여 수녀원으로 달아난다. "아서의 전체

---

\* 220-223쪽 참조.

역사"에 대한 이 전승으로부터 맬러리의 『아서의 죽음』과 테니슨의 『왕의 목가』의 마지막 장면이 나왔다.

다음 범주의 작품들은 그 이상과 향취라는 면에서 지금 언급한 것들과 매우 다르다.

B. 프랑스 궁정 로맨스, 1160-1230년경. 프랑스에서는 이미 샤를마뉴라는 인물이 사랑받는 민족 서사시에 영감을 주었기 때문에, 왕으로서의 아서는 큰 호소력이 없었다. 따라서 그의 기사들에게로 흥미가 옮겨갔다. 처음으로 원탁이 놓인 아서의 궁정의 이미지를 만들어낸 사람——적어도 유창한 8음절 2행연구로 쓰기 위하여 노력한 사람——은 엘리노 여왕의 딸인 마리 드 샴페인 백작 부인의 궁정 시인이었던 크레티앵 드 트루아(Chrétien de Troyes, 1160-1190년경 활약?)였다. 아서의 궁정은 그의 모범적인 기사들이 출발하는 기지이고, 또 모든 일을 끝낸 뒤에 돌아가는 기지였다. 크레티앵의 주요 작품들은 다음과 같다.

1. 『트리스탄(*Tristan*)』: 전해지지 않음, 연도 불명.
2. 『에레크와 에니드(*Erec and Enid*)』: 1170년경.
3. 『클리제스(*Cligés*)』: 1176년경.
4. 『이륜 마차의 기사 랑슬로(*Lancelot, or The Knight of the Cart*)』: 1176년 이후.
5. 『사자의 기사 이뱅(*Yvain, or The Knight of the Lion*)』: 1180년경.
6. 『페르스발, 또는 성배의 전설(*Perceval, or The Legend of the Grail*)』: 1181년 이후.

중세의 시인들은 소재가 된 자료를 가리킬 때는 마티에르(matière)라는 말을 사용하고, 자신의 상상력이 담긴 해석을 말할 때는 상(san)이라는 말을 사용하였다. 크레티앵이 어떤 판본의 트리스탄 마티에르를 사용하고, 거기에 어떤 상을 보탰는지는 알려져 있지 않다. 그러나 그가 어떤 의미에서이든 그 이야기를 지어낸 사람일 리 없다는 것은 분명하다. 또 나머지 이야기를 지어낸 사람도 아니었을 것이다. 이 가운데 첫 세 작품 『에레크』,『클리제스』,『랑슬로』는 강력한 트리스탄 주제의 영향력에 대항하려던 시도로, 여기에는 반트리스탄적 작품들이라는 적절한 이름이 붙었다.『랜슬롯』은 미완이었는데, 고드프루아 드 라니라는 사람이 끝을 냈으며,『페르스발』역시 미완이었는데, 이것은 네 사람이 이야기를 이어갔다. 그 가운데 첫 두 사람은 익명이며(둘 다 1200년 전), 그 다음은 마네시에(1214에서 1227년 사이), 네번째는 게르베르(1130년경)였다.

『에레크』는 천막의 여인과 그녀의 배우자의 이야기*(『파르치팔』에서)를 닮은 부인의 정절에 관한 이야기로, 크레티앵은 이 작품이 "이야기를 해서 생계를 유지하고자 하는 사람들이 왕과 백작들이 있는 곳에서 절딴내고 망쳐놓곤 하는 이야기"라고 말하였다. 같은 이야기의 웨일스판인『게라인트(Geraint)』는 윤곽만이 아니라 많은 정확한 세목에서 크레티앵의 이야기와 일치하며, 나온 시기도 비슷하다.

그러나『클리제스』는 동양과 켈트의 여러 군데 흩어진 모델들을 기초로 복합적으로 구성한 것으로,『트리스탄』에 대한 직접적 부정을 의도한 것이다. 브루스 교수는『아서 로맨스의 진화(The Evolution of Arthurian Romance)』에 대한 그의 엄청난 작업에서 이렇게 말하고 있다. "이 시의 거의 모든 사건은 그 출처를 밝혀낼 수 있다. 그러나 이 시는 창작에 근접한다. 중세의 시인 또는 현대의 대부분의 시인에게 기대할 수 있을 만큼 창작에 근접한다. 그 말은 크레티앵이 별 관계가 없는 세목들을 모아서 새로운 조합을 만들었으며, 그 결과 독창성에 버금가는 효과를 냈다는 것이다."[109]

『클리제스』는 어리석고 매우 잔인한 이야기로 망령든 남편이 부인과 정부에게 바보 취급을 당하여 마침내 창피해서 죽게 되었는데, 그렇게 되자 그때까지 감질나게 정부를 피하던 여자는 "이졸트처럼 되지 않기 위하여" 남자를 받아들여 결혼한다. "양성의 관계에 대한 매우 복잡하지만 매우 분명한 진술이다." 어떤 뛰어난 현대 비평가는 그렇게 말하였는데,[110] 크레티앵도 그렇게 생각하였던 것 같다.

---

* 517쪽과 530-531쪽 참조.

크레티앵은 『랑슬로』의 마티에르와 상을 준 사람이 마리 백작 부인이라고 말한다. 그리고 468연("그 이야기가 말하는 대로[car si con li contes afiche]")에서는 콩트(conte), 즉 구전되는 이야기를 그의 전거로 언급하고 있다.[111] 그러나 아마 이 작품의 경우에는 상도 마티에르도 그에게 별로 호소력이 없었던 것 같다. 이 작품을 다른 사람이 끝내도록 맡겨버렸기 때문이다. 이것은 무례하고 어두운 군주 멜레아간트가 귀네비어를 납치하고, 랜슬롯이 그녀를 멜레아간트의 위험한 섬에서 구출한다는 유명한 이야기이다.

정말 놀라운 모험 이야기인 『사자의 기사 이뱅』은 어느 모로 보나 크레티앵의 최고작이라고 할 수 있다. 그리고 이 이야기는 웨일스의 전설인 『오웨인과 샘의 백작 부인(*Owain and the Countess of the Fountain*)』에 완벽하게 복제되어 있다.

그러나 웨일스에는 크레티앵의 『페르스발』의 대응물이라고 할 수 있는 『페레뒤르(*Peredur*)』도 있다. 따라서 『에레크』는 『게라인트』와 짝이 되고, 『이뱅』은 『오웨인』과 짝이 되기 때문에, 이 이야기들의 크레티앵의 판본과 웨일스 판본 가운데 어느 것이 먼저냐 하는 질문이 오래전부터 제기되어왔다. 현재 그 질문에 대한 답은 크레티앵이 먼저라는 것이다. 그러나 크레티앵이 웨일스의 『게라인트』, 『오웨인』, 『페레뒤르』의 전거인지, 적어도 유일한 전거인지는 분명치 않다. 이 점에 대해서는 루미스 교수의 답이 최선이다. 즉 처음 두 경우 각각은 프랑스와 웨일스의 두 작가가 "프랑스어로 쓰여진, 실질적으로 공통의 원본이라고 할 수 있는 것"을 놓고 독립적으로 작업을 하였다는 것이다. 그 다음 『페레뒤르』와 『페르스발』의 경우 선서는 역시 프랑스어지만, 형태는 날랐던 것처럼 보인다. 루미스는 말한다. "일련의 학자들이 여러 차례에 걸쳐 『페레뒤르』는 크레티앵보다는 볼프람의 『파르치팔』이나 중세 영어로 쓰여진 『페르세벨 경(*Sir Percevelle*)』이나 이탈리아의 『카르두이노(*Carduino*)』와 일치한다고 지적해왔다. 웨일스의 작가가 독일어, 영어, 이탈리어로 된 시들을 읽었을 것이라고 생각하는 사람은 없을 것이다. 더군다나 뒤의 두 시는 그 작가의 시대보다 100여 년 뒤에 쓰여진 것이며, 이들 영국과 대륙의 작가들이 웨일스의 작품을 읽었을 것이라고 생각할 수도 없다. 따라서 수많은 일치점들을 설명해줄 수 있는 것은 크레티앵 외의 프랑스어 전거밖에 없다. 볼프람은 『성배 이야기(Le Conte del Graal)』(크레티앵의 『페르스발』)을 알고 있었고 또 이용하기도 하였음에도 크레티앵이 전거라고 하지 않고 다른 이야기들에 큰 빚을 졌다고 밝히고 있다. 이 이야기들은 이따금씩 크레티앵에 근접하기는 하지만, 페르스발과 성배에 관한 널리 퍼진 전승의 독립적인 지류들이 틀림없다."[112]

요약을 해보자. 크레티앵이 살던 시대인 1160-1190년경에는 주위에 떠돌아다니는 켈트인의 민담들 덩어리를 프랑스어로 접할 수 있었다. 그 가운데는 구전되는 것도 있었고 문서화된 것도 있었다. 이 시대의 시인들은 이것으로부터 마티에르를 구하여 시적인 로맨스의 걸작들을 써냈는데, 이것이 우리 현대의 창조적 전통의 원류에 자리 잡고 있다. 그 모든 것 뒤에는 켈트인의 신화가 있다. 다음에, 역사적 위기들의 결과, 새로운 이름과 인물들——아서, 가웨인, 트리스탄, 마르크 등——이 초점이 되었고, 그들 주위로 새로운 민간 전승이 발전하면서, 옛날의 시간을 초월한 원형들——영웅의 탄생과 죽음, 비극적 사랑과 마법적 행동이라는 잘 알려진 켈트인의 신화적이고 전설적인 패턴들——을 갱신하게 되었다. 그 다음에 이런 민간 자료들을 걸작 구전 서사시로 구성하는 작업이 뒤따랐다. 이것은 전문적인 설화 작가들의 일이었다. 틀림없이 이 가운데 일부는 농부의 오두막에서 이루어졌을 것이고, 일부는 왕들의 궁전에서 이루어졌을 것이다. 곧이어 1150년경 글로 쓰여진 판본들이 나타나기 시작하였고, "문학사"라고 알려진 것이 시작되었다. 거의 화학적으로, 모든 작가들이 동시에 일을 시작하였는데, 영감을 받은 작가들은 동일한 주제를 놓고 작업을 하였다. 도처에 똑같은 마티에르가 있었지만, 경우마다, 작가마다 상은 달랐다.

크레티앵의 상에 대해서는 브루스 교수의 말을 인용해보겠다.

> 모든 것을 종합해볼 때 크레티앵은 브르타뉴의 마티에르를 다루는 프랑스 운문 로맨스 작가들 가운데는 의심의 여지 없이 최고이다. 그러나 이렇게

말하는 것은 이 장르에서, 적어도 프랑스에서 성취된 것에 대해서 한계를 인정하는 것이 된다. 이 작가의 작품에서는 더 높은 수준의 상상력을 찾아볼 수 없고, 존재의 수수께끼에 대한 철학적 통찰을 찾아볼 수 없고, 인물이나 삶의 행동과 관련하여 "펼쳐지는 지혜의 재능"도 찾아볼 수 없고, 다른 많은 시대의 대표적 시인들의 특징이라고 할 수 있는 마술과 같은 어법과 구절도 찾아볼 수 없기 때문이다. 그의 이미지는 몇 개의 직유——그 다수는 지극히 관습적인 것이다——와 약간 더 풍부하기는 하지만 그래도 제한되어 있는 은유에 한정되어 있다. 그의 "삶의 비평"은 당대의 빈틈없고, 경계심 많고, 세속저인 사람의 비평에 불과하다. 그는 자신이 움직이던 봉건 사회에 지극히 만족하였으며, 축제나 구경거리나 마상 시합의 소란과 광채를 즐거워하였다. 이 사회의 테두리 내에서, 방금 언급한 외적인 것들을 제외하면 그가 가장 관심을 가졌던 것은 기사도의 규약과 양성의 관계의 문제였다. 특히 아무르 쿠르투아(amour courtois, 궁정의 사랑) 체제 아래에서 후자의 문제가 새로운 형식으로 나타나는 데 관심을 가졌다. 나아가서 그는 기초적인 관심이나 감정에서 어른이 요즘의 아이 수준 정도밖에 안 되는 순진한 시대에 살면서, 그의 동시대인들이 일반적으로 그랬던 것과 마찬가지로 경이로운 것들의 매력에 특히 민감하였다. 그 결과 그가 기사도의 삶을 그리거나 위에 언급한 문제들을 해결하기 위하여 채택하는 배경은 대체로 환상적인 요소가 풍부한 켈트 지역의 민담이나 동양의 민담에서 가져왔고, 이따금씩 그것을 고전적 모티프와 섞기도 하였다. 『페르스발』의 경우 그는 자신이 전거로부터 가져온 소재의 의미를 제대로 이해하지 못하였을 것이다. 그러나 전체적으로 내용의 다양한 요소들과 배경을 조합한 시를 써냄으로써 독자들이 조화로운 통일성이라는 효과를 느끼게 해주었다. 사실 중세의 귀족과 숙녀들이 요정이나 그보다 더 낯선 저승의 인물들과 친하게 지내는 이러한 새로운 세계를 창조해낸 것도 작은 업적은 아니다.

크레티앵의 로맨스에서는 사랑이 중심적인 주제이기 때문에, 그가 여성을 등장인물로 만들 때 인간의 마음에 대한 최고의 지식을 보여준 것도 당연하다. 사실 그의 로맨스에 나오는 연인들의 독백에서 볼 수 있는 사랑의 감정의 미세한 분석이 가끔 지겹기도 하고, 또 그런 분석이 야기하는 자만도 지겹기도 하지만, 연인이나 남편과의 관계에서 나타나는 에니드의 끈기 있는 충성심, 귀네비어의 왕비다운 오만, 로딘의 통쾌한 변덕은 실감나게 묘사되어 있어 적지 않은 매력을 준다. 그리고 로딘의 경우에는 악의의 느낌까지도 효과적으로 전달된다.

그러나 크레티앵이 중세의 시인들 가운데 주목할 만한 자리를 차지할 수 있는 것은 무엇보다도 타고난 콩퇴르(conteur, 이야기꾼)로서의 면모 때문이다. 그의 이야기에서는 반짝거리는 생동감이 사라지는 법이 없다. 한 독일 비평가가 즐거워하며 말하였듯이, 그는 마음대로 소매에서 2행 연구를 끄집어낼 수 있는 곡예사 같은 느낌을 준다…….

그러나 시라는 큰 대의를 놓고 볼 때 그의 가장 기억할 만한 봉사는 우선 그의 동시대인들의 상상력을 그지없이 자극하였다는 점일 것이다. 울창한 숲을 이루고 있는 중세의 아서 로맨스는 주로 그가 뿌린 씨앗에서 자란 것이기 때문이다. 또 한 가지는 새롭고 아름다운 주제들로 유럽 전체의 시적 전통을 풍부하게 만들었다는 점일 것이다. 이 주제들을 놓고 그의 바로 뒷세대로부터 테니슨과 바그너의 시대에 이르기까지 그보다 위대한 사람들이 자신의 천재성을 시험해보았다.[113]

이제 이 마법적인 영감의 세계 발전의 다음 위대한 단계로 나아가도록 하자. 이 단계에는 성배가 최후의 만찬에서 사용하였던 잔이 된다. 전에는 켈트인의 마법에 불과하였던 것 위로 교회의 세례의 물이 쏟아져 내리고, 큰 솥은 성스러운 잔이 된다. 마나난 맥 리르가 불멸의 맥주와 오늘 죽이면 내일 다시 살아나는 돼지의 살을 담았던 곳에 그리스도가 나타나서 자신의 피와 자신의 불멸의 살을 내놓게 된다.

C. 성배의 종교적 전설 : 1180-1230년경. 이 풍부하고 엄청나게 영향력이 큰 전설의 주된 작품은 넷이다.

1. 『아리마대의 요셉(*Joseph d'Arimathie*)』. 1180년에서 1199년 사이에 부르고뉴의 시인 로베르 드 보롱(Robert de Boron)이 지었다. 그는 수수께끼의 "위대한 책(grant livre)"이 전거라고 주장한다. 성배가 최후의 만찬의 성배로 처음 제시된 것이 이 책인데, 이 성배는 1세기말 아리마대의 요셉이 브리튼으로 가져갔다고 한다.

2. 『성배 이야기(*L'Estoire del Saint Graal*)』. 학자들에게는 '불가타 사이클(Vulgate Cycle)'이라고 알려진, 고대 프랑스어로 쓰여진 거대하고

산만하고 이질적인 산문 로맨스 5부작 가운데 첫번째이다. 이 로맨스들을 쓴 여러 작가는 이름이 알려져 있지 않으며, 쓰여진 날짜는 1215-1230년 경이고, 쓰여진 순서는 아직 확인되지 않았다.* 이 매우 인기 있는 보물 창고 가운데 첫번째인 『성배 이야기』는 로베르 드 보롱의 『아리마대의 요셉』을 베끼고 있지만, 이야기는 상당히 늘렸다. 루미스 교수의 생각이 맞다면, 이 책의 전거 역시 똑같은 "위대한 책"일 것이다. 루미스는 말한다. "성배에 대한 켈트의 전승, 독창적인 진짜 전승을 초기 기독교의 아리마대의 요셉의 전설과 연결시킨 대담하고 영리한 사람은 로베르가 아니라 '위대한 책'의 저자였다."[114] 물론 "위대한 책"은 사라졌다. 그 저자도 알려져 있지 않다. 그러나 그런 책이 진짜로 있었다면, 로베르의 책보다 먼저 나왔을 것이고, 크레티앵의 성배 개념에도 영향을 주었을 것이다.

그러나 『성배 이야기』에서, 그리고 불가타 사이클 전체에서, 성배는 크레티앵의 경우와 마찬가지로 에스퀴엘(escuele), 즉 "접시" 또는 "사발"이다(〈그림 45〉). 로베르의 경우처럼 잔도 아니고, 볼프람의 경우처럼 철학자의 돌도 아니다. 또한 『성배 이야기』에서 고대하는 성배의 영웅──그의 생애는 『성배 탐색(La Queste del Saint Graal)』에 묘사되어 있으며, 귀네비어 왕비가 정부에게서 그를 낳는 것이 『랑슬로의 책』의 절정을 이루는 에피소드이다──은 분명히 정숙한 청년 갤러해드인데, 그는 불가타 사이클 외에는 알려져 있지 않다.

심지어 로베르 드 보롱도 갤러해드에 대해서는 알지 못한다. 아마 그는 『성배 탐색』의 저자인 시토 수도회의 수사가 처음 생각해서 집어넣은 인물인 것 같다. 이 매우 상징적이고 뛰어나게 고딕적인 작품에 직접적인 영감을 준 것은 1215년 제4차 라테란 공의회의 권위적인 규정, 즉 성

---

* 불가타 사이클을 구성하는 로맨스들은 다음과 같다. 1. *L'Estoire del Saint Graal*, 2. *L'Estoire de Merlin*('산문 멀린'), 3. *Li Livres de Lancelot*('산문 랜슬롯'), 4. *La Queste del Saint Graal*, 5. *La Mort Artu*. 루미스 교수는 이렇게 말한다. "이 거대한 작품들 전체는 1215년부터 1230년 사이에 쓰여졌을 것이며, 아마 크레티앵 드 트루아의 시를 통하여 랜슬롯의 로맨스와 성배 탐색을 처음 보여주었던 샹파뉴 지방에서 나왔을 것이다"(Loomis, *The Grail*, 146쪽). 일반적으로 이 모음집의 마지막 세 부분은 헨리 2세의 궁정에서 일하던 박식한 서기 월터 맵(Walter Map, 1209년 사망)이 쓴 것으로 알려져 있으나, 확실한 근거는 없다.

찬식의 빵과 포도주에 구세주가 실제로 존재한다는 교리였다. 이미 밝혀졌듯이, 갤러해드라는 이름은 구약의 이름인 갈르엣(Galaad〔Gilead〕)에서 나왔는데, 이것은 때로는 장소를 가리키기도 하고 때로는 사람을 가리키기도 한다.「창세기」31 : 47-52에 따르면 갈르엣은 "증거의 돌무더기"이다. 성자 비드라고 일컬어지던 세비야의 이시도르를 비롯하여 중세의 수많은 사람들이 이 이름은 그리스도를 가리킨다고 해석하였다. 따라서 저자 자신이 그리스도 안에서 우리의 구속의 "증거의 돌무더기"로 생각해낸 갈르엣(Galaad, 이는 갤러해드〔Galahad〕의 고대 프랑스어 형태)은 적당한 이름을 가진 셈이다. 나아가 루미스 교수가 말하듯이, "『성배 탐색』의 저자의 기발함을 이 이름을 택한 것보다 더 잘 보여주는 것은 없다."[115] 『성배 이야기』의 저자는 그 이름을 『성배 탐색』에서 가져온 것이 거의 틀림없다. 그 역시 시토 수도회의 수도사였다. 그러나 『성배 이야기』와 『성배 탐색』 사이에 자리 잡고 있는 묵직한 작품들의 저자들은 정신이 훨씬 더 세속적이었다. 동시에 이들은 훨씬 더 영향력 있고, 인기 있는 요약본의 저자들이기도 하였다.

3. 『랑슬로의 책(*Li Livres de Lancelot*)』(불가타 또는 산문 랜슬롯).*

이 아서에 대한 잡다한 이야기로 이루어진 지루하고 긴 마지막 빙퇴석은 여러 사람의 작품이다. 많은 구절들이 놀랍기도 하지만, 많은 구절이 지극히 진부하다. 이 책은 랜슬롯의 출생에서부터 시작된다. 그의 세례명은 의미심장하게도 갤러해드이다. 이어 그가 '호수의 여인'의 '파도 밑의 땅'에서 자라던 시절이 나오고, 이어 아서의 왕비의 아름다움을 만나면서 자신의 남성에 눈을 뜨게 된 시기로 넘어간다(왕비의 손길이 처음 닿는 순간 잠에서 깨어나는 것처럼 깨어났다고 텍스트는 말한다). 그 뒤에 이어지는 산만한 내러티브 속에서 랜슬롯은 많은 모험을 거쳐 펠레스 왕의 '성배의 성'인 코르베닉에 이른다. 예언에 따르면 황무지는 랜슬롯이 왕의 동정녀 딸에게서 낳은 아들에 의하여 회복될 것이라고 한다. 위대한 기사 랜슬롯은 마법에 의하여 자신이 사랑하는 귀네비어 왕비와 함께 누

---

* 288쪽의 각주를 보라.

위 있다고 믿게 된다. 그렇게 해서 필요한 일이 이루어지고, 이것이 "바라던 기사"의 출생과 놀라운 일로 이어진다. 그 이야기는 중세의 주요한 창조적 작품들 가운데 하나에서 이야기되는데, 그것은 곧 이 사이클 가운데 다음 작품이다.

4. 『성배 탐색』. 이 상징이 풍부한 작품은 『성배 이야기』보다 먼저 쓰여졌을 것이 거의 틀림없다. 이 작품은 기독교도의 영혼이 덧없는 삶에서 벗어나 신의 비전 속에서 영원한 존재와 축복에 이르는 여행을 한다는 큰 이야기(단테의 작품보다 100년 전에)의 머리말로 구성된 것이다.

서로 얽힌 이 네 작품에 공통된 전설의 기본적인 줄기들을 가능한 한 간략하게 살펴보도록 하자. 첫 작품은 시인 로베르가 쓴 것이고, 나머지는 익명의 불가타 사이클에서 나온 것인데, 뒤의 두 작품인 『성배 이야기』와 『성배 탐색』은 수도원에 살던 수도사가 쓴 것이다.

1. 아리마대의 요셉이 본디오 빌라도에게 최후의 만찬의 잔을 받을 때 그 자리에는 니고데모도 있었다. 두 사람은 빌라도의 허락을 얻어, 그리스도의 시신을 십자가에서 내린다. 두 사람은 시신을 무덤으로 가져가는데, 그곳에서 시신을 씻길 때 피가 흘렀고 요셉은 그것을 성배에 받았다.

유대인들은 부활을 두려워하여, 요셉이 그리스도의 시신을 감춘 것이라고 믿고, 요셉을 지하동굴에 가두었다. 부활한 구세주는 그곳에 나타나 다시 성배를 내밀면서, 그것을 반드시 그의 처남 브론과 그에게서 태어날 아들에게 맡기라고 명령한다. 그러면서 그리스도는, 누구든지 성배를 본 사람은 자신의 진정한 벗이 되어 영원한 기쁨을 누리며 살 것이라고 말한다.

요셉이 성배를 가지고 있는 동안 로마에서 황제의 아들 베스파시아누스는 베로니카가 그리스도의 얼굴을 닦은 베일을 보고 기적적으로 문둥병이 낫는다. 베스파시아누스는 고마움의 표시로 유대로 갔다가, 지하동굴에 있는 요셉을 발견하고 그를 풀어주면서 많은 유대인들을 죽인다.[116]

요셉은 그의 누이 에니게우스와 그녀의 성자 같은 남편 브론을 비롯하여 개종한 유대인 무리와 더불어 정처 없는 여행에 나선다. 여행 도중

일행 몇 명의 죄 때문에 농작물을 망치고 모두 죽을 고비에 이른다. 그러나 요셉이 성배 앞에서 기도를 하자 성령의 목소리가 들린다. 성령은 그리스도가 마지막으로 앉았던 식탁의 이름으로 또 하나의 식탁을 만들고, 그 가운데 한 자리는 비워두라고 명령한다. 유다가 첫 식탁에서 물러난 뒤로 그의 자리는 영원히 빈 자리가 되었기 때문이다. 브론은 물고기를 한 마리 잡아, 성배와 함께 탁자에 올려놓는다. 요셉은 그리스도가 앉았던 자리에 앉고, 브론은 그의 오른쪽에 앉는다. 그리고 그 사이에 빈 자리를 하나 두는데, 그 자리는 에니게우스의 아들의 아들이 앉을 때까지 비워두어야 한다.

요셉은 시키는 대로 한 다음, 사람들에게 앉으라고 한다. 앉지 않고 서 있는 사람들은 죄인들이었으며, 그렇게 판명이 나자 떠나라는 명령을 받는다. 그 가운데 한 사람인 모이세스는 빈 자리에 앉으려다가, 땅이 열리면서 사라져버린다.

에니게우스와 브론 사이에서는 열두 아들이 태어나는데, 그 가운데 알라인은 결혼을 하지 않고 성배의 수호자가 된다. 그는 형제들과 함께 서쪽 끝까지 가서 그리스도를 설교한다.* 천사의 목소리가 선포한다. "주께서는 브론이 귀중한 사람이라는 것을 아신다. 그래서 주께서는 그가 고기를 잡으러 가기를 바라셨다. 이제 그는 요셉으로부터 성배를 받을 것이며, 요셉은 그에게 하느님이 지하동굴에서 해주신 거룩한 말씀을 전할 것이다. 그 말은 달콤하고 귀중하고 자비로우며, '성배의 비밀'이라고 일컬어도 부족함이 없을 것이다." 브론은 그가 잡은 물고기 때문에 부자 어부라는 별명을 얻게 되는데, 이때 은총의 시기가 시작된다. 그는 아들의 아들이 도착하였을 때 성배를 넘겨주게 되는데, 이로써 삼위일체의 의미가 실현된다. 요셉은 신의 뜻에 복종하여 성배를 브론에게 맡기며, 그의 일행이 울면서 가장 먼 서쪽으로 떠날 때 홀로 태어난 땅으로 돌아간다.

---

\* 독자는 모순되는 점들에 신경을 쓰지 말기 바란다. 처음에는 브론의 아들이 성배의 마지막 수호자가 될 것이라고 나온다. 다음에는 브론의 손자가 된다. 이번에는 브론의 아들이 독신으로 남는다는 이야기를 듣게 된다. 이 시인의 이야기에는 이밖에도 모순되는 점들이 아주 많다. 서로 다른 출처로부터 이야기를 끌어오는 바람에 그렇게 된 것인데, 그것들을 대조해보지는 않은 모양이다.

2. 『성배 이야기』의 저자는 717년 성금요일에 그리스도가 꿈에 나타나 구세주가 부활한 뒤에 쓴 책을 그에게 주었다고 말한다. 책을 받은 사람은 그 책을 읽다가 기절하는데, 바로 천국으로 옮겨져 삼위일체의 비전을 보게 된다. 저자가 땅으로 돌아와 책을 치우자 책은 사라졌다가 신비한 숲의 예배당의 제단 위에 다시 나타난다. 저자는 그곳에서 그리스도의 명령을 따라 그 책으로부터 "성배의 초기 역사"를 베낀다.

전체적으로 볼 때 이 깔끔하지 못한 작품의 앞부분은 로베르 드 보롱의 『아리마대의 요셉』과 비슷하다. 다만 이제 성배의 수호자가 결혼을 한 요셉이 아니라 그의 결혼하지 않은 아들 요세페로 바뀌었을 뿐이다 (이미 말하였듯이 저자는 수도사였다). 또 성배의 일행은 서쪽으로 가기 전에 동쪽의 도시 사라스에 가는데, 그곳에서 이교도 왕 형제는 개종을 하여 모드레인과 나시엔이라는 이름을 얻게 되고, 그리스도가 나타나 요세페를 기독교 왕국의 첫 주교로 만든다. 나시엔은 성배를 가린 것을 벗기고 그것을 보았다가 눈이 머는데, 창에서 흐르는 피로 치료를 받는다. 그러나 요세페는 이 피가 '성배의 모험'이 시작될 때까지 다시 흐르지 않을 것이라고 예언한다. 그때가 되면 성배의 경이가 나시엔의 혈통의 마지막 자손에게 낱낱이 밝혀지게 될 것이다.

이어 놀라운 배를 둘러싸고 일련의 모험이 벌어진다. 이 배는 솔로몬이 자신과 나시엔의 혈통의 마지막 자손에 대한 비전을 보았을 때 그의 부인의 충고에 따라 건조한 것이다. 이 배 안의 호화로운 방의 값비싼 침대에는 다윗의 검과 왕관이 놓여 있다. 그러나 검에는 삼으로 만든 싸구려 장신구가 달려 있다. 이것은 솔로몬의 부인이 달아놓은 것인데, '성배의 모험'의 때가 오면 한 처녀가 더 좋은 것으로 바꾸어 달게 될 것이다. 침대에는 또 물레의 가락이 세 개 놓여 있는데, 각각 빨간색, 하얀색, 녹색이며, 모두 하와가 에덴 동산에서 가져온 생명의 나무의 어린 가지로 만든 것이다. 이 배의 알레고리는 '성모 교회'이다. 침대는 희생의 제난이다. 빨간 가락은 그리스도의 수난이고, 하얀 가락은 순결이고, 녹색 가락은 희망이다. (『성배 탐색』에서는 하얀색이 하와의 처녀성이고 녹색은 모성이며 빨간색은 그녀의 아들 아벨이 흘린 피라고 해석한다. 세상에서 최초로 죽은 아벨의 죽음은 마리아의 아들의 죽음을 미리 보여준 다.) 이 배는 불가사의하게도 바다 위에서 저절로 움직여 회전하는 섬에 이르는데, 납치된 나시엔은 이미 이곳에 가 있다. 그의 자격 없는 손이 다윗의 검을 만지자 검은 부러진다. 그러나 그의 형제 모드레인의 손길 이 닿자 검은 다시 붙는다. 이어 나시엔은 자기 혈통의 마지막 자손이 그 배를 타고 사라스로 돌아가는 꿈을 꾸게 된다.

모두가 기적적으로 브리튼에 도착한다. 그들은 그 땅 사람들을 개종시 키기 시작한다. 그곳에서 모드레인은 주제넘게 성배의 베일을 벗겼다가 눈이 멀고 몸이 마비된다. 그때 어떤 목소리가 창의 피가 다시 흐르고 선한 기사가 그를 찾아올 때에만 치료가 될 것이라고 말한다. 그는 불구 가 되어 은신처에 은둔하는데, 그곳을 수도원으로 만들고 기부를 한다.

브론(그는 지금까지 이 작품에 나타나지 않았다)은 요셉의 아들 요세 페에게서 성배의 식탁의 빈 자리는 예수의 자리(로베르의 작품에서와는 달리 유다의 자리가 아니다)이며, 그리스도나 그리스도가 보낸 누군가 (즉 갤러해드)가 그 자리에 앉을 때까지 빈 자리로 남아 있을 것이라는 이야기를 듣는다. 모이스(모이세스)가 감히 그곳에 앉으려고 하자 불의 손이 그를 채갔으며, 그 뒤에 요세페는 브론의 아들 알라인을 성배의 수 호자로 임명한다(〈그림 45〉). 알라인은 사람들에게 그가 잡은 한 마리의 물고기를 먹이는데, 이 기적 때문에 알라인과 그를 따르는 사람들은 부자 어부라고 알려지게 된다.

불가사의한 일이 더 많이 벌어진 뒤 일행은 스코틀랜드에 도착한다. 그곳에서 브론의 아들에게 트리스탄의 모험과 같은 일이 벌어지며, 그는 가웨인의 조상이 된다. 여기서 나오는 그의 이름은 피터이다. 그는 죄를 지은 이교도와 싸우다가 독이 묻은 무기에 부상을 당하는데, 배에 몸을 싣고 바다에 나갔다가 섬의 공주에게 발견된다. 그는 상처가 낫자, 아일 랜드의 왕을 죽인다. 그러자 섬의 왕은 딸의 손을 그에게 건네준다.[117]

요셉과 요세페는 스코틀랜드에서 죽는다. 그 뒤에 알라인은 라 테르 포렌(la Terre Foraine), 곧 "외국 땅"으로 나아가 그곳의 왕 알파셈의 문 둥병을 고쳐준다. 그는 고마워서 성배를 위한 성을 짓고, 이름을 코르베닉이라고 짓는다. 그러나 감히 그곳에서 하룻밤을 보내려다가, 양쪽 허벅지를 창에 찔린다.[118] 그에 앞서 요셉은 이교도와 싸우다가 검에 양쪽 허벅지를 찔려 상처를 입었다.[119] 방금 보았듯이 피터 역시 부상을 당하였다. 그에 앞서 전설의 앞부분에서 요세페도 천사가 찌른 창에 오른쪽 허벅지에 상처를 입었다.[120] 알라인은 곧 죽고, 알파셈도 죽는다. 시간이 흘러 일곱번째 '부자 어부' 람보르는 사라센 사람에게 죽는데, 사라센 사람은 솔로몬의 배에서 가져온 검으로 그와 그의 말을 땅에 쓰러뜨린다. 그 뒤로 라 테르 포렌, 곧 "외국 땅"은 라 테르 가스테(la Terre Gaste), 곧 "황무지"가 된다. 다음에는 팔레암이 전투에서 양쪽 허벅지를 찌른 창에 상처를 입는데, 그 뒤부터 '불구의 왕'으로 알려지게 된다. 그러나 그의 아들 펠레스가 낳은 딸은 갤러해드를 낳게 된다.[121]

3. 이제 그 완벽한 기사의 탄생이라는 우아한 장면을 위해서 우리는 맬러리가 『아서의 죽음』(1485)의 에피소드를 고대 프랑스어본 『불가타 산문 랜슬롯』으로부터 번역한 것을 살펴보도록 하자.

  왕은 랜슬롯 경이 자신의 딸에게서 아이를 낳을 것이며, 그 이름은 선한 기사 갤러해드 경이라고 지어야 하고, 그에 의해서 모든 외국 땅이 위험으로부터 벗어나게 되며, 그가 성배를 얻게 될 것임을 잘 알았다. 그때 브리슨이라는 이름의 여자가 나와 왕에게 말하였다. 전하, 랜슬롯 경이 이 세상에서 오직 귀네비어 왕비만을 사랑한다는 것을 잘 아시지요? 왕이 말하였다. 오, 아름다운 여인, 브리슨이여, 그 이야기를 하고 싶은 거요? 전하, 내 생명이 고통을 느끼지만 이야기하게 해주소서. 브리슨은 당시 살아 있는 가장 위대한 여자 마법사였다.
  곧이어 브리슨은 자신의 지혜로 그가 잘 아는 사람을 랜슬롯 경에게 가게 하였다. 이 사람은 그에게 귀네비어 왕비의 반지를 가져갔다. 그것은 마치 왕비에게서 나온 것 같았으며, 왕비가 매우 끼고 싶어하는 것처럼 보였다. 랜슬롯 경은 그 반지를 보자 마음이 몹시 달아 올랐다. 내 여인은 어디 있는가? 랜슬롯 경이 말하였다. 케이스 성에 계신데, 여기서 10킬로미터도 되지 않는 거리입니다. 사자가 말하였다. 그러자 랜슬롯 경은 그날 밤에 그곳으로 가겠다고 생각하였다. 그러자 브리슨은 펠레스 왕의 명령에 따라 일레인을 케이스 성으로 보내면서 스물다섯 명의 기사를 딸려보냈다.
 랜슬롯 경은 밤을 잊고 성까지 말을 달렸다. 그곳에서 랜슬롯 경은 귀네비어 왕비 가까이에 있는 것처럼 보이는 사람들로부터 정중한 환영을 받았다. 랜슬롯 경은 말에서 내리자 왕비가 어디 있느냐고 물었다. 그러자 브리슨은 왕비가 침대에 있다고 대답하였다. 이윽고 사람들을 물리친 뒤 랜슬롯 경은 방으로 안내되었다. 이어 브리슨 여사는 랜슬롯 경에게 포도주 한 컵을 가져다주었다. 랜슬롯 경은 곧 포도주를 마셨고, 몹시 달아오르고 흥분하여 더 이상 지체할 수가 없었다. 그는 아무런 방해를 받지 않고 침대로 갈 수 있었다. 그는 일레인이 귀네비어 왕비라고 믿었다. 물론 랜슬롯 경은 기뻐하였고, 일레인도 랜슬롯 경을 품에 안은 것을 기뻐하였다. 그날 밤에 세상에서 가장 훌륭한 기사가 될 갤러해드를 배게 될 것임을 알았기 때문이다. 그렇게 둘은 아침이 올 때까지 함께 누워 있었다. 그러나 그 방의 창문과 모든 구멍은 가려놓았기 때문에 아침이 온 것을 볼 수 없었다. 이윽고 랜슬롯은 정신을 차리고, 침대에서 일어나 창문으로 다가갔다.
 그가 창문을 열자 마법이 풀렸다. 그는 자신이 잘못을 저질렀음을 알았다. 랜슬롯 경은 말하였다. 슬프도다, 이렇게 오래 살았는데, 이제 수치를 당하다니. 그는 손에 검을 쥐고 말하였다. 불충한 여자여, 그대는 누구인데 나와 밤새 누워 있었는가? 이 자리에서 내 손에 죽으리라.
 그러자 이 아름다운 여인 일레인은 벌거벗은 몸으로 침대에서 나와 랜슬롯 경 앞에 무릎을 꿇고 말하였다. 아름답고 예절 바른 기사여, 왕의 혈통을 이어받으신 이여, 나에게 자비를 내려주실 것을 청하나이다. 그대는 세상에서 가장 고귀한 기사로 이름이 높으시니, 나를 죽이지 말아주소서. 내 자궁에는 그대가 준 아이, 세상에서 가장 고귀한 기사가 될 아이가 있기 때문입니다.
 랜슬롯 경이 말하였다. 아, 거짓된 여인이여, 왜 나를 속였는가? 어서 그대가 누구인지 말하라.
 나는 일레인으로, 펠레스 왕의 딸입니다.
 그래, 이 행동은 용서하겠다. 이어 랜슬롯 경은 그녀를 품에 안더니 입을 맞추었다. 그녀는 당시 살아 있는 어떤 여자 못지않게 아름다운 여인이고, 거기에 광채가 나도록 젊었으며, 또 거기에 누구 못지않게 지혜로웠기 때문이다. 랜슬롯 경이 말하였다. 신이 나를 도우셔서 내가 이 죄를 그대에게 묻지 않기를 바라노라. 나에게, 그리고 그대와 나 사이에 마법을 건 그 여자에게 죄를 물으리라. 그 여자, 브리슨이라는 여자를 찾아내, 마녀짓을 한 죄로 머리를 자르리라. 어젯밤의 나처럼 속았던 기사는 없었기 때문이다.

그러자 일레인이 말하였다. 랜슬롯 경이시여, 얼른 나를 봐주시기를 간청합니다. 나는 아버지께서 나에게 말해주신 예언에 복종했을 따름이기 때문입니다. 이 예언을 이행하라는 아버지의 명령에 따라, 나는 내가 가진 가장 큰 부(富), 가장 아름다운 꽃, 즉 다시는 가질 수 없는 처녀성을 그대에게 드렸습니다. 따라서 상냥한 기사여, 나에게 호의를 베풀어주소서.

랜슬롯 경은 옷을 입고 무장을 한 다음, 온화하게 젊은 일레인에게 작별 인사를 하였다. 그렇게 그는 일레인을 떠나 코르빈 성이 있는 곳까지 말을 달렸다. 그곳은 일레인의 아버지가 있는 곳이었다. 시간은 빨리 흘러 일레인은 아름다운 아이를 낳았고, 그에게 갤러해드라는 이름을 지어주었다. 아이는 무럭무럭 잘 자랐다. 아이에게 갤러해드라는 이름을 지어준 것은 랜슬롯 경이 샘의 돌에서 그런 이름을 받았기 때문인데, '호수의 여인'은 그렇게 이름을 지어준 뒤 그를 랜슬롯 뒤 레이크 경(호수의 랜슬롯 경/역주)이라고 인정해주었다.[122]

4. 『성배 탐색』을 보면 오순절 전야에 아름다운 처녀가 캐멀롯의 식당으로 말을 달려 들어가, '부자 어부' 펠레스 왕의 이름으로 랜슬롯에게 자신을 따라 숲으로 오라고 한 다음, 그를 갤러해드를 기르는 수녀원으로 데려간다. 그곳에서 랜슬롯 경은 자신의 사촌들인 보르스와 라이오넬 두 기사를 보았다. 다음 날 아침에는 자기 아들인지도 모르고 아이에게 기사 작위를 주었다. 이어 갤러해드는 수녀들에게 맡기고, 기사들과 함께 캐멀롯으로 돌아왔다. 그러나 그들이 식당에 들어섰을 때, 보라, '위험한 자리'에 글자가 나타났다. 예수 그리스도가 수난을 겪은지 450년이 지났다. 이제 오순절에 이 자리가 주인을 찾으리라. 하인이 들어와 왕에게 말하였다. "전하, 아주 놀라운 소식을 가져왔습니다." 그는 빨간 돌에 꽂힌 아름다운 검이 강에 둥둥 떠 있는 것을 보았다고 전하였다. 모두들 그 광경을 보러 달려나갔다. 칼의 자루 끝에는 황금 글자가 적혀 있었다. 내가 허리에 매달리게 될 분을 제외하고는 아무도 나를 뽑지 못하리라. 나를 뽑는 분은 세계 최고의 기사가 될 것이다. 아서는 랜슬롯에게 검을 뽑아보라고 하였

으나, 랜슬롯은 거절하였다. 가웨인은 뽑지 못하였다. 페르스발도 마찬가지였다. 그러자 모두 놀라 아서의 식당으로 돌아왔다.

그들이 자리에 앉아 있는데, 갑자기 문과 창문이 저절로 닫혔다. 그럼에도 방은 환하였다. 하얀 옷을 입은 노인이 빨간 옷을 입은 기사를 데리고 들어왔다. 기사에게는 검도 방패도 없었다. 노인이 말하였다. "아서왕이여, 그대에게 '바라던 기사'를 데려왔습니다. 이 기사는 다윗왕의 고귀한 혈통과 아리마대 요셉의 혈통을 이어받았으며, 이 기사에 의하여 이 나라와 외국 땅의 불가사의가 끝날 것입니다. 이 기사를 보십시오!"

노인은 떠났다. 젊은 기사는 앞으로 오더니 '위험한 자리'에 앉았다. 그러자 그 자리에 그의 이름이 금으로 나타났다. 이곳은 갤러해드의 자리이다. 순간 왕비 귀네비어는 갤러해드가 누구의 아들인지 깨달았다.

갤러해드는 일어나 홀을 나가더니, 모두가 지켜보는 가운데 돌에서 검을 뽑았다. 그와 더불어 즐거운 환영의 마상 창시합이 열렸고, 그 시합에서 갤러해드는 방패도 없이 페르스발과 자신의 아버지 랜슬롯을 제외한 모든 기사를 말에서 떨구었다. 이윽고 모두 저녁 기도 종 소리를 들으며 저녁 식사를 하러 갔다.

그들이 식탁에 앉아 있는데 큰 천둥소리가 들렸다.* 강렬한 빛이 홀을 채웠다. 이어 광채가 나는 성배가 나타났다. 성배는 하얀 은란 옷감에 덮여 있었고, 눈에 보이지 않는 손이 들고 있었다. 성배로부터 놀라운 향기가 흘러나왔다. 성배는 그 자리에 앉아 있는 모든 기사에게 가장 좋은 음식을 먹여주더니 사라졌다.

아서는 크게 놀라 주위에 있는 사람들을 보며 하느님께 기쁨과 감사를 드리는 말을 하였다. 오순절 날 이런 이적을 통하여 그들에게 베푸신 사랑과 은혜를 느껴야 한다는 뜻이었다. 그러나 가웨인은 성배가 베일에 가려져 있었던 것을 가리키며, 모두에게 맹세를 제안하였다. 다음 날 아침 베일이 걷힌 성배를 찾으러 떠나 1년 하루 동안 돌아오지 않겠다는 맹세였다. 그 자리에 있던 기사들은 모두 그의 말을 따랐고, 왕은 슬픔에

---

* 앞의 334-335쪽, 『율리시즈』와 비교해보라.

잠겼다. 기사들을 잃을까 걱정이 되었기 때문이다. 여인들도 그 무서운 맹세를 듣고 고민에 빠졌다. 여인들은 그들의 식당에서 소리 죽여 울다가, 기사들을 만나게 되자 함께 가겠다고 하였다. 그때 늙은 은자가 들어와, 여자가 그 탐색에 나서는 것은 죽음으로 갚을 죄가 될 것이며, 자신의 죄를 고백하지 않은 기사도 탐색을 떠날 수 없다고 말하였다.

"이 탐색은 지상의 일이 아니기 때문이오. 이것은 우리 주님의 가장 높은 비밀과 감추어진 것들을 찾아 떠나는 것이오. 그 드높은 신비는 '가장 높은 스승'께서 자신을 섬기라고 뽑은 이 땅의 기사들 가운데도 축복받은 기사에게만 드러날 것이오. 주님은 그에게 성배의 위대한 경이를 밝힐 것이며, 그에게 어떤 인간도 볼 수 없고, 이땅의 어떤 혀로도 묘사할 수 없는 것을 보여줄 것이오."[123]

모두 다음 날 생각을 하며 잠자리에 들었으나, 왕은 잠을 이룰 수가 없었다. 기사들은 각자 다른 방향으로 말을 타고 떠나기로 하였다. 무리를 지어 출발하는 것은 수치스러운 일이었기 때문이다. 아침의 첫 빛이 밝아오자 기사들은 잠에서 깼다. 그들은 갑옷을 입고 미사에 참석하였다. 미사가 끝나자 하느님 앞에서 그들의 선한 왕을 찬양하고, 왕이 그들에게 명예를 준 것에 감사하였다. 그들은 성을 떠나 "숲에서 가장 울창하다고 생각되는 이 지점 저 지점으로 들어갔다. 모두 길을 찾을 수 없는 곳으로 들어갔다……."[124]

단테는 『향연(Convito)』에서, 그리고 그의 후원자인 칸 그란데에게 보내는 편지에서 영적인 글은 "주로 네 가지 의미에서 받아들여지고 해설되어야 한다"고 말하였다. 그것은 문자적 의미, 알레고리적 의미, 도덕적 의미, 비유적 의미이다. 그의 『신곡』의 문자적 의미는, 그가 삶의 길을 가던 와중인 1300년 성금요일 전야에 길을 잃었던 "어두운 숲"을 빠져나온 것이다. 그리고 그곳에서 지옥, 연옥, 천국의 영역을 넘어 낙원의 장미에서 삼위일체의 비전을 본 것이다. 그는 길의 모든 단계에 거기까지밖에 가지 못한 사람들을 보았다. 『성배 탐색』에서도 마찬가지이다. 문자 그대로의 이야기는 모험을 떠난 기사들이 "길을 찾을 수 없는" 숲으로 몇 갈래로 나뉘어 들어가 다양한 등급의 성취를 이루는 것이다. 그 가운데 오직 갤러해드만이 단테처럼 말로 표현할 수 없는 궁극적 비전에 이르게 된다.

두 작품에서 알레고리적인 의미는 날짜와의 관련을 통해서 드러난다. 단테에게서는 성금요일 전야였고, 『성배 탐색』에서는 오순절이었다. 따라서 각자 그 나름의 방식으로 이미타치오 크리스티(imitatio Christi, 그리스도를 본받음)이다. 첫번째는 죽음과 부활의 그리스도이다. 두번째는 오순절 날 제자들이 모여 있던 다락방——"문들은 닫혀 있었다"[125]——에 나타난 부활한 그리스도이다.[126]

두 작품의 도덕적 의미는 성격 규정을 통해서 전달되고 있다. 이 작품들에 나오는 인물들의 죄와 미덕들의 분석은 "어두운 숲"과 '지복의 직관' 사이로 난 길을 따라가며 다양하게 만나기도 하고 헤어지기도 한다. 두 작품 모두 교훈은 마음이 관능적인 관심으로부터 영적인 관심으로 방향을 트는 것이다. 『성배 탐색』에서 탐색을 촉진시킨 사건——가려졌지만 빛을 발하는 성배가 아서의 궁정에서 모두의 눈에 보인 것——은 그것을 본 모든 사람들에게 단테가 『신생(Vita Nuova)』에서(그리고 조이스의 『젊은 예술가의 초상』에서)* 묘사하고 있는 "미학적 정지"의 순간과 일치한다. 그것은 아홉 살의 나이의 베아트리체(냇물을 건너는 소녀)를 처음 보면서 시인의 고귀한 마음의 욕구가 인간적 감각의 형태들로부터 거룩한 지성을 향하여 움직이는 이성의 형태들로 옮겨가는 순간이었다.** 단테의 지옥, 연옥, 천국에서 그랬듯이, 『성배 탐색』에서도 마찬가지이다. 부름을 받은 자들은 많지만, 죄라는 장애 때문에 은총을 받은 소수를 제외하면 모두 길을 따라가다가 패배하기도 하고 부분적인 승리에 그치기도 한다.

나아가서 두 작품에서 비유적 의미——시각, 소리, 말 상징의 영역을 넘어선 신비를 향하여 "위를 가리키는 것", "위로 이끄는 것"***——역시 똑같다. 그것은 단테가 낙원의 장미가 담긴 빛나는 천상의 그릇에서 보

---

\* 86-88쪽 참조.
\*\* 괴테와 비교해보라. 앞의 454쪽 참조.
\*\*\* 칸트와 비교해보라. 403-404쪽의 a:b=c:x.

게 되는, 그리고 마침내 갤러해드가 성배라는 신비의 그릇 안에서 보게 될 '지복의 직관'이다(〈그림 4〉, 〈그림 11〉, 〈그림 45〉를 다시 비교해보라). 따라서 이 작품에서 성배는 단테의 천상의 장미와 같으며, 불교의 이미지에서 "옴 마니 파드메 훔(OM MANI PADME HUM) : 연꽃 속의 보석"이라고 말할 때의 연꽃과 같다.[127]

그러나 불교에서 말하는 우주의 연꽃의 비유적 의미와 『성배 탐색』의 저자가 보는 성배의 그릇——볼프람은 성배를 그릇으로 보지 않지만——에는 하나의 세계만큼이나 큰 차이가 있다. 『성배 탐색』을 쓴 시토회 수도사는 1215년 제4차 라테란 공의회에서 확인된 가톨릭 교리, 즉 제단의 성체(성감[聖龕]의 성체)에는 그리스도의 몸이 실제로 임재한다는 교리에서 큰 영감을 받은 것이 틀림없다. 그 공의회에서는 라틴어로 이렇게 기록을 해놓았다. "진실로 단 하나의 진정한 보편적 교회가 있으며, 그 바깥에서는 누구도 구원을 받지 못한다. 그 교회에서는 단 한 분 예수 그리스도 자신이 사제이자 희생 제물이시며, 그의 몸과 피는 제단의 성체 속 빵과 포도주 아래 진실로 들어 있다.* 하느님의 권능에 의하여 빵은 몸으로 성변화(聖變化)를 이루며, 포도주는 피로 성변화를 이룬다. 이런 통일의 신비를 이룩함으로써 우리는 그리스도를 우리에게로 받아들이며, 그리스도는 우리를 당신께로 받아들인다(Una vero est fidelium universalis ecclesia, extra quam nullus omnino salvatur. In qua idem ipse sacerdos, et sacrificium Jesus Christus ; cujus corpus et sanguis in sacramento altaris sub speciebus panis et vini veraciter contenentur ; transubstantiata pane in corpus et vino in sanguinem, potestate divina, ut ad perficiendum mysterium unitatis accipimus ipsi de suo quod accepit ipse de nostro)."[128]

따라서 시토회의 『성배 탐색』의 문자적 의미의 요점은 성례의 효과의 표현이다. 그것을 받아들이거나 거부하는 자들에 대한 성례의 영향력은

---

* *Bhagavad Gītā*의 다음 구절과 비교해보라. "브라만은 제물을 드리는 과정이요, 브라만은 봉헌이다. 브라만에 의해서 제물은 불 속에서 브라만이 된다. 진실로 브라만은 모든 행동에서 브라만을 바라보는 자들에 의하여 실현된다"(*Bhagavad Gītā* 4 : 24).

알레고리적이나 비유적으로만이 아니라, 문자 그대로나 교훈적으로도 읽을 수 있다. 성체를 거부하는 자들은 길을 잃고, 문자 그대로 지옥에서 끝나게 될 것이다. 그것을 제대로 받아들이는 자들은 각자 그 자신의 삶과 신앙에 따라 구원을 얻을 것이다. 이것이 이 작품의 교훈의 측면으로, 이때문에 이 작품은 (그 교회와 더불어) 인류의 자연 질서를 떠나 수녀, 천사의 목소리, 숲의 예배당, 축성 등으로 이루어진 사제들의 동화의 나라에 놓여지게 된다. 나아가 거짓된 유혹과 유혹하는 여자들은 성호를 그음으로써 추방한다(바그너의 클링소르의 궁처럼).

갤러해드는 길을 나선 지 닷새째에 시토 수도회의 수도원에 이른다. 그곳에는 크고 붉은 십자가가 문장으로 꾸며진 하얀 방패가 보관되어 있다. 그곳에 있던 기사, 즉 바우데마구스 왕이 그 방패를 가져가려고 하자, 하얀 기사(그리스도)가 나타나 그를 말에서 떨구고, 시종을 통하여 방패를 갤러해드에게 보낸다. 약간 뒤에 가웨인도 똑같은 시토 수도회 수도원에 이르러, 갤러해드가 자신보다 앞서 지나간 것을 알고 그를 따라갈 생각으로 같은 길로 열심히 말을 달린다. 그러나 곧 길을 잃고 숲의 암자에 이른다. 그곳에서 있던 거룩한 사람은 그의 이름을 들더니, 그의 죄를 꾸짖으며 고해를 하라고 다그친다. 늙은 은자는 말한다. "가웨인, 가웨인, 그대가 지금까지 오랫동안 유지해오던 삶을 버리기만 한다면, 그대는 지금이라도 우리 주님과 평화를 이룩할 수 있습니다." 그러나 가웨인은 회개하지 않은 마음을 바꾸지 않았고, 그 결과 탐색에서 완전히 실패하게 된다. 헥터 역시 기사의 자만심의 패턴을 따르는 바람에 실패하고, 라이오넬 역시 분노의 패턴을 따라 실패한다. 그러나 가웨인의 귀중한 친구 페르스발은 신의 은총에 마음을 열며, 그 결과 일이 잘, 매우 잘 풀린다.

이 작품에서 페르스발은 결혼을 하지 않았으며, 아직 기사가 된 지 얼마 지나지 않은 아름다운 독신의 청년이다. 그는 길 없는 숲에서 말을 달리다가 "황무지 숲"에 이르러, 그곳에서 작은 예배당을 우연히 발견한다. 예배당 창 밖으로 여자 은자가 머리를 내밀며 기사의 이름을 묻는다. 그녀는 나중에 페르스발의 숙모임이 밝혀지는데, 지금은 라 렌 드 라 테르 가스테(La Reine de la Terre Gaste), 즉 '황무지의 여왕'으로 알려져 있다. 그러나 그녀가 페르스발에게 해준 말에 따르면 그녀는 한때 세상에서 가장 부유한 여자였다. 그녀는 페르스발에게 그의 어머니의 죽음을 알려준다. 그녀는 또 성배와 이 세상에서 가장 중요한 세 식탁의 역사도 가르쳐준다. 그 식탁들이란 1. 최후의 만찬의 식탁, 2. 요셉과 요세페의 식탁, 3. 멀린이 아서왕을 위하여 만들어놓은 위험한 자리의 식탁이다. 나아가 그녀는 페르스발에게 독신을 지키라고 간곡히 당부한다.

그렇게 영적으로 무장한 젊은 기사는 계속 말을 달려 일련의 위험에서도 살아남는다. 그 위험들 가운데도 만만치 않았던 것은 어떤 유혹하는 여자가 달빛이 비추는 밤에 뒤척이다가 잠에서 깬 페르스발에게 모험에 따라오라고 권한 것이다. 그러나 페르스발이 성호를 긋자 여자는 외마디 소리를 지르더니 불꽃이 펑 하고 튀면서 사라졌다. 그러고나서 (신에게 감사하게도!) 페르스발은 솔로몬의 배에 도착한다. 그리고 그곳에서 갤러해드와 보르스를 만난다. 순결한 처녀가 그들과 함께 있는데, 그녀는 페르스발의 누이이다. 그녀는 기사들에게 배의 상징들을 설명해주며, 예언된 대로, 다윗왕의 검에서 낡은 싸구려 장식을 없애고, 대신 자신의 금발에 보석을 넣어 짠 장신구를 달아준다. 그러고나서 그녀는 성녀처럼 죽는다. 그녀의 시신은 두번째 배에 놓이는데, 이 배는 첫번째 배처럼 저절로 바다 위를 떠간다.

랜슬롯 역시 모험 초기에 숲에서 은자들을 만난다. 그는 단호하게 자신의 고귀한 마음을 고치려고 하나, 그것은 귀네비어에게 사로잡혀 있다. 랜슬롯은 고해를 하라는, 심지어 고행자의 거친 셔츠를 입으라는 강권에 결국 굴복하며, 다시 길을 나서서 해안에 도착하였을 때 페르스발의 누이의 주검이 실린 배를 만나 그 배에 올라탄다. 랜슬롯을 태운 배는 달빛을 받으며 크고 놀라운 성으로 간다. 코르베닉 성, 즉 '성배의 성'이다. 자정이 되자 랜슬롯은 그곳에서 목소리를 듣는다. "랜슬롯! 이 배에서 나가 성으로 들어가라! 그곳에서 그대가 구하는 것을 대부분 찾게 될 것이다!"

사자 두 마리가 성문을 지키고 있어서, 랜슬롯은 검에 손을 올려놓았다. "부끄럽도다!" 목소리가 소리쳤다. "왜 그대는 그대의 창조자보다 그대의 손을 더 믿는가?" 랜슬롯은 성호를 긋고, 나지막히 감사 기도를 드리고 안으로 들어갔다.

성안에서는 자신이 움직이는 소리 외에 아무런 소리도 들리지 않았다. 한참을 가자 어디에선가 아름답게 노래하는 소리가 들렸다. 너무 아름다워 사람의 목소리 같지가 않았다. "하늘에 계신 아버지, 그대에게 영광, 찬양, 명예를 돌립니다!" 그 목소리는 그렇게 노래하였다. 그는 목소리가 나는 곳으로 다가가 무릎을 꿇었다. 어떤 방의 문이 열려 있었는데, 안은 매우 환하였다. 목소리가 경고하였다. "들어오지 말라!" 순간 그 방의 은(銀) 탁자 위에 놓인 성배가 보였다. 성배는 붉은 금란 옷감으로 덮여 있었다. 주위에는 천사들이 있었고, 성배 앞에서는 늙은 사제가 미사를 드리고 있었다.

성체를 들어 올리는 순간이었다. 랜슬롯은 사제의 들어 올린 두 손 위로 나이든 두 남자가 젊은 남자를 부축하고 있는 모습을 분명히 보았다. 노인들은 젊은이의 몸을 사제의 두 손 위에 올려놓았다. 사제는 그 무게 때문에 곧 쓰러질 것 같았다. 랜슬롯은 그리스도의 용서를 구하는 기도를 하며 사제를 도우러 달려갔다. 그러나 랜슬롯은 얼굴에 불이 붙는 것 같은 충격을 느꼈다.…… 다음날 아침 성 사람들은 랜슬롯이 그 방 앞에 정신을 잃고 누워 있는 것을 발견하였다. 랜슬롯은 24일 동안 정신을 잃고 있었다.

랜슬롯은 정신을 차리자 이렇게 말하였다. "나는 크고 놀라운 일들을 보았기 때문에, 내 혀로는 그것들을 묘사할 수 없고, 내 마음도 그것을 생각할 수가 없습니다. 어마어마했습니다. 이 세상 것들이 아니라, 영적인 것들이었습니다. 내 큰 죄만 아니었다면, 나는 더 많은 것들을 보았을 것입니다."

그러자 성의 펠레스 왕은 일레인의 죽음을 알려주었다. 랜슬롯으로 인한 슬픔 때문에 죽었다는 이야기였다. 랜슬롯은 비탄에 젖어 거친 셔츠를 입은 그대로 다시 말을 달려 떠났다.

보르스, 페르스발, 갤러해드도 같은 성에 도착하였고, 거기에 아일랜드에서 온 세 기사, 골에서 온 세 기사, 웨일스에서 온 세 기사가 합류하였다. 그리고 펠레스왕, 그의 아들 엘리에자르, 그의 조카딸도 합류하였다. 저녁종이 울릴 때 펠레스의 아버지인 '불구의 왕'이 네 처녀에 의하여 침상에 실려 들어왔다. 처녀들은 침상을 내려놓고 물러났다. 그때 목소리가 들리더니, 탐색의 동료들이 아닌 사람은 모두 방을 나가라고 명령하였다. 보르스, 페르스발, 갤러해드, '불구의 왕'을 제외하고 모두 자리를 떴다.
그 다음부터는 맬러리의 번역으로 읽어보도록 하자.

그러자 한 남자가 다가왔고, 하늘에서 네 천사가 내려왔다. 남자는 주교처럼 옷을 입었으며, 손에는 십자가를 들었다. 네 천사는 남자를 의자로 데려갔으며, 은탁자 앞에 앉혔다. 탁자 위에는 성배가 있었다. 그의 이마 한가운데는 이런 글자들이 박혀 있는 것 같았다. 여기 기독교 왕국의 첫 주교 요세페를 보라, 우리 주께서 그를 사라스 시의 영적인 곳에서 구원하셨노라. 기사들은 놀랐다. 주교는 이미 죽은 지 300년이 넘었기 때문이다. 그러자 주교가 말하였다. 오, 기사들이여, 놀라지 말라. 나도 한때는 세상 사람이었노라.
동시에 방의 문이 열리는 소리가 들렸다. 방안에는 천사들이 보였다. 두 천사는 촛대를 들고 있었고, 세번째 천사는 수건을, 네번째 천사는 놀랍게도 피가 흐르는 창을 들고 있었다. 네번째 천사가 다른 손에 들고 있는 상자로 피 세 방울이 흘러 떨어졌다. 천사들은 촛대를 탁자 위에 놓았다. 세번째 천사는 수건을 그릇 위에 놓았다. 네번째 천사는 거룩한 창을 그릇 위에 똑바로 세워놓았다. 주교는 미사를 드리는 모습이었다.
이윽고 주교는 빵 모양으로 생긴 성체를 집어들었다. 그것을 들어 올리자 아이를 닮은 인물이 다가왔다. 그 얼굴은 불처럼 붉고 환하였다. 그는 빵 속으로 들어갔다. 그래서 모두가 그 빵이 살을 가진 사람으로 이루어져 있음을 보았다. 그[요세페]는 빵을 다시 거룩한 그릇에 집어넣고, 사제가 미사에서 하는 일을 하였다. 이어 그는 갤러해드에게로 가 그에게 입을 맞추더니, 동료들에게 가서 입을 맞추라고 명하였다. 갤러해드는 바로 시키는 대로 하였다.
그러자 요세페는 말하였다. 예수 그리스도의 종들이여, 그대들은 이 식탁에서 어떤 기사도 먹어본 적이 없는 단 고기를 먹게 될 것이다. 그는 말을 마치더니 사라졌다. 기사들은 큰 두려움에 젖어 식탁에 앉아 기도를 드렸다.

그러자 거룩한 그릇으로부터 한 남자가 걸어나오는 것이 보였다. 남자는 예수 그리스도의 수난의 흔적을 모두 지니고 있었다. 남자는 온 몸에서 피를 흘리며 말하였다. 나의 기사들이여, 나의 종들이여, 나의 진정한 자식들이여, 이제 죽음의 삶에서 벗어나 영적 삶으로 나왔구나. 이제 나를 그대들에게 숨기지 않으리라. 이제 그대들은 내 비밀과 나의 감추어진 것들의 일부를 보게 될 것이다. 자, 그대들이 그토록 바라던 귀한 고기를 받으라. 이어 그는 거룩한 그릇을 들고 갤러해드에게로 갔다. 갤러해드는 무릎을 꿇었고, 그곳에서 그의 구세주를 받아들였다. 그 뒤에 그의 동료들도 받아들였다. 무척 달콤하였다. 그들은 놀라서 말이 나오지 않았다. 이윽고 남자가 갤러해드에게 말하였다. 아들아, 내 두손 사이에 있는 것이 무엇인지 아느냐? 모르겠습니다, 하지만 말해주십시오 이것이 내가 성목요일에 양을 먹던 거룩한 접시로다. 이제 너는 네가 가장 보고 싶어하던 것을 보았으나, 사라스의 영적인 곳에서 볼 때처럼 공개적으로 보지는 못하였다. 따라서 너는 이제 이 거룩한 그릇을 들고 가라. 오늘밤 이것은 로그리스의 영역으로부터 떠나, 다시는 여기서 볼 수 없게 될 것이다. 이 땅에 사는 자들이 악한 삶에 빠져들어 이것을 제대로 섬기지도 경배하지도 않았기 때문이다. 따라서 나는 그들에게 주었던 명예를 거두어들일 것이다. 그러니 너희 셋은 내일 바다로 나가라. 그곳에서 배가 준비된 것을 보게 될 것이다. 너희는 이상한 띠가 달린 검을 들고 가라. 이제 페르스발 경과 보르스 경 외에는 아무도 너와 함께 다니지 않을 것이다. 나는 또한 너에게 이 창의 피도 가져가게 하겠으니, 불구의 왕의 다리와 온 몸에 발라주도록 하라. 그러면 그가 건강을 얻으리라.

갤러해드가 말하였다. 왜 다른 동료들은 우리와 함께 가지 못합니까?

이런 이유 때문이다. 내가 나의 사도를 하나는 이곳에 또 하나는 저곳에 두고 떠났듯이, 나는 너희도 떠날 것이다. 너희 가운데 둘은 나를 섬기다가 죽을 것이며, 너희 가운데 하나는 다시 가서 소식을 전할 것이다. 이어 그는 축복을 하고 사라졌다.[129]

갤러해드는 창에서 흐르는 피로 불구의 왕을 치료해주었다. 노인은 즉시 시토회 수도원으로 물러갔다. 기사들은 말을 타고 해안으로 갔으며, 그곳에서 다시 솔로몬의 배를 찾아 올라탔다. 배는 뒤로 물러나 큰 바다로 나가서, 보르스, 페르스발, 갤러해드와 더불어 성배를 싣고 원래 이 모든 거룩함이 시작된 곳인 먼 도시 사라스로 움직여 갔다. 갤러해드는 가는 길에 죽게 해달라고 기도하였다. 코르베닉에서 커다란 영적인 기쁨을 맛보아서 이제 육체가 장애로 여겨졌기 때문이다. 페르스발은 그에게 침대에 누워 있으라고 명령하였다. 배의 거룩한 방에 있는 호화로운 침대였다. 성배는 그 방안의 은탁자 위에 놓여 있었다. 배는 밤이나 낮이나 떠갔는데, 아무도 어느 항구로 가는지 몰랐다. 그 동안 갤러해드는 잠을 잤다.

갤러해드는 배가 사라스에 도착하였을 때 잠을 깼다. 항구에는 페르스발의 누이의 주검을 실은 배가 있었다. 페르스발이 말하였다. "나의 누이는 진정으로 약속을 지켰구나!" 그들은 성배의 탁자를 들고 배에서 내렸다. 보르스와 페르스발이 앞서고, 갤러해드가 뒤에서 갔다. 그들은 10년 동안 걷지 못한 늙은 절름발이더러 갤러해드의 손을 잡으라고 명하였다. 그러자 절름발이는 일어서서 그들과 함께 갔다. 왕은 그 기적의 소문을 듣고 세 사람을 지하동굴에 던졌다. 그곳에서는 성배가 세 기사를 먹여 주었다. 마침내 왕은 그의 행위로 인해 병이 들어 세 기사를 불러와 자비를 구하였다. 세 기사가 왕을 용서하자 왕은 죽었다. 갤러해드가 그 뒤를 이어 왕이 되었다.

그로부터 1년 뒤, 그들은 성배가 놓여 있는 방으로 들어가다가 주교를 닮은 아름다운 남자가 그곳에 무릎을 꿇고 있는 것을 보았다. 주위에는 천사들이 있었다. 그는 일어서더니 성모 마리아를 기리는 미사를 드리기 시작하였다. 그는 축성을 한 뒤에 갤러해드를 향해서 말하였다. "앞으로 나오시오, 그대 예수 그리스도의 종이여. 이제 그대는 오랫동안 보고 싶어하던 것을 보게 될 것이오."

갤러해드는 일어섰다. 그는 앞으로 나아가 가려지지 않은 성배를 바라보았다. 갤러해드는 그것을 보자마자 몸을 심하게 떨기 시작하였다. 사람의 육신이 영적인 것을 보았기 때문이다. 갤러해드는 두 팔을 들어 올리고 기도를 드렸다. "주님, 그대를 사모하고 그대에게 감사드립니다. 이곳에서 저의 바람을 들어주셨기 때문입니다. 이제 저는 혀로 말할 수도 없고, 마음으로 생각할 수도 없는 것을 다 보았습니다. 위대한 모험의 시작과 끝을 보았습니다. 모든 경이 가운데 가장 큰 경이를 보았습니다. 사랑하는 주님, 이렇게 나의 소원을 들어주시어 내가 늘 바라던 것을 보게 해주셨으니, 이제 이 큰 기쁨 속에서 제가 이 지상의 삶으로부터 천상의 삶으로 옮겨가도록 해주소서."[130]

주교는 그의 두 손에 그리스도의 몸, 즉 축성한 성체를 들더니 갤러해드에게 내밀었다. 온유한 갤러해드는 기쁜 마음으로 그것을 받았다.

"그대는 내가 누구인지 아는가?" 주교가 물었다. "나는 아리마대의 요셉이다. 우리 주께서는 그대의 벗이 되라고 나를 보내셨다. 그대는 두 가지 점에서 나를 닮았기 때문이다. 첫째는 그대가 성배의 경이를 보았다는 것이요, 둘째는 그대가 깨끗한 동정이라는 것이다."

주교가 그 말을 하는 동안 갤러해드는 페르스발에게 가서 입을 맞추며 하느님 앞에서 그를 찬양하였다. 갤러해드는 보르스 경에게로 갔는데, 그에게는 이렇게 말을 하였다. "나의 주, 나의 아버지 랜슬롯 경에게 안부를 전해주십시오. 그 분을 뵙는 즉시 이 세상이 덧없음을 기억하라고 해주십시오."

맬러리는 그 다음을 이렇게 번역한다. "갤러해드는 그 말과 더불어 탁자 앞에 무릎을 꿇고 기도를 하였다. 갑자기 그의 영혼이 몸을 떠나 예수 그리스도에게로 갔다. 수많은 천사들이 그의 영혼을 데리고 하늘로 올라갔으며, 두 동료는 그것을 지켜보고 있었다. 두 동료는 하늘에서 손이 내려오는 것을 보았지만, 몸은 보지 못하였다. 손은 바로 그릇으로 오더니, 그릇과 창을 집어 하늘로 가져갔다. 그 이후로는 성배를 보았다고 하는 자가 없었다."[131]

페르스발 역시 죽었다. 그러나 보르스 경은 캐멀롯으로 돌아가 모험 이야기를 들려주었다. 그럼에도 고대 프랑스어 불가타 사이클의 마지막 부분인 『아서의 죽음』(맬러리의 18-21권, 테니슨의 『왕의 목가』 마지막 부분인 「마지막 마창 시합」, 「귀네비어」, 「아서의 죽음」)에 나오는 대로 아서의 궁정에서는 자만, 배반, 타락한 랜슬롯과 왕비의 점점 뻔뻔스러워지는 행동 때문에 추한 신들의 황혼(Götterdämmerung)이 생기는데, 이것은 오늘날에는 고딕 세계 자체의 종말에 대한 예언으로 읽을 수 있다.

실제로 곧이어 고딕 세계는 붕괴된다. 가치의 상징인 성배가 솔로몬의 배에서 지상으로부터 천국으로 올라감으로써 지상의 생명에게는 영적인 중심이 사라졌고, 인간의 도시, 아서의 왕국은 붕괴되었기 때문이다.

사랑의 동굴의 수정 침대에서와 마찬가지로 솔로몬의 배(트리스탄의 키 없는 배와 마찬가지로 저절로 목적지를 향해서 나아가는데, 아발론을 목적지로 하는 켈트인의 배는 이제 반대 방향으로 가고 있는 셈이다) 안의, 갤러해드가 누운 환희의 침대에서도 기사다운 행동을 통한 삶에의 봉사에 대한 생각은 황홀경에 대한 생각 앞에서 완전히 사라지고 만다. 갤러해드의 경우에는 오른손의 길을 따라 '아버지'와 빛으로 나아간다. 트리스탄의 경우에는 왼손의 길을 따라 '어머니들'에게로 간다.* 솔로몬의 배에 있는 방의 침대는 미사의 제단과 비교가 된다. 또한 동굴 안의 침대와도 비교가 된다. 알레고리로 볼 때, 제단은 그리스도의 십자가이며 희생의 장소이다. 그러나 십자가 또한 침대이다. "부드러운 침대는 그대의 십자가의 나무이다." 예를 들어서, 12세기 시토회의 수도원장 홀랜드의 길버트(1172년 사망)는 솔로몬의 「아가」에 대한 설교에서 그렇게 말하였다.[132] 배 안의 챔대에 있는 갤러해드는 비유적으로 보자면 교회 안의 그리스도이다. 교회는 성전의 상속자이지만, 지금은 이 세계를 떠나고 있다.

플로리스의 요아힘(1145-1202년경, 〈그림 54〉)이 말하였던 역사에서 '삼위일체의 시대들'에 대해서 생각해보자. 먼저 아버지와 아들의 시대(신전과 교회, 즉 솔로몬의 배)가 있고, 그 뒤에 성령의 시대(사라스로 이동)가 이어진다. 로베르 드 보롱의 시(1180-1199년경)에서는 요셉이 지하동굴에서 성배를 받고 "성배의 비밀이라고 할 수 있는 그 거룩한 말들"을 들었을 때, 그에게 말을 한 것은 부활한 그리스도였다. 이 그리스도는 눈에 보이는 교회를 세운 지상의 그리스도보다 뒤에 나온 더 높고 더 신비한 형태──모두에게 보이지는 않는다──였다. 나아가서 요셉이 그 이후에 성배 앞에 무릎을 꿇었을 때 그에게 들렸던 목소리는 성령의 목소리였다. 마지막으로 성배의 마지막 수호자가 태어났을 때, "삼위일체

---

* 177-195쪽의 그노시스파의 두 길과 비교해보라.

의 의미"는 완성된다.

마찬가지로 『성배 탐색』에서 상징들의 전체적 질서는 교회의 신비한 질서 너머에 있다. 요셉과 요세페는 역사적 그리스도가 역사적 베드로라는 반석 위에 세운, 역사적인 교황의 권좌의 계통에 서 있는 것이 아니다. 그들은 부활한 그리스도가 세운 계통에 서 있다. 그들의 감추어진 궁전이자 교회인 코르베닉으로 가는 길은 어떤 공적인 길을 이용하는 것이 아니라, 내적으로 지배되는 개인적 탐색을 통해서 가야 한다. 그 탐색은 숲이 가장 울창하고 가장 어두운 곳에서 시작한다. 이 신비한 탐색을 권유하는 천사라고 할 수 있는 성배가 아서의 연회장에 나타났을 때, 역사적 행위와 목표의 시대는 갑자기 끝이 났다. 묵시록적인 순간이다. 이로써 성령의 시대가 시작되었다. 그리고 마치 저항할 수 없는 자석에 이끌린 듯, 궁정 사람들 모두가 지상의 봉사의 영역으로부터 멀어졌다. 당연한 일이지만 아서는 괴로움에 사로잡혔다. 여인들 역시 괴로워하였다. 여인들은 하와와 마찬가지로 성배가 대표하는 모든 것의 반테제이기 때문이다(이 판본에서는).

루미스 교수는 그의 권위 있는 저서 『성배(The Grail)』에서 『성배 탐색』의 마티에르는 주로 켈트의 신화들, 그 가운데도 마나난 맥 리르와 그의 웨일스의 대응물인 축복받은 브란에서 가져왔다는 것을 의심할 수 없다고 단언한다. "부자 어부", 브론, 그의 "축복받은 풍요의 뿔", 곧 코르-베누아(cors-benoiz, 코르베닉), 그의 배, 천상의 바다를 움직이는 달, 파도 밑의 요정의 나라에서 나온 안개와 꿈속의 소용돌이치는 성 등이 그렇다. 그러나 『성배 탐색』을 연구하는 또 다른 학자인 스탠퍼드 대학의 프레드릭 로크(Frederick Locke) 교수는 이렇게 말한다. "그것은 무엇보다도 기독교적인 책이다. 그 안의 어떤 것도 이교도의 원시적인 형태의 신화, 의식, 민담을 의식적으로 이용하였음을 보여주지 않는다.…… 기독교 이전의 요소들은 일단 전유된 뒤에는 철저하게 기독교화되었으며, 새로운 종교의 상징적 구조 안으로 완전히 들어갔다. 사실 그런 요소들은 그 통찰의 가치 때문에 새로운 영적 인식의 맥락을 밝혀주는 수단으로 선택된 것이다."[133]

로크 교수는 말한다. "『성배 탐색』에서 깨달음의 진보하는 단계들은 성배의 드러남에 의해서 상징되는데, 그 과정은 눈으로 지각되는 것에서 영이 흡수하는 것으로의 이동이다."[134] 그러나 그것이야말로 모든 깨달음의 신화와 제의의 의미이다. 다시 〈그림 3〉의 원과 비교해보라. 따라서 시토회의 『성배 탐색』의 첫번째 특이한 점은 그것이 깨달음의 길을 가리킨다는 것이 아니라, 그 관점이 협소하게 기독교적이라는 것이다. 로마 가톨릭의 성례 체계 외의 다른 어떤 영의 길도 받아들여지지 않는다. 두번째 특이한 점은 그 길의 개념의 극단적인 금욕주의이다. 그 결과 이 작품에서 켈트 세계의 모든 상징과 가치는 뒤집혀 있다. 단지 켈트 세계만이 아니다. 파리 대학의 알베르 포필(Albert Pauphilet) 교수는 이 텍스트를 편집하고나서 머리말에서 이렇게 말하고 있다.

『성배 탐색』의 저자는 여러 구절에서 자신이 이 작품에서 의도하는 것은 그의 시대에 유행하는 문학과는 대립되는 것임을 보여준다. 그는 용맹과 순수하게 기사적인 업적을 경멸하고 사랑을 멸시하며, 그 "궁정적인" 형태를 "욕정의 천한 죄악"과 뒤섞어놓는다. 그는 원탁의 로맨스로부터, 특히 『랜슬롯』으로부터 가장 뛰어난 영웅들 몇 명——가웨인, 이베인, 랜슬롯, 헥터——을 빌려왔지만, 그들에게 보잘 것 없는 역할만 맡겼을 뿐이다. 이런 수단을 비롯하여 다른 여러 가지 수단에 의해서 그는 그의 작품 처음부터 성배의 구역에서 세계는 완전히 새로운 모습을 보여주는데, 그곳에서는 기존의 사람과 사물의 가치가 역전된다는 인상을 만들어냈다.[135]

이 역전된 세계의 여자들은 처녀인 여자와 처녀가 아닌 여자, 이렇게 두 가지 유형이다. 물론 랜슬롯이 한때는 갤러해드였던 것처럼, 처녀가 아닌 여자도 한때는 처녀였다. 그때는 그의 완전의 순간이었다. 그 순간은 그의 출생의 순간은 아니다. 그때는 단지 타락한 본성에 불과하기 때문이다. 그 순간이란 세례의 순간으로, 그의 영원한 영혼이 마법에 의한 것처럼 닦여서, 하와의 유혹에 넘어가 타락하기 전 아담의 상태로 회복되는 순간이다. "위험한 일은 여성의 동반자가 되는 것이다." 템플러 기사단의 규칙에는 그런 조항이 나온다. 그들의 방패는——갤러해드의 방패와 마찬가지로——순수한 하얀색 바탕이며, 거기에 커다란 붉은 십자가 문장이 그려져 있었다. "그 늙은 악마(le deable ancien)는 여자들을 벗하게 하는 방법으로 수많은 사람을 유혹하여 천국으로 가는 좁은 길에서 끌어냈다.…… 우리는 여자의 얼굴을 너무 오래 바라보는 것이 모든 신앙에 위험한 일이라고 믿는다. 따라서 그대들 가운데 누구도 어떤 여성에게든 입을 맞추려고 하지 말라. 과부이든, 아이이든, 어머니이든, 누이이든, 숙모이든, 그 누구이든 말이다. 예수 그리스도의 기사들은 이런 이유 때문에 무슨 일이 있어도 여자들에게 입을 맞추는 것은 피해야 한다. 그것 때문에 남자들은 하느님의 얼굴 앞에서 영원히 깨끗한 양심과 삶에 대한 확신을 가지고 편안히 살 수 있는 길에서 벗어나 위험에 빠지는 일이 많다."[136] 따라서 아서의 궁정의 여인들은 『성배 탐색』의 모험에 참여할 수도 기여할 수도 없었다. 오직 처녀였던 페르스발의 누이만이 단테의 더럽혀지지 않은 베아트리체와 같은 역할을 맡았다. 그러나 그녀조차도 거룩한 도시 사라스, 즉 새로운 예루살렘에는 죽은 몸으로 도착하였을 뿐이다.

따라서 '성배의 영웅' 갤러해드 경은 순전히 수도사적인 창조물이다. 우리가 이미 보았듯이, 원래 모범적인 기사는 가웨인 경이지만, 그는 『성배 탐색』에서는 사실 『연옥편』에서 파올로와 프란체스카가 차지하였던 자리를 차지하고 있다. 반면 궁정 세계에서는, 비록 랜슬롯이나 페르스발이 그의 역할을 차지할 때라도, 그는 비난을 받지 않으며 늘 새로운 영웅들의 고귀하고 친절한 선배로서, 아버지가 아들에게 하듯이 그들의 모험을 지원한다. 실제로 제시 웨스턴 양이 보여주듯이, 가웨인이 아버지 노릇을 하는 젊은 기사의 전설이 있는데, 그는 프랑스어로는 갱글렝(Guinglain) 또는 르 벨 엥코뉘(Le Bel Inconnu)이며, 독일어로는 비갈로이스(Wigalois)이며, 영어로는 리부스 디스코누스(Libeaus Descounus)이며, 이탈리아어로는 카르디노(Carduino)이다. 그의 삶은 모든 핵심적인 면에서 젊은 "큰 바보" 페르스발과 비슷하기 때문에, (그녀의 말을 빌자면) "그 '미지의 아름다운 이'가 페르스발이 아니라면, 그와 페르스발은 둘 다 똑같은 원시적 영웅의 대표자들이라고 할 수 있는데, 둘은 실제로 똑같다."[137]

랜슬롯과 갤러해드의 관계는 가웨인과 페르스발('미지의 아름다운 이')의 관계와 같다. 두 관계의 주기는 유사하며, 다만 랜슬롯-갤러해드의 경우에 훗날의 좀더 성례적이고 수도원적인 신앙이 표현되고 있다는 점이 다를 뿐이다. 거의 이교도의 태양 영웅이라고 할 수 있는 가웨인과 부패하지 않은 본성을 지닌 순수한 아이 페르스발이라는 두 인물에게서는 원죄의 힘에 대한 교회적인 관념의 표현은 전혀 나타나지 않는다. 반면 랜슬롯은 분명히 타락한 남자이고, 더욱이 여자, 즉 귀네비어-하와가 그의 부패의 원인이다. 그러나 수도사는 면밀히 살펴보지 않을 마법의 장치에 의해서 그는 '성배의 왕'의 동정녀 딸과 잠자리를 하게 되었다. 물론 랜슬롯은 마법에 의하여 그녀가 자신의 여인, 즉 아서의 왕비라고 생각하였다. 이렇게 다른 사람의 아내와 함께 있다고 생각한 죄인과 처녀 사이에서 성자가 태어난 사건의 교훈적 의미는 설명하기가 쉽지 않다.

하인리히 침머는 이 전설들을 해석하는 뛰어난 일련의 논문에서 이렇게 말한다.

랜슬롯의 제2의 나, 즉 랜슬롯 자신이 세례를 받을 때 그의 인간 아버지로부터 받은 이름('호수의 여인'이 그를 빼앗아, 입문을 시키고, "호수의 랜슬롯"이라는 이름을 지어주기 전에)은 성배의 거룩한 모험을 이루게 된다. 꿈의 상징에서처럼, 아이, 아들은 여기서 인격의 더 높은 수준으로의 변화를 의미하기 때문이다. 아이는 원시의 완벽한 상태에서 다시 태어난 자아이며, 우리가 현재의 몸으로 들어왔을 때 우리가 되어야만 하는, 우리가 되고자 노력하는, 우리고 되고 싶어하는 완벽한 존재이다. 이것은 우리의 목적의 엔텔레케이아(entelecy, 질료〔質料〕가 형상〔形相〕을 얻어 완성하는 현실/역주) 또는 비밀스러운 모범의 상징이다.

따라서 흠 없는 갤러해드 경은 아버지의 "기독교적" 이름(세례명이라는 뜻/역주)을 재긍정하고 지니고 다님으로써 모호하고 찬란한 아버지를 구속(救贖)하는 존재이다. 그가 구속의 존재인 것은, 그가 아버지를 재구현하였기 때문이다. 이런 승리한 성자 아들의 미덕들은 아버지 자신의 본질의 미덕들이다. 따라서 그 아버지——호수의 랜슬롯 경, 그러나 세례반(盤)의 갤러해드 경——는 그 자신 안에서 두 영역의 에너지들을 결합하였음이 드러난다. 하나는 욕망의 세속적인 영역이며, 또 하나는 순수하게 영적인 모험을 하는 높은 수준의 영역이다. 이것이 그의 매력의 마지막 비밀이다.[138]

랜슬롯이 아서의 왕비인 줄 알고 처녀와 함께 잔 밤에 대해서도 비슷한 해석이 가능하다. 즉 사회적이고 우연적인 차원과 대립되는 영적이고 "예지적" 차원에서 왕비에 대한 그의 사랑은 순수하였다는 것이다. 그것은 그가 영적인 수준에서 이루는 완성을 우연적 수준에서 실현하는 매개였다.

하지만 이제 지상으로 좀더 내려가 계속 움직여보자. 지금부터 아서왕의 마티에르 발전의 네번째 영역을 보도록 하겠다.

D. 독일의 전기적 서사시, 1200-1215년. 여기에서 브르타뉴의 마티에르가 적용되는 상, 즉 의미는 정치적이지도 않고(A단계와는 달리), 궁정의 이상이나 관습과 관계가 있는 것(B단계)도 아니며, 성례적-교회적-금욕적(C단계)이지도 않다. 그 상은 이 세상의 누구나 접근할 수 있고 또 자신의 존재의 신비──그리고 충동──가 전개되고 실현되는 과정에 진지한 관심을 가지는 누구에게나 필연적으로 찾아오는 영적 입문을 다룬다는 근대적 관점에서 심리적이라고 할 수 있다. 『성배 탐색』에서 기사들은 숲에 개별적으로 들어갔다. "숲에서 가장 울창하다고 생각되는 이 지점 저 지점으로 들어갔다. 모두 길을 찾을 수 없는 곳으로 들어갔다." 또 그 출발에는 중요한 희망이 있었다. 그러나 곧 그들이 따라야 할 길은 결국 하나뿐인 것처럼 여겨졌다. "천국으로 가는 곧은 길" 하나이지, 다양하게 전개되는 각각의 예지적 성격들에 따라 여러 길이 나타나는 것이 아니었다. 반면 볼프람의 경우에는 안내자가 내부에 있었다. 각각에게 독특하였다. 나는 근대 서구인의 근본적 신화를 처음으로 완전한 의도를 가지고 진술한 이 첫 작품에서 인류의 역사상 처음으로 발견되는 순수하게 개인주의적인 신화를 본다. 탐색의 신화에서는 내면으로부터 동기를 부여받는다. 내면으로부터 인도를 받는다. 인정받은 길을 따라갈 수도 없고, 복종해야 할 스승도 없기 때문이다. 또한 각각에게 이미 발견된 모든 길, 알려지고 증명된 모든 길은 틀린 길이다. 그것은 자신의 길이 아니기

때문이다.

　각각에게는 자기 내부에, 그의 "예지적 성격" 속에 전례 없는 종(種)이 있으며, 그 삶의 방식과 삶의 형태(마치 새로 생겨난 식물이나 동물 변종처럼)는 오직 그 자신에 의해서 그리고 그 자신을 통해서만 드러나고 실현될 수 있다. 여기에서 미지의 것을 향한 갈망과 노력의 의미가 생기는 것인데, 이것은 서구의 삶의 특징이면서, 동양에서는 매우 낯선 것이다. 미지의 것, 그러나 깊은 곳에서 분명하게 의도하고 있는 것은 자신의 독특한 목적이지, "천국으로 향하는 곧은 길" 하나가 아니다. 인도계 영국인으로 우리 문명의 박식한 비평가인 아난다 켄트 쿠마라스와미(Ananda Kent Coomaraswamy) 박사――그는 이 나라에서 40년 이상 살며 일해왔음에도, 이 서양식 영성의 독특한 장엄함을 알지도 못하고 그 의미도 모른다――는 깔보고자 하는 의도로 "파우스트적인 영혼"이라는 말을 만들어냈는데, 이 말은 정말 효과적으로 특징을 집어낸다고 할 수 있다. 그는 이렇게 쓰고 있다(그의 대명사 "우리"는 인도의 "영원한" 지혜의 스승인 자신을 의미하는 것이 아니라, 보스턴 박물관과 하버드 대학에서 일하는 그의 서양인 동료들을 가리키는 것이다). "우리는 무슨 의미가 있는지도 모르면서 어떤 예술품이 '의미심장하다'고 말하며, 어느 방향으로 가는지도 모르면서 '진보'를 자랑스러워한다."[139] 사실 그렇다. 그리고 그렇게 하는 것이 좋다. 슈펭글러도 말하였듯이, "볼프람 폰 에셴바흐, 세르반테스, 셰익스피어, 괴테에서 개인적 삶의 비극적인 선은 안에서 밖으로, 역동적으로, 기능적으로 발전"[140]하기 때문이다.

　따라서 우리는 아서왕의 세속적 궁정의 해체를 이야기하는, 랜슬롯과 갤러해드를 그린 물가타의 수도원적 서사시로부터 자연에 뿌리박은 그들 선배들의 지상의 '신곡'으로 돌아가게 된다. 즉 레오폴드 블룸과 비슷한 나이의 모범적 연인 가웨인과 스티븐처럼 탐색하는 젊은이 파르치팔이다. 파르치팔은 하느님이 보여주는――또는 보여주었다고 이야기되는――가면이라고 하더라도 두드려서 텅 빈 소리가 나면 하느님에게라도 기꺼이 도전할 사람이다.

## 8. 왕의 대관식

제14권 : 사랑의 축제

우리가 이미 알게 되었듯이,* 가웨인은 루비보다 더 붉은 갑옷을 입은 외로운 기사가 평원을 가로질러 다가오는 것을 보았다. 그의 투구에는 그라모플란츠가 수호하는 나무에서 꺾은 꽃가지가 달려 있었다. 창은 여러 군데가 관통을 당한 모습이었다. 가웨인은 그 꽃가지를 알아보았고, 즉시 자신의 창을 낮추고(상대도 낮추었다), 박차를 가하여 앞으로 달려 나갔다(상대도 마찬가지였다). 그들은 맞부딪혔으며, 말을 포함하여 모두가 함께 쓰러졌다. 그러자 두 사람은 검으로 평원에서 단둘이 맞붙었다.

한편 아서의 사절들은 그라모플란츠의 진 앞에 도착해 있었다. 그들은 2킬로미터가 넘게 넓은 진을 펼쳐놓고, 터키의 궁수들, 창을 휘두르는 보병들처럼 이상한 기사들에게 경비를 맡겨두고 있었다. 그리고 그들 위에서는 나팔들이 시끄럽게 울려 퍼지고, 여자들은 고삐에 종을 달고 왕의 천막 주위를 맴돌며 말을 달렸다. 대오가 길을 열어주어 사절들은 안으로 들어가, 차일 밑의 긴의자에 앉아 정강이받이를 대고 있는 왕을 만날 수 있었다. 주위에는 명랑하고 어여쁜 처녀들이 가득하였다.

사절들은 말하였다. "전하, 아서가 묻습니다. 전하는 어찌 감히 아서의 누이의 아들에게 도전을 할 수 있습니까? 원탁의 기사들은 그의 형제들이며, 필요하다면 모두 일어나 그를 방어할 것입니다."

"나도 내 기사들이 있다. 나는 숫자를 겁내지 않는다. 나는 이제까지 한번에 한 명과 싸운 적이 없다. 여인들은 내가 이겨도 당연하게 여길 것이다."

사절들은 온 곳으로 돌아가는 길에 싸우고 있는 두 기사를 보았다. 가웨인이 물러서고 있었는데 목숨이 위태로웠다. 사절들은 가웨인의 이름을 불렀다. 그러자 상대 기사가 큰 소리를 내지르며 검을 내던지고 소리

---
* 613쪽 참조.

쳤다. "내가 잘못 알았군요. 나는 나 자신과 싸우고 있었습니다!"

"그럴 수가!" 가웨인은 제대로 설 수도 없어 비틀거리며 말하였다. "그대는 누구시오?"

"나는 그대의 혈족입니다. 나는 파르치팔이라고 합니다."

마침내 가웨인과 그라모플란츠(가웨인은 꽃가지 때문에 파르치팔을 그라모플란츠로 오해하였다)가 싸울 시간이 되었다. 사실 이 모든 사람들은 이 싸움 때문에 그 자리에 모였다. 그러나 이미 파르치팔과의 싸움 때문에 지친 가웨인이 너무 힘들어 보였기 때문에, 오만한 왕은 들판에서 그를 보고 싸움을 다음 날로 연기하였다. 가웨인 옆에 있던 파르치팔이 대신 싸우겠다고 하였으나, 그라모플란츠는 거절하였다.

그때 가웨인의 누이로부터 그라모플란츠에게 줄 증표를 가지고 파르치팔과 함께 들판으로 왔던 사공의 딸 베네는 처음으로 가웨인이 이톤예의 오빠임을 깨닫는다. 그리고 그라모플란츠가 대결을 고집하여 그를 죽이고 싶어한다는 것을 안다. 그러자 슬픔의 노가 그녀의 마음에 큰 비탄의 짐을 싣고 왔다. 분노한 그녀의 입에서 거친 말이 튀어나갔다. "그대는 신의 없는 개로다! 내가 그대에게 가져온 것이 누구의 증표인가? 사랑은 그대의 섬김을 거부한다. 사랑은 배신과 함께 하지 않기 때문이다." 확신이 흔들린 왕은 그녀를 옆으로 데려가 이야기한다. "그대는 충성이 무슨 의미인지 배운 적이 없는 사람이다. 나로부터 멀어져라, 이 더러운 것아!" 그녀는 자리를 박차고 떠난다. 왕은 몸을 돌려 말에 오르더니 그의 일행과 함께 말을 달려 떠난다. 베네는 파르치팔, 가웨인과 함께 가웨인의 천막으로 돌아온다.

돌아오는 길에 그녀의 주인은 누이에게 다가오는 대결의 의미에 대해서 이야기하지 말라고 다짐을 받는다. 가웨인의 누이는 아직 그녀의 아미(친구)를 마주하게 될 전사가 그녀의 오빠임을 모르고 있다. 이번에도 파르치팔은 가웨인에게 대신 싸우겠다고 하지만, 가웨인은 거절한다.

파르치팔은 말한다. "오늘 아침에 숲의 나무에 수호자가 없는 것을 보고 나뭇가지를 꺾은 다음, 그라모플란츠에게 도전하기 위하여 이곳으로 왔습니다. 나는 그대가 이곳에 있으리라는 생각은 하지도 못하여, 그대를 보는 순간 그라모플란츠라고 생각하였습니다. 내가 그를 대적하게 해주십시오!"

"신이 그대를 축복하시리라. 그러나 운이 있다면 내가 승리를 거둘 것이오. 나는 내 대의를 믿소."

파르치팔은 가웨인의 말을 받아들이는 것 같았으나, 저녁에 숙소에서 꼼꼼히 갑옷을 살핀 다음 새벽에 몰래 말을 타고 떠났다. 그래서 그라모플란츠가 아침 일찍 들판에 나갔을 때, 그를 맞은 사람은 가웨인이 아니라 파르치팔이었다. 파르치팔은 즉시 그라모플란츠를 공격하였다. 그들이 한창 맞붙고 있을 때, 미사를 끝낸 가웨인이 대결을 벌이러 왔다. 말을 타지 않고 싸우는 두 전사는 칼날을 뒤집기 위하여 여러 번 공중 높이 칼을 던져 올렸다. 이윽고 그라모플란츠가 밀리기 시작하였다. 아서는 기사들과 함께 말을 타고 달려나가 두 사람을 떼어놓았다. '나무의 왕'은 자신이 졌다는 것을 인정하였으며, 가웨인은 그에게 정중하게 말하였다. "왕이시여, 그대가 어제 내게 해준 일을 오늘 내가 그대에게 하겠습니다. 우리의 일은 내일로 미루도록 합시다."

그러나 다음날 아침 동이 트기 전에 이톤예는 베네가 얼굴이 창백해져 몰래 울고 있는 것을 보았다. "왕이 나의 증표를 거부하셨을까?" 그녀는 생각하였다. 그녀는 여기저기 수소문하다가 그 의미를 알게 되자 겁에 질려 할머니와 어머니에게 달려갔다. "나의 오빠의 손이 내 사랑하는 이를 베어야 하는 건가요?" 그녀는 울부짖었다. 할머니와 어머니 역시 심각한 전투가 벌어질 것임을 알고 몹시 당황하였다. 아르니베는 시종을 불러 아서를 그녀의 천막으로 모셔 오라고 명하였다.

한편 그라모플란츠는 그 나름으로 베네의 말에 자극을 받아 이톤예와의 관계에 대해서 불안을 느끼기 시작하였다. 그는 문제를 풀기 위하여 두 젊은 사자에게 편지를 들려 보내 그녀의 마음을 알아오게 하였다. 베네는 아서가 들어오자 여인들의 천막을 나왔는데, 천막의 밧줄들 사이에서 이 두 젊은 시종을 보았다. "뒤로 물러서시오. 이 밧줄들 너머로 물러서시오." 안에서는 이톤예가 아서에게 소리를 지르고 있었다. "그러면 오르겔루제는 내 오빠가 그녀를 섬기다가 나의 아미를 죽이는 것이 제대로 된 일이라고 생각한다는 건가요?" 그라모플란츠가 보낸 시종들의 귀에도 그 말이 들렸다. 그들은 주인이 준 편지를 베네에게 주었고, 베네는 그것을 들고 천막 안으로 들어갔다. 곧 아서가 천막에서 나오다가 정중하게 그들에게 인사를 하였다.

아서가 그들에게 말하였다. "내가 그대의 왕에게 무슨 짓을 했길래 그가 내 가족을 이런 식으로 대하는 거요? 그는 나를 별로 존중하지 않는가 보오. 자신이 사랑한다는 여인의 오빠에게 증오를 보이다니! 한번 생각해보라고 하시오! 만일 그것이 그가 원하는 것이라면, 그의 마음이 진실하지 않다는 것을 깨달아야 할 것이오."

"하지만 로그로이스의 대공 부인은 지금도 저희 주인에게 호의를 보이지 않습니다." 그들이 대답하였다. "우리 주인이 이 진에서 두려워해야 하는 그녀의 기사는 가웨인 하나가 아닙니다."

아서는 그녀에게서 휴전을 얻어 내겠다고 약속하고, 대신 두 진 중간에서 만나자고 제안하였다. 휴전은 쉽게 얻었다. 오르겔루제는 여전히 시데가스트 때문에 슬픔에 잠겨 있었으나, 가웨인의 따뜻한 포옹으로 그를 죽인 자에 대한 분노가 식었기 때문이다. 한편 그라모플란츠 역시 마음이 누그러지고 있었다. 베네는 돌아가는 시종들과 함께 가서 그라모플란츠를 만났다. 베네가 그의 여인의 사랑에 대하여 이야기해주자 그라모플란츠는 평생 느껴보지 못하였던 기쁨을 맛보았다. 아서는 또 그녀와 함께 가웨인의 남동생 베아쿠르스를 딸려 보냈다. 그라모플란츠는 이 우아한 젊은이를 보자 속으로 생각하였다. "이 젊은이가 아주 귀엽게 말을 타던데! 정말로 그녀는 그의 누이로구나!" 파르치팔이 나무에서 꽃가지를 꺾었고 그가 그라모플란츠와 가웨인을 이겼기 때문에, 이제 그라모플란츠가 꽃가지를 꺾는 문제를 가지고 이톤예의 오빠와 싸운다는 것은 의미가 없었다.

아서는 두 진 사이의 약속 장소로 말을 달려나가기 전, 한 천막에 가득 들어갈 만한 여인들에게 그의 조카딸을 돌보게 해두었다. 아서는 중간에서 그라모플란츠를 만나자 긴 이야기 없이 그를 데리고 천막으로 왔다. 아서가 말하였다. "이 여인들 사이에 그대가 사랑하는 사람이 보인다면, 그녀에게 입맞춤으로 인사를 해도 좋습니다." 그렇게 해서 결혼식이 거행되었는데, 시인이 이 즐거운 장의 마지막에서 선언하듯이, 세상 누구도 그보다 더 아름다운 결혼식을 본 적이 없었다. 가웨인의 두번째 누이는 리쇼이스 그웰유스에게 갔으며, 과부가 된 그의 어머니 잔기베는 투르코이테 플로란트에게로 갔다. 또한 가웨인과 오르겔루제도 맺어졌다. 그 외에도 강가의 천막에는 아름다운 여인들이 많았기 때문에, 그날은 여러 천막에서 사랑과 기쁨이 흘러넘쳤다.

그러나 파르치팔은 이 와중에 혼자 콘드비라무르스에 대해서 생각하며 수심에 잠겨 있었다. 이 결혼식의 분위기 속에서 다른 여인을 맞이할 수 있을까? 절대 안 된다! 그런 충절이 그의 마음, 그리고 그의 몸을 지키고 있었기 때문에, 어떤 여자도 그의 사랑의 방향을 다른 데로 이끌지 못하였다. 파르치팔은 생각하였다. "내가 계속 성배를 찾기 위하여 노력해야 한다면, 그녀와의 순수한 포옹, 내가 너무 오랫동안 떠나 있었던 포옹에 대한 꿈이 늘 나에게 자극이 되어줄 것이다. 그러나 내 마음은 슬픔만을 아는데, 눈이 이곳에서 오직 기쁨만을 본다면, 내 눈과 마음은 서로 어울리지 않는 것이다." 그의 갑옷은 바로 옆에 있었다. 그는 갑옷을 혼자 입곤 하였다. 파르치팔은 생각하였다. "나에게 행운이 따라 아직 이루지 못한 일들을 이룰 수 있기를." 파르치팔은 말에 안장을 얹었다. 그는 동이 틀 무렵 말을 달려 떠났다.

제15권 : 영예(榮譽)

어느 날 파르치팔은 큰 숲을 따라 멋지게 말을 달리다가, 화려하게 꾸민 낯선 사람이 느릿느릿 말을 몰고 오는 모습을 보았다. 최고급 비단이 그의 말을 장식하고 있었다. 아서의 브리튼의 모든 부로도 그가 겉옷에 단 보석의 값을 치루지 못할 것 같았다. 아르게문틴 산맥의 불도마뱀들이 뜨거운 불 속에서 그 보석들을 옷감과 엮어놓고 있는 것 같았다. 보석들은 찬란하게 빛을 발하며 타올랐다. 그에게 이런 증표를 준 사람들은 주로 고귀한 여인들이었다. 그는 그의 고귀한 마음으로 노력을 한 표시로 그것들을 화려하게 달고 다녔다. 그의 뒤쪽에 보이는 숲 너머 거친 만 주변에는 25개 부대의 진이 펼쳐져 있었는데, 그 부대들은 서로 다른 부대에서 사용하는 언어를 이해하지 못하였다. 그는 그 진으로부터 홀로 나와 모험길에 오른 것이다.

흔히 말하기를 사자는 그의 어미에게서 죽어서 태어난다고 한다. 아비가 포효를 하여야 비로소 생명을 얻는다는 것이다. 이 두 남자는 전투의 소란 속에서 태어난 셈이었다. 그들은 즉시 서로 맞붙었다. 그러나 상대가 말에서 떨어지지 않았기 때문에 둘 다 놀라는 동시에 화가 났다. 그들은 오랫동안 격렬하게 싸웠다. 그러나 나는 이 일 때문에 가슴이 아프다. 두 사람은 한 남자의 두 아들이었기 때문이다. 둘에 대해서 이야기를 하고 싶다면 "그들"이 싸우고 있다고 말할 수도 있을 것이다. 그러나 그들은 하나였다. "나의 형제와 나"는 하나의 몸이다. 부부와 마찬가지이다. 하나의 살, 하나의 몸이 마음의 충절 때문에 여기서 결투를 하고 있었는데, 이것은 그 마음에 큰 피해를 주는 것이었다.

이교도는 사랑과 보석 때문에 싸웠다. 그는 그런 것에 정말 강하게 집착하였다. 그의 구호는 "타브로니트(Thabronit)"였다. 그러자 세례를 받은 사람이 뒤로 쓰러졌다. 이교도는 한번도 사랑에 지친 적이 없었다. 따라서 그의 마음은 전투에서 위대한 힘을 발휘하였다. 나는 말한다, 신이여, 가무레트의 아들을 보호하소서! 그것이 그들 둘에 대한 나의 소망이다.

세례받은 사람은 트레브리젠트를 떠난 이후로 하느님에 대한 신뢰를 잃지 않았다. 그러나 이교도는 팔다리가 강건하였다. 그가 "타브로니트!"——그곳은 그의 여왕 제쿤딜레가 있는 곳이었다——하고 외칠 때마다 그의 싸우는 힘은 늘어났다. 세례받은 사람 때문에 내 마음은 괴롭다. 그는 여러 번 무릎을 꿇었다. 그러나 용맹한 파르치팔에게는 용기를 내기 위하여 생각할 수 있는 것이 한 가지 더 있었다. 그 착한 두 소년 카르데이츠와 로헤란그린(로엔그린)이었다. 그대의 귀하고 정결한 아내 콘드비라무르스가 그대와 마지막으로 포옹한 뒤에 낳은 두 아들, 그 아들들을 이렇게 일찍 고아로 만들 수는 없다.

이제 이교도가 "타브로니트!" 하고 외치자, 파르치팔은 "펠라파이레!"

하고 맞받아쳤다. 시의 적절한 응수였다. 콘드비라무르스가 세상을 가로질러 와서는 자신의 기사에게 그녀의 사랑의 힘을 채워주었다. 이교도의 귀중한 방패——매우 값비싼 방패였을 것이다——에서 파편들이 튀었다. 이어 기독교인의 검이 그의 장식이 많은 투구에 부딪혀 큰 소리를 내더니 부러져버렸다.

고귀한 이교도가 프랑스어로 말하였다. "용감한 사나이여, 그대는 이제 검 없이 싸우게 되었는데, 나는 그렇게 싸워서는 아무런 명성을 얻을 수 없습니다. 거기 가만히 서서 그대가 누구인지 말해주십시오. 휴전을 하고 쉬도록 합시다." 그들은 둘 다 풀밭에 앉았다. 힘센 이교도가 말을 이었다. "평생 그대처럼 대단한 투사는 만난 적이 없습니다. 나에게 그대의 이름과 종족을 알려주십시오. 그러면 나의 이번 여행이 헛되지 않을 것입니다."

"내가 두려움 때문에 그것을 말해야 하는 것입니까?" 헤르첼로이데의 아들이 말하였다.

"내가 먼저 내 이름을 말씀드리지요. 나는 앙주의 파이레피츠라고 합니다. 많은 나라가 나에게 공물을 바치지요."

"어째서 앙주인가요? 앙주는 내가 상속받은 곳인데. 하지만 이교도의 땅에 형제가 있는데, 큰 사랑과 찬양을 받고 있다는 이야기를 들었습니다. 그대 얼굴을 보니, 혹시 그대가 내 동생이 아닌가 하는 생각이 드는군요."

그러자 상대는 검을 집어던졌다. "이제 우리가 다시 싸운다면, 서로 이길 확률이 반반일 것입니다. 말씀해주십시오, 동생이 어떻게 생겼습니까?"

"글을 써 놓은 양피지처럼 얼룩덜룩하다고 합디다."

이교도는 세례받은 자에게 말하였다. "내가 바로 그렇습니다."

그러자 둘은 시간을 낭비하지 않았다. 둘 다 투구를 벗었다. 실제로 이교도의 얼굴은 까치 같았다. 둘은 입을 맞추고 평화를 약속하였다. 형인 파이레피츠는 이제 동생에게 자신을 부(vous)라고 부르지 말고 튀(tu)라고 부르라고 하였다(프랑스어에서 '부'는 '튀'보다 존칭이다/역주). 그러나 파르치팔은 그의 나이, 힘, 부를 존중하여 반대하였다. 그들은 아버지

이야기를 하였다. 유럽에서 아버지를 만나기를 바랐던 파이레피츠는 아버지의 죽음을 알고 슬퍼하였다. "이 한 시간 동안 상실감을 느끼기도 하고 기쁨을 누리기도 하는구나. 너, 나의 아버지, 나는 하나였다. 그러나 이 하나가 세 부분으로 나타난 것이지. 나는 나 자신과 대항하다가, 기쁜 마음으로 나 자신을 죽일 뻔했구나. 오, 유피테르여, 이 기적을 적으소서! 당신의 힘이 우리를 도왔습니다." 파이레피츠는 웃음을 터뜨리며 눈물을 감추려고 하였다. 그는 갑자기 동생에게 자신의 군대를 보러 가자고 하였다. 그러나 기독교인이 아서의 무리에 대하여 이야기하자, 이교도는 여인들(이들은 파이레피츠에게는 생명 그 자체나 다름없었다) 이야기를 듣더니, "나를 그곳에 데려다다오" 하고 말하였다. 그들은 나란히 말을 타고 아서의 천막으로 갔다.

모두 기쁜 마음으로 그들을 맞이하였다. 이미 '불가사의의 성'에서 보낸 사자가 전투 대형으로 모여 있는 아서의 진영에 마법의 힘을 지닌 거울에 비친 소식을 전하였기 때문이다. 가웨인이 두 사람을 자신의 천막으로 맞아들였다. 갑옷을 벗자 사람들은 파이레피츠의 무기의 부와 아름다움에도 놀랐지만, 그의 얼룩덜룩한 모습에도 놀랐다. 호화로운 저녁 자리가 마련되었고, 고귀한 이교도는 사방에서 칭찬과 사모를 받았다. 여인들은 그를 힐끔거리며 소근거렸다. 어떤 여자가 그에게 그런 옷을 주었는지 궁금하였기 때문이다. 만일 그가 그 여인에게 충실하지 않다면, 그의 평판은 나빠질 것이 틀림없었다. 그러나 모든 여인이 그에게 매혹되었기 때문에, 그렇게 해주기만 한다면 그의 섬김을 기꺼이 받아들였을 것이다(시인이 이런 말을 하는 것은 파이레피츠의 흥미로운 무늬 때문인 것 같다). 아서, 그라모플란츠, 파르치팔, 가웨인은 여인들이 실컷 먹을 수 있도록 자리를 물러나, 다음날을 위하여 오래전 '못생긴 처녀'의 방문을 받았을 때와 똑같은 원탁 행사——잔디밭에 값비싼 원형의 천을 펼쳐 놓고——를 다시 벌일 계획을 짰다.

그런데 보라! 모든 준비가 끝났을 때 말을 탄 처녀 하나가 느리게 다가오는 것이 보였다. 그녀의 고삐와 안장과 말은 모두 화려하였다. 그러나 얼굴에는 두꺼운 베일을 쓰고 있었다. 프랑스식으로 두건이 달린 값비싼 검은 망토에는 반짝거리는 아라비아 금으로 만든 조그만 호도애가 많이 달려 있었다. 그녀는 원을 그리며 돌더니 아서에게 인사를 하고 파르치팔을 돌아보았다. 그녀는 말에서 내리더니 파르치팔의 발 앞에 쓰러져 울며, 인사를 해달라고 간청하였다. 이윽고 그녀는 일어나 베일을 벗어던졌다. 그녀는 전과 마찬가지로 여자 마법사 쿤드리였으며, 전과 마찬가지로 못생겼다. 동물 같은 입과 엄니도 여전하였다. 그러나 그녀는 위엄있게 서서 자기 할 말을 하였다.

"오, '인간의 구원의 왕관', 파르치팔이여. 젊은 시절 그대는 '슬픔'과 연애를 했습니다. 그러나 이제 '기쁨'이 그대를 그녀에게서 빼앗아 갈 것입니다. 그대는 영혼의 평화를 구하였으며, 슬픔 속에서 몸의 기쁨을 기다렸습니다. 콘드비라무르스, 그리고 그대의 아들 로헤란그린 역시 성배를 볼 자격을 얻었습니다. 다른 아들 카르다이츠는 펠라페이레의 왕위에 오를 것입니다. 또 이제 그대가 고쳐줄 고귀하고 착한 왕 안포르타스의 인사도 대신 전합니다."

파르치팔의 눈에서 눈물이 흘렀고, 주위에 원을 그리고 섰던 모두가 웅얼거렸다.

"내가 어찌 해야 합니까?" 파르치팔이 물었다.

쿤드리가 대답하였다. "나의 주인이시여, 남자 동무를 선택하십시오. 제가 길을 안내해 드리겠습니다."

파르치팔은 파이레피츠에게 요청을 하였고, 그는 기꺼이 함께 '성배의 성'까지 가기로 하였다. 나머지 사람들은 어떻게 되었는지 나는 알 수가 없다. 그러나 쿤드리와 그 두 사람은 함께 말을 달려 떠났다.*

### 제16권 : 새로운 왕

안포르타스는 여전히 극심한 고통을 겪고 있었다. 그는 자주 눈을 뜨

---

\* 이슬람교도인 파이레피츠/아이박, 즉 "달처럼 얼룩덜룩한 자"(599쪽의 주석 참조)는 기독교인과 마찬가지로 성에 들어갈 자격이 있다. 두 사람의 '성배의 왕'을 비교해보라 (484쪽 참조).

지 못하였는데, 때로는 그런 일이 나흘간 계속되기도 하였다. 그러나 이제 기쁜 소식이 들려올 터였다.

파르치팔과 파이레피츠가 쿤드리를 따라가는데, 템플 기사단원 한 무리가 그들을 향해서 말을 달려왔다. 그들은 안내자를 보더니 큰 소리를 질렀다. 이교도는 전투 준비로 창을 내리고 말에 박차를 가하였다. 그러나 쿤드리가 그의 고삐를 잡았다. "저들은 그대에게 전적으로 봉사할 것입니다." 그녀가 말하였다. 기사들은 말에서 내려 투구를 벗더니, 파르치팔에게 다가와 인사를 하고 파이레피츠도 환영하였다. 그들은 다시 말에 오르더니 문잘바에셰까지 눈물을 흘리며 말을 달렸다. 그곳에서는 나이든 기사, 시종, 종자들이 우르르 몰려나와 그들을 환영하였다.

우리는 슬픔에 찬 안포르타스가 점점 여위어만 가고 제대로 앉지도 못한다는 이야기는 이미 알고 있다. 그의 긴의자는 치료의 보석들로 장식되어 있었다. 파르치팔은 눈물을 흘리며 물었다. "성배가 어디에 보관되어 있는지 나에게 가르쳐주십시오. 신의 자비가 내 안에서 승리를 거둔다면, 이 무리가 증인이 될 것입니다." 파르치팔은 성배가 있는 곳으로 안내되어 성배를 향해서 고개를 돌렸다. 그는 삼위일체를 향하여 세 번 한쪽 무릎을 꿇고나서 왕의 고통을 중단시켜달라고 기도하였다. 이윽고 자리에서 일어난 파르치팔은 안포르타스를 향하여 오랫동안 기다려온 질문을 하였다. "숙부여, 무엇이 그대를 괴롭힙니까?(Oeheim, was wirret dier?)"[141]

그러자 나사로에게 일어나라 명하신 분께서 도움을 주셨다. 안포르타스는 치유를 얻었고, 그의 살 전체에 프랑스 사람들이 플뢰르(fleur)라고 부르는 광택이 돌아왔다. 그에 비하면 파르치팔의 아름다움은 한낱 바람에 불과하였다. 사실 나면서 얻은 아름다움을 지닌 사람들은 병에서 얻은 안포르타스의 아름다움을 따라갈 수 없었다. 성배의 글에서 파르치팔을 그 주인이라고 칭하였기 때문에, 그는 그곳에서 그 왕으로 선포되었다.

콘드비라무르스 역시 문잘바에셰를 향해서 열심히 말을 달리고 있었다. 눈 위의 피가 파르치팔의 마음을 사로잡은 적이 있었던 바로 그 지점에서 그는 그녀를 만나게 되어 있었다. 파르치팔은 가는 길에 트레브리젠트에 들렸다. 트레브리젠트는 자신의 형제의 상처가 치료된 것을 알고 놀랐다. "이보다 더 놀라운 일은 없겠구나. 그대는 신에게 도전하여 그의 삼위일체가 그대의 의지를 인정하게 했구나." 그러면서 트레브리젠트는 하느님께 파르치팔를 찬양하였다. 파르치팔은 그날 밤에 다시 길에 나섰다. 그를 호위하는 사람들이 숲을 잘 알았기 때문에, 다음날 아침 그의 왕비 일행이 진을 친 곳에 이르렀다. 나이든 기사가 앞으로 나왔다. 그는 지구네의 아버지, 카탈로니아의 키오트공이었다. 그는 파르치팔에게 정중하게 인사를 하고, 그를 커다란 천막으로 데려갔다. 콘드비라무르스는 어린 두 아들과 함께 자고 있었고, 주위에도 여인들이 흩어져 자고 있었다. 키오트는 곧장 침대로 가더니 이불을 두드리며 그녀에게 일어나 기쁨의 웃음을 터뜨리라고 하였다. 그녀는 눈을 떴다. 앞에는 남편이 서 있었다. 그녀는 속옷만 걸치고 있었기 때문에 얼른 이불을 몸에 두르고 양탄자로 뛰어내렸다. 파르치팔은 그녀를 품에 꼭 안았다. 아이들도 잠을 깼기 때문에, 파르치팔은 그들에게도 입을 맞추었다. 그러자 늙은 키오트가 사려 깊게 아이들을 데리고 나가며, 여인들에게도 천막을 떠나라고 명령하였다. 그는 나가면서 바깥에서 천막 문을 닫았다.

그날 사제 한 사람이 미사를 드렸고, 파르치팔은 그의 어린 아들 카르다이츠의 대관식을 주재하였다. 그런 뒤에 모두 눈물을 흘리며 천막을 거두었고, 두 무리는 헤어졌다. 늙은 키오트는 딸에 대하여 아무 말도 하지 않았다. 파르치팔과 콘드비라무르스는 호위자들과 함께 지구네의 암자에서 발을 멈추었다. 그들은 그녀가 암자 안에서 가만히 무릎을 꿇고 있는 것을 보았다. 그러나 그녀는 이미 죽은 몸이었다. 그들은 그녀의 연인의 무덤의 덮개를 들어 올렸다. 연인은 아름다움을 그대로 간직한 채 그곳에 누워 있었다. 그들은 처녀를 살며시 그 옆에 내려놓고 기도를 하며 덮개를 덮었다. 이어 그들은 계속 말을 달려 그날 밤에 문잘바에셰에 이르렀다.

파이레피츠는 그들을 기다리고 있었다. 그는 어린 로헤란그린이 그의 얼룩덜룩한 살갗에 겁을 집어먹고 숙부의 입맞춤을 거부하자 웃음을 터뜨렸다. 그들은 곧 성배의 의식을 준비하였다. 홀 한가운데 매콤한 냄새가 나는 알로에 장작으로 큰 불을 세 개 피웠다. 촛불은 수도 없이 밝혀 놓았다. '천국의 기쁨'을 섬기는 처녀들이 나타났는데, 그 수는 스물다섯이었다. 템플 기사단도 다 모였다. 콘드비라무르스도 여행옷을 갈아입고 큰 홀로 들어섰다. 의자와 양탄자들이 배치되자, 다시 성배의 행렬이 걸어들어오기 시작하였다.

그러나 무언가 아주 이상한 점이 있었다.

파이레피츠는 파르치팔, 안포르타스와 함께 성배가 높인 곳 바로 앞의 의자에 앉아 있었는데, 돌은 전혀 보이지 않고 그것을 나르는 여인, 즉 르팡스 드 쇼예 왕비의 눈만 보였다.

"앞에 있는 성배가 보입니까?" 안포르타스가 물었다.

"탁자밖에 보이지 않습니다. 그러나 저 처녀의 눈은 내 마음에 다가오는군요."

사랑의 힘 때문에 그의 얼굴의 하얀 부분이 창백해졌다. 이런 상황에서 제쿤딜레가 그에게 준 사랑이 무슨 소용이 있을까? 또 그의 인생의 다른 여인들이 그에게 준 그 귀한 보답들이 무슨 소용이 있을까? 상냥한 안포르타스는 그가 고민에 사로잡혀 있음을 알았다. "내 누이가 그대에게 고통을 준다니 미안합니다. 그대의 동생은 그녀의 언니의 아들입니다. 그가 그대에게 도움을 줄 수 있을지도 모르겠습니다." 이어 안포르타스는 파르치팔을 돌아보았다. "그대의 형이 아직 성배를 보지 못한 것 같습니다."

파이레피츠도 그렇다고 하였다. 그는 성배를 보지 못하였다. 기사들은 모두 이것을 이상하게 생각하였으며, 그 이야기가 이웃의 큰 홀──이곳에서 성배가 왔으며, 다시 그곳으로 돌아가야 하였다──에 있는 티투렐의 귀에도 들어갔다. 티투렐은 불구의 몸으로 자리 보전을 하고 있는 노인이었다. 티투렐의 이야기가 전해져 왔다. "그가 이교도이고 세례를 받지 않았다면, 그가 성배가 보이는 사람들과 연관을 맺었다고 하더라도 소용이 없소. 그에게는 성배 주위에 베일이 있는 것과 마찬가지요."

사람들은 그에게 세례를 받으라고 하였다. "그것이 사랑에서도 도움이 될까?" 그가 물었다. 이제 형을 '부'가 아니라 '튀'라고 부르는 파르치팔이, 그렇게 하고나면 그 여인의 사랑을 청할 수도 있다고 알려주었다. 파르치팔은 세례반을 가져오라고 하였다. 벽옥의 원형 계단 위에는 아름다운 루비 한 개가 박혀 있었다. 파르치팔이 경고하였다. "나의 숙모와 결혼하고자 한다면, 형의 신들과 제쿤딜레를 포기해야 돼."

"그 여자를 위해서 해야 할 일이 있다면 무엇이든 할 거야." 이교도는 대답하였다. 그는 삼위일체 교리를 배웠다. 파이레피츠가 말하였다. "네 숙모가 그 신을 믿는다면, 나도 그 신을 믿을 것이고 내 자신의 모든 신들은 포기하겠다. 네 숙모의 신을 위하여 나는 세례를 받겠다."

세례를 받고나자 그의 눈에 성배가 보였다. 성배 위에는 이제 다음과 같은 글자들이 나타났다. 신의 손에 의하여 외국 민족의 주인으로 임명되는 템플 기사는 자신의 이름이나 인종을 묻는 것을 금지하고, 그들이 자신의 권리를 찾도록 도와주어야 한다. 그러나 그에게 그것을 물으면, 그들은 그의 도움을 받지 못하게 될 것이다.

12일 뒤 파이레피츠는 자신의 신부와 함께 떠났다. 이미 그의 부대에 보낸 사자들이 제쿤딜레 여왕의 죽음에 대하여 말을 해주었다. 나중에 인도에서 르팡스 드 쇼예는 아들을 낳았으며, 그는 이제 세상에 프레스터 존이라고 알려져 있다……

## 9. 사절 : 각자에게 그 자신의 것을

이렇게 해서 우리는 마침내 헤르첼로이데의 자식인 파르치팔이 어떻게 성배를 얻었는가를 정확히 알게 되었——시인은 그렇게 주장한다. 그러면서 시인은 덧붙인다. "만일 거장 트루아의 크레티앵이 이 이야기를 부당하게 취급하였다면, 우리에게 이 이야기를 정확하게 해준 키오트가 화를 낼 것이다.…… 그러나 프로방스에서 독일 땅까지 모험의 끝에 이르도록 제대로 된 이야기가 우리에게 전해져왔다. 이제 나 에셴바흐의 볼프람은 여기서 거장이 말한 것 이상은 이야기를 하지 않으련다."[142]

볼프람이 프로방스의 거장 키오트에 대해서 한 말을 진지하게 받아들여야 하는지 아닌지에 대해서는 논쟁할 필요가 없다.[143] 그것보다도, 이제 중요한 것은 여기서 하나의 단위로 제시되고 있는 관념들의 증후군에서 오늘날 서구의 지도적인 영적 힘을 이루고 있는 세속적 신화에 대한 최초의 정의를 발견하게 된다는 점이다. 신학자들은 이런 신화가 존재한다는 것, 또 이런 신화가 신도의 자리에 앉아 믿을 수 없는 신조를 중얼거리는 그들의 교구민 다수에게 영향력을 발휘하는 종교라는 것을 깨닫지도 못하고 있다.

여기서 성배는 훗날의 『성배 탐색』에서와 마찬가지로 지고의 영적인 가치의 상징이다. 그러나 이것은 세상, 심지어 현재의 사회적 관습을 배척함으로써 얻은 것이 아니다. 오히려 자신의 부패하지 않은 마음──신비주의자들이 '내부의 목소리'라고 부르는 것──이 명령하는 방식 또는 방식들을 통해서 시대의 삶의 질서에 자신의 온 힘을 다하여 참여할 때 얻는 것이다. 파르치팔이 도전에 의해서 하느님을 강제하였고 결국 삼위일체가 그의 의지를 인정하는 기적이 일어났다는 트레브리젠트의 발언은 가르침의 정곡을 찌르고 있다. 이것이야말로 이 모범적인 고딕 이야기의 신비적 해석, 즉 형이상학적 상이다. 마음으로부터, 그리고 서구의 핵심으로부터 나온 이 계시에 따르면, 시간의 영역에서 도덕적인 주도권은 신이 아니라 인간에게 있다. 그것도 종으로서의 인간에게, 즉 신의 명령에 의하여 일치를 이룬 집단의 구성원으로서가 아니라 각각의 사람에게, 자기 일관성이 있는 행동을 통하여 스스로 움직이는 개인에게 있다. 이것이 서구에서 "자유의지"라는 말의 의미이다. 이런 생각은 트레브리젠트의 첫 설교에서 나온다. 그는 길을 잃은 파르치팔에게 하느님은 증오에는 증오, 사랑에는 사랑으로 갚는다고 가르친다. 이것은 플롯의 구조 자체에 깔려 있다. 영웅은 '성배의 성'을 처음 찾아갔을 때 배운 것을 따름으로써 '불구의 왕'을 치료하지 못하였을 뿐만 아니라, 자신의 편안한 인생이라는 즐거움도 잃어버렸다. 나아가 방향 감각을 잃고 손대는 모든 것을 무용한 것으로 만들었다. 반면 마지막에 망명의 고독을 통해서 니체가 "자신의 중심에 의하여 굴러가는 바퀴"라고 부른 것이 되었을 때, 보라, 성배의 돌에는 그의 이름이 새겨져 있었다! 그는 자신의 삶에서, 자신의 깊이에서, 이미 인용한 바 있는* 12세기의 신비주의적 격언에 따라 시간의 핵심을 건드린 것이다. 그것은 신을 "예지적인 구(球), 그 중심은 모든 곳이며 그 원주는 어디에도 없는 구"로 본다는 격언이다.

이 신화에 따르면 예언자나 사제가 세워놓은 고정된 법칙이나 신에 대한 이미 확립된 지식이 있어서, 그것이 그 나름의 대담한 진리의 정신에 따라 성실하게 사는 삶의 계시에 대항하는 것이 아니다. 따라서 이른바 모든 "타락"이나 "법"으로부터의 이탈도 그 자체가 신(신화적인 용어를 사용하자면)이 참여하는 창조적 행동이다. 따라서 「로마서」 11장 32절의 조이스의 주제가 나온다.** 신의 주도권은 타고난, 봉인된 영혼 또는 개인이 날 때부터 가지는 "예지적 성격"으로 표현된다. 따라서 주도권, 즉 행동의 자유는 자신의 것이며, 다른 사람들이 말하는 것이나, 행한 것이나, 신의 뜻이라고 주장하는 것에 의해서 인도되는 것이 아니라, 자신의 내적인 목소리에 의해서 인도된다. 사실 자신의 봉인된 영혼 내부, 즉 신이 주신 차이, 다른 모든 사람들과는 다른 감추어진 차이에서 (다시 신화적으로 말을 하면) 부활절의 달걀처럼, "신의 뜻"이 숨겨져 있다가 결국 발견되고 보여지는 것이기 때문이다. 어둠 속이든 빛 속이든 황홀경의 침대로 물러나는 것에 의해서가 아니라, 어떤 것도 더럽지 않고, 어떤 것도 순결하지 않고, 모두가 까치의 깃털처럼 얼룩덜룩한 이곳, 이 뒤섞인 세계에서의 행동을 통해서 드러나기 때문이다(그렇지 않다면 우리가 왜 태어날까?).

그러나 이렇게 시간 속에서 스스로 움직이고 스스로 책임지는 개인의 신화에서도 시간을 초월하고 공간을 초월하는 깊이의 차원이 있다. 가무레트, 파이레피츠, 파르치팔도 하나이듯이 파르치팔과 콘드비라무르스가 하나이다. 심지어 싸움터에서 만난 세례받은 자와 세례받지 않은 자가 하나이듯이, 성적 유희에서 남성과 여성도 하나이다. 여기서 우리는 다시 조이스와 『피네건의 경야(Finnegans Wake)』의 핵심에 있는 그의 주제, 싸우는 형제들의 주제를 기억하게 된다. "대립하는 동등한 것들…… 하

---

* 42쪽과 48쪽 그리고 165쪽 참조. 『신의 가면 : 서양 신화』의 마지막 결론 부분 참조.
** 310쪽 참조.

나의 힘에 의해서 그렇게 진화한 것이며, 지금은 양극화되었지만, 반감의 융합에 의해서 재결합할 것이다. 그들의 두 운명은 뚜렷하게 달랐다."*

나아가서, 역시 이미 언급한 것처럼, 이 작품에는 쇼펜하우어가 "겉으로 나타난 의도"에 대한 그의 논문에서 인식하였던,** 외적인 사건과 내적인 준비 사이의 일치라는 진정으로 신비한 의미가 담겨 있다. 마지막 에피소드들이 보여주듯이, 파르치팔은 오랜 세월 동안 단 하룻밤 말을 달리면 갈 수 있는 문잘바에셰의 범위 내에서 맴돌았다. 그는 반드시 각각의 모험에 대한 준비를 갖추었을 때에만 그 신비의 숲, 이 세계라는 숲에서의 다양한 모험과 우연히(우연히?) 마주쳤다. 눈에 보이는 신은 보는 사람의 의식 상태에 달려 있다는 것은 상징적인 삶의 법칙이며, 이 작품에서——그리고 삶 자체에서도——입문의 안내와 계시의 사절과 신들의 기능을 하는 것은 개인의 친구와 적들이다.

이것은 결국 아서의 로맨스 전체의 주요한 교훈이다. 그 울타리 내에서 예전의 신과 여신들은 기사와 여인들, 은자와 이 세상의 왕들, 그들이 사는 성들이 되었다. 대체로 마법적이라고 할 수 있는 모험들도 전통 종교의 마법에 속하는 것이 아니라 시의 마법에 속한다. 신의 기적이라기보다는 자연의 전개되는 영역의 표시인 것이다. 가푸리우스(Gafurius)의 「천체들의 음악(Music of the Spheres)」 설계(〈그림 13〉)에서 탈리아 수르다(Thalia surda), 즉 땅 아래의 목소리가 이교도 시대에서처럼 자연 자신의 목가적인 노래로서 다시 들리기 시작하는 것 같다. 이 목소리는 아홉 뮤즈의 내적이고 외적인 구들 전체를 통하여 확장되어갈 화음의 첫 음이다. 수도사의 『성배 탐색』의 주요한 목적은 이렇게 자연을 향하여 다시 깨어나는 경향을 제어하고, 그 흐름을 역전시키고, 성배, 즉 삶의 주인의 풍요의 뿔을 자연이 주는 지상의 은혜의 상징이 아니라 초자연적인 상징으로 바꾸어놓으려는 것이었다. 즉 자연, 인간, 역사, 그리고 세례 받은 수녀들을 제외한 모두 여자를 악마에게 맡겨버리려는 것이었다.

그러나 시인 볼프람이 성배의 미덕을 기려 세워놓은 성당에서는 완전

---

\* 367쪽 참조(『피네건의 경야』, 92쪽에서).
\*\* 404-409쪽 참조.

히 대조적으로, 사랑, 구체적으로 여성을 그 주된 봉사자이자 그릇으로 삼는 이성애적인 사랑이 이 시인이 소중히 여기는 동력이자 구원의 힘이다. 여기서는 보이지 않는 존재들이 아니라 처녀들이 성배를 들고 있다. 그리고 가족과 부부의 사랑, 어머니의 아들에 대한 사랑, 아버지의 딸에 대한 사랑, 수녀 같은 여자 은둔자의 주검——자신의 사랑으로 젊음의 아름다움을 그대로 간직하게 만든 주검——에 대한 사랑 같은, 아주 다양한 사랑들이 샤르트르, 아미엥, 보베의 스테인드글라스에 나오는 성자들의 삶처럼 모험들을 밝혀준다. 이 시인의 세상에서 사랑을 섬기는 충절은 행동을 일으키는 힘이다. 시인이 말하듯이, 이 세상에서는 모든 것이 흑과 백이 혼합되어 있어도, 변덕은 흑을 증가시키고, "꾸준한 마음을 가진 사람은 백으로 향하는 경향이 있다."[144] 음유시인들의 사랑 숭배와 노래들에서처럼, 이 세상의 사랑은 늘 개인적이고 구체적이다. 고대와 동양의 에로스와 아가페 숭배에서처럼——또는 프로방스의 발렌타인들의 유행을 따르는 기괴한 행동에서처럼*——비인격적이고 주신제적인 것이 아니다. 까치 파이레피츠의 경우가 아니라면 말이다. 그러나 파이레피츠도 '성배의 성'에서 구체적으로——그리고 영원히——한 쌍의 파란 눈에 매혹되었다.

  사랑은 눈과 마음에서 태어난다. 즉 시력이라는 신의 선물이 제공하는 빛의 세계와 안에서 무한을 향하여 열려 있는 동굴의 어둠 양쪽에서 태어난다(〈그림 3〉, 제16단계와 제10단계). 따라서 사랑의 여신을 섬기고자 한다면, 빛만으로도 어둠만으로도 그녀의 길을 나타낼 수 없다. 그 길은 두 가지가 섞여 있기 때문이다. 사라스로 가는 배 안에서 갤러해드의 긴 의자도 트리스탄의 동굴의 수정 침대로도 안 된다. 삶이 지속되는 한——삶은 결국 그녀의 영역이다——화살과 창이 쏟아지는 가웨인의 '불가사의의 침대'(시인은 "휴식을 구하는 자는 누구든 이 침대로는 오지 않는 것이 좋다"고 말한다)[145]나 파르치팔의 비둘기 표시가 달린 단단한 전쟁용 안장이어야 한다. 사랑에 눈을 뜨는 순간, 하나의 물체가, 외부에

---

\* 200-201쪽 참조.

있는 것처럼 보이는 물체가 "영혼 속으로 영원히 들어온다(조이스의 말이다).…… 영혼은 그 부름에 뛰어올랐다. 살자, 실수하자, 넘어지자, 승리하자, 생명에서 생명을 다시 창조하자!"* 콘드비라무르스는 콩뒤르 아무르(conduire amour, 사랑을 안내한다는 뜻)이다. 이 안내자이자 소환자는 성으로 가는 전망을 열어주었을 것이지만, 그 성으로 가는 길은 스스로 얻어야만 한다. 이 신화에 따르면, 유일한 길은 외부의 가장 내부 깊숙한 곳에 있는 대상에 절대적 충성을 바치는 것이다. 이것에 의해서만 두 세계가 통일될 수 있고, 자신에게 고유한 '삶의 성'에서 왕의 자리를 얻을 수 있다.

볼프람은 말한다. "영혼으로부터 신을 빼앗기지 않고 존엄을 유지하면서 세상의 은혜를 얻을 수 있는 방식으로 마무리되는 삶, 그런 삶은 가치가 있다."[146] 본질적으로 이 말은 고트프리트의 모랄리타이트(moraliteit)와 매우 흡사하게 들리는데, 우리는 이미 "그 교리는 신과 그리고 세계와 조화를 이루는 것"**이라는 이야기를 들은 바 있다. 그러나 그곳에서 젊은 영웅은 여신의 부르심을 인정하지 않으며, 두려움 때문에 탄트리스(Tantris)──트리스탄을 뒤집은 것──로서 하나의 역할을 연기함으로써 여신에게 죄를 지었다. 그리고 그 결과는 세상에서의 수치, 불충, 치료되지 않는 암포르타스의 상처 등으로서, 우리가 이미 보았다. 그래서는 이상, 모랄리타이트, 성배의 왕권을 결코 얻지 못하였다.

볼프람은 자기 세기의 영적인 문제를 해결하기 위하여 우선 사랑의 이상을 결혼보다 우위에 놓았다. 그리고 동시에 파기할 수 없는 결혼의 이상을 사랑 위에 놓았다. 그리고 자신의 영웅들이 부패하지 않은 마음의 충동에 따라 허세 없이 흔늘림 없는 용기를 가지고 그 목적을 향하여 모험을 수행해나가도록 이끌었다. 내가 아는 한 그는 결혼에 대하여 이런 사회적으로 폭발력 있는 이상을 세상에서 처음으로 진지하게 제기한 사람이었다. 그러나 그것이 오늘날 서구에서는 낭만적인 규범이 되었으며, 동양에서는 그것을 무정부주의적이고 부도덕하며 광적인 것으로 반대하

---

\* 87-88쪽 참조.
\*\* 275쪽 참조(고트프리트, 8010-8014에서).

고 심지어 경멸하기까지 한다. 그것이 부족 및 가족 결혼이라는 원시적이고 오래된 동양적 질서들을 초월하기 때문이다. 동양적인 질서에서는 사회적, 정치적, 경제적 고려가 개인적이고 낭만적인 고려보다 우위에 섰으며, 개인성을 펼치는 일(이것이 이런 계시가 담긴 전승에서는 인간 삶의 꽃인데)은 저항에 부딪혀서 집단의 이해에 맞게 다듬어지고 훈련되었다. 여기서는 또한 깨어나는 마음의 요구를 사회가 그런 식으로 침해하는 것에 대하여, 간음이라는 목숨을 건 고상한 방식으로 대응하는 것을 초월할 뿐만 아니라, 수도원을 경유하여 솔로몬의 배를 타고 완전히 탈출하는 차갑고 금욕적인 대응 방식도 초월한다.

사실 시토회의 『성배 탐색』의 그 모든 기적, 천사의 목소리, 축성, 하늘로의 상승을 본 뒤에, 마침내 새롭게 왕관을 쓴 '성배의 왕'이 곧바로 자신의 아내와 자식들을 데려오는 광경을 보는 것은 아름답지 않은가. 또한 그들을 데려온 장소는 바로 그의 풋풋한 시절 그녀에 대한 기억이 그를 압도하던 곳 아니던가. 나아가서 '성배의 처녀'인 르팡스 드 쇼예 자신이 시간이 지나면서 천사적인 역할을 그만두고 결혼과 아들을 낳는 일로 옮겨가는 것은 삶의 이름으로 볼 때 제대로 된 일 아닌가. 마지막으로 1968년에 이 세상을 사는 우리는 1215년경 성배에 나타난 명령에 대해서 어떻게 생각해야 할까? 그 명령에서는 성배를 섬기는 모든 기사는 신의 은혜에 의해서 외국 민족의 주인으로 임명될 수도 있으며, 다츠 에어 인 훌페 레테즈(daz er in hulfe rehtes), 즉 "그들이 그들의 권리를 찾는 것을 도와주어야 한다"* 고 말하였다.

그러나 이 세상의 고귀한 자식들 모두가, 아니 다수라고 하더라도, 파르치팔과 같은 침착한 태도로 삶의 모험으로 들어간다는 것은 가능하지 않다. 그리고 그들 가운데 얼마나 많은 수가 그들의 콘드비라무르스를 단번에, 그렇게 아름답게, 그렇게 완벽한 시기에, 만날 수 있을까? 대부분의 경우 자신이 섬기고자 하는 이상을 찾는 탐색은 오히려 가웨인의 방식이 될 것이다. 그는 이곳에서도 여인들을 만나고 저곳에서도 여인들

---

\* 672쪽 참조. 볼프람, 앞에 인용한 책, XVI.818 : 24-819 : 2.

을 만나지만, 마침내 그의 삶에 상처를 낸, 위험하게 매혹적인 오르겔루제와 그녀의 '위험한 침대'를 만난다. 파르치팔은 절대적 이상의 모범인 반면, 가웨인은 세상의 사람이기 때문이다. 그는 자신의 고귀한 마음으로 기꺼이 파르치팔을 섬기고, 그 젊은이가 역사의 장(아서의 궁정)에 등장하도록 힘을 쓴다. 랜슬롯과 갤러해드의 관계와 마찬가지로, 두 사람은 아버지와 아들 같다. 따라서 랜슬롯과 갤러해드의 관계에서와 마찬가지로, 이 둘의 관계에서도 다시 한번 나이든 기사의 정신 또는 본질에 비추어 보면서 젊은 기사의 미덕들을 인식하게 된다. 나아가서 그들의 결혼에 대해서도 같은 말을 할 수 있다. 침머가 랜슬롯과 아들의 관계에 대하여 썼듯이, 아버지는 "그 자신 안에서 두 영역의 에너지들을 결합했음이 드러난다. 하나는 욕망의 세속적인 영역이며, 또 하나는 순수하게 영적인 모험을 하는 높은 수준의 영역이다."* 따라서 이 두 결혼과 관련하여 우리는 가웨인과 오르겔루제의 결혼에서 양자의 에너지들의 결합을 볼 수 있다. 즉 지상의 이 삶에서의 결혼의 불완전성과 그것이 의도하는 이상의 완전성의 결합이다. 그 사랑의 신비, 즉 그 안에서는 각각이 둘 다라는 신비의 정상적인 이미지와 정상을 넘어서는 이미지**의 결합이다.

그런데 그 이상한 소극, 즉 파이레피츠의 세례란 도대체 무엇인가? 이 작품의 어떤 주요한 인물의 역사에서도 성례의 마법이 의미심장한 역할을 하였던 적이 없다. 그런 의식은 내적 삶의 요구와 실현보다는 궁정의 의식주의와 연결되곤 하였다. 그런데 모든 일이 끝난 뒤에 갑자기 세례가 나타난다.

이 장면을 이교도가 명령이나 설득에 의하여 개종을 하는 해학으로 여기고 싶은 유혹이 생길지도 모른다. 그러나 이렇게 보는 것은 그 얼룩덜룩한 이교도(근대의 인도계 영국인의 예시)가 세례를 받은 뒤에 실제로 성배를 보게 되었다——높이 평가하지는 않았지만——는 사실과 모순된다. 한 가지 설명은, 볼프람의 시대에 로마의 교회는 유럽의 영적 유산에

---

\* 658쪽 참조.
\*\* "정상을 넘어서는 이미지(supernormal image)"라는 개념에 대해서는 앞의 294쪽, 그리고 『신의 가면 : 원시 신화』 제1부의 도입부와 제1장 1-2절 참조.

서 유일하게 인가받은 공적 매체였기 때문에, 파이레피츠가 그 의식에 복종하는 것은 기독교 세계의 도덕 질서에 기꺼이 참여하는 행동을 나타내고 또 확인한다는 것이 될 수 있다. 그러나 파이레피츠의 이 의식에는 좀 특별한 것이 있다.

본문을 보자. "세례반은 성배를 향해서 약간 기울었으며, 즉시 뜨겁지도 차지도 않은 물로 가득 찼다."[147] 이 말은 성배 자체, 즉 철학자의 돌이 얼룩덜룩한 남자의 머리 위에 부어지는 물의 원천(aqua mercurialis)*이라는 것이다.

나아가서 그 의식과 관련된 명령은 그 수수께끼의 아름다운 노인——"안개보다 더 잿빛"——으로부터 왔는데, 파르치팔은 처음 그 성을 방문하였을 때 그가 이웃의 큰 방의 침대에 누워 있는 것을 잠깐 본 일이 있다.** 그는 누구인가?

그의 이름은 티투렐이라고 나오며, 안포르타스의 할아버지이다. 그는 최초의 성배의 왕이며, 여기서는 로베르 드 보롱의 『성배 이야기』에 나오는 브론, 즉 부자 어부에 대응하는 존재이다. 또한 켈트 신화에서 바다와 물고기의 신인 웨일스의 신 '축복받은 브란'(아일랜드의 마나난 맥 리르)에 대응하는 존재이기도 하다. 또한 '사람을 낚는 어부'에 대응하는 존재이기도 하다(〈그림 3〉, 제1단계).***

이 위대한 작품이 쓰여진 연도는 1215년경인데, 이때는——헨리 애덤스가 문화적 역학의 연구에서 말하였듯이****——고딕 기독교라는 호(弧)에서 정점을 이루는 시기이다. 그는 샤르트르(볼프람의 『파르치팔』

---

\* 325쪽 참조.
\*\* 528쪽 참조.
\*\*\* 제네바의 S. 로렌초의 성당 보고(寶庫)에는 녹색의 로마 유리로 만든 팔각형의 얕은 그릇이 있다(서기 1세기). 이것은 카에사레아 정복(1001-1002년) 뒤에 가져온 것이며, 한때는 귀중한 에메랄드라고 여겼고, 요셉이 그리스도의 피를 받은 성배와 동일시되었다. "테두리에는 아주 가는 선으로 글자를 새겨놓았는데, 이것은 오직 어떤 빛 아래에서만 보였다. 성배는 그 글을 통하여 자신의 명령을 드러냈다. 따라서 이것은 가장 귀중한 돌인 동시에 예배용 그릇이며 신탁이었다!"(고에츠, 앞에 인용한 책, 5쪽). 연도와 형태 때문에 이 그릇은 〈그림 3〉, 〈그림 11〉과 연결된다. 또 그 크기로 보면 벨라카네와 가무렛의 보석 투구와 연결된다.
\*\*\*\* 195쪽 참조.

과 똑같은 시기에 세워졌다)의 건축이라는 기적을 기념하는 「발전기와 동정녀」라는 제목의 장에서 이렇게 썼다. "동정녀라는 상징 또는 에너지는 서구 세계가 느꼈던 힘들 가운데 가장 큰 힘으로 작용하였다. 그리고 자연적이든 초자연적이든 다른 어떤 힘보다 강하게 사람들의 활동을 자신에게 끌어들였다. 역사가의 일은 그 에너지의 경로를 추적하는 것, 그것이 어디서 나와서 어디로 갔는지 파악하는 것, 그 복잡한 원천과 변화하는 통로를 추적하는 것, 그 가치, 등가물, 변환을 추적하는 것이다."[148]

우리는 그것이 어디에서 나왔는지는 이미 파악하였다. 샤르트르의 제단의 에너지도 파악하였고, 성배(〈그림 40〉-〈그림 43〉)의 물(aqua permanens)의 에너지도 파악하였다. 따라서 우리는 이제 애덤스가 "타락의 곡선"이라고 부르는 것을 추적하기만 하면 된다. 즉 그 에너지가 고딕의 둥근 천장을 뚫고나가 점점 증대하는 힘으로 1900년 파리 박람회의 커다란 "발전기관(發電機館, Hall of Dynamos)"에 이르기까지의 과정을, 나아가 히로시마와 달에 이르기까지의 과정을 추적하기만 하면 된다.

# 제4부 새 포도주

# 제9장 "신"의 죽음

## 1. 갈릴레오의 범죄

피고 피렌체의 고 빈첸치오 갈릴레이의 아들로서 이제 일흔이 된 갈릴레오는 많은 사람들이 가르치는 그릇된 교의, 즉 태양은 세계의 중심에서 움직이지 않고 지구가 움직인다는, 그것도 매일 움직인다는 교의가 참이라고 생각한 혐의, 제자들에게 그러한 교의를 가르친 혐의, 어떤 독일 수학자들과 그러한 의견을 두고 서신 왕래를 계속한 혐의, 그러한 교의를 참이라고 주장하면서 흑점에 대한 편지를 공표한 혐의, 성서에서 계속 나타나는 반대 증거에 대하여 그것을 피고 나름의 의미로 해석하여 답변한 혐의로 1615년 이 거룩한 자리에 고발되었다. 또한 그 이후 피고가 이전의 제자였던 사람에게 썼다고 하는 편지 형식의 문서 사본이 증거로 제출되었는데, 거기에서 피고는 코페르니쿠스의 가설을 따라 성서의 진정한 의미와 권위에 반대되는 몇 가지 주장을 포함시켰다. 따라서 (본 거룩한 법정은 무질서와 해악, 피고로 인해서 시작되고 늘어난 거룩한 신앙의 손상에 대비하고자 하기 때문에) 이 최고이자 보편적인 종교재판소의 거룩하고 탁월한 어른들인 추기경들의 희망에 따라, 태양의 안정성과 지구의 운동이라는 두 주장은 신학의 사격부여자들에 의하여 다음과 같은 제한을 받는다.

1. 태양이 세계의 중심이며 그 자리에서 움직이지 않는다는 명제는 터무니없고, 철학적으로 허위이며, 형식적으로 이단이다. 그것은 성서에 공공연

하게 위배되기 때문이다.

2. 지구가 세계의 중심이 아니며, 고정된 것이 아니라 움직이며, 그것도 매일 움직인다는 주장은 터무니없고, 철학적으로 허위이며, 신학적으로 고려할 때 적어도 신앙에서 잘못되었다.

따라서…… 우리 주 예수 그리스도와 가장 큰 영광을 받으실 성모 마리아의 가장 거룩한 이름에 의지하여 우리는 이것을 우리의 최종 선고로 발표한다…… : 우리는 피고, 상기(上記) 갈릴레오가…… 이 거룩한 재판소에 의해서 이단이라는 혐의, 즉 태양이 세계의 중심이며, 태양이 동쪽에서 서쪽으로 움직이지 않고 지구가 움직이며, 지구가 세계의 중심이 아니라는 교의(그릇되고 성서에 위배되는 교의)를 믿고 주장하였을 뿐만 아니라, 어떤 의견이 성서에 위배된다고 선포되어 최종적으로 공표된 뒤에도 그러한 의견을 유지하고 지지하는 것이 가능한 일이라고 믿고 주장하였다는 강한 혐의를 받게 되었으며, 그 결과 거룩한 교회법을 비롯하여 그런 비행을 금지하는 기타 일반 및 특수 법률들에서 명령하고 공표한 모든 견책과 처벌을 받을 처지에 이르게 되었음을 공표하고, 판결하고, 선언한다. 그러나 그대가 진지한 마음과 가식 없는 믿음으로 우리 앞에서 로마의 가톨릭과 사도의 교회에 반대되는 상기 잘못과 이단, 그리고 다른 모든 잘못과 이단을 포기하고, 저주하고, 혐오한다면, 우리는 기꺼이 그대를 용서할 것이다……"

## 2. 새로운 현실

이 기묘한 문서가 작성된 해는 1630년으로, 단테와 제임스 조이스의 중간쯤에 자리 잡고 있다. 우리의 연구에서 펼쳐놓은 넓은 캔버스에서 그것은 기원전 7500년경에 농업의 발명과 함께 시작되어 기원전 3500년경 수메르에서 성숙 단계에 이른 신화적 사상이 지배하던 시대의 종언의 표시라고 볼 수도 있다. 세계의 축을 이루는 '여신의 세계산'이 있고, 그 정상에 '땅의 신'의 도성이 있고, 그 밑에 심연의 물이 있고, 그 위로 천상의 구들이 회전을 하는 상징적 이미지 말이다. 우리는 그것이 니푸르의 지구라트에 그려져 있는 것을 보았고,[2] 바벨탑, 시나이산, 올림포스에서도 그것을 다시 확인하였으며, 단테의 작품에서도 영혼의 여행의 상징으로 펼쳐지는 것을 보았다. 이 이미지는 처음부터 끝까지, 레오 프로베니우스가 인간 역사의 '기념비 시대'라고 일컬은 세계적 시기를 나타낸다. 그의 견해에 따르면, 이 시대——모든 위대하고 높은 수준의 문화가 발생하고 또 시간이 지나면서 사라졌던 5,000년의 기간——전에는 원시인들이 살아가던, 시간을 잊어버린 기나긴 기간이 있었다. 이 원시인들은 인간이 아니라 동물과 식물이 지배하는 환경에서 생존을 유지하기 위하여 먹이를 찾아다녔다. 그러다가 근동 핵심부에서 농업과 가축 사육 기술이 발전하면서 많은 정착 공동체들이 나타나기 시작하였으며, 그 규모도 꾸준히 커졌다. 이 공동체들은 점차 서쪽과 동쪽으로 퍼져, 기원전 3000년경에는 대서양과 태평양 연안에 이르렀다. 이 공동체들의 성장과 더불어 인간의 눈, 정신, 정서, 행동 기관도 경험의 새로운 형식과 가능성에 눈을 떴다. 종은 이전과 똑같은 종인 **호모 사피엔스**이지만, 이제 새로운 재료를 획득하여 자신의 환경을 창조하고, 새로운 형식들의 맥락 속에서 유년, 청년, 장년, 노년의 오래되고 필연적인 꿈들을 꾸었다. 기념비적인 높은 수준의 문화들 모두 이런 폭넓게 공유되고 있던 농업적 기초 위에서 발생하였다. 메소포타미아와 이집트와 에게해, 인도와 중국과 신세계, 고전 그리스와 로마, 마기-비잔틴-마호메트의 레반트, 그리고 마지막으로 고딕 유럽 등 어디든 마찬가지였다. 그러나 유럽에서는 엘로이즈와 아벨라르, 성배와 트리스탄의 시인들, 플로리스의 요아힘, 에카르트, 단테, 쿠자누스의 시기에 의식 진화의 다음 단계의 단초가 나타나기 시작하였다.

프로베니우스는 이제 우리에게 닥친 이 새로운 시대를 '세계 문화'의 시기라고 불렀다. 기념비 시대의 기술적 결정 요인들이 농업과 가축 사육(기원전 7500년경), 글쓰기와 강제 정부(기원전 3500년경)였다고 한다면, 세계 문화 시대의 결정 요인들은 과학적 연구 방법과 동력기계이다. 이 새로운 인류의 독특한 특징——그것이 발표된 사람들의 삶과 작품들에서 예고되었다——은 이미 볼프람의 『파르치팔(*Parzival*)』에 나타났다. 즉 다른 사람들의 제한이나 다그침이 아니라 각자 자신의 내적인 목소리에 의하여 지시를 받아 자신에게 적절한 목표를 향해서 스스로 움직여 가는 개인들로 이루어진 인류이다.

오르테가 이 가세트는 묻는다. "내가 되는 과제를 떠맡기는 '다른 사람', 그 '다른 사람들'이 누구인가?"

"아— 특정한 사람이 아니다!" 그는 자신의 질문에 그렇게 대답한다.

"'그들이 하는' 말을 말하는 자는 누구인가? 그 사회적인 이야기의 책임 있는 주체, '그들이 말한다'의 비인격적 주체는 누구인가?"

"아— 사람들이다! 그러나 '사람들'은 이 사람이나 저 사람이 아니다——'사람들'은 늘 다른 누군가이며, 딱히 이 사람이나 저 사람이 아니다. 그것은 순수한 '다른 사람'이며, 아무도 아닌 사람이다. '사람들'이란 무책임한 '나'이며, 사회의 '나'이며, 사회적인 '나'이다. 내가 '그들이 하는' 말에 의지하여 살아가면서 내 삶을 그것으로 채울 때, 나는 혼자 나 스스로인 존재를 덩어리 '나'와 바꾸는 것이다. 나는 나 자신을 '사람들'로 만들었다. 나 자신의 삶을 살아가는 대신, 그것을 타자성으로 바꾸어버림으로써 그 삶에서 삶을 제거하고 있다."

그는 이렇게 결론을 내린다. "내가 말하고자 하는 것은 삶에는 현실성이 있는데, 그 현실성은 선도 가치도 아니며, 그것이 진짜인 만큼 순수하고 단순한 현실성이라는 것이다. 또한 각 사람은 가장 개인적인 의미에서 자신이, 오직 자신만이 느껴야 하고, 생각해야 하고, 해야 하는 것을 느끼고, 생각하고, 한다는 것이다."[3]

수메르에서는 아무도 이런 말을 하지 않았을 것이다. 누가 그런 말을 했다고 하더라도 아무런 의미가 없었을 것이다. 그곳에서 권위는 높은 곳으로부터 오는 것, 하늘의 명령이었으며, 사제들이 번역하고, 해석하고, 시행하는 것이었다. 우르의 왕묘의 거룩한 광경, 즉 죽은 왕의 궁정에 있던 사람들 모두가 산 채로 그의 무덤으로 내려가는 장면[4]은 사제의 놀이에 헌신하여 그런 삶을 산 사람들의 경외스럽고 고귀한 비인격성을 보여 준다. 이 사제의 놀이란 달, 행성, 해, 별의 수학적으로 측정 가능한 주기를 관찰하는 데서 나오는 하늘의 법칙을 기념하여 수행되는 신화적 놀이였다. 원시의 사냥꾼들은 제의에 기초하여 사회 질서를 수립하였고, 이

제의는 그들의 동물 이웃과의 상상된 관계나 계약에 기초하고 있었다. 또 원시의 경작자들은 희생, 매장, 재탄생이라는 무시무시한 신비 속에서 식물 세계——땅의 자궁에서 생명이 늘 새롭게 솟아오른다——의 질서를 모방하였다. 따라서 기념비적인 지구라트, 피라미드, 사원 탑, 성당 첨탑의 위대한 세계 시대("하늘에서 이루어진 뜻이 땅에서도 이루어지이다!")에 인간이 알고자 하고 따르려고 한 교훈, 모든 시대의 모든 사람에게 주어진 교훈은 위에 쓰여져 있었다. 즉 별에 쓰여져 있거나(이전의 청동기 시대의 섭리처럼), "위에서" 구술한 책과 "위에서부터" 기적적으로 "육신이 되어" 내려온 말에 쓰여져 있었다. 반면 엘로이즈의 용기와 의리, 요아힘의 예언, 성배 탐색이라는 주제, 단테의 꿈, 에크하르트의 그리스도의 마음속 탄생 등을 통하여 이미 우리에게 알려진 경외, 진리, 덕, 존재의 새로운 중심과 원천은 각 사람 나름으로 내부에서부터 알려지는 것이다. "나는 어떤 설교보다도 예배가 시작되기 전의 고요한 교회가 좋다." 랄프 왈도 에머슨(Ralph Waldo Emerson)은 "자립"에 대한 그의 에세이에서 그렇게 말하였다.[5]

그러나 자신의 중심을 발견한다는 것은 자신의 진실에 대한 용기만이 아니라, 다른 사람들에게 있는 똑같은 것에 대한 존중을 뜻한다. 여기서도 역시 중심은 어디에나 있고 테두리는 어디에도 없는, 예지적 구로서의 신이라는 원리가 등장한다. 따라서 갈릴레오가 재판을 받던 바로 그 때, 개인주의자 로저 윌리엄스(Roger Williams, 1604-1684년경)가 잉글랜드에서 배를 타고 신세계로 향하여 1631년 2월 보스턴에 도착하였다는 것은 단순한 우연이 아니라 역사적으로 상징적인 사건이다. 그는 국가 권력이 사람의 양심에 대하여 재판권을 행사하는 것은 정당하지 않다는 의견(나아가서 왕이 식민지 개척자들에게 특허권을 주었다고 해서 땅에 대한 정당한 권리를 얻는 것은 아니며, 그 땅은 그 정당한 소유자들, 즉 인디언들에게 사야 하였다는 의견)을 피력하고 가르친 혐의로 매사추세츠 법정에 의해서 추방당하였다. 윌리엄스는 매사추세츠를 떠나 1636년 6월 네 명의 동료와 함께 나라간세트의 추장들인 카노니쿠스와 미아토노모에게서 산 땅 위에 역사상 최초의 세속 국가인 "양심 때문에 고통받는 사람들의 피난처"를 세우고, 자신을 종교에서 "구하는 자"라고 불렀으며, 자신의 도시를 "그의 고통 중에 그에게 보여주신 하느님의 자비로운 섭리"에 감사한다는 뜻으로 프로비던스(Providence, '섭리'라는 뜻을 가지고 있다/역주)라고 불렀다.

쇼펜하우어가 활동하던 시대에 뉴잉글랜드에서 활약한 철학자이자 현자인 에머슨(1803-1882년)은 그의 기운찬 스타일로 이렇게 말하였다. "저 '통일성', 저 '대령(大靈, Over-soul)', 그 안에 모든 사람의 특수한 존재가 포함되며, 그 안에서 다른 모든 존재와 하나가 된다. 저 공동의 마음, 그 안에서의 모든 진지한 대화가 예배이며, 그 마음을 향한 올바른 행동은 오로지 복종이다. 저 압도적 실재, 그것은 우리의 요령과 재능을 반박하고, 사람이 자신의 있는 모습대로 받아들여지도록 제한하고, 자신의 혀가 아니라 자신의 인격으로부터 말을 하도록 제한하고, 늘 우리의 생각과 손으로 들어와 지혜와 미덕과 힘과 아름다움이 된다." 그는 또 이런 식으로 아주 단순하고 분명하게 그 신비를 우리 앞에 제시한다. "우리는 연속해서, 나뉘어서, 부분으로, 입자로 산다. 그럼에도 인간 내부에는 전체의 영혼이 있다. 지혜로운 침묵이 있다. 모든 부분과 입자가 똑같이 관련을 맺고 있는 보편적인 아름다움이 있다. 그것은 영원한 하나이다."[6] 물론 이것은 바로 폴 틸리히(Paul Tillich)가 말하는 "존재의 기초"* 이다. 또한 인도의 브라만, 뿐만 아니라 불교의 "진리의 몸(dharmakāya)"[7]도 될 수 있을 것이다——서구 작가들은 모든 작품을 통해서 이 신비가 그 자체 하나의 가치로서 인격적, 개인적으로 구체화되는 것을 특별히 크게 강조하기는 하지만 말이다. 이것은 마치 신의 인격(신학에서는 매우 중요하다)을 인식하는 자리가 초월, "저 바깥", 사고를 넘어선 곳, 인격을 넘어선 곳에 있는 것이 아니라, 이곳 이 삶 속에, 그 내재성 속에, 우리를 둘러싼 얼굴들, 인격들, 사랑들, 삶들 속에, 우리 친구, 적, 우리 자신 속에 있다고 주장하는 것과 같다. 또는 파르치팔과 파이레피츠의 싸움을 이야기하던 볼프람의 언어로 돌아가서 말해보자. 내 형과 나는 한 몸이

---

* 35쪽 참조.

다——부부와 같다. 하나의 살이요 피인데, 여기서 마음의 충절을 따라 싸우며 그 마음에 큰 해를 주고 있다.

## 3. 이름과 형식

"초월(transcendence)"이라는 관념을 근거로 한 신학에 함축된, 재난에 대한 깨달음이 기독교 유럽에 처음으로 전해진 것은 "무적의 학자"라고 일컬어지던 유명론자 윌리엄 오컴(William Occam, 1300-1349년경)을 통해서였다. 그가 스콜라 "철학"이라는 거대한 풍선을 가르며 빠르고 날카롭게 칼을 그은 뒤로, 이 철학은 자기 무게 때문에 무너져버렸다. 이미 토마스 아퀴나스(Thomas Aquinas)의 글——그의 방대한 『신학 대전(Summa Theologica)』에서 이성으로 계시를 부풀리는 기술은 절정에 이르렀다——에는 말로 할 수 없는 것을 바로 그것, 즉 말로 할 수 없는 것으로 인식하는 것에 대하여 위대한 말이 적어도 하나는 나온다. 그것은 이미 인용한 것처럼, 『이단 논박 대전(Summa contra Gentiles)』에 나오는 이런 구절이다.* "신은 인간이 신에 대하여 생각할 수 있는 모든 것을 훨씬 뛰어넘는다고 믿게 될 때에만 하느님을 진실로 안다고 할 수 있다."[8] 그러나 이 '천사적 박사'는 이어 그의 『신학 대전』에서 신을 '존재', '제1원인', '인격체', '불변의 존재' 등으로 상세하게 설명하며, 오른쪽과 왼쪽의 이단들(생각할 수 없는 것에 대한 다른 사람들의 개념)을 반박한다. 그러다가 성례를 설명하기 시작할 무렵, 나폴리의 성 니콜라스 예배당에서 어느 날 아침 미사를 드리던 중, 위로부터 일종의 벼락, 곧 랍투스 멘티스(raptus mentis, 정신의 황홀경)를 경험한다.

그의 아주 가까운 벗이었던 피페르노의 레지날드의 이야기에 기초한 『볼란드파 열전(Acta Bolandiana)』에서는 이 재난을 이렇게 기록하고 있다. "그는 놀라운 변화에 두드려 맞았으며, 그 미사 이후에 그는 더 이상

---

* 227쪽 참조.

쓰지도 구술하지도 않았다. 그의 펜은 『신학 대전』의 제3부, 회개에 대한 논문에서 멈추었다."

　　형제 레지날드는 형제 토마스가 글을 중단한 것을 알고 그에게 말하였다. 신부님, 하느님을 찬양하고 세상을 계몽하기 위하여 시작한 그 위대한 작업을 왜 미루고 계십니까? 그러자 형제 토마스는 대답하였다. 더 이상 계속할 수 없습니다. 그러나 형제 레지날드는 형제 토마스가 너무 공부를 많이 하여 미치지나 않을까 걱정이 되어 계속 글을 쓰라고 다그쳤다. 그러나 형제 토마스는 똑같은 대답을 하였다. 그럴 수 없습니다, 레지날드. 내가 쓴 모든 것이 밀짚처럼 하찮아 보입니다.
　　그러자 형제 레지날드는 깜짝 놀라 형제 토마스가 무척 좋아하던 여동생, 산 세베리노의 백작부인을 찾아가도록 일을 주선하였다. 그는 많은 어려움을 겪으면서도 서둘러 갔다. 그러나 마침내 도착하여 백작 부인이 그를 맞으러 나왔을 때 그는 말을 제대로 하지 못하였다. 그러자 백작 부인은 큰 걱정에 사로잡혀 형제 레지날드에게 물었다. 이것이 어떻게 된 일입니까? 왜 형제 토마스가 망연자실해서 저한테 말도 제대로 못합니까? 그러자 형제 레지날드가 대답하였다. 성 니콜라스의 날 무렵부터 이랬습니다. 그 이후로 글도 전혀 쓰지 않았지요. 형제 레지날드는 형제 토마스에게 무슨 이유 때문에 쓰기를 거부하였고, 왜 그렇게 망연자실한지 다그쳤다. 한참을 다그친 뒤에야 형제 토마스는 형제 레지날드에게 말하였다. 살아계신 전능하신 하느님과 그대의 우리 교단에 대한 의무와 그대가 나에게 품고 있는 사랑에 의지하여 간청하거니와, 내가 살아 있는 한 내가 지금 말하는 것을 아무에게도 말하지 말아주십시오. 형제 토마스는 말을 이어나갔다. 내가 쓴 것은 내가 본 것 그리고 나에게 계시된 것과 비교하면 아무런 가치가 없는 것처럼 보입니다.
　　백작 부인은 당황한 상태에서 벗어나지 못하였다. 형제 토마스는 그곳을 떠나 나폴리로 돌아와서, 그가 전에 받았던 초대에 따라 공의회로 갔다.\*
글은 전혀 쓰지 못하였다. 가는 길에 콤파니아의 마젠티아라는 마을에서 병에 걸렸는데, 결국 그 병으로 죽고 말았다.<sup>9)</sup>

---

\* 교황 그레고리우스 10세의 초대를 받아 1274년 1월 리옹에서 열린 공의회에 참석하였다.

토마스는 멍하니 노새를 타고 가다가 나뭇가지에 머리를 부딪혀 의식을 잃고 말았다. 그는 마에츠나에 조카딸 아퀴노의 프란치스카와 함께 얼마 동안 있다가, 포사노바의 성 마리아 시토회파 수도원에 데려다달라고 하였다(솔로몬의 배를 타고 가는 갤러해드의 전설을 진짜 삶에서 따르고 있는 셈이다). 이야기는 이렇게 계속된다.

목격자는 더 말하기를, 형제 토마스가 마겐티아 마을에서 병에 걸렸을 때, 그는 포사노바의 성 마리아 수도원으로 데려다달라고 간청했다고 한다. 그렇게 그 뜻대로 해주었다. 형제 토마스는 허약해진 몸으로 수도원에 들어서다가 문설주를 붙들고 말하였다. 이곳이 내가 영원히 쉴 곳이로다.…… 그는 아픈 몸으로 그 수도원에 며칠을 머물면서 대단한 인내심과 겸손을 보여주었다. 또한 '구세주의 몸'을 받기를 바랐다. 몸을 그에게 가져가자, 그는 한쪽 무릎을 꿇고 놀라운 말로 오랫동안 그 몸을 찬양하고 그 몸에 경배함으로써 자신의 사모하는 마음을 나타낸 다음, 몸을 받기 전에 말하였다. 나의 순례의 노자 성체(임종 때 받는 성체/역주)인 당신을 받아들입니다. 나는 당신을 사랑하여 공부를 하고, 지켜보고, 노력하고, 설교하고, 가르쳤습니다. 저는 무지에서가 아니라면 한번도 당신에게 반대하는 이야기를 한 적이 없습니다. 또한 나는 내 의견을 고집하지 않았으나, 내가 조금이라도 잘못 말한 것이 있다면, 로마 교회에서 고쳐주시기를 바랍니다. 이어 그는 죽었으며, 그 수도원의 교회의 높은 제단 근처에 묻혔다. 그곳은 수도원의 정원에 가까운 늪지대로, 근처에 냇물이 있어 물레방아가 물을 끌어올려 모든 곳에 물을 댔다. 지금까지의 이야기는 증인 자신이 자주 조심스럽게 말한 대로이다.[10]

스콜라 철학자들이 활약하던 아주 짧은 시기의 첫 위대한 학자이자 아퀴나스의 스승이기도 하였던 알베르투스 마그누스(Albertus Magnus, 1193-1280년)는 그의 제자의 죽음의 순간을 이심전심으로 느꼈다고 한다. 그 이후로 토마스의 이름이 언급될 때마다 심한 울음을 터뜨렸기 때문에 사람들은 그가 노망에 걸렸다고 생각하였다.[11]

여기서 니체(Nietzsche)가 그의 힘의 전성기인 45세, 즉 1888-1889년에 갑자기 무너진 것을 떠올리게 된다. 그는 이후 11년 동안 제정신을 잃고 움직이지도 못하는 상태에서 어머니와 누이의 보살핌을 받았다. 이런 정신들에게 누가 불을 놓았는가?

한 전기 작가는 말한다. "성 토마스 아퀴나스가 황홀경의 비전 속에서 신을 본 일 때문에 죽었다는 사실은 충분히 평가되지 않았다."[12]

적어도 겉으로 보기에는 비슷한 니체의 사례를 철학자 카를 야스퍼스(Karl Jaspers)가 분석한 것을 보면 정신적이고 신체적인 영향이 둘 다 나온다.[13] 니체는 평생을 한계적 경험들의 영역에서 살았다. 그러나 병 또한 그의 항상적인 상태였다. 토마스 만(Thomas Mann)이 『마의 산(The Magic Mountain)』의 "병과 건강에 대한 고전적 대화"에서 보여주었듯이, 인간의 정신적 양식과 신체적 건강 상태는 결코 무관한 것이 아니다. 야스퍼스가 보여주듯이, 니체 자신도 암포르타스의 상처가 그에게 가지는 가치를 이해하였다.

니체는 이렇게 쓴 적이 있다. "나는 변덕스러운 건강 상태에 있는 내가 그 모든 강건한 지식인들보다 전체적으로 유리하다는 것을 잘 알고 있다. 여러 가지 건강 상태를 거치면서 되풀이하여 성공을 하는 철학자는 그만큼 많은 철학들을 거쳐가는 것이다. 그는 늘 자신의 상태를 가장 정신적인 형식과 거리로 변형시킬 수밖에 없다. 철학은 바로 이런 변형의 예술이다."[14]

야스퍼스는 말한다. "병은 많은 대립되는 종류의 사고들로 가는 길을 가리킨다. 병은 '위대한 의심의 교사'가 된다."[15]

사고나 영성이 정신 상태와 관계를 가진다는 사실, 또 이것이 몸의 상태와 관계를 가진다는 사실에 대한 깨달음은 인도의 요가와 기독교 수도원의 금욕주의의 이론적 근거가 된다. 이 두 경우(사실 이 두 가지는 역사적으로 관련이 있으며, 단일한 줄기에서 파생된 것이다), 육체적 금욕은 황홀경에 민감한 정신 상태를 만들어내며, 이러한 황홀경은 대부분의 금욕주의자들에게 건강의 경험보다 더 깊고 더 큰 타당성을 지닌 것으로 여겨진다. 그러나 니체에게는 그렇지 않았다. 야스퍼스는 이렇게 말한다.

그는 차가운 천리안의 오만을 경험할 뿐만 아니라, 회복의 도취도 경험한다. 이런 식으로 그는 병의 관점에서 건강한 사람들을 바라보며, 건강의 관점에서 병든 사람들을 바라본다. 한번은 어떤 일이 일어나는가 보려고 자신의 사고를 병의 압력에 노출시킨 적도 있다. 또 한번은 병든 사고를 건강의 비판에 내맡겨본 적도 있다.[16]

만이 『마의 산』이라는 교향곡 전체의 주제로 삼은 알프스의 공기의 영향에 대하여 니체 자신도 말을 한 적이 있다.

아무도 모든 곳에서 살 수는 없다. 자신의 모든 힘을 요구하는 큰 과제를 수행해야 하는 사람에게는 선택의 여지가 매우 좁다. 기후가 대사(代謝), 그 지연과 가속에 미치는 영향은 워낙 커서, 장소나 기후를 선택하는 데 실수를 하게 되면 사람이 자신의 천직으로부터 멀어질 뿐만 아니라, 자신의 천직이 무엇인지 계속 알 수 없게 된다. 그것을 발견할 수가 없는 것이다. 그의 동물적인 활력은 절대 그것, 오직 나만이 할 수 있는 것을 깨닫는 정신 상태로까지 흘러넘칠 만큼 커지지 않는다.…… 작은 내장의 완만조차 습관적이 되면 천재를 평범한 사람으로, 무언가 "독일적"인 존재로 바꾸어놓을 수 있다. 독일의 기후 자체는 힘센 사람, 심지어 엄청나게 좋은 내장을 타고난 사람도 지치게 만들기에 충분하다. 대사의 속도는 정신의 발이 움직이느냐 절뚝거리느냐에 정확히 비례한다. 사실 "정신" 자체는 대사의 한 종류일 뿐이다. 위대한 정신을 가진 사람들이 살고 있거나 살았던 곳들, 재치, 세련, 안락에 대한 경멸이 있는 곳, 천재가 거의 불가피하게 고향으로 여기는 곳을 생각해보라. 그곳의 공기는 놀라울 정도로 건조하다. 파리, 프로방스, 피렌체, 예루살렘, 아테네. 이런 이름을 들으면 무언가 느낌이 올 것이다. 천재는 건조한 공기, 맑은 하늘이라는 조건에서 성장한다는 것. 즉 빠른 대사, 되풀이하여 자신에게로 큰, 아주 엄청난 에너지를 모을 가능성이 있는 곳에서 성장한다는 것.[17]

아퀴나스의 경우 최고의 황홀경의 순간이 평생에 걸쳐 오랫동안 맑은 정신으로 해온 "건강한" 노동에 대한 존경심을 갉아먹어 그의 에너지를 다시 그 방향으로 돌릴 수 없었던 것 같다. 그 에너지들은 다른 영역으로 가버렸다. 갤러해드의 육체가 영적인 것을 보기 시작하였을 때 그는 몸을 심하게 떨면서 하늘을 향하여 두 손을 들어 올리고 감사를 하며 죽게 해달라고 하였던 것과 같다. 그것은 말로 표현할 수 없는 것, 말을 넘어선 것, 기호를 넘어선 것이었다. 초월적인 것이었다.

신학에서 "초월"이라는 말은 일반적으로 "물리적인 것들이나 한정된 영혼이 존재하는 우주와 신의 관계로, 신이 그 본질적 성격에서 그 우주보다 앞서고, 그 우주보다 높고, 우주와는 별도로 현실적인 존재를 가지는 것——내재에 반대되는 것"(웹스터 사전에 나온 정의이다)을 가리킨다. 그러나 철학, 구체적으로 칸트적인 의미에서 "초월적"이라는 용어는, 다시 웹스터 사전을 인용하면, "가능한 모든 경험의 한계, 따라서 지식을 넘어서는 것"이다. 즉 (칸트는 이 점을 아주 분명하게 말하는데) 경험이나 지식의 모든 형식과 범주를 넘어서는 것이다. 우주와 시간만이 아니라 양(통일성, 다원성, 보편성), 질(현실, 부정, 한계), 관계(실질성, 인과성, 상호성), 양식(가능성, 실제성, 필연성)을 넘어선다. 이 모든 것이 인간 경험과 사고의 전제 조건이다. 따라서 우주의 창조(인과성)와 창조주(제1원인)를 상상하는 것은 인간 경험과 지식의 범주들을 그들의 영역을 넘어선 곳에 투사하는 것이다. 이것은 또 약간 세련된 방식이기는 하지만, 야만인과 마찬가지로 의인화의 죄를 짓게 되는 것이나 마찬가지이다.

이것이 바로 14세기초에 '무적의 학자' 오컴의 윌리엄이 그 나름의 뛰어난 방식으로 증명해 보인 것이다. 오컴은 애초에 지각적 인식이 없는 곳에는 추상적 인식도 있을 수 없다고 간단히 언급함으로써, "신"이라고 부르는 신비에 개념들을 적용시키는 작업을 실격시켜버렸다. 개념들은 정신, 즉 개인적 정신의 기능들이다. 개념은 지각, 즉 공간과 시간의 영역에 있는 사물들에 대한 지각으로부터 파생될 수도 있고 또 그런 지각을 의미할 수도 있다. 또는 정신, 생각하는 개인들의 정신의 활동으로부터 파생될 수도 있고 또 그런 활동을 의미할 수도 있다. 그러나 어떤 경우에도 정신 속에 있는 것이나 지각된 것이 아닌 실체들을 의미할 수는 없다. 예를 들어서, "개"라는 개념은 정신 속에 있으며, 바깥에 있는 어떤 닮음꼴을 가진 생물에 대한 어떤 지각을 의미한다. 이 개념은 어떤 형이상학적 퀴디타스(quidditas), 즉 "사물 그 자체" 또는 어디 다른 곳에 있는 "신성한" 정신 속의 하나의 개념으로서의 일반적 실체인 개――유추에 의하여 "개"로 분류될 수 있는 모든 살아 있고 죽은 개체들은 이것의 표현이 된다――를 의미한다고 가정할 수 없다. "에센치아 논 순트 물티플리칸다 프라에테르 네세시타템(Essentia non sunt multiplicanda praeter necessitatem) : 존재나 본질은 필요 이상으로 늘어날 수 없다." '무적의 학자'는 "오컴의 면도날"이라고 알려진 이 공식을 가지고 실질적인 "실재"가 관념들에 귀속되는 스콜라주의 "사실주의"에 대한 책을 마무리지었다. 그리고 1339년 9월 25일, 그의 "유명론(唯名論)"은 파리 예술학부의 특별한 비난의 대상이 된다.

결과적으로 오컴이 이름과 형상의 분야에 칼질을 한 의미는 형이상학을 심리학으로 바꾼 것이었다. 신화의 원형들(신, 천사들, 화신 등)은 이제 형이상학적 영역으로 상정되는 곳과 관련을 맺지 못하고, 정신에 속한 것으로 여겨졌다. 또는 정신 이외의 어떤 것을 가리키는 것이라면(예를 들어서, 예수의 십자가 처형, 홍해의 갈라짐, 에덴 동산의 뱀 등과 같이), 그것은 공간과 시간의 차원에서 실제로 지각된 적이 있는 개별적 사실들, 역사적 사건들만을 가리킬 수 있었다.

오컴보다 50년 전인 1277년에 나온 '선고'에서는 성서와 교회에 의한 성서 해석은 이성과 양립할 수 없다고 주장하였다. 사람들은 이성의 편에 서거나 성서나 교회 편에 서야지, 양쪽 편에 모두 설 수는 없었다. 아베로에스주의자들은 그들의 이중 진리 교리에서 이 두 가지 모두를 옹호하려고 하였다(얼마나 진지하였는지는 누가 알겠는가?).* 그러나 오컴의 공격으로 이성은 실체를 가진 진리의 매체로서의 자격을 상실하였다. 그러나 많은 사람들이 보기에 역사적 사건들의 기록으로서의 성서는 오컴의 면도날을 맞지 않고 피해 간 것 같았다. 만일 기록된 사실들이 특별하다면――확실히 특별한 것은 틀림없는데――그것이 이스라엘과 교회의 특별한 주장을 증명한 셈이다. 나아가서 그리스도는 거기에 기록된 자신의 말과 행동으로 자신이 신이라는 것을 보여주었다. 증명 끝. 여기서 이

---

* 170-172쪽 참조.

른바 데보치오 모데르나(Devotio moderna, 근대적 헌신이라는 뜻을 가진 가톨릭의 종교운동/역주)라는 절대적으로 반지성적인 경건성이 나오는데, 그 가운데 『그리스도를 본받아(Imitatio Christi)』(1400년경)와 『독일 신학(Theologica Germanica)』(1350년경)은 출중한 문헌들이다. 후자는 마르틴 루터(Martin Luther, 1483-1546년)에게 미친 영향을 통하여 프로테스탄트 종교개혁과 그 이후 수백 년간에 걸친 성서 숭배에 나타난 불굴의 교회적, 성서적 실증주의에 큰 기여를 하였다. 이 운동 전체의 개요와 내용은 이미 인용한 바 있는 존 게르소리의 무기력한 공식에 요약되어 있다. "회개하고 복음을 믿어라, 기독교의 모든 지혜가 여기에 있다."*

니체는 말하였다. "신자는 '진실이냐 아니냐' 하는 문제에 대하여 어떤 양심을 가질 자유가 전혀 없다. 이 점에 대하여 성실성을 가진다는 것은 그의 종말이 될 것이다. 그의 관점의 병리적 조건은 그것에 의해서 확신을 가지게 된 사람들, 가령 사보나롤라, 루터, 루소, 로베스피에르, 생시몽 같은 사람들을 광신자로 바꾸어놓았다. 이들은 자유를 얻은 강한 정신과는 반대되는 유형이다. 그럼에도 이 병든 정신들, 이 개념 간질병 환자들의 웅장한 몸짓은 대중에게 효과가 있었다. 광신자들은 그림처럼 아름답다. 인류는 증거를 듣기보다는 몸짓을 보는 것을 더 좋아한다."[18]

그러나 경전 광신자들의 성서 기적 역사화가 오컴의 면도날에 대한 그 시대의 유일한 반응은 아니었다. 이성으로부터 반대 방향으로 물러난 운동은 역사적인 의미에서는 뒤처지지만, 품위 있는 영성이라는 의미에서는 앞서나갔다. 이 운동은 경전 실증주의를 지향하는 것이 아니라, 기독교의 신화적 유산의 이미지에 상징적으로 나타난 내적인 깨달음의 단계, 영역, 위기들에 심리적으로 몰두하자는 것이었다. 이것은 단테(1265-1321년)의 비전이나 마이스터 에크하르트(Meister Eckhart, 1260?-1327년)의 설교에서 찾아볼 수 있다. 그러나 여기에서 곧 기술적인 논쟁이 벌어지는데——에크하르트의 중요한 두 제자인 타울러(1300?-1361년)와 로이스부르크(1293-1381년) 사이의 논쟁이 주목할 만하다——그것은 "신"이

---

\* 474-475쪽 참조.

라고 부르는 신비와의 결합 경험을 "동일화"(결합적 신비주의)의 맥락에서 표현할 것이냐 아니면 "관계"(혼인 신비주의, 즉 영혼과 신의 "결혼")의 맥락에서 표현할 것이냐 하는 문제이다.* 기독교인들은 일반적으로 이 구분을 대단히 중시해왔다. 문제가 되는 경험이 정신과 심리에 속한 것이고, 나아가서 각각의 신비주의자에게 내밀하고 특수한 것임에도, 스스로는 신비주의자가 전혀 아니었던 교황 요한네스 22세(1316-1334년 재위)가 에크하르트 자신의 경험 묘사를 가짜라고 비난할 자격이 있다고 생각하였다는 것은 정말 놀라운 일이다.

인도에는 요가가 있어서 이런 내적인 면에서는 서양보다 경험이 약간 더 풍부할 텐데, 그곳에서라면 에크하르트와 타울러는 니르-비칼파 사마디(nir-vikalpa samādhi), 즉 구별 없는 흡수를 경험하였다고 이야기할 것이다. 그리고 로이스부르크는 사-비칼파 사마디(sa-vikalpa samādhi), 즉 구별 있는 흡수를 경험하였다고 이야기할 것이다. 전자는 니르-구나 브라만(nir-guṇa brahman), 즉 제한 없는 절대 속에서 해체되며, 후자는 사-구나 브라만(sa-guṇa brahman), 즉 제한 있는 상태를 즐긴다.

"그대는 형태가 있는 신에 대해서 이야기를 하고 싶은가, 아니면 형태가 없는 신에 대해서 이야기를 하고 싶은가?" 인도의 성자 라마크리슈나(Ramakrishna, 1836-1886년)는 가르침을 받으러 찾아오는 사람들에게 그렇게 묻곤 하였다. "옛날에 한 탁발승이 저거노트(Jagganath, 크리슈나 신의 호칭/역주)의 사원에 들어갔다. 그는 신상을 바라보다가 마음속에서 신에게 형태가 있는지 없는지 의문이 생겼다. 그는 지팡이를 왼쪽에서 오른쪽으로 휘둘렀다. 지팡이가 신상에 닿는지 보려는 것이었다. 지팡이는 아무것에도 닿지 않았다. 그는 앞에 아무런 상이 없다는 것을 알고 신은 형태가 없다고 결론을 내렸다. 그는 이번에는 지팡이를 오른쪽에서 왼쪽으로 휘둘러 보았다. 지팡이는 신상에 닿았다. 탁발승은 신에게 형태가 있다는 것을 깨달았다."[19]

마찬가지로 니콜라스 쿠자누스(Nicholas Cusanus, 1401-1464년)──조

---

* c≠=x냐 cRx냐 하는 문제. 앞의 409-413쪽 참조.

르다노 브루노(Giordano Bruno)는 그가 "신성하다"고 말하였다──의 명석한 정신으로부터 우리는 "학식 있는 무지"에 대한 놀라운 작업, 『학식 있는 무지에 대하여(De docta ignorantia)』(1440)를 보게 된다. 여기서는 모든 지식을 추측으로 보며, 신성을 자기 자신의 초월적 본질(이것은 내재적인데, 신은 만유 속에 있고 만유는 신 속에 있기 때문이며, 신의 중심은 모든 곳에 있고 테두리는 아무데도 없으면서도, 사고의 모든 범주들을 초월한다)로 본다. 뿐만 아니라 쿠자누스는 이 책을 낸 뒤에 테게른세의 베네딕트회 수도원의 수도사들에게 보내는 그의 즐겁고 경건한 메시지인 「데 비시오네 데이(De visione dei)」, 곧 「신을 보는 것에 대하여」(1453)를 썼다. 그는 여기서 하나의 이미지를 명상하는 과정을 통하여 신의 신비에 대한 직관에 이르는 길을 제시하고 있다.

　　이제 귀중한 형제 여러분에게 약속한 대로 신비주의 신학에 이르는 쉬운 길을 보여드리겠습니다. 여러분은 신에 대한 정열에 인도되고 있기 때문에 이 보물 창고를 열 자격이 있다고 생각하기 때문입니다. 물론 그 보물은 틀림없이 아주 귀중하고 아주 보람 있는 것입니다. 우선 나는 전능하신 분께 내가 말할 수 있는 능력을 달라고 기도합니다. 하늘의 '말씀'만이 당신 자신을 표현할 수 있기 때문입니다. 내가 그 '말씀'을 얻어야 경이로운 계시를 이야기할 수 있고, 여러분은 그것을 받을 수 있습니다. 이 계시는 우리 눈으로 볼 수 있는 것, 우리의 이성, 우리의 이해를 넘어선 것입니다. 나는 아주 간단하고 일반적인 방법으로 여러분이 경험을 통하여 거룩한 어둠 속으로 들어갈 수 있도록 인도하려고 합니다. 그 안에 들어가 가만히 있으면 접근할 수 없는 빛이 여러분과 함께 있음을 지각하게 될 것입니다. 여러분 각자는 하느님이 여러분에게 허락하시는 정도에 따라 그곳으로 한참 더 가까이 다가갈 수 있습니다. 그리고 거기서 영원한 축복의 잔치에 참여하여, 그 지극한 달콤함을 미리 맛볼 수도 있습니다. 우리는 생명의 말씀으로, 영원히 축복받으실 그리스도의 복음을 통하여 그 잔치에 부르심을 받았습니다.
　　내가 인간의 방식으로 여러분을 거룩한 것들로 데려가려면 어쩔 수 없이 약간의 비유를 이용할 수밖에 없습니다. 인간이 만든 것 가운데는 모든 곳을 보는 얼굴보다 우리의 목적에 더 적합한 비유를 찾지 못하였습니다. 화가의 교묘한 기술에 의해서, 마치 사방을 둘러보고 있는 것처럼 그려진 얼굴 말입니다. 그런 얼굴을 그린 뛰어난 그림들은 많이 있습니다. 누렘베르크의 장터의 여자 궁수를 그린 그림이 한 예입니다. 이것은 탁월한 화가 로제〔반 데어 웨이덴, 1400-1464년〕가 브뤼셀의 총독의 집에 그려놓은 귀중한 그림에 나오는 모습입니다. 코블렌츠의 내 예배당에 있는 베로니카도 그렇고, 브릭슨의 성에 있는 그림, 교회의 두 팔을 잡은 천사의 그림도 그렇고, 그 외에도 다른 많은 예들이 있습니다. 그러나 여러분이 이렇게 묘사된 그림을 혹시 보지 못할까 염려하여, 내가 구할 수 있었던 그런 그림 하나를 보낼 테니 잘 보십시오. 이 그림은 모든 곳을 보는 인물을 그려놓고 있는데, 나는 이것을 신의 초상이라고 부르겠습니다.

형제들이여, 이 그림을 어떤 곳에, 예를 들어서 북쪽 벽 같은 곳에 걸어두시고, 그 주위에 모여서서, 약간 거리를 두고 보십시오 여러분 각각은 어느 위치에서 그 그림을 보든 간에, 그 그림이 다른 사람은 보지 않고 자기만 보고 있는 것처럼 느낄 것입니다. 동쪽에 서 있는 형제가 보기에는 그 얼굴이 동쪽을 보는 것 같고, 남쪽에 서 있는 형제에게는 그 얼굴이 남쪽을 보는 것 같고, 서쪽에 서 있는 형제에게는 서쪽을 보는 것 같습니다. 따라서 처음에 여러분은 그 얼굴이 어떻게 동시에 모든 사람을 각각 볼 수 있는지 놀랄 것입니다. 동쪽에 서 있는 형제는 초상의 눈길이 다른 방위, 예를 들어서 서쪽이나 남쪽을 본다는 것을 상상하기 힘들기 때문입니다. 따라서 동쪽에 서 있는 형제에게 서쪽으로 자리를 옮겨보라고 하십시오. 그러면 그 형제는 서쪽에서도 동쪽에서와 마찬가지로 얼굴의 시선이 자신에게 고정되어 있음을 느낄 것입니다. 그 형제는 초상이 벽에 걸린 채 움직인 적이 없다는 것을 알기 때문에, 그 움직이지 않는 시선의 움직임에 놀랄 것입니다.

이제 눈을 초상에 고정시키고 서쪽에서 동쪽으로 걸어가보십시오. 그러면 그 눈실노 계속 자신을 따라온다는 것을 알게 될 것입니다. 다시 동쪽에서 서쪽으로 돌아와도 그 시선은 떠나지 않지요. 따라서 그림이 움직이지 않으면서도 동시에 움직인다는 것에 놀라게 될 것입니다. 그러나 형제들은 자신과 반대 방향으로 움직이고 있는 사람에게도 시선이 그를 따라 움직인다는 것은 상상하기 힘들 것입니다. 실험을 해보고 싶다면, 다른 형제 한 사람에게 초상을 보면서 동쪽에서 서쪽으로 걸어가라 하시고, 형제는 서쪽에서 동쪽으로 움직이면 됩니다. 그러면 그 시선은 분명히 자신을 따라 움직였는데, 다른 형제도 그를 따라 움직였다는 이야기를 하는 것을 듣게 될 것입니다.

그 형제의 말을 믿으니 망정이지, 그렇지 않다면 이런 일이 가능하다는 것은 상상하기 힘들 것입니다. 이렇게 형제의 증언에 의하여 두 사람이 설사 반대 방향으로 간다고 하더라도 그림의 얼굴이 늘 모든 사람을 따라다닌다는 것을 알게 되었습니다. 이렇게 그 얼굴은 움직임이 없지만, 서쪽으로 가는 동시에 동쪽으로 가며, 마찬가지로 북쪽과 남쪽으로도 갑니다. 즉 하나의 특정한 장소를 따라가는 동시에 모든 물체를 따라갑니다. 하나의 움직임을 보면서 모든 것을 함께 봅니다. 그림의 눈길은 결코 어떤 사람도 떠나지 않는다는 것을 알지만, 그림이 각 사람에게 매우 부지런히 신경을 쓰기 때문에, 사람마다 자기도 모르게 그 눈길이 다른 사람은 아니고 오직 자신만 좋아한다고 생각하게 됩니다. 그 눈길을 받고 있는 사람은 그 눈길이 다른 사람을 돌본다는 것은 생각도 할 수 없습니다. 그러나 그는 그 눈길이 가장 위대한 피조물과 마찬가지로 가장 작은 피조물도 부지런히 돌본다는 것, 우주 전체를 부지런히 돌본다는 것을 알게 될 것입니다.[20]

## 4. 새 우주

"우리가 어떤 것을 믿는데, 그 믿음이 우리를 살아가게 해줄 때 그것은 살아 있는 신앙이며, 어떤 믿음을 버리지는 않았고 여전히 그 믿음에 근거해서 움직이지만, 우리 삶에서 더는 그 믿음을 유효하게 경험하지 못할 때 그것은 죽은 신앙, 나태한 신앙이다." 이는 오르테가 이 가세트(Ortega y Gasset)의 말이다.[21]
　수백 년 동안 붕괴해오면서도 인류 역사상 가장 영향력 있는 힘, 건설적인 동시에 파괴적인 힘들 가운데 하나가 되었던(아이러니이지만!) 그 신앙의 기초의 해체는 두 가지 저항할 수 없는 영향력으로부터 진행되었고, 지금도 진행되고 있다. 그 영향력들이란 문화적 변용의 근대적 과정 전체의 돌이킬 수 없는 결과물이기도 하다. 그것은 바로 과학적 연구 방법과 동력기계이다. 물론 동력기계는 18세기말에 이르러서야 중요한 힘이 되었다. 그러나 이미 13세기초부터 중요한 새로운 발명품들이 이용되고 있었다. 동양에서 종이와 나침반이 도래한 것은 1260년경(폴로 형제들의 항해 시기)이었다. 1320년경에는 투사체를 추진하는 데 화약이 이용되었고, 산업에서는 수력이 이용되었으며, 배에서는 고물에 키가 사용되었고, 기계시계와 더불어 풍차가 발명되었다. 또한 아라비아 숫자의 도입과 더불어 수학에서 급격한 발전이 이루어지면서, 더 많은 발견을 약속하게 되었다.

그러나 아리스토텔레스가 남겨놓은 대로 수백 년 동안 그대로 있던 분야들에서 독립적인 연구 태도가 놀라울 정도로 급속히 발전하였다는 점이 신앙에 대한 직접적인 위협이 되었다. 이것은 심지어 아퀴나스의 시대에도 나타났던 현상이다. 바스의 애덜라드는 엘로이즈와 아벨라르의 시대인 1115년에 일찌감치 내놓은 『자연의 문제(Questiones naturales)』에서 자연의 역사에 대하여 일련의 질문을 던졌는데, 이것은 지구와 그 식물들에서 시작하여 하위와 상위 동물로 나아가며, 여기서 다시 인간의 심리로 나아갔다가 바다, 공기, 하늘 등 우주적 현상으로 끝을 맺는다.[22] 지금 보면 어떤 질문들은 우스꽝스럽다. 그러나 당시에는 그렇지 않았다. 그런 질문들이 어떤 방향으로 나아가게 될지 아무도 몰랐다.

하나의 나무를 다른 나무에 접붙였을 때, 왜 열매들은 모두 접붙여진 부분의 성질을 갖게 되는가? 왜 어떤 짐승은 되새김질을 하는가? 왜 어떤 동물들은 위가 없는가? 왜 어떤 동물들은 물을 마시면서도 오줌을 누지 않는가? 왜 사람들은 앞머리가 벗겨지는가? 왜 어떤 동물들은 낮보다 밤에 더 잘 보는가? 왜 어둠 속에 서 있는 사람은 밝은 곳에 있는 물체들을 볼 수 있는데, 밝은 곳에 서 있는 사람은 어두운 곳에 있는 물체를 볼 수 없는가? 왜 사람의 손가락은 길이가 다르고, 손바닥은 옴폭한가? 왜 아기들은 태어나자마자 걷지 못하는가? 왜 아기들은 먼저 젖을 먹어야 하는가? 왜 우유는 젊은 사람과 늙은 사람에게 다르게 작용할까? 왜 우리는 시체를 두려워하는가? 목소리는 어떻게 철벽을 뚫는가? 어떻게 지구는 공중에 매달려 있는가?[23]

이 저자는 두번째 책 『통일성과 다양성(De edom et diverso)』에서 이렇게 말한다. "감각은 가장 큰 물체와 가장 작은 물체와 관련해서는 믿을 만하지 못하다." 이어 그는 묻는다. "누가 하늘의 공간을 시각으로 파악한 적이 있는가?······ 누가 미세한 티끌들을 눈으로 구별한 적이 있는가?"[24] 린 손다이크(Lynn Thorndike) 교수가 그의 8권짜리 『마법과 실험과학의 역사(History of Magic and Experimental Science)』에서 언급하듯이, 이런 문제 제기와 더불어 갈릴레오의 망원경의 필연성은 제시되었다. 나아가서 이런 질문들을 던진 사람이 믿음의 저택에 대하여 자신이 무슨 일을 하고 있는지 정확히 알고 있었다는 것은, 『자연의 문제』에서 가공의 대화 상대에게 던진 약간 놀랄 만한 질책에서 분명하게 알 수 있다.

당신과 동물에 대해서 이야기하는 것은 어렵다. 나는 아랍의 스승들로부터 이성의 인도하에 가르침을 받았기 때문이다. 그러나 당신은 권위의 외양에 사로잡혀 고삐에 이끌려간다. 그 권위를 고삐 외에 달리 무엇이라고 부르겠는가? 짐승들을 어디론가 끌고 가고 싶을 때 고삐를 잡아당기듯이, 과거 저술가들의 권위는 수많은 사람들을 위험으로 데려가, 짐승처럼 쉽게 믿는 태도를 미끼로 당신들을 붙잡아둔다. 그 결과 어떤 저술가들은 권위의 이름을 빙자하여 자기 멋대로 글을 쓰기도 하였으며, 짐승 같은 사람들에게 진실 대신 거짓을 가르치는 것도 망설이지 않았다.······ 따라서 나에게서 무언가 더 듣고 싶다면, 이성을 주고받아야 한다. 나는 비프스테이크의 그림을 먹고 살 수 있는 사람이 아니기 때문이다.[25]

아퀴나스가 『신학 대전』의 뒷부분에서 과학과 기독교 신앙이라는 두 분야를 나누어놓으려고 노력하였던 것은 이런 질문과 연구의 맥락 속에서 이해해야 한다. 아퀴나스는 이렇게 쓰고 있다. "과학과 신앙이 똑같은 것의 똑같은 점을 대상으로 할 수 없는 이유는 과학의 대상은 눈에 보이는 것이고, 신앙의 대상은 눈에 보이지 않는 것이기 때문이다."[26] 그러나 그와 그의 교회가 믿음을 위하여 제시하는 신앙의 재료, 보이지 않는 것들에 관한 재료 가운데는 아타나시우스 신경(信經)[27]의 교리들만이 아니라, 1215년 제4차 라테란 공의회에서 규정된 대로, 예수 그리스도가 성체 속에 현존한다는 교리도 있었다. 나아가서 이 모든 것 뒤에 이런 것들을 뒷받침하는 것으로서, 구약이라는 지구 중심적이고 유대인 중심적인 동화가 있었다. 아담과 하와, 동산의 뱀, 세계를 휩쓴 홍수, 바벨탑과 이집트의 역병, 모세가 홍해를 가른 일, 여호수아가 태양을 멈춘 일, 용광로 속에 들어간 소년들, 고래 뱃속의 요나 같은 이야기들 말이다. 따라서 여기서는 보이지 않는 것들만이 아니라 볼 수 있는 것들——아주 구체적이고 역사적이며 우주론적인 것들——역시 신앙의 대상으로 제시되었던 것이 분명하다. 여기에는 고고학이 곧 말해주게 될 과거의 것들, 현재의 것들, 아퀴나스 시대에 이미 연구의 대상이 되었던 우주의 형태 등등이 포함된다.

예를 들어서, 영국에서는 아퀴나스보다 약간 더 나이가 많고 그 자신 성직자이기도 하였던 링컨의 주교 로버트 그로스테스테(Robert Grosseteste, 1175?-1253년?)가 『신이 원인이 된 사물들의 발산의 질서에 대하여(On the Order of the Emanation of Things Caused by God)』에서 세계의 나이와 시작에 대한 성서의 설명에 의문을 제기하는 것을 중단하였으면 좋겠다는 진지한 소망을 피력하였지만,[28] 그럼에도 그 자신은 '구'에 대한 논문에서 서슴없이 지구를 비롯하여 모든 별과 행성들이 공 형태라는 것은 "자연적인 이유와 천문학적 경험에 의해서 분명하다"[29]고 주장하였다. 여기서 일반적인 관행과는 달리 권위를 참조하지 않고 경험을 참조하였다는 것은 대단히 중요하다. 그것은 무한한 가능성이 담긴 말이기 때문이다. 그것은 결국 아시아에 대항하는 유럽, 과거에 대항하는 미래, 개인적 탐색, "신앙"의 손아귀에서 "증거"를 깨끗하게 절단해내는 작업을 예고하는 말이 되었기 때문이다. 그 말은 검증되지 않은 잘못으로부터의 돌이킬 수 없는 단절이 시작되었음을 뜻한다. 이로부터 400년이 지나지 않아, 기념비적 예술의 시대——인류가 달 너머 붉과 몇 리 떨어지지 않은 곳에 자리 잡은 신화의 집에 사는 신들을 섬기며, 노역과 아름다움, 비참과 경이의 꿈에 취해 있었던 약 5,000년이라는 긴 기간——를 지탱해왔던 모든 받침대들은 뿌리 뽑히고 박살나게 된다. 경험이라는 말은 종류를 막론하고 모든 과학, 또는 모든 성수한 정신에 절대 불가결한 제1의 필요 조건을 이루고 있다.

그로스테스테 자신은 여러 가지 실험 가운데도 특히 렌즈 실험을 즐겼다. 그리고 그것을 통하여, 그가 말하는 대로, "아주 멀리 있는 사물을 코앞에 가까이 있는 것처럼 보이게 하고, 커다란 물체들을 아주 작게 보이게 하고, 멀리 있는 물체들을 우리 마음대로 크게 확대함으로써, 믿을 수 없을 정도로 멀리 있는 작은 글자도 읽고, 모래, 낟알, 풀, 기타 아주 작은 물체들도 헤아릴 수 있다는 것"[30]을 보여주었다. 저 위의 달 너머에 있거나 여기 살아 있는 세포 안에 있어서 보이지 않는 것들을 필요한 만큼 보이게 함으로써 성서라는 구조물의 공간-시간 차원을 폭파해버리는 갈릴레오의 망원경(1608년 네덜란드에서 발명)과 네덜란드인 자하리아스 장거(Zacharias Zanger)의 현미경(1590년)이 이미 그로스테스테의 말 속에 숨어 있었던 셈이다. 나아가 이 대담한 영국인 주교는 빛과 모든 자연 물체는 기하학적 선들을 따라 사방으로 힘을 내뿜는데, 이것이 감각과 물질에 작용을 한다는 생각을 하였다. 즉 공간 자체가 빛의 작용의 결과라는 것이다.[31] 이 주장에 함축된 의미 또한 엄청나다. 이제 인격적이고 영적인 의지가 아니라 비인격적인 에너지 또는 힘이 자연의 작용을 책임지는 힘으로 간주되었으며, 그럼으로써 기도, 제사, 지옥, 회개, 향(香)의 기술이 아니라 기계의 기술을 향한 길이 열렸기 때문이다.

당대——여전히 아퀴나스의 시대이다——의 또 한 사람의 중요한 영국인 "실험가"는 "훌륭한 선생"이라는 별명을 가졌던 프란시스코회 수사 로저 베이컨(Roger Bacon, 1214?-1294년)으로, 그는 자석 실험에 대한 글을 쓰기도 하였으며, 그의 보호자인 클레멘스 4세(1265-1268년)의 권유에 따라 실험 과학이라는 분야에 해당되는 전문야를 체계적이지는 않지만 폭넓게 개괄한 세 권의 방대한 저작을 로마에 보내기도 하였다. 이 세 권의 책에서는 언어, 수학, 광학, "모든 과학의 애인"이며 "가장 고귀한" 과학인 도덕 철학 등이 마법, 천문학, 기적, 신중하게 고려한 언어의 효능, 선하고 악한 에티오피아 용들의 비행과 나란히 논의되고 있다. 로저 베이컨은 그의 과학적 방법론을 이렇게 설명한다. "첫번째로 우선 쉽게 믿어야 하며, 그러다보면 두번째로 경험이 따르고, 세번째로 이성이 온다.…… 우선 실험을 한 사람들, 실험을 한 사람들로부터 충실한 증언을 들은 사람들의 말을 믿어야 하며, 진리에 대해서 무지하다거나 그것을 논증할 수 없다고 해서 진리를 내쳐서는 안 된다."[32]

그의 쉽게 믿는 태도가 경험이나 그 자신의 이성에 의하여 교정되지 않고 어디까지 뻗어나갈 수 있는지를 보여주는 한 예로서, 베드로의 자리에 앉은 그의 후원자에게 보내는 다음과 같은 자격 미달의 보고서를 인용해보겠다. "최근에 파리에 한 현자가 나타났는데 그는 사람들에게 뱀을 달라더니 뱀을 주니까 그것을 잘게 잘랐고 다만 뱀이 기어다닐 때 땅에 대는 배의 가죽만 남겨놓았답니다. 뱀은 멀쩡하게 잘 기어서 어떤 약초에 가더니 그 약초에 몸이 닿자 즉시 몸이 다 붙었습니다. 그래서 그 실험자는 그 놀라운 힘을 가진 약초를 채취하였습니다."[33]*

그러나 다음 세기 중반에 이르면 파리에서는 이른바 "기계학파" 비평가들에 속하는 대가들──대학 총장인 베튄의 장 뷔리당(1328-1366년에 활약), 리지외의 주교 니콜라스 오렘(1348년부터 활약하다가 1382년 사망) 등이 주목할 만하다──의 연구와 저작을 통해서 믿을 만한 과학 체계를 세워나갈 수 있는 상당히 튼튼한 기초가 놓여지게 된다. 뷔리당은 천체들도 지구의 물질과 똑같은 질서를 가지고 있다는 가설을 세우고, 공중에 던진 물체가 손을 떠난 뒤에도 계속 날아가는 이유를 설명한 다음, 자신이 발견한 것을 행성들의 이론에 연결시키려고 하였다. 간단히 말하면 이렇다. 돌을 던지는 순간, 그 돌에는 한편으로는 운동 속도, 다른 한편으로는 움직이는 물질의 양에 비례하는 **임페투스**(*impetus*)가 주어진다. 이 임페투스는 공기의 저항과 물질의 무게에 밀릴 때까지 운동을 유지한다. 처음에 부여받은 추진력은 계속 감소한다. 따라서 돌의 운동은 계속 늦어지다가, 마침내 중력에 굴복하여 그 본래의 장소로 돌아가게 된다.[34]

뷔리당은 말한다. "투사체를 던지는 사람이 똑같은 속도로 가벼운 나무토막과 무거운 쇠토막을 던질 경우, 이 두 덩어리의 부피와 형태가 같다면, 쇠토막에 부여된 임페투스가 더 강하기 때문에 쇠토막이 더 멀리

---

\* 이 전승으로 보이는 이야기와 고대 바빌로니아의 길가메시, 뱀, 불멸의 나무에 대한 전설을 비교해보라(『신의 가면 : 서양 신화』제2장 4절 참조). 또 『천일야화』에 나오는 "뱀들의 여왕" 이야기와도 비교해보라(Joseph Campbell 편, *The Portable Arabian Nights*, New York : Viking, 1952, 406-415쪽).

날아갈 것이다."³⁵⁾ 에티엔 질송(Etienne Gilson) 교수는 이 점에 대하여 이렇게 말한다. "장 뷔리당은 갈릴레오의 임페토(impeto) 개념, 그리고 데카르트의 운동량(quantity) 개념에 근접하였다."

그러나 이 이론에서 제기한 대략적인 법칙들보다 더 중요한 것은 지구의 법칙을 천체에까지 확대시킨(갈릴레오도 마찬가지였다) 대담성이다. 우선 그의 주장을 더 들어보자(질송이 요약한 것이다). "하느님이 천체를 창조하는 순간 일정한 임페투스를 부여하셨고, 보편적으로 만물을 보존하듯이 천체의 임페투스를 보존하시고, 내부나 외부의 저항이 그 최초의 임페투스를 무력하게 만들지 않는다면, 천체의 운동이 그대로 계속되어 나아가지 않을 이유가 없다."³⁶⁾ 이 말로 이전에 하늘의 움직임을 유지하는 것으로 여겨졌던 천사의 지성(〈그림 13〉의 뮤즈들)은 쓸모없는 것이 되었고, 이 지상의 법칙들이 전에는 좀더 미묘하고 영적인 종류, 즉 하느님과 그의 천군(天軍)만을 위한 질서에 속해 있던 천구들에까지 확대되었다.

니콜라스 오렘(Nicholas Oresme)은 뷔르당의 임페투스 역학 이론을 심리적 영역으로까지 확대하였다. "망치가 모루에서 위로 저절로 몇 번 튀고나서 중간에 멈추듯이, 영혼의 운동에도 가끔 처음에 큰 힘을 발휘하도록 임페투스가 배치된다."³⁷⁾ 나아가서 오렘은 낙하체의 연구에 직사각형 좌표를 적용하였고, 『하늘과 땅에 대한 논고(Treatise on Heaven and Earth)』에서 하늘이 움직이고 땅이 움직이지 않는 것인지, 아니면 그 반대인지 결정을 할 수 있는 실험을 해야 한다고 주장하였다. 그는 후자의 가능성을 예시하면서, "지구가 매일 움직이고 하늘은 움직이지 않는다는 것을 보여주는 몇 가지 훌륭한 주장들"³⁸⁾을 제시하기까지 하였다.

물질과 정신은 서로 구별되며, 신은 자연에 내재하는 것이 아니라 "저 바깥"에 있다고 보는 옛 레반트 신화가 서양 과학에 미친 가장 중요한 영향들 가운데 하나는, 물질 그 자체는 활동력이 없으며, 따라서 자연에서 관찰되는 모든 운동은 신이 직접적으로 또는 천사를 통하여 간접적으로, 아니면 어떤 다른 외적인 영——그렇게 할 수 있는 유일한 영은 사탄 또는 그의 군대의 구성원이다——이 물질과 교통을 함으로써 이루어진 것이 틀림없다는 결론이다. 그러나 오렘과 뷔리당은 이 영역에서 적어도 천사와 악마는 없앴으며, 그럼으로써 그로스테스테가 1세기 전에 시작한 일을 완성하였다. 그들의 관점에서는 우주가 우월한 존재, 지성, 신에 의하여 움직인다는 옛 수메르의 비전은 이제 기계의 '주인'인 신이 만들고 움직이는 놀라운 기계에게 자리를 내주었다. 그리고 이런 생각은 현재까지 우리에게 남아 있다.

그러나 대중적인 관점에서는 천사와 악마들이 여전히 활동하고 있었다. 물론 세계는 기계이고, 신은 그 '제조자'이자 '주인'이었다. 그러나 한때 천사들의 군주였던 사탄은 그 비밀을 알고 있으며, 연금술, 마법, 점성술과 다른 과학들을 통하여 그 지식을 인간에게 전달한다. 인간의 불법적인 목적을 지원하여 인간들을 자신에게 묶으려는 의도이기도 하고, 궁극적으로는 하느님으로부터 기계에 대한 통제력을 빼앗으려는 의도이기도 하다. 사탄은 그리스도를 유혹하면서 자신을 숭배하는 대가로 세상의 모든 왕국을 주겠다고 하였는데, 이후로 사탄이 자신에게 충성을 바치는 사람들에게만 지식을 부여한다는 것이 확실하게 알려지게 되었다. 따라서 사탄의 지식과 기술을 부리는 사람들은 단지 이단일 뿐만이 아니라, 지옥의 군주를 섬기는 일에도 속박되지나 않았는지 "열심히 의심"해 보아야 한다. 이리하여 1250년부터 1650년까지 유럽 전역에 이단이 급속히 증가하고 더불어 과학의 지식과 작업도 증가하자, 로마와 성서의 권위의 수호자들은 강한 불안에 사로잡혔으며, 이로 인해서 기독교 세계에는 근대의 압제 국가들의 대량 숙청에 맞먹을 만한 공포 통치가 생겨났다.

1233년 '종교재판소'가 설립되었고, 그레고리우스 9세(1227-1241년 재위)는 이 기관을 도미니크회에 맡겼다. 1250년 교황의 주요한 적대자로서 교황의 권한을 억제하는 역할을 하였던 프리드리히 2세가 죽었고, 2년 뒤인 1252년 5월 15일 인노켄티우스 4세(1243-1254년 재위)는 교서 아드 엑스티르판다(Ad extirpanda, 근절을 위하여)를 통하여 세속 당국이 이단과 마법을 색출하기 위해서 고문을 사용해도 좋다고 허가하였다. 4년 뒤 알렉산데르 4세(1254-1261년 재위)는 이 특권을 성직자에게까지 확대하였고, 1310년 4월 5일에서 9일까지 툴루즈에서 일련의 전면적인 처형식 가운데 첫번째 판결 선고식이 벌어졌다.[39] 1938년 9월 19일, 파리 대학의 박사들――당시 총장은 데보치오 모데르나 운동의 주역인 장 제르송(요즘 일부 학자들은 『그리스도를 본받아』를 그가 쓴 것으로 보고 있다)이었다――이 낸 성명에서는 하느님이나 자연으로부터 합리적으로 예상할 수 없는 결과가 예상되는 모든 미신적 의식에는 사탄과의 계약이 포함되어 있다고 선포하였다. 또한 그들은 악마의 도움을 구하거나 그들과 사귀려고 하는 행위, 그들과 계약을 맺거나 그들을 돌, 반지, 거울, 조각 등에 가두는 행위, 좋은 목적이라고 하더라도 마법을 사용하는 행위 등을 허용할 수 있다는 주장을 잘못된 것으로 단죄하였다. 나아가 악마들이 부름에 복종하게 강요하는 마법으로 하느님을 부를 수 있다는 생각, 미사나 다른 좋은 일들을 기념하는 것이 마술과 관련해서도 허용될 수 있다는 생각, 마법을 통해서 신성한 본질을 볼 수 있다는 생각 등을 잘못된 것으로 선고하였다.[40] 잔 다르크가 마녀로 화형을 당한 것이 1431년이었다. 50년 뒤 종교재판관 쿠마누스는 47명의 마녀를 화형시키기 전에 몸 전체의 털을 빈틈없이 깎아냄으로써 천국에서 높은 자리를 얻었다. 프레이저(Frazer)는 『황금가지(The Golden Gough)』에서 이 사건에 대하여 언급하고 있다. "그에게는 이 엄격한 정밀 조사를 할 수 있는 권한이 있었다. 사탄 자신이 노스버웍 교회의 제단에서 설교를 통하여 그의 많은 종에게 '몸에 털이 있는 한' 그들은 아무런 해도 입지 않을 것이라고 안심을 시켜주었기 때문이다." 프레이저는 인도의 원시적인 빌족과 아즈텍 사람들에게도 이와 똑같은 관습이 있었다고 지적한다.[41] 사실 이 시절의 종교를 보면, 주검의 부패를 지켜보는 듯한 느낌을 받게 된다. 샤르트르에서 그렇게 아름다웠던 몸이 악취를 풍기며 해체되어 가는 모습처럼 말이다.

마녀들은 밤에 달빛을 받으며 빗자루를 타고 산꼭대기로 올라가, 그곳에서 염소, 푸들, 원숭이 형태로 나타난 사탄과 외설적인 의식을 거행하였다. 그들은 사탄의 꼬리를 치켜들고 그곳에 입을 맞추었으며, 촛불을 들고 십자가를 짓밟고 거기에 침을 뱉었으며, 하느님을 향해서 엉덩이를 들어 올렸다. 그들은 사탄 폐하가 미사를 패러디하여 진행하는 의식에서

전하는 설교를 들었으며, 거기서 그들은 잃어버릴 영혼도 없고 미래의 삶도 없다는 것을 알게 되었다. 미사가 끝나면 땅에서 고기와 포도주가 가득한 탁자들이 솟아올랐다. 이어 춤이 이어졌는데, 파트너들은 여자들을 뒤에서 안았고, 악마에게 절을 할 때는 몸을 뒤로 굽혀 발을 앞의 공중으로 들어 올렸다. 그런 의식의 말미에는 난교가 벌어졌는데, 이것은 옛 그노시스파의 사랑의 잔치와 비슷하였으며,* 고분고분한 악마들이 필요에 따라 잠자는 여자를 덮치는 몽마(夢魔)나 잠자는 남자를 덮치는 마녀 역을 맡았다.[42]

전성기를 맞이한 프로테스탄트의 세계 역시 조금도 나을 것이 없었다. 1520년 루터가 비텐베르크에서 교황의 교서와 함께 스콜라 철학 책과 교회법 책을 태워버림으로써 '전투의 교회'(현세에서 악과 싸우는 지상의 교회라는 뜻/역주)를 경쟁하는 다수의 기독교들(모두가 똑같이 오컴의 미지의 신에게도 반대하고 과학과 이성의 업적에도 반대하였으며, 바울적인 의미에서 삶의 죄로 괴로워하면서, 불과 유황으로 서로 싸우기도 하고, 성서의 '만세반석'을 거의 집어삼킨 사실들의 홍수와도 싸웠다)로 바꾸어놓은 뒤 미신과 폭력은 감소한 것이 아니라 오히려 증가하였다. 루터 자신은 악마를 향해서 잉크병을 자주 집어던졌으며, 지옥과 자신의 싸움에 대하여 자주 이야기하였고, 코페르니쿠스(Copernicus, 1473-1543년)를 향해서 성서를 집어던지며, 그를 "오직 기발함을 과시하고 관심을 끌기 위하여 천문학의 모든 기술을 왜곡하고 「여호수아」에서 이야기된 것을 부정하고 싶어하는 바보"라고 불렀다. 루터와 그를 둘러싼 모든 사람들은 그들이 반란을 일으켰던 대상들만큼이나 미신 투성이였다. 당대에 유일한 합리적인 기독교인이라고 할 수 있었던 학식이 높은 에라스무스(Erasmus)는 그의 시의 적절한 책 『우신 예찬(In Praise of Folly)』에서 이렇게 말하였다. "기독교 신앙은 우신과는 약간의 관계를 가진 듯이 보이지만, 지혜와는 전혀 관계가 없는 듯하다." 그리고 이런 말도 하였다. "미신적인 신앙을 가진 사람들보다 어리석은 사람도 없고, 제정신이 아

---

\* 193-194쪽 참조.

닌 사람도 없다."[43]

사탄에게 영혼을 판 마법사 파우스트에 대한 프로테스탄트의 전설은 이런 광기로부터 잉태되어 태어났다. 역사적으로 보았을 때 요한 파우스트 박사(1480?-1540년?)──그 자신은 스스로를 연금술사 게오르기우스 사벨리우스 파우스투스 2세라고 불렀다고 하는데──는 에라스무스(1466-1536년), 루터(1483-1546년), 츠빙글리(1484-1531년), 멜란히톤(1497-1560년), 칼뱅(1509-1564년), 헨리 8세(1509-1547년), 뿐만 아니라 연금술사 파라켈수스(1493-1541년), 까불기 잘하는 수도사 라블레(1495-1553년) 등과 동시대의 인물이었다. 파우스트에 대한 최초의 언급은 베네딕트회 수도원장 요한 트리트하임(그 자신 사탄과 동맹을 맺은 마법사라는 소문이 있었다)이 수학자 요한 빈둥에게 1507년 8월 20일에 보낸 편지에 나온다. 이 편지에서 파우스트는 단순한 바보, 허세를 부리는 수다쟁이, 채찍질이나 해주어야 할 돌팔이로 등장한다. 역시 이 시대 사람인 필립 베가르디는 『건강표(Index sanitatis)』(1539년 보름스에서 간행)에서 그를 파라켈수스와 더불어 "사악하고, 속임수에 능하고, 아는 것 없는" 박사라고 이야기한다. "몇 년 전부터 그는 모든 지역, 지방, 나라를 돌아다니며 의학만이 아니라, 손금보기, 마법, 관상학, 수정 구슬 들여다보기 등의 기술에서도 능숙한 솜씨를 발휘하여 큰 이름을 얻어, 세상에 그를 모르는 사람이 없다. 그는 단지 유명해진 것만이 아니라, 능숙한 대가로도 기록되어 있고 알려져 있기도 하다. 그 자신 이런 사실들을 부정하지 않고 받아들이며, 자신의 이름을 파우스투스라 하고, 자신을 필로소품 필로소포룸(philosophum philosophorum, 철학하는 철학자)이라고 부른다. 그러나 그에게 속았다고 나에게 불평하는 사람들이 얼마나 많은지 모른다. 정말 많은 사람들이 그렇게 말한다!"

그러나 이 돌팔이에게 악마──결국 파우스트를 데려간다──에게서 나온 초자연적인 재능이 있다고 처음으로 분명하게 말한 사람은 바젤의 프로테스탄트 목사 요한 가스트(Johann Gast, 1572년 사망)로서, 그의 이야기는 『잔치의 설교(Sermones convivales)』(바젤, 1543년)에 나온다. 파우스트가 돌아다닐 때 따라다니며 재주를 부리던 말과 개는 그와 가장 친한 악령들이었다고 한다. 가스트 목사는 이렇게 쓰고 있다. "그 비참한 사람은 끔찍한 종말을 맞이하였다. 악마가 그의 목을 졸랐기 때문이다. 그의 주검은 사람들이 다섯 번이나 제대로 눕혔는데도, 다시 관가(棺架) 위로 엎드렸다." 막시밀리안 2세의 고문관이자 역사가였던 요한 마넬(Johann Mannel, 1560년 사망)은 『인용구 모음(Locorum communium collectanea)』(바젤에서 출간, 연도 미상)에서 멜란히톤과의 대화를 소개하는데, 이 종교개혁가는 파우스트에 대해서 "수치스러운 짐승이자 많은 악마들의 시중꾼"이라고 힘주어 말하였으며, 악마가 목을 비트는 바람에 죽었다고 전하였다. 클레베스 대공의 주치의였던 요한 바이허(Johann Weiher)도 목격자인데, 그는 『악마의 기술에 대하여(De praestigus daemonium)』(바젤, 1563)에서 술주정뱅이 방랑자 파우스트는 크라코우에서 마법을 공부하였으며, "말로 표현할 수 없는 속임수와 거짓으로 큰 효과를 보면서 그 아름다운 기술을 부끄러운 줄 모르고 독일 전역에서 써먹고 다녔다"고 말한다.

가스트 목사가 퍼뜨린 전설은 곧 프로테스탄트의 땅 전역에서 엄청난 인기를 끌었다. 파우스트에 대한 책들이 급격히 늘어났을 뿐만 아니라, 속요, 드라마, 꼭두각시극 등도 나타났다. 꼭두각시극 무대에서는 오른쪽에서 한 목소리가 소리친다. "파우스트! 파우스트! 그런 제안은 그만두어라! 신학 공부를 계속하면 너는 세상에서 가장 행복한 사람이 될 것이다!" 그러면 왼쪽에서 다른 목소리가 응답한다. "파우스트! 파우스트! 신학 공부를 그만두어라. 마법을 공부하면 너는 세상에서 가장 행복한 사람이 될 것이다!" 파우스트는 하느님을 아는 것보다 인간과 사탄을 아는 것을 더 좋아하였기 때문에 일부러 후자를 택한다. "그는 성서를 문 뒤와 의자 밑에 두고, 신학 박사라고 불리는 것을 거부하고 의학 박사라고 불리는 것을 더 좋아하였다." 그래서 당연히 저주를 받았다.

수많은 "파우스트 책들" 가운데 최초는 1587년 요한 스피스가 프랑크푸르트에서 낸 것이었다. 그 책에는 이런 설명적인 제목이 붙어 있다. 『악명 높은 마법사이자 흑색 예술가였던 요한 파우스트 박사 : 그는 어떻게 한동안 악마에게 속박되어 있었는가. 그 동안 그는 어떤 독특한 모험을 하였는가. 그는 어떤 짓을 하다가 마침내 당연한 응보를 받았는가. 대부분 그 자신이 사후에 남긴 글을 모아, 모든 건방지고 성급하고 불경한 자들에게 무시무시한 예로서, 혐오할 만한 사례로서, 좋은 의도를 가진 경고로서 이것을 출판한다. "그러므로 하느님께 복종하고 악마를 대항하십시오. 그러면 악마는 여러분을 떠나 달아날 것입니다"(「야고보서」 4 : 7)』. 이 책은 곧 매진되었으며, 그 해가 끝나기 전에 네 권의 해적판이 나왔다. 바로 다음 해에는 튀빙겐에서 운문판이 나왔다. 프랑크푸르트에서는 스피스가 제2판을 냈다. 뤼벡에서는 저지(低地) 독일어 판본이 나왔다. 재판과 확장 편집판이 계속 쏟아져 나오다가 마침내 1599년 게오르크 루돌프 비드만(Georg Rudolf Widmann)[44]이 파우스트 책의 결정판을 펴냈다. 이 책에는 여러 가지 새로운 점들이 있지만, 그 가운데도 루터가 하느님의 도움을 받음으로 해서 파우스트가 마법으로 그에게 가한 공격을 물리쳤다는 이야기가 나온다.

파우스트 책들은 놀랍게도 프로테스탄트적이다. 파우스트의 악마인 메피스토펠레스는 수도사의 옷을 입고 나타나며, 파우스트가 아내를 요청하자 결혼은 하느님을 기쁘게 하는 것이기 때문에 그들의 계약에는 위배된다고 말한다. 마법사의 시종 바그너는 가톨릭 사제의 아들이다. 포도주와 푸짐한 고기를 바랄 때, 그런 것들은 성직자의 지하실과 식료품 창고에서 나온다. 나아가서 주인공이 이 세상의 경이와 영원의 약속 사이에서 갈등하면서 생기는 비극에 대해서는 전혀 공감하지 않는다. 그는 사악하고, 그는 저주받았으니, 독자는 그의 운명을 보고 경고를 얻으라는 것이다.

반면 크리스토퍼 말로(Christopher Marlowe, 1564-1593년)의 희곡『파우스트 박사의 비극적 이야기(The Tragical History of Doctor Faustus)』는 첫번째 파우스트 책의 사건들을 꼼꼼하게 쫓아가기는 하지만, 교훈은 완전히 바뀌어 있다. 말하자면 종교개혁으로부터 르네상스로 바뀌었다고 할 수 있다. 그 수백 년간 경험과 이성에 대한 존중이 확대되면서, 이 세상의 아름다움과 그것을 기념하는 기술을 새롭게 높이 평가하게 되었다(이탈리아에서만이 아니다). 이런 태도는 루터가 악마와 교황 관구에 잉크를 집어던지는 동안에도 레오나르도(1452-1519년), 뒤러(1471-1528년), 미켈란젤로(1475-1564년), 라파엘로(1483-1520년), 티치아노(1477-1576년)의 걸작들에서 절정에 이르게 되었다. 이미 뷔리당에서 쿠자누스에 이르는 시기——1350-1450년경——에도 이 세상을 즐거워하는 르네상스는 그 나름의 직접적인 방법으로 고딕의 비방 체계를 반박하기 시작하였다. 단테(1265-1321년)와 조토(1272-1336년)를 바로 이은 페트라르카는 물론 이런 반전의 축을 이루는 인물이다. 그 다음에는 이탈리아의 보카치오(1313-1375년), 프랑스의 데기예빌(1330-1335년에 활약), 영국의 제프리 초서(Geoffrey Chaucer, 1340?-1400년)가 뒤따른다. 초서의 『캔터베리 이야기(Canterbury Tales)』에는 살아 있는 개인들의 초상, 특징, 성격, 동기, 기쁨에 새롭게 눈뜬 관심이 전면에 등장한다. 중세는 그들이 서로를 즐겁게 해주기 위해서 이야기하는 말, 민담, 성자 이야기, 우화시, 로맨스에서만 메아리칠 뿐이다. 마치 진지한 관심의 지평이 연금술의 바스(vas) 내에 있는 신비로부터 연금술사 자신들에게로, 왕과 왕비의 신비의 혼인을 보여주는 〈그림 38〉, 〈그림 41〉, 〈그림 42〉, 〈그림 43〉으로부터 〈그림 39〉로 옮겨가게 된 것 같다.

시각 예술에서도 마찬가지이다. 선악과 옆에서의 타락과 거룩한 십자가에서 구세주에 의한 구원 등 기독교 신화의 상징적 인물들이 점점 또렷하게 이 물리적 세계의 무게와 촉감을 지니게 되었다. 심지어 그들의 의복의 심미적 가치도 의미를 얻게 되었고, 풍경이나 건물 등 그들의 배경도 점점 그 자체로 관심을 끌게 되었다. "동정녀 경배"나 "그리스도의 세례" 가운데 많은 수는 성자들이 아니라 르네상스 시대 피렌체 사람들의 뛰어난 초상들을 흥미 있게 배치할 빌미에 지나지 않았다. 현재 프라도 미술관에 있는 티치아노의 「인간의 타락」이라는 웅변적인 작품에서처럼 신화적인 주제를 강조하는 경우에도, 그 해석은 인간적인 순간의 해석이다. 따라서 이 세상의 기쁨과 슬픔 속에서 남자, 여자, 죽음, 출생의 비극적이면서도 아름답게 필연적인 신비에 대한 느낌을 전해준다. 오직 안젤리코(1387-1455년)만이 그의 작품에서 인도인들이 신화적인 형상들의 "섬세한 물질(suksma)"이라고 부르는 것과 이 땅의 "성긴 물질(sthula)"

이라고 부르는 것을 여전히 구분하고 있다. 따라서 트렌트 공의회(1545-1563년) 이후 가톨릭의 '반종교개혁'이라는 개혁된 정신 속에서 다시 천국과 관련하여 신화적인 주제들을 제시하려는 시도——예를 들어서, 역시 프라도 미술관에 있는 무리요(1618-1682년)의 「무원죄 잉태」——가 이루어졌을 때, 그 결과는 고딕이나 르네상스의 진지성이 아니라 바로크의 감상성이었다. 어떤 일이 일어났는지 직접 한번 보라!

 1440년경에는 활판인쇄술이 발명되어, 요한 구텐베르크는 마인츠에 있는 자신의 인쇄소에서 1454년과 1455년에 처음으로 인쇄물을 찍어냈다. 주형으로 주조한 활자로 만든 면죄부 몇 장이었다. 1456년에는 이른바 마차린 성서(마차린 추기경[1602-1661년]의 서재에 있는 사본에서 이런 이름이 나왔다)를 찍었다. 1464년에는 이탈리아의 로마 근처에 인쇄소가 생겼다. 1468년에는 스위스에 인쇄소가 생겨서 에라스무스가 인쇄소 교정자 일을 보았다. 1470년에는 프랑스의 소르본에 인쇄소가 생겼다. 1471년에는 위트레흐트에, 1474년에는 스페인에, 1476년에는 맨체스터(칵스턴)에, 1539년에는 멕시코시티에, 1638년에는 매사추세츠주 케임브리지에도 인쇄소가 생겼다. 새로운 기술이 지나친 사상의 자유를 자극하는 것처럼 보였기 때문에, 이미 16세기 중반에 교회와 국가가 똑같이(아니, 이제는 교회와 국가가 각각) 억압적 조치를 도입하였으며, 그 결과 인쇄 품질이 현저하게 떨어졌다. 그러나 18세기에는 다시 부흥이 일어나서, 칼슨, 배스커빌, 보도니 등의 아름다운 활자들이 디자인되었다.

 1445년에는 베르데 곶이 발견되어, 남쪽에는 연옥의 모래, 물, 산밖에 없다는 생각을 깨부수었다. 1486년에 디아즈는 희망봉을 돌았다. 1492년 콜럼버스는 대서양을 횡단하였고, 1498년 바스코 다 가마는 코지코드에 도착하였다. 1512년에는 또 한 사람의 대담한 포르투갈인이 자바와 몰루카 제도에 도착하였다. 1519년에는 역시 포르투갈 사람인 마젤란이 세계를 일주하였으며, 같은 해 코르테스는 스페인을 대리하여 멕시코를 정복하였고, 1530년에 피사로는 페루를 정복하였다. 따라서 지리학적인 신세계 외에도 신화적인 신세계도 발견되었으며, 그 이후 종교를 연구하는 학자들을 괴롭혀온 문제가 이미 인식되었다. 즉 공인된 기독교 신화와 의식의 기본적인 주제와 패턴 가운데 다수가 아메리카, 아프리카, 아시아의 이교도에게도 나타나는 것(말하자면 사탄의 패러디로서)을 어떻게 설명할 것인가 하는 문제이다.

1543년에는 우리가 이미 보았듯이 코페르니쿠스가 태양 중심의 우주라는 주장을 제기하였으며, 갈릴레오는 약 60년 뒤 망원경으로 하늘을 연구하였으나, 곧 새로운 우주론이 성서에 반대된다는——물론 그때나 지금이나 반대된다——이유로 유죄 선고를 받았다.

## 5. 우수 어린 표정의 기사

헨리 애덤스는 1600년——조르다노 브루노가 화형을 당한 해——이 인류가 "종교적" 시대에서 "기계적" 시대로 넘어가는 분수령을 이룬다고 지적한다.[45] 그러나 그가 이야기하듯이, 이 과도기를 이끈 정신들은 사실 진리를 추구하는 가운데 자신들이 신앙이라는 갑주에 어떤 영향을 주고 있는지 깨닫지 못하였다.

〔애덤스는 말한다.〕 사회는 저항을 시작하였지만, 개인은 자신이 무엇을 하고 있는지 깨닫지 못하면서도, 훨씬 더 큰 고집을 보여주었다. 1453년 초승달이 콘스탄티노플에서 십자가를 몰아내는 수모를 안겨주었을 때, 구텐베르크와 푸스트는 마인츠에서 십자가를 돕는다는 느낌으로 첫 성서를 찍어내고 있었다. 1492년 콜럼버스가 서인도 제도를 발견하였을 때 교회는 이 사건을 십자가의 승리로 보았다. 50년 뒤 루터와 칼뱅이 유럽을 뒤집어놓았을 때, 그들은 성 아우구스티누스와 마찬가지로 키비타스 로마에(Civitas Romae, 로마 국가)를 키비타스 데이(Civitas Dei, 신의 국가)로 바꾸어놓으려고 하였다. 1620년 청교도들이 뉴잉글랜드로 출발하였을 때, 그들 역시 스테이트 스트리트에 키비타스 데이를 세우려고 하였다. 1678년 버니언이 순례를 하였을 때, 그는 성 히에로니무스가 하였던 일을 반복하였다. 심지어 교회가 수백 년의 방종 끝에 규율을 개혁한 뒤 그것을 증명하기 위하여 1600년에 조르다노 브루노를 화형에 처하고, 1630년 갈릴레오에게 유죄 선고를 하였

을 때——과학이 매일 우리에게 계속 되풀이해서 이야기하듯이——선고 대상은 무신론자들이 아니라 무정부주의자들이었다. 천문학자들 가운데 신앙이 없는 사람은 하나도 없었다. 모두가 자신의 작업을 통하여 하느님을 확대하려고 하였다. 그러나 그들의 종교에 명예가 되지 않는 과학의 형태였을 뿐이다. 갈릴레오도 케플러도, 스피노자도 데카르트도, 라이프니츠도 뉴턴도, 콘스탄티누스 대제 이상은 아니라고 하더라도, 적어도 그만큼은 '통일'을 의심하지 않았다. 그들의 이단의 최대의 범위는 '통일'의 인격성이었다.

이어 애덤스는 핵심적인 대목에 이르러, 인격화되었든 아니든 과거의 통일을 대체하는 새로운 힘, 새로운 주제를 명명한다.

> 사고-관성의 이런 지속성은 근대사를 이끄는 관념이다. 인간은 자신 내부에 반영되지 않는다면, 우주에서 통일을 가정할 이유도 없고, 궁극적 물질이나 제1운동자를 가정할 이유도 없다. 이런 통일에 대한 선험적 고집은 좀더 적극적인——또는 반작용적인——정신들을 피로하게 함으로써 끝이 났다. 베이컨 경[1561-1626년]은 그것을 멈추려고 하였다. 그는 사회를 향해서 우주가 사고로부터 진화한다는 관념을 버리고, 우주로부터 사고를 진화시키려고 하라며 촉구하였다. 정신은 절대 통일을 가정하지 말고 힘들을——분리하고 다시 합침으로써——관찰하고 기록해야 하였다. "자연에 명령을 하려면 먼저 복종을 해야 한다." "상상력에는 날개가 아니라 추를 달아주어야 한다." 갈릴레오가 지구와 태양의 운동을 역전시켰듯이, 베이컨은 사고와 힘의 관계를 역전시켰다. 그 이후 정신은 물질의 운동을 따라가게 되었으며, 통일은 자기 힘으로 꾸려나가야 하였다.[46]

핵심적으로 중요한 일은 물리적 영역——정신과 구분된다고 이해되는 물질의 영역——에서 인간의 의지와 상상력의 법칙과 같아 보이지 않는 법칙의 질서가 인식되었다는 것이다. 심리의 구조에서 작용하는 힘들에 대한 프로이트의 관점에서는 성장하는 아이의 소망이 부모의 억제와 대립하듯이, 애들러의 관점에서는 아이의 소망이 그것을 달성하지 못하는 자신의 무능 때문에 좌절당하듯이, 여기서는 우주에 투사된 영혼의 역동적 구조의 상징들이 정반대의 반박할 수 없는 질서에 부딪혀 부서지게 되었다. 영혼 또는 마음에는 자유――선택과 의지를 가지는 자유――의 감각이 있는 반면, 저 바깥, 행동의 영역에서는 기계적 결정론이 지배한다. 여기에는 지성과 의도가 있는 것처럼 보이는 반면, 저기에는 오직 맹목적이고, 무책임하고, 아무것도 모르고, 아무것도 느끼지 못하는 운동량밖에 없다. 활력도 없고 의식도 없는 물질로 이루어진 황무지 벌판과 모래 폭풍이 신에 의한 것인지, 우연에 의한 것인지, 자기 자신에 의한 것인지, 아무런 것도 없었는데도 그렇게 된 것인지, 바람처럼 일렁이기 시작하더니, 장 뷔리당이 위로 던진 돌로부터 쏟아져 나와 세계를 채우고, 세계에 스며들더니, 세계가 되어버렸다. 또한 오렘의 망치질 모루로부터 안으로 파고 들더니 영혼 자체의 자리까지 가버렸다.* 갈릴레오와 뉴턴은 뷔리당의 돌에 대한 직관을 확인해주었다. 프로이트와 파블로프는 모루에 대한 오렘의 직관을 확인해주었다. 칸트의 『순수 이성 비판(Critique of Pure Reason)』(1781)은 근대적 정신을 위하여 오컴의 면도날을 다시 한 번 그은 셈이었으며, 플로베르의 『보바리 부인(Madame Bovary)』(1856)은 근대의 왕좌에서 트로이의 헬렌의 자리를 차지하였다.

'우수 어린 표정의 기사'인 돈 키호테 드 라 만차는 공익을 위하여 또 자신의 개인적인 명예를 높이기 위하여 비루먹은 말 로시난테("옛날옛적의 말")를 타고 편력에 나섰다가(바로 1600년 무렵이다), 그의 앞의 평원에 방진을 치고 있는 약 30-40개의 풍차와 마주친다.

그는 소리친다. "저기를 봐라, 산초! 저 거인들을! 내가 저들의 목숨을 끊어놓으리라."

"무슨 거인 말입니까?" 산초가 당나귀를 타고 달려오며 물었다.

"저 앞에 말이다! 저런 거인들중에는 길이가 2리그에 이르는 팔을 가진 것도 있다." 돈 키호테는 이미 창을 내리고 있었다.

"제발 다시 한번 보세요! 저것들은 풍차예요. 팔이라고 생각하신 것은 풍차 날개이고요."

그러나 기사는 창을 하단으로 꼬느더니 늙은 말에 박차를 가하여 앞으

---

* 707-708쪽 참조.

로 달려갔다.[47]

음유시인의 언어에서는 모험과 진부함, 의지와 결정론이라는 두 세계 질서의 대조가 밤——사랑의 밤——으로부터 새벽, 야경꾼이 소리를 지르고 법적으로 잔인한 길로스(gilos, 사랑없는 남편)의 날이 동터오는 새벽으로 시간이 흐르는 이미지에 요약되어 있다. "오, 신이여! 오, 신이여! 이 새벽, 어찌 이리도 빨리 오는지요!"* 그 시절에 아모르!라는 구호로 참담한 좌절을 겪은 용사들은 아벨라르, 클린쇼르, 안포르타스만이 아니었다. 그러나 그들의 운명은 인간의 의지, 꿈과 삶을 향한 충동이 환경, 이 세상의 엄연한 사실들이라는 풍차 방진에 의해서 부서지고 마는 흔한 사건의 상징에 불과하였다. 파르치팔과 가웨인은 이 짐을 던져버릴 수 있었다. 그들 안의 의지는 충족되었다. 그러나 돈 키호테는 그 풍차들 속에서 그에게 버거운 상대를 만나야 하였다.

바람이 세게 불기 시작하였다. 풍차의 날개도 움직이기 시작하였다. 돈 키호테는 방패로 몸을 가리고 자신이 섬기러 가는 상상 속의 둘시네아 델 토보소의 모습을 떠올리며 로시난테를 최고 속도로 몰아 제일 앞에 있는 거인을 향해서 돌진하여 그 날개에 창을 꽂았다. 거인은 공격을 당하고도 그 기계적인 회전을 계속하여, 기사와 말을 멀리 날려버리고 창은 부러뜨렸다.

쇼펜하우어가 제기하였던 문제가 다시 등장한다. 정당하게 노력하는 사람의 운명에서 순수한 환경의 무게와 충격이 그의 의지에 대한 감각, 따라서 존재에 대한 감각을 완전히 소멸시킬 정도로 강할 수 있을까? 종자가 짧은 다리의 당나귀를 최대한 재촉해서 주인을 일으키려고 달려왔을 때 돈 키호테가 무슨 말을 할 수 있었을까?

"하느님, 우리를 도와주소서!" 산초 판자가 말하였다. "머리 속에 풍차가 들어 있는 사람이 아니고서야 이게 거인이 아니라 풍차라는 것을 못 볼 리가 있겠습니까!"

"조용히 하거라, 내 친구 산초여." 기사가 말하였다. "전쟁이라는 일에

---

* 220쪽 참조.

는 다른 일들보다 급격한 변화가 많은 법. 강신술사 프레스톤이 나에게서 이 승리의 명예를 빼앗으려고 거인들을 풍차로 둔갑시킨 것이 틀림없다. 그는 이런 식으로 늘 나의 적이었다. 그러나 결국 그의 악한 기술은 내 검의 덕 앞에서 힘을 잃고 말리라."

오르테가 이 가세트가 『키호테에 대한 명상(*Meditations on Quixote*)』에서 지적하는 대로, 미구엘 데 세르반테스 사베드라(Miguel de Cervantes Saavedra, 1547-1616년)는 인간의 모험에서 내적인 비전의 세계와 외적인 조악한 현실의 세계가 분리할 수 없을 정도로 합쳐지고, 교차하고, "경사진 가장자리를 형성"하는 바로 그 시점에서 살고 글을 썼으며, 순수하게 상상력에 의한 서사시 문학의 종말과 현시대 소설의 개막을 알리는 역할을 하였다. 오르테가는 말한다. "현실이 시로 들어와 모험을 더 높은 미학적 힘으로 들어 올린다."

　　가공의 물체들이 미끄러져 다니던 서사시의 평면은 그때까지 유일한 것이었으며, 시도 서사시와 똑같은 용어로 규정될 수 있었다. 그러나 이제 가공의 평면은 두번째 평면이 된다. 예술은 또 하나의 측면에 의해서 풍요로워진다. 말하자면 제3차원에 의해서 확대된다. 예술은 마치 기하학적 깊이와 같은 미학적 깊이에 이르며, 다수의 측면들을 전제한다. 그 결과 이제 시적인 것은 이상적인 과거라는 그 특별한 매력도 잃어버리고, 늘 새롭고 독특하고 놀라운 절차를 통해서 모험에 부여하는 흥미도 잃어버리게 되었다. 이제 우리의 시는 현재의 현실에 대처할 수 있어야만 한다……[48]

　세르반테스는 르네상스의 언덕에서 세계를 본다. 르네상스는 사물을 조금 더 조였고, 낡은 감수성을 완전히 극복하였다. 갈릴레오는 물리학으로 우주를 관장하는 엄격한 법칙을 세운다. 새로운 체계가 시작되었다. 모든 것이 더 엄격한 형식들 내에 한정되어 있다. 사물의 새로운 질서에서는 모험이 불가능하다. 오래지 않아 라이프니츠(1646-1716년)는 단순한 가능성은 타당성이 결여된 것이라고 선포하게 된다. 오직 "양립할 수 있는(*compossible*)" 것만이, 즉 사전 법칙과 긴밀히 연결된 것만이 가능하다는 것이다. 이런 식으로, 가능한 것——기적, 신화 속에서만 그 껍질만 남은 독립성을 보여준다——은 세르반테스의 진리의 초상에서 **모험으로** 현실 속에 삽입된다.[49]

즉 머리 속에 모험을 싣고 가는 키호테를 현실이 싣고 간다. 모험은 불가능하다. 그러나 돈 키호테는 모험이 일어나게 한다. 이전 파르치팔과 가웨인의 서사시의 세계에서 기사들은 마음의 움직임과 준비 정도에 따라 숲에서 꿈결처럼 모험을 만났다. 그러나 키호테는 견고하게 저항하는 세계, 그의 의지에 응답하지 않는 세계에서 풍차들을 만난다. 그러나 그의 의지는 남아 있다. 이 자체가 하나의 현실이다.

〔오르테가는 말한다.〕 사람들은 우리의 이 이웃으로부터 행운을 빼앗아갈 수는 있지만, 그의 노력과 용기를 빼앗아갈 수는 없다. 그의 모험은 들끓는 뇌의 증기일지도 모르지만, 모험을 하겠다는 의지는 현실이고 진짜이다.

자, 모험은 물질적 질서의 탈구(脫臼)이며, 무언가 비현실적인 것이다. 따라서 모험을 향한 이 의지에서, 노력과 용기에서, 우리는 이상한 이중의 성격과 마주치는데, 그 두 요소는 대립하는 세계에 속한다. 의지는 현실이지만, 의지의 대상은 현실이 아니다. 이런 현상은 서사시에는 나타나지 않는다. 호메로스의 남자들은 그들의 욕망과 똑같은 세계에 속해 있다. 그러나 돈 키호테에서는 현실을 개혁하고 싶어하는 남자를 만난다. 그래도 그는 그 현실의 한 조각이 아닐까? 그는 그 현실에 의존해서 살지 않을까? 그는 그 현실의 결과가 아닐까? 존재하지 않는 것──투사된 모험──이 엄혹한 현실을 지배하고 바꾸는 것이 어떻게 가능할까? 그런 사람들은 사물의 경로를 바꾸는 것을 목표로 삼는다. 그들은 관습, 전통, 생물적 본능이 그들에게 강요하는 몸짓을 되풀이하기를 거부한다. 이런 사람들을 우리는 영웅이라고 부른다. 영웅이 된다는 것은 많은 것들로부터 빠져나와 하나가 된다는, 그 자신이 된다는 뜻이다. 유전이나 환경이 우리의 행동을 결정하는 것을 거부한다면, 우리의 행동의 기원을 우리 자신, 오직 우리 자신에게만 두어야 하기 때문이다. 영웅의 의지는 그의 조상의 의지도 아니고, 사회의 의지도 아니고, 그 자신의 의지이다. 자기 자신이 되고자 하는 의지가 영웅주의이다.[50]

오르테가가 곧이어 말하듯이, 이런 조건에서 사는 인생은 반드시 비극적이다.

비극적 인물은 비극적이지 않다. 따라서 살과 피를 가진 인간인 한에서

만, 그러나 그가 의지를 가진 한에서만 시적이다. 의지——없는 것만을 바라기 때문에 현실에서 시작해서 이상에서 끝나는 역설적인 물건——는 비극적 주제이다. 의지가 존재하지 않는 시대, 예를 들어서 결정론적이거나 다윈주의적인 시대는 비극에 관심을 가질 수 없다…….

평범한 사람들은 놀라운 분별력으로 영웅이 이러저런 목적을 고집하기 때문에 나쁜 일들이 일어난다고 생각한다. 영웅은 그것을 포기하면 모든 것이 잘 돌아가게 만들 수도 있다. 중국인들이 이전의 그들의 유목민 생활을 암시하듯, 정착해서 많은 자식을 길렀다는 말로 이야기를 끝내는 것처럼…… 영웅적인 행동을 할 수 없는 평범한 사람은 오직 사치스럽고 불필요한 행동들만 일어나는 삶의 흐름에 무지하다. 그는 활력이 넘치고 지나친 것에 무지하다. 그는 필요한 것과 자신이 하는 것, 부득이 하는 것에 얽매여 산다. 그는 늘 행동을 할 수밖에 없다. 그의 행동은 반작용이다…….

따라서 비극적인 것은 결코 운명에서 나오는 것이 아니며, 영웅이 자신의 비극적 운명을 원하는 것이 핵심이다.…… 모든 슬픔은 영웅이 이상적인 역할, 자신이 선택한 상상의 역할을 포기하지 않으려는 데서 나온다. 역설적으로, 배우가 연극 속에서 다시 어떤 역을 맡은 배우 역할을 하여, 그 역을 진지하게 연기한다고 말할 수도 있을 것이다.…… 이 "의지의 행동"은 오직 그것을 통해서만 존재하는 일련의 새로운 현실들——비극의 질서——을 창조하는데, 이것은 자연적인 필요에 대한 소망만을 가진 사람, 이 소망을 단순히 존재하는 것으로만 충족시키는 사람들에게는 당연히 허구일 뿐이다.[51]

여기서 다시 엘리자베스 여왕 시대 비극의 아버지인 크리스토퍼 말로에게로 돌아가보자. 그의 『파우스투스 박사』 역시 이 "경사진 가장자리" 시대의 작품이기 때문이다. 그 역시 르네상스의 언덕에서 세계를 보았다. 그는 이 동터오는 근대의 영웅들이 그의 시대에 펼쳐 보여주는 인류의 가능성과 우주의 경이 양쪽을 의식하였던 젊은 천재였다. 1589년에 이단으로 화형을 당한 신비주의자 프랜시스 켓은 말로가 케임브리지에 다닐 때 그곳의 교수였다. 월터 롤리는 가까운 친구였다. 천문학자 토머스 해리엇, 수학자들인 월터 워너와 로버트 휴즈도 마찬가지였다. 나아가서 말로는 케임브리지에서 고전 신화를 연구하였는데, 그 가운데 오비디우스의 『사랑(Amores)』은 번역을 하기도 하였다. 그의 지향은 철저하게 세속적이었다. 그래서 스피스의 첫 파우스트 책*의 영국판에 기초해서 희곡을 쓰기는 하였지만, 갈망을 품은 과감한 영웅에게 공감하고, 영원과 시간 양쪽의 요구 사이에서 갈등을 일으키는 삶의 비극적인 힘을 인식하였기 때문에 영적으로는 사나울 정도로 도덕적인 기독교-루터의 입장과 완전히 달랐다. 그 전설을 이렇게 인간화하면서 문제를 제기하는 방식으로 변형시켰기 때문에, 괴테는 이 작품을 마음에 들어하였으며, 말로의 희곡이 언급되자 "모든 부분이 아주 멋지게 계획되었다!"고 큰 소리로 감탄을 하였다.

여기서 주인공은 "악마들의 재봉사"가 아니라, 인간, 무한을 갈망하여 그것을 위해서라면 지옥에라도 갈 용의가 있는 살아 있는 르네상스 인간이었다. 트리스탄이 이졸트를 갈망할 때 그랬고, 파르치팔이 성실성을 갈망할 때 그랬고, 엘로이즈가 아벨라르를 갈망할 때 그랬다. 물론 말로의 인간은 마지막에는 파멸당하지만, 우리는 그의 삶을 통하여 그의 기쁨을 함께 나눌 수 있다. 사실 그 기쁨은 매우 순수한 것이다. 그는 과학에서, 부에서, 세계 여행에서, 사랑에서 기쁨을 느꼈으며, 영혼과 욕망의 범위는 사탄이 채워줄 수 없을 정도였다.

> 하늘을 보노라면 분한 마음이 들어
> 그대, 사악한 메피스토필리스를 저주하는데,
> 그대가 나에게서 그 기쁨들을 빼앗았기 때문이다.[52]

나아가서 그는 트로이의 헬렌의 아름다움을 볼 만한 자격이 있는 사람으로서 그녀의 아름다움을 찬양한다. 그 구절들 자체가 그의 구원이다.

> 이것이 수천 척의 배를 띄워 보낸 얼굴이며
> 일리움의 끝이 보이지 않는 탑들을 태운 얼굴인가?
> 아름다운 헬렌이여, 입맞춤으로 나를 불멸로 만들어다오.

---

* 712-714쪽 참조.

그녀의 입술은 내 영혼을 빨아들인다. 그 영혼이 어디로 날아가는지 보라!
오라, 헬렌이여, 오라, 나에게 내 영혼을 다시 다오.
여기서 나는 살리라, 천국이 그대 입술에 있으니,
헬레나가 아닌 것은 모두 찌꺼기이니.
나는 파리스가 되리라, 그대의 사랑을 얻기 위하여
트로이가 아니라 베르텐베르크를 약탈하리라.
나는 약한 메넬라우스와 싸우리라,
그대의 리본을 내 깃털 달린 투구에 꽂으리라.
그래, 나는 아킬레스의 뒷꿈치에 상처를 낸 뒤에
입맞춤을 얻으러 헬렌에게 돌아가겠다.
오, 그대는 천 개의 별의 아름다움으로 옷 입은
저녁 하늘보다 더 아름다워라.
불운한 세멜레에게 나타난
불타는 목성보다 더 밝아라.
방탕한 아레투사의 하늘색 팔에 안긴
하늘의 군주보다 더 어여뻐라.
그대 외에는 내 연인이 될 사람이 없구나.[53]

파우스트의 끝이 저주가 아니라 구원이어야 한다는 점을 처음 인식한 사람은 레싱(1729-1781년)이었으며, 이런 통찰을 작품으로 옮긴 사람은 괴테(1749-1832년)였다. 나아가서 괴테는 그의 주인공을, 구체적으로 갈망하고 노력하고 창조하는 유럽인의 정신 패턴으로 제시하고, 메피스토펠레스는 저 부정의 원리, "죽은 것과 고착된 것"의 대리자로 제시하여, 창조적인 이성이 "거룩한 것을 향하여 노력하는" 과정, 즉 충족이라는 이룰 수 없는 절대성을 향하여 나아가는 과정에서 그 원리를 활용하도록 하였다.*

    Vom Himmel fordert er die schönsten Sterne
    Und von der Erde jede höchste Lust,

---

* 454쪽 참조.

Und alle Nähä und alle Ferne
Befriedigt nicht die tiebewegte Brust.
(그가 요구하는 것은 하늘에서는 가장 아름다운 별들
땅에서는 가장 드높은 환희와 가장 좋은 것
그러나 가까이고 멀리고 그가 바라는 것은 하나도
그의 가슴의 격동을 잠재우지 못하였다.)[54]

그래서 괴테의 뜻을 이어받은 슈펭글러는 『서양의 몰락(The Decline of the West)』에서, 여전히 펼쳐져 나가는 서양의 기념비적 문화가 그 무한을 향한 충동, 가장 중요한 상징인 무한한 공간이라는 면에서 "파우스트적"이라고 불렀다. 이것은 보이는 것을 강조하는 "아폴론적"인 고전적인 것과 대조를 이루며, "물질"과 "정신", 어둠과 빛, 악마와 신 등 이 우주에서 신비하게 경쟁하는 힘들의 이중성에 대한 감각을 보여주는 "마기교적"인 레반트적인 것들과도 대조를 이룬다. 슈펭글러는 이렇게 말한다. "천사, 성자, 삼위일체라는 마기교적인 위계는 서양의 가상화*의 땅에서는 여전히 교회적 권위의 무게 전체로 지탱되고 있지만, 점점 해체되고 점점 흐릿해지고 있다. 고딕의 세계 드라마에서 커다란 반대자 역할을 하는 악마도 파우스트적인 세계 느낌에 대한 하나의 가능성의 자리에서 눈치 채지 못하게 사라지고 있다. 루터가 잉크병을 던질 수 있었던 악마는 프로테스탄트 신학자들의 당혹한 침묵 속에서 무시되어버렸다. 파우스트적인 영혼의 외로움의 느낌은 세계의 힘들의 이중성 안에서는 자리를 잡을 수가 없기 때문이다. 여기서는 신 자신이 '만유'이다."[55]

## 6. 새로운 신화를 향하여

따라서 이제 5,000년 된 옛 수메르의 저택의 산산히 부서진 폐허──여전히 우리에게 파편들로 남아 있지만──너머, 지금과 여기의 이 새로

---

* 이 용어에 대해서는 앞의 42-43쪽과 『신의 가면 : 서양 신화』 제4부의 도입부를 보라.

운 세계에 나타나는 신화의 새로운 전망에 대하여 이야기를 해보자. 이미 이야기를 하였듯이, 완전한 신화는 네 가지 기능을 한다.

### 1. 형이상학적-신비적 전망

살아 있는 신화의 첫번째 기능, 즉 『거룩한 것에 대한 관념(The Idea of the Holy)』에서 루돌프 오토(Rudolf Otto)가 정의한 의미에서 본래의 종교적 기능은 개인이 이름과 형상을 초월하는, 『우파니샤드(Upanishads)』에서 나오는 말로 하자면 "말이 등을 돌리는"[56] 그 궁극적 신비를 인식할 때 그에게서 경외감, 겸손함, 존중심의 경험을 일깨우고 그것을 유지하는 것이다. 현대 세계에서, 적어도 회당과 교회 바깥에서는 이 겸손함이 회복되었다고 말할 수 있다. 인종의 자부심, 영적 교제의 자부심, 특별한 자질에 대한 착각, 특권, 거룩한 은총 등이 기초로 삼던 책의 권위에 대한 모든 주장이 박살나버렸기 때문이다. 이른바 신학이라고 하는 것은 이제 하나의 낡은 텍스트를 설명하는 문학적인 행위 이상을 주장할 수 없게 되었다. 이 텍스트는 역사적인 조건 속에 놓인 모호한 이름, 형상, 행위, 발언이 오직 "인간의 모든 생각을 훌쩍 뛰어넘는 것", 즉 말로 나타낼 수 없는 것("것"이라는 말을 쓸 수 있다면)으로부터 나왔다고 이야기한다. 중세의 성서에 대한 믿음, 계몽주의의 이성에 대한 믿음, 현대의 필리스티아(원래는 펠리시테인의 나라라는 뜻이지만, 여기서는 교양 없는 속물이 사는 곳이라는 뜻/역주)의 과학에 대한 믿음은 오늘날에는 모두 자기 자신의 신비가 얼마나 신비한 것인지 전혀 모르는 사람들만 고수하고 있다.

현대의 위대한 물리학자 에르빈 슈뢰딩거(Erwin Schrödinger)는 이렇게 말한다.

> 높은 산악 지대 좁은 길 옆의 벤치에 앉아 있다고 상상해보라. 사방에 풀이 덮인 비탈이 있고, 곳곳에 바위가 박혀 있다. 골짜기 건너편 비탈에는 자갈밭과 나지막한 오리나무 숲이 있다. 골짜기 양편으로 숲이 가파르게 치고 올라와 나무 없는 초원과 맞닿아 있다. 골짜기 깊은 곳으로부터 꼭대기에

빙하가 덮인 산이 솟아올라 당신을 마주보고 있는데, 지금 그 부드러운 눈 벌판과 가장자리가 선명한 바위에 부드러운 장밋빛 노을이 물들어 있다. 맑고, 푸르고, 투명한 하늘을 배경으로 모든 윤곽이 놀라울 정도로 선명하다.

일반적으로 보는 방식에 따르면, 당신이 지금 보고 있는 모든 것은, 약간의 변화가 있기는 하였지만, 수천 년 동안 당신 앞에 있었다. 시간이 흐르면——그렇게 길지 않은 시간이다——당신이라는 존재는 사라질 것이지만, 숲과 바위와 하늘은 당신 뒤에도 수천 년 동안 변함없이 계속될 것이다.

갑자기 당신을 무(無)로부터 잠깐 불러내 당신에게 전혀 관심없는 광경을 보여주는 것은 무엇인가? 당신이라는 존재의 조건들은 바위들과 마찬가지로 오래된 것이다. 수천 년 동안 남자들은 노력하고, 고생하고, 아이를 임신시켰고, 여자들은 고통을 겪으며 아이를 낳았다. 어쩌면 100년 전에도 다른 사람이 이 자리에 앉아 있었을지 모른다. 당신과 마찬가지로 그 사람도 빙하 위에서 죽어가는 빛을 보며 마음에 경외감과 갈망을 느꼈다. 당신과 마찬가지로 그도 남자와 여자 사이에서 태어났다. 그도 당신처럼 고통을 느꼈고 잠깐씩 기쁨을 맛보았다. 그가 다른 사람이었을까? 그 사람도 당신 자신 아니었을까? 당신의 이 '자아'라는 것은 무엇인가? 이번에 그것이 당신에게, 다른 사람 아닌 당신에게 들어가도록 하기 위한 필수적인 조건은 무엇인가? 방금 말한 "다른 사람"이 어떤 분명하게 이해할 수 있는 과학적 의미를 가질 수 있을까? 만일 지금 당신의 어머니인 여자가 다른 사람과 함께 살아 그 남자에게서 아들을 낳았고, 당신 아버지도 다른 여자에게서 아들을 낳았다면, 당신은 존재할 수 있었을까? 아니면 당신은 그들 안에, 당신의 아버지의 아버지 안에…… 수천 년 전부터 살고 있었을까? 그렇다고 하더라도, 왜 당신은 당신의 형이 아니고, 당신의 형은 당신이 아닐까? 왜 당신은 당신의 먼 친척 가운데 하나가 아닐까? 객관적으로 존재하는 것은 똑같은데 당신이 고집스럽게 이런 차이——당신과 다른 사람 사이의 차이——를 발견하는 것은 어떻게 정당화될 수 있을까?

이런 식으로 바라보고 생각하다 보면 갑자기 순간적으로 『베단타(*Vedanta*)』에 나오는 기초적인 확신의 심오한 정당성을 깨닫게 될지도 모른다. 당신이 당신 자신이라고 부르는 이 지식, 감정, 선택의 통일체가 그리 멀지 않은 과거의 어느 주어진 순간에 무로부터 생겨났다는 것은 불가능하다는 것이다. 오히려 이 지식, 감정, 선택은 본질적으로 영원하고 불변이며, 수로 보자면 모든 인간, 아니, 감수성을 가진 모든 존재 안에 하나라는 것이다. 그러나

스피노자의 범신론에서처럼 당신이 영원하고 무한한 존재의 한 부분, 한 조각이라거나, 그것의 한 측면 또는 변용이라는 의미는 아니다. 그렇게 되면 똑같은 당혹스러운 질문에 부딪히기 때문이다. 당신은 어느 부분, 어느 측면인가? 객관적으로 무엇이 그 부분을 다른 부분들과 다르게 만드는가? 따라서 그런 의미가 아니고, 일반적인 이성으로는 생각하기 힘든 것이지만, 당신——그리고 다른 모든 의식적 존재들——은 전부이다. 따라서 당신이 살고 있는 이 삶은 단지 전체 존재의 한 조각이 아니라, 어떤 의미에서는 전체이다. 단지 이 전체는 한눈에 보일 수 있도록 구성되어 있지 않을 뿐이다. 우리가 아는 대로, 이것이 브라만들이 그 거룩하고 신비한 공식, 그러나 사실 아주 간단하고 아주 분명한 공식으로 표현하는 것이다. 타트 트밤 아시(Tat tvam asi), 이것이 당신이다. 또는 이렇게 표현하기도 한다. "나는 동쪽에 있고 서쪽에 있다, 나는 아래 있고 위에 있다. 나는 이 온세상이다."[57]

쇼펜하우어의 모순어법에 의한 말, "만물은 그 나름의 방식으로 온 세상이다" 역시 신비의 이와 똑같은 초월적 의미를 가리키고 있다. 쿠자누스의 원도 마찬가지이다. 그노시스파의 『도마의 복음서』에 나오는 예수의 말도 마찬가지이다. "나무 한 조각을 쪼개라, 나는 거기 있다."[58] 이것이야말로 모든 형이상학적 담론의 기초를 이루는 통찰이며, 그것은 오직 이름과 형상, 신의 가면들이 해체되는 순간에만 즉시 알 수 있다——그러나 각자만이 알 수 있는 방식으로 그런 것이다. 인도의 『리그 베다(Ṛg Veda)』는 말한다. "진리는 하나이다. 현자들이 그것을 여러 이름으로 부를 뿐이다."[59]

그러나 '무적의 학자' 오컴의 윌리엄이 보여주고, 칸트가 확인하고, 헨리 애덤스가 회고하였듯이, 통일 자체의 범주 또는 이름은 정신에 속한 것이지, 어떤 상정된 물질, 사람, 가득 차거나 텅 빈 공허, "존재의 근거"에 속한 것일 수가 없다. 사실 "존재"라는 말 자체가 이름에 불과하다. "비존재"도 마찬가지이다.

따라서 암시에 의하여 자신의 말과 자기 자신과 자신이 알거나 말할 수 있는 모든 것을 넘어선 지점을 가리키지 않고, 누가 당신이나 나한테 "신"의 존재나 비존재에 대해서 말할 수 있을 것인가?

## 2. 우주론적 전망

신화의 두번째 기능은 우주론, 즉 우주의 이미지를 제공하는 것인데, 물론 오늘날 우리는 이것을 위해서는 모두 과학으로 고개를 돌리지 낡은 종교적 텍스트를 뒤적이지는 않는다. 여기서는 근대 우주의 이미지 변화에서 나타나는 주요한 위기들을 아주 짧게, 가장 기본적인 것만 검토해도 앞으로 신화창조적 상상력이 인식하고 전유하고 동화해야 할 사실 세계를 떠올려볼 수 있을 것이다.

먼저 1492년에 콜럼버스의 혁명이 있었다. 단테는 낙원을 연옥의 산꼭대기에 올려놓았는데, 그의 세기 사람들은 연옥이 남반구 전체를 덮고 있는 상상의 대양 한가운데 자리 잡고 있다고 생각하였다. 콜럼버스도 처음에 이 신화적인 관념을 공유하였다. 그의 글을 보면 지구는 "배(pear)처럼 생겼는데, 한쪽은 둥글지만 줄기가 나오는 다른 쪽은 타원형으로 길쭉하다"고 되어 있다. 또는 "아주 동그란 공과 같은데, 한 부분에는 여자의 젖꼭지 같은 돌출부가 있다"고 말하기도 하였다. 콜럼버스는 그 돌출부를 남쪽에서 찾을 수 있다고 생각하였다. 세번째 항해에서 북쪽으로 갈 때 남쪽으로 갈 때보다 속도가 더 빨라지자, 내리막길을 타기 시작했다고 믿기도 하였다. 그가 이런 잘못된 생각에 더 큰 확신을 가지게 된 것은, 그로부터 몇 주 전, 남쪽을 항해하다가 트리니다드 섬과 남아메리카 본토 사이를 지날 때 막강한 오리노코강으로부터 엄청난 양의 민물이 바다로 쏟아져 들어왔기 때문이다. 강과 바다가 만나는 곳에서는 "천둥 같은 포효"가 들렸다. 높은 파도 때문에 그의 작은 배들이 거의 난파할 뻔하기도 하였는데, 콜럼버스는 그런 엄청난 양의 민물은 낙원에 있는 네 강 가운데 한 곳에서 나오는 것일 수밖에 없다고 확신하였다. 마침내 배의 줄기 끝에 이르렀다고 믿은 것이다. 따라서 북쪽으로 간다는 것은 곧 낙원을 떠나는 것이었다.[60]

그로부터 불과 200년 전에 아퀴나스는 아담과 하와가 추방당하였던 낙원의 동산이 이 물리적인 지구의 한 지역이며, 아직도 어디에선가 찾을 수 있다는 것을 합리적 논증으로 보여주려고 하였다. 그는 이렇게 썼다. "낙원은 산, 바다, 뜨거운 지역에 의하여 거주 가능한 세계로부터 차단되어 있으며, 그 장애물은 건널 수 없다. 따라서 지지(地誌)에 대하여 쓴 사람도 그곳에 대해서는 아무런 언급을 하지 않는다."[61] 550년 전에 가경자 베데는 분별력 있게도 낙원은 물리적인 장소일 리 없고, 전적으로 영적인 곳이 틀림없다고 주장하였다.[62] 그러나 아우구스티누스는 이미 그런 생각을 거부하고, 낙원은 영적인 동시에 물리적인 장소라고 주장하였다.[63] 아퀴나스는 아우구스티누스의 견해를 고수하였다. 콜럼버스는 자신이 지상의 낙원만이 아니라 하늘의 낙원에 대한 모든 이미지를 곧 말살해버리게 될 일련의 잠재적 타격 가운데 첫번째 타격을 가하였다는 사실을 모르고 죽었다. 1497년 바스코 다 가마는 남아프리카를 돌았으며, 1520년 마젤란은 남아메리카를 돌았다. 바다의 뜨거운 지역을 건넜지만, 낙원은 발견되지 않았다.

 1543년 코페르니쿠스는 태양중심적 우주에 대한 해설을 발표하였으며, 약 60년 뒤, 우리가 이미 보았듯이, 갈릴레오는 망원경으로 하늘을 조사하기 시작하였다. 우리가 또 보았듯이, 이것은 곧 성서와는 반대되는 새로운 우주론에 대한 유죄 선고를 낳았다. 그러나 그것은 '천구들의 음악'(〈그림 13〉)이라는 헬레니즘의 시적인 이미지와도 대립하는 것이었다. '천구들의 음악' 역시 지금은 코페르니쿠스 이전 동양이나 서양의 우주론의 다른 모든 특징과 마찬가지로 전적으로 심리적인 맥락에서만 해석되어야 한다. 대-중-소 우주의 본질적이고 분명한 조화라는 고대 신화의 관념은 해체되었다. 우주론, 사회학, 심리학은 각기 다른 질서에 속해 있으며, 따라서 "신의 보이지 않는 것들"——모든 사물을 제자리에 잡아두는 구조화적인 형상들——을 "만들어진 사물들" 속에 드러나게 하는 성직자 예술에 대한 고대의 개념도 사라져버렸다. 아난다 K. 쿠마라스와미(Ananda K. Coomaraswamy)는 이렇게 썼다.

 자신의 집을 "안에 들어가 사는 기계"라고만 생각하는 사람들은 신석기 시대 사람의 관점에 의거하여 자신의 관점을 판단해보아야 한다. 신석기 시대 사람들 역시 집에 살았지만, 이것은 우주론을 구현한 집이었다. 우리는 난방을 넘치도록 공급받고 있기 때문에 신석기 시대 사람들의 집이 불편하다고 생각할지도 모른다. 그러나 그는 노(爐)에서 올라가 지붕의 구멍을 통하여 사라지는 연기 기둥을 '우주의 축'과 동일시하였고, 지붕의 구멍에서 '하늘의 문'의 이미지를 보았고, 노에서 '지구의 배꼽'을 보았다. "경험적이 아닌 지식은 의미가 없다"고 보는 현재의 우리로서는 거의 이해할 수 없는 일이다. 플라톤이 "이데아"라고 불렀던 것들 대부분이 우리에게는 "미신"일 뿐이다.[64]

사실 우리는 왜 그렇게 살아서는 안 되냐고 물어보지 않을 수 없다. 플라톤의 우주와 신석기 시대에 중우주적인 작은 오두막에 살았던 사람의 우주는 우리의 우주와 마찬가지로 경험적 관찰에 기초한 것이며, 거기에 내적으로 대우주-소우주 통일이라는 관념이 보태진 것이다. 그러나 지구의 배꼽은 이제 "이 돌아가는 세계의 정지점"의 대중적 상징으로 적당치 않다. 그것은 마음 내부에서 찾아야 한다. 그리고 모든 곳에서, 모든 원자 안에서, 뿐만 아니라 어쩌면 저 바깥, 우리 은하계가 달로 보이는 어떤 상상할 수 없는 거리에서 찾아야 한다. 시인 로빈슨 제퍼스의 시구를 보자.

> 한계를 부수는 원자,
> 핵은 태양, 전자는 행성임을 알아보면서
> 기도는 하지 않고, 자신을 동등하게 하면서, 전체가 전체에게, 소우주
> 들어가지도 않고 들어오는 것을 받아들이지도 않고, 더 평등하고, 더 완전하게, 더 믿을 수 없게 접합한다
> 다른 극단과 위대함과. 동일성을 정열적으로 지각하면서……[65]

"미신"(라틴어 수페르스타레〔superstare〕는 "위에 선다"는 뜻으로 "선다"는 뜻의 스타레〔stare〕와 "위"라는 뜻의 수페르〔super〕가 합쳐진 것이다)이라는 말의 의미는 단지 "과거의 자취로서 '위에 서 있는' 어떤 것에 대한 믿음"이라는 뜻이다. 예를 들어서, 이 지구가 회전하는 평평한 판으로 위에는 돔이 덮여 있는데 그곳의 황금 문, 즉 태양문은 영원으로 통한다는 이미지는 기원전 8000년에는 "미신"이 아니었다. 이것은 당시의

육안 관찰에서 경험적으로 파생된 이미지였다. 그 이미지의 영적인 가치는 그 이미지에 내재하는 어떤 것에 담겨 있는 것이 아니라, 인간에게 우주와 일치한다는 느낌을 암시하고 그 느낌을 지탱해주는 힘에서 나온 것이다. 그러나 그러한 우주론적 이미지를 오늘날에도 문자 그대로 받아들여 고집하면, 일치가 아니라 불일치, 즉 우주의 알려진 사실들과의 불일치만이 아니라 그런 사실들을 마주하고 있는 과학이나 문명과의 불일치를 보여주게 될 것이다. 이 점은 갈릴레오의 재판이 잘 보여주었다. 우리에게 보는 방법을 가르쳐줄 사람은 오두막에서 하늘을 보는 신석기 시대의 농민도 아니고, 지거러트의 회랑에서 행성의 행로를 관찰하는 옛 수메르의 사제도 아니고, 자신들의 책의 개정판에서 인용을 하는 현대의 사제도 아니고, 오늘 날 우리 자신의 믿을 수 없을 정도로 놀라운 과학자들이다. 경이와 겸손이 영혼을 그 노로 데려다줄 가장 좋은 매체라면, 고요한 일요일 아침에 집에서 은하수들의 사진집을 놓고 제어된 명상을 하는 것이 그런 여행의 상서로운 출발이 될 것이라고 생각한다.

콜럼버스와 코페르니쿠스에 뒤이은 제3의 혁명은 뉴턴의 혁명, 즉 하늘의 기계(Machina Coelestis)의 혁명이다. 이 서곡은 이미 장 뷔리당의 운동 이론에서 발표되었다. 이 이론에서는 우주를 유지하는 지능이라는 관념이 우주에서 제거되었다. 신이 태초에 한번 잘 밀어주는 것으로 그의 지구 중심의 회전목마 전체는 운동을 하게 되었다. 갈릴레오는 1638년 라이덴(종교재판소의 풍차 날개가 미치지 못하는 곳이었다)에서 출간된 『역학과 국지적 운동에 관한 두 개의 새로운 과학에 대한 담론과 수학적 증명(Discourses and Mathematical Demonstrations concerning Two New Sciences pertaining to Mechanics and Local Motions)』에서 운동과 관성을 관정하는 법칙들에 대한 수학적으로 통제된 진술을 도입하였다. 한편 프라하에서는 요한 케플러(Johann Kepler, 1571-1630년)가 독자적으로 행성의 궤도가 원이 아니라 타원임을 증명하고, 행성들의 다양한 통과 속도를 계산하는 단일한 공식을 만들어냄으로써 우주의 구조적인 형식이 원이라는 낡은 고전적 관념을 완전히 부수어버렸다. 케플러는 이런 발견들을 1609년 화성의 기묘한 궤도에 대한 연구에 기초한 작업인

『신천문학(Astronomia nova αἰτιολογικός, seu Physica coelestis tradita commentrariis de motiobus stellae Martis)』으로 발표하였다. 그는 계산의 정확성을 바탕으로 하늘의 기계가 "단 하나의 추가 모든 기어를 움직이는 시계와 같다"고 썼다. 로렌 아이슬리(Loren Eiseley) 박사가 근대 과학의 등장을 명료하게 요약한 책『시간의 창공(The Firmament of Time)』에서 말하였듯이, 케플러의 이 시계에 아이적 뉴턴 경(Isaac Newton, 1642-1727년)은 중력의 법칙을 공식화함으로써 "단 하나의 추를 제공하였다."[66] "신은 기계의 창조자이지만, 기계는 그의 개입 없이 움직일 수 있다.…… 그러나 뉴턴은 18세기의 그의 추종자들 다수와는 달리 신앙을 유지하였다."[67]

임마누엘 칸트(1724-1804년)와 피에르 시몬 라플라스(1740-1827년)는 뉴턴이 공간에 던진 법칙을 시간 속에서 뒤로 확장하여, 이른바 우주 진화의 칸트-라플라스 이론을 제기하였다. 이것이 결국 근대 우주론 혁명에서 네번째 혁명——아마도 가장 위험한 혁명——이 된다. 이제 우주 기계의 기원이 신의 손으로 직접 만들어진 완벽한 형식을 갖춘 구조가 아니라, 자연 법칙에 의하여 회전하는 가스의 구름, 즉 성운으로부터 만들어진 침전물임이 발견되었기 때문이다. 이제 무한한 공간에는 그런 성운들이 문자 그대로 수만 개 자리 잡고 있는데, 각기 발전 정도는 다양하다. 이제 한 인격체가 (아무데도 아닌 어딘가에서) 이 전체 쇼를 만들어놓았을 과거의 어느 한 시점을 상상할 필요성도, 심지어 가능성도 없다. 사실 철학적으로 보자면 시간이 없었을 때 또는 시간이 사라졌을 때는 "시간"에 대하여 말하는 것이 허용되지 않는다. 그 자체가 시간이 아닌 시간의 전이나 후는 없다. 인과론의 원칙이 허용되어 우리가 보는 이 우주의 시간 속에서 하나의 원인을 찾아볼 수 있다면, 거기서 더 나아가 그 원인의 원인을 계속해서 영원히 거슬러 올라가는 것도 허용될 것이다. 이것은 다음과 같은 말을 하는 것으로 단순히 끝내버릴 수 있는 질문 형식이 아니다. "자, 나는 이제 지쳤으니, 여기서 질문을 그만두고 선을 하나 긋자. 그리고 그 선 너머의 텅 빈 공간을 신이라고 부르자.* 그러나 시바, 프타, 엔키, 테스카틀리포카라고 부르지는 말고, 지금 여기 있는 존재, 이른바 '살아계신 하느님', 인격을 가진 존재, 우리의 아담한 가족 성서에 나오는 존재로 부르자. 그 분은 그의 '선택된 백성'에게 토요일에는 땔감을 모으지 말라거나, 한 자리에서 버터와 고기를 함께 먹지 말라는 등의 흥미 있는 규칙들을 제시해주셨다."

대신 여기서 잠깐 며칠 전 우편으로 도착한, 요즘에 인기를 끌었던 책에서 한 구절을 인용하겠다.

우주의 기본 단위는 은하, 즉 별들의 큰 집단이다. 수백만 개의 은하가 허공에서 서로 떨어져 흐르고 있다.······ 하나의 은하에는 태어나는 별, 왕성하게 살고 있는 별, 핵 폭발을 일으키며 죽어가는 별――창조의 시작, 중간, 끝――이 모두 존재한다.

별의 이야기는 그 탄생과 더불어 시작된다.······ 먼지와 가스의 구름이 소용돌이치며 밀도가 높은 오목한 곳으로 들어가 하나나 그 이상의 중력 중심 주위에서 수축을 시작한다. 하나의 빽빽한 구름 속에 있는 여러 개의 중심은 하나의 별과 여러 행성을 낳을 수도 있고, 여러 개의 별을 낳을 수도 있고, 여러 개의 별과 여러 개의 행성을 낳을 수도 있다. 결과물이 어떻게 나오느냐는 원래의 구름의 밀도와 크기, 그 운동의 요란한 정도에 달려 있다. 천문학자들은 은하수의 나선형 팔들에 자리 잡은 가까운 성운들 속에서 수축 과정에 있는 빛나지 않는 원시성을 볼 수도 있다고 생각한다. 이 원시성들은 주위의 가스와 먼지가 깔린 덜 불투명한 지역을 배경으로 어두운 알처럼 보인다.

원시성이 수축할 때 그 중심 지역은 중력 에너지의 방출에 의해서 뜨거워진다. 흘르는 원자들이 서로 충돌하면서 내는 열이다. 결국 열이 아주 강해지면 핵심의 수소는 헬륨으로 융합하기 시작한다. 처음에 단일 원자들의 핵 융합은 자주 일어나지도 않고 큰 에너지를 방출하지도 않는다. 그러나 바깥층이 쌓이면서 그 무게에 의해서 별이 계속 수축하면 핵의 원자들은 더 빽빽하게 눌려 더 자주 융합을 일으킨다. 결국 이 원자들은 별의 안으로 끌어당기는 중력에 반작용을 일으킬 만큼 밖으로 밀어내는 힘을 행사하게 된다. 그 순간에 조정은 끝이 나고, 별은 안정되고 성숙된 상태에 이른다······.

---

* 433쪽 참조.

그러나 시간이 지나면——뜨겁고 파랗고 중력이 강하고 빨리 타는 별일 경우에는 수천 년 뒤, 온화하고 노랗고 태양 크기이고 적당히 타오르는 별일 경우에는 수십억 년 뒤, 차갑고 빨갛고 가볍고 천천히 타는 별일 경우에는 수천억 년 뒤——별은 원래 지니고 있던 수소의 10퍼센트 정도를 소비하고, 지나치게 밝아지고 비정상적으로 커지기 시작한다. 태양이 지금 이 시점에 다가가고 있으나, 그래도 30억 년 내지 50억 년은 기다려야 할 것으로 보인다…….

별 진화의 대략적인 법칙은 작게 출발할수록 오래간다는 것이다. 그러나 가장 작은 별이라고 할지라도 결국에는 아주 아껴 써온 비축 에너지를 다 소비하게 될 것이다.…… 지금까지 우리 은하계에서 가장 먼저 죽은 가장 큰 초거성들조차 아직 완전히 식지는 않아서 에너지가 남아 있다. 그러나 결국 마지막으로 꺼져가는 유령 같은 하얀 왜성들은 우주의 냉기에 굴복을 할 것이다. 이 별들은 하나씩 우리 은하계로부터 저 너머 우주의 다른, 멀어져가는 은하들로 뻗어 있는 허공처럼 어두워지고 차가워질 것이다.[68]

아이슬리 박사는 다섯번째 혁명을 스코틀랜드 지질학자 제임스 허튼(James Hutton, 1726-1797년)의 이름을 따서 허튼 혁명이라고 불렀다. 1785년 에딘버러 왕립학회에 발표된 허튼의 글은『지구의 이론, 또는 지구 위의 땅의 구성, 해체, 복원에서 관찰할 수 있는 법칙들에 대한 연구(Theory ot the Earth, or an Investigation of the Laws Observable in the Composition, Dissolution and Restoration of Land upon the Golbe)』로, 살아계신 하느님이 기원전 4004년 무로부터 만들었다고 이야기되어온 이 지구의 형성 방식에 대한 질문을 끄집어낸다. 허튼의 견해에 따르면 지구 표면의 바위들은 대체로 더 오래된 바위의 가루로부터 형성되었다. 이 재료들은 바다 밑에 놓여 있어서 큰 압력을 받다가 지하의 열의 힘에 의하여 위로 올라왔으며, 이 상승 기간 동안 녹은 바위의 암맥과 덩어리가 단층이 진 층들의 틈으로 주입되었다. 위로 올라온 땅은 대기에 노출되어 다시 부식이 시작되었다. 이 가루는 다시 바다 바닥으로 쓸려가고, 다시 주기가 반복된다——『피네건의 경야』에서처럼 말이다.

성서의 짧은 연대기와 갈등을 일으키는 이 점진적 변화 이론에 대항하여 이와 반대되는 갑작스러운 격변이라는 개념이 등장하여 강력한 주장을 펼쳤다. 괴테는 『파우스트』 제2부의 제2막(「고전적인 발푸르기스나흐트」)에서 두 대립하는 관점을 익살맞게 대립시킨다. 그리스 철학자 탈레스는 점진론자——이른바 "넵튜니스트(Neptunists)"——를 대표하고, 아낙사고라스는 "불카니스트(Vulcanists)"의 격변론을 대표한다. 그러나 괴테는 희극적인 제2의 주인공 호문쿨루스(파우스트의 연금술로 태어나 여전히 〈그림 43〉의 바스 헤르메티쿰(vas Hermeticum)에 갇혀 있다)를 탈레스에게 맡겨, 융합을 통하여 이 진화하는 세계의 살아 있고 양육하는 물에 통합시켜달라고 함으로써 앞의 견해를 선호함을 보여준다.[69]

괴테와 같은 시대 인물이 프랑스의 위대한 자연주의자 조르쥬 레오폴드 크레티앵 프레데릭 다고베르 퀴비에 남작(1769-1832년)은 "현재 그 유해가 일반적인 바위층에 박힌 채 발견되는 커다란 네발짐승 가운데 현재 우리가 알고 있는 종과 닮은 것은 하나도 없다"는 것을 관찰하였으며, 신의 계획에 따른 홍수와 다른 격변이 갑작스러운 단계들을 통하여 인간을 향한 진보를 초래하였다고 주장하였다. 이후의 형태가 생물학적으로 이전 형태로부터 진화한 것은 아니지만, 각각의 멸종 뒤에는 더 높은 수준에서 형태들의 재창조가 일어났으며, 그것은 신의 마음속에 있던 플라톤적 이데아들로부터 나온 것이었다.[70] 다윈과 같은 시대 인물로 위대한 스위스계 미국인이었던 장 루이 루돌프 아가시(1807-1873년)는 창조의 연속이라는 관념을 유지하였으나, 이것은 이미 찰스 라이엘(1794-1875년)에 의해서 도전을 받았다. 라이엘은 유명한 『지질학의 원칙들(Principles of Geology)』(1830)에서 "통과층"을 확인하였으며, 보편적 격변이 아니라 국지적 변화라는 허튼의 이론을 지지하는 이론을 통해서 무한한 시간에 걸친 해안선의 융기와 하강, 강의 점진적 융기 등 지구의 변화를 설명하였다.[71] 이렇게 해서 여섯번째 큰 혁명이 준비되었으며, 이 혁명에는 찰스 다윈(Charles Darwin, 1809-1882년)의 이름이 따라붙게 된다.

레오나르도 다 빈치(Leonardo da Vinci, 1452-1519년)의 공책을 보면 이미 유기적 진화의 일반 이론이 예고되고 있다. 다 빈치는 비교 해부학을 통하여 사람과 "비비, 원숭이 등 사람과 거의 같은 종에 속하는" 것들 사이의 상동 구조를 연구하고 있다.[72] 괴테는 1786년 예나에서 고등 포유류, 원숭이, 인간의 위턱뼈 사이에 있는 뼈에 대한 유명한 논문을 발표하였다. 1790년에는 식물의 변형에 대한 더 긴 논문을 발표하였다. 그는 첫번째 논문을 소개하는 강연에서 이렇게 말하였다. "다양한 동물, 특히 고등 종들이 닮은 것은 금방 눈에 띄며 사람들이 말은 하지 않지만 일반적으로 인식하고 있다.…… 고등의 자연 유기체들——이들 가운데는 어류, 양서류, 조류, 포유류 등이 들어가며, 포유류 가운데 가장 높은 것이 인류이다——은 모두 단순한 패턴을 따라 이루어졌으며, 대체로 여러 부분에서만 다를 뿐이고, 지금도 생식을 통하여 변화하고 발전하고 있다."[73] 식물의 형태학에 대한 작업에서는 지속적인 변화라는 이 주제를 더 밀고나간다.

우리가 어떤 형식을 관찰하든 간에, 더군다나 유기적 형체에서는, 어디에서도 지속적이고 안정되고 완성된 것을 볼 수 없으며, 모든 것이 끊임없이 운동하고 있음을 알게 된다.…… 나아가서 살아 있는 것은 어떤 것도 하나의 단위가 아니라, 복수 상태이다. 겉으로는 하나의 개체로 보이지만, 살아 있는 독립된 것들의 집합체이며, 관념과 잠재력에서는 똑같지만, 외양에서는 똑같거나 동등할 수도 있고, 다르고 다양할 수도 있다. 이 실체들은 처음에는 함께 뭉쳐 있으며, 때로는 서로를 찾아 연결되기도 한다. 그들은 나뉘었다가 다시 서로를 찾는다. 이렇게 해서 모든 방법과 모든 방향으로 끝없는 생산의 과정을 만들어낸다.

생물이 불완전할수록 그 부분들은 똑같거나 동등하고, 따라서 전체를 닮는다. 완전할수록 부분들은 달라진다. 전자의 경우 전체는 대체로 부분과 비슷하고, 후자의 경우 전체는 부분과 다르다. 부분들이 비슷해질수록 하나의 부분은 다른 부분에 덜 종속적이다. 부분들의 종속은 좀더 발전한 생물의 속성이다……

가장 덜 발전한 단계의 식물이나 동물을 비교해보면, 서로 구별하기가 어렵다. 고정되었거나 움직이거나 반쯤 움직이는 생명의 점이 하나 있을 뿐, 우리 감각으로는 지각하기가 어렵다. 어느 쪽으로든 발전할 수 있는 그러한 최초의 시작은 빛에 의하여 식물의 상태에 이르게 될지 아니면 어둠에 의하여 동물의 상태에 이르게 될지, 주위에 비슷한 사례가 있어 알지 못한다면 결정을 내릴 수가 없다. 그러나 이 정도는 이야기할 수 있다. 시간이 지나 원래의 거의 구별할 수 없는 조건으로부터 점차 발전하는 생물은 한편으로는 식물로서 또 다른 한편으로는 동물로서 두 방향으로 자신을 완성해가며, 그렇게 해서 식물은 나무라는 지속적이고 고정된 형태로 영광에 이르고, 동물은 인간이라는 최고의 이동성과 자유라는 형태로 영광에 이른다.[74]

이것으로 신의 마음에 있는 것이든 자연의 질서 속에 있는 것이든, 고정된 종이라는 오랜 관념은 넘어서게 되며, 진화중인 생명이라는 원리가 도입된다. 그 과정의 정확한 조건을 결정하고 규정하는 일만 남은 셈이다.

우주 과학에서 일곱번째 큰 혁명은 20세기초 무렵으로 거슬러 올라간다. 이 무렵 한편으로는 원자의 껍질을 뚫고 들어가 악마들이 맴을 도는 안의 우주가 드러났고, 다른 한편으로는 1887년 마이컬슨-몰리 실험의 철학적으로 엄청난 의미가 1905년 아인슈타인의 상대성의 기본적인 명제에 대한 공식화를 통해서 입증되었다. "자연의 성격상 어떤 실험으로도 절대적 운동을 결정할 수 없다." 1901년 방사능 법칙의 양자 이론을 제안함으로써 물리학 분야에서 뉴턴적 원리의 지배를 깬 사람은 베를린 대학의 막스 플랑크(1858-1947년)였다.[75] 그러자 1911년에 어니스트 러더퍼드 경(1871-1937년)은 원자는 단단한 공이 아니라 거의 텅 빈 에너지들의 우주임을 보여주었으며, 1913년 영국에서 연구중이던 덴마크인 닐스 보어(1885-1962년)는 러더퍼드 원자의 활동 구조를 규정하는 데 플랑크의 양자 이론을 응용하였다. 그 다음부터 어떤 일이 벌어졌는지는 우리 모두 잘 알고 있다. 헨리 애덤스는 1905년 1월 17일 진+ 헨리 오스본 테일러에게 보낸 편지에서 그런 상황을 예견하였다.

중세 인간 사고의 특징이었던 통일에 대한 가정은 복잡성의 증거들에게 아주 천천히 자리를 내주고 밀렸습니다. 라듐 앞에서 과학이 정신을 못 차리는 것이 그런 증거입니다. 그러나 내가 곰곰히 따져보니, 1600년 이래 나타난 발전의 가속도를 보면 완전히 뒤집어지는 데 100년이 걸리지 않을 것입니다. 그럴 경우 이론이나 선험적 원리로서의 법칙은 사라지고, 그 자리에 힘이 들어설 것입니다. 도덕성은 경찰이 될 것입니다. 폭약은 우주적 폭력에 이를 것입니다. 해체가 통합을 넘어설 것입니다.[76]

어떤 사람들은 악마가 승리를 거두었고, 사탄의 덫에 걸린 파우스트는 이제 자신의 과학을 통하여 종말을 맞이할 준비를 갖추었다고 말할지도 모르겠다. 그러나 여기와 지금에 관한 한(그리고, 우리가 여전히 여기 있는 한), 신화의 첫번째 기능──이름과 형상을 넘어선 궁극적 신비, "말이 등을 돌리는" 신비 앞에서 경외감, 겸손, 존중심을 일깨우는 것──은 두번째 기능을 지닌 이런 과학들 하나하나가 주로 담당해왔다고 할 수 있다. 두번째 기능이란 공간이나 시간적인 측면에서 본 것이든, 물리적이거나 생물학적 측면에서 본 것이든 우주론, 이 경이의 우주의 이미지를 제공하는 것이다. 홀로 절대적인 미지의 것과 마주하기를 두려워하는 사람들이 '발견된 진리'를 단번에 확실히 소유하였다는 확신을 가질 수 있도록 편안하게 뒷받침해줄 수 있는 확실성, 권위의 반석은 이제 어디에도 없는 셈이다.

### 3. 사회적 전망

신화의 세번째 전통적인 기능, 즉 기존 질서의 정당화와 옹호와 관련된 도덕적, 사회적 영역에서도 상황이 더 편하지는 않다. 고인이 된 존 듀이(John Dewey, 1859-1952년)의 말을 들어보자.

> 기독교는 절대적인 불변의 '존재'와 지리에 대한 고정된 계시를 제공하였다. 이 계시는 정교하게 다듬어져 삶의 방향을 향한 분명한 규칙과 목적들의 체계로 정리되었다. 따라서 "도덕"은 언제 어디에서나 똑같은 법칙들을 모은 법전으로 여겨졌다. 훌륭한 삶은 고정된 원칙들을 흔들리지 않고 고수하며 사는 삶이었다.
> 자연과학의 모든 분야에서 두드러진 사실은 그런 믿음들과는 반대로 존재하는 것은 과정 속에, 변화 속에 있다는 것이다…….
> 빅토리아 여왕 시대에는 새로운 조건이란 우리에게 오래된 이상들을 실현할 수 있는 효과적인 도구가 쥐어지는 것이라고 생각하였다. 현재의 특징

인 충격과 불확실성은 오래된 이상들 자체가 훼손되었다는 것을 발견하는 것과 더불어 찾아왔다. 과학과 기술은 그 이상들을 실현할 더 나은 수단을 제공한 것이 아니라, 크고 보편적인 모든 믿음과 목적에 대한 우리의 확신을 흔들고 있다.

그러나 이러한 현상은 과도적이다. 새로운 힘들의 충격은 당분간은 부정적이다. 서구 문명이 고백해온 거룩한 창조자 및 권위에 대한 믿음, 영혼과 그 운명, 고정된 계시, 완전하게 안정된 제도, 자동적인 진보 등에 대한 상속받은 관념을 서구 세계의 교화된 정신은 이제 받아들일 수 없게 되었다. 그 결과가 조직과 방향의 중심이 되어온 모든 근본적인 관념들에 대한 믿음의 붕괴라는 것은 심리적으로 당연하다. 회의주의는 교육받은 정신의 특징, 심지어 자세가 되었다. 이제 이런 회의주의는 낡은 신조 가운데 이러저런 조항에 대한 회의가 아니라, 모든 종류의 거대한 관념에 대항하는 편견이며, 그런 관념이 일을 지적으로 처리하는 데 체계적으로 참여하는 것을 부정하는 것이기 때문에 더욱 영향력이 크다.

과학과 기술의 맥락에서 틀이 잡힌 철저한 경험 철학이 의미를 가지는 것도 이런 맥락에서이다…….

경험 철학은 사회적이고 도덕적인 존재들이 물리적인 존재들과 마찬가지로 모호하기는 하나 끊임없는 변화 과정에 있다는 사실을 전적으로 수용한다. 필연적으로 수정이 이루어진다는 사실을 덮으려고 하지 않으며, 얼마나 변화가 발생할지 고정된 한계를 정하려 하지 않는다. 경험 철학은 고정된 어떤 것에 닻을 내려 안정성을 확보하려고 하는 헛된 노력 대신, 진행중인 변화의 성격을 결정하고, 우리에게 가장 중요한 일에서 그 변화들에 지적인 방향성의 어떤 척도를 제공하려고 노력한다…….[77]

고정성의 사고가 지배하는 곳에서는 모든 것을 포괄하는 통일성의 사고도 지배한다. 대중적인 생명 철학은 모든 것을 포괄하는 그런 통일성을 얻고자 하는 욕망으로 가득하며, 형식 철학들은 그 욕망을 지적으로 충족시키는 일에 헌신해왔다. 대중적인 사고에서 삶의 단 하나뿐인 의미, 우주의 단 하나뿐인 목적을 찾는 일이 어떤 자리를 차지하였는지 생각해보라. 단일한 목적을 찾는 사람들은 자신의 개인적인 욕망과 전통에 따라 그런 목표에 대한 관념을 형성하거나, 아니면 그런 단일한 통일성을 찾지 못할 경우, 절망하여 포기하고 삶의 에피소드들에는 진정한 의미나 가치가 없다고 결론을 내린다.

그러나 대안이 없는 것은 아니다. 의미가 전혀 없거나, 아니면 모든 것을 포괄하는 단 하나의 의미가 있다는 식으로 생각을 할 필요는 없다. 우리가 직면하는 상황들 속에는 많은 의미와 많은 목적이 있다. 말하자면 각각의 상황마다 하나씩 의미와 목적이 있다. 각각의 상황은 그 나름으로 사고와 노력에 대한 도전이며, 그 나름의 잠재적 가치를 가진다.[78]

요약해보자. 개인은 이제 자기 혼자이다. "모두 진실이 아니다! 무엇이든지 허용된다!"(니체).[79] "무엇을 해라!" 하고 명령하던 용은 죽었다. 우리 모두에게 마찬가지이다. 거기에 위험이 있다! 안포르타스 역시 그 자신의 행위, 자신의 덕목 없이 권좌에 앉았다. '세계 중심의 주'는 쿠자누스가 알고 있었던 대로 각자 안에 있다. 보살의 머리에 달린, 가장자리가 날카로운 바퀴는 돌아가면서 고통을 준다. 누가 그것을 견딜까? 누가 그것을 가시관이 아니라 월계관으로 알고, 우리 자신의 오르겔루제로 알고 견디라고 가르칠 수 있을까?

〔니체는 쓰고 있다.〕"왜?"라는 니힐리스트의 질문은 외부, 즉 어떤 초인간적 권위로부터 주어져 그의 앞에 놓이는 목적을 기대하던 이전 습관의 산물이다. 그런 것을 믿지 말라고 배워도 습관 때문에 똑같이 행동한다. 무조건적으로 말을 할 수 있고, 명령에 의하여 목표와 과제를 제시할 또 다른 권위를 찾는다. 인격적 권위에 대한 보상으로 처음 나타나는 것은 양심의 권위(도덕성은 신학으로부터 해방될수록 더 강제적이 된다)이다. 또는 이성의 권위. 또는 사회적 본능(집단)의 권위. 또는 내재적인 정신이 들어 있어 그 나름의 목표가 있고, 여기에 사람이 자신을 바칠 수 있는 역사. 사람들은 어떻게 해서라도 의지를 가지고, 목표를 바라는 것, 자기 자신을 위하여 목표를 세우는 것을 피하고 싶어한다. 책임을 피하고 싶어한다(──숙명론을 받아들인다). 마지막으로 행복. 어느 정도의 위선이 있는 다수의 행복.

사람들은 자신에게 말한다. 1. 분명한 목표는 불필요하고, 2. 예측할 수 없다.

따라서 가장 높은 힘을 가진 '의지'가 가장 절실하게 필요한 때에, 전체가 되려는 의지의 조직적 힘에 대한 절대적 불신 때문에 의지는 가장 약하고 가장 소심해진다……

니힐리즘에는 두 가지 얼굴이 있다.
A. 정신의 고양된 힘의 표시로서의 니힐리즘 : 능동적 니힐리즘.
B. 정신의 힘의 쇠퇴와 퇴보의 표시로서의 니힐리즘 : 수동적 니힐리즘.
이전의 가치들을 재평가하지 않고 니힐리즘으로부터 탈출하려 하는 것은 탈출의 대립물을 불러올 뿐이다. 즉 문제의 첨예화이다.[80]

### 4. 심리적 영역

이렇게 해서 우리는 확실하게 제대로 된 신화의 네번째 영역, 네번째 기능에 이르렀다. 그것은 개인의 중심 잡기와 조화 이루기인데, 전통적 체계에서는 니체가 위에서 거명한 권위들 가운데 이것이나 저것에 자신을 내어줄 때, 심지어 자신을 완전히 포기하고 내맡길 때 찾아온다고 말한다. 현대 세계에도 이런 반동적인 체계의 잔존물이 가득한데, 그 가운데도 오늘날 가장 막강한 것은 여전히 레반트의 사회 질서이다. 그러나 로렌 아이슬리는 이렇게 말한다. "개인 윤리와 구별되는 집단 윤리는 얼굴이 없고 모호하다. 지도자들이 마음대로 그 의미를 규정해버릴 수 있다. 이것은 순진한 사람들을 파멸로 몰고가면서도, 미래를 앞세워 그 행동을 정당화한다."[81] 그러나 그가 곧이어 지적하듯이(그러한 경고가 불필요하다고 느끼는 사람도 있을 것이다) 미래는 실현을 구할 곳이 아니다. "세속화된 진보, 오직 다음 발명만을 기다리는 진보, 정신에서 생각을 끄집어내고 대신 무책임한 구호만 집어넣는 진보는 절대 진보가 아니다. 그것은 이 세대가 비틀거리며 걷고 있는 사막에서 어서 오라고 손짓하는 신기루이다. 인간, 즉 각각의 개인은 그 자신의 영혼[쇼펜하우어의 '예지적 성격']을 소유하고 있으며, 그 빛에 의해서 죽거나 살아야 한다. 미래로부터 유토피아——또는 잃어버린 에덴 동산——를 끌어내어 인간에게 제시하는 것은 불가능하다. 인간도 그런 운명을 향해서 전진할 수는 없다. 시간의 세계에서 모든 사람은 한번의 삶을 살기 때문에, 자기 자신 안에서 에덴 동산의 비밀을 찾아내야 한다."[82]

# 제10장 지상 낙원

## 1. 모든 신은 당신 안에

하인리히 침머(Heinrich Zimmer)는 1942년 인도 철학 강의를 개강하면서 이렇게 말하였다.

우리 서양인들은 이제 인도의 사상가들이 기원전 700년 전쯤 이르렀던 교차로에 도착하려는 참이다. 바로 이 이유 때문에 서양인들은 동양의 지혜의 개념과 이미지를 만나면 당황하는 동시에 자극을 받고, 불편해하는 동시에 관심을 가지게 된다. 이 교차로는 모든 문명에 속한 사람들이 종교적 경험과 관련된 그들의 능력과 요구에 의거하여 전형적인 발전 경로를 따라가다 보면 마주치는 것인데, 인도의 가르침을 보면 그때의 문제들이 무엇인지 깨닫지 않을 수 없다. 그렇다고 인도의 해법을 그대로 가져올 수 있는 것은 아니다. 우리는 우리 자신의 길로 새로운 시기로 들어가야 하며, 우리 스스로 그 문제들을 풀어야 한다. 진리, 즉 실재의 광채는 보편적으로 하나이지만, 반사되는 매체에 따라 다양하게 반영되기 때문이다. 진리는 그 상징들을 조각하는 살아 있는 재료에 따라, 지역과 시대마다 다르게 나타난다.

개념과 말은 상징이고, 비전, 제의, 이미지도 마찬가지이다. 일상 생활의 예절과 관습도 그렇다. 이 모든 것을 통하여 하나의 초월적 실재가 반영되고 있다. 이것은 여러 가지로 표현되고 있지만 사실 말로는 표현할 수 없는 어떤 것, 다양한 형태로 제공되기는 하지만 사실 측량할 길 없는 어떤 것을 반영하고 함축하는 은유들이다. 상징은 마음을 진리에 붙들어매기는 하지만, 그 자체가 진리는 아니며, 따라서 상징을 빌려오는 것은 미혹을 일으킬 수 있다. 모든 문명, 모든 시대는 자신의 것을 내놓아야 한다.

따라서 우리 역시 우리 자신의 경험이라는 어려운 길을 따라가면서, 우리 자신의 반응을 만들어내고, 우리의 수난과 깨달음을 받아들여야 한다. 그래야만 우리가 표현하는 진리가 어머니가 낳은 자식처럼 우리의 살과 피가 될 것이다. 또한 아버지를 사랑하는 어머니처럼 아버지를 닮은 자식에게 당연히 기쁨을 느낄 것이다. 말로 표현할 수 없는 씨앗은, 그것이 어머니를 다시 태어나게 해주는 진정한 자식이 되려면, 잉태되고 성장하여 우리 자신의 내용물로부터 우리의 피를 먹고 태어나야 한다. 그렇게 해야만 아버지, 즉 '초월적 원리'도 다시 태어날 수 있다. 즉 비표현, 비활동, 또 언뜻 비존재로 보이는 상태에서 구해낼 수 있다. 우리는 신을 빌릴 수 없다. 우리 자신의 내부로부터 신의 새로운 육화를 이루어내야 한다. 신성(神性)은 어떻게 해서든 우리 자신을 내용으로 하는 물질로 내려와서 이 독특한 삶의 과정에 참여해야 한다.[1]

세계의 신화들에 대한 우리 연구가 드러냈듯이, 전통적으로 '신'과 인간 사이——또는 신들과 인간들 사이, 신성과 자연 사이——의 절대적인 존재론적 구별이라는 관념은 기원전 2500년전 셈족의 초기 왕들의 시기에 근동, 특히 아카드에서 중요한 사회적, 심리적 힘이 되었다. 그 이전 신석기와 청동기에는 우주의 '어머니 여신'의 신화들이 자리를 잡고 있었는데, 신들과 인간, 식물, 동물, 생명 없는 물체 가릴 것 없이 만유가 이 여신에게서 그 존재를 얻고 있으며, 이 여신의 우주적 몸 자체가 모든 경험, 모든 지식을 가두어두는 시공간의 테두리 영역이기도 하였다. 그러나 그 지역에서 이 신화들은 억압을 당하고 옆으로 밀려났으며, 대신 벼락을 던지는 전사 신들의 남성 지향적이고 가부장적인 신화들이 들어섰고, 1,000년이 흘러 기원전 1500년경이 되자 이들이 근동의 지배적인 신들이 되었다. 북쪽으로부터 아나톨리아, 그리스, 에게 제도, 또 서쪽으로 대서양까지 밀고 내려오는 아리아인 전사 유목민 역시 그 관습이 가부장적이었으며, 천둥과 전쟁의 신들을 섬겼다. 그러나 이들은 셈족과는 달리 조상의 부족신들을 자연의 신들보다 우위에 올려놓은 적도 없고, 신성을 자연과 구별한 적도 없다. 반면 셈족의 고향인 사막에는 자연——'어머니 자연'——이 줄 것이 거의 또는 전혀 없었으며, 삶은 주로 집단의 질서와 유대에 달려 있었다. 따라서 모든 신앙은 지역에서 부족의 수호자-아버지로 인정되는 모든 신에게 바쳐졌다. 이 분야의 저명한 권위자인 옥스퍼드의 고 랭든(S. H. Langdon) 교수는 이렇게 말한다. "모든 셈 부족은 그들이 그 부족의 거룩한 창조자로 여기던 단일한 부족신으로부터 출발한 것으로 보인다."[2] 따라서 인간이 살아가는 법칙은 보편적으로 계시된 자연의 법칙이 아니라, 이쪽 작은 부족이나 저쪽 작은 부족의 법칙으로, 이 각각은 각 부족에게 특별한 것이었으며, 부족 나름의 신화적인 첫 아버지로부터 파생된 것이다.

따라서 이 시리아-아라비아 사막 신화의 두드러진 주제는 다음과 같이 요약할 수 있다. 1. 신화적 분열. 신은 위로부터 규정된 신학적 의미에서 초월적이며,* 따라서 지구와 구들은 그저 흙일 뿐이고, 어떤 의미에서도 "신성"하지 않다. 2. 부족의 아버지-신이 배타적으로 그의 집단에게 준 특별한 계시라는 관념, 그 결과는 3. 인종적 집단인 유대교에서나 신조에 따른 집단인 기독교와 이슬람에서나 신앙을 고백하고 의식에 참여하는 사람들만을 위한 또 그들만으로 이루어진 본질적으로 배타적인 공동체적 종교. 나아가서 4. 여자들은 법의 질서라기보다는 자연의 질서에 속해 있기 때문에 이 종교들에서는 성직자 기능을 수행하지 못하며, 공인된 남자신보다 우월한, 심지어 동등한 여신은 상상도 할 수 없다. 마지막으로 5. 각각의 부족적 유산에 근본적인 신화들은 상징적이 아니라 역사적으로 해석되며, 다른 민족들(이방인)의 신화와 유사한 점이 인정되는 경우에는 「베드로후서」에 나오는 말대로, 일리스 인 피구라, 세드 노비스 인 베리타테(illis in figura, sed nobis in veritate)라고 합리화한다.**

---

\* 696쪽 참조.
\*\* 188쪽의 각주 참조("사람들이 꾸며낸 신화에서 나온 것이 아닙니다. 우리는…… 우

반면 그 이전 청동기 시대 질서──수메르, 이집트, 크레타만이 아니라 인도와 중국에서도 근본적인 자리를 차지하고 있다──에서 우리가 발견한 주요한 관념들은 다음과 같은 것들이다. 1. 궁극적 신비는 규정을 초월하지만 만유에 내재한다. 2. 종교의 목적은 존재와 비존재를 넘어선 그 근거 아닌 "근거"와의 동일성인 동시에 비동일성의 경험이다(c≠=x).* 3. 우주와 그 안의 만물은 자연 법칙에 따른 하나의 질서를 다양하게 표현하는데, 이 질서는 영속적이고 놀랍고 행복하고 거룩하며, 따라서 인식되는 계시는 초자연적으로 권위를 부여받는 하나의 민족이나 신학에 특별한 것이 아니라 모두를 위한 것이며, 우주(대우주)와 모든 개인의 마음(소우주)뿐만 아니라 상징적인 예술과 제의를 갖추고 있는 국가의 위계적 질서(중우주)에도 나타난다. 따라서 4. 여자들이 제의에서 중요한 역할을 한다. 보편적 여신은 모든 형태와 사고들(심지어 신들도)을 포괄하는 영역 내에서 마야(māyā)의 구속력을 인격화하고 있기 때문에, 여성의 힘은 남성의 힘보다 앞서며, 따라서 우월한 것으로 존중받을 수도 있다. 그리고 마지막으로, 5. 모든 인격화, 형태, 행위, 경험은 하나의 초월적-내재적 신비를 표현하기 때문에, 알려진 어떤 것──심지어 신들의 존재조차──도 알려진 대로의 실체를 가지지 않으며, 자주 인용되는 괴테의 『파우스트』의 마지막 연이 말하는 의미에서 모든 것이 똑같이 상징적이다.

Alles Vergängliche
Ist nur ein Gleichnis.
(만물이 무상하니
그저 비유일 뿐이로다.)

우리가 길게 살펴보았듯이, 아리아인은 기원전 1500-1250년에 그리스, 아나톨리아, 페르시아, 갠지스강기의 평원으로 들어오면서 그들의 가부장

---

리의 눈으로 보았습니다"/역주).
* 413쪽 참조.

적 만신전과 관련된 비교적 원시적인 신화들을 가져왔다. 이 신화들은 '보편적 여신'에 대한 이전 신화들과 창조적인 조화를 이루어 인도에서는 베다, 푸라나, 탄트라, 불교 교리를 만들어냈고, 그리스에서는 호메로스와 헤시오도스의 작품들, 그리스 비극과 철학, 비교, 그리스 과학 등을 만들어냈다. 중국에 상(商) 민족이 도착하여——마찬가지로 기원전 1500-1250년경——비교적 원시적인 고신석기 촌락 문명만이 존재하던 곳에 첫 왕조(은나라/역주)를 세웠을 때도 비슷한 일이 일어났던 것 같다. 이제 주로 셈족이 다수를 이루게 된(페니키아, 아카드, 가나안, 아라비아 등) 근동에서도 남성적 질서와 여성적 질서 사이의 비슷한 상호작용이 일어났다. 랭든 교수는 말한다. "페니키아 튀루스 근처 함몬의 멜크-아슈타르트, 카르타고의 에슈문-아슈타르트, 모아바이트족의 아슈타르-케모슈 등과 같은 신의 이름들은 서부 셈족의 어머니 여신이 그들의 종교에서 가장 중요한 예배의 지역 남신들보다 더 큰 자리를 차지하였음을 증명한다.…… 아스타르테의 신화는 수메르의 이닌니-아슈다르-이슈타르까지 거슬러 올라가는데, 이는 금성의 여신이자 수메르의 죽어가는 남신 탐무즈의 어머니, 아내, 연인이었다."³⁾

그러나 구약의 「사무엘」과 「열왕기」를 읽어보면, 헤브라이권에서는 그런 상호작용이 저항에 직면하였고 이따금씩 심한 탄압을 받았음을 알 수 있다. 그런 상호작용이 심지어 왕가의 지원까지 받아가며 발생하고 있었다는 것은 분명하다. 기원전 1025년경부터 586년까지 이스라엘과 유다의 모든 왕들 가운데 "야훼 보시기에 곧바른" 왕은 여섯 명을 넘지 않았다. 나머지는 "높은 언덕과 우거진 나무 아래마다 산당을 짓고…… 백성들은 여전히 그 산당에서 제사를 드리고 향을 피워 올렸다." 그러나 엘리야와 그의 부관인 엘리사(기원전 9세기 : 「열왕기상」 17장부터 「열왕기하」 10장까지), 그리고 500년 뒤 사제 압제자 에스라의 위대한 행적에서 찾아볼 수 있듯이 반동적 분파가 우세하였으며, 결국 유대인은 세속적 과학과 철학, 혼합주의적 신비주의, 세계주의적 문화가 섞이고 섞는 헬레니즘 세계의 한가운데서 사막에 기반을 둔 배타적인 부족 신화를 유지하였다. 아니, 재발명하였다. 그러나 이 신화는 신이 창조한 평평한 세계라는 수

메르의 오래된 3층 이미지와 더불어 그 사제 서기들이 정리할 때 이미 과학적으로 낡은 것이었다.[4]

이런 환경에서 솟아나 유럽으로 옮겨온 기독교에 대하여 그것이 그 종교가 각인된 민족들의 내용, 삶의 경험, 반작용, 수난, 깨달음으로부터 "생겨났다"고 말하기는 힘들다. 기독교의 빌려온 상징과 빌려온 신들은 이 민족들에게 사실로서 제시되었다. 그런 사실로부터 권위를 구하는 성직자들은 스스로 영적 진술을 하고자 하는 토착적 삶의 모든 운동을 억압하였다. 모든 지역신은 악마였으며, 모든 자연스러운 사고는 죄였다. 따라서 모든 전선에서 이단과 벌이는 전투, 점점 신경질적이 되어가다가 마침내 실패하고 마는 전투에서 나타나는 그 야만성과 무용성이 서양 교회사의 두드러진 특징이 된 것도 놀랄 일이 아니다! 이미 아우구스티누스의 시대에 아일랜드의 펠라기우스파 이단이 널리 퍼져 있었다. 그리고 그 이단이 이제 승리를 거두었다. 오늘날 수도회 바깥에 있는 사람들 가운데 여자에게서 태어난 세상의 모든 아이들이 기도와 함께 머리에 물을 붓지 않으면 문자 그대로 진짜 지옥에 가게 될 것이라고 진심으로 믿는 사람은 없기 때문이다. 오늘날 누가 상속받은 죄라는 관념을 받아들이는가? 에덴 동산도 없었고, 아담과 하와도 없었고, 타락도 없었기 때문에 '구속'에 대해서 이야기하는 것도 의미가 없다. 다만 "타락"과 "구속"이 힌두교도와 불교도가 이야기하는 무지, 깨달음과 똑같은 심리적 상태를 의미할 수는 있다. 그럴 경우 '성육신'과 '십자가 처형'이라는 독특한 역사적 중요성을 지닌 교리는 어떻게 되는가? 이 신화 전체가 어떤 의미를 가지려면, 모두 다시 읽어볼 수밖에 없다──정직한 눈으로 말이다.

침머는 말한다. "베다의 만신전에 자리 잡은 신들의 가치가 떨어지던 시기와 마찬가지로 오늘날 계시된 기독교에 대한 평가는 절하되었다. 니체가 말하듯이 기독교인은 다른 모든 사람과 똑같이 행동하는 사람이다. 이제 우리의 신앙 고백은 공적 행위나 사적인 희망의 상태 어느 쪽에도 어떤 변별력이 있는 관계를 가질 수 없다. 성례는 우리 가운데 다수에게 영적인 변화를 일으키지 못한다. 우리는 그런 것들을 잃었고, 이제 어디로 향해야 할지 몰라서 당황하고 있다. 학계의 세속적인 철학들은 우리 영혼이 요구하는 구원보다는 정보에 관심을 가진다. 이렇기 때문에 인도의 얼굴만 흘깃 보아도 우리의 어떤 것을 발견하고 회복하는 데 도움을 얻을 수 있다."[5]

앞서도 말하였지만, 신화적 상징들의 기능은 신비적, 우주론적, 사회적, 심리적 기능, 이렇게 네 가지이다. 앞에서 보았듯이, 오늘날 과학은 교회와 성서가 이 가운데 두번째 기능, 즉 우주론적 기능을 대표한다는 주장을 부수었을 뿐만 아니라, 성서적 권위에 의하여 지탱된다고 여겨지던 사회적 질서도 해체되어버렸다. 심지어 그 사회적 지평 역시 해체되었다. 이런 상황에서 인도가 우리를 구원하는 데 도움을 줄 수 있다면——실제로 도움을 주고 있지만——그것은 우파니샤드와 불교의 교리, 즉 서양의 체계에서는 a) "저 바깥에" 있는 질투심 많은 인격적인 하느님이 계시하였고 b) 역사적으로 유일하다고 읽어온 그 상징들이 기본적으로 심리적인 기원, 힘, 기능을 가진다는 교리의 가르침을 통해서이다.

인도인들도 그들의 대중적인 예배에서는 물론 테네시의 농부나, 브롱크스의 라비나, 로마의 교황과 마찬가지로 그들의 신화를 읽을 때 실증적이다. 크리슈나는 실제로 여러 겹의 황홀경에 빠져 고피들과 춤을 추며, 부처는 물 위를 걷는다. 그러나 더 높은 수준의 텍스트로 가면 그런 식으로 자구에 매달리는 태도는 사라지고 모든 이미지가 심리의 이미지로서 상징적으로 해석된다.

[『브리하다라냐카 우파니샤드』에 나오는 구절이다.] 그 사람들은 이렇게 말한다. 이 신을 섬겨라! 저 신을 섬겨라! 이 신 다음에는 저 신을 섬겨라! 온세상은 그의 창조물이며, 그 자신이 모든 신이다…….

그는 이 모든 세계로 들어와, 면도날 상자의 면도날처럼, 장작의 불처럼, 사람의 손톱 끝까지 와 있다. 그들은 그를 보지 못한다. 만일 보인다면 그는 불완전한 것이다.

숨을 쉴 때는 그를 생명의 숨이라고 부른다. 말을 할 때는 목소리라고 부른다. 볼 때는 눈이라고 부른다. 들을 때는 귀라고 부른다. 생각할 때는 마음이라고 부른다. 이것들은 그의 행동의 이름들일 뿐이다. 이런 측면들 가운데 이것 또는 저것에 대하여 명상하는 사람은 알지 못한다. 그가 이런 것들 가운데 이것 또는 저것 안에 있다면 그는 불완전한 것이기 때문이다. 어떤 사람은 그가 자신의 '자아(ātman)'라는 생각으로 예배를 드린다. 그 안에서 이 모든 것이 나오기 때문이다. 이것——자아——은 이 '만유'의 발자국이다. 진실로 사람이 발자국을 보고 소를 찾듯이, 이 '만유'도 그 발자국, 즉 '자아'를 보고 찾는다.

"나는 브라만이다!"를 아는 사람은 누구나 이 '만유'가 되며, 심지어 신들도 그가 이렇게 되는 것을 막을 수 없다. 그가 바로 그 '자아'가 되기 때문이다. 그러나 그의 '자아'와는 다른 신을 섬기면서 "그는 이것이고, 나는 저것이다" 하고 생각하는 사람들은 알지 못한다. 그는 신들을 위한 희생 짐승과 같다. 많은 짐승이 사람에게 유용하듯이, 그런 사람 하나라도 신들에게는 유용하다. 짐승 한 마리라도 누가 가져가버리면 불쾌하다. 하물며 많이 가져가버리면 어떨 것인가? 따라서 사람들이 이것을 아는 것은 신들에게 기쁘지 않다.⁶⁾

이것을 「창세기」 3 : 22-24와 비교해보라!

이집트의 피라미드 텍스트(기원전 2350-2175년경)와 그후에 나온 『사자의 서(The Book of the Dead)』(기원전 1500년경)에도 똑같은 생각이 나타나고 있다. 여기서 죽은 사람의 영혼은 신들을 재흡수하는 것으로 여겨진다. 피라미드의 주문에는 이런 구절이 나온다. "그들의 영들을 통합하는 자, 그는 준비를 갖추었다. 그는 '위대한 분'으로서 동이 튼다. 그는 준비된 손을 가진 자들의 주인이다." "그는 그들의 마법을 먹고 그들의 영을 삼키는 분이다. 그들의 '위대한 분들'은 그의 아침 식사요, 그들의 중간 크기인 분들은 그의 저녁 식사요, 그들의 작은 분들은 그의 밤 식사요, 그들의 늙은 남자와 늙은 여자는 그의 땔감이다."⁷⁾ 『사자의 서』에는 이런 말이 나온다. "내 머리카락은 누(Nu)의 머리카락이요, 내 얼굴은 '원반(Disk)'의 얼굴이다. 내 눈은 하토르(Hathor)의 눈이요, 내 귀는 압-우아트(Ap-uat)의 귀로다.…… 내 발은 프타(Ptah)의 발이로다. 내 몸의 부분 가운데 어떤 신에게 속하지 않은 것은 없도다." "나는 어제요, 오늘이요, 내일이로다. 나는 두 번 태어나는 힘을 지녔도다. 나는 신들을 창조하는 감추어진 거룩한 '영혼'이로다.…… 찬양하라, 땅 한가운데 서 있는 성소의 주를 찬양하라. 그는 나요, 나는 그이며, 프타는 수정으로 하늘을 덮었도다."[8]

제임스 조이스(James Joyce)의 『피네건의 경야(*Finnegans Wake*)』는 한 수준에서는 이 죽은 자들의 책의 패러디이다. "우리는 우리(진짜 '우리'!)가 보기에, 암흑으로 나아가는 여섯번째 봉원된 장(章)에서 우리의 아멘티(Amenti)를 읽고 있는 것 같다."[9] "누아들(Nuahs)의 말을 옮기는 밤이 지난 뒤, 메들(Mehs)이 커피 단지 안에서 꼭 끌어안게 만든 밤이 지난 뒤, 데프무트(Defmut)의 방에 있는 춥고 늙은 영혼들에게 늘 빛의 씨앗을 뿌리는 자, 저 세상 지옥 느탐플린(Ntamplin)에서 솟아오르는 자들의 주, 푸 누세트(Pu Nuseht)가 의기양양하게 말한다."[10]*

융 박사는 영혼을 찾는 현대인에 대한 논문에서 이렇게 말한다.

> 무의식을 인격화하는 것이 허용된다면, 우리는 그것을 양성의 특징들을 결합하였으며, 젊음과 늙음, 출생과 죽음을 초월하였으며, 1-200만 년의 인간 경험을 자유자재로 부리기 때문에 거의 불멸의 존재가 된 집단적 인간이라고 부를 수도 있다. 그런 존재가 있다면, 그는 모든 시간적 변화 위로 드높여질 것이다. 그에게 현재는 기원전 100세기의 어느 해보다 더하지도 덜하지도 않을 것이다. 그는 아주 오래된 꿈을 꾸는 사람이 될 것이며, 측량할 수 없는 경험으로 인하여 비길 데 없는 예언자가 될 것이다. 그는 개인, 가족, 부족, 민족의 삶보다 헤아릴 수 없이 긴 시간을 살았을 것이며, 성장, 개화, 부패의 박자에 대한 살아 있는 감각을 갖추고 있을 것이다.[11]

조이스의 주인공 H. C. E.("Here Comes Everybody")도 마찬가지이다. 피라미드에 미라가 된 파라오도 마찬가지이다. 자신의 존재의 근거에 닿

---

* 아멘티(Amenti) : 이집트의 죽은 자들의 영역, 또 amenty는 광기를 가리키기도 한다. 올빼미 : 죽음과 지혜의 새. 암소와 암퇘지 : 각각 하토르와 에펫("태양을 낳는 여자")의 동물. Defmut : Deaf-mute(귀머거리에 벙어리/역주), 또 꿈을 꾸는 사람의 싸우는 두 아들 Shaun과 Shem의 암호명인 Jeff-Mutt을 가리키기도 한다. Nuahs : Shaun을 뒤집어놓은 것. Mehs : Shem을 뒤집어놓은 것. Pu Nuseht : The Sun Up(태양이 떠오른다)을 뒤집어놓은 것. Ntamplin : 더블린, 또 tamp를 가리키기도 한다. Tohp : 불교의 성골을 넣은 성소인 tope, 물고기의 한 종류, 또 tope(술을 많이 마시다)와 Tophet, Hell을 가리키기도 한다.

아 있는 우리 각각도 마찬가지이다. 육신이 된 말씀인 그리스도도 마찬가지이다.

이 구체화되지 않은 '남주인-여주인 모두(Master-Mistress Everybody)'가 공간과 시간이라는 영역에서 표현되는 과정——유아기와 의존기로부터 구체적인 의무를 가진 성인 시절을 거쳐 노년이 되어 떠남을 준비하기까지 전기적(傳記的)인 진전을 거쳐가는 과정——으로부터 두 가지 주요한 동기를 찾아낼 수 있다. 첫째는 젊은 시절에는 지역 문화의 양식들에 참여하고 헌신한다는 것(인종적 동기)이며, 둘째는 자신이 배운 역할로부터 감정적으로 유리되어 내적인 자아와 화해를 하는 것(원형적-개인적 동기)이다.

인도에서는 고전적 질서에 따르는 삶을 둘로 나눔으로써 평생 이 두 목적에 봉사하였다. 인생의 전반은 마을에 살고 후반은 숲에서 사는데, 이 각각은 또 둘로 나뉘어 각각의 전반부는 후반부를 준비하는 과정으로 삼았다. 1. 학생으로서 복종을 실천하고, 자신의 카스트의 기술과 의무를 배운다(antevāsin). 2. 결혼 생활에서 책임 있는 가장으로서 의문 없이 자신의 모든 카스트 의무를 이행한다(gṛhastha). 3. 중년에 숲으로 떠나 진지한 명상을 한다(vanaprastha). 4. 삶의 목적을 달성하고(mokṣa : 살고자 하는 의지로부터의 "해방"), 그 뒤로 몸이 마침내 "고꾸라질" 때까지 뿌리 없고 생명 없는 탁발승으로 방랑한다(bhikṣu, sannyasin).[12]

반면 서양의 고전적인 견해는 완전히 다른데, 이 점에 대해서는 단테가 『신생』에서 정리한 삶의 4단계에 대한 그의 이상을 예로 들어볼 수 있다. 단테는 삶의 과정을 아치에 비유한다. "아치의 가장 높은 점이 어디일지 말하기는 어렵다.…… 그러나 대다수의 경우 나는 그 시기가 30세와 40세 중간쯤 어디라고 생각한다. 완벽한 본성을 가진 사람들의 경우 그것은 35세일 것이라고 믿는다." 단테 자신이 그 순간에 "그의 삶의 도정의 중간"에 이르렀으며, 『신곡』의 서두에 나오듯이 자신이 "어두운 숲"에서 홀로 세 짐승과 맞서 있다는 것을 알았다. 더욱이 그의 35세는 서기 1300년과 정확히 맞아떨어졌는데, 그는 이 시기를 세계사의 정점이 되는 해라고 보았다. 마지막으로 단테는 "완전한 본성"을 가진 그리스도가 34세의 마지막에 하루의 정점인 정오에 십자가에 못박혔다고 믿었다.

단테의 견해로는 첫 단계 사춘기가 25세까지 이어진다. 이 단계의 미덕은 복종, 착함, 염치, 우아한 몸, 이렇게 네 가지이다. "삶의 방랑하는 숲으로 들어서는 사춘기의 인간들은 나이든 사람들이 가르쳐주지 않으면 바른 길을 따라 갈 방법을 알지 못한다." 삶의 이 시기의 목적은 커지는 것으로, 이때는 봄에 비유할 수 있다. 두번째 단계는 장년으로, 정점 양쪽의 10년에 해당하는 25세에서 45세까지이다. 이 단계의 적절한 미덕은 절제, 용기, 사랑, 예의 충성이며, 그 목적은 성취이고, 그 계절은 여름이다. 그리고 그 다음 단계는 숲으로 물러나는 것이 아니라 유용성, 수여의 단계이다. "장년에 달성하는 우리 나름의 완전성 뒤에는 우리 자신만이 아니라 다른 사람들도 밝혀주는 완전성이 와야 한다." 따라서 45세부터 70세에 이르는 인생의 가을인 노년의 미덕 역시 네 가지로, 그것은 신중, 정의, 관용, 상냥함이다. 그 다음 겨울에 해당하는 마지막 단계인 노쇠에 고귀한 영혼은 두 가지 일을 한다. "그녀는 이 삶의 바다로 들어올 때 출발하였던 항구로 가듯이 신에게로 돌아간다." 그리고 "그녀는 자신의 항해를 축복한다.…… 훌륭한 뱃사람이 항구가 다가오면 돛을 내리고 부드러운 힘으로 살며시 항구로 들어가듯이, 우리도 세속적인 활동의 돛을 내리고 모든 목적과 마음으로 신을 향한다. 그렇게 해서 우리는 순하고 평화롭게 그 항구에 이를 수 있다."[13]

동양에서는 완전히 다른 그림이 나타나는데, 특히 제3기의 이상의 대조가 눈에 두드러진다. 동양에서는 세계로부터 물러나고, 서양에서는 세계에 봉사한다. 이것은 주로 동양과 서양의 경제, 정치 제도, 과학과 예술의 차이에 기인한다. 단테는 말한다. "아리스토텔레스가 말한 대로, 인간은 시민적 동물이기 때문에, 자신에게 유용할 뿐만 아니라 남들에게도 유용해야 한다." 나아가서 그리스 이후 유럽 고유의 전통의 역사 전체에 걸쳐 어느 곳에서도 성숙의 이상이 순종이었던 적은 없다. 이것은 사실 사춘기의 덕목이다. 성숙의 이상은 책임 있는 비판적 판단과 결정이다.

그러나 여기에는 나이가 필요하다. 다시 단테의 말을 들어보자. "연장자는…… 자신의 올바른 판단과 법이 일치하는 경우에만 법을 따라야 한다. 그리고 어떤 법 없이도 자신의 정의로운 마음을 따라야 한다. 이것은 한창 때에는 할 수 없는 일이다."[14]

따라서 이행에서 중요한 시기는 사춘기의 복종으로부터 노년의 신중과 정의, 관용과 상냥함으로 넘어가는 시기인 장년기 20년간의 중간 시기이다. 그 한가운데, 그 정점에서 어두운 숲의 모험이 생긴다. 이 모험에서 십자가 처형, 죽음, 지옥으로의 하강, 연옥을 거쳐 낙원에 이르고, 거기서 다시 돌아와 세상에 봉사를 하게 된다. 단테는 베르길리우스의 주인공 아이네아스의 모범적인 일대기를 인용한다. 그는 한창 일을 하다가 그의 아시아에서 활동하던 단계를 마무리하고 유럽의 로마를 건립하는 일을 막 하려는 때에 "마음을 굳게 먹고 무녀와 단둘이 지옥으로 들어가 수많은 위험을 무릅쓰고 아버지 안키세스의 영혼을 찾는다."[15] 마찬가지로 오디세우스도 다른 삶의 질서에 속해 있기는 하였지만, 군사적 의무에서 벗어나 자신의 나라에서 자신의 궁을 다스리러 돌아오는 길에, 먼저 키르케의 안내를 받아 지하세계로 내려가고, 그것을 넘어서 신화적인 '태양의 섬'으로 간다. 괴테 역시 『파우스트』를 제1부와 제2부로 나눈다. 제1부는 괴테 자신이 말하듯이 "약간 모호한 개인적 조건, 거의 전적으로 주관적인 조건의 발전"에 바쳐지며, 제2부는 주인공을 그의 개인적 삶의 "작은 세계"로부터 "큰 세계", 즉 역사의 영역에서 수고하는 세계로 이끌고간다. 그 두 부분 사이에 고딕의 신화적 영역들을 찾아가는 장면과 위대한 고전적 발푸르기스나흐트 장면이 나온다. 볼프람의 파르치팔은 이미 보았듯이 사춘기를 넘어 성배의 왕과 수호자로서 고귀한 사회적 역할을 깨닫게 되기까지 과도기에 사막에서 시련의 세월을 보낸다. 바닷가에서 거닐며 생각에 잠겨 있는 스티븐 디덜러스 역시 그가 생각하기에 인생의 정점에 이르러 있다. 스티븐은 그 순간을 십자가 처형과 연결시킨다. "자 그런데. 난 목이 마르군." 또 루시퍼의 추락과 연결시킨다. "자만심 강한 지력(智力)의 번갯불, 그는 천지가 온통 환하게 떨어진다." 또 햄릿, 오필리아와 연결시킨다. "나의 세조개형 모자와 지팡이 그리고 그의 것 나의것인 샌들형 구두…… 그는 물푸레나무 지팡이의 손잡이를 잡왔다, 그것으로 가볍게 쑤시며, 계속 희롱대면서." 나아가서 시간은 정오였다. "판(Pan)의 시간, 목양신의 정오이다." 그 날짜는 1904년 6월 16일, 하지 닷새 전이었다.

스티븐은 생각한다. "그래, 해거름은 내 속에도, 내 밖에도 다가올 거야. 수많은 나날은 그들의 종말을 가져온다. 그런데 다음은 언제더라? 화요일은 일년 중에 낮이 제일 긴 날이 되지. 모든 즐거운 신년 가운데서, 어머니, 럼 텀 타이들레디 텀."[16]

그러나 바로 이 6월 16일은 저자 자신의 삶에서는 그의 아내가 된 여자인 노라 바나클을 저녁에 처음 만난 날이었다——그것도 같은 해변에서 말이다.

리처드 엘먼은 조이스의 전기에서 이렇게 말한다. "약속이 잡혔고, 6월 16일 저녁에 그들은 링센드에서 산책을 하였다. 그후로 그들은 자주 만났다. 『율리시즈』의 날짜를 이날로 잡은 것은 조이스가 간접적이기는 하지만 아주 분명하게 노라에게 찬사를 바친 것이라고 할 수 있다. 그녀에 대한 애착이 자신의 삶에 미친 결정적인 영향을 인정한 것이다. 6월 16일 조이스는 어머니의 죽음 이후 느껴오던 외로움을 뒤로 하고 자신을 둘러싼 세계와 관계를 맺었다. 그는 나중에 노라에게 말하곤 하였다. '당신은 나를 남자로 만들었소.' 6월 16일은 모반을 꿈꾸는 스티븐 디덜러스와 사근사근한 남편을 가르는 성스러운 날이었다."[17]

토마스 만의 겸손한 한스——그의 성은 고전적인 쌍둥이 카스토르와 폴룩스(〈그림 3〉, 제12단계와 제13단계) 가운데 인간을 암시한다——에게서도 목양신의 시간의 성취를 통하여 또 하나의 삶이 나타난다. 만은 분명하게 요양소를 연금술사의 바스 헤르메티쿰(vas Hermeticum)에 비유한다. 빙글빙글 돌며 올라가야 하는 산 정상까지의 이틀간 기차 여행 과정에서 바깥 세계의 많은 부분은 이미 뒤로 물러나 있다. 실제로 저자는 이렇게 말한다. "한스와 그의 고향 사이에서 굽이치고 회전하는 공간은 우리가 일반적으로 시간에 부여하는 힘들을 소유하고 휘두르지만, 어떤 면에서는 그것이 더 두드러진다. 공간은 시간과 마찬가지로 망각을 일으킨다. 그러나 그 방법은 우리를 주위 환경에서 벗어나게 하여 원시적이고 어디에도 연결되지 않은 상태로 돌려보내는 것이다."[18] 〈그림 40〉의 용에게서 떨어지는 얇은 조각들처럼, 산 위에서는 한스가 성장하였던 사회적 환경의 정서들은 떨어져 나가고, 그에게는 통제되지 않는 자아만 남았다. '옛 아담', 자신의 시간 조건 안에서 고역과 의무에 시달리는 아담은 해체되고, 새로운 아담이 나타났다——괴테의 『파우스트』에서 바스의 호문쿨루스처럼 말이다.

만이 괴테의 메피스토펠레스와 비교하는 현학자 세템브리니——자신의 목적을 위하여 사람의 영혼을 얻으려는 말쑥한 수사학자——는 이 젊은 독일인이 그 방종한 베누스의 산의 광경에 점점 매혹을 느끼는 것을 보고 고향으로 가라고 경고도 하고 간청도 한다. 그러나 그러한 충고는 비록 신중한 것이기는 하지만, 구르네만츠가 파르치팔에게 하는 충고, 뱃사공이 가웨인에게 하는 충고와 같아서 이 젊은 남자의 삶의 감각과는 반대되는 것이며, 한스는 신중함이 아니라 비르트(*wyrd*)——자신의 전개되는 모험——에 관심을 가지고 자신의 흥분된 심장의 박동이 그를 이끌고 안내하여 지도가 없는 길로 데려가도록 내맡겨둔다.

그의 모험의 첫번째 단계는 자신의 본성과 세계의 본성 양쪽에 대한 깊은 신뢰를 가지고 사회와 절연하는 것일 수밖에 없다. 세템브리니는 자연을 두려워하고 거부하였다. 그는 어느 날 매우 엄하게 말한다. "몸과 정신의 대립에서 몸은 악마적이고 사악한 원리요. 몸은 '자연'이기 때문이오. 내가 분명히 말하거니와 '정신'과 대립하는 영역 내에서 자연은 악한 것이오. 신비하면서도 악한 것이오."[19] 두번째 현학자 나프타는 이야기 후반에 알려지듯이 유대인 예수회 수사이자 공산주의자인데, 방법은 다르지만 세템브리니와 마찬가지로 개인의 본성의 원리의 영향에 적대적이다. 나프타는 어느 날 오후 한스, 세템브리니, 요아힘 등 세 명에게 말한다.

"프톨레마이오스와 스콜라 신학자들이 옳았던 것인지도 모르오. 세계는 시공간상으로 유한하고, 신은 초월적이고, 신과 인간 사이의 대립은 유지되고, 인간의 존재는 이원적이라는 것이지요. 여기서부터 인간의 영혼의 문제는 영적인 것과 물질적인 것 사이의 대립이라는 결론이 나오는데, 이에 비하면 모든 사회적인 문제는 전적으로 부차적인 것이 됩니다. 나는 이런 종류의 유물론만이 일관성이 있다고 인정을 합니다. 이런 것이 아니라면, 르네상스의 천문학자들이 진실을 말한 것인지도 모르오. 즉 우주는 무한하다는 거요. 이렇게 되면 초감각적인 세계도 없고, 이원성도 없소. '초월적'인 것은 '여기'에 흡수되어 있고, 신과 자연 사이의 대립은 무너지지요. 인간은 두 적대적 원리 사이의 투쟁의 무대가 아니라 조화롭고 통일적인 존재가 되며, 갈등은 오로지 개인과 그의 집단적 이해 사이에만 존재하게 됩니다. 이러면 선량한 이교도들 식으로 국가의 의지가 도덕성의 법칙이 되지요."[20]

근대 서구의 개인에게는 이런 정신과 자연의 분리(신화적 분열)라는 레반트의 주장으로부터, 그리고 이와 상관 관계가 있는 전체주의적 교리, 즉 "사회"——"민중", "교회", 심지어 노동조합이나 자신을 "국가"라고 부르는 것 등 정족수를 거론하는 것이면 무엇이든지 다 될 것 같다——가 유일한 가치의 매개로서 이와 관련을 맺는 것을 통해서 개인적 삶은 가치를 얻을 수 있다는 교리로부터 양심을 위하여 해방을 얻는 것이 정말 고통스러운 문제였다. 사실 진실은 그 반대였다. 즉 하나의 사회 집단이 어떤 인간적 가치를 주장한다고 하더라도, 그 집단은 그 구성원에 속하는 크고 작은 개인의 힘에 의존한다는 것이다.

따라서 한스에게는 사촌 요아힘과 함께 엑스레이를 찍는 실험실에 들어갔다가 형광투시경 위에 올려놓은 자신의 살아 있는 손에서 죽음의 해골을 보았을 때가 영적으로 가장 큰 의미가 있는 순간이었다. 그는 그곳에서 말하자면 자신의 무덤을 들여다본 것인데, 세템브리니의 세계의 정상적인 빛에서 다시 손을 살펴보았을 때는 무덤이 닫혀버렸다. 한스가 이탈리아 친구의 사회학적인 수사학으로부터 혼자 생명의 과학을 공부하는 쪽으로 자발적으로 방향을 돌린 것이 그 다음의 일인데, 이것은 물론 일차적으로는 자신의 흥미 있는 몸의 경이에 의하여 영감을 받은 것이다. 그러나 또 한 가지, 더욱 매혹적인 것은 낚시터 가는 길에서 문을 쾅 닫은, 그것도 되풀이해서 그렇게 한 러시아 여자에게서 느낀 경이감도 작용하였다.

마의 산의 서사시적인 이야기의 첫번째 단계는 저자가 "발푸르기스 축일 전야"라고 제목을 붙인 그 괴상하고 희비극적인 작은 장면으로 끝이 난다. 이때 한스는 우스꽝스러운 카니발 대회가 끝날 무렵 눈을 가리고 무릎을 꿇은 채로 돼지를 끌어당기는 데 성공하며, 머리를 땋은 그의 키르케에게 그녀의 몸의 모든 과학——그는 그것이 땅과 별의 과학과 일치한다고 알고 있다——을 안다면서 사랑을 고백한다. 한스는 눈을 감고 그녀의 무릎을 향해서 머리를 푹 숙인 채 프랑스어로 말한다. "사랑합니다. 늘 사랑해왔습니다. 당신은 내 삶의, 내 꿈의, 내 운명의, 내 소망의, 내 영원한 욕망의 그대이기 때문입니다······." 그녀는 그의 뒤통수의 짧게 깎은 머리카락을 어루만진다. 한스는 그녀의 손길에 넋을 잃고 말을 계속한다. "오, 사랑이여······ 몸, 사랑, 죽음. 이 세가지는 하나입니다. 몸은 기쁨이자 병이며, 죽음을 가져오는 것이기 때문입니다. 그래요, 사랑과 죽음 둘 다 육체적입니다. 몸 안에 그들의 공포, 그들의 웅장한 마법이 들어 있습니다!······."[21]

첫 권은 이 발푸르기스 축일 전야에 통제력을 상실하는 데서 끝을 맺는다. 이것은 그 나름의 방식으로 블룸이 자신을 돼지로 보았을 때 무너지는 장면이나, 스티븐이 똑같은 발푸르기스 축일 전야 사건에서 미친 듯한 야단법석과 거리의 말다툼을 쫓아갔다가 그리스도의 옆구리를 찌른 로마인 역할——또는 안포르타스를 공격한 이교도 역할——을 맡은, 욕을 내뱉는 영국인 레드코트에게 맞고 쓰러지는 장면과 유사하다.

성 아우구스티누스의 설교에는 이런 구절이 나온다. "그리스도는 신랑처럼 그의 방에서 나갔다. 그는 자신의 결혼식을 예감하고 세상의 들판으로 갔다. 그는 거인처럼 환호하며 뛰어가 십자가라는 결혼 침대에 이르렀다. 그리고 그곳에서 십자가를 짊어짐으로써 그의 결혼은 절정에 이르렀다. 그는 피조물의 한숨을 들었을 때, 다정하게 신부 대신 고통에 자신을 내주었으며, 그럼으로써 신부와 영원히 결합하였다."[22]

여기서도 스티븐의 마음에서처럼 결혼과 십자가 처형——트리스탄의 수정 침대와 희생의 제단——의 신비가 똑같다. 여기서는 무덤 속에서 결합한 태양 왕과 달 여왕(〈그림 43〉)의 모습이 암시된다. 그것은 신비한 대립물의 종합(coniunctio oppositorum)의 절정——죽음 같은 고요가 지배하는 곳——이다. "아담이 죄를 지었을 때 그의 영혼은 죽었다." 그레고리우스 1세는 그렇게 말하였다.[23] 그러나 연금술사 시니어는 이렇게 말한다. "죽음에 내어준 것은 큰 고난 끝에 삶으로 다시 온다."[24] 『피네건의 경야』의 비밀인 바울의 말——"하느님께서는 모든 사람을 불순종에 사로잡힌 자가 되게 하셨습니다. 그러나 결국은 그 모두에게 자비를 베푸셨습니다"——에서와 마찬가지로, 무덤, 레토르트, 동굴의 침묵 속에서도(역시 〈그림 43〉) 그렇다.

여기 하늘의 이슬이 떨어진다
무덤에서 더럽혀진 검은 몸을 씻어라.*

마찬가지로 『율리시즈』와 『마의 산』에서도 밤으로의 여행이 끝났을 때 변화가 일어난다. 거룩한 자비의 이슬이 떨어진다. 카리타스(caritas), 동정심, 카루나(karuṇā)(모두 동정심이라는 뜻이다/역주). 그리고 점점 깊어지는 하강은 위로부터의 깨달음으로 바뀐다.

스티븐이 굴욕을 느끼는 연장자 블룸에게 잠깐 동정심의 충동을 느낀 것(파르치팔이 안포르타스에게 느낀 것과 비교해보라), 그리고 이번에는 블룸이 거리의 병사에게 맞고 괴로워하는 스티븐에게 동정심의 충동을 느낀 것은 두 삶에서 죽음의 법칙의 고삐를 끊는 결과를 낳는다. 이후 각각은 밤의 두 시간 동안 서로 공감을 하며 동행하는 것(각자의 긴 하루의 과정에서 완전히 무방비 상태가 되었던 유일한 시간)을 통하여 서로에게 막다른 골목에서 빠져나와 어려운 관문을 통과할 수 있는 열쇠를 준다.

매음굴에서는 스티븐의 죽은 어머니의 유령이 나타난다.

어머니

(죽음의 광기를 담은 야릇한 미소를 띠우면서.) 나도 한때는 아름다운 메

---

* 351쪽 참조.

이 골딩이었다네. 지금은 죽은 몸이지.

**스티븐**

(공포에 질린 듯.) 마녀 원숭이, 넌 누구냐? 천만에. 이 무슨 도깨비 장난이야?……

**어머니**

(한층 가까이 다가온다. 젖은 재 냄새가 나는 숨결을 그에게 조용히 내뿜으면서.) 누구나 반드시 경험하지 않으면 안 되는 거야, 스티븐. 세상에는 남자보다 여자가 더 많지. 너도 마찬가지야. 그런 시기가 다가와요.

**스티븐**

(놀라움, 가책, 공포로 질식함.) 어머니, 모두들 제가 어머니를 죽였다고 해요…… 암 때문이지, 저는 아니예요. 숙명입니다.

**어머니**

(푸르죽죽한 담즙을 한쪽 입가로부터 뚝뚝 떨어뜨리면서.) 넌 내게 저 노래를 불러주었지. 사랑의 쓰라린 신비를.

**스티븐**

(열렬하게.) 그 말을 제게 해줘요, 어머니, 만일 지금 알고 계시면. 누구에게나 다 알려진 그 말을.

**어머니**

네가 패디 리와 함께 달키에서 기차에 껑충 올라탔던 그날 밤 널 도와준 것이 누구였지? 네가 그 낯선 사람들 사이에 끼여 슬픔에 잠겨 있었을 때 널 불쌍히 여긴 사람이 누구였지? 기도야말로 정말 효과가 있는 거야. 우르술라회 수녀원의 기도서에 실려 있는 연옥의 영혼들을 위한 기도, 그리고 40일간의 속죄. 회개해요, 스티븐.

**스티븐**

시체를 파먹는 귀신이여! 잔악한 자여!

**어머니**

나는 이곳 저세상에서 너를 위하여 기도한다! 매일 밤 공부가 다 끝나면 딜리더러 밥을 끓여 달라고 해요. 몇 년이고 몇 년이고 언제나 나는 너를 사랑했었지, 오, 내 아들, 나의 첫아들이여, 네가 내 뱃속에 있었을 때.

**조이**

(벽난로의 부채로 부채질을 하면서.) 난 녹을 지경이야!

플로리

(스티븐을 가리키며.) 저 봐요! 저이 얼굴이 창백해졌어.

블룸

(창문으로 가서 문을 조금 더 연다.) 현기증이 난 거야.

어머니

(눈에 울적한 감정을 나타내며.) 회개하라! 오, 지옥의 불!

스티븐

(숨을 헐떡이면서.) 시체를 씹는 자여! 해골과 피 묻은 뼈다귀로다.

어머니

(얼굴을 가까이, 한층 가까이 가져가면서, 내 냄새 나는 숨을 내뿜으며.) 조심해라! (까맣게 된 시든 오른팔을 천천히 들어 올려 펼친 손가락으로 스티븐의 가슴을 가리키며.) 조심하라! 하느님의 손을! (악의에 찬 충혈된 눈을 가진 초록빛의 게 한 마리가 그의 반짝이는 발톱을 스티븐의 심장 깊숙이 꽂는다.)*

스티븐

(분노에 숨이 막힌 채.) 똥이다! (찡그린 얼굴이 잿빛으로 늙어 보인다.)

블룸

(창문에서.) 뭐야?

스티븐

아 농 파르 에그장플(오, 아니오, 정말)! 지적인 상상입니다! 내게는 아무 상관없는 거란 말입니다. 농 세르비앙(이제 난 섬기지 않겠어)!

플로리

저이에게 냉수를 좀 마시게 해요. 가만 있자. (그녀는 황급히 밖으로 나간다.)

어머니

(절망적으로 신음하며 자신의 손을 천천히 비틀면서.) 오, 예수 성심(聖心)이시여! 그를 불쌍히 여기시옵소서! 그를 지옥으로부터 구해주옵소서, 오, 성스러운 성심이여!

스티븐

아니야! 아니! 아니! 당신들 모두, 할 수만 있다면, 내 영혼을 깨뜨려 보

---

* 게에 대해서는 앞의 312쪽 참조.

란 말이야! 난 당신들 모두 날 뒤따르게 할 거야.

어머니

(고통스러운 단말마의 신음으로.) 주여, 제발, 스티븐에게 자비를 베푸소서! 제가 사랑, 비애와 고민으로 갈보리산 위에서 질식하고 있었을 때 저의 고뇌야말로 이루 형언할 수가 없었나이다.

스티븐

노퉁(*Nothung*, 마도〔魔刀〕)!
(그는 두 손으로 물푸레나무 지팡이를 높이 쳐들어 샹들리에를 쨍그랑 깨뜨려버린다. 시간의 검푸른 마지막 불꽃이 튀고, 잇따른 어둠 속에, 모든 공간의 폐허, 산산조각으로 깨어진 유리 그리고 넘어지는 석조 건물이 튄다.)

가스등

프우풍(Pwfungg)!

블룸

그러지 말게!

린치

(앞으로 달려가며 스티븐의 손을 붙들고.) 이봐! 참게! 난폭하게 굴지 말라니까!

벨라

경찰관!
(스티븐은 물푸레나무 지팡이를 팽개치고, 머리와 양팔을 뒤로 뻣뻣하게 젖히고, 마루를 차면서 방 밖으로 나가 문간의 매춘부들 곁을 지나 달려간다.)[25]

바로 그때 스티븐은 영국 군인을 만나 맞아 쓰러지고, 블룸이 그를 구해내 자신의 집으로 데려가서 코코아 한 잔을 주고 기운을 차리게 한다. 이 코코아에는 주인이 "평상시에는 그의 아내 마리언(몰리)의 아침식사를 위하여 아껴 두었던 점성 크림"[26]을 타 맛이 더 풍부하였다. 블룸 편에서는 그것이 스티븐과의 이 밤거리 모험 가운데 그의 동침자인 몰리에게 해줄 이야기였으며, 그것이 그녀의 생각들을 마침내 그녀의 별처럼 많은 연인들로부터 그 자신에게로 돌아오게 할 터였다.[27] 『마의 산』에서는 쇼샤 부인이 그녀에게 홀딱 반한 카니발의 연인에게 다정한 손길을 보내고 공감어린 응답을 해주었기 때문에 그는 마침내 그녀의 동굴에서 그녀를 통하여 그의 갈망을 해소할 수 있었다.

베르고프 요양소에는 냉소적이면서도 유쾌한, 또 약간 수상쩍은 의사가 둘 있었다. 하나는 늘 빛나는 검은색 옷을 입고 다녔으며, 또 하나는 외과의사의 허리띠를 두른 하얀 가운을 입고 다녔다. 그들은 살아 있는 죽은 자들의 성에서 주민을 다스렸다. 검은 옷을 입은 닥터 크로코프스키는 어깨는 넓고 키가 작은 정신과 의사로, 몸은 뚱뚱하였지만 피부는 왁스처럼 창백하였으며, 나는 서른다섯 가량이었고, 검은 수염은 두 끝으로 갈라져 있었다. 또 한 의사 닥터 베렌스는 요양소의 외과 책임자로, 검은 옷의 부하보다 머리가 세 개는 더 컸으며, 뺨은 불건강한 자주색이었고, 충혈된 파란 눈을 희번덕거리고 다녔으며, 들창코 밑에는 짧게 다듬은 하얀 콧수염을 길렀다. 한스에게 형광 투시경 위에 놓인 자신의 뼈를 보게 해준 사람이 닥터 베렌스였다. 크로코프스키는 식당에서 "병원체로서 사랑의 힘"에 대한 일련의 강연을 통해서 자신의 생각을 더욱 더 안으로, 그의 이상하게 두근거리는 심장의 문제로 몰아가고 있었다. 요양소에 도착하여 열차에서 내렸을 때부터 알프스의 공기 때문에 심장이 이미 빠르게 뛰기 시작했기 때문이다. 그러나 이와 연결된 전체적 흥분의 느낌에는 적절한 대상이 없었는데, 마침내 그의 마음은 산에 온 지 며칠 뒤부터 저절로, 저항할 수 없이, 집요하게, 불그스름한 금발을 땋아 기른 여자, 아시아인, 키르기스인의 눈을 가진 여자에게로 향하기 시작하였다.

크로코프스키는 말한다. "병의 모든 증상들은 사랑의 위장된 표현에 불과합니다. 병은 변형된 사랑일 뿐입니다."[28] 제지를 당하자 크로코프스키는 사랑의 힘이 몸 안에 있는 어떤 미지의 물질에 영향을 미쳐 몸 전체를 감염시키는데, 이 물질은 해체되면서 독소를 방출한다고 설명한다. 한스는 나중에 사촌에게 이 문제에 대하여 이야기하면서 이렇게 말한다. "옛날 이야기에 나오는 사랑의 미약 전설 같은 데에도 무언가가 있는 것인지 모른다고 믿게 되더라니까."[29]

그러나 한스에게 죽음과 삶 사이의 선을 분명하게 해준——한스가 그의 살아 있는 무덤으로서의 자신의 몸을 흘끗 본 뒤에——사람은 베렌스였다. 베렌스는 살아가는 것은 죽어가는 것으로 이루어져 있다고 말한다. 썩는 것만이 아니라 사는 것도 최종적으로는 산화(酸化), 즉 세포 알부민의 연소 과정이기 때문이다. 그래서 사람들이 때때로 열이 너무 심하게 나곤 하는 것이다. "그럼에도 차이는 있소. 삶은 내용 변화를 통하여 형식을 유지하는 것이오."[30]

그렇게 해서 한스 카스토르프가 클라브디아의 죽어가는 몸의 경이에 에로틱하게 취해서 카니발 때 묘하게 현학적으로 그녀에게 다가간 일이 마무리되어 갈 무렵, 보라! 새로운 날의 태양처럼 아폴론적인 빛과 같은 구원의 말이 나타나더니——형식의 거룩한 경이!(sainte merveille de la forme!)——그의 말의 말미에 개진되어 나아가기 시작한다.

그는 말한다. "몸과 몸의 사랑은 천한 일이고 귀찮기도 하다. 몸은 자신이 두렵고 수치스러워 그 표면에서 붉어지고 창백해진다. 그러나 몸은 또한 웅장하고 숭배할 만한 영광이며, 유기적 생명의 기적적 이미지이며, 형식과 아름다움의 거룩한 경이이다. 나아가서 그것, 즉 인간의 몸에 대한 사랑은 전적으로 인도주의적인 관심이며, 이 세상의 모든 교육보다도 훨씬 더 큰 가르침을 주는 힘이다."[31]

이렇게 해서 만이 '생명의 섬세한 자식'이라고 부르는 사람은 그의 삶의 정오에 역사와 그 사건들로부터 연금술적으로 봉인되고, 과학과 철학의 증기에 영향을 받아 자신의 몸의 신비와 헌신의 열을 품고 있다가 자기 나름의 부드러운 방법으로 영적인 중심 잡기와 헌신의 경험에 이르게 된다. 만은 이러한 과정을 "연금술적 교육"이라고 부른다. 이렇게 해서 소설의 2부는 주인공이 삶을 촉진하는, 자기 일관성이 있는 지혜의 이런 중심점을 근거로 성숙하는 과정을 다룬다. 그 뒤에——"바퀴가 저절로 굴러가듯이"——한스는 자발적으로 그곳을 떠나, 자신의 행위가 무슨 의미인지 완전히 자각을 한 상태에서 의리와 사랑으로 자신의 민족에게 전장(1914년)에서 문자 그대로 자신을 내어주게 된다. (단테의 노년과 "수여" 행위와 비교해보라.)

카를 융(Carl Jung)은 토마스 만이 『마의 산』을 쓰던 시기(1912-1921년경)에 그 나름의 방법으로 혼자서 심리와 그 신화적 상징 양쪽의 해석에 이르게 되었는데, 이것은 만의 경우와 놀랍게 일치한다. 만은 1936년 "프로이트와 미래"라는 제목의 연설에서 너그럽게 이런 사실을 인정하였다. 두 사람은 동갑이었고(만, 1875-1955년 ; 융, 1875-1961년), 따라서 제1차 세계대전 직전, 그 기간, 그 후라는 참담한 시절에 그들의 삶의 정점을 함께 지나갔다. 어떤 면에서는 유럽 자체가 그랬다고도 말할 수 있다. 어쨌든 그들과 같은 시대 사람인 역사가 오즈발트 슈펭글러(Oswald Spengler, 1880-1936년)는 그렇게 생각하였는데, 그의 걸작 『서양의 몰락(The Decline of the West)』은 1923년에 간행되었으니, 1922년에 나온 『율리시즈』와 1924년에 나온 『마의 산』의 딱 중간이다. 나아가서 1921년에는 레오 프로베니우스의 『파이데우마(Paideuma)』가 나왔다. 역사적 깊이를 바탕으로 심리와 그 상징적 형식들을 인류학적으로 연구한 이 책은 인간의 영적 차원의 새롭고 힘찬 전망을 열어주었다(유럽의 마의 산 주위와 아래에서).

〔융은 말한다.〕 꿈의 전형적인 모티프들은…… 신화의 모티프들과 비교해볼 만하다. 신화적 모티프들——특히 프로베니우스가 이 모티프들을 수집하는 데 특별한 성과를 거두었다——가운데 다수는 꿈에서도 발견되는데, 이 모티프들은 정확하게 똑같은 의미를 가지는 경우가 많다.…… 꿈의 전형적인 모티프들을 신화의 모티프들과 비교해보면 꿈-생각을 계통 발생적으로 사고의 더 오래된 방식으로 간주해야 한다는 생각——이미 니체가 제시하였던 생각이다——이 든다.…… 인간의 정신도 신체처럼 계통발생적 발전의 흔적들을 지니고 있다. 따라서 꿈의 상징적 언어가 사고의 옛 형식으로부터 살아남은 것이라고 하더라도 놀랄 것은 없다.[32]

『마의 산』에서 한스 카스토르프의 삶 안의 죽음의 신비에 대한 정오의 명상은 「눈」이라는 제목의 장에 나온다. 이 장에서 이제 머리와 마음에 경험이 가득하여 순진하지도 젊지도 않은 여행자는 스키를 타고, 기술보다는 대담한 마음으로 혼자 출발한다. 그는 광대한 알프스의 고요 속에서 곧 길을 잃었음을 깨닫는다. 그는 약간 겁이 났기 때문에 힘을 얻기 위하여 포트와인을 마시는데, 술기운 때문에 눈에 갇힌 산 오두막에 기대어 잠이 들게 된다. 거기서 그는 처음 보는 풍경이 나타나는 아름다운 꿈을 꾼다. 그 태양이 찬란한 아름다운 그리스 세계에서 사람들은 이오니아식 주랑 사이를 엄숙하고 우아하게 걸어다닌다.

이것은 만이 니체의 『비극의 탄생(Birth of Tragedy)』의 마지막 몇 문단으로부터 끌어온 꿈인데, 그 부분은 니체의 이 작품의 중심 주제인 디오니소스와 아폴론 사이의 상호적 관계를 예시하는 대목이다. 이들은 각각 어둡고 비인격적인 의지(〈그림 3〉, 제10단계)의 힘과 형식의 아름다움(제16단계)의 힘을 상징한다. 니체는 이렇게 말한다. "디오니소스적인 존재 근거는 아폴론의 변용의 힘에 의해서 통제될 수 있는 만큼만 개인의 의식으로 들어갈 수 있다. 따라서 예술의 이 일차적인 두 원리는 영원한 균형의 법칙에 따라 상호적으로 그들의 힘을 펼쳐나간다.…… 이런 상호성은 필연적이기 때문에, 자기도 모르게 옛 그리스의 장면으로 돌아가 본 적이 있는(설사 꿈에서만이라 하더라도) 사람은 누구나 그것을 직관적으로 알 것이다."[33]

니체가 상상한 꿈을 꾸는 사람처럼 한스 역시 목가적인 고귀함과 아름다움의 장면으로 돌아갔다. 이전에 꿈을 꾸던 사람이 아이스킬로스의 안내를 받아, 주신적인 광기에 사로잡힌 신의 힘이 무시무시하기 때문에 그 광기를 통제하기 위하여 그런 찬란한 아름다움이 필요하다는 것을 배웠듯이, 한스도 마음속에서 그의 눈앞에 펼쳐진 아름다움에 탄성을 내지르면서도 그의 뒤에는 어둠, 죽음, 피의 사원이 있어, 그곳에서 반라의 잿빛 노파가 마녀의 젖퉁이를 흔들면서 잔인한 침묵 속에 큰 솥 위에서 아이를 찢고 있다는 것을 깨닫게 된다. 한편으로는 이런 계시 때문에 겁에 질린 채, 다른 한편으로는 여전히 그 아름다움에 매혹당한 채 잠에서 깼을 때, 그의 마음속에 그 의미가 갑자기 나타난다. 그 의미는 나프타, 세템브리니와 대화를 나눌 때 처음 들었던 말에 요약되어 있는데, 어떤 의미에서는 이제 두 사람은 그 의미를 모른다. 그 말은 호모 데이(Homo Dei, 신의 인간)이다. 융은 말한다. "신화는 인간 안에서 신성한 삶이 드러나는 것이다."³⁴⁾ 한스에게는 이 꿈이 그러하였다.

한스는 생각하였다. 삶과 죽음의 주인은 인간, 호모 데이이다. 그들이 아니라, 그 자신만이 고귀하다. 삶보다 더 고귀한 것은 그의 마음의 경건성이다. 죽음보다 고귀한 것은 그의 사고의 자유이다. 이성이 아니라 사랑이 죽음보다 강하다. 이성이 아니라 사랑이 부드러운 생각을 주고, 사랑과 부드러움은 형식을 준다——피의 잔치를 말 없이 인식하는 형식과 문명. 한스는 결론을 내린다. "나는 내 마음속의 죽음을 충실히 지킬 것이다. 그러나 죽음을 지킨다고 할 때, 그것이 생각과 행동을 지배하도록 허용하는 순간, 과거는 악성(惡性)으로 바뀌고, 불길하게 관능적이고 염세적으로 바뀐다. 부드러움과 사랑을 위해, 인간은 죽음이 사고를 지배하는 것을 허용하지 말아야 한다. 이와 함께 나는 깬다."³⁵⁾

융은 말한다. "꿈은 심리의 가장 안쪽에 있는 가장 은밀하고 후미진 곳으로 들어가는 감추어진 작은 문이다. 이 문은 저 우주의 밤으로 통하는데, 이것은 에고 의식이 존재하기 오래전 심리의 모습이었으며, 우리의 에고가 아무리 멀리 확대된다고 하더라도 늘 우리의 심리로 남아 있을 것이다.…… 모든 의식은 분리된다. 그러나 꿈에서 우리는 원시의 밤의 어둠 속에 살고 있는 더 보편적이고, 더 진실하고, 더 영원한 인간을 닮는다. 그 인간은 여전히 전체이며, 전체는 그의 안에 있어, 자연과 구별이 되지 않고 모든 에고적인 것을 벗고 있다."³⁶⁾

헤시오도스, 파르메니데스, 소크라테스, 플라톤의 이야기를 들어보면,³⁷⁾ 고대 세계에서 그 전체의 창조적 에너지를 상징하는 신은 에로스였다.

>누가 팔다리의 힘을 부수는가
>모든 신 가운데, 모든 인간 가운데
>누가 가슴 속의 지성과
>그 모든 빈틈없는 계획을 제압하는가.³⁸⁾

융은 이 고전적인 관념에 대한 논평에서 이렇게 말한다.

에로스는 그 신성이 우리 인간의 한계를 초월하는 신, 따라서 파악할 수도 없고, 어떤 식으로도 표현할 수 없는 신으로 여겨졌다. 나 역시 나 이전의 많은 사람들이 시도하였듯이, 그 활동 영역이 하늘의 무한한 공간으로부터 지옥의 어두운 심연에까지 이르는 이 다이몬(신과 인간 사이의 초자연적 존재/역주)에 대한 접근 방법을 하나 제시해볼 수도 있다. 그러나 사랑의 계산 불가능한 역설들을 적절하게 표현할 만한 말을 찾는 과제를 마주하니 말이 제대로 나오지 않는다. 에로스는 모든 높은 수준의 의식의 창조자이자 아버지-어머니인 코스모고노스(kosmogonos, 우주의 창조자라)이다. 나는 이따금씩 "내가 인간의 여러 언어를 말하고 천사의 말까지 한다고 하더라도 사랑이 없으면"이라는 바울의 말이 모든 인식의 첫번째 조건이며, 신성의 정수가 아닌가 하는 생각이 든다...... 사랑은 "모든 것을 덮어주고", "모든 것을 견디어 낸다"(「고린도전서」 13 : 7). 이 말이 모든 말을 대신하고 있다. 여기에 아무것도 덧붙일 수가 없다. 우리는 가장 심오한 의미에서 코스모고노스의 "사랑"의 희생자이자 도구이기 때문이다.[39]

동양의 보살은 시간을 초월한 지혜(bodhi)와 시간과 관계된 동정심(karuṇā)라는 양쪽 측면에서 이 원리를 나타내며, 시바는 원형적인 요기이자 링감(liṅgam, 음경)의 인격화로서 같은 존재를 더 일찍 표현하고 있다. 디오니소스, 오르페우스를 비롯하여 신비주의의 다른 인물들은 이 코스모고노스의 힘의 표현의 다양한 측면들이며, 기독교권에서 이 힘의 신화는 십자가에 처형당한 구속자(〈그림 9〉)에 집중되어 있다. ("나를 보는 사람은 나를 보내신 분도 보는 것이다." "아버지와 나는 하나이다.")[40] 우리가 듣는 바에 따르면 우리는 우리의 인간성을 통하여 그리스도의 인간성과 관련을 맺고, 그리스도는 자신의 신으로서의 지위를 통하여 우리를 신성과 연결시킨다(cRx).* 반면 보살의 경우 각 사람은 자신의 예지적 불성의 거울 대 자연을 인식해야 한다($c \neq = x$).** "플로리 그리스도, 스티븐 그리스도, 조이 그리스도, 블룸 그리스도, 키티 그리스도, 린치 그리스도." 조이스는 매음*굴 장면에서 그렇게 썼다. 파이레피츠,

---

\* 410쪽 참조.
\*\* 488쪽과 410쪽 참조.

파르치팔, 그들의 아버지 가무레트 등 이 셋은 하나이다. 볼프람 폰 에셴바흐는 그렇게 썼다. 호모 데이의 비이원적 지식에 적절한 이미타치오 크리스티(Imitatio Christi, 그리스도를 본받아)는 신 또는 여신 '에로스-아모르', '코스모고노스'의 인격을 인식하는 것이어야 한다. 구할 수도 없고 찾을 수도 없는, "저 바깥" 어딘가, 초월한 곳 어딘가가 아니라, 그리스도처럼 자기 내부에서 그것을 인식해야 한다. 그리고 자신만이 아니라, 만물, 모든 사건에서 인식해야 한다. 모든 개인 내부에서, 모든 개인은 조악하든, 훌륭하든, 아주 훌륭하든 다 신의 가면이니 말이다.

## 2. 상징화

1.
인도의 『만두키아 우파니샤드(Mandukya Upanishad)』는 신비한 음절 아움(AUM)의 네 가지 요소를 분석하고 설명하면서 상징의 분류에 대한 시금석을 제공한다.

이 텍스트는 이렇게 시작된다. "아움, 이 불멸의 소리는 눈에 보이는 우주 전체이다. 그 설명은 다음과 같다. 이미 이루어진 것, 이루어지고 있는 것, 앞으로 이루어질 것——진실로, 이 모든 것이 소리 아움이다. 그리고 시간 세계의 이 세 가지 상태를 넘어서는 것——그것 역시 소리 아움이다."[41]

이어 A라는 요소는 '깨어 있는 의식'과 그 세계(이미 이루어진 것)를 가리킨다고 나온다. U라는 요소는 '꿈 의식'과 그 세계이다(이루어지고 있는 것). M이라는 요소는 '깊고 꿈 없는 잠'과 무의식 상태(앞으로 이루어질 것)이다. 네번째 요소, 즉 아움 앞과 뒤와 주위의 침묵은 에르빈 슈뢰딩거가 앞서 인용한 구절에서 가리키고 있는* "의식 자체"의 절대적이고 제한 없고 조건 없는, 상태 아닌 상태를 의미한다.

---

* 727-729쪽 참조.

자세한 해설을 들어보자. 우선 A라는 요소.

밖으로 향한 '깨어 있는 의식'은 '모든 인간에게 공통'이라고 부른다. 그 대상들은 거친 물질이며, 이 대상들은 서로 분리된다. a는 b가 아니다. 이 대상들은 감각으로 지각하고, 정신으로 이름을 붙이며, 바람직한 것이나 두려운 것으로 경험된다. 이것들은 괴테가 말하는 "이루어지고 고정된 것, 즉 죽은 것"을 구성하며, 오성(Verstand)이 "오직 이용하기 위해서" 관련을 맺는다.* 이것은 경험 가운데 메피스토펠레스가 파악하고 통제하는 측면이다. 또한 경험적인 사람의 세계로, 그의 욕망과 두려움, 의무와 법과 통계와 경제와 "확실한 사실"들로 이루어진다. 이것은 스티븐 디덜러스가 판단하였듯이, 삶에 의해서 뒤에 남겨진 껍질들의 세계이다. "크러시, 크랙, 크릭, 크릭. 거친 바다의 화폐."⁴²⁾ 돈과 증권, 진부한 것과 고정된 형식들. 이것은 황무지이며, 단테의 지옥이다. 자연주의적 예술과 지적인 추상의 세계이다. 그 상징의 질서에 대해서는 현재 루드비히 비트겐슈타인(Ludwig Wittgenstein)의 당당한 『논리철학 논고(Tractatus Logico-Philosophicus)』에서 가장 잘 살펴볼 수 있다. 다음은 그의 빈틈없고 딱딱한 공식에서 골라본 것들이다.

명제 2.1 "우리는 우리 자신에게 사실의 그림을 그린다." 2.12 "그림은 실재의 모형이다." 2.161 "그림이, 그려지는 것의 그림이 될 수 있으려면, 그림과 그려지는 것 속에는 무엇인가 동일한 것이 있지 않으면 안 된다."

명제 3 "사실들의 논리적 그림이 생각이다." 3.1 "명제에서 생각은 감각적으로 지각될 수 있게 표현된다." 3.31 "나는 명제에서 그 의미의 특징을 이루는 부분을 표현(상징)이라고 부른다……." 3.32 "기호는 상징에서 감각적으로 지각될 수 있는 것이다."

명제 4 "생각은 의미 있는 명제이다." 4.001 "명제들의 총체가 언어이다." 4.11 "참된 명제들의 총체는 전(全) 자연 과학(또는 자연과학들의 총체)이다." 4.111 "철학은 자연과학들 가운데 하나가 아니다……." 4.112 "철학의 목표는 생각의 논리적 명료화이다…… 철학은 이를테면 혼탁하

---

* 454쪽 참조.

고 흐릿한 생각을 명료하게 하고 예리하게 경계지어야 한다." 4.1121 "심리학이 다른 어떤 자연과학보다 철학과 더 밀접한 관계를 가지는 것은 결코 아니다. 인식론은 심리학의 철학이다⋯⋯." 4.116 "생각할 수 있는 모든 것은 명료하게 생각될 수 있다. 말로 표현할 수 있는 모든 것은 명료하게 말로 표현할 수 있다⋯⋯."[43]

버트란드 러셀(Bertrand Russell)은 이와 똑같은 묘비명적 정신에서 상징화의 목적에 대한 자신과 비트겐슈타인의 생각을 한 문장으로 정리하였다. "언어의 핵심적인 과제는 사실을 주장하거나 부정하는 것이다."[44] 그러나 지금까지 언어의 좀더 일반적인 과제는 행동에 동기를 부여하는 것이었고, 이 목적을 위하여 두려움, 분노, 욕망을 불러일으키고, 신조를 주입하고, 발뺌하고, 협박하고, 세뇌하는 것이었다. 실제로 "사실"을 주장하거나 부인하는 것은 언어가 사용되어 온 목적 가운데는 가장 미미한 쪽에 속한다. 이 명료함의 대가가 "허구"라는 솔직한 표현을 사용하였으면 더 좋았을 뻔하였다. 니체가 이미 알고 있었듯이, "생각할 수 있는 모든 것은 허구일 수밖에 없기" 때문이다. "눈에는 여러 종류가 있다. 심지어 스핑크스에게도 눈이 있다. 따라서 진리에도 여러 종류가 있다── 따라서 진리는 없다."[45] "진리는 생각하는 주체가 살아가는 데에 반드시 필요한 잘못이다." "논리의 기초가 되는 전제는 현실 세계와 전혀 일치하지 않는다."[46]

인식의 바깥으로 향한, "모든 사람들에게 공통"인 "객관적인" 질서에 주로 관련된 심리적 기능은 감각과 사고이다. 반면 느낌과 직관은 안으로, 사적인 영역으로 이끈다. 융은 이렇게 말한다. "느낌의 고통-쾌락 반응은 대상의 주관화의 가장 높은 수준을 보여준다." 직관은 의식 밑의 요인들에 대한 파악을 포함하는 지각 양식이다. "시각의 영역에 나타나지 않는 대상들, 대상이 실마리를 주지 않는 과거와 미래의 가능한 변화들과의 관계. 직관은 정위(현재의 환경이나 시간의 흐름 속에서 자연을 바르게 인식하는 능력/역주)의 순간에 다른 세 가지 기능에 의하여 확립될 수 없는 관계들에 대한 직접적 인식이다."[47]

조이스와 만의 예술에서 그렇게 인식된 의식 밑의 관계들은 그들의 작품에 풍부하게 나타나는 반향적인 모티프, 암시적인 유추, 상동 관계, 의미 있는 동시성 등에 의해서 드러난다. 『율리시즈』에서 되풀이해서 나타나는 "개" 모티프라든가, 『토니오 크뢰거』에서 음악적으로 전개되는 "검은 집시들"과 "파란 눈의 금발 여인들"의 대조적인 주제가 그런 예이다.*

이렇게 해서 우리는 아움의 두번째 요소인 U에 이르게 되었다.

'빛나는 존재'라고 부르는 '꿈 의식'은 안으로 향하며, 그곳에서 의지, 즉 "이루어지고 있는 것"의 운동과 일치한다. 그 대상은 거친 물질이 아니라 미세한 물질이며, 이것은 거친 물질처럼 밖으로부터 빛을 받는 것이 아니라, 불처럼, 해처럼, 스스로 빛을 발한다. '깨어 있는 의식'의 세계에서는 노(爐)의 불, 화장 장작의 불, 또 이글거리는 태양의 문도 이 비전의 세계로 통하는데, 이 세계는 모든 대립물의 쌍을 넘어서 있다. 여기서는 꿈을 꾸는 사람과 그의 꿈이 하나이며, 주체와 객체의 대립이 무너진다. 비전들이 그를 움직이는 힘이다. 비전의 인격화가 그의 신이다. 그러나 제대로 섬기지 못하면, 경멸하면, 무시하면, 그의 마귀가 된다. 나아가서 자연의 힘들은 꿈을 꾸는 이 사람에게든 저 사람에게든, 또는 자연의 대우주 자체에서든 각기 다르게 굴절될 뿐 똑같은 것이기 때문에, 꿈 속에서 인격화된 힘들은 세상을 움직이는 힘들이다. 모든 신들은 내부에 있다. 당신 내부에──세상 내부에. 비전들이 지옥의 비전이 되느냐 아니면 천국의 비전이 되느냐, 혼란스럽고 개인적인 비전이 되느냐 아니면 계몽적이고 일반적인 비전이 되느냐, 부정적이고 어둡고 괴물 같은 비전(단테의 머리가 셋 달린 사탄처럼)이 되느냐 아니면 긍정적이고 찬란한 비전(단테의 삼위일체처럼)이 되느냐 하는 것은 개인의 내적인 긴장과 이완, 균형과 불균형에 좌우된다. 지옥, 연옥, 천국은 내부에 있기 때문이다. 다만 괴테가 말한 "이루어지고 변하고 있는 것, 즉 살아 있는 것"──이것을 겪으면서 "거룩한 것을 향하여 노력하는 것"이 '이성(Vernunft)'의 관심이다──의 발화점에서 '꿈 의식'이 하나의 공포-기쁨을 경험히는 방식일 뿐이다. 여기시는 주체와 내상이든, 꿈을 꾸는 사람

---

\* 328-331쪽과 352-353쪽 그리고 389쪽 참조.

과 꿈이든, 욕망과 혐오이든, 공포-기쁨이든, 소우주와 대우주이든, 대립물의 모든 쌍이 일치한다.

프로이트는 오랜 세월 신경증 환자들의 환상을 연구한 끝에 얻은 통찰들에 기초한 획기적인 책 『꿈의 해석(The Interpretation of Dreams)』(1900년 출간)에서 환자들의 혼란스러운 개인적 불안과 집착에 모든 관심을 집중하였다. 이 불안과 집착이란 사실 환자들을 각자의 지옥에 묶어놓는 "죄"(신학적인 용어를 사용하자면)였으며, 프로이트의 동정심 어린 과학의 목적은 환자들을 그 죄로부터 해방시키는 것이었다. 스스로 유죄 선고를 내리고 고통을 겪는 그 비참한 사람들에게는 온세상이 곧 지옥이다. 말로의 『파우스투스 박사』에서 메피스토필리스가 그런 경우에 해당한다.

> 파우스투스. 당신은 어디서 저주를 받았습니까?
> 메피스토필리스. 지옥에서.
> 파우스투스. 그런데 어떻게 지옥에서 빠져나올 수 있었습니까?
> 메피스토필리스. 그곳은 지옥이지만, 나는 거기서 빠져나오지 않았다.
>     하느님의 얼굴을 보고
>     하늘의 영원한 기쁨을 맛본 내가
>     변치 않는 축복을 빼앗겼을 때
>     만 개의 지옥으로 고통을 받았다고 생각하지 않는가?[48]

다시 약간 뒤를 보면 다음과 같다.

> 파우스투스. 사람들이 지옥이라 부르는 것이 어디 있습니까?
> 메피스토필리스. 하늘 아래.
> 파우스투스. 그렇지요. 하지만 정확히 어디에?
> 메피스토필리스. 이 원소들의 내장 속,
>     우리가 지금 고통받고 있고 영원히 고통받을 곳에.
>     지옥에는 한계가 없고, 어느 한 장소에 둘레가 정해져 있
>     지도 않으니,

> 우리가 있는 곳이 지옥이요, 지옥이 있는 곳에 우리도 반
> 드시 있기 때문이다.
> 말을 맺으니, 온 세상이 해체될 때
> 모든 생물이 정화될 때,
> 천국이 아닌 모든 곳은 지옥이 될 것이다.
> 파우스투스. 아니, 나는 지옥이 우화라고 생각하는데요.
> 메피스토필리스. 그래, 계속 그렇게 생각하라. 경험이 그대의 마음을 바꿀
> 때까지.[49]

프로이트는 초기 논문인 『일상 생활의 정신병리(The Psychopathology of Everyday Life)』(1904)에서 이렇게 썼다. "나는 가장 현대적인 종교에까지 들어와 있는, 세계의 신화적 개념 가운데 큰 부분이 외부 세계에 투사된 심리에 불과하다고 생각한다. 사람들은 무의식의 심리적 요인과 관계들에 대한 희미한 지각(말하자면 심리 내부에 대한 지각)을 모델로 삼아 초월적 실재를 구축하였으며, 따라서 이것은 과학에 의해서 다시 무의식의 심리학으로 바뀔 운명에 처해 있다.…… 우리는 감히 이런 식으로 낙원과 인간 타락의 신화, 하느님의 신화, 선과 악의 신화, 불멸의 신화 등을 설명하고자 한다. 즉 형이상학(metaphysics)을 메타-심리학(meta-psychology)으로 바꾸어 보겠다는 것이다."[50]

니체의 『인간적인, 너무나 인간적인(Human, All-Too-Human)』(1878)에서도 마찬가지이다. "문화가 시작되던 엉성한 시기에 인간은 꿈속에서 제2의 현실 세계를 발견하였다고 믿었으며, 이것이 모든 형이상학의 기원이다. 꿈이 없었다면 인류는 결코 그런 세계의 분할을 만들어낼 계기를 얻지 못하였을 것이다. 영혼과 몸의 분열 역시 꿈의 해석의 이런 방법과 관련된다. 영혼이 유령 같은 몸이라는 관념도 마찬가지이다. 여기서 유령에 대한 믿음, 그리고 아마 신들에 대한 믿음도 나왔을 것이다."[51] 이 책 696-697쪽의 오컴과 비교해보라.

이미 말하였듯이, 프로이트는 자신의 과학에서 주로 병리에 관심을 기울였다. 그는 꿈의 상징들을 알레고리로 읽었다. 그 상징들은 꿈을 꾸는

사람이 유년에 주로 부모적인 인물들로부터 받은 심리적 충격을 위장된 방식으로 가리키는 것으로 보았다. 따라서 프로이트는 꿈에서 신화로 시선을 돌릴 때도, 신화가 어떤 민족이 과거 형성기에 받은 비슷한 충격의 증상이라고 진단하였다. 그는 『토템과 터부(*Totem and Tabu*)』(1913)에서 이렇게 썼다. "우리는 대중의 심리라는 가정에 기초해서 모든 것을 생각하는데, 대중의 심리적 과정은 개인의 삶의 경우와 마찬가지이다. 나아가서 우리에게는 어떤 행위에 대한 죄책감이 수천 년 동안 살아남기도 하는데, 이 죄책감은 그 실제 행위에 대해서는 아무것도 모르는 세대에도 영향을 줄 수 있다."[52]

반면 융은 꿈과 신화를 해석할 때 역사와 전기보다는 모든 사람들이 한 평생 살면서 반드시 견디어야 하는 생물적 요인, 자연에의 입문, 존재감에 강조를 둔다.

〔융은 말한다.〕 내 견해에 따르자면, 무의식은 서로 분명하게 구분되는 두 부분으로 이루어져 있다. 하나는 개인적 무의식이다. 여기에는 개인의 삶의 과정에서 잊혀졌던 그 모든 심리적 내용물이 포함된다. 그 내용물의 흔적들은 그것에 대한 의식적 기억이 모두 사라졌다고 하더라도 여전히 무의식에 보존되어 있다. 나아가서 거기에는 에너지가 미약해서 의식에 이르지 못하는 모든 의식 밑의 인상이나 지각도 포함되어 있다. 여기에 너무 약하고 불분명해서 의식의 문지방을 넘지 못하는 관념들의 무의식적 결합도 더해야 할 것이다. 마지막으로, 개인적 무의식에는 의식적 태도와 양립할 수 없는 모든 심리적 내용물이 포함되어 있다. 여기에는 주로 도덕적, 미학적, 지적으로 받아들여질 수 없거나 양립이 불가능하기 때문에 억압되는 것들, 그 내용물 전 집단이 포함된다. 사람이 늘 선한 것, 진실한 것, 아름다운 것만을 생각할 수는 없다. 그러나 이상적인 태도를 유지하려고 노력하는 가운데 그것과 어울리지 않는 것은 자동적으로 억압된다. 분화된 개인에게는 거의 언제나 그렇지만, 하나의 기능, 예를 들어서 사고가 특별히 발전하여 의식을 지배하면, 감정은 배경으로 밀려나 대체로 무의식 속으로 떨어져버린다.

무의식의 또 한 부분은 내가 비개인적 또는 집단적 무의식이라고 부르는 것이다. 이름이 말해주듯이, 그 내용물은 개인적인 것이 아니라 집단적인 것이다. 즉 이 내용물은 한 개인에게 속하는 것이 아니라, 개인들의 전체 집단에 속한 것이며, 일반적으로 하나의 민족 전체, 심지어 인류 전체에 속한 것이기도 하다. 이런 내용물은 개인의 평생에 얻을 수 없는 것이며, 타고난 형식과 본능의 산물이다. 아이에게는 타고난 관념은 없지만, 그럼에도 매우 분명한 방식으로 기능하는 고도로 발전한 두뇌는 있다. 이 두뇌는 그 조상들로부터 물려받은 것이다. 이것이 전 인류의 심리적 기능의 저장소이다. 따라서 아이는 인류 역사 전체에 걸쳐 기능해온 것과 같은 방식으로 기능할 준비를 갖춘 기관을 가지고 태어나는 셈이다. 뇌 속에서는 본능이 작용을 하며, 늘 인간의 사고의 기초를 이루어 온 원시적인 이미지도 작용을 한다. 따라서 신화적 모티프들의 보물창고인 셈이다······.[53]

융 박사는 65년간 무의식에 대한 이론을 발전시켜 오면서(1896-1961, 똑같은 기간에 예이츠, 파운드, 엘리엇, 조이스, 만, 피카소, 클레 등의 막강한 창조적 예술가와 작가들 역시 아무런 길도 없는 똑같은 "어두운 숲"에서 각각 자신의 방향으로 탐사를 하고 있었다), 심리의 형성력을 가리키는 말로 "원형" 또는 "원시적 이미지"라는 말을 사용하는데, 우리는 이 연구의 첫 권인 『신의 가면 : 원시 신화』의 앞장들, 즉 제1장 「상속받은 신화의 수수께끼」, 제2장 「경험의 흔적」 등에서 그 점에 대하여 길게 논의한 바 있다. 그 이후 이 책의 모든 부분에서 이 변화무쌍하고 시간을 초월한 "형식"이 공간과 시간을 거치면서 겪는 변화를 체계적으로 연구해왔다. 이 형식을 시인 로빈슨 제퍼스는 "인간의 보이지 않는 규칙들/존재도 없으면서 그들을 낳는 것보다 더 현실적이고, 형체가 없으면서 그들을 만드는 것에 형태를 부여하는 것"이라고 부른 적이 있다.

   신경과 육체는 그림자처럼 움직이고, 팔다리와 생명은 그림자처럼 움직이고, 이 그림자들은 남아 있고, 이 그림자들
   그것에 성전이, 그것에 교회가, 그것에 노동과 전쟁이, 비전과 꿈이 바쳐진다.[54]

아돌프 바스티안(Adolf Bastian, 1825-1905년)은 원형의 지역적이고

역사적인 변형태에 대하여 "인종적 관념(Völkergedanke)"이라는 용어를 사용하였으며, 원형 자체에 대해서는 "기본적 관념(Elementargedanke)"이라는 용어를 사용하였다. 레오 프로베니우스는 역사적 표현에서 인종적 관념들의 기능적 집합을 나타내기 위하여 "문화 단자(單子)"라는 말을 사용하였다. 그의 관점에 따르면 그러한 "단자"의 집합을 이루는 힘은 어떤 매혹적인 존재에 의하여 영감을 받은 직관일 수 있다. 예를 들어서, 원시 사냥꾼들에게는 동물 세계라는 두드러진 존재가 있었는데, 그 세계에서는 덧없는 개체를 통하여 각각의 독특한 종의 영속성이 나타난다. 원시 경작자들에게는 식물 세계의 기적이 있었는데, 그 세계에서는 생명이 부패로부터 나온다. 수메르의 도시 국가에는 밤하늘의 경이가 있었는데, 거기에서는 행성, 달, 태양의 이동에서 수학적으로 계산 가능한 우주적 질서를 인식할 수 있었다.

프로베니우스에 따르면 사람들은 시간-공간에서 관찰 가능한 영역들 뒤와 안에 존재하는, 의식 밑의 관계들에 대한 그러한 계시를 경외감으로 받아들였다. 그리고 그와 관련된 현상들을 매혹된 눈으로 바라보았다. 이것들은 신화와 예배 체계에 이미지와 핵심적인 초점을 제공하였으며, 그 영향하에 있는 사회 집단은 이것을 통하여 직관으로 얻은 질서의 원리와 일치를 이루려고 하였다. 따라서 프로베니우스는 그의 신화 발생 연구를 통해서 환경에 속하는 현상들을 강조한 셈이다. 프로이트 역시 신화와 관련하여 주로 역사적 요인들을 다루지만, 그 자신의 시대에 이르기까지 환경에 관계없이 모든 신화, 예술, 종교, 문명의 핵심적 주제는 '어머니', '아버지', 자식' 사이의 필연적인 3각 로맨스에서 발생하는 욕망, 질투, 죄책감으로 얼룩진 핵심적인 인간 가족 드라마와 관련된 것임을 발견하였다.

그러나 신화의 형성에서는 양쪽 환경이 모두 중요하였다고 가정하는 것이 합리적이다. 예를 들어서, 원시적인 사냥 신화와 식물 신화의 경우나 시리아의 아스타르테와 성서의 야훼의 경우처럼 큰 차이가 나타나는 경우에는 물론 더 큰 환경적 요인이 일차적으로 주목을 받아야겠지만, 빈 출신의 부자가 정신분석학자 앞에서 공상을 하는 경우에는 자신의 반쯤 잊혀진 유년의 가족 드라마가 미로를 구축해놓았고, 그곳에서 그의 주인공 영혼이 길을 잃었다고 보아도 좋을 것이다.

제임스 조이스가 "인간의 고난——나는 여기에 "인간의 기쁨"이라는 말도 덧붙이고 싶은데——에서 엄숙하고 항상적인 것"이라고 부르는 것의 반영과 더불어, a) 자연 환경의 반영이든, b) 역사적인 부족이나 민족적 삶의 반영이든, c) 가족의 삼각관계의 반영이든, d) 인간의 성숙과 노화라는 필연적인 생물학적 과정의 반영이든, 모든 신화나 꿈 체계의 실제적인 이미지와 강조점들이 국지적 경험으로부터 나온다는 것은 분명하다. 반면 그 국지적 이미지들이 하는 "역할"들, 즉 "원형", "기초적인 관념"은 경험에 앞서는 질서에 속하는 것이 틀림없다. 즉 인간 종의 정신 신체적인 구조에 내재하는 플롯, 말하자면 운명 또는 **비르트**에 속하는 것이다.

의미와 영감에서 『마의 산』에서 한스 카스토르프가 품었던 꿈의 씨앗의 전개——크고 아름다운 전개——라고 할 수 있는 위대한 성서적 4부작 『요셉과 그의 형제들』의 첫 권 서두에서, 토마스 만은 모든 인간 삶과 문화의 지지대 역할을 해온 그 신화적 형태들의 기원을 탐구하는 학문의 후진(後進) 추진력에 대해서 쓰고 있다. 그는 이렇게 말한다. "우리가 더 깊이 잴수록, 과거의 낮은 세계 속으로 더 탐사하고 파고들수록, 우리는 역사와 문화에서 인류의 최초의 기초가 거대한 모습으로 드러나는 것을 발견하게 된다."[55] 이어서 만은 우리가 이미 고려한 바 있는 그 노시스파의 신화——시간이 시작되기 전 영혼의 하강 또는 "타락"으로서의 창조——에 기대어 진짜 낙원 동산은 영혼에 내재하며 창조에 앞선다고 말한다. "우리는 시간의 우물의 깊이를 재보았으나, 아직 우리 녹표에 이르지 못하였다. 인간의 역사는 인간의 의지의 산물인 물질 세계보다 더 오래되었으며, 인간의 의지에 의존하는 생명보다 오래되었다."[56]

융 또한 이렇게 말한다. "심리의 깊은 '층'들은 어둠 속으로 깊이 물러날수록 그 개별적인 독특함을 잃어버린다. '아래로 내려가면', 즉 자동적인 기능 체계에 다가가면, 점점 집단적이 되어 마침내 보편화되면서 신체의 물질성, 즉 화학적 내용 속에 소멸되어버린다. 신체의 탄소는 탄소에 불과하다. 따라서 심리는 '바닥에서'는 단순히 '세계'이다."[57]

여기서 '자아'가 인간의 형태로 나타나 이 창조물 전체가 되었다고 하는 『우파니샤드』의 신화,[58] 그리고 의지──전체적으로 우리의 의지이면서 그 안에서 우리 각자가 전부인 의지──로서의 세계라는 쇼펜하우어의 견해를 떠올리지 않을 수 없다.

그러나 심리의 이 일차적 질서인 "원형"을 결정된 내용으로 생각해서는 안 된다.

〔융은 말한다.〕 나는 계속해서 원형이 그 내용과 관련하여 결정이 되어 있다, 다시 말하면 그것이 일종의 무의식적 관념(이런 표현을 사용해도 좋다면)이다, 하는 그릇된 생각과 마주친다. 따라서 다시 한번 원형은 그 내용에서 결정된 것이 아니며, 오직 그 형식에서만 결정이 되어 있는데, 그나마 매우 한정된 수준으로만 결정되어 있다는 점을 지적해두어야겠다. 원시적인 이미지는 그것이 의식적이 될 때에만, 즉 의식적 경험이라는 재료로 채워질 때에만 그 내용이 결정된다. 그러나 그 형식은…… 어쩌면 수정(水晶)의 축 체계에 비유할 수도 있겠다. 이 축 체계란 말하자면 수정의 모체가 되는 액체에서는 수정의 구조를 이루지만, 그 자체가 물질적 존재를 가진 것은 아니다. 축 체계는 이온과 분자가 집적되는 특정한 방식에 따라 나타난다. 원형 자체는 텅 비고 순수하게 형식적이며, 파쿨타스 프라에포르만디(facultas praeformandi), 즉 선험적으로 주어진 표현 가능성에 불과하다. 표현 자체는 내재된 것이 아니라 형식만 내재된 것이며, 이런 점에서 역시 형식만 결정되어 있는 본능과 모든 면에서 일치한다. 원형과 마찬가지로 본능의 존재 역시 구체적으로 표현되기 전에는 증명을 할 수 없다.[59]

이렇게 해서 우리는 U 요소의 영역으로부터, 잠재성 또는 "앞으로 이루어질 것"이 있는 M의 영역, 즉 '꿈 없는 깊은 잠'의 영역으로 들어가게 된다.

『우파니샤드』는 말한다. "여기서 꿈을 꾸는 사람은 바람직한 것을 바라지도 어떤 꿈을 바라보지도 않는다. 그는 나뉘지 않았기 때문에 분화되지 않은, 동질적인 의식 덩어리이며, 행복으로 이루어져 있고 행복을 먹고 살며, 그의 유일한 입은 영이다. 그는 여기서 '아는 자'이다. 만유의 주이며, 모든 것을 아는 자이며, 안에 거하는 통제자이며, 만유의 원천 또는 생식의 자궁이다. 존재의 시작이요 끝이다.″[60]

'깨어 있는 의식' 또는 '꿈 의식'의 관점에서 보자면 '깊은 잠'은 어둠, 단순한 공백처럼 보인다. 그러나 거기서 꿈이 쏟아져나오며, 거기서 깨어 있음이 나온다. 나아가서 모든 것이 다시 그 안으로 사라진다.

스티븐 디덜러스가 블룸의 성, 블룸의 성전, 그의 가정——블룸은 그곳에서 그의 여신 몰리와 함께 사는데, 몰리는 그 시간에 위층 침대에 있다——의 지하실에서 블룸과 부엌 대화를 쫓아 사라져버리는 곳도 그 어둠이다. 블룸이 2층으로 올라가 그의 여신의 동굴에서 침대, 그의 '십자가'에 올라갔을 때 그가 사라지는 곳도 그 어둠이다.

어떻게?
언제나 (그 자신의 또는 다른 사람의) 거처에 들어갈 때처럼, 신중하게. 침대 이불의 뱀처럼 서린 달팽이형의 스프링이 낡은데다가, 놋쇠고리와 불쑥 내민 독사형의 침대살이 늘어져, 압력 때문에 흔들거리는지라, 몹시 우려하면서 : 정욕 또는 독사의 소굴 아니면 매복소로 들어갈 때처럼, 조심스럽게 : 될 수 있는 한 방해가 되지 않도록, 살며시 : 임신과 출산 그리고 결혼의 완성과 결혼의 파기의, 수면과 죽음의 침상에, 겸허하게.

그가 사지를 점차로 뻗었을 때, 무엇과 부딪혔는가?
깨끗한 새 침대보, 부수적인 여러 가지 향기, 그녀의 소유물인, 여성 육체의 존재, 자신의 것이 아닌, 남성의 육체가 남긴 흔적, 몇 개의 빵 조각, 다시 요리된, 몇 조각의 통조림 고기, 이들을 그는 치워버렸다.

만일 그가 웃음을 지었다고 하면 무엇 때문에 그는 웃음을 지었는가?
곰곰 생각하건대 침대에 들어온 모든 남자는 자기 자신을 그곳에 처음 들어온 사람이라고 상상하지만, 비록 그가 이후의 계열에서는 최초의 항이라고 할지라도, 인세나 진기 계열에서는 최후의 항에 해딩될 뿐이고, 긱자는 자신을 최초요, 마지막이요, 유일 단독이라고 생각하는 반면 실은 무한에서 기원하여 무한으로 반복되는 계열에서 그는 최초도 마지막도 또 유일 단독도 아닌 것이다.[61]

여신 몰리는 약간 잠을 깨, 졸린 목소리로 묻고, 돌아온 배우자의 그날의 오디세이아를 대답으로 듣는다. 단테의 하늘로의 상승인 『신곡』의 마지막에 신의 궁극적 비전을 보는 시인은 '세 인격'의 머리 위로 경이로운 '살아 있는 빛'을 보았는데, 삼위일체 자체도 그 빛의 반사였다. 단테는 이 빛에 대하여 이렇게 말한다.

그 깊고 맑게 존재하는 높은 '빛' 안에 세 가지 색깔로 이루어지고 하나의 크기를 가진 세 개의 원이 나타났다.[62]

메리언이 그의 이야기를 듣고 있을 때 그녀과 레오폴드 블룸의 간통으로 얼룩진 결혼 침대 위의 천장에는 무엇이 있었을까?

갓을 씌운 램프 위로 뻗친 반사, 명암의 여러 가지 농담(濃淡)을 지닌 동심원의 가변적 연속.

어떤 방향으로 듣는 사람과 말하는 사람은 누워 있었는가?
듣는 사람은 동남동으로 : 말하는 사람은 서북서로 : 북위 53도, 서경 6도 지점에 : 적도와 45도의 각도로.

어떠한 휴식 또는 운동 상태로?
그들 자신 및 각자로서는 상호 휴식 상태로. 결코 변하지 않는 공간에서 언제나 변하는 궤도를 통하여 지구의 고유한 끊임없는 운동에 의하여, 각기 한 사람은 앞을, 그리고 한 사람은 뒤를 향해서. 양자 다 함께 서쪽으로 움직이고 있는 운동 상태로.

어떤 자세로?
듣는 사람 : 반쯤 몸을 왼쪽으로 기울이고, 왼손으로 머리를 괸 채로, 오른쪽 다리를 구부린 왼쪽 다리 위에 올려놓고 일직선으로 뻗어, 마치 가이아-텔루스의 충만하며, 가로누운 채, 종자로써 배를 부풀게 하고 있는 자세로. 말하는 사람 : 왼쪽으로, 몸을 완전히 기울이고, 오른쪽과 왼쪽 다리를 모두 구부린 채, 오른손의 집게 손가락과 엄지손가락을 콧마루에 올려놓고,

마치 퍼시 앱존이 찍은 스냅 사진에 묘사된 태도로, 피로에 지친 성인남아, 자궁 속의 남아성인의 자세로.

자궁? 피로?
그는 휴식하고 있다. 그는 여행을 마쳤다.

누구와?
뱃사공 신바드 그리고 재단사 틴바드 그리고 간수 진바드 그리고 고래잡이 윈바드 그리고 열심인 사람 닌바드 그리고 실패자 핀바드 그리고 물 퍼내는 사람 빈바드 그리고 물통 만드는 사람 핀바드 그리고 우편배달부 민바드 그리고 호출계 힌바드 그리고 비웃는 사람 린바드 그리고 채식주의자 딘바드 그리고 전율하는 사람 빈바드 그리고 경마도박자 린바드 그리고 폐결핵 환자 신바드.

언제?
컴컴한 침대로 가자, 백주의 사나이 다킨바드의 로크(아라비아의 전설에 나오는 새로, 실제로는 없는 것을 가리킨다/역주)와 닮은 모든 바다오리의 밤의 챔대 속에 뱃사공 신바드의 로크를 닮은 바다오리의 네모지고 둥근 알이 한 개 놓여 있었다.

어디로?[63)]

●

밤 세계와 빛, 즉 모든 대립물의 쌍이 사라지는 심연과 그것들이 "모든 사람들에게 공통"으로 지속되는 낮에 대한 조이스와 만의 태도에는 중요한 차이가 있다. 이미 지적한 것처럼, 이 두 대가는 서로를 잘 모르고 있기는 하였지만, 그들의 발전의 단계마다 평행선을 그려가고 있었다. 둘 다 사실주의적이고 사회학-심리학적인 19세기 소설의 '깨어 있는 의식'의 세계의 양식에서 출발하였으며, 각각 젊은 등장 인물을 통해서 자신의 민족의 경제적, 사회적, 정치적 이해관계로부터 분리되는 이야기를 하였다. 스티븐 디덜러스가 말한 대로, "그의 정신이 구속 없는 자유 속에서 자신을 표현할 수 있는 삶 또는 예술의 양식을 찾기 위해서"⁶⁴⁾였다. 토니오 크뢰거가 리자베타에게 보낸 편지에서 말한 "에로틱 아이러니", 스티븐의 미학 이론──적절한 예술과 부적절한 예술, 정적인 예술과 동적인 예술의 미학 이론*──은 서로 다른 측면에서이기는 하지만 똑같이 미학적 정지에 대한 감각을 나타낸다. 이것은 감각, 사고, 감정, 직관 등 모든 기능이 예술가의 개인적 의지에 대한 봉사로부터 해체되는 순간, 부처의 '부동의 지점'처럼 에고로부터 자유로워져서(적어도 그 순간에는) 두려움과 욕망으로부터 해방되는 순간이다. 대상에 의해서 고정되어 "자기 자신을 벗어나는" 순간이다. 보통 생물학적으로는 호전적이고 정욕적인 유기체에 봉사하는 기관인 눈──먹이를 찾아 세상을 살피고 위험을 평가한다──은 미학적 순간에는 개인적 관심을 털어버리고, 그럼으로써 헬리콘산 정상에서 수금을 들고 있는 아폴론의 '세계의 눈'으로 보듯이 만물을 바라본다. 그렇게 되면 천체들의 음악인 '세계의 노래'가 들리고 (노래하는 "침묵의 탈리아"), 괴테가 유명한 시에서 말하듯이 "그때 만물로부터 삶의 기쁨이 흐른다."*

『율리시즈』와 『마의 산』은 심하게 훼손당한 현재의 인류가 그러한 세계의 눈을 통해서 본 비전들이다. 인물과 사건들은 겉으로 보기에는 서로 떨어져 있지만──사회적, 심리적, 사실주의적 소설의 비전의 영역에서처럼──예술의 연금술에 의해서 마치 꿈의 영역에서처럼 하나로 드러난다. 스티븐의 말을 빌자면 "동체"이다. 본질적으로 이것은 대승불교의 "보석들의 그물"의 비전으로, 우주를 "서로 관계를 맺고 침투하는 전체적 조화"⁶⁵⁾의 맥락에서 보며, 여기에서는 하나가 만유 속에 있고 만유가 하

---

* 371-372쪽과 390-391쪽 그리고 414-415쪽 참조.
* Wenn im Unendlichen dasselbe
  Sich wiederholend ewig fliesst,
  Das tausendfältige Gewölbe
  Sich kräftig ineinander schliesst ;
  Strömt Lebenslust aus allen Dingen,
  Dem kleinsten wie dem grössten Stern,
  Und alles Drängen, alles Ringen
  Ist ewige Ruh in Gott dem Hern.
  ("Zahme Xenien VII." *Werke* in 40 Bänden, 1853 ; Bd. III, S. 135.)

나 속에 있다. 각 보석, 각각의 존재의 보석은 모두를 반영하여, "머리카락 한 올에도 헤아릴 수 없이 많은 황금 사자가 있다." 또는 파르치팔과 파이레피츠의 싸움에 대한 볼프람의 말을 떠올려볼 수도 있다. 원한다면 그들을 둘로 말해도 좋지만, 그들은 하나이다. 두 소설에서는 뚜렷한 신화적 연상을 일으키는 모티프들이 음악적으로 전개되고 다루어져, 메아리치고 다시 메아리치면서, 깨어 있는 수준에서는 조각들로 보이는 것들이 모든 것 안에서, 각각 안에서 전체의 이미지로 드러나게 된다. 한스 카스토르프의 호모 데이가 그것이고, 스티븐 디덜러스의 "플로리 그리스도, 스티븐 그리스도, 조이 그리스도, 블룸 그리스도, 키티 그리스도, 린치 그리스도"가 그것이다.

이 두 소설에서는 '깨어 있는 의식' 세계의 질서가 해체되고, 각각 한스의 그리스 풍경의 비전과 스티븐의 매음굴 방탕의 장면에서 꿈의 세계가 침입한다. 그러나 한스는 그런 뒤에 밤의 두려운 영역으로 더 멀리, 더 깊이 들어가, 그의 모험의 나중 단계에──저자가 「매우 의심스러운(Fragwürdigstes)」이라고 제목을 붙인 장에서──일련의 강령회에 참석하게 된다. 이 모임의 절정에서 몇 달 전에 죽은 요아힘이 한스의 부름에 다시 나타나는데, 요아힘은 예언적으로 한스가 입게 될 운명인 제복, 즉 제1차 세계대전 당시 독일군 제복을 입고 있다.

이 딜레탕트들의 강령회는 크로코프스키의 강연들, 그리고 "아무도 꿈도 꿀 수 없는 것들을 주변에 지니고 있는" 열아홉 살짜리 어깨가 굽은 조그만 덴마크 소녀가 요양소에 우연히 도착한 결과로 조직된다. 그녀는 신비한 능력을 가지고 있는 것으로 드러나는데, 한스를 포함한 요양소 고참들은 처음에는 그저 시간을 때우려고, 그러나 곧 점점 진지하게 그 능력을 발견하고 이용하게 된다. 마침내 그 어두컴컴한 방에 점점 괴상한 유령들이 나타나다가, 오래전에 죽은 요아힘을 부르자 정말로 그가 나타난다. 요아힘은 아직 사람들이 모르는 그 제복을 입고 빈 의자에 앉아 있다. 한스는 경악해서 물끄러미 바라본다. 잠시 속이 뒤집힐 것 같은 느낌이 찾아온다. 목이 메면서 네다섯 번의 흐느낌이 그의 온 몸을 훑고 내려간다. 한스는 몸을 앞으로 숙인다. "나를 용서해줘!" 한스는 유령에게 속삭인다. 순간 눈물이 터져나오고 앞이 보이지 않는다. 한스는 벌떡 일어나 두 걸음에 문으로 달려가서 재빨리 하얀 불을 켠다.[66]

한편 스티븐 디덜러스는 이와 비슷하게 유령——그의 어머니——의 방문을 받자, 오히려 불을 꺼 버리고 광포해진다.*

조이스와 그의 등장인물들은 이렇게 해서 한스, 그리고 그와 더불어 그의 작가가 거부한 심연으로 들어간다. 그래서 그 다음의 웅장한 두 걸작, 눈과 매음굴의 방탕 속에서 꾸었던 꿈의 의미들이 만개하면서 깨어 있는 수준을 떠나 꿈(즉 신화)의 수준으로 떨어져 내리는 『요셉과 그의 형제들』과 『피네건의 경야』에서 우리는 우리 삶의 원형들의 대립된 경험과 표현을 보게 된다. 말하자면 빛의 영혼과 어둠의 영혼의 대립이다. 성서의 언어로 말하자면, 아벨과 가인, 이삭과 이스마엘, 야곱과 에서, 요셉과 그 형제들의 대립이다. 만은 야곱, 요셉과 동일시를 하며, 조이스는 에서, 가인과 동일시를 한다. 즉 만은 빛의 세계에서 승리하는 자와 한편이고, 조이스는 거기서 실패하고 자신의 구멍으로 물러나는 자와 한편이다. 이 구멍은 "신들린 잉크병, 번지 없는 유황 산책로, 아일랜드 안의 아시아"이며, 거기서 "낮이나 밤이나 낙담하여 궤변이나 주절거리고 씁쓸한 먹이를 씹으며", "정오에 피할 수 없는 유령에 의하여 앙상하게 마르도록 공포에 질리며", "유일하게 이용할 수 있는 인쇄지, 즉 자신의 몸의 구석구석에 글을 써서, 마침내 그 부식적인 승홍에 의하여 하나의 지속적인 현재 시제의 외피가 즐거운 목소리를 내고 기분의 틀을 짜면서 바퀴를 굴려나가는 역사를 전개하였다(그래서 그는 자신의 개인적 인격을 숙고한 끝에 말하였다, 삶이 살 수 없는 것이라고, 의식의 느린 불들을 통하여 나뉠 수 있는 혼돈으로 변질되었다고, 위험하고, 힘있고, 모든 육신에 공통인, 오직 인간에게만 속하는, 필멸의 혼돈으로)."[67]

창세기에서뿐만 아니라 토마스 만의 소설에서도 야곱과 요셉은 신의 은총을 얻어 세상에 하나의 운명(또는 그들이 이것을 생각하는 대로 말하자면 "축복")이 된다. 한스는 역사의 과정에 참여하기 위하여 마의 산

---

* 763-764쪽 참조.

에서 내려간다. 그러나 『율리시즈』의 스티븐은 "역사는 내가 깨어나려고 하는 악몽"이라고 말한다. 디지 교장선생이 "모든 역사는 하나의 위대한 목표, 신의 표현을 향해서 나아간다"고 호언장담하자, 스티븐은 "신은 거리에서의 한 외침"이라고 대답한다.[68]

산스크리트에서 데이시(deśi)라는 말은 "국지적, 인종적, 지역적"이라는 뜻이며, 다양할 수밖에 없는 신화와 제의의 역사적 형태들을 가리키는 말로 사용된다(이 책의 제1권에서 언급하였다).[69] 바스티안의 "인종적 관념"인 셈이다. 반면 마르가(mārga)라는 말은 "길"이라는 뜻으로 이런 것들을 초월하여, '꿈 없는 잠'이라는 형식 없는 형식들의 경험을 향하여 문없는 문을 통과하는 것이다. 『요셉과 그의 형제들』에서 신화적 역할들의 의미는 삶의 하나의 방식을 지탱하고 확대하고 세련되게 만드는 것이다. 만은 프로이트와 미래에 대한 연설에서 이렇게 말한다. "예술가의 눈은 삶을 신화적으로 곁눈질하는데, 이 때문에 삶은 소극처럼, 극장의 연기처럼, 규칙이 정해진 잔치처럼, 펀치 인형극처럼 보이며, 그 안에서 신화적인 꼭두각시 인물들은 과거로부터 전해져오다가 지금 다시 농담으로 나타나는 플롯을 풀어나간다. '야곱의 이야기들'과 같은 서사시가 생산되려면, 이런 신화적인 곁눈질이 연기자들 자신 속에서 주관화되어야 하고, 역할과 연기로 이루어지는 축제와 신화적 의식이 되어야 한다.…… 요셉 역시 또 한 사람의 삶의 사제이다. 그는 매혹적인 신화적 요술로 자신의 인격 내에서 탐무즈-이시리스 신화를 연기하여 그 난도질당하고 매장되었다가 살아난 신의 이야기를 새롭게 '일어나게' 하며, 자신의 깊은 곳으로부터 신비하게 또 은밀히 삶을 형성하는 것──무의식──과 축제의 게임을 빌인다. 소설의 요셉은 예술가이며, 무의식적인 줄 위에서 이미타치오 데이(imitatio dei, 신의 모방)를 하고 논다."[70]

반면 『피네건의 경야』에서는 신화의 형식들이 오히려 아래를 가리킨다. 『율리시즈』의 마지막 장에서 스티븐은 바깥의 밤으로 사라지고 블룸은 안의 밤으로 사라진 뒤, 주도권은 몰리, 가이아-텔루스에게로 넘어간다. 헤시오도스의 시구를 보자.

넓은 젖가슴의 가이아여,
눈덮인 올림포스의
산정을 지키는 모든 불멸의 존재들의
흔들림 없는 기초로다.[71]

그녀는 모든 존재들의 어머니이다. 심지어 "별이 빛나는 우라누스"에 이르기까지, "영원 불멸인 존재들의 거룩한 혈통이 가이아에게서 생겨났다." 하늘은 그녀의 아들이자 배우자이다.[72] 〈그림 56〉은 인도의 18세기 필사본의 삽화인데, 힌두 만신전의 남성 신들──그들은 단독으로도 함께로도 세상을 황폐하게 하며 지배하는 물소-악마를 제압할 수 없었다──이 그들의 원천으로 에너지를 다시 보내는 모습을 보여준다. 그 원천이란 '어머니 어둠', '어머니 밤'으로, 거기서부터 '모든 형태의 여신' 크레아트릭스, 마야-샥티-데비의 인격화된 모습이 나타난다. 그녀는 자신의 아들 자손들로부터 원래 그녀의 것이었던 힘들을 거두어들여, 이제 그 힘들의 속성을 상징하는 많은 팔을 가지고 거침없이 나아가 맹렬한 전투와 수많은 기적을 통해서 괴물을 제압하고 도륙하여 황폐해진 세상에 생명을 복원시킨다.

"그래요 왜냐하면……." 몰리 블룸의 대지-어머니의 그녀의 삶에서 겪은 많은 남성들──그녀의 짝이 될 만한 남자는 하나도 없었다──에 대한 회고는 그렇게 시작된다(그녀의 배우자 블룸이 잠든 뒤에). 그러나 그녀는 또한 리오를 기억하면서 왜 그를 좋아하였는지도 기억하고(그가 여자가 무엇인지 이해하거나 느끼는 것을 보았기 때문에), 그녀가 "그이를 글쎄 다른 사람만큼은 훌륭하다고" 생각하였다는 것도 기억한다. "그리고 나는 처음으로 나의 팔로 그이의 몸을 감았지 그렇지 그리고 그이를 나에게 끌어당겼어요 그이가 온갖 향내를 풍기는 나의 젖가슴을 느낄 수 있도록 말이야 그래요 그러자 그이의 심장이 미칠 듯이 팔딱거렸어요 그리하여 그렇지 나는 그러세요 하고 말했어요 그렇게 하겠어요 네."[73]

몰리 블룸은 세상의 "그래요 왜냐하면"이다. 그녀의 연인들의 마음은 각기 삶이 무엇인지, 여자가 무엇인지 이해하고 느끼지 못하고, 그들의

〈그림 56〉 여신 소환 : 인도, 1800년경.

행위는 약속의 모험을 이행하지 못하였다(그래서 그들이 통제하는 '깨어 있는 의식'의 세계는 사실 황무지이다. 성서에서 하는 말로 하자면, 흙의 세계이다). 그러나 『피네건의 경야』에서 말하는 대로, "우리의 이 땅은 안전한 벽돌가루가 아니며, 부식토가 되면 똑같은 것이 돌아온다."[74]

『피네건의 경야』에서 『율리시즈』의 몰리 블룸에 대응하는 아나 리비아 플루라벨은 몰리가 이루어진 원천인 반면, 이루어지고 있는, 살아 있는 원천이다. 몰리가 깨어 있는 세계, 사실로서의 세계에 속해 있는 반면, 그녀는 '꿈 의식'의 세계, 비전으로서의 세계에 속해 있다. 또한 그녀는 모든 여자들의 합성물이 아니다. 오히려 그들의 존재의 선험적 원형이며, 원시적 이미지이다. 나아가서 그녀의 배우자 '여기 모두가 온다(Here Comes Everybody)'의 선험적인 희비극적 남성다움을 만나 적절한 짝을 이룬다. 더욱이 꿈에서처럼 여기에서도 그렇다. 모든 것이 여기 지금, 흐름 속에 있다. "하나의 위대한 목표를 향하여 움직이는" 진보가 아니라,

만화경처럼 회전한다. "옛날 떡갈나무들은 지금 토탄 속에 누워 있지만, 느릅나무들은 유골이 있는 곳에서 뛰어오른다." "수없이 반복되는 것과 행복한 복귀들. 새로워진 똑같은 것." "침묵 뒤에 모든 것이 재출발의 준비를 갖추었다." 원자는 "확장한다." 몇 분 뒤도 아니고, 몇 초 뒤도 아닌데, 두 소멸된 당사자들이 다시 악수를 한다. "단순한 인간의 소극. 신은 농담을 한다. 옛 질서는 변하고 첫 질서처럼 지속된다." "끝까지 끝없이 소용돌이치며 돌아오는 것들의 여러 거울의 침실에서"…… "인간은 타락하지만 거룩한 계획은 늘 숭배할 만할 때 그대는 울지 말지어다."

이 모든 회전을 통하여, 그 수수께끼 같은 "모두를 위한 재미(funforall)", 그 "여기 우리 다시 왔다의 즐거움들(Hereweareagain Gaieties)"에 대하여 고민하고 생각해볼수록, H. C. E.와 A. L. P. 의 존재가 더 인상 깊게 더 보편적으로, 만물에 살고 있는——만물을 창조하고, 지탱하고, 해체하는——내용, 의식, 축복으로 보이게 된다.[75] 자만심을 정화하여 신의 사랑의 광채에 응답할 준비를 갖춘 상태(트레브리젠트와의 대화 뒤의 파르치팔처럼)라는 단테의 연옥 개념은 동양에서는 환생이라는 개념과 짝을 이룬다. 즉 많은 생을 통하여 에고이즘으로부터 벗어나고, 따라서 재탄생의 슬픔으로부터도 벗어난다는 생각이다. 조이스는 『피네건의 경야』에서 분리라는 낮의 환영이 해체되고 만물을 통하여 단일한 '음절'-'목소리'-'존재'-가 들리고 지각되는 경험의 상태 또는 수준의 교대하는 상징들로서 두 신화를 합쳐놓는다.

그러나 블룸이 해체된 그 밤(●) 내부에, 그 너머에, 그 앞에, 그 뒤에는 알아야 하고 깨달아야 하는 더 깊은 곳이 있다. 이곳으로부터 많은 팔, 아름다움, 재능, 이름을 가진 여신 아나 리비아 플루라벨(〈그림 56〉)이 올라온다.

즉 아움의 네번째 요소 : 침묵이다.

『율리시즈』의 마지막 페이지들이 몰리 블룸의 독백들이듯이, 『피네건의 경야』의 마지막 페이지들은 아나 리비아 플루라벨의 독백이다. 그녀는 죽어가는 '낡은 시대'로 등장한다. 마지막에 이르러 바다로, '모든-아버지'로 "신음하며(moananoaning)"——마나난(Manannan)——쏟아져 나가는 리피강이다. "멀리 홀로 마지막 사랑받는 자 따라　　(A way a lone a last a loved a long the　　)". 『피네건의 경야』의 마지막 문장은 그렇게 갑자기 공백으로 중단된다. 그래서 고리는 깨진다——그렇게 생각하고 싶다면! 그러나 다시 책의 처음으로 돌아가면, 첫 페이지의 서두에 마지막 문장의 자르고 남은 부분이 새롭게 시작된다. "강줄기는…… 우리를 다시…… 하우스 성과 주변으로 데려온다(riverrun…… brings us…… back to Howth Castle and Environs)." 즉 H. C. E.(마지막 세 단어의 약자이기도 하다/역주)이며, 다시 순환이 계속된다.

'꿈 없는 깊은 잠' 속에는 마치 보석처럼, 절대적 의식, 모든 것을 아는 존재가 어둠 속에 묻혀 있다. "보물이 묻힌 곳을 모르는 사람들이 금은보화가 묻힌 곳을 계속 지나가도 그것을 찾지 못하듯이, 모든 생물이 매일 잠 속에서 브라마-세계에 가지만 그것을 찾지 못한다."[76] 피조물들은 죽어서도 그곳에 가지만 발견하지 못한다. 지혜의 목표는 깨거나 살아서 그곳에 도착하는 것이다. 깨어 있는 상태에서 '깨어있는 의식'을 가지고 꿈 실현들을 통과하여 그것(tat tvam asi)과의 동일성의 경험에 이르는 것이다. 『신의 가면 : 동양 신화』에는 신화적인 "보석의 섬", 우주의 자궁의 그림(제6장 2절, 〈그림 21〉)이 있다. 이 그림은 세계 여신이 배우자와 함께 앉아 있는 모습을 보여주는데, 이 배우자는 그녀 밑에 두 가지 모습이다. 하나는 혼인의 상태에서 위를 보고 있고, 또 하나는 아래쪽을 멀리 보고 있다. 첫번째 모습이 가리키는 것은 '깊은 잠의 상태에 빠진 의식'인데, 앞서 본 대로 깊은 잠은 "만유의 원천(요니〔yoni〕: 생식의 자궁)이며, 존재들의 시작과 끝이다." 여기서 세계는 시간의 시초에 행위를 통하여 창조되는 것이 아니라, 지속적으로, 영원히, 존재의 근거로서 창조된다. 시간의 시작은 존재한 적이 없고, 종말도 존재하지 않을 것이며, 창조의 순간은 지금 꿈 없는 깊은 잠, 축복의 영역, 시바-샥티, H. C. E. 와 A. L. P. 의 영역, 몰리 블룸의 '그래요'의 영역에 있다. 반면 여신으로부터 고개를 돌리고 아래를 내려다보는 인물은 샤바, "시체"라고 부르며, 침묵으로 상징되는 초월적 의식, '자아'의 제4부분을 나타낸다.

『우파니샤드』에는 이렇게 나온다. "제4부분으로 알려져 있는 것은 안으로 향한 의식도 아니고 밖으로 향한 의식도 아니며, 둘을 합친 것도 아니다. 잠을 자고 있는 전지(全知)의 미분화된 덩어리도 아니다. 아는 것도 아니고 알지 못하는 것도 아니다. 보이지 않고, 말로 할 수 없고, 손으로 잡을 수 없고, 특색이 없고, 생각할 수도 없고, 규정할 수도 없기 때문에, 그 유일한 본질은 그 자신의 '자아'의 확인이다. 모든 분화되고, 상대적인 존재가 평화로운 휴식에 이르는 것이다. 완전히 조용하다. 축복 속에 평화롭다. 또 하나는 없다. '자아'를 알게 된다."[77]

2.
상징적 형식들의 분류에서 음절 아움으로 대표되는 경험의 네 가지 질서는 반드시 인식해야 한다. 첫번째 수준인 A, 즉 '깨어 있는 의식'의 수준에서 가리키는 것(비트겐슈타인이 공격한 대로, 이상적으로 가리키는 것)은 직접적으로 그리고 정확하게, a) 사실, 그리고 b) 생각이 될 것이다. 그러나 이 수준에서 다른 상징들(비트겐슈타인은 인정하지 않는 것 같지만)은 c) 느낌, d) 의식 밑의 관계들에 대한 직관과 관련될 것이다. 또 다른 상징들은 e) 멈춰, 가, 뒤로 가, 앉아! 등과 같은 명령들과 관련될 것이다.

상징이 의도대로 기능하기 위해서는 일정한 조건들이 충족되어야 한다. 우선 보내는 사람과 받는 사람이 암호를 이해해야 한다. 암호에는 두 가지 종류가 있다. 1. 물려받은 것(본능적인 것)과 2. 학습한 것이 그것인데, 학습한 것의 범주에는 a) 조건 반사를 일으키는 암호 요소들, b) 의식적으로 통제되는 암호 요소들이 있다. 암호의 통로는 일반적으로 시각, 청각, 후각, 미각, 촉각이다. 보내는 사람과 받는 사람은 똑같을 수도 있고 똑같지 않을 수도 있다. 수첩에 자신이 적어놓은 것이 무슨 뜻인지 잊은 적이 있는 사람은 상징들이 자신의 것이라고 하더라도 오독할 가능성이 있음을 알 것이다.

U, 즉 '꿈 의식'의 수준에서는 이렇게 자신의 신호를 오독할 가능성은 큰 의미를 지닌다. 여기서 메시지를 보내는 사람은 자신의 무의식이 되며, 받는 사람은 의식적 인간이 되기 때문이다. 프로이트 식으로 읽자면,

꿈의 상징들은 잊혀진 사건들을 상징하는 알레고리들로서 잊혀지거나 읽을 수 없는 글자로 수첩에 적어놓은 메시지에 비유할 수 있다. 신화는 『피네건의 경야』에서 암탉의 오렌지 냄새가 나는 똥더미로부터 긁어모은 더럽고 토막난 편지와 같다.

그러나 그 메시지가 자신이든 자신의 종족이든 과거에 기록된 사건에 대한 것이 아니라면, 완전히 다른 종류에 속한다고 할 수 있다. 그렇게 되면 그 메시지는 바다 바닥으로부터 올라오는 거품과 같은 것이다. 그것을 보내는 사람은 누구인가? 보내는 사람은 자기 자신이다. 그 의미가 무엇일까?

바다 바닥으로부터 올라온 거품의 의미는 무엇일까?

자, 우선 그러한 메시지는 본능적이다. 궁극적으로 그 원천은 파도 밑의 의식, '깊은 잠'의 어둠에 싸여 있는 빛이다. 그것은 '깨어 있는 의식'의 질서에 속한 것이 아니며, 의식적인 사고로 읽어서도 안 된다. 인디애나 대학의 인류학, 민속학, 언어학 연구소에서 일하는 토머스 세비옥(Thomas A. Sebeok) 교수는 『사이언스(Science)』에 실린 "동물의 의사소통"에 대한 글에서 본능적 메시지의 유형을 여러 가지 나열하였는데, 그 가운데 적어도 네 가지는 지금 하는 이야기와도 관련이 있을 것 같다. 첫번째는 '독백', 즉 수용자가 없는 상태에서 메시지를 받는 다른 개체의 능력을 고려하지 않고 전달하는 "진공 행위"이다. 이것은 과시이며, 삶의 자발적인 노래라고 할 수도 있다. 두번째 메시지에는 (말리노프스키의 용어를 빌려) "교감적 의사소통"이라는 이름이 붙었다. 이것은 의사소통을 성립시키거나 연장하는 데만 동원되는 메시지이다. 단순한 교환에 의하여 결합의 유대를 형성하는 언어 유형인 셈이다. "이것이 인간의 유아가 처음 얻는 언어적 기능이며, 일반적으로 종들 내의 또는 종들간의 의사소통 행위를 지배하는 기능이기도 하다." 그 다음은 "감정적 메시지"이다. 이것은 본능적이고 감각적인 자극에 대한 행위 반응인 메시지이며, 주로 신호를 받는 개체에게 신호를 보내는 개체의 조건에 대하여 경고를 할 목적으로 사용된다. 마지막으로 "호격(呼格)과 명령"이 있다. 이것은 참이나 거짓과는 관계없이 말을 듣는 사람을 향해서 전달하는 메시지로서,

주로 능동적인(또는 호소로서의) 기능을 한다. "나를 봐!" "나를 내보내
줘!" 등이 그런 예이다.[78]

따라서 거품의 메시지는 어떤 존재의 발언일 텐데, 이것은 어쩌면 깨
어 있는 세계를 향한 의도적인 발언일 수 있지만, 관심의 의식적 맥락을
지시하는 것은 분명히 아니다. 그 유일한 의미는 최종적으로 그 자신의
존재——이것은 어딘가에 있는 돌, 산, 굽이치는 냇물의 존재 이상의 "의
미"를 가질 수 없다——의 발언이다. 우리의 '깨어 있는 의식'을 향한 메
시지의 가치는 우리에게 우리 자신의 미지의 측면에 대하여 경고를 하는
것인데, 우리가 "우리 자신을 알려면", 그래서 우리의 운명, 우리의 비르
트를 알려면, 반드시 그것을 인식해야 한다.

따라서 최종적으로 정리하면, '꿈 의식'은 M, 즉 '꿈 없는 깊은 잠'과
A, 즉 '깨어 있는 의식'이라는 두 영역 사이의 의사소통의 통로 또는 매
체이다. 그 위쪽의 "개인적인" 층에서 메시지는 초기의, 어쩌면 오래전에
잊어버렸을지도 모르는 시기의 '깨어 있는 의식'으로부터 파생된 암호와
맥락에 속해 있으며, 어렵기는 하지만 빛-세계 주제들과 관련된 것으로
읽을 수도 있다. 그러나 하층에서 그 메시지와 암호는 본능, 원형, 신들
에 속한 것이다. 그들의 존재의 진공적, 교감적, 감정적 발언, 또 호격이
나 명령으로서의 발언은 인정받기를 요구한다. 그들의 언어는 양쪽 다이
고, 둘 다 아닌 것에 속한다. 쿠자누스가 형제들을 위하여 세워놓은 신의
이미지처럼 동시에 모든 방향을 바라보고 있다.

피카소의 스케치에서 나온 〈그림 57〉은 「게르니카」보다 4년 전에 만
들어진 것으로, 『미노토르(Minotaure)』라는 이름의 우아한 초현실주의 평
론지 창간호 표지를 위하여 그린 것인데, 쿠자누스의 사고에 등장하는 이
미지에 흥미 있는 보완물 역할을 하고 있다. 온유하고 사랑이 많은 그리
스도이든 이 짐승과 인간이 뒤섞인 야만적인 심연의 괴물이든, 달, 달-황
소, 죽었다가 살아난 신은 빛-세계로 환원할 수 없는, 심지어 "꿈-세계"
의 용어로도 환원할 수 없는 "의미"를 가진 상징에 속한다. 여기서 칼은
잎의 형태이다. 피카소는 그의 스케치 옆에 똑같은 형태를 가진 잎 세
개를 배치해놓았다. 죽음-삶의 모순어법이 암시되고 있는 셈이다. 『미노

지상 낙원 795

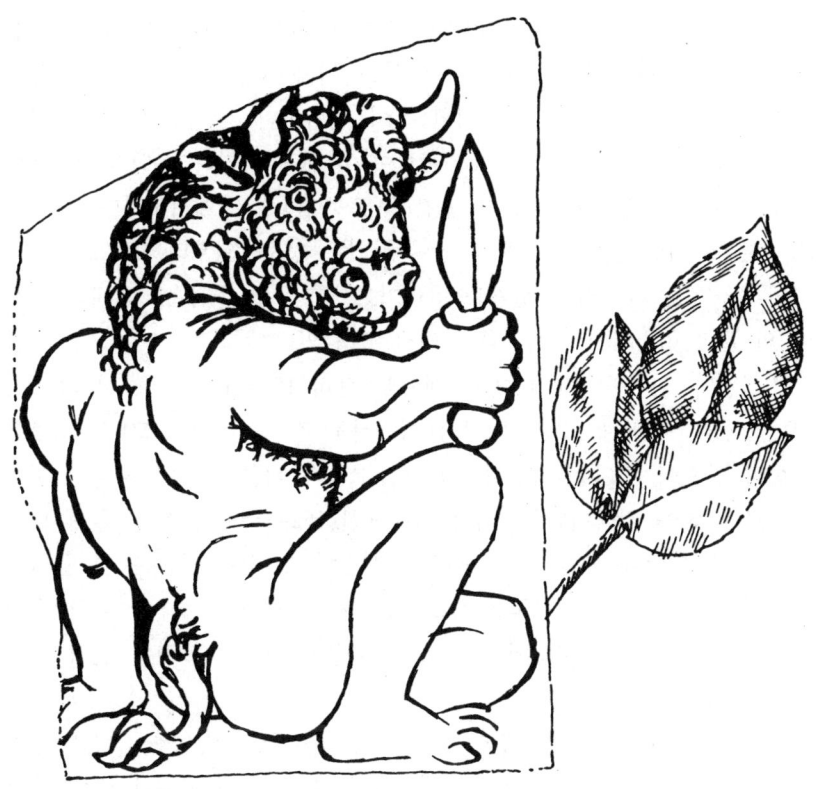

〈그림 57〉 파블로 피카소의 그림 『미노타우로스』(1933)에서.

타우로마키(*Minotauromachy*)』(1935)라는 제목의 그의 에칭(〈그림 58〉)에서는 똑같은 괴물이 물의 심연에서 나타나며 빛으로부터 눈을 가리고 있는데, 그 모습은 디오니소스적인 현실을 피하기 위해서 높이 올라가는, 왼쪽에 있는 현자(니체의 "소크라테스적 인간")와는 극단적인 대조를 이룬다. 미의 세 여신은 그들의 비둘기(베누스-아프로디테의 새)와 함께 그 괴물을 차분하게 바라보고 있다. 세 여신 가운데 가장 젊은, 순수한 탈리아는 한 손에는 생명-풍요의 꽃들을, 다른 손에는 의식의 빛을 들고 있는데, 이 빛이 이 그림의 구도에서는 초점이며, 이 빛과 현자의 눈 사이의 거리, 그리고 이 빛과 황소의 왼쪽 눈 사이의 거리는 똑같다. 패배한 투우사의 검은 황소를 가리키는 것이 아니라 창자가 빠져나온 말을 가리키고 있는데, 가만히 보면 투우사는 여자이다. 「게르니카」(1937)는 똑같은 신화적 모티프를 재조직한 것이 분명하다. 피카소는 전쟁이라는 괴물 같은 행위 속에 그런 모티프들이 내재되어 있다고 인식하였으며, 그것을 환희인 동시에 고통의 순간(공포-기쁨)으로 제시하였다. 오른쪽의 불길에 싸인 인물은 오른쪽 상단에 있는 창문으로부터 또 그것을 향하여 떨어지는 동시에 놀랍게도 올라가고 있다. 이 창문은 『피네건의 경야』의 끝과 마찬가지로 허공을 향해서 열려 있다.

스페인의 신비주의자 디에고 데 에스텔라(1524-1578년)는 노래한다. "오, 달콤한 불이여! 그대의 가장 성스러운 정열 속에서 그대의 거룩한 사랑의 불길이 높이 올라간다. 그대의 고통과 괴로움이 이 거룩한 불을 타오르게 하는 장작이다."[79] 십자가의 요한(1524-1591년)은 이렇게 노래한다. "이 사랑의 불길은 그 배우자, 성령의 영이다. 영혼은 이 불길을 그 내부에서 타오르며 불꽃을 내보내는 불로 느낀다...... 이 불길 속에서 의지의 행동들은 결합되어 위로 올라가며, 성령의 불길에 실려가 흡수되어버린다."[80]

"황소는 황소이고 말은 말이다. 이들은 짐승들, 학살당한 짐승들이다. 내가 할 수 있는 말은 그것뿐이다."[81] 피카소는 그렇게 말했다고 한다. 그의 말은 분명 사실이 아니다. 세상에는 종이 모형 말도 없고, 이마 한가운데 눈이 하나만 있는 황소도 없다. 그러나 피카소가 일부러 그렇게 얼버무린 것은 신화적 상징들은 "의미"의 범위 너머를 가리키고, 심지어 의미가 많은 "의미들"을 가질 수도 있는 영역을 가리키기도 한다는 사실 때문에 정당화될 수 있다. 의식적으로 생각할 수 있는 최종적인 "의미들"을 권위적인 태도로 규정하고 고정시키는 것은 그 의미들을 죽이는 것과 같다. 물론 교훈적이거나 포르노그라피적인 예술에서와 마찬가지로, 역사적 사실을 내세우는 교조적인 신학에서도 그런 일이 일어난다. 신화적인 상징들은 어둠에서 빛으로 전개되어 가는 삶과 마찬가지로 그냥 그렇게 존재하며, "의미"를 넘어선 곳으로부터, 모든 수준에서 동시에 "그렇게 생겨난다."

지상 낙원 797

〈그림 58〉 파블로 피카소의 그림 『미노타우로마키』(1935)에서.

따라서 제임스 조이스의 제목 『율리시즈』를 통해서 우리가 그의 소설의 줄거리의 '깨어 있는' 수준으로부터 신화적인 것으로 나아가듯이, 피카소의 제목 「게르니카」를 통하여 우리는 그의 이미지의 신화적 질서로부터 역사적 사건의 '깨어 있는' 수준으로 나아가게 된다. 이렇게 역사와 지리(land náma)와 심리의 원형들을 결합시키는 이중적인 말은 창조적인 신화로서의 예술의 본질에 속하는 것이다. 뮤즈의 일차적 기능은 낮의 지식의 영역(A)과 삶의 자리(M) 사이의 의사소통(U)의 통로 역할을 하는 것이다. 〈그림 13〉에서 보자면 말 없는 탈리아의 땅의 질서와 아폴론과 미의 세 여신이 있는 높은 곳 사이의 소통이다. '빛의 신'(의식)과 미래, 현재, 과거 셋으로 자신을 표현하는 '생명의 여신'(창조적 에너지) 사이의 소통이다. "안나는 과거이고, 리비아는 현재이고, 플루라벨은 미래이다(Anna was, Livia is, Plurabelle's to be)."[82]

예술에서, 신화에서, 의식에서, 우리는 깨어 있는 상태에서 꿈의 영역으로 들어간다. 꿈의 이미지가 한 수준에서는 지역적이고, 개인적이고, 역사적이지만 바닥에서는 본능에 뿌리를 내리고 있듯이, 신화와 상징 예술도 마찬가지이다. 위력을 지닌 살아 있는 신화의 메시지는 깊은 무의식의 희열의 영역으로 전달되는데, 이 메시지는 그곳에서 에너지들을 건드리고, 깨우고, 불러낸다. 따라서 그 수준에서 작용하는 상징들은 에너지를 방출하고 또 그 통로 역할을 하는 자극들이다. 그것이 '깊은 잠'의 수준에서 그들의 기능――그들의 "의미"――이다. 반면 '깨어 있는 의식'의 수준에서는 똑같은 상징들이 영감을 주고, 정보를 주고, 입문에 관여하고, 건드려진 본능들과 관련하여 깨달음의 느낌을 부여한다. 즉 자연의 의식 밑의 질서――자연의 안쪽과 바깥쪽――에 관여하는 것으로, 여기에서는 건드려진 본능이 곧 생명이다.

인간 종에게서 이런 의식 이전 또는 무의식적인 수준의 암호들이 물려받은 것이냐 아니냐 하는 의문이 생길 수 있다. 우리 종이 속하였던 동물들에게서는 우리의 제의적 형식들과 비교할 수 있는 통제된 행동 패턴이 사회적 자극이 있는 경우에 자연발생적으로 나타난다. 일부 조류 종의 매우 양식화된 구애 상호작용이 특히 주목할 만하다. 엄격하게 필요에 따른 행동을 넘어선 이런 확장된 행동은 종종 인류의 제의와 비교되어왔다. 그것은 그 양식성 때문만이 아니라 그 기능 때문이기도 했는데, 이 기능이란 한 마디로 개체를 자신만이 아니라 종의 복지를 유도하는 초개체적 사건에 참여시키는 것이다. 그런 제의적인 행사에서 소리, 태도, 동작은 상대로부터 상호적인 반응을 이끌어낸다. 이런 상호작용을 통하여 일종의 제의적 앙상블이 전개되는데, 이것은 그것을 수행하는 생물이나 어떤 안무가가 발명한 것이 아니라, 그 종에 기반을 둔 것으로서 모든 구성원들이 어디에서나 똑같은 방식으로 보여주는 것이다. 이런 축제 가운데 가장 정교한 형태는 눈이 가장 좋은 종 사이에 나타난다. 다양한 몸짓들은 눈으로 보아야 하는 신호인데, 이것이 효과를 발휘하려면 보내는 장치와 받아들이는 기관 사이의 상호 관계──전문적인 용어로 말하자면 "본능 교차" 구조──가 필수적이기 때문이다. 신호 자극은 자동적으로 에너지를 방출하고 방향을 잡는 역할을 한다. 그래서 서로 얽히는 연속 과정은 개체들의 행동으로 보이기는 하지만 사실은 꿈의 과정처럼 의지와 무관하다. 이런 행동을 하는 벌, 새, 물고기, 네발짐승들은 그들의 삶보다 앞서는 기억의 중심의 명령에 따라 자발적으로 움직인다. 종은 각 개체를 통해서 말한다. 인간의 전통적 제의에서도 양식화된 표현에 대한 자발적인 집단적 반응이 일어나기 때문에, 원시 인류의 신화와 제의 최초의 창조자들은 결코 개체가 아니라 종의 유전자였을 것이다. 인간의 전통적 제의에서도 어떤 특정한 신호 자극에 반응하는 심리적 준비 자세가 나타나는데──특히 원시인들에게──이것을 보면 신화와 의식의 최초의 개인 창조자들은 단지 마음껏 창의력을 발휘하는 몽상가들이 아니라, 종의 어떤 내적인 목소리나 동작에 반응하여 내부를 바라보고, 내부에 귀를 기울이는 예언자(샤먼)들이었음을 알 수 있다.

그러나 동물의 왕국에서도 좀더 높은 수준으로 올라오면──특히 원숭이들에게──개체의 재치와 창의가 나타날 뿐만 아니라, 개체가 물신을 숭배하는 경우도 나타난다. 나는 『신의 가면 : 원시 신화』에서 볼프강 쾰러 박사의 『원숭이들의 심리(The Mentality of Apes)』에서 이와 관련된 부분을 인용하였는데, 거기에는 첸고라는 이름을 가진 어른 암컷 침팬지가 바다에서 가져온 윤기 나는 둥근 조약돌에 애착을 가지는 사례가 나온다. 쾰러는 이렇게 말한다. "어떤 구실로도 그 돌을 치울 수가 없었다. 저녁에 이 침팬지는 그 돌을 자기 잠자리로 가져갔다." 나는 또 첸고와 치카라는 다른 이름의 원숭이가 발명한 회전 놀이와 춤에 대한 대목도 인용을 하였다.[83] 그것은 종에게 쓸모도 없고, 어떤 "생존을 위한 가치"도 없는 놀이, 이해관계가 없는 단순한 놀이로, 그저 즐거움만 줄 뿐이고, 이 즐거움은 황홀경으로까지 고양될 수도 있었다. 다시 말해서 창조적 예술의 영역이었다.

『신의 가면 : 원시 신화』의 서두에서 나는 신화와 제의의 형식들과 관련하여 자연과 양육이라는 오랜 문제에 대해서 논의하였다. 이후 이어진 여러 장에서, 단지『신의 가면 : 원시 신화』만이 아니라,『신의 가면 : 동양 신화』와『신의 가면 : 서양 신화』에서도 다음과 같은 진술을 뒷받침할 만한 충분한 증거들을 찾아냈다. 우선 보편적인 신화적 주제들이 실제로 존재하며, 이것은 여러 지방에서 다양한 지역적 환경에 적절한 형태로 변형되어 나타난다는 것이다. 나아가서 그런 지속적인 주제들의 궁극적 원천과 참조점은 지리, 역사, 신앙 등 변화하는 외적 환경이 아니라, 종의 어떤 지속적인 내적 현실일 수밖에 없다는 것이다. 마지막으로, 인간은 짐승들과는 달리 스테레오타이프가 아니라 인상과 학습에 매우 민감한 뇌와 신경 체계를 갖추었기 때문에, 인류가 반응하는 신호는 오랜 세월에 걸쳐서 그대로가 아니라 경험을 통하여 변형된다는 것이다. 기본적으로 반응은 제임스 조이스가 인간의 고난과 기쁨에서 "엄숙하고 항상적인 것"이라고 부른 것과 늘 관련을 유지하지만, 그런 반응들을 유도하는 **자극**은 인간 역사의 과정에서 크게 변해왔다. 그와 더불어 그런 자극에 부여하는 "의미"도 변해왔다. 예측할 수 없는 경험과 전례 없는 사고를 감당할 수 있는 인간의 커다란 뇌, 그리고 다른 어떤 종의 경우보다 긴 인간의 유년을 통해서 우리 인류는 다른 생물과는 비교가 안 되는 학습을 할 수 있으나, 이 긴 기간 동안 방향감각 상실의 위험도 따른다. 따라서 원시와 선진 인간 집단의 의식적 전승의 주된 관심 가운데 하나는 늘 아이를 어른 상태로 인도하는 것이었다. 의존이라는 유아적 반응 체계는 책임감으로 바뀌어야 하며, 이것은 구체적으로 지역적 사회 질서의 요구와 관련을 맺어야 한다. 아들은 아버지가 되어야 하며, 딸은 어머니가 되어야 하는데, 이것은 어디에서나 본질적으로 똑같은 유년의 영역으로부터 인간 삶의 양식에 따라 근본적으로 달라지는 다양한 사회적 역할 영역으로 이동한다는 뜻이다. 집단과 개인 양쪽의 이해관계에 맞추어 본능은 통제되고 성숙되어야 하는데, 전통적으로 신화의 일차적 기능은 이런 사회심리적 목적에 봉사하는 것이었다. 개인은 집단에 적응하고, 집단은 환경에 적응하며, 그런 과정에서 삶의 기적에 대한 고마움을 느낀다. 나는 이것을 마을 복합체 신화의 기능이라고 부르고 싶다. 본능을 훈련시키고 정서를 가르치는 것이다.

그러나 이것을 넘어선 다른 기능도 있다. 숲, 탐구, 개인의 신화의 기능이다. 침묵의 기능이다. 토마스 만의 『마의 산』에는 침묵의 의미를 실감할 수 있는 매혹적인 장면이 나온다. 그것은 이 대하 소설의 마지막 장에 나오는 피크닉 장면으로, 은퇴한 커피 경작자이며 남자답게 늙은 모습을 보여주는 식민지의 네덜란드인 미네르 피터 페퍼코른(그보다 훨씬 젊은 쇼샤 부인이 평지에 체류하다가 '산의 궁전'으로 돌아올 때 함께 오는 남자로, 소설에서는 늦게 등장한다)은 5월의 아름다운 날 친구들을 데리고 플루엘라 골짜기의 그림 같은 폭포를 보러 소풍을 나간다. 만은 이 단단하고 희비극적인 인물을 애정어린 마음으로 다루면서 그의 말, 손톱이 뾰족한 큼지막한 손을 화려하게 휘두르는 동작 등을 통해서 어떤 계시적 클라이막스로 이끌고 갈 것 같은 느낌을 주는데, 그 클라이막스는 아무도 확실하게 포착한 적이 없다. 아직 이 부분을 발견하지 못한 독자가 있다면 직접 발견해보기 바란다. 그는 기대감을 주는 말을 하며, 문장을 완전히 끝맺지 않는다. 그는 폭포 바로 옆의 장소로 피크닉을 가기로 하는데, 그곳은 자연의 경이가 뿜어내는 포효가 모든 대화를 완전히 삼켜버리는 곳이다. 그래서 두 언어의 천재라고 할 수 있는 세템브리니와 나프타도 있는 듯 없는 듯 꼼짝없이 입을 다물고 있다. 바로 그때 페퍼코른이 일어나서 사람들에게 단 한 마디도 들리지 않는 연설을 한다.

쇼샤 부인과 다섯 신사가 낭만적인 장소에 이르렀을 때, 그들의 귀는 최대의 음량의 인사를 받는다. 쏟아져 내리는 물은 하얀 거품을 일으키며 바위들 위로 물살을 뿜고, 사람들은 포효하는 소리가 나는 곳으로 다가가 안개에 싸인 채 눈길, 악수, 놀라움의 몸짓을 교환한다. 그들의 입은 소리 없이 감탄과 놀라움을 표현하는 말의 모양을 만든다. 한스, 세템브리니, 그리고 다섯번째 남자인 안톤 칼로비치 페르게라는 이름의 러시아인은 폭포 옆에 난 일련의 계단을 올라가 물이 아치를 그리며 떨어져 내리는 바로 그 자리에 놓여 있는 다리에 이른다. 그들은 다리를 건너다가 중간에 서서 난간에 기대어 밑에 있는 사람들에게 손을 흔들고, 밑에 있는 사람들과 합류하기 위하여 물 건너편으로 가서 아래로 힘겹게 내려온다. 단순히 즐거움 자체를 위한 목적 없는 여행, 원을 그리는 여행이다!

그들이 자리를 잡자, 갑자기 늙은 네덜란드인 페퍼코른이 이야기를 시작한다. 그는 비범한 사람이다!

〔작가는 말한다.〕 그도 자기 목소리를 들을 수 없었다. 하물며 다른 사람들은 그가 조금도 발산하지 않으면서 발산하는 음절을 하나도 포착할 수 없었다. 그러나 그는 오른손에 포도주잔을 들고, 검지손가락을 들어 올리더니, 왼손을 물 쪽으로 뻗었다. 그들은 연설을 하면서 그의 위엄 있는 이목구비가 움직이는 것을 보았다. 입은 말을 만들고 있었지만 마치 에테르가 없는 텅 빈 허공에 대고 이야기를 하듯 소리는 없었다. 아무도 그가 말을 계속할 것이라고 꿈도 꾸지 않았다. 사람들은 곤혹스러운 미소를 띠고 그의 무익한 행동을 지켜보며, 연설이 금방 끝날 것이라고 생각하였다. 그러나 그는 흥미를 돋우는 긴장된 몸짓으로 그의 말을 삼키는 시끄러운 소리를 향해서 열변을 토하였다. 높고 주름진 이마 밑에 거리를 두고 자리를 잡은 창백하고 작고 지친 눈으로 이 사람 저 사람을 번갈아 바라보았다. 눈길을 받은 사람은 어떤 식으로든 들으려고 노력하는 것이 이 아무런 희망 없는 상황을 개선해 주기라도 할 것처럼, 어쩔 수 없이 다시 고개를 끄덕이고, 눈을 크게 뜨고, 입을 벌리고, 손을 귀에 갖다댔다. 그는 심지어 일어서기까지 했다! 거의 발목까지 오는 얼스터 외투의 칼라는 세워져 있었다. 맨머리에 손에는 컵을 들고, 성전에 있는 어떤 이방의 우상처럼 높은 이마에는 깊은 주름이 패여 있었다. 불길처럼 펄럭이는 하얀 머리카락은 원광처럼 그의 머리를 덮었다. 그는 바위들 옆에 서서 이야기를 하였다. 엄지와 검지손가락으로 원을 만들

고, 나머지 손가락들은 창처럼 위로 올려 얼굴 앞에 갖다놓았다. 그는 그 흥미를 돋우는 정확한 기호로 소리도 없고 이해할 수도 없는 건배의 말에 마무리를 지었다. 사람들은 그에게서 자주 듣던 말을 그의 입술에서 읽거나 몸짓에서 추측할 수 있었다. "결정되었다"와 "절대로!" 그러나 그뿐이었다. 그들은 그의 머리가 옆으로 기우는 것을 보았다. 입술이 일그러지며 씁쓸한 표정이 나타났다. 그들은 그의 모습 뒤에서 '슬픔의 인간'을 보았다. 그러나 갑자기 보조개가 나타나고, 향락에 빠진 건달 같은 표정이 나타나고, 옷은 춤을 추듯 치켜올리고, 이방 사제가 제의에서 보여주는 꼴사나운 모습이 나타났다. 그는 큰 컵을 들어 올리고, 모인 사람들 앞에서 그 컵으로 반원을 그린 다음, 세 모금에 다 마셔버렸다. 컵은 잠시 바닥이 위로 간 모습으로 멈추어 있었다. 이어 그는 팔을 뻗어 컵을 말레이인 하인에게 주었고, 하인은 공손히 컵을 받더니 잔치가 끝났다는 신호를 보냈다.[84]

다시 비트겐슈타인의 말을 들어보자.

명제 6.44 "신비한 것은 세계가 어떠한가가 아니라, 세계가 있다는 것이다."

명제 6.522 "실로 언표될 수 없는 것이 있다. 그것은 그 자신을 보여준다. 그것은 신비한 것이다."

마지막으로 명제 6.4311 "만일 우리가 영원을 시간의 무한한 지속으로 이해하지 않고 무시간성으로 이해한다면, 현재 속에 사는 사람은 영원히 사는 것이다."[85]

대조각가 앙투안 부르델은 파리 작업실에서 제자들에게 말하곤 하였다. "이야기를 하는 것은 인격이다. 예술은 자연의 위대한 선을 부각시킨다(C'est la personnalite qui conte. L'art fait ressortir les grandes lignes de la nature)." 즉 예술의 이미지는 신화와 종교 의식의 이미지와 마찬가지로 "의미"를 넘어서서 표상적인 것이다. 따라서 꿈과 깨어 있는 수준에서 동시에 많은 "의미들"(많은 교리들)을 가질 수 있고, 또한 무의식에 영향을 미칠 수 있다. 하인리히 침머는 아움이라는 음절에 대한 논평에서 이렇게 말한다. "내부로의 영적인 모험의 과정에서 강조점은 바깥 세계에서 안의 세계로 옮겨간다. 마지막으로 명백한 것에서 명백하지 않은 것으로 옮겨간다. 획득한 힘은 엄청나게 늘어난다. 우월한 상태만이 아니라 열등한 상태도 전체의 구성 요소로서 그대로 남아 있는다.……각 부분은 다른 부분들과 똑같은 발판에 서 있다."[86] 모든 신화적 상징에서도 마찬가지이다. 그것은 한 인간의 현실성 속에서 그의 살아 있는 현재의 전 범위――그의 존재와 그의 세계의 광경의 궁극적 신비, 그의 본능, 그의 꿈, 그의 사고의 질서――를 건드리고 결합한다. 이것이 오늘날에는 특별한 직접성을 가지고 다가온다.

심지어 '깨어 있는 의식'의 영역, 즉 고정되고 확정된 것에서도 이제 지속적인 것은 없기 때문이다. 알려진 신화들은 지속될 수 없다. 알려진 신은 지속될 수 없다. 전에는 여러 세대에 걸쳐 삶이 이미 확립된 규범들을 따랐기 때문에, 신의 평생을 수천 년으로 계산할 수 있었다. 그러나 오늘날에는 모든 규범들이 유동적이기 때문에, 개인은 싫든 좋든 간에 자신에게로, 이루어지는 과정에 있는 자신의 내적인 영역으로, 길 없는 모험의 숲으로 내던져져서, 경험에서 자신의 성실성을 통하여 자신의 예지적인 '성배의 성'에 이르러야 한다. 경험, 사랑, 의리, 행위에서 성실성과 용기로 말이다. 이런 목적을 지향할 때 우리를 인도하는 신화들은 더 이상 종족적 규범에 얽매일 수 없다. 그런 신화들은 배우자마저 낡아버리고, 어울리지 않게 되고, 씻겨 내려간다. 오늘날에는 아무런 지평이 없고, 신화 발생 지대도 없다. 아니, 신화 발생 지대는 개인의 마음이다. 개인주의와 자연발생적인 다원론――신성을 내세우지 않는 세속적이고 합리적인 국가의 보호하에서 같은 정신을 가진 남녀의 자유로운 결합――은 현대 세계에서 유일하게 정직한 가능성이다. 각 개인이 스스로 권위의 창조적 중심이며, 쿠자누스의 둘레 없고 중심은 모든 곳에 있는 원과 마찬가지이다. 각 개인은 신의 눈길이 닿는 초점이다.

"인종적(deśi)"인 방식보다는 "기초적 관념들(mārga)"의 방식으로 이해된 신화의 규범들, 도미틸리아 천장(〈그림 1〉)에서처럼 하나의 신화만이 아니라 과거의 모든 죽고 고정된 상징들의 지적인 "활용"을 통하여 인식된 규범들을 바탕으로 삼을 때, 개인의 내부에서는 그 나름의 창조적 상상력의 중심이 자리를 잡고 활동을 시작하게 된다. 그리고 그 중심으로부터 자신의 신화와 삶을 구축하는 "그래요 왜냐하면(Yes because)"이 전개된다. 궁극적으로, 파르치팔의 경우처럼, 내부의 안내자는 자신의 고귀한 마음뿐일 것이며, 외부의 안내자는 그의 마음에서 아모르를 깨어나게 하는 아름다움의 이미지, 신성의 광채가 될 것이다. '만유'의 과정과 동일한 실체를 가진 그의 본성의 가장 깊은 곳, 가장 내적인 곳에 있는 씨앗은 "그렇게 생겨난다." 삶을 창조하는 이 모험에서 성취의 기준은 여기서 검토한 이야기 각각에서와 마찬가지로, 과거와 더불어 과거의 진리들, 목표들, "의미"에 대한 교조들, 은총들을 버리는 용기가 될 것이다. 세상을 향해서 죽고 내부로부터 태어나는 용기가 될 것이다.

# 주

# 제1부 고대의 포도나무

## 제1장 경험과 권위

1) T. S. Eliot, *The Waste Land*(1922), 331-358행, *Collected Poems 1909-1962*(판권 1936, Harcourt, Brace & World, Inc.), p. 66. 에서(번역은 주로 이재호, 『20세기 영시』, 탐구당, 1994에 의존함).
2) *Taittirīya Upaniṣad* 2.9.
3) *Hamlet* III.ii.(번역은 주로 이경식, 『셰익스피어 4대 비극』, 서울대 출판부, 1996에 의존함).
4) *The Masks of God : Primitive Mythology*, pp. 32-33과 461-472와 비교하라.
5) *The Masks of God : Occidental Mythology*, pp. 255-269.
6) 「마태복음」 4 : 19, 「마가복음」 1 : 17, 「누가복음」 5 : 10(성서 번역은 주로 『공동번역 성서』, 대한성서공회, 1977에 의존함).
7) *Revue d'assyriologie et d'archéologie orientqle* ; Robert Eisler, *Orpheus the Fisher*(London : J. M. Watkins, 1921), Plate X.
8) 「요한복음」 3 : 5.
9) *The Masks of God : Oriental Mythology*, pp. 328-331.
10) A. Wünsche, *Aus Israels Lehrhallen*, II, 53, Eisler, 앞에 인용한 책. Plate XLVII에서 인용함.
11) *Occidental Mythology*, pp. 90-92.
12) Edith Porada, *Corpus of Ancient Near Eastern Seals in North American Collections*, The Bollingen Series XIV(New York : Pantheon Books, 1948), Vol. I, Plate CXVII, 773 E.
13) 「창세기」 3 : 19-20.
14) *Primitive Mythology*, p. 101 ; *Occidental Mythology*, pp. 183-185.
15) 「고린도전서」 15 : 36, 42.
16) 「로마서」 7 : 24.
17) *Occidental Mythology*, 〈그림 3〉과 〈그림 4〉.
18) *Occidental Mythology*, 〈그림 24〉.

19) *Occidental Mythology*, p. 9 이하.
20) *Oriental Mythology*, 〈그림 20〉.
21) 유일하게 남아 있던 Herrad von Landsberg의 *Hortulus deliciarum*의 원고는 1870년 스트라스부르 포위 공격 때 파괴되었다. 그러나 그 이전에 삽화들 다수는 Chritian M. Englehardt, *Herrad von Landsberg un ihr Werk Hortus deliciarum ; ein Beytrag zur Geschichte…… des Mittelalters*(Stuttgart and Tübingen, 1818)에 복제되었다.
22) 「마가복음」 10 : 45, 「마태복음」 20 : 28, 또 「디모데전서」 2 : 5-6.
23) 다음을 참조하라. Irenaeus, *Adversus haeresses* 5.1 ; Origen, *Exhortad martyr.* 12 ; Gregory of Nyssa, *The Great Catechism*, 26 ; Augustine, *de Trinitate*, 13.12-14 ; Gregory the Great, *Moralia in Librum Job* 33.7. 이에 대한 논의로는 다음을 보라. Adolph Harnack, *History of Dogma*, 1900년 독일어 제3판으로부터 Neil Buchanan이 번역(New York : Dover Publications, 1961), Vol. II, p. 367과 주 1 ; Vol. III, p. 307 ; 또 W. Adams Brown, "Expiation and Atonement(Christian)," in James Hastings(편), *Encyclopaedia of Religion and Ethics*(New York : Charles Scrbner's Sons, 1928), Vol. V, pp. 642-643.
24) 나는 주로 Harnack, 앞에 인용한 책, Vol. VI, pp. 59-67을 따르고 있다. 축약을 많이 하였다. 또 Brown, 앞에 인용한 책, pp. 643-645에도 관심을 가지고 있다. Anselm의 인용문은 *Cur deus homo?* II, 6-11과 18-19, Harnack, 앞에 인용한 책, pp. 64-67에 번역된 것을 따랐다.
25) Harnack, 앞에 인용한 책, Vol. VI, pp. 78-80.
26) Etienne Gilson, *History of Christian Philosophy in the Middle Ages*(New York : Random House, 1955).
27) 같은 책, p. 163.
28) Hans Leisegang, "The Mystery of the Serpent", in Joseph Campbell(편), *The Mysteries*, Eranos Yearbooks, Vol. 2, Bollingen Series XXX.2(New York : Pantheon Books, 1955), pp. 257-258의 논문들.
29) Orphic Hymn XXXIV. Thomas Taylor(역), *The Mystical Hymns of Orpheus*(Chiswick : C. Whittingham, 1824), pp. 77-79, Leisegang, 앞에 인용한 책, p. 255에 나온 것을 따랐다.
30) 이 스케치는 Eisler, 앞에 인용한 책, Plate XXXI에 나온 것을 손본 것이다.
31) Eisler, 앞에 인용한 책, Plate XXXI.
32) John A. T. Robinson, *Honest to God*(London : SCM Press, Ltd., 1963), p. 74.
33) 「요한복음」 15 : 5.
34) *Oriental Mythology*, pp. 251-252 ; *Occidental Mythology*, pp. 242-271.
35) Aristotle, *Metaphysics*, Book XII, Chapter 8, paragraph 1074a.
36) Benedict Spinoza, *Tractatus Theologico-Politicus*, Chapter XX, 세번째 문단부터 끝까지.
37) 브루노의 사상에 대한 설명은 J. L. McIntyre의 논문, "Bruno", in James Hastings(편), 앞에 인용한 책, Vol. II, pp. 878-881을 따른 것임.
38) Leo Frobenius, *Monumeta Terrarum*, Erlebte Erdteile, Vol. VII(Frankfrut am Main : Frankfruter Societäts-Druckerei, 1929), pp. 178-180을 비롯하여 여러 곳.
39) Einstein의 주요 논문, "Zur Electrodynamik bewegter Körper", *Annalen der Physik*, 4. Folge, Bd. 17(1905) pp. 891-921에 수록. 뉴턴에 대한 나의 해석과 참조는 Sir James Jeans, *The Mysterious Universe*(New York : The Macmillan Co., 1930), p. 95에 의거함.

40) Sir Issac Newton, *Philosophia naturalis principia mathematca*(1687), Defintion VIII, Scholium IV ; Andrew Motte(역), Newton's Principia(New York : Daniel Adee, 1848), p. 79.
41) *Liber XXIV philosophorum*, Proposition II ; Clemens Bäumker, "Das pseudo-hermetische 'Buch der vierundzwanzig Meister'(Liber XXIV philosophorum)," in *Abhandlungen aus dem Gebiete der Philosophie und ihrer Geschichte.* Festgabe zum 70 Geburtstag Georg Freiherrn von Hertling(Freibrug im Breisgau : Herdersche Verlagshandlung, 1913), p. 31.
42) Oswald Spengler, *Der Untergang des Abendlandes*(Munich : C. H. Beck, 1923), Vol. II, p. 227.
43) *Occidental Mythology*, pp. 398 이하.
44) Sir Arthur Keith, 익명으로 편집된 책, *Living Philosophies*(New York : Simon and Schuster, 1931), pp. 142-143.
45) Arthur Schopenhauer, *Über die Grundlage der Moral*(1840), in *Sämtliche Werke*(Stuttgart : Cotta'sche Biblioth다 der Weltlitteratur, 날짜 불명), Vol. 7, pp. 133 이하.
46) Arthur Schopenhauer, *Die Welt als Wille und Vorstellung*, Book II, Section 26 ; *Sämtliche Werke*, Vol. 2, p. 176.
47) 같은 책, Book III, Section 45 ; Vol. 3, p. 65 이하.
48) 같은 책, Book II, Section 26 ; Vol. 2, p. 175 이하.
49) 같은 책, Book II, Section 20 ; Vol. 2, p. 151.
50) Arthur Schopenhauer, *Aphorismen zur Lebensweisheit*, Chapter VI ; *Sämtliche Werke*, Vol. 9, p. 260.
51) Schopenhauer, *Die Welt als Wille und Vorstellung*, Book II, Section 28(Vol. 2, p. 202 이하)와 Book IV, section 55(Vol. 3, p. 140이하). 경험적 성격, 예지적 성격, 획득 성격 등의 번역어는 곽복록, 『의지와 표상으로서의 세계』, 을유문화사, 1994에 의존함.
52) *Oriental Mythology*, pp. 243, 317.
53) James Joyce, *A Portrait of the Artist as a Young Man*(London : Jonathan Cape, Ltd. 1916), p. 242.
54) Albert Pauphilet(편), *La Queste del Saint Graal*(Paris : Champion, 1949), p. 26, 15-19행. 이 작품에 대한 탁월한 해석으로는 Frederick W. Locke, *The Quest for the Holy Grail* (Stanford : Stanford University Press, 1960)을 보라.
55) Gottfried von Strassburg, *Tristan und Isold*, 45-66. Friedrich Ranke가 편집한 중세의 고지 독일어 텍스트의 시행들을 참조하였음(Berlin-Charlottenburg : Weidmannsche Verlagsbuchhandlung, 4판, 1959).
56) Joyce, 앞에 인용한 책, p. 281.
57) Peter Gast가 인용한 구절, "Einführung in den Gedankenkreis von *Also sprach Zarathustra*", in Friedrich Nietzsche, *Werke*(Leipzig : Alfred Kröner Verlag, 1919), Vol. VI, pp. 496-497.

## 제2장 변화된 세계

1) Gottfried, 앞에 인용한 책, 111-118.
2) 같은 책, 119-130, 235-240.
3) *Occidental Mythology*, pp. 490-504.

4) Gottfried, 앞에 인용한 책, 16689-16729.
5) 같은 책, 16963-17138, 축약.
6) 같은 책, 16807-16820과 16902-16908.
7) 같은 책, 15166-15168.
8) Henry Adams, *Mont-Saint-Michel and Chartes*(Boston and New York : Houghton Mifflin Co., 1904), p. 198.
9) 같은 책, pp. 94-95.
10) *Oriental Mythology*, pp. 49-98.
11) *Primitive Mythology*, pp. 404-418.
12) A. R. Radcliffe-Brown, *The Andaman Islanders*(2쇄 : London : Cambridge University Press, 1933), pp. 233-234 ; *Primitive Mythology*, pp. 33-34에서 인용.
13) Dante Alighieri, *Paradiso* XXXIII.1-21. Charles Eliot Norton(역), *The Divine Comedy of Dante Alighieri*(Boston and New York : Houghton Mifflin Co., 1902).
14) Spengler, 앞에 인용한 책, , Knopf판, Vol. II, pp. 288-90, Atkinson(역), 많이 축약함.
15) Joyce, 앞에 인용한 책, pp. 135 이하.
16) 같은 책, pp. 142-143.
17) Gottfried, 앞에 인용한 책, 8112-8131.
18) 전문은 *Primitive Mythology*, pp. 351-352 참조.
19) *Occidental Mythology*, pp. 36-40.
20) Henry Osborn Taylor, *The Mediaeval Mind*(Cambridge, Mass. : Harvard University Press, 4판, 1925), Vol. II, pp. 30-41의 편지 번역본에서 인용. Abelard의 *Historia calamitatum*은 편지들과 함께 Jacques Paul Migne(편), *Patrologiae cursus completus*, Latin Series (Paris 1844-1855), Vol. clxxviii, columns 113-326.
21) H. O. Taylor, 앞에 인용한 책, p. 41.
22) 같은 책, Vol. II, pp. 42, 49. Migne, *Patr. Lat.*, clxxviii, 187, 212.
23) *Occidental Mythology*, p. 495 이하.
24) *Occidental Mythology*, pp. 448.
25) Sarahapāda, *Dohakoṣa* 34 ; Shashibhusan Dasgupta, *Obscure Religious Cults as Background of Bengali Literature*(Calcutta : University of Calcutta Press, 946), p. 95.
26) *Oriental Mythology*, pp. 343-364.
27) *Occidental Mythology*, pp. 440-453.
28) *Occidental Mythology*, pp. 456-473.
29) Philip K. Hitti, *History of the Arabs*(New York : The Macmillan Co., 1951), p. 562. 이 어원이 좀더 흔한 가정, 즉 "발명하다"라는 뜻을 가진다고 하는 통속 라틴어인 tropare에서 나왔다고 하는 가정(예를 들어서, *Webster's New International Dictionary of the English Language*(Springfield, Mass. : G and C. Merriam Company, 2판, 1937))보다 분명히 더 낫다. W. Meyer-Lubke의 *Romanisches Etymologisches Wörterbuch*(Heidelberg : Carl Winter's Universitätsßbuchhandlung, 1924), p. 683, item 8992에서는 그 말이 즉 "흥분시키다, 방해하다, 혼란에 빠뜨리다"라는 뜻을 가진 라틴어 turbare(영어의 "turbulent" 참조)에서 나왔다고 하지만, 여기에는 의심의 여지가 있음을 인정한다.
30) Hitti, 앞에 인용한 책, p. 600.
31) H. A. R. Gibb, article "Literature," in Sir Thomas Arnold and Alfred Guillaume(편),

*The Legacy of Islam*(Oxford : The Clarendon Press, 1931), pp. 189-190.
32) Hitti, 앞에 인용한 책, p. 562.
33) *Oriental Mythology*, pp. 489-490.
34) *Occidental Mythology*, pp. 449-450.
35) *Oriental Mythology*, pp. 358-361.
36) Dante, *Divina Commedia*, 마지막 행.
37) Idries Shah, *The Sufis*(New York : Doubleday and Company, 1964), pp. 322-323.
38) Friedrich Nietzsche, *Aslo sprach Zarathustra*, 1.3 : "Von den Hinterweltlern" ; *Werke*, Vol. VI, p. 43.
39) Hakuin의 "Song of Meditation", Daisetz Teitaro Suzuki, *Manual of Zen Buddhism* (London : Rider and Company, 1935), pp. 151-152.
40) Nietzsche, *Aslo sprach Zarathustra*, 1.6 : "Vom bleichen Verbrecher" ; *Werke*, Vol. VI, p. 53.
41) José Ortega y Gasset, *History as a System*, Helen Weyh(역)(New York : W. W. Norton and Company, 1962), pp. 175-176.
42) Gottfried, 앞에 인용한 책, 17101-17135.
43) Joyce, 앞에 인용한 책, pp. 223과 242-243.
44) Dante Alighieri, *La Vita Nuova* II, Charles Eliot Norton(역)(Boston and New York : Houghton Mifflin Company, 1867), p. 2.
45) 같은 책, XLIII(Norton 번역, pp. 89-90).
46) Joyce, 앞에 인용한 책, pp. 194-196.
47) A. T. Hatto, Gottfried von Strassburg, *Tristan*(Baltimore : Penguin Books, 1960)의 번역판 머리말, p. 24.
48) August Closs, Gottfried von Strassburg, *Tristan and Isolt*(Oxford : Basil Blackwell, 1958)의 Middle High German text, pp. xiv-xv의 머리말.
49) Eugène Vinaver, "The Love Potion in the Primitive Tristan Romance", in *Medieval Studies in Memory of Gertrude Schoepperle Loomis*(Paris : Librairie Honoré Champion ; New York : Columbia University Press, 1927), p. 79.
50) Eilhart von Oberge, *Tristrant und Isolde*, F. Lichtenstein(편), *Eilhart von Oberge*, Quellen und Forschungen zur Sprach- und Kulturgeschichte der germanischen Völker, 19 (Strassburg : K. J. Trübner, 1877), 2288-2300행.
51) *Briefwechsel zwischen Wagner und Liszt*(Leipzig : Breitkopf und Härtel, 1900), Vol. II, p. 46
52) Richard Wagner, *Mein Leben*(Munich : F. Bruckmann, 1911), p. 605.
53) Schopenhauer, *Über die Grundlage der Moral*, Section 16 ; *Sämtliche Werke*, Vol. 7, pp. 233-234.
54) Wagner, 앞에 인용한 책, p. 626.
55) *Occidental Mythology*, pp. 297, 466-467, 469.
56) *Occidental Mythology*, pp. 440, 447-452, 509.
57) Schopenhauer, *Über die Grundlage der Moral*, Section 22 ; *Sämtliche Werke*, Vol. 7, pp. 290-294, 축약.
58) Wagner, 앞에 인용한 책, p. 604.

59) Plato, *The Republic*, 7.
60) *Oriental Mythology*, pp. 13 이하와 177, 184, 237, 254, 335-336.
61) Percy Bysshe Shelley, *"Adonais"*, LII, 462-463.
62) Goethe, Faust II.1, 4702-4727행.
63) Schopenhauer, *Die Welt als Wille und Vorstellung*, II.21 ; *Sämtliche Werke*, Vol. 2, pp. 152-153.
64) 같은 책, 22 ; pp.154-155.
65) Schopenhauer, *Über die Grundlage der Moral*, Section 22 ; *Sämtliche Werke*, Vol. 7, p. 293.
66) Gottfried, 앞에 인용한 책, 4862-4895, 약간 축약.
67) Schopenhauer, *Die Welt als Wille und Vorstellung*, II.27, 마지막 paragraph ; *Sämtliche Werke*, Vol. 2, p. 201.
68) 같은 책, III, 34 ; Vol. 3, p. 17.
69) Joyce, 앞에 인용한 책, p. 242.
70) Schopenhauer, *Die Welt als Wille und Vorstellung*, III.36 ; *Sämtliche Werke*, Vol. 3, pp. 24-25.
71) Seneca, *De tranquilitate animi* 15.16.
72) John Dryden, *Absalom and Achitophel*, 163-164행.
73) Schopenhauer, *Die Welt als Wille und Vorstellung*, III.36 ; *Sämtliche Werke*, Vol. 3, p. 31.
74) Richard Wagner, *Tristan und Isolde*, Act. I, 결말 부분.
75) Gottfried, 앞에 인용한 책, 11708-11870, 많이 축약함.

## 제3장 말 뒤의 말

1) José Ortega y Gasset, *Man and Crisis*, Mildred Adams(역)(New York : W. W. Norton and Company, 1958, 1962), p. 113.
2) T. S. Eliot, "The Hollow Men", Part III, 마지막 4행.
3) 같은 책, Part I, p. 79 : *Collected Poems 1909-1962*(판권 1936, Harcourt, Brace & World, Inc.), pp. 80-81에서.
4) Nietzsche, *Also Sprach Zarathustra*, I.11 : "Vom neuen Götzen", *Werke*, Vol. VI, pp. 69-72, 축약(번역은 주로 정동호, 『차라투스트라는 이렇게 말했다』, 책세상, 2000을 많이 참고하였다).
5) Benjamin Lee Whorf, "Science and Linguistics", *The Technology Review*, Vol. XLII, No. 6 (1940년 4월) ; "Linguistics as an Exact Science", 같은 책, XLIII, No. 2(1940년 12월) ; "Language and Logic", 같은 책, XLIII, No. 6(1941년 4월) ; "The Relation of Habitual Thought and Behavior to Language", *Language, Culture and Personality*(Menasha, Wis., 1941), pp. 75-93 ; "An American Indian Model of the Universe", International Journal of American Languages, Vol. 16, No. 2(1950년 4월).
6) *Taittirīya Upaniṣad* 2.4.
7) *Muṇḍaka Upaniṣad* 2.2.1.

8) Tomás de Villanueva, *Opera*(Salamanco, 1761-64 ; Bibl., No. 1073), Vol. IV, p. 388 ; E. Allison Peers, *Studies of the Spanish Mystics*(London : S.P.C.K., 1960), Vol. II, p. 68.
9) Eliot, *The Waste Land*, 411행 주석, F. H. Bradley, *Appearance and Reality*(London : Swan Sonnenschein and Co., 1893), p. 346.
10) *Primitive Mythology*, pp. 386-387.
11) *Occidental Mythology*, pp. 9-17.
12) Eliot, "The Hollow Men", Part V : *Collected Poems* 1909-1962, pp. 81-82에서.
13) Ernest Robert Curtius, *European Literature and the Latin Middle Ages*, Willard R. Trask (역), Bollingen Series XXXVI(New York : Pantheon Books, 1953), pp. 12와 591.
14) *Occidental Mythology*, pp. 255-269.
15) Leisegang, 인용문 중에, pp. 194-260.
16) Gafurius, *De harmonia musicorum instrumentorum*(Milan, 1518), fol. 93v. 여기서는 Edgar Wind, *Pagan Mysteries in the Renaissance*(New Haven : Yale University Press, 1958), p. 46, 주 5를 따랐다.
17) H. E. D. Blakiston, "Greco-Egytian Religion", James Hastings(편), 앞에 인용한 책, Vol. VI, p. 377, colum 2에 실린 글.
18) Macrobius, *Saturnalia*, Liber I, Caput XX, 알렉산드리아 신전의 태양신 세라피스의 머리가 셋 달린 짐승을 묘사하고 있다.
19) Gafurius, 앞에 인용한 책, Ch. 92 ; Jean Seznec, *The Survival of the Pagan Gods*, Bollingen Series XXXVIII(New York : Pantheon Books, 1953 ; Harper Torchbook, 1961), pp. 140-141에서 인용한 것을 따름.
20) *Occidental Mythology*, pp. 325-330.
21) *Primitive Mythology*, pp. 412-415.
22) Hesiod, *Theogony* 50-67.
23) Roger Sherman Loomis, *Celtic Myth and Arthurian Romance*(New York : Columbia University Press, 1927), Chapter V, "Curoi, Gwri, and Gawain", and Chapter XVI, "The Grail Heroes".
24) Eleanor Hull, *Early Christian Ireland*(London : David Nutt ; Dublin : M.H. Gill & Son, 1905), pp. 253-254.
25) Harnack, 앞에 인용한 책, Vol. V, Chapter VI, 주 1.
26) *Occidental Mythology*, pp. 466-467.
27) Dante, *Inferno* I.1-3.
28) 같은 책, 10-18.
29) 같은 책, 31-51.
30) 같은 책, 113.
31) 같은 책, II, 7.
32) 같은 책, II, 127-42.
33) *Primitive Mythology*, pp. 173-76.
34) Curtius, 앞에 인용한 책, pp. 18-19.
35) *Occidental Mythology*, pp. 481-482.
36) *The Sutton Hoo Ship-Burial : A Provisional Guide*(London : The British Museum, 5판, 1956), p. 62.

37) Bede, *Historia Ecclesiastica Gentis Anglotum*, Book IV, Chapter XXIV. Migne, 앞에 인용한 책, xlv, 212-213. Vida D. Scudder, Everyman Library, 1910의 번역.
38) *Oriental Mythology*, pp. 444-445.
39) *Oriental Mythology*, pp. 447-455.
40) *Oriental Mythology*, pp. 464-465.
41) 『베오울프』가 쓰여진 연도는 아직 불확실하여, 700년경부터 8세기말까지 다양한 견해들이 있다. C. L. Wrenn, "Sutton Hoo and Beowulf", in Lewis E. Nicholson(편), *An Anthology of Beowulf Criticism*(Notre Dame, Ind. : University of Notre Dame Press, 1963), pp. 325-29.
42) C. L. Wrenn, *Beowulf*(Boston : D.C. Heath and Co. ; London : George G. Harrap and Co., 1953), pp. 32-37.
43) 같은 책, pp. 64-65.
44) George K. Anderson, *The Literature of the Anglo-Saxons*(Princeton : Princeton Uiversity Press, 1949), p. 230.
45) Anderson, 앞에 인용한 책, p. 231의 번역 ; Bede, *Historia* V.13에서.
46) *Oriental Mythology*, pp. 228과 241.
47) Miguel Asín y Palacios, *La Escatologia musulmana en la Divina Comedia*(Madrid : Imprenta de Estanislao Maestre, 1919 ; 2판, Madrid-Granada : Escuelas de Estudios Árabes, 1943), p. 166.
48) Wrenn, *Beowulf*, p. 83.
49) W. W. Lawrence, *Beowulf and the Epic Tradition*(Cambridge, Mass. : Harvard University Press, 1928), p. 4.
50) 같은 책, pp. 7-8.
51) Spengler, 앞에 인용한 책, Vol. II, pp. 101-102 ; 영어판, Vol. II, p. 87.
52) Beowulf, 700-702행, Marie Padgett Hamiltion, "The Religious Principle in *Beowulf*", in Nicholson(편), 앞에 인용한 책, p. 112에 인용된 것.
53) Werner Speiser, *The Art of China*(New York : Crown Publishers, 1960), p. 36.
54) *Oriental Mythology*, pp. 471-472.
55) *Beowulf*, 2419-2420.
56) *Poetic Edda, Völuspó* 20.
57) Grimm, 동화 번호 50 ; *Grimms Fairy Tales*(New York : Pantheon Books, 1944), pp. 237-241 참조.
58) Grimm, Tale Number 14 ; 앞에 인용한 책, pp. 83-86 참조.
59) 번역은 대체로 Clarence Griffin Child, *Beowulf and the Finnesburgh Fragment*(Boston, New York, Chicago : Houghton Mifflin Company, 1904)를 따랐다(우리말 번역은 김석산, 『베오울프』, 탐구당, 1976을 많이 참조하였다).
60) Levin L. Schücking, "The Ideal of Kingship in Beowulf," in Nicholson(편), 앞에 인용한 책, p. 37에 그런 지적이 나온다.
61) 이런 맥락에서 『베오울프』를 자세히 또 길게 연구한 것으로는 F. Panzer, *Beowulf, Studien zur germanischen Sagengeschichte* I(München, 1910). 또한 Johannes Bolte and Georg Polívka, *Ammerkungen zu den Kinder- und Hausmärchen der Brüder Grimm*(Leipzig : Dieterich'sche Verlagsbuchhandlung, 1915), Vol. II, pp. 300-316.

62) *Primitive Mythology*, pp. 339-347.
63) *Occidental Mythology*, pp. 162-177.
64) 같은 책, pp. 34 이하와 64-72.
65) 같은 책, pp. 291-296.
66) O. G. S. Crawford, *The Eye Goddess*(New York : The Macmillan Company, 연도 불명).
67) *Occidental Mythology*, pp. 34-41, 62-72.
68) T. G. E. Powell, *The Celts*(New York : Frederick A. Praeger, 1958), pp. 146-147.
69) Marcel Probé and Jean Roubier, *The Art of Roman Gaul*(Toronto : University of Toronto Press, 1961), Plate 8.
70) *Primitive Mythology*, pp. 183-184.
71) 같은 책, pp. 441-451.
72) 같은 책, pp. 432-434.
73) Gottfried, 앞에 인용한 책, 13513-13536.
74) Asín, 앞에 인용한 책.
75) *Analecta Bollandiana*, 알바 대공이 영역본에 쓴 소개말에서 인용한 대로임, 앞에 인용한 책, pp. IX-X.
76) *Inferno* XV.
77) Asín, 앞에 인용한 책, Harold Sunderland의 영어 번역판, *Islam and the Divine Comedy* (London : John Murray, 1926), pp. 253-254.
78) *Opus Majus*(Edit. Jebe, 1733), p. 246(Asín의 주석).
79) *Opera omnia* III.3, *De Anima* 166(Asín의 주석).
80) *Blanquerna* II.105, 134, 158-160(Asín의 주석).
81) Asín, 앞에 인용한 책, Sunderland의 번역, 앞에 인용한 책, pp. 256-258.
82) R. A. Nicholson, "Mysticism", in Arnold and Guillaume(편), 앞에 인용한 책, pp. 227-228.
83) Asín, 앞에 인용한 책, 영어판, pp. 239-244에서 축약.
84) *Oriental Mythology*, pp. 321-327 ; *Occidental Mythology*, pp. 402-407.
85) *Occidental Mythology*, pp. 402-407.
86) *Oriental Mythology*, pp. 338-367 ; 378 ; 481-496.
87) Jacobus de Voragine, *The Golden Legend*(London, New York : Longmans, Green, 1941) ; 콥트교도 판으로는 E. A. W. Budge, *Baralâm and Yĕwâsĕf*(London : Cambridge University Press, 1923), 이에 대한 논의로는 J. Jacobs, *Barlaam and Josaphat*(London : David Nutt, 1896).
88) La Fontaine, 그의 *Fables* 제2권의 *Avertissement*.
89) Joseph Campbell(편), *The Portable Arabian Nights*(New York : The Viking Press, 1952), pp. 19-20.
90) 같은 책, pp. 14-15.
91) *Oriental Mythology*, p. 327 ; Hermann Goetz, "Imperial Rome and the Genesis of Classical Indian Art", in *East and West*, New Series, Vol. 10, Nos. 3-4, 9월-12월, 1959, p. 264.
92) Spengler, 앞에 인용한 책, Vol. II, p. 92.
93) 같은 책, Vol. II, p. 62.

94) 예를 들어서, "페이트"에 대한 일련의 훌륭한 글인 Hastings(편), 앞에 인용한 책, Vol. V, pp. 771-796.
95) *Koran* 27 : 48.
96) Gilson, 앞에 인용한 책, p. 399에서 인용. 그 책에서 정확한 출처 없이 인용되어 있음.
97) Ibn Rushd(Averroes), *Kitāb faṣl al-maqāl wa tagrīr mā bayn ashsharī 'a wal-ḥikma min al-ittisāl*("The Book of the Decision of the Discourse, and a Determination of What There Is of Connection between Religion and Philosophy"), Book II, 7 : 1-18과 8.11 ; George F. Housrani, *Averroes : On the Harmony of Religion and Philosophy*, E. J. W. Gibb Memorial Series, No. 21(London : Luzac and Co., 1961), pp. 50-51.
98) Averroes, 앞에 인용한 책, 15.8-15 ; Hourani, p. 59.
99) Miguel Asín y Palacios, "El Averroísmo Teológico de Santo Tomás de Aquino," in *Homenáje á D. Francisco Codera*(Zaragoza : Mariano Escar, 1904), pp. 307-308.
100) *Quest. disp. de Veritate*, q.XIV, De fide a. 10.
101) Jacob Guttmann, *Das Verhaltnis des Thomas von Aquino zum Judenthum und zür jüdischen Literatur*(Göttingen : Vandenhoeck and Ruprecht, 1891) ; *Die Scholastik des dreizehnten Jahrhunderts in ihren Beziehangen zum Judenthum und zür jüdischen Litteratur* (Breslau : M. & H. Marcus, 1902).
102) Asín y Palacios, "El Averroísmo," pp. 318-319.
103) St. Thomas Aquinas, *Summa Theologica* I.14. Art. 8.
104) *Paradiso* X.136-138.
105) *Inferno* IV.131-143.
106) *Inferno* XXVIII.22-45.
107) *Oriental Mythology*, pp. 234-238.
108) *Oriental Mythology*, pp. 276-279.
109) *Oriental Mythology*, p. 294.
110) 예를 들어서, Richard Garbe, Die Sâmkhya-Philosophie(Leipzig : H. Haessel, 2판, 1917), III장, "Über den Zusammenhang der Sâmkhya-Lehre mit der griechischen Philosophie".
111) *Occidental Mythology*, p. 412.
112) 「마태복음」 19 : 21(「마가복음」 10 : 21)과 「마태복음」 8 : 22(「누가복음」 9 : 60).
113) A. Guillaumont, H. -Ch. Puech, G. Quispel, W. Till and Yassah 'Abd al Masēh, *The Gospel According to Thomas*(Leiden : E.J. Brill ; New York : Harper and Brothers, 1959), 91 : 30-32 ; p. 31.
114) *Occidental Mythology*, pp. 403-404.
115) *Oriental Mythology*, pp. 13-14, 254-255, 264-266.
116) *Oriental Mythology*, pp. 447-455.
117) Augustine, *Confessions*, 3권, 6장.
118) 「갈라디아서」 5 : 16. Augustine, *The City of God*, 8권, 13장에서 인용.
119) Augustine, *The City of God*, 14권, 5장.
120) 같은 책, 8권, 13장.
121) Tertullian, *Apologeticus* 7(Migne, 앞에 인용한 책, i, 506) ; Aristides, *Apology* 17.2 ; Justin Martyr, *Apologiae* I.5, 15, 18, 27과 II.12(J.P. Migne, Patrologiae Cursus Completus, Series Graeca[Paris : 1857-1860], vi.335-36, 349-52, 355-56, 369-75, 463-66) ; Minucius

Felix, *Octavian*, 9.6(Migne, Patr. La'., iii.262) ; the Younger Pliny, Epist., X.96. Max Pulver, 앞에 인용한 책, pp. 292-295를 보라.
122) 「갈라디아서」 3 : 13.
123) 「고린도전서」 11 : 20-22.
124) 「요한묵시록」 2 : 19-25.
125) 같은 책, 2 : 14.
126) 「유다서」 4와 12.
127) Tertullian, *De Jejunis* 17(Migne, Patr. Lat., ii.977)
128) "The Gospel According to Thomas," 84 : 34-85 : 6 ; Guillaumont 등, 앞에 인용한 책, p. 15.
129) 같은 책, 87 : 26-88 : 1 ; p. 23.
130) *Occidental Mythology*, pp. 388-394.
131) Epiphanius, *Panarion* 1.37.5(272A 이하), Leisegang, 앞에 인용한 책, p. 231에 인용.
132) Leisegang, 앞에 인용한 책, p. 231.
133) 「요한복음」 3 : 14.
134) 「민수기」 21 : 4-9.
135) *Occidental Mythology*, pp. 388-394.
136) 「열왕기하」 18 : 4.
137) 「창세기」 3 : 15.
138) *Occidental Mythology*, pp. 362-375.
139) Hippolytus *Elenchos* V.17.1-2와 8, Leisegang, 앞에 인용한 책, p. 230에서 인용.
140) *Occidental Mythology*, p. 468.
141) "The Gospel According to Thomas," 99 : 16-18(앞에 인용한 책, p. 57)과 80 : 24-81 : 2 (p. 3) ; *Occidental Mythology*, pp. 367-368에 인용.
142) *Oriental Mythology*, pp. 300-303.
143) *Oriental Mythology*, p. 496.
144) *Oriental Mythology*, p. 304.
145) Epiphanius, *Panarion* 26.4.1 ; Max Pulver, "Vom Spielraum gnostischer Mysterienpraxsis," *Eranos-Jahrbuch* 1944(Zurich : Rhein-Verlag, 1945), pp. 289-292.
146) Henry Adams, *The Education of Henry Adams*(New York : Random House, The Modern Library, 1931), p. 498.
147) *Occidental Mythology*, pp. 496-500.
148) Innocentii III, *Epist.* Book vii, No. 75, in Migne, Patr. Lat., ccxv, 355-357 ; J. Bass Mullinger, 기고문 "Albigenses", Hastings(편), 앞에 인용한 책, Vol. I, p. 280에 인용.
149) *Occidental Mythology*, pp. 386, 464, 492.
150) Rene Fülöp-Miller, *Der Heilige Teufel : Rasputin und die Frauen*(Leipzig : Grethlein and Co., 1927). F. S. Flint와 D. F. Tait(역), *Rasputin, the Holy Devil*(London and New York : The Viking Press, 1928),
151) Leisegang, 앞에 인용한 책, p. 244.
152) J. A. MacCulloch, 기고문 "Relics", Hastings(편), 앞에 인용한 책, Vol. X, p. 655에 따름.
153) Charles Schmidt, *Histoire et doctrine des Cathares ou Albigeois*(Paris : J. Cherbulier,

1849), Vol. I, p. 31.
154) Heinrich Zimmer와 Joseph Campbell, *The Art of Indian Asia*, Bollingen Series XXXIX (New York : Pantheon Books, 1955), Vol. II, 도판 114-436 등 여러 곳.
155) *Oriental Mythology*, p. 359와 주석.
156) *Oriental Mythology*, p. 361, H. H. Wilson, "Essays on the Religion of the Hindus", *Selected Works*(London : Trubner and Company, 1861), Vol. I, p. 263을 인용.
157) John Rutherford, *The Troubadours*(London : Smith, Elder, and Company, 1861), Vol. I, p. 195
158) Zimmer and Campbell, 앞에 인용한 책, Vol. II, 도판 336-343.
159) *Oriental Mythology*, pp. 343-358.
160) Arthur Avalon(Sir John Woodroffe), *The Principles of Tantra*(Madras : Ganesh and Co., 1914 ; 2판, 1952), pp. lxxi-lxxii.
161) *Oriental Mythology*, pp. 325-327 ; *Occidental Mythology*, p. 389-394.

## 제2부 황무지

### 제4장 사랑-죽음

1) Denis de Rougemont, *Love in the Western World*(New York : Pantheon Books, 1940, 개정증보판 1956), 여러 곳.
2) Barbara Mythe(역), *Trobador Poets*(London : Chatoo and Windus, 1929), p. 152를 보라.
3) Malory, *Le Morte Darthur*, Book XI, Chapter IX에서 Book XII, Chapter IV까지. 말러리가 자신의 책을 편찬하면서 자료로 삼은 것은 13세기초의 확장판 "Vulgate Tristan"으로, 대영박물관 Add.5474, Royal 20 D ii와 Egerton 989에 세 원고가 있다. H. Oskar Sommer, *Le Morte Darthur*(London : David Nutt, 1891), Vol. III, pp. 280이하를 보라.
4) Rutherford, 앞에 인용한 책, pp. 124-125.
5) *Occidental Mythology*, pp. 464-466.
6) 「마태복음」 22 : 39
7) Erik Routley, *The Man for Others*(New York : Oxford University Press, 1964), p. 99.
8) Guiraut de Borneilh, *Tam cum los oills el cor*······. Rutherford, op. cit., pp. 34-35. 이 시의 운율은 다음과 같다 : a b c c b b a d d a / b c c b b a e e a.
9) *Oriental Mythology*, pp. 482, 489-490.
10) Bernart de Ventadorn, *Joie d'aimer*, I, IV, VII연, Joseph Anglade, *Anthologies des Troubardours*(Paris : E. de Boccard, 연도 불명), pp. 39-41. 원래 시의 운율은 a b b a c d d c / c a a c b d d b / a b b a c d d c ······ 등이다.
11) H. O. Taylor, 앞에 인용한 책, , Vol. II, p. 57.
12) Carl von Kraus(편), *Die Gedichte Walthers von der Vogelweide*(Berlin : Walter de Gruyter & Co., 1962), pp. 52-53, 39 : 11-40 : 18행. 운율은 a b c, a b c, d——

주 819

tandaradei——d이다.
13) 같은 책, p. 165 ; 257 : 10-13행(Swer giht daz minne sünde sî……).
14) 같은 책, p. 68 ; 48 : 38-39행.
15) H. O. Taylor, 앞에 인용한 책, p. 58.
16) Kraus, 앞에 인용한 책, p. 115 ; 81 : 31-82 : 2행(Diu minne ist weder man noch wêp……). 운율은 a a, b b, c d, c.
17) *Cmabridge Medieval History*(Cambridge : Cambridge University Press ; New York : The Macmillan Company, 1936), Vol. VI, p. 50.
18) Kraus, 앞에 인용한 책, p. 11, 9 : 16-27행(Ich sach mit mînen ougen).
19) Dom Gaspar Lefebure O. S. B., *Daily Missal*(Saint Paul, Minn. : E.M. Lohmann Co., 1934), pp. 123-124)에서 번역.
20) Anglade, op. cit., pp. 13-14 : 운율은 a, a, a, 후렴 ; b, b, b, 후렴 등이다.
21) Geoffrey of Monmouth, *Historia Regum Britanniae*, Book XI, Cahpter 2.
22) Wace, *Roman de Brut*, 마지막 구절.
23) Layamon, *Brut*, G. L. Brook과 R. F. Leslie(편)(London : Oxford University Press for the Early English Text Society, 1963), 마지막 행들.
24) *Occidental Mythology*, pp. 9-20.
25) Gottfried, 앞에 인용한 책, 704-758과 847-853, 축약.
26) Gottfried Weber, *Gottfried's von Strassburg Tristan und die Krise des hochmittelalterlichen Weltbildes um 1200*(Stuttgart : J.B. Metzlersche Verlagsbuchhandlung, 1953).
27) 같은 책, Vol. I, p. 34.
28) *Webster's New International Dictionary of the English Language*(Springfield, Mass. : G. and C. Merriam Company, 2판, 1937), p. 1747.
29) *Muṇḍaka Upaniṣad* 2.2.1.
30) *Kena Upaniṣad* 1.3.
31) Mu-mon, "*The Gateless Gate*", 48 ; in Paul Reps, *Zen Flesh, Zen Bones*(Garden City, New York : Doubleday and Company, Anchor Books, 1961), p. 127.
32) Oriental Mythology, p. 303, *Aṣṭasāhasrikā Prajñā-pāramitā* 1 인용.
33) Nicholas Cusanus, *Apologia doctae ignorantiae*, Gilson, 앞에 인용한 책, , pp. 538과 536에 인용.
34) Thomas Aquinas, *Summa contra Gentiles* I.v.
35) Werner Heisenberg, *Physics and Philosophy*(New York : Harper Torchbooks, 1958, 1962), p. 49.
36) Nietzsche, *Also sprach Zarathustra*, "Von der Selbstüberwindung", Werke, Vol. VI, p. 167.
37) Gottfried, 앞에 인용한 책, 847-853.
38) 같은 책, 915-982.
39) 같은 책, 1159-1171.
40) 같은 책, 1219-1330 ; 1337-1362, 축약.
41) 같은 책, 1373-1750.
42) 같은 책, 3379-3384.
43) Schopenhauer, *Transcendente Spekuation über die anscheinende Absichtlichkeit im Schicksale*

*des einzelnen, Werke*, Vol. 8, pp. 208-209.
44) 같은 책, pp. 210-211.
45) *Muṇḍaka Upaniṣad* 2.2.5.
46) Wordsworth, "Lines Composed a Few Miles above Tintern Abbey, on Revisiting the Banks of the Wye During a Tour. July 13, 1798", 88-102행(번역은 주로 이재호, 『낭만주의 영시』, 탐구당, 1998에 의존함).
47) Schopenhauer, 앞에 인용한 책, p. 211.
48) James Joyce, *Ulysses*(Paris : Shakespeare and Company, 1922, 8쇄, 1926), p. 204 ; (New York : Random House, The Modern Library, 1934), p. 210(번역은 주로 김종건, 『율리시즈』, 범우사, 1989에 의존함).
49) 같은 책, Paris 판, pp. 376-377 ; Random House 판, p. 388.
50) Jean-Paul Sartre, *L'Existentialisme est un humanisme*(Paris : Les Editions Nagel, 1946) ; Walter Kaufmann(역), *Existentialism from Dostoyevsky to Sartre*(New York : Meridian Books, 1956), pp. 294-295.
51) *The Journals of Kierkegaard*, Alexander Dru(역)(New York : Harper Torchbooks, 1959), pp. 189와 203.
52) Twelfth Night, I.v.331-332.
53) Schopenhauer, 앞에 인용한 책, pp. 212-213.
54) Standish H. O'Grady, *Silva Gadelica*(London : Williams and Norgate, 1892), Vol. II, pp. xiii과 311 이하.
55) Gottfried, 앞에 인용한 책, 3721-3739.
56) *Occidental Mythology*, pp. 62-68.
57) Primitive Mythology, pp. 151-225.
58) *Primitive Mythology*, pp. 170-171.
59) *Oriental Mythology*, pp. 9-10.
60) *Oriental Mythology*, pp. 168-171.
61) *Primitive Mythology*, pp. 405-413.
62) Gertrude Schoepperle, *Tristan and Isolt*(London : David Nutt ; Frankfurt a. M. : Joseph Baer and Co., 1913), p. 227.
63) H. Zimmer, "Zur Namenforschung, in den altfranzösischen Arthurepen", *Zeitschrift für französischer Sprache und Literatur*, Vol. XIII(1891), pp. 58 이하.
64) *Primitive Mythology*, pp. 183-190.
65) Sir James G. Frazer, *The Golden Bough*, 단권본(New York : The Macmillan Co., 1922), p. 470. *Primitive Mythology*, p. 184를 보라.
66) *Primitive Mythology*, pp. 432-434.
67) *Occidental Mythology*, pp. 36-41.
68) Béroul, *Le Roman de Tristan*, Ernest Muret(편)(Paris : Honoré Champion, 1962), 1334행.
69) *Oriental Mythology*, pp. 190-197.
70) *Nihongi* 19.34 ; *Oriental Mythology*, p. 480에 인용.
71) Oswald Spengler, *Jahre der Entscheidung*(Munich : C.H. Beck, 1933), pp. 36-37.
72) *Occidental Mythology*, pp. 291-334와 pp. 393-394.
73) *Occidental Mythology*, pp. 456-490.

74) José Ortega y Gasset, *Meditations on Quixote*, Evelyn Rugg와 Diego Marín(역), W. W. Norton and Company, p. 51.
75) 같은 책, p. 136.
76) 같은 책, p. 138.
77) 같은 책, pp. 138-139.
78) 같은 책, p. 164.
79) 같은 책, pp. 164-165.
80) G. V. Anrep(편역), I. P. Pavlov, *Conditioned Reflexes, an investigation of the physiological activity of the Cerebral Cortex*(London : Oxford University Press, 1927).
81) John B. Watson, *Psychology from the Standpoint of a Behaviorist*(Philadelphia and London : J. B. Lippincott Company, 1919, 1924).
82) 같은 책, pp. 9-10. 강조는 와트슨 박사의 것.
83) *Śatapatha Brāhmaṇa* 10.5.2.13과 16, Ananda K. Coomaraswamy, *Hinduism and Buddhism*(New York : Philosophical Library, 연도 불명), p. 7에 인용.
84) *Oriental Mythology*, pp. 52-53.
85) *Bhagavad Gītā* 2 : 22.
86) James Joyce, *Finnegans Wake*(New York : The Viking Press, 1939), p. 455.
87) *Oriental Mythology*, pp. 23-25.
88) Gottfried, 앞에 인용한 책, 6931-6947, 축약.
89) 같은 책, 7051-7059.
90) 같은 책, 6732-6752.
91) 같은 책, 6611-6616.
92) 같은 책, 6594-6598.
93) 같은 책, 7165-7195.
94) Nietzche, "Die fröhliche Wissenschaft", 87절, *Werke*, Vol. 5, p. 120.
95) Gottfried, 앞에 인용한 책, 7275-7299, 축약.
96) *Homeri Himni* 7.
97) Gottfried, 앞에 인용한 책, 7507-7523, 축약.
98) 같은 책, 7772-7821, 축약.
99) 같은 책, 7835-7859, 축약.
100) *Occidental Mythology*, p. 25.
101) W. B. Yeats, *Irish Folk and Fairy Tales*(New York : The Modern Library, 연도 불명), 머리말, p. ix.
102) Gottfried, 앞에 인용한 책, 7911-7924.
103) 같은 책, 8002-8018.
104) August Closs, *Tristan und Isolt : A Poem by Gottfried von Strassburg*(Oxford : Basil Blackwell, 1958), pp. xlix-l.
105) Gottfried, 앞에 인용한 책, 8085-8089 ; 8112-8131.
106) 같은 책, 8253-8262.
107) Joseph Anglade, 앞에 인용한 책, , p. 30 : "Amor de lonh", 4연.
108) Gottfried, 앞에 인용한 책, 8608-8613.
109) 같은 책, 8263-8284.

110) C. G. Jung, *The Archetypes of the Collective Unconscious*, R. F. C. Hull(역), Bollingen Series XX, Vol. 9, 1(New York : Pantheon Books, 1959), p. 25 이하와 색인에서 "anima" 참조.
111) Gottfried, 앞에 인용한 책, 8505-8509.
112) Thomas, *Sir Tristaram*, Strophe 95의 중세 영어 번역을 따랐음.
113) Gottfried, 앞에 인용한 책, 8902-8924.
114) 같은 책, 8925-11366.
115) *Occidental Mythology*, pp. 54-55.
116) Gottfried, 앞에 인용한 책, 10885-10898, 축약과 10992-11005.
117) Curtius, 앞에 인용한 책, p. 48 이하.
118) Gottfried, 앞에 인용한 책, 11556-11580.
119) A. T. Hatto(역) : Gottfried von Strassburg, *Tristan*(Baltimore : Penguin Books, 1960), p. 28.
120) Closs, 앞에 인용한 책, p. lii.
121) Dante, *Inferno* V.118-120과 127-138 ; Charles Eliot Norton(역), 필자가 약간 손질함.
122) Weber, 앞에 인용한 책, p. 87.
123) 같은 책, pp. 89-90.
124) Gottfried, 앞에 인용한 책, 11964-11972.
125) 같은 책, 11978-12041, 축약.
126) 같은 책, 11435-11444.
127) 같은 책, 12106-12133, 축약.
128) 같은 책, 12157-12182.
129) 같은 책, 12463-12502.
130) Bernard of Clairvaux, *Sermones in Cantica Canticorum* LXXIX, 1, Terence L. Connolly, S. J.(역), *Saint Bernard on the Love of God*(New York : Spiritual Book Associates, 1937), pp. 224-225에서.
131) W. O. E. Oesterley and Theodore H. Robinson, *An Introduction to the Books of the Old Testament*(New York : Meridian Books, 1958), p. 217.
132) Bernard, 앞에 인용한 책, IX.2(Connolly, 앞에 인용한 책, pp. 82-83). 강조된 부분은 각각 「시편」 99 : 4, 「아가」 1 : 2에 나온다.
133) *Oriental Mythology*, pp. 352-358.
134) *Primitive Mythology*, pp. 38-49, 62, 75-76 참조.
135) N. Tinbergen, *The Study of Instinct*(Oxford : The Clarendon Press, 1951), p. 45.
136) Bernard, 앞에 인용한 책, XXXII.2(Connolly, 앞에 인용한 책, p. 141). 강조한 부분은 「요한계시록」 14 : 4에 나온다.
137) William Blake, *The Marriage of Heaven and Hell*, "A Memorable Fancy"와 "Proverbs of Hell"(1793년경).
138) Gottfried, 앞에 인용한 책, 12217-12231과 12279-12304.
139) 같은 책, 12237-12244.
140) 같은 책, 12527-12674, 축약.
141) 같은 책, 17770-17803, 축약.
142) 같은 책, 17858-17906, 축약.

143) 같은 책, 16587-16620, 축약.
144) 같은 책, 18335-18344.
145) Weber, 앞에 인용한 책, Vol. I, p. 306에 의거한 이야기이다.
146) Thomas, *Le Roman de Tristan*, Joseph Bédier(편) (Paris : Société des Anciens Textes Français, 1902), Vol. I, p. 317, 1011행.

## 제5장 피닉스의 불

1) Joyce, *Finnegans Wake*, p. 123(이 책의 인용문들은 일반적인 영어 문장이라고 하기 힘들기 때문에, 대충 내용을 짐작하라는 취지에서 어설픈 번역 뒤에 원문을 병기해두었다/역주).
2) 같은 책, p. 232.
3) 같은 책, p. 383.
4) 같은 책, p. 105.
5) 같은 책, p. 107.
6) 같은 책, p. 32.
7) 「창세기」 1 : 27.
8) Joyce, *Finnegans Wake*, p. 261.
9) 같은 책, pp. 14, 61, 70, 73, 274, 310.
10) Joseph Campbell and Henry Morton Robinson, *A Skeleton Key to Finnegans Wake* (New York : Harcourt, Brance and Co., 1944), p. 46.
11) Fefebure, 앞에 인용한 책, p. 831 : "Holy Saturday : Blessing of the Paschal Candle."의 번역.
12) Joyce, Finnegans Wake, p. 536.
13) 같은 책, p. 24.
14) Joyce, *Ulysses*, Paris 판, pp. 480-481. Random House 판, p. 499.
15) "The Gospel According to Thomas" 94 : 24-28 ; Guillaumont, 등, 앞에 인용한 책, p. 43.
16) *Bhagavad Gītā*, 10.8, 20, 36.
17) Joyce, *Ulysses*, Paris 판, pp. 480-481 ; Random House 판, p. 499.
18) *Rosarium philosophorum. Secunda pars alchimiae de lapide philosophico vero modo praeparando······ cum figuris rei perfectionem ostendentibus*(Frankfurt a. M. : 1550), pp. 219, 230, 274. 나의 글과 그림은 C. G. Jung, "The Psychology of the Transference," *The Practice of Psychotherapy*, Bollingen Series XX, Vol. 16(New York : Pantheon Books, 2판, 1966), pp. 212-213과 288, 주석 15에서 나온 것이다.
19) 「마태복음」 7 : 6.
20) 「누가복음」 8 : 10.
21) Muhammed ibn Umail at-Tamini(라틴 세계에는 "Senior"로 알려져 있었다), "The Book of the Silvery Water and Starry Earth"(라틴어로는 *De chemia*로 번역), E. Stapleton and M. Hidayat Husain, *Memoirs of the Aurora Society of Bengal*, Vol. XII. 나는 Marie-Louise von Franz, *Aurora Consurgens*, Bollingen Series LXXVII(New York : Pantheon Books, 1966), p. 45, 주석 8과 9에서 인용하였다.

22) Theobald de Hoghelande, "liber de alchemiae difficultaibus", in *Theatrum chemicum, praecipuos selectorum auctorum tractatus*...... *continens*(Ursel : 1602), Vol.I, p. 155 ; C. G. Jung, *The Practice of Psychotherapy*, p. 288, 주석 15에서 인용.
23) Heinrich Conrad Khunrath, *Von hyleanischen, das ist, primaterialischen catholischen, oder allgemeinen natürlichen Chaos*(Magdeburg : 1597), p. 21 ; Jung, *The Practice of Psychotherapy*, p. 288, 주석 15에 인용.
24) Giordano Bruno, *The Expulsion of the Triumphant Beast*, Arthur D. Imerti 번역 및 머리말(New Brunswick, N. J. : Rutgers University Press, 1964), pp. 235와 236.
25) Dedicatory epistle to *De l'infinito universo et mondi*, in *Opera italiane*(Giovanni Gentile and Vincenzo Spampanato ; Bari : Gius. Laterza & Figli, 1925-1927), Vol. I, p. 156 ; Arthur D. Imerti, 앞에 인용한 책, p. 20에서 인용.
26) Vincenzo Spampanato, *Documenti della vita di Giordano Bruno*(Florence : Leo S. Olschki, 1933), "Documenti romani", XXX.202, Imerti, 앞에 인용한 책, p. 64에 인용.
27) The Prankquean episode, *Finnegans Wake*, pp. 21-23. William York Tindall, *James Joyce, His Way of Interpreting the Modern World*(New York : Charles Scribner's Sons, 1950), p. 86 참조.
28) T. S. Eliot, "Burnt Norton", Part II, in *Four Quartets* ; from *Collected Poems 1909-1962* by T. S. Eliot, p. 177, Harcourt, Brace & World, Inc., 1936.
29) C. G. Jung, *Psychology and Alchemy*, R. F. C. Hull(역), Bolingen Series XX, Vol. 12 (New York : Pantheon Books, 1953), pp. 231-232.
30) 같은 책, pp. 235-237, *Abtala Jurain, Hyle und Coahyl*. 에티오피아어로부터 라틴어로, Johannes Elias Müller가 라틴어에서 독일어로 번역(Hamburg : 1732), VIII장과 9장. 이 텍스트는 사실 오래된 것이 아니며, 그 유래도 주장된 것과는 다르다.
31) 같은 책, p. 237. Hghelande, "Liber de alchemiae difficultatibus", in *Theatum chemicum, praecipuos selectorum auctorum tractatus*...... *continesns*(Ursellis, 1602), Vol. I, pp. 121-215를 인용.
32) 같은 책, p. 239와 주석 8.
33) 같은 책, 〈그림 2〉; *Mutus liber in quo tamen tota Philosophia hermetica, figuris hieroglyphicis dipingitur*......(La Rochelle : 1677), p. 11에서.
34) Khunrath, 앞에 인용한 책, p. 59와 여러 곳.
35) Jung, *Psychology and Alchemy*, pp. 299-300.
36) 같은 책, pp. 225-228.
37) Kalid, "Liber secretorum alchemaiae", in *Artis Auriferae quam chemiam vocant*(Basel : 1593), Vol. I, p. 340 ; Jung, The Practice of Psychotherapy, p. 248, 주석 4에 인용된 것을 따름.
38) Gottfried, 앞에 인용한 책, 15801-15893, 축약.
39) Jung, *Psychology and Alchemy*, p. 313, Michael Maier, *Symbola aurea mensae duodecim nationum*(Frankfrut : 1617), p. 380에서 인용.
40) Joyce, *Ulysses*, Paris 판, p. 49 ; 54. Random House 판, pp. 50-51.
41) Joyce, Ulysses, Paris 판, pp. 44-46 ; Random House 판, pp. 45-47.
42) Eliot, The Waste Land, 71-76행 ; 앞에 인용한 책, p. 68.
43) Joyce, Ulysses, Paris 판, p. 561 ; Random House 판, pp. 548.

44) Eliot, *The Waste Land*, 42-48행 ; *Collected Poems 1909-1962*, T. S. Eliot, p. 54, 판권, 1936, Harcourt, Brace & World, Inc.
45) 같은 책, 49-56행.
46) 같은 책, 46행 이하에 대한 주석, 앞에 인용한 책, pp. 70-71.
47) London. British Museum. MS. Additional 5245. "Cabala mineralis", Rabbi Simeon ben Cantara. 수채화로 그린 연금술 그림에 라틴어와 영어로 설명 ; fol. 2. Jung, *Psychology and Alchemy*, p. 227에서.
48) Ovid, *Metamorphoses* I.5-9 ; Frank Justus Miller 번역, The Loeb Classical Library (London : William Heinemann Ltd. ; Cambridge, Mass. : Harvard University Press, 1916) (우리말 번역은 김명복,『오비드 신화집 변신 이야기』, 도서출판 솔에 주로 의존함).
49) 같은 책, 21-31.
50) Lynn Thorndike, *A History of Magic and Experimental Science*(New York : Columbia University Press, 1923-1958), Vol, I, p. 82, Pliny, *Historia naturalis*를 인용.
51) 같은 책, Vol.I, p. 580, Robert Étienne Stephanus(1567), Vol. I, pp. 156-157에 의한 그의 텍스트 그리스어판을 인용 ; 그리고 Theodore Puschmann의 더 최근판, *Alexander von Tralles, Original text und Ubersetzung nebst einer einleitenden Abhandlung*(Vienna, 1878-79), Vol. I, pp. 567-573.
52) 같은 책, Vol. I, p. 769.
53) Joyce의 *A Portrait of the Artist as a Young Man* 서두 부분(번역은 주로 나영균,『젊은 예술가의 초상』, 서울대학교 출판부, 1995에 의존함).
54) Joyce, *Ulysses*, Paris 판, p. 376 ; Random House 판, 388.
55) *Oriental Mythology*, p. 426, Tao Têh Ching 15. Arthur Waley(역), *The Way and Its Power*(New York : The Macmillan Col. ; London : George Allen and Unwin, Ltd. 1949), p. 160.
56) *Primitive Mythology*, pp. 413-418 ; S. N. Kramer, *Sumerian Mythology*(Memoirs of the American Philosophical Society, Vol. XXI, 1944), pp. 90-95에서 인용.
57) *Primitive Mythology*, pp. 406-18 ; *Oriental Mythology*, pp. 42-45.
58) *Oriental Mythology*, pp. 58-72.
59) Oriental Mythology, pp. 396-397 ; 403-406 ; 463-464.
60) *Oriental Mythology*, pp. 66-67과 pp. 190-197.
61) 「요한복음」 12 : 24-25.
62) Eliot, *The Waste Land*, 395-401행 ; *Collected Poems 1909-1962*, T. S. Eliot, p. 68에서 인용함.
63) Eliot가 주석에 기록한 *Bṛhadāraṇyak Upaniṣad* 5.1은 틀린 것이다. 그 구절은 5.2에 나온다.
64) Eliot, *The Waste Land*, 400-422행 ; 앞에 인용한 책, pp. 68-69.
65) Joyce, *Ulysses*, Paris 판, p. 37 ; Random House 판, p. 38.
66) 같은 책, Paris 판, pp. 593과 600, Random House 판, pp. 618과 625.
67) 같은 책, Paris 판, pp. 21, 38, 189, 374, 638 ; Random House 판, pp. 22, 39, 194, 385, 666.
68) Jung, *The Practice of Psychotherapy*, p. 241.
69) *Rosarium*, p. 241 ; Jung, *The Practice of Psychotherapy*, p. 242.

70) *Rosarium*, p. 239 ; Jung, *The Practice of Psychotherapy*, p. 244.
71) Jung, *The Practice of Psychotherapy*, p. 244.
72) *Bṛhadāraṇyak Upaniṣad* 4.3.19-21, 축약.
73) R. F. C. Hull 번역, in Jung, *The Practice of Psychotherapy*, p. 247.
74) Jung, *The Practice of Psychotherapy*, p. 247.
75) 아랍에서 나온 고전으로 11세기와 12세기 사이에 라틴어로 번역되었다. [C. G. Jung의 주석, 같은 책, p. 274, 주석 7]
76) Julius Ruska(편), *Turba philosophorum*(Berlin : J. Springer, 1931), p. 247 ; C. G. Jung, *Mysterium Coniunctionis : An Inquiry into the Separation and Synthesis of Psychic Opposites in Alchemy*, R. F. C. Hull(역), Bollingen Series XX, Vol. 14(New York : Pantheon Books, 1963), p. 21.
77) Jung, *The Practice of Psychotherapy*, pp. 268-69.
78) 같은 책, pp. 273과 282-3.
79) *Rosarium*, p. 277 ; Jung, *The Practice of Psychotherapy*, p. 274에 인용.
80) Jung, *The Practice of Psychotherapy*, pp. 286-87.
81) Joyce, *Ulysses*, Paris 판, pp. 527-528 ; Random House 판, p. 549.
82) 같은 책, Paris 판, pp. 560-561 ; Random House 판, p. 583-584.
83) Emma Gurney Salter, Nicholas of Cusa의 번역, *The Vision of God*(New York : E. P. Dutton and Co., 1928 ; New York : Frederick Ungar, 1960 재간행), 3장과 10장, pp. 12-13과 46.

## 제6장 균형

1) Myrrha Lot-Borodine, "Tristan et Lancelot", in *Medieval Studies in Memory of Gertrude Schoepperle Loomis*(Paris : Honoré Champion ; New York : Columbia University Press, 1927), p. 23.
2) *Occidental Mythology*, pp. 471-473 ; 또 *Primitive Mythology*, pp. 432-434.
3) A. Glasheen, "Out of My Census", *The Analyst*, No. XVII(1959), p. 23 ; Clive Hunt, *Structure and Motif in Finnegans Wake*(Evanston, Ill. : Northwestern University Press, 1962), p. 81에 인용.
4) Schoepperle, 앞에 인용한 책, pp. 391-444 ; John Arnott MacCulloch, *Celtic Mythology, The Mythology of All Races*, Vol. III(Boston : Marshall Jones Company, 1918), pp. 175-178 ; Lady Gregory, *Gods and Fighting Men*(London : John Murray, 1904), pp. 343-399 ; 이 이야기의 한 가지 판의 이야기 전체는 Standish Hayes O'Grady(편), *The Pursuit after Diarmuid O'Duibhne, and Grainne, the Daughter of Cormac Mac Airt, King of Ireland in the Third Century*, Transactions of the Ossianic Society for the year 1855, Vol. III(Dublin : John O'Daly, 1857), pp. 40-211.
5) Roger S. Loomis(역), *The Romance of Tristan and Ysolt of Thomas of Britain*(New York : E. P. Dutton and Co., 1923), H. Zimmer, 앞에 인용한 책, p. 103을 따름.
6) 이런 동일시에 대해서는 Jessie L. Weston, *From Ritual to Romance*(Cambridge : The University Press, 1920), pp. 130, 180, 185-188을 보라.

7) Thomas, *Tristan*, 2120.
8) Elucidation 4-9 ; 12-13.
9) First Continuator.
10) *Primitive Mythology*, pp. 151-215.
11) 이설과 참조에 대해서는 C. Kerényi, *The Heroes of the Greeks*(New York : Grove Press, 1960), pp. 227-234와 주석들.
12) Euripides, *Hippolytus* 527-532와 561-562 ; David Green(역), in David Green and Richmond Lattimore(편), *The Complete Greek Tragedies*(University of Chicago Press, 1959), Vol. III, pp. 185와 186.
13) Joyce, Finnegans Wake, p. 92.
14) 같은 책, p. 259.
15) Sigmund Freud, *Jehnseits des Lustprinzips*(1921) ; *Gesammelte Werke chronologisch geordnet*(London : Imgao Publishing Co., 1940-1952), Bd. 13.
16) Thomas Mann, *Die Forderung des Tages : Reden und Aufsatze aus den Jahren 1925-1929*(Berlin : S. Fischer Verlag, 1930), p. 175.
17) Thomas Mann, "Tonio Kröger", H.T. Lowe-Porter(역), in Thomas Mann, *Stories of Three Decades*(New York : Alfred A. Knopf, 1936), p. 132.
18) *Oriental Mythology*, pp. 13-34와 여러 곳.
19) Joyce, *A Portrait of the Artist as a Young Man*, p. 281.
20) Thomas Mann, *Betrachtungen eines Unpolitischen*(Berlin : S. Fischer Verlag, 1922), pp. 560-561. 영어로는 번역되지 않았다.
21) 같은 책, p. 364.
22) 같은 책, p. 202.
23) 같은 책, p. 445-446.
24) 같은 책, p. 227.
25) Mann, Die Forderung des Tages, pp. 191과 193-194.
26) *The New York Times*, 1951년 12월 7일. 축약.
27) *Oriental Mythology*, Chapter 1 외 여러 곳.
28) Aldous Huxley, Brave New World(1932)(New York : Harper, 1946), 제사(題詞) 페이지.
29) Mann, *Betrachtungen eines Unploitischen*, p. 431.
30) Thomas Mann, *Bemühungen*(Berlin : S. Fischer Verlag, 1925), pp. 270-274.
31) Mann, *Betrachtungen eines Unploitischen*, p. 60.
32) 같은 책, pp. 60-62.
33) Thomas Mann, *Rede und Antwort*(Berlin : S. Fischer Verlag, 1922), pp. 13-15.
34) Mann, *Betrachtungen eines Unploitischen*, pp. 604-605와 608. 이 구절의 또다른 번역은 Joseph Warner Angell(편), *The Thomas Mann Reader*(New York : Alfred Knopf, Inc., 1950), pp. 493-494, 496에도 실려 있다.
35) 「마태복음」 5 : 43-44.
36) 「마태복음」 7 : 1
37) *Oriental Mythology*, p. 503.
38) 「빌립보서」 2 : 6-8.
39) 「갈라디아서」 2 : 20.

40) *Oriental Mythology*, pp. 282-283 ; 302-303 ; 319-320.
41) *Vajracchedika* 5.
42) *Madhyamika-śāstra*, 15.8.
43) Friedrich Nietzsche, *Die Geburt der Tragödie*, in Werke(앞에 인용한 책), Vol. I, p. 19.
44) 같은 책, pp. 19-25.
45) *Oriental Mythology*, pp. 13 이하, 177, 184, 237, 254, 335-336.
46) Joyce, *Ulysses*, Paris 판, p. 37 ; Random House 판, p. 38.
47) 같은 책, Paris 판, p. 37 ; Random House 판, p. 39.
48) Immanuel Kant, *Prolegomena zu einer jeden künftigen Metaphzsik, die als Wissenschaft wirdauftreten können*, 57-58절.
49) Johannes Scouts Erigena, *De divisione naturae*, Liber II, 28 ; in ed. Monasterii Guestphalorum(1838), pp. 152, 154 ; Migne *Patr. Lat.*, cxxii, 594c, 596c.
50) Schopenhauer, *Transcedente Spekulation* ······ *Werke*, Vol.8, pp. 220-225.
51) *Chāndogya Upaniṣd*, 6.9-16.
52) Joyce, *Ulysses*, Paris 판, pp. 660-661, 693, 735 ; Random House 판, pp. 688-689, 722, 768.
53) *Māṇḍūkya Upaniṣd*.
54) *Oriental Mythology*, pp. 35-83.
55) 같은 책, pp. 98-100.
56) *Primitive Mythology*, 여러 곳.
57) Joyce, *A Portrait of the Artist as a Young Man*, pp. 241-243.
58) 같은 책, p. 233.
59) *Oriental Mythology*, pp. 15-21.
60) Schopenhauer, *Die Welt als Wille und Vorstellung* III.34 ; *Werke*, Vol. 3, p. 18, Spinoza, *Ethics* V. prop. 31, schol. ; 또한 같은 책 II, prop. 40, schol. 2,와 V. prop. 25-28을 인용.
61) Robinson Jeffers, "Natural Music", 앞에 인용한 책, p. 232.
62) *Oriental Mythology*, pp. 35-36 ; 45-47 ; 461, 478 ; 또 *Occidental Mythology*, p. 519.
63) Otto, 앞에 인용한 책, pp. 12-13.
64) Joyce, *A Portrait of the Artist as a Young Man*, pp. 232-233.
65) Schopenhauer, "Zur Rechtslehre und Politik", Parerga und Paralipomena, Par. 127 ; *Werke*, Vol. 10, p. 245.
66) Nietzsche, *Götzen-Dämmerung*, "Streifzüge eines Unzeitgemässen", 8-9 ; "Was ich den Alten verdanke", 5 ; *Werke*, Vol. VIII, pp. 122-124와 173-174.
67) Schopenhauer, *Die Welt als Wille und Vorstellung* III.52(마지막 문단) ; *Werke*, Vol. 3, pp. 119-120.
68) Thomas Mann, "Leiden und Grösse Richard Wagners", in *Leiden und Grösse der Meister*(Berlin : S. Fischer Verlag, 1935), pp. 99와 95-97. H. T. Lowe-Porter의 Thomas Mann, *Essays of Three Decades*(New York : Knopf, 1947), pp. 311-312에도 번역이 되어 있음.
69) 같은 책, p. 93(*Essays*······, p. 309.)
70) 같은 책, pp. 109-110.(*Essays*······, pp. 319-320.)
71) 같은 책, p. 99.

72) Wolfgang Golther, *Richard Wagner an Mathilde Wesendonck*(Leipzig : Britkopf un Härtel, 1922), pp. 260-261.
73) Mann, *Leiden und Grösse der Meister,* pp. 136-37(*Essays*······, p. 336.)
74) 같은 책, p. 133(*Essays*······, p. 334.)
75) Thomas Mann, *Joseph und seine Brüder*, I. *Die Geschichten Jaakobs*(Berlin : S. Fischer Verlag, 1933), 영어는 H. T. Lowe-Porter(역), *Joseph and His Brothers*로 번역되어 출간 (New York : Alfred A. Knopf, 1936), 2장, 1부 : "Lunar Syntax"를 보라.
76) Joseph Campbell, *The Hero with a Thousand Faces*, Bollingen Sereis XVII(New York : Pantheon Books, 1949).
77) Joyce, *Finnegans Wake*, p. 581.
78) Joyce, *A Portrait of the Artist as a Young Man*, pp. 40과 48.
79) Jung, *The Archetypes of the Collective Unconscious*, pp. 13-15, 축약.
80) 같은 책, pp. 12-13.
81) Joyce, *A Portrait of the Artist as a Young Man*, p. 277.
82) Joyce, *Ulysses*, Paris 판, p. 34 ; Random House 판, p. 35.
83) Nietzsche, *Götzen-Dämmerung*, Section 8, "Was den Deutschen abgeht", Paragraph 3 ; *Werke*, Vol. VIII, pp. 110-111.
84) Mann, *Betrachtungen eines Unpolitischen*, p. 395.
85) Nietzsche, *Die Geburt der Tragödie*, Paragraph 13 ; *Werke*, Vol. I, pp. 95-96.
86) Goethe, in "Geistes-Epochen", *Sämmtliche Werke*(1853), Vol.3, pp. 327-330.
87) Thomas Mann, *Der Zauberberg*(Berlin : S. Fischer Verlag, 1924), pp. 526-528, 축약 ; H. T. Lowe-Porter, *The Magic Mountain*(New York : Knopf, 1927), pp. 510-511.
88) 같은 책, pp. 537,538 ; 영어판, pp. 520, 522.
89) 같은 책, p. 515 ; 영어판, p. 499.
90) 「이사야」 24 : 1-6
91) *Oriental Mythology*, pp. 505-516.
92) 「민수기」 15 : 32-36.
93) Ralph Waldo Emerson, *Essays*(First Series), "Self-Reliance" ; *Works*(Boston and New York : Houghton Mifflin Company, 1883), Vol. II, pp. 51-52.
94) Johann Peter Eckermann, *Gespräche mit Goethe in den letzten Jahres seines Lebens, 1823-1832*(Berlin : Deutsches Verlagshaus Bong & Co., 1916), Vol. I, p. 251(1829년 2월 13일). Charles Francis Atkinson(역), in Oswald Spengler, *The Decline of the West*, Vol. I, p. 49, 주석 1.
95) *Primitive Mythology*, pp. 226-383.
96) *Primitive Mythology*, pp. 144-150 ; 404-18 ; *Oriental Mythology*, pp. 35-102 ; *Occidental Mythology*, pp. 6-7.
97) Hans Heinrich Schaeder, *Der Mensch in Orient und Okzident : Grundzüge einer eurasiatischen Geschichte*(Munich : R. Piper & Co., 1960), pp. 30-32.
98) *Oriental Mythology*, pp. 422-429.
99) Emerson, "History", 앞에 인용한 책, p. 7.
100) Ortega y Gasset, *Man and Crisis*, Mildred Adams(역), 앞에 인용한 책, pp. 98-99.
101) Wagner, *Mein Leben*, Vol. III, pp. 605-606.

102) Chrétien de Troyes, *Li Contes del Graal*, 3507-3524행 ; Alfons Hilka(편)(Halle : Max Niemeyer Verlag), p. 158.
103) Wolfram von Eschenbach, *Parzival* IX.478 : 8-16. Karl Lachmann이 편집한 중세 고지 독일어 텍스트인 *Wolfram von Eschenbach*(Berlin-Leipzig : Walter de Gruyter & Co., 6판, 1926) 참조.
104) 같은 책, IX.479 : 1-480 : 29, 축약.
105) James Douglas Bruce, *The Evolution of Arthurian Romance*(Göttingen : Vandenhoeck & Ruprecht ; Baltimore : The Johns Hopkins Press, 1928), Vol. I, p. 317.
106) *Oriental Mythology*, pp. 6-7, 22, 107, 131-132, 392, 500 ; *Occidental Mythology*, pp. 72-92를 보라.
107) Tertullian, *On the Flesh of Christ*, Gilson, 앞에 인용한 책, p. 45에 인용.
108) 「고린도전서」 1 : 21.
109) Abailard, *Dialogus inter philosophum, Judaeum et Christianum*, in Migne, Patr. Lat., clxxviii, 1610 이하.
110) Gilson, 앞에 인용한 책, p. 163.
111) Abailard, *Sic et Non*, prologue, in Migne, Patr. Lat., clxxviii, 1347.
112) Abailard, *Introducto ad Theologian* ii.c., in Migne, Patr. Lat., clxxviii, 1050. 이 부분은 Hastings(편), 앞에 인용한 책, Vol. I, pp. 14-18에 실린 H.B. Workman의 글에 의존하고 있다.
113) Abailard, *Historia Calamitatum*, Chapters IX-XIII.
114) Thomas Aquinas, *Summa Theologica* 1.I.2. Art. 2. Father Lawrence Shapcote(역), Anton C. Pegis(편), *Basic Writigns of Saint Thomas Aquinas*(New York : Random House, 1945).
115) 같은 책, 2-2. I.1. Art. 5.
116) Gilson, 앞에 인용한 책, pp. 392, 397에 인용.
117) 같은 책, pp. 405-408.
118) *Occidental Mythology*, pp. 503-504.

## 제3부 길과 생명

## 제7장 십자가에 달린 자

1) Roger Sherman Loomis, *Celtic Myth and Arthurian Romance*(New York : Columbia University Press, 1927) ; *Arthurian Tradition and Chrétien of Tryoes*(New York : Columbia University Press, 1949), *The Grail : From Celtic Myth to Christian Symbol*(New York : Columbia University Press, 1963).
2) *Primitive Mythology*, pp. 401-434.
3) Elucidation, 11.4-5, Weston, 앞에 인용한 책, p. 130에 인용.

4) 「마태복음」 27 : 57-60 ; 「마가복음」 15 : 14-46 ; 「누가복음」 23 : 50-53 ; 「요한복음」 19 : 38-42.
5) Weston, 앞에 인용한 책, Chapter IX, "The Fisher King".
6) William A. Nitze, "Perceval and the Holy Grail", *University of California Publications in Modern Philology*, Vol. 28, No. 5(1949), p. 316.
7) *Oriental Mythology*, 389-392.
8) *The Mabinogion*, Lady Charlotte Guest(역), in Everyman's Library(London : J. M. Dent and Sons ; New York : E. P. Dutton and Co., 1906), p. 185.
9) Weston, 앞에 인용한 책, p. 111.
10) Wolfram, 앞에 인용한 책, IX.491 : 1-14.
11) *Oriental Mythology*, 318-319.
12) 같은 책, pp. 318-319.
13) *Pañcatantra*, Book 5, Fable 3 ; Arthur Ryder(역), *The Panchatantra*(Chicago : The University of Chicago Press, 1925), pp. 434-441.
14) Theodor Benfey, Pantschatantra(Leipzig : F.A. Brockhaus, 1859), p. 487.
15) William Blake, *The Marriage of Heaven and Hell*, "Proverbs of Hell", Proverb No. 3.
16) Viktor E. Frankl, *Man's Search for Meaning : An Introduction to Logotherapy*(New York : Washington Square Press, 1963).
17) J. A. MacCulloch, *The Religion of the Ancient Celts*(Edinburgh : T. & T. Clark, 1911), p. 368.
18) Benfey, 앞에 인용한 책, p. 487.
19) *Grimm's Fairy Tales*(New York : Pantheon Books, 1944), pp. 258-264.
20) Johannes Bolte and Georg Polívka, *Anmerkungen zu den Kinder- und Hausmärchen der Brüder Grimm*(Leipzig : Dieterich'sche Verlagsbuchhandlung, 1937), Vol. I, pp. 464-485.
21) *Chāndogya Upaniṣad* 7.15.1.
22) *Bṛhadāraṇyaka Upaniṣad* 2.5.15.
23) *Praśana Upaniṣad* 6.6.
24) *Primitive Mythology*, pp. 141, 257, 328.
25) *Primitive Mythology*, pp. 141, 147, 233-234, 441.
26) *Oriental Mythology*, pp. 211-218.
27) *Mahā-Vagga*, 1.21. 1-4.
28) *Oriental Mythology*, pp. 211-218.
29) Pindar, *Pythia* 2.21-48.
30) Virgil, *Aeneid* 6.601.
31) Ovid, *Metamorphoses*, 4.465.
32) Albert Camus, *Le Mythe de Sisyphe*(Paris : Gallimard, 1942), pp. 163-165.
33) 같은 책, p. 20.
34) Frankl, 앞에 인용한 책, pp. 187-188.
35) Dante, *Inferno* XXXIV.2.69. Norton(역), 약간 수정.
36) Harnack, 앞에 인용한 책, Vol. VI, pp. 78-79, Aberlard, on Romans 3 : 22이하 ; 5 : 12 이하 ; *Sermons*, V, X, XII ; *Theologia christiana* IV, the Dailogue에서 인용. 모두 Migne, *Patr. Lat.*, clxxviii 각각 col. 417-425 ; 448-453 ; 479-484 ; 1259-1516 ; 1609-1682.

37) *Occidental Mythology*, p. 450.
38) Abū Yazīd(Bāyazīd), R. A. Nicholson, "Mysticism", in Sir Thomas Arnold(편), *The Legacy of Islam*(Oxford : The Clarendon Press, 1931), p. 216에 인용.
39) Chrétien de Troyes, *Li Contes del Graal*, 11.66이하.
40) "트루아의 주교궁에서 나온 문서들 가운데 1173년도에는 크리스티아누스 또는 크레티앵이라는 이름도 서명인에 들어가 있는 헌장이 하나 있다. 그는 오래된 생루 수도원의 참사회 회원이었는데, 현재 그 수도원에는 공공 도서관과 박물관이 입주해 있다. 15세기에 생 베르나르가 세운 그 수도원은 샹파뉴 집안으로부터 특별한 혜택을 받았던 것으로 보인다. 이 'Christianus, canonicus Sancti Lupi'가 아마 우리의 시인일 것이다. 이 시인은 성직자였던 것이 분명하며……"(Nitze, 앞에 인용한 책, p. 282).
41) Wolfram, 앞에 인용한 책, IX.454 : 17-25.
42) Loomis, *The Grail*, p. 29.
43) So Arnold of Villanova(1312년 사망?), in *Rosarium philosophorum*(*Artis Auriferae, Basel*, 1593, Vol. II, Part XII), p. 210 ; Jung, *Psychology and Alchemy*, pp. 78, 171, 주 117에 인용.
44) Wolfram, 앞에 인용한 책, IX.469 : 7-28.
45) 같은 책, II.115-127.
46) 같은 책, III.140 : 16-17.
47) 같은 책, XVI.827. 19-24.
48) 같은 책, 1 : 1-14.

## 제8장 중재자

1) in dûhte, wert gedinge
   daz waere ein hôhiu linge
   ze disem lêhe hie unt dort.
   daz sint noch ungelogeniu wort.
   (Wolfram, 앞에 인용한 책, III 177 : 6-9.)
2) Wer immer strebend sich bemüht,
   Den können wir erlösen.
   (*Faust* II.v.11936-11937.)
3) Wolfram, 앞에 인용한 책, IV.199 : 23-203 : 11.
4) Gottfried Weber, *Parzival, Ringen und Vollendung*(Oberursel : Kompass-Verlag, 1948), p. 31.
5) *Oriental Mythology*, pp. 285-286 참조, *Thus Spake Zarathustra*, Part I, "Three Transformations of the Spirit"에서 인용.
6) Karl Jaspers and Rudolf Bultmann, *Myth and Christianity : An Inquiry into the Possibility of Religion without Myth*(New York : The Noonday Press, 1958), p. 19
7) *Occidental Mythology*, pp. 490-504.
8) Joyce, *A Portrait of the Artist as a Young Man*, pp. 177-178 ; 183.
9) 같은 책, pp. 184-185.

10) Joyce, *Ulysses*, Paris 판, p. 481 ; Random House 판, p. 499.
11) 같은 책, Paris 판, pp. 582-533 ; Random House 판, p. 549-554.
12) *Occidental Mythology*, pp. 193-194, 197-198.
13) Weston, 앞에 인용한 책, 71-72.
14) Heinrich Zimmer, *The King and the Corpse*, Joseph Campbell(편), Bollingen Series XI (New York : Pantheon Books, 1948), pp. 67-95 참조.
15) 같은 책.
16) W. B. Yeats, A Vision(New York : Collier Books Edition, 1966, 1956년 개정판에 의거), pp. 286-287.
17) Wolfram, 앞에 인용한 책, IX.435 : 23-25.
18) 같은 책, IX.438 : 28-29.
19) 같은 책, IX.470 : 1-8.
20) Joyce, *Ulysses*, Paris 판, pp. 542-545 ; Random House 판, pp. 564-568.
21) Weber, *Parzival*. p. 63.
22) Joyce, *Ulysses*, Paris 판, p. 40 ; Random House 판, p. 40.
23) *Oriental Mythology*, pp. 500-501.
24) *Occidental Mythology*, p. 350.
25) *Oriental Mythology*, p. 271.
26) 「마가복음」 15 : 38.
27) Nitze, 앞에 인용한 책, p. 317.
28) Joseph Campbell(편), *The Portable Arabian Nights*(New York : The Viking Press, 1952), pp. 95-114.
29) Campbell, *The Hero with a Thousand Faces*, p. 30.
30) *Bhagavd Gītā* 3 : 35.
31) 같은 책, 2 : 22.
32) 같은 책, 2 : 71.
33) Swami Nikhilananda(역), *The Gospel of Sri Romakrishina*(New York : Rama-Krishina-Vivekananda Center, 1942), p. 257과 여러 곳.
34) C. G. Jung, *Psychology and Religion : West and East*, R. F. C. Hull(역), Bollingen Series XX, Vol. 11(New York : Pantheon Books, 1958), p. 502.
35) Schopenhauer, *Die Welt als Wille und Vorstellung*, Book III, Paragraph 45 ; *Werke*, Vol. 3, pp. 70-71.
36) Joyce, *Ulysses*, Paris 판, p. 14 ; Random House 판, p. 15.
37) Mann, *Der Zauberberg*, 1장과 2장.
38) "The Gospel According to Thomas", 113 : 16-18 ; Guillaumont, etc., 앞에 인용한 책, p. 57.
39) *Primitive Mythology*, pp. 123-125 참조.
40) Joyce, *A Portrait of the Artist as a Young Man*, 마지막 문단.
41) Joyce, *Ulysses*, Paris 판, p. 528 ; Random House 판, p. 549.
42) 같은 책, Paris 판, pp. 496-500 ; Random House 판, pp. 515-520.
43) 같은 책, Paris 판, pp. 58-59 ; Random House 판, p. 61.
44) 같은 책, Paris 판, p. 59 ; Random House 판, p. 61.

45) Mann, *Der Zauberberg*, pp. 103-104 ; 영어, p. 99.
46) *Occidental Mythology*, pp. 129와 174.
47) Jung, *The Archetypes of the Collective Unconscious*, p. 32.
48) *Oriental Mythology*, 〈그림 21〉과 pp. 343-364.
49) Jung, *The Archetypes of the Collective Unconscious*, p. 29.
50) C. G. Jung, *Aion : Researches into the Phenomenology of the Self*, R. F. C. Hull(역), Bollingen Series XX. Vol. 9, part 2(New York : Pantheon Books, 1959), p. 13.
51) 같은 책.
52) "인상(imprint)"의 심리에 대한 논의는 이 연구의 첫 책인 *Primitive Mythology*, pp. 30-131 참조.
53) *Occidental Mythology*, pp. 129-130.
54) Jung, *Aion*, p. 13.
55) Thomas Mann, "Freud and the Future", H. T Lowe-Porter(역), in Mann, *Essays of Three Decades*, p. 418.
56) C. G. Jung, W. Y. Evans-Wentz(편), *The Tibetan Book of the Dead*(New York : Oxford University Press, Galaxy Book edition, 1960), p. vi에 인용.
57) C. G. Jung, "Psychological Commentary", to Evans-Wentz(편), 앞에 인용한 책, p. xl.
58) Mann, "Freud and the Future", p. 419
59) Aśvaghoṣa, The Awakening of Faith, Timothy Richard(역)(Shanghai, 1907), p. 26, Evans-Wentz(편), 앞에 인용한 책, p. 227에 인용.
60) Schopenhauer, *Die Welt als Wille und Vorstellung*, IV, 54 ; *Werke*, Vol. 3, p. 127.
61) Goethe, *Faust* II.1.6213-6216.
62) Lefebure, 앞에 인용한 책, p. 831.
63) Shakespeare, *Hamlet* III.i.79-80.
64) 「마태복음」 26 : 41 ; 「마가복음」 14 : 38.
65) *Occidental Mythology*, pp. 90-91.
66) Zimmer, *The King and the Corpse*, pp. 86-87.
67) Frazer, 앞에 인용한 책, p. 9. 질문 1은 pp. 9-592에 답이 나온다. 질문 2는 pp. 592-711에 나온다. 국왕 살해 의식에 대한 논의로는 *Primitive Mythology*, pp. 151-225, 405-460 ; *Oriental Mythology*, pp. 42-102, 160-168, 207, 284, 394-395, 396-397 ; *Occidental Mythology*, pp. 59-60, 64, 155, 312-313, 321과 506 참조.
68) Augustine, *The City of God* XXI.4, C. G. Jung, Mysterium Coniunctionis, p. 292, 주 134에 인용.
69) Angelo de Gubernatis, *Zoological Mythology*(London : Trüner and Co., 1872), Vol. II, p. 323, Jung, *Mysterium Coniunctionis*, p. 291에 인용.
70) Jung, *Mysterium Coniunctionis*, p. 289.
71) *Musaeum hermeticum*(Frankfurt a. M., 1678), p. 693-694 ; Arthur Waite(편역), *The Hermetic Museum Restored and Enlarged*(London, 1893), Vol. II, p. 194. Jung, *Mysterium Coniunctionis*, p. 288-289에 인용.
72) *Occidental Mythology*, p. 167.
73) 「창세기」 3 : 24.
74) Wolfram, 앞에 인용한 책, IX.490.15-18.

75) Kerényi, 앞에 인용한 책, pp. 340-341, *Diodorus Siculus* 4.59.5 인용 ; *Pausanias Periegeta* 1.39.3 ; *Apolodorus Mythographus*, 발췌 1.3 ; *Hygini Fabulae* 38 ; *Bacchylides* 18.28.
76) *Occidental Mythology*, p. 25.
77) Wagner, *Mein Leben*, Vol. II, p. 360.
78) 같은 책, Vol. III, p. 649.
79) Wagner, *Tanhäuser*, 2막 4장.
80) Golther, 앞에 인용한 책, p. 191.
81) Mann, Leiden und Grösse der Meister, pp. 115-116. Lowe-Porter(역), *Essays of Three Decades*, pp. 323-324.
82) *Oriental Mythology*, pp. 15-20.
83) ccidental *Mythology*, p. 264.
84) Nietzsche, *Nietzsche contra Wagner*, "Wie ich von Wagner loskam", §1 ; *Werke*, Vol. 8, p. 200.
85) 같은 책, "Wagner als Apostel der Keuschheit", §3 ; *Werke*, Vol. 8, pp. 198-200, 약간 축약.
86) ccidental *Mythology*, pp. 490-501, 507, 515.
87) Zimmer, *The King and the Corpse*, p. 86.
88) Roger Sherman Loomis, "Gawain, Gwri, and Cuchulinn", *Publications of the Modern Language Association*, Vol. XLII, No. 2, 1928년 6월, p. 384.
89) 이런 이름들에 대해서는 Weston, 앞에 인용한 책, pp. 130, 181, 185-188 참조.
90) Thomas, *Tristan* 2120.
91) Elucidation 4-9 ; 12-13, Hilka(편), 앞에 인용한 책, p. 417.
92) Second ("Wauchier") Continuation, British Museum MS. additional 36614, Fol. 241 V°. 다른 수서본 구절들에 대한 논의와 대조를 보려면, Jessie L. Weston, "Wauchier de Denain and Bleheris(Bledhericus)" in *Romania* XXXIV(1905), pp. 100-105 ; 또 Roger Sherman Loomis, "The Arthurian Legend before 1134", in *The Romanic Review* XXXII (1941), pp. 16-19.
93) *Occidental Mythology*, pp. 383-394, 456-490.
94) *Occidental Mythology*, pp. 125-140.
95) Nennius, *Historia Britonum*(Josephus Stevenson[편], English Historical Society, 1838), paragraph 56.
96) 같은 책, paragraphs 40-42.
97) *Annales Cambriae*, John Williams ab Ithel(편)(Great Britain, Public Record Office : Chronicles and Memorials of Great Britain and Ireland during the Middle Ages, No. 20, 1860)
98) Nennius, 앞에 인용한 책, paragraph 73.
99) Loomis, *Arthurian Tradition and Chrétian de Troyes*, p. 198.
100) *Primitive Mythology*, pp. 199, 347, 369.
101) William Stubbs(편), *Willelmi Malmesbiriensis monachi De gestis regum Anglorum*(Great Britain, Public Record Office : Chronicles and Memorials of Great Britain and Ireland during the Middle Ages, No. 90, 1887-1889), p. 11.

102) Giraldus Cambrensis, *Itinerarium Cambriae* I.5(*The Works of Giraldus Cambrensis*, Rolls Series, 1861-1891, pp. 57-58).
103) Sebastian Evans, "The Translator's Epilogue", in the Everyman's edition of Geoffrey of Monmouth, *Histories of the Kings of Britain*(London : J.M. Dent and Sons ; New York : E.P. Dutton and Co., 1912), pp. 241-242.
104) 같은 책, p. 243.
105) Roger Sherman Loomis, "Geoffrey of Monmouth and Arthurian Origins", in *Speculum*, Vol. III(1928), p. 16.
106) Layamon, 앞에 인용한 책, 6-13행.
107) Wace, 앞에 인용한 책, 9994행 이하, 10555, 13675 ; Layamon, 앞에 인용한 책, 22736행 이하.
108) Wace, 앞에 인용한 책, 13681행 이하 ; Layamon, 앞에 인용한 책, 23080행 이하, 28610행 이하. Evans, 앞에 인용한 책, pp. xvii-xx의 논의 참조.
109) Bruce, 앞에 인용한 책, Vol.I, pp. 119-120.
110) W. Wiston Comfort, *Introductin to Arthurian Romances of Chrétien de Troyes*(Everyman's Library, No. 698), p. xviii.
111) 이 conte를 口傳으로 해석하는 것에 대해서는 Wendelin Foerster(편), *Der Karrenritter (Lancelot) und Das Wilhelmsleben(Guillaume d'Angleterre) von Christian von Troyes* (Halle : Max Niemeyer, 1899), pp. LXXVI-LXXVII.
112) Loomis, *Arthurian Tradition and Chrétian de Troyes*, pp. 36-37.
113) Bruce, 앞에 인용한 책, Vol.I, pp. 120-122.
114) Loomis, *The Grail*, p. 239.
115) 같은 책, p. 179.
116) 전설의 이 부분의 출처는 주로 복음들(「마태복음」 27 : 57 ; 「마가복음」 15 : 43 ; 「누가복음」 23 : 51 ; 「요한복음」 19 : 38-42). 외경인 "Gospel of Nicodemus"와 다른 두 외경인 "Vengeance of Avenging of the Savior"(*Vindicta Salvatoris*), "Story of Joseph of Arimathea"(*Narratio Josephi*) 등이다. 이 출처들에 대해서는 Montague Rhodes James, *The Apocryphal New Testament*(Oxford : The Clarendon Press, 1953), pp. 49 이하, 161 이하.
117) H. Oskar Sommer, *The Vulgate Version of the Arthurian Romances*(Washington : The Carnegie Institute of Washington, 1909), Vol. I, pp. 264, 267, 269-279.
118) 같은 책, p. 289.
119) 같은 책, p. 285.
120) 같은 책, p. 77.
121) 같은 책, p. 290.
122) Malory, *Le Morte Darthur*, Book XI, Chapters II와 III, 일부.
123) Albert Pauphilet(편), 앞에 인용한 책, p. 19, 12-26행.
124) 같은 책, p. 26.
125) 「요한복음」 20 : 19.
126) 「사도행전」 2 : 1-4. 부활한 그리스도가 다락방에 나타나는 것을 유월절의 기적이 일어난 날과 일치시킨 것에 대해서『성배 탐색』의 저자도 언급한다(Pauphilet[편], 앞에 인용한 책), p. 78, 12-18행.
127) *Oriental Mythology*, p. 105, 〈그림 13〉.

128) Mansi, *Sacrorum Conciliorum Nova et Amplissima Collectio*(Venice, 1778), XXII.982; Frederick W. Locke, *The Quest for the Holy Grail*(Stanford : Stanford University Press, 1960), p. 110, note 11.
129) Malory, *Le Morte Darthur, Book* XVII, Chapters XX. *La Queste del Saint graal*에서 상응하는 구절은 Pauphilet(편), 앞에 인용한 책, pp. 268-271에 나온다.
130) Pauphilet(편), 앞에 인용한 책, pp. 277-278.
131) Malory, *Le Morte Darthur, Book* XVII, Chapters XXII.
132) Migne, *Patr. Lat.*, clxxxiv, col. 21 ; Loomis, *The grail*, p. 187, Albert Pauphilet, *Études sur la "Queste del Saint graal"*, p. 151에 따름.
133) Locke, 앞에 인용한 책, pp. 10-11.
134) 같은 책, p. 10.
135) Pauphilet(편), 앞에 인용한 책, p. viii.
136) *Regula Templi*(편. Henri de Curzon, Paris 1886), rules 70과 71 ; Locke, 앞에 인용한 책, p. 114, note 21에서 인용.
137) Jessie L. Weston, *The Legend of Sir gawain*(London : David Nutt, 1897), p. 59.
138) Zimmer, *The KIng and the Corpse*, pp. 180-181.
139) Ananda K. Coomaraswamy, *Am I My Brother's Keeper?*(New York : The John Day Company, 1947), p. 28.
140) Spengler, *Der Untergang des Abendlandes*, Vol. I, 독일어판, p. 408 ; 영어판, p. 319.
141) Wolfram, 앞에 인용한 책, XVI, 75 : 29.
142) Wolfram, 앞에 인용한 책, XVI, 827 : 1-11.
143) 부정적인 주장에 대해서는 Loomis, *The grail*, p. 197 참조. 긍정적인 주장에 대해서는 Franz Rolf Schoroeder, *Die Parzivalfrage*(München : C. H. Beck'sche Verlagsbuchhandlung, 1928), pp. 70-71 참조.
144) Wolfram, 앞에 인용한 책, I.1-14.
145) Wolfram, 앞에 인용한 책, XI.569. 12-13.
146) Wolfram, 앞에 인용한 책, XVI.827 : 19-24.
147) Wolfram, 앞에 인용한 책, XVI.817 : 4-7.
148) Adams, *The Education of Henry Adams*, pp. 388-389.

# 제4부 새 포도주

## 제9장 "신"의 죽음

1) J. J. Fahie, *galileo, His Life and Work*(London : John Murray, 1903), pp. 313-314.
2) *Oriental Mythology*, p. 105, 〈그림 13〉.
3) Ortega y gasset, *Man and Crisis*, pp. 92-93.
4) *Primitive Mythology*, pp. 405-411.

5) Emerson, 앞에 인용한 책, p. 71.
6) Emerson, "The Over-Soul", 앞에 인용한 책, pp. 252-253.
7) *Oriental Mythology*, pp. 198 이하와 316.
8) *Summa contra gentiles* 1.5 Anton C. Pegis, *Basic Writings of Saint Thomas Aquinas* (New York : Random House, 1945)에서 보았다. 이 구절이 포함된 장은 표기되지 않았다.
9) *Acta Bollandiana*, p. 712 이하, Marie-Louise von Franz, 앞에 인용한 책, pp. 424-425에 인용.
10) 같은 책, p. 713. von Franz, 앞에 인용한 책, pp. 425-426에서.
11) Angelo Walz, "De Alberti Magni et S. Thomae personali relatione", *Angelicum*(Rome), II : 3(1925), pp. 299 이하. von Franz, 앞에 인용한 책, pp. 428-429에서 인용.
12) Henri Petitot, *Saint Thomas d'Aquin : La Vocation——l'oeuvre——la vie spirituelle*(Paris, 1923), p. 154. von Franz, 앞에 인용한 책, pp. 427-428에 인용.
13) Karl Jaspers, *Nietzsche*, Charles F. Wallraff와 Frederick J. Schmitz(역)(Tucson, Ariz. : The University of Arizona Press, 1965), Book One.
14) Nietzsche, *Die Fröhliche Wissenschaft, Vorrede zur zweiten Ausgabe* ; *Werke*, Vol. 5, p. 8 ; Jaspers, 앞에 인용한 책, p. 114에 인용.
15) Jaspers, 앞에 인용한 책, p. 114.
16) 같은 책.
17) Nietzsche, Ecce homo, "Warum ich so klug bin", par. 2 ; *Werke*, Vol. 15, pp. 30-31.
18) Nietzsche, *Umwertung aller Werthe*, par. 54 ; *Werke*, Vol. 8i, p. 295.
19) Swami Nikhilandanda(편역), 앞에 인용한 책, p. 858.
20) Nicholas of Cusa, *The Vision of god*, Emma gurney Salter(역), 앞에 인용한 책, pp. 1-6.
21) Ortega y gasset, *History as a System*, Helen Weyl(역), 앞에 인용한 책, p. 172.
22) Lynn Thorndike, *A History of Magic and Experimental Science*, 전 8권(New York : Columbia University, 1923-1958), Vol. II, pp. 19-43에서 인용.
23) 같은 책, pp. 31-32와 35.
24) 같은 책, p. 9, Adelard of Bath, *De eodem et diverso* : H. Willner, *Des Adelard von Bath Traktat De eodem et diverso, zum ersten Male herausgegeben und historischkritisch untersucht*(Münster, 1903), in *Beiträge zur geschichte der Philosophie des Mittelalters*(C. Baeumker, g. von Hertling, M. Baumgartner 등(편), Münster 1891-), p. 13.
25) Thorndike, 앞에 인용한 책, pp. 28-29, *Questiones*, cap. 6 인용.
26) Thomas Aquinas, *Summa Theologica* 2-2. Q.1 Art. 5. (Pegis[편], Vol. II, p. 1062.)
27) *Occidental Mythology*, p. 389.
28) Thorndike, 앞에 인용한 책, Vol. II, p. 439.
29) 같은 책, pp. 439-440.
30) 같은 책, p. 441, Ludwig Bauer, *Die Philosophischen Werke des Robert grosseteste* (Münster : 1912) in Baeumker's *Beiträge zur geschichte der Philosophie des Mittelalters*, Vol. IX, 74를 인용.
31) 같은 책, p. 443, Bauer, 앞에 인용한 책, 60을 인용.
32) Thorndike, 앞에 인용한 책, Vol. II, p. 657, J. H. Bridges(편), *The Opus Maius of Roger Bacon*, 전 3권. (Oxford, 1897과 1900), Vol. II, 202를 인용.

33) Thorndike, 앞에 인용한 책, Vol. II, p. 656, J. H. Bridges(편), 앞에 인용한 책, Vol. II, 208.
34) Gilson, 앞에 인용한 책, p. 515.
35) 같은 책, p. 516.
36) 같은 책, p. 516.
37) Thorndike, 앞에 인용한 책, Vol. III, p. 450, Vatican, FL Asburnham 210, fol. 38 v., col. 1.에서 인용.
38) Gilson, 앞에 인용한 책, p. 518.
39) Henry Charles Lea, A History of the INquisition of the Middle Ages, 전3권(reprint, New York : Russell and Russell, 1955), Vol. I, pp. 328, 337-339, 421-422.
40) 같은 책, Vol. III, 464.
41) Frazer, 앞에 인용한 책, p. 681.
42) Lea, 앞에 인용한 책, Vol.III, pp. 500-501.
43) Desiderius Erasmus(1509), John Wilson(역)(1668), *The Praise of Folly*(Oxford : The Clarendon Press, 1913), p. 177.
44) 여기서는 Bayard Taylor가 자신이 번역한 Goete의 *Faust*(Boston and New York : Houghton Mifflin Company, 1870), Vol. I, pp. 337-344에서 이야기한 파우스트 전설에 대한 개관을 참고하였으며, 더블린 대학 교수 W. Alison Phillips가 *The Encyclopaedia Britannica*(14판, 1936), Vol. 9, pp. 120-122에 쓴 훌륭한 글을 거의 글자 그대로 옮겨놓았다. 그 글은 또 Karl Engel, *Zusammenstellung der Faust-Schriften vom 16. Jahrhundert bis Mitte 1884*(Oldenburg : Bibliotheca Faustiana, 2판, 1885)와 Carl Kiesewetter, *Faust in dedr geschichte und Tradition*(Leipzig : M. Spohr, 1893)을 인용하였다.
45) Henry Adams, *The Degeneration of the Democratic Dogma*, Brooks Adams 머리말(New York : The Macmillan Co., 1919, 1947), p. 287.
46) Adams, *The Education of Henry Adams*, p. 484.
47) Miguel de Cervantes Saavedra, *Don Quijote de la Mancha*, Part I, Chapter VIII.
48) Ortega y gasset, Meditations on Quixote, Evelyn Rugg와 Diego Marín(역), 앞에 인용한 책, pp. 136, 137.
49) 같은 책, p. 138.
50) 같은 책, pp. 148-149.
51) 같은 책, pp. 152-155.
52) Christopher Marlowe, *The Tragical History of Doctor Faustus*, Scene VI.
53) 같은 책, Scene XIV
54) Goethe, *Faust*, Prologue in Heaven, 304-307행, Bayard Taylor(역)(일부 수정).
55) Spengler, *Der Untergang des Abendlandes*, Vol. I, p. 240(독일어판), p. 187(영어판).
56) *Taittirīya Upaniṣad* 2.9.
57) Erwin Schrödinger, *My View of the World*, Cecily Hastings(역)(Cambridge : Cambridge University Press, 1964), pp. 20-22.
58) "The gospel According to Thomas" 94 : 26(앞에 인용한 책, p. 43).
59) *Ṛg Veda* I.164.46.
60) Cecil Jane, *The Voyages of Christopher Columbus ; being the Journals of his First and third, and the Letters concerning his First and Last Voyages, to which is added the*

Account of his Second Voyage wrtten by Andreas Bernaldez(London : The Argonaut Press, 1930), p. 36.
61) Aquinas, *Summa Theologica*, Part I, Question 102, Article 1, Reply 3.
62) glossa ordin., super genesis 2 : 8(I, 36F).
63) Augustine, *De genesi ad Litt.* VIII, I(PL 34, 371) ; 또 *De Civit. Dei* XIII, 21(PL 41, 395).
64) Ananda K. Coomaraswamy, "The Christian and Oriental, or True Philosophy of Art", in *Why Exhibit Works of Art*(London : Luzac and Company, 1943), pp. 32-33.
65) Jeffers, 앞에 인용한 책, p. 24.
66) Loren Eiseley, *The Firmament of Time*(New York : Atheneum Publishers, 1962), p. 14.
67) 같은 책, pp. 14, 15.
68) David Bergamini and The Editors of Life, *The Universe*, Life Nature Library(New York : Time Incorporated, 1962), pp. 131-137, 축약.
69) Goethe, *Faust* II.2, 7495-8487.
70) Eiseley, 앞에 인용한 책, pp. 45-47.
71) 같은 책, p. 51.
72) Edward MacCurdy(편), *The Notebooks of Leonardo da Vinci*(New York : George Braziller, 1955), p. 191.
73) Goethe, *Vorträge über die drei ersten Capitel des Entwürfs einer allgemeinen Einleitung im die vergleichende Anatomie, ausgehend von der Osteologie*(1796), in *Werke*(1858), Vol. 36, p. 323.
74) Goethe, *Bildung und Umbildung organischer Naturen, Einleitendes zur Metamorphosen der Pflanzen*(1790), *Werke*(1858), Vol. 36, pp. 6-9, 축약.
75) Max Planck, "Über die Elementarquanta der Materie und der Elektrizität", *Ann. der Phys.*, iv(1901), p. 564.
76) Harold Dean Cater(편), *Henry Adams and His Friends*(Boston : Houghton Mifflin Co., 1947), pp. 558-559.
77) John Dewey, in *Living Philosophies*, a symposium of twenty-two living philosophies (New York : Simon and Schuster, 1931), pp. 25-26, 34-35.
78) 같은 책, pp. 26-27.
79) Nietzsche, *Der Wille zur Macht*, Book III, Par. 602, in *Werke*, Vol. 16, p. 96.
80) 같은 책, I. "Der europäische Nihilismus", 20, 22, 28, in *Werke*(1922), Vol. 15, pp. 155-156과 160.
81) Eiseley, 앞에 인용한 책, p. 137.
82) 같은 책, p. 140.

## 제10장 지상 낙원

1) Heinrich Zimmer, *Philosophies of India*, pp. 1-2.
2) Stephen Herbert Langdon, *Semitic Mythology*, in MacCulloch(편), *The Mythology of All Races*, Vol. V, p. 11.

3) 같은 책, pp. 13과 14.
4) *Occidental Mythology*, pp. 95-140 ; 221-226 ; 271-290.
5) Zimmer, *Philosophies of India*, pp. 13-14.
6) *Bṛhadāraṇyaka Upaniṣad* 1.4.6, 7, 10, 축약. Robert Ernest Hume(역), *The Thirteen Principal Upanishads*(London, etc. : Oxford University Press, 1921), pp. 82-84와 해설, 주 1, p. 83.
7) Samuel A. B. Mercer, *The Pyramid Texts*(New York, London, Toronto : Longmans, Green and Co., 1952), Vol. I, pp. 93-94 ; texts 398과 403.
8) E. A. W. Budge(역), *The Per-em-hru or "Day of Putting Forth"*, 보통 *The Book of the Dead*라고 부름, in *The Sacred Books and Early Literature of the East*(New York and London : Parke, Austin, and Lipscomb, 1917), Vol. 2, pp. 190-191과 196-197.
9) Joyce, Finnegans Wake, p. 62.
10) 같은 책, p. 593
11) C. G. Jung, Modern Man in Search of a Soul(New York : Harcourt, Brace, 1956), p. 215.
12) Zimmer, *Philosophy of India*, pp. 151-160.
13) Dante, *Convivio*, Treatise IV, Chapters 23-28. Philip H. Wicksteed, *The Convivio of Dante Alighieri*(London : J.M. Dent and Sons, 1903), pp. 341-375.
14) 같은 책, IV, 26, v.(Wicksteed, 앞에 인용한 책, p. 363.)
15) 같은 책, IV, 26, i-ii(Wicksteed, 앞에 인용한 책, p. 361.)
16) Joyce, *Ulysses*, Paris 판. p. 48-50. Random House 판, p. 50-51.
17) Richard Ellmann, *James Joyce*(New York : Oxford University Press, 1959), pp. 162-163.
18) Mann, *The Magic Mountain*, H.T. Lowe-Porter(역), p. 4(독일어판, p. 12)
19) 같은 책, p. 317(독일어판, p. 329).
20) 같은 책, p. 505(독일어판, pp. 521-522).
21) 같은 책, 독일어판, pp. 449-450 ; 영어판, pp. 432-433.
22) *Sermo suppositus*, 120, 8(In Natali Domini IV), Marie-Louise von Franz, *Aurora consurgens : A Document Attributed to Thomas Aquinas on the Problem of Opposites in Alchemy*, Bolingen Series LXXVII(New York : Pantheon Books, 1966), p. 428.
23) Epist. CXIV, Migne, P. L., Vol. lxxvii col. 806, Jung, *The Practice of Psychotherapy*, p. 258, note 6에 인용.
24) *De Chemia*, p. 16, Jung, *The Practice of Psychothcrapy*, p. 258, 주 5에서 인용.
25) Joyce, Ulysses, Paris 판, pp. 543-546 ; Random House 판, p. 565-568.
26) 같은 책, Paris 판, p. 633 ; Random House 판, p. 661
27) 같은 책, Paris 판, pp. 690-692와 727 이하 ; Random House 판, pp. 719-721과 759 이하.
28) Mann, *Der Zauberberg*, pp. 170-171 ; 영어판, p. 165.
29) 같은 책, p. 249 ; 영어판, p. 241.
30) 같은 책, p. 351 ; 영어판, p. 338.
31) 같은 책, pp. 449-450 ; 영어판, p. 432-433.
32) C. G. Jung, *The Structure and Dynamics of the Psyche*, R. F. C. Null(역), Bollingen

Series XX.8(New York : Pantheon Books, 1960), pp. 247-248.
33) Nietzsche, *Die geburt der Tragödie*, 마지막 부분.
34) Jung, *Memories, Dreams, Reflections*, p. 340.
35) Mann, *Der Zauberberg*, pp. 647-648 ; 영어판, pp. 625-626.
36) Jung, *Civilization in Transition*, pp. 144-145.
37) *Tehogony* 116 이하 ; *Parmenides*, fragment 132 ; *Symposium* 178b.
38) Richmond Lattimore(역), *Hesiod*(Ann Arbor : University of Michigan Press, 1959), p. 130.
39) C. G. Jung, *Memories, Dreams, Reflections*, Aniela Jaffé, Richard and Clara Winston (역)(New York : Pantheon Books, 1963), pp. 353-354.
40) 요한복음 12 : 45, 10 : 30.
41) *Māṇḍūkya Upaniṣd* 1. 필자의 번역, in Heinrich Zimmer, *Philosophies of India*, pp. 372-378.
42) Joyce, *Ulysses*, Paris 판, p. 37 ; Random House 판, p. 38.
43) D. F. Pears and B.F. Mcguinness(역), Ludwig Wittgenstein의 *Tractatus Logico-Philosophicus*(London : Routledge and Kegan Paul ; New York : The Humanities Press, 1961) (우리말 번역은 주로 박영식·최세만, 『논리철학논고』, 정음사, 1985에 의존하였음).
44) Bertrand Russell, "Introduction" to Ludwig Wittgenstein's *Tractatus*, Pears and McGuinness(편), 앞에 인용한 책, p. x.
45) Nietzsche, *Der Wille zur Macht*, Part III, Section 1, "Der Wille zur Macht als Erkenntnis", Aphorisms Nos. 539와 540.
46) Nietzsche, *Menschlich Allzumenschliches*, Vol. I, Aphorism, No. 11
47) Jung, *The Structure and Dynamics of the Psyche*, pp. 123-124.
48) Marlowe, *Doctor Faustus*, Scene III.
49) 같은 책, Scene III.
50) Sigmund Freud, *The Psychopathology of Everyday Life*, in A. A. Brill(역), *The Basic Writings of Sigmun Freud*(New York : The Modern Library, 1938), pp. 164-165.
51) Nietzsche, *Menschlich Allzumenschliches*, Vol. I, Aphorism, No. 5.
52) Sigmund Freud, *Totem and Tabu*, in Brll(역), 앞에 인용한 책, p. 927.
53) Jung, *The Structure and Dynamics of the Psyche*, pp. 310-311.
54) Jeffers, "Roan Stallion", in *Roan Stallion, Tamar, and Other Poems*, p. 24.
55) Thomas Mann, *Joseph and His Brothers*, Vol. I, H. T. Lowe-Porter(역)(New York : Alfred A. Knopf, 1936), p. 3.
56) 같은 책, pp. 37-38.
57) Jung, *The Archetypes of the Collective Unconscious*, p. 173.
58) *Oriental Mythology*, pp. 9-10.
59) Jung, *The Archetypes of the Collective Unconscious*, pp. 79-80.
60) *Māṇḍūkya Upaniṣd* 5-6.
61) Joyce, *Ulysses*, Paris 판, p. 687, Random House 판, pp. 715-716.
62) Dante, *Divina Commedia*, Paradiso XXXIII, 115-117, Norton 번역.
63) Joyce, *Ulysses*, Paris 판, p. 692-693, Random House 판, 721-722. 양쪽 판본 모두 점이 인쇄소의 실수로 생략되었다. Georg Goyert가 번역한 독일어판(Zurich : Rhein-Verlag,

연도불명), Vol. II, p. 354 참조.
64) Joyce, *A Portrait of the Artist as a Young Man*, p. 280.
65) *Oriental Mythology*, p. 485.
66) Mann, *The Magic Mountain*, 독일어판, pp. 856-893 ; 영어판, pp. 822-857.
67) Joyce, *Finnegans Wake*, pp. 182-186.
68) Joyce, *Ulysses*, Paris 판, p. 34, Random House 판, p. 35.
69) *Primitive Mythology*, pp. 461-472.
70) Mann, "Freud and the Future", 앞에 인용한 책, pp. 425-426.
71) Hesiod, *Theogony* 117, Lattimore(역).
72) 같은 책, 106.
73) Joyce, *Ulysses*, 마지막 행들.
74) Joyce, *Finnegans Wake*, p. 18.
75) 같은 책, pp. 4, 215, 382, 353, 486, 582, 563, 458, 455.
76) Chāndogya *Upaniṣd* 8.4.2.
77) *Māṇḍūkya Upaniṣd* 7.
78) Thomas A. Sebeok, "Animal Communication", *Science*, Vol. 147, pp. 1006-1014.
79) Diego de Estella, *Mediations on the Love of god*, Nos. 18과 28, E. Allison Peers(역), *Studies of the Sapnish Mystics*(London : S.P.C.K. ; New York : The Macmillan Co., 1951), Vol.II, p. 190에서.
80) John of the Cross, *Living Flame of Love* I, Peers(역), Vol. I, p. 213.
81) Rudolf Arnheim, *Picasso's guernica : The genesis of a Painting*(Berkeley and Los Angeles : University of California Press, 1962), p. 138, p. 23의 주석.
82) Joyce, *Finnegans Wake*, p. 215.
83) Primitive Mythology, pp. 358-359, Wolfgang Köhler, *The Mentality of Apes*(2판 ; New York : Humanities Press, 1927), p. 95.
84) Mann, *The Magic Mountain*, H.T. Lowe-Porter(역), pp. 781-782, 독일어판, pp. 813-814.
85) Wittgenstein, 앞에 인용한 책, Pears and Mcguinness(역), 앞에 인용한 책.
86) Zimmer, *Philosophies of India*, p. 375.

# 역자 후기

　이 『신의 가면 : 창작 신화』는 비교신화학자 조지프 캠벨의 주저인 *Masks of God* 4부작 가운데 네번째 *Masks of God : Creative Mythology* (1968)를 번역한 것이다. 이 『신의 가면』 4부작 가운데 나머지 세 권은 『원시 신화』, 『동양 신화』, 『서양 신화』인데, 여기에 이 『창작 신화』를 덧붙임으로써 캠벨은 시간적으로는 원시에서 현대까지, 공간적으로는 동에서 서까지 아우르는 야심찬 작업을 마무리지었다.

　『창작 신화』는 굳이 시간이나 공간이라는 면에서 따지자면 『서양 신화』의 후속 작업이라고 할 만하다. 따라서 시간적으로는 중세로부터 20세기 전반까지를 다루는 셈이다. 이 4부작을 처음 접하는 독자라면 이 시기의 서양의 역사와 신화를 연결시키는 것에 고개를 갸웃거릴지도 모르고, 잠깐 생각해보다가 아마 중세 이후 정신적으로 서양을 지배해왔다고 이야기되는 기독교를 신화와 관련지어 이야기하는 것이라고 심작할지도 모르겠다. 그렇지 않으면 그리스나 로마의 신화가 서양 문화에 미친 영향을 탐구한 것이라고 짐작할지도 모르겠다. 반대로 『신의 가면』 4부작 가운데 다른 책들을 넘겨본 독자라면 캠벨의 『창작 신화』에서 그런 내용들을 예상하지는 않을 것이다.

　물론 캠벨의 『창작 신화』는 기독교도 다루고 그리스와 로마의 신화도 다루지만, 그것은 오히려 서양 신화에서 그것들이 전부가 아니라는 것,

나아가서 그것들이 어쩌면 껍데기일지도 모른다는 것을 보여주려는 의도로 다루어진다고까지 말할 수 있다. 그 껍데기 내부에서는 신들의 싸움에서 패한 것으로 간주되었던 신들이 완전히 소멸되기는커녕 끊임없이 부활하여 알맹이를 채워나가면서, 때로는 껍데기의 모습으로 자신을 위장하기도 하고 때로는 껍데기를 깨고 나오기도 한다. 캠벨은 『창작 신화』에서 바로 이렇게 살아 있는 신화, 계속 새롭게 창조되는 신화를 다루고 있다. 그리고 이렇게 신화를 계승하고 새롭게 창조해나가는 흐름은 서양에서는 중세의 음유시인들로부터 시작하여 19세기의 바그너, 20세기의 엘리엇, 조이스, 만, 피카소에 이르기까지 위대한 예술가들이 이어왔음을 강조하면서, 실제로 구체적인 예를 들어가며 자상하게 설명하고 있다. 그 가운데도 특히 기독교의 지옥 이야기를 들으며 벌벌 떨던 학생(『젊은 예술가의 초상』)이 『율리시즈』를 거쳐 『피네건의 경야』라는 현대적 신화의 세계로 나아가는 과정을 동시대의 다른 예술가들의 창조 작업이나 동양 및 원시 신화와 비교하면서 그 의미를 드러내는 대목들은 이 책의 압권으로 꼽을 수 있을 것이다.

캠벨의 설명을 들으면서 우리는 이 시대에 신화가 가지는 의미를 끊임없이 되물을 수밖에 없는데, 그 답을 찾는 것은 이 책을 읽으면서 우리가 얻게 되는 가장 큰 숙제로서 각자 두고두고 풀어가야 할 것이다. 다만 한 가지 염두에 두었으면 하는 것은, 캠벨이 이 대작을 구상하고 써나갔던 시기가 양차 세계대전을 겪고나서 적어도 다수의 서양인들이 막다른 골목에 이르렀다고 느낄 수밖에 없었던 때였다는 점이다. 많은 서양인들이 여러 가지 방식으로 그 때까지의 "서구의 방식"을 재검토하였지만, 한 사람의 비서양인으로서 옮긴이가 캠벨의 중요한 미덕이라고 보는 것은 그가 서양 자체를 어떤 의미에서는 가장 깊은 뿌리에서부터 다시 생각하려고 하였다는 점이다. 캠벨이 신화에 대해서 사유하는 것은 서양인으로서 근본적인 반성의 한 방식이기도 하였던 것이다.

이 책을 번역하는 데는 일일이 밝힐 수 없을 만큼 여러 사람의 도움을 얻었지만, 그 가운데 이전의 번역 작업으로부터 도움을 얻은 부분은 주석을 통해서 밝혀두려고 노력하였다. 끝으로 "Creative Mythology"라는 제목을 "창작 신화"로 옮긴 것은 우주와 만물의 생성에 관한 신화, 곧 creation myth가 "창조 신화"라고 번역되어 확고한 자리매김을 하고 있기 때문이다.

2002년 6월 15일 옮긴이

# 색인

## ㄱ

가경자 비드(Bede, Venerable) 138, 139, 141
가네샤(Ganesha) 486
가르바-그라(garbha-grha) 201
가마, 바스코 다(Gama, Vasdo da) 716, 731
가무렛(Gahmuret) 680
가웨인(Gawain) 131, 361, 514, 533, 535~537, 540, 546~553, 559~566, 570, 573, 576, 577, 579~582, 585~596, 600, 608~610, 612~615, 619, 621, 622, 630, 638, 642, 646, 655~657, 659~664, 667, 676~679, 720, 722, 757
『가웨인 경과 녹색의 기사(Sir Gawaine and the Green Knight)』 550
가푸리우스(Gafurius) 123, 125~130, 132, 133, 185, 188, 261, 675
갈라드(Galaad) 482, 560
갈릴레오(Galileo) 40, 255, 256, 685, 686, 689, 704, 706, 708, 717~719, 721, 731, 733
개체화 원리 397
「개인의 운명에서 의도로 보이는 것에 대하여(On an Apparent Intention in the Fate of the Individual)」 232, 262, 370, 405
갤러해드(Galahad) 633, 634, 638~642, 644~653, 655~657, 659, 676, 679, 693, 695
『거룩한 것에 대한 관념(The Idea of the Holy)』 418, 727
『건강표(Index sanitatis)』 712
『겉모습과 실재(Appearance and Reality)』 112
『게라인트(Geraint)』 628, 629
「게르니카(Guernica)」 251~253, 258, 259, 262, 794, 796, 798
『겐지모노가타리(源氏物語)』 213
격변론(catastrophism) 737
『결단의 세월(Years of the Decision)』 251
고네릴(Goneril) 622
『고백록(Confessions)』 180
『고사기(古事記)』 139
고에츠, 헤르만(Goetz, Hrmann) 167, 203, 508, 511, 562, 599, 611, 680
고트프리트 폰 슈트라스부르크(Gottfried von Strassburg) 50~53, 55, 57, 58, 60, 69, 70, 83, 84, 89, 100, 104, 105, 112, 118, 131, 156, 205, 209, 210, 217, 223~225, 227, 228, 230, 231, 233, 245, 247, 264~266, 269, 270, 272~275, 277, 278, 280, 282, 283, 285, 287~293, 295~299, 302, 309, 313, 315, 317, 326, 365, 367, 368, 394, 396, 412, 462, 467, 490, 501, 505, 509, 510, 524, 569, 677
고피(Gopis) 78, 202, 750

곰의 아들(Bear's Son) 152, 153
공작의 꼬리 589, 598, 599
『학으로 성립할 수 있는 모든 미래의 형이상학에 대한 입문(Prolegomena to Every Future System of Metaphysics that May Ever Arise *in the Way of a Science*)』 403
광학 706
괴테, 요한 볼프강 폰(Goethe, Johann Wolfgang von) 52, 97, 120, 239, 370, 431, 448, 454, 520, 521, 573, 583, 586, 601, 622, 659, 724~726, 737, 738, 747, 755, 757, 771, 773, 784
구르네만츠(Gurnemanz) 520~524, 536, 540, 541, 570, 757
구텐베르크, 요한(Gutenberg, Johann) 716, 717
굽타 왕조 162, 167, 203
귀네비어(Guinevere) 68, 210, 345, 587, 614, 622, 629, 631, 633, 634, 639, 640, 642, 647, 652, 657
귀여운 들장미 150
그노시스(gnosis)·그노시스주의(Gnosticism) 21, 37, 85, 99, 177~181, 183, 185, 188~193, 195, 199, 200, 209, 210, 240, 244, 259, 275, 294, 311, 396, 481, 543, 566, 575, 581, 601, 711, 729, 779
그라모플란츠(Gramoflanz) 595~597, 600, 609~611, 613, 660~663, 667
그레고리우스 1세(Gregory I) 452, 760
그레고리우스 9세(Gregory IX) 709
그렌델(Grendel) 144~147
그로스테스테, 로베르트(Grosseteste, Robert) 705, 706, 709
그리스도 16~18, 21~23, 28, 29, 34~37, 67, 68, 77, 106, 131, 178, 181, 182, 187, 188, 190, 193~195, 197, 199, 202, 211, 240, 255, 259, 273, 292, 293, 310, 311, 314, 315, 324, 325, 339, 352, 394~396, 438, 445, 466, 470, 471, 482, 487, 488, 491, 502, 505, 507, 508, 542~544, 566, 570, 575, 581, 587, 599~601, 616, 632, 634~638, 641, 644~646, 648~654, 656, 686, 689, 697, 698, 700, 704, 709, 710, 715, 753, 754, 759, 769, 770, 785, 794
『그리스도를 본받아(*Imitatio Christi*)』 698, 710
그리스도의 몸이 실제로 임재한다는 교리 645
그림, 야콥(Grimm, Jacob) 620
그링굴예테(Gringuljete) 553, 565, 589, 592, 594, 613
근절을 위하여(Ad extirpanda) 709
기계학파 707
기념비 시대 687
기독교(인, 신앙) 12, 13, 16, 18, 22, 27~31, 34, 36, 37, 40, 56, 57, 64, 73, 77, 79, 93, 100, 106, 126, 131~134, 136, 137, 139, 141, 143, 145, 151, 157, 158, 160~163, 165, 166, 169, 170, 174, 175, 177~188, 191, 192, 195, 196, 198, 199, 203, 211, 213, 215, 223, 245, 254, 292, 293, 296, 302, 311, 319, 324, 385, 396, 420, 430, 431, 434, 436, 437, 439, 441, 444, 451, 452, 458, 462, 465, 466, 469, 470, 472~475, 480, 481, 483, 507, 508, 513, 537, 538, 543, 567, 571, 597, 607, 608, 611, 616, 617, 623, 633, 635, 637, 649, 654, 655, 657, 666, 667, 680, 691, 694, 698, 699, 704, 709, 711, 715, 716, 724, 740, 746, 749, 769
기본적 관념 18, 778
『기쁨의 작은 정원(*Hortulus deliciarum*)』 27
『기타 고빈다(*Gīta Govinda*)』 79, 202
길가메시(Gilgamesh) 23, 707
깊고 꿈 없는 잠 770
깨어 있는 의식 13, 409, 439, 770, 771, 773, 781, 783, 785, 789, 792~794, 798, 804
꿈 의식 770, 773, 781, 789, 792, 794
『꿈의 해석(*The Interpretation of Dreams*)』 774

## ㄴ

나프타(Naphta) 383, 450, 453, 757, 767, 801
『내 고통의 역사(Historia calamitatum)』 69
「네 개의 사중주(Four Quartets)」 135
넨니우스(Nennius) 616~618
노아(Noah) 17, 39, 308, 484, 626
『논리철학 논고(Tractus Logico-Philosophicus)』 771
눈 여신(Eye Goddess) 153, 154, 599
「뉘른베르크의 명가수(The Meistersinger)」 398, 603~605
뉴턴, 아이작(Newton, Sir Isaac) 42, 718, 719, 733, 734, 739
니르-드반드바(nir-dvandva) 98, 99
니르바나(nirvāna) 45, 428, 491, 504
『니벨룽의 반지(The Ring of the Nibelungs)』 91, 263, 331, 605
니체, 프리드리히 빌헬름(Nietzsche, Friedrich Wilhelm) 43, 52, 54, 81, 82, 110, 112, 219, 228, 269, 295, 367, 370, 381, 382, 390, 391, 397, 398, 402, 411, 413, 414, 418, 419, 421, 425, 427, 431, 442, 443, 446~448, 483, 501, 508, 537, 570, 583, 607, 673, 693, 694, 695, 698, 742, 743, 749, 766, 767, 772, 775, 795

## ㄷ

다르마(dharma) 571
다섯 가지 금지된 것 199
『다양한 기술에 대하여(Schedula diversarum artium)』 334
다윈, 찰스(Darwin, Charles) 39, 256, 723, 737
다윗 왕(David, King) 18, 27, 245, 637, 638, 642, 647
단일신화 430
단테 알리기에리(Dante Alighieri) 51, 62, 80, 81, 86, 87, 90, 105, 107, 118, 127, 131~133, 135, 136, 140, 141, 157~159, 174, 176, 219, 287, 292, 296, 306, 411, 431, 472, 502, 504, 509, 526, 573, 581, 587, 635, 642, 644, 645, 656, 686, 687, 689, 698, 715, 730, 753~755, 765, 771, 773, 782, 790
딘 여왕(단의 여왕) 314, 316, 318, 323, 336, 344, 759
『대머리 여가수(The Bald Soprano)』 108
대승불교 191, 192, 213, 396, 488, 490, 491, 572, 784
대역전 497
데메테르(Demeter) 25, 33
도나투스파 이단 196
「도덕성의 기초(On the Foundation of Morality)」 90, 92
『도덕 철학(The Morall Philosophie)』 164
『도덕경(道德經)』 111, 404, 460
『도마의 복음서』 178, 183, 190, 311, 575, 729
도미틸라 카타콤(Domitilla Catacomb) 16, 52
돈 키호테(Don Quixote) 255, 262, 437, 719, 720, 722
동굴 우화(플라톤) 103
동정심(karuṇā) 99, 340, 352, 396, 506, 539, 760, 769
두무지-압수(Dumuzi-absu) 33, 246, 262
둘시네아 델 토보소(Dulcinea del Toboso) 720
뒤러, 알브레히트(Dürer, Albrecht) 46, 715
듀이, 존(Dewey, John) 740
드루스탄 왕(Drustan, King) 246, 248, 253, 361
들짐승을 진압하는 자 144
디도(Dido) 119, 287, 363, 366
디아르무이드(Diarmuid) 156
디오게네스(Diogenes) 176, 460
디오니소스(Dionysus) 24, 33, 34, 36, 122, 123, 125, 183, 184, 185, 187, 196, 211, 228, 244, 271, 272, 363, 396~398,

색인  851

400~402, 413, 418, 422, 425, 444, 543, 767, 769, 795
땅의 신  686

# ㄹ

라 퐁텐, 장 드(La Fontaine, Jean de)  164
라마크리슈나(Ramakrishna)  572, 699
라블레, 프랑수아(Rabelais, François)  42, 712
라이오넬(Lionel)  641, 646
라이제강, 한스(Leisegang, Hans)  31, 123, 184, 198
라이트모티프(Leitmotiv)  285, 387, 388, 397, 425, 427, 428, 440
라파엘로(Raphael)  423, 715
라플라스, 피에르 시몬(Laplace, Pierre Simon)  734
라피스 엑실리스(lapis exilis)  508
라헬(Rachel)  582, 583
란드-나마(land-náma)  620
『랑슬로의 책(Li Livres de Lancelot)』 633, 634
랜슬롯(Lancelot)  210, 221, 288, 345, 614, 628, 629, 634, 639~642, 647, 648, 652, 655~659, 679
랭든, S. H.(Langdon, S. H.)  746, 748
레(Re)  413
레오폴드 블룸(Leopold Bloom)  237, 309, 311, 352, 411, 538, 546, 577~579, 582, 612, 659, 759, 760, 762, 763, 769, 781, 782, 785, 787~791
로베르 드 보롱(Robert de Boron)  632, 633, 637, 653, 680
로시난테(Rozinante)  255, 258, 719, 720
「로엔그린(Lohengrin)」  603, 605
로크, 프레데릭(Locke, Frederick)  654
로헨란그린(Lohengrin)  665, 668, 670
『롤랑의 노래(Song of Roland)』  624
루미스, 로저(Looomis, Roger)  360, 507, 508, 614, 618, 624, 629, 633, 634, 654

루소, 장 자크(Rousseau, Jean Jacques)  14, 460, 698
루크레티우스(Lucretius)  398
루터, 마틴(Luther, Martin)  12, 431, 475, 698, 711, 712, 714, 717, 726
르네상스  46, 100, 106, 129, 131, 135, 185, 212, 255, 446, 450, 453, 714, 715, 716, 721, 723, 724, 758
르팡스 드 쇼예 여왕(Repanse de Schoye, Queen)  526, 527, 671, 672, 678
『리그 베다(Ṛg Veda)』  35, 729
리발론(Rivalon)  361
리발린(Rivalin)  223, 224, 228~231, 233, 246, 247, 364, 514
리쇼이스 그벨유스(Lischoys Gwelljus)  591, 596, 608, 664
리어 왕(Lear, King)  622
리자베타(Lisabeta)  371, 372, 389, 784
링감(lingam)  544, 769

# ㅁ

마그나 마테르(Magna Mater)  282
마나난 맥 리르(Manannan Mac Lir)  241, 312, 482, 486, 632, 654, 680
마나위단(Manawyddan)  493
마니교  21, 77, 139, 179~181, 195, 196, 209, 210, 213, 275, 600, 620
마드야(madya)  199
마라(māra)  98
마르가(mārga)  787
마르자독(Marjadoc)  156, 299
마르크 왕(Mark, King)  17, 57, 88, 89, 156, 220, 224, 229, 231, 242, 247, 248, 250, 254, 262, 267, 277, 278, 285, 290, 298, 302, 307, 522
『마법과 실험 과학의 역사(History of Magic and Experimental Science)』  704
"마법에 걸린 왕자"  570, 575
마야(māyā)  94, 99, 134, 179, 395, 400~402, 447, 582, 747

『마의 산(The Magic Mountain)』 51, 367, 370, 375, 383~385, 397, 425, 430, 431, 440, 441, 444, 449, 573, 574, 579, 694, 695, 760, 763, 766, 779, 784, 801
마이모니데스(Maimonides) 175
마젤란, 페르디난드(Magellan, Ferdinand) 716, 731
『만두키아 우파니샤드(Mandukya Upanishad)』 411, 770
말리노프스키, 브로니슬라브(Malinowski, Bronislaw) 793
말크레아티우레(Malcreatiure) 561, 562, 564, 596
맘사(maṁsa) 199
멀린(Merlin) 153, 617, 622, 647
『멋진 신세계(Brave New World)』 382
메르쿠리우스 호문쿨루스(Mercurius Homunculus) 334
메르쿠리우스(Mercurius) 127, 130, 325, 332~334, 336, 337, 342, 344, 345, 349, 351, 486
『메카의 계시(Meccan Revelations)』 157
메피스토펠레스(Mephistopheles) 430, 444, 445, 714, 725, 757, 771
메피스토필리스(Mephistophilis) 724, 774, 775
멜란히톤(Melanchthon) 12, 712, 713
멜레아간트(Meleagant) 614, 629
멜로트(Melot) 304, 305
멜자칸츠(Meljacanz) 546, 549
멜크-아슈타르트(Melk-'Ashtart) 748
멧돼지 152~156, 245, 247, 266, 283, 299, 355, 359, 360, 413, 508, 534, 539, 543, 561, 617
모랄리타이트(moraliteit) 275, 462, 677
모롤드(Morold) 263~267, 270, 279, 280, 282, 284, 285, 602
모르간(Morgan) 626
모르간트(Morgant) 626
모세(Moses) 17, 65, 186, 189, 321, 322, 454, 472, 569, 575, 582, 615, 705
『모세와 일신교』 615

모순어법 225, 227, 228, 259, 310, 412, 413, 490, 794
모이라(Moirai) 149, 239
목샤(mokṣa) 99, 753
몰리 블룸(Molly Bloom) 788~791
못생긴 처녀 531~537, 539, 540, 570, 586, 667
『몽-생-미셸과 샤르트르(Mont-Saint-Michel and Chartres)』 61
『무훈시(Chansons de Geste)』 624
『문다카 우파니샤드(Mundaka Upanishad)』 234
『문 없는 문(The Gateless Gate)』 226
문화 단자(單子) 778
뮤즈 62, 89, 100, 118, 125~132, 227, 275, 330, 675, 708, 798
므네모시네(Mnemosyne) 128
미네징거(Minnesingers) 215, 219, 220, 227, 396
미노스 왕(Minos, King) 363
「미노타우로마키(Minotauromachy)」 797
미노타우로스(Minotaur) 30, 147, 263, 303, 356, 362, 363, 365
「미노타우로스(Minotaur)」 795
『미라지(Mi'rāj)』의 전설 157
미브 여왕(Meave, Queen) 74, 75, 248
미의 세 여신 125, 128, 129, 133, 149, 261, 284, 311, 317, 795, 798
미켈란젤로(Michelangelo) 715
미트라 20, 26, 122, 481
미학적 정지(aesthetic arrest) 53, 86, 102, 223, 581, 644, 784
민네(Minne) 382

# ㅂ

바가(bagā) 79
『바가바드 기타(Bhagavad Gītā)』 260, 312, 571
바그너, 리하르트(Wagner, Richard) 50~53, 89~92, 95, 99, 100, 103, 105,

118, 150, 231, 262, 263, 267~269, 278,
283, 285, 289, 300, 304, 305, 330, 331,
370, 373, 374, 388, 390, 402, 425~431,
463, 484, 506, 508, 520, 534, 541, 542,
600~605, 607, 608, 611, 632, 646, 714
바그다드(Badhdad) 80, 142, 162, 164,
512, 589
바나클, 노라(Barnacle, Nora) 756
"바라던 기사" 635, 642
바르트, 칼(Barth, Karl) 475
바벨탑 686, 704
바스 헤르메티쿰(vas Hermeticum) 324,
325, 352, 431, 444, 737, 756
바스티안, 아돌프(Bastian, Adolf) 777, 787
바야지드(Bayazid) 80, 506
바쿠스(Bacchus) 33, 36, 185, 186, 401
『박물지(Historia Naturalis)』 334
『박식한 무지에 대한 변명(Apologia doctae
ignorantiae)』 227
반종교개혁 716
발리샤논 축제 241
「발퀴레(Walküre)」 463
뱀 그릇 183
벅 멀리건(Buck Mulligan) 574
베가르디, 필립(Begardi, Philipp) 712
베네(Bene) 566, 608, 609, 661~663
베누스(Venus) 74, 121, 127, 129, 318,
337, 345, 430, 795
베누스의 산 52, 221, 430, 757
베룰(Béroul) 89, 248, 277
베르굴라트(Vergulaht) 549, 552, 553, 579
베르길리우스(Virgil) 57, 118, 119, 132,
135, 139, 306, 363, 366, 446, 472, 498,
502, 504, 592, 623, 624, 755
베버, 고트프리트(Weber, Gottfried) 225,
288, 292, 524, 569
베아트리체(Beatrice) 80, 81, 86, 90, 127,
133, 158, 159, 472, 581, 644, 656
『베오울프(Beowulf)』 139, 141, 143, 145
『베오울프와 서사적 전통(Beowulf and the
Epic Tradition)』 141
베이컨, 로저(Bacon, Roger) 158, 706

베이컨, 프랜시스(Bacon, Francis) 40, 718
벤피, 시어도(Benfey, Theodor) 490, 495
벨라 코언(Bela Cohen) 577
벨라카네 여왕(Belakane, Queen) 511, 513,
680
『변신(Metamorphoses)』 135, 283, 333,
438, 498
보덴(Woden) 137
보디(bodhi) 85, 99, 191, 192, 581
보르스(Bors) 641, 647~652
보리수 497, 582, 600, 606
『보바리 부인(Madame Bovary)』 719
보석의 섬 487, 791
보카치오, 지오반니(Boccaccio, Giovanni)
715
보탄(Wotan) 96, 137, 331
『본능의 연구(Study of Instinct)』 294
볼프람 폰 에셴바흐(Wolfram von
Eschenbach) 51, 53, 463, 464, 484,
507~510, 522, 528, 538~542, 545,
566~571, 573, 575, 576, 584, 587, 588,
593, 596, 597, 600~603, 606, 611, 629,
630, 633, 645, 658, 659, 672, 675, 677,
679, 680, 687, 690, 755, 770, 785
『뵐루스파(Völuspó)』 149, 150, 331
『부덴브로크가(Buddenbrooks)』 51, 370,
388~391, 431, 435, 583
부르델, 앙투안(Bourdelle, Antoine) 48,
421, 803
『부양자 요셉(Joseph the Provider)』 429
부자 어부 636, 638, 639, 641, 654, 680
부족신 746
부처 44, 45, 82, 92, 106, 179, 192, 268,
395, 396, 416, 424, 460, 486, 488, 491,
497, 500, 504, 566, 570, 582, 600, 606,
607, 750, 784
불가사의의 성 535, 537, 585, 586, 588,
593, 595, 596, 600, 608, 611, 667
불가사의의 침대 588, 589, 591, 676
불가타 사이클(Vulgate Cycle) 632, 633,
635, 652
불교 44, 92, 106, 134, 140, 141, 163,

178, 179, 191, 203, 226, 395, 404, 409,
424, 428, 439, 486, 489, 492, 493, 497,
544, 572, 584, 645, 690, 748～750
불구의 왕 463, 484, 488, 501, 537, 596,
639, 649, 650, 673
불확정성의 원리 227
뷔르누, 외젠(Burnouf, Eugène) 92
뷔리당, 장(Buridan, John) 707～709, 715,
719, 733
브라만(brahman) 98, 404, 560, 488, 489,
690, 699, 729, 751
브란가에네(Brangaene) 268, 284,
290～292, 297, 298, 304, 305
브론(Bron) 635, 636, 638, 654, 680
브루노, 지오르다노(Bruno, Giordano) 39,
40, 42, 93, 316, 317, 700, 717
『브루트 이야기(Roman de Brut)』 221
『브리튼의 역사(Historia Britonum)』 616
『브리튼의 전복과 정복(De exidio et
conquestu Britanniae)』 616
『브리하다라니아카
우파니샤드(Brihadaranyaka Upanishad)』
340, 347, 496
블랑셰플로르(Blancheflor) 223, 224,
228～231, 233
블레이크, 윌리엄(Blake, William) 51, 227,
296, 357, 431, 491
『비극의 탄생(Birth of Tragedy)』 370,
397, 411, 425, 446, 501, 767
비르트(wyrd) 149, 233, 257, 567,
571～573, 757, 779, 794
비슈누(Vishnu) 202, 402, 405, 413
비트겐슈타인, 루드비히(Wittgenstein,
Ludwig) 771, 772, 792, 803
빈둥, 요한(Windung, Johann) 712
빈치, 레오나르도 다(Vinci, Leonardo da)
106, 737

**ㅅ**

사-구나 브라만(sa-guṇa brahman) 699

사라스(Sarras) 637, 638, 649～651, 653,
656, 676
사람을 낚는 어부 483, 600, 680
사랑-죽음 156, 224, 244, 246, 268, 292,
296, 303, 304, 362, 508
사랑의 동굴 57, 84, 95, 202, 217, 275,
412, 570, 603, 653
사랑의 미약 89, 95, 99, 104, 267, 278,
287, 290, 343, 426, 764
사랑의 잔치 324, 711
사르트르, 장-폴(Sartre, Jean-Paul) 237
『사자의 기사 이뱅(Yvain, or The Knight
of the Lion)』 627, 629
『사자의 서(The Book of the Dead)』 751
사탄(Satan) 27, 28, 182, 185, 187, 486,
502～504, 708～710, 712, 713, 717, 724,
740, 773
『사투르누스 축제(Saturnalia)』 125
사회적 동일시 466
산문 랜슬롯(Prose Lancelot) 634
산초 판사(Sancho Panza) 255, 720
삼위일체 63, 127, 133, 158, 191, 307,
435, 438, 471, 504, 636, 637, 643, 653,
669, 670, 672, 673, 726, 773, 782
삼위일체의 시대들(Ages of the Trinity)
653
상대성 원리 42
상징적 언어 118, 766
샤를마뉴(Charlemagne) 131, 140, 142,
143, 160, 254, 447, 624, 627
샥티(śakti) 312, 313, 340, 347, 487, 581,
583, 788, 791
『서양의 몰락(The Decline of the West)』
43, 167, 447, 726, 766
선 불교 226
성배 21, 48, 122, 130, 166, 197, 269,
361, 462～465, 468, 470, 481～484, 488,
495, 501, 502, 506～508, 520, 527, 528,
536, 540～542, 544, 545, 553～555, 558,
559, 562, 565, 566, 568, 570, 575, 586,
588, 590, 596, 597, 599, 600, 603, 615,
623, 627, 630, 632, 633, 635～639,

색인  855

642~645, 647~655, 657, 664,
  668~673, 675~681, 687, 689, 755
성배의 성 95, 463, 465, 481, 484, 495,
  501, 511, 525, 538, 539, 541, 545, 569,
  576, 577, 585, 596, 597, 600, 602, 611,
  634, 647, 668, 673, 676, 804
성배의 영웅 482, 633, 656
성배의 왕 464, 470, 502, 505, 506, 540,
  541, 556, 559, 586, 599, 601, 605, 657,
  677, 678, 680, 755
성배의 처녀 678
『성배 이야기』 463, 482, 630, 632~635,
  637, 680
『성배 탐색(La Queste del Saint Graal)』
  48, 633~635, 637, 641, 643~645,
  654~656, 658, 673, 675, 678
성스러운 상자(cista mystica) 24
세계 군주 491
세계 문화 시대 687
세계의 산 472
세계의 재 137, 149
세르반테스 사아베드라, 미구엘
  데(Cervantes Saavedra, Miguel de) 47,
  255, 659, 721
세템브리니(Settembrini) 383, 384, 441,
  444, 446, 449~453, 579, 757, 758, 767,
  801, 802
솔로몬의 배 639, 647, 650, 653, 678, 693
쇼펜하우어, 아르투르(Schopenhauer,
  Arthur) 44~48, 52, 53, 90~92,
  95~103, 149, 169, 217, 232, 233, 236,
  238, 257, 262, 268, 276, 304, 370, 374,
  381, 386, 387, 390, 399, 400, 402, 404,
  405, 409, 411, 413, 414, 416, 418, 420,
  423~425, 431, 446, 463, 540, 545, 571,
  572, 582~585, 675, 690, 720, 729, 743,
  780
수정 침대 83, 84, 89, 112, 217, 221, 292,
  300, 301, 350, 653, 676, 759
수켈로스(Sucellos) 27, 492, 494
수피교도 79~81, 93, 157, 163, 196, 213
『수피교도(The Sufis)』 81

『순수 이성 비판(Critique of Pure Reason)』
  719
슈뢰딩거, 에르빈(Schrödinger, Erwin) 727,
  770
슈펭글러, 오즈발트(Spengler, Oswald) 43,
  63, 142, 167, 168, 251, 447, 448, 459,
  659, 726, 766
『스물네 명의 철학자들의 책(Book of the
  Twenty-four Philosophers)』 42, 48
『스티븐 히어로(Stephen Hero)』 51, 431
스코투스 에리게나(Scotus Erigena) 93,
  131, 407
스쿨드(Skuld) 149
「스키피오의 꿈(Dream of Scipio)」 128
스톤헨지(Stonehenge) 153, 622
스티븐 디덜러스(Stephen Dedalus) 50, 86,
  236, 237, 272, 317, 327, 374, 402, 414,
  432, 438, 439, 441, 538, 546, 569, 574,
  582, 612, 755, 756, 771, 781, 783, 785,
  786
『승리한 짐승의 추방(The Expulsion of the
  Triumphant Beast)』 316
『시간의 창공(The Firmament of Time)』
  734
시나이 산 186, 686
시데가스트, 로그로이스 공(Cedegast, Duke
  of Logroys) 594, 595, 596, 609, 663
시바(Shiva) 30, 202, 245, 260, 312, 340,
  413, 486, 487, 490, 538, 599, 734, 769,
  791
시스타 미스티카(cista mystica) 184
시시포스(Sisyphus) 499, 500, 502
『시시포스의 신화(The Myth of Sisyphus)』
  499
시제 드 브라방(Siger de Brabant) 171,
  174, 176, 473
『신곡(Divina Commedia)』(단테) 131, 135,
  136, 157, 219, 472, 643, 753, 782
「신들의 황혼(Twilight of the Gods)」 150,
  262, 605
신비주의 18, 24, 25, 31~33, 35, 37, 64,
  78~81, 93, 112, 133, 136, 157, 158,

177, 178, 188, 203, 384, 387, 403, 447,
481, 482, 506, 542, 575, 583, 673, 674,
699, 700, 723, 748, 769, 796
『신생(Vita Nuova)』 86, 87, 157, 644, 753
『신앙의 문제에 대한 무익한 호기심에
　반대하여(Against Vain Curiosity in
　Matters of Faith)』 475
「신을 보는 것에 대하여(De visione dei)」
　700
『신의 도성(The City of God)』 180
신의 인간(Homo Dei) 767
『신이 원인이 된 사물들의 발산의 질서에
　대하여(On the Order of the Emanation
　of Things Caused by God)』 705
『신학대전(Summa Theologica)』 171, 175
신화 발생 지대 113, 116, 479, 617, 804
신화의 규범 804
신화적 분열 465, 466, 746, 758
심연의 주관자 26, 32

## ㅇ

아가멤논(Agamemnon) 284, 342
아가토다에몬(agathodaemon) 25
아가페(agape) 181, 183, 185, 193, 209,
　211, 319, 324, 325, 395, 396, 397, 444,
　541, 601, 676
아글라이아(Aglaia) 125, 129
아난다(ānanda) 92
아니르(Anir) 618
아니마(anima) 278, 324, 345, 581~583
아데마르 데 몽테일(Adhemar de Monteil)
　219
아도니스(Adonis) 152, 154, 187, 356,
　543, 576
『아랍인들의 역사(History of the Arabs)』
　79
아르간테(Argante) 626
아리스토텔레스(Aristotle) 36, 54, 102,
　163, 165, 171~173, 175, 176, 227, 407,
　411, 422, 471~474, 703, 754

아리아드네(Ariadne) 263, 363, 366
아리아인 153, 250, 253, 254, 262, 496,
　746, 747
아모르(amor) 167, 209~211, 215,
　217~219, 254, 279, 284, 318, 345, 355,
　366, 396, 464, 541, 597, 720, 770, 805
아발론(Avalon) 221~223, 283, 326, 330,
　479, 535, 618, 622, 626, 653
아베로에스(Avarroes) 171~176, 473, 697
아벨라르(Abelard) 29, 30, 37, 69~73, 76,
　77, 79, 80, 82, 85, 91, 218, 219, 273,
　292, 293, 296, 366, 467~470, 505, 568,
　612, 625, 687, 703, 720, 724
『아브탈라 주라인(Abtala Jurain)』 320
아서 왕(Arthur King) 48, 56, 57, 136,
　165, 195, 221, 223, 254, 262, 479, 514,
　517, 523, 535, 576, 590, 613~616, 618,
　619, 624, 642, 647, 658, 659
아서 왕 로맨스 56, 57, 479, 614
『아서의 죽음(Morte Darthur)』 165, 601,
　627, 639, 652
아쇼카 황제(Ashoka, Emperor) 178
아수르(Assur) 23, 30
아스타르테(Astarte)
아시바고샤(Ashvaghosha) 584
아신 이 팔라시오스, 미구엘(Asin y
　Palacios, Miguel) 140, 157~159, 161,
　174, 176, 470, 550, 598, 636
아우구스티누스(Augustine) 27, 57, 131,
　141, 180, 181, 196, 310, 597, 717, 731,
　749, 759
아움(AUM) 770, 773, 790, 792, 803
『아이네이스(Aeneid)』 135, 136, 498
아이슬러, 로버트(Eisler, Robert) 34
아이슬리, 로렌(Eisely, Loren) 734, 736,
　743
아인슈타인, 알버트(Einstein, Albert) 42,
　44, 739
아일릴(Ailill) 248
아일하르트 폰 오베르게(Eilhart von
　Oberge) 89, 277
아즈텍(Aztecs) 64, 65, 134, 447, 581, 710

색인　857

아카드(Akkad)　109, 745, 748
아킬레스(Achilles)　602, 725
아타나시오 신경(Athanasian Creed)　470, 472, 704
아트로포스(Atropos)　150
아트만(ātman)　404, 496
아틀라스(Atlas)　491
아티스(Attis)　154, 543
아폴론(Apollon)　24, 32, 100, 101, 118, 125, 128, 130～134, 183, 227, 228, 244, 275, 317, 392, 397～400, 402, 405, 411, 413, 414, 418, 425, 439, 486, 543, 726, 765, 767, 784, 798
아프로디테(aphrodite)　184, 245, 318, 365, 366, 370, 429, 795
『악마의 기술에 대하여(De praestigus daemonium)』　713
악시스 문디(axis mundi)　495, 600
안드로메다(Andromeda)　148
안셀무스(Anselm, Saint)　28, 29, 37, 65, 468, 505
안젤리코, 프라(Angelico, Fra)　715
안타노르(Antanor)　519
안토니우스(Anthony, Saint)　178
안티코니(Antikonie)　553
안포르타스(Anfortas)　464, 465, 468, 530, 541, 544, 562, 596, 597, 599, 611, 612, 668, 669, 671, 680, 720, 742, 759, 760
알렉산데르 4세(Alexander IV)　709
알베르투스 마그누스(Albertus Magnus)　158, 693
알비온(Albion)　357
알비파(Albigensians)　195, 196, 198, 209, 210
알키(Alci)　32
알파라비(Alfarabi)　171
알파셈, 왕(Alphasem, King)　638, 639
알폰소 6세(Alfonso VI)　79, 161
암브로시아(ambrosia)　33, 85, 99, 101, 488, 492, 493, 495, 500, 502
암브로시우스(Ambrosius)　617
암포르타스(Amfortas)　95, 454, 463, 542,

601, 603, 604, 606, 677, 694
압바시드(Abbasids)　162
앙그라 마이뉴(Angra Mainyu)　179, 181
애덤스, 헨리(Adams, Henry)　61, 62, 68, 195, 262, 467, 680, 681, 717, 718, 729, 739
앵글로-노르만 애국 서사시　623
야곱(Jacob)　429, 582, 786, 787
야스퍼스, 카를(Jaspers, Karl)　537, 694
양자 이론　739
어머니 여신　35, 122, 153, 250, 259, 745, 748
『어부 오르페우스(Orpheus the Fisher)』　34
어부왕　21, 331, 463, 483, 484, 492, 545, 598, 600
어부의 반지　22
에니게우스(Enygeus)　635, 636
에라스무스(Erasmus)　30, 711, 712, 716
에라토(Erato)　127
『에레크와 에니드(Erec and Enid)』　627～629
에로스(eros)　209, 211, 245, 365, 383, 390, 391, 393, 395～397, 429, 541, 601, 676, 768～770
에로틱 아이러니(erotic irony)　784
에번스, 세바스천(Evans, Sebastian)　623
에보울레우스(Ebouleus)　247
에우리피데스(Euripides)　365, 367
에크하르트, 마이스터(Eckhart, Meister)　689, 698, 699
에피파니우스, 성(Epiphanius, Saint)　183～185, 188, 192, 193
엑스캘리버(Excalibur)　221, 364, 613
엔키(Enki)　339, 734
엘레우시스의 신비　85, 402
엘로이즈(Heloise)　29, 69～71, 73～80, 82, 85, 91, 100, 105, 216, 273, 292, 293, 296, 365, 467～469, 687, 689, 703, 724
엘리엇, T. S.(Eliot, T. S.)　14, 108, 112, 114, 135, 256, 317, 329～331, 339, 342, 481, 777
여성복 의식　319

역사적 가상화 43
『역학과 국지적 운동에 관한 두 개의 새로운 과학에 대한 담론과 수학적 증명(Discourses and Mathematical Demonstrations concerning Two New Sciences pertaining to Mechanics and Local Motions)』 733
연금술(alchemy) 52, 165, 313, 315, 319, 320, 322~327, 332, 334~336, 343, 348, 350, 352, 367, 369, 386, 394, 412, 431, 434, 444, 482, 508, 538, 585, 598, 709, 712, 715, 737, 756, 760, 765, 784
『연금술의 비밀의 책(Liber secretorum alchemiae)』 326
『영국 교회사(Historia Ecclesiastica Gentis Anglorum)』 139
『영국 왕들의 역사(Historia Regum Britanniae)』 621, 623
『영국 왕들의 행적(Gesta Regum Anglorum)』 621
영원한 젊음의 땅 241
예이츠, 윌리엄 버틀러(Yeats, William Butler) 51, 144, 274, 567, 777
『옛 현자들의 모범에 관한 책(Das Buch der Byspel der alten Wysen)』 164
『오늘의 도전(The Challenge of the Day)』 378
오도넬, 블랙 휴(O'Donnell, Black Hugh) 241, 242, 331
오디세우스(Odysseus) 135, 153, 156, 247, 430, 574, 599, 755
『오디세이아(Odyssey)』 118, 247, 574, 580
오렘, 니콜라스(Oresme, Nicolas) 707, 708, 709, 719
오르겔루제 드 로그로이스(Orgeluse de Logroys) 559, 560, 562, 563, 580, 585, 586, 590, 594~597, 600, 601, 608, 609, 612, 662~664, 679, 742
오르테가 이 가세트, 호세(Ortega y Gasset, José) 82, 83, 106, 255, 256, 461, 464, 688, 702, 721, 722

오르페우스(Orpheus) 16~21, 24, 30, 33, 34, 36, 37, 120, 122, 123, 129, 130, 131, 176, 183, 185, 196, 204, 227, 240, 244, 269, 272, 396, 481, 483, 487, 493, 497, 543, 769
오리겐(Origen) 27
오리온(Orion) 34
오비디우스(Ovid) 133, 135, 136, 283, 333, 412, 438, 498, 723
오비에(Obie) 547
오빌롯(Obilot) 546, 547, 549, 550
오시리스(Osiris) 125, 187, 244, 356, 413, 488, 543, 581, 614
오시안(Ossian) 247, 622
오이신(Oisin) 156, 576
오컴의 면도날(Occam's razor) 697, 698, 719
오컴의 윌리엄(William of Occam) 691, 696~698, 711, 719, 729, 775
오토, 루돌프(Otto, Rudolf) 418, 419, 602
오필리아(Ophelia) 755
옴 마니 파드메 훔(OM MANI PADME HUM) 645
『왕과 시체(The King and the Corpse)』 566
『왕의 목가(Idylls of the King)』 222, 542, 627, 652
왜곡된 상 232~234, 237, 387, 428
「왜 신은 인간이 되었는가?(Cur deus homo?)」 28
왼손의 길 313, 316, 317, 319, 337, 344, 370, 580, 653
요가(yoga) 178, 199, 312, 338, 486, 694, 699
요나(Jonah) 23, 705
요니(yoni) 543, 544, 791
요세페스(Josephe) 482
『요셉과 그의 형제들(Joseph and His Brothers)』 52, 135, 429, 431, 582, 779, 786, 787
요한네스 21세(John XXI) 334, 473
요한네스 22세(John XXII) 699

욥(Job) 491
우라니아(Urania) 127
우르의 왕묘 61, 339, 688
우리나 푸에로룸(urina puerorum, 소년의 오줌) 335
우리안스(Urians) 563, 565, 579, 596
『우상의 황혼(Twilight of the Idols)』 421, 442
『우신 예찬(In Praise of Folly)』 711
우주적 자아(brahmātman) 572
『우파니샤드(Upanishads)』 234, 404, 727, 780, 791
우파야(upāya) 191
『우화집(Fables)』 164
워즈워스, 윌리엄(Wordsworth, William) 235, 238
『원숭이들의 심리(The Mentality of Apes)』 799
원죄 181, 657, 716
원탁 48, 49, 112, 131, 519, 532, 534, 539, 549, 600, 610, 626, 627, 655, 660, 667
웨스턴, 제시(Weston, Jessie L.) 481, 483, 484, 542, 543, 656
웨이스(Wace) 221, 625, 626
위대한 기쁨(Mahāsukha) 491
위험한 침대 586, 679
윌리엄 10세(William X) 361
윌리엄 9세(William IX) 80, 361
윌리엄스, 로저(Williams, Roger) 689
유대인 37, 38, 234, 378, 381, 452, 469, 578, 615, 635, 704, 748, 757
『유럽의 문학과 라틴 중세(European Literature and the Latin Middle Ages)』 119
유명론(唯名論) 697
유스티니아누스(Justinian) 136, 162, 164, 334
『율리시즈(Ulysses)』 51, 234, 236, 237, 309, 311, 312, 327, 334, 335, 339~341, 352, 387, 388, 402, 409, 411, 428, 431, 439~441, 482, 537, 538, 574, 577, 756,
760, 766, 773, 784, 787, 789, 790, 797
융, 카를(Jung, Carl) 278, 319, 320, 322, 323, 325, 342, 343, 345, 348, 350~352, 435, 437, 462, 572, 576, 581~584, 598, 616, 752, 766~768, 772, 776, 777, 779, 780
『음악 연습(Practica musice)』 123
음유시인 21, 70, 79, 80, 136, 139, 140, 167, 195, 209~214, 219, 220, 223, 225, 241, 272, 273, 276, 277, 283, 345, 355, 360, 396, 615, 619, 621, 676, 720
『음유시인(The Troubadours)』 200
『의지와 표상으로서의 세계(The World as Will and Idea)』 96, 400, 411, 413, 424
이난나(Inanna) 128, 246, 338, 339
이닌니(Ininni) 748
『이단 논박 대전(Summa contra Gentiles)』 175, 176, 691
이드리에스 샤(Idries Shah) 81
『이륜 마차의 기사 랑슬로(Lancelot, or The Knight of the Cart)』 627
이븐 시나(Avicenna) 159, 165, 171, 176
이븐-루슈드(ibn-Rushd) 171
이슈타르(Ishtar) 318, 748
『이슬람의 유산(The Legacy of Islam)』 158
이오네스코, 외젠(Ionesco, Eugene) 108
이원성 98, 758
이졸데(Isolde) 89, 91, 99, 100, 104, 267, 268, 285, 304, 305
이졸트(Isolt) 55~57, 60, 68~70, 79, 88, 95, 104, 156, 202, 204, 223, 233, 242, 243, 245, 246, 248, 263, 264, 266, 267, 269, 270, 273~292, 297, 298~304, 306, 307, 309, 326, 327, 330, 342, 343, 356, 361~366, 462, 522, 587, 602, 628, 724
『이집트의 요셉(Joseph in Egypt)』 429, 582
이테르(Ither) 519, 524, 559
이톤예(Itonje) 591, 594, 609, 661~662
익시온(Ixion) 497, 498, 502, 505
『인간의 의미 탐구(Man's Search for

Meaning)』 492
『인간적인, 너무나 인간적인(Human, All-Too-Human)』 775
인노켄티우스 3세(Innocent III) 195, 453, 538, 611
인노켄티우스 4세(Innocent IV) 709
『인도 불교 역사 입문(Introduction à l'histoire du Bouddhisme indien)』 92
『인디쿨루스 루미노수스(Indiculus luminosus)』 161
『인생 지침서(Directorum humane vitae)』 164
『인용구 모음(Locorum communium collectanea)』 713
"인종적 관념" 18, 778, 787
일레인(Elaine) 640, 641, 648
『일본서기(日本書紀)』 139

## ㅈ

자그레우스(Zagreus) 33
자야데바(Jayadeva) 78, 202, 294
『자연의 문제(Questiones naturales)』 703, 704
자웅동체 121, 122, 245, 350
자유의지 169, 673
자이나교 44, 140, 177, 190
자자망크(Zazamanc) 512, 514, 535, 614
잔 다르크(Joan of Arc) 710
『잔치의 설교(Sermones convivales)』 712
잠자는 미녀 150
『장미 이야기(Roman de la Rose)』 460
『젊은 예술가의 초상(Portrait of the Artist as a Young Man)』 48, 50, 51, 65, 102, 315, 335, 388, 414, 431, 432, 438, 537, 644
"정신의 시대" 448
제우스(Zeus) 24, 123, 125, 128, 244, 365, 497
『제의에서 로맨스로(From Ritual to Romance)』 481

조이스, 제임스(Joyce, James) 48, 50, 51, 53, 65, 67, 86, 87, 102, 105, 135, 234, 236, 260, 272, 306, 309, 311, 313, 315, 317, 330, 334, 339, 341, 342, 347, 351, 352, 357, 367, 368, 374, 387, 388, 402, 414, 416, 419, 425, 431, 432, 434, 438, 537, 538, 569, 574, 576, 612, 644, 674, 677, 686, 752, 756, 769, 772, 777, 779, 783, 786, 790, 797, 800
조토(Giotto) 715
존 엘링턴(John Eglinton) 236
존슨, 새뮤얼(Johnsonk, Samuel) 622
종교재판 38, 64, 316, 317, 473, 685, 709, 710, 733
죽은 자들의 집 339
죽음의 약 267
중도(中道) 396
『중세 기독교 철학의 역사(History of Christian Philosophy in the Middle Ages)』 29
지구네(Sigune) 518, 529, 539, 554, 568, 570, 601, 670
지구라트(ziggurat) 686, 689
지복의 직관(Beatific Vision) 644, 645
지상 낙원 133, 162, 465, 472, 569, 596, 744
『지상의 기념비(Monumenta Terraum)』 41
『지옥편(Inferno)』 105, 118, 136, 287
질송, 에티엔(Gilson, Etienne) 708

## ㅊ

『차라투스트라는 이렇게 말했다(Thus Spake Zarathustra)』 110
『찬도기아 우파니샤드(Chandogya Upanishad)』 496
찬드라굽타 2세(Chandragupta II) 203
채플리조드(Chapelizod) 306, 317
「천체들의 음악(Music of the Spheres)」 675
『천국과 지옥의 결혼(The Marriage of

Heaven and Hell)』 227
「1277년의 유죄 선고(Condemnation of 1277)」 473
『천일야화(The Arabian Nights)』 165, 570
『철학자들의 장미 정원(Rosarium philosophorum)』 313, 316, 337
철학자의 돌 325, 335, 508, 566, 633, 680
『철학적 도덕(La moral filosophia)』 164
청교도주의 126
『초 만드는 사람(Il Candelaio)』 317
초서, 제프리(Chaucer, Geoffrey) 166, 540, 715

# ㅋ

카루나(Karuṇā) 760
『카르두이노(Carduino)』 629
카리타스(caritas) 760
카마(kāma) 98
카마-마라(kāma-māra) 497
카뮈, 알베르(CAmus, Albert) 499, 500, 501
카발라(Kabbalah) 508, 620
카스토르(Castor) 31, 32, 756
카우다 파보니스(cauda pavonis) 598
카토(Cato) 133, 136
카필라(Kapila) 178
칸트, 임마누엘(Kant, Immanuel) 92~94, 96, 97, 402~404, 409, 410, 418, 696, 719, 729, 734
칼리(Kali) 490
칼리드 이븐 야지드(Kalid ibn Yazid) 326
칼리오페(Calliope) 127
『칼릴라와 딤나, 필파이의 우화(Kalilah and Dimnah, The Fables of Pilpay)』 164
『캄브리아 연대기(Anales Cambriae)』 617
캐드먼(Caedmon) 138, 139
『캔터베리 이야기(Canterbury Tales)』 166, 715
케르누노스(Cernunnos) 486

케플러, 요한(Kepler, Johann) 40, 718, 733, 734
『켈스의 책(Book of Kells)』 131, 188
코르베닉(Corbenic) 634, 638, 647, 651, 654
코페르니쿠스, 니콜라우스(Copernicus, Nicolaus) 40, 685, 711, 717, 731, 733
콘초바르 왕(Conchobar, King) 479
콜럼버스, 크리스토퍼(Columbus, Christopher) 716, 717, 730, 731, 733
『쾌락의 원리를 넘어서(Beyond the Pleasure Principle)』 370
쾰러, 볼프강(Köhler, Wolfgang) 799, 800
쿠로이(Curoi) 495
쿠르티우스(Curtius, E. R.) 119, 120, 133, 135
쿠마누스(Cumanus) 710
쿠자누스, 니콜라스(Cusanus, Nicholas) 42, 227, 354, 367, 687, 699, 700, 715, 729, 742, 794, 804
쿠훌린(Cuchulli) 130, 131, 495, 614, 619
쿤드리(Cundrie) 534, 536, 554, 555, 561, 562, 590, 591, 596, 601, 606, 668, 669
큐피드(Cupid) 127, 200, 201, 245
크레티앵 드 트루아(Chrétien de Troyes) 463, 481, 506, 507, 542, 576, 627~633, 672, 737
크로코프스키(Krokowski) 764, 785
크리슈나(Krishna) 78, 202, 294, 312, , 699, 750
클라미데 왕(Clamide King) 522, 524, 525, 532, 536
클라브디아 쇼샤(Clavdia Chauchat) 580, 765
클로토(Clotho) 150
클리오(Clio) 127
『클리제스(Cligés)』 627, 628
클린쇼르(Clinschor) 560, 591, 593, 594, 596, 602, 608, 610, 611, 720
클링소르(Klingsor) 560, 575, 600, 601, 603, 605, 607, 646
키르케(Circe) 153, 247, 430, 580, 755, 759

키스메트(kismet) 169, 170
키에르케고르, 쇠렌(Kierkegaard, Søren) 237
키오트(Kyot) 670, 672
키케로(Cicero) 71, 128
『키호테에 대한 명상(Meditations on Quixote)』 255, 721
킴벨린 왕(Cymbeline, King) 622
킹그룬(Kingrun) 522, 523, 532
킹그리무르셸 왕자(Kingrimursel, Prince) 552, 553

# ㅌ

타트 트밤 아시(tat tvam asi) 411, 506, 729
『탄트라의 원칙들(The Principles of Tantra)』 202
탄트리스(Tantris) 273, 276, 279, 284, 677
탈리아(Thalia) 125, 127~129, 132, 227, 261, 675, 784, 795, 798
탐무즈(Tammuz) 33, 36, 154, 187, 244, 246, 486, 543, 748, 787
태양의 왕 314, 316, 318, 323, 327, 336
테세우스(Theseus) 147, 263, 303, 356, 363~366
테오발트 데 호겔란데(Theobald de Hoghelande) 315, 321
테일러, 헨리 오스본(Taylor, Henry Osborn) 76, 215, 217, 739
템플 기사단(Knights Templar) 669, 671, 672
『토니오 크뢰거(Tonio Kröger)』 51, 370, 371, 372, 388, 390, 394, 396, 429, 431, 583, 773
토마스 아퀴나스(Thomas Aquinas) 133, 171, 174~176, 227, 414~416, 431, 470~473, 691, 693~695, 703~706, 730, 731
『토템과 터부(Totem and Taboo)』 776
투아타 데 다난(Tuatha Dé Danann) 241

트레브리젠트(Trevrizent) 530, 554, 556, 558, 559, 568, 569, 570, 601, 602, 665, 669, 670, 673, 790
트렌트 종교회의 202, 716
『트리스탄과 이졸데(Tristan und Isolde)』 89~92, 263, 330, 373, 425, 429, 463, 602~605
『티베트 사자의 서(Tibetan Book of the Dead)』 584
티치아노(Titian) 46, 573, 715
티투렐(Titurel) 529, 600, 671, 680
틸리히, 파울(Tillich, Paul) 35, 37, 690

# ㅍ

파나(fanā) 79
파도 밑의 땅 146, 221, 223, 237, 240, 241, 248, 283, 343, 479, 493, 582, 634
『파르지팔(Parsifal)』 91, 118, 541, 567, 602, 604, 605, 607, 608
『파우스트(Faust)』 52, 97, 370, 520, 737, 747, 755, 757
『파우스트 박사의 비극적 이야기(The Tragical History of Doctor Faustus)』 714
『파이데우마(Paideuma)』 766
파이레피츠 앙제뱅(Feirefiz Angevin) 513, 535, 562, 591, 596, 597, 666~672, 674, 676, 679, 680, 690, 769, 785
판결 선고식 710
『판차탄트라(Panchatantra)』 164, 488, 495, 501
페르세우스(Perseus) 147, 148
페르세포네(Persephone) 24, 25, 30, 33, 155, 247, 430
펠라기우스(Pelagius) 57, 210, 749
포세이돈(Poseidon) 27, 30, 241, 244, 245, 482, 486, 488
폴룩스(Pollux) 31, 32, 756
『프라슈나 우파니샤드(Prashna Upanishad)』 496, 497

프랑클, 빅토르 E.(Frankl, Viktor E.) 492, 500
프레이저, 제임스 조지(Frazer, Sir James George) 247, 592, 593, 710
프로메테우스(Prometheus) 44, 491
프로베니우스(Frobenius) 41, 687, 766, 778
프로이트, 지그문트(Freud, Sigmund) 111, 112, 334, 370, 427, 501, 582, 583, 620, 718, 719, 766, 774~776, 778, 787, 792
프리무텔 왕(Frimutel, King) 529, 530, 559
『프린키피아(Principia)』 42
플라톤(Plato) 26, 35, 36, 93, 97, 102, 103, 123, 131, 135, 176, 178, 185, 261, 311, 345, 410, 411, 416, 447, 473, 558, 572, 732, 737, 768
플랑크, 막스(Planck, Max) 739
플로베르, 구스타프(Flaubert, Gustave) 608
『피네건의 경야(Finnegans Wake)』 52, 53, 135, 237, 260, 306, 309, 310, 313, 315, 316, 317, 334~336, 346, 357, 367, 388, 409, 430, 431, 439, 442, 786, 787, 789, 790, 791, 793
피닉스(phoenix) 306, 307, 310, 336, 346, 395
피라미드 텍스트 751
피에트로아사 그릇 121
피카소, 파블로(Picasso, Pablo) 251~254, 256, 258~262, 777, 794~798
피타고라스(Pythagoras) 33, 93, 497
핀 맥쿨(Finn Mac Cumhail) 156, 247, 356

## ㅎ

하데스(Hades) 27, 30, 123, 130, 135, 155, 247, 486, 490
하르낙, 아돌프(Harnack, Adolph) 131
하쿠인(Hakuin) 81
『학예론』 14, 460
『한 비정치적 인간의 사유(Reflections of a Non-Political Man)』 376, 384
한스 카스토르프(Hans Castorp) 383, 386, 435, 441, 444, 574, 576, 579, 580, 765, 766, 779, 785
『한 철학자, 한 유대인, 한 기독교인 사이의 대화(Dialogue between a Philosopher, a Jew, and a Christian)』 469
햄릿(Hamlet) 256, 501, 587, 755
『향연(Convito)』 159, 643
헉슬리, 올더스(Huxley, Aldous) 382
헤라클레이토스(Heraclitus) 176, 462
헤르메스(Hermes) 127, 243, 244, 245, 312, 322, 324, 325, 331, 486, 488
헤시오도스(Hesiod) 128, 748, 768, 787
호라티우스(Horace) 133, 135
호메로스(Homer) 51, 118, 120, 133, 135, 136, 154, 244, 271, 388, 480, 574, 615, 722, 748
호문쿨루스(Homunculus) 332, 334, 336, 737, 757
『황금가지(The Golden Bough)』 247, 591, 592
황금 사과의 섬 223
「황무지(The Waste Land)」 14, 108, 112, 256, 329, 330, 339, 342, 481